D1726054

Manfred Kirchgeorg / Werner M. Dornscheidt /
Wilhelm Giese / Norbert Stoeck (Hrsg.)

Handbuch Messemanagement

Manfred Kirchgeorg / Werner M. Dornscheidt /
Wilhelm Giese / Norbert Stoeck (Hrsg.)

Handbuch
Messemanagement

Planung, Durchführung und Kontrolle
von Messen, Kongressen und Events

GABLER

Bibliografische Information Der Deutschen Bibliothek
Die Deutsche Bibliothek verzeichnet diese Publikation in der Deutschen Nationalbibliografie;
detaillierte bibliografische Daten sind im Internet über <http://dnb.ddb.de> abrufbar.

Prof. Dr. Manfred Kirchgeorg ist Inhaber des Lehrstuhls Marketingmanagement an der HHL - Leipzig Graduate School of Management.

Werner M. Dornscheidt ist Vorsitzender der Geschäftsführung der Leipziger Messe GmbH.

Wilhelm Giese ist Vorsitzender der Geschäftsführung der Messe Düsseldorf GmbH.

Dr. Norbert Stoeck ist Unternehmensberater bei Roland Berger Strategy Consultants.

1. Auflage Dezember 2003

Alle Rechte vorbehalten
© Betriebswirtschaftlicher Verlag Dr. Th. Gabler/GWV Fachverlage GmbH, Wiesbaden 2003

Lektorat: Barbara Roscher / Renate Schilling

Der Gabler Verlag ist ein Unternehmen von Springer Science+Business Media.
www.gabler.de

Umschlaggestaltung: Regine Zimmer, Dipl.-Designerin, Frankfurt am Main
Druck und buchbinderische Verarbeitung: Wilhelm & Adam, Heusenstamm
Gedruckt auf säurefreiem und chlorfrei gebleichtem Papier
Printed in Germany

ISBN 3-409-12417-9

Vorwort

Die Globalisierung, eine sich rasant entwickelnde Medientechnologie und der zunehmende Konkurrenzdruck führen zu neuen Herausforderungen im Messewesen und bei jenen Akteuren, die das Kommunikationsinstrument „Messe" als Aussteller oder Besucher aktiv nutzen. Die Messe wird aber als „Markt der Märkte" auch zukünftig eine bedeutende Rolle als persönliche Kommunikationsplattform und einzigartiger Branchenevent übernehmen. Dabei schreitet die Verzahnung von Messe-, Kongress- und Eventmanagement weiter voran. Das Messewesen kann gerade in Deutschland auf eine beachtliche und weltweit anerkannte Tradition zurückblicken. Um so mehr schien es angebracht, das vielfältige Erfahrungswissen und die Herausforderungen zum Messemanagement in Form des vorliegenden Handbuches zusammenzuführen.

Wenngleich im nationalen und internationalen Umfeld eine unübersehbare Fülle von Literatur zum Dienstleistungsmanagement existiert, so erstaunt es, dass umfassendere Beiträge zum Messemanagement nur mit Mühe auszumachen sind. 1956 erschien erstmalig in Deutschland ein „Handbuch der Messen und Ausstellungen", in dem schwerpunktmäßig die nationalen und internationalen Messe- und Ausstellungsplätze beschrieben wurden. Die Messeplätze stellen heute diese Informationen per Internet in umfangreicher Weise zur Verfügung; sie brauchen daher nicht mehr in Handbüchern dargelegt werden.

Erst 1992 haben Strothmann und Busche erneut einen Vorstoß unternommen, mit dem „Handbuch Messemarketing" ein umfassenderes Kompendium zum Messewesen im Gabler Verlag herauszugeben. Im letzten Jahrzehnt ist die Komplexität des Messemanagements allerdings noch einmal rasant angestiegen. Mit dem vorliegenden Handbuch möchten wir deshalb einen weiterführenden Schritt unternehmen. Neben den Grundlagen des Messewesens stehen die komplexen Entscheidungsprobleme des gesamten Messemanagements sowie Lösungsansätze und Handlungsempfehlungen im Mittelpunkt dieses Werkes.

Vor diesem Hintergrund sollte die Zusammensetzung der Herausgeber sicherstellen, dass bei der Ausarbeitung der Handbuchkonzeption Kompetenzen zum Messemanagement aus der Sicht von Wissenschaft, Praxis und Beratung vereint werden. Aus diesen drei Erkenntnisperspektiven beschreibt das Handbuch zunächst fundiert den „State of the Art" des Messemanagements von Messegesellschaften. Hierbei haben wir der Verknüpfung von Messe-, Kongress- und Eventmanagement in besonderer Weise Rechnung getragen.

Auch das Management von Messebeteiligungen aus der Aussteller- und Besucherperspektive wird in Expertenbeiträgen umfassend behandelt. Bei der Zusammenstellung der einzelnen Beiträge wurde eine *entscheidungs- bzw. managementorientierte Sichtweise* gewählt. Das Handbuch liefert dem Leser zu allen wichtigen Entscheidungsstufen des Messemanagements Handlungsempfehlungen. Ausgehend von den Grundlagen, Infrastrukturvoraussetzungen und Entwicklungsperspektiven des Messewesens behandeln die Beiträge zentrale Fragestellungen der strategischen wie auch operativen Planung, Umsetzung und Kontrolle von Managementaufgaben aus der Sicht von Messegesellschaften.

Die Bandbreite der Themen reicht dabei von der Messemarktforschung über Strategische Grundsatzentscheidungen bis hin zum Projektmanagement und Messe-Controlling. Angesichts der engen Verzahnung der Messegesellschaften mit dem Kongresswesen und einer Vielzahl von Serviceunternehmen liefern Beiträge von Servicepartnern Orientierungsansätze. Schließlich geben die Beiträge im letzten Kapitel einen dezidierten Einblick in das Messebeteiligungsmanagement von Ausstellern und Besuchern.

Zum Einstieg in das Handbuch empfehlen wir dem Leser die Lektüre des *Einführungskapitels*, in dem wir versucht haben, einen vertiefenden Überblick über den Aufbau des Kompendiums und die Einordnung der Autorenbeiträge zu geben.

In über 80 Aufsätzen leisten namhafte nationale und internationale Autoren einen umfassenden Beitrag zu allen wichtigen Fragestellungen des Messe-, Kongress- und Eventmanagements. Ein derartiges Spektrum an Autorenprominenz ließ sich nur durch das abgestimmte Zusammenwirken der Herausgeber erreichen, die in ihrem Berufsleben ein umfassendes Netzwerk zu Persönlichkeiten des Messewesens aufbauen konnten. Es handelt sich bei den Autoren einerseits um Experten, die als erfahrene Manager bedeutender Messegesellschaften oder als Berater im Messewesen tätig sind.

Auch Fachleute, die als Service- und Netzwerkpartner in die Wertschöpfungskette einer Messe eingebunden sind, bringen ihre Kompetenzen ein. Andererseits wirken Autoren mit, die aus der Ausstellersicht Konzepte des Messebeteiligungsmanagements vorstellen. Darüber hinaus reflektieren Persönlichkeiten aus Politik, Verwaltung und Verbänden die Funktionen und Rahmenbedingungen des Messewesens. Weitere fundierte Beiträge liefern ausgewiesene Wissenschaftler, die sich im Rahmen ihrer Forschungen mit Fragestellungen des Messemanagements beschäftigen.

Das Handbuch Messemanagement richtet sich an eine breite Leserzielgruppe. Es war uns ein Anliegen, den Wissensstand und die Zukunftsperspektiven des Messemanagements zunächst für jene darzulegen, die als *Führungskräfte sowohl im Messewesen als auch in messenahen Servicebereichen* täglich mit entsprechenden Fragestellungen konfrontiert werden. Gleichzeitig liefert das Handbuch eine ideale Informationsgrundlage für jene, die sich als *Aussteller und Besucher* mit Messebeteiligungen auseinandersetzen oder sich im Umfeld von Politik, Verwaltung und Verbänden mit Problemstellungen des Messewesens beschäftigen. Das vorliegende Handbuch Messemanagement ist auch *Vertretern der Wissenschaft* dienlich, die ausgehend vom „State of the Art" Anregungen für die sektorale Vertiefung des Dienstleistungsmanagements im Messewesen erhalten. Hilfreiche Orientierungen liefert das Werk auch *Lehrenden*, die sich im Bereich der Aus- und Weiterbildung mit dem Messemanagement beschäftigen. Als weitere Zielgruppe möchten wir mit dem Werk schließlich *Studenten und Auszubildende* mit einer Spezialisierung im Messewesen ansprechen. Sie erhalten durch die Kombination von wissenschaftlichen und praxisbezogenen Beiträgen zum Messemanagement einen tiefgreifenden und anwendungsorientierten Einblick in die Materie. Damit die unterschiedlichen Leserzielgruppen einen schnellen Zugang zu Beiträgen und speziellen Fragen des Messemanagements bekommen, haben wir ein umfassendes *Stichwortverzeichnis* erstellt. Hiermit wollen wir den Charakter des Handbuches als praktisches „Nachschlagewerk" hervorheben. Sicherlich ist es uns selbst mit diesem Kompendium nicht gelungen, alle Themenstellungen des Messemanagements umfassend abzuhandeln.

Deshalb möchten wir jeden Leser dazu aufrufen, uns weiterführende Anregungen zu messebezogenen Themen mitzuteilen, damit wir in einer Neuauflage vertiefende Beiträge aufnehmen können. Hierzu bieten wir allen Lesern unter der Internetadresse www.handbuch-messemanagement.de eine entsprechende Dialogmöglichkeit an.

An dieser Stelle möchten wir jedem Autor und jeder Autorin unseren aufrichtigen Dank aussprechen, dass sie ihre Erfahrungen und ihr Know-how im Messemanagement in das Handbuch eingebracht haben. Nur dank ihrer Mitwirkung war es überhaupt möglich, eine interessante und so perspektivenreiche Kombination von Beiträgen zusammenzustellen.

Das gesamte Publikationsprojekt erforderte großen Aufwand bei der Autorenbetreuung, der Redigierung von Manuskripten und den vielfältigen Lektoratsarbeiten, um dem Verlag schließlich ein druckfertiges Manuskript vorlegen zu können. Das Werk konnte nur termingerecht in Druck gehen, weil *Dr. Oliver Klante* vom Lehrstuhl für Marketingmanagement der Handelshochschule Leipzig und *Frau Silvana Kürschner* sowie *Hans Werner Reinhard* von der Leipziger Messe GmbH sowie *Frau Dr. Andrea Grenzdörffer* von der Düsseldorfer Messe sehr umsichtig die Koordination der Autorenkontakte übernommen und sich so engagiert in die konzeptionellen Grundsatzdiskussionen zum Aufbau des Buches eingebracht haben. Für ihr hervorragendes Engagement fühlen wir uns zu einem ganz besonderen Dank verpflichtet.

Die gesamte Durchführung der vielfältigen und mühevollen Layoutarbeiten konnten wir in die Hände von *Frau Uta Neumann* legen. Ihr gebührt ein ganz herzlicher Dank. Wertvolle Unterstützung für die Lektoratstätigkeiten konnten wir insbesondere durch *Frau Dr. Anne Höndgen* und alle Mitarbeiter des Lehrstuhls für Marketingmanagement erfahren. Trotz der hohen Zusatzbelastung hat uns *Frau Claudia Pötschke* im Sekretariat des Lehrstuhls für Marketingmanagement jederzeit bei der Abwicklung des Gesamtprojektes in vielfältiger Weise unterstützt. Ihr gilt ebenfalls unser Dank. Schließlich danken wir *Frau Barbara Roscher*, die uns jederzeit als Ansprechpartnerin auf Seiten des Gabler Verlages mit Rat und Tat zur Verfügung stand.

Wir hoffen, dass Sie als Leser beim Umgang mit diesem Handbuch interessante Anregungen und Handlungsempfehlungen für die praktische oder wissenschaftliche Auseinandersetzung mit dem Messemanagement erhalten.

Leipzig, Düsseldorf, München
im Herbst 2003   Die Herausgeber

Geleitwort

Früher war alles viel einfacher: Messen waren reine Verkaufsveranstaltungen, nicht mehr und nicht weniger. Heute sind die Anforderungen an internationale Messen sehr viel größer. Geschäfte wollen Aussteller und Besucher natürlich immer noch machen, doch darüber hinaus wird deutlich mehr erwartet. Messen sollen Impulsgeber, Kontaktbörse und Trendbarometer sein, sie sollen Stimmungsbilder einer Branche entwickeln, Ideen fördern, den Austausch beflügeln und – wenn es der Terminkalender zulässt – auch gern ein bisschen Spaß machen.

Das vorliegende Werk verdeutlicht, wie diese Ansprüche zu erfüllen sind. Es ist dabei sowohl für die Messemacher als auch für Aussteller und Besucher ein ungemein wertvolles Handbuch: Von infrastrukturellen Standortfragen über Kooperationen, Produkteinführungen bis hin zu den Möglichkeiten, eine Messe als Medium zu implementieren und zu nutzen, werden alle für eine erfolgreiche Messe relevanten Themen ausführlich beleuchtet.

Besonders wichtig ist aus meiner Sicht die geschichtliche Dimension: Was hat einen Messeplatz früher ausgezeichnet, was kennzeichnet ihn heute, und was wird für ihn morgen unverzichtbar sein? Aus der Kenntnis dieser Mosaiksteinchen des erfolgreichen Messemanagements erwächst ein Verständnis für das, was wirklich wichtig ist und sein wird. Natürlich sind es zunächst die Größe und die Beschaffenheit des Ausstellungsgeländes, die Güte der Aussteller sowie die Anzahl und Qualität der Besucher, die eine Messe erfolgreich werden lassen. Diese Werte sind für die meisten Aussteller letzten Endes die Ausschlag gebenden Faktoren. Dennoch ist es mindestens genauso wichtig, mit jeder Messe ein ganz besonderes Event zu schaffen und der Veranstaltung Raum und Atmosphäre zu geben für intensive Gespräche und wertvolle Kontakte. Dies gehört meiner Meinung nach zu den vordringlichsten Aufgaben einer Messegesellschaft. Schließlich ist es der direkte Kontakt von Mensch zu Mensch, der eine Messe auszeichnet. Und aus gemeinsamen Gesprächen erwachsen Ideen, mit denen von einer Messe die gewünschten Impulse ausgehen können. Um dies zu gewährleisten, reichen reine Verkaufsveranstaltungen nicht aus. Früher war vielleicht vieles einfacher. Spannender ist in jedem Fall das Messegeschäft von heute und morgen. In diesem Sinne wünsche ich Ihnen eine spannende Lektüre.

Hannover, September 2003

Prof. Dr. Dr. h.c. Klaus E. Goehrmann
Vorstandsvorsitzender der Deutschen Messe AG

Preface

For an industry as old as the trade fair industry, and with contributions from a number of the icons who have built the modern German trade show industry, it is fitting that this should be the source of the *definitive hand book* for trade show management.

Trade fairs remain a unique forum for international marketing and sales and continue to provide the only medium that engages all five senses – and they continue to be the preferred means for international companies to break into new markets. Germany has, for many years, dominated these leading international events across a whole range of industries.

The reasons for this are a combination of expertise and professionalism linked to the industrial strength and geographical position which the major German fair cities have dominated. The massive investment in infrastructure and expertise has made Germany the heart of the international trade fair industry.

It is this knowledge and expertise that gives this handbook such a strong pedigree in providing vital information about the best ways of creating and running successful trade exhibitions.

We hope all those using this handbook will find it helpful in leading to a greater degree of understanding and professionalism in the industry. It is a publication wholly endorsed by the Union des Foires Internationales, whose members throughout the world stand to benefit from its contents and advice.

Sandy Angus
President of the Union des Foires Internationales,
London, Paris.

Einführung in das Handbuch

Im Vergleich zur unübersehbaren Fülle allgemeiner Managementliteratur wurden Fragestellungen des Messemanagements bisher überaus stiefmütterlich behandelt, obwohl das Messewesen eine nicht zu verkennende gesamtwirtschaftliche Bedeutung erlangt hat. Erst in den neunziger Jahren ist eine zunehmende Anzahl an Monografien zu verzeichnen, die sich mit ausgewählten Problemstellungen des Messemanagements aus wissenschaftlicher und praxisbezogener Sicht beschäftigen. Häufiger sind Kurzbeiträge in messespezifischen Fachzeitschriften zu finden, die jedoch nur Ausschnitte des Messemanagements vor dem Hintergrund tagesaktueller Schlagzeilen oder Probleme im Messewesen beleuchten. Somit war es ein Anspruch der Herausgeber des vorliegenden Handbuches, die zentralen Problemstellungen des Messemanagements in einem gleichermaßen von der Praxis wie von der Wissenschaft akzeptierten Bezugsrahmen zusammenhängend darzustellen. Eine *entscheidungsorientierte Gesamtstruktur* erweist sich hierbei als besonders dienlich. Deshalb orientieren sich der Aufbau des Handbuches Messemanagement und die Zuordnung der einzelnen Fachbeiträge im Wesentlichen an der Strukturierung der zentralen Stufen eines Managemententscheidungsprozesses.

Dabei lässt sich das Messemanagement aus *unterschiedlichen Perspektiven* analysieren. Einerseits kann man die Perspektive der Entscheidungsträger von *Messegesellschaften als Messeanbieter* einnehmen, die Messeveranstaltungen konzipieren, organisieren und durchführen. Alle Beiträge, die sich aus dieser Perspektive mit messespezifischen Fragestellungen beschäftigen, liefern den originären Kern des Messemanagements von Messegesellschaften. Hierbei bildet die Analyse der Ausgangssituation einer Messegesellschaft die Grundlage, auf der die Entscheidungen über die festzulegenden Messeziele und Messestrategien aufbauen. Entscheidungen über die strategischen Optionen definieren den langfristigen Handlungsrahmen, an dem sich die Ziele und die Umsetzung einzelner Messeveranstaltungen orientieren. Um Messeprojekte erfolgreich planen und operativ umsetzen zu können, muss das Messemanagement geeignete Organisationskonzepte implementieren und besonders qualifizierte Führungskräfte bzw. Mitarbeiter gewinnen. Schließlich ist ein systematischer Managementprozess durch ein Controlling gekennzeichnet, das Feedback darüber gibt, ob die gesteckten Ziele erreicht wurden und ob Anpassungen der Messestrategien notwendig sind.

Da Messegesellschaften auf allen Stufen eines Managementprozesses mit einer Vielzahl von Stakeholdern und Servicepartnern in Beziehungen treten, ist die Berücksichtigung der Sichtweisen dieser Zielgruppen im Rahmen eines Handbuches zum Messemanagement ebenfalls unerlässlich.

Bei der Planung, Organisation und Umsetzung von Messen werden auch auf der Seite der *Messenachfrager* mehr oder weniger komplexe Managemententscheidungen getroffen. Hierbei handelt es sich um Entscheidungen zur Beteiligung und zur Ausgestaltung eines Messeauftritts. Dies wird nachfolgend als Messebeteiligungsmanagement bezeichnet.

Auf der Grundlage dieser entscheidungs- bzw. managementorientierten Einordnung der messespezifischen Problemstellungen entstand der in Abbildung 1 dargestellte Aufbau des Handbuches Messemanagement. Im Folgenden wird ein kurzer inhaltlicher Überblick zur Einordnung der einzelnen Autorenbeiträge gegeben.

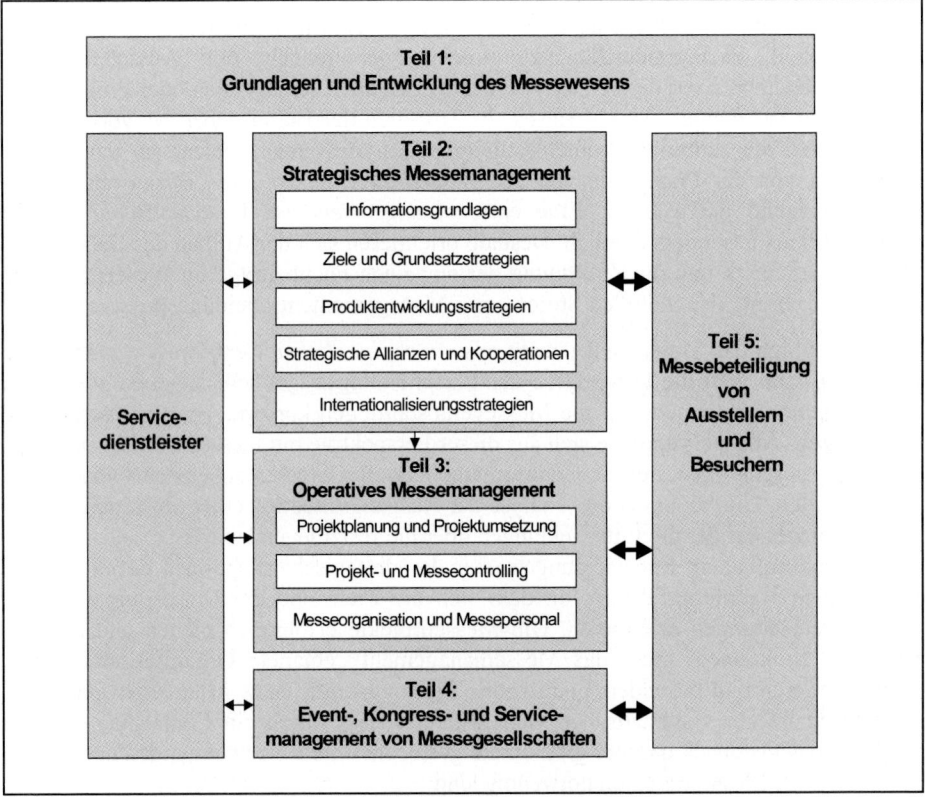

Abb. 1: Inhaltlicher Aufbau des Handbuches Messemanagement

Erster Teil: Grundlagen und Entwicklung des Messewesens
Die Beiträge im *ersten Teil* widmen sich den Grundlagen und der Entwicklung des Messewesens. Zunächst liefert das *erste Kapitel* einen historischen Einstieg in das Messe-

wesen. Mit einem geschichtlichen Rückblick kennzeichnet *Volker Rodekamp* die Entstehungsgeschichte und Entwicklungspfade des Messewesens, das in Europa und insbesondere in Deutschland seinen Ursprung hat. Der Beitrag von *Kurt Schoop* bildet einen Brückenschlag von der Messehistorie zur Messegegenwart, in der sich Fachmessekonzepte als führende Messeform herausgebildet haben. Die Entwicklungen im Messewesen und das Verhalten von Ausstellern und Besuchern ist immer auch ein Spiegelbild der gesamtgesellschaftlichen Rahmenbedingungen gewesen. *Kurt F. Troll* betont diesen Aspekt bei der Kennzeichnung der neuzeitlichen Herausforderungen im Messewesen.

Ausgehend von der historischen Einordnung des Messewesens beschäftigen sich die Beiträge im *zweiten Kapitel* mit den Zielen und Funktionen von Messen. In einem Grundlagenbeitrag kennzeichnet *Manfred Kirchgeorg* zunächst Messen aus funktionaler und institutioneller Sicht. Anhand von Messetypologien werden unterschiedliche Messeformen eingeordnet, deren Konzepte im weiteren Verlauf des Handbuches detailliert behandelt werden. Den besonderen Charakter der Messe als Marketinginstrument der „Live Communication" diskutiert *Christian Brühe*, der Stellenwert von Messen als Instrument des Regionen- und Politikmarketings wird von *Klaus E. Goehrmann* herausgearbeitet. Von einer noch höheren Warte betrachtet Bundeswirtschaftsminister *Wolfgang Clement* Messen als Instrument der Wirtschafts- und Außenpolitik. Auf die enge Vernetzung der Messewirtschaft mit den Verbänden und Institutionen verschiedener Branchen geht *Hermann Kresse* ein, während *Manfred Busche* die besondere Rolle des Staates und der Wirtschaft als Träger und Gestalter des Messewesens hervorhebt. Messen übernehmen eine Reihe von gesamtwirtschaftlichen Funktionen, die auch im Rahmen einer Effizienzbeurteilung des Messewesens Berücksichtigung finden müssen. Deshalb werden die mit Messen und Ausstellungen verbundenen Produktions- und Beschäftigungseffekte in dem Beitrag von *Uwe Täger* und *Horst Penzkofer* analysiert. Mit Blick auf den Tourismusstandort Deutschland würdigen *Petra Hedorfer* und *Norbert Tödter* die Bedeutung des Messewesens.

Die Ausführungen in *Kapitel drei* beschäftigen sich mit den Infrastruktur- und Standortvoraussetzungen im Messewesen. *Wolfgang Tiefensee* erörtert das breite Spektrum an Infrastrukturvoraussetzungen, die ein erfolgreicher Messestandort heute bieten muss. Spezifischer auf die Planung und den Bau von neuen Messegeländen gehen zwei weitere Beiträge ein. *Ulrich Bauer* bringt mit seinem Beitrag die Sichtweise der Messegesellschaften ein, während sich *Reinhold Braschel* und *Wilm Rüdiger Alef* aus der Architektensicht mit der Entwicklung von Messegeländen beschäftigen. Einen weiterführenden Detaillierungsgrad hinsichtlich der Messeinfrastruktur liefert *Wilfried E. Moog*, der aus Sicht einer Messegesellschaft Fragestellungen des Facility-Managements im Messewesen aufgreift.

Im Mittelpunkt des *vierten Kapitels* stehen die zukünftigen Entwicklungen des Messewesens. Eingeleitet wird dieses Kapitel mit einem Beitrag von *Sepp D. Heckmann*, der die wettbewerbsstrategischen Herausforderungen und Konzentrationstendenzen im deutschen Messewesen beleuchtet. Auch in der Zukunft werden Messegesellschaften mit ihren Messeveranstaltungen eine wichtige Informations- und Kommunikationsdrehscheibe bieten. *Norbert Stoeck* und *Kurt Schraudy* setzen sich mit veränderten Anforderungen auseinander, denen Messegesellschaften als integrierte Kommunikationsdienstleister gerecht werden müssen. Am Messestandort Deutschland wie auch in anderen Ländern werden in zunehmendem Maße Fragen laut, inwieweit öffentliche Messegesellschaften durch eine Privatisierung ihre Wettbewerbsfähigkeit erhöhen können. Mit grundsätzlichen Überlegungen und der Würdigung unterschiedlicher Privatisierungsmodelle widmet sich *Raimund Hosch* dieser Fragestellung. *Michael von Zitzewitz* beschreibt den Prozess einer Strukturanpassung durch die Betriebsaufspaltung einer öffentlichen Messegesellschaft. An einem umfassenden Fallbeispiel vom Messeplatz Mailand dokumentiert *Flavio Cattaneo* den erfolgreichen Verlauf eines Privatisierungsprozesses einer italienischen Messegesellschaft.

Zweiter Teil: Strategisches Management von Messegesellschaften
Die Grundlagen und Entwicklungsperspektiven des Messewesens bilden den Rahmen für das strategische Messemanagement einer Messegesellschaft, dessen Ziele und Aufgaben im *zweiten Teil* des Handbuches dargestellt werden. Die Schaffung von geeigneten Informationsgrundlagen für das strategische Messemanagement bildet den Ausgangspunkt im *ersten Kapitel*. *Alex Ulrich* setzt sich mit den Fragestellungen und Instrumenten der Marktforschung als Grundlage der strategischen Planung im Messewesen auseinander. Danach folgen Beiträge, die spezifische Analyse- und Marktforschungsinstrumente behandeln. *Hartmut Scheffler* und *Viola Riemann* geben einen Überblick über die vielfältigen Marktforschungsinstrumente zur Analyse des Messemarktes. *Lothar Müller-Hagedorn* stellt die Einsatzmöglichkeiten des Benchmarking für Messegesellschaften vor. Wie sich Marktforschungsinstrumente für die Zielgruppen der Besucher und Aussteller einsetzen lassen, wird in zwei getrennten Beiträgen von *Henry Puhe mit Remco Schaumann* und *Hermann Fuchslocher* dargestellt.

Die Informationsbeschaffung bildet die Basis für die Ableitung von messespezifischen Zielen und strategischen Grundsatzentscheidungen. Gerade bei sich wandelnden Umfeldbedingungen erlangt die Festlegung strategischer Leitsätze für das Messemanagement einen besonderen Stellenwert. *Werner M. Dornscheidt* arbeitet deshalb in seinem Beitrag zunächst die Bedeutung von Unternehmensleitbildern als strategisches Steuerungsinstrument für Messegesellschaften heraus. Für die Messegesellschaften als Dienstleistungsunternehmen spielt die Verankerung der Kundenorientierung und die marktgerechte Ausrichtung des Veranstaltungsportfolios eine wichtige Aufgabe, die dem strategischen Messemarketing zugeordnet wird. *Manfred Kirchgeorg* und *Oliver Klante* widmen sich dieser Problemstellung. Welche Wettbewerbsstrategien für Messen von Bedeutung sein können, diskutiert *Regine Kalka*. Inwieweit sich Qualitäts- und Kostenführerschaft im Messewesen als wettbewerbsstrategische Erfolgsfaktoren einsetzen lassen, erörtern *Dietmar Aulich* und *Bernd A. Diederichs* in zwei weiteren Beiträgen. Der Erfolg von Messegesellschaften wird in erheblichem Umfang davon bestimmt, inwieweit sie es beherrschen, ein Beziehungsnetzwerk zu allen relevanten Multiplikatoren des Messeumfeldes aufzubauen und zu pflegen. In diesem Zusammenhang stellt *Ullrich Es-*

ser PR- und Kommunikationsstrategien von Messegesellschaften vor, und *Hans Werner Reinhard* beschreibt, welche Besonderheiten im Rahmen des Multiplikatorenmanagements für Messegesellschaften zu beachten sind. Mit der Frage der institutionellen Einbindung von Experten und Multiplikatoren in Messebeiräten beschäftigen sich *Manfred Kirchgeorg* und *Oliver Klante* in ihrem Beitrag zum Beiratsmanagement.

Die einzelnen Messeveranstaltungen bilden die eigentlichen Produktleistungen einer Messegesellschaft. Insofern gehören die Entscheidungen über die Neuproduktentwicklung zu den wichtigsten Grundsatzentscheidungen, mit denen sich das Messemanagement auseinandersetzen muss. Ausführungen zu Produktentwicklungsstrategien finden sich im *dritten Kapitel*. Zunächst führt *Kurt Schraudy* in einem Grundsatzbeitrag in die Problemstellungen der Produktentwicklung von Messegesellschaften ein. Mit spezifischen Herausforderungen der Non-Space-Produkte beschäftigt sich *Jochen Witt*, während *Urs A. Ingold* Entscheidungen über Relaunches von Messeveranstaltungen beleuchtet. Dienstleistungen zeichnen sich in hohem Maße durch Erfahrungs- und Vertrauenseigenschaften aus, sodass Messemarken für die Zielgruppen eine wichtige Vertrauens- und Orientierungsfunktion übernehmen. *Marc Sasserath*, *Nina Daly* und *Christiane Wenhart* verdeutlichen in ihrem Beitrag, wie Markenpersönlichkeiten für Messen entwickelt werden können und zwischen welchen markenstrategischen Optionen das Messemanagement eine Auswahl treffen kann. Die Beurteilung der Umsetzung von Dach- und Einzelmarkenstrategien steht hingegen im Mittelpunkt der Ausführungen von *Michael Peters* und *Sabine Scharrer*.

Im *vierten Kapitel* werden aus der Sicht von Messegesellschaften die Problemstellungen der Bildung von strategischen Allianzen, Kooperationen und Netzwerken erörtert. In einem Grundlagenbeitrag interpretiert *Gerd Robertz* das Messemanagement aus markt-, ressourcen- und koalitionsorientierter Sicht. Er beschreibt die verschiedenen Stakeholder im Messewesen und gibt Anregungen für die Pflege und Entwicklung von Messekoalitionen. Die komplexen Ausgestaltungsmöglichkeiten von Dienstleistungsnetzwerken behandelt *Josef Rahmen* aus Sicht der Messegesellschaften. Auf Grund von Zielgruppenüberschneidungen ergeben sich auch zwischen dem Messe- und dem Verlagswesen interessante strategische Kooperationsmöglichkeiten, die von *Ernst A. Hestermann* und *Friedrich E. Morawietz* analysiert werden. Weiterführend verdeutlicht *Werner M. Dornscheidt*, welche herausgehobene Bedeutung strategische Kooperationen mit Verbänden für eine Messegesellschaft haben. Die abschließenden Ausführungen von *Claus Rättich* beschäftigen sich mit kooperativen Lösungsansätzen zur Umsetzung von Cross-Selling-Konzepten im Messewesen.

Wachstum können Messegesellschaften vielfach nur noch durch eine konsequente Internationalisierung der Geschäftstätigkeit erzielen. Alle zentralen Fragestellungen, die mit den Internationalisierungsstrategien von Messegesellschaften in Verbindung stehen, werden im *fünften Kapitel* aufgegriffen. *Wilhelm Giese* vermittelt grundsätzliche Einsichten zu den Internationalisierungsstrategien deutscher Messegesellschaften. *Ernst Raue* greift anschließend in seinem Beitrag die Frage auf, welche Möglichkeiten und Grenzen der

Übertragbarkeit von Leitmessen auf Standorte im Ausland bestehen. Die Erfolgsfaktoren der Internationalisierung von Messegesellschaften beurteilt *Manfred Wutzlhofer*. Die dann folgenden Beiträge beschäftigen sich mit der Internationalisierung des Messegeschäftes auf bestimmten Ländermärkten. Einen umfassenden Einblick in das Messewesen Russlands vermittelt *Bernd Jablonowski*. *Gerhard Gladitsch* setzt sich mit den Entwicklungen des Messewesens in den USA auseinander und *Wolfgang Schellkes* erweitert die Betrachtung durch einen Vergleich des Messewesens in den Triade-Märkten Europa, USA und Asien. Hieran schließen sich spezifische Betrachtungen zu den Messestrategien auf den Wachstumsmärkten in Asien an. *Joachim Erwin* beschäftigt sich mit Markteintrittsstrategien im chinesischen Messemarkt und *Thomas Khoo* nimmt eine vergleichende Analyse der Messeplätze in verschiedenen asiatischen Ländern vor. Den Abschluss der Auseinandersetzung mit Internationalisierungsstrategien bilden die Ausführungen von *Clemens Schütte*, der den strategischen Dialog als Steuerungsinstrument im internationalen Beteiligungsmanagement von Messegesellschaften propagiert.

Dritter Teil: Operatives Management von Messegesellschaften
Die Ausführungen zum strategischen Messemanagement bilden den übergeordneten Handlungsrahmen, den es mit Hilfe konkreter Maßnahmen und Organisationskonzepte umzusetzen gilt. Diese Betrachtungen zum operativen Messemanagement folgen im dritten Teil des Handbuches. Im Mittelpunkt des *ersten Kapitels* stehen die Planung und Umsetzung von Messeprojekten bzw. Messeveranstaltungen. *Walter Hufnagel* verdeutlicht in seinem Beitrag, dass ein effizientes Projekt- und Prozessmanagement ein zentraler Erfolgsfaktor des Messemanagements ist. Wie die Planung und Umsetzung sowohl des strategischen wie auch des operativen Messemanagements mit Informationssystemen unterstützt werden kann, beschreibt *Silvana Kürschner*. Ihre Ausführungen unterstreichen, dass bei der Vielzahl von Messeprojekten der prozessunterstützende Einsatz moderner Informationstechnologien für alle Messegesellschaften ein wichtiger Wettbewerbsfaktor geworden ist. Gezielt werden in weiteren Beiträgen besondere Fragen der erfolgreichen Umsetzung von Messekonzepten behandelt. *Norbert Stoeck* stellt das breite Spektrum von Instrumenten der Ausstellerakquisition vor, während *Ulrich Kromer von Baerle* und *Bernhard Müller* sich mit den Instrumenten der Besucherakquisition beschäftigen. Ein wesentliches Marketinginstrument der Messegesellschaften ist die Preis- und Konditionengestaltung. Dieser Problemstellung widmet sich *Anna Holzner* in ihrem Beitrag. Moderne Informationstechnologien werden im Rahmen des Messemanagements nicht nur für die innengerichtete Kommunikation eingesetzt, sondern auch für die zielgerichtete Außenkommunikation mit Aussteller- und Besucherzielgruppen. *Ulrich Kromer von Baerle* zeigt in diesem Zusammenhang die Einsatzmöglichkeiten des Internets als Kommunikations- und Vertriebsinstrument. *Oliver P. Kuhrt und Denis Steker* vertiefen diese Betrachtung durch die Vorstellung verschiedener virtueller Services zur Unterstützung der Ausstellerbeziehungen.

In enger Verbindung mit der Planung und Umsetzung von Messeveranstaltungen steht auch die von *Gerhard Griebler* erörterte Problematik der Integration von Incoming Services. Eine erweiterte Betrachtung hinsichtlich der Ausgestaltung von Aussteller- und

Besucherservices nimmt *Claus Bühnert* vor, der den Mehrwert von Veranstaltungskombinationen für Messen diskutiert. (Vertiefungen zu einzelnen Servicebereichen und Servicedienstleistungen finden sich weiterführend im *vierten Teil* des Handbuches Messemanagement). Bei der Umsetzung der Messeprojekte ist auch die Nachmessephase zu berücksichtigen, um eine langfristige Aussteller- und Besucherbindung realisieren zu können. *Norbert Stoeck* und *Dirk P. Weiss* geben hierfür entsprechende Hilfestellungen, in dem sie Möglichkeiten des Customer Relationship Managements (CRM) in der Nachmessephase diskutieren. Die zielorientierte Steuerung und Kontrolle der Messeprojekte bzw. Messeveranstaltungen ist nur durch ein systematisches Controlling auf der Veranstaltungs- wie auch auf der Gesamtunternehmensebene zu gewährleisten. Im *zweiten Kapitel* nehmen deshalb *Gerhard Gerritzen* mit *Markus Marschalek* sowie *Matthias Rose* mit zwei Beiträgen zu den Zielen und Instrumenten des Messecontrollings Stellung. Messegesellschaften stehen als Dienstleistungsunternehmen vor der besonderen Herausforderung, für die Vielzahl von Messeveranstaltungen ein hohes Maß an Servicequalität sicherzustellen. Dementsprechend präsentieren *Manfred Bruhn* und *Karsten Hadwich* ein umfassendes Konzept zur Steuerung und Kontrolle der Servicequalität von Messen.

Organisatorische und personelle Entscheidungsprobleme des Messemanagements werden im *dritten Kapitel* betrachtet. *Michael Degen* hebt zunächst die Besonderheiten der Aufbau- und Ablauforganisation von Messegesellschaften hervor. Das Angebot von Messen ist in hohem Maße mit der Erbringung persönlicher Dienstleistungen verbunden, sodass der Mitarbeiterqualifikation im Messemanagement eine herausragende Rolle zukommt. In diesem Zusammenhang beschäftigt sich *Peter Neven* mit Aus- und Weiterbildungskonzepten für die Messe- und Kongresswirtschaft und *Rolf Weber* erörtert Ziele, Inhalte und Probleme der Personalentwicklung im Messewesen. *Günther Heger* schließt die Betrachtungen dieses Kapitels mit spezifischen Ausführungen zur Schulung und zum Coaching von Standpersonal ab. Dieser Beitrag stellt auch Bezüge zum Messebeteiligungsengagement von Ausstellern her.

Vierter Teil: Event-, Kongress- und Servicemanagement von Messegesellschaften
Angesichts der zunehmenden Wettbewerbsintensität im Messewesen ist eine kontinuierliche Ausweitung von messebegleitenden Services, Kongressen und Events zu beobachten. Vor diesem Hintergrund stellt das Event-, Kongress- und Servicemanagement vielfach einen integralen Bestandteil des Managements einer Messegesellschaft dar. Der *vierte Teil* ist deshalb diesem Themenkomplex gewidmet. Zum messebegleitenden Kongressmanagement nehmen die drei Beiträge von *Karla Henschel* und *Ralf G. Kleinhenz* mit *Wolfram D. Svoboda* sowie *André Kaldenhoff* mit *Klaus Beckmann* Stellung. Weitere drei Beiträge beschäftigen sich mit dem Eventcharakter von Messeveranstaltungen und Weltausstellungen, die auch als Mega-Events eine Einordnung erfahren. Das vielfältige Spektrum von Mega-Events wird von *Werner M. Dornscheidt, Claus Groth* und *Hans Werner Reinhard* dargestellt. Vertiefende Ausführungen zum Mega-Event Weltausstellung nimmt *Norbert Bargmann* vor, wobei er die EXPO 2000 in den Mittelpunkt seiner Betrachtungen stellt. Der Bewertung von Messeevents geht *Cornelia Zanger* nach.

Weitere Überlegungen schließen sich zur Messegastronomie und zu Service-dienstleistern aus dem Standbau und Agenturbereich an. *Klaus-Peter Suhling* behandelt die Messegastronomie aus der Sicht der Messebesucher, der Messegesellschaft und der Sicht der Gastronomiedienstleister und definiert einen umfassenden Anforderungskata-log für das Messegastronomiemanagement. *Johannes Milla* und *Martin Buhl-Wagner* mit *Ines Schick-Okesson* definieren in ihren Beiträgen Anforderungen für den modernen Messestandbau und verweisen auf neue Entwicklungsperspektiven für die Branche. Ab-gerundet wird diese Betrachtung durch eine interessante Analyse von *Jörg Meurer* und *Bülent Ayar*, die einen Überblick zur Marktstruktur und zu Entwicklungstrends im Be-reich der sogenannten Live Communication-Agenturen geben, die sowohl für Messege-sellschaften und Aussteller als Kommunikationsdienstleister tätig sind.

Fünfter Teil: Messemanagement von Ausstellern und Besuchern
Während die Teile zwei bis vier primär dem Messemanagement aus der Sicht von Mes-segesellschaften gewidmet sind, so wechselt die Perspektive im *fünften Teil* auf die Aus-steller- und Besucherseite. Im Mittelpunkt der Beiträge stehen Fragestellungen des Mes-sebeteiligungsmanagements. Einen Überblicksbeitrag zu Zielen und Nutzen der Messebeteiligung von Ausstellern und Besuchern liefert *Heribert Meffert*. Er arbeitet die zentralen Ziele und Nutzenkriterien für die Messebeteiligung heraus und strukturiert den Prozess der Messebeteiligung. Besonderes Augenmerk sollte sich bei der Messebeteili-gung nicht nur auf die eigentliche Messeveranstaltung richten, sondern insbesondere auf ihre sorgfältige Vor- und Nachbereitung. *Axel W. Zundler* und *Marco Tesche* gehen in ihrem Beitrag auf diese Problemstellung ausführlich ein und berücksichtigen dabei un-terschiedliche Messetypen. *Sven M. Prüser* setzt sich mit der Messe als Networking-Plattform auseinander und betont, dass Aussteller Messen ideal zum Aufbau von Kom-munikationsnetzwerken einsetzen können. An diese grundsätzlichen Ausführungen schließen sich verschiedene Branchenbeispiele an, in denen Experten über die Ziele, Ausgestaltungsformen und Erfolgsfaktoren des Messebeteiligungsmanagements berich-ten. Aus der Perspektive der Automobilindustrie eröffnen *Rainer Landwehr* und *Martin Koers* sowie *Michael Bock* interessante Einblicke in konzeptionelle und umsetzungsbe-zogene Fragestellungen des Messebeteiligungsmanagements. Als Vertreter der Investiti-onsgüterbranche berichten *Holger Reichardt* und *Stefanie Jensen* über den Einsatz von Messen als Instrument der Markenführung. Aus dem Blickwinkel des Softwareherstel-lers Microsoft beschäftigen sich die Ausführungen von *Hans Stettmeier* mit den Zielen und Nutzen von Messebeteiligungen. Über die besonderen Anforderungen der Beklei-dungs-, Sport- und Schuhindustrie an die Messen der Zukunft berichtet *Hermann Fuchs-locher* auf der Grundlage einer Studie, die bei 2 000 Outfitanbietern durchgeführt wurde. Abschließend erörtert *Rüdiger Kreienkamp-Rabe* Möglichkeiten der staatlichen Förde-rung eines Messebeteilungsengagements kleiner und mittelständischer Unternehmen im Ausland.

Die Herausgeber hoffen, dass der Aufbau der einzelnen Teile des Handbuches einen sys-tematischen Einblick in die zentralen Problemstellungen des Messemanagements ge-währt. Ebenso soll der Handbuchcharakter den Quereinstieg zu spezifischen Themen ermöglichen. Zu diesem Zweck steht dem Leser ein umfassendes Stichwortverzeichnis zur Verfügung.

Jedem Leser des Handbuches sei die Lektüre des Aufsatzes von Schüler *Moritz Messer* empfohlen. Vor über 30 Jahren schrieb er diesen zum „Wesen der Messe" und musste sich der strengen Korrektur seines Klassenlehrers stellen. Vertraut man den Meinungen der einschlägigen Messeexperten, so scheint Moritz Messer mehr über das wahre Messewesen zu verstehen, als es der Lehrer zu würdigen weiß. Hierüber sollten sich unsere Leser nach der amüsanten Lektüre des Aufsatzheftes am Ende dieses Kompendiums selbst ein Urteil bilden.

Inhaltsverzeichnis

Vorwort V

Geleitwort IX

Preface XI

Einführung in das Handbuch XIII

Autorenverzeichnis XXXIII

Erster Teil
Grundlagen und Entwicklung des Messewesens

Kapitel 1: Historie und Entwicklung des Messewesens

Zur Geschichte der Messen in Deutschland und Europa
Volker Rodekamp 5

Historie und Entwicklung von Fachmessekonzepten
Kurt Schoop 15

Messekonzepte im Wandel der Zeit – Von der „Leidmesse" zur „Leitmesse"
Kurt F. Troll 31

Kapitel 2: Ziele und Funktionen von Messen

Funktionen und Erscheinungsformen von Messen
Manfred Kirchgeorg 51

Messen als Instrument der Live Communication
Christian Brühe 73

Messen als Instrument des Regionen- und Politikmarketings
Klaus E. Goehrmann 87

Messen als Instrument der Wirtschafts- und Außenpolitik
Wolfgang Clement 97

Die Bedeutung von Verbänden und Institutionen in der Messewirtschaft
Hermann Kresse 103

Die Rolle des Staates und der Wirtschaft als Träger und Gestalter des
Messewesens
Manfred Busche 117

Produktions- und Beschäftigungseffekte von Messen und Ausstellungen
Uwe Christian Täger und Horst Penzkofer 135

Die Bedeutung des Messe- und Kongresswesens für den Tourismusstandort
Deutschland
Petra Hedorfer und Norbert Tödter 151

Kapitel 3: Infrastruktur- und Standortvoraussetzungen im Messewesen

Infrastrukturvoraussetzungen an Messestandorten
Wolfgang Tiefensee 165

Entwicklung der Funktionalitäten von Messegeländen
Ulrich Bauer 177

Entwicklung von Messegeländen aus der Sicht der Architekten
Reinhold Braschel und Wilm Rüdiger Alef 193

Facility-Management im Messewesen
Wilfried E. Moog 203

Kapitel 4: Zukunftsherausforderungen des Messewesens

Messen im Wandel
Sepp D. Heckmann 219

Messen auf dem Weg zum integrierten Kommunikationsdienstleister
Norbert Stoeck und Kurt Schraudy 227

Privatisierung von Messegesellschaften: Grundsätzliche Überlegungen zu Geschäftsmodellen
Raimund Hosch 239

Wachstum durch Strukturanpassungen – Betriebsaufspaltung öffentlicher Messegesellschaften
Michael von Zitzewitz 253

IPO of a trade fair oganizer – the case study of Fiera Milano
Flavio Cattaneo 265

Zweiter Teil
Strategisches Management von Messegesellschaften

Kapitel 1: Informationsgrundlagen des Messemanagements

Strategische Marktforschung einer Messegesellschaft
Alex Ulrich 279

Marktforschungsinstrumente der strategischen Messeplanung
Hartmut Scheffler und Viola Riemann 301

Benchmarking in Messegesellschaften
Lothar Müller-Hagedorn 313

Befragungen von Fachmessenbesuchern und Nichtbesuchern als Instrument für das Messecontrolling
Henry Puhe und Remco Schaumann 327

Ausstelleranalysen als Instrument des Messe-Controllings
Hermann Fuchslocher 339

Kapitel 2: Ziele und strategische Grundsatzentscheidungen im Messemanagement

Unternehmensleitbilder als strategisches Steuerungsinstrument von Messegesellschaften
Werner M. Dornscheidt 355

Strategisches Messemarketing
Manfred Kirchgeorg und Oliver Klante 365

Strategische Grundsatzentscheidungen im Messemanagement
Regine Kalka 391

Qualität – ein unterschätzter Erfolgsfaktor für Messegesellschaften? Möglichkeiten und Grenzen von Total Quality Management (TQM) im Dienstleistungsunternehmen Messe
Dietmar Aulich 407

Effizienz- und Kostenmanagement: Für Aussteller, Besucher und die Messen
selbst
Bernd A. Diederichs 423

PR- und Kommunikationsstrategien von Messegesellschaften
Ullrich Esser 435

Multiplikatorenmanagement von Messegesellschaften
Hans Werner Reinhard 443

Beiratsmanagement als Erfolgsfaktor von Messegesellschaften
Manfred Kirchgeorg und Oliver Klante 471

Kapitel 3: Produktentwicklungsstrategien

Produktentwicklung in der Messeindustrie
Kurt Schraudy 489

Bedeutung von Non-Space-Produkten im Messewesen
Jochen Witt 503

Relaunches von Messeveranstaltungen
Urs A. Ingold 513

Die Bedeutung von Markenführung für Messen
Marc Sasserath, Nina Daly und Christiane Wenhart 529

Dach- und Einzelmarkenstrategien von Messeunternehmen
Michael Peters und Sabine Scharrer 549

Kapitel 4: Strategische Allianzen und Kooperationen

Koalitionen als Herausforderungen des strategischen Messemanagements
Gerd Robertz 561

Die Messe als Betreiber von Dienstleistungsnetzwerken
Josef Rahmen 577

Strategische Kooperationen mit Verlagen
Ernst A. Hestermann und Friedrich E. Morawietz 587

Strategische Kooperationen mit Verbänden
Werner M. Dornscheidt 597

Strategische Kooperationen im Bereich Cross Selling
Claus Rättich 609

Kapitel 5: Internationalisierungsstrategien

Global Player mit Standortbindung – Internationalisierungsstrategien deutscher
Messegesellschaften
Wilhelm Giese 621

Möglichkeiten und Grenzen der Übertragbarkeit von Leitmessen auf Standorte im
Ausland
Ernst Raue 633

Erfolgsfaktoren der Internationalisierung von Messegesellschaften
Manfred Wutzlhofer 643

Russlands Messewirtschaft geprägt durch die Planwirtschaft und Perestroika
Bernd Jablonowski 657

Messetrends in den USA
Gerhard Gladitsch 669

Entwicklung des Messewesens in der Triade
Wolfgang Schellkes 685

Messe Düsseldorf als Vorreiter im chinesischen Wachstumsmarkt
Joachim Erwin 695

Trade Fair Trends in Asian Countries
Thomas Khoo.. 703

Der Strategische Dialog als Steuerungsinstrument im internationalen Beteiligungsmanagement
Clemens Schütte 717

Dritter Teil
Operatives Management von Messegesellschaften

Kapitel 1: Projektplanung und Projektumsetzung im Messemanagement

Effizientes Projekt- und Prozessmanagement als Erfolgsfaktor des Messemanagements
Walter Hufnagel 733

IT-gestützte Messeplanung
Silvana Kürschner... 745

Instrumente der Ausstellerakquisition
Norbert Stoeck.. 761

Instrumente der Besucherakquisition
Ulrich Kromer von Baerle und Bernhard Müller.. 773

Pricing von Messedienstleistungen
Anna Holzner 785

Bedeutung des Internets als Kommunikations- und Vertriebsinstrument von Messen
Ulrich Kromer von Baerle 803

Virtuelle Services im Messebusiness
Oliver P. Kuhrt und Denis Steker.. 817

Integration von Incoming-Services
Gerhard Griebler 831

Mehrwert für Messen durch Veranstaltungskombinationen
Claus Bühnert 839

CRM im Messewesen – Beziehungsmanagement in der Nachmessephase
Norbert Stoeck und Dirk P. Weiss 853

Kapitel 2: Projekt- und Messecontrolling

Allgemeine Kennzahlen zur Projekt- und Unternehmenssteuerung
Gerhard Gerritzen und Markus Marschalek 867

Ebenen des Projekt-Controllings im Messewesen
Matthias Rose 877

Steuerung und Kontrolle der Servicequalität von Messen
Manfred Bruhn und Karsten Hadwich 901

Kapitel 3: Messeorganisation und -personal

Besonderheiten der Aufbau- und Ablauforganisation von Messegesellschaften
Michael Degen 939

Aus- und Weiterbildung für die Messe- und Kongresswirtschaft
Peter Neven 953

Ziele, Inhalte und Probleme der Personalentwicklung im Messewesen
Rolf Weber 971

Das Standpersonal als Erfolgsfaktor im Messewesen
Günther Heger 981

Vierter Teil
Event-, Kongress- und Servicemanagement von Messegesellschaften

Messebegleitendes Kongressmanagement
Karla Henschel 997

Besonderheiten des Managements von Kongresszentren
Ralf G. Kleinhenz und Wolfram D. Svoboda 1011

Management für erlebnisorientierte Kongresse, Tagungen und Seminare
André Kaldenhoff und Klaus Beckmann 1025

Mega-Events
Werner M. Dornscheidt, Claus Groth und Hans Werner Reinhard 1037

Im Mittelpunkt des Weltinteresses: Weltausstellungen und nationales Prestige
Norbert Bargmann 1061

Beurteilung des Erfolgs von Messeevents
Cornelia Zanger 1071

Raum- und Zeiterlebnisse durch Standgestaltung
Johannes Milla 1091

Neue Entwicklungsperspektiven im Stand- und Messebau
Martin Buhl-Wagner und Ines Schick-Okesson 1101

Messegastronomie
Klaus-Peter Suhling 1115

Live Com-Agenturen und -Dienstleister – Marktstruktur, Trends und Entwicklungen
Jörg Meurer und Bülent Ayar 1131

Fünfter Teil
Messemanagement von Ausstellern und Besuchern

Ziele und Nutzen der Messebeteiligung von ausstellenden Unternehmen und Besuchern
Heribert Meffert 1145

Maßnahmen zur effizienten Vor- und Nachbereitung von Messeauftritten
Axel W. Zundler und Marco Tesche 1163

Die Messe als Networking-Plattform
Sven M. Prüser 1181

Messemanagement in der Automobilindustrie – von der Produktpräsentation zur Inszenierung der Marke Ford
Rainer Landwehr und Martin Koers 1197

Messen als Instrument der Integrierten Kommunikation – Beispiel der Markteinführung des T-Modells der E-Klasse
Michael Bock.. 1221

Die Messe als Instrument der Markenführung im Industriegütersektor
Holger Reichardt und Stefanie Jensen 1235

Ziele und Nutzen von Messebeteiligungen aus Ausstellersicht der Microsoft Deutschland GmbH
Hans Stettmeier 1253

Outfitmessen 2000 plus – Anforderungen der Bekleidungs-, Sport- und Schuhindustrie an die Messen der Zukunft
Hermann Fuchslocher... 1259

Messeerfolg für deutsche Unternehmen im Ausland
Rüdiger Kreienkamp-Rabe 1275

Aufsatzheft: Das Wesen der Messe
Moritz Messer... 1281

Verzeichnis von Schlüsselliteratur 1309

Stichwortverzeichnis 1313

Autorenverzeichnis

Alef, Wilm Rüdiger Dipl.-Ing., Architekt	Vorstand IFB Dr. Braschel AG, Stuttgart.
Angus, Sandy	President of the Union des Foires Internationales (Okt.2001-Okt.2003), London/Paris.
Aulich, Dietmar Dipl.-Vw.	Geschäftsführer der Hamburg Messe und Congress GmbH, Hamburg.
Ayar, Bülent	Senior Consultant bei Roland Berger Strategy Consultants im Competence Center Marketing & Sales, München.
Bargmann, Norbert	Stellvertretender Generalkommissar der Weltausstellung EXPO 2000 Hannover a. D.
Bauer, Ulrich Dipl.-Ing. Arch.	Geschäftsführer der Projektgesellschaft Neue Messe GmbH & Co. KG, Stuttgart.
Beckmann, Klaus Dipl.-Soz.	Direktor des Instituts für Lernende Organisation, Büdingen.
Bock, Michael	Leiter der Begegnungskommunikation der DaimlerChrysler AG, Stuttgart.
Buhl-Wagner, Martin Dipl.-Ing. (TH)	Prokurist der FAIRNET Gesellschaft für Messe-, Ausstellungs- und Veranstaltungsservice mbH, Leipzig.
Bühnert, Claus	Leiter des Messe Congress Centrum Stuttgart & Kongressbüro Stuttgart.
Busche, Manfred Prof. Dr.	President d'honneur der Union des Foires Internationales, UFI, Berlin/Paris.
Braschel, Reinhold Prof. Dr.	Vorstandsvorsitzender IFB Dr. Braschel AG, Stuttgart.
Brühe, Christian	Geschäftsführer der UNIPLAN International GmbH & Co. KG, Kerpen.
Bruhn, Manfred Prof. Dr.	Ordinarius für Betriebswirtschaftslehre, insbesondere Marketing und Unternehmensführung am Wirtschaftswissenschaftlichen Zentrum (WWZ) der Universität Basel.
Cattaneo, Flavio	Chairman & CEO, Fiera Milano S.p.A.
Clement, Wolfgang	Bundesminister für Wirtschaft und Arbeit, Berlin.

Daly, Nina	Strategic Planner bei der Publics Sasserath Brand Consultancy, Frankfurt/Berlin.
Degen, Michael	Hauptabteilungsleiter Messen und Ausstellungen bei der Hamburg Messe und Congress GmbH, Hamburg.
Diederichs, Bernd A.	Geschäftsführer der NürnbergMesse GmbH, Nürnberg.
Dornscheidt, Werner M. Dipl.-Betriebswirt	Vorsitzender der Geschäftsführung der Leipziger Messe GmbH, Leipzig bis 31.12.2003 und ab 1.1.2004 Vorsitzender der Geschäftsführung der Messe Düsseldorf GmbH, Düsseldorf.
Esser, Ulrich	Leiter des Zentralbereiches Kommunikation der Messe München GmbH, München.
Erwin, Joachim	Oberbürgermeister der Landeshauptstadt Düsseldorf und Vorsitzender des Aufsichtsrates der Messe Düsseldorf GmbH, Düsseldorf.
Fuchslocher, Hermann Dipl.-Kfm.	Geschäftsführender Gesellschafter der HFU Hermann Fuchslocher Unternehmensberatung GmbH, Düsseldorf.
Giese, Wilhelm	Vorsitzender der Geschäftsführung der Messe Düsseldorf GmbH, Düsseldorf.
Gerritzen, Gerhard	Bereichsleiter der Messe München GmbH, München.
Gladitsch, Gerhard	Geschäftsführer der Messe Frankfurt GmbH, Frankfurt.
Goehrmann, Klaus E. Prof. Dr. Dr. h.c.	Vorstandsvorsitzender der Deutschen Messe AG, Hannover.
Griebler, Gerhard	Vorstand der aovo:network AG, Hannover.
Groth, Claus Prof.	Vorsitzender des Vorstandes der Deutschen Messe AG, Hannover von 1979 bis 1984, Vorsitzender der Geschäftsführung der Messe Düsseldorf GmbH, Düsseldorf von 1984 bis 1997. Nach seiner Pensionierung Geschäftsführung der Trägergesellschaft Deutscher Pavillon mbH EXPO 2000 Hannover, Hannover.
Hadwich, Karsten Dr.	Wissenschaftlicher Mitarbeiter und Habilitand am Lehrstuhl für Marketing und Unternehmensführung am Wirtschaftswissenschaftlichen Zentrum (WWZ) der Universität Basel, Basel.
Heckmann, Sepp D.	Mitglied des Vorstandes der Deutschen Messe AG, Hannover.

Hedorfer, Petra	Vorstandsvorsitzende Marketing der Deutschen Zentrale für Tourismus, Frankfurt.
Heger, Günther Prof. Dr.	Professor für Marketing und Unternehmensführung an der Fachhochschule für Technik und Wirtschaft Berlin, Berlin.
Henschel, Karla Prof. Dr.	Inhaberin der Professur Tourismus-Management/BWL, insbesondere Hotelmanagement/Kongresswesen an der Hochschule Harz, Wernigerode.
Hestermann, Ernst A.	Partner der MM + M Unternehmensberatung (Messen, Marketing und Medien), Waldbrunn.
Holzner, Anna Dipl.-Volkswirt	Doktorandin am Lehrstuhl Marketingmanagement an der HHL - Leipzig Graduate School of Management, Leipzig.
Hosch, Raimund	Vorsitzender der Geschäftsführung der Messe Berlin GmbH, Berlin.
Hufnagel, Walter	Mitglied der Geschäftsleitung der NürnbergMesse GmbH, Nürnberg.
Ingold, Urs A.	President Germany/Switzerland der Reed Exhibitions, Zürich/Düsseldorf.
Jablonowski, Bernd Dipl.-Betriebswirt	Leiter der Repräsentanz der Messe Düsseldorf GmbH in Moskau seit 1999 und Managing Director der OOO Messe Düsseldorf Moscow seit 2002, Moskau.
Jensen, Stefanie Dr.	Head of Marketing Concepts & Communication der Heidelberger Druckmaschinen AG, Heidelberg.
Kaldenhoff, André	Abteilungsleiter Kongresse der Leipziger Messe GmbH, Leipzig.
Kalka, Regine Prof. Dr.	Professorin für Marketing und Kommunikationswirtschaft an der Fachhochschule Düsseldorf, Düsseldorf.
Khoo, Thomas	CEO of Singapore Interfama Exhibition Company, Singapore.
Kirchgeorg, Manfred Prof. Dr.	Inhaber des Lehrstuhls Marketingmanagement an der HHL – Leipzig Graduate School of Management, Leipzig.
Klante, Oliver Dr.	Ehemaliger Mitarbeiter am Lehrstuhl Marketingmanagement, heute Marketingmanager im Bereich Marketingstrategie & Brandmanagement bei OTTO (GmbH & Co KG), Hamburg.

Kleinhenz, Ralf G. Dr.	Direktor der KompetenzCenter Kongresse & Gastveranstaltungen der Messe Berlin GmbH, Berlin.
Koers, Martin Dr.	Assistent des Vorstandsvorsitzenden der Ford-Werke AG, Köln.
Kreienkamp-Rabe, Rüdiger Ministerialrat	Leiter des Referates Internationale und Nationale Messepolitik, Bundesministerium für Wirtschaft und Arbeit, Bonn.
Kresse, Hermann Dr.	Geschäftsführendes Vorstandsmitglied des Ausstellungs- und Messe-Ausschuss der Deutschen Wirtschaft e.V., Berlin.
Kromer von Baerle, Ulrich	Geschäftsführer der Stuttgarter Messe- und Kongressgesellschaft mbH, Stuttgart.
Kuhrt, Oliver P.	Geschäftsführer der Koelnmesse GmbH, Köln.
Kürschner, Silvana Dipl.-Pol.	Leiterin der Abteilung Marketingmanagement/CRM der Leipziger Messe GmbH, Leipzig.
Landwehr, Rainer Dr.	Geschäftsführer der Jaguar/Land Rover Deutschland GmbH, Schwalbach i.Ts.
Marschalek, Markus Dipl.-Kfm.	Leiter der Abteilung Organisation der Messe München GmbH, München.
Meffert, Heribert Prof. Dr. Dr. h.c. mult.	Vorsitzender des Kuratoriums und des Präsidiums der Bertelsmann Stiftung, Gütersloh.
Meurer, Jörg Dr.	Senior Project Manager bei Roland Berger Strategy Consultants im Competence Center Marketing & Sales, München. Berater von Unternehmen in den Bereichen Marketing- und Vertriebsstrategie, Kommunikation und Markenführung.
Milla, Johannes	Geschäftsführer der Agentur Milla und Partner, Stuttgart.
Moog, Wilfried E. Dipl.-Ing., Architekt, Stadtplaner, Bauassessor	Geschäftsführer der Messe Düsseldorf GmbH, Düsseldorf.
Morawietz, Friedrich E. Betriebswirt (FH)	Geschäftsbereichsleiter der DataM-Services GmbH, Würzburg.
Müller, Bernhard Dipl.-Oec.	Assistent der Geschäftsleitung der Stuttgarter Messe- und Kongressgesellschaft mbH, Stuttgart.

Müller-Hagedorn, Lothar Univ.-Prof.	Inhaber des Lehrstuhles für Allgemeine Betriebswirtschafts-lehre, Handel und Distribution an der Universität zu Köln, Vorstand des Instituts für Messewirtschaft Köln und Direk-tor des Instituts für Handelsforschung (IfH), Köln.
Neven, Peter Dr.	Geschäftsführer des Ausstellungs- und Messe-Ausschuss der Deutschen Wirtschaft e.V., Berlin.
Penzkofer, Horst	Wissenschaftlicher Mitarbeiter am ifo Institut für Wirt-schaftsforschung, München.
Peters, Michael Dr.	Geschäftsführer der Messe Frankfurt GmbH, Frankfurt.
Puhe, Henry Dr.	Geschäftsführer der SOKO-Institut Mafo GmbH, Bielefeld.
Prüser, Sven M. Dr. rer. pol.	Leiter des Geschäftsbereiches Hannover Messe International bei der Deutschen Messe AG, Hannover.
Rahmen, Josef	Geschäftsführer der Leipziger Messe GmbH, Leipzig.
Rättich, Claus M.P.P.M. (Yale University)	Geschäftsbereichsleiter Eigenveranstaltungen der Nürn-bergMesse GmbH, Nürnberg.
Raue, Ernst	Mitglied des Vorstandes der Deutschen Messe AG, Hanno-ver.
Reichardt, Holger	Vorstand Marketing, Sales & Service der Heidelberger Druckmaschinen AG, Heidelberg.
Reinhard, Hans Werner Dipl.-Kfm., Dipl.-Betriebswirt	Leiter der Abteilungen Geschäftsführungsangelegenheiten und Protokoll sowie Leiter eines Projektteams der Leipziger Messe GmbH, Leipzig. Zum 1.1.2004 Leiter des Unterneh-mensbereiches Kommunikation der Messe Düsseldorf GmbH, Düsseldorf.
Riemann, Viola Dr.	Studienleiterin des Markt- Media- und Meinungsforschungs-instituts TNS Emnid, Bielefeld.
Robertz, Gerd Dr.	Senior Marketing Director bei Bookspan, A Bertelsmann – TimeWarner Partnership, New York.
Rodekamp, Volker Dr. phil.	Direktor des Stadtgeschichtlichen Museums, Leipzig.

Rose, Matthias	Bereichsleiter Finanzen/Verwaltung der Leipziger Messe GmbH, Leipzig.
Sasserath, Marc	Geschäftsführender Gesellschafter der Publics Sasserath Brand Consultancy, Frankfurt/Berlin.
Scharrer, Sabine	Assistentin der Geschäftsführung der Messe Frankfurt GmbH, Frankfurt.
Schaumann, Remco	Geschäftsführer der SOKO-Institut Mafo GmbH, Bielefeld.
Scheffler, Hartmut	Geschäftsführer des Markt- Media- und Meinungsforschungsinstituts TNS Emnid, Bielefeld.
Schellkes, Wolfgang Dipl.-Volkswirt	Geschäftsführer der Fair Relations GmbH, Pulheim.
Schick-Okesson, Ines	Freiberufliche Innenarchitektin bei der Architektenkammer Sachsen-Anhalt.
Schoop, Kurt	Von 1967 bis 1984 Vorsitzender der Geschäftsführung der Messe Düsseldorf GmbH und von 1990 bis 1991 aus dem Ruhestand heraus Interims-Vorsitzender der Geschäftsführung der Leipziger Messe GmbH. Noch heute ist er Ehrenmitglied des Aufsichtsrates der Leipziger Messe GmbH.
Schraudy, Kurt	Leiter des Geschäftsbereiches Neue Technologie-Messen bei der Münchner Messe GmbH und Geschäftsführer der IMAG – Internationaler Messe- und Ausstellungsdienst GmbH, München.
Schütte, Clemens Dr.	Abteilungsleiter International Business bei der Messe Düsseldorf GmbH, Düsseldorf.
Steker, Denis Dipl.-Kfm.	Zuständig für die Bereiche Marketing Services & Projektmanagement bei der Koelnmesse Service GmbH, Köln.
Stettmeier, Hans	Direktor der Home & Entertainment Division und Mitglied der Geschäftsführung der Microsoft Deutschland GmbH, Unterschleißheim.
Stoeck, Norbert Dr.	Leiter der Practice Group „Trade Fairs and Events" bei Roland Berger Strategy Consultants, München.
Suhling, Klaus-Peter	Geschäftsführer der Restaurationsbetriebe Stockheim GmbH & Co. KG Düsseldorf.
Svoboda, Wolfram D. Dipl.-Betriebswirt	Marketingleiter der KompetenzCenter Kongresse & Gastveranstaltungen der Messe Berlin GmbH, Berlin.

Täger, Uwe Christian Dr.	Bereichsleiter der Abteilung Branchen, Industrieökonomik und Strukturwandel am ifo Institut für Wirtschaftsforschung, München.
Tesche, Marco	Geschäftsführender Gesellschafter der X-Cell Communications GmbH, Ratingen.
Tiefensee, Wolfgang	Oberbügermeister der Stadt Leipzig und Vorsitzender des Aufsichtsrates der Leipziger Messe GmbH, Leipzig.
Tödter, Norbert	Leiter der Unternehmensplanung/Marktforschung der Deutschen Zentrale für Tourismus, Frankfurt.
Troll, Kurt F. Prof. Dr.	Leiter des Fachbereiches Wirtschaftswissenschaften Marketing & Messewesen an der Hochschule für Technik, Wirtschaft und Kultur, Leipzig.
Ulrich, Alex	Leiter der Abteilung Market Research der Messe München GmbH, München.
von Zitzewitz, Michael	Vorsitzender der Geschäftsführung der Messe Frankfurt GmbH, Frankfurt am Main.
Weber, Rolf	Personalleiter der Messe Düsseldorf GmbH, Düsseldorf.
Weiss, Dirk BA, MBA	Senior Consultant bei Roland Berger Strategy Consultant, München.
Wenhart, Christiane	Associate Partner bei der Publicis Sasserath Brand Consultancy, Frankfurt/Berlin.
Witt, Jochen	Vorsitzender der Geschäftsführung der Koelnmesse GmbH, Köln.
Wutzlhofer, Manfred	Vorsitzender der Geschäftsführung der Messe München GmbH, München.
Zanger, Cornelia Univ.-Prof., Dr.	Inhaberin des Lehrstuhls für Marketing und Handelsbetriebslehre an der Technischen Universität Chemnitz.
Zundler, Axel W. Dipl.-Kfm.	Geschäftsführender Gesellschafter der AWZ GmbH, Ratingen.

Erster Teil

Grundlagen und Entwicklung des Messewesens

Kapitel 1:

Historie und Entwicklung des Messewesens

Volker Rodekamp

Zur Geschichte der Messen in Deutschland und Europa

1. Historischer Ursprung des Messewesens

2. Entwicklung und Bedeutung des Messebegriffs

3. Frühes „Messemodell" der Champagne im 12. Jahrhundert

4. Entwicklung der Messen bis zur frühen Neuzeit

5. Übergang von der Waren- zur Mustermesse im 19. Jahrhundert

6. Literaturverzeichnis

Dr. phil. Volker Rodekamp ist Direktor des Stadtgeschichtlichen Museums, Leipzig.

1. Historischer Ursprung des Messewesens

Das Messewesen ist als bedeutende Institution des europäischen Warenhandels histo-risch bis in das Hochmittelalter zurückzuverfolgen. Die frühesten Messeplätze, die sich in der Champagne herausbildeten, begründeten eine Entwicklung, die kontinuierlich bis in unsere Gegenwart hineinreicht und das europäische Wirtschaftsleben über Jahrhun-derte hinweg maßgeblich mitgestaltet hat.

Folgt man Gillison (Gillison 1953, S. 333-337), so ist in der Rückschau eine mehrhun-dertjährige Messeentwicklung in aufeinander aufbauenden Entwicklungsetappen deut-lich erkennbar. Bis in das 12. Jahrhundert hinein deuten lediglich spärliche Hinweise auf Messen und große Warenmärkte im damaligen Fränkischen Reich und den angrenzenden Regionen hin. Ökonomische Bedeutung und organisatorische Struktur bleiben dabei weitgehend im Unklaren. Im 12. und 13. Jahrhundert entstehen in Westeuropa zahlreiche Handelszentren und Messeorte mit den für das Messewesen sich deutlich abzeichnenden typischen Organisationsstrukturen. Vom 14. bis 18. Jahrhundert werden ältere Messe-plätze durch neue Handelszentren abgelöst, das allgemeine Messewesen erhält eine zu-nehmend wichtige ökonomische Bedeutung und erstreckt sich nun in einem europäi-schen Netzwerk von Spanien bis Polen bzw. von England bis Süditalien. Das im geografischen Zentrum Europas liegende Heilige Römische Reich Deutscher Nation spielt hierbei eine handelspolitische Rolle und übernimmt ab dem 14. Jahrhundert mit der älteren Messestadt Frankfurt und in der jüngeren Entwicklung mit der östlicher gele-genen Messestadt Leipzig eine herausragende Stellung, die bis in das frühe 19. Jahrhun-dert kontinuierlich ausgebaut werden kann. Im 19. und 20. Jahrhundert schließlich bilden sich mit den Muster- und Branchenmessen neue Formen des Messewesens heraus; hinzu kommt ein weltumspannendes System internationaler Ausstellungen, auf denen die neu-esten Wirtschaftsentwicklungen präsentiert werden.

2. Entwicklung und Bedeutung des Messebegriffs

Der Begriff „Messe" ist in den deutschen Quellen erstmals für das Jahr 1329 bezeugt (Jarnut 1991, S. 2). Die Verwendung des Begriffs verbleibt allerdings in den deutsch-sprachigen Quellen des Spätmittelalters und der frühen Neuzeit weitgehend uneindeutig. Häufig wird die Bezeichnung „Messe" synonym mit „Jahrmarkt" oder „Markt" verwen-det. Erst seit der Mitte des 16. Jahrhunderts bildet sich eine eindeutige Begrifflichkeit heraus. Waren in den früheren Quellen die lateinischen Entsprechungen des Begriffs „missa" als „mercatum", „forum", „feriae" und „nundinae" häufig synonymverwandt, so bilden sich in den europäischen Sprachen unterschiedliche Begriffslinien heraus. Aus „forum", „feriae" formt sich in der französischen Sprache der Begriff „foire" und im Englischen der Terminus „fair". Im Deutschen entsteht aus „missa" der Terminus „Messe". Bereits im lateinischen Sprachgebrauch umfasste die Begrifflichkeit bestimmte Merkmale, die auch für die späteren Messen wichtig waren (Brübach 1994, S. 26-39). Ein besonders charakteristisches Merkmal der Messe lag zunächst einmal in der Zentrierung des Fernhandels auf einen Hauptort, der in der Regel schon über eine längere Geschichte als regional bedeutsamer Markt verfügte. Aus dem anfänglichen Regional- und Detailhandel entstand zunehmend ein Fernhandelszentrum mit uneingeschränktem und hoheitlich geschütztem Handel zwischen Fremden mit einer speziellen, für alle am Handel Beteiligten verbindlichen Abgaben- und Taxationsordnung. Messen entwickelten sich dabei stets im Bezug auf ein religiöses Fest im Kirchenjahr; sie werden über einen Zeitraum von mehreren Tagen und in größeren, gegebenenfalls jährlich wiederkehrenden zeitlichen Intervallen abgehalten. Ein weiteres wichtiges Merkmal des Messewesens ist das frühe Vorhandensein eines geordneten Zahlungsverkehrs mit speziellen Organisationsformen. Um unterschiedliche Wirtschaftsräume in Beziehung zu setzen, erfolgte der Zahlungsverkehr in überregionalem Zusammenhang. Der so vernetzte Zahlungsverkehr wurde von den beteiligten Kaufleuten eigenständig organisiert, kontrolliert und sanktioniert und hatte für alle Beteiligten verbindlichen Charakter. Einzelne Messetermine entwickelten sich bald zu definierten Zahlungsterminen, auf deren Basis das zunehmend wichtiger werdende Kreditgeschehen aufgebaut war. Ein weiteres herausragendes Merkmal des Messewesens ist seine herausgehobene rechtliche Stellung, die durch hoheitliche Privilegierungen abgesichert war. Dieser rechtliche Sonderstatus der Messe bezog sich sowohl nach außen auf den Konkurrenzausschluss, das Geleitwesen und die Wegesicherung, Sonderkonzessionen bezüglich Zoll- und Abgabenerhebung sowie auf das Münzwesen als auch nach innen auf die Selbstorganisation, das Rechtsgeschehen und die Gleichstellung aller am Handelsverkehr beteiligten Akteure.

3.   Frühes „Messemodell" der Champagne im 12. Jahrhundert

Mit den Messen in der Champagne, deren innere Struktur bereits vor 1200 grundsätzlich ausgebildet war, entstand in Europa erstmals eine Infrastruktur, auf deren Basis das zunehmend wichtiger werdende Handelsgeschehen verlässlich und effizient aufgebaut werden konnte. In den vier herausgehobenen Messeorten Provins, Troyes, Bar-sur-Aube und Lagny konzentrierte sich der westeuropäische Nord-Süd-Handel zwischen den wirtschaftlich hoch entwickelten Regionen Flanderns und Brabants mit der norditalienischen Stadtlandschaft. Die wichtigsten Produkte, die in Nord-Süd-Richtung gehandelt wurden, waren feine Tuche und textile Luxusgüter. Auf der Route von Süden wurden insbesondere Orientwaren (etwa Gewürze) sowie Lederwaren, Pelze und Edelmetalle eingeführt. Als wesentliche Faktoren für das Aufblühen dieser frühen nordwesteuropäischen Messelandschaft ist vorrangig der wirtschaftliche und politische Aufschwung dieser Region zu nennen. Die allgemeine Prosperität führte zur Nachfrage von begehrten Fernhandels- und Luxuswaren. Hinzu kam die verkehrsgeografisch günstige Lage zwischen den bedeutenden Wirtschaftsräumen und zudem ein seit römischer Zeit noch intaktes Handelsstraßensystem mit wichtigen Hauptrouten. Die Abwicklung des Fernhandels konzentrierte sich hier in jährlich wiederkehrenden Abständen und Räumen, in deren Folge auch ein internationaler Zahlungsverkehr mit verbindlichen Normen entstand. Begleitet und gefördert wurde diese Entwicklung durch hoheitliche Maßnahmen zur rechtlichen Absicherung des Handelsverkehrs mit freiem Zugang fremder Kaufleute zu den Messen sowie einer gesicherten Münz- und Abgabenpolitik des Landesherrn.

4.　Entwicklung der Messen bis zur frühen Neuzeit

Dieses frühe „Messemodell" kann als Impulsgeber bzw. Prototyp für das sich seitdem in Europa entwickelnde Messewesen betrachtet werden. Nach dem Vorbild der Messen in der Champagne entstehen neue Messeorte wie z.B. die flandrischen Tuchmärkte in Ypern, Brügge, Antwerpen oder Bergen op Zoon. Impulse empfangen aber auch weiter südlich gelegene französische Städte wie Chalons oder Lyon sowie das östlich gelegene Frankfurt. Der bis dahin wenig bedeutsame Ost-West-Handel übernimmt durch Frankfurt eine zunehmend gewichtige Rolle. Seit dem 14. Jahrhundert wurde das ökonomisch bedeutendere werdende Reichsgebiet in West-Ost-Richtung in das System des europäischen Handels eingebunden. Neue, östlich gelegene Wirtschaftsräume und -märkte erfuhren hierdurch wesentliche Impulse. Zunächst Frankfurt und seit dem 15. Jahrhundert das weiter östlich gelegene Leipzig begannen zunehmend wichtige Vermittlerrollen zwischen Oberdeutschland und seinen Handelsbeziehungen nach Italien, in die südwestlichen Reichsteile, die Schweiz, in den südostfranzösischen Bereich mit dem Messezentrum Lyon sowie zum traditionell bedeutsamen niederländisch-flämischen Wirtschaftsraum zu spielen. Die Leipziger Messe übernahm zudem die wichtige Rolle der Anbindung der Wirtschaftsräume Ost- und Südosteuropas bis hin nach Griechenland. So entwickelten sich allmählich umfassende „Messesysteme" mit Hauptrouten, Zentren und Subzentren sowie regionalen Wirtschaftsräumen.

In der frühen Neuzeit wichtigster Messeplatz war Frankfurt am Main. Aus einem bedeutenden Jahrmarkt der mittelrheinischen Wirtschaftsregion war spätestens seit der Verleihung des kaiserlichen Geleitprivilegs durch Friedrich II. von Hohenstaufen im Jahre 1241 ein wichtiger Messeort geworden. Die Frankfurter Messe hatte ihre innere

Struktur nach dem Vorbild der älteren Champagne-Messen etwa in der zweiten Hälfte des 14. Jahrhunderts herausgebildet. Der handelspolitische Aufstieg Frankfurts vollzog sich dabei zeitgleich mit dem Niedergang der weiter westlich gelegenen Messeplätze. Die Frankfurter Messe übernahm nun die Anbindung der aufblühenden Wirtschafts- räume östlich des Rheins an die älteren westeuropäischen. Die Frankfurter Frühjahrs- und Herbstmessen waren mit den Brabanter sowie Genfer und Lyoner Messen verbun- den. Aus diesem Netzwerk entstand die Kernregion des europäischen Handels im Spät- mittelalter. Auf dieser Basis konnte die Frankfurter Messe im 15. Jahrhundert ihre Be- deutung für den Fernhandel insbesondere im Warenaustausch zwischen den Wirtschaftsräumen Oberdeutschlands, dem Hanseraum sowie dem führenden Wirt- schaftsgebiet Flandern und Brabant nochmals ausbauen. Mit Unterstützung der kaiserli- chen Gewalt gelang es Frankfurt, die Entstehung von Konkurrenzmessen zu verhindern und die eigene, rechtlich herausgehobene Stellung zu stärken.

Am östlichen Rand des Frankfurter Messesystems entstand nun allerdings wie erwähnt die Leipziger Messe, die sich auf die immer einflussreichere Territorialgewalt der säch- sischen Kurfürsten stützen konnte. Bereits im 15. Jahrhundert zeichnete sich die Mittler- funktion der Leipziger Messe im Ost-West-Handel ab. Die Entstehung der Leipziger Messe zu einer zweiten handelspolitisch herausragenden Einrichtung im Heiligen Römi- schen Reich Deutscher Nation ist als Ergebnis einer kontinuierlichen, sich über mehrere Jahrhunderte erstreckenden Entwicklung zu verstehen, wobei der landesherrlichen Poli- tik eine zentrale Rolle zuzuschreiben ist.

5. Übergang von der Waren- zur Mustermesse im 19. Jahrhundert

Als Markgraf Otto von Meißen in der zweiten Hälfte des 12. Jahrhunderts Leipzig das Stadtrecht verlieh, gewährte er den bereits bestehenden Leipziger Märkten Schutz. Da- mit wurde eine Haltung begründet, die die wettinischen Landesherren über Jahrhunderte hinweg einnahmen. Als frühes unverzichtbares Förderinstrument ist der Geleitsbrief Dietrichs von Landsberg aus dem Jahre 1268 zu nennen. Dieser gewährte allen Kauf- leuten, die auf der Leipziger Messe Handel treiben wollten, umfassenden Schutz sogar in Kriegszeiten. Eine weitere Förderung erhielten die Leipziger Märkte durch das Recht eines dritten Neujahrsmarktes, das der Stadt 1458 durch Kurfürst Friedrich II. verliehen wurde. In der Folge bemühten sich die sächsischen Kurfürsten um den Schutz der drei Leipziger Markttermine und erreichten im Ergebnis 1497 das umfassende Priveleg des Römischen Königs Maximilian I. Im Jahre 1507 wurden in einem zweiten Privileg die Festlegungen Maximilians nochmals bestätigt und erweitert. Durch die Bulle Papst Leos X. wurde die herausragende Privilegierung der Leipziger Messe in Mitteldeutschland auch gegen den Widerstand der geistlichen Fürstentümer durchgesetzt. Die zwischen 1497 und 1514 erreichten Privilegien blieben für mehrere Jahrhunderte hinweg die Rechtsgrundlage der sich erfolgreich entwickelnden Leipziger Messen.

Der Aufstieg der Leipziger Messen zu überregionaler und internationaler Bedeutung lässt sich insbesondere an der herausgehobenen Stellung Leipzigs im Ost-West-Handel erkennen. Leipzig übernahm nun die zunehmend wichtige Funktion als Umschlagplatz des Nürnberger Handels mit Polen, Russland und den angrenzenden Wirtschaftsräumen. Hinzu kam der Aufschwung des erzgebirgischen Bergbaus seit der zweiten Hälfte des 16. Jahrhunderts sowie die damit in ursächlichem Zusammenhang stehende gewerbliche Entwicklung Kursachsens und der angrenzenden Regionen. Über Leipzig gelangte erzgebirgisches Silber bis nach Köln und Italien. Weitere Handelsgüter waren Kupfer, Eisen und Zinn sowie Pelze, Schwefel, Farbstoffe, Hölzer und Wachs, die gegen Fertigprodukte aus den westlichen Regionen wie feine Tücher, Gewürze, Wein, Leder und Fisch gehandelt wurden. Als ein wesentlicher Motor für die Entwicklung Leipzigs ist der Silberhandel erkennbar. Zudem rückte die Stadt handelsgeografisch seit dem 16. Jahrhundert allmählich in das Zentrum Europas. Sie lag am Knotenpunkt der Magistralen Via Regia, der Ost-West-Verbindung zwischen Flandern/Brabant und dem osteuropäischen Wirtschaftsraum, sowie der Via Imperii, der Nord-Süd-Verbindung zwischen Skandinavien und der Lombardei bzw. Venedig mit dem Levante-Handel.

Nach dem Ende des Dreißigjährigen Krieges erlebte der Handel mit Ost- und Südosteuropa über die Leipziger Messe einen raschen Aufschwung. Träger des Warenhandels mit Polen und Russland waren nun in erster Linie jüdische Kaufleute. Leipzig wurde zum führenden europäischen Umschlagplatz im Landhandel mit dem Osten und avancierte um 1700 zum führenden deutschen Messeplatz mit internationaler Bedeutung. Die Leipziger Messe bildete in dieser Zeit moderne Strukturen heraus; sie verfügte über die modernste Handelsgesetzgebung, über eine Wechselordnung, eine Kaufgerichtsordnung sowie ein überaus wichtiges Handelsgericht und eine Handelsdeputiertenordnung. Durch dieses Handelszentrum mit zunehmend europäischen Verflechtungen kam es zu einer hugenottischen Zuwanderung nach Leipzig und Sachsen, die wiederum eine Belebung des von alters her wichtigen Frankreich-Handels nach sich zog. Nicht zuletzt durch internationale Impulse avancierte Sachsen allmählich zum Zentrum der Manufakturwarenherstellung in Deutschland. Luxuswaren für die zahlreichen Fürstenhöfe Mitteldeutschlands, Modeartikel für das aufstrebende Bürgertum, die (Wieder-)Entdeckung des Porzellans und die zunehmende Bedeutung von Verlagswesen und Buchhandel sind als wesentliche Faktoren für die Entwicklung der Leipziger Messe zu einer Handelseinrichtung von europäischer, ja weltweiter Bedeutung auszumachen. Auf der Leipziger Messe kamen im 18. Jahrhundert Verkäufer aus Westeuropa – gelegentlich auch aus Nordamerika – mit Kunden aus Polen, Russland, dem Balkan sowie Griechenland zusammen. Für die Erzeugnisse der exportierenden Gewerberegionen Sachsens, Schlesiens und Böhmens waren die Leipziger Messen Hauptabsatzmarkt.

Durch elastisches Reagieren auf die Herausforderungen der beginnenden Industrialisierung und die Entwicklung des damit notwendig gewordenen Musterhandels wurde der
Grundstein dafür gelegt, dass die Leipziger Messe die einzige unter den deutschen Messen blieb, die noch im Zeitalter der Industrialisierung ab der zweiten Hälfte des 19. Jahrhunderts ihre internationale Bedeutung konservieren konnte. Die Leipziger Warenmesse
war in der ersten Hälfte des 19. Jahrhunderts einem großen Anpassungs- und Veränderungsdruck ausgesetzt. Der Rückgang des Warenabsatzes nach Ost- und Südosteuropa
konnte zunächst durch die Intensivierung des Warenaustausches im Gebiet des Deutschen Zollvereins ausgeglichen werden. Die fortschreitende Industrialisierung und damit
verbundene Neuerungen in Handel und Verkehr erzwangen allerdings Veränderungen,
die auf lange Sicht die traditionelle Institution der Warenmesse insgesamt in Frage stellten. Bereits in der Mitte des 19. Jahrhunderts deutete sich ein tiefgreifender Strukturwandel an. So etablieren sich z.B. die parallel zur Ostermesse ab 1850 stattfindenden In-
dustrie-Ausstellungen, auf denen das an Bedeutung zunehmende Metallgewerbe neue
Produkte als Warenmuster präsentierte; die auf den Industrieausstellungen gezeigten
„Neuigkeiten" erregten vermehrt das Interesse der Kundschaft, der Presse und der allgemeinen Öffentlichkeit (Ludwig 1999, S. 353-361).

Vor diesem Hintergrund begann die Messe nach und nach eine neue Gestalt anzunehmen. Die veränderte Messepraxis machte zunehmend die Produzenten selbst zu Trägern
der Messe. Durch das Zusammenwirken der messeinteressierten Industrien und der gegenüber den Veränderungen aufgeschlossenen Leipziger Bürgerschaft entwickelte sich
schließlich aus einer jahrhundertealten Warenmesse die moderne Leipziger Mustermesse. Die Verantwortlichen erkannten, dass die neue Aufgabe darin bestehen musste,
den Warenverkehr zwischen Produzenten und Abnehmern effizient und damit direkt zu
organisieren. Ab 1895 war die Leipziger Mustermesse zu einer offiziellen, den modernen Bedürfnissen entsprechenden Handelseinrichtung geworden. Mit der geglückten Innovation Mustermesse verband sich ein tiefgreifender Aufschwung, der den französischen Parlamentspräsidenten Edouard Herriot 1912 bewog, von der Leipziger Messe als
der „Mutter aller Messen" zu sprechen. Für ihn war die Mustermesse „das größte Geschäft mit den geringsten Mitteln in der kürzesten Zeit und auf dem engsten Raum".
Trotz der problematischen Entwicklung im 20. Jahrhundert mit zwei Weltkriegen, Verfolgung, Elend und Zerstörung und der Teilung der Welt in zwei unversöhnlich miteinander konkurrierende Gesellschaftsordnungen blieb die „Erfindung der Mustermesse"
vor gut 120 Jahren die tragfähige und erfolgreiche Basis des internationalen Messewesens bis in unsere Gegenwart hinein (Rodekamp 1997, S. 353-357).

Die altehrwürdige europäische Handelsinstitution Messe hat die Zeitläufe überstanden.
Heute existiert ein globales Netzwerk von Messen und Ausstellungen; neue Orte und
Funktionen sind hinzugekommen. Im Zeitalter einer weltweit umspannenden Kommunikation hat die Messe als Ort der Begegnung und des Austauschs zwischen Menschen ihre Bedeutung bewahrt. Dynamik, Flexibilität und permanenter Wandel sind zu Charakteristika des heute internationalen Messewesens geworden. Seine Faszination als
Vermittler der Begegnung mit dem „Neuen", als Zentrum des Austauschs von Ideen

zwischen Menschen und als Zentrale von Handel und Wirtschaft ist bis in unsere Tage die tragende Säule eines heute weltumspannenden Messesystems geblieben, dessen erstaunliche Karriere vor mehr als acht Jahrhunderten in Nordfrankreich begann.

6. Literaturverzeichnis

BRÜBACH, N., Die Reichsmessen von Frankfurt am Main, Leipzig und Braunschweig, Stuttgart 1994, S. 26-39.

GILLISON, J., The Notion of the Fair in the Light of the Comparative Method, in: La Foire. Recueiles de la Société Jean Bodin V, Brüssel 1953, S. 333-337.

JARNUT, J., Die Anfänge des europäischen Messewesens, in: Koch, R. (Hrsg.), Brücke zwischen den Völkern – zur Geschichte der Frankfurter Messe, Bd. 1, Frankfurt/M. 1991, S. 2.

LUDWIG, J., Die Leipziger Messe in den ersten Jahren des Zollvereins (1834 bis 1860), in: Zwahr, H./Topfstedt, T./Bentele, G. (Hrsg.), Leipziger Messen 1497 bis 1997, Teilbd. 1: 1497 bis 1914, Köln 1999, S. 353-361.

RODEKAMP, V., Messe im 20. Jahrhundert. Wendezeiten – Zeitbilder, in: Rodekamp, V. (Hrsg.), Leipzig – Stadt der wa(h)ren Wunder, Leipzig 1997, S. 353-357.

Kurt Schoop

Historie und Entwicklung von Fachmessekonzepten

1. Einleitung

2. Die historische Entwicklung hin zur Fachmesse

3. Fachmessekonzepte als dominante Messeform der heutigen Zeit

4. Entwicklung des Fachmesse-Portfolios am Beispiel der Messe Düsseldorf

5. Leitmessen als Aushängeschild des Messeplatzes Deutschland

6. Ausblick

7. Literaturverzeichnis

Kurt Schoop war von 1967 bis 1984 Vorsitzender der Geschäftsführung der Messe Düsseldorf GmbH und von 1990 bis 1991 aus dem Ruhestand heraus Interims-Vorsitzender der Geschäftsführung der Leipziger Messe GmbH, Leipzig. Noch heute ist er Ehrenmitglied des Aufsichtsrates der Leipziger Messe GmbH.

1. Einleitung

Die Entwicklung und Konzipierung von Fachmessen ist im Kontext der Geschichte des Messewesens zu verstehen und dort als Ablösung der Mustermessen einzuordnen. Letzterer Messe-Typus beherrschte bis in die 20er Jahre hinein die großen deutschen Messeplätze. Das weltweite Messewesen wird heute vom Typus der Fachmesse dominiert. Seinen Ursprung hat diese Verbreitung in Deutschland, insbesondere in der Zeit nach dem Zweiten Weltkrieg.

Bereits im Jahre 1952 wurde die noch heute bestehende „Interessengemeinschaft Deutscher Fachmessen und Ausstellungsstädte – IDFA" von den Messegesellschaften Düsseldorf, Essen, Hamburg, München und Stuttgart gegründet. Vereinszweck war ausdrücklich die Durchführung von internationalen wie (über-)regionalen Fachmessen (Stiege 1997, S. 56). Heute gehören der IDFA die mittelgroßen deutschen Messegelände Dortmund, Essen, Friedrichshafen, Hamburg, Karlsruhe, Leipzig, Offenbach, Pirmasens, Saarbrücken und Stuttgart an. Zusammen organisieren diese zehn IDFA-Gesellschafter rund 230 Fachmessen und Ausstellungen.[1] Die sieben größten deutschen Messegesellschaften, auf deren Messegeländen zahlreiche Leitmessen mit weltweiter Bedeutung veranstaltet werden, sind in der „Gemeinschaft Deutscher Großmessen – GDG e.V." zusammengeschlossen; hierzu zählen die Messegesellschaften von Berlin, Düsseldorf, Frankfurt, Hannover, Köln, München und Nürnberg.[2] Einer der großen Messepioniere der Nachkriegszeit, der die Grundlage für die Internationalisierung deutscher Fachmessen geschaffen hatte, war Dr. Herbert Engst, ehemaliger Geschäftsführer der Leipziger Messe und von 1951 bis zu seinem Tode 1967 Direktor der NOWEA (Nordwestdeutsche Ausstellungs-Gesellschaft) Düsseldorf.

Der Verfasser des vorliegenden Artikels hat in seiner Amtszeit wesentlich auf diesem exzellenten Nährboden die Internationalisierung des Düsseldorfer Fachmesseprogramms hin zu einer Reihe von Leitmessen vorangetrieben. Er war auch der Initiator des Neubaus der neuen Messegelände von Düsseldorf (Eröffnung im Jahre 1971) und Leipzig (Eröffnung im Jahre 1996). Kapitel 4 widmet sich dem einzigartigen Entwicklungsprozess der Messe Düsseldorf.

---

[1] Vgl. www.idfa.de/index.de.html, zugegriffen am 12.09.2003.

[2] Vgl. www.nuernbergmesse.de/main/cyswcf1s/di49xhdr/page.html, zugegriffen am 12.09.2003.

2.   Die historische Entwicklung hin zur Fachmesse

Seinen Ursprung hat das Messewesen in den altertümlichen Märkten Europas, die sich im Laufe der Jahrhunderte besonders an Kreuzungspunkten von Land- und Wasserstraßen zu Märkten mit überregionaler Bedeutung entwickelten. Während die romanischen und angelsächsischen Begriffe 'feria', 'fiera', 'foire' und 'fair' sich vom lateinischen Wort 'forum' ableiten, hat die deutsche Bezeichnung 'Messe' ihren Ursprung in der unheiligen Messe 'missa profana', die im Anschluss an die heilige Messe 'missa sacra' abgehalten wurde. Nach dem Kirchgang kamen die Leute auf dem Marktplatz zur 'missa profana' zusammen und boten Gebrauchsartikel aller Art zum Kauf oder Tausch an (Maurer 1970, S. 69; Müller 1985, S. 7; Selinski 1983, S. 4; Wedel 1977, S. 9). Die weltweit erste urkundliche Erwähnung einer Messe war der Kaufmannstreffpunkt von St. Denis bei Paris 629 n. Chr. Historisch belegte Kaufmannstreffpunkte auf deutschem Boden sind Köln (973 n. Chr.) und Mainz (975 n. Chr.). Im Jahre 1240 n. Chr. wird Frankfurt am Main erstmals als deutscher Messeplatz erwähnt (Fischer 1992, S. 5, 8; Goschmann 1988, S. 136).

Es ist bezeichnend für die Entwicklung des Messewesens, dass die jeweilige Form und Darbietung einer Messe die ökonomischen Zustände der jeweiligen Zeit widerspiegelten. Waren die ersten Messen noch als Tauschmessen zu verstehen, so entwickelten sie sich im frühen Mittelalter zu Warenmessen. Aus Tauschgütern wurden Waren, die einen Wert erhielten und aus deren Tausch ein Umsatz errechnet werden konnte. Das daraus resultierende Geld- und Preisdenken hatte zur Folge, dass Warenmessen bis ins 19. Jahrhundert hinein die dominante Messeform darstellten (Maurer 1973, S. 62).

In seiner historischen Entwicklung erhielt das Messewesen eine zunehmend wichtige ökonomische Bedeutung und bildete schon bald ein großes europäisches Netzwerk, das sich von England bis Süditalien bzw. von Polen bis Spanien erstreckte. Das im geografischen Zentrum liegende *Heilige Römische Reich Deutscher Nation* spielte eine handelspolitisch wichtige Rolle und übernahm ab dem 14. Jahrhundert mit dem Messeplatz Frankfurt und später mit Leipzig eine herausragende Stellung. Frankfurt entwickelte sich auf Grund seiner Lage im europäischen Handelswegezentrum bis zum 16. Jahrhundert zum bedeutendsten Messeplatz in Deutschland.

Gesellschaftlich-ökonomische Veränderungen, hervorgerufen durch die beginnende Industrialisierung, die Revolutionierung des Verkehrswesens und die Aufhebung der Zollschranken, trugen dazu bei, dass die Warenmesse als dominante Messeform in der Mitte des 19. Jahrhunderts ernsthaft in Frage gestellt wurde (Niedergöker 1980, S. 100; Wedel 1977, S. 10). Die Industrialisierung mit ihrer maschinellen Produktion löste die bislang vorherrschende Einzel- oder Kleinserienfertigung durch preiswertere, aber qualitativ gleichwertige Massenfertigung ab (Groth 1993, S. 8). Im Verkehrswesen trug besonders die Erfindung der Eisenbahn im Jahre 1835 dazu bei, dass der Gütertransport und Handel in Deutschland merklich anstieg (Koch 1994, S. 25; Sombart 1913, S. 238). Begünstigt wurde diese Entwicklung noch durch ein starkes Bevölkerungswachstum, das die Nachfrage erhöhte, sowie die größere Zollfreiheit, welche sich positiv auf den Handel auswirkte.

Diese Veränderungen schafften von nun an direkte Handelswege, Verbindungen zwischen Herstellern und Händlern. Folglich wurden Messen als Handelsplatz für Güter wie Wolle, Tabak, Chemikalien und Textilien oft übergangen. Stattdessen entstand das Berufsbild des Handelsreisenden in Europa, der von Ort zu Ort fuhr, und Produkte als Einzelmuster dem Kunden vorführte. Diese Entwicklungen hatten auch ihren Einfluss auf die konzeptionelle Struktur des bestehenden Messewesens insofern, dass Güter auf Messeplätzen in der Form von Einzelmustern präsentiert werden konnten. Ein Beispiel hierfür waren die Industrieausstellungen in Leipzig, welche ab dem Jahr 1850 parallel zu den Ostermessen in Leipzig stattfanden und erfolgreich Metallprodukte als Warenmuster präsentierten. Im Jahre 1890 fand in Leipzig die weltweit erste offizielle *Mustermesse* statt, was der Stadt bis zum Beginn des Ersten Weltkrieges zu einer führenden Stellung in Europa verhalf (Goschmann 1988, S. 136; Maurer 1973, S. 39).

Obwohl sich die Mustermessen Ende des 19. Jahrhunderts als die dominante Messeform durchgesetzt hatten, waren es wieder gesellschaftspolitische Einflüsse, hervorgerufen durch den Ersten Weltkrieg, die eine Veränderung im Messewesen herbeiführten. Diese Veränderungen fanden in der expansiven Entwicklung des deutschen Messewesens ihren Ausdruck, die zu einer Dezentralisierung der Messestandorte führte und die Hegemonie der großen Messeplätze wie Leipzig, Köln oder Frankfurt bedrohten.

Diese Dezentralisierung der Standorte war mit einer Spezialisierung von Kundenbedürfnissen auf bestimmte Produkte und Absatzgebiete verbunden (Möller 1989, S. 117-118). Die Mustermessen waren plötzlich nicht mehr in der Lage, den neuen Marktanforderungen in der Form von spezialisierten Produktpräsentationen gerecht zu werden. Es wurde zunehmend Kritik an der Organisation der Mustermessen laut, die in ihrer Produktvielfalt für Kunden als zu unübersichtlich empfunden wurden.

Auf Grund rückläufiger Aussteller- und Besucherzahlen wurde besonders in Köln der Ruf nach einer Reformierung des Messewesens zunehmend lauter. Die bestehenden Mustermessen stellten in ihrer Produktvielfalt zu viele Güter aus, die keine Marktresonanz hatten. Eine Reformmaßnahme in Köln war es, sich von allen Branchen zu trennen, die keine ausreichende Marktresonanz erzielen konnten. Das Credo nach 1925 lautete, dass von wenigen Bereichen der Wirtschaft alles und nicht von vielen Bereichen nur etwas gezeigt wird, also eine Sortimentseinengung bei gleichzeitiger -vertiefung (Heyde 1979, S. 598; Koch 1994, S. 49).

In Leipzig, das nicht so stark von schwindenden Aussteller- oder Besucherzahlen betroffen war wie Köln oder Frankfurt, basierte die Kritik an den bestehenden Messen auf dem Argument, dass sie auf Grund ihrer Produktvielfalt und Größe für Kunden unübersichtlich geworden waren. Mit dieser Kritik wurde gleichzeitig der Ruf nach einer Messe laut, die es Ausstellern ermöglichte, gleiche und verwandte Warengruppen in einem räumlich zusammenliegenden Areal zusammenfassend anzubieten. Die Befürworter dieses Konzeptes führten an, dass damit das komplexe Angebot einzelner Produktbranchen auf einer überschaubaren Fläche kompakter angeboten werden kann und somit bessere Rahmenbedingungen für das Vergleichen und Verdichten von Marktinformationen geschaffen werden (Seyde 1924, S. 52).

Das neue Messekonzept mit seiner Branchenkonzentration wurde in Leipzig aber erst in den Jahren 1928/1929 als wirkliche Alternative zu den bestehenden („Misch")-Mustermessen akzeptiert. Die Ursache dafür lag darin, dass die Mustermesse in ihrer Tradition in Leipzig stärker verankert war als an anderen Messeplätzen, was wiederum die Akzeptanz für neue und innovative Ideen erschwerte (Koch 1994, S. 152).

Die Messen in den Folgejahren ähnelten insofern schon den Fachmessen, da sie von einer deutlich schmaleren Branchenbasis geprägt waren, die von den Bereichen Haus- und Wohnbedarf, Textilien und Möbeln dominiert wurden. Stetig ansteigende Aussteller- und Besucherzahlen bestätigten die Richtigkeit des neuen Messe-Typus, der sich auch im schwierigen Umfeld, bedingt durch die Weltwirtschaftskrise, behaupten konnte (Meßamt Köln 1994, S. 20).

Die Entwicklung hin zu Messen mit Branchenkonzentration erwies sich für die meisten deutschen Messeplätze als profitabel. Fachmessen werden den neuen Rahmenbedingungen auf den Märkten besser gerecht, da sie die Kaufintentionen der gegenwärtigen Kunden besser ansprechen, die sich im Wesentlichen auf eine einzige Branche konzentrieren wollen. Die Epoche der monopolitisch agierenden allgemeinen Mustermesse mit ihren „Allroundkäufern" war damit endgültig vorbei.

Obwohl Fachausstellungen noch keine weitreichende internationale Resonanz hatten, wurden sie für fachlich interessierte Kreise zunehmend bedeutungsvoller. Beispiele hierfür waren im Jahre 1938 die „Westdeutsche Fachschau für das Gaststätten- und Beherbergungsgewerbe, Düsseldorf" oder die „Neue Baustoffe – Neue Konstruktionen Muster- und Modellschau, Düsseldorf" (Engst 1949, S. 109).

3.   Fachmessekonzepte als dominante Messeform der heutigen Zeit

Trotz des wirtschaftlichen Zusammenbruchs setzte sich dieser Trend nach dem Zweiten Weltkrieg fort, da der Wiederaufbau Deutschlands nur über Devisen aus Exportgeschäften erfolgen konnte (Wedel 1977, S. 16-17). Die Öffnung des nationalen Marktes für die ausländische Konkurrenz trug nicht nur zur Festigung des Fachmessekonzeptes in den

50er Jahren bei, sondern war auch der Beginn der Internationalisierung von Fachmesse-themen (Groth 1993, S. 9).

Bereits 1946 fand in Leipzig die erste Nachkriegsmesse statt, gefolgt von München, Düsseldorf und Hannover im Jahre 1947 (o. V. 1997, S. S1).

Im Zuge der immer stärkeren fachlichen Differenzierung nach Wirtschaftsbereichen, Branchen, Produkten und Themen hat sich das europäische Messewesen in den folgen-den Jahrzehnten zur weltweit führenden Messeregion entwickelt (Reinhard 2000, S. 30). Rund zwei Drittel aller Leitmessen (siehe hierzu Kapitel 5) finden allein in Deutschland statt (Jacobi 1999, S. 9; Reinhard 2000, S. 30). In erster Linie ist es den großen deut-schen Messegesellschaften gelungen, durch ein gut verzweigtes Repräsentanz-Netzwerk Besucher und Aussteller aus aller Welt zu ihren Veranstaltungen nach Deutschland zu holen und damit die Internationalisierung voranzutreiben.

Doch auch die Globalisierung der Märkte macht nicht vor dem Messewesen halt. Mo-derne Transport- und Kommunikationstechniken ermöglichen es den Unternehmen aller Branchen, über die angestammten Märkte hinaus rund um den Globus präsent zu sein. Politische und wirtschaftliche Umbrüche in vielen Teilen der Welt, die zur Bildung neu-er Wirtschaftsräume geführt haben, kommen unterstützend hinzu. Besonders der asi-atische und osteuropäische Raum verfügen über ein beachtliches Marktpotenzial, das durch den schrittweisen Wegfall von Importrestriktionen den Unternehmen führender Industrienationen Wachstumschancen verspricht (Reinhard 1997, S. 2).

Durch die zunehmende globale Orientierung der Unternehmen ist es zu einem steigen-den Messebedarf im Ausland gekommen. Während der europäische Messemarkt auf Grund des verschärften Wettbewerbes unter den Messeanbietern erste Anzeichen einer Übersättigung aufweist, boomt das Messegeschäft in den aufstrebenden Wachstumsregi-onen der Welt. Da Messeveranstalter sich traditionell als zentrale Vertriebsschiene der Wirtschaft verstehen, haben die Großen der Messebranche damit begonnen, diesen Ver-änderungen durch ein verstärktes globales Engagement Rechnung zu tragen. Aber auch hier sind es speziell auf die regionalen Markterfordernisse ausgerichtete Fachmessekon-zepte, die sich sukzessive etablieren (Reinhard 1997, S. 2).

Jahr	Messen	Aussteller	Inland	Ausland	Anteil Ausland in %	Besucher	Vermietete Fläche in m²
1970	43	48.196	31.204	16.992	35,2	4.446.582	2.526.602
1971	48	47.311	31.049	16.262	34,4	4.317.330	2.695.544
1972	50	48.094	30.967	17.127	35,6	4.525.955	2.674.956
1973	47	51.774	33.738	18.036	34,8	5.298.221	2.140.251
1974	58	52.928	33.919	19.009	35,9	4.575.797	3.062.815
1975	54	54.754	34.300	20.454	37,4	5.286.003	3.238.326
1976	59	56.151	35.290	20.861	37,2	4.949.418	3.194.149
1977	65	64.163	39.943	24.220	37,7	6.743.350	3.711.842
1978	83	68.074	42.769	25.305	37,2	6.138.864	3.610.638
1979	85	72.312	46.423	25.889	35,8	7.883.178	3.673.345
1980	94	76.436	48.400	28.036	36,7	6.700.051	3.824.443
1981	82	75.693	45.411	30.282	40,0	6.930.680	3.859.193
1982	101	80.775	49.729	31.046	38,4	6.813.747	4.002.852
1983	87	81.638	49.045	32.593	39,9	7.536.892	4.073.853
1984	102	86.611	52.224	34.387	39,7	7.026.619	4.190.958
1985	90	88.204	51.774	36.430	41,3	7.870.260	4.379.287
1986	100	94.442	57.888	36.554	38,7	7.632.064	4.742.480
1987	91	91.890	52.723	39.167	42,6	8.208.931	4.447.551
1988	102	99.917	58.877	41.040	41,3	7.863.061	4.682.746
1989	101	109.380	61.669	47.711	43,6	9.994.054	5.268.062
1990	103	110.966	64.315	46.651	42,0	8.196.474	5.074.010
1991	101	120.619	67.766	52.853	43,8	9.543.516	5.668.260
1992	115	130.802	76.561	54.241	41,5	9.009.047	6.038.548
1993	103	131.007	73.343	57.664	44,0	8.968.482	5.865.497
1994	118	132.728	75.164	57.564	43,4	8.934.347	5.796.214
1995	114	141.721	76.996	64.134	45,3	10.354.565	6.308.608
1996	128	144.730	80.395	65.335	44,5	8.996.413	6.066.172
1997	128	151.402	81.262	70.140	46,3	9.754.928	6.336.565
1998	130	154.391	82.617	71.774	46,5	9.355.467	6.497.135
1999	132	161.158	83.975	77.183	47,9	10.098.385	6.595.416
2000	148	174.612	93.055	81.557	46,7	10.259.115	7.195.556
2001	132	167.980	84.306	83.674	49,8	10.691.527	7.104.295
2002	145	165.859	83.124	82.735	49,9	9.218.276	6.639.204

Abb. 1: Kennziffern der überregionalen/internationalen deutschen Messen 1970 bis 2002
Quelle: AUMA, 2003

Obige Abbildung 1 des AUMA zeigt für den Referenzzeitraum zwischen den Jahren 1970 und 2002 eine mehr als Verdreifachung der überregionalen/internationalen Messen in Deutschland auf. Es handelt sich bei diesen Zahlen im Wesentlichen um Fachmessen, wobei auch publikumsoffene Fachveranstaltungen wie z.B. eine BOOT Düsseldorf hierin ihre Berücksichtigung finden. Im gleichen Referenzzeitraum haben sich die Ausstellerzahlen um den gleichen Faktor erhöht, der Anteil der ausländischen Aussteller hat sich sogar fast verfünffacht.

Diese eindrucksvollen Zahlen belegen den Marktbedarf nach speziellen Fachmessekonzepten und die langjährige Kompetenz deutscher Messeveranstalter auf diesem Gebiet.

4.   Entwicklung des Fachmesse-Portfolios am Beispiel der Messe Düsseldorf

Der Messeplatz Düsseldorf spielt bei der Entwicklung und Etablierung von Fachmessen eine besonders erwähnenswerte Rolle. Mit der „Deutschen-Presse-Ausstellung" vom 1. bis 30. November 1947, veranstaltet von der „Nordwestdeutschen Ausstellungs-Gesellschaft mbH -NOWEA-", wurde das erste erfolgreiche Kapitel der neuen Düsseldorfer Ausstellungsgeschichte nach Kriegsende in puncto Fachmessen geschrieben (Döring 1956, S. 84; Düsseldorfer Messegesellschaft 1997, S. 55).

Das Verlangen nach mehr Fachmessen in Deutschland wurde auch in anderen Branchen, z.B. der Modebranche, laut. Die Modebranche stand nach dem Zweitem Weltkrieg mit der völligen Zerstörung des Berliner Konfektionsviertels wieder vor dem Neubeginn und brauchte einen neuen Messeplatz bzw. eine Messeorganisation. Namhafte Fabrikanten der Damenoberbekleidung aus der Nachkriegs-Trizone stimmten für Düsseldorf als neuen Sitz der „Interessengemeinschaft für Damenoberbekleidung (IGEDO)", welche vom 7. bis 12. März 1949 erstmals die „Igedo-Verkaufswoche" veranstaltete. Düsseldorf präsentierte sich auf Grund seiner Lage im kaufkräftigsten Absatzgebiet Deutschlands und der günstigen Verbindung zu den naheliegenden linksrheinischen und bergisch-märkischen Textilindustrien als prädestinierter Ort für diese Veranstaltung (Engst 1949, S. 115; Döring 1956, S. 86).

Die Gründung der Ausstellungsgesellschaft NOWEA am 7. Januar 1947 führte zur Reaktivierung der Düsseldorfer Ausstellungtradition und leitete den Umstieg ins Fachmessewesen ein. Da Leipzig durch die Teilung Deutschlands seine führende Rolle als deutsche Messestadt verloren hatte, konnte sich Düsseldorf sehr rasch zu einem der bedeutendsten Messeplätze der Welt etablieren. Bereits im Jahre 1950 diente Düsseldorf als Austragungsort für 26 Ausstellungen und Fachmessen (Düsseldorfer Messegesellschaft 1997, S. 13f., S. 59).

Der erwünschten Öffnung in Richtung internationale Märkte wurde im Jahr 1950 mit der ersten internationalen Großveranstaltung, der „Internationalen Wäscherei- und Färberei-Ausstellung", Rechnung getragen. Die Entwicklung und Etablierung von Fachmessethemen mit internationaler Komponente in Düsseldorf ist eng mit dem Namen Dr. Herbert Engst verbunden, der als Direktor der NOWEA von 1951 bis 1967 das Fachmesse-konzept Düsseldorfs als Alternative zur Universal- und Mehrbranchenmesse festigte. Diese Unternehmensstrategie hat bis zum heutigen Tag noch Gültigkeit und trug dazu bei, dass die Düsseldorfer Messe eine hohe Fachkompetenz in den verschiedensten Branchen erringen konnte.

Es zeigte sich sehr früh, dass die Fachmessen in Düsseldorf sehr gut die wirtschaftlichen und kulturellen Entwicklungen der Zeit widerspiegelten. Folgender Auszug aus der Fest-schrift zum fünfzigsten Bestehen der Messe Düsseldorf belegt dies in eindrucksvoller Weise (Düsseldorfer Messegesellschaft 1997, S. 59-61):

> „In den fünfziger Jahren schlug die Geburtsstunde wichtiger noch heute zum Pro-gramm der Messe Düsseldorf gehörender Fachmessen (mit Ausnahme der INTER-KAMA), die innovative Produkte auf den Markt brachten. Die Kunststoffmesse K (erstmals 1952) formte und begleitete die Entwicklung dieses neuen Werkstoffes. Arbeitsschutz und Arbeitsmedizin A+A (1954) wurde nicht nur für die Nachkriegs-zeit zum wichtigen Thema.

> Die GIFA (1956), Gießereifachmesse, erschloss durch neue Form- und Gießverfah-ren und mit Hilfe der Automatisierung völlig neue Bedürfnisbereiche. Die INTER-KAMA (1956) Internationale Messe für Automation und Messtechnik, zeigte die Entwicklungstendenzen für die Verfeinerung und Stärkung der Produktion, aber auch für die Erleichterung der menschlichen Arbeit in vielen Produktionsvorgängen auf. Die INTERPACK (1958) Internationale Messe für Verpackungswirtschaft, beschäf-tigte sich mit einem vor dem Zweiten Weltkrieg noch fast gänzlich unbekannten Ge-biet, das am Beginn eines Umschichtungsprozesses der gesamten Verkaufstechnik stand. Und nicht zuletzt entstand die Große Deutsche Schuhmusterschau, heute weltweit unter GDS bekannt (1956), die in den für Düsseldorf so bedeutenden Be-reich der Mode fällt.

> Ab Mitte der sechziger Jahre gab es wiederum eine Reihe von Veranstaltungspremie-ren: Die EUROSHOP öffnete ihre Tore, die Fachmesse für Investitionsgüter des Handels (1966), die den für die damaligen Verhältnisse kühnen Bogen von den Tan-te-Emma-Läden zu den Selbstbedienungsformen des Verkaufens schlug. Die BOOT (1969), die zunächst von denen belächelt wurde, die einer Wassersportausstellung im Binnenland Nordrhein-Westfalen keine Chancen einräumten, entwickelte sich im Laufe der Zeit zum weltweit größten Treffpunkt des Wassersportes. Weitere Meilen-steine waren die GLASTEC (1970), die IMPRINTA (1970) und die MEDICA (1970)."

Mit dem Ausbau der neuen Messe wuchs der Erfolg. Während die Düsseldorfer Messe-gesellschaft 1971 insgesamt 16 Messen ausrichtete, finden sich heute rund 50 Veran-staltungen im Messeprogramm. 22 davon zählen zu den Leitmessen, den weltweit be-deutendsten Veranstaltungen der jeweiligen Branche (Messe Düsseldorf 2003, o.S.; Düsseldorfer Messegesellschaft 1997, S. 60).

„Die siebziger Jahre brachten dann weiteren innovativen Schwung in das Messeprogramm Düsseldorfs: So wurde 1973, sehr früh, mit dem Blick auf die Entwicklung des Umweltschutzgedankens in Deutschland, die ENVITEC, eine Fachmesse für Umweltschutztechnologien, ins Leben gerufen, ein Jahr später begannen die THERMPROCESS, Fachmesse für wärmetechnische Produktionsverfahren, und die HOGATEC, Messe für Hotellerie und Gastronomie. Das Forum für behinderte Menschen, die REHA, komplettierte 1977 das Programmsegment der Fachmessen für Medizin und Gesundheit.

Auch in den achtziger und neunziger Jahren expandierte das Programm der Messeveranstaltungen. Längst ist Düsseldorf nicht mehr nur gefragter Standort für Messen der Investitionsgüter- und der Modebranche. Düsseldorf hat sich auch zum weltweiten Treffpunkt der Freizeitindustrie rund um die Messen BOOT und CARAVAN entwickelt. Das umfangreiche Medizin- und Gesundheitsprogramm wird getragen von den Veranstaltungen MEDICA, A+A und REHA. Und in den letzten Jahren kamen mit der INTERMOPRO, der INTERCOOL, der PROWEIN und der INTERMEAT bedeutende Messen aus dem Nahrungsmittelbereich hinzu: allesamt Beispiele für die sich ständig erneuernde Aktualität des Messeplatzes Düsseldorf und zugleich ein Spiegel der wirtschaftlichen und kulturellen Entwicklungstrends der Zeit.

Dominierten in den fünfziger Jahren Maschinen und Ausrüstungsgüter die Messe, so fielen in den sechziger Jahren neue Angebote aus dem Bereich der Freizeit ins Auge. Die Spezialisierung und Differenzierung der Branchen und ihrer Angebote in den siebziger Jahren spiegelte die vermehrten und verfeinerten Ansprüche einer Gesellschaft des Massenkonsums und des Wohlstandes wider. All dies kulminierte in den achtziger Jahren.

Neue Medien, Kommunikation und Internet stehen für die Trends der ausgehenden neunziger Jahre, die zugleich geprägt sind durch das Face-to-Face-Konzept der Messegesellschaft, das den Menschen und sein Bedürfnis nach Individualität in den Mittelpunkt stellt."

Neben der Entwicklung und Etablierung neuer Fachmessen war das Düsseldorfer Messegeschehen in den siebziger Jahren von dem Ausbau der neuen Messe gekennzeichnet, welcher maßgeblich vom Verfasser dieses Artikels geprägt war. Der neue Messeplatz, auch die „Grüne Wiese" genannt, erwies sich als richtungsweisend in seiner Funktionalität für die Zukunft und wurde am 16. September 1971 mit der K – Internationale Messe Kunststoff + Kautschuk in Betrieb genommen. Nach mehreren Ausbaustufen steht heute eine Bruttogesamtfläche von 234 000 Quadratmetern in 17 Hallen zur Verfügung (Düsseldorfer Messegesellschaft 1997, S. 24).

5. Leitmessen als Aushängeschild des Messeplatzes Deutschland

Nach Reinhard werden Leitmessen als solche Fachmessen eingestuft, die weltweit bezüglich der Besucher- und Ausstellerzahlen, bezüglich der Vollständigkeit des Angebotes sowie bezüglich des Internationalitätsgrades die größten ihrer Art zu einem Messethema bzw. Marktsegment sind (Reinhard 1997, S. 20).

Der m+a report definiert Leitmessen wie folgt: „Eine Leitmesse ist die marktführende Fachveranstaltung einer Branche. Sie gilt als einzigartiger Branchenwegweiser und zeigt Trends eines Wirtschaftszweiges auf, wobei das international relevante Angebot einer internationalen Nachfrage gegenübersteht."[3]

Von Messe-Experten wird immer wieder die Aussage getroffen, dass von den weltweit rund 150 Leitmessen ca. zwei Drittel auf deutschen Messeplätzen durchgeführt werden.

Eine Statistik des m+a reports für das Veranstaltungsjahr 2002 belegt 69 Messen, die als Leitmesse eingestuft wurden und in Deutschland stattfanden (o.V. 2003, S. 14). Im gleichen Zeitraum gab es in Gesamteuropa inklusive der vorgenannten Zahl 91 Leitmessen.[4]

Wenn man nun berücksichtigt, dass eine Reihe von Leitmessen aus dem Investitionsgüterbereich in einem 2- bis 4-Jahres-Turnus stattfinden, hat die oben getroffene Aussage als Faustformel ihre Berechtigung, d.h., rund 80 bis 90 Leitmessen sind auf deutschen Messeplätzen beheimatet.

Da Leitmessen im wirtschaftlichen Umfeld eine gewichtige Rolle spielen, verdienen sie auch gebührende Beachtung. Sie gelten als Spiegelbild für konjunkturelle Entwicklungen in einer Wirtschaftsbranche und dienen darüber hinaus auch als Aushängeschild für die ausrichtenden Länder und deren Städte.

Es besteht zweifelsohne eine Interdependenz zwischen Fachmessen und Leitmessen, da die Entwicklung von Fachmessen auch bestehende Leitmessen beeinflussen kann. Leitmessen sind auf neue Produktkonzepte angewiesen, die bei Fachmessen eingeführt werden. Im Klartext: Mit jeder neu entstehenden Branche werden auch potenzielle neue Fachmessen ins Leben gerufen, die entweder eine bestehende Leitmesse als neues Teilsegment im Gesamtkonzept stärkten oder sich zu einer eigenständigen Leitmesse mit weltweitem Alleinstellungscharakter entwickeln können.

---

[3] Dies ist eine jüngst beim m+a report entwickelte Definition, die laut der Chefredakteurin des m+a reports, Frau Christiane Appel, bis dato noch nicht publiziert wurde.

[4] E-Mail-Abfrage bei der Redaktion vom m+a report am 12.09.2003.

6. Ausblick

Je schneller sich das Wirtschaftsleben dreht, um so schneller müssen sich die Messegesellschaften diesen Veränderungen anpassen. Die neuen Medien haben den unpersönlichen Informationsaustausch beschleunigt und die Geschwindigkeit von Geschäftsabwicklungen hat rasant zugenommen. In der Konsequenz haben potenzielle Messebesucher immer weniger Zeit und suchen konkrete Lösungen für ihre Problemstellungen. Messen müssen deshalb den Zeitgeist von Unternehmen verstehen und ihr Serviceangebot danach ausrichten (Schmieder 2002, S. 10).

Die Zukunft bzw. Lebenserwartung des Messewesens betreffend gibt es aktuell unter Marketingfachleuten sehr kontroverse Diskussionen. Der Verfasser dieses Artikels hat, basierend auf seiner jahrzehntelangen Messeerfahrung, folgende grundlegenden Thesen hierfür aufgestellt:

These 1: Messen bleiben Spiegelbild der Wirtschaft
Technischer Fortschritt und Veränderungen im sozialen, wirtschaftlichen und politischen Leben produzieren auch in Zukunft immer neue Fachmessen (Stiege 1997, S. 60), denn neue Frage- bzw. Problemstellungen erfordern eine konzentrierte Angebotsvielfalt an Lösungen. Dies können nur Fachmessen erfüllen.

These 2: Messen sind eines der ältesten Gewerbe der Welt
Messen sind das älteste Gewerbe der Welt, wenn von einem „anderen Gewerbe" abgesehen wird. Es wird auch in Zukunft Höhen und Tiefen erleben und von Strukturveränderungen betroffen sein aber es wird nie seine Daseinsberechtigung verlieren. Messen werden ein neues, in vielen Fällen sogar aufregenderes Gesicht erhalten.

These 3: Messen sind Treibhäuser für Optimismus
Im Mittelpunkt wird für Messen wie in der Vergangenheit das „Mensch zu Mensch" stehen. Ein persönlicher Dialog übertrifft die Anonymität anderer Medien; das Erleben von Exponaten, Menschen oder Ereignissen über die fünf Sinne schafft Vertrauen und Optimismus. Messen haben schon oft antizyklisch auf einen Wirtschaftsabschwung in einer Branche Einfluss nehmen können, weil Menschen aus zufälligen persönlichen Begegnungen ungeahnt kreative Ideen und Projekte in Gang setzen konnten.

7.   Literaturverzeichnis

DÖRING, W., Handbuch der Messen und Ausstellungen, Darmstadt 1956.

DÜSSELDORFER MESSEGESELLSCHAFT MBH -NOWEA- (HRSG.), 50 Jahre Messe Düsseldorf – Brücke zur Welt, Düsseldorf 1997.

ENGST, H., Ein Beitrag zur Ausstellungsgeschichte Düsseldorfs, Düsseldorf 1949.

FISCHER, W., Zur Geschichte der Messen in Europa, in: Strothmann, K.-H./Busche, M. (Hrsg.), Handbuch Messemarketing, Wiesbaden 1992, S. 3-13.

GOSCHMANN, K., Die erfolgreiche Beteiligung an Messen und Ausstellungen von A-Z, Landsberg am Lech 1988.

GROTH, C., Die Messe als Dreh- und Angelpunkt: Multifunktionales Instrument für erfolgreiches Marketing, Landsberg am Lech 1993.

HEYDE, C.-F., 50 Jahre Kölner Messen, in: IHK zu Köln (Hrsg.), Mitteilungen der IHK zu Köln, 29. Jg., 1.10.1979, S. 598.

JACOBI, G., Leitmessen – Jahrmärkte ihrer Branche – Deutschland bleibt begehrtester Treffpunkt des Welthandels, in: Sonderteil Messen & Kongresse der VDI nachrichten, Nr. 3, 22.01.1999, S. S9.

KOCH, E., Die absatzpolitischen Maßnahmen der Mustermesseveranstalter in Deutschland vom Beginn der Mustermesse bis ins Jahr 1933, Köln 1994.

MAURER, E., Geschichte der europäischen Messen und Fachausstellungen, München – Hannover 1970.

MAURER, E., Missa profana. Die Geschichte und Morphologie der Messen und Fachausstellungen, Stuttgart 1973.

MESSE DÜSSELDORF GMBH (HRSG.), Veranstaltungskalender up to date 2003/2004, Düsseldorf 2003.

MEßAMT KÖLN (HRSG.), Die Kölner Messen und Ausstellungen in der Statistik – 50 Jahre Kölner Messen, Köln 1954.

MÖLLER, H., Das deutsche Messe- und Ausstellungswesen – Standortstruktur und räumliche Entwicklung seit dem 19. Jahrhundert, Trier 1989.

MÜLLER, U., Messen und Ausstellungen als expansive Dienstleistung, Berlin 1985.

NIEDERGÖKER, W., Marketing für Messen und Ausstellungen, in: Falk, B. (Hrsg.), Dienstleistungsmarketing, Landsberg am Lech 1980, S. 93-116.

O.V., Forever young: 50 Jahre Messen von Weltrang, in: Sonderteil Messen & Kongresse der VDI nachrichten, Nr. 4, 24.01.1997, S. S1.

O.V., Das Veranstaltungsjahr 2002 in Zahlen, in: m+a report, 84. Jg. (2003), Nr. 4, S. 14.

REINHARD, H.W., Globalisierungstendenzen im weltweiten Messewesen, Diplomarbeit an der European Business School – Schloss Reichartshausen am Rhein, Oestrich-Winkel 1997.

REINHARD, H.W., Messemacher: Abwechslungsreicher Job mit Tradition & Zukunft, in: MEHRWERT, Nr. 1, Juli/August 2000, Leipzig 2000.

SCHMIEDER, P., Meiden Marken Messen ?, in: m+a report, 83. Jg. (2002), Nr. 4, S. 8-10.

SELINSKI, H., Messe- und Kongressmarketing, Dissertation an der Freien Universität Berlin, Fachbereich Wirtschaftswissenschaften, Berlin 1983.

SEYDE, W., Die volkswirtschaftliche Bedeutung der modernen gewerblichen Mustermesse, Dissertation, Halle-Wittenberg 1924.

SOMBART, W., Die deutsche Volkswirtschaft im neunzehnten Jahrhundert, 3. Aufl., Berlin 1913.

STIEGE, J., Differenzierte Märkte – Fachmessen folgen dem Trend zur Spezialisierung mit bedarfsgerechtem Angebot, in: Deutsche Messe AG (Hrsg.), 50 Jahre Hannover Messe – Ein Deutsches Wirtschaftswunder 1947-1997, Festschrift zum 50jährigen Bestehen, Würzburg 1997, S. 56-60.

WEDEL, P. GRAF VON, Messen. Vom Markt zum Marketing, Frankfurt am Main 1977.

Weitere Internetquellen:

www.idfa.de/index.de.html, zugegriffen am 12.09.2003.

www.igedo.com/0-website/deutsch/igedo_company/2_.../geschichte.htm, zugegriffen am 14.09.2003.

www.messe-duesseldorf.de/md/de/wir_uebe.../wir_datenfakten_blick.htm, zugegriffen am 11.09.2003.

www.nuernbergmesse.de/main/cyswcf1s/di49xhdr/page.html, zugegriffen am 12.09.2003.

Kurt F. Troll

Messekonzepte im Wandel der Zeit – Von der „Leidmesse" zur „Leitmesse"

1. Einführung

2. Messe als Spiegelbild der Marktbedingungen

3. Veränderungen im Marketingumfeld der Märkte von heute

4. Entwicklung des Marketingansatzes als Reaktion auf diese Entwicklung

5. Die neuen Konkurrenzbedingungen

6. Überlebensstrategien im „Hyperwettbewerb"

7. Serviceorientierung als Erfolgsfaktor

8. Bedeutung der Messe im modernen Marketing

9. Die Messe der Zukunft – ein logisches Szenario

10. Was ist konkret zu tun?

11. Fazit

12. Literaturverzeichnis

Prof. Dr. Kurt F. Troll ist Leiter des Fachbereiches Wirtschaftswissenschaften, Marketing & Messewesen an der Hochschule für Technik, Wirtschaft und Kultur, Leipzig.

1. Einführung

In den letzten Jahren wurde deutlich, dass es eine erhebliche Problemlage im nationalen und internationalen Messewesen gibt. Es lässt sich bestimmt nicht leugnen, dass „der Messeplatz Deutschland schwächelt" (oV. 2002a), dass „der Konjunkturcrash nun auch die erfolgsverwöhnte Messebranche eingeholt" hat (o.V. 2002) oder dass „der Kuchen kleiner, die Umgangsformen ruppiger werden" (o.V. 2003). Es lässt sich nicht abstreiten, dass eine Erosion in dem sonst so erfolgreichen Messegeschäft zu beobachten ist. Tatsache ist, dass z.B. im Jahr 2001 gegenüber dem Jahr 2000

- die Zahl der Aussteller auf Messen in Deutschland von 235 000 auf 222 000 zurückgegangen ist

- sich die Zahl der Besucher in Deutschland von 19,14 Millionen auf 18,17 Millionen vermindert hat

- das auch bei den vermieteten Flächen ein Rückgang von 9,14 Millionen Quadratmetern auf 8,02 Millionen Quadratmetern zu verzeichnen ist (oV. 2002b).

Neben diesen mehr quantitativen Fakten, lässt sich aber vor allen Dingen eine erhebliche Verunsicherung auf Seiten der ausstellenden Unternehmen im Hinblick auf Entscheidungen zur Messebeteiligung nachweisen. Große Firmen sagen ihre Messebeteiligungen zu wichtigen Messen einfach ab oder reduzieren ihr Engagement ganz erheblich. Dies hat zum Teil bereits dazu geführt, dass bedeutende Messen[1] oder weniger bedeutende, regionale Automessen[2] ganz gestrichen worden sind.

Aber auch die Meinungsbildung zum Thema „Messe als Kommunikationsinstrument" lässt erkennen, dass zwar 15 Prozent der befragten Firmen eine steigende Bedeutung der Messen, aber 29 Prozent eine sinkende Bedeutung prognostizieren. Nur gut die Hälfte (56 Prozent) der Firmen sehen eine konstante Bedeutung (AUMA 2003).

Nun könnte man auf die Idee kommen, dass dieses Phänomen der ständigen und stetigen „Messeerosion" ein konjunkturelles Phänomen sei und nach Überwindung der Talsohle auch im Messewesen eine Erholung zu erwarten sei. Die folgenden Überlegungen werden zeigen, dass die derzeitige Krise des Messewesens keineswegs ein konjunkturelles und damit vorübergehendes Phänomen ist. Diese Krise ist vielmehr die Folge von erheblichen Strukturbrüchen und den daraus notwendig folgenden Veränderungen im Rahmen des Marketings der ausstellenden Unternehmen. Wie schon so oft in der Vergangenheit, scheint hier eine ganze Branche einen weithin intensiv diskutierten und faktisch deutlich sichtbaren Trendbruch einfach zu ignorieren.

---

[1] Z.B. die AAA – Berlin, die „Herrenmodewoche" Düsseldorf und die „Optica" in Düsseldorf.

[2] Z.B. Stuttgart/München/Saarbrücken/Hamburg.

Fast alle Märkte sind heute durch diese Strukturbrüche gekennzeichnet. Das macht eine umfangreiche und tief gehende Neuorientierung aller Marketingstrategien notwendig. Denn nicht nur im Messewesen als strategischer Teilaufgabe, sondern im gesamten Bereich des Marketings müssen heute folgende Fragen gestellt werden:

- Was hat sich heute in den Märkten geändert?

- Warum versagen die alten Strategien?

- Wie können in diesem veränderten Umfeld die Marketinginstrumente (zu denen an prominenter Stelle ja auch die Messebeteiligung gehört) erfolgreich eingesetzt werden?

Das Marketinginstrument „Messe" war in jeder Phase seiner mehr als tausendjährigen Geschichte immer ein Spiegelbild der Marktbedingungen, wenn auch die notwendigen Anpassungen auf Veränderungen – wie heute wieder zu beobachten – in der Regel sehr zögerlich und mit großem zeitlichem Abstand folgten. Diese Hypothese soll zunächst durch einen kleinen historischen Exkurs belegt werden

2.   Messe als Spiegelbild der Marktbedingungen

Begonnen hat alles damit, dass sich vor ca. 1 000 Jahren an den Kreuzungen berühmter Handelsstraßen (zu Wasser und zu Lande) Plätze bildeten, an denen *Ware gegen Ware* getauscht wurde. Ein solcher Platz war z.B. die Stadt Leipzig, die am Kreuzungspunkt der Handelsstraßen Via Regia und Via Imperii lag und deren historischer Marktplatz die Kreuzung dieser beiden Straßen bildete. Man tauschte dort Ware gegen Ware. Das führte dazu, dass *logistische und warenspezifische Probleme* und deren Lösung für Anbieter und Nachfrager eine erhebliche Rolle spielten.

Um diesen Austausch Ware gegen Ware, der ja voraussetzt, dass die jeweiligen Waren zur gleichen Zeit am Tauschplatz physisch vorhanden sind, auszuweiten und zu vereinfachen, entstand als notwendige Konsequenz der Tausch *Ware gegen Geld*. Dies führte dann dazu, dass die großen Messeplätze sich auch zu führenden Bankenplätzen entwickelten. Hier entwickelte sich *das Geld- und Kreditwesen*, was zu einer erheblichen Erleichterung des Warenhandels führte. Die Ware musste aber immer noch „präsent" sein und fachmännisch begutachtet werden, da erhebliche technische Qualitätsunterschiede wegen der „Natur" der Waren möglich waren.

Diese mehrere Jahrhunderte dauernde Entwicklung wurde schließlich erneut durch einen Strukturbruch „auf den Kopf gestellt". Mit Beginn der industriellen Revolution sowie dem Auf- und Ausbau der Verkehrsinfrastruktur wurde die *Massenproduktion* zur Herstellung *technisch identischer Industriegüter* und deren *massenhafter Transport* möglich.

Dies machte erneut neue „Geschäftsmodelle", z.B. neue Handelsformen, notwendig, welche die Transaktionsprozesse dadurch vereinfachten, dass z.B. Firmenvertreter den Kunden direkt besuchen konnten und dieser die Ware „nach Muster" bestellte. Auch im Messewesen hatte diese Veränderung dramatische Konsequenzen. Als Konsequenz entstand (*trotz des energischen Widerstandes vieler „klassischer Messedenker"*) in Leipzig gegen Ende des vorigen Jahrhunderts die *Mustermesse,* die als *Universalmesse* die ganze Breite der Produktpalette des Marktangebotes zeigte. Um die zentrale Bedeutung der nun als Muster präsentierten Produkte hervorzuheben, wurden u.a. die Messepaläste gebaut, die als „Produktschreine" das physische Angebot der Unternehmen präsentierten, zelebrierten und in der sog. *Ordermesse* zum Kauf anboten.

Der nächste Anpassungsschritt wurde dadurch notwendig, dass sich die deutsche Wirtschaft in erheblichem Umfang zunehmend auf die Erstellung von Investitionsgütern spezialisierte. Da man Schwermaschinen (Lokomotiven, Drehbänke etc.) aber nur unter erheblichem Aufwand oder überhaupt nicht in die zweite und dritte Etage eines „Messepalastes" transportieren kann, ergab sich die Notwendigkeit, für diese sperrigen Produkte geeignete Ausstellungsräume bereitzustellen. Die Konsequenz war die Schaffung der so genannten *„Technischen Messe",* die es ermöglichte, auch große Investitionsgüter dem potenziellen Kunden zu präsentieren.

Dieser explosionsartig wachsende internationale und massenhafte Warenhandel der Zeit nach dem zweiten Weltkrieg musste dann zwangsläufig dazu führen, dass die Messeveranstaltungen als Universalmessen immer umfangreicher und immer unübersichtlicher wurden. Diese Entwicklung legte es nahe, eine Spezialisierung und Segmentierung der Messen durchzuführen, was schließlich zum Konzept der modernen heute i.d.R. zu findenden Fachmesse führte.

Dieser kurze Überblick über die Entwicklung des Messewesens zeigt ganz deutlich, dass zu jeder Epoche der Messentwicklung immer die jeweilige Marktsituation und Marktentwicklung der kraftvolle Motor für alle notwendigen Veränderungen und Anpassungsprozesse im Marketing waren. Insofern musste auch das Kommunikationsinstrument Messebeteiligung immer den wirtschaftlichen Bedingungen folgen und entwickelte sich:

- Von der vorindustriellen Tauschwirtschaft

- Über die Produktionsorientierung

- Über die Produktorientierung

- Über die Verkaufsorientierung

- Zur Marketingorientierung.

Interessanterweise hat sich die gleiche Entwicklung, für welche die Wirtschaft vorher 1 000 Jahre benötigt hat, in den letzten 50 Jahren nach dem zweiten Weltkrieg noch einmal wiederholt.

Denn auch in der Nachkriegszeit diktierten die wirtschaftlichen Bedingungen (wieder) die Marketingziele:

- Nach den „Schwarzmarktzeiten" waren die 50er Jahre durch eine produktionsorientierte Zielsetzung gekennzeichnet, bei der große Mengen von Produkten mit geringer Differenzierung im Vordergrund des unternehmerischen Interesses standen.

- Die 60er Jahre zeichneten sich durch starke Produktorientierung aus, bei der technische Differenzierungen (Innovationen) im Mittelpunkt des unternehmerischen Interesses standen.

- Die 70er Jahre waren durch das Dilemma gekennzeichnet, dass einerseits der Konsument eine zunehmende Differenzierung wünschte, die Unternehmen aber weiterhin mit einer Massenproduktionsmentalität produzierten. Dies führte zur Phase der Verkaufsorientierung, in der Umsatz- und Absatzziele im Vordergrund standen.

- Im Übergang zu den 80er Jahren führten die Schwierigkeiten dieser „Drückermentalität" zur modernen Marketingorientierung, in der die Bedürfnisbefriedigung in Segmenten im Vordergrund des Interesses steht[3].

Aber auch diese klassische Marketingorientierung, die von der Vorstellung ausgeht, dass „ähnliche Ansprüche" zu Segmenten zusammengefasst werden können, die dann von einheitlichen Produktangeboten bedient werden, wird zunehmend fragwürdig.

Die deutlich zunehmende Marktsättigung und die Individualität der Ansprüche führt dazu, dass die Segmente mit ähnlichen Ansprüchen immer kleiner werden und das Denken in „Zielgruppen" einer individuellen Sicht des „Kunden" gewichen ist. Im Extremfall sprechen wir heute vom „One to One Marketing", wobei für jeden Kunden individualisierte Angebotsleistungen zur Verfügung gestellt werden müssen, um im „globalen Hyperwettbewerb" bestehen zu können.

Interessant an dieser Entwicklung ist, dass bei jedem dieser Strukturbrüche – unabhängig davon, ob es sich um die tausendjährige Geschichte der Messe oder die Entwicklung des Marketings der Nachkriegszeit handelt – die beteiligten Akteure zunächst an ihren Gewohnheiten festhalten. Jedoch muss in dieser Situation die Maxime lauten: *„try something different"* und nicht: *„try harder the same"*.

Wie sieht nun die Marketingwelt von heute aus? Welche Veränderungen haben sich im Markt, also bei den Konsumenten, den Absatzmittlern und der Konkurrenz, ergeben und welche Konsequenzen müssen aus diesen Veränderungen für die Marketingstrategien generell und damit auch für die Messeauftritte gezogen werden?

---

[3] Ansatzweise lässt sich diese Entwicklung für die Neuen Bundesländer auch für die Zeit nach der Wende nachweisen. Da dauerte der Prozess dann nur noch ca. 10 Jahre.

3.　Veränderungen im Marketingumfeld der Märkte von heute

Makroökonomisch gesehen lässt sich beobachten, dass sich Deutschland, wie auch andere Volkswirtschaften, auf dem Weg in die Dienstleistungsgesellschaft befindet. Es ist festzustellen, dass sich der Anteil des so genannten tertiären Sektors (Dienstleistung) seit 1950 von ca. 40 Prozent auf bis heute ca. 70 Prozent erhöht hat (Specht 1991).

Schon dieser einfache und hinlänglich bekannte Umstand macht deutlich, dass die Bedeutung des sekundären Sektors (Produktionswirtschaft) – vom primären Sektor ganz zu schweigen – in Deutschland erheblich zurückgegangen ist. Wenn Messen ein Spiegelbild der wirtschaftlichen Entwicklung sind, dann müsste sich dies auch am Messeauftritt der meisten Unternehmen zeigen. Das aktuelle Bild ist aber noch in weiten Bereichen durch Produktpräsentationen gekennzeichnet – ein Inhalt, der heute als Leistungsnachweis für die meisten Unternehmen nicht mehr zeitgemäß ist.

Mikroökonomisch, d.h. im Hinblick auf den einzelnen Verbraucher, haben sich ebenfalls erhebliche Veränderungen ergeben, die sich folgendermaßen umreißen lassen:

- Der Versorgungsgrad mit Gütern des täglichen Bedarfs ist so gestiegen, dass man praktisch in weiten Konsumbereichen von einer Marktsättigung sprechen kann.[4]

- Die Verbrauchsausgaben, d.h. die Ausgaben für das tägliche Leben, sind in den vergangenen Jahren stetig gesunken. Das bedeutet, dass die Konsumenten immer weniger für ihren Lebensunterhalts ausgeben müssen.[5]

- Die Kaufkraft der Arbeitsentgelte ist gestiegen, d.h. die Bürger können sich immer mehr „leisten".[6]

- Die erfahrungsgeleitete Erkenntnis: „Was nichts kostet, das ist auch nichts wert", hat viel von ihrer Überzeugungskraft verloren. Heute korrespondieren auch preiswerte Angebote (Aldi-Effekt) durchaus mit hoher (technischer) Qualität.

- Als Folge dieser Erkenntnis zeigt der gut versorgte Kunde von heute ein „hybrides Verhalten", indem er seine täglich anfallenden Verbrauchsausgaben zu sinkenden Preisen beim Discounter tätigt, was dann übrig bleibt, verwendet er dann dazu, sich etwas Gutes zu leisten und seine „luxuriösen" Ansprüche zu erfüllen.

---

[4] Vgl. z.B. die Veröffentlichungen des Statistischen Bundesamtes für das Jahr 2002 unter http://www.destatis.de/themen/d/thm_haushalt.htm, zugegriffen am 20.9.2003.

[5] http://www.destatis.de/themen/d/thm_haushalt.htm, zugegriffen am 20.9.2003.

[6] http://www.destatis.de/themen/d/thm_loehne.htm, zugegriffen am 20.9.2003.

- Der Kunde von heute ist multioptional, d.h. er kann praktisch jedes Produkt überall kaufen, was z.B. dazu führt, dass die Distributionskanäle ihre Exklusivität verlieren. Der verwöhnte und anspruchsvolle Kunde verzeiht keine Fehler. Die Folge davon ist, dass auch kleine, unerwartete Probleme bei der Produktbeschaffung und Produktnutzung zu erheblichen Umsatzeinbußen durch schnellen Wechsel zur zahlreich vorhandenen Konkurrenz führen können.

Die Veränderungen der Umfeldbedingungen haben also einen „neuen Kunden" geboren, den man zusammenfassend wie folgt beschreiben kann:

„Wer alles hat und wer immer weniger für seinen Lebensunterhalt ausgeben muss und wer erfahren hat, dass ‚preiswert' nicht gleich ‚schlecht' (Aldi-Effekt) ist und wer weiß, dass man ‚Alles' überall kaufen kann und wer Kaufkraft für Ansprüche hat, die er sich früher nicht leisten konnte, der ist verwöhnt, wird anspruchsvoll und kritisch".

Im Vordergrund des Kundeninteresses stehen also nicht mehr unbedingt die „Bedürfnisse nach technischen Gütern", mit denen er ja reichlich ausgestattet ist, sondern der Wunsch nach besonderen Erlebnissen, die möglichst unmittelbar und umgehend erfüllt werden sollen.

4.   Entwicklung des Marketingansatzes als Reaktion auf diese Entwicklung

Wie hat sich das Marketing auf diese veränderten Umfeldentwicklungen eingestellt? Anhand der Entwicklung des Marketinggedankens in der Automobilindustrie soll der Veränderungsprozess verdeutlicht werden.

Am Anfang stand die Idee, für jeden Bürger ein Auto zu schaffen und deshalb wurde ein standardisiertes Produkt konstruiert, das dann massenhaft gebaut wurde. Die Situation, in der dies geschah, war gekennzeichnet dadurch, dass es einen Mangel an Basisprodukten gab und dass sich bei entsprechender Preisstellung für jedes neue Produkt ein stark wachsender Markt abzeichnete. Das Ziel eines Automobilherstellers bestand darin, ein Einzelprodukt an möglichst viele Verwender zu verkaufen. Dies erfolgte mit der Strategie der Neukundengewinnung, die sich als unspezifische Einzeltransaktion darstellte. Die Unternehmensphilosophie vieler Automobilhersteller war in dieser Zeit geprägt durch folgende Maxime: *„Wir verkaufen, was wir erfunden, entwickelt und produziert haben."*

Mit zunehmender Marktsättigung war es nicht mehr möglich, ein einheitliches Produkt anzubieten, da der Verwender nicht mehr unbedingt auf das knappe Gut angewiesen war. Bei einer solchen Situation erfolgt die Segmentierung des Angebotes entsprechend der

Nachfrage mit dem Ziel, Produktgruppen an Verwendergruppen/Zielgruppen zu verkaufen. Es entstehen die verschiedenen produktbezogenen Segmente. Die Strategie wird darauf ausgerichtet, Marktsegmente zu bedienen, Zielgruppen zu „halten" und mit diesen zu einer dauerhaften Transaktion zu kommen. Die Unternehmensphilosophie einer solchen Strategie formuliert die Marketingzielsetzung: *„Wir verkaufen unsere Produkte an unsere Zielgruppen".*

Mit zunehmender Marktsättigung und dem oben beschriebenen Verhalten des „neuen Kunden" reicht es nicht mehr aus, lediglich „Durchschnittsprodukte" an Segmente zu verkaufen, der kritische und verwöhnte Verwender verlangt nun, dass zu seiner Selbstverwirklichung individuelle Angebote für ihn „maßgeschneidert" werden. Es entsteht der *One to One Ansatz des Marketing.* Dieser ist dadurch gekennzeichnet, dass es eine extreme Spezialisierung des Anbebotes gibt und dass nun nicht mehr versucht wird, unspezifische Einzeltransaktionen zu tätigen. Der einzelne Kunde steht im Mittelpunkt des Interesses. Das Ziel des Unternehmens besteht jetzt darin, den „Life-Time-Value" des einzelnen Kunden zu optimieren. Dazu reicht aber die einfache Versorgung mit den Produkten nicht mehr aus. Moderne Automobilkonzerne verstehen sich heute als „Mobilitätsanbieter". Das bedeutet, dass neben den „klassischen Produktgruppen" weitere Leistungen dem gleichen Kunden angeboten werden, die sich zum Beispiel als so genanntes Cross-Selling-Potenzial auch auf die „wirtschaftliche Mobilität" des Kunden beziehen. Aus diesem Grunde bietet man ihm Versicherungen, Finanzierungen und Scheckkarten etc. an, versorgt ihn mit Informationen und fasziniert ihn in der eigenen Autostadt Wolfsburg oder trainiert den Nachwuchs in der eigenen „Auto-Lern-Werkstatt" oder im Sony-Center in Berlin.

Die strategische Ausrichtung hat sich also vom Zielgruppendenken zur Einzelkundenbindung entwickelt. Diese soll dann einen konstanten Strom neuer (individueller) Aufträge des Kunden über eine möglichst lange Zeit sicher stellen. Die moderne Marketingzielsetzung der Automobilhersteller lautet also heute:

„Wir erfüllen alle Mobilitätsansprüche eines jeden einzelnen Kunden mit unseren Angeboten (Produkte/Dienstleistungen/Informationen), die wir zusammen mit ihm entwickeln."

Hierbei hat sich also das Geschäft ganz eindeutig von der Produktseite hin zu Dienstleistungsangeboten verlagert. Diese haben in ihrer weiteren Entwicklung häufig nur noch wenig mit dem ursprünglichen (physischen) Produkt zu tun.

Dieser kleine historische Exkurs in die Marketinggeschichte zeigt die Entwicklung zur modernsten und wichtigsten neuen Marketingzielsetzung: langfristige Einzelkundenbindung! Don Peppers, der wichtigste Vertreter des so genannten One-to-One-Marketing in den USA, hat diese Entwicklung folgendermaßen sinngemäß charakterisiert (Peppers/Rogers 1997):

Der traditionelle Marketingwettbewerber entwickelt ein Produkt und sucht dann einzelne Kunden für diese Innovation. Der neue Marketingansatz (langfristige Einzelkun-

denbindung) konzentriert sich darauf, eine möglichst gute Beziehung zu jedem einzelnen Kunden zu entwickeln, um den Kunden so viele Produkte und Dienstleistungen wie möglich während der langfristigen guten Geschäftsbeziehungen zu verkaufen.[7]

Es geht also nicht mehr darum, mit möglichst vielen Kunden möglichst viele Geschäfte zu tätigen. Die neue Zielsetzung lautet: mit einem einzigen Kunden möglichst lange hohe Umsätze zu tätigen. Anstatt „share of market" gilt die Zielsetzung vom „share of wallet". Bezogen auf das Umsatzpotenzial folgt daraus, dass dieses nicht mehr aus dem Marktsegment, sondern wie schon erwähnt, aus dem „Life-Cycle-Value" des einzelnen Kunden generiert wird. Wie amerikanische Studien zeigen, ist der „Mehrwert" bei Verlängerung der Kundenloyalität ganz beträchtlich (Reichheld/Sasser 1990).

Zusammenfassend ist festzustellen, dass im modernen Marketing:

- Langfristige Einzelkundenbindung von ganz entscheidender Bedeutung ist
- Dass diese Einzelkundenbindung in zunehmenden Maße – unter Berücksichtigung der Versorgungslage des Kunden – durch Dienstleistungen erzeugt wird.

Aber nicht nur die Kunden und ihre Ansprüche haben sich ständig geändert, auch der Wettbewerb hat nach Art und Intensität dramatisch zugenommen.

5.   Die neuen Konkurrenzbedingungen

Die neuen elektronischen Medien haben dazu geführt, dass das gesamte internationale aktuelle Wissen Online, d.h. verzögerungsfrei verfügbar ist. Dies gilt nicht nur für den Privatbereich, sondern für den gesamten wissenschaftlich-technisch-wirtschaftlichen Sektor. Innerhalb der neuen (elektronischen) Medien nimmt das Internet eine ganz hervorragende Stellung ein. Der Informationsumfang des Internets erhöht sich in rasanter Geschwindigkeit. Deshalb kann man heute davon ausgehen, dass im „Global Village" jede innovative Idee sofort weltweit sichtbar wird. Das bedeutet, dass sich alle Produkte und Leistungsangebote heute schon in permanenter weltweiter Konkurrenz befinden.

Die besondere Dramatik dieser Entwicklung liegt aber darin, dass nicht nur für den Kunden die Markttransparenz steigt. Auch die gesamte (globale) Konkurrenz wird verzögerungsfrei jede neue Idee, die unser Unternehmen entwickelt hat und die wir unseren Kunden im Internet präsentieren, ebenfalls einsehen können.

Die Konsequenz dieser Entwicklung ist, dass heute eine rasant steigende Innovationsgeschwindigkeit zu beobachten ist, die sich in einem atemberaubend schnellen technischen

---

[7] Vgl. zur Begründung z.B. www.1to1.com/downloads/en/shareofcustomer_presentation.pdf.

Wandel äußert. Das häufig geäußerte „Gefühl", dass wegen des Fehlens so genannter großer Innovationen der technische Fortschritt abgenommen habe, ist trügerisch. Anstatt in großen Sprüngen vollzieht sich der technologische Wandel heute in kleinen Schritten, an den sich die Akteure gewöhnt haben und den sie vielfach kaum noch wahrnehmen. Dies führt zu einer dramatischen Abnahme der Lebenszykluszeiten und in deren Folge zu einer Abnahme der so genannten „Lead-Time", die es einem Unternehmen erlauben, von der Konkurrenz ungestört den notwendigen „Return on Investment/Research" zu erzielen.

Gute Ideen und Innovationen werden wegen der hohen Markttransparenz heute nahezu in allen Bereichen umgehend kopiert. Das führt zur so genannten „me-too"-Konkurrenz. Wenn überhaupt, können Wettbewerbsvorteile nur noch kurzfristig wahrgenommen werden. Um diese überhaupt noch nutzen zu können, ist es notwendig, die so genannte „Time to Market" oder besser „Time to Customer" möglichst effizient zu nutzen, d.h. eine möglichst hohe Markteintrittsgeschwindigkeit zu realisieren.

Wenn aber die „Lead-Time" in manchen Bereichen der Unterhaltungselektronik heute nur noch ca. drei Monate beträgt, verbietet es sich, mit der Markteinführung von technischen Innovationen auf jährlich stattfindende Veranstaltungen (wie z.B. Messen) zu warten! Sobald die Innovation marktreif ist, muss sie vermarktet werden, da die Konkurrenz bereits kurze Zeit später ein gleiches oder verbessertes Angebot auf den Markt bringt.

Diese hohe Innovations- und Kopiergeschwindigkeit hat dazu geführt, dass sich dem Kunden, egal ob Konsument oder Produzent, ein weitgehendes homogenes Leistungsangebot präsentiert, d.h. die Produkte werden in den Augen der Kunden als immer ähnlicher wahrgenommen. Progressive Unternehmen haben dies bereits eingesehen, verzichten auf die Produktion eigener Produktteile oder ganzer Produkte und differenzieren ihr eigenes Angebot lediglich durch die Marke. Als Beispiel für dieses so genannte „Badge Engineering" können die Produkte VW Sharan/Seat Alhambra/Ford Galaxy angesehen werden. Diese sind trotz Baugleichheit nur durch die Marke unterschieden.

Als Fazit dieser Entwicklung ist festzuhalten, dass sich technische Innovationen nur noch sehr begrenzt und vor allen Dingen nur kurzfristig eignen, um Wettbewerbsvorteile dauerhaft zu erzeugen. Wenn das aber so ist, ergibt sich als Zwischenergebnis für unsere Messebetrachtung, dass technische Innovationen *nicht* zentraler Gegenstand des Messeauftritts sein können. Dies hat bereits A. Müller als Messeleiter von Daimler-Benz im Jahre 1992 festgestellt, als er forderte: „Schafft endlich die Produktverliebtheit ab und macht kundenorientierte Messen" (vgl. Müller 1992, S. 38).

6.   Überlebensstrategien im „Hyperwettbewerb"

Wendet man sich der Frage zu, wie Unternehmen in einem solchen Hyperwettbewerb erfolgreich überleben können, so ist die Antwort darauf eigentlich recht simpel: Eine Überlebenschance besteht immer nur, wenn es gelingt, (mindestens) einen Wettbewerbsvorteil aufzubauen (Innovation) und dauerhaft zu sichern (Verteidigung). Dabei können sich diese Wettbewerbsvorteile grundsätzlich auf alle Marketingmixinstrumente beziehen und unterliegen – wegen der hohen Markttransparenz – immer einer ständigen Innovationskonkurrenz. Dabei muss ein Wettbewerbsvorteil immer nach drei Erfolgskriterien beurteilt werden:

- Erstens: Ist er wichtig – nicht für den Entwickler, sondern für den Kunden?

- Zweitens: Ist er wahrnehmbar, d.h. kann ich ihn den Kunden auch vermitteln?

- Drittens: Erlaubt er eine Alleinstellung, d.h. eine dauerhafte Verteidigung gegenüber der Konkurrenz?

Es kommt also nicht darauf an, immer der absolut Beste zu sein, entscheidend ist lediglich, dafür zu sorgen, immer „einen Schritt vor der Konkurrenz" zu sein.

7.   Serviceorientierung als Erfolgsfaktor

Die entscheidende Frage lautet also: Gibt es Wettbewerbsvorteile, die kurzfristig nicht und langfristig nur schwer kopiert werden können? Oder anders ausgedrückt: Wie bindet man einen Kunden und hält sich gleichzeitig die Konkurrenz vom Hals?

Dies kann man theoretisch erreichen:

- Mit einem „einzigartigen, neuen (physischen) Produkt"

- Durch exklusive Distributionswege

- Durch einen niedrigen Preis

- Durch kundenbezogene intensive Kommunikation/Werbung

- Durch eine kundenzentrierte Verkaufs-/Servicepolitik

also durch den gezielten Einsatz der Instrumente des Marketings.

Die Lösung dieser Frage besteht nun darin, dass gute Serviceleistungen kurzfristig nicht und langfristig nur sehr schwer kopiert werden können. Dies liegt daran, dass Serviceleistungen im betriebswirtschaftlichen Sinne Dienstleistungen sind. Dienstleistungen sind:

- Abstrakt und immateriell, d.h. sie sind materiell nicht greifbar und vor ihrem Erwerb nicht wahrnehmbar

- Nicht transport- und lagerfähig, d.h. sie werden gleichzeitig produziert und konsumiert

- In der Regel personalintensiv und es werden hohe Anforderungen an die Fortbildung der Mitarbeiter gestellt

- Häufig individualisiert und einmalig, d.h. sie sind zeit- und situationsabhängig

- Dadurch charakterisiert, dass Leistungserbringer und Leistungsnutzer das Ergebnis gleichzeitig beeinflussen, d.h. es können hohe Schwankungsbreiten entstehen, Qualitätsbewertung ist deshalb bei Dienstleistungen schwer standardisierbar und kontrollierbar.

In diesem Zusammenhang muss jedoch vor einem schwerwiegenden Fehler gewarnt werden, der dem Verfasser häufig bei Diskussionen mit Praktikern begegnet: Nicht die Inhalte des klassischen Verkaufs-/Serviceinstrumentariums (Lieferbedingungen, Call-Center, Garantiebedingungen etc.) sind die differenzierende Leistung, sondern die Art und Weise ihrer Durchführung. Es ist also nicht entscheidend, was wir im Service tun, sondern wie der Service durchgeführt und vom Kunden wahrgenommen wird. Nicht die Inhalte, sondern die Modalitäten des Service spielen die entscheidende Rolle.

Da, wie bereits erwähnt, die Erfüllung von Serviceleistungen physisch nicht darstellbar und nur in der direkten Interaktion zwischen Leistungsnutzer und Leistungserbringer „erfahrbar" ist, stellen für das Erlebnis der subjektiven Servicequalität die Instrumente der persönlichen Kommunikation die entscheidenden Erfolgsfaktoren dar.

Damit rücken diese Instrumente die persönliche Kommunikation im modernen Marketing in den Brennpunkt des Interesses. Während die Instrumente der Massenkommunikation (z.B. Werbung und Public Relations) das Leistungsversprechen darstellen, sind die Instrumente der persönlichen Kommunikation (persönlicher Verkauf und Messebeteiligung) die Bereiche, in denen unser Kunde die gemachten Versprechen persönlich „erfahren" kann.

Welche Konsequenzen haben diese Entwicklungen und Erkenntnisse für das Medium Messe und das Kommunikationsinstrument Messebeteiligung?

8.   Bedeutung der Messe im modernen Marketing

Messen müssen heute neben dem physischen Ergebnis der Produktion und/oder der konkreten Visualisierung der Geschäftsprozesse die auf den spezifischen Einzelkunden bezogene überlegene Problemlösungspotenz im individuellen Kontakt mit dem Kunden
zeigen. Sie entwickeln sich also von der „Glasvitrine" zum „Kommunikationsevent".
Folgende Aspekte sind in diesem Zusammenhang hervorzuheben:

- Messen bieten eine der wenigen Möglichkeiten, im direkten sichtbaren Wettbewerb
  mit der Konkurrenz die eigene (Interaktions-)Kompetenz unter Beweis zu stellen.
  Deshalb zwingen sie zu Innovation und Höchstleistung auf allen Gebieten des Marketings.

- Messen sind durch die Konzentration vieler konkurrierender Anbieter zur gleichen
  Zeit an einem Ort interessante und attraktive Kommunikationsplattformen für die
  gesamte interessierte Öffentlichkeit. Deshalb erzeugen sie ein hohes Maß wirkungs-
  voller Publizität in den Medien und bei den professionellen sowie privaten Besuchern.

- Messen stellen eine der wenigen Möglichkeiten dar, neben den Stammkunden auch
  neue Käufer für das eigene Leistungsangebot zu interessieren. Sie sind deshalb eine
  der raren Möglichkeiten, neue Kunden zu gewinnen.

- Messen können nur im internationalen Kontext gesehen werden. Dies ist eine logische und zwingende Konsequenz aus der stark zunehmenden Internationalisie-
  rung/Globalisierung unserer Märkte. Sie sind deshalb nicht durch lokale Ereignisse
  (z.B. Regional-/Hausmessen) zu ersetzen.

- Messen dürfen aber auf keinen Fall als singuläre oder gar isolierte Ereignisse betrachtet werden. Unter dem Ziel der langfristigen Einzelkundenbindung sind sie keine kommunikativen Einzelmaßnahmen, die kurzfristig Erfolg bringen können. Sie
  können ihre Wirkung nur im Rahmen einer langfristigen integrierten Kommuni-
  kationskonzeption für ein einzelnes Unternehmen entwickeln.

Messen stellen insofern ein unverzichtbares Instrument der integrierten Kommunikation
unter der Zielsetzung der langfristigen Einzelkundenbindung dar. Das Internet spielt
hierbei im Rahmen dieser integrierten Kommunikation eine wichtige Rolle. Ihm fehlt
jedoch, wie auch den anderen elektronischen Medien, die in der modernen Kundenorientierung existenziell wichtige Komponente der physischen/persönlichen Erfahrung. Das
Internet kann deshalb nur additiv und nicht substitutiv im Kundenbindungsprozess eingesetzt werden.

9.   Die Messe der Zukunft – ein logisches Szenario

Nach Ansicht des Verfassers ergeben sich aus den bisher dargestellten Erkenntnissen folgende zwingende Konsequenzen, die zu einer erheblichen Veränderung in Form und Inhalt des herkömmlichen Messeauftrittes führen müssen.

Die Darstellung der eigenen innovativen (technischen) Problemlösungspotenz erfolgt nicht mehr nur anhand fertiger Produkte. Genauso wichtig (oder wichtiger) als deren Präsentation ist und wird die Erläuterung der (Leistungs-)Prozesse, die das allgemeine unternehmensspezifische Leistungsspektrum darstellen. Daraus ergibt sich, dass mit einem Ansteigen des Kongressanteils im Messegeschäft zu rechnen ist.

Hierbei ist nicht der klassische Kongress gemeint, der als singuläres Ereignis (häufig getrennt von der Messe) stattfindet. „Kongress" in diesem Sinne meint jede Präsentation der eigenen Problemlösungskompetenz vor einer größeren (oder kleineren) Gruppe von aktuellen und potenziellen Kunden/Interessenten. Diese Präsentation kann sowohl in der Messehalle als auch im angeschlossenen Kongresszentrum oder an einem anderen Ort stattfinden. Insofern werden wir eine deutliche Konvergenz der Kommunikationsinstrumente „Messe" und „Kongress" erleben. Dabei spielt die mehr semantische Diskussion, ob sich nun der „Kongress" der Messe „nähert" oder umgekehrt Messen in zunehmendem Maße Kongressanteile beinhalten, keine entscheidende Rolle.

Die Darstellung des physischen Ergebnisses (Produktes) und/oder die konkrete Visualisierung der in „Kongressform" präsentierten Prozesse erfolgt auf dem Stand im Messegelände. Das bedeutet also, dass die Darstellung des Ergebnisses der Unternehmensleistung auf dem Messestand weiterhin wichtig bleibt, aber die Inhalte (und Formen) sich verändern. Der Messestand muss sich zum Ort der Darstellung des Ergebnisses der Gesamtunternehmenskompetenz entwickeln.

Der Messestand der Zukunft dient aber ebenfalls dazu, die auf den spezifischen Kunden bezogene Problemlösungspotenz im individuellen Kontakt mit diesem darzustellen. Voraussetzung dazu ist es natürlich, dass diese individuellen Fragen auch von den (kompetenten) Leistungsträgern des eigenen Unternehmens dem Kunden unmittelbar beantwortet werden. Insofern findet auch hier die vielfach diskutierte Veränderung von „High-Tech-Angeboten" zu „High-Touch-Angeboten" statt. Es versteht sich von selbst, dass zur Demonstration dieser Unternehmenskompetenz auch die entsprechenden Leistungsträger des Unternehmens für den Kunden zur Verfügung stehen sollten. Auf diese Weise demonstriert das Unternehmen, dass es seine Kunden „ernst nimmt" und sich ganz in seinen Dienst stellt. Dieses setzt voraus, dass auch die Unternehmensleitung und die „oberen Führungsschichten" verstehen lernen, welche immensen Chancen ein persönlicher Messeauftritt für die langfristige Kundenbindung und die Neukundengewinnung bietet.

Um dem Unternehmen „ein Gesicht zu geben" und um zu dokumentieren, dass „im Unternehmen Menschen arbeiten", denen „die Probleme ihrer Kunden am Herzen liegen", können auch die häufig sehr distanziert diskutierten persönlichen Begegnungen „am Rande der Messe" eine ganz entscheidende Rolle spielen. Hier ergeben sich Möglichkeiten, persönliche Kundenbindungen zu knüpfen und den Kunden „erleben" zu lassen, dass hinter der „Firma" (das schließt selbstverständlich auch die „obere Führungsmannschaft" ein) sympathische Menschen stehen, mit denen es sich „lohnt" Kontakte zu knüpfen oder aufrecht zu erhalten. Je homogener das technische Leistungsangebot wird, umso wichtiger wird die Form der positiven „sozialen Differenzierung" von der Konkurrenz.

Ziel der Messe ist also die Darstellung der eigenen Gesamtkompetenz zur Lösung der Kundenprobleme im Kontext mit der Art und Weise, wie die Serviceansprüche (Hardware/Zuverlässigkeit/Kundenorientierung/Kundenbeachtung/Empathie etc.) des individuellen Kunden erfüllt werden. Der Messeauftritt wird damit das „Meisterstück" der kundenzentrierten Marketingstrategie. Auf der Messe ist das Unternehmen in konzentrierter Weise gezwungen, im „Angesicht der hautnahen Konkurrenz" zu zeigen, wie ernst es ihm mit seinem Versprechen von der überlegenen „Kundenorientierung" ist.

Eine zwingende Voraussetzung dazu ist es jedoch, dass das Kommunikationsinstrument Messebeteiligung in die sonstigen Kundenbindungsmaßnahmen des Unternehmens synergistisch integriert wird. Das heißt: Messen sind herausragende Episoden im Rahmen der langfristigen Einzelkundenbindung und keine singulären isolierten Ereignisse, die als „one-night-stand" zelebriert werden können – dazu sind sie zu teuer.

10. Was ist konkret zu tun?

Welche Folgerungen ergeben sich nun für die „Messewirtschaft" aus den Umfeldveränderungen und den daraus folgenden Änderungen der Marketingziele?

- Es muss erkannt werden, dass die Ziele der Messebeteiligung in die übergeordneten Marketing-, und hier insbesondere in die Kommunikationsziele, eingebunden werden müssen.

- Dabei kommt es nicht mehr darauf an, dass einzelne „Produkthighlights" vorgestellt werden. Dem Kunden sollte vielmehr ganzheitlich gezeigt werden, welche fachliche, verkäuferische und soziale Kompetenz das ausstellende Unternehmen hat.

- Das bedeutet, dass ein Messeauftritt das gesamte Unternehmen und nicht nur eine einzelne technische Lösung repräsentieren sollte.

- Dazu ist es notwendig, dass neben der Marketing- und Messeabteilung auch die Leistungs- und Entscheidungsträger der verschiedenen anderen Unternehmensbereiche in den Messeauftritt einbezogen werden.

- Das setzt jedoch voraus, dass als Teil einer Messestrategie auch die „interne Motivation" dieser „Kommunikatoren" ernst genommen wird.

- Diese interne Überzeugungsarbeit kann aber nur gelingen, wenn alle Messebeteiligten in der Lage sind, die Notwendigkeit und den Wert eines bereichsübergreifenden „Auftrittes" diesen häufig sehr skeptischen Teilnehmern nachzuweisen.

- Damit verbietet sich die Delegation der Verantwortung auf einzelne „Fachabteilungen".

- Der Messeauftritt wird damit also zur bereichsübergreifenden Aufgabe, d.h. zur „Chefsache".

11. Fazit

Wenn es in einer „konzertierten Aktion" aller Messebeteiligten[8] nicht gelingt, das Top-Management von der dargestellten Notwendigkeit des Messeauftrittes zu überzeugen, werden weiterhin Probleme bestehen, die bohrenden Fragen nach dem „Wert" einer Messebeteiligung zu beantworten.

Wie gezeigt werden konnte, handelt es sich hier nicht um ein inhaltliches Problem. Messeauftritte sind und bleiben unverzichtbare Kommunikationsmittel z.B. zur Erreichung der langfristigen Kundenbindung und/oder zur Neukundengewinnung. Es ist den „Entscheidern" nur deutlich genug zu erklären, dass sich die Messeauftritte nach Form und Inhalt an die gar nicht so neuen und auch weithin akzeptierten Marketingzielsetzungen anpassen müssen. Dann gelingt es sicherlich, „Leidmessen" wieder erfolgreich zu „Leitmessen" zu machen.

---

[8] Hierzu gehören die Aussteller, die Messe- und Servicegesellschaften und deren Verbände genauso, wie die wissenschaftlich mit Messefragen Beschäftigten und die kommunalen „Einflussnehmer".

12. Literaturverzeichnis

AUMA – AUSTELLUNGS- UND MESSE-AUSSCHUß DER DEUTSCHEN WIRTSCHAFT E.V., AUMA_MesseTrend, in: AUMA Presse-Info Nr. 30 vom 18.11.2002, www.auma-messen.de, zugegriffen am 18.09.2003.

GIESEKING, F., Zimmer frei, in: Werben und Verkaufen, Nr. 44, 2002, S. 114.

SCHNITZLER, L., Jeder für sich, in: Wirtschaftswoche, Nr. 1/2 vom 2.01.2003, S. 59.

LÜCKMANN, R., Messen kämpfen um Aussteller, in: Handelsblatt vom 15.07.2002, S. 18.

MÜLLER, A., in: Wirtschaftswoche, Nr. 9, 1992, S. 38.

PEPPERS, D./ROGERS, M., The One to One Future: Building Relationships One Customer at a Time, New York 1997.

PEPPERS, D./ROGERS, M., The One to One Manager: Real-World Lessons in Customer Relationship Management, New York 1999.

REICHHELD, F. F./SASSER, E. W., Zero Defections. Quality Comes to Service; in: Harvard Business Review, Vol. 68 (1990), Nr. 5, S. 105-111.

SPECHT, G., Dynamische Distributionsstrategien in High-Tech-Märkten, in: Absatzwirtschaft 2/1991 S. 78-85.

Kapitel 2:

Ziele und Funktionen von Messen

Manfred Kirchgeorg

Funktionen und Erscheinungsformen von Messen

1. Einleitung

2. Funktionelle und institutionelle Kennzeichnung von Messen
   2.1 Begriffliche Abgrenzung von Messen und Ausstellungen
   2.2 Messespezifische Funktionen
   2.3 Messespezifische Institutionen
   2.4 Messen als Dienstleister

3. Formen und Typen von Messen
   3.1 Funktionen der Kategorisierung und Typologisierung von Messen
   3.2 Kriterien zur Abgrenzung verschiedener Messeformen
   3.3 Mehrdimensionale Messetypologien

4. Fazit: Implikationen für das Messemanagement

5. Literaturverzeichnis

Prof. Dr. Manfred Kirchgeorg ist Inhaber des Lehrstuhls Marketingmanagement an der HHL - Leipzig Graduate School of Management, Leipzig.

1. Einleitung

Messen und Messegesellschaften werden dem Dienstleistungssektor zugeordnet. Beschäftigt man sich mit der weiterführenden Kennzeichnung, Einordnung und Systematisierung von Messen, so ist zu berücksichtigen, dass je nach Betrachtungsweise unterschiedliche Funktionen, Merkmale und Problemstellungen von Messen in den Vordergrund gerückt werden können. Vor allem folgende Gruppen und Institutionen setzen sich mit dem Messewesen auseinander:

- Messeanbieter: Sie beschäftigen sich mit der Planung, Organisation, Umsetzung und Kontrolle von Messen.

- Messenachfrager: Sie fragen Messedienstleistungen als Aussteller oder Besucher nach und treffen eine Entscheidung über ihre Messebeteiligung.

- Öffentliche Hand: Kommunen und Länder fördern vielfach als Anteilseigner den Ausbau von Messegesellschaften und Messeinfrastruktur zum Zwecke der Wirtschafts- und Regionalförderung.

Es ist offensichtlich, dass Aussagen über Ziele und Aufgaben von Messen davon abhängen, welche dieser drei Perspektiven eingenommen wird. Deshalb erfordert die funktionale (Funktionen der Messe), instrumentale (Messe als Marketinginstrument) und managementorientierte (Management von Messen) Analyse und Kennzeichnung einer Messe immer die Kenntnis der eingenommenen Perspektive. In der Messeliteratur dominieren Beiträge, die Messen als Kommunikationsinstrumente aus Ausstellersicht analysieren und sich mit Fragestellungen des Messebeteiligungsmanagements beschäftigen (z.B. Meffert 1988; Ueding 1998; Prüser 1997). Mit der zunehmenden Komplexität der Managementaufgaben von Messegesellschaften ist in der Literatur auch ein wachsendes Interesse an der Auseinandersetzung mit Messemanagementproblemen festzustellen (z.B. Taeger 1993; Robertz 1999; Nittbaur 2001). Unabhängiger von der jeweiligen Perspektive lassen sich Messen institutionell analysieren. Hierbei geht es insbesondere um die Frage, durch welche institutionellen Arrangements und Wettbewerbsstrukturen die Messedienstleistungen angeboten werden: Welche Rechts- und Organisationsformen zeichnen Messeveranstalter aus und welche sozioökonomischen Wirkungen entfalten Messen in einer Region?

In den letzten Jahrzehnten sind immer wieder Bemühungen unternommen worden, das vielfältige Spektrum an Messeveranstaltungen gegenüber anderen Veranstaltungsarten abzugrenzen und nach bestimmten Merkmalen zusammenzufassen bzw. zu typologisieren. Der Unterscheidung verschiedener Messeformen und -typen kommt in der wissenschaftlichen Diskussion wie auch in der Messepraxis eine große Bedeutung zu. Letzteres wird durch die im Jahre 1996 vom Ausstellungs- und Messe-Ausschuss der Deutschen Wirtschaft e.V. (AUMA) verabschiedeten „Leitsätze zur Typologie von Messen und

Ausstellungen" unterstrichen. In diesem Zusammenhang betont der AUMA, dass die Leitsätze beitragen „... zur Wahrheit und Klarheit bei der Verwendung von Veranstaltungsbezeichnungen im Messewesen und (sie) dienen als Branchenkonvention." (AUMA 1996). Eine klare Abgrenzung von Messen und die Zusammenfassung einer Vielzahl von Messeveranstaltungen zu Messetypen dient also der besseren Transparenz und der Förderung einer brancheneinheitlichen Einordnung und Abgrenzung von Veranstaltungen.

Ausgehend von der begrifflichen Abgrenzung der Messen und ihrer Einordnung als Dienstleistung kennzeichnet dieser Beitrag verschiedene Messeformen und -typen im Überblick. Gemäß der einzelnen Veranstaltungstypen lassen sich dann spezifische Ziele und Aufgaben für das Messemanagement ableiten.

2. Funktionelle und institutionelle Kennzeichnung von Messen

2.1 Begriffliche Abgrenzung von Messen und Ausstellungen

Es gibt in der messespezifischen Literatur eine umfassende Diskussion über die Definition von Messen und Ausstellungen. Für die begriffliche Abgrenzung von Messen und Ausstellungen kann einerseits auf die Legaldefinition der deutschen Gewerbeordnung zurückgegriffen werden. Andererseits lässt sich die vom AUMA verabschiedete Begriffskonvention heranziehen. Beide Definitionen sind in Abbildung 1 gegenübergestellt und weisen eine hohe Übereinstimmung auf.

Gemeinsamkeiten von Messen und Ausstellungen sind zunächst in dem zeitlich begrenzten Veranstaltungscharakter und in ihrer *Absatzförderungsfunktion* auszumachen. Während bei den Messen jedoch die gewerbliche *Transaktionsfunktion* dominiert, so zeichnen sich Ausstellungen eher durch eine reine *Informationsfunktion* aus. Besucher nehmen auf Ausstellungen in der Regel eine passive Rolle ein. Hingegen ist der Messebesucher in wesentlich größerem Umfang in das Messegeschehen eingebunden, denn über die Gewinnung von Informationen hinaus verbinden sie mit dem Messebesuch in der Regel eine Anbahnung und Abwicklung von Geschäftsabschlüssen (Wochnowski 1996, S. 57; Robertz 1999, S. 12f.). Dies ist unabhängig von der Frage zu sehen, ob während der Messeveranstaltung Verträge unterzeichnet werden oder ob dort nur Gespräche und Verhandlungen zur Vertragsvorbereitung stattfinden.

Die intensive, der Geschäftsanbahnung dienende Form der Interaktion zwischen Messeteilnehmern ist nur dann möglich, wenn die Messe auf einen genau definierten *Zeitraum begrenzt* ist. Ein zu lang gewählter Messezeitraum würde dazu führen, dass die relevanten Entscheider ihr Zusammentreffen auf der Messe nur schwer synchronisieren könnten. Ein zu kurzer Zeitraum hingegen würde keine ausreichende Interaktionstiefe gewährleisten. Die zeitliche Befristung der Messe ist somit ein wesentliches Kriterium zur Abgrenzung der Messe von anderen Instrumenten der Absatzförderung.

	Abgrenzung laut Gewerbeordnung von 1994	**Abgrenzung laut Konvention des AUMA von 1996**
Messen	§ 64 Messen (1) Eine *Messe* ist eine zeitlich begrenzte, im allgemeinen regelmäßig wiederkehrende Veranstaltung, auf der eine Vielzahl von Ausstellern das wesentliche Angebot eines oder mehrerer Wirtschaftzweige ausstellt und überwiegend nach Muster an gewerbliche Wiederverkäufer, gewerbliche Verbraucher oder Großabnehmer vertreibt. (2) Der Veranstalter kann in beschränktem Umfang an einzelnen Tagen während bestimmter Öffnungszeiten Letztverbraucher zum Kauf zulassen.	*Messen* sind zeitlich begrenzte, wiederkehrende Marktveranstaltungen, auf denen – bei vorrangiger Ansprache von Fachbesuchern – eine Vielzahl von Unternehmen das wesentliche Angebote eines oder mehrerer Wirtschaftszweige ausstellt und überwiegend nach Muster an gewerbliche Abnehmer vertreibt.
Ausstellungen	§ 65 Ausstellungen Eine *Ausstellung* ist eine zeitlich begrenzte Veranstaltung, auf der eine Vielzahl von Ausstellern ein repräsentatives Angebot eines oder mehrerer Wirtschaftszweige oder Wirtschaftsgebiete ausstellt und vertreibt oder über dieses Angebot zum Zweck der Absatzförderung informiert.	*Ausstellungen* sind zeitlich begrenzte Marktveranstaltungen, auf denen eine Vielzahl von Unternehmen – bei vorrangiger Ansprache des allgemeinen Publikums – das repräsentative Angebot eines oder mehrerer Wirtschaftszweige ausstellt und vertreibt oder über dieses Angebot zum Zwecke der Absatzförderung informiert.

Abb. 1: Begriffliche Abgrenzung von Messen und Ausstellungen auf Grund der Legaldefinition der Gewerbeordnung und der AUMA Konvention
Quelle: Gewerbeordnung 1994; AUMA 1996

Gemäß den Definitionen der Gewerbeordnung und der AUMA liegt ein weiteres Differenzierungsmerkmal zwischen Messe und Ausstellung darin, dass Messen primär den *Fachbesuchern* („gewerbliche Wiederverkäufer") vorbehalten sind, während sich Ausstellungen in der Regel an die allgemeine Öffentlichkeit und Privatpersonen wenden. Auch im geforderten *Angebotsumfang* zeigen sich Unterschiede. Während eine Messe das „wesentliche" Angebot eines Wirtschaftszweiges präsentieren muss, genügt bei einer Ausstellung ein „repräsentatives" Angebot (Strothmann/Roloff 1993, S. 714). Um das wesentliche Angebot eines oder mehrerer Wirtschaftszweige zu präsentieren, erscheint es zwangsläufig notwendig, dass an Messen eine Vielzahl von Ausstellern teilnehmen müssen. Von einer „Vielzahl" ist dann auszugehen, wenn auf der Messe mehr als die Hälfte der Unternehmen eines Wirtschaftszweiges ihre Leistungen ausstellen (Taeger 1993, S. 24). Außerdem müssen die Angebote überwiegend als *Muster* präsentiert und vertrieben werden. Die Besucher erhalten damit die Möglichkeit, die Produkte an Ort und Stelle zu besichtigen.

Schließlich wird gegenüber den Ausstellungen der *wiederkehrende Veranstaltungscharakter von Messen* hervorgehoben. Dadurch, dass sie im regelmäßigen Turnus veranstaltet werden, ist erst die Voraussetzung dafür geschaffen, dass Entscheider aus der ausstellenden und besuchenden Wirtschaft die Messe als institutionalisierten Ort des Austauschs wahrnehmen können. Ausstellungen können, müssen jedoch keine wiederkehrenden Veranstaltungen sein.

Vor dem Hintergrund der vielfältigen Überschneidungen in den realen Erscheinungsformen wäre eine begriffliche Unterscheidung von Messen und Ausstellungen obsolet, wenn sie nur im Sinne einer Abgrenzung von Idealtypen verstanden würde. Für die Praxis viel wichtiger ist, dass eine erfolgreiche Durchführung der beiden Veranstaltungsarten grundsätzlich unterschiedliche Anforderungen stellt. So erfordert das Management einer Messe die umfassende Unterstützung einer Branche und deren Bereitschaft, die Messe als Forum für den Aufbau und die Pflege von Geschäftsbeziehungen anzunehmen. Diese Anforderung wird im Falle von Ausstellungen nicht gestellt, bei denen allein die werbende und aufklärende Funktion gegenüber speziellen Kundensegmenten oder breiten Absatzmärkten im Mittelpunkt der Veranstaltung steht.

Allerdings ist nicht zu verkennen, dass angesichts der dynamischen Entwicklungen im Messewesen die Grenzen zwischen Messen und Ausstellungen verwischen (Peters 1992, S. 16). Zunehmend werden auch Fachmessen für die Allgemeinheit geöffnet. Der Begriff Publikumsmesse signalisiert, dass der Messebegriff häufig auch bei Ansprache der allgemeinen Öffentlichkeit Verwendung findet, wenngleich nach der oben diskutierten definitorischen Abgrenzung der Ausstellungsbegriff zutreffend wäre. Somit werden in der Realität Veranstaltungen vielfach kaum in idealtypischer Weise als Messe oder Ausstellung einzuordnen sein. Ausgehend von der begrifflichen Abgrenzung wird im Folgenden eine weitergehende Kennzeichnung von Messen aus einer *funktionellen und institutionellen Perspektive* vorgenommen werden. Die funktionelle Perspektive stellt auf eine umfassende Auseinandersetzung mit den Funktionen ab, die eine Messe als örtliche Konzentration von Angebot und Nachfrage für die beteiligten Zielgruppen erfüllt (z.B. Huber 1994, S. 39ff.). Bei der institutionellen Perspektive steht die Messegesellschaft als Unternehmung bzw. wirtschaftliche Institutionen im Vordergrund.

2.2   Messespezifische Funktionen

Die oben voneinander abgegrenzten Messearten erfüllen verschiedene gesamt- und einzelwirtschaftliche Funktionen. Je nachdem, welche Zielgruppe betrachtet wird, lassen sich die Funktionen einer Messe unterschiedlich gewichten. Aussteller und Besucher werden andere Funktionen einer Messe in den Vorgrund stellen als die Messegesellschaft oder die öffentlichen Vertreter am Messestandort. Traditionell werden überwirtschaftliche, gesamtwirtschaftliche und einzelwirtschaftliche Funktionskategorien einer Messe unterschieden (Tietz 1960, 160f.). In Abbildung 2 sind die einzelnen Messefunktionen sowie daraus abzuleitende Ziele aus der Sicht der jeweiligen Akteure im Überblick aufgeführt.

Zu den *überwirtschaftlichen Funktionen* der Messen zählen insbesondere die Innovations-, Aufmerksamkeits-, Informations- und Politikfunktion. Letztere bezieht sich auf den Sachverhalt, dass Messen internationale Kommunikationsplattformen bilden, die einerseits der Völkerverständigung dienen und auf Grund ihres hohen medialen Aufmerksamkeitsgrades auch von Multiplikatoren und politischen Vertretern für Ankündigungen unterschiedlicher Art genutzt werden.

Im Mittelpunkt der *gesamtwirtschaftlichen Funktionen* steht zunächst die konzentrierte Zusammenführung von Angebot und Nachfrage für einen begrenzten Zeitraum. Damit kommt den Messen zunächst eine marktpflegende Funktion zu, weil sie Marktteilnehmern eine Interaktionsplattform bieten und damit einen Beitrag zur Belebung und Entwicklung der Märkte leisten. Über die marktpflegende Funktion hinaus nehmen Messen in zunehmendem Maße marktbildende Funktionen wahr. Peters verweist in diesem Zusammenhang treffend auf ein Zitat von der Heyde, der die Rolle von Messen folgendermaßen beschreibt: „Messen sind ... nicht mehr nur Spiegel des Marktes. Sie koordinieren die Interessen von Industrie und Handel im Rahmen eines Messemarketings, das das Marketing der Wirtschaft ergänzt... Sie sind Barometer nicht nur der wirtschaftlichen Situation, sondern auch der konjunkturellen und handelspolitischen Tendenzen. Als neutrales Regulativ liegt bei ihnen Initiative und Kompetenz, Märkte zu schaffen – zu agieren, statt zu reagieren." (Hyde 1972, zitiert nach Peters 1992, S. 17). Im Sinne ihrer marktbildenden Funktion übernehmen Messen somit die Rolle von Treibern des Wandels von Märkten.

Die marktbildende Funktion umfasst auch den Sachverhalt, wenn eine Messegesellschaft durch neue Messeveranstaltungen verschiedene Wirtschaftszweige zusammenführt und hiervon Impulse für die Vernetzung von Branchen ausgehen.

Aus der Perspektive der ...	Messefunktionen	Ausgewählte spezifische Ziele
Gesellschaft (überwirtschaftlich)	Innovationsfunktion	Technischer Fortschritt
	Aufmerksamkeitsfunktion	Interesseweckung
	Informationsfunktion	Aufklärung, Erziehung
	Politikfunktion	Völkerverständigung Ankündigungsziele Imageziele
Gesamtwirtschaft	Marktbildende Funktion	Zusammenführung von Angebot und Nachfrage
	Marktpflegende Funktion	Regelmäßiger Veranstaltungszyklus
	Handelsfunktion	Markttransaktionen Import und Export
	Transparenzfunktion	Branchenüberblick
	Wirtschaftsförderungsfunktion	Förderung des Messestandortes Umwegrenditen
Messeaussteller/-besucher	Informationsfunktion	Informationsweitergabe Informationsbeschaffung Markterkundungsziele
	Beeinflussungsfunktion	Bekanntheitsziele Einstellungsziele Imageziele
	Verkaufsfunktion	Verkaufsvorbereitung Verkaufsdurchführung
	Motivationsfunktion	Mitarbeitermotivation Besuchermotivation
Messegesellschaft	Leistungserbringungsfunktion	Leistungsziele (z.B. Anzahl Aussteller/Besucher)
	Ertragsfunktion	Umsatz-/Gewinn-/Renditeziele
	Profilierungsfunktion	Wettbewerbsdifferenzierung

Abb. 2: Funktionen von Messen aus unterschiedlichen Perspektiven

Messen erfüllen auch auf Grund ihres regelmäßigen Turnus eine marktpflegende Funktion, die durch das Bemühen der Messegesellschaften unterstützt wird, veränderte Branchenkonstellationen auf den Messeveranstaltungen durch entsprechende Aussteller- und Besucherakquisition sicherzustellen. Weiterhin fördern Messen die Handelsaktivitäten im nationalen und internationalen Kontext und führen sowohl auf der Aussteller- als auch auf der Besucherseite zu einer verstärkten Transparenz des Marktangebotes.

Aus *einzelwirtschaftlicher Sicht* übernimmt die Messe als Instrument des *Absatz- und Beschaffungsmarketings* für die Aussteller und Besucher eine Reihe wichtiger Funktionen. Sowohl Aussteller als auch Besucher nutzen die Messe zur umfassenden Information über das präsentierte Leistungsangebot, den Wettbewerb, das Stimmungsbild in der Branche und die Entwicklungsdynamik des Marktes. Dabei können Besucher als Nachfrager ihr Informationsbedürfnis zur Fundierung einer Einkaufsentscheidung befriedigen. Mit zunehmender Technologieintegration steigt auch der Erklärungsbedarf von Produktinnovationen; der persönliche Kontakt zwischen Anbietern und Abnehmern auf einer Messe ermöglicht in diesem Zusammenhang Systemdemonstrationen und einen intensiven Erfahrungsaustausch. Über die Vielzahl der Kundengespräche können die Aussteller die Messe als ideales Marktforschungsinstrument einsetzen, um Erwartungen und Einschätzungen der Standbesucher zu erfahren. Darüber hinaus erlaubt eine Messe auch die Sammlung von Informationen über die Konkurrenz, weil insbesondere bei bedeutenden Messeveranstaltungen alle relevanten Wettbewerber vertreten sind. Schließlich werden Messen heute zunehmend durch Kongress- und Rahmenprogramme ergänzt, sodass hierüber den spezifischen Informationsbedürfnissen verschiedener Messezielgruppen entsprochen werden kann.

Eng verbunden mit der Informationsfunktion ist die *Beeinflussungsfunktion*. Die Aussteller können mit den Standbesuchern in persönlichen Kontakt treten und durch eine ansprechende Unternehmens- und Produktpräsentation ihren Bekanntheitsgrad und ihr Image verbessern. Messen dienen damit sowohl der Kundenakquisition wie auch der Kundenbindung und lassen sich als Verkaufsinstrument zur Anbahnung und zum Abschluss von Kaufverträgen nutzen. Schließlich wird in der Literatur auf die *Motivationsfunktion* von Messen für die Mitarbeiter des ausstellenden Unternehmens hingewiesen. Umgeben von einem repräsentativen Messestand fühlen sich Mitarbeiter oft in besonderer Weise motiviert, mit Kunden in Kontakt zu treten und das Konkurrenzumfeld zu sondieren. Auch ist eine höhere Motivation zur Auseinandersetzung mit Themen und Produkten auf der Besucherseite zu erwarten, wenn die Besucher durch interessante Standgestaltungen und Events angesprochen werden können.

Schließlich erfüllt die Messe für eine *Messegesellschaft als Dienstleistungsunternehmen* eine Reihe einzelwirtschaftlicher Funktionen, die ihren Unternehmenszweck betreffen. Die einzelnen Messeveranstaltungen stellen die Produkte einer Messegesellschaft dar. Mit der Durchführung von Messen gelingt es der Messegesellschaft, bestimmte *Leistungsziele* zu erreichen, die dann auch eine *Ertragsfunktion* erfüllen: Durch eine hohe Anzahl an Ausstellern und Besuchern werden Umsatz-, Gewinn- und Renditeziele realisiert. Messeveranstaltungen erlauben der Messegesellschaft schließlich auch eine *Profilierung* gegenüber anderen Messestandorten.

Messen können mithin eine Vielzahl von Funktionen und damit auch Wirkungen entfalten. Dies unterstreicht ihre gesamtwirtschaftliche Bedeutung.

2.3   Messespezifische Institutionen

Die Organisation von Messen und Ausstellungen obliegt einem Veranstalter, der das wirtschaftliche Risiko der Veranstaltung und die Verantwortung für die Zusammenführung der Marktpartner trägt. Insofern können Messen und Ausstellungen als spezifische Dienstleistungen betrachtet werden, die Aussteller und Besucher eines Wirtschaftszweiges bei einem Veranstalter nachfragen.

Eine grundsätzliche Unterscheidung von Messeveranstaltern lässt sich nach den *verfügbaren Ressourcen* bzw. der Verteilung der so genannten *Property Rights* vornehmen. Wie Abbildung 3 zeigt, sind zunächst Messeveranstalter mit und ohne Messegelände zu unterscheiden.

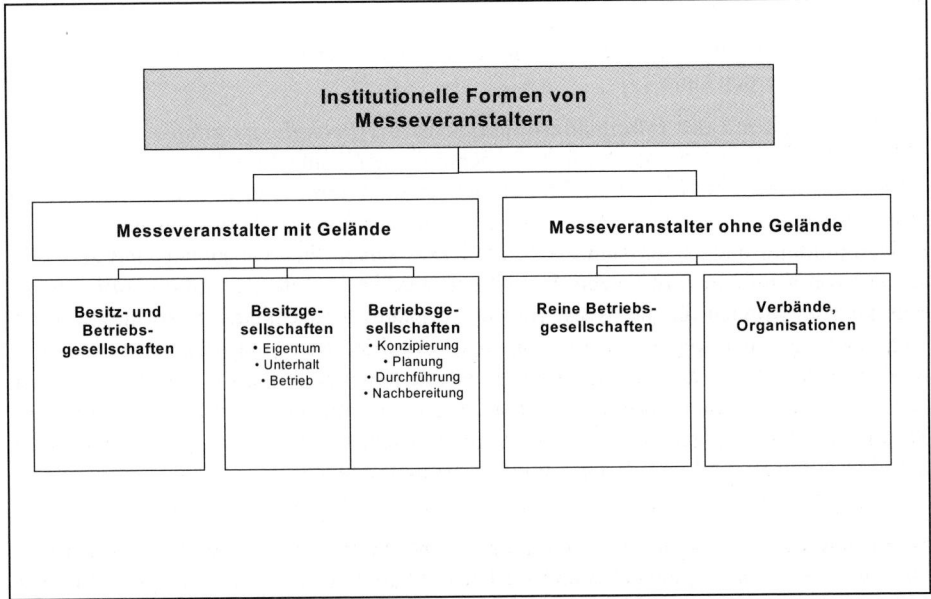

Abb. 3: Institutionelle Formen von Messeveranstaltern
Quelle: In Anlehnung an Groth 1992, S. 160

Messeveranstalter mit eigenem Gelände unterscheiden sich dadurch, ob sie *Eigentümer eines Messegeländes* sind oder lediglich über *Nutzungsrechte* eines Geländes verfügen. In Deutschland ist die Verbindung von Besitz- und Betriebsgesellschaft bei vielen großen Messegesellschaften vorzufinden, wobei sie ganz oder teilweise in Landes- oder Gemeindeeigentum sind.

Im zweiten Fall treten Messeveranstalter mit eigenem Gelände nur als Betriebs- oder Besitzgesellschaft auf und erteilen anderen Veranstaltern bzw. Messegesellschaften die Betriebsrechte für Gast- und Fremdveranstaltungen. Entsprechende Institutionalisierungsformen finden sich insbesondere in Frankreich, Italien oder auch England.

Sind sie reine Betriebsgesellschaften, konzentrieren sich Messegesellschaften ausschließlich auf die Planung, Organisation und Durchführung von Messen auf fremden Messegeländen. Für den jeweiligen Veranstaltungszeitraum wird die komplette Messe- und Kongressinfrastruktur angemietet. Betriebsgesellschaften sind auf der einen Seite von der Verfügbarkeit entsprechender Geländekapazitäten abhängig sind. Dafür tragen sie andererseits nicht das Risiko der hohen Fixkostenbelastung für die Vorhaltung einer eigenen Messeinfrastruktur. Auf Grund ihrer Standortungebundenheit können Betriebsgesellschaften auch im internationalen Messegeschäft mit der erfolgreichen Multiplikation von Gastveranstaltungen agieren, ohne sich mit Auslastungsproblemen am eigenen Messestandort beschäftigen zu müssen.

Zu den messespezifischen Institutionen zählen weiterhin eine Vielzahl von Verbänden auf nationaler und internationaler Ebene, die Messeveranstaltungen initiieren, planen und auch verantwortlich durchführen. Vielfach geschieht dies in enger Zusammenarbeit mit Messegesellschaften, sodass entsprechenden Messeveranstaltungen kooperative Arrangements zu Grunde liegen.

Hinsichtlich der *Rechtsformen* der Messegesellschaften dominiert in Deutschland die Gesellschaftsform der GmbH und der Aktiengesellschaft. Ebenfalls typisch für die deutschen Messegesellschaften ist die Rolle der öffentlichen Hand als Anteilseigner. Häufig werden Tochterunternehmen für spezifische Ländermärkte oder Serviceleistungen (Gastronomie, Facility-Management etc.) ausgegründet, die sich vollständig oder anteilig im Eigentum der Messegesellschaft befinden. Darüber hinaus werden im Rahmen des Auslandsengagements auch Kooperationen in Form von Joint Ventures eingegangen. Ein Beispiel ist das Engagement deutscher Messegesellschaften (München, Hannover, Düsseldorf) in Shanghai, wo in Kooperation mit chinesischen Messegesellschaften der Aufbau und Betrieb des größten chinesischen Messegeländes durchgeführt wird.

Betrachtet man die Organisationsstrukturen von Messegesellschaften hinsichtlich ihrer *Aufbau- und Ablauforganisation*, so finden sich überwiegend funktionale und matrixähnlich Organisationsstrukturen. Affine Produkte bzw. Messeveranstaltungen werden vielfach in einem Verantwortungsbereich (Bereichsleitung) zusammengefasst. Die Planung und Durchführung einzelner Messen obliegt einzelnen Projektteams. Funktionale Querschnittsabteilungen (Protokoll, Marketing, Kommunikation, Beiratsmanagement etc.) können den Projektteams spezifische Fachkompetenz zur Verfügung stellen.

Eine Reihe von Beiträgen in diesem Handbuch setzten sich damit auseinander, wie Messegesellschaften ihre komplexen Organisationsaufgaben mit Hilfe von *Netzwerken* bewältigen können. Die messespezifischen Besonderheiten eröffnen gerade für eine Netzwerkorganisation eine Reihe von Vorteilen:

- Auf Grund des zeitlich begrenzten Veranstaltungscharakters sind die messebezogenen Dienstleistungskapazitäten sehr unterschiedlich ausgelastet. Vor diesem Hintergrund bietet die Einbindung von Servicedienstleistern mit spezifischen Kernkompetenzen eine höhere Flexibilität bei geringeren Vorhaltungskosten

- Bei wechselnden Veranstaltungsthemen sind vielfach branchenspezifische Kenntnisse und Servicedienstleistungen gefordert, die über die Einbindung externer Anbieter mit entsprechenden Kernkompetenzen günstiger erfolgen kann, als wenn die Messeplätze die Ressourcen selber vorhalten müssen.

Im letzten Jahrzehnt ist angesichts des intensiven Wettbewerbs eine beschleunigte Entwicklung von Organisationsformen im Messewesen zu beobachten. Selbst netzwerkartige Organisationskonzepte werden in zunehmenden Maße von Messegesellschaften professionell umgesetzt.

2.4   Messen als Dienstleister

Messegesellschaften werden dem Dienstleistungssektor zugeordnet. Dementsprechend kann auch das Messemanagement als spezifische Form des *Dienstleistungsmanagements* verstanden werden. Somit ist es möglich, die in Wissenschaft und Praxis weit vorangeschrittenen Erkenntnisse zum Dienstleistungsmanagement auf die Fragestellungen des Messemanagements zu übertragen (z.B. Steuerung der Dienstleistungsqualität). Entsprechend den allgemeinen Merkmalen einer Dienstleistung lässt sich eine Messe durch ein Dienstleistungspotenzial, einen Dienstleistungsprozess und ein Dienstleistungsergebnis charakterisieren (vgl. Abbildung 4; zur allgemeinen Unterscheidung dieser Dienstleistungsmerkmale siehe Donabedian 1980, spezifisch für Messen Stoeck 1999, S. 26ff.).

Das *Dienstleistungspotenzial* einer Messe umfasst alle für die Durchführung einer Messeveranstaltung erforderlichen Ressourcen, die nach Hardware- und Software-Elementen differenziert werden können. Zur Messe-Hardware zählt in erster Linie das Messegelände, dessen Größe, Beschaffenheit und Funktionalität erheblichen Einfluss auf das Dienstleistungspotenzial hat. Über das Messegelände hinaus kommt der Infrastruktur in Form von Verkehrsanbindungen und Hotelkapazitäten eine wichtige Bedeutung zu. Schließlich können auch die Stände der Aussteller den Hardware-Bestandteilen des Dienstleistungspotenzials zugeordnet werden.

Die konzeptionelle Gestaltung der Messe gehört zu den *Software-Elementen* des Dienstleistungspotenzials. Hierzu zählen in erster Linie Marktabgrenzungen in räumlicher und sachlicher Hinsicht. Darüber hinaus sind der Messeturnus, der Messetermin, die Veranstaltungslaufzeit, die der Messe zu Grunde liegende Nomenklatur sowie die Beteiligungspreise für Aussteller und Besucher von Bedeutung. Neben diesen Bestandteilen der Messekonzeption zählt auch die Messeatmosphäre zu den Softelementen. Sie ergibt sich aus einer Vielzahl von Einzelkomponenten wie der Atmosphäre auf dem Messegelände und in der Messestadt sowie der Servicebereitschaft des Messepersonals (Robertz 1999, S. 16).

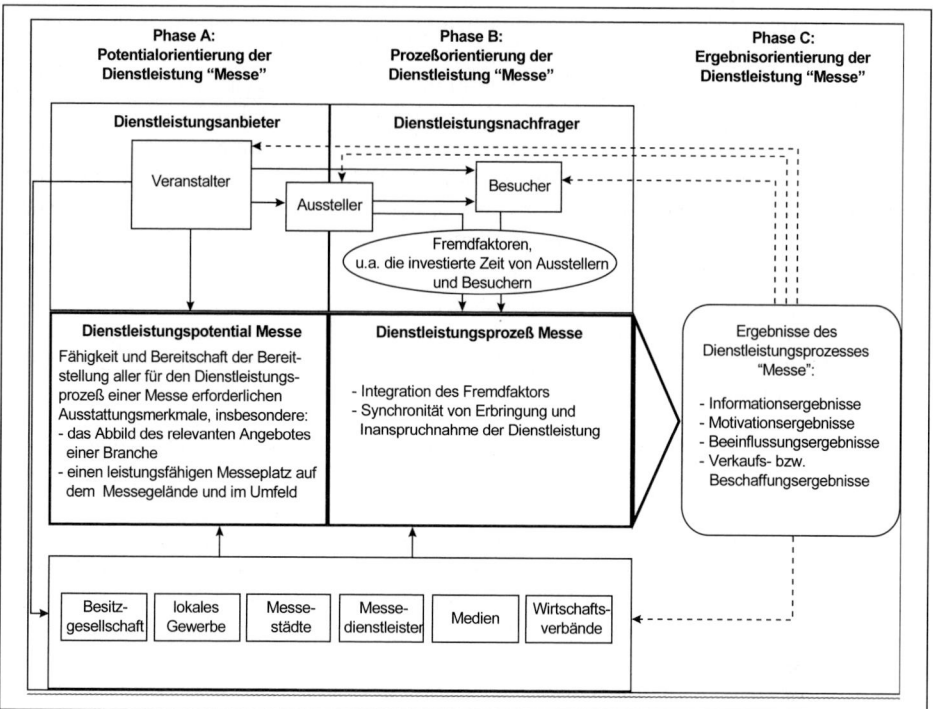

Abb. 4: Kennzeichnung des messespezifischen Dienstleistungspotenzials, Dienstleistungsprozesses und Dienstleistungsergebnisses

Quelle: In Anlehnung an Robertz 1999, S. 15

Die Koordination der Bereitstellung des Dienstleistungspotenzials obliegt dem Messeveranstalter, der gegenüber Ausstellern und Besuchern als Dienstleistungsanbieter auftritt. Die Aussteller spielen hingegen eine Doppelrolle. Sie treten gegenüber dem Messeveranstalter einerseits als Dienstleistungsnachfrager auf. Andererseits wird eine Messeveranstaltung maßgeblich durch die Anzahl, Größe und Ausstattung der Ausstellerstände geprägt. Diese vom Aussteller bereitgestellten Elemente sind als Teil des Messepotenzials zu interpretieren. Über den Messeveranstalter und die Aussteller hinaus können weitere Partner Ressourcen zum Dienstleistungspotenzial von Messen beitragen. Grundsätzlich gibt das Dienstleistungspotenzial einer Messegesellschaft darüber Auskunft, inwieweit die Voraussetzungen für die Durchführung einer qualitativ hochwertigen Messeveranstaltung gewährleistet erscheinen.

Der *Messeprozess* umfasst die Vorbereitung, Durchführung und Nachbereitung einer Messeveranstaltung, wobei Messeaussteller und -besucher als Dienstleistungsnachfrager in den Messeprozess als so genannte externe Faktoren integriert werden. Die Vormessephase ist für Aussteller und Besucher durch die Messeplanung bestimmt. Darunter fallen Aktivitäten wie die Beschaffung und Aufarbeitung notwendiger Informationen sowie die Planung und Vorbereitung des Messeauftritts auf Ausstellerseite bzw. die Messebesuchsplanung auf Besucherseite. Fremdfaktoren, die einzubringen sind, sind die eingesetzten Arbeitsstunden sowie die erforderlichen Finanz- und Sachaufwendungen für die Eigenerstellung und Fremdbeschaffung der zur Messevorbereitung notwendigen Güter und Dienstleistungen. Die unmittelbare Interaktion zwischen Vertretern ausstellender und besuchender Unternehmen bedingt, dass in der Messephase die Verfügbarkeit einer ausreichenden Kontaktzeit von großer Bedeutung ist. Zusätzlich lassen sich die durch die Messeteilnahme anfallenden Spesen sowie die Kosten für Exponate und Verbrauchsmaterialien als Fremdfaktoren im Dienstleistungsprozess identifizieren. Zu guter Letzt zählen in der Nachmessephase die Aufwendungen für das Nachmessemarketing sowie für die Aufarbeitung der Messekontakte zu den Fremdfaktoren, die von Ausstellern und Besuchern in den Dienstleistungsprozess eingebracht werden.

Schließlich sind Messedienstleistungen durch ein *immaterielles wie auch materielles Leistungsergebnis* gekennzeichnet. Ds Ergebnis der Messeteilnahme kann für Aussteller und Besucher durchaus auch materiellen Charakter haben, wenn man die zwischen ihnen ausgetauschten Güter in die Betrachtung einbezieht. Dennoch ist die Interaktion zwischen den Messeteilnehmern als primäres Merkmal der Dienstleistung Messe immateriell. Aus Sicht der ausstellenden und besuchenden Wirtschaft lassen sich Informations-, Motivations-, Beeinflussungs- und Verkaufs- bzw. Beschaffungsergebnisse der Messeteilnahme unterscheiden. Informationsergebnisse können in der Erhebung konkreter Daten sowie allgemeiner Eindrücke über neue Märkte, Wettbewerber oder Produkte liegen.

Darüber hinaus können auch die Erkenntnisse über neue Trends sowie gewonnene Erfahrungen bei der Überprüfung der Marktreife eigener Produkte und Leistungen zu dieser Kategorie zählen. Zu den Motivationsergebnissen lässt sich die erhöhte Bindungsintensität von Mitarbeitern und Systempartnern an das Unternehmen zählen. Hinzu kommt, dass Unternehmensangehörige aus dem Abgleich des eigenen Leistungsspektrums mit dem der Konkurrenten Anregungen für die weitere Arbeit aufnehmen können. Beeinflussungsergebnisse sind einerseits an einer allgemeinen Erhöhung des Bekanntheitsgrades eines Unternehmens sowie seiner Produkte und Leistungen zu messen. Andererseits können Beeinflussungsergebnisse auch danach beurteilt werden, ob eine gezielte Aufwertung eigener Positionen bei Geschäftspartnern oder wichtigen Institutionen zu beobachten ist. Verkaufsergebnisse lassen sich seitens der Aussteller anhand der abgeschlossenen Verträge messen. Hinzu kommt die Bewertung der angebahnten Verkaufsverhandlungen. Umgekehrt sind die Beschaffungsergebnisse der Besucher daran festzumachen, in welchem Maße die angestrebten Problemlösungen durch Auftragsvergaben bzw. durch Vorbereitungen von Auftragsvergaben erzielt werden konnten.

3.   Formen und Typen von Messen

3.1   Funktionen der Kategorisierung und Typologisierung von Messen

Die generelle Abgrenzung, Beschreibung und dienstleistungsspezifische Einordnung von Messen und Messegesellschaften gibt keine weiterführenden Hinweise darauf, welche unterschiedlichen Formen und Typen von Messen in der Praxis existieren und in der Literatur unterschieden werden. Hier setzen Bemühungen an, das breite Sektrum an Messeveranstaltungen mit Hilfe bestimmter Kriterien zu systematisieren und Typen mit ähnlichen Merkmalsausprägungen zu identifizieren. Diese Systematisierungsaufgabe ist keineswegs nur eine akademische Übung; sie kann für die Messepraxis entscheidende Hilfestellungen bieten. Messetypologien können folgende Aufgaben bzw. Funktionen erfüllen:

*   *Systematisierungsfunktion*
    Angesichts der zunehmenden Vielfalt von Messen dient die Typologisierung der Systematisierung und Zusammenfassung von Messeveranstaltungen mit ähnlichen Merkmalen. Da im Zeitverlauf immer neue Ausgestaltungsformen von Messen entstehen, sind die Messetypologien weiterzuentwickeln. Auch die Systematisierungskriterien sind gegebenenfalls zu modifizieren bzw. zu ergänzen. Neben der eindimensionalen Unterscheidung von Messen sind in der wissenschaftlichen Diskussion Messetypologien entstanden, die auf einer mehrdimensionalen Zuordnung basieren.

*   *Transparenzfunktion*
    Eine klare Abgrenzung von Messen und verschiedenen Messetypen schafft für Besucher und insbesondere für Aussteller mehr Transparenz im Messewesen. Vielfach nehmen die Statistiken von Verbänden auf die einzelnen Messetypen Bezug. Die Transparenz wird so durch eine bessere Vergleichbarkeit der Daten gefördert.

*   *Beurteilungsfunktion*
    Die Begriffsbestimmung von Messen (z.B. Abgrenzung von Messen gegenüber Ausstellungen oder anderen Absatzförderungsinstrumenten) und die Unterscheidung zwischen bestimmten Messetypen (etwa internationale versus nationale Messen) sind als Branchenkonventionen in den vom AUMA verabschiedeten Leitsätzen zur Messetypologie festgelegt worden. Veranstalter, die im Rahmen ihrer Kommunikation mit dem Messebegriff und spezifischen Messetypenbezeichnungen an die Öffentlichkeit treten, müssen die definierten Anforderungen an den jeweiligen Messetyp erfüllen. Halten sie die Anforderungen nicht ein, so behält sich der AUMA vor, Veranstalter zur Unterlassung aufzufordern bzw. den Sachverhalt der Zentrale zur Bekämpfung unlauteren Wettbewerbs weiterzuleiten.

- *Orientierungsfunktion*
  Schließlich lassen sich aus Typologisierungen auch Orientierungen für das Messemanagement ableiten, weil Messen, die einem bestimmten Messetyp zugeordnet
  werden können, vielfach auch ähnliche Problemstellungen bei ihrer Vorbereitung,
  Durchführung und Nachbereitung aufweisen. Von daher können typenspezifische
  Erfahrungen und Erfolgsfaktoren für die Aus- und Weiterbildung im Messewesen
  einen wichtigen Beitrag leisten.

3.2 Kriterien zur Abgrenzung verschiedener Messeformen

Die bestehenden Strukturierungsansätze für Messen versuchen die Veranstaltungen nach
den folgenden Kriterien zu unterteilen. Einfache Unterscheidungen von Messeformen
beruhen auf einem Kriterium, während Messetypologien vielfach die Einordnung von
Messen anhand mehrerer Kriterien vornehmen. Anhand der folgenden Kriterien können
einfache Unterscheidungen verschiedener Messeformen getroffen werden (vgl. auch
Strothmann/Roloff 1993, S. 715):

- Geografische Herkunft der Messebeteiligten
  (regionale, überregionale, nationale und internationale Messe)

- Breite des Angebotes
  (Universal-/Mehrbranchenmessen, Solo- bzw. Monomessen, Spezialmessen, Branchenmessen, Fachmessen, Verbundmessen)

- Angebotene Güterklassen (Konsumgüter-, Investitionsgüter-, Dienstleistungsmes-
  sen)

- Beteiligte Branchen und Wirtschaftsstufen (z.B. Landwirtschaftsmessen, Handelsmessen, Industriemessen, Handwerkermessen, Publikumsmessen)

- Hauptrichtung des Absatzes (Export- und Importmessen)

- Funktion einer Veranstaltung (Informations- und Ordermessen)

- Verfügbarkeit von Rahmenprogrammen (Messen mit (Kongressmessen) und ohne
  Kongressprogramm)

- Mediale Übermittlung (physische Messe, virtuelle Messe)

- Branchenbedeutung der Messe (Leitmesse, Zweitmesse, Nebenmesse).

Nach der geografischen Aussteller- und Besucherreichweite können Messen in regionale, überregionale und internationale Veranstaltungen unterteilt werden. Im Sinne einer
Operationalisierung dieser Kategorien hat der AUMA in seiner Verfahrensordnung die
Trennung ausschließlich besucherseitig vollzogen. So sind überregionale Messen dadurch gekennzeichnet, dass sie besucherseitig ein Einzugsgebiet aufweisen, welches

über die jeweilige Region deutlich hinausgeht (AUMA 1996). Internationale Messen müssen regelmäßig mindestens zehn Prozent an ausländischen Ausstellern und mindestens fünf Prozent an ausländischen Fachbesuchern aufweisen. Insbesondere für die Kategorien der Import- und Exportmessen ist zu erwarten, dass sie in hohem Maße internationale Messeveranstaltungen sind. Zurecht wird allerdings die mangelnde Vergleichbarkeit verschiedener Umfeldbedingungen angemerkt. So gibt es Messeplätze in Deutschland, „zu denen ausländische Besucher mit der S-Bahn oder mit der Fähre anreisen können." (Goschmann 1996). Gleichwohl stellen die Abgrenzungen den Versuch dar, durch begriffliche Präzisierung mehr Messetransparenz zu schaffen.

Hinsichtlich der *Breite des Angebots* lassen sich die Ausprägungen Universalmesse, Mehrbranchenmesse, Branchenmesse, Fachmesse und Verbundmesse unterscheiden. Universalmessen setzen grundsätzlich keine thematischen Schwerpunkte. Für viele Aussteller fungiert die Universalmesse nicht nur als Absatz-, sondern auch als Beschaffungsinstrument. Sie ist darauf ausgelegt, einen möglichst umfassenden Überblick über das Leistungspotenzial einer Volkswirtschaft zu geben. Universalmessen klassischer Prägung sind faktisch nicht mehr anzutreffen. Vielfach überfordert das umfassende Produktangebot die Besucher einer Universalmesse, sodass sich mehr und mehr spezielle Messeformen herausgeprägt haben. Branchenmessen bzw. Mehrbranchenmessen nehmen das Angebot einer respektive mehrerer Wirtschaftszweige zum Ausgangspunkt ihrer konzeptionellen Abgrenzung. Charakteristisch für die Mehrbranchenmesse ist dabei die klare Abgrenzung der einzelnen Branchen innerhalb der Gesamtveranstaltung.

In den achtziger Jahren hat sich die Fachmesse zum dominanten Messetyp entwickelt (Groth 1983, S. 57ff.; Roloff 1992, S. 9ff.; Taeger 1993, S. 30). Kennzeichnendes Merkmal ist die große Angebotstiefe bei gleichzeitig geringer Angebotsbreite. Hierfür findet sich teilweise auch der Begriff Solo-, Mono- oder Spezialmesse in der Literatur. Die Konzeption der Fachmesse ist durch konsequente Themenorientierung geprägt. Den Kern des Messeprogramms bilden daher spezifische Anwendungsprobleme und ein Überblick über mögliche Problemlösungskonzepte (Huber 1993, S. 22). Unter einer Verbundmesse versteht man die Zusammenfassung thematisch verwandter Fachmessen (Groth 1983, S. 58; Meffert 1997, S. 53). Durch die Nutzung von Synergieeffekten wird mit diesem Messetyp der Problematik Rechnung getragen, dass spezialisierte Fachmessen oft nur geringe Aussteller- und Besucherzahlen haben.

Bezüglich des *Angebotsschwerpunktes* von Messen lassen sich klassischer Weise Investitionsgüter und Konsumgüter unterscheiden (Meffert 1988, S. 10). In jüngerer Zeit wird als dritter Angebotsschwerpunkt die Dienstleistung genannt (Strothmann/Roloff 1993, S. 717). Dabei überschneiden sich die Ausprägungen oftmals. So können etwa Automobile gleichermaßen Konsum- oder Investitionsgüter sein. Folglich ist auch eine Zuordnung von Automobilmessen zu einem Angebotsschwerpunkt nicht überschneidungsfrei möglich.

Einige Messeformen versuchen auch die schwerpunktmäßige Funktion einer Messe zu berücksichtigen. Dabei werden insbesondere die Informations- und die Verkaufsfunktion von Messen einbezogen. Bei Ordermessen steht explizit der Verkaufs- bzw. der Auftragscharakter einer Messe im Vordergrund. Die Aufträge werden unmittelbar auf der Messeveranstaltung vergeben. Seit geraumer Zeit wird in diesem Zusammenhang auf eine Verdrängung von Ordermessen zugunsten von Informationsmessen hingewiesen (Meffert 1993, S. 77). Grundlegend für diese These ist die Beobachtung, dass auf Messen verstärkt Vorbereitungen für Geschäftsabschlüsse getroffen werden, diese aber erst im Zuge des Nachmessegeschäftes zum Abschluss kommen. Im Sinne eines interaktionsorientierten Verständnisses von Messen ist jedoch zu bedenken, dass eine Messe immer auf die Anbahnung und den Abschluss von Verträgen zielt. Die Verlagerung der Vertragsunterzeichnung auf Zeiträume nach Beendigung der Messe ändert grundsätzlich nicht den Charakter einer Messe, wenn auf dieser die Inhalte der Verträge zur Diskussion stehen.

Hinsichtlich des *Mediums* lassen sich *physische Messen* mit einem Messestandort und *virtuelle Messen* unterscheiden. Virtuelle Messen übermitteln ihre Informationen über das Internet an die Besucherzielgruppen. Über eine Internetseite der virtuellen Messe kann der Besucher auf eine Datenbank zugreifen, in der Unternehmensinformationen und Produktdemonstrationen zu finden sind. Hierdurch können Besucher und Aussteller einerseits Transaktionskosten sparen, andererseits fehlt der persönliche Kontakt zwischen Marktpartnern, der vielfach den Messeerfolg ausmacht.

Messeveranstaltungen unterscheiden sich auch immer danach, in welchem Umfang fachliche Rahmenprogramme und Kongressveranstaltungen Ausstellern und Besuchern einen Zusatznutzen bieten – wobei diese Unterscheidung noch nicht Eingang in die Literatur gefunden hat. Schließlich werden Messen nach ihrer Branchenbedeutung eingestuft. So genannte *Leitmessen* übernehmen bezüglich der Aussteller- und Besucherbeteiligung zur Abbildung des vollständigen Angebotes eine internationale Führungsposition. Zu Leitmessen zählen beispielsweise die IAA in Frankfurt oder die CeBIT in Hannover. Insgesamt beherbergt Deutschland weltweit die meisten Leitmessen. Im Vergleich zu den Leitmessen nehmen andere Messen, deren Bedeutung nicht entsprechend ausgeprägt ist, eine Zweit- oder Nebenplatzierung ein.

3.3   Mehrdimensionale Messetypologien

Durch die Kombination verschiedener Systematisierungskriterien sind in der Literatur mehrdimensionale Messetypologien entwickelt worden. Bereits im Jahr 1960 hat Tietz sich mit einer eigenständigen wissenschaftlichen Arbeit dem Problem der Typenbildung im Messewesen gewidmet (Tietz 1960).

Auf der Grundlage mehrerer Abgrenzungsmerkmale hat Robertz versucht, das Spektrum der Messeveranstaltungen anhand der in Abbildung 5 dargestellten Systematik zu strukturieren. Dabei wurden die Merkmale Messefunktion, Breite des Angebots, Angebotsschwerpunkt sowie Aussteller- und Besucherreichweite zur Typologisierung herangezogen.

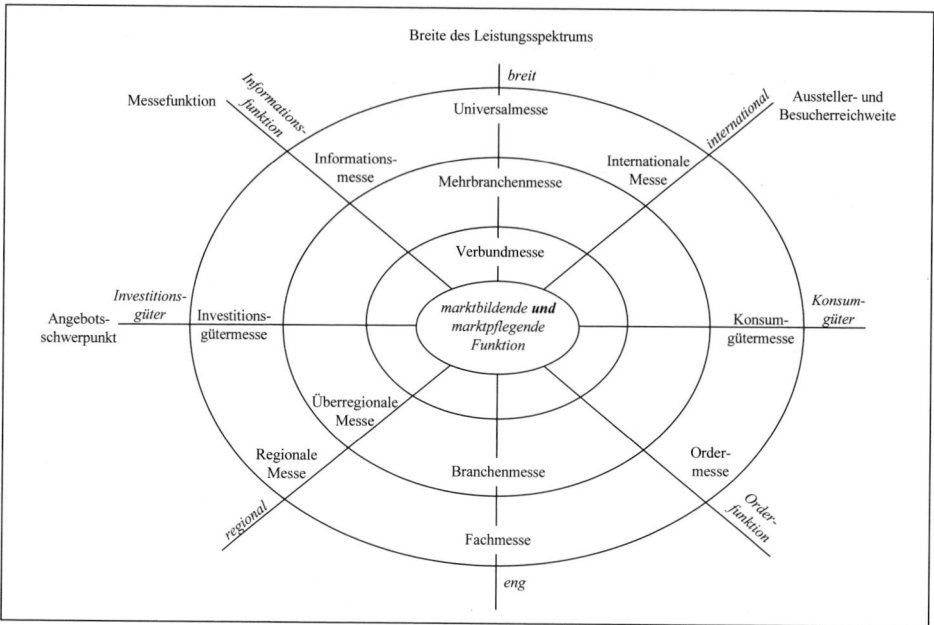

Abb. 5: Typologisierung von Messen

Strothmann und Roloff haben durch die Zusammenführung verschiedener Merkmalskategorien ein noch weiter gehendes Kategorisierungssystem für Messen erstellt (Strothmann/Roloff 1993, S. 717ff.). Allerdings finden in der Messepraxis überwiegend ein- oder zweidimensional abgegrenzte Messetypen Anwendung, während komplexere Messetypologien eher in wissenschaftliche Untersuchungen Eingang finden.

4. Fazit: Implikationen für das Messemanagement

Die in diesem Beitrag vorgestellten Messeformen und Messetypen kennzeichnen das breite Spektrum von Messeveranstaltungen, zwischen denen Messeveranstalter, Aussteller und Besucher wählen können. Welche Messetypen sich als besonders erfolgreich etablieren lassen, hängt letztlich davon ab, inwieweit sie die Bedürfnisse der an der Messe beteiligten Zielgruppen erfüllen. Aus jeder Perspektive werden die dargestellten Messefunktionen anders gewichtet und beurteilt; von daher ist es für das Messemanagement besonders wichtig, jene Messetypen zu identifizieren, die für ihren Aussteller- und Besucherkontext den höchsten Nutzen generieren.

Die Unterscheidung verschiedener Messeformen und -typen ist, wie bereits erwähnt, nicht nur aus wissenschaftlicher Sicht von Interesse, sondern sie dient auch der Schaffung von Transparenz und Verlässlichkeit innerhalb des Messewesens. Nicht zuletzt aus diesem Grund hat der AUMA mit seinen Leitsätzen zur Typologie von Messen und Ausstellungen eine Konvention geschaffen. Neben dem Transparenzaspekt sind Messetypologien aus der Sicht des Messemanagements dann besonders hilfreich, wenn typenspezifisches Management-Know-how generiert wird und auch auf vergleichbare Veranstaltungen übertragen werden kann. Messetypologien liefern damit auch einen Ansatz zur Synergienutzung.

5.   Literaturverzeichnis

AUMA, Leitsätze zur Typologie von Messen und Ausstellungen, Köln 1996.

DONABEDIAN, A., The Definition of Quality and Approaches to its Assessment, Explorations in Quality, Assessment and Monitoring, Ann Arbor 1980.

GOSCHMANN, K., Internationalität, in: m+a report, Heft Nr. 4, 1996, S. 6.

GROTH, C., Das Leistungspotential von Fachmessen, in: DWG (Hrsg.), Messen als Marketinginstrument, Bonn 1983, S. 57-71.

GROTH, C., Determinanten der Veranstaltungspolitik von Messegesellschaften, in: Strothmann, K.-H./Busche, M. (Hrsg.), Handbuch Messemarketing, Wiesbaden 1992, S. 157-178.

HUBER, A., Wettbewerbsstrategien Deutscher Messegesellschaften, Frankfurt a.M. u.a. 1993.

MEFFERT, H., Messen und Ausstellungen als Marketinginstrument, in: Goehrmann, K. (Hrsg.), Polit-Marketing auf Messen, Düsseldorf 1993, S. 73-96.

MEFFERT, H., Messen und Ausstellungen als Marketinginstrument, hrsg. vom Verlag Wirtschaft und Finanzen, Düsseldorf 1988, S. 8-30.

MEFFERT, H., Neuere Entwicklungen in Kommunikation und Vertrieb, in: Meffert, H., Necker, T., Sihler, H. (Hrsg.), Märkte im Dialog - Die Messen der dritten Generation, Leipzig 1997, S. 32-55.

PETERS, M., Dienstleistungsmarketing in der Praxis – Am Beispiel eines Messeunternehmens, Wiesbaden 1992.

PRÜSER, P., Messemarketing – Ein netzwerkorientierter Ansatz, Wiesbaden 1997.

ROBERTZ, G., Strategisches Messemanagement im Wettbewerb, Wiesbaden 1999.

ROLOFF, E., Messen und Medien – Ein sozialpsychologischer Ansatz der Öffentlich-keitsarbeit, Wiesbaden 1992, S. 9-13.

SCHWERMANN, J., Grundlagen der Messepolitik, Göttingen 1976.

STROTHMANN, K.-H./BUSCHE, M. (HRSG.), Handbuch Messemarketing, Wiesbaden 1992.

STROTHMANN, K.-H./ROLOFF, E., Charakterisierung und Arten von Messen, in: Berndt, R./Hermanns, A. (Hrsg.), Handbuch Marketing-Kommunikation, Wiesbaden 1993, S. 707-723.

TAEGER, M., Messemarketing – Marketingmix von Messegesellschaften unter Berück-sichtigung wettbewerbspolitischer Rahmenbedingungen, Göttingen 1993.

TIETZ, B., Bildung und Verwendung von Typen in der Betriebswirtschaftslehre dargelegt am Beispiel der Typologie von Messen und Ausstellungen, Köln, Opladen 1960.

UEDING, R., Management von Messebeteiligungen, Frankfurt a.M. 1997.

WOCHNOWSKI, H., Veranstaltungsmarketing – Grundlagen und Gestaltungsempfehlun-gen zur Vermarktung von Veranstaltungen, Frankfurt a.M. 1996.

Christian Brühe

Messen als Instrument der Live Communication

1. Einführung

2. Bedeutungszuwachs der Live Communication

3. Treiber von Live Communication-Strategien

4. Managementprozess für den optimalen Einsatz von Live Communication-Instrumenten
   4.1   Analyse
   4.2   Konzeption
   4.3   Umsetzung
   4.4   Erfolgsanalyse

5. Zusammenfassung

6. Literaturverzeichnis

Christian Brühe ist Geschäftsführer der UNIPLAN International GmbH & Co. KG, Kerpen.

1. Einführung

In ihrer langen Historie haben sich Messen unter sich wandelnden Rahmenbedingungen immer erneut bewähren müssen. Lange Jahre wurde die Rolle der Messen als Marketinginstrument der Aussteller nicht hinterfragt. Sie gehörten zum festen Bestandteil des Kommunikationsmixes dazu. Diese Situation hat sich heute grundlegend geändert. Provokant kommt diese Entwicklung in der Fragestellung zum Ausdruck: „Meiden Marken Messen?" (Schmieder 2002). Immer mehr Leitmessen müssen auf die Branchenführer verzichten oder mit einem geringeren Messeengagement rechnen. Immer häufiger kommen Messebeteiligungen auf den Prüfstand eines Kosten-Nutzen-Kalküls. Angesichts des zunehmenden Wettbewerbsdrucks und einer schwachen Konjunktur herrscht in den Marketingabteilungen der Unternehmen angespannte Betriebsamkeit. Der Verkauf stagniert oder ist gar rückläufig, die bewährten Instrumente der Marketingkommunikation greifen anscheinend nicht mehr. Besonders hart trifft es die klassische Werbung, die ohne durchschlagende Wirkung gegen die Rezessionsfolgen ankämpft. Denn im Zeitalter der Reizüberflutung fühlen sich die Konsumenten nicht nur durch die wichtigsten Medien, sondern gleichermaßen durch die Werbung überlastet (Kroeber-Riel 2003).

Stellt sich die Frage: Wie erreichen Unternehmen noch ihre Kunden – und das mit zum Teil drastisch gekürzten Mitteln?

2. Bedeutungszuwachs der Live Communication

Eine Befragung von 400 Entscheidungsträgern im Bereich Kommunikation und Marketing der Handelshochschule Leipzig und Uniplan hat gezeigt, dass dialog- und vertrauensorientierte Kommunikationsziele sowie die Dokumentation von Leistungs- und Innovationsvorteilen einen hohen Stellenwert zur Markenprofilierung erlangen werden (Kirchgeorg/Klante 2003). Neue Zielprioritäten in den Unternehmen führen zu einem veränderten Einsatz der Kommunikations-Instrumente, hin zu direkten Kommunikationsformen ohne Streuverluste. 62,5 Prozent der befragten Unternehmen messen den Live Communication-Instrumenten 2003 bereits eine sehr hohe bzw. hohe Bedeutung zu und dieser Anteil steigt in den nächsten Jahren weiter an. Dieser Anstieg unterstreicht den Stellenwert der Instrumente der persönlichen Begegnung zur Erreichung der Unternehmensziele.

Zentrales Element der Live Communication, zu denen Messen, Events, Roadshows und Showrooms, aber auch Promotions zählen (siehe zu einzelnen Instrumenten z.B. Meffert 1998, S. 715ff.), ist das Kommunizieren von Markenbotschaften im direkten Dialog mit dem Kunden. Authentische Erlebniswelten, in denen sich Mensch und Marke begegnen, dienen als Vehikel, um die Werte von Produkten oder Unternehmen überzeugend zu transportieren und die Markenversprechen live und konkret für den Einzelnen greifbar zu machen. Dies erfordert einen Rahmen, der die Kultur der Zielgruppe aufgreift. Die Konsequenz für die Marke: Sie integriert sich glaubwürdig in die subjektive Lebenswirklichkeit und die Gefühlswelt der Zielgruppe.

Im Vergleich zu den klassischen Werbemedien lassen sich die Instrumente der Live Communication durch die in Abbildung 1 dargestellten Merkmale abgrenzen. Während bei der klassischen Kommunikation die unpersönliche Einwegkommunikation dominiert, bei der keine aktive Einbeziehung der Zielgruppe erfolgt und auch die Interaktionsmöglichkeiten mit der Marke bzw. dem Unternehmen begrenzt sind, stellen Instrumente der Live Communication die persönliche Begegnung und das aktive Erlebnis der Zielgruppe mit dem Unternehmen und seiner Marke in einem inszenierten und emotional ansprechenden Umfeld in den Mittelpunkt, wobei eine direkte und persönliche Interaktion zwischen Unternehmen und Zielgruppe zur Erzeugung von einzigartigen und nachhaltigen Erinnerungen einen zentralen Beitrag leistet.

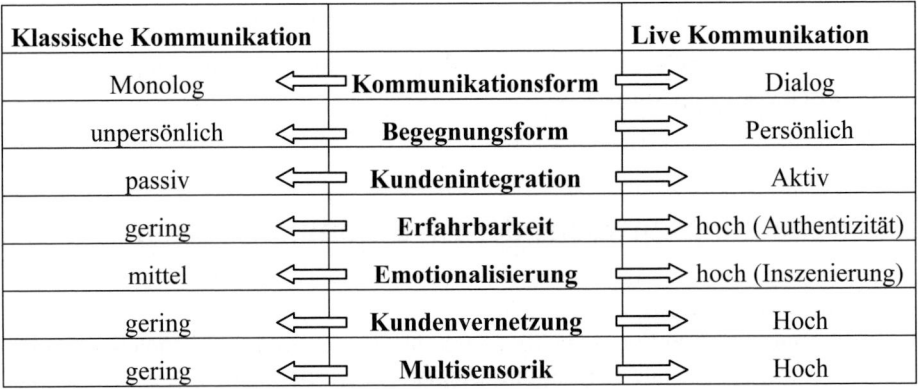

Klassische Kommunikation				Live Kommunikation
Monolog	⇐	**Kommunikationsform**	⇒	Dialog
unpersönlich	⇐	**Begegnungsform**	⇒	Persönlich
passiv	⇐	**Kundenintegration**	⇒	Aktiv
gering	⇐	**Erfahrbarkeit**	⇒	hoch (Authentizität)
mittel	⇐	**Emotionalisierung**	⇒	hoch (Inszenierung)
gering	⇐	**Kundenvernetzung**	⇒	Hoch
gering	⇐	**Multisensorik**	⇒	Hoch

Abb. 1: Abgrenzung von klassischer Kommunikation und Live Communication

Live Communication ermöglicht die persönliche Interaktion mit Kunden und Nichtkunden, so dass die Kommunikation in hohem Maße individualisiert erfolgen kann. Im Vergleich zu Print-, TV- oder Hörfunkmedien ist Live Communication multisensorisch ausgerichtet, d.h. es können alle Sinnesorgane der Zielgruppe zur Verankerung einzigartiger Erinnerungen und Markenerlebnisse angesprochen werden. Unter der Kategorie „Live Communication" können eine Reihe von Kommunikationsinstrumenten eingeordnet werden, die den in der Abbildung dargestellten Besonderheiten entsprechen. Der Charakter von Messen wird in hohem Maße dem Anspruch an Live Communication gerecht, wenn der Messeauftritt systematisch hierauf ausgerichtet wird.

Die mit Live Communication-Instrumenten verfolgten Marketingziele sind einerseits im Bereich der Kundenbindung zu sehen, wo bereits ein bestehender Kundenstamm gezielt und ohne Streuverluste angesprochen werden kann. Die Pflege des Kundenimages und der Ausbau des Kundenvertrauens können als wesentliche psychographische Ziele zur Kundenbindung angesehen werden. Allerdings ist Live Communication auf Grund der Aufmerksamkeitswirkung und Individualität auch zur gezielten Neukundenakquisition einzusetzen. Die Steigerung des Bekanntheitsgrades sowie der Aufbau eines einzigartigen Marketingimages zählen in der Akquisitionsphase zu wesentlichen Zielen der Live Communication. Entsprechende Konzepte können jedoch nicht nur auf den Kunden ausgerichtet werden, vielmehr lassen sich Live Communication-Instrumente auch zur Information, Bindung und Motivation interner Zielgruppen (z.B. Mitarbeiter) oder Multiplikatoren (z.B. Journalisten) einsetzen.

3. Treiber von Live Communication-Strategien

Für eine zunehmende Bedeutung der Live Communication in einer Welt, die wie nie zuvor durch elektronische Kommunikationsmedien geprägt ist, lassen sich unterschiedliche Begründungen finden. In diesem Zusammenhang sei auf die folgenden Thesen verwiesen (Kirchgeorg/Klante 2003, S. 6ff.):

- *Individualisierungs-These*
  In allen Industriestaaten ist ein Trend zur Individualisierung zu beobachten. An der Spitze der Wohlstandspyramide erlangen Selbstverwirklichungswünsche und Erlebnisorientierung eine besondere Ausprägung. Durch eine persönliche Begegnung und Kundeninteraktion können die individualisierten Anforderungen der Kunden besser aufgenommen, interpretiert und in Dienst- und Produktleistungen überführt werden, als wenn Hersteller und Kunden durch eine massengerichtete Einwegkommunikation in Kontakt treten.

- *Produkthomogenitäts-These*
  Produkte werden immer ähnlicher und Kundenpräferenzen lassen sich kaum noch durch echte Produktvorteile begründen. Wettbewerbsvorteile liegen heute zunehmend in der Beratungs- und Betreuungsqualität begründet, d.h. die persönliche Beziehung zum Kunden schafft die Differenzierung gegenüber der Konkurrenz. Positive persönliche Erlebnisse und Beziehungen mit Unternehmensvertretern, Marken und Produkten fördern die differenzierte Wahrnehmung trotz hoher sachlicher Vergleichbarkeit. In diesem Zusammenhang können Instrumente der Live Communication sowohl zur emotionalen Differenzierung als auch zur erlebnisorientierten Kommunikation von echten Leistungsunterschieden einen wichtigen Beitrag leisten.

- *Multisensualitäts-These*
  Die Erkenntnisse der Käuferverhaltensforschung liefern deutliche Beweise, dass die Erinnerungsleistung von Informationen im Gedächtnis dann besonders hoch ist, wenn die Informationen multisensual vermittelt und vom Kunden aufgenommen werden können. Besonders prägende und gefühlsbetonte Eindrücke können persönliche Begegnungen zwischen Personen (Kunden und Verkäufer) schaffen. Instrumente der Live Communication können durch ihre multimediale und persönliche Ausrichtung die Erinnerungsleistung der Zielgruppe an Unternehmen, Marke oder Produkte besonders erhöhen.

- *Emotions-These*
  Ein Blick über die disziplinären Grenzen zeigt dem Marketingmanager heute, dass die Gehirnforscher den Stellenwert der Emotionen als Einflussfaktor des Verhaltens besonders hervorheben (Häusel 2002). Jeder vom Individuum aufgenommene Reiz wird emotional interpretiert und der Impuls ist zweimal schneller im Gehirn angekommen, als die kognitive Interpretation des Reizes (Kirchgeorg/Klante 2003, S. 8). Auf Grund des expliziten Ziels, durch Live Communication-Instrumente der Zielgruppe einzigartige gefühlsbetonte Erlebnisse zu vermitteln, wird ein Bezug zu dem besonderen Stellenwert einer emotionalen Ansprache in der Kommunikationspolitik hergestellt.

- *High-Touch versus High-Tech-These*
  Trotz Zunahme des elektronischen Informationsaustausches und des damit einhergehende Informations-Overloads mit E-Mails, Direct Mailings etc. werden die persönlich erlebten Kontakte und Beziehungen eine Aufwertung erfahren. Zur High-Tech-Kommunikation bildet die High-Touch- bzw. Live Communication eine zunehmend wieder geschätzte und bewährte Ergänzung.

- *Unsicherheitsthese*
  Seit Anfang des neuen Jahrtausends haben die terroristischen Anschläge weltweit zu einer erhöhten Unsicherheit in der Bevölkerung geführt. Weiterhin haben spektakuläre Unternehmensinsolvenzen (z.B. Enron) auch dazu beigetragen, dass Geschäftspartner beim Aufbau neuer Geschäftsbeziehungen wieder in stärkerem Maße die Zuverlässigkeit und Vertrauenswürdigkeit prüfen. „First Hand Experience" durch eine persönliche Begegnung mit Personen, Unternehmen und Marken führen nachweislich zur glaubwürdigeren Wahrnehmung von Sachverhalten als massenmedial vermittelte Sachverhalte (Lorbeer 2003).

- *Effizienz-These*
  Einleitend wurde die kritische Diskussion um die Effizienz der klassischen Werbeinstrumente angeführt. In wettbewerbsintensiven Märkten mit hohem Verdrängungswettbewerb erlangt die Bindung des bestehenden Kundenstamms einen besonderen Stellenwert, was in den letzten Jahren auch die große Beachtung des sog. Beziehungsmarketings erklärte. Vielfach liegen umfassende Daten zur Direktansprache der Kunden vor, so dass die Voraussetzungen für eine individuelle Kontakt-

aufnahme mit dem Kunden ohne Streuverlust gegeben ist. Hieraus ergeben sich für Live Communication-Aktivitäten positive Einflüsse, weil sie als alternative Instrumente zur klassischen Werbung in den Effizienzvergleich treten. Geringere Streuverluste und höhere Erinnerungsleistungen von Live Communication-Instrumenten sind hinsichtlich der Kosten-Nutzen-Bilanz mit den traditionellen Formen der Werbung zu vergleichen.

Nun können Messen als ein prominentes Instrument der Live Communication eingeordnet werden und mit Blick auf die einleitenden Ausführungen stellt sich die Frage, warum die Messen als Marketinginstrument – trotz zunehmender Bedeutung von Live Communication – verstärkt auf den Prüfstand gestellt werden. In einer detaillierten Analyse, unterschieden nach den vier Live Communication-Instrumenten Messen, Events, Promotions und Sponsoring in Abbildung 2, ist für das Jahr 2004 bei allen Instrumenten im Vergleich zu 2003 ein Bedeutungszuwachs zu erkennen, wobei Events den größten Zuwachs (13 Prozent) verzeichnen, gefolgt von Promotionaktivitäten, Messen und schließlich Sponsoringaktivitäten (vgl. die ausführlichen Ergebnisse bei Kirchgeorg/Klante 2003, S. 12ff.).

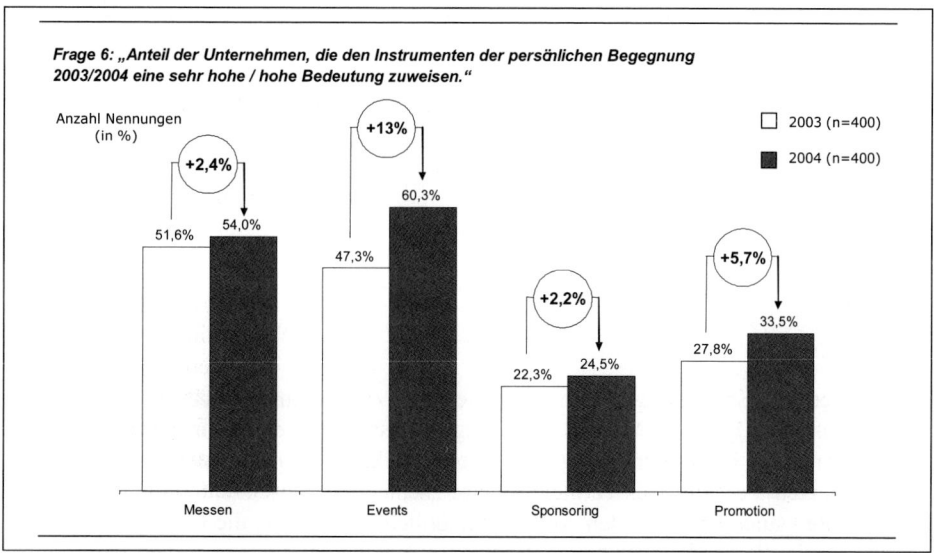

Abb. 2: Bedeutungen von Messen, Events, Sponsoring- und Promotionaktivitäten in 2003 und 2004

In einer langfristigen Betrachtung bis 2006 zählen Events und Promotionaktivitäten zu den Favoriten der Unternehmen (vgl. Abb. 3). Die Gründe dafür, insbesondere firmenindivideller Events, erklären die Entscheidungsträger damit, dass hier die persönlichen

Kundenkontakte aufgebaut und gepflegt werden, spezifische Zielgruppen im Business-to-Business-Bereich gezielter erreicht werden können und auch eine Leistungsdarstellung mit Erlebnischarakter vorgenommen werden kann. Demgegenüber werden die Gründe für den Bedeutungszuwachs von Promotionsaktivitäten vor allem in der Möglichkeit der Kundennähe gesehen, die besonders bei der Einführung von Neuprodukten am Point of Sale zur Produkterklärung sowie Verringerung der Kaufzurückhaltung von hoher Relevanz ist.

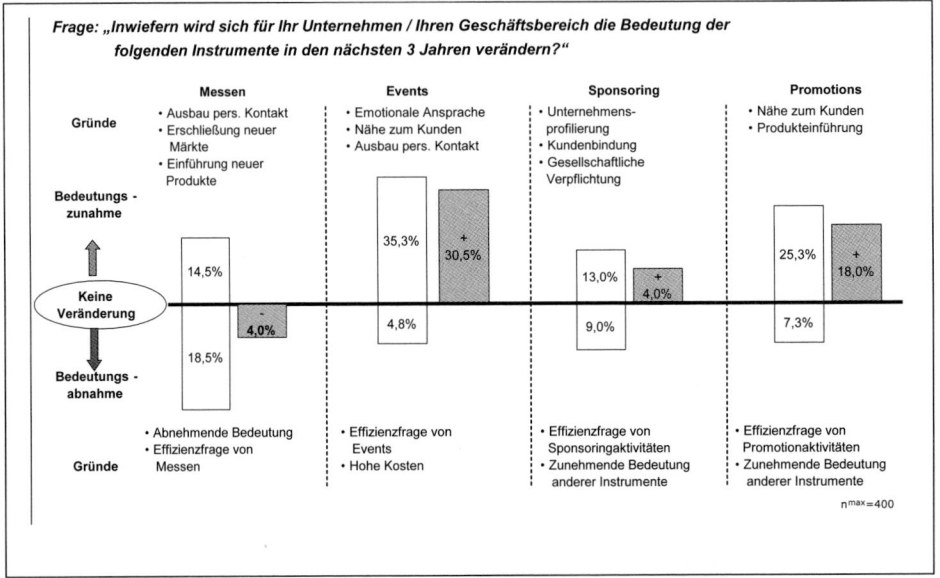

Abb. 3: Bedeutungen von Messen, Events, Sponsoring- und Promotionaktivitäten in 2003 und 2006

Für Messen und Sponsoring ergibt sich dagegen in der Summe mittelfristig ein Bedeutungsverlust. Das kann bei Messen daran liegen, dass sie bei einer, auf Grund von Kosten notwendigen Effizienzprüfung aller Kommunikationsinstrumente im Sinne eines Kosten-Nutzen-Verhältnisses vergleichsweise „schlechter" abschneiden als die anderen Instrumente – auch wenn sie den Ausbau persönlicher Kontakte, die Erschließung neuer Märkte sowie die Einführung neuer Produkte ermöglichen. Messen stehen damit unter einem besonderen Effizienzdruck und Unternehmen vergleichen in zunehmendem Maße die Kosten-Nutzen-Relation eines Messeengagements mit anderen Formen der Live Communication. In den USA ist bereits seit Jahren zu beobachten, dass selbst für mittelständische Unternehmer die Hausmessen am Firmenstandort eine hohe Attraktivität haben und auch Events und Promotions, die ohne Umwege auf die eigene Marke einzahlen, im Wettbewerb zum klassischen Messeengagement stehen.

Damit die Messen wieder eine Renaissance als Instrumente der Live Communication er-leben können, wird es notwendig sein, dass Aussteller die Gesetzmäßigkeiten der Live Communication beachten und ihr Messeengagement konsequent hierauf ausrichten und mit anderen Kommunikationsinstrumenten abstimmen. Die Messe muss somit als inte-graler Bestandteil einer Live Communication-Strategie eines Ausstellers begriffen wer-den. Darüber hinaus ist verstärktes Augenmerk darauf zu legen, dass ein Messeengage-ment einer systematischen Effizienzkontrolle unterliegt, was heute leider noch viel zu selten der Fall ist.

4. Managementprozess für den optimalen Einsatz von Live Communication-Instrumenten

Kreativität führt nicht automatisch zum Erfolg. Um Ergebnisse zu erzielen, muss man die richtige Strategie haben. Was macht also eine wirkungsvolle Live Communication-Strategie aus (vgl. Abb. 6)?

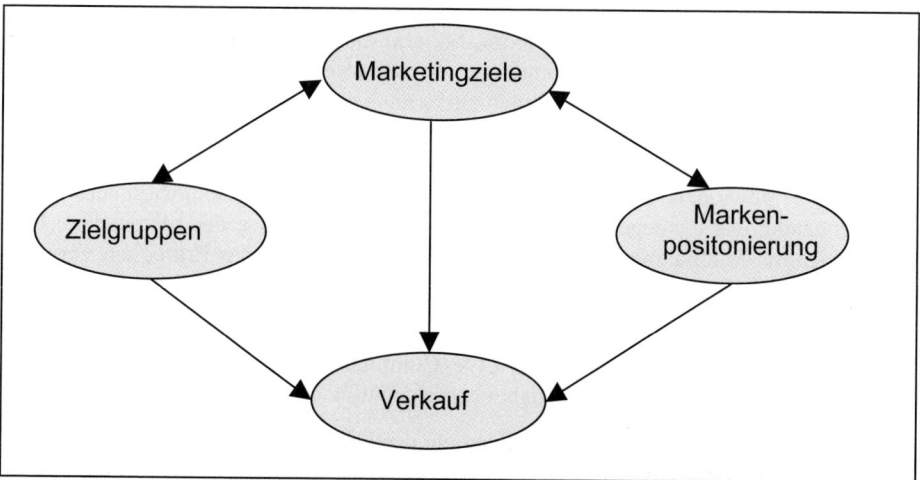

Abb. 4: Komponenten einer wirkungsvollen Live Communication-Strategie

Die Live Communication-Strategie ist abgeleitet aus der Positionierung und der Kom-munikationsstrategie – und berücksichtigt gleichzeitig die Marktentwicklung. Zielgrup-pen und Ziele der Maßnahmen sind ebenso definiert wie die Kriterien für eine spätere Erfolgsmessung. Daraus ergibt sich ein Managementprozess, der aus vier Modulen aufgebaut ist (vgl. Abb. 7): Analyse, Konzeption, Umsetzung sowie Erfolgsanalyse. Eine professionelle Live Communication-Strategie ist außerdem innerhalb des Kommunikationsportfolios mit anderen Maßnahmen verzahnt (Bruhn 2003) und unterstützt aktiv den Verkauf.

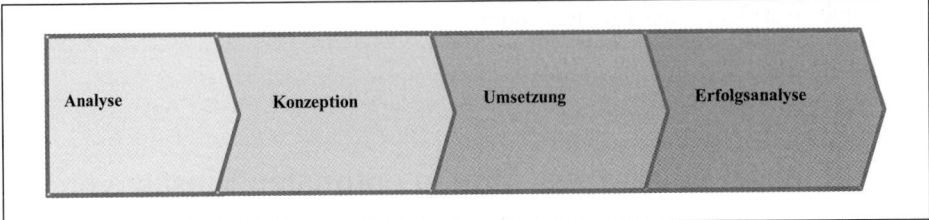

Abb. 5: Unterstützung von der Analyse bis zur Erfolgsanalyse

4.1   Analyse

Am Anfang einer Zusammenarbeit zwischen Messeaussteller und Live Communication-Agenturen stehen idealerweise Workshops. So lernt die Agentur ihre Kunden umfassend kennen. Gemeinsam werden die Grundlagen für alle weiteren Maßnahmen erarbeitet, es werden Markenpositionierung und Benchmarks analysiert. Außerdem lassen sich Ziele, Zielgruppen und Maßnahmen für den Markenauftritt definieren. Ziel ist es, ein intensives Verständnis für die Aufgabe, das Unternehmen und die Marke sowie alle relevanten Parameter zu gewinnen. Dazu gehören: die Diskussion der Markenpositionierung und Marketingziele, das Festlegen der Zielgruppen, eine Ist-Analyse der bestehenden Live Communication-Maßnahmen mit Best Practice-Beispielen und das Erarbeiten von Faktoren für eine kontinuierliche Erfolgsmessung.

Das bedeutet konkret: In einem Workshop stellen das Unternehmen und eine Live Communication-Agentur zunächst ein Live Communication-Maßnahmen-Set auf den Prüfstand. Folgende Fragen werden dabei berücksichtigt:

- Wie stark spiegeln sich die Marketingziele des Unternehmens in den Live Communication-Aktivitäten wider?

- Wie unterstützen Live Communication-Aktivitäten die Markenpositionierung?

- Wie spezifisch sind die Live Communication-Aktivitäten auf die Zielgruppen ausgerichtet?

- Inwieweit unterstützen die Live Communication-Aktivitäten den Verkauf und die Ziele?

4.2   Konzeption

Aus den Marketingzielen leiten sich die professionelle Planung und Realisierung eines Messeauftritts ab. Je nach Aufgabenstellung und Zielsetzung definiert die Live Communication-Agentur gemeinsam mit dem Aussteller das Live Communication-Maßnahmen-Set, damit dessen Ziele mit einem effizienten Mitteleinsatz erreicht werden. Ob Messe, Event, Roadshow oder eine Kombination aus allem – die Agentur erarbeitet nach dem Kreativ-Briefing ein Kommunikations- und Kreativkonzept, das sich an den Ergebnissen der Analyse orientiert. Sie behält dabei die Kommunikationsziele des Unternehmens fest im Visier. Der Lösungsvorschlag soll dem Kunden messbare Ergebnisse liefern.

4.3   Umsetzung

Für eine reibungslose Umsetzung innerhalb der zeitlichen und qualitativen Vorgaben sorgen Berater, Konzeptioner, Architekten, Designer, Multimediaspezialisten, Projektmanager und Techniker innerhalb der Agentur. Die enge Vernetzung von Konzeption, Kreation, Projektmanagement und Technik bürgt für eine hohe Effizienz und vermeidet unnötige Reibungsverluste, wie sie durch Abstimmungsprozesse unter verschiedenen Dienstleistern fast zwangsläufig aufkommen. Dies ist nicht nur die Voraussetzung für hohe Qualität, sondern auch für ein optimales Preis-Leistungs-Verhältnis. So wird aus der Markenbotschaft des Unternehmens ein nachhaltiges Erlebnis für die Besucher.

4.4   Erfolgsanalyse

Viele Unternehmen verschenken nach einer erfolgreichen Messe ihren eigentlichen Gewinn: ihre zahlreichen Messekontakte. Warum? Zwar geht man mit den größten Versprechungen vom Messegelände, aber ist man erst mal wieder im Büro, werden diese oft nicht eingehalten oder verspätet eingelöst. Dabei ist der Nutzen dieser Informationen nur für eine begrenzte Zeit gegeben. Nur wenn der Dialog mit dem Besucher unmittelbar fortgesetzt wird, kann sich dieser an das Messegespräch erinnern bzw. fühlt sich vom Aussteller gewissenhaft betreut. Nach einem Benchmarking-Projekt des Industrieanzeigers definieren von vornherein nur 55 Prozent der teilnehmenden Unternehmen für die Nachmessephase eine verbindliche Zeitachse (Clausen 2003), lediglich zwei von drei Ausstellern entwickeln dafür ein Konzept. Dementsprechend lassen sich 46 Prozent der Unternehmen, die auf einer Messe waren, bis zu sechs Monate Zeit, um die Messeberichte auszuwerten. Trotz Kosten- und Effizienzdruck bei Unternehmen erstaunt die Tatsache, dass Kommunikationsinstrumente der Live Communication häufig ohne regelmäßige Erfolgsmessungen eingesetzt werden. So führen gerade einmal 46,8 Prozent der Unternehmen bei Messen, 32,5 Prozent der Unternehmen bei Events, 8,3 Prozent der

Unternehmen bei Sponsoringaktivitäten und 31 Prozent der Unternehmen bei Promotionaktivitäten regelmäßige Erfolgsmessungen durch (Kirchgeorg/Klante 2003).

Hier wird ein erheblicher Nachholbedarf beim Instrumenten-Controlling deutlich. Bei der Planung und Umsetzung der Live Communication-Instrumente sind überwiegend zwei bis drei Abteilungen beteiligt, sodass der Abstimmung der Aktivitäten ein hoher Stellenwert zukommt. Erfolgsanalyse ist aber im gesamten Live Communication-Prozess unabdingbar. Bereits zu Beginn des Live Communication-Prozesses sollten Messgrößen bzw. Kennzahlen festgelegt und ein Erhebungsdesign/-prozess definiert werden. Für jede Stufe des Prozesses sollten Tools zur Verfügung stehen, um eine Passgenauigkeit zur Strategie sicherzustellen und die Effizienz der Maßnahmen zu optimieren. Nach Abschluss des Projektes wird mit Hilfe definierter Messkriterien geprüft, ob die gesetzten Ziele erreicht wurden. Auf diese Weise werden wertvolle Erkenntnisse sowie Handlungsempfehlungen für die Zukunft gewonnen. Das bedeutet, Einsatz und Wirkung der Live Communication sollten während der Entwicklung bis zum Abschluss in einem Prozess kontinuierlichen Erfolgsmonitorings gemessen werden. Gegebenenfalls muss dafür in einem Workshop eine geeignete Struktur an Key-Business-Indikatoren für die Erfolgsmessung erarbeitet werden.

5. Zusammenfassung

Die persönliche Kommunikation wird weiter an Bedeutung gewinnen. Während Events und Promotions bei den Instrumenten deutlich auf dem Vormarsch sind, geraten die klassische Werbung und das Sponsoring ins Hintertreffen. Auch Messen werden bis 2006 insgesamt einen Bedeutungsverlust hinnehmen müssen. Messen stehen zunehmend im Wettbewerb mit den übrigen Instrumenten der Live Communication und werden mehr denn je ihre Wirtschaftlichkeit unter Beweis stellen müssen. Dennoch wird die Messe nach wie vor als ein wichtiges Live Communication-Instrument insbesondere für die Neukundenansprache und Kundenbindung sowie zur Produkteinführung und Erschließung neuer Märkte angesehen.

Live Communication wird sich als eigene Marketingdisziplin etablieren. Agenturen, traditionelle Event- oder Messebauagenturen, müssen künftig breiter, strategischer bzw. konzeptioneller arbeiten, sprich ganzheitliche Live Communication-Konzepte entwickeln, die an den übergeordneten Marketing- und Kommunikationszielen des Unternehmens ausgerichtet sind. Sie müssen Unternehmen und ihre Marken durch die Schaffung authentischer, zielführender Erlebniswelten, die bei den Besuchern nachhaltige Eindrücke hinterlassen, auf Messen erlebbar machen. Klassische Messebauunternehmen und -Eventagenturen sehen sich somit neue Herausforderungen gegenüber: Konzeptionelles Marketing-Know-how wird zu einem entscheidenden Erfolgsfaktor im Wettbewerb.

6.   Literaturverzeichnis

BRUHN, M., Integrierte Unternehmens- und Markenkommunikation. Stuttgart 2003.

CLAUSEN, E., Benchmarking-Projekt „Messe-Follow-up", in: Industrieanzeiger, Nr. 13, 2003, S. 20f.

MEFFERT, H., Marketing, 8.Aufl., Wiesbaden 1998.

KROEBER-RIEL, W., Konsumentenverhalten, 8. Aufl., München 2003.

HÄUSEL, H.-G., Think Limbic: Die Macht des Unbewussten verstehen und nutzen für Motivation, Marketing und Management, 2. Aufl., Freiburg 2002.

KIRCHGEORG, M./KLANTE, O., Stellenwert und Entwicklung von „Live Communication" im Kommunikations-Mix – eine Analyse auf Grundlage einer branchenübergreifenden Befragung von Marketingentscheidern in Deutschland, Forschungsbericht herausgegeben von UNIPLAN, Kerpen, Leipzig 2003.

LORBEER, A., Vertrauen in Kundenbeziehungen, Wiesbaden 2003.

SCHMIEDER, P., Meiden Marken Messen?, in: m+a report, Nr. 4, 2002, S. 8-10.

Klaus E. Goehrmann

Messen als Instrument des Regionen- und Politikmarketings

1. Einleitung

2. Die Kommunikationspotenziale der Messe

3. Die Bedeutung der Medien im Kommunikationsmix

4. Regionenmarketing auf der Messe

5. Politikmarketing auf der Messe

6. Ausblick und Chancen

Prof. Dr. Dr. h.c. Klaus E. Goehrmann ist Vorstandsvorsitzender der Deutschen Messe AG, Hannover.

1. Einleitung

Der Bundeskanzler skizziert die Grundpositionen der aktuellen Wirtschafts- und Sozial-
politik. Der amerikanische Unternehmenschef formuliert seine Visionen für die Weiterentwicklung der IT-Technologien. Der Verbandspräsident beschreibt die Branchensituation und formuliert seine Forderungen an die Politik. Der Ministerpräsident lenkt den
Blick seiner Zuhörer auf die Stadt, die Region und sein Bundesland.

Unschwer zu erraten, zu welchem Anlass die Redner zusammengekommen sind: die Eröffnungsveranstaltung einer internationalen Leitmesse für Investitionsgüter, z.B. die
CeBIT oder die HANNOVER MESSE am Messeplatz Hannover. Dass Messen Plattformen für intensive Kommunikation und gleichzeitig selbst auch Kommunikationser-
eignisse sind, bedarf auch bei oberflächlicher Betrachtungsweise keiner besonderen ar-
gumentativen Herleitung.

Natürlich wird auf Messen kommuniziert: Einige tausend Unternehmen einer Branche
treffen sich in dem Sinne, dass sie zur selben Zeit und am selben Ort ihre Produkte und
Entwicklungen präsentieren. Das internationale Fachpublikum strömt auf den Messeplatz, um sich konzentriert an einem Ort einen Überblick über den aktuellen Stand der
weltweiten technologischen Entwicklungen zu verschaffen. Dieser Überblick dient der
Vorbereitung bzw. der Fundierung bereits geplanter Investitionsentscheidungen. Zentrale Funktion von Messen ist es seit jeher, Angebot und Nachfrage an einem Ort zu vereinen, um so Geschäftsaktivitäten zu initiieren und voranzutreiben.

Bei der Betrachtung der einzelnen beteiligten Personengruppen auf einer Fachmesse fallen Gruppen auf, deren Hauptanliegen nicht Angebot und Kauf von Produkten oder umfassenden Technologien zu sein scheint: Zum einen ist dies die Gruppe der Journalisten,
die sich aus allen Mediengattungen rekrutiert. Die Medienvertreterinnen und
-vertreter nehmen an der Messe teil, sie bilden in ihrer Gesamtheit eine der zentralen
Kräfte im Umfeld der Branchenkommunikation. Äußeres Kennzeichen der Journalisten
im Messealltag sind Mikrofone, Kameras oder auch Technik- und Übertragungsfahr-
zeuge mit Satellitenanlagen.

Im „Straßenbild" einer Messe fallen weitere Personen ins Auge, die sich schon auf
Grund von äußeren Auffälligkeiten von der Allgemeinheit der Aussteller und Fachbesucher abheben. Dunkle Limousinen, Sicherheitsbeamte und vielleicht sogar Polizeieskor-
ten signalisieren: Hier ist politische Prominenz auf dem Messegelände unterwegs.

Politiker aus dem In- und Ausland und aus den unterschiedlichen Ebenen der politischen
Hierarchien haben schon frühzeitig die Messetermine in ihre Kalender eingetragen. Sie
besuchen persönlich international ausgerichtete Leitmessen und nutzen die vielfältigen
kommunikativen Möglichkeiten, die sich aus ihrer Präsenz auf der Messe ergeben.

Die folgenden Überlegungen geben einen Einblick in die Strukturen messeimmanenter Kommunikation. Sie beschreiben unter dem Blickwinkel der Politik die unterschiedlichen Interessenlagen und bewerten Voraussetzungen wie Chancen der gezielten Beteiligung am Kommunikationsereignis Messe.

2. Die Kommunikationspotenziale der Messe

Internationale Leitmessen gelten als kommunikative Highlights in der umfassenden Marketingkommunikation aller beteiligten Unternehmen. Sie bilden das zentrale Branchen-Event und bieten mit ihrem Ausblick auf die technologischen Möglichkeiten allen Beteiligten die ideale Chance, Zukunft zu erleben und für die eigene geschäftliche Entwicklung nutzbar zu machen.

Die Kommunikation des einzelnen Ausstellers erstreckt sich dabei auf unterschiedliche Themenfelder. Im Zentrum steht dabei sicherlich die produkt- bzw. technologiebezogene Kommunikation, das heißt: das möglichst intensive Informieren der Fachöffentlichkeit über neue Produkte, Dienstleistungen oder Geschäftsmodelle. Neben diesen fachbezogenen Komponenten steht auch die Unternehmenskommunikation des jeweiligen Ausstellers im Vordergrund. Dabei geht es um die Konturierung der eigenen Wettbewerbsposition, die Darstellung der Unternehmensstärken und letztlich auch um die Attraktivität als potenzieller Arbeitgeber. Die unternehmensbezogene Kommunikation zielt sowohl auf den Wettbewerb als auch auf die Wirtschaftsmedien, die als Multiplikatoren der wichtigen Unternehmensbotschaften genutzt werden.

Die Kommunikationspotenziale einer Leitmesse erhalten einen besonderen Stellenwert durch die Tatsache, dass die Beteiligten ihre Informationen vielfach bis zum Messeauftakt zurückhalten. Das gilt sowohl für produkt- oder technologiebezogene Informationen als auch für unternehmensbezogene Daten. Zum einen wird dadurch die Erwartungshaltung der Öffentlichkeit deutlich gesteigert, zum anderen unterstreicht dieses Kommunikationsverhalten der beteiligten Firmen auch den Stellenwert der Messe in der Gesamtkommunikation.

Die Fachbesucher dokumentieren durch ihr Verhalten, nämlich den Messetermin als wichtigen Termin anzuerkennen und persönlich wahrzunehmen, dass auch sie die Messe als einmalige und herausgehobene Informations- und Kommunikationsplattform nutzen. Sie möchten beispielsweise zu den Ersten gehören, die eine Weltneuheit erfahren oder erleben dürfen.

3.   Die Bedeutung der Medien im Kommunikationsmix

Die Fachmedien wie auch die tagesaktuell berichtenden Medien, nicht zuletzt die nationale und internationale Wirtschaftspresse, sind bereits in der Vorbereitungsphase der Messe maßgeblich gefordert und seitens der Veranstalter so weit wie irgend möglich eingebunden.

In der Zeit der Vorbereitung existiert die Messe nur als fiktives Gerüst intensiver markt- und produktbezogener Kommunikation. Alle Beteiligten, die Unternehmen, die an der Messe teilnehmen wollen, und die Fachleute, die als Besucher zur Messe kommen wollen, haben nur die Vision einer Messe vor Augen. Die reale Veranstaltung folgt zum anvisierten Termin und ist sowohl zeitlich wie räumlich eng begrenzt. Alle Medien übernehmen im gesamten Zeitraum vor der eigentlichen Messeeröffnung die Aufgabe, dieses Bild in den Köpfen der Menschen zu festigen und auf die Veranstaltung hin immer detaillierter auszubauen.

Ist die Messe dann aufgebaut, wird die bisher nur vermittelte Vision konkret. Die Kamera begleitet den Reporter auf dem Gang durch Messehallen, in denen nun letzte Hand an den Standaufbau angelegt wird. Dem Zuschauer oder Zuhörer wird vermittelt: Gleich ist es soweit, die Messe steht kurz vor der Eröffnung und ich als Zuschauer/Zuhörer kann auf das Messegelände gehen und mir selbst einen Eindruck verschaffen.

Während der Laufzeit der Messe steht für die Medien nicht mehr das Produzieren einer Erwartungshaltung im Vordergrund, es geht um konkrete Informationen und Botschaften sowie begleitend um die Vermittlung konkreter Eindrücke.

Auch zum Abschluss der Messe spielen die Medien eine zentrale Rolle im Kommunikationsnetzwerk der Veranstaltung. Sie transportieren die Ausblicke, Stimmen und Stimmungen der Aussteller, Branchenorganisationen und Besucher, nicht zuletzt auch die eigenen, die der Journalisten selbst. Nach den konkreten Messetagen sind dies wieder Erwartungen und Visionen, die sich z.B. auf den zukünftigen Erfolg eines Produktes oder das Auftragsvolumen des Nachmessegeschäftes beziehen – also wieder Bilder, die den Rezipienten positiv stimmen sollen.

4.   Regionenmarketing auf der Messe

Selbst eine internationale Leitmesse würde funktionieren, d.h. würde Geschäfte initiieren und vorbereiten, wenn sich die Akteure nur aus Ausstellern und Besuchern zusammensetzten. Journalistische Präsenz wäre für die konkreten Prozesse nicht erforderlich. Ähnliches gilt für die Präsenz der Politik. Was bewegt also Politikerinnen und Politiker dazu, auf die Messe zu gehen und zu kommunizieren?

Messen, und auch hier wieder in besonderer Weise internationale Leitmessen für die Investitionsgüterindustrie, bieten der Politik Möglichkeiten, die andernorts in dieser Form vergeblich gesucht werden.

Was die Vertreter der Politik erst einmal durchgängig anspricht, ist hohe Medienpräsenz. Sie nehmen gern die Chance wahr, gefilmt, fotografiert, interviewt zu werden – nicht aus persönlicher Eitelkeit, sondern um ihre politischen Botschaften platzieren zu können, um öffentlichkeitswirksam werden zu können. Nur über die vielfältigen Multiplikatorwirkungen der Medien ist dies sichergestellt. Um es zu überspitzen: Ein Politiker, über den nicht berichtet wird, ist eigentlich gar nicht existent.

Es sind jedoch nicht nur die journalistischen Zielgruppen, die der Politiker auf der Messe zu finden hofft. Es sind auch die Unternehmer, die ausstellen, und die Verbandsrepräsentanten, die öffentlich Positionen beziehen für ihre Mitgliedsfirmen oder gar die gesamte Branche. In der Kombination mit einer umfassenden Berichterstattung bieten Gespräche zwischen Politik und Wirtschaft auf der Messe eine große Breitenwirkung.

Wie lassen sich diese Kommunikationsprozesse formal und thematisch strukturieren? Den Hintergrund bildet zum einen der regionale, nationale oder internationale Bezug der Politik. Bei den regionalen Aspekten handelt es sich auf internationalen Leitmessen um Kontakte des Ministerpräsidenten oder seines Wirtschaftsministers oder dessen Staatssekretäre zu Unternehmen aus „seinem/ihrem" Bundesland. Nirgendwo findet beispielsweise der Wirtschaftsminister aus Nordrhein-Westfalen so zahlreich und konzentriert die IT-Unternehmen seines Heimatlandes wie auf der Leitmesse CeBIT. Aufmerksamkeitsstark, schnell und effektiv im Rahmen eines Messerundganges können persönliche Kontakte zu den Geschäftsführern oder Inhabern dieser ausstellenden Unternehmen hergestellt werden.

Neben dem öffentlichen Rückhalt durch die Landespolitik werden im Rahmen dieser Kontakte auch Themen wie Wirtschaftsförderung, Sicherung der vorhandenen Arbeitsplätze oder Fragen des Unternehmensstandortes angesprochen oder vertieft – eine kaum zu überschätzende Chance für beide Seiten, auf der informellen Ebene gegenseitig Einfluss auszuüben.

Die Kontakte auf der Messe haben dabei auch eine wichtige Rückwirkung auf die Heimatregion. Mitgereiste Journalisten der Regional- und Lokalpresse, die „ihren" Minister auf der Messe begleiten, berichten zu Hause über das konkrete Messegeschehen und stärken damit Bekanntheit und Wettbewerbsposition des Unternehmens, aber auch die Popularität der Vertreter der Landespolitik.

Themen wie Firmensitz, Firmenansiedlung, Technologietransfer zwischen Forschung/Universität und Industrie sowie Arbeitsmarktthemen kennzeichnen zentrale Elemente des Regionenmarketings. Wenn die Politik nachhaltig Einfluss nehmen kann auf konkrete wirtschaftliche Entscheidungen der Unternehmen aus ihrer Region oder ihrem Bundesland, so bietet der Messebesuch mit seinen qualifizierten Kontakten eine in der Tat einmalige Chance. Aber auch Angebote aus der Politik z.B. zu einer gezielten Wirtschaftsförderung können auf der Messe zielgenau platziert werden.

Die große Zahl von Politikerinnen und Politikern aus den Landeskabinetten aller deutschen Bundesländer auf einer HANNOVER MESSE oder einer CeBIT ist Ausdruck für die breite Erkenntnis, dass die Kommunikationsplattform Messe erhebliche Potenziale bietet.

Was für die angereisten Landespolitiker gilt, ist im Übrigen auch bedeutsam für die Politik am Messestandort selbst. Die Messegesellschaft als ortsansässiges Unternehmen und Arbeitgeber sowie die regionalwirtschaftlichen Effekte aus dem internationalen Messegeschäft sind stets auch Thema für die Lokal- und die Landespolitik, zumal es sich im Fall der Deutschen Messe AG wie bei den anderen deutschen Großmesseplätzen auch gleichzeitig um die Vertreter der beiden Anteilseigner Stadt und Land handelt. So bestärken beispielsweise die Ausführungen des niedersächsischen Ministerpräsidenten anlässlich der offiziellen Eröffnungsfeier einer HANNOVER MESSE die Politik in Stadt und Land von der Richtigkeit und Sinnhaftigkeit einer auch zukünftig umfassenden Unterstützung der Messegesellschaft in ihren nationalen und internationalen Aktivitäten sowie der Ausweitung neuer Geschäftsfelder.

5. Politikmarketing auf der Messe

Was bisher über die Möglichkeiten des Regionenmarketings auf Messen gesagt wurde, lässt sich strukturell auch auf den Bereich des Politikmarketings übertragen. Die nationale und internationale Politik nutzt seit langem das große Forum einer internationalen Leitmesse, um ihre Botschaften gegenüber qualifizierten und kompetenten Zielgruppen treffgenau platzieren zu können.

Zwei Beispiele aus der jüngsten Vergangenheit mögen dies belegen: Die über lange Zeit eher abwartende Grundhaltung der Bundesregierung hinsichtlich einer tatkräftigen finanziellen Unterstützung der Weltausstellung EXPO 2000 in Hannover gab der damalige Bundeskanzler Helmut Kohl in einer fast nebensächlich wirkenden Randbemerkung gegen Ende seiner Eröffnungsansprache zur CeBIT 1993 auf und verkündete das offizielle Signal der Bundesrepublik Deutschland, jetzt mit voller Kraft die Weltausstellung voranzutreiben: „Die wirtschaftliche Leistungsfähigkeit eines Landes lässt sich gerade auf Messen hervorragend präsentieren. Ich freue mich deshalb, Ihnen mitteilen zu können, dass sich die Bundesregierung an der EXPO 2000, hier in Hannover, im Rahmen der finanziellen Möglichkeiten beteiligen wird. Die EXPO bietet dem vereinten Deutschland eine hervorragende Gelegenheit, sich im symbolträchtigen Jahr 2000 als Industrie- und Kulturnation zu präsentieren. Ich denke dabei besonders auch an die neuen Bundesländer. Die Bundesregierung ist bereit, aktiv an der Organisation und Durchführung der EXPO mitzuwirken und sich an der geplanten Betreibergesellschaft zu beteiligen. [...] Eine gelungene EXPO ist zugleich auch eine hervorragende Werbung für den Wirtschaftsstandort Deutschland. Eine Ausstellung, die das Zusammenspiel von Mensch, Natur und Technik am Beginn eines neuen Jahrtausends zeigt, erfordert von uns – neben Realismus – auch Mut zur Vision." Kohl nutzte, offensichtlich im Rahmen seiner Richtlinienkompetenz, die internationale Plattform der Eröffnungsveranstaltung und die Konzentration aller Mediengattungen und gab damit letztlich auch den Anstoß zu einem breiten Engagement der deutschen Industrie für die EXPO 2000.

Durchaus vergleichbar hiermit ist die Ankündigung Gerhard Schröders, mit der er in seiner Funktion als Bundeskanzler in seiner Eröffnungsrede zur CeBIT 2000 seine „Green Card"-Initiative mit einem Schlag gegenüber der Öffentlichkeit verkündete: das gezielte Anwerben von hochqualifizierten EDV-Fachleuten aus dem Ausland, um der starken Nachfrage der deutschen IT-Industrie nach diesen Arbeitskräften besser begegnen zu können. Gegenüber den versammelten Unternehmensvertretern aus aller Welt war dies auch ein übergeordnetes Signal für eine Politik, die anpackt, die Herausforderungen und Chancen der Globalisierung aufgreift und Probleme auch auf der Basis veränderter gesetzgeberischer Vorgaben lösen möchte.

Messen bieten jedoch nicht nur Gelegenheit für die Politik, sich nach innen zu profilieren. Messen werden sogar genutzt, um außenpolitische Akzente zu setzen. Über die mediale Verbreitung des Messethemas erreichen politische Botschaften den Adressaten, ohne ihn direkt und in politischer oder diplomatischer Weise angesprochen zu haben. So unterstrich Bundeskanzler Gerhard Schröder in seiner Eröffnungsansprache zur HAN-NOVER MESSE 2003 den unbedingten Willen der deutschen Bundesregierung, den Prozess der Integration der osteuropäischen Länder in die Europäische Union engagiert und mit Augenmaß mitzutragen.

Diese Kommunikation auf höchster Ebene zwischen der Politik und der Wirtschaft ist keine Einbahnstraße. Natürlich hat sich die Politik der Industrie mitzuteilen, wenn es ihr erklärtes Ziel ist, bei den Unternehmen auf Zustimmung und Mitwirkung zu treffen. Auch ressortspezifische Fragestellungen wie z.B. die des Bundesforschungsministeriums in Bezug auf die Darstellung der staatlichen Forschungs- und Entwicklungspolitik sind Themen, die im Rahmen eines Messebesuchs des Ministers dargestellt und mit hochrangigen Wissenschaftlern und Industrievertretern diskutiert werden.

Messen beweisen sich hier als optimales Instrument, den Technologietransfer zwischen Forschung und industrieller Anwendung voranzutreiben. Aber auch die „message" der Wirtschaft findet auf der Messe den direkten Weg zur Politik. Wenn Vertreter der großen deutschen Wirtschaftsverbände sich mit konkreten Forderungen an die anwesenden Politiker der Bundespolitik wenden, so bleibt dies ebenfalls nicht ohne Wirkung.

6.   Ausblick und Chancen

Politikmarketing ist nicht nur am Messeplatz Deutschland eine feste Größe im vielschichtigen Kommunikationsnetzwerk internationaler Leitmessen. Die Politik hat in zunehmendem Maße erkannt, welche kommunikativen Möglichkeiten Messen für die Darstellung eigener Positionen bieten.

Der Status derjenigen Messen, die dazu in der Lage sind, ist jedoch nicht automatisch gegeben. Er stellt sich nur in dem Moment ein, wo die Messe in der Tat gesamtheitlich den internationalen Markt in seinen vielfältigen aktuellen Ausprägungen und in seinen technologischen Zukunftspotenzialen abbildet. Denn das bedeutet auch: die Anwesenheit hochrangiger Industrie- und Verbandsvertreter und damit ein starkes journalistisches Engagement aus allen Mediengattungen, angefangen bei der Fachpresse bis hin zu Wirtschafts- und Politikredakteuren der elektronischen Medien.

Der Messeplatz Hannover hat unter diesen Gesichtspunkten eine besondere Position inne. Mit seinen beiden größten Investitionsgütermessen CeBIT und HANNOVER MESSE, die gleichzeitig die beiden größten Messen der Welt darstellen, verfügt Hannover über die herausragendsten Plattformen für effektives Regionen- und Politikmarketing – eine Rolle, um die die Messegesellschaft international beneidet wird.

Wenn die CEOs der bedeutendsten IT-Firmen der Welt – so z.B. Jorma Ollila von Nokia, Steve Ballmer von Microsoft oder Carly Fiorina von HP – den geladenen Gästen einer CeBIT-Eröffnungsveranstaltung ihre Visionen der technologischen Zukunft ihrer Branche präsentieren, so nutzen sie ebenfalls die Kommunikationsmöglichkeiten der Messe. Diese Möglichkeiten selbst sind aber wiederum fast ausschließlich nur das Ergebnis aus der Teilnahme genau dieser „marktführenden" Persönlichkeiten.

Insofern ist die Leitmesse ein hochsensibles Produkt, das umso effektiver die hohen Erwartungshaltungen aller beteiligten Gruppen zufrieden stellen kann, je mehr das Alleinstellungsmerkmal als das unangefochtene Branchen-Highlight herausgestellt und real untermauert werden kann. Für die Deutsche Messe AG ist dies permanente Aufforderung, branchen- und technologiekonform die Konzepte ihrer Leitmessen weiterzuentwickeln. Nur dann wird es auch zukünftig gelingen, diese Messen zu Magneten von Industrie, Politik und Medien zu machen.

Manchmal sind die Botschaften der Politik auf der Messe auch sehr schlicht formuliert und vordergründig ohne konkreten wirtschaftspolitischen Bezug, jedoch nicht weniger wirksam. So sagte Bundeskanzler Gerhard Schröder in seiner Eröffnungsrede zur HANNOVER MESSE 2003 mit Hinblick auf die Resultate der Messe:

„Ich hoffe, dass von dieser Messe ein Signal ausgeht, dass diese verfluchte Nörgelei aufhört."

Wolfgang Clement

Messen als Instrument der Wirtschafts- und Außenpolitik

1. Messen als Spitzenmedium für verkaufsorientierte Kundenansprache

2. Wirtschaftliche Bedeutung von Messen in Deutschland

3. Stellenwert von Messen und Ausstellungen im Ausland

Wolfgang Clement ist Bundesminister für Wirtschaft und Arbeit, Berlin.

1. Messen als Spitzenmedium für verkaufsorientierte Kundenansprache

Messe- und Ausstellungsveranstaltungen zählen zu den ältesten Handels- und Kommunikationsinstrumenten im Wirtschaftsleben. Schon im frühen Mittelalter gab es in Köln, Leipzig und Frankfurt bedeutende deutsche Messeplätze. Auch in anderen Regionen Europas, so in Barcelona, Padua, Verona und Vicenza, in Basel, Prag und Posen, fand der große Handel vielfach an diesen Schnittstellen des Wirtschaftsverkehrs statt.

Wenn heute die öffentliche Diskussion von Begriffen wie „Online-Medien", „E-Commerce" und „Real-Time-Information" beherrscht wird, müsste man sich eigentlich wundern, dass ein so „archaisches" Instrument wie das der Messe überhaupt noch existiert. Aber wir alle können miterleben, dass das Messewesen auch in volkswirtschaftlich schwachen Phasen nicht an Bedeutung verliert und seine Position im Kommunikationsmix der Unternehmen behauptet.

Messen sind in der Kommunikation von Unternehmen zu Unternehmen ein besonders geeignetes Medium für die verkaufsorientierte Kundenansprache. Dies gilt in erster Linie für die nationalen, in hohem Maße aber auch für die internationalen Kontakte. Die Bundesrepublik Deutschland kann – wie kein anderes Land – den hier beheimateten Unternehmen eine vielfältige Messe- und Ausstellungslandschaft mit internationalem Publikum bieten.

2. Wirtschaftliche Bedeutung von Messen in Deutschland

Mittlerweile gibt es hierzulande nahezu für jeden Bereich der Wirtschaft eine Messe oder Ausstellung. Dabei spielen die deutschen Messeveranstaltungen international eine herausragende Rolle – rund zwei Drittel der weltweit führenden Messen finden in Deutschland statt. Unbestritten ist das auch ein wichtiger Wirtschaftsfaktor: So liegt der Umsatz der deutschen Messeveranstalter derzeit bei durchschnittlich über 2,3 Milliarden Euro/Jahr, die Aufwendungen der Aussteller und Besucher betragen jährlich rund 10 Milliarden Euro. Die gesamtwirtschaftlichen Produktionseffekte belaufen sich auf über 20 Milliarden Euro. Mindestens 230 000 Arbeitsplätze werden durch die Messewirtschaft gesichert. Dabei sorgt diese auch für eine hohe Auslastung der Hotelkapazitäten, der Gastronomie und anderer Dienstleister.

Messen bringen in- und ausländische Geschäftspartner zusammen und tragen durch ihre Internationalität auch zur Völkerverständigung bei. Viele Messeveranstaltungen weisen einen hohen Anteil ausländischer Aussteller und Besucher auf und sind damit genau genommen auch Exportförderinstrumente.

Auf überregionalen deutschen Messen treffen jährlich über 80 000 ausländische Anbieter auf 1,9 Millionen ausländische Nachfrager. Von den zurzeit durchschnittlich über zehn Millionen Besuchern pro Jahr kommen gut 20 Prozent aus dem Ausland; von den rund 166 000 Ausstellern sind es knapp 50 Prozent. Somit sind internationale Messen in Deutschland ein echter Exportmarkt. Gerade die hochkarätigen Messen bieten vielfältige Möglichkeiten, Exportgeschäfte hier in Deutschland anzubahnen und oft genug auch schon zum Abschluss zu bringen.

3.   Stellenwert von Messen und Ausstellungen im Ausland

Mindestens genauso wichtig sind die im Ausland stattfindenden Messen.

Weltweiter Handel und Auslandsinvestitionen gehören zu den wichtigsten Grundlagen für Wachstum, Beschäftigung und Wohlstand in unserem Land. Der Export ist Konjunkturmotor und häufig Initialzündung für die Belebung der Binnenwirtschaft. Hierbei spielt die neue Welthandelsrunde eine entscheidende Rolle. Zur Verbesserung des Marktzugangs für Waren in Drittländer hält die Bundesregierung einen weiteren Abbau von Zöllen, die Vereinfachung der Zollverfahren und die Beseitigung nicht tarifärer Handelshemmnisse für immens wichtig. Von den Ergebnissen, die – wie wir hoffen – Ende 2004 erzielt sein werden, wird auch die deutsche Messewirtschaft profitieren.

Doch das reicht für die Exportaktivitäten der deutschen Unternehmen bei weitem nicht aus. Deshalb gibt es seit 1949 die Auslandsmessebeteiligungen des Bundeswirtschaftsministeriums, mit denen die Bundesregierung Exportunternehmen beim Eintritt in schwierige Märkte unterstützt. Insbesondere für kleine und mittlere Unternehmen sind solche Beteiligungen oft eine wichtige Hilfe bei ihren ersten Schritten auf neuen Wachstumsmärkten. Auf den jährlich bis zu 250 Beteiligungen an Messen mit den Schwerpunkten Asien – insbesondere China –, Osteuropa und Nordamerika sind nahezu 5 000 deutsche Unternehmen präsent.

Ein Teil dieser Auslandsmessen wird inzwischen auch von deutschen Veranstaltern durchgeführt. Insgesamt organisieren deutsche Messegesellschaften auf ausländischen Märkten bereits rund 170 eigene Messen pro Jahr zum großen Nutzen der deutschen Wirtschaft. Düsseldorf, Hannover und München betreiben in Shanghai (Pudong) sogar ein eigenes Messegelände, und das mit beachtlichem Erfolg. Damit wollen und werden sie ihren Marktanteil im Vergleich zu anderen international tätigen Messeunternehmen sichern und ausbauen und so die deutlich zunehmenden Handelsströme zwischen außereuropäischen Regionen immer stärker für sich nutzen.

Für die Bundesregierung bleibt die Beteiligung an Messen und Ausstellungen im Ausland auch weiterhin ein zentraler Bestandteil ihrer Außenwirtschaftspolitik. Sie wird ihn im Interesse der deutschen Unternehmen – in Abstimmung mit diesen und orientiert an den aktuellen Erfordernissen – beständig fortentwickeln.

Hermann Kresse

Die Bedeutung von Verbänden und Institutionen in der Messewirtschaft

1. Kooperation – Voraussetzung für die Existenz von Messen

2. Die Messepartner und ihre Organisationen
   2.1 Ausstellende Wirtschaft
   2.2 Besuchende Wirtschaft
   2.3 Veranstalter
   2.4 Serviceunternehmen

3. Rolle der Verbände in der Messewirtschaft
   3.1 Veranstaltungsebene
   3.2 Veranstalterebene
   3.3 Branchenebene

4. Der AUMA als Spitzenorganisation der Messebranche
   4.1 Mitgliederstruktur
   4.2 Die Geschäftsfelder des AUMA im Einzelnen
       4.2.1 Lobbying für die Messewirtschaft
       4.2.2 Informationen und Beratung für Messeinteressenten im In- und Ausland
       4.2.3 Koordination der Auslandsmesseaktivitäten der deutschen Wirtschaft
       4.2.4 Marketing für den Messeplatz Deutschland und das Medium Messe
       4.2.5 Forschung und Aus- und Weiterbildung
       4.2.6 AUMA-Events

Dr. Hermann Kresse ist geschäftsführendes Vorstandsmitglied des AUMA e.V., Berlin.

1. Kooperation – Voraussetzung für die Existenz von Messen

Messen sind immer das Produkt einer Kooperation: Zum einen kann ein Aussteller eine Messebeteiligung nur realisieren, wenn ein Veranstalter eine entsprechende Messe anbietet, zum anderen kann ein Veranstalter eine Messe nur gemeinsam mit einer Mindestzahl von Unternehmen realisieren, die bereit sind, auszustellen. Das Zusammenwirken von Veranstaltern und Ausstellern ist also essenziell für das Zustandekommen einer Messe.

Voraussetzung für die erfolgreiche Durchführung einer Messe ist darüber hinaus eine enge Abstimmung von Veranstaltern und Ausstellern mit wichtigen Nachfragergruppen, also den potenziellen Besuchern. Schließlich tragen Dienstleister für Aussteller, Veranstalter und Besucher wie etwa Standbauunternehmen, Designer, Architekten, Spediteure, Caterer und Consultants zum Erfolg einer Messe bei.

Zentrales Problem jeder Kooperation ist es, die Interessen der jeweiligen Partner zu bündeln – bei Messen mit teilweise mehreren tausend Ausstellern und zehn- oder hunderttausenden Besuchern eine besondere Herausforderung. Die Vorstellung, es sei ausreichend, wenn ein Messeveranstalter sich für die erfolgreiche Etablierung einer Messe mit wenigen marktführenden Unternehmen der Aussteller- und Besucherseite verständigt, stellt sich in den meisten Fällen als Irrtum heraus. Zum einen haben diese Marktführer vielfach Spezialinteressen und Sonderanforderungen, die nicht identisch sind mit den durchschnittlichen Branchenbedürfnissen. Zum anderen braucht eine Messe die Abdeckung der gesamten Breite der Unternehmen auf Anbieter- und Nachfragerseite, wenn sie ihre Funktion als Branchenmarktplatz umfassend und dauerhaft erfüllen soll.

Um dies zu erreichen, sind enge Kontakte zwischen Veranstaltern und Verbänden der ausstellenden und besuchenden Branchen eine wichtige Grundlage.

Zu berücksichtigen ist aber gleichzeitig, dass der Organisationsgrad der Unternehmen sehr unterschiedlich sein kann und deshalb die alleinige Konzentration auf Verbandsunterstützung nicht immer eine angemessene Branchenrepräsentanz sichert. Außerdem erwarten die Nachfrager in vielen Branchen ein internationales Angebot, weil marktführende Unternehmen und wichtige Spezialanbieter ihren Sitz im Ausland haben; diese Firmen sind aber in der Regel nicht in einem deutschen Verband organisiert.

Gerade auf Grund dieser komplexen Struktur muss ein Messeveranstalter eine enge Kooperation mit allen beteiligten Gruppen sicherstellen. Bevor die Formen solcher Kooperationen dargestellt werden können, soll zunächst – zum besseren Verständnis – aufgezeigt werden, in welchen Strukturen die Partner der Messegesellschaften organisiert sind.

2.   Die Messepartner und ihre Organisationen

2.1   Ausstellende Wirtschaft

Zur ausstellenden Wirtschaft zählen praktisch alle produzierenden Unternehmen, aber auch Importeure, Großhändler und zahlreiche Dienstleistungsanbieter, mit Ausnahme weniger Bereiche, in denen Produktion und Vertrieb stark regionalisiert sind oder nur ein extrem kleiner Kreis von Nachfragern existiert.

Planung und Durchführung von Messebeteiligungen liegen üblicherweise in den Händen der Marketing- oder Werbeabteilungen; in Kleinunternehmen sind Messebeteiligungen in der Regel „Chefsache". Großunternehmen haben oft eigene zentrale Messeabteilungen, die für die einzelnen Produktbereiche bzw. auch für Tochtergesellschaften Messebeteiligungen organisieren oder als interner Messe-Consultant tätig sind. Beteiligungen an Veranstaltungen mit regionaler Bedeutung werden häufig von regionalen Niederlassungen direkt organisiert.

Vertragspartner des Veranstalters ist üblicherweise das individuelle Unternehmen, das selbstständig über seine Messebeteiligung entscheidet. Darüber hinaus beschäftigen sich aber in den einzelnen Branchen die Messeinteressenten als Gesamtheit mit Fragen der Messewirtschaft.

So haben die Spitzenverbände und die großen Fachverbände der ausstellenden Wirtschaft spezielle Arbeitskreise, die sich mit Messefragen beschäftigen. Sie dienen dem Erfahrungsaustausch, aber auch der Formulierung von Standpunkten gegenüber den Veranstaltern, etwa im Zusammenhang mit neuen Messeprojekten oder Veränderungen bei bestehenden Messen. Auch wird darüber diskutiert, welche ausländischen Branchenveranstaltungen sich für die Durchführung offizieller Beteiligungen der Bundesrepublik Deutschland eignen. Entsprechend haben nahezu alle Verbände Messereferenten oder zumindest Mitarbeiter, die sich auch mit der Messewirtschaft in der jeweiligen Branche beschäftigen.

Spezielle Interessenvertretungen der ausstellenden Wirtschaft als Ganzes existieren in Deutschland nicht. Vielmehr sind die Spitzenverbände der Wirtschaft und die Fachverbände der messeintensiven Branchen Mitglieder im Ausstellungs- und Messe-Ausschuss der Deutschen Wirtschaft (AUMA) und bringen dort die Interessen der ausstellenden Wirtschaft ein.

In einigen Fällen veranstalten Verbände der ausstellenden Wirtschaft auch selbst Messen und Ausstellungen. Teilweise beauftragen sie Messegesellschaften mit der technischen Durchführung der Messe, teilweise übernehmen sie auch diese Aufgaben selbst.

2.2   Besuchende Wirtschaft

Messen werden letztlich für den Besucher veranstaltet. Nur die Existenz eines ausreichenden Besucherpotenzials rechtfertigt die Durchführung einer Messe und die Beteiligung der Aussteller. Unter der besuchenden Wirtschaft im engeren Sinne ist der Kreis der Fachbesucher zu verstehen, also derjenigen, die aus beruflichen oder geschäftlichen Gründen eine Messe besuchen.

Zur besuchenden Wirtschaft zählen im Prinzip alle Unternehmen, die Handelswaren, Investitionsgüter, Hilfs- und Betriebsstoffe oder auch Dienstleistungen einkaufen bzw. beschaffen oder sich über das entsprechende Angebot informieren wollen. Auf Konsumgüterveranstaltungen, die sich an Groß- oder Einzelhandel richten, sind Besucher meist die jeweiligen Facheinkäufer; bei Investitionsgütermessen und anderen Veranstaltungen sind es zunächst die Unternehmensverantwortlichen, die für die Beschaffung der entsprechenden Produkte oder Dienstleistungen zuständig sind, aber auch diejenigen, die die jeweiligen Produkte und Dienstleistungen anwenden, sich über den aktuellen Stand der Technik informieren und anschließend bei der Beschaffungsentscheidung mitwirken.

Die Interessen der Besucher aus den einzelnen Branchen sind deutlich weniger systematisch gebündelt als auf der Ausstellerseite. Am ehesten ist dies in Verbänden des Groß- und Außenhandels, des Einzelhandels und der Handelsvertreter der Fall. Dort existieren auch – vergleichbar mit der Ausstellerseite – Messeabteilungen in den Verbänden bzw. entsprechende Gremien, in denen die messepolitischen Interessen der Einkäufer formuliert werden.

Die Dachverbände der Handelsseite sind ebenfalls Mitglied im AUMA und vertreten dort die Gesamtinteressen der besuchenden Wirtschaft. In einzelnen Fällen treten Verbände der einkaufenden bzw. beschaffenden Wirtschaft auch als Veranstalter und in seltenen Fällen gleichzeitig als Durchführer von Messen auf.

2.3   Veranstalter

Messen und Ausstellungen werden in Deutschland im Regelfall von Veranstaltergesellschaften durchgeführt, die dies als Hauptunternehmenszweck betreiben. Sie sind finanziell und juristisch unabhängig von den Unternehmen und Verbänden der ausstellenden Wirtschaft und gleichzeitig Eigentümer des Messegeländes, auf dem sie ihre Veranstaltungen durchführen. Dies mag selbstverständlich klingen, ist aber im weltweiten Vergleich eher die Ausnahme. Vor allem in den angelsächsischen Ländern, aber auch in Frankreich, Italien oder in Ostasien werden viele Messen von Verbänden oder deren Tochtergesellschaften sowie Veranstaltungsgesellschaften durchgeführt, die kein Messegelände besitzen und zur Durchführung ihrer Messen jeweils Messehallen anmieten müssen.

Von den deutschen Messegesellschaften, die überregionale Veranstaltungen durchführen und gleichzeitig ein Messegelände betreiben, sind rund 80 Prozent fast vollständig im Eigentum der öffentlichen Hand – und zwar der jeweiligen Kommunen und Bundesländer.

Ungeachtet ihrer Eigentumsverhältnisse haben diese Gesellschaften aber privatrechtliche Organisationsformen (in der Regel als GmbH, in wenigen Fällen als AG) und werden entsprechend unternehmerisch gemanagt. Daneben gibt es zahlreiche Gesellschaften in Privateigentum, die gelegentlich überregionale Messen, weit überwiegend aber regionale Fach- und Verbraucherausstellungen oder kongressbegleitende Veranstaltungen durchführen. Auch organisieren einzelne Verbände der ausstellenden und besuchenden Wirtschaft Messen in eigener Regie. Darüber hinaus werden in Einzelfällen auch Messegelände von Unternehmern im Privateigentum betrieben.

Zahlreiche Veranstalter haben Tochtergesellschaften, die Auslandsmessebeteiligungen oder eigene Veranstaltungen im Ausland durchführen oder aber Standbau, Gastronomie und andere Serviceleistungen anbieten.

Organisationen der Veranstalterseite sind in Deutschland die Gemeinschaft deutscher Großmessen (GDG), die Interessengemeinschaft deutscher Fachmessen und Ausstellungsstädte (IDFA) und der Fachverband Messen und Ausstellungen (FAMA). Die GDG existiert in unterschiedlichen Konstellationen bereits seit rund 50 Jahren und ist seit dem Jahr 2002 ein eingetragener Verein. Ihre Mitglieder sind die Messegesellschaften Berlin, Düsseldorf, Frankfurt/Main, Hannover, Köln, München und Nürnberg.

Die IDFA wurde 1952 gegründet; ihre Mitglieder sind gegenwärtig die Messegesellschaften in Dortmund, Essen, Friedrichshafen, Hamburg, Karlsruhe, Leipzig, Offenbach, Pirmasens, Saarbrücken und Stuttgart sowie seit kurzem Bremen.

Der 1951 gegründete FAMA ist ein Zusammenschluss von Messe- und Ausstellungsveranstaltern, die schwerpunktmäßig regionale Messen und Ausstellungen, aber auch einige überregionale und internationale Fachmessen durchführen. Ihm gehören rund 40 Veranstalter an, weit überwiegend Unternehmen in Privateigentum. Der FAMA gilt insbesondere als Vertretung der Veranstalter von qualitativ hochstehenden Regionalausstellungen.

Die GDG-Mitglieder, die Mitglieder der IDFA sowie die GDG und die IDFA selbst sind darüber hinaus direkte Mitglieder im Ausstellungs- und Messe-Ausschuss der Deutschen Wirtschaft (AUMA), der Spitzenorganisation der gesamten Messebranche. Auch der FAMA ist Mitglied des AUMA, so dass die FAMA-Veranstalter als indirekte AUMA-Mitglieder gelten. Gemeinsame Ziele aller drei Organisationen sind die Intensivierung des Erfahrungsaustausches zwischen den Mitgliedern und die Stärkung des Marketinginstruments Messe im nationalen und internationalen Wettbewerb.

2.4 Serviceunternehmen

Erst die Einbeziehung einer Vielzahl von Serviceunternehmen ermöglicht den optimalen Erfolg einer Messe. An erster Stelle stehen Standbauunternehmen, Designer, Event-Spezialisten und Consulting-Unternehmen, aber auch Spediteure, Anbieter von Schulungen für das Standpersonal sowie die Gastronomie und Hotellerie. Die Verbände dieser Branchen, die koordinierend tätig sind und Qualitätsstandards setzen, sind deshalb wichtige Gesprächs- und Verhandlungspartner innerhalb der Messewirtschaft. Zu nennen ist insbesondere der FAMAB – Fachverband Konzeption und Dienstleistung für Messe und Event, aber auch die IELA – International Exhibition Logistics Associates. Darüber hinaus pflegen die Messegesellschaften regelmäßigen Kontakt zu den jeweiligen regionalen Interessenvertretungen der Hotel- und Gastronomiebetriebe.

3. Rolle der Verbände in der Messewirtschaft

Über die reinen Geschäftsbeziehungen zwischen Ausstellern bzw. Besuchern und Veranstaltern hinaus haben sich eine Vielzahl von Mitwirkungsformen von Dach- und Branchenverbänden und anderen Organisationen herausgebildet.

3.1 Veranstaltungsebene

Bei nahezu allen wichtigen deutschen Messen gibt es Ausstellerbeiräte oder Fachbeiräte, in denen die Aussteller- und Besucherseite vertreten sind. In einzelnen Fällen existieren auch spezielle Gremien nur für die Besucherseite. Mitglieder dieser Beiräte sind Vertreter der ausstellenden bzw. besuchenden Unternehmen und der entsprechenden Branchenverbände. Diese Gremien dienen insbesondere dazu, Messekonzepte, -termine und zahlreiche andere organisatorische und technische Fragen zwischen Veranstalter und beteiligter Wirtschaft abzustimmen. Die Beteiligung der ausstellenden und besuchenden Wirtschaft an konkreten Problemlösungen trägt aber auch erheblich dazu bei, ein Vertrauensverhältnis zwischen den Partnern herzustellen und aufrechtzuerhalten.

Bei zahlreichen Fachmessen treten darüber hinaus Verbände als ideelle Träger oder Mitveranstalter auf. Dies ist ein nach außen sichtbares Zeichen, dass sich eine Branche mit einer Messe identifiziert. Insofern ist die Trägerschaft eine wichtige Orientierungshilfe für Aussteller und Besucher; in diesem Rahmen engagiert sich der Verband häufig auch bei der Werbung und Pressearbeit für die jeweilige Messe. Dies erleichtert dem Veran-

stalter die Positionierung der Messe und trägt im Sinne der Wirtschaft zu einem rationellen Messeangebot bei.

Gegenstand solcher Kooperationen sind darüber hinaus die Abstimmung des Messekonzeptes und der Ausstellungsnomenklatur, die Abstimmung von ergänzenden Kongress-
und Seminarveranstaltungen, Messeterminen und Veranstaltungsturnus, Öffnungszeiten,
Standmieten und Eintrittskosten.

Vielfach gehören auch die örtlichen Industrie- und Handelskammern derartigen Beiräten
an, um dort als Querschnittsorganisationen die Interessen der regionalen Wirtschaft einzubringen.

Darüber hinaus sind die Industrie- und Handelskammern in die gewerberechtlichen Fest-
setzungsverfahren eingebunden. Entsprechend der Gewerbeordnung werden Marktveranstaltungen gewöhnlich von den städtischen Gewerbeämtern als Messen, Ausstellungen, Spezial- oder Jahrmärkte festgesetzt. Auf diese Weise erlangt der Veranstalter so
genannte Marktprivilegien, etwa Ausnahmeregelungen von der Arbeitszeitordnung oder
dem Verkaufsverbot an Sonntagen.

3.2   Veranstalterebene

Neben ihrer veranstaltungsbezogenen Zusammenarbeit sind in einigen Fällen Vertreter
der ausstellenden und besuchenden Wirtschaft auch Mitglieder in Aufsichtsräten von
Messegesellschaften oder aber in speziellen Unternehmensbeiräten. Dies können unmittelbare Vertreter von Unternehmen, aber auch hochrangige Verbandsvertreter sein. Ziel
ist es, den Sachverstand der beteiligten Wirtschaft und insbesondere deren Branchenkenntnis in wichtige Entscheidungen für die Weiterentwicklung der Messegesellschaften
einzubringen.

Bei Messegesellschaften, die gleichzeitig Messeplatzbetreiber sind, halten Industrie- und
Handelskammern als auch Handwerkskammern vielfach symbolische Anteile, um in den
Aufsichtsgremien die Interessen der regionalen Wirtschaft zu vertreten.

3.3   Branchenebene

Alle Partner innerhalb der Messewirtschaft arbeiten im Ausstellungs- und Messe-
Ausschuss der Deutschen Wirtschaft (AUMA) zusammen, der einerseits die Interessen
der gesamten Branche nach außen vertritt und andererseits für ein Mindestmaß an frei-
williger Koordinierung innerhalb der Branche sorgt.

Denn der AUMA ist keine Organisation einer einzelnen Interessengruppe, sondern ein Zusammenschluss der Kräfte, die als Partner den Messemarkt gestalten – der Aussteller und Besucher sowie der Messeveranstalter und Serviceunternehmen.

4. Der AUMA als Spitzenorganisation der Messebranche

4.1 Mitgliederstruktur

Zu den heute 77 Mitgliedern des Ausstellungs- und Messe-Ausschuss der Deutschen Wirtschaft (AUMA) gehören die deutschen Messe- und Ausstellungsveranstalter, die Spitzenverbände der Industrie, des Handels und Handwerks, der Landwirtschaft und des Tourismus sowie der Deutsche Industrie- und Handelskammertag und alle wesentlichen messeinteressierten Fachverbände der Industrie. Darüber hinaus gehören die Durchführungsgesellschaften für Auslandsmessebeteiligungen zu seinen Mitgliedern. Dazu kommen die Veranstalterorganisationen IDFA (Interessengemeinschaft Deutscher Fachmessen und Ausstellungsstädte) und FAMA (Fachverband Messen und Ausstellungen).

Mitglieder des AUMA sind auch Organisationen der Serviceanbieter, an der Spitze der FAMAB als Interessenvertretung der Standbauunternehmen, Designer und Event-Organisatoren sowie die deutsche Sektion des internationalen Verbandes der Messespediteure. Entsprechend der immer enger werdenden Verflechtung von Messe- und Kongresswirtschaft gehören inzwischen auch der EVVC – Europäischer Verband der VeranstaltungsCentren und das German Committee der ICCA – International Meetings Association zu den Mitgliedern. Damit bildet der AUMA heute die Spitzenorganisation für die gesamte Messe- und Kongressbranche.

Zahlreiche Arbeitskreise dienen dem Erfahrungsaustausch der Mitglieder, geben Empfehlungen und bereiten Entscheidungen anderer Gremien vor. Beispielhaft zu nennen sind der Koordinierungskreis Messeveranstalter, die AUMA IT Working Group, die Arbeitskreise Messetransparenz und Recht/Verwaltung sowie der Arbeitskreis für Auslandsmessebeteiligungen beim AUMA.

4.2 Die Geschäftsfelder des AUMA im Einzelnen

Die Aufgabenstellungen des AUMA können im Wesentlichen in sechs Kerngeschäftsfeldern zusammengefasst werden, die im Folgenden gekennzeichnet werden.

4.2.1 Lobbying für die Messewirtschaft

Der AUMA vertritt als Lobbyorganisation die Interessen der Messewirtschaft gegenüber Legislative und Exekutive auf Bundes- und Landesebene. Dazu gehören Absatz- und Exportförderung ebenso wie etwa arbeitsrechtliche, umwelt- und steuerrechtliche Fragen. Funktion des AUMA ist aber auch die Wahrung der Position der deutschen Messewirtschaft gegenüber der EU-Kommission. Zu diesem Zweck unterhält der AUMA seit 1990 eine Repräsentanz in Brüssel. Der AUMA unterstützt die einzelnen Generaldirektionen z.B. in Fragen der Zulassungsfreiheit für Aussteller innerhalb des Binnenmarktes.

4.2.2 Informationen und Beratung für Messeinteressenten im In- und Ausland

Der AUMA informiert über Termine, Angebot, Aussteller- und Besucherzahlen von in- und ausländischen Messen und Ausstellungen, um interessierten Ausstellern und Besuchern die Entscheidung über die Beteiligung oder den Besuch zu erleichtern. Zur Verbesserung der Messetransparenz erhebt und veröffentlicht der AUMA in seiner weltweiten viersprachigen Internet-Datenbank umfangreiches Datenmaterial von über 5 000 Veranstaltungen sowie zu einzelnen Ländern und Messeplätzen.

Daneben publiziert der AUMA in seinen Printmedien ein Kernangebot im AUMA-Messe-Guide Deutschland und dem AUMA-Trade-Fair-Guide Worldwide. Die Führer enthalten jeweils eine qualitative Auswahl von Veranstaltungen und bieten dem Nutzer ein breites Spektrum von Informationen. Ergänzend dazu veröffentlicht der AUMA Medien zur konkreten Vorbereitung und Durchführung von Messebeteiligungen im In- und Ausland.

Geschäftsführung der FKM

Beim AUMA liegt außerdem die Geschäftsführung der Gesellschaft zur freiwilligen Kontrolle von Messe- und Ausstellungszahlen (FKM). Die FKM, deren Gesellschafter 75 deutsche Messegesellschaften sind, hat einheitliche Regeln für die Ermittlung und Veröffentlichung von Aussteller-, Flächen- und Besucherzahlen sowie für die Durchführung von Besucherstrukturtests aufgestellt. Die Einhaltung der Regeln wird durch eine Wirtschaftsprüfungsgesellschaft kontrolliert. Durch sein Engagement für die FKM trägt der AUMA dazu bei, die Vergleichbarkeit der Daten zu sichern und Ausstellern und Besuchern die Messeplanung zu erleichtern.

Schaffung von Markttransparenz

Der AUMA wirkt als neutrale Clearing-Stelle daran mit, die Interessen der Aussteller, Besucher und Veranstalter hinsichtlich Bezeichnung, Nomenklatur, Standort, Termin, Dauer und Turnus von Messen und Ausstellungen zum Ausgleich zu bringen. Dadurch sollen unwirtschaftliche Überschneidungen von erheblichem Umfang vermieden werden.

Die AUMA-Leitsätze zur Typologie von Messen und Ausstellungen haben das Ziel, Klarheit und Wahrheit bei Veranstaltungsbezeichnungen in der deutschen Messewirtschaft zu fördern. Sie definieren beispielsweise Begriffe wie überregional, international und regional im Sinne einer Branchenkonvention.

4.2.3 Koordination der Auslandsmesseaktivitäten der deutschen Wirtschaft

Der AUMA bereitet in enger Kooperation mit den Bundesministerien für Wirtschaft und Arbeit sowie für Verbraucherschutz, Ernährung und Landwirtschaft das offizielle deutsche Auslandsmesseprogramm vor.

Im Rahmen dieses Programms werden jährlich 4 500 bis 5 000 vor allem mittelständische Firmen auf rund 200 Messen im Ausland unterstützt. Die Bundesregierung gewährt finanzielle Unterstützung in der Größenordnung von ca. 35 Millionen Euro pro Jahr für deutsche Firmengemeinschaftsausstellungen bei ausländischen Veranstaltungen und für selbstständige Präsentationen der deutschen Industrie im Ausland. Für diese Beteiligungen und Präsentationen tritt der AUMA gemeinsam mit den jeweiligen Bundesministerien als Veranstalter auf.

Die Interessen von Wirtschaft und Politik auf diesem Gebiet werden im Arbeitskreis für Auslandsmessebeteiligungen beim AUMA koordiniert, in dem sich regelmäßig Vertreter exportorientierter Verbände mit Vertretern der Ministerien unter der Moderation des AUMA treffen. Außerdem werden in einem speziellen Gremium unter Mitwirkung des AUMA die Auslandsmesseaktivitäten der Bundesländer koordiniert.

Daneben unterstützt der AUMA die Auslandsmessen seiner Mitglieder durch Marketingmaßnahmen und die Publikation „German Exhibitions Abroad".

4.2.4 Marketing für den Messeplatz Deutschland und das Medium Messe

Eine besonders wichtige Aufgabe des AUMA ist die Information ausländischer Interessenten. Der AUMA veröffentlicht Broschüren in bis zu neun Sprachfassungen und einer Gesamtauflage von rund 130 000 Exemplaren; er organisiert und unterstützt Seminare und Präsentationen für Meinungsmacher im Ausland, insbesondere im Osten Europas und in außereuropäischen Ländern. Plakat- und Anzeigenreihen informieren weltweit über die spezifischen Qualitäten deutscher Messen und Messeveranstalter. Als Verband der Messewirtschaft unterstützt der AUMA so das internationale Marketing der deutschen Veranstalter und trägt dazu bei, die Internationalität der deutschen Messen zum Nutzen von Ausstellern und Besuchern zu erhöhen.

4.2.5   Forschung und Aus- und Weiterbildung

Der AUMA arbeitet an der Entwicklung von Berufsbildern mit und unterstützt Hoch- und Fachschulen sowie andere Einrichtungen, die sich mit der Aus- und Weiterbildung in der Messe- und Kongresswirtschaft beschäftigen. Als Spitzenorganisation der Branche hat der AUMA maßgeblich bei der Erstellung des neuen Ausbildungsberufs des Veranstaltungskaufmanns mitgewirkt.

Weiterhin ist der AUMA der deutsche Partner in einem EU-Projekt zur Entwicklung des europäischen Berufsbildes „International Event Organiser" im Rahmen des Leonardo-Da-Vinci-Programms der Europäischen Union.

Darüber hinaus unterstützt der AUMA durch Gastvorträge und Materialien die Ausbildung zum Betriebswirt mit Schwerpunkt Messe- und Kongressmanagement der Berufsakademie Ravensburg und die Ausbildung zum „European Event Manager" der Internationalen Fachhochschule Bad Honnef. In ähnlicher Weise engagiert sich der AUMA bei zahlreichen weiteren Hochschulen, darunter an der Universität Köln, der Fachhochschule Köln und der Hochschule für Wirtschaft, Technik und Kultur in Leipzig.

Vergabe von Forschungsaufträgen

Im Interesse der gesamten Messewirtschaft vergibt der AUMA Forschungsaufträge und führt eigene Untersuchungen durch. Dazu gehören die jährliche AUMA-Messe-Trend-Analyse zum künftigen Beteiligungsverhalten der ausstellenden Wirtschaft, aber auch Themen wie Besuchererfassung auf Messen, Messekosten, Umweltfragen, Funktionen und Potenziale von Messen und die Relevanz von Messen im Kommunikationsmix.

Deutsche Messebibliothek

Die Deutsche Messebibliothek des AUMA umfasst einen umfangreichen Bestand an Büchern, wissenschaftlichen Arbeiten, Zeitschriftenartikeln, Messekatalogen und antiquarischen Veröffentlichungen. Die Bibliothek steht Studenten und Doktoranden sowie allen, die sich beruflich mit dem Thema Messen beschäftigen, für Recherchen zur Verfügung.

4.2.6 AUMA-Events

Als Spitzenorganisation der gesamten Messewirtschaft führt der AUMA jährlich zwei große Branchenveranstaltungen durch.

Jeweils im Mai/Juni richtet der AUMA das DEUTSCHE MESSEFORUM aus – die Topveranstaltung für die gesamte Messebranche mit Vorträgen und Diskussionsrunden zu aktuellen Branchenthemen. Im Herbst jeden Jahres organisiert der AUMA mit dem Hauptstadttreff einen Dialog zwischen Messe- und Kongresswirtschaft, Regierung, Parlament, diplomatischem Korps und Medien in Berlin.

Manfred Busche

Die Rolle des Staates und der Wirtschaft als Träger und Gestalter des Messewesens

1. Der Rahmen: Gesellschaftsordnung und Messen
   1.1   Messen brauchen Freiheit und Marktwirtschaft
   1.2   Messen sind auf ein entwickeltes Rechts- und Finanzsystem angewiesen

2. Die Grundlagen: Das Eigentum und die Messegesellschaften
   2.1   Staat oder Private als Eigentümer von Messegesellschaften
   2.2   Investitionen und Bauten
   2.3   Finanzierung und Subventionierung
   2.4   Gremien von Messegesellschaften und Messen

3. Der Ablauf: Mitwirkung und Zurückhaltung des Staates
   3.1   Der Staat soll sich im Messewettbewerb neutral verhalten
   3.2   Der Staat soll den „Messefrieden" gewährleisten
   3.3   Staat und Wirtschaft nutzen die Öffentlichkeit von Messen für
         den Dialog

4. Zusammenfassung

Prof. Dr. Manfred Busche ist President d'honneur der Union des Foires Internationales, UFI, Berlin/Paris.

1. Der Rahmen: Gesellschaftsordnung und Messen

1.1 Messen brauchen Freiheit und Marktwirtschaft

Eine Messe ist ein Treffen von Kaufleuten. Eine Messe muss zusätzlich definiert werden als Ort der Freiheit wirtschaftlichen Handelns, der freien Information und Meinung, sodann der Vorbereitung wirtschaftlicher Vereinbarungen und schließlich des Vertragsabschlusses. Eine Messe ist offen für alle Geschäfte, nicht nur das des einfachen Verkaufens von Waren, die Aussteller anbieten, sondern für alles, was Unternehmen zu beraten, zu erwägen, zu verhandeln und zu vereinbaren für richtig halten. Also ist auch die unbeschränkte, unzensierte, auch mengenmäßig beliebige Information über das Produkt, das Unternehmen und den Markt, in dem es tätig ist, die unkontrollierte Verteilung von Material, Druckschriften, Filmen, Tonträgern an bisherige, jetzige und möglicherweise zukünftige Geschäftspartner und andere Interessenten vielfältiger Art konstituierend und lebenswichtig für eine Messe. Zu den sonstigen Interessenten gehören Journalisten, Studenten, Werbeagenturen, Stellungssuchende, Forscher und auch Konkurrenten.

Diese Freiheit ist zunächst ein allgemeines und dann auch ein für die Messe in Anspruch genommenes Recht und wird nur durch die wiederum allgemeinen, auch außerhalb von Messen geltenden gesetzlichen Vorschriften beschränkt, also etwa solche, die dem Warenzeichenschutz dienen.

Das für Messen lebenswichtige Prinzip der Offenheit gilt umfassend. Einen markanten Bereich bilden die internationalen Kontakte und Geschäfte. Findet eine Messe statt, so sind prinzipiell auch alle Auslandskontakte zugelassen und bedürfen keiner weiteren Genehmigung. Dabei spielt es keine Rolle, ob eine Messe als regional, national oder international deklariert ist. Gespräche mit Marktpartnern aus dem In- oder Ausland müssen einfach stattfinden können, ohne jegliche Nachfrage bei irgendeiner Regierungsstelle. Jede Behinderung unmittelbarer Art oder in begleitenden Bereichen wie Presse und Werbung würde die Grundfunktionen der Messe beeinträchtigen und damit ihre marktwirtschaftliche Funktion beschädigen oder sogar außer Kraft setzen.

Das Recht auf freie Messen wird in Ländern mit freiheitlicher Rechtsordnung und Marktwirtschaft im größten Umfange wahrgenommen und zugleich für vollkommen selbstverständlich gehalten. Die Selbstverständlichkeit ist aber keineswegs in allen Ländern und auf allen Messeplätzen gegeben, wie Aussteller und Fachbesucher leidvoll berichten können. Aufschlussreich und lehrreich ist ein Rückblick auf die Messen des „sozialistischen Lagers". Hier war offensichtlich, dass Messen im marktwirtschaftlichen Sinne sogar planmäßig verhindert werden sollten. Freiheit von Information und Meinung, Freiheit von Handel und Wandel sollten verhindert werden. Dieser Plan gelang auch weitestgehend. Die jeweiligen Ereignisse mögen für die sozialistischen Lenker erfolgreich gewesen sein. Allerdings waren es keine Messen.

1.2   Messen sind auf ein entwickeltes Rechts- und Finanzsystem angewiesen

Was für das Wirtschaftsleben in der Marktwirtschaft generell gilt, gilt in besonderem Maße auch für ihre Zentralereignisse, die Messen: Das Rechtssystem, und mit ihm das Gerichtssystem und auch das Verwaltungssystem, ist Fundament für das Funktionieren der Wirtschaft, der Marktwirtschaft und der Messewirtschaft. Länder, in denen das Rechtssystem den geordneten Umgang zwischen Wirtschaftssubjekten nicht gewährleistet, können keine funktionierenden Messen und erst recht keine internationalen Messen organisieren. Hauptsächlich das Bürgerliche Recht sowie das Handelsrecht und das Gesellschaftsrecht, aber auch das Öffentliche Recht und das Strafrecht müssen zuverlässig vorhanden sein und gegebenenfalls auch durchgesetzt werden können.

Darüber hinaus erweist sich in vielen Bereichen, dass Messen, insbesondere internationale Messen, in Wahrheit außerordentliche Ansprüche an den allgemeinen wirtschaftlichen und technischen Standard, sehr wohl auch an den zivilisatorischen und kulturellen Entwicklungsstand des Landes stellen, in dem sie stattfinden. Bei näherer Betrachtung gilt das dann noch einmal konzentriert für den Messeort, die Messestadt. Eine internationale Messe kann in Paris leben, wäre aber in einem romantischen Heidedorf in Aquitanien unmöglich. Eine Fülle vielfältiger und anspruchsvoller „Dienstleistungen" von Gesellschaft und Staat muss an Ort und Stelle ganz selbstverständlich in großem Umfang und in kürzester Frist zur Verfügung stehen, wenn eine große internationale Messe stattfinden soll. Zu diesen anspruchsvollen Grundvoraussetzungen und Basisleistungen gehört auch ein zuverlässiges und leistungsfähiges Finanzsystem. Ohne ein funktionierendes Banken- und Zahlungssystem sind erfolgreiche Messen nicht möglich. Die Währung eines Landes, in dem Messen stattfinden sollen, muss zuverlässig sein und dem Ideal der Stabilität des Geldwertes möglichst nahe kommen. Ist die Währung nicht in Ordnung, so wird die Gefahr einer Wertreglementierung und nachfolgend einer „Bewirtschaftung", also einer Zwangsbewirtschaftung mit Zuteilungen und Nichtzuteilungen von Devisen, nahe liegen. Entsprechend wird in einem solchen Land ein internationales Messewesen nicht gedeihen können, wenn Messeteilnehmer aus dem Ausland als „Devisenausländer" behandelt werden und ihre grenzüberschreitenden Messegeschäfte mit Ausstellern und Einkäufern aus dem In- und Ausland Zahlungskontrollen vielfältiger Art unterworfen sind. An dieser Betrachtung wird übrigens erkennbar, dass die Bundesrepublik Deutschland auch aus diesem Grunde das weltweit wichtigste Messeland wurde: Die D-Mark und der außenwirtschaftliche Umgang mit ihr waren frühzeitig frei von Restriktionen. Aber auch das Fakturieren von Messekaufverträgen in anderen Währungen wurde frühzeitig und weitgehend freigestellt.

2. Die Grundlagen: Das Eigentum und die Messegesellschaften

2.1 Staat oder Private als Eigentümer von Messegesellschaften

Staat und Wirtschaft sind in einer gesellschaftlich korrigierten Marktwirtschaft vielfältig miteinander verwoben, beginnend in den Strukturen und fortgeführt in den Abläufen. Das gilt auch für das in hohem Maße der Öffentlichkeit zugewandte und der gesellschaftlichen Beurteilung unterliegende Messewesen. Diese Korrelation trifft auch auf die Eigentumssituation im Messewesen zu. Hier sind theoretisch zwei Grundmodelle möglich, aus denen sich dann viele Mischformen ergeben können.

Im Modell 1 wäre der Staat, zum Beispiel die Zentralregierung, der alleinige Eigentümer von Grund und Boden, also dem „Messegelände" und auch von sämtlichen darauf errichteten Gebäuden, den „Messehallen". Auch die Administration, das Management läge dann folgerichtig in den Händen von Staatsdienern und Beamten, die – vielleicht als „Messeamt" – einem Ministerium zugeordnet wären und den Weisungen des Ministers zu folgen hätten. Grundlegende Entscheidungen wären dann in der Regierung, im Kabinett zu treffen, ein Parlament hätte die ihm zustehenden Kontrollrechte und die politische Richtlinienkompetenz. Messeangelegenheiten wären unmittelbar Staatsangelegenheiten.

In einem Modell 2 wären Private, also selbstverantwortlich handelnde Wirtschaftssubjekte, Eigentümer von Grund und Boden, würden auf Grund eigener Erwägungen und Entscheidungen dort Messehallen errichten, zuvor wahrscheinlich ein entsprechendes Unternehmen, eine „Messegesellschaft", gegründet haben und dieser dann auch das Management übertragen. Dieses würde dann nach den Grundlinien der privaten Eigentümer zu handeln haben, festgehalten wahrscheinlich in einem Gesellschaftsvertrag und ausgestaltet durch grundlegende Beschlüsse der Gesellschafterversammlung und eines Aufsichtsrates. Die Annahme wäre nahe liegend, dass die privaten Kapitalgeber des Modells 2 in erster Linie auf eine langfristige und angemessene Verzinsung ihres eingesetzten Kapitals achten und das Management entsprechend auswählen und bezahlen würden.

Im Modell 1 sind verschiedene politische Ziele denkbar, die den Staat zur Hergabe von materiellen Ressourcen und entsprechend zur Zurückstellung alternativer Verwendungsmöglichkeiten von Grund und Boden, Kapital und Arbeitskraft veranlassen können. Denkbar wäre das Ziel, dem eigenen Volk, vielleicht auch anderen Staaten, auf Messen in einer repräsentativen und möglichst beeindruckenden Weise die Leistungsfähigkeit der eigenen Wirtschaft vorzuführen und dabei durchaus auch die eigene Wirtschaft voranzubringen, also Wirtschaftsförderung zu betreiben. Entsprechend geringer könnte dann die Verpflichtung des „Messeamtes" sein, für die Rentabilität des eingesetzten Kapitals zu sorgen. Das Modell 1 war zu DDR-Zeiten in großen Zügen so am

Bespiel Leipzigs zu beobachten, wo tatsächlich dem Ministerium für Außenhandel (in Berlin) die politische und kommerzielle Koordinierung des Leipziger Messeamtes oblag.

Das Modell 2 ist beispielsweise im größeren Maßstab in Chicago, Atlanta und Las Vegas zu beobachten, in kleinerem Maßstab und mit kleineren Abweichungen aber auch außerhalb der USA. Vorherrschend sind jedoch Mischformen staatlichen und privaten Engagements (sog. Public Private Partnerships).

In Deutschland überwiegt dabei das Modell eines Unternehmens privater Rechtsform – meist eine GmbH, im Fall Hannover eine AG. Seine Anteile gehören überwiegend der jeweiligen Stadt, zum geringeren Teil dem jeweiligen Bundesland (wenn es ein Flächenstaat ist, in dem die Messestadt liegt) sowie zu einem noch geringeren Anteil von etwa 1-5 Prozent regionalen Wirtschaftsverbänden, Industrie- und Handelskammern, Handwerkskammern etc. Diesen Messegesellschaften ist zwar mannigfaltige öffentliche Aufmerksamkeit und auch staatliche Zuwendung sicher. Durchaus aber sollen sie möglichst kostendeckend, wenn möglich gewinnbringend, arbeiten, im Idealfall auch ihre Investitionen (Messehallen) selbst finanzieren. Bemerkenswerterweise gibt es in Deutschland keinerlei Eigentümerbeteiligung des Bundes an irgendeiner Messegesellschaft.

In Großbritannien dominiert eine andere Variante. Messegesellschaften sind dort in fast allen Fällen privat. Sie sind zumeist nicht Eigentümer von Messegeländen, sondern mieten von anderen Gesellschaften oder auch von Städten und Gemeinden Messehallen, um dort fallweise oder wiederkehrend Messen zu veranstalten. Entsprechend sind britische Messegesellschaften bereits geübt, wenn es gilt, auch im Ausland auf fremden Messegeländen Messen durchzuführen. Sie sind geradezu trainiert, unter höchst wechselhaften und zum Teil extrem schwierigen Bedingungen im Ausland zu arbeiten. Ihre im eigenen Lande nachteiligen Bedingungen qualifizieren sie im Ausland zu besonders erfolgreicher Arbeit. Im Übrigen gehören die britischen Messegesellschaften häufig zu Verlagen und Verlagskonglomeraten.

In Paris hingegen spielt die auch sonst einflussreiche Handelskammer, also eine Organisation der Wirtschaft, die entscheidende Rolle. Zusammen mit der Stadt Paris ist sie Eigentümerin großer Messegelände und teilt sich mit der Stadtverwaltung den Einfluss auf das Messewesen von Paris. Weitere Mischformen staatlichen und privaten Engagements in Messegesellschaften ergeben sich durch unterschiedliche Einbeziehung von Verbänden, wie sie etwa in Japan zunehmend zu beobachten ist.

Die weltweit feststellbare Vielfalt von Eigentumsverhältnissen an Messegeländen und Messegesellschaften führt zu der Frage nach den Gründen für diese Breite. Warum sind nicht alle Messegelände und Messegesellschaften in staatlichem oder kommunalem Eigentum? Warum befinden sie sich nicht allesamt in privater Hand? Warum dominieren die zahlreichen Mischformen? Und warum führen die in Deutschland häufigen und ausgiebigen „Privatisierungs"-Diskussionen regelmäßig zu keinerlei Änderung? Die Antwort ist: Die Verknüpfung privater und öffentlicher Interessen und Möglichkeiten hat sich im Messewesen unter wechselnden Bedingungen immer wieder als sinnvoll und erfolgreich erwiesen. Ein Erfolgsmodell erweist sich als langlebig.

Großen Einfluss auf die staatlichen und kommunalen Entscheidungsträger hat sicherlich das allgemeine Bestreben, wirtschaftliche Aktivitäten in der Region zu fördern und damit auch externe Kaufkraft heranzuführen. Insbesondere in einer Start- und Aufbauphase lässt sich manche Stadtverwaltung zu Hilfen überzeugen. Dies zeigt gleichzeitig, dass offenbar die zunächst zu erwartende Ertragslage nicht ausreicht, um privates Kapital in ausreichendem Umfang zu aktivieren. Nach dem Prinzip der Subsidiarität, das Staatsaktivitäten erst dann erlaubt, wenn privates Engagement nicht ausreicht, wäre das ordnungspolitisch vertretbar.

Interessant ist aber, dass das kommunale und staatliche Engagement regelmäßig über die Startphase hinausreicht und auch nach Bewältigung finanzieller Startschwierigkeiten bestehen bleibt. Es reicht anscheinend auch nicht aus, zufrieden auf eine erfolgreich arbeitende Messegesellschaft zu blicken, die der Region zusätzlichen Schwung verleiht. Erwägungen, sie mehr oder weniger vollständig in private Hände zu geben, sie also zu „privatisieren", werden entscheidend durch die Erkenntnis blockiert, dass private Eigentümer keineswegs regionalwirtschaftliche Interessen verfolgen müssen. Ein Finanzinvestor könnte zum Ergebnis kommen, das Messegelände zu einem Erlebnispark, zu einer Wohnanlage, zu einem Einkaufszentrum umzuwidmen. Sein wirtschaftlicher Vorteil könnte beträchtlich sein, die Region freilich hätte durch den Verlust des Multiplikators „Messe" eine Fülle direkter und indirekter Nachteile zu tragen. Dem Finanzinvestor könnte es mit einigem Geschick sogar gelingen, erfolgreiche Messen unauffällig an Wettbewerber zu verkaufen, also in eine konkurrierende Region oder auch in ein anderes Land zu verlagern. Spätestens solche Befürchtungen können die öffentliche Hand vor derartigen Privatisierungsabsichten zurückschrecken lassen. Es geht also letzten Endes um die Bewahrung und Sicherung regionalwirtschaftlicher Interessen.

Prinzipiell ernst zu nehmen ist freilich die Abwägung, ob nicht der private Eigentümer eine höhere und bessere Leistung erbringen könnte, ob nicht Effektivität und Qualität durch eine Trennung von der Kommune oder dem staatlichen Eigentümer prinzipiell steigerungsfähig wären. Das kann zunächst durchaus vermutet werden und ist in einer Anzahl von Fällen wohl auch die konkrete Situation. Staatsdiener oder auch ehemalige Politiker sind selten gute Kaufleute.

Aber Messegesellschaften sind in einer Marktwirtschaft selten als Behörden, sondern fast immer als Unternehmen organisiert. Kaufleute leiten Messegesellschaften, und Staatsdienern muss das Messegeschäft erst erklärt werden. Und vor allem: Alle Messegesellschaften stehen in einem permanenten, vielfachen und komplizierten Wettbewerb zueinander. Dieser Wettbewerb ist oft fachlich bestimmt; nicht unbedingt der Standort, sondern die fachliche Leistung der Messe X für den Wirtschaftszweig Y entscheidet. In anderen Fällen entscheidet die Standortqualität, die aber gleichwohl ständig ausgebaut und gesichert werden muss. Wettbewerb zwischen Messegesellschaften und Messestandorten ist regional, national und international intensiv und auch von außen oft wahrnehmbar. Zuweilen spricht man sogar von dem einen oder anderen „Messekrieg".

Somit kann angenommen werden, dass der Wettbewerb und nicht die Eigentumssituation für hinreichende oder sogar vorzügliche Leistungen und Qualität sorgt. Damit entfällt hier zumeist das Argument, eine „Privatisierung" werde für mehr Leistung sorgen. Der Wettbewerb leistet auch hier viel Gutes. Er bringt permanente Unruhe, neue Anregungen und frische Ideen. Neue Mitarbeiter – oft aus anderen Wirtschaftszweigen – bringen neue Konzepte, vergleichen sich mit Wettbewerbern, bauen Kontakte mit jungen Unternehmen und neuen Wirtschaftszweigen auf. Frische Ideen sind wichtiger als frisches Geld. Messen kann man selten kaufen. Sie entstehen immer aus Ideen. Am Markt müssen sie erprobt werden. Wenn der Markt sie aufnimmt, kann es sein, dass sie in wenigen Jahren zu internationaler Relevanz aufsteigen.

2.2 Investitionen und Bauten

Zu den grundlegenden Aufgaben von Messegesellschaften gehört es, in Übereinkunft mit den Eigentümern, seien sie öffentlich-rechtliche Träger oder seien sie privat, für eine sachgerechte, auch langfristig angemessene Kapazität des jeweiligen Messegeländes zu sorgen. Dazu gehört zunächst eine langfristige Sicherung von geeignetem Grund und Boden. Dieser muss verkehrsgünstig gelegen, also für Fracht und Personen gut erreichbar sein. Autobahn- und Straßenanschlüsse müssen ebenso vorteilhaft sein wie Eisenbahn-, S- und U-Bahnverbindungen. Schließlich ist Flugplatznähe von großer Bedeutung. Extreme Randlagen sind ungünstig, eine wenigstens relative Nähe zur Stadt und ihrem Zentrum ist nützlich.

Diese Grundanforderungen machen deutlich, dass ohne große Aufgeschlossenheit der jeweiligen Kommune, aber oft auch benachbarter Kreise und schließlich des Bundeslandes keine zukunftorientierte und sachgerechte Unternehmenspolitik einer Messegesellschaft möglich ist. Viele Grundstücke befinden sich im öffentlich-rechtlichen Besitz und könnten auch an andere Interessenten vergeben werden. Bei diesen sind häufig höhere Grundstückspreise erzielbar und würden zumeist auch einen wirklichen Mittelfluss bewirken. Bei Kaufpreisstundungen für die „eigene" Messegesellschaft oder einer Finanzierung des Grundstückgeschäfts über eine Kapitalerhöhung durch Sacheinlage wäre das nicht der Fall.

Wohl noch wichtiger ist die Bereitschaft und Beharrlichkeit der öffentlichen Hand, der Messegesellschaft im Planungsrecht, im Baurecht und verwandten Verwaltungsbereichen behilflich zu sein. Hier ist Verständnis für die übergreifende Nützlichkeit, aber auch die Besonderheiten des Messegeschäfts erforderlich. Fragen des öffentlichen Baurechts berühren aber keineswegs nur die Errichtung von Messehallen auf einem Messegelände, sondern im Messealltag oft auch den Bau von Messeständen in den Messehallen. Auch hier kann das Regelwerk umfangreich und kompliziert sein und bedarf einer verständnisvollen Handhabung durch die zuständigen Ämter. Ob und wie ein Eisenbahn-, S-Bahn- oder ein Autobahnanschluss für ein Messegelände realisiert wird, erfordert viel Kooperationsbereitschaft bei allen Verantwortlichen im engeren und weiteren staatlichen Bereich. Es hängt auch immer wieder von dem öffentlichen Bewusstsein ab, welchen allgemeinen Nutzen eine gut funktionierende Messegesellschaft stiftet.

Besondere Aufmerksamkeit der Öffentlichkeit werden immer die Hochbauten einer Messegesellschaft finden, weil auch hier die Erfahrung gilt, dass über Architektur, also über Geschmack und Vorteil, über Stil und Funktion ein jeglicher mitzureden berechtigt ist. Die Folge ist, dass der architektonische Rang von Messegeländen und Messehallen weltweit äußerst weit auseinander klafft. Das schließt ein, dass immer wieder höchst anspruchsvolle architektonische Qualität anzutreffen ist.

2.3   Finanzierung und Subventionierung

Die öffentlich-rechtlichen Eigentümer von Messegesellschaften haben die Frage zu beantworten, warum sie öffentliche Mittel in Messegelände, Messehallen und die begleitende Infrastruktur investieren. Wenn die Investitionen sich nach kurzer Anlaufzeit und ohne Fehlschlag in späterer Zeit so auszahlen, dass der am Kapitalmarkt erzielbare Zins erwirtschaftet wird und auch die Abschreibungen verdient werden, dürfte sich keine Opposition regen. Allerdings könnte die berechtigte Frage gestellt werden, warum denn die öffentliche Hand diese Aufgabe angesichts einer problemlosen Finanzierungs- und Ertragslage nicht der privaten Wirtschaft überlasse.

Die Antwort wird in fast allen Fällen sein, dass sich die Investition in diesem wünschenswerten Maße eben nicht auszahlt und die öffentliche Hand diese Leistungen aus übergeordneten und langfristigen Erwägungen zu erbringen hat. Dabei muss hervorgehoben werden, dass Messegesellschaften nach Erreichen eines definierbaren, errechenbaren Umsatz- und Ertragsvolumens, also bei Erreichen bestimmbarer Größenordnungen, Reifegrade und Leistungsklassen sehr wohl in die Lage kommen können, ihre Folgeinvestitionen aus eigener Kraft zu finanzieren.

Damit ist für viele Fälle erklärt, warum der staatliche Bereich trotz Nichterreichens oder wegen Noch-nicht-Erreichens dieser Position die Finanzierung von Messeinvestitionen ermöglicht. Nicht nur die Erwartung einer Besserung der wirtschaftlichen Situation der Messegesellschaft könnte Beweggrund sein. Wichtiger wird zumeist die durch Erfahrung gestützte Erkenntnis sein, dass ungeachtet einer unmittelbaren Defizitsituation gleichzeitig eine mittelbare Rentabilität solcher Investitionen nachweisbar ist. Eine solche „Umwegrentabilität" beruht auf der Eigenart des Messegeschäfts, dass nicht nur ein Großteil, sondern der überwiegende Anteil der durch die Messe induzierten Umsätze nicht bei der örtlichen Messegesellschaft, sondern in benachbarten Wirtschaftsbereichen anfallen, vornehmlich im Hotel- und Gaststättengewerbe, im Transportgewerbe (also bei Fluggesellschaften, Eisenbahnen, Speditionen, Taxis) weiterhin bei Messebaufirmen,

Werbeagenturen etc., sodann im örtlichen Einzelhandel und wohl auch zuweilen im Bereich Kultur. Entsprechende Untersuchungen sind vielfach veröffentlicht worden, z.B. für Berlin, Nordrhein-Westfalen, Hamburg, München etc. Es gilt als gesichert, dass lediglich 20 Prozent des Messeaufwands durch Zahlungen an die Messegesellschaft verursacht werden und 80 Prozent des Personal- und Materialaufwands an Dritte gehen.

Eine solche „Umwegrentabilität" entspricht der allgemeinen Beobachtung, dass eine gut funktionierende Messe Handel und Wandel in der jeweiligen Stadt voranbringt und fremde Kaufkraft zur eigenen macht. Sie wäre freilich für ein nicht direkt dem Gemeinwohl verpflichtetes Unternehmen ein wenig relevanter Faktor. Nur einer Kommune, auch einem mitwirkenden Bundesland wäre es möglich, eine solche übergeordnete Rechnung aufzumachen und sie bei Plausibilität und nachfolgender Realisierung zu vertreten. So geschieht es denn auch.

Die Umwegrentabilität des Messegeschäfts ist also ein rationaler Grund für permanente oder zumindest fallweise finanzielle Unterstützung einer Messegesellschaft durch die öffentliche Hand. Kommunale und staatliche Instanzen entfalten auf diesem Feld zusammen mit den Messegesellschaften viel Phantasie, um einen Ausgleich der Gewinn- und Verlustrechnung zu bewirken. Zahlreiche Finanzierungskonstruktionen sollen häufig vor der eigenen Steuer zahlenden Öffentlichkeit verdecken, dass eine Subventionierung stattfindet.

Auch die konkurrierenden Messegesellschaften sollen nicht erkennen, ob und in welcher Höhe subventioniert wird. Zum Instrumentarium gehören Kredite, die durch großzügige Tilgungsstreckungen, Zinsreduktionen und Zinsverzichte fast den Charakter einer Schenkung annehmen. Als Kreditgeber können öffentliche Kreditinstitute auftreten, leider auch Zwischengesellschaften mit unverfänglichen Namen, die nur eingeschränkt oder überhaupt nicht einer öffentlichen Kontrolle unterliegen. Zahlungen für „Sonderschauen" öffentlicher Auftraggeber können überhöht sein oder können auf marktgerechten Preisen beruhen, heben aber in jedem Fall den Umsatz und wohl auch den Ertrag der Messegesellschaft. Umgekehrt können Mietforderungen des öffentlichen Eigentümers für das Messegelände so günstig für die Messegesellschaft gestaltet sein, dass die Subventionierung vollständig über diesen Weg geschieht.

Der für jedermann offen sichtbare Ausgleich des Jahresverlusts ist vergleichsweise selten. Er zwingt zu offenen Begründungen, zur Darlegung von Bemühungen, den Verlust zu reduzieren, zum offenen Vergleich mit Wettbewerbern – deren tatsächliche Konditionen verborgen bleiben – und zu offener Diskussion über eine alternative Verwendung der Subventionsbeträge. Die Diskussion kann auch deshalb schwierig werden, weil glücklicherweise auch kulturelle Einrichtungen wie Museen, Opernhäuser, Sinfonieorchester etc. den Faktor „Umwegrentabilität" aktivieren. Auf anderer Grundlage bieten aber auch Universitäten, Hochschulen, Forschungsinstitute etc. eine beträchtliche und oft nachhaltigere Umwegrentabilität an.

Einen anderen Charakter besitzt die sogenannte Auslandsmesseförderung. Hier wird die Beteiligung zumeist mittelständischer Unternehmen an Messen im Ausland staatlich unterstützt. Gefördert werden soll die Markterschließung im Ausland. Es handelt sich also eher um Exportsubventionierung als um „Messeförderung", wenn Gemeinschaftsstände von exportinteressierten Firmen mit organisatorischer und finanzieller Unterstützung des Staates auf Messen im Ausland zustande kommen. Die Messewirklichkeit zeigt allerdings, dass die Beschränkung auf mittelständische Firmen nicht für alle Staaten gilt. Bemerkenswert ist auch, dass deutsche Bundesländer „ihren" Unternehmen auch die Beteiligung an Messen in anderen Bundesländern häufig und öffentlichkeitswirksam fördern. Obwohl die offizielle Bezeichnung auch in diesen Fällen zumeist „Messeförderung" heißt, handelt es sich hier allenfalls um überregionale Absatzförderung.

Eine besonders markante Messeförderung erfahren allerdings große nationale Exportausstellungen, wie etwa die deutschen Varianten „ExpoGerma" oder auch „KonsuGerma". Hier bündeln sich handfeste Unternehmensinteressen mit übergeordneten außenwirtschaftlichen und sicher auch außenpolitischen Interessen. Der finanzielle Aufwand ist beträchtlich und erreicht leicht zweistellige Millionenbeträge in Euro. Ähnlich aufwendig können nationale Gemeinschaftsstände auf Weltausstellungen sein. Die absolute Spitze freilich bieten die finanziellen Anforderungen der Veranstalter von Weltausstellungen. Hier werden Hunderte von Millionen oder auch eine Milliarde Euro bzw. Dollar vom Staat ausgegeben, um eine anerkannte Weltausstellung ersten Ranges zu realisieren. Diese gigantische Subventionierung wird in allen Fällen leidenschaftlich diskutiert, aber letzten Endes mit einer Fülle wirtschaftlicher, regionaler und außerwirtschaftlicher Argumente durchgesetzt. Außenpolitisches, aber auch innenpolitisches Prestige spielen eine große Rolle. Das ist alles immer wieder erstaunlich – unter anderem auch, dass der Ausbau und die Modernisierung der regionalen Infrastruktur als unterstützendes Argument angeführt wird. Eine neue Eisenbahnlinie, größere Hotels und modernere Ausstellungshallen müssten auch anders zu begründen und zu finanzieren sein.

2.4   Gremien von Messegesellschaften und Messen

Interessenvertretung und Interessenausgleich in Messegesellschaften finden in einem hohen Maße in den gesellschaftsrechtlich üblichen Gremien wie Gesellschafterversammlung, Verwaltungsrat und Aufsichtsrat statt, aber wohl noch mehr in den messespezifischen Gremien wie Messebeirat, Fachbeirat etc. Somit ist es interessant zu wissen, wie in diesen Gremien das Zusammenspiel von Staat und Wirtschaft stattfindet. In Deutschland entspricht die Zusammensetzung des Aufsichtsrats einer Messegesellschaft keineswegs zwingend der Eigentumsstruktur. In einigen Messestädten dominieren die Vertreter von Stadt und Land, oft jedoch haben die öffentlich-rechtlichen Eigentümer den Vertretern der Wirtschaft die Mehrzahl der Sitze und Stimmen überlassen und in einigen Fällen sogar den Vorsitz dieses wichtigen Gremiums. Im ersten Fall wird niemand annehmen wollen, dass die Vertreter der Stadt und des Landes die Interessen der Wirtschaft und ihrer Messen gering schätzen würden. Dennoch ist die Geste unübersehbar, wenn im zweiten Fall Vertretern der Wirtschaft Sitz und Stimme in einem Aufsichtsrat eingeräumt werden, obwohl sie über keine Gesellschaftsanteile verfügen. Es soll sichtbar werden, dass der Staat die Wirtschaft zur entscheidenden Mitwirkung einlädt.

Noch signifikanter wird das in den messespezifischen Gremien. Mitglieder von Messebeiräten und Fachbeiräten werden von der Geschäftsführung bzw. vom Vorstand der Messegesellschaft berufen. Das geschieht zwar im wechselseitigen Einvernehmen zwischen dem Messemanagement und dem jeweiligen Wirtschaftsbereich und dessen Verbands- und Firmenrepräsentanten, kaum aber unter Mitwirkung der öffentlich-rechtlichen Eigentümer der Messegesellschaft. Der Art der Berufung entspricht auch die faktische Zusammensetzung solcher Gremien. Hier sind eindeutig und überwiegend die Vertreter der Wirtschaft oder jenes Wirtschaftszweiges, mit dem die jeweilige Messe zu tun hat, in der Mehrzahl. Es gibt sogar eine bemerkenswerte Anzahl von Messegremien, die kaum einen oder überhaupt keinen Vertreter des unmittelbar staatlichen Bereichs aufweisen. Das wiegt um so schwerer, wenn man prüft, wo die relevanten Messeentscheidungen getroffen werden: selten in den Aufsichtsräten, oft in den Messegremien.

Relevante Messeentscheidungen betreffen vor allem: den Kreis der zur Messe einzuladenden Aussteller, die Hauptkonditionen, unter denen deren Teilnahme stattfinden soll, den Kreis der zum Besuch hauptsächlich einzuladenden Wirtschaftspartner aus dem In- und Ausland, die Häufigkeit (Turnus) und den Termin der Messe und schließlich den anzustrebenden oder zu bewahrenden Rang der Messe im Verhältnis zur nationalen und internationalen Konkurrenz. Da zumeist die Messegesellschaft rechtlicher und wirtschaftlicher Träger auch der jeweiligen Messe ist, werden „Entscheidungen" von Messegremien zwar oft zu „Empfehlungen" relativiert werden. Dennoch bleibt im Ergebnis festzuhalten, dass es den an der Messe beteiligten Marktpartnern überlassen bleibt, wie sie „ihre" Messe gestalten wollen. Der Staat hält sich abseits. Er ist nicht Marktpartner und beteiligt sich deshalb nicht. Dem vom Aufsichtsrat eingesetzten Vorstand bzw. der Geschäftsführung bleibt die abschließende Abwägung und Entscheidung überlassen, ob und wie die von den Messegremien empfohlene Richtung der Messe mit dem unternehmerischen Gesamtkonzept der Messegesellschaft in Übereinstimmung zu bringen ist.

Die Offenheit für Empfehlungen und Entscheidungen der an den einzelnen Messen beteiligten Marktpartner trägt zur wirtschaftlichen Relevanz und zur Marktstärke der jeweiligen Messe entscheidend bei. Das ist heute in allen marktwirtschaftlich orientierten Ländern der Welt zu beobachten. Aber die Grundrichtung ist in der Bundesrepublik Deutschland früher und konsequenter eingeschlagen worden. Die Abkehr von Dirigismus und Intervention, von Autonomiestreben und weltwirtschaftlicher Isolierung hat nicht nur die Wirtschaft der Bundesrepublik allgemein, sondern auch ihre Messewirtschaft frühzeitig und entscheidend geprägt. Der Staat hat früh Verzicht geübt und Vorteile für das Gemeinwesen geerntet.

Die Staatsferne und Wirtschaftsnähe von Messegremien in Deutschland ist beeindruckend und signifikant. Sie steht für eine durch abgewogene und kluge Zurückhaltung sowie eine durch Verantwortungsbewusstsein geprägte Grundeinstellung der Vertreter der öffentlichen Hand und eine durch Verantwortungsbewusstsein geprägte Haltung der mit dem Messewesen verbundenen Wirtschaft.

3. Der Ablauf: Mitwirkung und Zurückhaltung des Staates

3.1 Der Staat soll sich im Messewettbewerb neutral verhalten

Grundlegend für die Gesamtentwicklung des Messewesens in Deutschland ist der Verzicht der Bundesregierung auf eine eigene wesentliche Beteiligung am Messegeschäft im eigenen Land. Kein Bundeswirtschaftsminister hat jemals versucht, hier ein eigenes Profil zu entwickeln. Der Verzicht auf Messeintervention und Messedirigismus, die Abwesenheit einer Messepolitik der Bundesregierung haben der deutschen Messewirtschaft entscheidend geholfen. Eine eigene Bundesmessepolitik wäre prinzipiell durchaus möglich gewesen. Die historische Messesituation in Italien und Frankreich, die lange Zeit durch eine Konzentration auf die Messeplätze Mailand und Paris geprägt war, könnte durchaus zu Erwägungen verführen, den Einfluss der Bundesregierung auf ähnliche Konzentrationen zu lenken. Eine solche Überlegung käme heute zu spät. Die konsequente Zurückhaltung oder sogar Abstinenz der staatlichen Zentralgewalt im Messewesen der Bundesrepublik Deutschland hat längst zu einem außerordentlichen Aufblühen der Messeaktivitäten in den Kommunen und Ländern geführt. Der Wettbewerb der deutschen Messegesellschaften untereinander hat im höchsten Maße die Leistungsfähigkeit des deutschen Messewesens begründet. Selbst in jenen Bundesländern wie Nordrhein-Westfalen oder Bayern, in denen zwei, drei oder vier größere Messegesellschaften untereinander den Wettbewerb aufnahmen, gab es immer den Grundkonsens, den regionalen Wettbewerb nicht einzuschränken. Es hat in diesen Bundesländern immer wieder schwierige Diskussionen gegeben und zuweilen auch den Versuch, hier eine „ordnende" Politik zu etablieren. Zum Nutzen des Ganzen ist letzten Endes immer wieder im Sinne des Wettbewerbs entschieden worden.

Die föderative Struktur des Messewesens in Deutschland ist durch die Abstinenz der Bundesregierung geprägt worden. Diese wirtschaftspolitische Abstinenz war wesentliche Ursache für die im Wettbewerb errungene Weltmarktführerschaft des Messewesens der Bundesrepublik Deutschland. Selten gibt es ein so schönes Beispiel für eine segensreiche Wirkung staatlicher Untätigkeit.

3.2   Der Staat soll den „Messefrieden" gewährleisten

Zu den Grundleistungen des Gemeinwesens für alle Bürger, also auch für alle Wirtschaftssubjekte, gehören der Aufbau und das Aufrechterhalten von Ordnung und Sicherheit. Es ist nicht verwunderlich, dass Messen in ihrer Komplexität und oft auch Internationalität in einem besonderen Maße auf diese Basisleistungen angewiesen sind. Der
Anspruch einer weltweit organisierten Messe geht aber noch weiter. Weil es sich häufig
um Zentralereignisse des jeweiligen Wirtschaftszweiges handelt, um Messen, die alle
wichtigen Entscheidungsträger zusammenführen und damit auch um Marktveranstaltungen, die außerordentlichen Umfang haben und riesige Investitionen und Umsätze weltweit beeinflussen oder sogar an Ort und Stelle zur Entscheidung bringen, reicht die Messe ihren Sicherheitsanspruch an den Staat weiter. Sie weitet ihn aus zur Forderung eines
„Messefriedens". Unabhängig von politischen Differenzen aller Art soll allen, die an der
Messe als Marktpartner mitwirken wollen, Zugang und Marktteilnahme ermöglicht und
gesichert werden, ob als Aussteller oder Besucher. Politische Teilnahmekriterien darf es
nicht geben. Bedingungen oder Einschränkungen solcher Art dürfen in den Teilnahmebedingungen von Messegesellschaften nicht zu finden sein und dürfen diesen auch nicht
durch staatliche Beschlüsse irgendwelcher Art übergestülpt werden.

Die Frage ist vielfältig interessant. Es gibt die Forderung nach einem generellen Vorrang
der Politik. Ihr steht die Forderung nach der Respektierung der Messe als zeitlich und
örtlich beschränktes Reservat für wirtschaftliche Aktivitäten gegenüber. Der politischen
Argumentation wird geantwortet, dass eine Messe dann zu schützen sei, solange sie sich
ihrerseits vollständig unpolitisch verhalte. Das läuft im Ergebnis auf eine scharfe Trennung, aber auch gegenseitige Respektierung von Politik und Wirtschaft hinaus. Es fällt
auf, dass es ähnliche Argumentationen auch in den Berührungsbereichen zwischen Politik und Kultur sowie zwischen Politik und Wissenschaft gibt.

Praktische Bedeutung hatte die Frage des Messefriedens in jener Zeit, als in kommunalen und Landesgremien der Bundesrepublik Deutschland die Forderung erhoben wurde,
Südafrika von der Teilnahme an Messen und Ausstellungen auszuschließen. Die Messegesellschaften sahen sich mancherlei Druck ausgesetzt. Der Druck geschah öffentlich
und nichtöffentlich, verständnisvoll und ignorant, nach oder ohne Diskussion, mit oder
ohne Androhung empfindlicher Übel für den Fall der Zuwiderhandlung. Hoffentlich unabhängig von Drohungen dieser und jener Art ist in den deutschen Messegesellschaften
durchaus verschieden entschieden worden. Einige Messen behielten ihre Aussteller aus
der Republik Südafrika, andere entledigten sich ihrer und bei wiederum anderen er-
lahmte tatsächlich oder vorgeblich das Interesse der Südafrikaner an einer Messeteilnahme.

Bemerkenswert an dieser Auseinandersetzung war auch, dass sie zum Teil unter Inanspruchnahme der Öffentlichkeit geführt wurde. Auch Demonstrationen vor Messegeländen und Messehallen, etwa „Menschenketten", selbst unter Teilnahme eines Oberbür-
germeisters, sollten die Messeverantwortlichen zur Aufgabe ihres „falschen politischen

Handelns" bewegen. Die Rechtslage jedoch war von Anfang an klar und verbot nahezu jeglichen Eingriff des Staates. Auch die Heranziehung immer weiterer Gutachter brachte kein anderes Ergebnis: Die Pflicht zur Gleichbehandlung aller Wirtschaftssubjekte darf nicht durch politische Erwägungen aufgehoben werden, auch nicht durch das Merkmal der Staatsangehörigkeit. Bei Einhaltung von Teilnahmebedingungen ist willkürlicher Ausschluss nicht statthaft.

Die Angelegenheit „Südafrika auf deutschen Messen" ist wichtig, da über den Einzelfall hinaus lehrreich. Der Fall Südafrika stellte den Versuch dar, außenpolitische Aktionen im Inland zum Erfolg zu bringen. Mit Effekten im Inland sollten außenpolitische Auffassungen bekräftigt werden. Vor allem aber berührt der Fall das Verständnis und das Selbstverständnis von Messen als weltweit hochrelevante Wirtschaftsereignisse ebenso wie die ältere und weitreichendere Frage, wann und wo „die Politik" in Angelegenheiten der Wirtschaft eingreifen soll und darf. Dazu kommt dann das ebenfalls alte Phänomen, dass die Politik zuweilen – oder auch häufig – an der Rechtsordnung vorbei, möglicherweise ohne unmittelbare Verletzung rechtlicher Vorschriften, aber doch unter Umgehung von Rechtsprinzipien, ihren Willen durchsetzen will und kann.

Umgekehrt gibt es auch Bestrebungen von Regierungen, auf Messegesellschaften im Ausland einzuwirken, um deren Verhalten dem eigenen politischen Standpunkt anzupassen. Beharrlich und konsequent ist z.B. die Regierung der Volksrepublik China seit Jahrzehnten bemüht, in den Staaten, mit denen sie diplomatische Beziehungen unterhält, durchzusetzen, dass auf Messen keinerlei Anzeichen einer völkerrechtlichen oder staatsrechtlichen Gleichbehandlung von Unternehmen oder Organisationen aus Taiwan erkennbar werden. Über die jeweiligen Botschaften werden die Außenministerien und Wirtschaftsministerien, aber auch die Messegesellschaften direkt und mit Nachdruck auf die völkerrechtliche Auffassung der Regierung der Volksrepublik China hingewiesen, dass Taiwan sich auch auf der Messe X im Land Y nicht als „Republic of China" (oder R.O.C.) bezeichnen dürfe, keine Staatsembleme wie Flaggen etc. zeigen dürfe, auch die Messegesellschaft selbst keinerlei entsprechende Handlungen vornehmen dürfe und im Gegenteil auf Aussteller aus Taiwan umgehend und nachdrücklich einzuwirken habe. Konsequent wird mit eigenem Rückzug von der Messe gedroht und dieser durchaus binnen kürzester Frist vollzogen, wenn den Forderungen nicht nachgekommen wird. Ein solches Vorgehen findet einerseits in den völkerrechtlichen Feststellungen und Vereinbarungen zwischen der Volksrepublik China und den mit ihr in diplomatischen Beziehungen stehenden Staaten durchaus eine Grundlage. Andererseits verzichtet die Regierung der Bundesrepublik Deutschland auf Zwangsmittel, diese Auffassung im eigenen Land gegenüber Messegesellschaften durchzusetzen. Es gibt lediglich Empfehlungen des Auswärtigen Amtes, weitergetragen auch vom Ausstellungs- und Messe-Ausschuss der deutschen Wirtschaft e.V. (AUMA). Da der politische Wunsch lediglich auf einen begrenzten und äußeren politischen Bereich, nämlich Staatsbezeichnung, Flaggenverwendung etc. und keineswegs auf Teilnahmeverhinderung der Aussteller aus Taiwan gerichtet ist, haben sich Politiker und Messeverantwortliche in den betroffenen Ländern ganz allgemein daran gewöhnt, diesen Wünschen, wenn auch widerstrebend, zu folgen.

Ausstellern und Besuchern aus Taiwan soll die Messeteilnahme nicht verwehrt werden, also werden die Querelen hingenommen.

3.3   Staat und Wirtschaft nutzen die Öffentlichkeit von Messen für den Dialog

Messen sind überwiegend auf öffentliche Wirksamkeit angelegt. Alle Beteiligten sind sich mehr oder weniger bewusst, dass ihre Mitwirkung öffentliche Resonanz finden kann, soll oder sogar muss, um ihre volle Wirksamkeit zu entfalten. Der Zutritt zu Messen ist grundsätzlich frei. Jeder kann Auskünfte verlangen und Auskünfte geben. Die Messe ist immer auch ein Markt für Informationen und Meinungen. Journalisten sind deshalb auf Messen wichtige Partner. Eine Messe ohne Journalisten ist tot. Eine Messe mit vielen Journalisten ist eine gute Messe.

Somit ist bei einer gut organisierten und gut funktionierenden Messe auch der Dialog zwischen Politik und Wirtschaft bereits mit einer wichtigen Grundlage versehen: die Berichterstatter und Kommentatoren sind schon da.

Die Wirtschaft nutzt die auf Messen gebotenen Dialogmöglichkeiten mit den Vertretern des Staates vielfältig. Besonders markante Dialogereignisse sind die Eröffnungsveranstaltungen und Eröffnungspressekonferenzen von Messen. Die Vertreter des jeweiligen Wirtschaftszweiges nutzen planmäßig die Gelegenheit, dem Staat, und unmittelbar dem anwesenden Minister oder Staatssekretär und auch den Parlamentariern, die Auffassung ihrer Branche nahe zu bringen. Da eine Rede bei einer Messeeröffnung buchstäblich in aller Öffentlichkeit stattfindet, ist einerseits die Wirkung gesteigert, andererseits eine „gesellschaftliche Kontrolle" des möglicherweise als „Interessenstandpunkt" qualifizierten Beitrags gegeben.

Jedenfalls ist in aller Regel festzustellen, dass wirtschaftspolitische Forderungen, Kommentare und Meinungsäußerungen von Branchensprechern, Verbandsvorsitzenden und Messebeiratsvorsitzenden auf diesem Wege große Aufmerksamkeit in der Öffentlichkeit und damit auch bei Vertretern des Staates finden. Kaum eine andere Gelegenheit eignet sich für diesen Dialog zwischen Staat und Wirtschaft so wie eine Messeeröffnung. Somit werden in den Eröffnungsreden von Messebeiratsvorsitzenden und Verbandsvorsitzenden ganz selbstverständlich grundsätzliche und aktuelle Steuerfragen, Fragen der Strukturpolitik, der Außenwirtschaftspolitik, der Wettbewerbspolitik und andere unmittelbare und mittelbare Grundfragen des jeweiligen Wirtschaftszweiges vorgetragen und mit Leidenschaft vertreten. Eigentliche Adressaten sind die Öffentlichkeit und der Staat, die unmittelbaren Zuhörer sind oft der Kern der wirklich Beteiligten. Eine solche Praxis hat einige Vorzüge. Der Hauptvorteil besteht in der Öffentlichkeit des Vorgangs. Ein praktischer, rationalisierender Vorteil für die Mitwirkenden und die Zuhörer besteht in der zeitlichen und örtlichen Konzentration auf den Messetermin.

Umgekehrt nutzen natürlich auch die Vertreter des Staates die günstige Gelegenheit einer Messeeröffnung zu Meinungsäußerungen. Forderungen und Wünsche des Staates an die Wirtschaft und den jeweiligen Wirtschaftszweig werden wirkungsvoll und sinnvoll an anwesende Partner übermittelt. Somit kann ein Minister oder ein Staatssekretär mit guten Gründen und Argumenten für seine Branchenpolitik werben, zu einem bestimmten Verhalten des Wirtschaftszweiges aufrufen, etwa eine spezifische Beschäftigungspolitik oder eine besondere Preispolitik vorschlagen, ein bestimmtes Verhalten in der Umweltpolitik fordern, die Bereitstellung von mehr Stellen für Auszubildende anmahnen oder ein kritisches Wettbewerbs- und Konzentrationsverhalten anprangern. Auch diese Äußerungen dürften im Normalfall eine breite und hoffentlich auch gründliche und nachhaltige Aufmerksamkeit finden.

Messen sind Orte des öffentlichen Dialogs zwischen Staat und Wirtschaft geworden. Darüber hinaus bieten Messen in ihrem weiteren Verlauf eine Fülle von Möglichkeiten zu vertieften und gründlichen Auseinandersetzungen, wie sie in Büros von Parlamentariern und in den Amtsstuben von Ministerialräten einfach technisch nicht realisierbar sind. Wenn für Kaufleute untereinander gilt, dass Messen an einem bestimmten Ort in einem weit vorab definierten Zeitraum eine sonst nicht erreichbare Häufigkeit von geplanten und nützlichen Gesprächen ermöglichen, so gilt das nicht minder für den Dialog zwischen Politikern und Beamten einerseits und Vertretern der Wirtschaft andererseits.

4.   Zusammenfassung

Messen sind Marktveranstaltungen. Sie bringen Verkäufer und Käufer zusammen. Messen sind oft die Zentralereignisse ihres jeweiligen Wirtschaftszweiges. Der Staat errichtet die Wirtschaftsordnung, das Finanzsystem und das Rechtssystem, in denen Kaufleute und Private möglichst störungsfrei handeln können. Messen sind auf die Gültigkeit, auf das Funktionieren vielfältiger staatlicher und gesellschaftlicher Rahmenbedingungen angewiesen. Die Vielzahl und Vielfalt von Messen, ihre Überregionalität und häufig auch Internationalität verstärken ihre Abhängigkeit von staatlichen Garantien. Diese sollen wirksam, aber möglichst nicht auffällig und fern von jeglicher Einmischung sein. Denn der Kern des Messegeschäfts bleibt immer ein Handeln von Kaufleuten mit Kaufleuten. Der Markt soll stattfinden, der Staat hat Hindernisse von ihm fern zu halten, soll ihm Freiräume schaffen, soll ihn aber nicht regieren und nicht ersetzen.

Uwe Christian Täger / Horst Penzkofer

Produktions- und Beschäftigungseffekte von Messen und Ausstellungen

1. Entwicklungen des Messestandorts Deutschland
    1.1   Bedeutung von Messen im Allgemeinen
    1.2   Bedeutung der Messen für den jeweiligen Wirtschaftsraum

2. Differenzierung von Messeausgaben
    2.1   Besucherausgaben
    2.2   Ausstellerausgaben

3. Methodik der Berechnung von direkten und indirekten Wirkungen
    3.1   Ermittlung des Ausgabevolumens der Messebesucher
          und Messeaussteller
    3.2   Direkte und indirekte Effekte

4. Gesamtwirtschaftliche Bedeutung von Messen und Ausstellungen
    4.1   Deutschland
    4.2   Wirtschaftsraumbezogene Effekte
    4.3   Sektorale Effekte
    4.4   Steuereffekte

5. Zusammenfassung

6. Literaturverzeichnis

Dr. Uwe Christian Täger ist Bereichsleiter der Abteilung Branchen, Industrieökonomik und Strukturwandel am ifo Institut für Wirtschaftsforschung, München. Horst Penzkofer ist wissenschaftlicher Mitarbeiter am ifo Institut für Wirtschaftsforschung, München.

1. Entwicklungen des Messestandorts Deutschland

1.1 Bedeutung von Messen im Allgemeinen

Gemessen an anderen europäischen Industrieländern und vergleichbaren Industriestaaten zeichnet sich Deutschland durch ein außergewöhnlich hohes Niveau und eine Vielzahl von international führenden „Leitmessen" aus, die für in- und ausländische Aussteller und Besucher eine hohe Bedeutung besitzen (Spannagel et al. 1999). Wesentliche Ursachen hierfür sind zweifelsohne die systematische Förderung des Messewesens durch die Gebietskörperschaften, die hohe Leistungs- und Wettbewerbsfähigkeit der deutschen Wirtschaft mit ihren Impulsen auf die Aussteller und (Fach-)Besucher sowie auch die hohe Intensität des technologischen und wirtschaftlichen Wettbewerbs in Deutschland. Darüber hinaus bildet die anerkannt gute Verkehrsinfrastruktur in den Ballungsräumen, in denen die internationalen Messen hauptsächlich ihren Standort haben, eine wichtige Voraussetzung für eine zeit- und kostengünstige An- und Abreise der in- und ausländischen Besucher. Auch wenn die Messestandorte in den anderen europäischen und sonstigen Staaten im so genannten Messewettbewerb in den letzten Jahren deutlich an Leistungsfähigkeit und Attraktivität z.B. infolge von neuen Messegeländen (wie z.B. in Madrid, Mailand, Birmingham) gewonnen haben, so sind die so genannten führenden Großmesseplätze in Deutschland mit ihrer hohen Internationalität an führenden Ausstellern auf den Weltmärkten und an Entscheidungsträgern als Besucher wichtige Impulsgeber und „Multiplikatoren" für den jeweiligen Wirtschaftsraum. Die Attraktivität einer international ausgerichteten Messe mit ihren Aussteller- und Besucherprofilen steht dabei in einer intensiven Wechselbeziehung mit den wirtschaftlichen, technologischen und sonstigen Fazilitäten des Messestandorts.

Die gesamt- und einzelwirtschaftliche Bedeutung von internationalen Industrie- und Konsumgütermessen hat sich vor dem Hintergrund der Veränderungen in den Organisations- und Entscheidungsstrukturen insbesondere der größeren Unternehmen und international ausgerichteten Konzern- bzw. Unternehmensgruppen kontinuierlich verändert. Infolge der zunehmenden Komplexität von langfristig wirkenden Beschaffungsentscheidungen hat sich der Informationseffekt von Messen in den letzten zwei Jahrzehnten deutlich erhöht. Sowohl die Aussteller als auch die Besucher haben relativ hohe Erwartungen hinsichtlich des Angebots an und der Nachfrage nach Technologie- und Marketinginformationen auf den Messen. Dabei spielen mehr und mehr die technologischen Entwicklungen und ihre künftigen Anwendungen sowie die Präsentation neuer Produkte eine ausschlaggebende Rolle. Dies führt zu einer immer stärkeren fachlichen Differenzierung der Messen nach den Produkt- und Prozesstechnologien, was sich in einer steigenden Zahl von Fachmessen bemerkbar macht, die sich aus den großen Universalmessen mehr und mehr herauskristallisieren (Weitzel/Täger 1991). Die tatsächlichen Kauf- und Verkaufsverhandlungen erfolgen in der Regel im Nachmessegeschäft, um mit der notwendigen Sorgfalt und Rationalität langfristig wirkende Entscheidungen prüfen und treffen zu können. Nur bei einigen Konsumgütermessen steht die Ordertätigkeit im Vordergrund der Messeziele.

Zwar wird von den Messestädten und den jeweiligen Landesregierungen die wirtschaftliche Bedeutung größerer und internationaler Messen für den Messeort selbst und die angrenzenden Regionen betont, aber nur für wenige Messemetropolen liegen empirisch und methodisch fundierte Daten über die Produktions- und Beschäftigungseffekte vor. Um diesen Informationsmangel zu beheben, haben etliche Messegesellschaften und deren staatliche Gesellschafter Studien angestoßen, die zu einer Objektivierung und empirischen Fundierung der wirtschaftlichen Effekte von Messen und Ausstellungen führten.

1.2   Bedeutung der Messen für den jeweiligen Wirtschaftsraum

Vor allem Großstädte wie Köln, Düsseldorf, Frankfurt und München, in denen zahlreiche international anerkannte Messen stattfinden, sind durch eine messeaffine Infrastruktur gekennzeichnet, um die gewerbliche Nachfrage der Aussteller nach Waren- und Dienstleistungen „vor Ort" möglichst umfassend und mit hoher Qualität abzudecken. Einige Unternehmen in diesen Messeregionen haben ihr Waren- und Dienstleistungsangebot speziell auf die Nachfrage von Messeausstellern oder -besuchern ausgerichtet.

Infolge des zunehmenden Controllings von direkten Messeausgaben durch die ausstellenden Unternehmen, aber auch durch die steigende Kostenrationalität der Besucher steht die Höhe einiger Messekosten bzw. -ausgaben vielfach in der Kritik. So haben die direkten Ausgaben für die Standmiete auf dem Messegelände und die Höhe der Übernachtungsausgaben bei Ausstellern und Besuchern einiger Messen erhebliche Kritik hervorgerufen.

Wenn auch die erhöhte Nachfrage von Messeausstellern und -besuchern z.B. nach Unterkünften die Durchsetzung höherer Übernachtungspreise in bestimmten Hotels zulässt, so kann ein deutlich höheres Preisniveau in diesem Dienstleistungssektor dazu führen, dass hiervon negative Einflüsse auf den gesamten Messestandort ausgehen. In jüngster Zeit haben diese Entwicklungen dazu geführt, dass einige Unternehmen ihre Messebeteiligungen und -besuche unter Kostengesichtspunkten „rationalisiert" und neue Schwerpunkte in ihrer Absatzstrategie gesetzt haben. Vor diesem Hintergrund sind die wirtschaftlichen Wechselwirkungen zwischen den einzelnen Messeveranstaltungen eines Messestandorts, den daraus resultierenden messeaffinen Nachfragestrukturen und den relevanten Angebotsstrukturen des jeweiligen Messestandorts umfassender als bisher zu hinterfragen.

2. Differenzierung von Messeausgaben

Um einen Überblick über die wirtschaftlichen Folgewirkungen von Messeveranstaltungen zu erlangen, ist es erforderlich, die Ausgabenströme von Messebesuchern und -ausstellern nach verschiedenen Ausgabenkategorien abzubilden (Spannagel et. al. 1999). Zu nennen wären beispielsweise Ausgaben in der Gastronomie, im Beherbergungsgewerbe, im Handels- und Transportsektor sowie in anderen Dienstleistungsbereichen. Zu beachten ist, dass die Umsätze/Erlöse der Messegesellschaften selbst nicht mit einbezogen werden dürfen, da die Umsätze/Erlöse der jeweiligen Messen weitestgehend aus den Aufwendungen der ausstellenden Unternehmen und der Besucher (z.B. Standmiete, Eintritt, Gastronomie, Parkgebühren usw.) resultieren. Da diese Aufwendungen bei den Ausstellern und Besuchern erfasst werden, würde es sich sonst um ein unzulässige Doppelerfassung handeln.

2.1 Besucherausgaben

Die Messen in Deutschland locken jährlich zwischen 18 und 19 Millionen Besucher an. Multivariate Analyseverfahren zeigten, dass die regionale Herkunft der Besucher und der Anteil an Fachbesuchern (beide Faktoren hoch mit der Verweildauer am Messeplatz korrelieren) einen gewichtigen Einfluss auf das Gesamtvolumen der Besucherausgaben ausüben. Insbesondere (ausländische) Fachbesucher, die sich z.T. im Rahmen eines mehrtägigen Messebesuchs über richtungweisende technologische Entwicklungen eines Wirtschaftszweigs informieren, prägen die Ausgabenstruktur (Ausgaben für Übernachtung und Verpflegung). Darüber hinaus wird das Ausgabenvolumen aber auch durch das Umfeld des jeweiligen Messeplatzes beeinflusst (kulturelles Angebot, Freizeitmöglichkeiten usw.).

Folgende Ausgabenarten gilt es zu unterscheiden:

- *Übernachtung*: Hierbei sind auch die in Zusammenhang mit der Einladung von Kunden bezahlten Übernachtungen zu berücksichtigen.

- *Reisekosten*: Neben den Ausgaben für den innerstädtischen Transport (mittels öffentlicher Verkehrsmittel, Taxi, Mietwagen usw.) zum Messegelände sind auch die Kosten für die An- und Abreise zum Messeort zu erfassen. Während die Reisekosten im Nahbereich ausschließlich am Messeort Effekte auslösen, verursachen die Reisekosten im Fernbereich in verschiedenen Wirtschaftsräumen (z.B. Bundesländern) Produktions- und Beschäftigungseffekte.

- *Gastronomie*: Hierunter fallen nicht nur die auf dem Messegelände getätigten Ausgaben, sondern auch die Verpflegungsausgaben in Restaurants der Messestadt und der Umgebung. Werden Kunden eingeladen, so sind auch diese Ausgaben in Rechnung zu stellen.

- *Freizeit*: Neben den Ausgaben z.B. für einen Theater-, Museums- oder Kinobesuch zählen hierzu auch die in Zusammenhang mit dem Messebesuch vor- bzw. nachgelagerten Ausgaben für einen Urlaub in der Messestadt oder im Umland.

- *Einkäufe*: Zu erfassen sind sämtliche private Einkäufe während des Messebesuchs (Souvenirartikel, Geschenke, Bekleidung usw.).

- *Messeeintritt*: Zusätzlich zum Messeeintritt sind die Ausgaben für den Kauf von Katalogen in die Berechnung einzubeziehen.

- *Sonstige Ausgaben*: Zu nennen wären beispielsweise Telefon- oder Faxgebühren.

Diese für die Messebesucher relevanten Ausgabenarten besitzen einen starken regionalen Bezug und somit eine hohe lokale Wirkung bei der Produktion und Beschäftigung. Mit Ausnahme der Reisekosten im Fernbereich fallen nämlich die Ausgaben der Besucher zum überwiegenden Teil am jeweiligen Messeort an.

2.2 Ausstellerausgaben

Internationale Leit- und Fachmessen, auf denen die technologisch führenden Unternehmen vertreten sind, besitzen eine hohe Anziehungskraft auf Fachleute und Entscheidungsträger aus nahezu allen Ländern. Die Durchführung dieser bedeutenden Messeveranstaltungen ist von Seiten der ausstellenden Unternehmen mit hohen Ausgaben verbunden. Für die Ermittlung der messeinduzierten Gesamtausgaben der Aussteller müssen alle betrieblichen Ausgaben als relevant angesehen werden, die aus Sicht der Unternehmen mit der Planung, Vorbereitung, Durchführung und Nachbereitung von Messebeteiligungen in einem direkten Zusammenhang stehen. Im Einzelnen sind folgende Ausgabenarten zu berücksichtigen:

- *Standmiete*: Diese beinhaltet nicht nur die Überlassung einer Standfläche, sondern umfasst noch weitere Dienstleistungen wie z.B. Gebühren für die Wasser- und Stromversorgung sowie die Entsorgung.

- *Standbau*: Die Gestaltung des Messestandes wurde in den vergangenen Jahren durch verstärkte multimediale Präsentationsformen sehr kostenintensiv. In welcher Region der Standbau letztlich wirtschaftliche Effekte auslöst, hängt davon ab, ob das ausstellende Unternehmen den Standbau mit unternehmensinternen Mitarbeitern oder externem Personal bewerkstelligt. So ist es prinzipiell denkbar, dass anlässlich einer Messebeteiligung eines Stuttgarter Unternehmens in Frankfurt durch die Beauftragung einer Düsseldorfer Standbaufirma wirtschaftliche Folgewirkungen in Nordrhein-Westfalen entstehen. Neben dem reinen Standbau fallen aber noch weitere

Nebenkosten an: Ausgaben für den Transport von Exponaten, die Versicherung hochwertiger Ausstellungsgüter und die Standreinigung sowie -bewachung.

- *Personalkosten*: Unter Zugrundelegung des Kriteriums, das gesamte Ausgabenvolumen von der Planung bis zur Nachbereitung von Messebeteiligungen zu erfassen, müssen auch die anteiligen unternehmensinternen Personalkosten in die Berechnung der Gesamtausgaben der Aussteller einbezogen werden. Hierbei gilt es jedoch zu beachten, dass diese Ausgaben auf die Produktion und Beschäftigung keinen unmittelbaren Effekt auslösen, sondern erst auf indirektem Wege über die Konsumausgaben der beschäftigten Mitarbeiter Wirkungen induzieren. Damit führen diese Ausgaben nur zu einem geringen Umfang am jeweiligen Messestandort zu wirtschaftlichen Folgewirkungen. Für die Betrachtung gesamtwirtschaftlicher Effekte größerer Wirtschaftsräume (z.B. Deutschland) spielen die internen Personalkosten jedoch eine nicht zu unterschätzende Rolle.

- *An- und Abreisekosten*: Zu berücksichtigen sind die Ausgaben für die An- und Abreise des Auf-, Abbau- sowie Standpersonals, da diese Ausgaben in einem unmittelbaren Zusammenhang mit den Messeaktivitäten stehen. Hier gilt es wie bei den Personalkosten zu bedenken, dass die Reisekosten am jeweiligen Messestandort nur geringe Produktions- und Beschäftigungseffekte hervorrufen.

- *Ausgaben des Messepersonals*: Hierunter sind die Ausgaben des Auf-, Abbau- und Standpersonals für Übernachtung, Verpflegung, private Einkäufe, Freizeitgestaltung (z.B. Museums- oder Kinobesuch) und für Fahrten am Messeort zu subsumieren. Dieses Ausgabenvolumen zeitigt überwiegend am Messeort Effekte.

- *Werbung*: In diese Ausgabenkategorie fallen z.B. Informationsschreiben an Kunden über konkrete Messebeteiligungen, Mailingaktionen mit Einladungen u.ä.

- *Gästebewirtung*: Die Ausgaben für die Bewirtung von Gästen bzw. Kunden müssen, im Hinblick auf die wirtschaftlichen Folgewirkungen, nach verschiedenen Ausgabenarten (u.a. Verpflegung, Übernachtung) erfasst werden.

- *Sonstige Ausgaben*: Telefon- oder Faxgebühren, aber auch Ausgaben bezüglich eines vor- oder nachgelagerten Urlaubs in der Messestadt bzw. im Umland.

Die Ausgaben der Aussteller weisen eine starke räumliche Streuung auf. Ein wesentlicher Grund hierfür liegt darin, dass die Aussteller viele Vorarbeiten und Elemente für den Messestand nicht am Messeort, sondern am Firmensitz bzw. von spezialisierten Unternehmen in Deutschland oder im Ausland produzieren lassen.

Die Umsetzung der Aussteller- und Besucherausgaben in Produktions- und Beschäftigungswirkungen setzt somit voraus, dass die jeweiligen Ausgaben einerseits den zu untersuchenden Wirtschaftsräumen (z.B. Messeort, Bundesländer) und andererseits innerhalb der Wirtschaftsräume den verschiedenen Wirtschaftsbereichen (Gastgewerbe, Einzelhandel, Transportgewerbe, unternehmensnahe Dienstleistungen usw.) zugeordnet werden, in denen sie Nachfrageimpulse anstoßen.

3. Methodik der Berechnung von direkten und indirekten Wirkungen

3.1 Ermittlung des Ausgabevolumens der Messebesucher und Messeaussteller

Die für die Volumenberechnung benötigten Angaben zu den messeinduzierten Ausgaben werden mittels standardisierter Befragungen bei einem repräsentativen Kreis von Besuchern und Ausstellern erhoben. Die Befragungen erfolgen bei so genannten Referenzmessen. Als Referenzmessen werden dabei solche Messen angesehen, die eine gewisse Repräsentativität der Ausgabenstruktur ihrer Aussteller und Besucher hinsichtlich ähnlicher Veranstaltungen am betreffenden Messestandort besitzen und sich daher besonders für die *Hochrechnung* auf die Grundgesamtheit aller Messen am jeweiligen Standort eignen. Mit Hilfe der Informationen aus den befragten Messen werden die Besucher- und Ausstellerausgaben der Messen berechnet, bei denen im Untersuchungszeitraum keine schriftlichen Erhebungen durchgeführt wurden. Der hierbei verwendete Schätzansatz für die Hochrechnung stellt anhand zahlreicher Messemerkmale kausale Zusammenhänge zwischen den in die Befragungen eingegangenen Veranstaltungen und den nicht befragten Messen her.

Unter anderem finden in den Modellberechnungen folgende *Indikatoren* Eingang: regionale Herkunft der Besucher und Aussteller, Anteil der Fachbesucher, Dauer der Messe, Verweildauer der Besucher (Privat- bzw. Fachbesucher; getrennt nach der regionalen Herkunft), Bedeutung der Messe (Leitmesse, Stellenwert für die Branche, regionale oder internationale Bedeutung), Investitions- oder Konsumgütermesse, Messeturnus, Standfläche, Zahl der Personen pro Stand usw. Diese Indikatoren werden unter Zugrundelegung entsprechender Kriterien gleichartiger Messen, deren Mikrodaten für das Besucher- und Ausstellerausgabeverhalten vorliegen, zur Ermittlung der Besucher- und Ausstellerausgaben nach verschiedenen Ausgabenarten eingesetzt.

3.2 Direkte und indirekte Effekte

Die unmittelbaren Ausgaben der Messebesucher und -aussteller haben vielfältige Effekte auf das wirtschaftliche Geschehen. Sie beeinflussen die Bruttowertschöpfung, führen durch die Nachfrage zur Produktion und damit auch zur Beschäftigung in verschiedenen Wirtschaftszweigen. Diese direkten Ausgaben der Messeakteure bilden allerdings nur einen Teil der wirtschaftlichen Folgewirkungen ab (*Primärwirkungen*).

Infolge der ausgeprägten Arbeitsteilung in der Produktion bzw. Bereitstellung von Messe-„Leistungen" werden in erheblichem Umfang Güter und Dienstleistungen von Unternehmen bezogen, die von den Ausgaben der Aussteller und Besucher nicht direkt betroffen sind. Diese indirekt begünstigten Unternehmen fragen ihrerseits wiederum Vorleistungen von Gütern und Dienstleistungen nach. So ergibt sich eine Kette von leistungswirtschaftlichen Folgewirkungen über alle Wirtschaftssektoren (*Sekundärwirkungen erster Art*). Der Prozess dieser Produktionsverkettung wird auch als Leontief-Multiplikator bezeichnet.

Eine weitere indirekte Wirkung resultiert aus den Einkommen, die infolge der direkten Nachfrage sowie der indirekten Wirkung erster Art entstehen. Es handelt sich hier um Einkommen aus unselbstständiger Tätigkeit und solche aus Unternehmertätigkeit und Vermögen. Nach Abzug von Steuern und Sozialbeiträgen werden die sich ergebenden verfügbaren Einkommen teilweise – abhängig von der jeweiligen Sparquote – wieder verausgabt. Die hieraus entstehenden leistungswirtschaftlichen Folgewirkungen gilt es ebenfalls zu berücksichtigen (*Sekundärwirkungen zweiter Art*). Die Gesamtheit dieses Prozesses wird auch als Keynes-Multiplikator bezeichnet. Die Sekundärwirkungen von Messeausgaben werden oft nur ungenau angegeben oder finden überhaupt keine Berücksichtigung bei der Analyse der wirtschaftlichen Effekte von Messeveranstaltungen.

Die Ermittlung der gesamten indirekten Effekte erfolgt mittels der Input-Output-Rechnung (Gleichung 1). Zur Berechnung der Produktionseffekte muss dabei zunächst die Bruttonachfrage der Messebesucher und -aussteller um die Mehrwertsteuerbeträge bereinigt werden. Darüber hinaus bleiben, wenn die Effekte für Deutschland quantifiziert werden, auch die direkten Abflüsse ins Ausland und damit alle anderen indirekten Wirkungen im Ausland außer Betracht. Im Anschluss an die Quantifizierung der Produktionseffekte werden mit Hilfe von sektoralen Arbeitskoeffizienten die Beschäftigungseffekte errechnet (Gleichung 2).

(1) Input-Output-Modell: $X = (I - A)^{-1} Y$

mit X: Produktion

A: Matrix der Inputkoeffizienten

I: Einheitsmatrix

$(I - A)^{-1}$: Leontief-Inverse

Y: Autonome Nachfrage, hier: Messeausgaben

(2) Beschäftigungseffekte: $X_B = AK_D (I - A)^{-1} Y$

mit X_B: Beschäftigung

AK_D: Diagonalmatrix der Arbeitskoeffizienten

Die Einbeziehung der Einkommenseffekte (*Sekundärwirkung zweiter Art*) bedingt, dass das Input-Output-Modell um die marginale Verbrauchsstruktur sowie die Konsumquote der privaten Haushalte ergänzt werden muss.

Bei der Quantifizierung der wirtschaftlichen Wirkungen wird dabei unterstellt, dass die durch die Messeausgaben „ausgelasteten" Produktions- und Beschäftigungskapazitäten nicht durch andere Nachfrageaktivitäten tangiert bzw. genutzt werden, d.h. der etwaige Ausfall der Messeausgaben als Nachfragevolumen wird nicht durch Ausgaben anderer Unternehmen und Personen kompensiert. Dieses Vorgehen muss zur Isolierung der durch die Messeausgaben verursachten Produktions- und Beschäftigungseffekte gewählt werden.

4. Gesamtwirtschaftliche Bedeutung von Messen und Ausstellungen

4.1 Deutschland

Das ifo Institut hat in Kooperation mit anderen Forschungsinstitutionen (Forschungsstelle für den Handel, Berlin; DIW, Berlin) die gesamtwirtschaftlichen Produktions- und Beschäftigungseffekte, die Messen und Ausstellungen zugerechnet werden können, für Deutschland ermittelt (Spannagel et. al. 1999). Die Ergebnisse beziehen sich zwar auf das Jahr 1997, geben aber einen fundierten Einblick hinsichtlich der gesamtwirtschaftlichen Bedeutung von Messen und Ausstellungen in Deutschland.

Die Berechnungen haben für das Jahr 1997 *Gesamtausgaben der Aussteller* in Höhe von 5,4 Milliarden Euro ergeben. Der Löwenanteil dieser Ausgaben entfiel mit rund 4,3 Milliarden Euro (rund 80 Prozent) auf die überregionalen/internationalen Messen in Deutschland. Die meist vergleichsweise kleinen Messeveranstaltungen von regionaler und lokaler Bedeutung vereinten zwar 46 Prozent aller Aussteller und nahezu 40 Prozent der gesamten Standfläche im Jahr 1997 auf sich, aber die Ausgaben der Aussteller anlässlich dieser Veranstaltungen waren mit 1,1 Milliarden Euro (rund 20 Prozent) deutlich niedriger. Dennoch kommt auch den regionalen Veranstaltungen ein hoher Stellenwert im deutschen Messewesen zu, weil sie auf der Besucherseite eine dezentrale, verbraucher- bzw. gewerbenahe Information ermöglichen und den ausstellenden Firmen gute Absatzchancen eröffnen.

Von den Gesamtausgaben der ausstellenden Unternehmen in Höhe von 5,4 Milliarden Euro entfielen rund 2,8 Milliarden Euro (mehr als 50 Prozent) auf Standmiete und Standbau sowie die damit zusammenhängenden Ausgaben. An- und Abreise sowie Übernachtung und Verpflegung summierten sich bei den ausstellenden Unternehmen auf mehr als 1 Milliarde Euro (rund 25 Prozent).

Die *Gesamtausgaben der Besucher* von Messen und Ausstellungen lagen nach den Berechnungen bei rund 3,3 Milliarden Euro. Ähnlich wie bei den Ausstellern dominierten auch bei den Besuchern die Ausgaben anlässlich der überregionalen Veranstaltungen; obwohl auf diese Veranstaltungen nur gut die Hälfte der Besucher entfielen, vereinten sie mehr als 75 Prozent (2,1 Milliarden Euro) der Ausgaben der Besucher auf sich.

Von den Gesamtausgaben der Besucher hatten die Ausgaben in der Gastronomie mit rund 0,9 Milliarden Euro, für Übernachtung mit 0,7 Milliarden Euro sowie für Einkäufe/Dienstleistungen und für die Kosten der An- und Abreise mit jeweils 0,6 Milliarden Euro das stärkste Gewicht.

Neben den Ausgaben von Ausstellern und Besuchern wurden auch die *Investitionen von Messegesellschaften* berücksichtigt. Ausgehend von einer Umfrage des AUMA bei seinen Mitgliedsunternehmen wurde dafür ein Betrag von rund 1 Milliarde Euro als Primärausgaben in die Berechnungen einbezogen.

Die durch die Primärausgaben insgesamt verursachten direkten und indirekt angestoßenen Multiplikatorwirkungen auf die *Produktionseffekte* der nachgelagerten Produkt- und Dienstleistungsmärkte lagen bei rund 21 Milliarden Euro.

Die Berechnung der *Beschäftigungseffekte* ergab, dass im Jahr 1997 die Erwerbstätigkeit von knapp 229 000 Personen auf die Durchführung von Messen und Ausstellungen in Deutschland zurückzuführen war.

4.2 Wirtschaftsraumbezogene Effekte

Für Messegesellschaften und deren staatliche Gesellschafter sind insbesondere die lokalen Produktions- und Beschäftigungseffekte von Interesse. Bei der Untersuchung der Produktions- und Beschäftigungswirkungen von Messeveranstaltungen einer Messestadt dürfen nur jene Besucher- und Ausstellerausgaben berücksichtigt werden, die in dem relevanten Wirtschaftsraum (Stadt, Bundesland) getätigt werden.

Das ifo Institut hat bereits für einige Messestädte (Düsseldorf, Frankfurt, München, Leipzig) regionale Untersuchungen durchgeführt (Britschkat et. al. 1993, Weitzel 1999, Täger/Penzkofer 2001, Penzkofer 2002). Am Beispiel der Studie für München soll im Folgenden ein Überblick über die durch die Münchener Messen (Jahresdurchschnitt 1998/2000) induzierten räumlichen Produktions- und Beschäftigungseffekte gegeben werden (Täger/Penzkofer 2001).

Von allen Ausstellerausgaben in Höhe von 0,9 Milliarden Euro wurden rund 40 Prozent in der Stadtregion München und weitere 13 Prozent im restlichen Bayern wirtschaftlich wirksam. Ein wesentlicher Grund hierfür liegt darin, dass vor allem die ausländischen, aber auch die größeren Aussteller viele Vorarbeiten für den Messestand im Ausland oder in den übrigen Bundesländern produzieren lassen. Insgesamt wurden daher knapp 25 Prozent aller Ausstellerausgaben im Ausland und 22 Prozent der Ausstellerausgaben im „restlichen" Deutschland (d.h. außerhalb von Bayern) getätigt.

Von den messeinduzierten Besucherausgaben (0,4 Milliarden Euro) verblieben rund 63 Prozent in der Stadtregion München bzw. 83 Prozent in Bayern. Diese hohen Anteile können primär auf die Übernachtungs- und Verpflegungsausgaben zurückgeführt werden, die fast ausschließlich in München und Umgebung getätigt wurden. Besucherausgaben, die außerhalb Münchens wirksam wurden, erstreckten sich hauptsächlich auf Ausgaben für die Reisen nach München.

Von den gesamten Messeausgaben der Besucher und Aussteller in Höhe von 1,3 Milliarden Euro (für ein durchschnittliches Messejahr) entfielen auf die Stadtregion München knapp 50 Prozent und auf Bayern (einschließlich München) über 60 Prozent.

Die durch die Primärausgaben ausgelösten direkten Produktionseffekte (0,8 Milliarden Euro) entfielen zu knapp zwei Drittel auf die Stadtregion München und das restliche Drittel zu jeweils gleichen Teilen auf den Freistaat Bayern und das übrige Deutschland. Werden noch die indirekten Produktionswirkungen zusätzlich berücksichtigt, so ergibt sich folgende Aufteilung: Von den gesamten Produktionseffekten (1,6 Milliarden Euro) wurde etwas über die Hälfte in der Stadtregion München wirksam; auf das restliche Bayern und auf das übrige Deutschland entfielen dagegen höhere Anteile als beim direkten Produktionsvolumen. Der verminderte Produktionsanteil der Stadtregion München resultiert daraus, dass diese als „relativ kleiner Wirtschaftsraum" im Vergleich zum restlichen Bayern und übrigen Deutschland einen höheren Anteil an „ausländischen bzw. regionsfremden Waren und Dienstleistungen" bei den indirekten Produktionswirkungen bezieht.

Werden die direkten und indirekten Wirkungen der Münchner Messeausgaben auf die daraus resultierende Anzahl der Erwerbstätigen bezogen, so ergibt sich folgende Verteilung nach den relevanten Wirtschaftsräumen: Über die Hälfte der rund 20 300 Erwerbstätigen, deren Arbeitsplätze durch die direkten und indirekten Wirkungen der Münchner Messeausgaben begründet wurden, gingen einer Beschäftigung in der Stadtregion München nach. Dieser hohe Anteil an „messeinduzierten" Münchner Erwerbstätigen kann vor allem darauf zurückgeführt werden, dass die Primärnachfrage aus den Besucher- und Ausstellerausgaben hauptsächlich von denjenigen Wirtschaftssektoren „aufgenommen und bedient" wird, die sich durch einen vergleichsweise hohen Personaleinsatz auszeichnen (wie z.B. Handel, Hotel, Gastronomie und Handwerk). Im restlichen Bayern wurden knapp 5 500 Erwerbstätige und im übrigen Deutschland knapp 3 500 Erwerbstätige durch die Münchner Messen induziert.

4.3   Sektorale Effekte

Werden die Produktions- und Beschäftigungseffekte differenziert nach einzelnen Wirtschaftssektoren analysiert, so ergeben sich folgende Resultate (am Beispiel der Münchner Messe):

Über 40 Prozent des gesamten messeinduzierten Produktionsvolumens entfallen auf sonstige unternehmensnahe Dienstleistungen wie z.B. Verkehrs- und Transportleistungen, Werbung und solche Dienstleistungen, die in einem engen Zusammenhang mit der Planung und Durchführung von Messebeteiligungen stehen. Diese Wirtschaftssektoren beschäftigen allerdings nur 28 Prozent der messeinduzierten Erwerbstätigen.

Auf das Beherbergungs- und Gaststättengewerbe entfallen rund ein Sechstel des gesamten Produktionsvolumens und rund ein Drittel aller Erwerbstätigen, deren Arbeitsplätze auf messeinduzierte Besucher- und Ausstellerausgaben zurückgeführt werden können. Der erhebliche Unterschied in den Anteilen zwischen der Produktion und den Erwerbstätigen beruht auf den tendenziell geringen Arbeitsentgelten bzw. Beschäftigtenproduktivitäten in diesem Wirtschaftssektor. Die Arbeitsentgelte pro Erwerbstätigem liegen im Hotel- und Gaststättengewerbe deutlich niedriger als in den übrigen Wirtschaftssektoren.

Sowohl der Industriesektor als auch der Handelssektor erhalten hauptsächlich durch die indirekten Produktionswirkungen der Messeausgaben erhebliche Impulse. Während die direkten Produktionswirkungen im Handel einen Anteil von fünf Prozent und im Industriesektor von knapp sieben Prozent an der gesamten direkten Produktion haben, liegen die entsprechenden Produktionsanteile der indirekten Wirkungen im Handel bei 10 Prozent und im Industriesektor bei fast 32 Prozent. Sowohl die Industrie als auch der Handel erhalten damit erhebliche Produktionseffekte aus dem multiplikativ verlaufenden Leistungsprozess, der durch die Messeausgaben über alle Wirtschaftssektoren ausgelöst wird.

4.4   Steuereffekte

Weitere mit den Messeaktivitäten verbundene wirtschaftliche Wirkungen sind Steuereinnahmen der verschiedenen Gebietskörperschaften, die infolge von Produktionsprozessen, daraus resultierenden Einkommen und Gewinnen sowie durch den privaten Verbrauch anfallen. Dieses induzierte Steueraufkommen kann ein beachtliches Volumen für den jeweiligen Messestandort bzw. das jeweilige Bundesland annehmen.

Beispielsweise führen die Messeaktivitäten in München (durchschnittliches Messejahr) auf Grund ihrer direkten und indirekten Produktions- und Beschäftigungseffekte zu einem Steueraufkommen von rund 0,3 Milliarden Euro.

Wird das messeinduzierte Steueraufkommen nach den verschiedenen Gebietskörperschaften ermittelt, so ergibt sich folgende Verteilung: Rund die Hälfte aller Steuereinnahmen aus den Münchner Messeausgaben entfallen auf den Bund und über 30 Prozent auf den Freistaat Bayern. Für die Konzentration der Steuereinnahmen auf diese beiden Gebietskörperschaften ist hauptsächlich der Aufteilungsschlüssel für die Mehrwertsteuer zwischen Bund und Ländern bestimmend. Vor der Finanzmittelzuweisung durch das

Land auf die Kommunen entfallen knapp sechs Prozent aller Steuereinnahmen auf München. Das restliche Steueraufkommen erhalten die anderen Bundesländer und Gemeinden.

5.   Zusammenfassung

Die wirtschaftliche Wirkung einer Messegesellschaft beruht nicht allein auf der technologie- und marketingpolitischen Bedeutung einzelner Messeveranstaltungen, sondern auch auf so genannten weichen Attraktions- und Standortfaktoren des Messeplatzes und seines Umfeldes.

Zahlreiche Untersuchungen zu den wirtschaftlichen Wirkungen von Messegesellschaften machen dabei deutlich, dass die Intensität sowie die direkten und indirekten Wirkungen (Primär- und Sekundäreffekte) der Messeausgaben zu einem erheblichen Teil von der Zahl der ausländischen Besucher und Aussteller beeinflusst werden. Dabei spielen nicht allein die messeaffinen Ausgaben eine wichtige Rolle, sondern auch die übrigen Ausgaben der Besucher und Aussteller, die häufig einen Messebesuch oder eine Messebeteiligung mit privaten Anlässen verbinden. Nichtsdestoweniger bildet das Messeereignis den primären und originären Anlass für den Aufenthalt in einer Messestadt und ihrem Umfeld. Aus diesem Grund ist die technologie- und marketingpolitische Qualität der Messen an dem Messeplatz der wichtigste Prüfstand für den Besuch oder die Beteiligung eines Besuchers oder Ausstellers an einer Messe.

6.   Literaturverzeichnis

BRITSCHKAT, G./GOLDRIAN, G./KRUG-THAN TRONG, G./TÄGER, U. C., Die sozioökonomischen Wirkungen der Düsseldorfer Messen (unveröffentlichtes Gutachten des ifo Instituts; siehe hierzu die Pressemitteilung der Messe Düsseldorf vom 26.1.1994), München 1993.

PENZKOFER, H., Wirtschaftliche Wirkungen der Frankfurter Messen, in: ifo Schnelldienst, Heft 1, München 2002, S. 15-22.

SPANNAGEL, R./TÄGER, U. C./WEITZEL, G./WESSELS, H./WÖLK, A., Die gesamtwirtschaftliche Bedeutung von Messen und Ausstellungen, in: ifo Studien zu Handelsforschung und Dienstleistungsfragen, Nr. 57, München 1999.

TÄGER, U. C./PENZKOFER, H., Wirtschaftliche Wirkungen der Münchner Messen, in: ifo Schnelldienst, Heft 23, München 2001, S. 3-12.

WEITZEL, G./TÄGER, U. C., Möglichkeiten einer verstärkten Messebeteiligung für kleine und mittlere Unternehmen, in: ifo Studien zu Handels- und Dienstleistungsfragen, Nr. 42, München 1991.

WEITZEL, G., Die Leipziger Messe: Steigende Produktions- und Beschäftigungseffekte, in: ifo Schnelldienst, Heft 10/11, München 1999, S. 26-33.

Petra Hedorfer / Norbert Tödter

Die Bedeutung des Messe- und Kongresswesens für den Tourismusstandort Deutschland

1. Die Bedeutung des Messe- und Kongresswesens für den Tourismusstandort Deutschland
   1.1 Globale Reisetrends
   1.2 Standortvorteile

2. Der Geschäftstourismus

3. Der Messestandort Deutschland
   3.1 Angebot im Messewesen und Ausstellerstruktur
   3.2 Nachfrage nach Messen

4. Der Tagungs- und Kongressstandort Deutschland
   4.1 Angebot im Tagungs- und Kongressmarkt
   4.2 Nachfrage nach Tagungen und Kongressen

5. Zusammenfassung

6. Literaturverzeichnis

Petra Hedorfer ist Vorstandsvorsitzende Marketing der Deutschen Zentrale für Touris-mus, Frankfurt. Norbert Tödter ist Leiter der Unternehmensplanung/Marktforschung der Deutschen Zentrale für Tourismus, Frankfurt.

1. Die Bedeutung des Messe- und Kongresswesens für den Tourismusstandort Deutschland

Deutschland hat weltweit eine besondere Bedeutung im Geschäftstourismus und, damit eng verbunden, in den Teilsegmenten Messemarkt sowie Tagungs- und Kongressmarkt.

Traditionell wurde in der Vergangenheit häufig das Segment der primär beruflich bedingten Reisen nicht unter dem Begriff des Tourismus subsumiert, der eher für freizeitorientiertes Reisen stand. Die grundlegende Definition des Tourismus nach Freyer u.a. (Freyer 2001) sieht eine solche Trennung nicht vor.

Als weltweiter Messestandort Nr. 1 und als europaweites Tagungs- und Kongressland Nr. 3 nahm Deutschland 2002 eine weltweit führende Position ein. Vor allem die zunehmende internationale Bedeutung des Segmentes, aber auch die damit verbundene Abhängigkeit von weltweiter konjunktureller Entwicklung, sind wichtige Faktoren für die zukünftigen Wachstumspotenziale des Geschäftstourismus in und nach Deutschland.

Wichtige Aspekte sind dabei vor allem die Entwicklung der globalen Reisetrends sowie die Standortvorteile des Standorts Deutschland.

1.1 Globale Reisetrends

Globale Reisetrends verändern das weltweite Reiseverhalten im Urlaubs- und Geschäftstourismus nachhaltig (DZT 2003):

- Reisen in, nach und aus Osteuropa und Asien sind trotz aktueller Probleme mittelfristig im Aufwärtstrend
- Zunahme der Reisen im Inland und in die direkten Nachbarländer
- Boom von „Low Fare Carriers" innerhalb Europas
- weltweiter „Run" auf „More Value for Less Money"
- Noch mehr Spätbuchungen und wachsende Zahl an Internetbuchungen
- Faktor „Safety and Security" spielt zunehmend eine Rolle.

1.2 Standortvorteile

Deutschland verfügt international über eine Reihe von Standortvorteilen, die eine günstige Positionierung im weltweiten Standortwettbewerb ermöglichen:

- Lage mitten in Europa
- Euro als stabiles Zahlungsmittel
- Vielfältige Naturlandschaft vom Meer, Mittelgebirgen, Wäldern bis zu den Alpen
- Vielfalt an kulturellen Sehenswürdigkeiten und historischen Städten, Schlössern, Burgen und Museen
- Exzellenter Gesundheits- und Wellness-Standort mit über 320 Kurorten und Heilbädern
- Breitgefächerte Beherbergungsstruktur von individuell mittelständischer Prägung bis zur internationalen Kettenhotellerie
- Ausgezeichnete Shoppingmöglichkeiten zum Erwerb internationaler Marken und regionaler Spezialitäten mit hohem Markenschutz
- Regionale und internationale Gastronomie auf hohem Standard
- Internationale Spitzenpositionen im Bereich Kunst, Musik und Tanz
- Perfektion und Marktführerschaft in Dienstleistungen
- Hoher Standard der Infrastruktur und große Mobilität mit allen Verkehrsmitteln.

2. Der Geschäftstourismus

Der Geschäftstourismus lässt sich in promotable (durch Marketing beeinflussbare) und nicht promotable (nicht unmittelbar durch Marketing beeinflussbare) Geschäftsreisen differenzieren. Die promotablen Reisen können dann noch einmal weitergehend unterschieden werden nach:

- Messe- und Ausstellungsreisen
- Tagungs- und Kongressreisen
- Incentivereisen (Belohnungsreisen).

Die Bedeutung der einzelnen Segmente kann am Beispiel der Verteilung europäischer Reisen nach Deutschland dargestellt sowie in Verbindung zu dem Reisezweck der Europäer insgesamt bzw. nach Deutschland gestellt werden. Der jeweilige Gesamtmarkt wird dann entsprechend unter Punkt 3 und 4 dargestellt. Bei einem Volumen von 7,5 Millionen Geschäftreisen aus Europa nach Deutschland im Jahr 2002 waren laut Europäischem Reisemonitor 64 Prozent nicht promotable oder traditionelle Geschäftsreisen, 19 Prozent Reisen zu Messen und Ausstellungen, 15 Prozent Reisen zu Tagungen und Kongressen und zwei Prozent Incentivereisen (IPK-International 2003). Die Bedeutung des Geschäftstourismus für den Standort Deutschland wird vor allem daran deutlich, dass 28 Prozent aller Reisen von Europäern nach Deutschland im Jahr 2002 Geschäftsreisen waren. 53 Prozent entfielen auf Urlaubsreisen und 19 Prozent auf Reisen zu Freunden und Verwandten und sonstige Reisen. Bezogen auf Europa insgesamt liegt der Anteil der Geschäftsreisen dagegen nur bei 15 Prozent, bei einem Gesamtvolumen von 49,8 Millionen Reisen im Jahr 2002 (IPK-International 2003).

3. Der Messestandort Deutschland

3.1 Angebot im Messewesen und Ausstellerstruktur

Im Jahr 2001 fanden nach Angaben des AUMA 133 überregionale Messen in Deutschland statt, die insgesamt einen Produktionseffekt von 23 Milliarden Euro und einen Beschäftigungseffekt von rd. 250 000 Arbeitsplätzen ausgelöst haben (AUMA 2003). Die sechs größten Ausstellungsgelände (2002) in Deutschland sind:

Ort	Halle (brutto in qm)	Freifläche (brutto in qm)	Rang innerhalb Europas mit Ausstellungs-fläche
Hannover	495 255	57 880	1
Frankfurt/Main	324 041	83 163	3
Köln	286 000	52 000	4
Düsseldorf	234 400	32 500	5
München (neue Messe)	160 000	210 000	12
Berlin	160 000	100 000	13

Abb. 1: Die sechs größten Messegelände in Deutschland
Quelle: AUMA 2002/2003

Die Bedeutung allein dieser sechs Standorte wird dadurch deutlich, dass vier unter den ersten fünf innerhalb Europas positioniert sind und alle sechs innerhalb der TOP 13 Städte.

Im Jahr 2002 hatten die 145 überregionalen Messen 165 859 Aussteller, von denen 82 735 aus dem Ausland kamen. Insgesamt wurde eine Fläche von 6 639 204 Quadratmetern vermietet.

Die ausländischen Aussteller kamen entsprechend der AUMA aus folgenden Herkunftsregionen:

- Europäische Union   51,6 Prozent

- Übriges Europa   13,7 Prozent

- Asien   23,1 Prozent

- Amerika   9,1 Prozent

- Afrika   2,0 Prozent

- Australien/Ozeanien   0,7 Prozent.

3.2   Nachfrage nach Messen

Im Hinblick auf die im Jahr 2002 registrierten rund 9,2 Millionen Besuchern geht man davon aus, dass rund 1,9 Millionen aus dem Ausland kamen.

Die ausländischen Besucher kamen entsprechend der AUMA (2001) aus folgenden Herkunftsregionen:

- Europäische Union   59,0 Prozent

- Übriges Europa   21,5 Prozent

- Asien   10,5 Prozent

- Amerika   6,0 Prozent

- Afrika   2,0 Prozent

- Australien/Ozeanien   1,0 Prozent.

Die aktuelle Entwicklung 2002 zeigt, dass bei insgesamt leicht rückläufigen Daten (Aussteller insgesamt -2,5 Prozent, aus dem Ausland +2,2 Prozent) vor allem die Nachfrage aus dem Ausland die deutlich schwächere und konjunkturell bedingte Inlandsnachfrage kompensiert (AUMA 2003).

4.   Der Tagungs- und Kongressstandort Deutschland[1]

4.1   Angebot im Tagungs- und Kongressmarkt

In Deutschland wurden 2002 von insgesamt rund 11 000 Anbietern 60 500 Tagungsräume für jeweils mindestens 20 Teilnehmer (bei Reihenbestuhlung) zur Verfügung gestellt. 93 Prozent der Angebotskapazitäten wurden in 10 148 Hotels angeboten, vier Prozent entfielen auf 420 Kongresszentren, drei Prozent auf Hochschulen (327) und unter
ein Prozent auf Flughäfen (40).

In den rund 11 000 Veranstaltungsstätten standen rund 4,5 Millionen Quadratmeter An-
gebotsfläche für Veranstaltungen und begleitende Ausstellungen zur Verfügung. Davon
entfielen rund zwei Drittel auf Veranstaltungsräume, ein Drittel diente als zusätzliche
Ausstellungsfläche. Entsprechend den Erwartungen entfiel der Schwerpunkt der Ausstellungsfläche mit 55 Prozent auf Kongresszentren, rund ein Drittel stand in Hotels zur
Verfügung.

Bei der Größenstruktur dominierten vor allem die kleineren und mittleren Kapazitäten.
56 Prozent aller Veranstaltungsräume hatten eine maximale Kapazität für bis zu 50 Personen, 32 Prozent für zwischen 51 bis 250 Personen, sechs Prozent für zwischen 251 bis
500 Personen und nur sechs Prozent der Gesamtkapazitäten, darunter alle Kongresszentren, boten Kapazitäten für Veranstaltungen mit mehr als 500 Personen.

Bei der Preis- und Qualitätsstruktur der Tagungshotels dominierten mit 6 100 Betrieben
(entsprechend 60 Prozent) die 3-Sterne-Kategorie. Erstaunlich hoch lag mit 25 Prozent
der Anteil des Angebotes im 4-Sterne-Segment, während sowohl auf das Fünf-Sterne-
Segment (acht Prozent) als auch auf das einfache Segment (sieben Prozent) jeweils deutlich unter einem Zehntel des Gesamtangebotes an Tagungs- und Kongressleistungen im
Jahr 2002 entfielen.

Ergänzend zu den oben genannten Segmenten gibt es in Deutschland rund 75 firmenei-
gene Veranstaltungszentren, die über die normalen innerbetrieblichen Schulungs-
räume/Meeting-Räume hinaus existieren und ca. 50 000 Veranstaltungen mit schätzungsweise 1,5 Millionen Teilnehmern anboten.

Touristisch von besonderem Wert sind neben den ausgewiesenen Kapazitäten noch ca.
1 500 Veranstaltungsstätten an besonderen Orten (z.B. Schlösser, Burgen, der Reichstag,
Klöster, Weingüter, stillgelegte Fabrikgelände, Kinos etc.), an denen vor allem Tages-
und Abendveranstaltungen mit einem zusätzlichen Volumen von rund 25 000 Veranstaltungen pro Jahr mit ca. fünf Millionen Teilnehmern stattfinden.

---

[1] Quelle: GCB/GHH: Der Deutsche Tagungs- und Kongressmarkt, Frankfurt 2003.

4.2   Nachfrage nach Tagungen und Kongressen

4.2.1 Veranstaltungen

Das Volumen der Tagungs- und Kongressveranstaltungen erreichte 2002 in Hotels, Kongresszentren, Hochschulen und Flughäfen insgesamt rund 1,3 Millionen Veranstaltungen und konnte damit trotz schwieriger ökonomischer Rahmenbedingungen und insgesamt leicht rückläufiger Reisen seit 1999 um 12 Prozent gesteigert werden.

Veranstaltungstyp	Größe	Dauer	Veranstaltungsform (Thema, Methode etc.)
Kongress	ab 250 Teilnehmer	> 1 Tag	mehrere Veranstaltungsteile
Konferenz	bis 50 Teilnehmer durchschnittlich 10-15 Teilnehmer	bis zu 1 Tag	einteilig
Tagung	bis 250 Teilnehmer	1 Tag	wenige Veranstaltungstage
Weiterbildung (Seminar/Schulung)	bis 30 Teilnehmer	mehrtägig	einteilig

Abb. 2: Struktur des Veranstaltungsmarktes
Quelle: DeGefest, 2002

Mit 50 Prozent der insgesamt 1,3 Millionen Veranstaltungen ist der Weiterbildungsbereich das größte Segment des deutschen Veranstaltungsmarktes, 40 Prozent sind Tagungen und Konferenzen, sieben Prozent Events und drei Prozent Kongresse.

Die mittlere Dauer der Veranstaltungen liegt bei 1,8 Tagen, wobei 45 Prozent aller Veranstaltungen Tagesveranstaltungen ohne Übernachtungen sind. Zweitägige Veranstaltungen liegen mit 38 Prozent an zweiter Stelle und nur 17 Prozent aller Veranstaltungen haben ein Volumen von über drei Tagen.

Ausgehend von insgesamt rund 69 Millionen Veranstaltungsteilnehmern im Jahr 2002 ergibt sich eine durchschnittliche Veranstaltungsgröße von 53 Personen je Veranstaltung. Dieser Wert hat jedoch allein rechnerische Relevanz und zeigt in der Entwicklung ein leichtes Absinken der Veranstaltungsgröße (1999: 55 Personen). Die deutliche Mehrheit lag entsprechend dem Hauptmotiv Weiterbildung bei Veranstaltungen unter 30 Personen (66 Prozent). Weitere 24 Prozent der Veranstaltungen hatten Teilnehmerzahlen

zwischen 50 und 250 Teilnehmern und neun Prozent zwischen 251 und 1 000 Teilnehmern. Rund ein Prozent aller Veranstaltungen besaßen über 1 000 Teilnehmer.

Auch wenn heute nur rund acht Prozent aller Veranstaltungen eine begleitende Ausstellung haben, so ist doch eindeutig eine positive Entwicklung feststellbar. Der zeitliche
Schwerpunkt liegt eindeutig im Frühjahr und Herbst (in den Monaten Februar, März,
April, Mai sowie September, Oktober und November), wobei der Oktober mit 11 Prozent den höchsten Anteil aller Veranstaltungen hatte. 68 Prozent aller Veranstaltungen
fielen dabei auf die Wochentage Dienstag bis Freitag.

4.2.2 Teilnehmer

Von den 69 Millionen Teilnehmern an Tagungen und Kongressen im Jahr 2002 wurden
rund 67,6 Millionen Übernachtungen nachgefragt. Der Markt erwirtschaftete insgesamt
einen Umsatz von 49,3 Milliarden Euro jährlich. Mittlerweile ist rund jeder 7. Veranstaltungsteilnehmer ausländischer Staatsbürger, dabei sind allerdings nur 5 Prozent der
Teilnehmer aus dem Ausland zu Tagungen und Kongressen angereist (3,5 Millionen).

Bei der Teilnehmerstruktur ist signifikant, dass 63 Prozent der Teilnehmer Angestellte
bzw. leitende Angestellte sind. Mit 66 Prozent männlichen und 34 Prozent weiblichen
Teilnehmern ist weiterhin ein gewisses Ungleichgewicht festzustellen. Auffällig ist auch,
das zwar jeweils knapp ein Drittel aller Teilnehmer jünger als 35 Jahre, zwischen 36 und
45 Jahre und zwischen 46 und 55 Jahren ist, auf die Altersgruppe über 55 Jahre aber nur
noch ein Anteil von 4 Prozent entfällt.

Die Teilnehmer nehmen für ihren Veranstaltungsbesuch in zunehmendem Maße weitere
Entfernungen in Kauf. Etwa 30 Prozent legen zwischen Veranstaltungsort und Aus-
gangsort mehr als 300 Kilometer zurück.

Der PKW mit 71 Prozent und die Bahn mit 13 Prozent sind weiterhin die wichtigsten
Verkehrsmittel der An- bzw. Abreise. Während die Bahn aber zwei Prozent Marktanteil
verloren hat, konnte der Flug rund ein Prozent auf jetzt 10 Prozent Marktanteil aufholen.

44 Prozent der Teilnehmer halten gute und schnelle Anreisemöglichkeiten für ein sehr
wichtiges Teilnahmekriterium. Das Image des Veranstaltungsortes hat allerdings mit 50
Prozent die größte Bedeutung.

Teilnahmekriterien (nicht fachbezogen) Mehrfachnennungen	Angaben in Prozent
Image	50
Gute Anreisemöglichkeit	44
Touristische Attraktivität	23
Preisniveau	18
Reizvolle Umgebung	18
Ruhe und Entspannung	10
Gute Einkaufsmöglichkeiten	9

Abb. 3: Nicht fachbezogene Entscheidungskriterien für Veranstaltungsteilnahme
Quelle: GCB, GHH, Frankfurt 2003

5. Zusammenfassung

Das Gesamtvolumen von über 70 Milliarden Euro Bruttowertschöpfung aus dem In- und Ausland bestätigt eindrucksvoll die hohe wirtschaftliche Bedeutung der Segmente Messe-, Tagungs- und Kongressreisen für den Tourismusstandort Deutschland. Insgesamt wird auch deutlich, dass das Segment vor allem durch Inlandstourismus bestimmt wird. Allerdings ist auch festzustellen, dass das Ausland eine positive Wachstumstendenz aufweist, die bei einer EU-Osterweiterung sicher noch an Dynamik gewinnen wird. Die Deutsche Zentrale für Tourismus e.V. in Frankfurt hat deshalb neben der Bearbeitung des Marktsegments Urlaubstourismus das Geschäftsfeld Messe, Tagungen und Kongresse in den Fokus ihrer Aktivitäten im Ausland gerückt. Mit 28 Auslandsvertretungen und Vertriebsagenturen weltweit und auf allen Kontinenten hat die DZT die notwendigen dauerhaften Strukturen, um ein entsprechender Multiplikator für den Bereich vor allem promotabler Geschäftsreisen zu sein. Zusammen mit dem GCB wurde 2003 ein entsprechendes Themenjahr „Messe, Kongresse und Tagungen" in den Mittelpunkt der weltweiten Medienarbeit und Vermarktung gestellt und ein Kooperationsvertrag sichert eine weltweite zukünftige Positionierung Deutschlands.

6.   Literaturverzeichnis

AUMA (HRSG.), Messeplatz Deutschland: Jahresbericht 2001/2002, Berlin 2003.

DEGEFEST, Berlin 2002.

DZT, Edition 2003, Incoming Tourismus Deutschland, Frankfurt 2003.

FREYER, W., Einführung in die Tourismusökonomie, 6. erweiterte Aufl., München 2001.

GCB/GHH (HRSG.), Der Deutsche Tagungs- und Kongressmarkt, Frankfurt 2003.

JPK-INTERNATIONAL (HRSG.), European Travel Monitor, Malta 2003.

Kapitel 3:

Infrastruktur- und Standortvoraussetzungen im Messewesen

Wolfgang Tiefensee

Infrastrukturvoraussetzungen an Messestandorten

1. Einleitung

2. Faktoren der Infrastrukturqualität
   2.1   Infrastrukturfaktor Marktnähe
   2.2   Infrastrukturfaktor Verkehrslage
   2.3   Infrastrukturfaktor Messegelände
   2.4   Infrastrukturfaktor technische Dienstleistungen
   2.5   Infrastrukturfaktor Hotels
   2.6   Infrastrukturfaktor Gastronomie
   2.7   Standortfaktoren städtisches Flair, Kultur, Kunst

3. Wechselwirkungen zwischen Messe und Standort

4. Literaturverzeichnis

Wolfgang Tiefensee ist Oberbügermeister der Stadt Leipzig und Vorsitzender des Aufsichtsrates der Leipziger Messe GmbH, Leipzig.

1. Einleitung

Der gegenwärtige Strukturwandel im Messewesen lässt die notwendigen Bedingungen erfolgreicher Messen schärfer hervortreten. Branchenkrisen, Konzentrationsprozesse, die Globalisierung und die EU-Osterweiterung führen dazu, dass Messen sich neu ordnen, ihr Profil ändern und konsequenter auf klar definierte Zielgruppen ausgerichtet sind.

Während im Kerngeschäft Messekonzepte und Unternehmensstrukturen angepasst werden sowie Koalitionen entstehen, beeinflusst das Umfeld der Messen den Wettbewerb durch die Qualität seiner Standortbedingungen. Der Staat und die Gebietskörperschaften sind an diesem Wettbewerb als Eigentümer oder Anteilseigner von Messegeländen und Messegesellschaften beteiligt. Mittels seiner Subventions- und Genehmigungspolitik greift der Staat lenkend in die Entwicklung des Messewesens ein. Vielfalt und Leistungsfähigkeit der deutschen Messewirtschaft lassen sich allerdings nur erhalten, wenn die öffentlichen Eigentümer ihr wirtschaftliches Engagement nicht wettbewerbsverzerrend wirken lassen, sondern über die notwendigen Investitionen hinaus den freien Wettbewerb von Messeveranstaltern zulassen (vgl. auch Robertz 1999).

Alle 17 Messegesellschaften mit eigenen Messearealen, die im Ausstellungs- und Messeausschuss der deutschen Wirtschaft e.V. (AUMA) organisiert sind, gehören den jeweiligen Bundesländern und Kommunen, ebenso die Mehrheit der rund 30 weiteren Messekomplexe. Damit halten die Eigentümer der Messen das Regulativ Infrastruktur teilweise selbst in der Hand und können die Entwicklung ihrer Messen auch aus politischer Sicht in die Standortentwicklung einbinden. Die hohe Umwegrentabilität hat zur Folge, dass Messen von jeher als Wirtschaftsförderinstrumente genutzt werden. In Verbindung mit der föderalen Struktur der Bundesrepublik führte dies zu einer vergleichsweise hohen Zahl von Messeplätzen. Neun der über 50 Standorte bewirtschaften jeweils über 100 000 Quadratmeter Ausstellungsfläche – so viele wie in keinem anderen Land der Welt.

Die Konzentration von Messezentren und der damit verbundene Wettbewerb sind eine Ursache dafür, dass Deutschland auch in der Qualität der Messeveranstaltungen eine Spitzenposition einnimmt. Zwei Drittel aller Weltleitmessen finden in Deutschland statt, und immer wieder gehen vom Mutterland der Messen qualitative Weiterentwicklungen aus.

Im Wettstreit der Argumente reichen die Akquisitionsstrategien angesichts der ständigen Mitbewerber längst über den direkten Veranstaltungsnutzen hinaus. In der Waagschale liegen Zusatzangebote, Services – und vor allem die Infrastrukturbedingungen der Messestandorte.

2.   Faktoren der Infrastrukturqualität

Die Standortqualität ist neben dem positiven Image eines Messeplatzes der wichtigste Wettbewerbsfaktor.

In Düsseldorf zum Beispiel bewirkten beschränkte Kapazitäten des Messegeländes, Engpässe im Nahverkehr und mangelnde Übernachtungskapazitäten bei zu hohen Preisen schon mehrfach Abwanderungsdrohungen von Ausstellern (vgl. u.a. Onkelbach 1989a und b). Das bisher deutlichste Signal seitens der Weltleitmesse DRUPA führte zum Bau des Neuen Messegeländes, das 1971 eröffnet wurde. Die Vorgeschichte: 1967 hatte u.a. der damalige DRUPA-Präsident Sternberg gedroht, die kommende DRUPA 1972 könne ohne neues Gelände nicht mehr in Düsseldorf stattfinden.

Anfang der 90er formulierten auch die Präsidenten der Weltleitveranstaltungen IMPRINTA und WIRE sowie der METAV Bedenken zum Verbleib am Standort Düsseldorf für den Fall, dass der Flughafen das zu Messezeiten höhere Passagieraufkommen nicht bewältigen könne. Dr. K. Eder, Präsident der WIRE: „Alles spricht noch für Düsseldorf, aber die Randbedingungen müssen stimmen, d.h. am richtigen Platz zur richtigen Zeit die entscheidenden Manager herzubekommen. Herzubekommen heißt dabei auch, einen Flughafen zu haben, der das erfüllt, was man von ihm erwartet. – Und wenn am Flughafen sich etwas negativ ändert, bin ich bezüglich des Messestandortes Düsseldorf nicht mehr allzu euphorisch." (Stirl 1992). Selbst wenn hinter solch einer Aussage „nur" eine strategische Absicht stecken sollte, um dem Flughafen bei Kontingentierungsentscheidungen einen Vorteil zu verschaffen, zeigt sie doch die enge Bindung der Messen an Infrastrukturbedingungen.

Die Prioritäten der Standortentscheidung haben sich im Laufe der Messeentwicklung deutlich verschoben: War anfangs noch die geografische Lage ausschlaggebend für die Entstehung eines Messeplatzes, so hat diese im Zeitalter schneller Fortbewegungsmittel, dichter Verkehrsnetze, moderner Kommunikation und zunehmender Mobilität an Bedeutung verloren. Eine zentrale Rolle spielt die geografische Lage noch bei Verbrauchermessen mit Einzugsgebieten bis zu etwa 200 Kilometern oder wenn – wie in Cannes – weiche Faktoren wie landschaftliche Vorzüge zur Geltung kommen.

Im Vergleich bestehender überregionaler und internationaler Messen ist die regionale Infrastruktur einflussreicher als die geografische Lage. Die Qualität der Infrastruktur wird durch folgende Faktoren bestimmt:

*   Marktnähe

*   Verkehrslage

*   Messegelände

*   Technische Dienstleistungen

- Hotels

- Gastronomie

- Städtisches Flair

- Einkaufsmöglichkeiten

- Kultur, Kunst.

2.1 Infrastrukturfaktor Marktnähe

Die erforderliche Marktnähe einer Messe meint zunächst, dass an einem Messeplatz Angebot und Nachfrage herrschen. Bildlich gesprochen: Die Wüste wäre ein schlechter Platz für eine Bootsmesse. Die Branchenkompetenz und das potenzielle Besucheraufkommen einer Region sind Schlüsselfaktoren für die Standortentscheidung. Nicht zufällig haben im bevölkerungsreichsten deutschen Bundesland, Nordrhein-Westfalen, gleich zwei der umsatzstärksten deutschen Messegesellschaften ihren Standort: Düsseldorf und Köln. Die Nachfrage lässt sogar noch Platz für zwei weitere Messen in Dortmund und Essen.

Für die erfolgreiche Entwicklung der *boot* in Düsseldorf am Rhein, der *hanseboot* in Hamburg an der Ostsee oder der *Interboot* in Friedrichshafen am Bodensee war nicht allein die Lage am Wasser entscheidend. Alle drei Standorte sind Wassersportzentren. Etwa die Hälfte aller Besucher der *hanseboot 2002* kam aus einem Umkreis von weniger als 100 Kilometern, und 75,2 Prozent waren Bootsbesitzer oder Charter-Kunden.

Im Zeitraffer ließ sich die Auswirkung von Angebot und Nachfrage am Beispiel der Leipziger Messe beobachten:

Als die sächsische Messegesellschaft nach der Deutschen Wiedervereinigung 1990 die alten Universalmessen abschaffte und Fach- und Verbrauchermessen installierte, waren zunächst jene Themen am erfolgreichsten, die dem Aufbau von Gebäuden und Infrastrukturen dienten oder sich am Bedarf an Konsumgütern orientierten. Beispielsweise spiegelte sich der Boom der Bauwirtschaft, ausgelöst durch den Wiederaufbau in den neuen Bundesländern, in der großen Baufachmesse wider, die auf Anhieb zu einem zentralen Umschlagplatz der deutschen Baubranche wurde. Große Nachfrage bestand auch in den Segmenten Automobil oder Haus-Garten-Freizeit, woraus sich die bis heute größten Leipziger Verbrauchermessen entwickelten. Mit dem Erstarken der Wirtschaft in der Region vollzog sich anschließend die Etablierung der Fachmessen. Der Nachholbedarf in Sachen Umwelt bewirkte eine Nachfrage für die Umweltmesse TerraTec – deren neues Potenzial heute in der EU-Osterweiterung liegt. Inzwischen zieht der Ausbau des Automobilstandortes Leipzig, beflügelt durch die Ansiedlung von Porsche (1999) und BMW (2001), zunehmend Zulieferer nach sich, was der Angebotsseite der Zuliefermesse Z zugute kommt. Die Neuproduktentwicklung wird bei der Leipziger Messe durch eine hauseigene Abteilung „Marktforschung" unterstützt, deren wesentliche Aufgabe die Standortanalyse in Vorbereitung neuer Themen ist. Sei es die Energie-Fachmesse ener-tec oder die Publikumsmesse GC – Games Convention: Am Anfang der Konzeption steht immer die Prüfung der Aussteller- und Besucherpotenziale. Erst nach der positiven Einschätzung der Marktnähe beginnt die praktische Einführung einer neuen Messe.

In besonderem Maße wirkt sich das technologische Umfeld auf die Wettbewerbsposition einer Messe aus, denn die angekündigten Produktinnovationen sind eine der wichtigsten Signalwirkungen für die Besucher hinsichtlich der Attraktivität einer Veranstaltung. Die Attraktivität einer Messe erhöht sich mit der Zahl der ausgestellten echten Produktneu-heiten (vgl. Robertz 1999).

2.2   Infrastrukturfaktor Verkehrslage

In Ausschreibungen und Bewerbungen um Messen ist die Verkehrsanbindung ein ebenso wichtiges Argument wie in der Aussteller- und Besucherakquisition. Es versteht sich von selbst, dass internationale Messen und Kongresse nicht auf (möglichst direkte) Flugver-bindungen verzichten können. Die Nähe und die Qualität des Flughafens, die Nähe zur Autobahn, ein gut ausgebautes Straßennetz, die Nutzbarkeit der Bahn und hohe Fre-quenzen im Öffentlichen Personennahverkehr (ÖPNV) sind Faktoren, die in die Bewer-tung des Messestandortes eingehen. Prinzipiell gilt: Je schneller und bequemer der Kun-de den Messeplatz erreicht, desto höher schätzt er seine Qualität.

Instrumente wie die Messeeintrittskarte, die zugleich als Fahrkarte für den ÖPNV gilt, sind ein wirksames Serviceinstrument der Messe und helfen, den Innenstadtverkehr wäh-rend der Messezeiten von der Straße teilweise auf Bus und Bahn umzulenken. Als die Messe Köln 1990 das Messeticket einführte, sank der Anteil der PKW-Nutzer unter den Messebesuchern von 80 Prozent auf 60 Prozent (Münster 1998). Weil der Besucher die Parkplatzgebühren spart, ist auch das ÖPNV-taugliche Messeticket ein wirksames In-strument der Servicepolitik – unter der Voraussetzung hoher Frequenzen und dass der Besucher direkt am Messeeingang ankommt, damit er keine Nachteile gegenüber den PKW-Fahrern hinnehmen muss.

2.3   Infrastrukturfaktor Messegelände

Zu Beginn der 90er Jahre setzte eine Bau- und Modernisierungswelle ein, welche die Infrastruktur der Messegelände stärker in den Vordergrund des Standortwettbewerbes rückte. Der Zwang zur Effizienz auf Seiten der Aussteller, gestiegene Anforderungen an die Telekommunikation, neue Messekonzepte mit der zunehmenden Einbindung von Kongressen, Fachprogrammen und Events sowie die wachsende Bedeutung „weicher

Faktoren" wie Service, Ambiente, Wellnessfaktoren und Emotionalität verdeutlichten die Grenzen historisch gewachsener Messekomplexe. 1996 wurden in Leipzig und 1998 in München neue Messegelände eröffnet, deren Logistik zum Vorbild der modernen Messearchitektur wurde. Kompakte Areale mit kurzen Wegen und ebenerdigen Hallen minimierten den logistischen Aufwand der Aussteller und verbesserten die Orientierung. Technische Dienstleistungen entsprechen den Anforderungen der Neuzeit, schnelle Datenleitungen und das flächendeckende Angebot verschiedener Anschlüsse sind selbstverständlich geworden.

Vorausschauend griff das Architektenbüro von Gerkan, Marg & Partner in Leipzig einen weiteren Trend auf, der sich damals andeutete: Die Emotionalisierung des Messegeschäftes durch die Berücksichtigung von Wellnessfaktoren. Die imposante Glas- und Stahlarchitektur, die entspannende Großzügigkeit im Eingangsbereich und im Zentrum des Messeareals, die grünen Lungen des Komplexes und die überraschende Wirkung einbezogener Großkunstwerke sorgen für eine Atmosphäre, die dem Messeaufenthalt vielerorts Wohlfühl-Komponenten beimischen. Aussteller und Besucher honorieren das. „Der Gegenwert von Edelgebäuden als feste Standortfaktoren ist [...] kaum in Geld zu messen", schreibt etwa die WIRTSCHAFTSWOCHE 2003 und führt Leipzig als Musterbeispiel an, „Da die Messen der Zukunft vor allem Instrumente der emotionalen Kundenbindung sein werden, tragen unverwechselbare Bauten dazu bei, Messeplätze im Gedächtnis ihrer Besucher fest zu verankern." Gleiche, auswechselbare Hallen seien eine „Todsünde gegenüber allen professionellen Messebesuchern". Das Leipziger Messegelände habe die Qualität, etwas Ausgefallenes zu bieten, was die Messeprofis für den Standort einnehme (Freitag 2003).

Die Nachteile eines veralteten Messegeländes spürt die Messe Stuttgart, die seit Jahren zu rechtlichen Auseinandersetzungen um den neuen Standort gezwungen ist, um ein modernes Messegelände bauen zu können. Kapazitätsgrenzen, altmodische Logistik und Verkehrsprobleme auf Grund der Innenstadtlage behindern Wachstum und Entwicklung der Messen, wodurch die Umsätze der Messegesellschaft und deren regionalwirtschaftliche Wirkungen unter ihren Möglichkeiten bleiben. Klaus-Dieter Heldmann, Geschäftsführer der Messe Stuttgart, brachte es auf den Punkt: „Warum soll jemand nach Stuttgart kommen, wenn er woanders ein Gelände mit guter Infrastruktur haben kann? Weil's hier Spätzle gibt? Sicher nicht!" In einem neuen Messegelände sieht er eine Existenzgrundlage: „Der Messestandort Stuttgart steht auf der Kippe. Und er hängt davon ab, wie sich die neue Messe entwickelt. Sie muss realisiert werden. Wir können tausend Mal besser sein als Hannover, weil wir mitten im Markt sind. Nur: Die neue Messe muss kommen." (vgl. o.V. 2003a).

Nicht zuletzt wirkt sich die Beschaffenheit eines Messegeländes auf die Servicepolitik des Unternehmens aus. Für die wirkungsvolle Präsentation von Produkten verlangen die Aussteller beispielsweise eine Vielzahl von technischen Anschlüssen an ihren Ständen (vom Wasser bis zum Internet). Einen Mehrwert bieten Messen durch die Kombination mit Kongressen, was räumlicher und technischer Voraussetzungen bedarf. Selbst Leistungen wie flexibles Catering, das Angebot von Lagerflächen oder Belüftungssysteme sind an die Bedingungen des Messegeländes geknüpft und prägen letztlich die Servicequalität.

2.4   Infrastrukturfaktor technische Dienstleistungen

Die zentrale Komponente eines Messeauftrittes, die Visitenkarte des Ausstellers, ist der Messestand. Die professionelle Präsentation basiert selbstverständlich auf den üblichen technischen Medien; die Aussteller benötigen beispielsweise Anschlüsse für elektrische Energie, Wasser, Telekommunikation. Moderne Messehallen sind so gebaut, dass die Versorgungsleitungen unter dem Hallenboden verfügbar sind und bei Bedarf direkt am Stand anliegen. Wo die Angebote den üblichen Standard übertreffen, hat die Messegesellschaft einen Vorteil hinsichtlich ihrer Servicequalität. – So errang die Leipziger Messe 2002 und 2003 beim Service-Check des Unternehmermagazins „impulse" jeweils die Spitzenposition innerhalb der deutschen Messelandschaft (Selbach/Wittrock 2002, Wittrock/Wübben 2003).

Hohe Standards der Datenübertragung oder – in Verbindung mit Kongressen und Fachprogrammen – ausgereifte Konferenztechnik wirken sich positiv auf Präsentationen aus. Von der Qualität der angebotenen Projektionsgeräte bis zur Leistungsfähigkeit der Simultanübersetzungsanlage – es sind die technischen Details, die dem Messeauftritt oder dem Fachvortrag den letzten Schliff geben.

Neben den Versorgungsmedien und technischen Geräten geht es zunehmend um Daten und Informationen, die Messegesellschaften für ihre Kunden bereithalten – und deren Erfassung und Verarbeitung selbst hohe Anforderungen an Technik und Vernetzung stellen. Professionelles Marketing der Messen, aber auch ihrer Aussteller und Fachbesucher, basiert auf personenbezogenen Daten, die immer wieder in neue, marketingtechnische Zusammenhänge gebracht werden. Grundlage für die Erfassung, Verarbeitung und Bereitstellung dieser Daten ist unter anderem die Fachbesucherregistrierung, die in Deutschland zwar zögerlich angenommen wird wegen des Aufwandes, der hohen Kosten und der datenrechtlichen Probleme. Doch die ersten Schritte sind gemacht. Automatisierte Zutrittskontrollen, die Generierung wertvoller Besucherdaten, die für künftige Marketingaktionen verwendet werden können, spezifische Kundenansprache und Erfolgskontrollen sind Beispiele der möglichen Nutzung. Das Internet hilft aus dem Dilemma der langen Warteschlangen, die eine (Erst-)Besucherregistrierung zwangsläufig mit sich bringt: Die Vorregistrierung im Netz verringert den Aufwand an den Messeeingängen.

Anders als in den USA zum Beispiel setzten sich diese neuen Gepflogenheiten des Messemarketings nur langsam in Deutschland durch. Vorreiter der Fachbesucherregistrierung wie die Messe München rechnen mit einer längeren Gewöhnungsphase von ein bis zwei Jahren (vgl. o.V. 2002).

2.5   Infrastrukturfaktor Hotels

Die Ankündigung der Frankfurter Buchmesse vom Jahre 2002, ihren traditionellen Standort aufzugeben und aus Frankfurt abzuwandern, hatte das Zeug zu einem Skandal. Nicht nur die gastgebende Messegesellschaft und die Verlagsbranche waren aufgeschreckt worden, sondern die ganze Messewirtschaft verfolgte gebannt die Entwicklung. Wohl keiner hatte daran gedacht, dass die erfolgreiche Weltleitmesse, die den Standort schon im Namen trägt, je aus Frankfurt abwandern könnte. Zu den stärksten Vorwürfen gegen den angestammten Ausstellungsplatz zählte in Zeiten knapper Kassen, dass die Hotelpreise zu Messezeiten überhöht und von Ausstellern wie Besuchern kaum noch zu bezahlen seien. Hier zeigte sich deutlich, wie sehr die Entscheidung für oder gegen eine Messeteilnahme von Rahmenbedingungen wie den Übernachtungsmöglichkeiten abhängen. Die Buchmesse ist nach langen und öffentlichkeitswirksamen Verhandlungen in Frankfurt geblieben. Doch die Drohung hallt nach.

Neben der Preisstruktur beeinflussen Kapazität und Qualität der Hotels das Image des Messestandortes. Jene Zeiten, als Privatquartiere mangelnde Kapazitäten ausgleichen konnten, sind vorbei. Gehobene Ansprüche an Qualität und Service sowie die Forderung nach angemessenen Preisen diktieren die Wettbewerbsregeln.

Anders als die Frankfurter gingen die Leipziger Hotels vor. Vor dem Hintergrund, dass der Standort Leipzig nach seiner 40jährigen Isolierung vom gesamtdeutschen Markt zunächst noch aufzuholen hatte, stützte die moderate Preispolitik der Hotels die Akquisition der Messegesellschaft mit dem Argument günstiger Übernachtungsmöglichkeiten. Auch das Congress Center Leipzig, das zur Messegesellschaft gehört, profitiert bei Ausschreibungen von dem günstigen Preis-Leistungs-Verhältnis der Hotels, die den (kongress-)üblichen hohen Standard bieten, nur wesentlich günstiger sind. Die Initiative „Do-it-at-Leipzig.de", zu der sich führende Tagungsstätten und ihre Dienstleister zusammengeschlossen haben, agieren über die Grenzen des Wettbewerbs hinweg im Interesse des gemeinsamen Standortes, indem sie Kongressveranstalter gezielt untereinander vermitteln. Dieser Service erspart dem nachfragenden Veranstalter, sich selbst nach Alternativen umzuschauen. Der Grundgedanke dieser Strategie ist, dass von einem starken Standort letztlich alle profitieren.

2.6   Infrastrukturfaktor Gastronomie

Vielfalt, Qualität und Preisstruktur sind Kriterien, nach denen das gastronomische Angebot einer Stadt bewertet wird. Für Aussteller und Besucher geht es dabei nicht nur um die Befriedigung eigener kulinarischer Bedürfnisse. Vielmehr gehört das abendliche Essen oder die Einladung auf ein Glas Wein zur Kundenbetreuung während der Messe.

Im Wettbewerb der Gastronomen um die Messekunden profitiert, wer neben exzellenter Qualität (beim Essen, Service und Ambiente) auch Originalität zu bieten hat. Im Trend liegen so genannte Special Locations – der unterirdische Burgkeller, die Kneipe im Old-timer-Museum, die Bewirtung im Salzbergwerk oder die Häppchen im Boxenstopp.

Der Standortfaktor Gastronomie wird noch gestärkt, wenn der Standort keine Beschrän-kungen vorgibt. Leipzig ist eine der wenigen Messestädte ohne Sperrstunde, was von den Gästen der Stadt positiv wahrgenommen wird.

2.7   Standortfaktoren städtisches Flair, Kultur, Kunst

Die Vielzahl der Partner und Kunden bedingt eine Einbindung der Messen in ihre gesell-schaftlich-kulturelle Umwelt. Kultur und Mentalität der Bevölkerung, ihre Gastfreund-schaft und Offenheit gegenüber Fremden sowie ihre grundsätzliche Einstellung zur Mes-se werden von den Kunden und Partnern der Messe direkt erlebt. In diesem Zusam-menhang ist ein positiv eingestelltes gesellschaftlich-kulturelles Umfeld von Messen als Wettbewerbsvorteil zu sehen (vgl. Robertz 1999). Je sympathischer sich eine Stadt dar-stellt und je attraktiver die Freizeitangebote sind, desto beliebter wird eine Messestadt (vgl. auch Groth/Lentz 1993).

Auf das persönliche Wohlbefinden haben außerdem Faktoren wie das kulturelle Angebot und Einkaufsmöglichkeiten Einfluss. Messen, die mehrere Tage dauern und das Privat-leben in dieser Zeit beeinflussen, verlangen, persönliche Bedürfnisse zu berücksichtigen.

Aus der Soziologie ist bekannt, dass die Grenzen zwischen Beruf und Privatsphäre flie-ßender geworden sind. Die persönliche Zufriedenheit wird durch die Arbeitswelt beein-flusst. Neben der Servicepolitik und der Atmosphäre auf dem Messegelände kommt hier die Stadt ins Spiel, die den Messekunden spätestens am Abend aufnimmt. Wenn Hotels, Geschäfte, Kneipenmeile und kulturelle Top-Angebote wie in Leipzig nur wenige Geh-minuten auseinander liegen, ist dies für Aussteller und Besucher von großem Reiz. Das überdurchschnittlich gute Image des Messeplatzes Leipzig und die vergleichsweise zu-friedensten Messebesucher[1] gründen sich nicht zuletzt auf diese Leipziger Besonderheit.

---

[1] Siehe die vergleichende Studie des Meinungsinstitutes NFO Infratest München: Imageanalyse 12 deutscher Messeplätze, 2002.

3. Wechselwirkungen zwischen Messe und Standort

Messen sind Wirtschaftsförderinstrumente. Das ifo Institut für Wirtschaftsforschung beobachtet seit Jahrzehnten die Entwicklung regionalwirtschaftlicher Wirkungen von Messen am Beispiel der Standorte München, Frankfurt, Düsseldorf und Leipzig. Der Umsatz auf Messen generiert in allen Fällen ein Vielfaches an Umsatz in der Region – mit steigender Tendenz. Direkt profitieren die Hotels, Gastronomen, der Handel, der Nahverkehr, Flughäfen und Dienstleister von einer Messe. Über Steuereinnahmen werden indirekt auch Kunst und Kultur begünstigt. Investitionen in eine Messe sind folglich immer Investitionen in den Standort. So wie Investitionen in die Infrastruktur des Standortes in der Regel auch der Messe zugute kommen.

4. Literaturverzeichnis

AUMA_AUSSTELLUNGS- UND MESSE-AUSSCHUSS DER DEUTSCHEN WIRTSCHAFT (HRSG.), Deutsches Messe-Forum 2002 am 28./29. Mai 2002 in Wiesbaden Bergisch Gladbach, Messen und Kongresse – Umschlagplätze der Wissensgesellschaft, in: AUMA-Edition Nr. 16, Heider 2002.

GROTH, C./LENTZ, I., Die Messe als Dreh- und Angelpunkt, Düsseldorf 1993.

MÜNSTER, T. C., Viel zugemutet, in: Wirtschaftswoche, 31.12.1998, 1998, S. 70f.

ONKELBACH, H., Kommt nun das „Radio NOWEA", in: Rheinische Post, 12.09.1989a.

ONKELBACH, H., Starke Bemühungen im Nahverkehr, in: Düsseldorfer Amtsblatt, 21.10.1989, Düsseldorf 1989b.

ROBERTZ, G., Strategisches Messemanagement im Wettbewerb, Wiesbaden 1999.

STIRL, A., Der Messeplatz Düsseldorf und seine Abhängigkeit vom Flugverkehr, Diplomarbeit, Köln 1992.

Weiterführende Literaturhinweise

FREITAG, M., Fassungsloses Staunen, in: Wirtschaftswoche, 02.01.2003, 2003, S. 70ff.

HALVER, W. A., Die Messen in Nordrhein-Westfalen – Entwicklungen, Strukturen und Standortfaktoren, Kölner Forschungen zur Wirtschafts- und Sozialgeographie, 1995.

JAWORSKI, J., Standortfaktoren tagungsorientierter Städte, in: Standortmarketing & Kommunikation für Tagungsstätten, München 1998.

KOLL, R./VAN LAAK, T., Messestandort Sachsen-Anhalt, Forschungsvorhaben des Ministeriums für Wirtschaft, Technologie und Verkehr des Landes Sachsen-Anhalt, Studie, München 1993.

KRESSE, H., Boom-Branche vor neuen Herausforderungen, in: Die Woche – Messen 2000, Messebeilage, 2000, S. 1.

OTTO, S., Die Entwicklung der Messe in der Stadt, Standortdiskussion und Entwicklungskonzept am Beispiel der Messe Düsseldorf im Rahmen des Realisierungswettbewerbes NOWEA 2000, Diplomarbeit, Kaiserslautern 1998.

SPIEGEL-VERLAG RUDOLF AUGSTEIN GMBH & CO. KG (HRSG.), Messen und Messebesucher in Deutschland, Hamburg 1992.

STROHSCHNITTER, U., Die EXPO 2000 aus der Sicht der Deutschen Messe AG Hannover, Die Einbindung in das langfristige Entwicklungskonzept, Diplomarbeit, Osnabrück 2000.

STROTHMANN, K.-H., Messeforschung, Bonn 1983.

STROTHMANN, K.-H./BUSCHE, M. (HRSG.), Handbuch Messemarketing, Wiesbaden 1992.

Ulrich Bauer

Entwicklung der Funktionalitäten von Messegeländen

1. Einleitung

2. Standortkriterien

3. Qualitative Anforderungen an einen Messestandort

4. Funktionalitäten eines Messegeländes
    4.1 Ausstellungshallen
    4.2 Hochhalle
    4.3 Kongresszentrum
    4.4 Eingänge
    4.5 Messepark und Restaurants
    4.6 Partner und Servicebetriebe
    4.7 Freiflächen
    4.8 Energieversorgung
    4.9 Erschließungsflächen
    4.10 Entwässerung
    4.11 Parkierungseinrichtungen
    4.12 Erweiterbarkeit

5. Zusammenfassung

6. Fazit

7. Literaturverzeichnis

Dipl. Ing. Arch. Ulrich Bauer ist Geschäftsführer der Projektgesellschaft Neue Messe GmbH & Co. KG, Stuttgart.

1. Einleitung

Die im Folgenden beschriebenen Funktionalitäten orientieren sich an den idealisierten Anforderungen von überregionalen und internationalen Messen, die der AUMA im Jahre 1999 anhand von 131 Messen und Ausstellungen erfasste, und die sowohl die quantitativen als auch die segmentbezogenen Kriterien erfüllten (AUMA 2000).

Diese Untersuchung zeigt, dass die durchschnittlich vermietete Standfläche 1997 bis 1999 rund 50 000 Quadratmeter pro Veranstaltung betrug. Legt man ferner ein durchschnittliches Wachstum von ca. drei Prozent entsprechend den vorausgegangenen Jahren zu Grunde, so muss bei einer Neuplanung für eine überregionale, internationale Messe eine vermietbare Standflächengröße von ca. 60 000 Quadratmeter und damit eine Nettomessehallenfläche von rund 100 000 Quadratmeter einkalkuliert werden. Diese Aussage wurde in einer gutachterlichen Stellungnahme des Beratungsunternehmens Roland Berger für die Projektgesellschaft Neue Messe GmbH & Co. KG Stuttgart im Oktober 2000 gemacht. Sie bezog sich auf das Anforderungsprofil, den Flächenbedarf und die gesamtwirtschaftlichen Effekte der geplanten Landesmesse in Baden-Württemberg.

Da der Messeplatz Stuttgart am Standort Killesberg auf Grund vieler struktureller Mängel nicht weiter entwickelt werden konnte, beschlossen das Land Baden-Württemberg, die Landeshauptstadt Stuttgart und der Verband Region Stuttgart 1997, einen funktionsfähigen und international wettbewerbsfähigen Messeplatz an einem neuen Standort zu errichten. Ziel war es, ein modernes, zukunftstaugliches Messegelände mit 100 000 Quadratmeter Hallenfläche bei gleichzeitig leistungsfähiger Erschließung und hoher Funktions- und Nutzungsvielfalt zu gestalten.

Auf der Grundlage zweier Standortanalysen wurde in unmittelbarer Nähe zum Flughafen Stuttgart ein optimaler Standort gefunden. Am 8. März 1999 wurde von der Projektgesellschaft Neue Messe EU-weit ein Architektenwettbewerb ausgelobt, dem ein standardisiertes Funktions- und Raumprogramm für eine überregionale und internationale Messe mit 100 000 Quadratmeter Hallenfläche zu Grunde lag. Das Programm wurde vom Verfasser und den Mitarbeitern der Projektgesellschaft Neue Messe sowie der Stuttgarter Messe- und Kongressgesellschaft (SMK) in Zusammenarbeit mit der IRW AG München erarbeitet.

Im Folgenden werden die noch abstrakten Anforderungen beschrieben und jeweils mit dem Wettbewerbsergebnis bzw. der aktuellen Planung der Landesmesse, die am 12. März 2003 vom Regierungspräsidium Stuttgart planfestgestellt wurde, verglichen.

2.   Standortkriterien

Für den Bereich der Kernmesse wurde auf Grund eines detaillierten Flächenprogramms eine Gesamtgeländefläche von rund 66 Hektar ermittelt. Hierin nicht enthalten sind die Elemente der äußeren Verkehrserschließung. Um eine Messe von 100 000 Quadratmeter Hallenfläche und einem täglichen Besucheraufkommen von bis zu 35 000 Personen optimal erschließen zu können, ist die Nähe einer leistungsfähigen, möglichst sechsspurigen Bundesautobahn (BAB) sowie mehrerer gut ausgebauter Bundes- bzw. Landstraßen mit entsprechenden Anschlussmöglichkeiten erforderlich, ferner die direkte Anbindung an ein leistungsfähiges, schienengebundenes öffentliches Personenfern- und Nahverkehrssystem. Ein Flughafen mit internationalen Flugverbindungen sollte in gut erreichbarer Nähe liegen.

Bezogen auf die Stuttgarter Landesmesse waren mit der unmittelbar tangierenden BAB 8 Karlsruhe – Stuttgart – München (sechsspurig), der benachbarten B 27 (vier- bzw. sechsspurig), der nahegelegenen B 312 und der durch das Gelände führenden Landesstraße 1192 beste Voraussetzungen gegeben, zumal die Messefläche unmittelbar an den Flughafen Stuttgart angrenzt, der bereits über einen leistungsfähigen S-Bahn-Anschluss zum Stuttgarter Hauptbahnhof verfügt. Darüber hinaus wird das Planfeststellungsverfahren für die Eisenbahnneubaustrecke Stuttgart – München vorbereitet, bei der ein unmittelbar am geplanten Messeplatz liegender Halt für Fernverkehrs- und Regionalzüge vorgesehen ist.

Des Weiteren wird 2003 die Verlängerung einer Stuttgarter Stadtbahnlinie von Stuttgart-Möhringen/Fasanenhof zum Flughafen Stuttgart planerisch vorbereitet. Die Neue Messe soll an den Eingängen Ost und West an der Messeachse je einen Haltepunkt erhalten.

Generell sollte ein Messegelände von rechteckigem Zuschnitt und mit geringer Geländeneigung beschaffen sein. Der Baugrund sollte so tragfähig sein, dass auch weit gespannte Hallen gegründet werden können. Das Areal am Flughafen ist von eher dreiecksförmigem Zuschnitt und fällt von West nach Ost um ca. 20 Höhenmeter. In der Ausschreibung wurde auf diesen erschwerenden Sachverhalt hingewiesen.

3.   Qualitative Anforderungen an einen Messestandort

Attraktivität und Wettbewerbsfähigkeit eines Messestandorts werden maßgeblich durch zwei Komponenten geprägt: Durch die „Messe-Hardware" und die „Messe-Software".

Zur Messe-Hardware zählen der Messeplatz, der Messestandort und das Gelände-Lay-out. Sie definieren die Rahmenbedingungen für die Ausgestaltung der Messe-Software im Sinne des Messekonzepts, also der Veranstaltungsinhalte und -themen. Die Messe-Hardware übt einen direkten Einfluss auf die Qualitätsbeurteilung eines Messestandorts durch Aussteller und Besucher aus.[1]

In der Ausschreibung für die Landesmesse wurde das Credo „Messe der kurzen Wege" weiteren Planungsgrundsätzen vorangestellt:

- Ausgewogene Baukörpersituierung und innovative architektonische Gestaltung

- Leistungsfähiges externes Erschließungssystem mit Trennung der Verkehre

- Leistungsfähiges internes Erschließungssystem

- Problemlose Teilbarkeit des Messegeländes

- Weitestgehende Gleichwertigkeit der Ausstellungsflächen

- Optimale Orientierung im Gesamtgelände sowie in Teilbereichen

- Angemessenes Service- und Erholungsangebot

- Wirtschaftlicher Umgang mit den Ressourcen Boden, Energie, Luft und Wasser

- Wirtschaftliche Planung unter Einsatz der neuesten architektonischen und techni-schen Erkenntnisse.

Diese Grundsätze können auf jede Neuplanung einer Messe übertragen werden. Dies gilt auch für die Forderungen der Landesmesse, einem Forum der Begegnung von internati-onalen Ausstellern und Besuchern eine originäre, unverwechselbare architektonische Gesamtkonzeption und eine einladende, freundliche urbane Atmosphäre zu verschaffen. Die Baumassen einer Messe, die die städtebauliche Entwicklung der umgebenden Land-schaft in jedem Fall verändern und prägen, sollten durch eine behutsame Verteilung der Baukörper auf dem Messegelände die umgebende landschaftliche Situation mit ange-messener Architektur berücksichtigen.

4. Funktionalitäten eines Messegeländes

Den Funktionsüberlegungen für die Stuttgarter Landesmesse wurden unter anderem die Erkenntnisse der Messeneubauten Leipzig und München zu Grunde gelegt. Anhand ei-ner Funktionsgrafik, die gemeinsam mit der IRW AG München entwickelt wurde, wur-

---

[1] Vgl. hierzu Gutachterliche Stellungnahme von Roland Berger & Partner, Oktober 2000.

den die vielfältigen Funktionsverknüpfungen einer neuen Messe mit 100 000 Quadrat-meter Bruttohallenfläche dargestellt (vgl. Abb. 1).

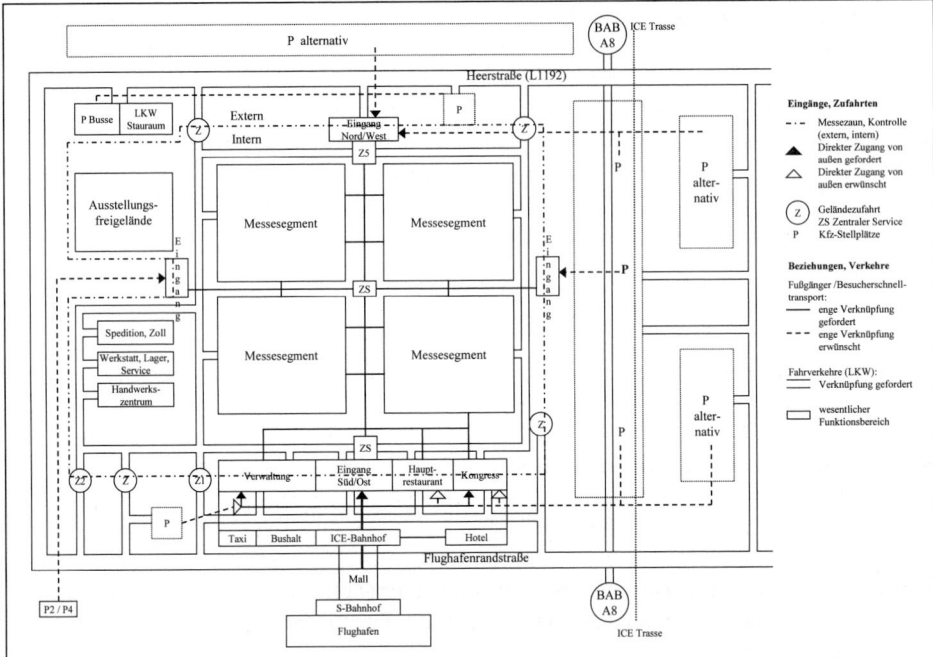

Abb. 1: Funktionsverknüpfungen eines neuen Messegeländes

4.1   Ausstellungshallen

Die Bruttoausstellungsfläche einer Einzelhalle, die in Stuttgart als Standardhalle be-zeichnet wird, soll 10 000 Quadratmeter betragen. Die stützenfrei zu planenden Hallen sollen eine lichte Höhe von zehn Metern nicht unterschreiten und alle fünf bis sieben Meter mit Spartenkanälen zur Versorgung der Ausstellungsstände ausgestattet sein. Sie sollen grundsätzlich rechteckig mit geradlinigem Fassadenverlauf gestaltet werden. Ent-lang der Hallenlängsseiten sind Be- und Entladeflächen (Beschickungszonen) mit Stell-plätzen von je zwölf Metern Tiefe und vier Metern Breite bei Senkrechtaufstellung an-zuordnen. Mittig zwischen den Stellplätzen ist eine zwölf Meter breite Fahrgasse frei zu halten. Dies bedeutet, dass der Abstand zwischen zwei Hallen wegen der erforderlichen Sicherheitsabstände zu den Hallenwänden mindestens 40 Meter betragen sollte. Die Be-schickung der Hallen erfolgt durch Hallentore, die sich paarweise in Querrichtung der

Halle gegenüberstehen. Sie sind fünf Meter breit und fünf Meter hoch, in einem Abstand von rund 30 Metern anzuordnen. Jeder Halle sind ausreichend dimensionierte Neben-räume, z.B. Büros, Seminarräume, Lager, WC-Anlagen und Technikräume, zuzuordnen. Die Hallen sind so anzuordnen, dass sich die in Hallenlängsrichtung verlaufende Besu-cherführungslinie zu einem geschlossenen Ring der Hallenkette verbinden lässt. Die Be-sucherführung zwischen zwei Hallen soll ausschließlich über die Stirnseiten erfolgen, das heißt, über klimatisierte Verbindungsgänge im Bereich der Messeachse und über wettergeschützte Verbindungsstrukturen auf den achsabgewandten Stirnseiten. Die Frei-flächen zwischen den Hallen müssen so ausgebildet sein, dass im Brand- oder Katastro-phenfall ausreichend breite Fluchtwege zum Abströmen der Besucher vorhanden sind und die Rettungsfahrzeuge diese Bereiche unmittelbar von den öffentlichen Umfah-rungsstraßen erreichen können.

Messekonzepte gehen von einer Gruppierung von mehreren Hallen zu Hallensegmenten aus. Die Ausstellungsflächen einzelner Segmente sollen zur Durchführung unterschiedli-cher Veranstaltungsgrößen differenziert dimensioniert werden können. Dies ermöglicht die Teilung in mehrere für sich funktionsfähige Messeveranstaltungen. Bei der Addition von Segmenten unter Berücksichtigung unterschiedlicher Betriebsphasen soll so die Durchführung größerer Messen und die gleichzeitige Vorbereitung nachfolgender Mes-sen mit längerer Aufbauzeit möglich sein. Die Messegeländesegmente müssen organi-satorisch einfach zu trennen, aber auch zu kombinieren sein, um die Kontrollaufgaben zu minimieren. Die einzelnen Hallensegmente müssen von den Eingängen her für die Besu-cher direkt erreichbar sein. Liegen äußere Hallen entwurfsbedingt zu weit von zentralen Einrichtungen entfernt, muss ein leistungsfähiges Besucherschnelltransportmittel zu den jeweiligen Eingängen geschaffen werden, um die Gleichwertigkeit der Ausstellungsflä-chen zu garantieren.

Beim genehmigten Entwurf der Stuttgarter Landesmesse wurden insgesamt sieben Stan-dardhallen mit je 10 000 Quadratmeter Bruttonutzfläche geplant. Die Beschickungshöfe sind in der Regel 40 Meter breit und wie die Hallen 160 Meter lang. Wegen der vorge-fundenen Hanglage des Geländes (von West nach Ost 20 Höhenmeter) haben die Archi-tekten vorgeschlagen, einzelne Hallensegmente auf jeweils um fünf Meter versetzte Ter-rassen-Plateaus zu platzieren. Diese Anordnung bedingt in der Messeachse im Bereich der Verbindungsbauten vor den Hallen Treppenanlagen, Rolltreppen und Aufzüge. Im Bereich der Andienungshöfe wurde an den Höhensprüngen für die höher gelegene Halle ein Galeriegeschoss entwickelt, das zum einen die Andienung dieser Halle mit Schwerst-LKW und zum anderen die Unterbringung von Lager- und Werkstattbereichen im Un-tergeschoss vorsieht. Der auf Stützen gelagerte untere Galeriebereich dient gleichzeitig als Zufahrt zu einem Tunnel, der den Messepark unterquert und die Andienung der dort liegenden zentralen Restaurants ermöglicht sowie eine interne Querung der Messeachse ohne Störung des Besucherverkehrs gewährleistet. Hiermit wird eine generelle Forde-rung an ein Messe-Layout erfüllt, zumindest an zwei Stellen eine störungsfreie Messe-achsenquerung sicherzustellen.

4.2   Hochhalle

Neben den Standardhallen mit insgesamt 70 000 Quadratmetern Bruttohallenfläche wurde bei der Landesmesse eine Hochhalle gefordert, mit einer erdgeschossigen Bruttoausstellungsfläche von 20 000 Quadratmetern, einer lichten Höhe von 14 Metern und einem Galeriegeschoss mit weiteren 5 000 Quadratmetern Bruttoausstellungsfläche. Die Hochhalle dient in erster Linie als Ausstellungshalle. Darüber hinaus soll sie aber auch als Veranstaltungshalle für sportliche und kulturelle Großereignisse (durch Ausstattung mit mobilen Tribünen) sowie für Hauptversammlungen von Wirtschaftsunternehmen genutzt werden können. Die Hochhalle soll innerhalb der Hallenkette so platziert sein, dass sie sowohl in Messeveranstaltungen problemlos eingebunden, als auch separat als Veranstaltungshalle genutzt werden kann.

Da die Besucher von Großveranstaltungen zum großen Teil mit öffentlichen Verkehrsmitteln ankommen, muss die Halle so situiert werden, dass sie vom Eingang aus leicht erreicht werden kann und die Nähe zu den Haltepunkten der öffentlichen Verkehrsmittel gewährleistet ist. Die Hochhalle ist so zu planen, dass jederzeit die erforderliche Veranstaltungstechnik installiert werden und im Zuge technischer Weiterentwicklungen nachgerüstet werden kann. Für die Galerie der Hochhalle wurde eine Bodenbelastbarkeit für Gabelstapler und Klein-LKW von bis zu 10 Tonnen gefordert. Bei der Stuttgarter Lösung wurden die Konstruktionen zweier Standardhallen so gespiegelt, dass sich Standardhallen und Hochhalle harmonisch ergänzen. Die Hochhalle liegt direkt neben dem Osteingang, der gleichzeitig die Funktion des Haupteingangs innehat. Sowohl der Erdgeschossbereich als auch der Galeriebereich sind von der Eingangshalle her erreichbar. Die Hochhalle verfügt im messeachsabgewandten Stirnbereich über Funktionsräume wie Umkleideräume, Toilettenanlagen, Verfügungsräume für Caterer und Restaurationsflächen. Durch die Höhenversätze – die Hochhalle liegt auf dem niedrigsten Terrassenbereich – kann die Galerie von der benachbarten, höher gelegenen Standardhalle aus direkt mit kleineren LKW über eine Brücke angefahren werden. Das gewählte Konstruktionsprinzip lässt eine völlige Stützenfreiheit zu. Die bei den Standardhallen verwendeten Zugbänder werden bei der Hochhalle in einen neun Meter hohen, querverlaufenden und dreiecksförmigen Fachwerkträger eingehängt, so dass ein zirkuszeltartiger Halleneindruck entsteht. Auf einen Fluchttunnel konnte verzichtet werden, da hinreichend viele Fluchttüren, sowohl erdgeschossig als auch auf der Galerieebene, geschaffen wurden.

4.3   Kongresszentrum

Neben den Ausstellungshallen wurde ein Kongresszentrum mit einem Saal für ca. 3 000 Besucher gefordert, der in etwa vier gleiche Teile unterteilbar ist, sowie Seminarräume für weitere 1 600 Personen. Eine weitere kleine Messehalle mit 5 000 Quadratmetern Bruttoausstellungsfläche sollte der Kongresshalle auf gleicher Ebene so zugeordnet wer-

den, dass sie bei sehr großen Veranstaltungen in den Kongressbetrieb einbezogen werden kann. Das Ganze soll durch ein Foyer mit dem Messebereich verbunden sein. Weiter
soll die zentrale Küche und ein Restaurant untergebracht werden. Die Lösung der Architekten wulf + ass. sieht eine unmittelbare Anknüpfung des Kongresshallenfoyers und
der kleinen Messehalle an den Haupteingang der Messe vor. Das Foyer erstreckt sich
längs der kleinen Messehalle bis zum Kongresssaal, so dass bei großen Veranstaltungen
auch der Haupteingang als Foyerbereich miteinbezogen werden kann. Alle Saalformen
sind mit Podesten ausgestattet, der Hauptsaal ist frontseitig mit einer höhenverstellbaren
Bühne bestückt. An den Seitenwänden sind Dolmetscherkabinen im ersten Obergeschoss
vorgesehen. Die Seminarräume werden über dem Foyer in den Baukörper eingehängt
und bieten mit 1 600 Quadratmetern Raum für die Unterbringung von Kongressteilnehmern in Arbeitsgruppen. Die kongresstaugliche kleine Messehalle mit 5 000 Quadratmetern ist vom Kongresssaal durch ein Zwischenfoyer abgetrennt. Hier können bis zu
5 000 Menschen auf Stuhlreihen und ca. 4 000 Menschen an Tischen tagen. Arbeitsgrup-
penbereiche stehen dann im unterteilten Kongresssaal und in den Seminarräumen in geeigneter Größe zur Verfügung.

Die zentrale Küche ist im Erdgeschoss an einer Anlieferzone platziert, von der aus alle
Restaurants in den Höhensprüngen und in den Hallen problemlos und für die Besucher
störungsfrei angefahren werden können. Die Küche ist so dimensioniert, dass große
Bankette auch in der kleinen Messehalle durch einen Caterer versorgt werden können.
Im Foyerbereich befindet sich eine langgestreckte U-förmige Theke, an der Imbisse und
Getränke eingenommen werden können. Die Toilettenanlagen und Garderoben sind im
Untergeschoss untergebracht, von dem aus die unmittelbar angrenzende zweigeschossige
Tiefgarage über Schleusen erreicht werden kann.

4.4 Eingänge

In der Ausschreibung wurde für die Messeeingänge eine möglichst gleichmäßige Durch-
flutung der Ausstellungshallen bei Vollbetrieb der Messe gefordert. Bei kleineren Messen sollen die einzelnen Messesegmente direkt erreichbar sein. Deshalb waren für das
Messegelände mindestens zwei gegenüberliegende Eingänge mit Haupteingangsfunktio-
nen wie Infoständen, Kassen und internationalen Besucherempfangseinrichtungen gefordert. Ein Eingang sollte einen direkten wettergeschützten Zugang zum Fern- und Regio-
nalbahnhof, zum Flughafen und damit auch zur S-Bahn-Station erhalten. Der andere
Eingang sollte vor allem Besuchern, die mit dem PKW und dem Bus anreisen, dienen.
Ferner wurden zwei kleiner dimensionierte Eingänge gewünscht, um einzelne Messesegmente erschließen zu können. Des Weiteren sollten die Eingänge so platziert sein,
dass der Kongressbereich, der zentrale Service, das Medienzentrum und die Verwaltung
gut erreichbar sind.

Im Haupteingang einer Messe konzentrieren und überlagern sich vielfältige Funktionen. Bei der Stuttgarter Lösung verfügt der Osteingang über drei wichtige Ebenen. Auf der Eingangsebene liegen die Kassen mit dem Abrechnungsraum, die Registration, die Eingangskontrolle, Informationstheken und Verbindungsflächen, die bei Großveranstaltungen in der Hochhalle oder im Kongresszentrum als Foyerflächen genutzt werden können.

Von der Eingangsebene aus lässt sich über eine breite Freitreppe mit Sitzstufen ein repräsentativer Tiefhof erreichen, der zum Messepark hin mit einer dreigeschossigen Verglasung geöffnet ist und in dem an zentraler Stelle wichtige Ausstellungsobjekte präsentiert werden können. An den Seiten liegen wichtige zentrale Funktionen wie Läden, Banken, Kioske und ein Postschalter, ein Verkehrsbüro, Aufenthaltsräume für die Messehostessen und den Sicherheitsdienst, ein Café, eine Bar und ein zentraler Messeclub. Hinter den beschriebenen Räumen liegen die Garderoben, die WC-Anlagen sowie die Schließfächer und die technischen Funktionalräume.

In das erste Obergeschoss wurden zwei langgestreckte Büroriegel eingehängt, in denen neben dem Medien- bzw. Pressezentrum VIP-Räume und auch der zentrale Messeservice untergebracht sind. Über Brückenstrukturen können von hier aus sowohl die Galerie der Hochhalle als auch die nächstgelegene Hallenterrasse erreicht werden, ferner der Seminarriegel des Kongresszentrums und über eine kurze Brücke die Messeverwaltung, die im bisherigen Flughafenverwaltungsgebäude untergebracht werden soll. Die Messebesucher werden vom Haupteingang über zwei Verbindungsgänge zu den Messehallen geführt, die kopfseitig in diese Längsstruktur eingebunden sind. An den vorbeschriebenen Geländesprüngen sind Rolltreppen, Treppen und Aufzüge für einen reibungslosen Fußgängerverkehr angeordnet. Der Eingang Ost wurde größer als in der Auslobung gefordert dimensioniert, da er neben seiner Eingangsfunktion gleichzeitig die Funktion eines Foyers für die Hochhalle und für das gegenüberliegende Kongresszentrum darstellt.

4.5   Messepark und Restaurants

Der Messepark verjüngt sich zum Westeingang hin um etwa die Hälfte seiner Breite. Um ihn in der kalten Jahreszeit unbeeinträchtigt queren zu können, sind vor den Restaurants in den Höhensprüngen verglaste Verbindungsgänge angeordnet. Die zentral erreichbaren Restaurants können über die Verbindungstunnel zwischen den Anlieferungshöfen auch während einer laufenden Messe problemlos angedient werden. Der Messepark soll ansonsten an Schönwettertagen der Erholung und dem Atem holen dienen und verfügt über eine hohe Aufenthaltsqualität.

4.6   Partner und Servicebetriebe

Zur Durchführung einer Messe gehören vielfältige Partner- und Servicebetriebe, die bei
der Vorbereitung und Durchführung von Messen und Veranstaltungen helfend zur Seite
stehen. Sie übernehmen den messeeigenen Auf- und Abbau mit seinen speziellen Anforderungen als auch messetypische Dienstleistungen für die Aussteller. In der Regel werden diese Betriebe zusammen mit Spedition und Zoll in der Randlage der Messegelände
untergebracht. In Stuttgart sind sie teilweise in den Höhensprüngen der Messehallenter-
rassen angesiedelt und liegen damit sehr dicht beim Messegeschehen. Sie können über
das interne Erschließungsnetz angefahren und je nach Bedarf und Nutzung baulich ausgerüstet werden.

4.7   Freiflächen

Üblicherweise werden bei Messen, je nach Ausstellungskonzept, Ausstellungsfreiflächen
ausgewiesen. In Stuttgart wurden 40 000 Quadratmeter gefordert, die so anzulegen waren, dass sie für den Schwerlastverkehr gut erreichbar sind und unversiegelt, aber stand-
fest gebaut werden können. Ferner ist eine dauerhafte Ver- und Entsorgung der Ausstellungsfreiflächen mit Strom, Wasser, Abwasser und weiteren Medien durch ein
unterirdisch verlegtes Spartennetz zu gewährleisten. Die Freigelände sollen zum einen
der Ausstellung großformatiger Exponate wie Baumaschinen, Sonderfahrzeugen oder
Caravans dienen, zum anderen können hier im Zuge einer Großmesse ergänzende, provi-
sorische Bauten erstellt werden. Die Besucher können die Freiflächen bei der Stuttgarter
Lösung über kurze Wege von den Kopfseiten der nördlichen Messehallen erreichen.

4.8   Energieversorgung

Die Energieversorgung einer Messe sollte in der Regel über eine Heizzentrale erfolgen,
die mit mehreren Kesselanlagen ausgerüstet ist. Genaue Untersuchungen haben bei der
Stuttgarter Messe ergeben, dass die ursprünglich errechnete Wärmeleistung von 27 Megawatt durch Nutzung der Abwärme, insbesondere unter Berücksichtigung der Wärme-
einstrahlung durch Leuchtmittel und den Wärmeeintrag der Besucher, auf unter 18 Megawatt gesenkt werden kann. Da alle Hallen klimatisiert sind, erfolgen sowohl der
Wärmeeintrag als auch die Kühlung über die Luft. Erstmals in der Geschichte des Messebaus wird in Stuttgart ein so genanntes Schichtlüftungssystem eingesetzt, das auf die
störenden Mischlüftungskanäle an der Decke verzichtet. Bei der Schichtlüftung wird von
den Längsseiten der Messehallen auf einer Höhe von bis zu zwei Metern aus Quellein-
richtungen die klimatisierte Luft mit geringer Geschwindigkeit eingetragen. Bei einem
Versuch im Maßstab 1:1 in einer Stuttgarter Messehalle auf dem Killesberg konnte

nachgewiesen werden, dass sich die Luft binnen einer Minute vom Hallenrand bis zu einer Tiefe von über 35 Meter ausbreitet, so dass die Durchlüftung in einem hohen Maße gewährleistet ist. Bei der Schichtlüftung muss nur etwa ein Drittel des Luftvolumens einer Mischlüftung aufbereitet werden, so dass sowohl die Installation als auch der Betrieb wesentlich kostengünstiger sind und sich das objektive wie auch das subjektive Wohlbefinden der Messebesucher steigert. In Stuttgart befindet sich die Energiezentrale mit den Heizkesseln, den Eismaschinen und dem Eisspeicher in einem Tiefkeller unter dem Kongresszentrum. Die Versorgung erfolgt über groß dimensionierte, begehbare Kanäle längs des Messeparks und auf den Längsseiten der Standardhallen. Von diesen Versorgungsgängen aus werden auch die Spartenkanäle, die in den Hallen in einem Abstand von ca. sechs Metern verlegt werden, versorgt. Vorgesehen sind Leitungen für Abwasser und Wasser, für Strom, Telekommunikation und Druckluft. Die ca. 45 Zentimeter breiten Spartenkanäle werden mit tragfähigen Abdeckungen geschlossen, die leicht abgehoben werden können und für Schwerst-LKW befahrbar, also für SLW 60 berechnet sind. Die Hallenböden werden in hochfestem versiegeltem Stahlbeton ausgeführt.

4.9   Erschließungsflächen

Für die Bewältigung der unterschiedlichen Verkehrsströme auf einem Messegelände sind entsprechende Erschließungsflächen vorzuhalten. Nur so lässt sich ein reibungsloser und schneller Betriebsablauf sowie eine hohe Umschlaghäufigkeit der Ausstellungsflächen garantieren. Die Erschließungsflächen müssen zum einen alle zwischen den Hallen liegenden Beschickungshöfe bedienen, zum anderen müssen die Eingangsvorplätze erreichbar sein – der im Messegelände liegenden Funktionsbereiche wie Betriebs- und Wirtschaftshöfe und vor allem des zentralen Abfallentsorgungsbereichs, der genauestens mit der jeweils zuständigen Abfallwirtschaftsbehörde abgestimmt werden muss. Grundprinzip der inneren Verkehrserschließung ist die vollständige Umfahr- und Durchquerbarkeit des Messegeländes, ohne dass öffentliche Straßen mitgenutzt werden. Dieses Prinzip besteht in der Regel aus einem Raster von Fahrwegen im Ausstellungsfreigelände, das bis an die Erschließungshöfe herangeführt wird. Die Durchquerbarkeit wird – wie schon beschrieben – in Form von Galerien und Tunneln jeweils im Bereich der Höhensprünge zur Verbindung der südlichen und nördlichen Umfahrung hergestellt. In das innere Erschließungsnetz muss ein LKW-Pool für ca. 150 Lastzüge eingebunden sein. Dieser LKW-Parkplatz muss so angeordnet sein, dass Lastzüge aus ihrer Halteposition jederzeit zur Fahrt zu den einzelnen Messehallen abgerufen werden können bzw. den LKW-Parkplatz in Richtung äußere Erschließung verlassen können. Bei der Stuttgarter Lösung wurde der LKW-Pool in der Nähe der Eingangstoranlage zum Freigelände platziert, die neben einigen Serviceeinrichtungen auch Aufenthalts- und Sanitäreinrichtungen für die LKW-Fahrer aufweist.

4.10 Entwässerung

Die Entwässerung des großflächigen Messegeländes erfolgt soweit wie möglich über ein Trennsystem. Das Schmutzwasser wird zur nächstgelegenen kommunalen Kläranlage geleitet. Das Regenwasser von den Dächern und Plätzen soll dem Grundwasserstrom zugeführt werden. Bei starkem Niederschlag wird das anfallende Regenwasser in einem ausgetüftelten Regenwasserableitungssystem bewirtschaftet und über so genannte Stauraumkanäle verzögert drei Retensionsystemen im Außenbereich zugeleitet. Hier wird das Wasser sowohl versickert und verdunstet als auch durch eingepflanzte Binsen gereinigt und zu guter Letzt den benachbarten Bächen als Vorflutern zugeführt.

4.11 Parkierungseinrichtungen

Wegen der unmittelbaren Nähe zum Flughafen Stuttgart wurde die nach Aussagen des AUMA erforderliche Anzahl an Stellplätzen (ca. 80 Parkplätze pro 1 000 Quadratmeter Bruttohallenfläche plus Kongress- und Verwaltungsflächen, insgesamt 8 750 Stellplätze) so verteilt, dass der Flughafen 2 000 Stellplätze „synergetisch" zur Verfügung stellt. Die verbleibenden 6 750 Parkplätze wurden wie folgt aufgeteilt:

a) In einem Parkhaus über der BAB 8 und der zukünftigen Neubaustrecke der Deutschen Bahn AG sind in zwei „Parkhausfingern" insgesamt 4 000 Stellplätze untergebracht. Durch die brückenartige Ausbildung können die Fahrzeuge von der Autobahn BAB 8 unmittelbar in das Parkhaus einfahren und beim Ausfahren die Autobahn in der jeweils gewünschten Richtung erreichen. Das Parkhaus ist gleichzeitig Bindeglied zwischen dem Stuttgarter Stadtteil Plieningen, der Messe und dem Flughafen. Das Dach wird begrünt und für das Publikum freigegeben. Im Inneren des Parkhauses verläuft ein Fuß- und Radweg, der im Brandfall von der Feuerwehr von beiden Seiten aus befahren werden kann.

b) Unter dem Messeplatz, an dem Kongresszentrum, Hotel, Parkhaus und Eingang Ost liegen, ist eine zweigeschossige Tiefgarage vorgesehen, in der weitere 1 000 Fahrzeuge Platz finden und von der aus man sowohl das Untergeschoss des Osteingangs als auch den Garderobenbereich des Kongresszentrums problemlos erreichen kann. Weitere 1 500 Stellplätze sind im Bereich des Westeingangs sowie 250 Stellplätze in einer vorhandenen Tiefgarage an der zukünftigen Messeverwaltung platziert. Darüber hinaus befinden sich auf dem großflächigen Messeareal weitere Parkflächen für Aussteller und Servicebetriebe. Die ebenerdigen Parkplätze werden mit Rasengittersteinen belegt bzw. als Schotterrasenflächen angelegt. Sie werden durch Baumreihen gegliedert, die zwischen den einzelnen Stellplatzreihen gepflanzt werden.

4.12 Erweiterbarkeit

Generell soll bei der Anlage und Planung einer Messe für 100 000 Quadratmeter Brutto-hallenfläche ein Erweiterungspotenzial für ca. 30 000 Quadratmeter zusätzliche Hallen-fläche vorgesehen werden. Beim Stuttgarter Entwurf ist dies ohne Erweiterung des Mes-seumgriffs im Westen, gegebenenfalls auch im Norden, durch Verringerung der Freiflächen problemlos möglich. Im Westen müssten lediglich wegfallende Parkplätze durch ein mehrgeschossiges Parkhaus ersetzt werden.

5. Zusammenfassung

Für eine überregionale, internationale Messe mit 100 000 Quadratmetern Bruttohallen-fläche wird für den Kernbereich ein ca. 60 Hektar großes, möglichst ebenes Areal benö-tigt. Der Standort sollte in der Nähe einer Bundesautobahn, mehrerer Bundes- und Land-straßen gelegen sein und es sollten ein internationaler Flughafen sowie eine Großstadt mit allen Dienstleistungskapazitäten und Kulturangeboten, insbesondere Hotelkapazitä-ten binnen weniger Minuten erreichbar sein. Für eine Messe dieser Größenordnung wer-den ca. 8 000 bis 9 000 Parkplätze benötigt. Hierbei ist die Nachbarschaft zu einem Flughafen oder einer ähnlichen Einrichtung wegen der hohen Synergie-Effekte von gro-ßem Vorteil. Die Messehallen sollten in der Regel nicht größer als 10 000 Quadratmeter sein. Sie müssen ebenerdig und stützenfrei geplant werden, damit sie von Schwerst-LKW (SLW 60) angefahren und durchquert werden können. Die Messeeingänge sollten möglichst gleich verteilt sein und in der Nähe von Haltepunkten öffentlicher Nah- bzw. Fernverkehrsstrukturen liegen. Die städtebauliche Integration des Messeentwurfs in sein Umfeld ist wegen der Akzeptanz durch die Öffentlichkeit von großer Bedeutung. Ent-wicklungsmöglichkeiten um etwa 30 Prozent Bruttohallenfläche sollten eingeplant wer-den. Neben den Hallenflächen, bei denen zumindest eine Halle über 20 000 Quadratme-ter verfügen sollte, müssen ca. 30 bis 40 Prozent dieser Fläche als Freiflächen voll erschlossen eingeplant werden.

Alle Messeneuplanungen wie Leipzig, München, Friedrichshafen, Rimini und auch Stuttgart haben ein ähnliches Messelayout mit einer zentralen Besuchermesseachse, an die die einzelnen Messehallen stirnseitig grenzen. Zwischen den Hallen liegen von außen anfahrbare Anlieferungshöfe, von denen aus die Hallen auch durchfahren werden kön-nen. Frontseitig an den Enden der Messeachsen liegen die Haupteingänge, von denen aus wiederum ein Kongresszentrum, eventuell eine große Veranstaltungshalle, die Verwal-tung und die Serviceeinrichtungen bis hin zu den VIP- und Pressebereichen gut erreich-bar sein müssen. Die Restaurantbereiche müssen sowohl dem Kongresszentrum als auch der zentralen Messeachse zugeordnet werden und jederzeit störungsfrei anfahrbar sein.

In einer Untersuchung von Stoeck aus dem Jahre 1999 „Internationalisierungsstrategien im Messewesen" (Stoeck 1999) geht hervor, dass die Aussteller folgenden Faktoren einen hohen Wert beimessen:

1. Hohe Attraktivität für Fachbesucher

2. Umfangreiches fach- und branchenspezifisches Ausstellungsangebot

3. Exponate weltweit führender Anbieter

4. Verkehrsgünstige Lage des Messestandortes

5. Moderne Infrastruktur des Messegeländes, was sich ganz wesentlich auf die Hallen und deren Ausstattung bezieht, und zwar in folgender Rangfolge:

    5.1.   Optimale Struktur und Gestaltung des Messegeländes

    5.2.   Leistungsfähiges Transportsystem für Besucher im Messegelände

    5.3.   Ausreichende Parkmöglichkeiten für Aussteller und Besucher

    5.4.   Einkaufsmöglichkeiten und Serviceeinrichtungen

    5.5.   Optimale Beschickungssituation

    5.6.   Großzügige Ausstattung mit Konferenz- und Besprechungsräumen

    5.7.   Hinreichende Anzahl von Restaurants, Imbissen und Bars

    5.8.   Leistungsfähiges Besucherinformationssystem

    5.9.   Effizientes Parkleitsystem.

Hinzu kommen weitere „weiche" Faktoren. Dies sind eine angenehme Atmosphäre und ein freundliches Ambiente in den Messehallen, optimale Klima- und Lichtverhältnisse sowie die ausreichende Versorgung der Standplätze mit Datenleitungen, ausreichend viele sanitäre Anlagen von hoher Qualität und die optimale Versorgung der Messestände mit Wasser und Strom.

6.   Fazit

Am Beispiel des Lageplans oder Layouts der Landesmesse Stuttgart können die zahlreichen Funktionen und Funktionsverflechtungen nachvollzogen werden. Der Stuttgarter Entwurf erfüllt die in der Ausschreibung genannten Anforderungen in einem hohen Maße und liefert teilweise noch bessere Lösungen. Hierzu zählen die Optimierung der Erreichbarkeit von Kongress- und kleiner Messehalle mit dem Haupteingang und der

Hochhalle sowie die ideale Platzierung der Messerestaurants in den Höhensprüngen durch optimale Nutzung der Geländetopografie.

7.   Literaturverzeichnis

AUMA, Handbuch Messeplatz Deutschland, Köln 2000.

STOECK, N., Internationalisierungsstrategien im Messewesen, Wiesbaden 1999.

Reinhold Braschel / Wilm Rüdiger Alef

Entwicklung von Messegeländen aus der Sicht der Architekten

1. Einleitung

2. Städtebauliche Rahmenbedingungen – Mezzostandort

3. Tendenzen in der Messearchitektur – Mikrostandort

4. Resümee

Prof. Dr. Reinhold Braschel ist Vorstandsvorsitzender der IFB Dr. Braschel AG, Stuttgart. Dipl.-Ing., Architekt Wilm Rüdiger Alef ist Vorstand der IFB Dr. Braschel AG, Stuttgart.

1. Einleitung

Bereits im frühen Mittelalter wurden anlässlich kirchlicher Festtage an wichtigen Verkehrsknotenpunkten „Märkte" abgehalten. Hierbei handelte es sich ausschließlich um den unmittelbaren Warenaustausch. Ein architektonischer oder baulicher Anspruch an diese reinen Warenmessen war hierfür nicht erforderlich.

Abb. 1: Mittelalterlicher Markt

Auf Grund der immer größeren Dynamik, des steigenden Wettbewerbs zwischen den Messeplätzen und der immer stärker werdenden Konkurrenz im In- und Ausland änderten sich die Anforderungen in der Neuzeit grundlegend. So ist die Zahl der überregionalen Messen im In- und Ausland in den letzten 30 Jahren rund um das Dreifache angewachsen. Die Besucherfrequenz stieg von ca. vier Millionen auf 10 Millionen an. Steigende Ausstellerzahlen bedingten, dass die vermieteten Messeflächen von ca. 2,5 Millionen Quadratmeter auf 7,5 Millionen Quadratmeter wuchsen. Aus diesen Eckwerten ist die zunehmende Bedeutung der Messen – sowohl für die Aussteller als auch die Besucher – eindeutig erkennbar.

Vor diesem Hintergrund wird die Aufgabe, eine Messe architektonisch zu gestalten, immer wichtiger. Dabei muss der Architekt ein einzigartiges, markantes Messeensemble konzipieren, das sich von der Vielfalt der konkurrierenden Messeangebote abhebt. Auch vorhandene Koalitionen sowie die Markt- und Ressourcensituation müssen dabei berücksichtigt werden. Zunehmend muss auch alternativen Kommunikations- und Vertriebskanälen – z.B. virtuellen Messen – ein attraktiver realer Gegenpol entgegengesetzt werden.

2.   Städtebauliche Rahmenbedingungen – Mezzostandort

Jedes Messegelände hat einen stadtbildprägenden Charakter. Dieser entsteht primär durch die flächenmäßige Ausdehnung der Baulichkeiten. Die umliegenden Freiflächen verstärken diesen Eindruck. Der städtebauliche Charakter einer Messe offenbart sich insbesondere in der Vielzahl an Überlegungen, die hierbei berücksichtigt werden müssen. Ein Messekonzept muss die Gratwanderung zwischen funktionalen, repräsentativen, ökonomischen und vor allem ökologischen Aspekten wagen. Deshalb sollten die notwendigen Entscheidungen stets nur im Einvernehmen mit allen Beteiligten, d.h. der Stadt bzw. dem Land, der Messegesellschaft und den Planern, erfolgen, will man ein optimiertes Ergebnis sicherstellen.

Die beste Grundlage hierfür ist ein ganzheitliches, nachhaltiges Stadtentwicklungskonzept, um diese großen Flächen in das Stadtbild zu integrieren und um sicherzustellen, dass die Gestaltung und vor allem Erschließung bewältigt werden kann. Dieses Konzept oder der Masterplan muss natürlich auch die langfristigen Tendenzen der Stadtentwicklung nachhaltig unterstützen. Das bedeutet auch, dass gegebenenfalls neue Ideen – wie z.B. die Behebung defizitärer verkehrlicher Verbindungen oder Erschließungsmaßnahmen für benachbarte vorhandene oder neue Gewerbe- und Wohngebiete – initiiert werden müssen.

Werden diese vielschichtigen Rahmenbedingungen in einem Messekonzept angemessen berücksichtigt, kann ein Messestandort, der in einem ausgewogenen Verhältnis zwischen Mensch, Natur und Technik steht, einer Stadt einen nachhaltigen Wirtschaftsschub geben.

Als städtebaulich relevante Eckwerte sind hier anzuführen:

- Städtebauliches Leitbild und Masterplan unter Berücksichtigung von internen und externen Erweiterungs- und Entwicklungsmöglichkeiten

- Gute Anbindung an das Straßen-, Eisenbahn- und, wenn möglich, sogar Flughafennetz

- Gute ÖPNV-Anbindung

- Ausreichende Parkierungsflächen für Aussteller und Messebesucher

- Umweltverträgliche Einbindung.

3. Tendenzen in der Messearchitektur – Mikrostandort

Die Messe selbst soll für Besucher und Aussteller zu einem Erlebnis werden. Dies kann man erreichen, wenn innen- und außenräumlich eine einladende „Wohlfühlatmosphäre" entsteht. Wer als Aussteller zu einer Messe geht, will seine Exponate oder Dienstleistungen gefällig präsentieren. Der Messebesucher will sich fundiert informieren und einen komprimierten, schnellen Überblick über die Angebote erhalten. Beide Zielgruppen wollen dabei jedoch nicht auf Annehmlichkeiten verzichten müssen.

Insofern gilt es, Grundvoraussetzungen wie eine notwendige Infrastruktur, Hotel, Kongress-, Tagungs- und Gastronomieeinrichtungen und Sanitäranlagen für eine funktionierende Messe nutzergerecht umzusetzen. Funktionale wie auch gestalterische Aspekte sollten dabei nicht divergieren.

Ebenso von großer Bedeutung ist es, eindeutige Eingangssituationen mit hohem Wiedererkennungswert zu schaffen. Als selbstverständlich sollten auch eine klare architektonische Gestaltung von Innen- und Außenräumen mit attraktiven Themenbereichen und vor allem eine einfache Orientierungsmöglichkeit für die Besucher erachtet werden.

Abb. 2: Messearchitektur auf der Messe Erfurt

Die Konzeption eines Messegeländes hinsichtlich Gebäudetiefen, Orientierungen, Erschließungs- und Grünplanung muss eine ausgewogene Antwort auf die Begriffe Ästhetik, Funktionalität, Ökologie und Ökonomie sein. Hier ist der Architekt in hohem Maße gefordert.

Unserer Erfahrung nach besitzen bei den baulichen Maßnahmen folgende Parameter einen großen Stellenwert:

- Stützenfreiheit

- Durchgehende Befahrbarkeit, d.h. entsprechende Gebäudehöhen

- Gleichwertigkeit der Ausstellungsflächen und problemlose Teilbarkeit für parallele und/oder überlappende Veranstaltungen

- Kurze Auf- und Abbauzeiten

- Hohe Flexibilität in Bezug auf die Nutzung

- Behindertengerechte Einrichtungen.

Aber nicht nur den Interessen der Innenräume ist Rechnung zu tragen, sondern auch im Außenbereich ist eine übersichtliche und vor allem funktionale Ver- und Entsorgung sicherzustellen. Dies kann z.B. durch ausreichende Freiräume zwischen den Hallen (Beschickungshöfe) und durch großzügige Anlieferzonen erzielt werden.

Die Architektur hat sich im Messebau zum Ziel gesetzt, den unterschiedlichsten Ausstellungsarten und -themen gerecht zu werden. Die Baukörperkonzeption sollte möglichst einheitlich sein, um keine Wertigkeiten zu implizieren. Zudem muss sie flexible Innenräume anbieten, da teilweise differierende Anforderungen – sowohl hinsichtlich der Qualität als auch der Quantität – bestehen. Eine lichte, warme und sympathische Atmosphäre in den Hallen und Infrastrukturgebäuden ist für die Akzeptanz von großer Bedeutung. Entsprechend werden derzeit bewusst Materialkombinationen aus Stahl, Glas und Holz eingesetzt.

Eine darüber hinausgehende sorgfältige Detaillierung und Abstimmung der Gestaltung, der Konstruktion und vor allem der technischen Ausstattung ist maßgebend für ein ganzheitliches Gelingen.

Wir sehen die Architektur aber nicht nur als ein wichtiges Gestaltungselement, sondern sind der Überzeugung, dass Messehallen – und das steht nicht im Widerspruch zur Architektur – vor allem die an sie gestellten Funktionen erfüllen müssen. Nur das gewährleistet einen vernünftigen Kostenrahmen, der wiederum eine maßgebliche Voraussetzung für die spätere Wirtschaftlichkeit ist. Hierzu kann die architektonische Qualität durch eine klare und einfache Gestaltungskonzeption in hohem Maße beitragen. Dies kann insofern sichergestellt werden, wenn einerseits Akzente – z.B. bei der Gestaltung der Eingangsgebäude – gesetzt, andererseits die „normalen" Ausstellungshallen gestalterisch auf die notwendige Funktionalität begrenzt werden.

Die komplexen Zusammenhänge zwischen den Baukörpern und ihrem thermischen Verhalten sind ebenfalls wichtig. Ausschlaggebend hierfür sind vor allem der Standort der Gebäude, ihre Lage in Beziehung zur Topografie, die sie umgebende Vegetation oder Bebauung, die Gebäudeform und -orientierung, ihr Volumen im Verhältnis zur Oberfläche, die Art der Gebäudehülle, der Fensteranteil sowie die Art und das thermische Verhalten der Tragkonstruktion. Diese Überlegungen sind wichtige Bestandteile des gebäudetechnischen Konzeptes, das für den Betrieb von großer Relevanz ist. Hierzu gehört natürlich auch die flächendeckende Versorgung über Spartennetze mit Strom, Wasser und vor allem modernster Kommunikationstechnik. An dieser Stelle sei die Neue Messe München erwähnt, die über ein Hochgeschwindigkeitsdatennetz zur Übertragung von Ton, Bild und Daten umfangreiche Kommunikationsmöglichkeiten innerhalb des Geländes und in die ganze Welt hinaus anbietet.

In diesem Zusammenhang ist bereits im baulichen Planungsprozess die Gebäudetechnik und vor allem der spätere Gebäudebetrieb (Facility-Management) einzubeziehen. Das Facility-Management kann sämtliche Dienstleistungsprozesse im Spannungsdreieck zwischen Messegesellschaft, Aussteller und Besucher verbessern helfen und einen wesentlichen Beitrag zum Unternehmenserfolg leisten.

Aus der Sicht der Architektur ist es sehr zu begrüßen, ja sogar als notwendig zu erachten, bereits in den ersten Planungsüberlegungen einen ganzheitlichen integrierten Planungsansatz zu verfolgen. So sollte es selbstverständlich sein, dass sich Architekten mit den Kollegen aus der Tragwerksplanung und der Gebäudetechnik bereits im Vorfeld austauschen, um sämtliche Rahmenbedingungen von Anfang an zu optimieren. Allein dadurch kann in der Betriebsphase ein wirtschaftlicher Ablauf sichergestellt werden.

Eine Messe hat auch Umweltverantwortung.

Sehr oft werden wir zum Beispiel mit der Frage ökologischer Energiegewinnung konfrontiert. Strom aus Sonnenenergie zu erzeugen ist heute kein Sonderfall mehr. Besondere lärmgedämmte Fahrzeuge auf dem Messegelände einzusetzen, umweltgerechte Abfallentsorgung, Abfalltrennung und -verwertung schon während der Bauzeit sicherzustellen oder eine eigene Müllsortierungsanlage vorzusehen sind für uns weitere wichtige Kriterien im Planungsprozess.

Auch die Grünplanung sollte nicht nur als dekoratives Element der Restfläche gesehen werden. Die Gestaltung des Freiraumes ist ein substanzieller Bestandteil einer Messeplanung.

Die Freifläche sollte in ein Messekonzept integriert werden. So wird sie seitens der Besucher als Ruhe- oder Erholungszone, als „grüner Mittelpunkt" oder Haupterschließungsachse akzeptiert. Die Freifläche bietet aber nicht nur während den Messen Nutzungsmöglichkeiten, sondern kann auch außerhalb des Messebetriebs – z.B. als Parkanlage – einen Nutzungsmehrwert bieten.

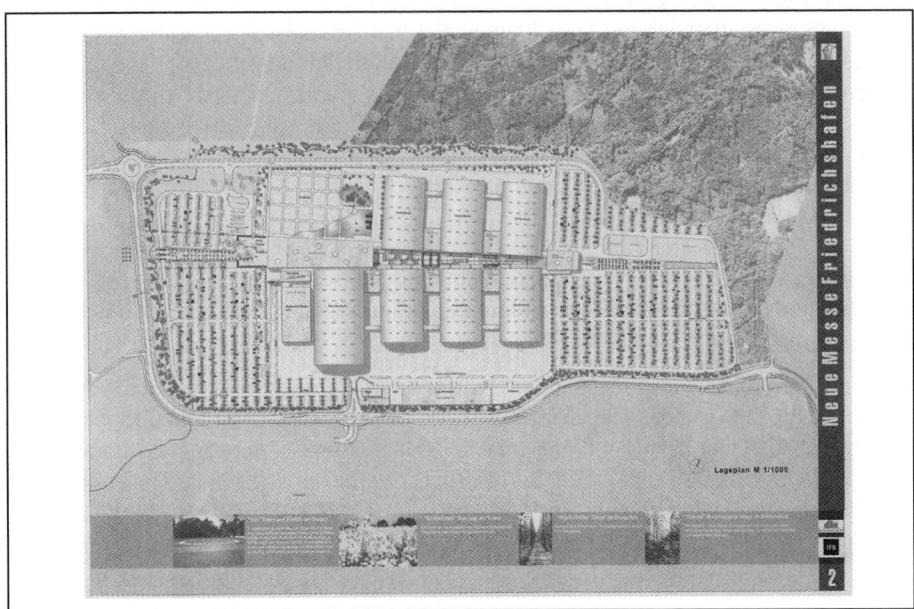

Abb. 3: Freiraumplanung Messe Friedrichshafen

Vor allem bei innerstädtischen Messen ist es besonders wichtig „grüne Oasen" zu schaffen. Auch ökologische Aspekte unterstreichen diese Notwendigkeit. Durch ein ausgewogenes Zusammenspiel von Grünräumen und Infrastruktureinrichtungen, wie z.B. Restaurants, Snackbars oder sonstigen Serviceangeboten, kann eine nachhaltige Stärkung und Akzeptanz des gesamten Messegeländes erreicht werden.

4. Resümee

Praktische Erfahrungen lassen abschließend folgendes Resümee zu:

Die grundlegenden Anforderungen an ein modernes Messegelände sind Funktionalität und Flexibilität sowohl für die Aussteller und Besucher als auch für die Servicepartner, gepaart mit einer Architektur der menschlichen Maßstäbe. Dabei sind alle betriebswirtschaftlichen und ökologischen Rahmenbedingungen einzuhalten sowie alle am Planungs- und Bauprozess Beteiligten frühzeitig einzubeziehen. Wird in solche Arbeitsprozesse der örtliche Mittelstand einbezogen, werden sicherlich auch neue Finanzierungs-

und Realisierungsmodelle erfolgreich umgesetzt werden. Diese Gemeinschaft bildet dann ein optimales Netzwerk und wird so zum Garant für eine langfristig funktionstüchtige, wirtschaftliche und attraktive Messeeinrichtung.

Wilfried E. Moog

Facility-Management im Messewesen

1. Einleitung

2. Definition des Facility-Managements

3. Besonderheiten von Messen
    3.1   Stadtplanerische Voraussetzungen
    3.2   Technische Voraussetzungen
    3.3   Folgen für die Planung

4. Facility-Management der Messe Düsseldorf GmbH
    4.1   Messeplatzspezifische Daten und Fakten
    4.2   Facility-Management-Konzept

5. Ausblick

Dipl.-Ing., Architekt, Stadtplaner, Bauassessor Wilfried E. Moog ist Geschäftsführer der Messe Düsseldorf GmbH, Düsseldorf.

1. Einleitung

> *„Philosophen und Hausbesitzer haben immer Reparaturen!"*
> *Wilhelm Busch*

Das Problem kennt jeder: Das neue Heim für die Familie ist schon geplant, die Farbe der Türklinken ist festgelegt, die Abzahlung der Kredite ist genau berechnet. Und plötzlich wird doch alles teurer, man braucht mehr Räume als geplant und aufwändige Reparaturen werden fällig.

Was dieser Hausbesitzer braucht, ist Facility-Management, d.h. eine genaue Vorstellung von der Nutzung des Hauses, eine vernünftige Finanzierung und die Einplanung von Reparaturen und Entsorgung.

Nichts anderes macht Facility-Management (FM) im Messewesen. Allerdings sind die Immobilien um ein Vielfaches größer und die Nutzung ist erheblich differenzierter, sodass die Aufgaben des FM um einiges komplexer sind.

2. Definition des Facility-Managements

Facility-Management hat in den letzten Jahren einen erheblichen Aufschwung genommen. Handbücher wurden geschrieben, Studienschwerpunkte eingerichtet, seit mehreren Jahren wird eine Messe zum Thema durchgeführt. Hier nur einige Gründe für diese Entwicklung:

- Die Kosten, die Bau, Betrieb und Abriss eines Gebäudes verursachen, finden in ihrer Gesamtheit immer größere Beachtung in der Planung von Bauvorhaben

- Die Auswirkungen, die ein Gebäude auf seine Umgebung hat, werden heute genau beobachtet. Bei jeder Gewerbeimmobilie muss, vereinfacht gesagt, die Ökobilanz stimmen

- Arbeitsschutz, Brandschutz etc., kurz, alle gesetzlichen Bestimmungen zum Wohl der Menschen, die eine gewerbliche Immobilie nutzen, wurden in den letzten Jahren erheblich ausgeweitet.

Auch wenn in der heutigen Diskussion der Begriff Facility-Management noch sehr unterschiedlich benutzt wird, zielen die Definitionen der damit befassten Organisationen und Verbände[1] doch alle in die gleiche Richtung:

Facility-Management hat das Ziel, Gebäude, ihre Systeme und Inhalte optimal auf die dort arbeitenden Menschen und die betrieblichen Bedürfnisse einzustellen, um so die höchstmögliche Wertschöpfung aus dem Zusammenwirken sämtlicher Ressourcen eines Unternehmens zu erreichen. Hierzu ist es notwendig, sich mit der Wirtschaftlichkeit von Gebäuden und Anlagen über deren gesamte Lebensdauer hinweg zu beschäftigen. Es geht also um die ganzheitliche, integrative Betrachtungsweise der in Abbildung 1 dargestellten drei Managementbereiche des Facility-Managements.

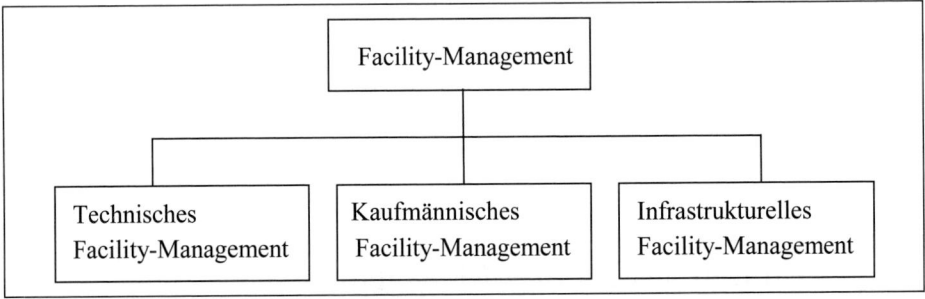

Abb. 1: Facility-Management in Anlehnung an VDMA 24 196

Die Richtlinie 24 196 des VDMA wird den weiteren Ausführungen zu Inhalt und Aufgabe des Facility-Managements zu Grunde gelegt.

Die Richtlinie unterscheidet ein technisches, ein kaufmännisches und ein infrastrukturelles Facility-Management. Die Dreigliederung erwies sich auf Grund des großen Umfangs der gestellten Aufgaben als sinnvoll. Außerdem sind die zur Bewältigung der jeweiligen Aufgabe notwendigen Qualifikationen der Beteiligten sehr unterschiedlich, ein Umstand, der ebenfalls für die genannte Dreiergliederung spricht.

Im Einzelnen lassen sich Aufgaben und Leistungen nach der in Abbildung 2 dargestellten Gliederung wie folgt zuordnen.

---

[1] Z.B. GEFMA Deutscher Verband für Facility-Management e.V., IFMA International Facility-Management Association, VDMA Verband Deutscher Maschinen- und Anlagenbau e.V.

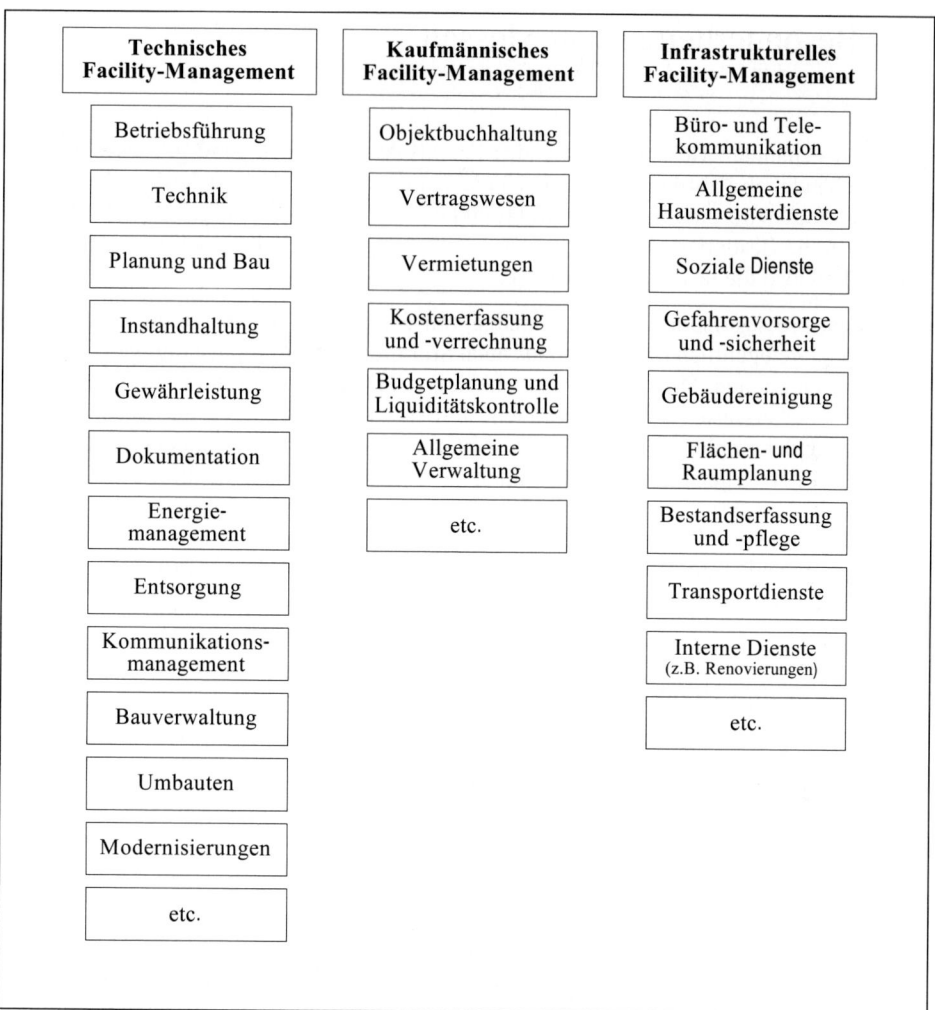

Technisches Facility-Management	Kaufmännisches Facility-Management	Infrastrukturelles Facility-Management
Betriebsführung	Objektbuchhaltung	Büro- und Telekommunikation
Technik	Vertragswesen	Allgemeine Hausmeisterdienste
Planung und Bau	Vermietungen	Soziale Dienste
Instandhaltung	Kostenerfassung und -verrechnung	Gefahrenvorsorge und -sicherheit
Gewährleistung	Budgetplanung und Liquiditätskontrolle	Gebäudereinigung
Dokumentation	Allgemeine Verwaltung	Flächen- und Raumplanung
Energiemanagement	etc.	Bestandserfassung und -pflege
Entsorgung		Transportdienste
Kommunikationsmanagement		Interne Dienste (z.B. Renovierungen)
Bauverwaltung		etc.
Umbauten		
Modernisierungen		
etc.		

Abb. 2: Aufgaben und Leistungen des Facility-Management

Im Weiteren wird beschrieben, wie die Messe Düsseldorf die aufgeführten Aufgaben löst und die notwendigen Leistungen durchführt.

3.   Besonderheiten von Messen

Die oben genannten Beschreibungen des Facility-Managements sind grundsätzlich für jedes Gebäude, ob Fabrikhalle, Bürogebäude, Kaufhaus oder eben auch Messehalle, gültig. Allerdings wird eine Konkretisierung und damit Lösung der Aufgaben erst möglich, wenn man die Besonderheiten der jeweiligen Nutzung einer Anlage definiert, im vorliegenden Fall also die des Mediums Messe.

Auf einem Messegelände steht eine Anlage, mit der Messe- und Ausstellungsveranstaltungen oder gelegentlich darüber hinaus auch Sport- und Kulturveranstaltungen durchgeführt werden können. Die Unterschiedlichkeit der Veranstaltungen führt zu Anforderungen, die üblicherweise so nicht oder nicht in dieser Kombination an ein Gebäude bzw. einen Gebäudekomplex gestellt werden. Mit der Planung eines Gebäudes wird dessen Nutzung in der Regel für dessen gesamten Lebenszyklus festgelegt: Eine Klinik bleibt eine Klinik, eine Bank wird nicht als Kaufhaus genutzt und eine Fabrik wird allenfalls, wenn sie architekturhistorisch besonders wertvoll ist, mit großem finanziellen und technischen Aufwand in ein Büro- oder Wohngebäude umgestaltet. Die Nutzung von Messehallen dagegen ist nicht nur vielseitig, sie ist auch nur bedingt vorhersehbar.

3.1   Stadtplanerische Voraussetzungen

Ein Messegelände braucht eine ausgezeichnete Verkehrsanbindung. Bis zu mehrere zehntausend Aussteller und Besucher pro Tag erfordern eine hohe Belastbarkeit durch den Individualverkehr und den öffentlichen Verkehr, d.h. beispielsweise leistungsfähige Straßen und große Parkflächen.

Messegelände können gute und weniger gute Lagen im Stadtorganismus haben. Eine zu zentrale Lage schränkt Ausbaumöglichkeiten ein, Konflikte mit anderen Nutzern der Stadt sind geradezu vorprogrammiert. Eine zu dezentrale Lage wiederum macht die An- und Abreise für alle an einer Veranstaltung Beteiligten ungeheuer aufwändig. Ein über mehrere Tage dauernder Aufenthalt wird leicht zum Reisemarathon.

Schließlich haben Messen einen großen Flächenanspruch. Das Gelände der Messe Düsseldorf, das bei weitem nicht das größte in Deutschland ist, umfasst z.B. etwa 560 000 Quadratmeter.

3.2   Technische Voraussetzungen

Die unterschiedliche Nutzung der Hallen etwa für Modemessen oder für große Maschinenbaumessen erfordert eine umfassende technische Ausstattung der Anlagen. Investitionsgütermessen erfordern hohe Energieleistungen, Publikumsmessen stellen höchste Ansprüche an den Schutz von Personen. Die äußere, oft klare und einfache Erscheinung eines Messegebäudes steht im Widerspruch zu den erforderlichen technischen Einrichtungen innerhalb und unterhalb des Gebäudes. Kälte, Wärme, Klima, Strom, Gas, Wasser, Abwasser, Druckluft, Sprinkler, Telekommunikation und IT-Vernetzung sind Anforderungen, deren Erfüllung grundsätzlich an jeder beliebigen Stelle für die Versorgung von Messeständen möglich sein muss. Ein Beispiel: Bei großen Investitionsgütermessen werden Maschinen betrieben, für die elektrische Anschlussleistungen von 50 Megawatt in den Hallenböden vorgehalten werden. Das entspricht der Leistung von 50 000 Heizöfen. Bei einer Messeveranstaltung garantieren wir unabhängig von den jeweils herrschenden Außentemperaturen eine konstante angenehme Innentemperatur. Hierfür werden zurzeit ca. 60 Megawatt Kälteleistung vorgehalten, die über die Lüftungsanlagen in die Hallen eingebracht werden können.

Hinzu kommt, dass eine spätere Nutzung beim Bau einer Messehalle nur bedingt feststeht. Bei der Planung des Düsseldorfer Geländes gab es zwar bereits die großen Modemessen und auch eine große Investitionsgütermesse – die drupa, die weltweit größte Druckmesse, war schon 15 Jahre im Programm der Messegesellschaft. Aber zwei so unterschiedliche Messen wie die ProWein, seit 1993, oder der Caravan Salon, seit 1994 in Düsseldorf, waren noch nicht einmal eine Zukunftsplanung.

Die Vielfältigkeit der Nutzung stellt auch hohe gestalterische Anforderungen an die Gebäude einer Messe. Während einer Druckmesse sollen eben nicht in erster Linie Druckerzeugnisse hergestellt, sondern Druckmaschinen verkauft werden. Die Messehalle ist also nicht nur Fabrikhalle, sie ist gleichzeitig auch Showroom des jeweiligen Ausstellers.

Zur technischen Flexibilität kommt bei Messegeländen eine zeitliche hinzu. Messen finden in wenigen Monaten im Jahr statt. Wochenlange Leerstände werden abgelöst durch Zeiten, in denen kurzfristig kleine, oft parallel laufende Messen und Großveranstaltungen aufeinander folgen. Innerhalb weniger Tage müssen hunderttausende Quadratmeter Messestände auf- und abgebaut werden.

3.3   Folgen für die Planung

Facility-Management beginnt deshalb bei der Gebäudeplanung. Die technischen und gestalterischen Voraussetzungen, die Messen verlangen, können nur durch die Messegesellschaft in die Bauplanung eingebracht werden.

Dies bedeutet bereits in der Genehmigungsplanung der Gebäude neben der Berücksichtigung der für alle geltenden Gesetze und Vorschriften[2] die Umsetzung von sehr flexiblen baulichen und technischen Gegebenheiten. Nur so kann man den bei jeder Veranstaltung gestellten Anforderungen ohne besonders großen Aufwand kurzfristig nachkommen.

Um ein ausgewogenes Kosten-Nutzen-Verhältnis zu erzielen, wird neben der Berücksichtigung aller gesetzlichen Vorschriften bei der Planung und Errichtung der Gebäude zwischen allen beschriebenen Abhängigkeiten abgewogen. Die architektonische Gestaltung darf die technische Nutzung nicht einschränken, die technischen Anlagen müssen der üblichen Nutzung angepasst sein. So sind die Hallen der Messe Düsseldorf für ca. 75 Prozent Flächenauslastung und verschiedenste Nutzungsvarianten konzipiert. Das betrifft sowohl die Vorhaltung der elektrischen Energie wie auch die Installation an Klimatechnik. Zusätzliche Anforderungen können temporär eingebracht werden. Auch hierfür müssen bei der Planung und Erstellung der Hallen entsprechende Vorbereitungen getroffen werden.

4. Facility-Management der Messe Düsseldorf GmbH

4.1 Messeplatzspezifische Daten und Fakten

Düsseldorf gehört zu den größten Messeplätzen dieser Welt. Über 20 Veranstaltungen in den Bereichen Materialien und Technologien, Automation und Polytechnik, Verpackung und Verarbeitung, Kommunikation, Druck, Print und Media, Medizin und Gesundheit, Handel, Handwerk und Dienstleistungen, Mode, Freizeit, Wellness und Kosmetik und weitere Fachmessen sind die größten ihrer Art in der jeweiligen Branche. Weltweit ist die Messe Düsseldorf mit 70 Auslandsvertretungen für 94 Länder präsent. Dazu kommen 13 direkte Beteiligungen bzw. Tochtergesellschaften.

Für das Jahr 2002 betrug der Konzernumsatz etwa 260 Millionen Euro. In Düsseldorf wurden in diesem Zeitraum 38 Veranstaltungen durchgeführt. Sie fanden in 17 Hallen mit insgesamt etwa 235 000 Quadratmetern Ausstellungsfläche statt. Mehr als 30 000 Aussteller trafen hier mit insgesamt fast 1,6 Millionen Besuchern zusammen.

Im jährlichen Durchschnitt generieren die Messen einen Gesamtumsatz von ca. zwei Milliarden Euro in der Region Düsseldorf, etwa 23 000 Arbeitsplätze hängen direkt oder indirekt von den Messeveranstaltungen ab.

---

[2] Z.B. die Versammlungsstättenverordnung, die Arbeitsstättenverordnung, die Landesbauordnung, die Umsetzung von versicherungsrechtlichen Vorschriften etc.

4.2 Facility-Management-Konzept

4.2.1 Organisation des Geschäftsbereichs Facility-Management

Entsprechend seiner Bedeutung, der Größe der Gebäudeanlage und den messespezifischen Besonderheiten verfügt die Messe Düsseldorf GmbH über einen eigenen Geschäftsbereich „Facility-Management". Um das Leistungsspektrum von der Planung über die Betreiberfunktion bis zum Messeservice abdecken zu können, hat sich der Geschäftsbereich in unterschiedliche Abteilungen mit jeweils festen Aufgabenstellungen und einer klaren Schnittstellenregelung organisiert (vgl. Abb. 3).[3]

Abb. 3: Aufgaben des Geschäftsbereichs Facility-Management der Messe Düsseldorf

---

[3] Die Aufgaben der Abteilungen sind im Organisationshandbuch der Messe Düsseldorf wie folgt festgelegt. Betriebstechnik: Steuerung der betriebstechnischen Einrichtungen. Planung, Realisierung und Kontrolle aller gebäudetechnischen Maßnahmen der Messe Düsseldorf; Veranstaltungstechnik: Beratung, Erfassung, Bereitstellung und Kontrolle aller veranstaltungsspezifischen technischen Leistungen einschließlich des dazugehörigen Services (außer Telefonanlagen); Kommunikationstechnik: Planung, Realisierung, Kontrolle und Betreuung der kommunikationstechnischen Einrichtungen; Datenverarbeitung: Planung, Realisierung und Überwachung aller kommerziellen EDV-spezifischen Vorgänge sowohl bei der Hard- als auch bei der Software; Einkauf: Beschaffung aller Güter und Leistungen gemäß der gültigen Einkaufsordnung; Steuerung und Planung: Planung, Steuerung und Kontrolle der technischen Großprojekte; Logistik: Planung, Regelung und Überwachung des fließenden und ruhenden Verkehrs innerhalb und außerhalb des Messegeländes sowie der veranstaltungsbezogenen und betriebsbedingten Reinigung, Entsorgung und Bewachung des Geländes; Gebäudeservice: Steuerung des Gebäude- und Hallenservices, einschließlich der Erarbeitung von technischen Konzepten für die Messe Düsseldorf.

Ziel dieser Aufteilung und der Koordination der Einzelaufgaben ist es, eine einheitliche und durchgängige Systematik über den gesamten Lebenszyklus eines Gebäudes zu gewährleisten. Hierzu gehört neben einer gemeinsamen Datengrundlage der permanente Informationsaustausch zwischen allen Beteiligten. Unter Informationsaustausch ist nicht nur der im Tagesgeschäft notwendige Informationsfluss zu verstehen, sondern als besonders wichtiges Element der Erfahrungsrückfluss, der bei Betrieb und Service gewonnen wird und bei Planung und Bau berücksichtigt werden muss.

In Kapitel 2, *Definition des Facility-Managements* wurden die drei Bereiche Technisches FM, Kaufmännisches FM und Infrastrukturelles FM bestimmt. Die mit den oben genannten acht Aufgabenspektren betrauten Abteilungen der Messe Düsseldorf sind diesen Bereichen – wie in Abbildung 4 dargestellt – zugeordnet:

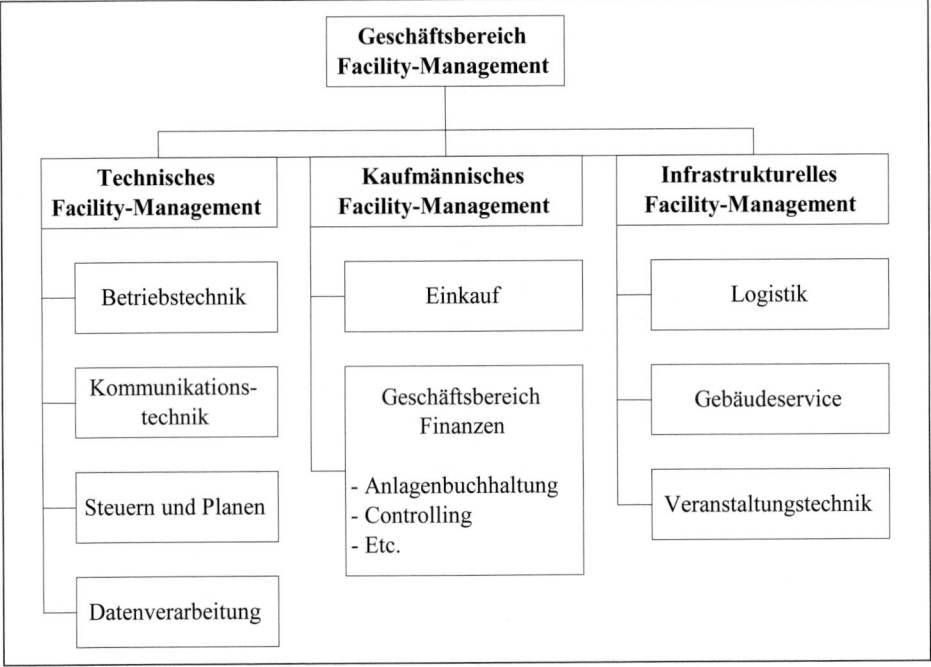

Abb. 4: Organisationsstruktur des Geschäftsbereichs Facility-Management

4.2.2 Integriertes EDV-System der Messe Düsseldorf

Als notwendige Basis eines erfolgreichen Facility-Managements über den gesamten Lebenszyklus eines Gebäudes wurde bereits der permanente Informationsaustausch zwischen allen über den ganzen Zeitraum am Projekt Beteiligten genannt. Um den Informationsfluss zu gewährleisten, arbeitet die Messe Düsseldorf mit einem integrierten EDV-System. Dabei entsprechen die grundsätzlichen Funktionen des Systems denjenigen, die Unternehmen heute standardmäßig zur Abwicklung ihrer Geschäfte angeboten werden. Diese grundlegenden Funktionen sind in Abbildung 5 innerhalb des Kreises dargestellt.

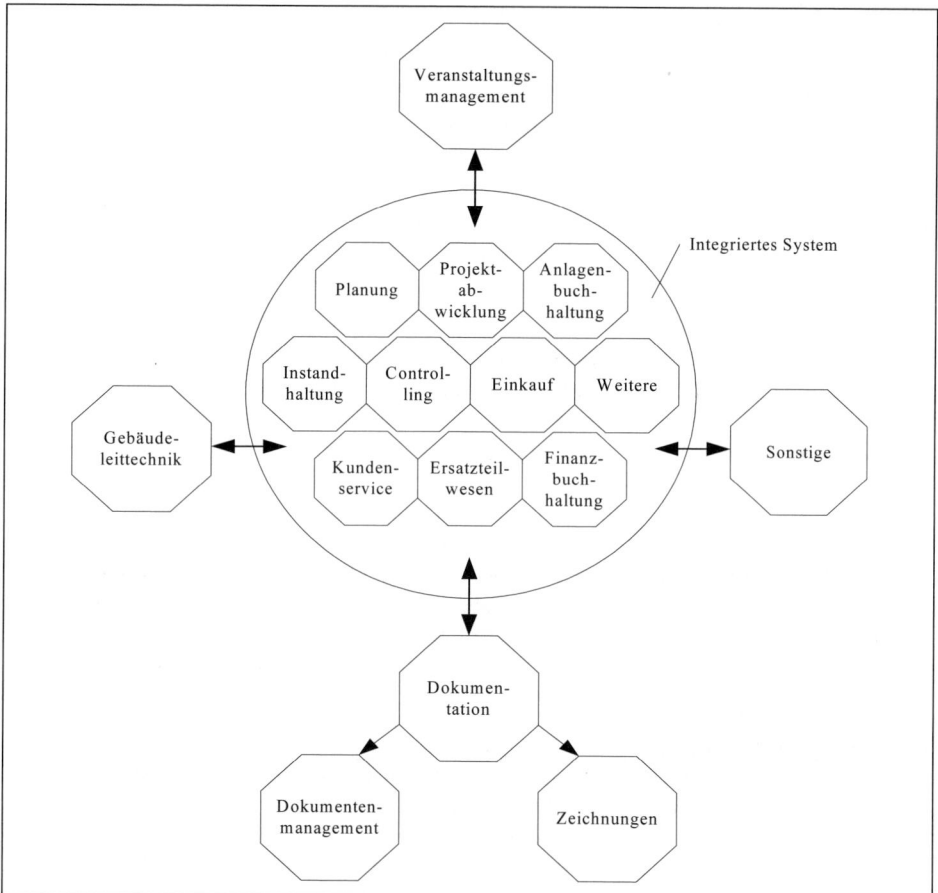

Abb. 5: Funktionen des integrierten EDV-Systems der Messe Düsseldorf

Merkmal dieser Systeme ist, dass alle Beteiligten auf die gleiche Datenbasis zurückgreifen und somit die Weitergabe von Informationen sicher gestellt ist.

Im Planungstool können Maßnahmen geplant und über das Einkaufstool in Auftrag gegeben werden. Auf diese Informationen setzt ein Tool für die Projektabwicklung mit Zeit- und Ressourcenplanung auf. Nach Abschluss der Projektphase und Inbetriebnahme werden Daten zur steuerlichen Abschreibung im Baustein für die Anlagenbuchhaltung übernommen. Die Instandhaltung für die Nutzungsphase greift ebenfalls auf die während der Planungs- und Projektphase erarbeiteten Datengrundlagen zurück und sorgt für die notwendigen Wartungs- und Inspektionspläne. Vom Controlling her werden über alle Nutzungs- und Leistungsphasen hinweg Soll-Ist-Vergleiche gefahren, um Abweichungen vom Budget früh genug erkennen zu können und entsprechend gegenzusteuern. Die Abteilung Veranstaltungstechnik schließlich nutzt diese Daten, um spezielle Wünsche von Ausstellern und Veranstaltern bearbeiten und über die Finanzbuchhaltung dem Auftraggeber in Rechnung stellen zu können.

Die auf dem Markt verfügbaren integrierten EDV-Systeme müssen jedoch einer Anwendung des Facility-Managements im Messebetrieb angepasst, d.h. erweitert werden. Daher wurden zusätzlich zu einem integrierten System Einzellösungen erarbeitet (in Abb. 5 außerhalb des Kreises dargestellt). Um eine reibungslose Nutzung im Alltag zu gewährleisten, muss die Kompatibilität von Sonderlösungen zum integrierten System in jedem Fall gegeben sein.

- *Gebäudeleittechnik*
  Auf dem Gelände der Messe Düsseldorf werden an 20 000 Datenpunkten Informationen aufgenommen. In der Gebäudeleittechnik werden diese Datenpunkte verwaltet und gesteuert. Meldet ein Datenpunkt eine Abweichung vom Sollzustand, z.B. die Abweichung einer Raumtemperatur vom gewünschten Maß, wird diese Information an das integrierte EDV-System weitergeleitet. Ist ein Eingriff oder sogar eine Reparatur erforderlich, wird über den Instandhaltungsbaustein für die entsprechenden Mitarbeiter direkt ein Arbeitsauftrag erzeugt. Aus der Gebäudeleittechnik angestoßene Reparaturen werden wie alle anderen Instandhaltungsaufträge im System hinterlegt, um aus den so gewonnenen Daten Schwachstellenanalysen zur permanenten Verbesserung gewinnen zu können. Im Rahmen des Erfahrungsrückflusses kann selbstverständlich für Planung und Projekt auf diese Erfahrungsdaten zurückgegriffen werden.

- *Veranstaltungsmanagement*
  Ein weiteres relevantes zusätzliches Instrument ist ein Baustein für das Veranstaltungsmanagement, der Daten über die zeitliche Nutzung der Hallen und Räume sammelt, bearbeitet und zur Verfügung stellt. So lässt sich exakt festlegen, wann die technischen Anlagen zur Versorgung der Räume und Halle eingeschaltet sein müssen. Diese Daten sind ebenfalls Teil der Rechnungslegung.

- *Dokumentation*
  Die Dokumentation im Geschäftsbereich Facility-Management der Messe Düsseldorf ist in zwei Bereiche gegliedert, das Dokumenten-Management-System (DMS) und das CAD-System. Im DMS werden alle Formulare über gesetzlich vorgeschriebene Prüfungen, Schriftverkehre etc. gespeichert. Die Dokumente werden als „Original abgelegt" anerkannt, d.h. gerichtsfest abgelegt und sind bei Bedarf flexibel abrufbar. Dieses System wird auch für die Ablage in der Finanzbuchhaltung eingesetzt. Separat werden im CAD-System alle Zeichnungen der technischen Anlagen der Messe Düsseldorf wie z.B. Rohrsysteme, Kabeltrassen, Lüftungsanlagen etc. dokumentiert.

Durch Schnittstellen sind das Dokumenten-Management-System und das CAD-System miteinander und mit dem integrierten EDV-System der Messe Düsseldorf verknüpft. Durch die Realisierung der Schnittstellen werden regelmäßig wiederkehrende Prüfungen automatisch im hinterlegten Rhythmus vom System zur Bestellung so vorgelegt, dass die kaufmännische Bestellung zusammen mit einer Übersichtszeichnung der Örtlichkeiten und den hinterlegten Arbeitsblättern für die anstehenden Prüfungen ausgedruckt werden. So kann die Prüfung durch Dritte durchgeführt und auf den Arbeitsblättern abgehakt und quittiert werden. Der Leistende liefert die ausgefüllten Arbeitsblätter zurück, die abschließend ins Dokumenten-Management-System eingescannt und abgelegt werden.

5. Ausblick

Die Orientierung auf alle an der Erstellung und Nutzung eines Produktes oder einer Dienstleistung beteiligten Personen und ein größeres Kostenbewusstsein haben Facility-Management in den letzten Jahren in den Vordergrund gerückt. Dabei ist die Schaffung ganzheitlicher Konzepte zur Bewältigung dieser Aufgabe erst durch die Entwicklung integrierter EDV-Systeme möglich geworden. Ausgehend von vorhandenen Standards wird jede Messegesellschaft hier ein eigenes System entsprechend ihren jeweiligen Bedürfnissen entwickeln. Allerdings wird das beste Facility-Management nur funktionieren, wenn die Menschen, die ein Produkt oder eine Dienstleistung erstellen, das System tragen. Diese permanente Managementaufgabe sind wir bereits bei der Entwicklung unseres EDV-Systems angegangen. Über einen Zeitraum von sechs Monaten hat eine Unternehmensberatung gemeinsam mit den Mitarbeitern der Messe Düsseldorf ein Pflichtenheft für das integrierte System entwickelt.

Dennoch ist die Aufgabe, die Vorteile des ganzheitlichen Facility-Managements für jeden erfahrbar und die Systeme für jeden bedienbar zu machen, gewiss noch nicht abgeschlossen.

Kapitel 4:

Zukunftsherausforderungen des Messewesens

Sepp D. Heckmann

Messen im Wandel

1. Einführung

2. Zukünftige Herausforderungen
   2.1 Notwendigkeit der Internationalisierung
   2.2 Veränderung der Wertschöpfungsstrukturen
   2.3 Wachsende Bedeutung von Non-Space-Products
   2.4 Wachsendes unternehmerisches Risiko

3. Konsequenzen für den Messeplatz Deutschland

Sepp D. Heckmann ist Mitglied des Vorstandes der Deutschen Messe AG, Hannover.

1. Einführung

Seit der ersten urkundlich erwähnten Messe im Jahr 629 in St. Denis im Norden von Paris haben sich Messen und Ausstellungen in mehreren Entwicklungsstufen zu dem heutigen Marketing- und Kommunikationsinstrument moderner Prägung entwickelt. Im Verlaufe dieser Zeit unterlagen die Veranstaltungen einem stetigen Wandel. Im gleichen Maße, wie sich das „Gesicht" der Veranstaltungen verändert hat, haben sich auch die Aufgaben und Erfolgsfaktoren der Veranstalter von Messen und Ausstellungen gewandelt. Stand früher vor allem die Schaffung optimaler Rahmenbedingungen, z.B. die Gewährleistung des „freien Messegeleits", im Vordergrund, so haben sich die Messeveranstalter inzwischen selbst zu bedeutenden Marketingorganisationen entwickelt.

Von diesem Wandel des Messewesens haben die deutschen Messeveranstalter in den vergangenen Jahrzehnten überproportional profitiert. Unterstützt und gefördert durch ihre öffentlich-rechtlichen Gesellschafter haben sie früh und mutig in den Ausbau ihrer Messeinfrastruktur investiert. Neben dem weltweit größten Messegelände in Hannover zählen fünf weitere deutsche Messegelände zu den zwölf weltweit größten. Auch der Trend zur Fachmesse wurde früh erkannt und in Form innovativer und marktgerechter Messekonzepte umgesetzt. Mit rund zwei Drittel aller sogenannten Weltleitmessen nimmt Deutschland in dieser Hinsicht heute unangefochten die weltweit führende Position ein.

Dennoch steht das Messewesen vor einer Reihe gravierender Herausforderungen, die geeignet sind, die gewachsenen Marktstrukturen nachhaltig zu verändern. Die führenden Messegesellschaften sind gefordert, tragfähige Antworten auf diese Herausforderungen zu finden, wenn sie ihre angestammte Führungsrolle langfristig verteidigen und ausbauen wollen. Mehr denn je ist es erforderlich, gewachsene Strukturen auf den Prüfstand zu stellen und manche tradierte Vorstellung über Bord zu werfen.

2. Zukünftige Herausforderungen

Wie oben angeführt, stehen die Veranstalter von Messen und Ausstellungen vor einer Reihe gravierender Herausforderungen, die geeignet sind, die traditionellen Marktstrukturen nachhaltig zu verändern. An erster Stelle anzuführen ist sicherlich die Notwendigkeit, die Konzepte der bestehenden Veranstaltungen permanent zu optimieren, sie an sich verändernde Marktsituationen und die technologischen Entwicklungen anzupassen und konsequent weiter zu entwickeln. Stillstand bedeutet in dieser Hinsicht Rückschritt – wer glaubt, sich auf einer einmal erreichten Position auszuruhen zu können, den bestraft der Markt. Ebenso wichtig ist es, neue wachstumsträchtige Messethemen zu entwickeln und im Markt zu etablieren.

Ohne die Bedeutung dieser Aufgaben schmälern zu wollen, ist jedoch festzuhalten, dass diese in ihrem Kern zum Tagesgeschäft von Messegesellschaften zählen. Ebenso ist evident, dass dabei die wachsende Wettbewerbssituation zu beachten ist – dies nicht nur auf der Ebene der Messegesellschaften, sondern auch im so genannten intermedialen Wettbewerb, d.h. mit anderen Kommunikations- und Informationsmedien. In dieser Hinsicht muss es ein gemeinsames Anliegen aller Messeplätze sein, den Nutzen einer Messebeteiligung transparenter und vor allem kalkulierbarer für die Teilnehmer zu machen.

Darüber hinaus sind jedoch übergreifende Herausforderungen zu meistern, die, richtig verstanden und konsequent angepackt, auch erhebliche Chancen für innovative Messeplätze bieten. Anzuführen sind vor allem vier Entwicklungstrends, auf die im Folgenden kurz eingegangen wird.

2.1   Notwendigkeit der Internationalisierung

Trotz der oben erwähnten guten Position ist das Messewesen schon lange keine europäische oder gar deutsche Domäne mehr. Im Verlauf des vergangenen Jahrzehnts war ein rapider Anstieg der Messeaktivitäten außerhalb Westeuropas zu beobachten. Auch die Gebietskörperschaften außerhalb Europas haben die immensen gesamtwirtschaftlichen Effekte von Messen entdeckt und großzügig in den Auf- und Ausbau der Messeinfrastruktur investiert. Allein in China befinden sich derzeit rund dreißig bedeutende Messeplätze in der Planungs-, Realisations- oder Ausbauphase.

Es gehört nur eine geringe prophetische Gabe dazu, um vorauszusagen, dass nicht für alle diese Messefazilitäten auch eine entsprechende Nachfrage vorhanden ist. Vielmehr besteht die Gefahr einer Fehlallokation von Ressourcen. Viele Veranstaltungen werden ebenso schnell verschwinden, wie sie angekündigt werden. Zu erwarten ist deshalb zunächst einmal ein Konsolidierungsprozess, aus dem einige Veranstaltungen gestärkt hervorgehen werden. Das Gros der neuen Messen bzw. der angekündigten Neuveranstaltungen und teilweise auch ganze Messeplätze werden dagegen allenfalls regionale Bedeutung erlangen.

Für die deutschen und europäischen Messeveranstalter ist diese Entwicklung mit zwei wichtigen Konsequenzen verbunden. Zum einen wird sich der Wettbewerb mit den erfolgreichen Messen, die aus dem Konsolidierungsprozess gestärkt hervorgehen, mittelfristig erheblich verstärken. Zum anderen bietet dies auch Chancen für die deutschen Veranstalter, ihre Präsenz in den internationalen Wachstumszentren nachhaltig auszubauen.

Im Zuge des anhaltenden Globalisierungstrends bedeutet die Beschränkung der Veranstaltungsaktivitäten auf den „Heimatmarkt" eine zu enge und damit strategisch gefährliche Marktdefinition. Analog zu anderen Dienstleistungsbranchen (Banken, Versicherungen, Beratungsgesellschaften etc.) müssen sich Messegesellschaften zu weltweiten Marketingpartnern ihrer angestammten Kunden entwickeln, wenn sie ihre Marktanteile zumindest halten und ihre angestammten Kundenbeziehungen nicht aufs Spiel setzen wollen. Eine wesentliche Gestaltungsfrage ist dabei, inwieweit die etablierten inländischen Messemarken auch für den Auf- und Ausbau der Eigenveranstaltungsaktivitäten im Ausland genutzt werden.

Wie die meisten anderen deutschen Messegesellschaften auch hat die Deutsche Messe AG die Notwendigkeit zur Internationalisierung frühzeitig erkannt und durch den sukzessiven Ausbau ihrer Veranstaltungsaktivitäten im Ausland darauf reagiert. Im Ergebnis trägt das Auslandsmessegeschäft heute überproportional zum Wachstum bei.

2.2   Veränderung der Wertschöpfungsstrukturen

Um den zukünftigen Anforderungen gerecht zu werden, müssen die Messegesellschaften ihre Wertschöpfungskette permanent überprüfen und neu ausrichten. Lag früher ein Schwerpunkt auf dem Betrieb von Messegeländen, so werden diese Leistungen zunehmend „outgesourct". Auch die Investitionserfordernisse ändern sich: Stand bisher der Ausbau der Messegelände im Vordergrund, so besteht der zentrale Erfolgsfaktor zukünftig in der Investition in „Brain" – Messegesellschaften müssen deutlich stärker als bisher Markttrends erkennen und diese in ihrer Strategie antizipieren, wenn sie die Rolle des Intermediärs zwischen Angebot und Nachfrage eines Marktes weiterhin erfolgreich wahrnehmen wollen.

Der isolierte Verkauf von Standfläche ist zukünftig kein tragfähiges Geschäftsmodell. Erforderlich ist vielmehr der konsequente Ausbau der Service- und Dienstleistungsangebote. Die Deutsche Messe AG hat vor diesem Hintergrund bereits vor einiger Zeit damit begonnen, ihr Leistungsspektrum konsequent zu erweitern. Im Vordergrund stehen dabei zwei Ziele: Einerseits gilt es den Servicegrad für die Teilnehmer der Messen, sprich Besucher und Aussteller, deutlich zu erweitern. Hierzu zählen alle Aktivitäten, die es dem Aussteller oder Besucher erleichtern, an der Messe teilzunehmen. Andererseits zielt die Strategie darauf ab, den Erfolg der Messebeteiligung zu erhöhen. Dies erfolgt vor allem durch die Ausweitung der Kommunikationsangebote, mit deren Hilfe der Aussteller eine dauerhafte Kommunikationsbeziehung zu seinen Kunden eingehen kann.

Diese Aufgabe findet ihren Niederschlag in der strategischen Ausrichtung der Deutschen Messe AG, in deren Mittelpunkt die Entwicklung zu einem integrierten Kommunikationsdienstleister steht. Neben dem Internet und darauf aufbauenden Angeboten spielen Medienpartnerschaften hierbei eine wichtige Rolle.

2.3   Wachsende Bedeutung von Non-Space-Products

Im Zuge der Veränderung der o.a. Wertschöpfungsstrukturen wird sich auch das Geschäftssystem der Messen ändern. Zusätzlich zu der klassischen Vermarktung von Hallenfläche und der dazu gehörigen flächenbezogenen Services (Strom, Wasser, Standbau etc.) bieten sich den Messegesellschaften erhebliche Umsatz- und Wachstumspotenziale durch die Vermarktung sogenannter „Non-Space-Products". Die Konzeption und effiziente Vermarktung dieser Produkt- und Dienstleistungsangebote wird zukünftig eine Kernaufgabe der Messegesellschaften sein. Dies ist jedoch auch mit entsprechendem Vorleistungsaufwand, sprich Investitionen, verbunden.

Ein wesentlicher Treiber dieser Entwicklung ist die tendenzielle Veränderung des Profils von Messen und Ausstellungen. Man kann diese Entwicklung umschreiben mit dem Schlagwort „weg von der Vitrine, hin zum Präsentationsraum". Analog zu den Primärmärkten geht auch bei Messen der Trend weg vom Produkt und hin zum Lösungsangebot. Die Präsentation einer komplexen Problemlösung stellt andere Anforderungen an einen Messeveranstalter. Gerade diese Veränderung bietet jedoch auch neue Chancen für innovative Messegesellschaften.

2.4   Wachsendes unternehmerisches Risiko

Die Veränderung der Wertschöpfungsstrukturen, die Notwendigkeit zur Internationalisierung und die hohe Relevanz der Erschließung neuer Umsatz- und Ertragsquellen sind verbunden mit einem wachsenden unternehmerischen Risiko. Waren früher die Investitionen anhand der prognostizierten Aussteller- und Besucherzahlen mit relativ einfacher Arithmetik kalkulierbar, so stehen heute vergleichsweise komplexe Prozesse im Vordergrund, die nach dem Prinzip „Trial and Error" zwangsweise auch zu höherem unternehmerischen Risiko führen.

Die Messegesellschaften sind deshalb gefordert, geeignete Steuerungsinstrumente zu entwickeln, um das wirtschaftliche Risiko unternehmerischer Entscheidungen beherrschen zu können. Dies ist umso wichtiger, als auch die Investitionsbereitschaft der überwiegend öffentlich-rechtlichen Eigentümer in Zeiten knapper Haushalte deutlich sinkt.

3. Konsequenzen für den Messeplatz Deutschland

Die skizzierten Entwicklungen haben dazu beigetragen, dass nach Jahren eines fast un-gebremsten Wachstums eine Konsolidierungsphase in Deutschland eingetreten ist. We-sentliche Konsequenzen dieser Entwicklung sind ein wachsender Wettbewerb zwischen den Messegesellschaften, verbunden mit einer klaren Konzentrationstendenz. Aus die-sem Prozess werden einige Messegesellschaften gestärkt hervorgehen, andere werden zu primär regionalen Messeplätzen migrieren.

Als Ausweg aus dieser kritischen Entwicklung wird häufig die Privatisierung der Mes-segesellschaften angesehen. Als Vorteile werden dabei vor allem die Zuführung von pri-vatem Kapital und die schnelleren Entscheidungswege privat geführter Unternehmen angeführt. Dabei ist klar und auch in der öffentlich geführten Diskussion unbestritten, dass auf absehbare Zeit lediglich die Veranstaltungsaktivitäten „privatisierungsfähig" sind. Die öffentlich-rechtlichen Eigentümer werden also in jedem Fall Eigentümer des jeweiligen Messegeländes bleiben müssen. Ein weiteres Risiko ist, dass mit der Privati-sierung eine Lockerung der Standortbindung der Veranstaltungen einhergeht und die zahlreichen positiven Effekte für den Standort verloren gehen könnten.

Trotz dieser Einschränkung mag die Privatisierung für einzelne Messegesellschaften der richtige Weg sein. Es ist deshalb davon auszugehen, dass ein Teil des zukünftigen Wan-dels im Messewesen auch in veränderten Eigentümerstrukturen bestehen wird. Die Deut-sche Messe AG hat sich dagegen als Ergebnis eines intensiven internen Meinungsfin-dungsprozesses für die Beibehaltung der heutigen Eigentümerstruktur ausgesprochen. Ausschlaggebend für diese Entscheidung sind insbesondere die immensen gesamtwirt-schaftlichen Effekte, die durch den Messeplatz Hannover ausgelöst werden und die es für die Zukunft zu sichern gilt.

Norbert Stoeck / Kurt Schraudy

Messen auf dem Weg zum integrierten Kommunikationsdienstleister

1. Die Herausforderung

2. Die Treiber der Entwicklung
   2.1   Wettbewerb als Treiber
   2.2   Markt als Treiber

3. Der zukünftige Nutzen

4. Die Aktionsparameter
   4.1   Direkte Kommunikation Aussteller – Kunde
   4.2   Instrumente der indirekten Kommunikation zwischen Aussteller und Kunde
   4.3   Direkte und indirekte Kommunikation zwischen Aussteller und sonstigen Stakeholdern

5. Die Voraussetzungen

6. Die Auswirkung auf die Wertschöpfungskette

7. Literaturverzeichnis

Dr. Norbert Stoeck ist Leiter der Practice Group „Trade Fairs and Events" bei Roland Berger Strategy Consultants, München. Kurt Schraudy ist Leiter des Geschäftsbereiches Neue Technologie-Messen der Messe München GmbH und Geschäftsführer der IMAG – Internationaler Messen- und Ausstellungsdienst GmbH, München.

1.   Die Herausforderung

Um die angestammte Rolle des „Intermediärs" zwischen Anbietern und Nachfragern auch zukünftig erfolgreich wahrnehmen zu können, müssen die Messeveranstalter ihren Kunden einen überlegenen Nutzen bieten. Gleichzeitig bedeuten der rapide technologische Wandel – Stichwort Internet – und die dynamische Veränderung der Markt- und Wertschöpfungsstrukturen einen enormen Veränderungsdruck für das Medium Messe. Nicht nur die Anforderungen an das Marketinginstrument Messe nehmen zu. Auch die Wettbewerbssituation zu alternativen Marketinginstrumenten, der so genannte intermediale Wettbewerb, gewinnt an Intensität.

Um aus dieser Situation gestärkt hervorzugehen, bietet sich den Messegesellschaften ein viel versprechender Weg: Messen müssen sich zur ganzjährigen Informations- und Kommunikationsdrehscheibe zwischen den unterschiedlichen Marktpartnern entwickeln. Die eigentliche Messe oder Ausstellung fungiert hierbei als „Branchen-Summit" und stellt gewissermaßen den „Kulminationspunkt" der Kommunikationsbeziehung dar.

Die Messegesellschaften entwickeln sich im Zuge dieser Entwicklung sukzessive zu „integrierten Kommunikationsdienstleistern". Das Geschäftssystem muss hierzu systematisch erweitert werden – Messeveranstalter wandeln sich von einem Produkt- zu einem Lösungsanbieter. Dies ist mit erheblichen Auswirkungen auf die strategische Ausrichtung, das Leistungsspektrum und die Wertschöpfungsstrukturen verbunden. Nicht nur das „Gesicht" der Veranstaltungen, auch die Aufgaben und Erfolgsfaktoren ändern sich. Stand bisher vor allem die Schaffung optimaler Rahmenbedingungen für die Veranstaltungen im Vordergrund, so entwickeln sich die Messeveranstalter zu bedeutenden Marketingorganisationen.

2.   Die Treiber der Entwicklung

Wenn man sich mit den zukünftigen Funktionen und dem Nutzen von Messen und Ausstellungen befasst, so muss man sich sowohl die Anforderungen bzw. Erwartungshaltung des Marktes als auch die spezifische Wettbewerbssituation des Mediums Messe vor Augen halten.

2.1   Wettbewerb als Treiber

Hinsichtlich der Wettbewerbssituation von Messen und Ausstellungen sind zwei Ebenen zu betrachten: Einerseits stehen diese untereinander im Wettbewerb, und dies nicht nur im nationalen Rahmen, sondern über Ländergrenzen hinweg. Andererseits stehen Messen und Ausstellungen in einem „intermedialen" Wettbewerb. Dem Besucher einer Messe stehen alternative Wege zur Verfügung, um sich zu informieren oder um Kaufentscheidungen vorzubereiten (Internet, Fachzeitschriften, Vertreterbesuche etc.). Auch aus Sicht der Aussteller sind Messen und Ausstellungen nur ein Instrument unter vielen, um ihre Marketingziele zu erreichen.

Wie oben angeführt, ist die Existenzberechtigung der Messen daran gebunden, dass sie ihren Teilnehmern einen überlegenen Nutzen bieten. Worin kann dieser bestehen? Betrachten wir zunächst die Entwicklung des Nutzens einer Messebeteiligung im Zeitverlauf.

- Bis zur industriellen Revolution waren Messen Handelsplätze, auf denen Endprodukte „physisch" vermarktet wurden.

- Im Zuge der industriellen Revolution entwickelten sich die Mustermessen, d.h. die Besucher orderten ihre Bestellungen auf der Basis ausgestellter Muster.

- In den letzten Jahrzehnten ist ein kontinuierlicher Rückgang der Orderfunktion zu beobachten, im Vordergrund stehen die Informations- und Kommunikationsfunktion.

Der Nutzen einer Messebeteiligung hat sich also im historischen Verlauf kontinuierlich gewandelt. Waren sie früher maßgeblich für das Zustandekommen eines Tauschs oder Verkaufs eines Produktes über größere Entfernungen hinweg, so tragen sie heute nur noch mittelbar zum Absatzerfolg bei. Interessant ist in diesem Zusammenhang, dass es im Rahmen des Übergangs von der Waren- zur Mustermesse zu einem zeitweisen Niedergang des Messewesens kam. Ursächlich war neben der Einführung der Gewerbefreiheit und dem Wegfall von Messeprivilegien vor allem die Substitution der Messen durch Vertreterbesuche mit „Musterkoffern" (vgl. Fischer 1992, S. 10).

Seine erneute und bis heute anhaltende „Blütezeit" verdankt das Messewesen dementsprechend dem Umstand, dass es gelang, den Nutzen einer Messebeteiligung neu zu definieren und erfolgreich zu kommunizieren. Der Nutzen resultiert dabei primär aus vier Grundfunktionen einer Messe oder Ausstellung: der Informations-, der Motivations-, der Beeinflussungs- und der Verkaufsfunktion (Meffert 1998, S. 11). Der zentrale Vorteil von Messen und Ausstellungen besteht somit in der hohen Funktionsintegration, die es im Unterschied zu anderen Marketinginstrumenten erlaubt, die vier Funktionen gleichzeitig wahrzunehmen. In Verbindung mit vergleichsweise geringen Streuverlusten bewirkt die hohe Funktionsintegration zudem ein günstiges Kosten-Nutzen-Verhältnis einer Messebeteiligung.

Zu hinterfragen ist jedoch, inwieweit dieser Nutzen auch zukünftig ausreicht, um die Kosten einer Messebeteiligung zu rechtfertigen. So stellt vor allem das Internet eine ernsthafte Konkurrenz im Hinblick auf die Informationsfunktion dar. Die Verkaufs- oder Orderfunktion tritt, wie oben angeführt, ohnehin zunehmend in den Hintergrund. Auch für die Motivations- und Beeinflussungsfunktion bieten sich Alternativen. Zudem ist fraglich, ob sie für sich genommen einen ausreichenden Nutzen gewährleisten und damit eine tragfähige Basis für die zukünftige positive Entwicklung von Messen sind. Das Messewesen ist also gefordert, den Nutzen einer Messe oder Ausstellung neu zu definieren.

2.2   Markt als Treiber

Trotz der evidenten Bedeutung von Großunternehmen für die erfolgreiche Durchführung einer Messe stellen klein- und mittelständische Unternehmen in aller Regel das Gros der Aussteller. In Zeiten des globalen Wettbewerbs und anhaltenden Kostendrucks ist es für diese existenziell, mit begrenzten Marketingbudgets eine optimale Wirkung zu erzielen. Gleichzeitig wird es auf Grund der permanenten Informations- und Reizüberflutung immer schwieriger, Botschaften so zu transportieren, dass sie von den Zielgruppen auch wahrgenommen werden. Voraussetzung hierfür ist eine ausreichende „Voice", sprich ein hohes Kommunikationsbudget. Diese Situation begünstigt also in erster Linie große, weltweit operierende Unternehmen. Auf der Seite der Branchenverbände ist es ähnlich. Auch für kleine Branchenverbände wird es immer schwieriger, ihre Anliegen und Botschaften wirksam zu transportieren.

Gefordert ist deshalb ein Marketingpartner, der im Sinne eines „One-stop-shopping" umfassende und aufeinander abgestimmte Kommunikationsdienstleistungen aus einer Hand bietet. Messen und Ausstellungen stellen im Rahmen dieser Dienstleistung, die sich am treffendsten mit dem Begriff „Global Marketing Package" beschreiben lässt, ein zentrales Element dar. Für die Messeveranstalter bietet sich hier die Chance, ihr Leistungsspektrum sukzessive zu erweitern und den Nutzen der Messebeteiligung systematisch zu erhöhen.

3.   Der zukünftige Nutzen

Folgt man den obigen Ausführungen, dann bieten sich dem Messewesen exzellente Chancen, die angestammte Funktion als Intermediär zwischen Angebot und Nachfrage mit neuem Leben zu erfüllen. Der hohe Vertrauensvorschuss, der Messegesellschaften heute entgegengebracht wird und die Zugkraft der Messemarken sind hierfür günstige

Voraussetzungen. Durch die kontinuierliche Ausweitung ihres Leistungsspektrums zu „Global Marketing Packages" entwickeln sich die Messegesellschaften nicht nur zu integrierten Kommunikationsdienstleistern, sondern sie erweitern auch den Nutzen für ihre Kunden. Hervorzuheben sind vor allem folgende Nutzendimensionen zukünftiger Messeveranstalter:

- Sie profilieren sich zu einer ganzjährigen „Drehscheibe" eines Marktes

- Sie werden zum „Informationsbroker" einer Branche, indem sie wichtige Informationen filtern, strukturieren und sowohl kostengünstig als auch aktuell zur Verfügung stellen

- Sie werden stärker als bisher „Sprachrohr" ihres Marktes, indem sie die Anliegen der Marktteilnehmer öffentlichkeitswirksam transportieren

- Sie bieten umfassende und zielgruppenbezogene Kommunikationsdienstleistungen als „Gesamtpaket" mit geringen Streuverlusten aus einer Hand

- Sie inszenieren eine Messe und damit die Branche, so dass diese in den heutigen Zeiten der permanenten Reizüberflutung entsprechende Aufmerksamkeit findet.

Im Zuge dieser Entwicklung erweitert sich das Aufgabenspektrum einer Messegesellschaft kontinuierlich. Stand bisher die Schaffung optimaler Rahmenbedingungen für die Kommunikation zwischen Ausstellern und Besuchern im Vordergrund, so sind zukünftig die gesamten Kommunikationsbedürfnisse der Messekunden zu betrachten. Anzuführen sind vor allem die Kommunikationsbeziehungen der Aussteller:

- Zu den Kunden, ob direkt oder indirekt (z.B. über die Presse),

- Zum Arbeitsmarkt und zur Öffentlichkeit allgemein

- Zu den Marktpartnern (Lieferanten, Dienstleister, Vertriebspartner, Entwicklungspartner etc.)

- Zum Kapitalmarkt (Finanzinstitute, Venture Capital, Börse etc.)

- Zur Legislative (zur Kommunikation politischer Anliegen).

4. Die Aktionsparameter

Der Weg, den Messen zukünftig zu beschreiten haben, ist damit skizziert. Über welche konkreten Aktionsparameter verfügen sie hierzu? Im Prinzip müssen Messeveranstalter ihren Kunden zukünftig die gesamte Bandbreite des Kommunikationsmixes zur Verfügung stellen. Dabei ist zu differenzieren zwischen der Form der Kommunikation (direkt versus indirekt) einerseits und den Zielgruppen der Kommunikation andererseits. Im Folgenden werden die drei wesentlichen Ausformungen des Kommunikationsangebotes und die jeweiligen Instrumente aufgezeigt, die zukünftig im Sinne von Global Marketing Packages das Dienstleistungsspektrum von innovativen Messegesellschaften determinieren werden.

Um Missverständnissen und Fehlinterpretationen vorzubeugen, ist an dieser Stelle darauf hinzuweisen, dass Messen und Ausstellungen natürlich auch zukünftig einen zentralen Baustein der Global Marketing Packages und die Kernkompetenz der Messeveranstalter darstellen werden. Im Rahmen der Kommunikationsbeziehung haben sie die Rolle des „Branchen-Summit", in dessen Rahmen der persönliche Kontakt im Vordergrund steht. Das Messeangebot umfasst dabei nicht nur die Inlandsmessen, sondern auch Veranstaltungen in den jeweils relevanten Auslandsmärkten. Neben Eigenveranstaltungen kommen hierfür auch Kooperationen mit anderen Messeveranstaltern in Frage.

4.1 Direkte Kommunikation Aussteller – Kunde

Wie oben ausgeführt, bleibt die Organisation von Messen und Ausstellungen auch zukünftig die zentrale Wertschöpfung von Messegesellschaften. In dieser Hinsicht ist es für die Messegesellschaft zunächst essenziell, durch den gezielten Ausbau des Dienstleistungsspektrums den unmittelbaren Nutzen und damit den Erfolg für die Teilnehmer zu steigern. Darüber hinaus bestehen aber auch hier vielfältige Ansatzpunkte zur Realisierung zusätzlicher Umsatz- und Ertragspotenziale.

- *Ausbau der Kundenkontakte:* Um den Erfolg einer Messebeteiligung zu steigern, müssen die Messeveranstalter sehr viel stärker als bisher zur Steigerung der Kontaktfrequenz der Aussteller mit heutigen und potenziellen Kunden beitragen. Neben dem Versand von verbilligten Gastkarten und der Zur Verfügung Stellung umfassender Werbematerialien (Aufkleber, Broschüren etc.) gewinnt in dieser Hinsicht insbesondere die gezielte Einladung der Kunden und deren Bindung über innovative Kundenbindungsmaßnahmen (CRM) an Bedeutung.

- *Professionelles Pre- und Post-Show-Marketing:* Durch vielfältige unterstützende Dienstleistungen können die Messeveranstalter zu einer Professionalisierung des Messeauftritts ihrer Aussteller beitragen. Das Dienstleistungsspektrum reicht hier von Schulungs- und Trainingsangeboten im Vorfeld der Messe bis hin zur Beratung bei der Standgestaltung, mit der letztlich die Corporate Identity des Unternehmens transportiert wird. Innovative Messegesellschaften bieten ihren Ausstellern zudem die Möglichkeit, die Vorregistrierung der Besucher über ihre eigene Homepage vorzunehmen. Dies stellt sicher, dass die Aussteller bereits im Vorfeld wissen, welche Besucher zu ihrem Stand kommen werden, so dass sie sich sowohl inhaltlich als auch personell darauf vorbereiten können.

- *Emotionalisierung:* Die Emotionalisierung der Kundenbeziehung zählt zu den bedeutendsten Herausforderungen für das Marketing vieler Unternehmen. Ursächlich ist, dass sowohl die Markenloyalität der Kunden als auch die Differenzierungspotenziale zum Wettbewerb auf Grund sich zunehmend angleichender Produkteigenschaften tendenziell abnehmen. Vor diesem Hintergrund kommt der Emotionalisierung der Veranstaltungen eine wachsende Bedeutung zu. Attraktive Begleitveranstaltungen, Ausstellerabende und vor allem Aussteller-Events auf dem Messegelände oder in dessen Umfeld sind beispielhafte Instrumente hierfür.

- *Sponsoring:* Neben dem eigenen Stand bieten sich für die Aussteller vielfältige Optionen, die „Präsenz" während der Messe und damit den Erfolg der Messebeteiligung zu steigern. Neben Werbemaßnahmen auf dem Gelände bietet sich hierfür das Sponsoring von Begleitveranstaltungen, Events oder Eröffnungsveranstaltungen an.

- *Roadshows und Roundtables:* Zwischen den Messen bietet es sich für die Messeveranstalter an, themen- und regionenspezifische Roadshows bzw. Roundtables zu organisieren. In einem kongressähnlichen Rahmen werden aktuelle Branchenentwicklungen behandelt. Begleitende Fachausstellungen und Sponsoring können als Finanzierungsquellen genutzt werden.

- *Mailing-Dienstleistungen:* Durch Vollregistrierung der Besucher und ein darauf aufbauendes „datawarehouse" sind Messeveranstalter prädestiniert für Mailing-Dienstleistungen (Direct mailings, E-Mails). Dies ist vor allem auch vorteilhaft für ein professionelles Pre-Show-Marketing, also die zielgruppengerechte Einladung der Besucher für die Messe. Das Angebot von Mailing-Dienstleistungen dient auf diesem Weg als Vehikel, um den Messeerfolg für die Aussteller zu steigern.

4.2   Instrumente der indirekten Kommunikation zwischen Aussteller und Kunde

Auch für die Erbringung indirekter Kommunikationsleistungen stehen eine Reihe von Instrumenten zur Verfügung, die das Global Marketing Package einer zukunftsorientierten Messegesellschaft erweitern können. Beispielhaft anzuführen sind:

- *Pressefächer:* Bereits heute bieten die Messegesellschaften sowohl reale (auf dem Messegelände) als auch virtuelle Pressefächer an, die von den Ausstellern für die Information der Medienvertreter genutzt werden können. Zusätzlich bieten die Messegesellschaften entsprechende Bilddateien, die den Medienvertretern die Berichterstattung erleichtern.

- *Einbindung in Öffentlichkeitsarbeit der Messe:* Die Messegesellschaften beziehen zunehmend Aussteller und Verbände in ihre eigenen Marketingmaßnahmen zur Bewerbung der Veranstaltungen ein. Dies kann beispielsweise durch gemeinsame

Pressekonferenzen im In- und Ausland oder in Form gemeinsamer Anzeigen erfolgen. Vor allem kleinere Anbieter können dadurch Synergien realisieren und von der Bekanntheit und Zugkraft der Messe Brands profitieren.

- *Internet-Portale:* Messebezogene Internet-Portale sind nicht nur ein geeignetes Instrument, um die Servicequalität zu steigern. Sie eignen sich auch in hohem Maße als Instrument für einen dauerhaften Dialog zwischen den Marktteilnehmern einer Branche. Aufgabe des Messeveranstalters ist es dabei, durch aktuelle und interessante Informationen ein anhaltendes Interesse an dem Portal zu gewährleisten. Hierzu trägt auch die Bewerbung der Portale im Rahmen des unternehmens- und veranstaltungsbezogenen Marketings der Messegesellschaften bei.

- *Newsletter:* Die messe- bzw. branchenbezogenen Internet-Portale der Messeveranstalter geben den Anbietern auch zwischen den Messeveranstaltungen die Chance, produkt- und lösungsbezogene „News" zeitnah und zielgruppenorientiert zu kommunizieren.

- *Messezeitschriften:* Neben den allgemeinen Fachzeitschriften organisieren Messegesellschaften, in der Regel in Kooperation mit einem Verlag, Messezeitschriften anlässlich der „Branchen-Summits". Das Global Marketing Package kann sowohl redaktionelle Beiträge als auch Anzeigen in den Messezeitschriften beinhalten.

- *Messekataloge:* Die von den Veranstaltern herausgegebenen Messekataloge, die nach der Messe häufig als Lieferverzeichnis genutzt werden, sind ein weiteres wichtiges Kommunikationsmedium. Zusätzlich zu dem mit der Messeteilnahme verbundenen Eintrag können die Aussteller auch in diesem Medium Anzeigen schalten.

- *Kundenmagazine*: Messe- und damit branchenbezogene Kundenzeitschriften – von der Branche für die Branche – sind ein weiteres Instrument, um kontinuierlich den Kontakt zwischen Anbietern und Nachfragern zu gewährleisten. Sowohl redaktionelle Beiträge als auch Anzeigen, die auch zur Finanzierung beitragen, bieten sich hierfür an.

- *Redaktionelle Beiträge:* Das Dienstleistungsspektrum eines Messeveranstalters kann die Option umfassen, in regelmäßigen Abständen redaktionelle Beiträge der Kunden in ausgewählten Fachzeitschriften zu organisieren. Die Basis hierfür sind Kooperationen der Messegesellschaften mit Verlagen.

- *Anzeigen:* Analog zu redaktionellen Beiträgen kann das Global Marketing Package auch Anzeigen in den relevanten Fachzeitschriften im In- und Ausland umfassen.

- *TV- und Rundfunkbeiträge:* Moderne Messegelände sind bereits heute mit eigenen TV- und Hörfunkstudios ausgestattet, die von den Ausstellern im Rahmen der Berichterstattung über und von der Messe genutzt werden können. Zusätzlich können Messeveranstalter auch TV- und Rundfunkbeiträge auf der Basis von Kooperationen organisieren. Dies kann beispielsweise im Rahmen der Berichterstattung im Vorfeld oder während der Messe erfolgen.

4.3 Direkte und indirekte Kommunikation zwischen Aussteller und sonstigen Stakeholdern

Ebenso wichtig wie die direkte und indirekte Kommunikation zu den Kunden ist für die Aussteller und Verbände die zielgerichtete Kommunikation zu den weiteren Stakeholdern, die für die Zukunft eines Unternehmens oder einer Branche von Bedeutung sind. Natürlich können auch die oben beschriebenen Instrumente hierfür genutzt werden. Zusätzlich verfügt eine Messegesellschaft jedoch über eine Reihe weiterer wichtiger Angebote, die den Nutzen für die Kunden einer Messe erhöhen. Beispielhaft anzuführen sind vor allem:

- *Fachhandelszentren auf den Messen:* Parallel zu den Endkunden haben Absatzmittler in vielen Branchen eine wichtige Bedeutung. Sofern eine Veranstaltung nicht ohnehin auf den Handel ausgerichtet ist, können Fachhandelszentren auf den Messen Raum für die Ansprache dieser Zielgruppe bieten.

- *Foren und Areas:* Additiv zu den Fachhandelszentren bieten diese Einrichtungen die Voraussetzung zur direkten Begegnung mit spezifischen Zielgruppen. Anzuführen sind beispielsweise Job-Börsen oder Venture-Capital-Foren. Auch Gemeinschaftsstände von Ausstellern mit Entwicklungs- und Lösungspartnern zählen hierzu.

- *Kongresse:* Natürlich zählen auch Kongresse zum „Standard-Repertoire" einer Messegesellschaft. Die Kongresse können dabei sowohl begleitend zu den Messen als zeitlich und räumlich getrennt von diesen organisiert werden. Auch hier sind Kooperationen mit externen Kongressveranstaltern bzw. PCOs (Professional Congress Organizer) ein probates Mittel.

- *Eröffnungsveranstaltungen:* Diese dienen nicht nur der formalen Eröffnung einer Veranstaltung oder als „Happening" der Branche, sondern sie sind auch eine ideale Plattform zur Ansprache der Legislative und der allgemeinen Öffentlichkeit. Auf Grund der medialen Aufmerksamkeit, die den Eröffnungsveranstaltungen zukommt, werden sie bereits heute intensiv als Begegnungsstätte zwischen Politik und Wirtschaft genutzt. Voraussetzung ist, dass die Eröffnungsveranstaltungen entsprechend „inszeniert" werden.

5. Die Voraussetzungen

Die Entwicklung eines Messeveranstalters zu einem integrierten Kommunikationsdienstleister ist an eine Reihe konkreter Voraussetzungen gebunden. Neben der organisatorischen Kapazität zur Bewältigung der Aufgaben ist vor allem das Potenzial der jeweiligen Messemarke anzuführen. Wie bereits oben angesprochen, setzt die Vermarktung von Global Marketing Packages ein hohes Vertrauen in die Leistungsfähigkeit des Anbieters voraus. Ein zentrales Element hierfür ist das erworbene Vertrauen einer Messemarke.

Eine erfolgreiche und starke Messemarke impliziert, dass der dahinter stehende Veranstalter tief mit dem Markt verwachsen ist, dass er die wesentlichen Player auf Anbieter- und Nachfragerseite kennt und sein Wissen umfassend zur Verfügung stellt. In dieser Hinsicht haben die Veranstalter der führenden Messemarken sicher noch eine Reihe von „Hausaufgaben" zu erledigen. So ist vor allem der Ausbau des Database-Managements eine wichtige Vorbedingung. Die Ausdehnung der Besucherregistrierung auf alle Messen und die laufende Pflege der Daten sind nur ein Beispiel.

Wesentliche Veränderungen bringt die skizzierte Entwicklung auch hinsichtlich des Anforderungsprofils an den Projektleiter einer Messe und dessen Team. Neben fundierten Branchenkenntnissen sind profunde Marketingerfahrungen und die Fähigkeit zur Akquisition von Key Accounts unabdingbare Voraussetzungen.

6. Die Auswirkung auf die Wertschöpfungskette

Die skizzierten Herausforderungen bedeuten nicht nur eine Veränderung der Erfolgsfaktoren einer Messegesellschaft, sie gehen auch mit veränderten Anforderungen an die Wertschöpfungsstrukturen einher. Die technischen Funktionen im Rahmen des Geländebetriebs verlieren tendenziell an Stellenwert, innovative Marketingansätze und fundierte Markt- und Branchenkenntnisse gewinnen noch weiter an Bedeutung. Insbesondere die Organisationsstrukturen sind von dieser Entwicklung betroffen. So ist das Organisations-Know-how heute die Kernkompetenz einer Messegesellschaft. Weitgehend unabhängig von der Branche sind die Veranstalter in der Lage, eine Messe professionell und effizient zu organisieren. Dementsprechend wechseln auch häufig die Messeteams nach Abschluss einer Veranstaltung zur nächsten Messe. Zum Teil ist es auch heute noch üblich, die Messeteams jedes Jahr neu festzulegen. Ursächlich hierfür ist vor allem das Ziel einer möglichst gleichmäßigen Auslastung der Messeteams.

Zukünftig werden sich die Messeteams zu ausgeprägten Branchenspezialisten entwickeln müssen, das Markt-Know-how löst das Organisations-Know-how als Kernkompetenz ab. Sehr viel stärker als in der Vergangenheit müssen sie in eine Branche „abtauchen" und sich als umfassender Marketingpartner der Branche verstehen. Hinzu treten aber weitere Kernkompetenzen, die unabdingbar für die Entwicklung zu einem integrierten Kommunikationsdienstleister sind: die Fähigkeit, ein umfassendes Netzwerk zu handhaben sowie das effiziente und effektive Management von Communities.

Messegesellschaften können und werden nicht alle der oben skizzierten Leistungen eines Global Marketing Package mit eigenen Ressourcen erbringen. Insofern sind sie angewiesen auf Partner, die ihrerseits wesentliche Teilleistungen erbringen. Eine wichtige Aufgabe besteht dementsprechend in der Auswahl und Koordination geeigneter Partner. Kooperationen, strategische Allianzen bis hin zu Beteiligungen bieten sich hierfür an. Dem Messeveranstalter obliegt es dabei, eine Qualitätsgarantie abzugeben.

Im Sinne einer Lead-Agentur bieten die Messeveranstalter ihren Kunden im Ergebnis der skizzierten Entwicklung hoch attraktive Global Marketing Packages und die Chance des One-stop-shopping. Der damit verbundene Nutzen ist nicht nur eine reelle Chance, sich im intermedialen Wettbewerb erfolgreich zu behaupten. Er bietet auch die Chance, neue Umsatz- und Ertragspotenziale zu erschließen.

7.   Literaturverzeichnis

FISCHER, W., Zur Geschichte des Messewesens in Europa, in: Strothmann, K.-H./Busche, M., Handbuch Messemarketing, Wiesbaden, 1992, S. 3-14.

MEFFERT, H., Messen und Ausstellungen als Marketinginstrument, Düsseldorf 1988.

STOECK, N., Internationalisierungsstrategien im Messewesen, Wiesbaden 1999.

Raimund Hosch

Privatisierung von Messegesellschaften: Grundsätzliche Überlegungen zu Geschäftsmodellen

1. Einleitung

2. Die Eigentumsstrukturen der deutschen Messegesellschaften

3. Herausforderungen für deutsche Messegesellschaften
   3.1 Wirtschaftliche und technologische Entwicklungen führen international zur Qualitätssteigerung der Messeplätze
   3.2 Finanzprobleme der öffentlichen Hand führen zu Risiken bei ihren Messegesellschaften
   3.3 Betriebswirtschaftliche Maßnahmen der Messegesellschaften erhöhen die Produktivität
   3.4 Privates Engagement führt zu höherer Effizienz

4. Kann die Wettbewerbsfähigkeit durch Produktivitätssteigerungen aus eigener Kraft bei bestehenden Rahmenbedingungen erreicht werden?

5. Maßnahmen der Zukunftssicherung deutscher Messegesellschaften
   5.1 Privatisierungsmodelle als geeignete Maßnahme für die Zukunftssicherung der Messegesellschaften?
   5.2 Gewinne privatisieren, Verluste sozialisieren?
   5.3 Das „Zwei-Säulen-Modell" der Messe Berlin
   5.4 Ist der Staat der bessere Unternehmer?

6. Ausblick: Messeplätze werden künftig noch stärker im marktwirtschaftlichen Umfeld agieren

Raimund Hosch ist Vorsitzender der Geschäftsführung der Messe Berlin GmbH, Berlin.

1. Einleitung

Die Privatisierung öffentlichen Besitzes gehörte zu den Themen, die bis vor wenigen Jahren kaum erwähnenswert schienen. Die Lage hat sich in den vergangenen Jahren grundsätzlich gewandelt. Einerseits zwingen leere Kassen der öffentlichen Hand zum Umdenken, andererseits wird private Initiative im Wettbewerb immer mehr gefordert. Privatisierungskonzepte werden bundesweit bei allen Messegesellschaften, die sich im Eigentum der Länder und Kommunen befinden, diskutiert. Die Eigentümer zeigen sich beim Gedanken der Privatisierung ihrer Gesellschaften jedoch mitunter zurückhaltend. Zudem zweifeln manche am wirtschaftlichen Erfolg einer so gravierenden Veränderung.

2. Die Eigentumsstrukturen der deutschen Messegesellschaften

Marktplätze haben sich seit frühester Zeit in kommunaler und regionaler Regie befunden. So wurden später auch die Messegesellschaften von den Stadtverwaltungen zum Teil über Messeämter oder, wie in Berlin, über eine Messeaufbaugesellschaft in öffentlicher Hand gegründet. Das fundamentale Interesse an einer maßgeblichen Beteiligung an Markt- und Handelsplätzen, sprich „Messegesellschaften", erklärt sich schon immer aus der außerordentlich starken Wirkung von Messen auf die regionale Wirtschaft. Zudem erhält die Kommune hohe Einnahmen bei verhältnismäßig geringen öffentlichen Investitionen. Insgesamt ist bei vernünftigem wirtschaftlichen Handeln das Aufwand-Nutzen-Verhältnis der Investitionen in die Infrastruktur bei Messegesellschaften außerordentlich günstig. Bei der herkömmlichen Besitzstruktur von Messegesellschaften ergeben sich für die öffentliche Hand direkt oder indirekt folgende Einnahmen:

1. Erträge der Messegesellschaften aus Standmieten, Eintrittseinnahmen und direkten Gebühren, die Aussteller und Besucher entrichten.

2. Steuern, die aus den Ausgaben von Standbauern, Ausstellern und Messegästen während ihres Aufenthaltes am Messeplatz für Übernachtung, Verkehrsmittel und Versorgung resultieren.

3. Steuern und weitere Abgaben im Zusammenhang mit Investitionen in messerelevante Infrastruktur durch private Investoren, etwa beim Bau von Hotels und Restaurants zur Befriedigung der Nachfrage der Messebesucher.

4. Einnahmen durch Ansiedlung von Unternehmen auf Grund des messeinitiierten Kumulationseffektes.

Die unter den Punkten zwei bis vier zusammengefassten so genannten Sekundäreffekte bewirken den Großteil der Einnahmen für die Länder und Kommunen, die in der Regel heute noch Hauptanteilseigner der deutschen Messegesellschaften sind. Messeveranstaltungen in Deutschland lösen gesamtwirtschaftliche Produktionseffekte von über 20 Milliarden Euro pro Jahr aus. Das ist zehn Mal mehr als ihr Umsatz. Die deutsche Messewirtschaft sichert damit direkt und indirekt mindestens 230 000 Arbeitsplätze.

Der Anteil der Länder und Kommunen liegt bei den deutschen Messegesellschaften meist bei nahezu 100 Prozent. In Berlin beispielsweise beträgt der Anteil des Landes an der Messe Berlin 99,7 Prozent. Die verbleibenden 0,3 Prozent teilen sich die Industrie- und Handelskammer zu Berlin, die BAO, der VDMA und der ZVEI. Mit der Integration von regionalen und nationalen Wirtschaftsverbänden, die auch bei anderen Messegesellschaften zu finden sind, wird das Interesse der dadurch repräsentierten Unternehmen am Veranstaltungsgeschehen des Messeplatzes deutlich.

Überwiegend sind die deutschen Messegesellschaften Eigentümer ihrer Immobilien (z.B. München, Frankfurt) bzw. erbaurechtsberechtigt (z.B. Köln). Die Messe Berlin ist dagegen nur Pächter der Immobilien, die im Landesbesitz sind.

Zwar gibt es in der deutschen Messewirtschaft zahlreiche private Messeveranstalter, die überwiegend auf eine Branche oder auf eine Region spezialisiert sind. Sie verfügen aber über kein eigenes Messegelände, sei es als Eigentümer oder Pächter. Noch spielen sie nicht die übergeordnete oder herausragende Rolle in Deutschland, von wenigen Ausnahmen abgesehen.

Eine der Ausnahmen ist Reed Exhibition Deutschland GmbH, die als kapitalstarke Tochter des weltgrößten Messeveranstalters und Teil eines Global Player unter den Medienkonzernen eine Entwicklung innerhalb der langen Tradition des deutschen Messewesens zeigt: Es geht auch anders. In einer zunehmenden Arbeitsteilung von Wirtschaft und öffentlicher Hand ist es möglich, unabhängig vom alleinigen Zugriff auf einen realen Marktplatz als Veranstalter international zu reüssieren.

3.   Herausforderungen für deutsche Messegesellschaften

3.1   Wirtschaftliche und technologische Entwicklungen führen international zur Qualitätssteigerung der Messeplätze

Bereits im 19. Jahrhundert wiesen Weltausstellungen und Kolonialausstellungen auf die zunehmende Internationalisierung des Messewesens hin. Diese Entwicklung wurde verstärkt durch das Entstehen zahlreicher neuer Technologien, die das Wirtschaftsgeschehen weltweit beeinflussten, wie etwa die Automobil-, Luftfahrt- und Elektroindustrie. Sie fanden beispielsweise in Berlin nicht nur in der Einführung spezieller Messeveranstaltungen Ausdruck, sondern oft auch in deren rascher Entwicklung zu internationalen Leitmessen.

Die Internationalisierung der Märkte führte in Deutschland wie auch weltweit zu einem verstärkten Wettbewerb der Messeplätze. Seit dem Zweiten Weltkrieg hat diese Entwicklung am Messeplatz Deutschland dynamisch zugenommen, doch keineswegs zu einem Verdrängungswettbewerb geführt. Im Gegenteil: Der verstärkte Wettbewerb hat nicht nur zur Qualitätssicherung, sondern vor allem zu einer Qualitätssteigerung beigetragen. Zwar sind in Europa wie in anderen Kontinenten neue, hervorragend ausgestattete Messegelände entstanden bzw. in Planung, doch nimmt der Messeplatz Deutschland in Bezug auf die Infrastruktur, den Service und die Veranstaltungsqualität nach wie vor weltweit eine Spitzenstellung ein.

In dieser Situation der hohen Qualitätsanforderung, der wachsenden Internationalisierung der Märkte und des weltweit zunehmenden Wettbewerbsdrucks sind für die einzelnen deutschen Messegesellschaften ständig weitere Investitionen erforderlich, um auch künftig bestehen zu können. Sie müssen mit den technischen Entwicklungen ebenso Schritt halten wie mit den wachsenden Ansprüchen der Messepartner und den sich immer rascher ändernden Marktgegebenheiten. Das Angebot an qualitativ hochwertiger Infrastruktur wie Messehallen reicht nicht aus; Messegesellschaften befinden sich zunehmend im Wettbewerb mit großen Medienkonzernen.

3.2 Finanzprobleme der öffentlichen Hand führen zu Risiken bei ihren Messegesellschaften

Seit rund zehn Jahren nimmt die Investitionsfähigkeit der deutschen Kommunen wegen größerer finanzieller Verpflichtungen bei gleichzeitig geringeren Einnahmen immer weiter ab. Deshalb geraten die sich in ihrem Besitz befindenden Messegesellschaften mehr und mehr in Gefahr, mit ihrem Angebot der Nachfrage nicht mehr entsprechen zu können und Aussteller, sogar Veranstaltungen zu verlieren. Zwar hat sich das Messegeschäft 2001 und 2002 von den allgemeinen wirtschaftlichen Entwicklungen positiv absetzen können. Doch sind auf Grund der finanziellen Lage in den letzten Jahren rückläufige Investitionen der Länder und Kommunen in ihre Messegesellschaften zu verzeichnen. Um sich im Wettbewerbsumfeld behaupten zu können, müssen diese die notwendigen Investitionen in ihre Messeinfrastruktur, aber auch in Märkte und Produkte nunmehr aus eigener Kraft tragen. Dabei sind die Messeimmobilien in der Regel ungleich kostenintensiver, je nach Rahmenbedingungen. Das birgt die Gefahr, dass Investitionen in das Veranstaltungsgeschäft zurückstehen und Innovationskraft sowie Wettbewerbsfähigkeit im nationalen wie internationalen Messegeschäft ausgehöhlt werden. Und dies zu einem Zeitpunkt, wo sich die erfolgreiche deutsche Messewirtschaft gegen verstärkte internationale Konkurrenz behaupten muss. Neben Investitionen in das Veranstaltungsgeschäft im engeren Sinne, der Vermietung von Quadratmetern, wird es in Zukunft vermehrt darauf ankommen, sich durch gezielte Investitionen in neue Märkte – in das gesamte Spektrum des Kommunikationsmarktes – neu aufzustellen.

Wie nie zuvor stellt sich jetzt die Frage, ob die Schwächung der wirtschaftlichen Handlungsfähigkeit hingenommen werden kann oder ob nicht dadurch eine Spirale in Gang gesetzt wird, die langfristig zu einer Existenzbedrohung einzelner Messegesellschaften führen kann. Immer mehr Messegesellschaften sind von tief einschneidenden Maßnahmen betroffen, die die Unternehmen in ihrem Kern berühren und das Veranstaltungsgeschäft gefährden.

3.3 Betriebswirtschaftliche Maßnahmen der Messegesellschaften erhöhen die Produktivität

Durch Anpassung an die zunehmende Globalisierung, die Anforderungen des Marktes sowie die oben beschriebenen Rahmenbedingungen haben die Messegesellschaften in den letzten Jahren begonnen, unter dem Dach der öffentlichen Hand Maßnahmen zur Steigerung der Produktivität zu ergreifen. Der Schwerpunkt lag dabei auf der Optimierung der Unternehmensstruktur sowie auf Kooperationen und Ausgliederungen von Unternehmensteilen außerhalb des Kerngeschäfts. Als Beispiele sind zu nennen:

- Gründung von Tochterunternehmen für das technische Facility-Management des Messegeländes, das Catering und den Besucherservice

- Abschluss von Kooperationsverträgen mit anderen Messegesellschaften im In- oder Ausland sowohl im Bereich des Veranstaltungsgeschäfts als auch in Bezug auf die Messeinfrastruktur

- Einstellen nicht profitabler Leistungen und Ausgliederung kostenintensiver Betriebsteile.

Während die Kooperationen meist auf eine Ausweitung des unmittelbaren Messegeschäfts oder auf dessen kostengünstigere Durchführung abzielen, wird durch die Gründung von Tochtergesellschaften zum einen eine Verlängerung der Wertschöpfungskette und zum anderen eine stärkere Konzentration der Muttergesellschaft auf das Kerngeschäft ermöglicht.

3.4 Privates Engagement führt zu höherer Effizienz

Um im steigenden internationalen Wettbewerb erfolgreich mithalten zu können, bedarf es darüber hinaus zum einen der Finanzkraft, die oben genannten Investitionen anzugehen, zum anderen der Erweiterung unternehmerischer Handlungsspielräume. Beides ist unter den aktuellen Rahmenbedingungen der öffentlichen Verwaltung schwierig. Die Möglichkeiten, unternehmerisch zeitgerecht zu handeln, sind begrenzt.

Bei Einschränkung der wirtschaftlichen Handlungsspielräume, die den Erfolg des Unternehmens beschneiden, kommt man logischerweise zu der Frage: Müssen Messegesellschaften unbedingt von den Verwaltungen der öffentlichen Hand geführt werden oder haben sie nicht in privater Hand und mit privatem Kapital bessere Chancen, im internationalen Wettbewerb zu bestehen?

Im Allgemeinen versucht die öffentliche Hand derzeit in zunehmendem Maße, Aufgaben zu privatisieren, die nicht hoheitlichen Charakter haben. Dem liegen sowohl politische wie auch wirtschaftliche und haushaltsrechtliche Überlegungen zu Grunde. Doch im Falle der Privatisierung von Messegesellschaften tun sich Länder und Kommunen schwer.

Warum stimmen Länder und Kommunen einer Privatisierungsoffensive nicht zu, wie sie in anderen Ländern möglich scheint und sogar im ein oder anderen Fall im Börsengang gipfelt?

Wie eingangs beschrieben sind Messegesellschaften bedeutende Standortfaktoren mit zahlreichen Wechselwirkungen (bzw. so genannten externen Effekten) auf die regionale und lokale Wirtschaft, weshalb Land oder Kommune ihren Einflusses darauf erhalten möchten. Das ist das meistgebrauchte Argument. Zu Recht sehen Politiker die große wirtschaftliche Bedeutung einer Messegesellschaft für ihre Region. Die Sorgen der Politiker um die Messegesellschaften sind also durchaus verständlich.

Im Gegenzug muss man fragen, was es Wirtschaft und Politik nützt, wenn die finanziellen Rahmenbedingungen der öffentlichen Hand als Wachstumsbremse wirken, sodass Messegesellschaften keine Investitionen mehr tätigen und deshalb Chancen am Markt nicht wahrnehmen können? Dies gefährdet gerade die für die Kommunen so wichtigen gesamtwirtschaftlichen Auswirkungen des Messegeschäfts.

Außerdem unterscheidet sich diese Motivation nicht von der anderer Städte, in denen Messeprivatisierungen bereits angegangen wurden (z.B. Mailand, Utrecht, Wien). Allen liegt das Ziel der Erhaltung oder gar die Steigerung der Wettbewerbsfähigkeit gleichermaßen am Herzen.

4. Kann die Wettbewerbsfähigkeit durch Produktivitätssteigerungen aus eigener Kraft bei bestehenden Rahmenbedingungen erreicht werden?

Es gibt zwei Wege, die Produktivität der Messegesellschaften zu erhöhen: Wachstumshebel identifizieren und Kostensenkungspotenzial schöpfen. Selbst Kostensenkungspotenzial ist teilweise nicht allein durch Cost-cutting-Maßnahmen zu realisieren. Gerade im Personalbereich oder bei der Optimierung der Unternehmensstruktur sind die Hebelwirkungen entweder ad hoc mit höherem Aufwand verbunden oder erst mittelfristig wirksam. Dies gilt insbesondere dann, wenn das Unternehmen betriebswirtschaftlich bereits weitestgehend optimiert geführt wurde.

Nicht in erster Linie zur Senkung von Kosten, sondern vielmehr, um die so genannten Human Resources bestmöglich für Produktivitätssteigerungen zu nutzen, kommt den Beschäftigungsbedingungen eine zentrale Bedeutung zu. Gerade im öffentlichen Eigentum stehende Messegesellschaften sind oftmals an öffentlich-rechtliche Tarifstrukturen der Verwaltung gebunden, die als Grundlage für ein dynamisch wachsendes Messegeschäft ungeeignet sind. Hier fehlt es an Flexibilisierung, da das Veranstaltungsgeschäft, ähnlich dem eines Medien- oder Spediteurunternehmens, zum überwiegenden Teil ein Vertriebsgeschäft ist, dass Anzeigen bzw. Ladevolumen zu verkaufen hat. An die Branchenbedürfnisse angepasste Haustarife sind hier weit besser geeignet als an die öffentliche Verwaltung angelehnte Tarifstrukturen.

Die Identifizierung und Umsetzung von Wachstumshebeln bietet wirtschaftlich betrachtet für die öffentliche Hand aber den entscheidenden Ansatz für Produktivitätssteigerungen. Hier wächst nicht nur der Umsatz der Messegesellschaft und deren Ertragskraft, sondern auch die Umwegrentabilität am Standort um ein Mehrfaches. Zur Umsetzung von Wachstumshebeln sind finanzielle Investitionen in Messen und Veranstaltungen nötig. Dies bedeutet, dass Risikokapital aufgebracht werden muss.

Angesichts der Lage in den öffentlichen Kassen kommt dem Beibringen von Risikokapital zur Realisierung von unternehmerischem Wachstum im Messewesen besondere Bedeutung zu.

In der Tat ist finanzielles Investment in Messeveranstaltungen nicht ohne Risiko, nicht so sicher wie die Anlage eines Bundesschatzbriefes und schwer vereinbar mit dem öffentlich-rechtlichen Haushaltsrecht. Von daher stellt sich für den Eigentümer der Messegesellschaft automatisch die Frage, ob für die Bereitstellung von Risikokapital nicht andere Investoren geeigneter sind als die öffentliche Hand, ohne dabei den Hauptnutzen der Steigerung der Umwegrentabilität zu verlieren.

Als gutes Beispiel einer Berücksichtigung aller einzelnen Interessen erscheint hier der Messeplatz Paris. Vernünftig ist es von der Kommune, Grundstücke für ein Messegelände zu stellen, eine Beteiligung der regionalen Wirtschaft an der Infrastruktur zu ermöglichen (z.B. IHK) und die Veranstaltungen im Messewesen von privaten Messeveranstaltern durchführen zu lassen.

Hier lassen sich die einzelnen Interessen fast idealtypisch miteinander verbinden:

- Die Kommune stellt die Fläche zur Verfügung, auf dem eine Infrastrukturmaßnahme wie der Bau von Messe- und Kongressfazilitäten erfolgen kann

- Die regionale Wirtschaft hat ein Interesse an reger Messe- und Kongresstätigkeit, da dadurch ihre wirtschaftliche Struktur gestärkt wird (Hotels, Taxis, Restaurants, Speditionsbetriebe, Dienstleistungen usw.).

Wenn positive Infrastrukturvoraussetzungen geschaffen werden und der Standort wettbewerbsfähig ist, wird sich automatisch privates Kapital finden, um Messeveranstaltungen dort erfolgreich zu organisieren und auch auswärtige Aussteller und Besucher dem Platz zuzuführen.

Der wirtschaftliche Erfolg scheint dieser Lösung Recht zu geben: Das Wachstum in den vergangenen Jahren war in Paris höher als im Durchschnitt an deutschen Messeplätzen mit einer integrierten, rein öffentlich-rechtlichen Eigentümerstruktur.

Kann diese für alle Interessen – kommunale Gebietskörperschaft, regionale Wirtschaftsverbände und Veranstaltungsgeschäft – idealtypisch anmutende Struktur nicht auch auf Deutschland übertragen werden?

5.   Maßnahmen der Zukunftssicherung deutscher Messegesellschaften

Betrachtet man einzelne Maßnahmen zur Sicherung der internationalen Wettbewerbsfähigkeit der Messegesellschaften in Deutschland, machten Kommunen meist von dem Mittel der Stammkapitalerhöhung Gebrauch.

Dies zielte jedoch in erster Linie darauf ab, eine Finanzierungsgrundlage für notwendige Instandhaltungs-, Sanierungs- und Investitionsmaßnahmen in die Infrastruktur von Messehallen und Gelände zu schaffen. Investitionen in das Veranstaltungsgeschäft standen nicht im Vordergrund. Im Folgenden werden Möglichkeiten der Zukunftssicherung besonders durch Privatisierungsmodelle betrachtet.

5.1 Privatisierungsmodelle als geeignete Maßnahme für die Zukunftssicherung der Messegesellschaften?

In Anbetracht der Wettbewerbsentwicklungen werden auch in Deutschland zunehmend Modelle von Privatisierungen diskutiert. Dafür bieten sich mehrere Optionen an:

- *Börsengang*
  Erstmals hat die Mailänder Messegesellschaft einen Börsengang erfolgreich praktiziert. Ein solches Modell setzt in Deutschland bei fast allen Messegesellschaften umfangreiche Umstrukturierungen, insbesondere die Trennung von Besitz und Betrieb, voraus. Deswegen werden in Deutschland vorrangig Modelle diskutiert, die schneller umzusetzen sind, aber einen Börsengang als zweiten oder dritten Schritt auch zulassen würden.

- *Beteiligung eines strategischen Investors*
  Andere Messegesellschaften oder Medienkonzerne haben Interesse an einem Einstieg in das Messegeschäft (Ergänzung ihrer Wertschöpfungskette) oder der Ausweitung ihres eigenen Messegeschäfts. Aus Sicht der Messestadt besteht bei dieser Möglichkeit jedoch die Gefahr der Standortschwächung und damit des Verlusts an Umwegrentabilität. Das Interesse des strategischen Investors besteht nämlich darin, attraktive Veranstaltungen und Kundenstämme zu gewinnen und Synergiepotenzial zu heben. Der Ausbau des Veranstaltungsgeschäfts an einem bestimmten Messestandort ist dabei kein Ziel.

- *Beteiligung eines Finanzinvestors*
  Aus Sicht der Kommune unbedenklicher wäre die Beteiligung eines Finanzinvestors, der keine Interessen anderer Messe- oder Medienunternehmen vertritt. Ihm kommt es vor allem auf die bestmögliche Nutzung der vorhandenen Ressourcen und deren renditeoptimierten Ausbau an.

5.2 Gewinne privatisieren, Verluste sozialisieren?

Wenn über Privatisierungsmodelle diskutiert wird, so wird meist der Immobilienteil von vornherein „vor die Klammer gezogen". Das lässt bei Kritikern die Vermutung wachsen, es komme Privatisierungsfreunden nur darauf an, sich von den kostenintensiven Messeimmobilien frei zu machen und deren Kosten vollständig auf die Kommune abzuwälzen. Tatsächlich sind zumindest unkalkulierbare Immobilienrisiken ein Privatisierungshemmnis.

Das Hauptargument der Trennung von Messeveranstaltungsgeschäft und Messeinfrastruktur ist jedoch strategisch begründet. Infrastruktur spricht eine andere Klientel privater Investoren an als das Veranstaltungsgeschäft. Nicht nur hinsichtlich der Branche, sondern auch hinsichtlich des Volumens unterscheiden sich diese beiden Geschäftsfelder grundlegend. Während die Investitionen und damit fiktives Vermögen an Grund und Gebäuden deutscher Messegesellschaften an einem einzelnen Standort ohne weiteres bis zu einem einstelligen Euromilliardenbetrag ausmachen kann, so wird auch das profitabelste Veranstaltungsgeschäft an einem Messeplatz einen vergleichbaren Umsatzwert schwerlich erreichen. Unabhängig vom Veranstaltungsgeschäft ist die Entwicklung eines Messeplatzes durch Immobilieninvestoren aber auch durchaus interessant. Nur eben spricht diese Branche ganz andere Investoren an. Die Überlegung der Privatisierung von Messeimmobilien ist jedoch erst rudimentär aufgegriffen worden und soll an dieser Stelle auch nicht weiter vertieft werden.

Festzuhalten bleibt, dass auch bei Verbleib der Messeinfrastruktur in öffentlicher Hand Verträge zwischen Messeveranstalter und Immobilieneigentümer eine Grundlage für wenigstens eine bessere Kalkulation von Immobilienkosten schafft, meist jedoch sogar eine Finanzierungsquelle. Dies soll im Folgenden anhand eines konkreten Modells näher erläutert werden.

5.3   Das „Zwei-Säulen-Modell" der Messe Berlin

Das unter dem Namen „Zwei-Säulen-Modell" bekannt gewordene Vorhaben der Messe Berlin wurde im Juli 2002 der Öffentlichkeit präsentiert. Zur ersten Säule gehört das gesamte Veranstaltungsgeschäft im weiteren Sinne: Messen und Ausstellungen, Kongresse und Events, Vermarktungsgeschäft, Medien- und Service-Business. Die zweite Säule bilden die Messegrundstücke mit den sich darauf befindenden Gebäuden, etwa das Internationale Congress Centrum ICC Berlin und die Messehallen sowie der technische Service und der Anlagenunterhalt.

Diese Trennung ermöglicht die Konzentration auf das Messekerngeschäft (die so genannte Veranstaltungs- bzw. Betreibergesellschaft) einerseits und das Immobiliengeschäft (die so genannte Besitzgesellschaft) andererseits. Beide Säulen werden in eigene privatrechtliche Gesellschaften eingebettet. Aus steuerlichen Gründen bietet sich für die Immobiliengesellschaft eine GmbH & Co. KG an. Die Messegrundstücke und -gebäude werden in diese GmbH & Co. KG steuerneutral eingebracht. Die Bewertung der Grundstücke zum Verkehrswert schafft die notwendige Eigenkapitalbasis der Gesellschaft. Die Grundstücksgesellschaft stellt der Veranstaltungsgesellschaft die Messeimmobilien auf Basis eines Pachtvertrages zur Verfügung. Wesentliche Bestandteile dieses Pachtvertrages sind eine umsatzabhängige Pacht und eine Regelung zur Verantwortlichkeit und Kostentragung der Immobilien, d.h. Wartung und Instandhaltung, gegebenenfalls Sanierungen sowie Investitionen. Im Interesse der bestmöglichen Know-how-Konzentration und klaren Trennung beider Geschäftsfelder präferiert das Zwei-Säulen-Modell die alleinige Immobilienverantwortung der Grundstücksgesellschaft. Die Veranstaltungsgesellschaft zahlt eine umsatzabhängige Pacht in einer Größenordnung, die der

Immobiliengesellschaft die Vorhaltung eines attraktiven und wettbewerbsfähigen Messegeländes ermöglicht.

Wenngleich dieses Unternehmensmodell unabhängig von der Frage der Aufnahme privater Gesellschafter Vorteile mit sich bringt, so können die Wachstumshebel im Veranstaltungsgeschäft doch besser angegangen werden durch den Verkauf an einen privaten Investor. Die Hauptargumente für diese These wurden oben bereits skizziert und sollen im Folgenden vertieft werden.

5.4   Ist der Staat der bessere Unternehmer?

Es ist nicht das Ansinnen dieser Abhandlung, in strukturpolitische Diskussionen zu verfallen. Man kann allein an einen Grundsatz der Marktwirtschaft anknüpfen, der sich in unserer gesamten Rechtsordnung widerspiegelt, nicht zuletzt auch in den Beteiligungsrichtlinien der öffentlichen Verwaltung. Dieser Grundsatz geht von der Vermutung aus, dass privatrechtliche Eigentumsstrukturen stets effektiveres Steuerungsinstrument und Motor für wirtschaftlichen Erfolg darstellen. Daher ist z.B. die Berliner Verwaltung nach den vom Berliner Senat erlassenen Richtlinien gehalten, laufend zu überprüfen, ob eine Beteiligung notwendigerweise in öffentlicher Hand verbleiben muss oder ob der Gesellschaftszweck nicht ebenso in privater Hand verfolgt werden kann. Dieser Ansatz ist sicherlich sinnvoll. Private Strukturen beschleunigen Entscheidungsprozesse, konzentrieren Entscheidungen auf wirtschaftliche, nicht politische Belange und Interessen und – das ist meines Erachtens der entscheidende Punkt – gewähren Zugang zu Risikokapital. Investitionen ins Messeveranstaltungsgeschäft eröffnen attraktives Renditepotenzial, bergen allerdings auch höhere Risiken – Risiken, die mit dem öffentlich-rechtlichen, verfassungsmäßig verankerten Haushaltsrecht nicht vereinbar sind. Haushaltsrecht ist auf eine Art „Entbehrlichkeitsprüfung" ausgerichtet, nicht auf das Ergreifen von Wachstumschancen.

Wachstum aber ist die Voraussetzung für die Steigerung des Umsatzes. Steigt der Umsatz des Veranstaltungsgeschäfts, wächst nach dem in Rede stehenden Modell auch die Umsatzpacht für die Grundstücksgesellschaft und mittelbar auch die Umwegrentabilität für die Region.

Die kommunale Gebietskörperschaft behält somit stets den ausreichenden, wenn auch nicht mehr unmittelbaren Einfluss auf die gesamtwirtschaftlichen Auswirkungen des Messeveranstaltungsgeschäfts. Sie muss deswegen nicht Gesellschafter sein, also unmittelbar privatwirtschaftlich tätig werden.

Für private Investoren ist das Messeveranstaltungsgeschäft interessant. Sie sind nicht nur – aus eigenem Interesse – bereit, in dieses Geschäft zu investieren. Sie sind auch bereit, für die Gesellschaftsanteile einen Kaufpreis zu zahlen. Die Investition in das Messegeschäft führt zu einem Umsatzwachstum, das nach dem dargestellten Modell über die Umsatzpacht auch zu Mehreinnahmen bei der Immobiliengesellschaft des Landes führt.

Das Land Berlin als Gesellschafter der Immobiliengesellschaft wird somit in die Lage versetzt, Modernisierungsmaßnahmen und den Anlagenunterhalt besser zu gewährleisten als beim Status quo.

6. Ausblick: Messeplätze werden künftig noch stärker im marktwirtschaftlichen Umfeld agieren

Den grundsätzlichen Überlegungen der Messe Berlin liegt die Erkenntnis zu Grunde, dass die marktwirtschaftlichen Gesetze zunehmend auch die deutsche Messewirtschaft erreichen werden. Der Wettbewerb unter den deutschen Messeplätzen war und ist eine wesentliche Grundlage für die hohe Qualität des international bedeutendsten Messelandes. Dieser Status kann künftig nur erhalten werden, wenn die Messegesellschaften im Wettbewerb weitgehend unabhängig von politischen Konstellationen handeln können. Die lange Tradition, Gelder der öffentlichen Hand als Selbstverständlichkeit ins Kalkül zu ziehen, nähert sich ihrem Ende. Darauf muss sich die deutsche Messewirtschaft einstellen. Auch in der Zukunft muss – unabhängig von vollen oder leeren Staatskassen – der Wettbewerb die Qualität im Messewesen gewährleisten. Dafür benötigen die Messegesellschaften, wie jedes andere Wirtschaftsunternehmen auch, den erforderlichen Handlungsspielraum, der ihnen von der Eigentümerseite gewährleistet wird oder den sie sich selbst von privaten Investoren beschaffen.

Michael von Zitzewitz

Wachstum durch Strukturanpassungen – Betriebsaufspaltung öffentlicher Messegesellschaften

1. Rahmenbedingungen der Messeindustrie
   1.1   Die Messeindustrie im Spiegel der Wirtschaftsgeschichte
   1.2   Der erste Schritt in die unternehmerische Moderne

2. Veränderte Marktbedingungen
   2.1   Veränderter Primärmarkt
   2.2   Veränderter Messemarkt

3. Neue Anforderungen an die Organisation von Messegesellschaften
   3.1   Veränderte politische Rahmenbedingungen
   3.2   Die Antwort der Messe Frankfurt auf geänderte Rahmenbedingungen

Michael von Zitzewitz ist Vorsitzender der Geschäftsführung der Messe Frankfurt GmbH, Frankfurt am Main.

1. Rahmenbedingungen der Messeindustrie

Auch wenn es in erster Linie die Industrie- und High-Tech-Branchen sind, die Deutschlands wirtschaftlichen Rang in der Welt begründen, so wird doch niemand den volkswirtschaftlichen Stellenwert eines leistungsfähigen Beschaffungs- und Absatzsystems bestreiten. Im Gegenteil: In zunehmend ausdifferenzierten, spezialisierten und internationalisierten Produktions- und Verteilungsstrukturen in einem immer feiner gewobenen globalen Netz von gegenseitigen Kunden- und Lieferantenbeziehungen erfährt ein effizientes Absatz- und Beschaffungsmarketing eine zunehmende Rangerhöhung, wie sie vor nur wenigen Jahrzehnten noch kaum vorstellbar war. Der steile Aufschwung, den die Messeindustrie gerade in der letzten Dekade erfuhr, in der die Globalisierung der Volkswirtschaften stürmisch voranschritt, ist vor diesem Hintergrund kaum überraschend.

Schon bei einer ersten Betrachtung der auf Messen ausstellenden Unternehmen fällt auf, dass sich die mit Abstand größte Kundengruppe der Messen in Deutschland aus den mittelständischen und kleineren Unternehmen rekrutiert, die im Folgenden kurz mit Mittelstand bezeichnet werden. Die volkswirtschaftliche Bedeutung des Mittelstandes ergibt sich nicht nur durch ihren Stellenwert als bedeutendster Arbeitgeber und Investor, sondern auch durch ausgeprägte Flexibilität, hohe Innovationskraft und somit gleichermaßen hohe Reaktionsfähigkeit auf wechselnde Kundenbedürfnisse. Ihre hohe Innovationskraft erweisen die mittelständischen Unternehmen als technisch versierte Zulieferer von exzellenten Vorprodukten für Großunternehmen, sowie als Hersteller von Konsumgütern für den Einzelhandel in aller Welt. Beide, Großunternehmen und Handel, sind oft auf die Beweglichkeit, Innovationsleistungen und schnelle Lieferfähigkeit dieser Mittelstandsfirmen angewiesen. Als Impulsgeber und Wachstumsmacher für alle Bereiche der Volkswirtschaft sind sie unverzichtbar. Aus diesem Grund sind mittelständische Unternehmen auch stets ein besonderer Gegenstand der Strukturpolitik und erfahren große Aufmerksamkeit in allen Regierungserklärungen.

Vor diesem Hintergrund stellt sich die Frage, inwieweit dieses für eine erfolgreiche volkswirtschaftliche Strukturpolitik zentrale Instrument „Messe" nicht seinerseits besonderer Strukturen bedarf und inwieweit deren Angemessenheit im Hinblick auf die Aufgabenstellung jeweils noch gegeben ist. Die modernen Rahmenbedingungen für Produktion und Distribution von Waren und Dienstleistungen sind von einer alle Bereiche des Wirtschaftslebens durchdringenden Internationalisierung gekennzeichnet. Sind die Unternehmensstrukturen öffentlicher Messegesellschaften angesichts der Herausforderungen durch die Umwälzungen der modernen globalen Wirtschaftsdynamik noch geeignet, diesen Entwicklungen ihrerseits mit dem erforderlichen Maß an Innovationskraft und Beweglichkeit zu begegnen? Oder ist nicht vielmehr ein Umdenken erforderlich, das auch eine Änderung der Unternehmensstrukturen mit einbeziehen muss, in denen die deutschen Großmessegesellschaften arbeiten?

Bei der Betrachtung der Nutzenaspekte der Messe- und Ausstellungsbranche verdient sowohl deren große Effizienz für die Distributionskosten der deutschen Wirtschaft als auch ihre strukturpolitische Wirksamkeit eine besondere Beachtung: Ohne das Marketinginstrument Messe lägen zum einen die Kosten für Vertrieb und Beschaffung ungleich höher, zum anderen fehlte gerade den deutschen und europäischen mittelständischen Unternehmen jegliche finanzierbare alternative Marketingmöglichkeit, um sich den Zugang zum Exportgeschäft zu erschließen. Erst die Messeteilnahme erlaubt kleinen und mittleren Unternehmen einen bezahlbaren Zugang zu den internationalen Märkten. Hier finden sie ihre Marketingplattform, auf der sie ihre ökonomische Leistungsfähigkeit durch Präsentation ihrer Produkte darstellen können. Die Teilnahme an Messen ist somit gerade für die mittleren und kleineren ausstellenden Unternehmen überlebensnotwendig.

1.1 Die Messeindustrie im Spiegel der Wirtschaftsgeschichte

Ein kurzer messehistorischer Überblick zeigt die volkswirtschaftliche Bedeutung der Messewirtschaft für die wirtschaftliche Entwicklung Deutschlands sowie die sich verändernden Rahmenbedingungen und – schließlich – eine Reaktion hierauf, dargestellt am Beispiel der Messe Frankfurt GmbH.

Die prosperierende Entwicklung gerade der deutschen Messeindustrie seit der Industrialisierung im modernen Europa verweist auf eine wirtschaftshistorische Besonderheit, die Deutschland schließlich auf den ersten Rang unter den Messeländern in der Welt geführt hat. Auf Grund der – im Verhältnis zu den Kolonialmächten England und Frankreich – verzögert einsetzenden Industrialisierung war Deutschland schon früh auf internationalen Handel angewiesen. Den Zugang zu den dringend benötigten fortschrittlichen ausländischen Fertigprodukten und Produktionsmethoden erlangte Deutschland durch die so genannten Importmessen. Sie bildeten zusammen mit dem Import von Rohstoffen die Grundlage für die Entwicklung Deutschlands zur Industrienation und ermöglichten den Eintritt in die Weltmärkte. Dieser Austausch war die Basis, auf der schließlich die moderne deutsche Messetradition gründete.

Ermöglicht wurde dies, weil unter den damaligen politischen Verhältnissen eine klar ausgerichtete Industrie- und Handelspolitik vorangetrieben wurde, die schon frühzeitig die so dringend benötigten Informationspotenziale durch Messen mobilisierte und realisierte. Die ersten Erfolge dieses Industrialisierungsweges wurden bereits deutlich, als die deutsche Industrie auf der Weltausstellung des Jahres 1900 in Paris bereits ihre – noch junge, jedoch moderne – Leistungsfähigkeit unter Beweis stellen konnte. Die organisatorische Voraussetzung dazu war nur denkbar in der Form eines straff nach Obrigkeitsgesichtspunkten entwickelten und einem nach Verwaltungsgesichtspunkten organisierten und von Beamten geleiteten Messewesens. Die damaligen Anforderungen waren mit denen, die an das heutige Management einer internationalen Großmesse gestellt werden, nicht vergleichbar. Damals hatte sich die hoheitlich organisierte Messeverwaltungswirtschaft bewährt. Sie entsprach den Rahmenbedingungen und den Anforderungen, die sie erfüllen sollte und erfüllt hat. Die unmittelbare Organisationsstruktur war starr, Flexibilität und Kundenorientierung waren nur als hoheitliche, politische und administrative Regierungsangelegenheit denkbar. Als Aufgabe der damaligen Messeverantwortlichen konnte sie keinesfalls gesehen werden und Begriffe wie Besitz- oder Betriebsgesellschaft oder gar „Holding", „Venue" und „Exhibition" lagen in weiten messehistorischen Fernen.

Auch während der Weltwirtschaftskrise in den 30er Jahren war an eine managementgeführte Messeindustrie noch nicht zu denken. Wie schon bei der nachholenden Industrialisierung Deutschlands, so bestimmte sich die staatliche Orientierung und Abhängigkeit der Messeindustrie durch die erneute wirtschaftspolitische Funktion, die sie während der Großen Depression für die Wirtschaftspolitik einnehmen sollte. Angesichts einer weitgehend rückläufigen und stagnierenden Wirtschaft wurde sie als wirtschaftspolitisches Instrument zur Sicherung und Belebung des Austauschs und somit als Stimulanz für eine am Boden liegende Produktion eingesetzt. Die damaligen Messen konnten nur unter haushälterischen Rahmenbedingungen stattfinden: Wenn nicht sogar direkte Finanzunterstützung gewährt wurde, damit Unternehmen überhaupt zu den Messen kamen, so wurden für die Aussteller kaum oder keine Flächenpreise in Ansatz gebracht. Dass es unter diesen von hoheitlichen Interessen bestimmten Rahmenbedingungen gleichfalls fern gelegen haben muss, eine höhere Unabhängigkeit der Messeverantwortlichen mit Beamtenstatus und damit eine flexibilisierte Organisationsstruktur zu favorisieren, kann nicht verwundern. An eine wirtschaftliche Selbstständigkeit von Messegesellschaften war nicht zu denken. Und doch rückten – zunächst noch vorsichtige – marktwirtschaftliche Orientierungen in das Blickfeld.

1.2 Der erste Schritt in die unternehmerische Moderne

Es gab *eine* Messestadt, bei der die Verantwortlichen bereits damals eine erstaunliche Weitsicht bewiesen hatten: Denn lange vor der Weltwirtschaftskrise, schon im Jahre 1907, war in Frankfurt die Ausstellungs- und Festhallengesellschaft mit beschränkter Haftung gegründet worden. Damit war erstmals eine neue Organisationsform entstanden, deren wirtschaftlich höhere Eigenständigkeit einen bis dahin nicht gekannten Grad an Beweglichkeit und flexiblen Handlungsmöglichkeiten erlaubte. Mit der Konstituierung dieser neuen organisatorischen Form war ein Vorbild geschaffen, das nahezu einhundert Jahre die Grundlage für den wirtschaftlichen Erfolg der Messegesellschaften in Deutschland wurde.

Eine weitere Flexibilisierung der organisatorischen Struktur von Messegesellschaften stand in der darauf folgenden Phase der deutschen Wirtschafts- und Messegeschichte, im Nachkriegsdeutschland, noch nicht auf der Agenda. Zu stark dominierte der öffentliche, wirtschaftspolitisch motivierte Auftrag die wieder aufkeimenden Messeaktivitäten. Die wirtschaftliche Situation nach 1945 war geprägt von industrieller Zerschlagung und wirtschaftspolitischer Isolation durch die Folgen der auf Autarkie gerichteten Politik der Nationalsozialisten. Der Aufschwung, den wir heute als „Wirtschaftswunder" mit dem Namen Ludwig Erhard verbinden, ist nicht zuletzt auf dessen bewusste Aktivierung und Förderung des Messewesens zurückzuführen. Sie beschleunigte die Reindustrialisierung Deutschlands und stellte die Weichen auf Rückkehr und Integration der deutschen Wirtschaft in die Weltwirtschaft. Sichtbares Zeichen ist der seither im internationalen Vergleich überdurchschnittliche Internationalitätsgrad der Facheinkäufer auf Messen in Deutschland und – als Spiegelbild – eine über Jahrzehnte hinweg steigende Exportquote der deutschen Wirtschaft. Diese zielgerichtete Entwicklung des Kommunikationsmediums „Messe" gehörte zu den ersten wirtschaftspolitischen Maßnahmen, die die Fundamente für eine handels- und messepolitische Tradition wieder legten, welche die heutige Bundesrepublik – zwischenzeitlich im Wechsel mit den USA – nicht nur an die Spitze der Exportnationen, sondern auch an die Spitze des internationalen Messemarktes geführt hat.

Dementsprechend gründete beispielsweise in Hannover die damalige englische Besatzungsbehörde die Deutsche Messe- und Ausstellungs AG. Die Messeplätze in Düsseldorf (Gründung 1947), Köln (Wiederaufbau 1947) und München (Gründung 1964) verfolgten die gleiche Zielsetzung. Nach dem Fall der Berliner Mauer demonstriert ab 1996 die neu erbaute Messe Leipzig eindrucksvoll den Willen zum wirtschaftlichen Aufbruch und zur Eingliederung in den wettbewerbsorientierten Weltmarkt. Und die Messe Frankfurt (1907 als Messe- und Ausstellungsgesellschaft gegründet, 1983 umfirmiert zur Messe Frankfurt GmbH) legt auch heute noch in ihrem Gesellschaftervertrag den Unternehmenszweck explizit mit dem Auftrag zur Wirtschaftsförderung fest. Die Rolle der öffentlichen Gesellschafter ist in der Messeindustrie der Nachkriegszeit bzw. des wirtschaftlichen Aufbruchs und in der Welt der internationalen Arbeitsteilung somit klar definiert. Ihre Aufgabe bestand und besteht vor allem in der Wirtschaftsförderung: Infrastrukturen werden bereitgestellt, welche die wechselseitige Kommunikation zwischen den Akteuren auf Grundlage der Zurschaustellung des Angebots ermöglichen.

Die Ziele der Messegesellschaften sind allerdings in doppelter Weise auf die Förderung der Wirtschaft gerichtet: Zum einen eröffnen sie den Aussteller- und Besucherbranchen Plattformen für deren nationales und internationales Marketing. Zum anderen fördern sie Unternehmen am Messestandort und in den Messeregionen. Die Nachfrage von jährlich rund 12 Millionen Ausstellern und Besuchern nach Leistungen des Handwerks, der Hotellerie und Gastronomie oder des Verkehrsgewerbes bis hin zu den Kulturbetrieben generiert am Messeplatz Deutschland messebedingte Einkommen in Höhe von 23 Milliarden Euro und schafft 250 000 Arbeitsplätze. Diese messebedingte Belebung der Wirtschaft am Standort, die z.B. im Falle der Messe Frankfurt zusätzliche messebedingte Einkommen von bis zu zwei Milliarden Euro/Jahr erreicht, führt zu fiskalischen Mehreinnahmen für die Gesellschafter (Stadt Frankfurt und Land Hessen) von rund 170 Millionen Euro.[1]

Öffentliche Gesellschafter von Messeunternehmen, zumeist Stadt und Land, erzielen somit auf Grund der hohen steuerlichen Zuflüsse aus der so genannten Umwegrentabilität unmittelbar aus der Messetätigkeit laufende Einnahmen. Sie sind damit in der Lage, Kapital für die Bereitstellung der Messeinfrastruktur zur Verfügung zu stellen – wenn nicht direkt (zur Finanzierung größerer Investitionsvorhaben) über offene Subventionen, dann als Eigentümer privatrechtlich organisierter Messegesellschaften (GmbH, AG), um deren selbst erwirtschaftete Gewinne ganz oder teilweise dort thesaurieren und aus ordnungspolitischen Motiven unmittelbar reinvestieren zu lassen. Das festigt die wirtschaftliche Basis der Messegesellschaft und schafft gleichzeitig wiederum verbesserte Förderbedingungen für die regionale Wirtschaft und der hieraus generierten fiskalischen Mehreinnahmen für die Gesellschafter. Diese Struktur ist es auch, mit der das Funktionieren des Wettbewerbs in einer Marktwirtschaft unter Bedingungen der Chancengleichheit besonders hinsichtlich mittelständischer und kleiner Unternehmen erst ermöglicht wird.

Die notwendigen, sehr kapitalintensiven Investitionen in Geländeinfrastrukturen – deren Entwicklung und Unterhaltung – ist für einen Messeplatzbetreiber in Deutschland und dem europäischen Ausland unter rein privatwirtschaftlichen Renditegesichtspunkten nur schwer möglich, es sei denn, die Preise für die Ausstellungsflächen würden gegenüber dem heutigen Niveau deutlich steigen. Das hätte jedoch zur Folge, dass nur große Anbieter das Marketinginstrument Messe nutzen könnten. Damit wäre der Kernnutzen von Messen, nämlich die gesamte Spannbreite des Angebots zu zeigen und damit die optimalen Kommunikations- und Selektionsbedingungen für die einkaufende Wirtschaft zu bieten, zumindest gefährdet. Aber auch die strukturpolitische Zielsetzung, durch Messen mittleren und kleineren Unternehmen Chancengleichheit im Wettbewerb zu verschaffen, wäre nicht mehr zu realisieren. Die öffentliche Hand wird auch weiterhin die erforderlichen Rahmenbedingungen für ein Wirtschaften mit Vielfalt – wie in anderen Bereichen auch – schaffen müssen. Ob dazu Eigentum, Unterhalt und Ausbau der Messeinfrastruktur sowie die unternehmerische Verantwortung und damit Übernahme des betriebswirtschaftlichen Risikos einer Messegesellschaft gehören, sind Fragen, die es sich zu überprüfen lohnt.

---

[1] ifo-Institut, Quantifizierung der wirtschaftlichen Folgewirkung Frankfurter Messen, München 2001.

2.   Veränderte Marktbedingungen

Sind die öffentlichen Messegesellschaften veranstaltungsstrategisch für die Zukunft gerüstet? Diese Frage ist umso berechtigter, als sich die globalen Anforderungen an die
Veranstaltungspolitik grundlegend verändern. War die Weltwirtschaft in den zurückliegenden Jahrzehnten vorwiegend von nationaler Produktion bei langsam wachsendem
Exportvolumen gekennzeichnet, so beobachten wir heute zwischen den und innerhalb
der Volkswirtschaften eine zunehmende Spezialisierung und globale Vermarktung der
Produkte.

2.1   Veränderter Primärmarkt

Mit jedem globalen Spezialisierungsschub bilden sich neue spezialisierte Unternehmen
mit neuen Verzweigungen der Märkte heraus. Mit jeder weiteren Aufgliederung werden
neue Unternehmen in den Globalisierungsprozess integriert. Jede einzelne Spezialisie-
rungsbewegung im weltwirtschaftlichen Organismus erhöht die Komplexität des Ge-
samtsystems und kreiert nicht nur neue Unternehmen, sondern auch neue Branchen. Folgerichtig   generiert   jede   weitere   Arbeitsteilung   wachsende   strukturelle
Informationsdefizite. Diese Entwicklung ist für die Veranstaltungsstrategien und Unternehmenspolitik der Messegesellschaften ausschlaggebend: Auf der einen Seite bedeuten
dynamisch wachsende, globale Handelsvolumina wachsende Veranstaltungsmärkte, auf
der anderen Seite jedoch auch eine starke Regionalisierung dieses Wachstums in der Triade der Weltwirtschaft. Die Schwerpunkte verschieben sich in globaler Dimension.

2.2   Veränderter Messemarkt

Für die nationalen Messegesellschaften gilt: Die Marktpotenziale für Veranstaltungen
am Messestandort Deutschland sind weitgehend erschöpft, die Flächenvermietung in
Deutschland stagniert – wenngleich auch auf hohem Niveau. Wachstum existiert vor allem auf internationaler Ebene. Damit wird die Erschließung internationaler Standorte
zum strategischen Imperativ. Die globale Leitmesse am Standort Deutschland wird an
Bedeutung verlieren, die kontinentalen Leitmessen in den verschiedenen Wachstumsregionen werden an Bedeutung gewinnen. Private, finanzstarke Messeveranstalter betreten
zunehmend die Marketingbühne und greifen auch Themen etablierter Messeveranstalter
auf, um diese als Konkurrenzveranstaltung anderenorts durchzuführen. Der Wettbewerb
um die ausländischen Wachstumspotenziale und damit die globale Branchenführerschaft
entscheiden sich in den nächsten Jahren. Die deutschen Messegesellschaften haben hier-

auf zunächst mit neuen Messethemen, der weiteren Internationalisierung der Veranstaltungen, vor allem aber in zunehmendem Maße mit Messeveranstaltungen außerhalb Deutschlands reagiert, mit denen insbesondere den mittelständischen Ausstellerunternehmen neue Facheinkäufer zugeführt werden. Für die deutschen Messegesellschaften setzte dies ein bis dahin ungewohntes Maß an organisatorischer Beweglichkeit voraus: Denn um diese Marketingdienstleistung nutzenoptimal zu erbringen, sind die Messegesellschaften häufig auf wirtschaftliche Kooperationen bis hin zu Firmengründungen mit Dritten angewiesen, mit denen sie die Messekunden weltweit zusammenführen.

Die Messe Frankfurt war die erste deutsche Messegesellschaft, die bereits 1987 begonnen hat, ihre Messethemen zu Marken („Brands") zu entwickeln und sie auch im Ausland – vor allem in Übersee – zu veranstalten. Im Kundeninteresse, aber auch aus strategischer Sicht wird mit der Brandstrategie verhindert, dass Wettbewerber im Ausland Frankfurter Themen besetzen, und die Frankfurter Veranstaltung damit bedrohen. Die Brandveranstaltungen im Ausland nutzen also in mehrfacher Hinsicht: Sie ermöglichen nicht nur die intensivierte Gewinnung internationaler Kunden durch wechselseitige Kommunikation sondern sind gleichzeitig globaler Flankenschutz für die Messen in Frankfurt. Die Exportnation Deutschland hat sich viele Auslandsmärkte über den Besuch von Messen erfolgreich erschließen können und umgekehrt findet das heimische Angebot auf den deutschen Messen im Ausland internationale Besucher und Einkäufer. Darüber hinaus: Obgleich die Veranstaltungsmärkte in Deutschland stagnieren, wird der Ausbau von Messeflächen im Inland weiter vorangetrieben. Dies geschieht nicht zuletzt deshalb, weil es auf staatlicher Seite keinen Mechanismus gibt, der ein Überangebot an Messehallen in einer Volkswirtschaft verhindert.

3. Neue Anforderungen an die Organisation von Messegesellschaften

Zu den wichtigsten Kennzeichen und Arbeitsbedingungen der in öffentlichem Eigentum stehenden Messegesellschaften in Deutschland gehörte bisher überwiegend die rechtliche und organisatorische Einheit von Eigentum am Messegelände und dem Betrieb des Veranstaltungsgeschäftes. Für die Zukunft stellt sich immer deutlicher die Frage, ob diese Einheit von den betroffenen „Shareholdern" bzw. „Stakeholdern" weiter aufrecht erhalten bleiben kann oder soll.

3.1   Veränderte politische Rahmenbedingungen

Die öffentlichen Gesellschafter sehen sich angesichts leerer Kassen immer öfter in der Defensive, wenn sie erläutern sollen, warum das Halten von Anteilen an Wirtschaftsunternehmen allgemein und Messegesellschaften im Besonderen zu den staatlichen Kernaufgaben zu zählen ist. In Regierungserklärungen werden Ziele formuliert wie: Senkung der Staatsquote, Abbau von Subventionen und Rückzug des Staates aus wirtschaftlichen Aktivitäten. Da liegt es nahe, eine Privatisierung der Messegesellschaften nicht mehr auszuschließen. Gleichzeitig wird aber auch nach wie vor ein klares Bekenntnis zur Förderung des Mittelstandes abgegeben. Damit sollen Arbeitsplätze gefördert, Investitionen ermöglicht und das Wirtschaftswachstum unterstützt werden. Gerade der Mittelstand braucht Messen: Dort findet er – wie skizziert – seinen Kunden, seine Innovation, seine Marktübersicht, seinen Wettbewerber und damit seine Messlatte im Markt. Messen werden also gebraucht, sie sind Bestandteil der Infrastruktur zum Funktionieren einer auf Vielfalt ausgelegten Wirtschaftsstruktur. Ähnlich der Schaffung von Verkehrs- und Kommunikationswegen obliegt es dem Staat, die Infrastruktur für das „Wirtschaften" mit einer Fülle von Maßnahmen zu ermöglichen. Dazu gehört auch, den Rahmen für die Existenz von Messegesellschaften zu schaffen. Ob dazu eine 100prozentige Eigentümerposition gehört, kann aber hinterfragt werden.

3.2   Die Antwort der Messe Frankfurt auf geänderte Rahmenbedingungen

Neben ihrer Bedeutung als Instrumente der Wirtschaftsförderung im Interesse der öffentlichen Hand sind Messegesellschaften selbst aber auch privatwirtschaftlich bestimmte Wirtschaftsunternehmen. Der Sinn jeden Wirtschaftens ist der Gewinn – ein Gewinn, der für Investitionen und Wachstum benötigt wird, da er in der heutigen Rechtsstruktur die bestimmende Kapitalquelle der Gesellschaften ist. Um die Erzielung von Gewinnen auf Dauer zu ermöglichen, sind die Messegesellschaften angehalten, wirtschaftlich im Markt zu agieren. Sie müssen also – wie jedes andere Unternehmen auch – darum bemüht sein, ihre Erträge zu steigern und ihre Kosten zu senken. Ein Weg hierzu ist auch die Durchsetzung marktgerechter Preise. In Deutschland werden die Messestände im internationalen Vergleich relativ „preiswert" angeboten. Daraus kann weniger der Schluss gezogen werden, dass das Produkt Messe von seinem Kunden nicht höher bewertet und bezahlt wird. Der gleiche Kunde, der im Inland auf einen „billigen" Stand pocht, ist im Ausland durchaus bereit, weit höhere Preise zu bezahlen. Das zum Teil historisch gewachsene niedrige Preisniveau am Messeplatz Deutschland wird überdies zunehmend durch ein Überangebot an Messeflächen beeinflusst. Fazit: Vor dem Hintergrund des Flächenüberangebotes, der nur schwer zu steigernden Verkaufspreise und des bereits hoch entwickelten Messemarktes wird das betriebswirtschaftliche Agieren der

Messeunternehmen zu einem schwierigen Unterfangen. Dass nicht alle Messegesellschaften in diesem Sinne erfolgreich sind, zeigen ihre Jahresberichte.

Um den skizzierten Gefahren entgegenzutreten und um die Wettbewerbsfähigkeit ihres Heimatstandortes zu stärken, formulierte die Messe Frankfurt strategische Ziele, deren Erreichung mit einer organisatorischen Strukturanpassung (der Aufspaltung in eine Besitz- und Betriebsgesellschaft unter dem gemeinsamen Dach einer Holding) unterstützt werden soll. Diese Strukturanpassung wurde Ende des Jahres 2002 angegangen und wird bis 2004 abgeschlossen sein. Damit wird sowohl eine Steigerung der Flexibilität als auch eine notwendige Erhöhung der Eigenverantwortlichkeit (durch eine fokussierte Ergebnisverantwortung der nunmehr einzelnen Gesellschaften) erreicht.

Messen verfügen auf der einen Seite über eine sehr kapitalintensive „Spezialimmobilie" und auf der anderen Seite über intime Branchen- und Marketingkenntnisse. Dazu gehören auch eine ausgeprägte, internationale Verkaufsorganisation, eine personalintensive Dienstleistungsfähigkeit und profunde Marktkenntnisse in allen wesentlichen Märkten der Welt. Eine Trennung und Fokussierung der Organisation auf die Belange der Spezialimmobilie einerseits und der Durchführung von Messen weltweit andererseits liegt daher nahe. Warum ist damit aber auch ein Einstieg in mehr Flexibilität möglich? Fast alle Immobilien und ganz besonders jene mit erheblichem Know-how-Bedarf zeigen bereits heute, dass das Bereitstellen und Betreiben der Immobilie organisatorisch getrennt ist von dem eigentlichen Nutzer, der den Zweck dieser Immobilie nachfragt. Als Beispiel seien Flughäfen, Einkaufszentren, Hotels genannt. Gerade letztere werden selten von der Hotelmanagementgesellschaft selbst im Eigentum gehalten. Die angestrebte Flexibilität ergibt sich also daraus, dass zusätzliche Investoren als Kapitalquelle sowohl für eine Eigentümer- als auch für eine Betreibergesellschaft zukünftig vorstellbar werden. Beide Modelle sind im Ausland bereits realisiert.

Die Aufgaben der Besitzgesellschaft – die zukünftig als „Messe Frankfurt Venue GmbH & Co. KG" firmiert – liegen darin:

- Das Messegelände in Frankfurt zu unterhalten und weiterzuentwickeln

- Das Gelände an die Veranstaltungsgesellschaft und an Gastveranstaltungen zu vermieten

- Standortbezogene Technik- und Serviceleistungen zur Verfügung zu stellen.

Damit wird die „Spezialimmobilie" Messegelände mit einer spezialisierten und kostenbewussten Organisation professionell für Veranstaltungen aller Art bereitgestellt.

Mit der Herauslösung des Veranstaltungsgeschäftes in eine eigene Gesellschaft wird die wichtigste Voraussetzung für eine Erhöhung der Konzentration auf ihre Kernkompetenz, die Konzeption und Durchführung von internationalen Veranstaltungen am Standort Frankfurt und weltweit, geschaffen. Diese Gesellschaft ist der „Hauptmieter" der Besitzgesellschaft und sorgt über ihre nationalen und internationalen Messen weltweit für Marktsicherung und Marktstellung sowie für Know-how, Innovation und Gewinn. Damit handelt die Veranstaltungsgesellschaft, die zukünftig unter dem Namen Messe Frankfurt Exhibition GmbH firmiert, wie eine private Messedurchführungsgesellschaft ohne eigenes Gelände (aber mit Zugriff auf das Heimatgelände). Ihre Hauptaufgabe besteht darin, die Eigenveranstaltungen der Messe Frankfurt weltweit weiter zu entwickeln und damit an den Messeplatz Frankfurt zu binden. Sie leitet dazu die weltweite Markenstrategie zur Stärkung des internationalen „Roll-out" der Frankfurter Messethemen und erarbeitet Kauf- und Kooperationsmöglichkeiten im In- und Ausland. Falls eine Stärkung notwendig wird, ist sie offen für die Beteiligung Dritter. Der Nutzen für mögliche Kooperationspartner ist nennenswert: Der weltweit expandierende Messemarkt bietet attraktive Renditemöglichkeiten, die durch die Befreiung von kapitalintensiven Geländeinvestitionen auch für zusätzliche Partner leichter erschlossen werden können.

Die die Gesellschaften verbindende Holding stellt die einheitliche Willensbildung und den ordnungspolitischen Einfluss der Gesellschafter sicher. Sie nimmt die Stabs- und Zentralbereichsfunktionen auf. Die Anteile der Holding verbleiben – wie bisher – bei den öffentlichen Gesellschaftern. Mit der neuen Struktur wird der Handlungsspielraum der Gesellschafter deutlich erweitert: Zukünftiger Kapitalbedarf kann auch von Dritten bereitgestellt, die Freisetzung heute noch gebundenen Kapitals ermöglicht und die Organisation noch deutlicher als bisher auf Effizienz und Professionalität ausgerichtet werden.

Wie der Blick in die Messegeschichte gezeigt hat, hat sich die organisatorische Struktur der Messeindustrie fortwährend an die sich ändernden wirtschaftlichen Rahmenbedingungen angepasst. Die Messewirtschaft ist somit nicht nur insofern ein Spiegelbild der Wirtschaft, als sie die jeweilige Innovationskraft einer ausstellenden Branche darstellt, sondern sie ist es auch hinsichtlich ihrer eigenen Organisationsstruktur: Von einer hoheitlich organisierten Messeverwaltungswirtschaft hat sie sich – wie am Beispiel der Messe Frankfurt gezeigt – zunehmend zu einem flexiblen, aktions- und reaktionsfähigen Global Player entwickelt, der seinen Unternehmenszweck darin sieht, seine Kunden, die nationale und internationale Wirtschaft, zu fördern und gleichzeitig am Heimatstandort dauerhaft eine hohe Umwegrentabilität zu erzeugen.

Flavio Cattaneo

IPO of a trade fair organizer – the case study of Fiera Milano

1. Introduction

2. Preparation phase of the IPO

3. The Fiera Milano S.p.A group is born

4. The new business circuit and the industrial project
   4.1 The new business circuit
   4.2 The industrial project

5. The new out-of-town exhibition complex

6. Offering structure

Flavio Cattaneo is Chairman & CEO, Fiera Milano S.p.A.

1. Introduction

On December 12, 2002 Fiera Milano S.p.A.'s was listed on the Milan Stock Exchange, in The STAR segment, dedicated to "small cap" companies that stand out thanks to their interesting profitability prospects and comply with extremely stringent standards of transparency, corporate governance and accountability to safeguard their investors.

It was a successful touchdown for Fiera Milano S.p.A. to make it to the list, especially since it did so during an exceptionally difficult moment for stock markets and amidst widespread disaffection with financial investments. In effect, it was one of 2002's most successful Italian IPOs. Demand for all ordinary shares (of which about two-thirds were generated by a Fiera Milano S.p.A. capital stock increase and about one third from the sale of portfolio securities belonging to the Fondazione Fiera Milano partner) was in excess of offering, and was particularly lively from the retail area, which snapped up 7 453 000 shares. An overall 14.5 million shares were issued to the market (including a green shoe of 1.5 million) at 7.50 Euro per share, accounting for 44% of capital stock. Fondazione Fiera Milano, which had previously been the sole shareholder, retained the remaining 56%.

Fiera Milano listing appears as an interesting case study, not only because it is unprecedented in being the first major fair authority "going public", but also because of the restructuring undertaken by the company prior to the listing and the associated industrial project.

In this sense the listing is part of a process that will unfold over a period of several years and which is essential to understand in order to perceive the complexity and the originality of the operation.

2. Preparation phase of the IPO

Preparation for the listing began in 1999, when the Lombardy region placed Ente Fiera Internazionale di Milano under a commissioner, following transfer of responsibility for the trade fair system from central to regional government. (Under the Italian legal system, Ente Fiera Internazionale was a body managed according to the criteria of a private company and without shareholders, since it was self-reporting, but at the same time its mission was to perform an activity of public interest and it was subject to state supervision) The commissioner was not appointed for economic and financial reasons, but simply to enable the organization to re-write its statute. In 1999, previous regulatory references were changed, and in early 2000 Ente Fiera Internazionale di Milano became a foundation or Fondazione. Article 1 of the new statute reads: "Ente Autonomo Fiera Internazionale di Milano...operating as a foundation under private law, compliant with the civil code, as well as applicable legislation".

In turn, Fondazione, which was a non-profit organization and did not undertake any business operations, devolved these activities to a joint stock company that became operational in October 2000 and of which it had been sole shareholder until the time of listing, namely, Fiera Milano S.p.A.

Fiera Milano thus acquired a unique structure, which was to prove essential for the successful listing of the joint stock company: a foundation that owned property and brands (and elected to develop with its own resources the great, new Fiera Milano exhibition center being built in the city's suburbs), and an operative joint stock company that purchased the "trade fair operations" branch of the business, which it developed into trade fair management and a specialized service supplier inside the pavilions belonging to Fondazione and rented from the latter.

The chief advantage of this choice for the subsequent listing actually became apparent with the listing on the Stock Exchange. In fact, Fiera Milano S.p.A. is purely a service company, with no costly fixed assets and relative depreciation of tangible assets: with capital flows being equal, this fact generates higher returns on capital investment.

Yet at the same time, it is a service company that can rely on a reference shareholder who will guarantee the availability of an enormous exhibition center for a most acceptable rental fee with significant assurances: today's district is actually rented until September 30, 2009, with a nine-year contract that will be automatically renewed for a further nine years when it expires; the out-of-town complex being built will be rented at the same conditions, for a cost that accounts for 6% of the investment required for its construction, based on an option already exercised by the joint stock company and a contract that has already been signed. The joint stock company enjoys similar preferential treatment for licenses to use Fondazione's brands.

3.   The Fiera Milano S.p.A group is born

The second important development that preceded and paved the way for the listing was the transformation of the joint stock company into a corporate entity, one that participates as a major or total shareholder in a series of companies active in different segments of the trade fair market: from organization of shows and conventions, with related facilities management, all the way to related services: refreshments, set-up of stands, internet and publishing tools, all for the trade show environment. The reasoning behind this choice lies in separating the individual areas of business and entrusting their management and development to specific companies that become responsible for maximizing profitability. Profits, in fact, are generated not only in the restricted Fiera Milano framework, but also beyond it, whenever needs arise that address leveraging the expertise offered by Fiera Milano companies.

The evolution of the business model – that nowadays sees the Fiera Milano group operating in the management of exhibition space and supply of services as well as the organization of shows, events and conventions – started at the very moment the joint stock company was set up, when it immediately rented and later purchased the business area dealing with "management of trade activities", as well as the exhibition center.

Fiera Milano S.p.A. has reinforced and developed existing business, optimizing management of space and quality of services already on offer to exhibition organizers, exhibitors and visitors. At the same time it has considerably expanded the range and standard of these services through targeted company acquisitions and joint ventures with technical partners.

These have drawn the following into its orbit:

- *Edizioni Fiera Milano* (publishing and communication tools related to events and conventions), 100% holding

- *Fiera Food System* (70% holding and operating in the restaurant and catering sectors)

- *Nolostand* (stand hire and set-up, 51% holding)

- *Expopage* (internet and e-business services for trade show professionals, where Fiera Milano share rose from 21% to 64% in September 2002).

Fiera Milano S.p.A. subsequently developed its second business area: organization of shows and conventions. This objective was achieved in September 2002 by:

- buying out Fiera Milano Congressi

- acquiring control of Fiera Milano International – Italy's biggest private show organizer – through the company Fiera Milano Exhibitions, of which Fiera Milano S.p.A. owns 50%, but exercises operations and financial control. The other 50% belongs to Fondazione, but Fiera Milano S.p.A. has exercised a call option for its purchase (which will be applied on March 31st, 2005).

4.   The new business circuit and the industrial project

Armed with the expertise of these companies, Fiera Milano S.p.A. group appeared upon the Stock Exchange with an extremely interesting economic-financial background and an industrial project already in progress as of June 30, 2002. This notwithstanding the fact that the group did not yet include Fiera Food System, which became operational on July 1, 2002, and Nolostand, which was the acquisition of a company branch limited to just fixed assets, start-up and debts to transferred personnel and whose inclusion in consolidated financial reports would have therefore misrepresented the circulating capital.

4.1   The new business circuit

These new acquisitions made it possible to expand the business circuit and in light of this, a pro forma consolidated financial statement was drawn up on June 30th, 2002 that clearly shows the economic and financial importance of the group. On this pro forma basis, proceeds were found to be €177 million.

By June 30th, 2002, consolidated pro forma EBITDA (gross operating margin) topped €38.7 million, equally divided between the business areas of *space management, services* and *organization of shows and conventions.*

Pro forma EBIT (operating result) was €27 million.

The pro forma net result was €9.1 million, after deducting €7.2 million of minority interest shares.

As to the net financial position, the group boasted exceptional liquidity (€18.4 million) based on the historic balance sheet data of June 30, 2002.

A specific feature of the exhibition contracts entrusted to Fiera Milano S.p.A. envisages management of financial flows connected to the exhibitions. The company actually collects, on behalf of the organizer, the participation fees that the exhibitors pay in advance, before the exhibition is held, and then hands over proceeds to the organizer, deducting its own fees. This treasury cycle shows a surplus of current debts compared to credits and consequently circulating capital that was negative (i.e., a positive result) for €5.1 million in the pro forma financial statement of June 30, 2002.

Another feature of these exhibition contracts is that they are finalized well ahead of the event. This results in extensive visibility of financial flows, a factor much appreciated by analysts, as were the company's development potential and its limited susceptibility to the economic cycle. (Trade shows have delayed response times to business stagnation because they are designed and prepared well ahead of time; on the other hand companies tend to step up promotional and marketing efforts in times of recession).

Although there were no comparable international examples listed at a similar level to Fiera Milano's, professional investors lost no time in pinpointing the security's very interesting self-protective nature, especially in a tremendously volatile phase with its protracted downswing in listed securities.

On the other hand, they immediately sensed that should the time be ripe for an upswing, these defensive characteristics would not exclude attractive profitability developments, given the group's remarkable potential.

Moreover, interest in the Fiera Milano S.p.A. share was reinforced by the decision – appropriately underscored – to implement an extraordinarily generous dividend policy, distributing as much as is legally accepted (net of statutory reserves).

4.2   The industrial project

Right from the start Fiera Milano S.p.A. insisted on several listing aspects that would have a positive influence on investors.

First: the company was not being listed to offset financial instability, since its financial position was – and still is – very solid.

Secondly: quite the opposite, in fact, the decision to target the market was in response to the need to support an extensive and long-term development plan, and was being implemented at a time of economic and stock market doldrums, precisely because it was considered the phase that would be most advantageous to buyers, and therefore ideal for a company aiming for rapid growth through acquisitions of service companies operating in the trade show and exhibition brand area. This strategy was heavily emphasized in communications and in the prospectus drawn up as a legal requirement.

The industrial project clearly showed its worth even before the listing, with the acquisitions campaign that spawned the Fiera Milano S.p.A. group. Immediately after stock market listing, however, this was confirmed by the group's takeover of another leading company in customized exhibition stand set-up: Eurostands.

The development scheme pursued by Fiera Milano S.p.A. also envisaged "well-targeted international expansion", implemented solely through sale of know-how and management of non-European centers, which means avoiding foreign investments in exhibition facilities, in line with Fiera Milano S.p.A.'s service company philosophy. This promise was also immediately confirmed after the listing, with the signing of a letter of intent that declared that in a narrow timeframe (until the end of 2003), subject to verification of several precise contractual conditions, the Fiera Milano Worldwide brand would be franchised to a property company that is developing an exhibition center in Cancun, Mexico. This would be the first franchising of a trade fair brand name.

5.   The new out-of-town exhibition complex

The upgrading and redevelopment of the exhibition facilities currently in progress, which will be completed with the inauguration of the new pavilions in 2006, make a significant contribution to Fiera Milano S.p.A.'s development prospects.

The so-called "out-of-town complex" is an impressive achievement and after its completion Fiera Milano will be the world's largest and most modern exhibition center. In fact, Fiera Milano will offer an out-of-town exhibition center covering 530 000 square meters gross of floor surface in eight pavilions (of which only two are two-level), served by highways, subway, high capacity railway line and Malpensa international airport. This will join an exhibition center in Milan (known as the city complex) of 125 000 square meters gross (about one third of the current area, since the remaining area will be divested).

For both complexes, Fiera Milano S.p.A. has already defined – as mentioned above – long-term rental at very attractive rates. Moreover, as a result of the contribution of Fondazione Fiera Milano, which is shouldering the entire investment cost for the "out-of-town complex", the joint stock company will be able to make use of the new, world-leader facilities for the trade market, without overloading its budget with the costs resulting from its construction.

6.   Offering structure

The listing (IPO) has targeted four investor categories: public (in Italy but not abroad), employees, Italian and overseas institutional investors and a private offering (show organizers and Milan Chamber of Commerce).

A significant contribution to the success of the operation came from the advertising and press campaign launched independently by the joint stock company and the successful action undertaken by the two banks that led the operation: UBM and Société Gènérale, both in the dual role of sponsor and global coordinator. Fiera Milano S.p.A. selected two very prestigious banks with IPO experience, able to offer support and experience with both domestic and international institutional investors.

All purchasers received the same type of security (ordinary share) with the same rights of entitlement, but differing in the type of transferability: immediate for categories one and three; subject to a period of one year of continuous possession for employees and three years for major clients entitled to bonus shares as stipulated in the IPO.

The bonus defined for employees (one free share for every five purchased after one year of possession) is tangible proof of the special attention that Fiera Milano pays to its human resources, recognized as the most important asset for a service company. That same philosophy is applied to the stock option plan included in the listing process reserved for company management and designed to engender greater loyalty.

Zweiter Teil

Strategisches Management von Messegesellschaften

Kapitel 1:

Informationsgrundlagen des Messemanagements

Alex Ulrich

Strategische Marktforschung einer Messegesellschaft

1. Strategische Marktforschung als Aufgabe der Marktforschungsabteilung einer Messegesellschaft

2. Marktforschung für strategische Unternehmensentscheidungen
   2.1 Analyse der Entwicklungen des Mediums Messe
   2.2 Analyse der Kundenbedürfnisse
   2.3 Analyse des Wettbewerbs von Messegesellschaften
   2.4 Optimierung des Produktportfolios
   2.5 Marktforschung für New Business Development

3. Marktforschung für strategische Produktentscheidungen
   3.1 Branchenmarktanalysen
   3.2 Potenzial- und Reichweitenanalysen
   3.3 Wettbewerbsanalyse von Veranstaltungen
   3.4 Analyse der Kundenbedürfnisse

4. Schlussbetrachtung

5. Literaturverzeichnis

Alex Ulrich ist Leiter der Abteilung Market Research der Messe München GmbH, München.

1. Strategische Marktforschung als Aufgabe der Marktforschungsabteilung einer Messegesellschaft

Messegesellschaften haben bedingt durch ihre Kernaufgabe, Marktveranstaltungen (hier Messen und gewerbliche Ausstellungen) zu konzipieren und durchzuführen, einen besonders hohen Bedarf an Marktforschung. Sie haben es mit Märkten in zweierlei Hinsicht zu tun: Das „Produkt" Messeveranstaltung stellt selbst einen räumlich und zeitlich begrenzten Markt dar, bzw. es bildet einen Markt ab, indem es die Marktteilnehmer – Anbieter und Nachfrager – bzw. Aussteller und Besucher zusammenführt. Dazu muss der Veranstalter wesentliche Informationen zum jeweiligen Markt haben. Heute handelt es sich dabei meist um komplette Branchen oder Teilbranchen, die sich auf einer typischen Fachmesse darstellen.

Zweitens agiert die Messegesellschaft auf dem Veranstaltungs- bzw. Messemarkt. Hier stehen sich die Messen mit zum Teil gleichen oder ähnlichen Themen als Wettbewerber gegenüber. Anbieter sind die Veranstalter (mit oder ohne eigenem Messegelände), Nachfrager, Aussteller und Besucher und/oder deren Repräsentanten, insbesondere Branchenverbände.

Die Betrachtung einer weiteren Dimension ist für die Grundlegung der Strategie wichtig: Eine Messe stellt für Aussteller und Besucher ein Marketing- bzw. Beschaffungsinstrument dar. Sie ist ein Medium, über das die Marktteilnehmer kommunizieren. Insofern steht die Messe auch im Wettbewerb zu anderen Medien, wie der klassischen Werbung etc. und anderen Marketinginstrumenten wie z.B. dem Außendienst. Messeveranstalter müssen also wissen, warum und wie sich ihre Kunden dieser Medien und Instrumente bedienen.

Strategische Entscheidungen – d.h. „die richtigen Dinge tun" im Sinne einer langfristigen, dauerhaften Zielerreichung – und operative Entscheidungen – d.h. „die Dinge richtig tun" im Sinne einer optimalen, effizienten Durchführung von Maßnahmen – werden hier auf zwei Ebenen betrachtet:

- Auf Unternehmensebene
- Auf Produktebene (die einzelne Messeveranstaltung).

Die Verknüpfung und Ableitung von Marketingzielen, Optimierungsaufgaben und Marktforschungsfeldern einer Messegesellschaft ist in Abbildung 1 dargestellt. Die einzelnen Marktforschungsaufgaben können sowohl strategische als auch operative Planungen und Entscheidungen unterstützen.

Abb. 1: Vom Marketing zur Marktforschung

In Teil 2 und 3 sind einige der wichtigsten Marktforschungsaufgaben für die Unternehmens- und die Produktstrategien dargestellt.

Diese Aufgaben werden bei den meisten größeren Messegesellschaften durch interne Marktforschungsabteilungen wahrgenommen, die in der Regel aus zwei bis fünf Mitarbeitern bestehen.

2. Marktforschung für strategische Unternehmensentscheidungen

2.1 Analyse der Entwicklungen des Mediums Messe

Das Medium Messe hat im Lauf seiner historischen Entwicklung viele Typen hervorgebracht und mannigfaltige Ausprägungen erfahren: Von der unmittelbaren Marktveranstaltung zur Mustermesse, von der Universal- zur Fachmesse, von der Ordermesse zur

Kommunikationsmesse. Alle diese Entwicklungen sind Folgen gesamtwirtschaftlicher Veränderungen und mit ihnen einhergehender Wandlungen einzelwirtschaftlicher Funktionsbereiche.

Die strategische Messemarktforschung hat grundsätzlich alle diese Bereiche „im Auge zu behalten" und Folgerungen daraus zu ziehen. Dabei muss überwiegend auf vorhandene Studien zurückgegriffen werden. Basis für strategische Entscheidungen ist dann die Einschätzung der weiteren möglichen Entwicklung. Ein wichtiges Beispiel sei näher skizziert: In den letzten 50 Jahren hat die weltwirtschaftliche Verflechtung außerordentlich zugenommen und der Außenhandel hatte ständig größere Wachstumsraten zu verzeichnen als die Wirtschaft. Messen in ihrer Funktion als Plattform für den Import und Export haben diese Entwicklung mit vorangetrieben, bzw. spiegeln diese wider: Die Auslandsanteile auf Aussteller- und Besucherseite sind ständig gestiegen. Das Ranking der größten Aussteller- und Besucherländer am Messeplatz Deutschland liest sich fast wie die Außenhandelsstatistik.

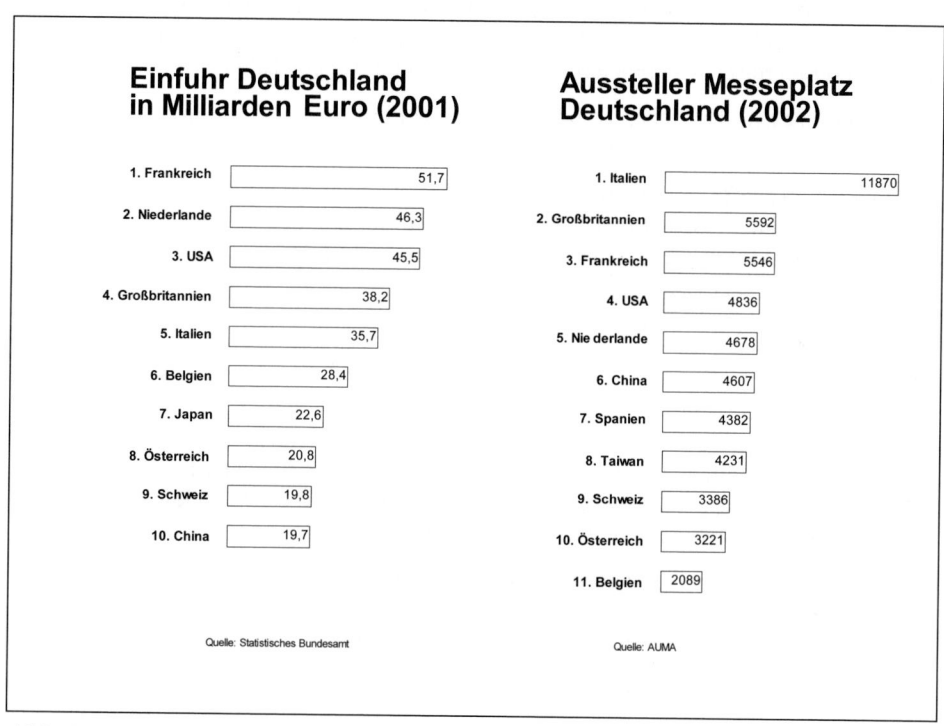

Abb. 2: Außenhandel und Messebeteiligungen

Im Zuge der weiteren Internationalisierung („Globalisierung") wurden und werden zunehmend auch Produktionsstandorte verlegt. Das hat ab Mitte der 80er Jahre in der deutschen Messewirtschaft zu der Frage geführt, ob man die eigenen Messen „exportieren" muss oder ob man sich ausschließlich auf die Stärkung der Veranstaltungen am „Messeplatz Deutschland" konzentrieren soll. Schwächt man womöglich mit seinen eigenen „exportierten" Messen die Leitmesse am heimischen Standort? Die Auswertung der einschlägigen Statistiken hat gezeigt: Der Gewinn an Bekanntheit und Image, der durch Auslandsmessen erzielt wird, führt auch der heimischen Leitmesse mehr Aussteller und Besucher aus den entsprechenden Ländern zu. Bestes aktuelles Beispiel: China.

Zum anderen ist auch die Situation im weltweiten Wettbewerb der Messeveranstalter mit einzubeziehen. Den schon global agierenden Veranstaltern hätte man – aus Sicht der deutschen Messegesellschaften – den internationalen Markt überlassen. Mittlerweile haben sich fast alle deutschen Messegesellschaften, insbesondere die Großmessen[1], eindeutig für diese Strategie entschieden. Weitere Untersuchungen haben in diesem Zusammenhang zum Bau und Betrieb eines gemeinsamen Messegeländes dreier deutscher Messegesellschaften in Shanghai geführt. Die Marktforschung muss die weitere Entwicklung der Weltwirtschaft, die Herausbildung ggf. neuer regionaler „Gravitationsfelder" (z.B: Osteuropa, EU-Erweiterung etc.) ständig im Auge behalten.

Ein weiterer gesellschaftlicher Trend, der in seinem Einfluss auf Messen zu untersuchen ist, ist z.B. der Trend zur sog. „Wissensgesellschaft".

In betriebswirtschaftlicher Betrachtung sind Messeteilnahmen ein Marketinginstrument des Ausstellers im Absatzprozess und ein Beschaffungsinstrument im Einkaufsprozess des Besuchers. Mittels einer Funktionsanalyse kann die Funktionsweise des Mediums Messe in diesen Prozessen herausgearbeitet werden. Insbesondere für die Ausstellerseite hat es solche Untersuchungen schon gegeben. Hier ist vor allem die Funktions- und Potenzialanalyse im Auftrag des AUMA aus dem Jahr 1999 zu nennen. Sie hat erstmals repräsentativ für deutsche Aussteller die Funktion von Messebeteiligungen im Absatzprozess, gerade auch im Vergleich zu anderen Medien und Instrumenten, ermittelt: Herausragende Ergebnisse dieser Studie waren der detaillierte Nachweis der Multifunktionalität der Messe (gerade im Unterschied zu den anderen Instrumenten), ihre bevorzugte Stellung in bestimmten Phasen des Absatzprozesses und die Aufdeckung noch nicht ausgeschöpfter Ausstellerpotentiale (Scheffler 1999).

Die strategische Dimension derartiger Untersuchungen liegt darin, den Messeveranstaltern Hinweise zu liefern wie sie ihr Medium im Intermedienwettbewerb optimal positionieren. Fragen wie: „Verdrängt das Internet oder virtuelle Messen die reale Messe?" können beantwortet werden.

---

[1] Die sieben größten Messegesellschaften Deutschlands haben sich zur „Gemeinschaft Deutscher Großmessen" GDG e.V. zusammengeschlossen (Berlin, Düsseldorf, Frankfurt, Hannover, Köln, München, Nürnberg).

Entscheidend für den (weiteren) Erfolg des Mediums Messe ist jedoch auch, diese Zu-sammenhänge bei den Kunden, den Ausstellern, noch bewusster zu machen. Auf Grund der absolut manchmal als hoch bewerteten Messebeteiligungskosten, steht aktuell ver-mehrt die Frage nach dem Nutzen einer Messebeteiligung im Vordergrund. Ausgehend von obigen Forschungsergebnissen werden zum Teil Instrumente entwickelt, mit deren Hilfe Ausstellerkosten und Nutzen von Messebeteiligungen gegenüber gestellt werden können (sog. „Messeeffizienzkalkulator"). Die Nutzenfaktoren werden dabei häufig nach dem Opportunitätskostenprinzip (anderer Marketingtools) ermittelt.

Auf der Besucherseite fehlen solche Untersuchungen weitgehend (Ausnahmen sind ins-besondere folgende Untersuchungen, die sich dem (Fach-)Besucher widmen: AUMA 2002; Strothmann 1992). Wenn auch Messegesellschaften 70-90 Prozent ihrer Umsatzer-löse aus den Beiträgen der Aussteller generieren, so ist doch der Besucher gleichwertiger Teil der Messe, Kunde des Ausstellers und des Veranstalters. Ohne die entsprechende Quantität und Qualität von Besuchern, lässt sich kein Messeziel der Aussteller (optimal) erreichen.

2.2   Analyse der Kundenbedürfnisse

Die Befriedigung von Kundenwünschen führt grundsätzlich zu einer höheren Kundenzu-friedenheit. Inwieweit die Erfüllung einzelner Leistungselemente der Dienstleistung „Messe" zur Kundenbindung beiträgt, ist schon eine Frage. Die Kundenzufriedenheits-forschung hat gezeigt, dass Zufriedenheit nicht immer zu entsprechender Kundenbin-dung führt.[2]

Durch Kunden (Aussteller- und Besucher-)Befragungen kann festgestellt werden, wel-chen Einfluss die einzelnen Leistungselemente auf die Gesamtzufriedenheit haben. Zweidimensionale Untersuchungen erfragen die Wichtigkeit der Elemente und ermitteln durch Korrelationsanalysen deren Einfluss auf die (Gesamt-)Zufriedenheit.

Eine weitere Dimension betrachtet das Kundenbindungssystem TRIM (vgl. Schari-oth/Huber 2002; vgl. auch Ulrich 2003) von NFO Infratest. Es bildet die erfragte Wich-tigkeit als „Verbale Wichtigkeit" ab, errechnet den realen Einfluss ebenfalls über Korre-lationen und stellt die Erfüllung der Leistungselemente dar. Das Ergebnis bildet der sog. „TRIM*Grid" ab. Die Leistungselemente positionieren sich in vier Feldern:

- Motivatoren (hohe verbale, hohe reale Wichtigkeit) – eine Verbesserung der Leis-tung führt zu einer Steigerung der Kundenbindung

- Versteckte Chancen (niedrige verbale, hohe reale Wichtigkeit) – Potentiale zur Stei-gerung der Kundenbindung

---

[2] Grundlegend sind die Arbeiten von Jones and Sasser, Professoren der Harvard Business School, 1997.

- Hygienefaktoren (hohe verbale, niedrige reale Wichtigkeit) – ein bestimmtes Niveau ist zu halten

- Einsparpotentiale (niedrige verbale, niedrige reale Wichtigkeit) – Ressourcen könnten ohne Verschlechterung der Kundenbindung in Frage gestellt werden.

Für Aussteller ergibt sich grundsätzlich folgendes Bild:

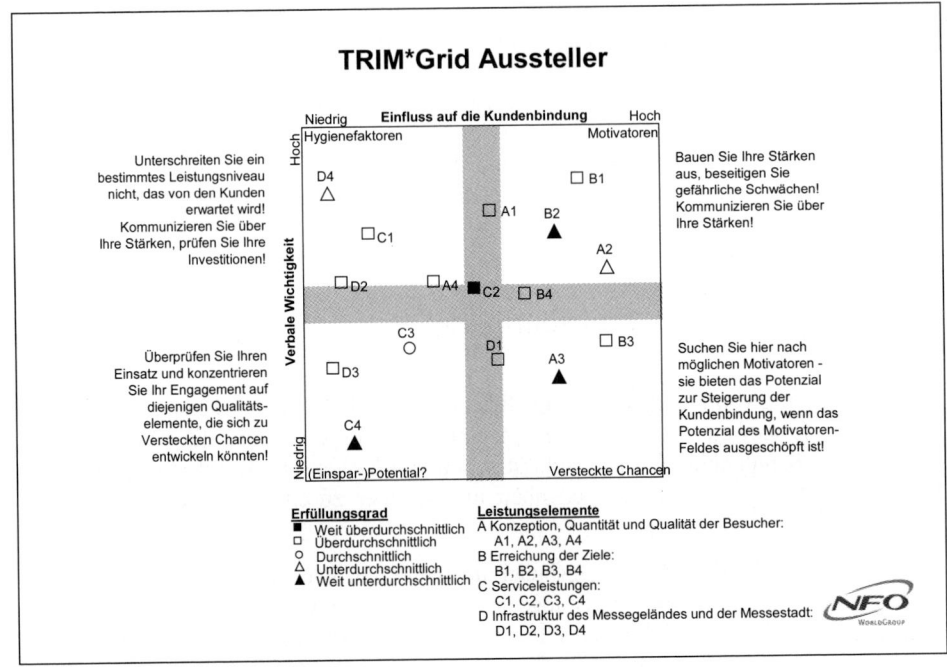

Abb. 3: TRIM*Grid für Aussteller

Die Leistungselemente der Bereiche A und B (Konzeption, Besucher, Erreichung der Ziele) liegen überwiegend im Motivatorenfeld. Die Leistungselemente der Bereiche C und D (Service und Infrastruktur) sind überwiegend im Bereich der Hygienefaktoren, Fragezeichen und Einsparpotenziale zu finden.

Aus der Lage der Leistungselemente und dem Erfüllungsgrad lassen sich verschiedene Handlungsempfehlungen ableiten. So sollten z.B. insbesondere Stärken im Motivatorenfeld ausgebaut und Schwächen beseitigt werden.

Entscheidend sind also nicht nur Stärken und Schwächen, sondern vor allem, was für den Kunden wichtig und relevant ist. Da andererseits Leistungssteigerungen meist auch mit erhöhten finanziellen Aufwendungen verbunden sind – „Kundenzufriedenheit kostet

Geld" – ist die Konzeption des Leistungsportfolios auch im Hinblick auf die finanziellen Ziele zu optimieren. Die Portfolioanalyse der Leistungselemente ist dafür hervorragend geeignet.

Ebenso wie die Ausstellerbedürfnisse muss die Besuchersicht untersucht werden. Wie auf der Ausstellerseite dominieren als relevante Leistungsmerkmale diejenigen, die Quantität und Qualität der anderen Marktseite definieren (Vollständigkeit des Angebots, Präsenz der Marktführer etc.) und damit die Erreichung der Besucherziele maßgeblich beeinflussen. Aus verschiedenen Befragungen[3] ergibt sich bei der Gegenüberstellung von Aussteller- und Besucherzielen folgendes Bild:

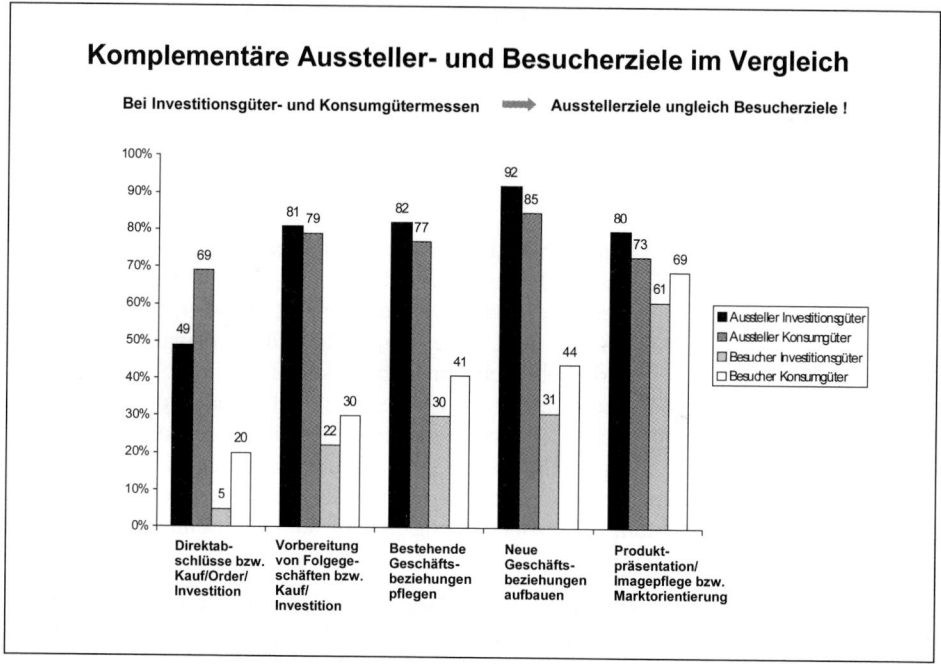

Abb. 4: Aussteller- und Besucherziele im Vergleich

Aussteller- und Besucherziele sind weitgehend komplementär, wobei interessebedingt eine gewisse Verschiebung deutlich ist: Besucher wollen sich primär informieren, Neuheiten kennenlernen, Aussteller möchten gleich Geschäftskontakte anbahnen und Verkäufe einleiten. Auf diese Differenz muss die Messekonzeption und der Messeauftritt der Aussteller entsprechende Antworten finden. Soll das Medium Messe erfolgreich bleiben,

---

3 Basis: Aussteller- und Besucherbefragungen von NFO Infratest auf Messeveranstaltungen der Messe München.

müssen die Besucherbedürfnisse der logische Ausgangspunkt der konzeptionellen Überlegungen von Ausstellern und Veranstaltern sein.

2.3   Analyse des Wettbewerbs von Messegesellschaften

Zunächst stehen sich im Wettbewerb auf dem Messemarkt die einzelnen Messeveranstaltungen gegenüber (siehe Kapitel 3.3 dieses Beitrags). Die Qualität der einzelnen
Messen wird jedoch maßgeblich von den Potenzen der Veranstalter bestimmt. Zu nennen
sind hier insbesondere:

- Attraktivität des Messeplatzes (die Messestadt)

- Kapazität und Modernität des Messegeländes

- Finanzielle Ressourcen der Messegesellschaft

- Strategien, Netzwerke und Allianzen

- Image.

Die meisten dieser Faktoren können bis zu einem gewissen Grad – soweit die Informationen öffentlich zugänglich sind, z.B. aus Geschäftsberichten etc. – ermittelt und für
SWOT-Analysen und Benchmarks verwendet werden. Beliebt vor allem bei der Presse
sind Rankings der Messeplätze. Oft sind diese Vergleiche jedoch mangelhaft, da wesentliche Besonderheiten der Messebranche nicht berücksichtigt sind. So werden bestimmte Kennziffern je Messegesellschaft für ein bestimmtes Jahr dargestellt. Die Portfolios der meisten Messegesellschaften, insbesondere jene mit einem hohen Anteil an
Investitionsgütermessen, erzeugen aber jedes Jahr ein anderes Programm, so dass die
Veranstaltungs- und Finanzkennziffern großen Schwankungen unterworfen sind. Erst
durch langfristige Betrachtung oder Berechnung geeigneter Durchschnittswerte ergibt
sich ein richtiges Bild.

Beispielhaft sei dies an der Ermittlung des „Marktanteils" an den internationalen, überregionalen Veranstaltungen des „Messeplatz Deutschland"[4] verdeutlicht. Die einzelnen
Messeplätze werden nach ihrem Anteil an Besuchern, Ausstellern und vermieteter Fläche an den Gesamtzahlen des Messeplatzes Deutschland positioniert. Dabei sind die
Zahlen jeder Veranstaltung „turnusgewichtet", d.h. durch den Turnus dividiert, sodass
ein echter Durchschnittswert entsteht.

---

[4] Der Begriff „Messeplatz Deutschland" ist von AUMA definiert. Rund 220 Veranstaltungen sind als international eingestuft. Weitere Kriterien kommen hinzu, um Aufnahme in diesem Pool zu finden. 130 bis 150
Messen finden jährlich statt. Siehe: AUMA-Messe Guide, bzw. www.auma.de.

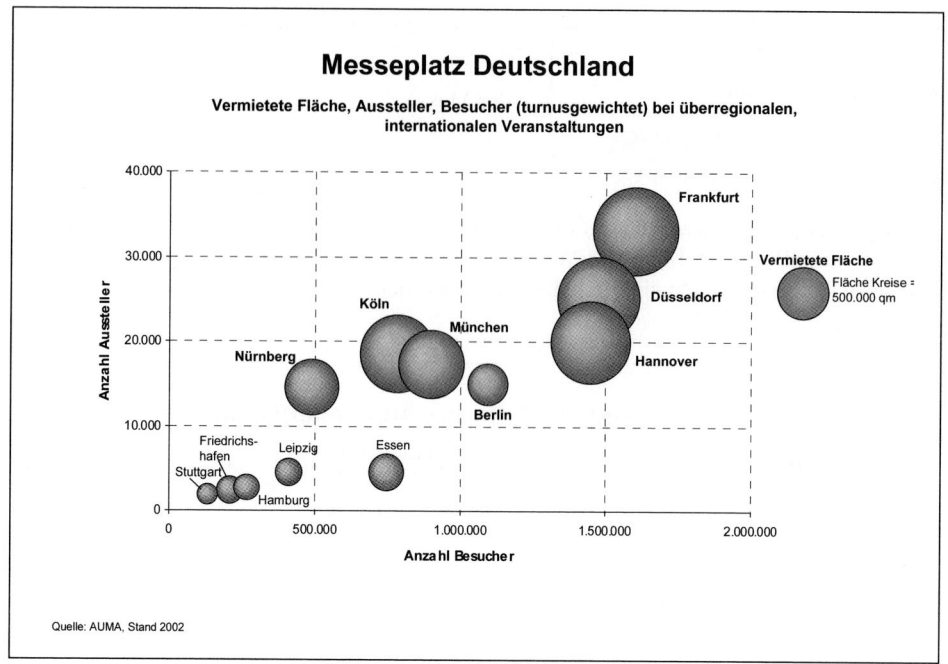

Abb. 5: Marktanteile am „Messeplatz Deutschland"

2.4   Optimierung des Produktportfolios

Um die strategischen Marketingziele und gleichzeitig die Finanzziele zu erreichen, ist das Produktportfolio – gleichbedeutend mit Veranstaltungsprogramm – ständig zu optimieren.

Als Finanzziel wird an erster Stelle die Erwirtschaftung eines ausreichend positiven Deckungsbeitrags einer Messe stehen. Marketingziele sind vor allem eine gute Positionierung im Wettbewerb, möglichst als Marktführer (eine so genannte „Leitmesse"). Dies kann durch entsprechende Aussteller-, Besucher- und Flächenzahlen, einschließlich qualitativer Strukturmerkmale wie Internationalität, Anteil der Marktführer bzw. Entscheider dargestellt werden.

Alle diese Kriterien fließen jedoch auch in die Kundenzufriedenheit mit ein. In die Aussteller- und Besucherbefragungen der Messe München, die von NFO Infratest durchgeführt werden, sind vier Fragen integriert, aus denen ein Kundenzufriedenheits- bzw. Kundenbindungsindex ermittelt wird:

- Gesamtbeurteilung
- Weiterempfehlung   } der Messe
- Wiederbeteiligung/-besuch
- Konkurrenzvorteil

Der Index fasst die Antworten auf diese Fragen in einer Zahl zusammen (TRIM*Index). Damit kann z.B. die Stellung der Messen im Gesamtportfolio bezüglich der Aussteller- und Besucherbindung übersichtlich dargestellt werden:

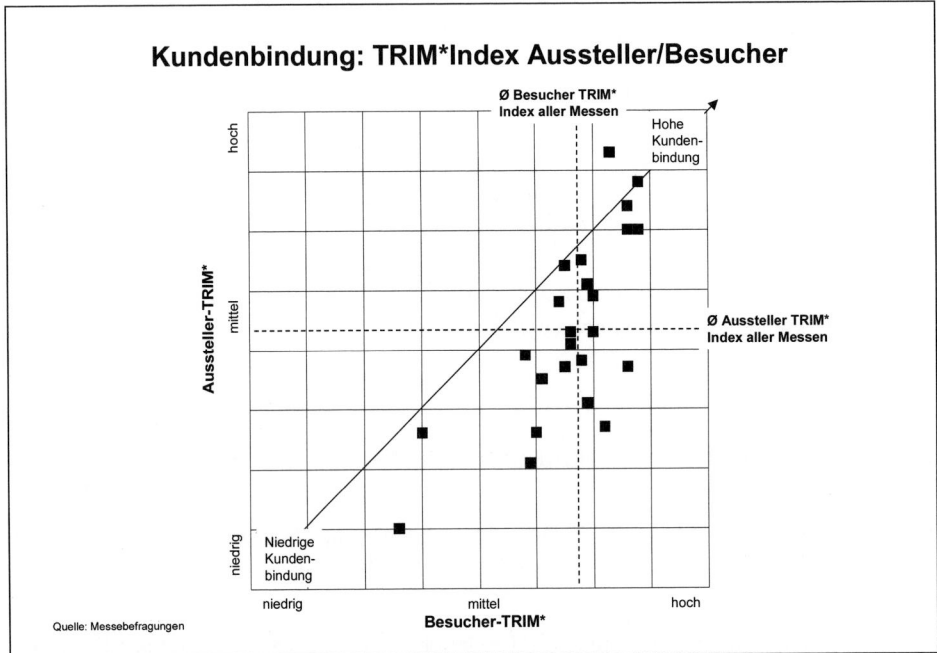

Abb. 6: Kundenbindung: TRIM*Index Aussteller und Besucher

Da die Aussteller insbesondere durch ein höheres finanzielles Engagement ein höheres Involvement in eine Messe aufweisen als die Besucher, schwankt die Kundenbindung bei den Ausstellern stärker. Nicht immer entspricht einem hohen Index auf Besucherseite ein hoher Index auf Ausstellerseite. In der Tendenz bewegen sich beide Kundengruppen aber in die gleiche Richtung.

Kunden- und Finanzperspektive, zwei wichtige Perspektiven der Balanced Scorecard, lassen sich mit Hilfe des Kundenbindungsindexes auch portfolioartig abbilden: Die

Kundenbindung einer Messe kann anhand des TRIM*Indexes der Aussteller gemessen werden, da von ihnen auch der größte Teil des Umsatzes stammt. Die Effizienz einer Messe – was die Finanzperspektive betrifft – wird über die Rohertragsquote (Deckungs-beitragsquote) gemessen. Im Durchschnitt sehen wir den positiven Zusammenhang zwischen Kundenbindung und finanzieller Effizienz (Profitabilität).

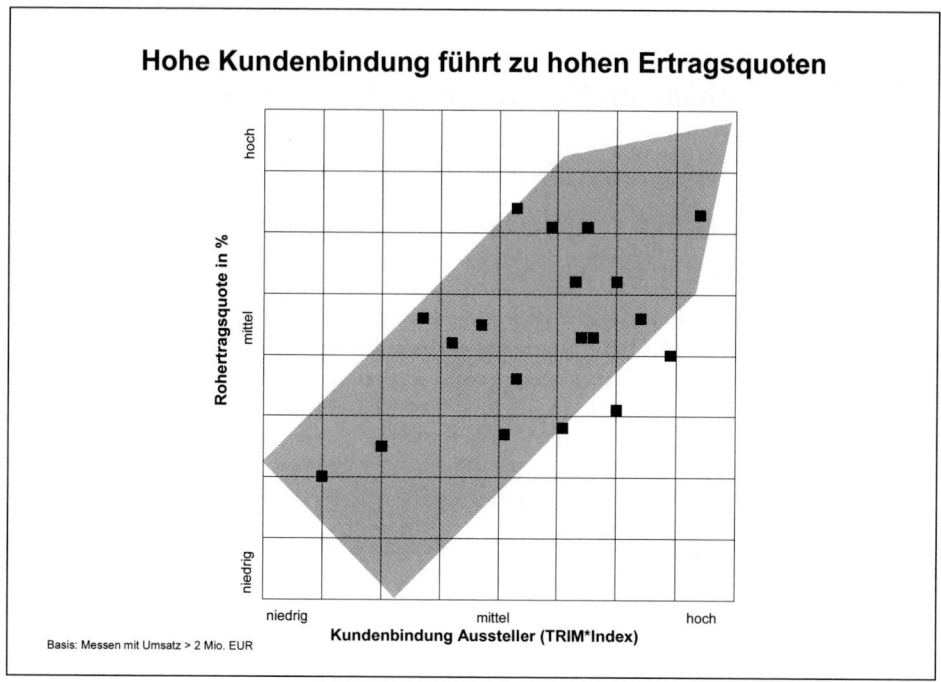

Abb. 7: Hohe Kundenbindung führt zu hohen Ertragsquoten

Außerdem ergibt sich ein schönes Bild für das interne Benchmarking. Zu berücksichtigen ist jedoch, in welchem Lebenszyklusstadium sich eine Messe befindet. Dementsprechend „wandern" die Messen: Hohe Anfangsinvestitionen sind notwendig um Kundenbindung aufzubauen, relativ niedrige Investitionen ergeben sich bei hoher Kundenbindung. Veranstaltungen, die sich dauerhaft links unten positionieren sind im Prinzip aus dem Portfolio zu eliminieren. Kurz- und mittelfristig ist jedoch immer zu untersuchen, ob die Marktgröße und das Marktwachstum der jeweiligen Branche, mithin Aussteller- und Besucherpotenziale bei entsprechender Ausschöpfung nicht noch einen Erfolg der Messe möglich machen. Manchmal kann es selbstverständlich auch weitere (messe-)politische bzw. strategische Gründe geben, eine Veranstaltung im Portfolio zu behalten.

Insbesondere ist hier die Zugehörigkeit zu einem Kompetenzfeld zu nennen. Die meisten Messegesellschaften haben ihr Portfolio zu Kompetenzfeldern geclustert. Dabei gruppieren sich die Messen nach Branchen – und Zielgruppen (z.B. Mode – Maschinenbau – Sport und Freizeit etc.). Bei der Definition und Abgrenzung sowie der Einschätzung der Zukunftsentwicklungen berät die Marktforschung. Die Unternehmensstrategie muss dann entscheiden, ob und auf welche Felder das Veranstaltungsportfolio ausgerichtet werden soll.

2.5   Marktforschung für New Business Development

Marktforschung für New Business Development lässt sich in zwei Bereiche gliedern:

- Marktforschung für neue Produkte (hier: neue Veranstaltungen)

- Marktforschung für neue Geschäftsfelder.

Die Neuproduktentwicklung (siehe auch gleichnamigen Beitrag unter 3.1.3) wiederum kann zweifach gesehen werden. Zum einen können für das eigene Portfolio neue Themen, die aber an anderen Messeplätzen schon vorhanden sind, ermittelt werden. Zunächst screent man die Messemärkte. Dazu stehen z.B. einschlägige Messedatenbanken zur Verfügung.[5] In Frage kommende Veranstaltungen können als Eigenveranstaltungen (Kopie oder Kauf) durchgeführt oder als Gastveranstaltungen für den Messeplatz gewonnen werden. Je nachdem geht die Marktforschung unterschiedlich tief.

Weitaus schwieriger ist die Aufgabenstellung, wenn es um die Entwicklung grundsätzlich neuer Themen geht, Messen also, die noch an keinem anderen Messeplatz existieren. Die häufigste Form ist der „spin off", ein Produkt, das sich aus einer bestehenden Messe als eigenständiges Thema abspaltet. Das sich ausdifferenzierende deutsche Fachmessewesen bietet hier viele Beispiele. Im Rahmen von Aussteller- und Besucherbefragungen sind solche Themen meist erkennbar: Synergieanalysen zeigen z.B. inwieweit sich Angebotsbereiche einer Messe aus Sicht der Besucherinteressen überschneiden. Bereiche mit wenig Synergien aber einer hinreichend großen Aussteller- und Besucheranzahl sind ggf. als eine eigene Messe „lebensfähig". Andererseits zerstört ihre Herausnahme die Restmesse nicht.

Neue Themen, die sich aus neu entwickelnden Märkten ergeben, sind nur durch ein Netzwerk von Maßnahmen zu identifizieren.

Kontinuierliche Beobachtung der einschlägigen Märkte, Kontakte zu Brancheninsidern, Auswertung von Trendstudien (Delphi-Report u.a.) können hier Hinweise geben. Je komplexer und technologischer die Märkte sind, umso mehr müssen externe Institute und Fachleute hinzugezogen werden. Dies gilt insbesondere, falls es auch noch um aus-

---

[5] www.auma.de, m+a MessePlaner.

ländische Märkte geht. Einen marktforscherischen „Königsweg" zu neuen Themen gibt es nicht.

Die Betrachtung des Messeplatzes Deutschland zeigt: Die „Innovationsrate"[6] stieg zunächst mit der Entwicklung des Fachmessewesens in den 60er und 70er Jahren. Seitdem geht sie kontinuierlich zurück, da zumindest die traditionellen Märkte und Messethemen verteilt sind. Kein Thema – von Abwasser/Abfall über Bürsten und Borsten, Bestattungswesen oder Kirchenbedarf, bis hin zur Zuliefermesse – das nicht mindestens einmal in Deutschland präsent ist.

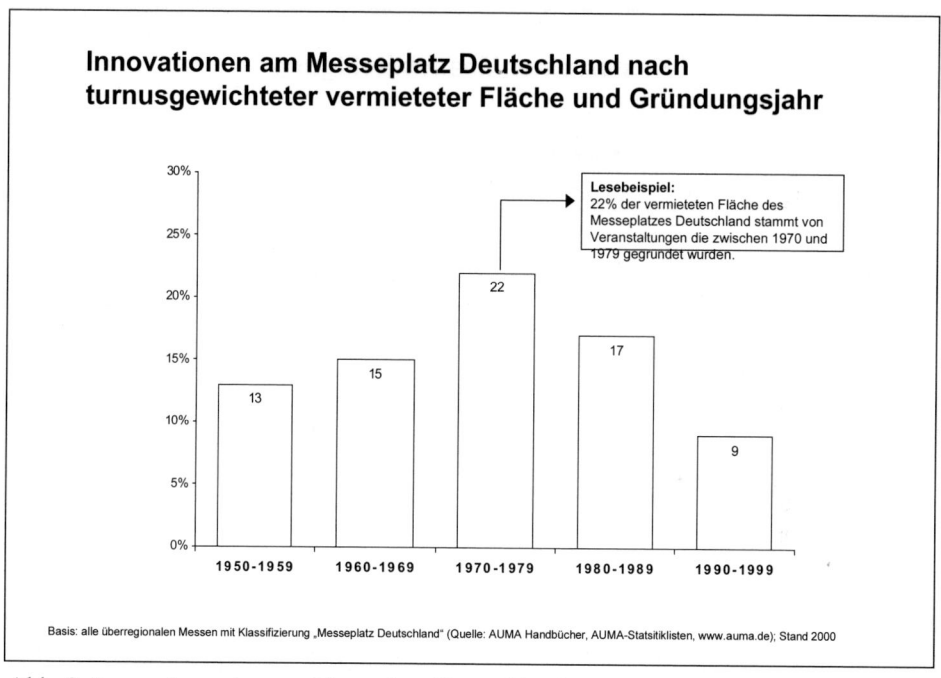

Abb. 8: Innovationsraten am Messeplatz Deutschland

Die Erforschung potenzieller neuer Geschäftsfelder kann sich an den möglichen horizontalen und vertikalen Diversifizierungsfeldern von Messegesellschaften orientieren. Als Kerndienstleistung einer Messegesellschaft sei die Veranstaltung einer Messe definiert. Die horizontale Diversifizierung umfasst die Erweiterung des Geschäftsfeldes hin

---

[6] Diese Auswertung orientiert sich an der Fragestellung „Wieviel Prozent des Umsatzes wird mit Produkten erzielt, die in den letzten x Jahren entwickelt wurden". Basis ist hier wieder die turnusgewichtete vermietete Fläche. Jede Veranstaltung gilt in ihrem Gründungsjahr als „neu".

zu angrenzenden Medien, die vertikale Richtung die Wertschöpfungskette der Messeteilnahme von Ausstellern und Besuchern.

Im Rahmen von Studien zur sog. „Umwegrentabilität von Messen" (siehe u.a. Penzko-
fer/Täger 2001, S. 23) werden die Ausgaben von Ausstellern und Besuchern untersucht.
Bei Ausstellern entfallen zur Zeit bei internationalen Fachmessen durchschnittlich rund
25 Prozent auf den Beteiligungspreis (Standmiete) und die technischen Nebenleistungen
an die Messegesellschaft.

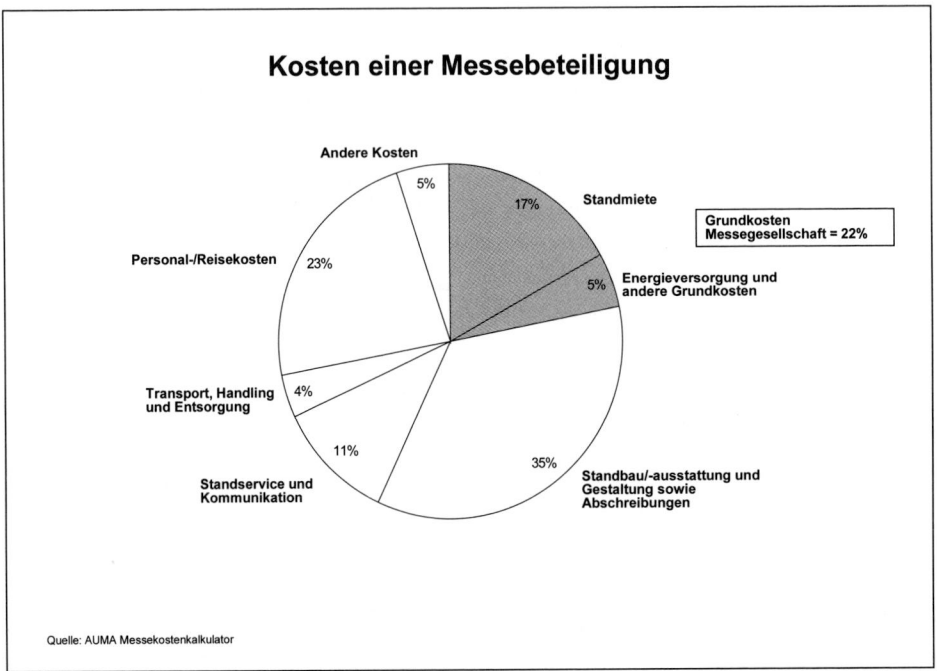

Abb. 9: Ausgaben von Ausstellern bei internationalen Investitionsgütermessen

Aus diesem Budget können die Veranstalter ggf. Teile für sich zugewinnen wie z.B. den
Standbau.

3. Marktforschung für strategische Produktentscheidungen

3.1 Branchenmarktanalysen

Wie für Neuproduktentwicklungen, so muss auch für die ständige strategische Fortentwicklung der einzelnen Messen der zu Grunde liegende Branchenmarkt – ausgegangen sei von der Branchenfachmesse – beobachtet und analysiert werden. Eine erste Hilfe leisten dabei Kundenbeiräte, die als Aussteller- oder Fachbeiräte im Messewesen schon eine lange Tradition besitzen. Unabhängige Marktforschung muss sich auf folgende Punkte konzentrieren:

- Definition und Abgrenzung des Zielmarktes

- Ermittlung der Wachstumsraten (Zukunftschancen)

- Branchentrends

- Anzahl und Struktur der Marktteilnehmer (Potenzialanalysen).

Inwieweit die Struktur der Messe mit dem Markt übereinstimmt, kann durch eine Gegenüberstellung von Angebotsbereichen der Messe und den entsprechenden Marktsegmenten dargestellt werden. Abbildung 10 zeigt die Gegenüberstellung von Marktsegmenten und Angebotsbereichen:

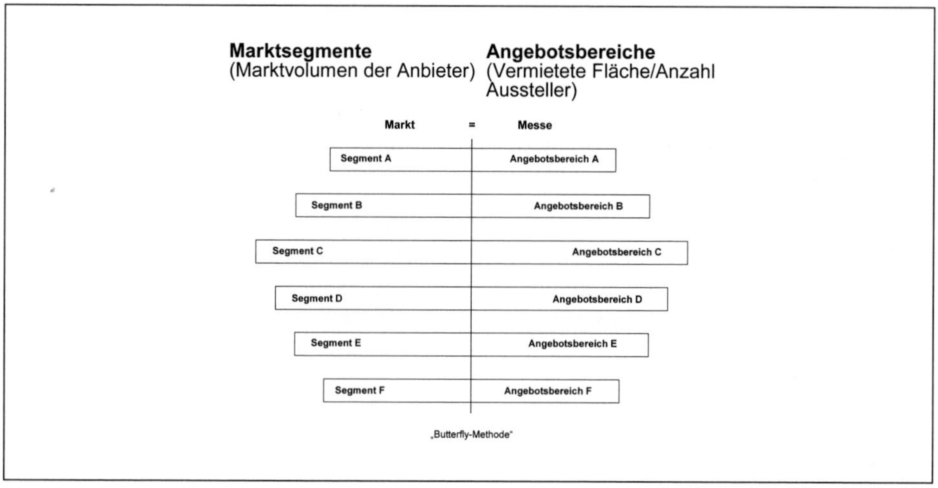

Abb. 10: Größe Marktsegmente – Größe Angebotsbereiche

Selbstverständlich ergibt dieses Bild nur einen ersten, groben Hinweis auf mögliche Defizite.

3.2 Potenzial- und Reichweitenanalysen

Wird die Ausstellerzahl einer Messe ins Verhältnis zur gesamten Zahl der Anbieter einer
Branche gesetzt, handelt es sich um eine Reichweitenanalyse. Der Begriff „Reichweite"
ist als das Verhältnis zwischen den tatsächlichen und potenziellen Nutzern eines Mediums definiert und aus dem Bereich der klassischen Medien bestens bekannt. Im Prinzip
ist lediglich das Aussteller- oder Besucherpotenzial einer Messe zu ermitteln und den
Messeteilnehmern gegenüberzustellen.

Die Reichweite einer Messe ist aussagekräftiger als absolute Aussteller- und Besucherzahlen und gibt auch im Wettbewerbsvergleich die schärfere Information. So einfach das
Prinzip, so steckt doch die Problematik im Detail.

Auf Ausstellerseite ist neben der genauen Branchen- bzw. Produktdefinition – z.B. „Herstellung von Baumaschinen" – die „Messefähigkeit" von Unternehmen zu berücksichtigen. Soweit die Analyse das Ausland mit einbezieht, ist die Exportfähigkeit zu bedenken. Das heißt z.B. von tausenden von Unternehmen, die in einer Datenbank gefunden
werden, sind nur einige hundert export- und messefähig und damit als Ausstellerpotenzi-
al im eigentlichen Sinn anzusehen. Je nach Basis wäre die Reichweite einmal im einstelligen Prozentbereich, im zweiten Fall vielleicht 70-80 Prozent. Die strategischen
Schlussfolgerungen sind dementsprechend ganz unterschiedlich.

Auf der Besucherseite sind die Verhältnisse noch komplexer. Hat man die Zielgruppen
oder die Hauptzielgruppe für die Reichweitenanalyse bestimmt, so muss zwischen Unternehmen und Personen differenziert werden. Messebesucher sind Personen. Es müssen
also Informationen über die Anzahl der Besucher pro Betrieb zwischengeschaltet werden. Kleinere Betriebe und weiter vom Messeplatz entfernte Betriebe können u.a. auf
Grund des Reiseaufwands weniger Besucher entsenden. Dementsprechend ist das Besucherpotenzial zu definieren.

Eine – allerdings kostenintensive – Möglichkeit Reichweiten zu ermitteln, ist die Pri-
märerhebung. Sie hat allerdings den Vorteil, dass auch die Wettbewerbsmessen einbezogen werden können. Außerdem können verschiedene „Stufen" der Reichweite, wie Bekanntheitsgrad, letzte Messe besucht, regelmäßiger Besuch, erhoben werden.

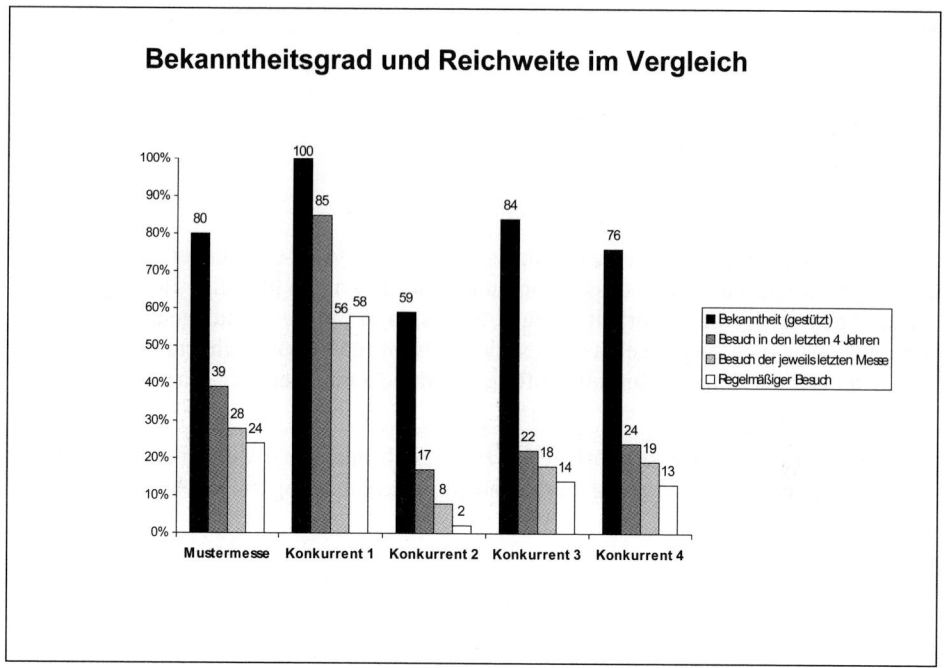

Abb. 11: Reichweitenvergleich

Auch nach Regionen (z.B. Bundesländern, Nielsengebieten, Ländern) lässt sich die Reichweite dann darstellen. Idealerweise können solche Erhebungen – die ja nur wenige Fragen umfassen – kostengünstig im Rahmen eines Panels oder einer Leserbefragung einer Fachzeitschrift durchgeführt werden.

3.3 Wettbewerbsanalyse von Veranstaltungen

Die Wettbewerbsanalyse von Messen hat insbesondere folgende Informationen mit einzubeziehen:

- Ausstellerzahlen, Struktur (Marktführer und Auslandsanteil), Entwicklung
- Besucherzahlen, Struktur (FKM-Strukturtest)[7], Entwicklung
- Vermietete Fläche

---

[7] Der „FKM-Strukturtest" ermittelt nach definierten Fragen und Antwortvorgaben Besucherstrukturdaten wie Herkunft, Aufgabenbereich etc. siehe www.fkm.de.

- Preise

- Angebotsbreite

- Konzeption (u.a. auch Termin, Turnus)

- Werbeauftritt

- Veranstalter (und unterstützende Verbände etc.).

Bei der Interpretation der Veranstaltungsstatistik (Aussteller-, Besucher- und Flächenzahlen) ist darauf zu achten, dass es sich um geprüfte Zahlen handelt.[8] Bei ungeprüften
Zahlen steht die Vergleichbarkeit und ggf. Seriosität in Frage. Grundlegend ist zu ermitteln, inwieweit sich die Angebotsbreiten der Messen jeweils überschneiden. Das ist aus
dem Titel und der Grobbeschreibung oft nicht hinreichend erkennbar. Dazu benötigt man
die Messekataloge.

Alle diese Informationen sind öffentlich zugänglich und meist weitgehend vorhanden.
Grafisch lassen sich die Veranstaltungen analog der Abbildung in Abschnitt 2.3 darstellen.

3.4   Analyse der Kundenbedürfnisse

Mit Hilfe von Aussteller- und Besucherbefragungen auf den Messen, die meist sowieso
regelmäßig erfolgen, mit Zusatzbefragungen nach bzw. vor den Veranstaltungen (z.B.
mittels CATI), durch Gruppendiskussionen und Expertengespräche, also mit fast allen
gängigen Methoden der Primärmarktforschung, lassen sich Erkenntnisse über die Kunden gewinnen. Das in Abschnitt 2.2 dargestellte TRIM*Grid, ein Portfolio der Leistungselemente, kann auch für die einzelne Veranstaltung strategische Erkenntnisse
erbringen. Auch hier können Wettbewerbsveranstaltungen mit einbezogen werden.

Insbesondere die Informationen aus den Abschnitten 3.2 bis 3.4 können z.B. als Basis
einer SWOT-Analyse der einzelnen Veranstaltung dienen.

---

[8] In Deutschland lassen die meisten Veranstalter ihre Zahlen durch einen Wirtschaftsprüfer im Auftrag der
FKM (Gesellschaft zur freiwilligen Kontrolle von Messe- und Ausstellungszahlen) prüfen. In anderen Ländern Europas gibt es ähnliche Institutionen.

4. Schlussbetrachtung

Alle in den Abschnitten 2 und 3 erarbeiteten Informationen sind Basis für das strategische Messemarketing. Einige herausragende Daten können auch als Kennziffer im Rahmen des strategischen Marketingcontrollings dienen. So eignet sich ein Kundenbindungsindex hervorragend als Kennzahl für die Kundenperspektive in einer Balanced Scorecard. Auf diese Weise verknüpft sich strategische Marktforschung, strategische Marketingplanung und strategisches Marketingcontrolling.

Der Beitrag hat versucht, einige wichtige Bereiche der strategischen Messemarktforschung aus Sicht des Veranstalters näher zu beleuchten. Viele Aspekte werden an anderer Stelle dieses Handbuchs ergänzt und vertieft.

Der betriebliche Messemarktforscher, der ja auch noch das operative Messemanagement unterstützen muss, hat eine Fülle von Aufgaben, die sich nur unter Einsatz aller Instrumente der Marktforschung und mit Hilfe vieler externer Dienstleister bewältigen lassen. Zur Gewinnung dieser Daten muss ihm ein umfassendes Netzwerk von Informationsquellen zur Verfügung stehen. Die interne Verteilung aller Informationen kann letztlich als „Knowledge Management" gesehen werden.

5. Literaturverzeichnis

AUMA, Fachbesucher auf deutschen Messen, Berlin 2002.

PENZKOFER, H./TÄGER, U. C., Wirtschaftliche Wirkungen der Münchener Messen, in: ifo Schnelldienst 23/2001, München 2001, S. 23.

SCHARIOTH, J./HUBER, M., Balanced Scorecard als Werkzeug für den Controller, in: Der Controlling-Berater, Freiburg i. Br. 2002.

SCHEFFLER, H., Messefunktions- und Potentialanalyse, im Auftrag des AUMA, Bergisch Gladbach, 1999.

STROTHMANN, K.-H., Messen und Messebesucher in Deutschland, in: Spiegel-Verlagsreihe Fach & Wissen, Hamburg 1992.

ULRICH, A., The Customer Retention Index as a marketing performance measurement tool for trade fairs, in: Scharioth, I./Huber, M., Achieving Excellence in Stakeholder Management, Berlin 2003.

Hartmut Scheffler / Viola Riemann

Marktforschungsinstrumente der strategischen Messeplanung

1. Die Bedeutung von Messen

2. Aufgaben der Marktforschung
    2.1 Gattungsstudien: Messen im Kommunikations- und Medienmix
    2.2 Einzelstudien
        2.2.1 Standorte
        2.2.2 Besucher
        2.2.3 Aussteller

3. Wie funktioniert Messemarktforschung?
    3.1 Bestandsaufnahme
    3.2 Informationsverarbeitung
    3.3 Ergebnisinterpretation und Erkenntnisnutzung

4. Status der Messeforschung/Ausblick und Resümee

5. Literaturverzeichnis

Hartmut Scheffler ist Geschäftsführer des Markt- Media- und Meinungsforschungsinstituts TNS Emnid, Bielefeld. Dr. Viola Riemann ist Studienleiterin des Markt- Media- und Meinungsforschungsinstituts TNS Emnid, Bielefeld.

1. Die Bedeutung von Messen

Gut zwei Drittel der deutschen Unternehmen mit mehr als 2,5 Millionen Euro Umsatz stellen regelmäßig auf Messen und Ausstellungen aus, um sich selbst oder ihre Produkte und Dienstleistungen darzustellen (vgl. AUMA 1999, S. 9); etwa 62 000 deutsche Unternehmen beteiligen sich jährlich an mindestens einer Fachmesse in Deutschland (vgl. AUMA 2003, S. 2). Rund 13 Millionen Fachbesucher nutzen in einem Messeturnus die Angebote von Messen und Ausstellungen, um sich über Neuigkeiten zu informieren. In einem Messeturnus finden allein in Deutschland über 200 Fachmessen statt (vgl. AUMA 2002, S. 7). Nimmt man die Publikumsmessen und deren Besucher dazu, liegen die Zahlen entsprechend deutlich höher. Reine Publikumsmessen und ihre Klientel sollen hier aber nicht weiter interessieren, da das Hauptaugenmerk der strategischen Messemarktforschung auf Fachmessen und Fachausstellungen liegt.

Messen und Ausstellungen sind sowohl für Unternehmen, die als Aussteller tätig werden, als auch für Besucher von erheblichem Interesse, und zwar in vielfältiger Hinsicht. Diese Relevanz von Messen wirft diverse Fragen auf, die sich auf die verschiedenen Teilnehmer und Strukturen des Messeprozesses beziehen. Die Fragen können nur durch kompetente Marktforschungsinstrumente beantwortet werden, die jeweils adäquat und valide für die individuellen Fragestellung eingesetzt werden müssen. Nur so lassen sich repräsentative Ergebnisse gewinnen, die dazu beitragen, dass das Medium „Messe" Gewinn bringend genutzt werden kann, gleichgültig, ob die Ergebnisse vom ausstellenden Unternehmen oder von den einzelnen Messegesellschaften erfragt werden. Untersuchungen werden häufig von den Messegesellschaften und -veranstaltern selbst durchgeführt (sei es, um auf die besondere Besucher- oder Ausstellerstruktur hinzuweisen oder auf andere Benefits wie z.B. Internationalität oder Preisstruktur), aber auch von einzelnen Ausstellern. Darüber hinaus engagiert sich der Ausstellungs- und Messe-Ausschuss der deutschen Wirtschaft e.V. (AUMA) besonders für die (Fach)Messeforschung in Deutschland; er ist vor allem im Bereich des Gattungsmarketing tätig. Auf Fachmessen treffen sich vor allem Besucher, die auf einer sehr hohen beruflichen Hierarchieebene angesiedelt sind: So sind über 60 Prozent von ihnen in ihren Unternehmen an Einkaufs- und Investitionsentscheidungen maßgeblich beteiligt (vgl. AUMA 2002, S. 10). Diese Zielgruppe zu erreichen ist enorm wichtig für die Wirtschaft und die einzelnen Unternehmen. Denn: Messeengagement kostet viel Geld, das heißt, eine Messebeteiligung muss sich sowohl für die Aussteller als auch die Besucher bezahlt machen. Betriebswirtschaftlich ausgedrückt: Der Return on Investment muss stimmen. Zur Berechnung des ROI können vergleichsweise einfache Daten wie beispielsweise die Anzahl der Besucher auf einer Messe oder (für die einzelnen Unternehmen) Verkaufsabschlüsse pro Ausstellung oder Umsatzsteigerungen und vermehrte Abverkäufe im Anschluss an eine Messe herangezogen werden. Das allein genügt allerdings meistens nicht, um den komplexen Marktbedingungen, die in unserer Gesellschaft heute herrschen, gerecht zu werden.

2. Aufgaben der Marktforschung

Das Medium „Messe" ist ein lohnenswertes Objekt für die Marktforschung, weil es auf Grund seiner Mehrdimensionalität verschiedenste Ansatzpunkte für die Datengewinnung bietet. Auf der einen Seite stehen die Messegesellschaften, die ihren Standort möglichst positiv vermarkten und nicht nur (viele) solvente Unternehmen, sondern auch eine hohe Anzahl von interessanten Besuchern anziehen möchten. Unternehmen wiederum investieren nur dann die teils immensen Stand-, Reise- und Personalkosten, wenn das Ambiente der Messe stimmt und wenn ausreichend Besucher erwartet werden können. Außerdem sollte die Konkurrenz nicht übermächtig, aber so zahlreich sein, dass hochkarätige Besucher in leitenden Positionen angelockt werden. Die Besucher wiederum erwarten ein umfangreiches Angebot der Aussteller, kombiniert mit einer zufriedenstellenden Serviceleistung der Messegesellschaft, einer angenehmen Anreise und akzeptablen Hotelkosten. Die drei Dimensionen einer Messe – Messegesellschaft, Aussteller und Besucher – sind also ineinander verzahnt; Bewegungen und Veränderungen auf der einen Seite können gravierende Veränderungen auf der anderen Seite nach sich ziehen. Darüber hinaus beeinflussen diverse externe Faktoren diesen Prozess: Hotelkosten, geografische Lage des Messegeländes, Image der Messe und viele andere mehr. Marktforschung kann an jeder der drei genannten Positionen und an den externen Faktoren ansetzen.

Abb. 1: Messeprozess im Gesamtzusammenhang

Marktforschung muss – je nach Auftraggeber und Intention der Studie – unterschiedliche Zielgruppen im Fokus haben: auf der einen Seite die Aussteller, und hier auch und besonders die ehemaligen und die Noch-Nicht-Aussteller als Potenzial, auf der anderen Seite die Besucher; hier interessieren ebenfalls ehemalige und Noch-Nicht-Besucher. Auch Experten können lohnenswerte Zielpersonen für Befragungen sein (z.B. Geschäftsführer der Messegesellschaften oder Messedienstleister), die vor allem Fragen zu sehr spezifischen Inhalten beantworten können. In jeder Gesamtzielgruppe finden sich eingebettet weitere Funktionsgruppen (z.B. Investitions- und Kaufentscheider, Geschäftsführer, ausländische Messegäste), die für spezielle Marketingmaßnahmen besonders interessant sein können.

Neben der klassischen Befragung, die vor allem persönliche, berufliche und nutzungsbezogene Strukturen erhebt, werden bei weiterführendem Erkenntnisinteresse selbstverständlich auch andere, aus der Medien(wirkungs)forschung bekannte Instrumente in der Messeforschung angewendet: So werden Pretests von Kommunikationsmaßnahmen rund um das Messeengagement (z.B. mittels Copytest oder Mailingtest) als Ergänzung eingesetzt. Die Bewertung solcher Abfragen ist allerdings ohne eine einheitliche Fragestellung zur Gewinnung eines Vergleichsmaßstabs (Benchmark) nur schwer möglich.

2.1 Gattungsstudien: Messen im Kommunikations- und Medienmix

Die Bedeutung von Messen im Kommunikations- und Medienmix ist eindeutig: In der Leistungsanalyse Fachmedien 2001 gaben 59 Prozent der 1,9 Millionen Top-Entscheider in Deutschland an, im letzten Jahr Messen als Informationsquelle genutzt zu haben – mit Messebesuchen insgesamt an durchschnittlich mehr als fünf Tagen im Jahr (Deutsche Fachpresse: Leistungsanalyse Fachmedien 2001. Basisstudie der deutschen Fachpresse). Auch der AUMA ermittelte die hervorragende Stellung von Messen im Medienmix: Gefragt, welche Kommunikationsinstrumente sie einsetzen, um ihre Business-Zielgruppen zu erreichen, nennen drei Viertel der befragten Unternehmen „Messen". Eine höhere Quote erreichen nur der persönliche Verkauf mit 85 Prozent und die Direktwerbung mit 78 Prozent. Zum Vergleich: Fachzeitschriften werden von 60 Prozent der Unternehmen zur Verfolgung ihrer Kommunikationsstrategien genutzt (AUMA 1999, S. 27). Besonders wichtig bei der Einordnung des Mediums „Messe" im Kommunikations- und Medienmix ist die Abgrenzung gegen direkte Konkurrenten (z.B. Firmenpräsentationen, Inhouse-Veranstaltungen) und Medien, mit denen Synergieeffekte erzielt werden können (z.B. Fachzeitschriften, Direktmarketing) und die Frage nach dem Image des Mediums „Messe". Wichtig ist in diesem Zusammenhang zu klären, welche Ziele mit einem Messeengagement oder einem Messebesuch erreicht werden sollen. Nach der neuesten Veröffentlichung des AUMA verfolgen 48 Prozent der Messegäste als Hauptziel „Informationen über Neuheiten", 41 Prozent erwarten eine „allgemeine Marktorientierung" und

34 Prozent nennen „Kauf- und Vertragsvorbereitungen" als Hauptziel des Besuchs (AUMA-Projekt „Zusatzfragen", 2003, im Druck). Auch die Ziele, die Aussteller errei-chen wollen, bestimmen die Charakteristik der Mediengattung „Messe". Die Umsetzbar-keit dieser Ziele entscheidet letztendlich über Teilnahme oder Nichtteilnahme eines Un-ternehmens an einer Ausstellung. Folgt man den Ergebnissen der Messefunktions- und Potenzialanalyse des AUMA, eignet sich das Kommunikationsinstrument „Messe" be-sonders gut zur Erreichung der Ziele „Bekanntheit steigern, Imagepflege", „Präsenz zei-gen, dabei sein" und „Informationsaustausch und -sammlung" (AUMA 1999, S. 10). Als Marketingargument ist es entscheidend für Messegesellschaften, ihre Kunden (und zwar beide Seiten: Aussteller wie Besucher) und ihre Ansprüche genau einschätzen zu können und ihnen die Stärken des Mediums „Messe" mit Marktforschungsdaten gestützt zu vermitteln.

Messeforschung im Sinne des Gattungsmarketing wird daher in erster Linie von überge-ordneten Stellen durchgeführt: Sie belegen, dass Messen von einschätzbarem, weil er-lebbarem Wert sowohl für Aussteller als auch für Besucher sind. Die Daten zeigen: We-der Unternehmen noch Entscheider kommen an Messen als Werbe- und Informationsmaßnahme vorbei.

Nicht zuletzt ist es für die Vermarktung von Messen sinnvoll, auf Synergieeffekte hin-zuweisen, die sich bei der Kombination dieses Kommunikationsmediums mit anderen Medien ergeben. So zeigt zum Beispiel eine AUMA-Untersuchung, dass sich Internet und Messen nicht verdrängen, sondern gegenseitig ergänzen. Gestützt wird dieses Er-gebnis durch 57 Prozent der befragten Unternehmen, die der Meinung sind, dass die neuen Medien und die Messen sich ergänzen werden, ohne die Bedeutung der Messen zu reduzieren (AUMA 1999, S. 34). Es liegt auf der Hand, dass Messen ohne den Kommu-nikationsmix mit anderen Medien nicht die Aufmerksamkeit auf sich ziehen würden, wie sie es tun. So nutzen 81 Prozent der ausstellenden Unternehmen Direktwerbung, 66 Pro-zent ihren Außendienst und 56 Prozent Werbung in Fachzeitschriften, um auf ihren Mes-seauftritt hinzuweisen. Direktwerbung spielt auch messebegleitend und bei der Nachbe-reitung eine große Rolle bei den Ausstellern. Durch den Einsatz von verschiedenartigen Instrumenten wird also der Messeauftritt unterstützt, der Erfolg vorbereitet und synerge-tisch optimiert (AUMA 1999, S. 52f.)

2.2   Einzelstudien

Einzelstudien dienen – im Gegensatz zu Gattungsstudien – nicht primär dem Zweck, den Nutzen der Messe an sich zu untermauern, obwohl sie sekundär natürlich entsprechende Aussagen stützen können. Einzelstudien beleuchten zwei Seiten des Mediums „Messe": die Ausstellerseite und die Besucherseite. Sinnvoll sind Erkenntnisse über beide Berei-che sowohl für ausstellende Unternehmen als auch für Messegesellschaften. Erstere wollen ihre Messestände und Ausstellungsflächen optimieren und zielgruppengenau gestalten, letztere wollen Argumente für ihren Standort sammeln.

Im Bereich der Einzelstudien sind bereits vor einigen Jahren Standards geschaffen worden: So kontrollierte die FKM (Gesellschaft zur Freiwilligen Kontrolle von Messe- und Ausstellungszahlen) im Jahr 2002 bei 288 Messen in Deutschland Aussteller- und Besucherzahlen nach einheitlichen Standards. Inhalt der einheitlichen FKM-Fragen sind die regionale Herkunft der Befragten, ihre berufliche Stellung, ihr Aufgabenbereich, die Entscheidungskompetenz, der Wirtschaftszweig und die Größe ihres Unternehmens und die Häufigkeit und die Aufenthaltsdauer des Messebesuchs.

2.2.1 Standorte

In Bezug auf Standortfragen steht in erster Linie das Image im Mittelpunkt des Interesses. Fragen zur Bekanntheit der Stadt und des Messeplatzes und Assoziationen zum Standort, aber auch zu konkreten Faktoren wie der geschätzten Höhe der Standmieten, der Hotelkosten, der Anreisekosten etc. können für geplante Marketingmaßnahmen der Auftraggeber relevant sein. Interessant ist in diesem Zusammenhang vor allem auch die Befragung nicht nur von Zielpersonen, die bereits als Besucher oder Aussteller an einer Messe teilnehmen, sondern vor allem die Abfrage des Potenzials: Welche Gründe haben Unternehmer, an einer bestimmten Messe nicht mehr oder sogar nie teilzunehmen? Welche Besucher kommen nie zu der großen Möbelmesse, besuchen aber die kleinere Parallelveranstaltung im Ausland? Können solche und ähnliche Fragen kompetent beantwortet werden, hilft das wesentlich bei der Gestaltung und Vermarktung eines Messeplatzes und der zielgruppengenauen Werbung für Messen und Ausstellungen. So werden Argumentationsgrundlagen gegenüber Unternehmen geschaffen, genau an diesem Standort auszustellen. Und letztlich können Personen – Aussteller und Besucher – gezielt angesprochen werden, die bis dato den Messestandort nicht frequentiert haben.

2.2.2 Besucher

77 Prozent der Messebesucher kommen aus dem Inland. Industrieunternehmen entsenden die meisten Besucher auf deutsche Fachmessen. Ein Drittel der Gäste sind Geschäftsführer oder selbstständige Unternehmer. Über die Hälfte der Besucher kommt bereits zum zweiten Mal auf eine bestimmte Messe. Erstbesucher kommen eher aus dem Ausland. Fast zwei Drittel verbringen nur einen Tag auf einer Messe (alle Informationen zu den beruflichen Strukturdaten und Häufigkeit und Aufenthaltsdauer von Messebesuchern aus: AUMA 2002, S. 10ff.).

Solche und ähnliche Merkmale des „typischen" Messebesuchers werden im Marktforschungsprozess erhoben und gesammelt. Ergänzt man diese Informationen durch wei-

tere, z.B. über die Ziele, die der Besucher auf der Messe verfolgt und ob er die Umsetzung dieser Ziele (zur Zufriedenheit?) erreicht hat oder über die Informationsquellen,
durch die er auf die Messe aufmerksam gemacht wurde, so können daraus spezifische,
zielgruppengenaue Werbe- und Marketingmaßnahmen abgeleitet werden. Diese ermöglichen es, genau den Besucher von morgen anzusprechen, der mit Entscheidungskompetenz ausgestattet und einer hohen Hierarchieebene zuzuordnen ist.

2.2.3 Aussteller

Für Unternehmen, die sich auf Messen oder Ausstellungen engagieren, ist – vor allem
vor dem Hintergrund der momentanen wirtschaftlichen Lage – die Erfolgsmessung von
höchster Bedeutung. Neben der quantitativen Beurteilung der Messestandbesucher sind
in Bezug auf die Fragestellung, ob Standkosten sich lohnen und ob das Messeengagement eines Unternehmens sich auszahlt, in erster Linie die beruflichen und persönlichen
Strukturdaten der Besucher ausschlaggebend: Wer besucht den Messestand, welcher
Hierarchiestufe gehört er an, über welches Budget hat er zu entscheiden? Auch hier
spielt die Zielsetzung des Messebesuchs eine elementare Rolle: Will der Besucher Neuheiten kennen lernen, erwartet er eine Vorführung oder eine Präsentation? Kann das Unternehmen mit einem Vertragsabschluss bereits während der Messe rechnen oder macht
sich die Messeaufwendung erst später bezahlt?

Aus forschungsmethodischen Gründen muss das auftraggebende Unternehmen klar das
Ziel der Untersuchung definieren: Am einfachsten ist es, lediglich Standaktivitäten zu
konstatieren. Sollen aber weitreichende Erfolgsmessungen durchgeführt werden, müssen
tiefer gehende Fragen mit qualitativer Zielsetzung, z.B. zum Image eines Messestands
und des Unternehmens in Bezug auf die Präsenz auf einer bestimmten Fachmesse, gestellt und ausgewertet werden.

3.   Wie funktioniert Messemarktforschung?

Messeforschung heißt, mit einer schier unüberschaubaren Vielzahl von Daten konfrontiert zu sein und daraus auszuwählen, was dem Untersuchungsziel angemessen ist. Das
liegt zum einen daran, dass eine Messe einen Prozess darstellt, an dem viele verschiedene Parteien beteiligt sind: die Messegesellschaften, die Unternehmen, die an den
Standorten ausstellen und nicht zuletzt die Besucher, die bestimmte Ansprüche an Art
und Umfang, an Gestaltung und Vielfalt des Messeangebots insgesamt und innerhalb
einzelner Messen stellen. Zum anderen ist der Messemarkt begrenzt: Die Konkurrenz ist

groß, die Wirtschaftslage angespannt. Marktforschungsdaten werden daher dringend benötigt, um:

1. Argumentativ für das Kommunikationsinstrument „Messe" sprechen zu können.

2. Die Zielgruppen besser identifizieren und erreichen zu können.

3. Argumente an der Hand zu haben, die für einen bestimmten Messestandort und die Entscheidung für die Ausstellung an diesem sprechen.

4. Die einzelnen Angebote auf diesem konkurrenzstarken Markt immer weiter zu verbessern und den Erfordernissen anzupassen.

3.1 Bestandsaufnahme

Die Bestandsaufnahme ist – wie im gesamten Forschungsprozess – die erste und einfachste Stufe auf dem Weg zum Erkenntnisgewinn: Hier wird gesammelt, wer wie oft warum auf eine Messe kommt und was dieser Besucher auf der Messe und ansonsten macht. Welche Aussteller investieren wie viel für eine Messe, wie wird der Messeetat verteilt, wer trifft die Entscheidung darüber etc.? Typischerweise werden in dieser Art von Studien „Uses & Attitudes" abgefragt. Ergebnis dieser Untersuchungen sind zahlreiche einzelstehende Erkenntnisse für kleinere, konkrete Marketingmaßnahmen z.B. der ausstellenden Unternehmen. Von Vorteil für die Auswertung dieser Strukturdaten ist die in Deutschland bereits fortgeschrittene Standardisierung durch die FKM.

3.2 Informationsverarbeitung

In der Bestandsaufnahme wird eine beeindruckende Anzahl von Daten gesammelt, die zwar auch ohne weitere Veredelung konkreten Nutzen bringen können, die aber mit Zusatzwerten und interpretatorischen Leistungen über die Qualitäten, die Vorteile oder Nachteile eines Messebesuchs oder -engagements viel mehr aussagen können. Um eine weitergehende Nutzung zu erreichen, kann man bereits bei der Befragung Informationen erfassen, die über die einfache Besucher- oder Ausstellerstruktur hinaus gehen und spätere Zusatzauswertungen ermöglichen.

Dadurch wird es möglich, die „einfachen" Daten zu segmentieren. Denkbar ist hier die Segmentierung der Zielgruppen z.B. nach Relevanz der Aussteller (A-, B-, C-Aussteller) oder eine Segmentierung der Besucher z.B. nach Funktion, Besuchshäufigkeit, Besuchstyp, Entfernung, Entscheidungskompetenz etc.

TNS Emnid stellt für die Segmentierung von Messen intermedial (für die konkurrierenden Messen einer Branche) und intramedial (für die konkurrierenden Informationsmedien einer Branche) ein besonderes Instrument zur Verfügung: das Conversion Model™. Durch Auswertung der Untergruppen ergibt sich die Möglichkeit der Aufteilung von Zielgruppen u.a. in eine Gruppe von Befragten, die zur Zeit noch nicht an Messen teilnimmt, aber grundsätzlich für dieses Medium „erreichbar" ist. Mit anderen Worten, es ist möglich, das Potenzial derjenigen zu eruieren, die zur Zeit noch nicht an einer Messe teilnehmen, aber für Marketingmaßnahmen ansprechbar sind.

Ziel dieses Forschungstyps ist es, den gesamten Verhaltens- und Einstellungsprozess zu durchleuchten und mit Hilfe der Grundlagenforschung das Gesamtmessemarketing seitens der Messegesellschaften einerseits (Zielgruppe: Aussteller) und der Aussteller andererseits (Zielgruppe: Messebesucher und eigene Unternehmenszielgruppe) zu optimieren.

3.3   Ergebnisinterpretation und Erkenntnisnutzung

Der eigentliche Nutzen von Marktforschung bzw. ihren Ergebnissen liegt in der Möglichkeit, gesammelte Daten weiterzuverarbeiten, um bekannte und eingefahrene Prozesse zu verbessern. Durch Kommunikationsmaßnahmen, die auf der kompetenten Interpretation von Marktforschungsdaten beruhen, kann auf Erwartungen und Urteile eingewirkt werden; Hauptziel ist – davon abgeleitet – das Erreichen von Zufriedenheit mit den angebotenen Leistungen und damit eine Bindung an den Standort, die Messe, den Aussteller. Letztendliches Ziel ist natürlich auch hier der adäquate Return on Investment (ROI). Damit lässt sich die Frage beantworten, ob sich der Messeauftritt lohnt. Die Beurteilung eines Messeauftritts erfolgt in der Regel mit Hilfe unternehmensinterner Bewertungsverfahren, die durch Marktforschungsergebnisse gestützt werden müssen.

Die korrekte Interpretation der gewonnenen Daten hat einen weiteren Nutzen: Sie lässt Prognosen für zukünftiges Verhalten (der Aussteller, der potenziellen Besucher) zu und ermöglicht damit einen Informationsvorsprung gegenüber den Konkurrenten.

Bei der Frage nach dem Nutzen eines Messebesuchs ist die Fragestellung etwas komplizierter. Hier stehen natürlich in erster Linie Nutzungsdaten, die Bewertung der Messe und der Zielerreichung und die Überzeugung des die Messe besuchenden Kunden eines Unternehmens im Vordergrund. Nicht vernachlässigt werden darf in diesem Zusammenhang die Bindung dieses Kunden an das Unternehmen. Die Untersuchung unter der Fragestellung, inwieweit die Bindung an das Unternehmen Auswirkungen auf einen potenziellen Messebesuch hat, wird möglich, indem eine Kontrollgruppe gebildet wird: Eine solche Studie vergleicht die messebesuchenden Kunden des Ausstellers einerseits und die nicht messebesuchenden Kunden des Ausstellers andererseits. Dadurch lassen sich Aussagen über die Zugkraft des Mediums „Messe" bzw. die Wichtigkeit der Anwesenheit des Unternehmens auf einer Messe treffen.

4. Status der Messeforschung/Ausblick und Resümee

Der Status von Messen im Kommunikationsmix der Unternehmen ist unbestritten hoch. Zahlreiche Untersuchungen belegen dies. Für die Zukunft, die vor allem von zwei Faktoren bestimmt wird, kommen jedoch weitere diffizile Aufgaben auf die Messemarktforschung zu: Sowohl das stagnierende Wirtschaftswachstum als auch die fortschreitende Globalisierung beeinflussen die Stellung der Messe innerhalb der Marketingaktivitäten der Unternehmen ungemein und müssen zukünftig vermehrt berücksichtigt werden.

Status quo der Messeforschung ist: Viele Daten werden erhoben, teils von den Messegesellschaften, teils vom AUMA, teils von einzelnen ausstellenden Unternehmen. Insgesamt kommt es aber noch zu selten zur direkten Überprüfung der (Marketing-)Maßnahmen. Vor allem an der Erfolgsüberprüfung der einzelnen Aussteller im Anschluss an ihre Messeaktivitäten fehlt es bislang häufig. Das liegt zum einen an der (noch) fehlenden Akzeptanz der Überprüfung des unternehmerischen Messeengagements durch Marktforschungsabteilungen oder -institute, zum anderen aber auch an den bisher noch ausstehenden Definitionen, die über das Ziel hinausgehen und sich eher qualitativen Fragen z.B. in Bezug auf Image- und Einstellungsfragen annehmen.

In einigen Bereichen liegen Standards z.B. in Form der FKM-Fragen bereits vor. In einigen Fällen ist es schon gelungen, die Ergebnisse der zahlreichen Einzelstudien im Sinne der Gewinnung zusätzlichen Nutzwerts zusammenzuführen (z.B. in der Sekundäranalyse des AUMA: AUMA 1999). Was noch aussteht, ist eine mögliche Standardisierung der Fragen, die über die bereits vorhandenen hinausgehen (nach dem Motto: So viel Standard wie nötig, so viel Individualismus wie möglich), um die branchen- und messenübergreifende Bildung von Benchmarks zu ermöglichen. So ist zum Beispiel die Schaffung einer ausstellerorientierten Leistungsbewertung von Messen unter Einbeziehung aller relevanten Gesichtspunkte und die Verdichtung der Daten zu zweckdienlichen Indizes zu befürworten. Außerdem liegt eine große Aufgabe der Marktforschung darin, den Fokus in Zukunft vermehrt auf die Nutzung der Tiefenstruktur der Besucherdaten zu legen (Stichwort: Segmentierung der Zielgruppen). Das Potenzial der Messeforschung liegt in der übergreifenden Nutzung der Datenmengen, die bereits auf nahezu jeder Messe gewonnen werden. Diese qualitativ wertvollen Einzelergebnisse können – auch in Kombination mit zusätzlich gewonnenen Kennziffern – dazu genutzt werden, Marketingmaßnahmen sowohl von Messegesellschaften als auch von ausstellenden Unternehmen spezifischer auf Kundenbedürfnisse auszurichten.

5.   Literaturverzeichnis

AUMA (HRSG.), Messefunktions- und Potentialanalyse, Edition Nr. 9, Köln/Bergisch-Gladbach 1999.

AUMA (HRSG.), DOKUMENTATION Nr. 11, Berlin 2003.

AUMA (HRSG.), Fachbesucher auf deutschen Messen, Edition Nr. 15, Berlin 2002.

AUMA-PROJEKT, Zusatzfragen, Berlin 2003 (im Druck).

DEUTSCHE FACHPRESSE (HRSG.), Leistungsanalyse Fachmedien 2001. Basisstudie der deutschen Fachpresse, Berlin/Frankfurt am Main 2001.

Lothar Müller-Hagedorn

Benchmarking in Messegesellschaften

1. Merkmale und Arten von Benchmarking

2. Funktionen von Benchmark-Studien

3. Internes Benchmarking mit dem „Messekompass"

4. Externes Benchmarking

5. Voraussetzungen für ein erfolgreiches Benchmarking

6. Zusammenfassung

7. Literaturverzeichnis

Univ.-Prof. Lothar Müller-Hagedorn ist Inhaber des Lehrstuhles für Allgemeine Betriebswirtschaftslehre, Handel und Distribution an der Universität zu Köln, Vorstand des Instituts für Messewirtschaft Köln und Direktor des Instituts für Handelsforschung (IfH), Köln.

1. Merkmale und Arten von Benchmarking

Benchmarking wird seit etwa 1990 in vielen Wirtschaftsbereichen als Instrument zur Steigerung der Wettbewerbsfähigkeit eingesetzt (Karlöf/Östblom 1994; Spendolini 1992; Sabisch/Tintelnot 1997; Töpfer 1997). Über seinen Einsatz im Bereich von Messegesellschaften ist bislang wenig bekannt. Der Beitrag informiert über die wesentlichen Kennzeichen von Benchmarking, zeigt, wie Messegesellschaften ein internes Benchmarking durchführen können und informiert über den ersten Versuch zu einem externen Benchmarking.

Als Benchmark wurde ursprünglich eine Markierung zur Messung von Höhenunterschieden im Vergleich zu einem Ausgangswert verstanden (Krech 2001, S. 53f.). Dieses Bild lässt sich auf Benchmarking im Unternehmen gut übertragen, denn auch dort ist zu fragen, wie sich die eigenen Leistungen und Aktivitäten im Vergleich zu denen anderer darstellen. Auch vom Sport her ist bekannt, dass Sportler sich an den Leistungen anderer orientieren („Nur der Vergleich zeigt die wahren Stärken – und Schwächen", „Wer gewinnen will, muss wissen, wie hoch die anderen springen."). Beim Benchmarking in Unternehmungen werden die zu analysierenden Objekte in ausgewählten Merkmalen mit solchen Objekten verglichen, die für einen Vergleich als geeignet angesehen werden. Damit sind Benchmarks durch drei zentrale Größen gekennzeichnet:

a)   Durch das zu analysierende Objekt

b)   Durch das Vergleichsmerkmal

c)   Durch die zum Vergleich herangezogenen Objekte.

Zu a) Zu analysierende Objekte können neben einer Messegesellschaft als Ganzem insbesondere sein:

- Einzelne Produkte und Dienstleistungen, bei Messegesellschaften also einzelne Messen oder einzelne Services

- Prozesse und betriebliche Funktionen, bei Messegesellschaften also z.B. der Auslandsvertrieb, die Ausstellerakquisition, die Besucherwerbung, E-Commerce-Aktivitäten

- Organisatorische Strukturen (Besitzverhältnisse, Kontrollstrukturen).

Schon die Auswahl des Objektes, für das ein Benchmark-Prozess durchgeführt wird, setzt die Erkenntnis voraus, welche Felder für den Wettbewerb besonders wichtig sind.

Zu b) Die zu analysierenden Objekte werden in bestimmten Merkmalen mit den Vergleichsobjekten verglichen. Dabei ist zunächst an Erfolgsgrößen zu denken, denn mit Benchmarking soll die Kosten- und Erlössituation fortlaufend verbessert werden. Bei der Beurteilung einzelner Messen spielen mithin der Umsatz und die Kosten sowie deren

Bestimmungsfaktoren (z.B. Fachbesucher, Privatbesucher) eine wichtige Rolle. Bei der Beurteilung von Prozessen geht es um die Höhe und Struktur der Kosten ebenso wie um zeitliche Aspekte und um die Qualität, mit der diese Prozesse erbracht werden. In jedem Fall kann es aufschlussreich sein, nicht nur die jeweiligen Zielgrößen der Unternehmung auszuweisen, sondern auch deren Bestimmungsfaktoren (Kostentreiber, Leistungstreiber).

Zu c) Als Vergleichsobjekte kommen entsprechende Objekte aus dem eigenen Unternehmen, aus Unternehmen derselben Branche, aber auch aus ganz fremden Bereichen in Frage. Da Messegesellschaften im Regelfall zahlreiche Messen durchführen und dadurch eine Parallelität der Aktivitäten gegeben ist, bietet sich zunächst ein innerbetrieblicher Vergleich (internes Benchmarking) an. Seit kurzem gibt es in der Messebranche auch Ansätze zu einem zwischenbetrieblichen Vergleich. Schwerer zu standardisieren sind Vergleiche mit Gegebenheiten in fremden Bereichen, wiewohl sie aufschlussreich sein können (branchenübergreifendes Benchmarking). Dies verdeutlichen Beispiele, mit denen veranschaulicht werden soll, dass auch zunächst abgelegen erscheinende Bereiche Hinweise für die Verbesserung der Aktivitäten in der eigenen Unternehmung geben können. Wenn beispielsweise Häfen oder Flughafenbetreiber daran interessiert sind, die Entlade- und Beladeprozesse zu beschleunigen, dann finden sie die Benchmark hierfür in Formel-1-Rennen, denn hier werden für Reifenwechsel und Betanken im Regelfall weniger als 10 Sekunden benötigt. Aufschlussreich kann nun sein, wie diese extrem kurzen Zeiten ermöglicht werden (Vorbereitung der Aktivitäten in ruhigen Zeiten, extreme Arbeitsteilung).

Benchmarking dient im unternehmerischen Kontext insbesondere dazu, Unterschiede zwischen den verglichenen Objekten aufzuzeigen und so Ansatzpunkte für eine Verbesserung der Effizienz und damit der Wettbewerbsfähigkeit zu finden. Bei genauerer Analyse lassen sich die folgenden Funktionen hervorheben:

- Aufdecken von Schwachstellen

- Ermitteln der Gründe bzw. Ursachen für Schwachstellen

- Wirkungsprognosen

- Ableitung von Zielvorgaben

- Unterstützung der Kontrollen.

Benchmarking kann somit als ein Prozess definiert werden, mit dem Produkte, Aktivitäten oder Strukturen mit mehr oder minder ähnlichen Produkten, Aktivitäten oder Strukturen im eigenen Unternehmen oder außerhalb des eigenen Unternehmens verglichen werden, um Anhaltspunkte für die Verbesserung der eigenen Wettbewerbssituation zu finden. Mit Benchmark wird dabei der in diesem Prozess gefundene Vergleichspunkt bezeichnet.

Die wesentlichen Merkmale von Benchmarking lauten mithin (vgl. Riegler 2002, Sp. 126-134):

1. Vergleichsorientierung: Durch den Vergleich soll eine Beurteilung der eigenen Leistung ermöglicht werden. Der Vergleich kann mit Objekten innerhalb des eigenen Unternehmens, mit Objekten außerhalb des eigenen Unternehmens, die aber der eigenen Branche zugehören, und mit Objekten aus anderen Bereichen vorgenommen werden.

2. Eklektizismusorientierung: Im Regelfall wird man den Vergleich auf ausgewählte Sachverhalte (und nicht auf das Unternehmen insgesamt) beziehen. Man wird solche Bereiche auswählen, die für das Unternehmen von besonderer Bedeutung sind und für die die durch den Benchmarking-Prozess erhaltenen Informationen besonders wertvoll sind.

3. Verbesserungsorientierung: Benchmarking soll der Verbesserung der eigenen wirtschaftlichen Position dienen. Heute wird auch gern von Effizienzverbesserung als (bewertetem) Input zu (bewertetem) Output gesprochen.

4. Umsetzungsorientierung: Durch Benchmarking sollen nicht nur Hinweise zur Verbesserung der ökonomischen Situation, sondern es sollen auch Hinweise auf Aktionspläne gegeben werden.

Die Ausführungen machen deutlich, dass Benchmarking große Ähnlichkeiten zu anderen Tools der Unternehmensführung aufweist. Mit dem Betriebsvergleich hat es gemeinsam, dass zur Beurteilung die Werte anderer Objekte (Betriebe) herangezogen werden. Es unterscheidet sich von ihm dadurch, dass beim Benchmarking auch Werte aus anderen Branchen Beachtung finden können; außerdem wird besonders hervorgehoben, dass es auf die jeweils besten Werte ankommt, was zwar auch beim Betriebsvergleich möglich ist, beim Benchmarking aber besonders betont wird. Auch beim Benchmarking handelt es sich um eine Kennzahlenanalyse.

2. Funktionen von Benchmark-Studien

Die Ziele für Benchmark-Studien werden häufig zu allgemein mit dem Hinweis auf die Leistungssteigerung des teilnehmenden Betriebes umschrieben. Wie für die Ausgestaltung anderer Berichtssysteme, wie z.B. die externe Rechnungslegung oder die intern orientierte Kostenrechnung, gilt auch hier, dass die Ziele, die mit diesem Instrument erreicht werden sollen, zu konkretisieren sind. Durch die Teilnahme soll der für einen Leistungsbereich Verantwortliche Informationen über seinen eigenen Leistungsstand im Vergleich zu anderen erhalten, um so Stärken und Schwächen identifizieren zu können.

Zudem sollen Ansatzstellen für den Ausbau der identifizierten Stärken und die Behebung der Schwächen sichtbar werden. Diese allgemeine Aufgabenstellung kann weiter konkretisiert werden, indem Planung und Kontrolle als zentrale Führungsaufgaben in ihre Bestandteile aufgelöst werden. So können Benchmark-Studien (wie übrigens auch Betriebsvergleiche) in folgenden Bereichen nützlich sein:

1. In der Analysephase helfen sie, Probleme rechtzeitig zu erkennen, indem sie Hinweise auf vergleichsweise schlechte Zielerreichungsgrade in einzelnen Bereichen geben und so einen Handlungsbedarf signalisieren. Für jedes Unternehmen lässt sich eine Liste von zentralen Größen zusammenstellen, die fortlaufend beobachtet werden sollten und die entweder auf den Umsatz oder auf einzelne Kosten Bezug nehmen, z.B. Personalkosten, den Umsatz in einzelnen Bereichen oder den durchschnittlichen Umsatz pro Kunde. Da es keine natürlichen Schwellenwerte gibt, dienen Abweichungen von der allgemeinen Entwicklung als Anlass, die Situation näher zu analysieren. Dies sei als die Anstoßfunktion bezeichnet.

2. Im Rahmen der Problemanalyse lassen sich insbesondere mit Hilfe von definitionslogischen Kennzahlensystemen Ursachen für eine nicht zufriedenstellende Zielerreichung erkennen. So kann z.B. ein Deckungsbeitrag in seine verschiedenen Ertrags- und Aufwandsarten aufgespalten werden, um die Ursachen für einen besonders guten oder besonders schlechten Gesamterfolg zu lokalisieren. Aber auch andere Größen, wie z.B. hohe prozentuale Personalkosten, können in eine Mengen- und eine Preiskomponente zerlegt werden. Durch die Aufbereitung des Datenmaterials sollen Hinweise auf denkbare Gründe für bestimmte Entwicklungen vermittelt werden.

3. Einen besonders wichtigen Beitrag können Benchmark-Studien im Rahmen von Wirkungsprognosen leisten, indem sie Hinweise liefern, welchen Beitrag einzelne Maßnahmen voraussichtlich zur Zielerreichung leisten. Wirkungsprognosen liefern Hinweise, wie sich betriebliche Maßnahmen voraussichtlich auf interessierende Zielgrößen auswirken, z.B. Variationen des Werbebudgets oder die Höhe des Quadratmeterpreises. Sie sind zentraler und unverzichtbarer Bestandteil jedes Planungsprozesses. Manchmal werden sie auch als „What-if-Prognosen" bezeichnet. Benchmark-Studien können helfen, indem sie beispielsweise die Situation von Betrieben mit unterschiedlichen Werbebudgets vergleichend gegenüberstellen und so Hinweise über die Wirksamkeit einzelner Maßnahmen liefern. Aber auch Entwicklungsprognosen können unterstützt werden. Entwicklungsprognosen stellen dar, wie sich Einflussgrößen, die eine Unternehmung nicht selbst festlegen kann, auswirken. So kann es z.B. aufschlussreich sein zu erfahren, wie sich die Umsätze anderer Messen entwickeln.

4. Die Informationen über das Ausmaß, in dem andere Anbieter einzelne Ziele erreicht haben, können genutzt werden, um für die eigene Einheit realistische Zielvorgaben zu formulieren. Es wird zwar von Zielvereinbarungen gesprochen, aber häufig kann die Festlegung von Planwerten für Umsatz und Kosten zu Konflikten zwischen unterschiedlichen organisatorischen Ebenen führen. Benchmark-Studien können hier

helfen, indem die von anderen Betrieben bereits realisierten Werte als Beleg für realistische Zielvorstellungen genommen werden.

5. Benchmark-Studien unterstützen nicht nur die Planung, sondern dienen vor allem
    auch der Kontrolle. Kontrolle sei definiert als „ein systematischer Prozess, in dem
    eine zu prüfende Größe durch Vergleich mit einer Maßstabs- oder Normgröße be-
    urteilt wird" (vgl. Küpper 1990, S. 781-891, S. 865; Costen/Reiß 1989). Die hierfür
    benötigten Normgrößen können aus Benchmark-Studien abgeleitet werden. Die
    Kontrolle dient nicht nur der Dokumentation der Abweichungen zu den jeweiligen
    Vergleichswerten, sondern die aus dem Vergleich gewonnenen Erfahrungen unter-
    stützen auch den Planungsprozess.

3. Internes Benchmarking mit dem „Messekompass"

Im Regelfall veranstalten Messegesellschaften mehrere Messen. Es liegen daher günstige
Voraussetzungen vor, um ein internes Benchmarking durchzuführen. Dazu ist ein geeignetes Kennzahlensystem zu entwickeln. Gestützt auf seine jahrzehntelangen Erfahrungen
auf dem Gebiet der Betriebsvergleiche für Unternehmen des Groß- und Einzelhandels in
mehr als 80 verschiedenen Branchen hat das Institut für Handelsforschung (IfH Köln)
einen Messekompass entwickelt (Leitung: Prof. Dr. L. Müller-Hagedorn). Der Messekompass unterstützt das Management bei der Analyse von Status quo und künftigen Entwicklungen, gibt Hinweise für die Ziel- und Strategieentwicklung und unterstützt die
Ableitung von Maßnahmen zur Zielerreichung. Damit wird deutlich, dass der Messekompass den Managementzyklus an verschiedenen Stellen unterstützen will.

Die Analyse von Status quo und künftigen Entwicklungen hat sich auf unterschiedliche
Felder zu erstrecken. Messeintern sind für jede einzelne Messe die Entwicklung der relevanten Umsatz- und Kostenarten aufzuzeichnen. So können die Kosten beispielsweise
nach Werbe- und Pressekosten, Verkaufsförderungskosten, Raum- und Geländekosten,
Organisationskosten und weiteren Aufbau- und Abbaukosten unterschieden werden.
Auch erscheint es sinnvoll, die Entwicklung der genutzten Brutto- und Nettofläche im
Zeitablauf darzustellen und aufzuzeigen, zu welchen Rabatten einzelne Flächenanteile
verwertet werden konnten. Neben den Aussteller- und Besucherzahlen kann die Entwicklung der Preise für Standflächen, Eintrittskarten und Kataloge von Interesse sein.
Angaben zur Zufriedenheit und Loyalität der Aussteller können weitere aufschlussreiche
Hinweise vermitteln. Im Umfeld der Messe kommt es vor allem auf Veränderungen bei
den Ausstellern und den Besuchern an; vor allen Dingen gilt es festzuhalten, inwieweit
Konzentrationsprozesse zu beobachten sind und wie sich die Märkte in einzelnen Regio-
nen entwickeln. Dazu zählt auch die Beobachtung von konkurrierenden Institutionen.
Diese auf einzelne Gruppen ausgerichtete Analyse kann ergänzt werden, indem man

zentrale Rahmenbedingungen erfasst. Es geht darum, die Auswirkungen einzelner ökonomischer, soziokultureller, technologischer und politisch-rechtlicher Komponenten zu
erkennen.

Im Kölner Messekompass wird vorgeschlagen, jede einzelne Messe in zwei Portfolios
darzustellen:

- In dem Attraktivitäts-Portfolio

- In dem Marktstatus-Portfolio.

Das Attraktivitäts-Portfolio zeigt den Stellenwert einer Messe bei den zwei wichtigsten
Hauptzielgruppen einer Messe, den Ausstellern und den Besuchern. Die „Attraktivität"
erfasst den subjektiven Eindruck dieser Gruppen, inwieweit sie die jeweilige Messe als
geeignet ansehen, die eigenen Geschäftsziele zu erreichen. In die Größe „Attraktivität
der Messe für die Aussteller" und „Attraktivität für die Besucher" gehen jeweils sieben
Faktoren ein. Abbildung 1 verdeutlicht beispielhaft die Anwendung dieses Portfolios,
wobei die Größe des äußeren Kreises die Höhe des Umsatzes und die Größe des inneren
Kreises einen definierten Deckungsbeitrag 1 für eine bestimmte Messe angibt.

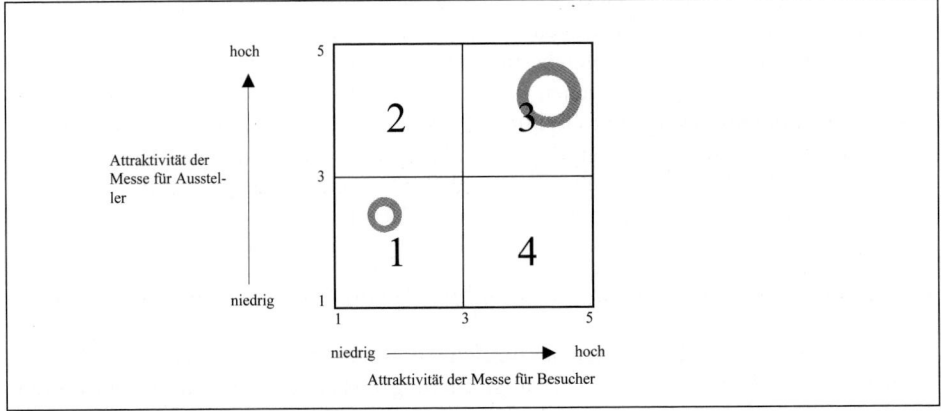

Abb. 1: Attraktivitäts-Portfolio

Das Marktstatus-Portfolio stellt auf die sog. „harten" Faktoren wie Umsatzentwicklung,
Marktpotenziale usw. ab. Die Achsen sind mit „Heutiger Marktstatus der Messe" und
„Zukünftiger Marktstatus der Messe" bezeichnet (vgl. Abb. 2). Auch hierbei gründet die
Einordnung auf jeder der beiden Achsen auf einer Beurteilung in sieben einzelnen Krite-
rien.

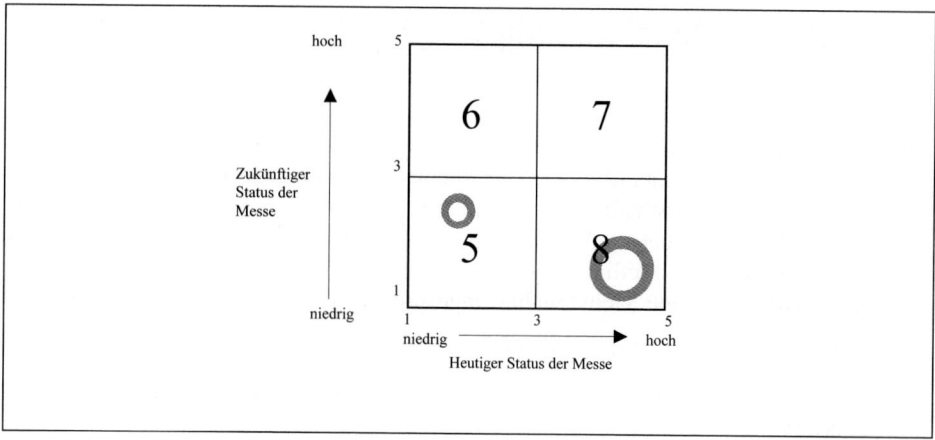

Abb. 2: Marktstatus-Portfolio

Die Verwendung dieser beiden Portfolios stellt sicher, dass nicht nur finanzwirtschaftli-
che und damit eher nachlaufende Größen zur Beurteilung einer Messe, sondern auch
vorlaufende Größen wie beispielsweise Kundenzufriedenheit, wahrgenommene Attraktivität und Kundenbindung herangezogen werden. Außerdem halten die Portfolios die zuständigen Manager an, wesentliche Bestimmungsfaktoren für den künftigen Erfolg einer
Messe detailliert zu betrachten. Zwar fällt es nicht leicht, die Bedeutung einzelner Indikatoren objektiv zu rechtfertigen, aber im Regelfall werden zumindest subjektive Vorstellungen vorliegen, welcher Stellenwert einzelnen Größen zukommt. Dem Management wird so ein Überblick über die Zukunftsfähigkeit der von einer Messegesellschaft
durchgeführten Messen vermittelt.

Nach den Portfolio-Analysen können sich unterschiedliche Situationen ergeben, wenn
die Einordnung in Portfolio 1 mit der Einordnung in Portfolio 2 kombiniert wird, z.B.

• 1-5: Sowohl Aussteller als auch Besucher finden die Messe nicht attraktiv. Der heutige Marktstatus wie auch der zu erwartende zukünftige Markstatus sind niedrig.

• 3-8: Die Messe ist für die Kunden attraktiv. Der heutige Marktstatus ist noch hoch,
  die Einschätzungen für die Zukunft hingegen sehen schlecht aus.

Für jede Position lassen sich mögliche Strategien diskutieren und ableiten. Auf eine Typologisierung solcher Strategien muss hier nicht eingegangen werden. Ergebnis wird die
Formulierung von Zielen, die Auswahl einer Strategie und die Ableitung von konkreten
Maßnahmen sein. Auch diese Schritte werden durch den „Kölner Messekompass" unterstützt.

4.   Externes Benchmarking

An der Universität zu Köln ist das Institut für Messewirtschaft und Distributionsforschung angesiedelt (Institute of Trade Fair Management and Distribution Research). Im Frühjahr 2003 wurden erstmalig bedeutende Messegesellschaften auf dem Feld von internationalen Messen gebeten, Angaben über ihre Ressourcen und Aktivitäten zu machen. Dazu wurde ein vierteiliger Fragebogen verschickt (Leitung: Prof. Dr. W. Delfmann). Es werden folgende Sachverhalten angesprochen (Auszüge):

Fragebogen I: Operations – Products and Processes

- Vorhandene Kapazitäten: Ausstellungsflächen, Hallenkapazitäten, Kongressräume, Mietsätze

- Regionale Infrastruktur: Einwohner der nächst gelegenen Stadt, Verkehrsanbindung

- Aktivitäten in der Vormessephase

- Zeitliche Nutzung des Messegeländes: Ausstellungstage, Zahl der Aussteller und Besucher

- Service-Angebote für Besucher und Aussteller: Bedeutung von Online-Angeboten, Hilfen beim Standbau, unterstützenden Marketingaktivitäten, Bürodiensten, Reise-Services

- Ausmaß an Kooperationen

- Buchungsverhalten von Ausstellern und Besuchern: Zeitpunkt der Buchung

- Aktivitäten während der Messe

Fragebogen II: Finance and Controlling

- Finanzielle Struktur: Eigentumsverhältnisse

- Kostenstruktur: Höhe und Struktur der Kosten

- Einkommensarten (Umsätze)

- Bedeutung einzelner Erfolgsgrößen

- Vergangene und zukünftige Investitionen

- Bestimmungsfaktoren für Preise

Fragebogen III: Marketing/PR

- Ziele und Ausmaß von Marktforschung

- Struktur der Konkurrenzforschung, der Besucherforschung und der Ausstellerforschung

- Analyse des Serviceangebotes, des Messekonzeptes, des Images und der Infrastruktur

- Analyse des Konkurrenzumfeldes

- Kundenstruktur und Maßnahmen zur Akquisition und Behandlung von Kunden

- Budgets für einzelne Arten der Kommunikation

- PR-Aktivitäten

Fragebogen IV: Strategic Management

- Ziele im Rahmen der strategischen Planung

- Erfolgsfaktoren, Kernkompetenzen und Performance-Indikatoren

- Einschätzungen von Entwicklungen in der jeweiligen Industrie im Allgemeinen und im Messesektor im Besonderen

- Entwicklung neuer Messen: Ursprung der Idee, benötigte Zeit, kritische Erfolgsfaktoren

- Information und Kommunikationstechnologie: Die Rolle von Online-Medien, Auswirkungen der neuen Medien, Einschätzung der Potenziale

- Internationalisierung: derzeitiges und geplantes Engagement.

Der Fragebogen zeigt die vielfältigen mit dem Management von Messen verbundenen Aspekte. Über Ergebnisse dieser Umfrage kann an dieser Stelle noch nicht berichtet werden.

5. Voraussetzungen für ein erfolgreiches Benchmarking

Es ist nicht sinnvoll, jeden Betrieb (jede Messe, Messegesellschaft) in einen Vergleich einzubeziehen. Vielmehr sollten bestimmte Bedingungen erfüllt sein. Hierauf wird im Folgenden eingegangen.

Formelle Vergleichbarkeit: Fast selbstverständlich mutet der Hinweis auf die formelle Vergleichbarkeit an. Formelle Vergleichbarkeit bedeutet, dass die notwendigen rechnungsmäßigen, statistischen und sonstigen technischen Voraussetzungen gegeben sind, um einen Vergleich von Betrieben vornehmen zu können. Formelle Vergleichbarkeit setzt eine Ermittlung der Betriebsdaten bei allen Teilnehmerbetrieben nach einheitlichen

Kriterien und die einheitliche Auswertung des Datenmaterials voraus. Dies setzt wiederum voraus, dass die zu vergleichenden Merkmale einheitlich definiert und in gleicher Weise in den Unterlagen der am Benchmarking beteiligten Unternehmen aufgezeichnet sind. Diese Voraussetzung ist beim internen Benchmarking leichter zu erfüllen als beim externen.

Repräsentativität: Für einzelbetriebliche Zwecke muss der Betriebsvergleich nicht repräsentativ für die Branche sein. Hier kommt es vielmehr darauf an, dass hinreichend viele Betriebe vorhanden sind, die als Bezugspunkt geeignet sind (materielle Vergleichbarkeit). Betriebe eignen sich immer nur im Hinblick auf ein bestimmtes Vergleichsziel (vgl. Buddeberg 1955). Die materielle Vergleichbarkeit bezieht sich vor allem auf betriebliche Strukturmerkmale wie z.B. den Wirtschaftsbereich und die Branchenzugehörigkeit.

Vergleichbarkeit bzw. Homogenität: Vergleichbarkeit bedeutet nie gänzliche Gleichheit der Teilnehmerbetriebe. Möchte ein Betriebs-(Benchmark-)vergleichsteilnehmer beispielsweise wissen, ob es Betriebe seiner Branche gibt, die mit einer anderen Kundenstruktur bessere Ergebnisse erzielen als er, so ist Gleichheit hinsichtlich des Merkmals „Branche" und Verschiedenheit hinsichtlich des Merkmals „Kundenstruktur" erforderlich. Es ist aber auch denkbar, dass der Teilnehmer eine Unternehmung mit einer dem eigenen Betrieb ähnlichen Kundenstruktur, aber besseren Ergebnissen sucht, um festzustellen, ob in seinem Betrieb bei gegebener Kundenstruktur ein Verbesserungspotenzial besteht. Einige Fragestellungen setzen also geradezu voraus, dass sich die Daten der Teilnehmer unterscheiden. Statistiker sprechen davon, dass Erklärungen voraussetzen, dass Varianz gegeben ist. In bestimmten Fällen eignen sich als Bezugspunkte Betriebe, die in einem oder mehreren Merkmalen mit dem Betrieb, der sich vergleichen will, übereinstimmen. Aus diesem Grund werden innerhalb eines Vergleichs Gruppen von Betrieben z.B. nach der Größe ihrer Fläche, nach ihrer Standortlage oder nach der Zahl der beschäftigten Personen gebildet. In anderen Fällen kommt es darauf an, die Daten von Betrieben mit einer andersartigen Geschäftspolitik für den Vergleich verfügbar zu haben. Insofern ist es nicht richtig, für einen Betriebsvergleich generell Homogenität der teilnehmenden Betriebe zu fordern. Insgesamt ist es eine auch theoretisch nicht leicht zu fassende Angelegenheit, welche Betriebe bei einer bestimmten Fragestellung zum Vergleich herangezogen werden sollten (vgl. Müller-Hagedorn 1994, S. 125-134; Müller-Hagedorn 1995, S. 129-135).

Dispositionseignung: Mit der Dispositionseignung der Vergleichsergebnisse wird erfasst, inwieweit aus Abweichungen zwischen den Werten eines auswertenden Betriebes und denen anderer Betriebe Hinweise auf betriebliche Maßnahmen abgeleitet werden können. Die Probleme rühren daher, dass aus einem höheren (niedrigeren) Betriebsergebnis nicht vorschnell geschlossen werden darf, dass während des Berichtszeitraums bessere (schlechtere) Entscheidungen als in dem oder den Vergleichsbetrieben getroffen wurden (vgl. Dürr 1967). Trotz der Übereinstimmung in einigen Strukturvariablen können hierfür Unterschiede in anderen Gegebenheiten ursächlich gewesen sein. Werden einzelne Partialkennzahlen als Maßstab herangezogen (z.B. Umsatz pro beschäftigte Person oder Umsatz pro Quadratmeter Verkaufsfläche), so ist zu beachten, dass zwischen einzelnen Einsatzfaktoren substitutive Beziehungen vorliegen können, die eine isolierte Betrachtung verbieten. In diesen Fällen sind die Daten verschiedener Betriebe als Vektoren zu vergleichen. Da bei der Verwendung von Durchschnittswerten wesentliche Unterschiede verdeckt werden, empfiehlt sich bei Vergleichen der einzelbetriebliche Vergleich.

6.   Zusammenfassung

Benchmarking ähnelt stark den in vielen Bereichen üblichen Betriebsvergleichen. Es dient dazu, den Managementprozess zu unterstützen, indem es Schwachstellen aufdeckt, die Gründe hierfür ermittelt, Wirkungsprognosen erleichtert, hilft, realistische Zielvorgaben abzuleiten und Kontrollen unterstützt.

Relativ leicht lässt sich ein internes Benchmarking installieren. Dabei werden systematisch Informationen zusammengestellt, die für die Wettbewerbssituation einer einzelnen Messe relevant sind. Die verschiedenen Informationen können in Portfolios zusammengeführt werden. Diese ermöglichen einen zusammenfassenden Überblick über die Situation einer Messegesellschaft.

Ein externes Benchmarking bezieht auch Daten anderer Messegesellschaften mit ein, um so Hinweise auf Wettbewerbsvorsprünge oder Schwächen zu ermöglichen.

7.   Literaturverzeichnis

BUDDEBERG, H., Über die Vergleichbarkeit der Handelsbetriebe, Köln-Opladen 1955.

CORSTEN, H./REIß, M., Betriebswirtschaftliche Vergleichsformen, in: WISU, 18. Jg., 1989, S. 615-620.

CREUSEN, U. D./HOMMERICH, B., Auf der Suche nach Spitzenleistungen: Internes Benchmarking bei OBI, in: Töpfer, A. (Hrsg.), Benchmarking. Der Weg zu Best Practice, Berlin u.a. 1997, S. 221-228.

DÜRR, K., Der Betriebsvergleich im Einzelhandel, Diss., Saarbrücken 1967.

KARLÖF, B./ÖSTBLOM, S., Das Benchmarking-Konzept, München 1994.

KRECH, J., Benchmarking, in: WISU, Heft 1, 2001, S. 53f.

KÜPPER, H.-U., Industrielles Controlling, in: Schweitzer, M. (Hrsg.), Industriebetriebs-
lehre, München 1990, S. 781-891.

MÜLLER-HAGEDORN, L., Die Wahl von Vergleichsbetrieben – Teil I, in: Mitteilungen
des Instituts für Handelsforschung an der Universität zu Köln, 46. Jg., 1994, S. 125-
134.

MÜLLER-HAGEDORN, L., Die Wahl von Vergleichsbetrieben – Teil II, in: Mitteilungen
des Instituts für Handelsforschung an der Universität zu Köln, 47. Jg., 1995, S. 129-
135.

REICHMANN, T., Controlling mit Kennzahlen, München 1985.

RIEGLER, C., Benchmarking, in: Handwörterbuch Unternehmensrechnung und Controlling, Stuttgart 2002, Sp. 126-134.

SPENDOLINI, M. J., The Benchmarking Book, New York u.a. 1992.

SABISCH, H./TINTELNOT, C. (HRSG.), Benchmarking – Weg zu unternehmerischen Spitzenleistungen, Stuttgart 1997.

TÖPFER, A., Benchmarking, in: WiSt, Heft 4, 1997, S. 202-205.

Henry Puhe / Remco Schaumann

Befragung von Fachmessen-Besuchern und -Nichtbesuchern als Instrument für das Messe-Controlling

1. Einleitung

2. Ausgangslage
   2.1 Grundsatzfrage
   2.2 Gründe für ein Messe-Controlling nach der Messe

3. Bewährte Fragestellungen des Messe-Controllings

4. Die Wahl der Befragungsinstrumente
   4.1 Gruppendiskussionen
      4.1.1 Zeitbedarf des Forschungsprojektes „Gruppendiskussion"
      4.1.2 Besonderheiten der Zielgruppe „Nichtbesucher" in Gruppendiskussionen
   4.2 Telefonische Interviews
      4.2.1 Zeitbedarf des Forschungsprojektes „Telefonische Interviews"
      4.2.2 Besonderheiten der Zielgruppe „Nichtbesucher" in telefonischen Interviews
   4.3 Face-to-face-Tiefeninterviews

Dr. Henry Puhe und Remco Schaumann sind Geschäftsführer der SOKO-Institut Mafo GmbH, Bielefeld.

1. Einleitung

Das Bielefelder SOKO-Institut für Sozialforschung und Kommunikation beschäftigt sich seit seiner Gründung 1991 u.a. mit Forschungsprojekten im Bereich des Messewesens. Diese Studien, realisiert etwa im Auftrag der Leipziger Messe (teilweise in Kooperation mit der Handelshochschule Leipzig) sowie für die Messe Bad Salzuflen, konzentrieren sich überwiegend auf Fachmessen, wobei in Einzelfällen auch Publikumsmessen untersucht werden. Das Controlling einer Fachmesse unterscheidet sich nur graduell von dem einer Publikumsmesse, deshalb wird die Befragungskonzeption von Fachbesuchern exemplarisch in den Mittelpunkt der folgenden Betrachtung gestellt.

Aus Gründen des Daten- und Kundenschutzes ist es im Folgenden nicht möglich, Erkenntnisse des befragungsgestützten Messe-Controllings anhand „echter" B2B-Studien vorzustellen. Als generelle Essenz aus den bestehenden Studienerfahrungen wird deshalb eine Art Idealfall eines umfassenden Messe-Controllings für Fachmessen vorgestellt.

2. Ausgangslage

Das Messe-Controlling geht von folgender Ausgangssituation aus:

- Es hat eine Fachmesse stattgefunden

- Ob es sich um eine traditionelle Veranstaltung oder eine erstmalig stattgefundene Messe handelt, spielt prinzipiell keine ausschlaggebende Rolle

- Das Ende der Messe liegt maximal zwei Monate zurück. Die Fachbesucher hatten also bereits ausreichend Gelegenheit, die Messe für sich nachzuarbeiten und im Geschäftsalltag ansatzweise festzustellen, was ihnen der Messebesuch gebracht hat

- Während der Messe wurde eine Besucherbefragung durchgeführt. Diese Voraussetzung ist nicht zwingend notwendig, ist allerdings ideal für einen guten Adressbestand als Basis für das Messe-Controlling.

2.1   Grundsatzfrage

Der Messeveranstalter ist kostenbewusst und fragt:

„Die Fachmesse ist gut gelaufen, das belegen auch die Ergebnisse der Besucherbefragung. Warum brauche ich jetzt eigentlich auch noch eine Befragung nach der Messe?"

2.2   Gründe für ein Messe-Controlling nach der Messe

Für die Befragung nach Abschluss der Messe gibt es überzeugende Gründe:

- Erst nach der Messe (und nicht währenddessen) ist diese Veranstaltung bei den Besuchern „verarbeitet".
- Die gewonnenen Messeeindrücke haben sich gesetzt, ein individueller Preis-Leistungsvergleich hat stattgefunden.
- Im Rahmen einer zeitlich nachgeordneten Befragung der Messezielgruppen bietet sich die Gelegenheit, die Nichtbesucher, das schlafende Potenzial für kommende Messetermine, vergleichend zu befragen.
- Trotz Besucherbefragung bestehen auf der Veranstalterseite eventuell doch noch Unklarheiten in Detailfragen.
- Die Besucherbefragung hat ihrerseits Fragen aufgeworden, die es zu klären gilt.
- Frei nach Sepp Herberger: *„Nach der Messe ist vor der Messe."* Dies entspricht der bangen Frage danach, was eigentlich aus der Kundenperspektive für den nächsten Messetermin dringend zu berücksichtigen ist.

3.   Bewährte Fragestellungen des Messe-Controllings

Bezogen auf die Zielgruppe *Fachbesucher der aktuellen Messe* stellen sich im Rahmen des Messe-Controllings eine Reihe elementarer Fragen. Hierzu zählen folgende beispielhafte Aspekte:

Grundsätzliches:

- Hat das realisierte Konzept den Erwartungen der Fachbesucher entsprochen?
- In welche Richtung wünscht sich das Publikum die Weiterentwicklung der Messe?

Kommunikationsaktivitäten im Vorfeld der Fachmesse:

- Auf welchen Kommunikationskanälen erreicht man die Besucher?

- Auf welche Art, durch welche Medien möchte man außerdem als Fachbesucher auf die Messe aufmerksam gemacht werden?

- Wie werden die existierenden/wahrgenommenen Werbemittel/ Informationsunterlagen zur Fachmesse beurteilt?

Inhaltliche Bedürfnisse der Fachmessebesucher:

- Welche Messeschwerpunkte sind relevant für welche Besucher?

- Prüfstand für konkrete Zusatzangebote auf der vergangenen Messe: Sinn und Zweck dieser Angebote, Bewertung der Idee, Nutzungsbereitschaft.

Blick auf die Mitbewerber (Messen/Standorte, national/international):

- Vergleich der besuchten Fachmesse mit den besuchten Fachmessen der Mitbewerber: Impressionen, Vorteile/Nachteile, Was-haben-die-was-wir-nicht-haben?

Image/Erscheinungsbild der Fachmesse/des Standortes:

- Für was steht die Fachmesse im Bewusstsein der Zielgruppen?

- Sollte die Messe einen Untertitel bekommen und wenn ja, welchen?

- Attraktivität des Standortes, der Messeregion.

Ausblick:

- Preisbereitschaft für mögliche Zusatzangebote der Messe wie z.B. Shuttle-Service, Besichtigungs-/Vorführungstermine, Kongress-/Seminarangebote.

- Werden die Befragten an der nächsten Fachmesse an diesem Standort teilnehmen? Zielgruppe

Nichtbesucher der aktuellen Messe

Der Fragenkatalog an die Nichtbesucher sollte sich so eng wie möglich an der Version für die Besucher orientieren. Dies erleichtert nach Studienabschluss den Vergleich zwischen beiden Gruppen.

Dennoch ist zu berücksichtigen, dass selbstverständlich alle Teile, die sich auf den Besuch der jüngsten Messe beziehen, auf diese Zielgruppe nicht übertragbar sind. Dieser Freiraum im Fragebogen kann idealerweise dazu genutzt werden, um eingehend nach den alternativen Informationslieferanten *(Meine Informationen hole ich mir statt auf die-*

ser Messe lieber...) dieser Zielgruppe zu forschen und/oder die tieferen Gründen für einen bewussten Nichtbesuch *(Komme nicht zur Messe, weil...)* der Messe auszuloten.

4.   Die Wahl der Befragungsinstrumente

Eine berechtigte Vorabfrage ist: Repräsentativität – ja oder nein?

Anders als beispielsweise bei Bevölkerungsstudien ist das Publikum einer Fachmesse im Allgemeinen recht homogen. Damit rechtfertigt sich bereits eine zahlenmäßig deutlich kleinere Stichprobe, die, wenn sie entsprechend quotiert und nach dem Zufallsprinzip gezogen wurde, durchaus repräsentativ ist.

4.1   Gruppendiskussionen

Um zunächst Basisinformationen über die Meinungen und Strömungen innerhalb der Zielgruppen zu erhalten, empfiehlt sich hier methodisch die „Gruppendiskussion" als geeignetes Sozialforschungsinstrument. Damit erhält man die Gelegenheit, sich zum einen an die Zielgruppen „heranzutasten", zum anderen Themenkomplexe (etwa Ideen/Konzepte für die kommende Messe) „auszuprobieren", ohne gleich das gesamte Messepublikum damit zu behelligen. Daher kann man diese Veranstaltungen auch zu Pretest-Zwecken nutzen.

Bei dieser Forschungsmethode nehmen rund acht bis zehn Personen der definierten Zielgruppe an einer etwa zweistündigen Sitzung teil, die von einem Sozialforscher moderiert wird. Antriebsfedern dieser Veranstaltung in entspannter Atmosphäre sind zum einen gruppendynamische Prozesse innerhalb des Teilnehmerkreises, zum anderen die Fragen, Thesen und Hinweise des Moderators an die Anwesenden. Diese Veranstaltungen können (per Einwegspiegel) live beobachtet werden, zur späteren Auswertung erfolgt eine Videoaufzeichnung.

Im Falle der Nachbefragung zu einer Fachmesse sollten Gruppendiskussionen an zentralen, gut erreichbaren Orten im Kerneinzugsgebiet der Messe stattfinden. Die geeigneten Teilnehmer rekrutiert das beauftragte Institut telefonisch mit Hilfe einer aktuellen Fachbesucherliste der fokussierten Messe, die zuvor z.B. auf Basis einer Besucherbefragung erstellt wurde. Sollte eine solche Liste nicht oder nur lückenhaft vorliegen, greifen alternative Recherchemethoden wie etwa das telefonische Screening des potenziellen Fachpublikums im Einzugsgebiet *(„Haben Sie die letzte Messe besucht?")*.

Als Konzession an eine möglicherweise geringe Zielgruppendichte an den Diskussionsstandorten ist es zulässig, die Teilnehmerzahl auf fünf bis sieben Personen pro Veranstaltung zu reduzieren. Um die Gruppendiskussion generell für die Zielpersonen im Vorfeld attraktiv zu machen und dem Begriff seinen sozialwissenschaftlichen Beigeschmack zu nehmen, werden diese Veranstaltungen auch als „Expertenworkshops" kommuniziert.

Diskussionsrunden dieser Art entlocken den Teilnehmern aller Erfahrung nach differenziertere Informationen als reine Einzelinterviews. Der Moderator sorgt dafür, dass möglichst jeder Fachbesucher auf die Äußerungen des anderen reagieren kann und es dadurch insgesamt zu tieferen Reflexionen über die Diskussionsthemen kommt. Den „roten Faden" einer solchen Veranstaltung bildet der unter 2. erwähnte Fragen-/Themenkatalog, an dem sich der Diskussionsleiter grundsätzlich orientiert und in dem er zusätzlich eine vorab festgelegte zeitliche Struktur der Sitzung findet. Sofern sich im Verlauf der Gruppendiskussion spontan interessante Nebenaspekte ergeben, liegt es im Ermessen des Sozialforschers, diese weiter diskutieren zu lassen.

Innerhalb einer derartigen Forschungsveranstaltung ist eine Mischung der Zielgruppen zu überlegen, sofern die unterschiedlichen Interessenlagen dieser Personenkreise dies zulassen und nicht nur der reine Fachmessenbesuch als kleinster gemeinsamer Nenner feststellbar ist. Eine nicht unwichtige Voraussetzung für das Gelingen einer Gruppendiskussion ist nicht zuletzt die „passende" (entspannte, aber sachbezogene) Stimmung bzw. die gleiche „Augenhöhe" zwischen Forscher und Zielgruppe. So sollte z.B. bei reinen Handwerkerrunden der Moderator nicht unbedingt im dunkelgrauen Dreiteiler erscheinen und umgekehrt vor Einkaufsleitern nicht im Freizeitstil moderieren. Auch ist die Wortwahl den Zielgruppen in etwa anzupassen, ohne dabei in Schauspielerei zu verfallen.

Für ihre Teilnahme an der Gruppendiskussion erhalten alle Teilnehmer vom durchführenden Institut üblicherweise eine Reisekostenerstattung sowie ein angemessenes finanzielles Incentive, das sich an ihrem Status orientiert.

Am Ende einer Gruppendiskussion liegen Videomitschnitte vor, die vom beauftragten Institut ausgewertet werden. Nach einer strukturierend-redaktionellen Bearbeitung dieser umfangreichen O-Ton-Sammlungen, ergibt der daraus resultierende Studienbericht ein lebendiges Stimmungsbild der beteiligten Zielgruppen hinsichtlich der anfangs formulierten Fragestellungen der Messe. Ergebnisse dieser Art sind naturgemäß nicht repräsentativ, doch vermitteln sie deutlich lebendiger als Tabellenbände, wie das Messepublikum in seinem tiefsten Innern beschaffen ist. Zusätzlich erfährt der ursprünglich definierte Fragenkatalog der Messeleitung durch die Diskussionsergebnisse eine zusätzliche Pointierung, hervorgerufen durch zuvor nicht erkannte/vermutete Einschätzungen des untersuchten Messepublikums.

4.1.1   Zeitbedarf des Forschungsprojektes „Gruppendiskussion"

Die Vorbereitung von z.B. drei Gruppendiskussionen (Leitfadenabstimmung, Auswahl des Veranstaltungsortes, Teilnehmerrekrutierung) benötigt etwa zwei bis drei Wochen. Die Durchführung der Veranstaltungen sowie Ergebnisaufbereitung und Präsentation sind ebenfalls innerhalb von zwei Wochen realisierbar. Damit sind rund vier bis fünf Wochen von der Auftragserteilung bis zur Ergebnispräsentation zu kalkulieren.

4.1.2   Besonderheiten der Zielgruppe „Nichtbesucher" in Gruppendiskussionen

Gruppendiskussionen mit Nichtbesuchern der Messe sind erfahrungsgemäß schwerer zu besetzen, hat doch dieser Personenkreis bereits durch sein Nichterscheinen auf der Messe möglicherweise dokumentiert, dass ihm das Interesse daran fehlt. Nicht selten steht hinter einer Nicht-Teilnahme aber auch ein prallvoller Terminkalender.

Man sollte deshalb innerhalb dieser Zielgruppe vorab noch weiter differenzieren:

a)   Nichtbesucher der aktuellen Messe, die aber innerhalb der vergangenen fünf Jahre diese Fachmesse bereits besucht haben.

b)   Nichtbesucher der aktuellen Messe, die auch innerhalb der letzten fünf Jahre die Messe *nicht* besucht haben.

Es ist eine Entscheidung der Messeleitung, auf welche dieser beiden Segmente sich eine Nichtbesucher-Studie konzentriert. Generell besteht jedoch das Problem, dass für diesen gesamten Personenkreis seitens des Messeveranstalters keine oder keine aktuellen Adressdaten vorliegen. Daher stützt sich das Institut bei der Rekrutierung der Nichtbesucher alternativ auf Branchenverzeichnisse (Telekom, IHK, HWK) des Messeeinzugsgebietes.

Abb. 1: Methodenschema: „Gruppendiskussionen"

4.2 Telefonische Interviews

Die bislang vorgestellte Methode „Gruppendiskussion" ist, wie erwähnt, ein rein qualitatives Instrument und im Ergebnis wohl tendenziell, jedoch nicht repräsentativ.

Sollte daher innerhalb der Messeleitung ein ausdrückliches Interesse an „hieb- und stichfesten", sprich, repräsentativen Untersuchungsdaten bestehen, so empfiehlt sich auf Basis der vorliegenden Diskussionsergebnisse die Durchführung einer zusätzlichen telefonischen Befragung der Zielgruppe.

Auch kann es sich bei den Vorbereitungen von Gruppendiskussionen mit sehr speziellen Fachmessezielgruppen abzeichnen, dass Vertreter des gewünschten Personenkreises aus terminlichen oder anderen Gründen nicht in ausreichender Zahl teilnehmen können. In einem solchen Fall ist auf Gruppendiskussionen zu verzichten. Alternativ bietet sich jedoch der Rückgriff auf telefonische Interviews an. Eine reine Konzentration auf die Telefonstudie ist ebenfalls anzuraten, wenn hinsichtlich der Messezielgruppen bereits genügend klare Informationen vorliegen, die zur Vorbereitung einer Befragung ausreichen.

Computergestützte telefonische Interviews (CATI) bilden heutzutage den methodischen Grundpfeiler der Markt- und Sozialforschung und damit auch des Messe-Controllings. Sie werden dem Themenkomplex vollständig gerecht, gewährleisten eine flexible Erreichbarkeit der Zielgruppe und sind nicht zuletzt kostengünstig. Die Interviewlänge sollte dabei 10 bis 15 Minuten nicht überschreiten, da die Zielpersonen Entscheidungsträger sind, die während ihrer Geschäftszeiten kontaktiert werden. In diesem Zusammenhang ist es oftmals notwendig, die Interviewtermine mit den gewünschten Gesprächspartnern zuvor abzustimmen. Gerade in diesem Punkt wirkt sich ein möglichst entspannter Zeitplan des Projektes sehr positiv aus, garantiert er doch ein ausreichendes

Terminfenster, das seinerseits eine optimale Ausschöpfung der definierten Stichprobe ermöglicht.

Die Stichprobengröße richtet sich grundsätzlich nach der Beschaffenheit der Zielgruppe. Ausgehend von einer Grundgesamtheit von z.B. 1 000 Messebesuchern erscheint eine Anzahl von 200 Interviews (Verhältnis 1:5) aller Erfahrung nach als machbar. Diese liefert eine solide und hinreichende Datenbasis für die spätere Auswertung. Die Einbeziehung von Nichtbesuchern ist angesichts dieser geringen Stichprobe nicht sinnvoll; eine kontraproduktive Reduzierung der Einzelergebnisse wäre die Folge. Somit empfiehlt sich, die Befragung von Nichtbesuchern im Rahmen einer separaten Erhebung vorzusehen.

Anhand der Klassifizierungsinformationen über die Zielgruppe wird vom Institut eine repräsentative Stichprobe in Abstimmung mit den Präferenzen des Auftraggebers angelegt. So kann z.B. aus den drei Kundensegmenten A, B und C und aus den vier Regionalsegmenten (Nord, Süd, West, Ost) eine 12-Zellen-Matrix gebildet werden. In jede Zelle wird die tatsächliche Anzahl der Kunden eingetragen – z.B. zehn A-Kunden im Segment Nord. Auf Grundlage dieser Matrix erfolgt die Soll-Verteilung der zu führenden Interviews. Bei zu niedriger Zellbesetzung ist eine nachträgliche manuelle Anpassung der Quoten erforderlich und zulässig. Die Auswahl der Unternehmen, die für ein Interview angerufen werden, erfolgt auf Basis der Stichprobenmerkmale nach dem Zufallsprinzip.

4.2.1   Zeitbedarf des Forschungsprojektes „Telefonische Interviews"

Die Vorbereitungen einer Telefonstudie mit Messebesuchern (Fragebogenabstimmung, Programmierung) benötigen etwa ein bis zwei Wochen. Die Durchführung der telefonischen Interviews sollte aus Gründen der Qualität gut zwei Wochen einnehmen, wobei letztlich die individuelle Stichprobengröße zu berücksichtigen ist. Die Ergebnisaufbereitung und Präsentation sind ebenfalls innerhalb von zwei Wochen realisierbar.

Damit sind rund fünf Wochen von der Auftragserteilung bis zur Ergebnispräsentation zu kalkulieren. Konzentriert sich die Studie auf Nichtbesucher, so ist ein zeitlicher Mehraufwand zur Adressbeschaffung einzuplanen.

4.2.2   Besonderheiten der Zielgruppe „Nichtbesucher" in telefonischen Interviews

Für Nichtbesucher in telefonischen Interviews gelten prinzipiell dieselben Anmerkungen wie diejenigen zu den Gruppendiskussionen. So erfordert die Stichprobe eine deutlich höhere Übersetzung des Adressbestandes, da angesichts des latenten Desinteresses am Befragungsthema mit einer hohen Verweigerungsrate zu rechnen ist.

Abb. 2: Methodenschema: „Telefonische Interviews"

4.3 Face-to-face-Tiefeninterviews

Als ebenfalls eher qualitatives Instrument ohne repräsentativen Charakter gelten Face-to-face-Tiefeninterviews. Im Rahmen dieser Methode wird mit relativ niedrigen Fallzahlen operiert. Dieses Verfahren führt Interviewer und Zielperson an einem Ort (meist am Arbeitsplatz der Zielperson) zusammen. Diesen Mehraufwand rechtfertigen in der Regel nur bestimmte hochkarätige Zielgruppen wie größere Aussteller oder wichtige Kunden der größeren Aussteller.

Abb. 3: Methodenschema: „Face-to-face Tiefeninterviews"

Diese Zielpersonen werden in der Regel auch von speziell für diese sensible Aufgabe ausgebildeten Interviewern besucht, in besonderen Fällen auch von den Studienleitern selbst, weil diese am besten die Interessen der Messeleitung kennen. Die Basis des Gespräches bildet dabei kein Fragebogen im klassischen Sinne, sondern eher ein flexibler Gesprächsleitfaden, ähnlich demjenigen, der in Gruppendiskussionen eingesetzt wird. Damit ist gewährleistet, dass die Äußerungen dieser Spezialzielgruppe so umfassend wie möglich dokumentiert werden können. Zusätzlich können diese Interviews mit Einverständnis der Befragten per Tonband mitgeschnitten werden.

Wichtig ist dabei, dass die Grenze zwischen Marktforschung und Kundenakquisition nicht verwischt wird. Insofern finden auch diese Face-to-face-Interviews immer unter Gewährleistung der Anonymität statt. Eine zu geringe Fallzahl von unter 20 Studienteilnehmern wird abgelehnt, da sonst die Wiedererkennung der Ansprechpartner zu leicht möglich wäre.

Die Studienvorbereitung dauert wegen der aufwändigen Leitfadenabstimmung und Teilnehmerrekrutierung etwa zwei Wochen. Die langfristigen Terminvereinbarungen mit diesen Zielpersonen erfordern eine Feldzeit von ca. vier Wochen, denn kaum eine hochkarätige Person hat in den nächsten 14 Tagen einen spontanen Termin für ein Interview frei, das leicht eine ganze Stunde dauern kann.

Durchführung der Veranstaltungen sowie Ergebnisaufbereitung und Präsentation sind innerhalb von zwei Wochen realisierbar, so dass insgesamt etwa acht Wochen für eine Studie dieser Art einzuplanen sind.

Es empfiehlt sich, in dieser Zielgruppe eine angemessene Incentivierung zu berücksichtigen.

Hermann Fuchslocher

Ausstelleranalysen als Instrument des Messe-Controllings

1. Einleitung

2. Messe als Spiegelbild des Marktes – Typologie der Messeaussteller

3. Messeerfolgsdeterminanten der Aussteller
    3.1   Traditionelle Determinanten
    3.2   Analyse zukunftsorientierter Determinanten
    3.3   Strategische Determinanten der Ausstelleranalyse

4. Literaturverzeichnis

Dipl.-Kfm. Hermann Fuchslocher ist geschäftsführender Gesellschafter der HFU Hermann Fuchslocher Unternehmensberatung GmbH, Düsseldorf.

1. Einleitung

Nach fast 25 Jahren Messemarktanalysen aller wichtigen nationalen und internationalen Konsumgütermessen ist festzustellen, dass es kein Patentrezept für die Messemarktforschung – konkret die Ausstelleranalysen – gibt, bei allen Ansätzen zur Vereinheitlichung und Vergleichbarkeit. Hauptgrund für diese Aussage ist die rasante und dynamische Entwicklung der nationalen und internationalen Messen gerade in den letzten Jahren. Das so genannte dynamische Dreieck zwischen Ausstellern, Messe und Besuchern unterliegt einem permanenten Wandel. Rein quantitative Analysen werden dem notwendigen Controlling der Messen nicht mehr gerecht. Das liegt zum einen an den zunehmenden Veränderungen der Angebotsstruktur – konkret der Aussteller auf Messen, ihren Zielen, Aufgaben, Markt- und Machtpositionen – und zum anderen an den Besucherstrukturveränderungen, da sowohl im Handel als auch bei den Konsumenten Ziele, Rollen, Macht und Informationsbedürfnis permanent variieren. Keine leichte Aufgabe für Messen und Messegesellschaften, sich ihre Position im internationalen Messemarkt zu erhalten oder zu verbessern, Organisation und Serviceleistungen auf die heutigen und zukünftigen Anforderungen auszurichten. Gleichzeitig stellt die Analyse dieser Veränderungen jedoch eine Chance dar, neue Messen zu kreieren bzw. alte Messen entsprechend den Marktanforderungen neu auszurichten.

2. Messe als Spiegelbild des Marktes – Typologie der Messeaussteller

Der Branchenbezug ist ein wesentliches Qualitätsmerkmal einer Messe. Nur durch einen intensiven Kontakt zur Branche kann sie die notwendige Kompetenz aufbauen, um als Leitmesse in ihrem Konkurrenzumfeld zu gelten. Das heißt, die Messe muss den Veränderungen der Branche bzw. des Marktes gerecht werden und aktiv an der Zukunftsgestaltung der Marktentwicklung mitwirken. Für die Messemarktforschung heißt das, nicht nur Gewesenes und Aktuelles mittels rein quantitativer Daten zu erfassen, sondern durch eine qualitative, permanente Marktforschung vor, auf und nach den Messen auch Hinweise auf zukünftige Entwicklungstendenzen deutlich zu machen.

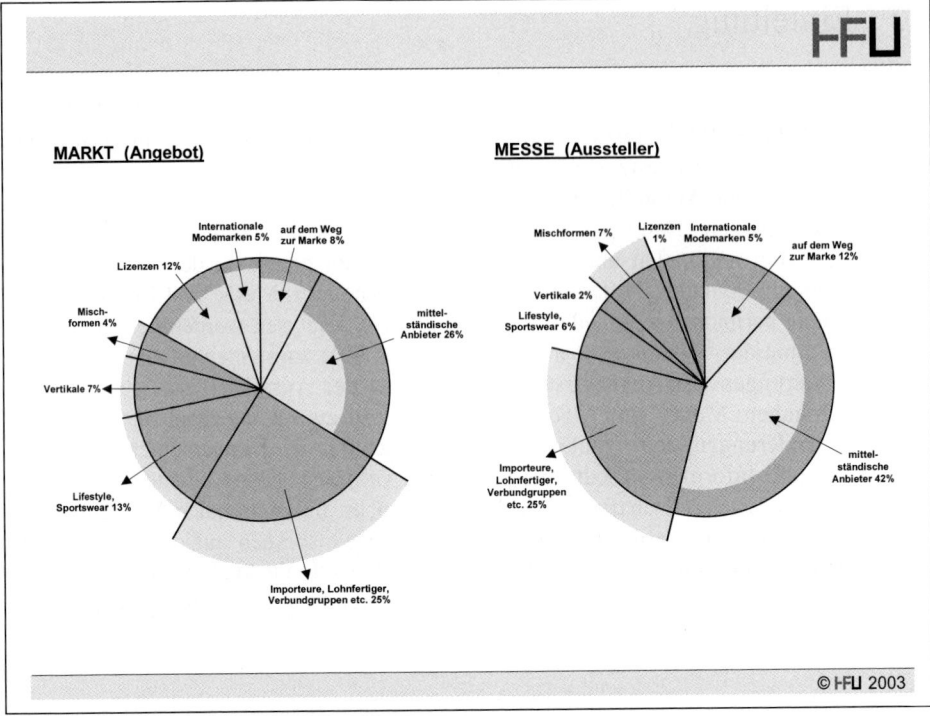

Abb. 1: Markt und Messeangebotsstruktur in der Modebranche

Ziel einer funktionierenden Messe muss es sein, möglichst ein Spiegelbild des jeweiligen Marktes zu sein. Das heisst, auf der Messe muss ein ausgewogenes Angebot aller Marktpartner und Produktbereiche der Branche vertreten sein, nur dann ist sie stabil. Im Ergebnis langjähriger qualitativer Messemarktforschung im Modemarkt zeigt sich allerdings, dass es für Messen zukünftig immer schwieriger wird, dieses Ziel zu erreichen. Abbildung 1 zeigt beispielhaft die derzeitigen und zukünftigen Angebotsstrukturen in der Modebranche. Gegenüber gestellt wurde die Angebotsstruktur des gesamten Marktes der Angebotsstruktur auf der Messe.

Um diese Entwicklungen verstehen und prognostizieren zu können, ist es notwendig, die Aussteller und ihre Merkmale zu untersuchen. Eine Überprüfung von über 25 Konsumgütermessen anhand der Merkmale Messeziele, Messeselektionskriterien und Zielreflexionen der Aussteller führte zu folgender Typologisierung (vgl. Abb. 2), die im Sinne eines Clusters beschrieben wird. Die Typologie der Aussteller wird bestimmt durch die jeweilige Position im Markt und die jeweils individuelle Entwicklungsphase. Damit verbunden sind ihre Ziele und Erwartungen an die Messe, aber auch ihr Wert für die Veranstaltung selbst, sehr unterschiedlich. Konfliktträchtig ist insbesondere das Problem des Messezeitpunktes. Da die verschiedenen Ausstellertypen unterschiedliche Informations-

und Orderrhythmen haben, befinden sie sich zum Zeitpunkt der Messe in unterschiedlichen Phasen des Informations- und Orderprozesses und verfolgen deshalb auf der Messe unterschiedliche Ziele. Hier greift die HFU seit Jahren auf das Instrument der Konfliktforschung zurück, um die Konfliktdeterminanten zwischen Ausstellern und Besuchern sowie innerhalb dieser Gruppen und im Verhältnis zum Messeveranstalter zu analysieren.

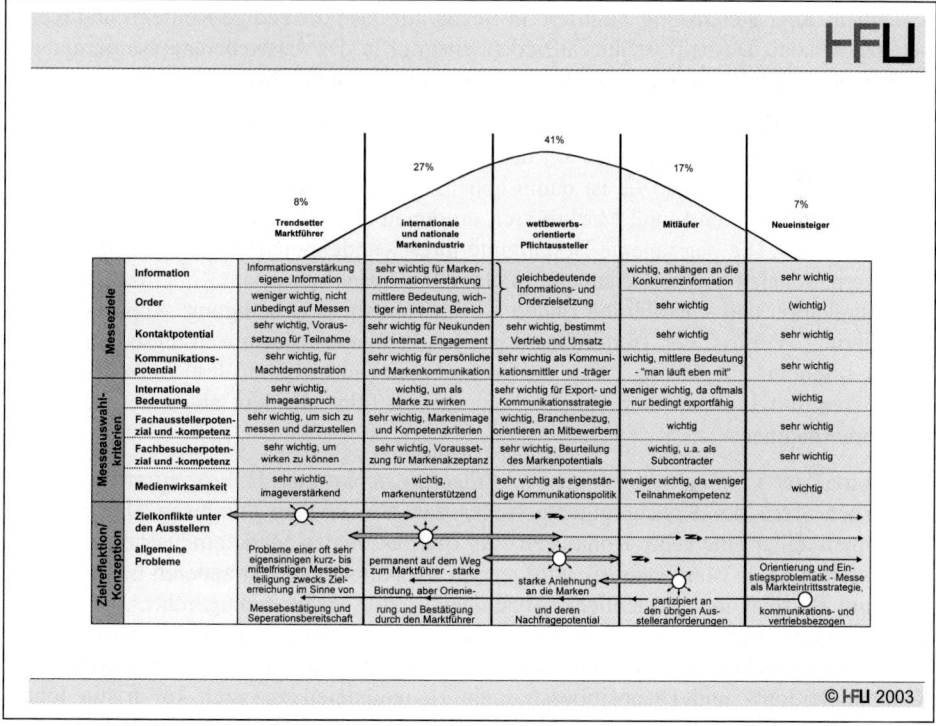

Abb. 2: Typologie der Aussteller

Die Typologie der Messeaussteller macht deutlich, dass je nach Cluster die einzelnen Typen unterschiedliche Messestrategien bzw. Vertriebs- und Kommunikationsstrategien fahren. Gleichzeitig aber sind sie voneinander abhängig. Das heißt: Die Messestrategien der einzelnen Aussteller verändern sich weitgehend automatisch, wenn Teilbereiche der Typen ein zu großes Übergewicht bzw. einen zu hohen Anteil an der Ausstellerstruktur aufweisen.

So ist der *Trendsetter bzw. Marktführer* als Opinionleader mit einem Anteil von ca. acht bis zehn Prozent nach wie vor das eigentliche Zugpferd internationaler Fachmessen. Seine Anforderungen an die Messen bestehen aber sehr stark in der Selbstdarstellung mit entsprechendem Umfeld und Resonanz. Seine Meinungsführerschaft muss er permanent nicht nur dem vorhandenen, kompetenten Publikum – sprich Besucher – sondern auch den sich möglicherweise überlegen fühlenden Mitbewerbern zeigen. Fällt die Anzahl der Trendsetter unter fünf Prozent, besteht die Gefahr, dass sie die Messe verlassen, weil ihre Kommunikationswirkung ohne genügend namhafte Mitbewerber vom Image her sinkt und die Messe damit ihren Zielen nicht mehr gerecht werden kann. Trendsetter und Marktführer richten die größten Anforderungen an sich und an Messen. Sie sind damit unbequem, aber gleichzeitig Zugpferd in Bezug auf das notwendige Kontakt- und Kompetenzpotenzial. Deshalb ist ihr Zufriedenheitsgrad in der Ausstelleranalyse permanent zu messen. Lässt dieser nach, wenden sie sich schnell von den Messen ab.

Die *internationale und nationale Markenindustrie* mit einem Ausstelleranteil zwischen 25 und 30 Prozent kommuniziert auf der Messe in erster Linie ihre Bedeutung für ihre Kunden und die Branche. Sie ist damit abhängig vom Konkurrenzumfeld und von der Anwesenheit der Trend- und Marktführer, an denen sie sich mit dem Ziel, zu ihnen zu gehören, misst. Die permanente Bestätigung ihres Kundenpotenzials auf der Messe und des internationalen Neukundenanteils spielen für sie eine besondere Rolle. Ihre Markenkommunikation und -distribution finden auf Messen somit Bestätigung, Anpassung und Erweiterung. Verlässt der Trendführer bzw. Marktführer, an dem sich diese Ausstellergruppe orientiert, die Messe, ist sie nur selten bereit (und wohl auch nicht in der Lage), diese Trendfunktion zu übernehmen. Statt dessen folgt sie dem abwandernden Führungsunternehmen.

Der Anteil der *wettbewerbsorientierten Pflichtaussteller* von 41 Prozent stellt den eigentlichen Kern der Konsumgüteraussteller dar. Sie können durchweg als nationale Markenaussteller eine echte Konkurrenz zur internationalen Markenindustrie darstellen. Eine internationale Markenpolitik wird jedoch aus nationalen oder anderen Erwägungen, wie zum Beispiel unterschiedliche Abnehmerstruktur, nicht durchgeführt. Dieser Typ der Messeaussteller hat seine Distributions- und Kommunikationsstrategie primär auf die Messen ausgerichtet. Es fällt ihm schwer, eine außerhalb der Messen stattfindende Kommunikations- und Dispositionsstrategie zu realisieren, die sich kurzfristig lohnt. Distributionspolitisch fährt er im Fahrwasser der Markt- und Markenführer und dem entsprechenden Fachbesucherpotenzial, das er teilweise preisbezogen anspricht. Damit ist eine eigenständige Kommunikations- und Distributionspolitik ohne den Messemarktplatz für ihn nicht möglich bzw. nicht lohnend. Für ihn ist es eher wichtig, dass der Anteil von Trendsettern und internationalen Marken rund ein Drittel der Messeaussteller beträgt, um nicht zu stark in den Wettbewerbssog seiner direkten Konkurrenten zu geraten. Ist das Fachaussteller- und Fachbesucherpotenzial nicht mehr vorhanden, konzentriert er sich zunehmend auf andere Abnehmerstrukturen und der Wert der Messebeteiligung sinkt für ihn. Als Zulieferer für Großabnehmer ist er ebenso tätig wie (zum Beispiel im Bekleidungssektor) als Zwischenmeister für Modemarken. Dementsprechend hoch ist auch seine distributions- und kommunikationspolitische Anstrengung in alternativen, permanenten Zentren außerhalb der Messe, um hier durch Handelsvertreter das Nachmessegeschäft zu sichern. Seine Wettbewerbsorientierung konzentriert sich in Bezug auf das Messeangebot eher auf die Pflicht als auf die Kür.

Sein Denken und sein Urteil ist vom Kosten-/Nutzenverhältnis geprägt und nicht zuletzt auf das Umfeld der Trendsetter und internationalen Marken ausgerichtet. Treten bei diesen Marken andere messepolitische Ziele auf, folgt er ihnen schnell mit einem Teil seiner Distributions- und Kommunikationsanstrengungen – selbst wenn er seine eigene Messepräsenz damit schwächt. Für diese Gruppe ist es daher wichtig, dass zwischen den Anteilen der Meinungsführer, der Markenindustrie und der Pflichtaussteller ein weitgehend ausgeglichenes Verhältnis herrscht. Zuwenig Trendsetter und Marken lassen die Kompetenz der Messe für die Pflichtaussteller sinken, umgekehrt reduziert ein Übermaß von Pflichtausstellern die sichtbare Kompetenz für die Marken- und Trendsetter.

Eine besondere und zunehmende Spezies stellen die *Mitläufer* dar. Mit knapp 20 Prozent weisen sie auf den internationalen Messeplätzen Zuwachsraten auf. Hierunter befinden sich häufig ehemalige Subcontracter und Lohnfertiger, die teilweise für die zuvor genannten Gruppen tätig sind bzw. waren. Sie nutzen die Messen dazu, einerseits eigene Kollektionen auf den Markt zu bringen, andererseits ihren Mitausstellern und auch Handelsunternehmen Produktionskapazitäten anzubieten. Das gut gehende Produkt eines renommierten Anbieters wird unter Preis-/Leistungsgesichtspunkten wettbewerbsverzerrend präsentiert. Der Anteil der Mitläufer, die sich kommunikations- und vertriebsstrategisch an das bestehende Angebot anhängen, wirkt sich zunehmend negativ auf das Image der Messe und die Teilnahmeentscheidung der übrigen Aussteller aus.

Der Anteil der *Neueinsteiger* von ca. sieben bis zehn Prozent wird als notwendige „Blutauffrischung" eines jeden Messeangebots eingestuft. Hierbei sind insbesondere Neugründer, diversifizierende Unternehmen und vor allen Dingen international interessante Anbieter zu finden, die die Messe zur Markteinführung nutzen. Hier stellen Kommunikations- und Distributionsstrategien primäre Elemente für die Messeteilnahme dar. Beim Produkt- und Markttest, der Überprüfung der Marktakzeptanz und der sukzessiven Markteintrittsstrategie ist für sie die Messe der wichtigste Kommunikationsmittler und -träger. Dabei ist ihnen die Präsenz der anderen Teilnehmer wichtig.

So robust Messen nach außen wirken mögen – nach innen sind sie häufig sehr fragil. Unabhängig davon, ob und wie die Messeausstellertypen sich im Laufe der Zeit verändern, ist es wichtig, dass die Anteile in erträglicher oder gar in optimaler Relation stehen. Die Zusammenstellung muss ständig beobachtet werden. Selbst wenn sich bei den Ausstellern nichts ändert, können sich Verschiebungen dadurch ergeben, dass Unternehmen zwischen zwei Messeauftritten an und in sich selbst Änderungen vollziehen. Die dynamische Entwicklung der einzelnen Aussteller kann nur bedingt prognostiziert werden. Fallen als mögliche Folge solcher Entwicklungen dann die meinungsführenden Imagebildner einer Messe aus, so verliert einerseits die gesamte Veranstaltung an Attraktivität und andererseits sinkt damit auch die Anziehungskraft für diejenigen, die die Negativänderung herbeigeführt haben. Hier wird deutlich, wie bedeutsam der Faktor „Homogenität" und wie zerbrechlich das Gleichgewicht ist.

3.   Messeerfolgsdeterminanten der Aussteller

Die Messeerfolgsdeterminanten für Aussteller werden im Folgenden (vgl. Abb. 3) in traditionelle, teils passive Determinanten und zukünftige, aktive Determinanten unterschieden. Die Determinanten Auftrag, Kontakt, Benchmarketing und Standort bestimmten den Messeerfolg für die Aussteller in der Vergangenheit maßgeblich und waren zum Teil vom Veranstalter vorgegeben. Die Determinanten Internationalität, Zeit und Wirtschaftsfaktor werden sowohl traditionell als auch in ihrer Bedeutung für die Zukunft beschrieben. Die Determinanten Information/Kommunikation sowie Integration und Interaktion werden zukünftig maßgeblichen Einfluss auf den Messeerfolg haben und sind weitgehend aktiv vom Aussteller zu gestalten. Die strategischen Determinanten Messemanagement, Intelligence Service und Informationsverarbeitung bilden die Basis für die Messeaktivitäten der Aussteller.

Die Kenntnis und die Analyse dieser Erfolgsdeterminanten für die Aussteller ist für den Messeveranstalter von zentraler Bedeutung, um zum einen die Determinanten, die er selbst vorgibt, optimal auf die Bedürfnisse der Aussteller auszurichten und zum anderen Entwicklungen in den vom Aussteller zu gestaltenden Determinanten zu beobachten. Sie stellen wesentliche Beurteilungskriterien für die verschiedenen Aussteller dar, zeigen aber zum Beispiel auch Möglichkeiten für Serviceangebote durch die Messe auf.

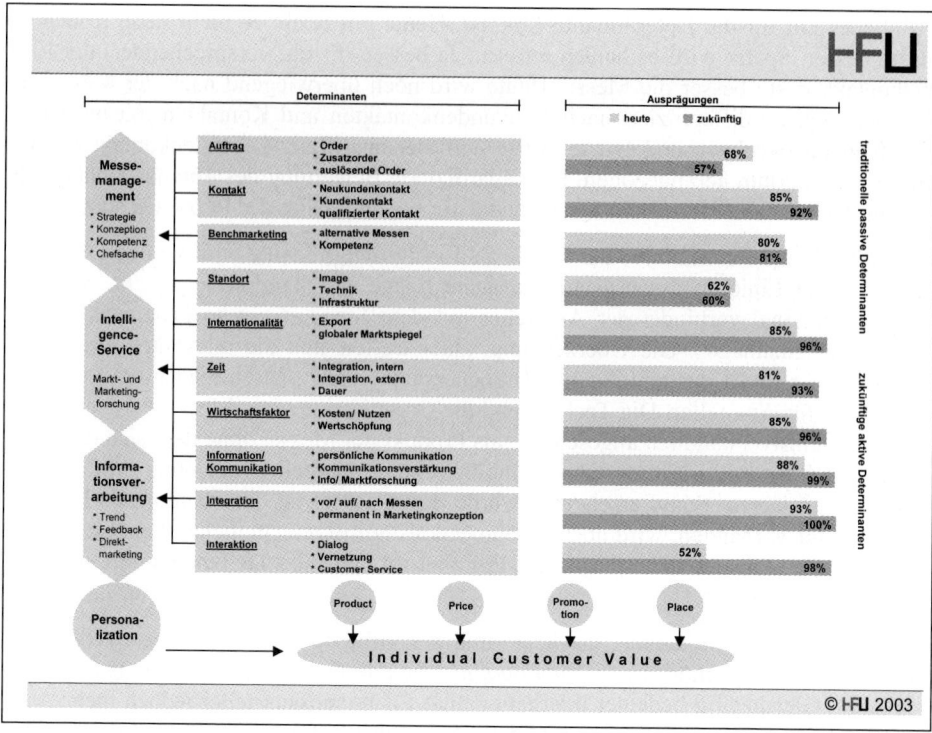

Abb. 3: Messeerfolgsdeterminanten heute und zukünftig

3.1 Traditionelle Determinanten

Zu den traditionellen Erfolgsdeterminanten für eine Messe aus der Sicht der Aussteller gehört heute der *wirtschaftliche Erfolg*, den man durch eine Teilnahme an der Messe erreicht hat. Ein Kriterium, das leider in erster Linie durch eine spätere Bewertung gemessen wird. Größtenteils wird der Erfolg der vergangenen Messen in Bezug auf die Order auch zum Entscheidungskriterium für die Teilnahme an zukünftigen Messen. Die so genannte „Zusatzorder" wird dabei immer wichtiger – mit anderen Worten, der wirtschaftliche Erfolg bei Neukunden auf neuen Märkten. Aber auch die ausgelöste Order bzw. der in Gang gebrachte Auftrag trägt dazu bei, eine Messe als erfolgreich zu bewerten. Den meisten Ausstellern ist klar, dass das Kriterium *Aufträge* auf den zukünftigen Messen an Bedeutung verlieren wird. Nicht allen ist allerdings klar, ob sie eine solche Messe dann noch brauchen, ob sie dann immer noch einen Wert hat.

Ähnliches gilt für die Determinante *Kontakt*. Heute gilt noch: Je mehr neue Kontakte, desto besser. Später wird es heißen müssen: Je besser (Erfolg versprechender) der Einzelkontakt, desto besser die Messe. Heute wird noch überwiegend nach der Messe die Kundenfrequenz differenziert nach Neukundenkontakten und Kontakten mit bestehenden Kunden errechnet, und erst teilweise wird der qualifizierte Kundenkontakt als Bemessungskriterium herangezogen. Eine qualifizierte Bewertung des Themas Kontakt als Erfolgsdeterminante findet leider auch heute nur bei der Hälfte der Befragten statt.

Im Hinblick auf den *Standort* der Messe als Erfolgsdeterminante wird von den Ausstellern in erster Linie an das branchenbezogene Image des Standortes gedacht. National und international verbindet der Aussteller mit dem Standort ein so genanntes „Branchenkompetenzimage". Die Überzeugung, „hier treffen sich die relevanten Kräfte der Branche, hier findet der multilaterale Branchendialog statt", ist eine wichtige Entscheidungshilfe für Aussteller. Die Technik und die Organisation einer Messe werden zunehmend als selbstverständlich angesehen – als Produkt der Messe, ohne dass sich die Messe selbst ad absurdum führen würde; ähnlich einem Aussteller, der ohne Produkt und Personal mit leerem Stand erscheinen würde. Kurz gesagt ist der Standort als Erfolgsfaktor weiter vorhanden, wird aber zunehmend als Selbstverständlichkeit angesehen. Er hat es schwer, Pluspunkte zu bewirken, löst aber im Falle von Defiziten sofort eine Negativbewertung aus.

Zu den Erfolgsdeterminanten, die heute und zukünftig für die Aussteller einen hohen Stellenwert haben, gehört die *Internationalität*, die internationale Ausstrahlung des Messeplatzes. Gleichzeitig bedeutet Internationalität für Inlandsaussteller jedoch mehr Auslandskonkurrenz, aber auch mehr mögliche Auslandsnachfrage. Die Bewertung der Determinante Internationalität hängt also von der Interessenlage ab. Zu weit über 80 Prozent findet 2002 bei den mittelständischen Ausstellern die Exportaktivität primär auf internationalen Messen statt. Nicht selten wird die Internationalität einer Messe mit dem eigenen Globalmarketing gleichgesetzt. Die Exportbemühungen erstrecken sich in erster Linie auf die internationale Neukundengewinnung, aber fast gleichbedeutend auch auf das Vergleichen mit den internationalen Wettbewerbern.

Auch der Faktor *Zeit* ist für die Aussteller von elementarer Bedeutung. Trotzdem gehen die Bewertungen stark auseinander. Die Informations- und Innovationsprozesse driften, trotz einer vordergründigen Neigung zum Gleichschritt, weltweit in allen Konsumgüterbereichen immer stärker auseinander – auf Grund unterschiedlicher Markt- und Machtstrukturen, aber auch unterschiedlicher Bedarfsentwicklung. Kein Wunder also, dass die Erfolgsdeterminante Zeit zwar immer wichtiger wird, aber national und international immer stärker in der Kritik steht. Wird einerseits, vor allem in gesättigten Märkten, ein immer früherer Messezeitpunkt zwecks Innovations- und Nachfrageabschöpfung verlangt, ist andererseits feststellbar, dass angesichts der zunehmenden Bedeutung der Konsumnähe für den Kauf eigentlich ein immer späterer Zeitpunkt richtig wäre. Der Wettbewerbsdruck treibt hier teilweise seltsame Blüten. Frühe Messen bieten den Anbietern, die hier schon etwas zeigen können, die Chance zum frühen Ausschöpfen des Marktes.

Für manche Repräsentanten der nachfolgenden Stufen sind die Angebote früher Messen nichts anderes als Informationsmaterial für die Eigenmarkenfertigung. Zum Thema Messetermin gehört auch das leidige Thema Messedauer. Für die Aussteller war die Messe immer dann gut, wenn bis zur letzten Minute Hektik durch Kundenkontakt und Auftragsbereitschaft herrschte. War das nicht der Fall, lag dies an der Dauer der Messe und sie geriet in die Kritik.

Die Dokumentation eines ausgewogenen Verhältnisses von *Kosten und Nutzen* ist problematisch. Häufig werden die Messebeteiligungskosten einfach zu den Umsätzen in Relation gesetzt und das führt beim Durchschnitt der Aussteller zu ungünstigen Ergebnissen. Eine zielorientierte Bewertung unter Berücksichtigung des individuellen Angebots- und Nachfrageprozesses findet noch nicht einmal bei 40 Prozent der Aussteller statt.

Die Erfolgsdeterminanten Internationalität, Zeit und Kosten/Nutzen werden in Nachmesse-Wertungen für den Erfolg der nächsten Messe als immer wichtiger werdend eingestuft. Eine aktive, gestaltende und damit zielorientierte Bewertung findet erst langsam statt. Somit gilt es, innerhalb der Messeanalyse festzustellen, inwiefern das Sicheinbringen, das aktive Gestalten von Messeaktivitäten im Sinne einer integrierten Messemarketingstrategie bei den Ausstellern auch wirklich vorhanden ist.

3.2   Analyse zukunftsorientierter Determinanten

Um aus der *Internationalität* eine Messeerfolgsdeterminante zu machen, müssen aus Sicht der Aussteller die eigenen Aktivitäten zunehmend mit denen der Messe verknüpft werden. Sie muss eingebracht werden in mittel- bis langfristige Strategien und nicht, wie heute viel zu oft versucht, als kurzfristige Abschöpfungsmöglichkeit interpretiert werden. Daher gilt es bereits im Vorfeld, mit dem Messe-Controlling anzusetzen und die wichtigsten Marketingziele und Konfliktdeterminanten zu analysieren und entschieden auf sie hin zu arbeiten.

Die Erfolgsdeterminante *Zeit* wird zukünftig durch einen zielorientierten, aktiven Messeeinsatz der Unternehmen geprägt. Der Zeitpunkt der Messe muss integrierter Bestandteil der unternehmerischen Planung sein. Hierbei gilt es, die Zielsetzung im Rahmen der Veränderungen im Markt so weit wie möglich mit den (Zeit-) Zielsetzungen anderer Mitbewerber in Einklang zu bringen – in erster Linie jedoch mit Blick auf den Nachfrager alle organisatorischen Einheiten auf dieses Datum einzustellen.

Diese neuen, zielorientierten Einstellungen und Bewertungen unterliegt zunehmend auch die Betrachtung des Wirtschaftsfaktors Messeteilnahme. Die Analyse des *Kosten-Nutzen-Verhältnisses* hat zurzeit die höchste Brisanz. Das Einbringen der Messekosten in eine zielorientierte Plankostenrechnung ist auch heute eher die Ausnahme in der Industrie. Nur ein Drittel der befragten Aussteller aus dem In- und Ausland war in der Lage, konkrete Ziele des Messebesuchs anzugeben und damit eine inhaltlich zureffende Kostenzuordnung vorzunehmen.

Die *Informations- und Kommunikationstätigkeit* wird von Ausstellern heute und für die Zukunft als Messeerfolgsdeterminante immer höher bewertet. Hierbei spielen in erster Linie die qualitative Information und Kommunikation eine immer größere Rolle. Wichtigstes Element ist das persönliche Gespräch, angefangen in der Chefetage über die Produktmanager bis zu den Vertriebsleitern. Sie reden mit „dem Markt" – also den Entscheidern, den Messebesuchern. Das bedeutet aber auch, dass Messeteilnehmer sowohl im produkt- und sortimentsspezifischen Innovationsprozess als auch in den Werbe- und PR-Konzepten nicht nur billigend in Kauf genommen werden, sondern auf diese ausgerichtet sein müssen.

Die Marketingaktivitäten müssen sich auf die Messe und den Termin fokussieren. Das heißt auch, dass alle für die Messe Verantwortlichen optimal präpariert sind für die Premieren, die eigene Mannschaft zu schulen, zu integrieren und sie auf alle Eventualitäten einzustimmen – kurzum, die Messepräsenz selbst zum Ereignis zu machen. Dies zu überprüfen ist eine der wichtigsten Aufgaben der Ausstelleranalyen.

Messe und Presse – ein eingespieltes Doppel. Keine Wirtschaftsveranstaltung bringt mehr kompetente Journalisten an einen Ort als eine funktionierende Messe. Die Frage ist, wie dieses Potenzial zur Kommunikationsverstärkung genutzt wird. Was haben Aussteller von diesem Journalistenauftrieb? Zunächst einmal muss der Beschluss vorliegen, Botschaften auch via Presse verbreiten zu wollen. Inhalte müssen definiert und aufbereitet werden. Dann gilt es auch hier, in intensiver Zusammenarbeit mit der Messe, weit im Vorfeld zu operieren. Die konzeptionelle Kommunikation vor, auf und nach den Messen muss als der zukünftige Erfolgsfaktor des Mediums Messe gesehen werden.

Im Rahmen der Informations- und Kommunikationspolitik von Ausstellern bildet die Messe eine Schnittstelle innerhalb der sich verändernden Marktbedingungen. Hier werden Angebot und Nachfrage tatsächlich auf den Punkt gebracht. Die neuen Techniken und Medien erlauben vor, auf und nach der Messe eine intensive Kommunikation – bei der die Messe selbst als „personifizierter Dialog", als auf den individuellen Kunden ausgerichteter Produkttest zu verstehen ist und nicht nur als reine Präsentation. Dieser Denkansatz macht den Unterschied deutlich zwischen dem Erfolgsfaktor qualitative Marktforschung auf der Messe und dem quantitativen „Erbsenzählen". Die Frage nach dem Warum kann selten klarer als in einer qualitativen Messeauswertung und auch selten kostengünstiger als in dieser Situation beantwortet werden.

Integration wird zukünftig seitens der befragten nationalen und internationalen Aussteller als die wichtigste Erfolgsdeterminante zielorientierter aktiver Art für die Zukunft gewertet. Diese Integration bezieht sich auf die Messevor- und Nachbereitung sowie die Durchführung – nicht isoliert ohne die Messeveranstalter, sondern permanent integriert.

Es muss die Möglichkeit der *Interaktion* gewährleistet sein – der Dialog zwischen Anbieter und Nachfrager, der damit verbundene Customer-Service und die zu erreichende

Kundenbindung. Dabei spielt die Vernetzung von Anbietern und Nachfragern eine immer größere Rolle. Es geht darum, auf der Messe die Wünsche des Kunden sofort zu verarbeiten, um eine prompte Problemlösung für den Kunden zu erreichen. Der Kunde will z.B. wissen, ob man seinem Lieferwunsch hinsichtlich Umfang und Timing entsprechen kann, welche Mitbewerber am Ort welche Ware haben, damit er sich mit seiner Bestellung von diesen absetzen kann. Die Antwort wird möglich durch Vernetzung mit der Beschaffungs- und Produktionsseite bis hin zum Lager. Ohne Interaktionsfähigkeit der Standcrew verkommt ein Messestand zum Schaufenster. Schaufenster sind wichtig fürs Geschäft, aber sie machen kein Geschäft perfekt. Zum Gezeigten muss das Gesagte, das Erklärte, das Versprochene treten. Der persönliche Kommunikationserfolg und der individuelle Customer-Service bringen bei fast identischem Angebot den Zuschlag.

3.3   Strategische Determinanten der Ausstelleranalyse

Strategien sind etwas Gutes, wenn es gute (also passende) Strategien sind. Dabei darf das *Messemanagement* nicht nur auf Grund des immer bedeutsamer werdenden Kostenfaktors zur Chefsache werden, sondern muss integrierter Bestandteil der Unternehmensstrategie sein. Die strategische Erfolgsdeterminante für Messen ist dann gegeben, wenn Messebeteiligungen als integrierte Veranstaltung aus Produkt-, Kommunikations-, Distributions- und Preispolitik verstanden und durchgeführt werden. Das verlangt so viele Abteilungsentscheidungen, dass die Messe vorüber wäre, wenn alle „abgenickt" haben. Deshalb ist es nicht nur praktisch, solche Entscheidungen von oben vorzugeben – es ist auch der einzige Weg, der mit Sicherheit das erwünschte Ergebnis bringt, wenn die Umsetzung stimmt.

Als zweite strategische Erfolgskomponente gilt der *Intelligence Service*. Man könnte auch sagen, die Messe ist als Marketing- und Marktforschungsinstrument zu nutzen, wobei der eigene Stand das Basislager ist. Gemeint ist in erster Linie Marktforschung in gestaltender Form – der Dialog. Der Markt wird mit der Wahrnehmung zugleich gestaltet.

Die dritte strategische Messeerfolgsdeterminante *Informationsverarbeitung* beinhaltet Feedback, Trendbestätigung und das daraus abgeleitete Nachmessemarketing. „Wenn einer eine Reise macht, dann kann er was erzählen" heißt es im Volksmund – und ähnlich ist es mit einer Messe, besser gesagt, dem Messebesuch. Die hier gewonnenen Eindrücke, Entscheidungen, Entscheidungsanpassungen, neue Ideen etc. müssen verarbeitet und in Taten umgewandelt werden.

Gerade der direkte Kontakt, der persönliche Dialog auf der Messe muss nach der Messe im Sinne einer *Personalisation* aufbereitet werden. In Bezug auf das Produkt, den Preis, die Promotion gilt es, Nachfrager und Vorstufe individuell zu informieren, sie in die Unternehmensaktivitäten zu integrieren und damit zu binden. Aus heutiger Sicht schätzen die Experten, dass fast 70 Prozent der gebündelten Messemeinungsbildung nach der

Messe verpufft. Das so genannte „Nachkarten" nach Messen auf Grund der gewonnenen Erkenntnisse verspricht zukünftig den großen Erfolg. Gerade nach der Messe lassen sich in Sachen Produkt, Preis, Promotion und Place maßgeschneiderte Lösungen für den Kunden finden.

Jedes Unternehmen wird eine eigene Gewichtung seiner Messeerfolgsdeterminanten vornehmen. Eines ist jedoch zu erkennen: Ohne zielorientierte, integrierte Unternehmens- und damit Marketingkonzeption wird eine objektive Bewertung nicht möglich sein. Deshalb darf eine qualitative Ausstelleranalyse nicht nur auf den Messen stattfinden. Die Ausstelleranalyse der Zukunft ist nicht eine Gesamterhebung während der Messe zur aktuellen Stimmung, sondern qualitative Marktforschung permanent über das ganze Jahr in Form repräsentativer Stichproben, um im Sinne des Messe-Controllings zu einer zukunftsorientierten Bewertung zu kommen. Konfliktforschung ist dabei sicherlich kein leichter Ansatz, aber ein absolut sicherer.

4. Literaturverzeichnis

FUCHSLOCHER, H./HOCHHEIMER, H., Messen im Wandel. Messemarketing im 21. Jahrhundert, Wiesbaden 2000.

FUCHSLOCHER, H., Die Funktion nationaler und internationaler Modemessen, in: Handbuch Modemarketing, Band 1, Frankfurt am Main 1999.

FUCHSLOCHER, H., Marketingstrategien der Industrie, in: Handbuch Modemarketing Band 1, Frankfurt am Main 1999.

HOCHHEIMER, H., Die Stabsstelle der Branche, in: TM Exklusiv, Sondernummer der Textil-Mitteilungen, Juli 1999.

HOCHHEIMER, H., Köln: Den Wandel gestalten, in: TM Textil-Mitteilungen, Nr. 26, 1999.

MEFFERT, H., Messemarketing im Wandel – Status Quo und Perspektiven, Workshop der Wissenschaftlichen Gesellschaft für Marketing und Unternehmensführung e.V., Münster 1997.

MEFFERT, H., Neuere Entwicklungen in Kommunikation und Vertrieb, in: Meffert/Necker/Sihler (Hrsg.), Märkte im Dialog, Leipzig 1997.

Kapitel 2:

Ziele und strategische Grundsatzentscheidungen im Messemanagement

Werner M. Dornscheidt

Unternehmensleitbilder als strategisches Steuerungsinstrument von Messegesellschaften

1. Einführung

2. Inhalte und Funktionen von Leitbildern für Messegesellschaften

3. Das Unternehmensleitbild der Leipziger Messe

4. Prozess der Leitbildformulierung

5. Leitbildgerechte Anreizsysteme

6. Literaturverzeichnis

Dipl.-Betriebswirt Werner M. Dornscheidt ist bis 31.12.2003 Vorsitzender der Geschäftsführung der Leipziger Messe GmbH, Leipzig und ab 1.1.2004 Vorsitzender der Geschäftsführung der Messe Düsseldorf GmbH, Düsseldorf.

1. Einführung

Das Messegeschäft besitzt zwei wesentliche Eigenheiten: Es ist Servicegeschäft und es offeriert Leistungen, die bei der Investitionsentscheidung der Kunden noch nicht sichtbar sind. Beides hat Folgen für das Akquisitionsverhalten und das Selbstverständnis der Mitarbeiter. Sowohl die Serviceorientierung als auch das Geschäft mit dem Vertrauen, das die Kunden in die Veranstaltung entwickeln müssen, erfordern Individualität in der Kundenbetreuung. Unternehmensleitbilder sind geeignet, das Handeln der einzelnen Mitarbeiter trotz individueller Strategien auf gemeinsame Unternehmensziele auszurichten. Die Entwicklung messespezifischer Leitbilder sollte schon in der Konzeptionsphase auf diesen Besonderheiten aufbauen.

Eine grundlegende Anforderung an die Mitarbeiter ist ein ausgeprägtes Serviceverhalten, denn Messen profilieren sich zum großen Teil über den Service. Messen schaffen die Basis dafür, dass Aussteller ihre Produkte und Dienstleistungen wirkungsvoll präsentieren können, erschließen Märkte, vermitteln Kundenkontakte, informieren über Trends und Neuigkeiten, sorgen auf vielfältige Weise für einen reibungslosen Ablauf und dafür, dass die Kunden sich wohlfühlen. Bei allgemeinen Serviceleistungen bieten Wettbewerbsmessen einen ähnlich hohen Standard. Neue Angebote, die für die Gesamtheit der Aussteller oder Fachbesucher entwickelt werden, sind leicht zu kopieren und wirken daher nicht nachhaltig. Ein Mehrwert (und Wettbewerbsvorteil) entsteht erst, wenn die Messegesellschaft auf individuelle Anforderungen und Wünsche der Aussteller und Besucher reagieren kann. Dies ist situationsabhängig und deshalb an die Person des Messemitarbeiters gebunden.

Ein weiterer Umstand verlangt besonderes Gespür von den Mitarbeitern einer Messe: Sie verkaufen ein Produkt, das anfangs noch "unsichtbar" ist. Ausstelleranmeldungen werden unterschrieben, *bevor* die Veranstaltung beginnt. Der Kunde zahlt, noch ehe er das Produkt sehen kann. Erst wenn die Messe nach monatelanger Vorbereitung aufgebaut, eröffnet und mit Besuchern gefüllt ist, erkennt der Aussteller, ob das – bezahlte – „Produkt" hält, was der Verkäufer versprochen hat (meist sogar erst hinterher). Anders als ein Autohändler oder Sockenfabrikant kann eine Messegesellschaft ihre Ware nicht vorher testen lassen. Der Kunde muss vertrauen.

In dieser Phase liefert sich der Kunde mit seinem Vertrauen viel stärker an die Messegesellschaften aus als an andere Verkäufer. Kaputte Autos oder fehlerhafte Socken können umgetauscht werden. Doch für die Teilnahme an einer Messeveranstaltung gibt es nur einen Anlauf. Lohnt sich die Investition nicht, verliert der Kunde das Vertrauen – und die Messe den Kunden.

Die Mittler zwischen den Kunden und der Messe sind die Angestellten. Daher müssen Messegesellschaften besonders hohe Anforderungen an die Glaubwürdigkeit ihrer Mitarbeiter stellen. Glaubwürdigkeit setzt voraus:

- Eine hohe Identifikation mit dem Unternehmen

- Eine große Sachkompetenz (Kenntnis der Veranstaltung, der Branche und des Marktes)

- Eine große soziale Kompetenz (Sensibilität für den Bedarf und die Wünsche des Kunden).

Das strategische Instrument, das die gemeinsamen Ziele definiert und das Handeln der Mitarbeiter synchronisiert, ist das *Leitbild* des Unternehmens.

2.   Inhalte und Funktionen von Leitbildern für Messegesellschaften

Auf keinen Fall listet ein Leitbild detaillierte Verhaltensanweisungen auf. Eine Reglementierung der Handlungsmöglichkeiten würde gerade im Messewesen der Serviceorientierung widersprechen, die von den Mitarbeitern verlangt, Freiräume zu sehen und kreativ zu nutzen.

Das Leitbild beschreibt die Ziele des Unternehmens und gibt Orientierungshilfen.

„Wenn du ein Schiff bauen willst, so trommle nicht Männer zusammen, um Holz zu beschaffen, Werkzeuge vorzubereiten, Aufgaben zu vergeben, und die Arbeit einzuteilen, sondern lehre die Männer die Sehnsucht nach dem weiten endlosen Meer." (Antoine de Saint-Exupéry)

Ein Leitbild sollte drei Fragen beantworten (Ebert 2001):

- Wer wollen wir sein? (Frage nach der Identität)

- Was wollen wir erreichen? (Frage nach den Zielen)

- Wie wollen wir uns verhalten? (Frage nach den Verhaltensnormen).

Es beschreibt also die Positionierung der Messegesellschaft im Markt, die Unternehmensziele und das Selbstverständnis der Mitarbeiter. Nicht der Ist-Zustand ist der Maßstab, sondern die Vision, der Optimalzustand: Wo möchte die Messegesellschaft in Zukunft stehen?

Das Leitbild verbindet die Vision mit dem täglichen Handeln der Mitarbeiter. Damit es ernst genommen wird, gibt das Leitbild *realistische* Ziele vor, die erreichbar sind. Es fordert die Mitarbeiter, aber überfordert sie nicht. – Würde jemand in einer beliebigen Abteilung das Unternehmensleitbild vortragen und die Kollegen damit zum Lachen bringen, läge dies mit hoher Wahrscheinlichkeit an den Zielen. Wird das Leitbild als Parodie auf den erlebten Alltag verstanden, ist es wirkungslos.

Ein zweiter Gedanke erscheint weiterhin wichtig: Unternehmensleitbilder schaffen Verbindungen zwischen den verschiedenen Denk- und Wertehorizonten der Mitarbeiter. Nicht nur, dass dabei ein Zusammengehörigkeitsgefühl entsteht. Das Leitbild synchronisiert vor allem die interne und externe Kommunikation auf allen Ebenen, unterstützt die Herausbildung der Unternehmenskultur und trägt zum Aufbau des Unternehmensimages bei. Im Verständnis von Unternehmensphilosophie und Unternehmenszielen liegt das Identifikationspotenzial der Mitarbeiter. Gerade bei Messeveranstaltungen, die – wie oben ausgeführt – bei der Investitionsentscheidung noch nicht einschätzbar für den Kunden sind, steht und fällt das Verkaufsgespräch mit der Argumentationskette. Das Geschäft mit dem Vertrauen ist sensibel und anfällig für Ungereimtheiten, die zum Beispiel durch widersprüchliche Argumente verschiedener Mitarbeiter entstehen könnten.

Funktionen des Unternehmensleitbildes:

- Definition der Unternehmensziele
- Verbindung der Unternehmensziele mit dem Handeln der Mitarbeiter
- Verbindung von Denk- und Wertehorizonten verschiedener Mitarbeitergruppen
- Handlungsorientierung für Mitarbeiter
- Entwicklung der Unternehmenskultur
- Entwicklung des Unternehmensimages.

Damit Leitbilder gelebt werden können, müssen sie einprägsam sein. Voraussetzungen dafür sind die Kürze des Textes und die Klarheit der Sprache. Als die Leipziger Messe 2001 ihr Unternehmensleitbild formulierte, galt als Kriterium, dass die Leitsätze schnell auswendig zu lernen sind. Das bedeutete: Wenige Leitsätze, die das Wesentliche auf den Punkt bringen. Nur Hauptsätze, kein Satz länger als eine Zeile bei üblicher Schrift auf DIN A4.

Gegliedert sind Unternehmensleitbilder meist in Leitidee, Leitsätze und das Leitmotto. Die Leitidee ist im Wesentlichen identisch mit dem so genannten Mission Statement oder geben eine Vision wieder (Ebert 2001). Leitsätze sind „Kernaussagen für das Unternehmen, die grundlegende Werte, Ziele und Erfolgskriterien festlegen. Sie zeigen die spezifische Kompetenz des Unternehmens, seine Leistungsfähigkeit und Wettbewerbsvorteile und erläutern, wie die Leitidee umgesetzt werden soll." (Herbst 1998). Bezogen auf den Inhalt sollten die Leitsätze so allgemein formuliert werden, dass sie für alle Bereiche des Unternehmens gelten, aber nicht zur Phrase verkommen. Wichtig ist darüber hinaus eine langfristige Gültigkeit des Leitbildes. Ständige Änderungen würden die Akzeptanz schwächen und positive Auswirkungen auf die Unternehmenskultur verringern. Andererseits darf ein Leitbild die Unternehmensentwicklung nicht einengen, sondern muss offen sein für die Anpassung an sich ändernde Rahmenbedingungen.

Erfolgsfaktoren für Leitbilder:

- Aussagegehalt: Sinnhaftigkeit, Vollständigkeit

- Akeptanz: Realisierbarkeit, Glaubwürdigkeit, Identifikation

- Gültigkeit: langfristiger Bestand, Anpassung an Unternehmensentwicklung

- Verständlichkeit: einfache Darstellung, klare Sprache, kurze Sätze.

Die Leitsätze der Leipziger Messe wurden jeweils mit einem Schlagwort überschrieben („Die Produkte", „Die Kunden" etc.). Dies erklärt nicht nur die Logik der Gliederung, sondern ist ein Spiegel der fünf Säulen, nach denen die Unternehmensstrategie der Leipziger Messe ausgerichtet ist. Damit wird das Leitbild zum Instrument der strategischen Steuerung im Alltag des Messegeschäftes.

3.   Das Unternehmensleitbild der Leipziger Messe

Die Leipziger Messe hat unter Beteiligung aller Mitarbeiter 2001 ein Unternehmensleitbild entwickelt, das im folgenden dargestellt wird.

- Die Produkte

Messen in Leipzig sind Messen nach Maß.

Wir veranstalten maßgeschneiderte Messen, Kongresse und Events im nationalen und internationalen Wettbewerb.

Grundlagen für maßgeschneiderte Veranstaltungskonzepte in Leipzig sind: Marktkenntnis, erfahrene Mitarbeiter, effektive Veranstaltungsformen, kompetente Partner und Fachbeiräte sowie stabile Kundenbeziehungen.

Das Dienstleistungsnetz der Leipziger Messe ist die Basis für umfassende, kundenspezifische Angebote.

Die Leipziger Messe bietet ihren Kunden alle gewünschten Leistungen aus einer Hand.

- Die Kunden

Kunden der Leipziger Messe haben Anspruch auf höchste Zufriedenheit.

Höchste Qualität in allen Arbeitsbereichen des Unternehmens Leipziger Messe setzt Maßstäbe im Wettbewerb.

Den Kunden verstehen, sich seine Wünsche und Probleme bewusst zu machen, ist der erste Schritt für partnerschaftliches Handeln.

Jede Kundenanfrage ist eine Chance auf Erfolg; wir bieten schnelle und punktgenaue Lösungen.

Wir setzen uns messbare und erreichbare Ziele.

Unseren Kunden bieten wir Kompetenz, gepaart mit offenem und freundlichem Auftreten.

- Die Innovationsorientierung

In Leipzig werden aus Nischen Zukunftsmärkte.

Schneller als die Leipziger Messe – einer der ältesten Messeplätze der Welt – hat kein Messeplatz den Struktur- und Wertewandel der letzten Jahre erfahren und gelernt. Wir sind in der Zukunft angekommen.

Die Leipziger Messe greift Zukunftstrends auf und entwickelt daraus marktfähige Veranstaltungen.

Wir bauen bestehende Messen um entwicklungsfähige Segmente aus.

Durch internationale Kooperationen stärken wir bestehende und neue Messen.

Mit innovativen Veranstaltungsformen festigen wir den Erfolg unserer Kunden.

- Die ökonomische Zielsetzung

Die Leipziger Messe steigert kontinuierlich ihre Wirtschaftlichkeit.

Die Leipziger Messe ist ein zentraler Wirtschaftsfaktor in der Region.

Wir wollen unsere Position im Wettbewerb permanent verbessern.

Wir erhöhen die Auslastung des Messegeländes.

Wir verbessern das Konzernergebnis durch den Ausbau vorhandener und die Akquisition neuer Projekte (Eigen- und Fremdveranstaltungen/Dienstleistungen).

Unsere materiellen und personellen Ressourcen werden effizient eingesetzt.

- Die Mitarbeiter

Die Leipziger Messe fordert und fördert ihre Mitarbeiter.

Die Mitarbeiter identifizieren sich mit den Zielen der Leipziger Messe.

Die Leipziger Messe fordert und fördert Fachwissen, Selbstständigkeit und Kreativität ihrer Mitarbeiter.

Wichtige Voraussetzungen für den gemeinsamen Unternehmenserfolg sind: Verantwortungsbewusstsein, Flexibilität sowie bereichsübergreifendes Denken und Handeln.

Durch aktive Kommunikation fördern wir Zielorientierung, Motivation und Teamarbeit.

Der gemeinsame Erfolg ist unser Ziel.

4.   Prozess der Leitbildformulierung

Den Prozess der Leitbildformulierung nutzte die Geschäftsführung der Leipziger Messe, um die Philosophie der Kernaussagen von Anfang an auf allen Ebenen zu implementieren. Ausgangspunkt war eine Befragung der Mitarbeiter zu Leitbild, Unternehmensstrategie und Selbstverständnis. Die Arbeitsgruppe, die anschließend mit der Formulierung des Leitbildes beauftragt war, setzte sich aus verschiedenen Abteilungen und Bereichen des Hauses zusammen, berücksichtigte alle Hierarchieebenen und stellte ein ausgewogenes Verhältnis zwischen Altersgruppen und Geschlechtern her. Diese Konstellation, die einem Abbild des Unternehmens nahe kam, war auf Konsens ausgelegt. Als vorteilhaft erwies sich ein externer, unbefangener Moderator, der auf hierarchische Beziehungen und Kräfteverhältnisse keine Rücksicht nehmen musste und daher ausgleichend wirkte. Die Leitsätze wurden gemeinsam erarbeitet und verabschiedet. Erst für die Unterlegung der einzelnen Leitsätze teilte sich das Team und jede Teilgruppe hatte einen Leitsatz auszubauen. Dazu wurden – bei freier Personenwahl, aber nach einem festgelegten Hierarchie- und Funktionsschlüssel – weitere Mitarbeiter des Unternehmens einbezogen. Auf diese Weise verbreitete sich die Diskussion um Werte, Ziele und Erfolgskriterien nach dem Schneeballprinzip in alle Richtungen des Unternehmens. Für die Endredaktion des Leitbildes fand sich wieder die Kerngruppe um die Geschäftsführung zusammen. Das Ergebnis wurde auf einer Betriebsversammlung vorgestellt und diskutiert, jeder Leitsatz von einem anderen Mitarbeiter der Arbeitsgruppe erläutert. Die Partizipation der Mitarbeiter über alle Phasen der Leitbildfindung hinweg war ein wesentlicher Faktor für die Akzeptanz der nun fixierten Normen. Das Ergebnis spiegelte die Unternehmensstrategie wider – jetzt als Handlungsanleitung für den Alltagsgebrauch. Jeder einzelne Mitarbeiter der Leipziger Messe erhielt sein persönliches Exemplar der Unternehmensleitlinien – mit dem Aufdruck seines Namens. Diese Praxis wird bei Neueinstellungen beibehalten. Weniger eindringlich, doch mit Konstanz, hält die interne und externe Unternehmenskommunikation die Leitlinien präsent, etwa auf dem Desktop der hauseigenen Computer oder als Elemente von Publikationen. Beispielsweise ziehen sich die Leitlinien der Leipziger Messe als Gestaltungsprinzip durch den Geschäftsbericht 2001.

5.   Leitbildgerechte Anreizsysteme

Leitlinien als Ausdruck von Handlungsnormen sind von mittlerer Verbindlichkeit. „Zu beachten ist, dass bei Leitbildern die Normemittenten gleichzeitig Normadressaten sind. Das macht das Wesen einer Selbstverpflichtung aus." (Ebert 2001). Den leitenden Mitarbeitern des Unternehmens stehen zahlreiche Möglichkeiten offen, die Einhaltung der Leitlinien zu prüfen und zu steuern. So hat die Leipziger Messe als erste deutsche Messegesellschaft ein System der leistungsorientierten Bezahlung eingeführt. Die Leistungsbewertung enthält eine starke persönlichkeitsbewertende Komponente, deren Kriterien teilweise den Normen des Leitbildes entsprechen. In den Gesprächen, die der Vorgesetzte jährlich zur Leistungsbeurteilung mit seinen Mitarbeitern führt, lässt sich diese Beziehung herstellen und die Autorität des Unternehmensleitbildes dauerhaft aufrecht erhalten. Die Verzahnung der einzelnen Steuerungsinstrumente erhöht deren Wirksamkeit und letztlich die Akzeptanz der Unternehmensziele bei den Mitarbeitern.

Letztlich können Leitbilder die Identifikation der Mitarbeiter mit dem Unternehmen erhöhen, was eine positive Beeinflussung der Fluktuation nach sich zieht, mittelfristig das Image des Unternehmens bessert und im besten Falle sogar die Chancen auf eine Umsatzsteigerung erhöht.

6.   Literaturverzeichnis

BENTELE, G./PIWINGER, M./SCHÖNBORN, G. (HRSG.), Kommunikationsmanagement (Loseblattwerk), Neuwied 2001.

EBERT, H., Leitbild, Kultur und Image – Erfolgsfaktoren und Nutzen der Leitbildarbeit, 2001, in: Bentele, G./Piwinger, M./Schönborn, G. (Hrsg.), Kommunikationsmanagement (Loseblattwerk), Neuwied 2001, Ordnungsnummer 2.03.

HERBST, D., Corporate Identity, Berlin 1998.

KPMG, Unternehmensleitbilder in deutschen Unternehmen, Frankfurt 1999.

MATJE, A., Unternehmensleitbilder als Führungsinstrument, Wiesbaden 1996.

PRICEWATEROUSECOOPERS, Unternehmensleitbilder in Schweizer Unternehmen, Zürich 2000.

REICHARDT, I., Unternehmensleitlinien in der Praxis, in: PR-Guide, Februar 2001, www.pr-guide.de.

STROTHMANN, K. H./BUSCHE, M., Handbuch Messemarketing, Wiesbaden 1992.

Manfred Kirchgeorg / Oliver Klante

Strategisches Messemarketing

1. Stellenwert des Marketings im Messemanagement

2. Entscheidungsprozess des Messemarketings

3. Informationsgrundlagen des strategischen Messemarketings
   3.1 Messespezifische Besonderheiten der strategischen Marketinganalyse
   3.2 Einsatzmöglichkeiten strategischer Planungsinstrumente
   3.3 Messeportfolioplanung als strategisches Analyseinstrument
       3.3.1 Zielsetzung und Aussagewert der Portfolioanalyse
       3.3.2 Identifikation messespezifischer Erfolgsdimensionen
       3.3.3 Erstellung eines Ist- und Soll-Portfolios
   3.4 Besucher- und ausstellerspezifische Positionierungsanalysen

4. Planung der strategischen Marketingziele im Messemanagement

5. Planung und Umsetzung der Marketingstrategien von Messen

6. Organisatorische Voraussetzungen des strategischen Messemarketings

7. Literaturverzeichnis

Prof. Dr. Manfred Kirchgeorg ist Inhaber des Lehrstuhls Marketingmanagement an der HHL – Leipzig Graduate School of Management, Leipzig. Dr. Oliver Klante war Mitarbeiter am Lehrstuhl Marketingmanagement. Er arbeitet heute als Marketingmanager im Bereich Marketingstrategie & Brandmanagement bei OTTO (GmbH & Co KG) in Hamburg.

1. Stellenwert des Marketings im Messemanagement

Als Dienstleistungsunternehmen sind Messeveranstalter angesichts des zunehmenden Wettbewerbs in hohem Maße auf die kundenorientierte Ausrichtung ihres Dienstleistungsangebotes angewiesen. Hierbei reicht das klassische Selbstverständnis als Anbieter von Hallen- und Flächenkapazitäten bei weitem nicht mehr aus, um die komplexen Full-Service-Leistungen eines Messeveranstalters konkurrenzfähig anbieten zu können. Damit kommt dem Messemarketing ein besonderer Stellenwert im Rahmen des Messemanagements zu. Ebenso wie die Messefunktionen aus der Sicht von unterschiedlichen Akteuren beurteilt werden können, findet in der Literatur der Begriff des Messemarketings sowohl für das Marketing der Messegesellschaften als auch für den Einsatz von Messen als Marketinginstrument im Rahmen des Marketingmix von Ausstellern Verwendung (vgl. z.B. Prüser 1997; Helmich 1998; Strothmann/Busche 1992). Im Folgenden wird unter Messemarketing das *Marketing von Messegesellschaften* verstanden. In Anlehnung an die generelle Definition des Marketings (Meffert 1998, S. 7f.) kann das Messemarketing als Planung, Koordination und Kontrolle aller auf die aktuellen und potenziellen Märkte ausgerichteten Aktivitäten einer Messegesellschaft verstanden werden, durch die eine dauerhafte Befriedigung der Bedürfnisse der Messekunden und die Unternehmensziele verwirklicht werden sollen.

Die *Besonderheiten des Messemarketings* liegen in folgenden Faktoren begründet (Peters 1992, S. 199f.):

- Der Erfolg einer Messeveranstaltung hängt davon ab, inwieweit es gelingt, die Bedürfnisse von Ausstellern wie auch Besuchern zu erfüllen. Ähnlich wie im Verlagsmarketing (Anzeigen-, Leserzielgruppen) besteht für das Messemarketing die Notwendigkeit, eine *duale Positionierung* ihrer Messedienstleistungen umzusetzen, d.h. die Messe ist sowohl bei den Ausstellern als auch bei den Besuchern zu positionieren.

- Gegenüber anderen Dienstleistungsarten ist hervorzuheben, dass die Durchführung einer Messeveranstaltung in erheblichem Umfang durch die Mitwirkung und Ressourcen der Ausstellerzielgruppen (z.B. Standbau) beeinflusst wird. Dies führt zu einem besonders *hohen Fremdeinfluss* bei der Erstellung der Messedienstleistungen.

- Generell stehen Dienstleistungsunternehmen wie Messegesellschaften vor dem Problem, dass Messen auf Grund ihres *immateriellen Charakters* vor ihrer eigentlichen Durchführung keiner Qualitätskontrolle unterzogen werden können, wenngleich die Aussteller ihre Messebeteiligungsentscheidung sehr frühzeitig treffen müssen. Deshalb steht der Aufbau einer vertrauensvollen Kundenbeziehung im Messemarketing besonders im Vordergrund.

- Als weitere Besonderheit kann hervorgehoben werden, dass Messeveranstaltungen in *großen Zeitabständen* (z.B. ein bis zwei Jahre) angeboten werden, was zu besonderen Herausforderungen der Aussteller- und Besucherbindung führt.

- Schließlich wird im Rahmen der Besonderheiten des Messemarketings auch auf die *Standortgebundenheit* von Messen hingewiesen, sodass die Besucher und Aussteller als externe Faktoren zu dem jeweiligen Messegeschehen anreisen müssen.

Unter Berücksichtigung dieser Besonderheiten erfordert die systematische Bewältigung der Marketingaufgaben einer Messegesellschaft ein strukturiertes Vorgehen, das in Form eines Marketingentscheidungsprozesses dargestellt werden kann.

2.   Entscheidungsprozess des Messemarketings

Die Aufgaben des Messemarketings können anhand des in Abbildung 1 aufgezeigten Entscheidungsprozesses verdeutlicht werden (Meffert 1998, S. 11f.; Peters 1992, S. 199). Ausgangspunkt des Messemarketings bildet zunächst die *Situationsanalyse*, in der eine systematische Analyse des Messemarktes (Marktentwicklung, Konkurrenzsituation) und der Aussteller- und Besucherbedürfnisse erfolgt. Hierzu können eine Vielzahl von Instrumenten der Messemarktforschung eingesetzt werden, die in den Handbuchbeiträgen zu den Informationsgrundlagen des Messemanagements behandelt werden.

Neben den Ausstellern und Besuchern als primäre Zielgruppen einer Messegesellschaft ist eine Vielzahl weiterer Multiplikatoren (Medienvertreter, Verbandsmitglieder, Politiker etc.) für die erfolgreiche Durchführung einer Messe auch bereits in der Vormessephase zu gewinnen und zu überzeugen. Damit erfordert die Situationsanalyse auch die Erfassung von Anforderungen dieser sekundären Zielgruppen. Im Rahmen der Analyse sind die internen Stärken und Schwächen eines Messeveranstalters im Hinblick auf die Positionierung der Messegesellschaft als Ganzes wie auch der einzelnen Messeveranstaltungen zu erheben. Durch die Zusammenführung der externen und internen Informationsgrundlagen sind die Entscheidungsträger in der Lage, konkrete *Marketingziele* zu definieren, die eine kundenorientierte Ausrichtung und die Erlangung von Wettbewerbsvorteilen sicherstellen sollen. Hierbei gilt es psychographische (z.B. Bekanntheits-, Image-, Zufriedenheits-, Loyalitätsziele) sowie ökonomische Marketingziele (Umsatz-, Deckungsbeitrags-, Gewinn-, Renditeziele) für eine Messegesellschaft nach Inhalt-, Ausmaß-, Zeit- und Segmentbezug festzulegen. Zu unterscheiden ist hierbei wiederum, inwieweit Marketingziele für die Profilierung der gesamten Messegesellschaft oder einzelner Messeveranstaltungen zu spezifizieren sind.

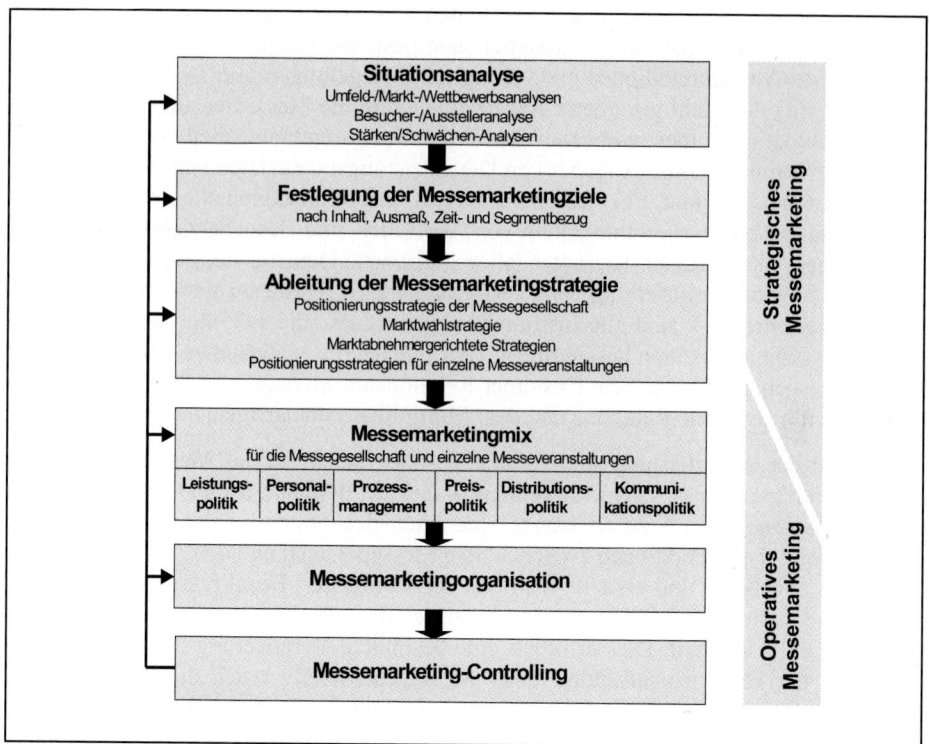

Abb. 1: Managementprozess des Messemarketings

Auf der Grundlage der Marketingziele erfolgt die Ableitung von langfristigen Verhaltensplänen, die auch als *Marketingstrategien* bezeichnet werden. Je nach Bezugsebene (Messegesellschaft, Messeveranstaltung) geht es um strategische Grundsatzentscheidungen über die Zusammensetzung und Positionierung des gesamten Messeprogramms sowie um die aussteller- und besucherseitige Positionierung einzelner Messeveranstaltungen. In diesem Zusammenhang sind die zu bearbeitenden Messemärkte abzugrenzen und Profilierungsstrategien für die Aussteller und Besucher zu definieren.

Umgesetzt werden die Messemarketingstrategien mit Hilfe marktgerichteter Maßnahmen, dem sogenannten *Messemarketingmix*. Im Rahmen der *Leistungspolitik* sind Entscheidungen über das Messeveranstaltungsprogramm und das Angebot von messebegleitenden Services zu treffen (vgl. die Dienstleistungsübersicht von Messen bei Taeger 1993, S. 139ff.). Peters betont, dass Messeveranstalter „Medien der direkten Kommunikation" (Peters 1992, S. 200) verkaufen, die bei der Zielgruppe der Besucher und Aussteller als Instrumente des Beschaffungs- oder Absatzmarketings eingesetzt werden. Eng mit der Leistungspolitik ist auch die Frage der Etablierung und Profilierung von Messemarken für einzelne Veranstaltungen verbunden. Die *Preispolitik* umfasst alle Entscheidungen über die Kalkulation der aussteller- und besucherseitigen Preise sowie die Ausgestaltung der Messekonditionen und vertraglichen Regelungen. Zur *Distributionspolitik* zählt einerseits die Wahl geeigneter Absatzkanäle, um die Messedienstleistungen im In- und Ausland zu vertreiben, wobei auf Grund der Standortgebundenheit von Messen sich der Vertrieb primär auf das Angebot von Dienstleistungspotenzialen und Verträgen bzw. Eintrittskarten beschränkt. Ebenfalls zur Distributionspolitik zählen alle Entscheidungen, die sich mit der physischen Integration von Aussteller- und Besucherzielgruppen in den Messeprozess beschäftigen. Hierunter fallen logistische Dienstleistungen für den Standaufbau bis hin zur Bereitstellung von Parkflächen oder öffentlichen Verkehrsmitteln. Der *Kommunikationspolitik* sind alle Instrumente zuzuordnen, die sich mit der zielgruppengerichteten Kommunikation beschäftigen. Hier reichen die Maßnahmen von der Aussteller- und Besucherwerbung, dem Customer Relationship Management über den Internetauftritt bis hin zu Public Relations und dem Multiplikatorenmanagement.

Auf Grund der dienstleistungsspezifischen Besonderheiten ist das Messemarketingmix im Vergleich zum klassischen Marketingmix um die Bereiche der *Personalpolitik* und des *Prozessmanagements* zu erweitern. Messedienstleistungen werden in hohem Maße durch persönliche Interaktionen zwischen dem Messepersonal und den Ausstellern sowie Besuchern angeboten und erstellt. Während der Vormesse-, Durchführungs- und Nachmessephase bestehen vielfältige Kontakte eines Messeprojektteams zu Vertretern der ausstellenden Wirtschaft. Dies erfordert eine besondere Verankerung der Kundenorientierung in der Unternehmenskultur einer Messegesellschaft. Auch die Prozessabläufe während der Vormesse-, Durchführungs- und Nachmessephase sind in hohem Umfang kundenorientiert zu gestalten, da das Dienstleistungsergebnis einer Messeveranstaltung nur durch die Integration und das Zusammenwirken der externen Faktoren erfolgreich gestaltet werden kann.

Die Maßnahmen des Messemarketingmix sind durch eine geeignete Ablauf- und Aufbauorganisation umzusetzen, sodass auch die Entscheidungen über die Wahl der *Marketingorganisation* einer Messegesellschaft zu treffen sind. Schließlich ist das *Marketing-Controlling* für die systematische Entscheidungsunterstützung und die Erfolgskontrolle im Rahmen der Messemarketingprozesse zu berücksichtigen.

Wie Abbildung 1 verdeutlicht, beschäftigt sich das *strategische Messemarketing* mit der langfristigen kunden- und wettbewerbsorientierten Positionierung einer Messegesellschaft, wobei es hierbei insbesondere um die strategische Situationsanalyse sowie um die Festlegung von Marketingzielen und -strategien geht. Im Rahmen des *operativen Marketings* sind dann für die einzelnen Messeveranstaltungen die Marketinginstrumente gemäß der strategischen Grundausrichtung und Positionierung der Messe festzulegen.

3. Informationsgrundlagen des strategischen Messemarketings

3.1 Messespezifische Besonderheiten der strategischen Marketinganalyse

Im Gegensatz zu Sachgüterherstellern oder einer Vielzahl von Dienstleistungsanbietern bedingt die Notwendigkeit der Berücksichtigung von Aussteller- und Besucherbedürfnissen bei der Planung und Durchführung einer Messeveranstaltung eine besondere Komplexität, die auch bei der Bereitstellung von Informationsgrundlagen zu berücksichtigen ist.

Bei der Erfüllung marktbildender und marktpflegender Funktionen von Messen fällt Messegesellschaften die Aufgabe zu, Anbieter und Nachfrager eines Marktes zusammenzubringen und die Rahmenbedingungen für ein effizientes Marktgeschehen zu schaffen. Im Gegensatz zu anderen Dienstleistungsanbietern ist ein Messeveranstalter somit vor die Herausforderung einer zweiseitigen bzw. dualen Positionierung der Veranstaltungen gestellt (Goehrmann 1998, S. 1653ff.). Einerseits muss er potenzielle Aussteller und andererseits potenzielle Besucher für eine Teilnahme an einer Messe gewinnen. Die auf den Aussteller gerichtete Positionierung wird nur dann Erfolg haben, wenn es dem Veranstalter gelingt, die Messe für ein aus der Sicht des Ausstellers interessantes Zielgruppensegment zu positionieren. Die Dienstleistung des Veranstalters gegenüber dem Aussteller liegt somit im wesentlichen in der Bereitstellung eines attraktiven Besuchersegmentes. Umgekehrt werden nur Besucher anreisen, wenn der Veranstalter ein attraktives Ausstellersegment für die Teilnahme an der Messe gewinnen konnte.

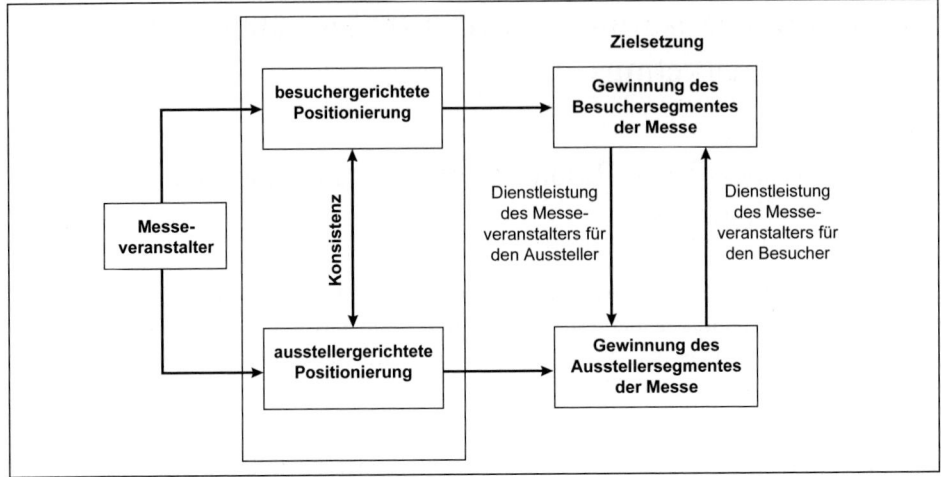

Abb. 2: Zweiseitige Positionierung von Messen
Quelle: Robertz 1999, S. 26

Die Abbildung 2 verdeutlicht die Notwendigkeit der *dualen Positionierung* von Messe-veranstaltungen, deren Erfolg von ihrer Konsistenz abhängig ist. Auch wenn diese Be-sonderheit in der Literatur vorgezeichnet ist, wird ihr bei der Positionierung von Messen vielfach wenig Beachtung geschenkt. Hieraus lässt sich die Notwendigkeit einer syste-matischen Analyse der Positionierungsentscheidungen mit Hilfe von aussteller- und be-sucherbezogenen Kundenanalysen ableiten. Dabei ist eine Messegesellschaft vor die Aufgabe gestellt, die aus der Marktstruktur erwachsenen Messeanforderungen zu identi-fizieren und zur Grundlage einer aussteller- und besucherseitigen Positionierung zu ma-chen. Hinzu kommt die Einbeziehung von Informationen weiterer relevanter Multiplika-toren (sog. sekundäre Zielgruppen), die einen besonderen Einfluss auf die erfolgreiche Planung und Durchführung einer Messeveranstaltung haben.

Als standortgebundene Dienstleistungsunternehmen müssen Messegesellschaften auch beachten, dass der Kundenkontakt mit einzelnen Messeveranstaltungen (Messedienstleistung im engerern Sinne) unmittelbar mit dem Kontakt zur Messegesellschaft und zur bereit gestellten Messeinfrastruktur verbunden ist. Dies führt zu dem Sachverhalt, dass das Messemarketing auf der *Produkt- und Unternehmensebene* ebenfalls eng miteinander zu verzahnen ist. Als Beispiel seien in diesem Zusammenhang nur die Entscheidung über die Markenstrategie einer Messegesellschaft als Unternehmensmarke und die Etablierung von Messemarken für einzelne Messeveranstaltungen unter dem Dach einer Messegesellschaft angesprochen.

3.2 Einsatzmöglichkeiten strategischer Planungsinstrumente

Grundsätzlich können für die strategische Situationsanalyse und die Planung der Marketingstrategie einer Messegesellschaft unterschiedliche Planungsverfahren zum Einsatz gelangen, die sich generell im Dienstleistungsmarketing bewährt haben (Meffert/Bruhn 2003, S. 160ff.; Nittbaur 2001, S. 171ff.).

Hierzu gehören insbesondere folgende Methoden:

- Chancen-Risiken-Analyse

- Stärken-Schwächen-Analyse und Ressourcenanalyse

- Prozessanalyse

- SWOT-Analyse

- Lebenszyklusanalyse

- Portfolioanalyse

- Positionierungsanalyse

- Benchmarking.

Während die *Chancen-Risiken-Analyse* die externen Einflüsse auf das Messemarketing erfasst (Nittbaur 2001, S. 171ff.), so gibt die *Stärken-Schwächen-Analyse* darüber Auskunft, wie die internen Kompetenzen und Ressourcen für die kundenorientierte Ausrichtung der Messegesellschaft und die Erzielung von Wettbewerbsvorteilen zu beurteilen sind. Auf Grund des Prozesscharakters von Dienstleistungen erlangt die *Prozessanalyse* auch für Messegesellschaften einen besonderen Stellenwert. Für das Messemarketing sind besonders jene Prozessphasen relevant, in denen die Integration der externen Faktoren, d.h. die Einbeziehung von Ausstellern und Besuchern in die Vormesse-, Durchführungs- und Nachmessephase erfolgt. Für diese Kontaktphasen ist eine hohe Kundenorientierung des Messepersonals erforderlich.

Durch die Zusammenführung beider Analyseergebnisse in einer sogenannten *SWOT-Matrix* (Nittbaur 2001, S. 52ff.) erhalten die Entscheidungsträger einen Überblick über die zu priorisierenden Aufgaben im Rahmen des Marketingmanagements. *Lebenszyklusanalysen* können als Diagnose- und Prognoseinstrument eingesetzt werden. Sie gehen von der Annahme aus, dass Messen einem Marktlebenszyklus unterliegen, sodass die Ziele, Strategien und Maßnahmen an die jeweilige Lebenszyklusphase anzupassen sind. Da Lebenszykluskonzepte auch für Sach- und Investitionsgütermärkte diskutiert werden und Messen als „Markt der Märkte" Angebot und Nachfrage dieser Märkte zusammenführen, kann die Übertragbarkeit des Lebenszykluskonzeptes auf Messeveranstaltungen eine interessante Informationsgrundlage für das strategische Messemarketing bilden. Branchenlebenszyklen bilden somit auch die Ursache für Lebenszyklen von Messen, die auf diese Branchen ausgerichtet sind.

Portfolioanalysen können eine große Hilfestellung bei der ganzheitlichen Analyse des Messeprogramms bieten, wobei durch die Ableitung von Normstrategien auch Hinweise für strategische Gestaltungsempfehlungen gewonnen werden. Zur Erstellung einer Portfolioanalyse sind die Erkenntnisse aus der SWOT-Analyse sowie aus *Positionierungsanalysen* zu integrieren. Positionierungsanalysen liefern differenzierte Erkenntnisse über die Wahrnehmung von Messegesellschaften und einzelner Messeveranstaltungen aus Sicht der Aussteller- und Besucherzielgruppen.

Auch *Benchmarking-Analysen* können einer Messegesellschaft wichtige Informationen über die Ausrichtung von Wettbewerbsmessen bzw. konkurrierenden Messegesellschaften liefern (Nittbaur 2001, S. 257ff.; Müller-Hagedorn 2003), sofern ein brancheninternes Benchmarking durchgeführt wird. Da eine Messegesellschaft jedoch eine Vielzahl von Servicearten anbietet, liefern auch branchenfremde Benchmarking-Studien interessante Erkenntnisse für eine Verbesserung der eigenen Servicequalität.

3.3   Messeportfolioplanung als strategisches Analyseinstrument

3.3.1 Zielsetzung und Aussagewert der Portfolioanalyse

Im Rahmen des strategischen Marketings einer Messegesellschaft stellt sich die zentrale Frage, wie das Veranstaltungsportfolio langfristig auszurichten ist, welche Messeveranstaltungen auszubauen, zu pflegen oder auch zu eliminieren sind. Zur Fundierung dieser Entscheidungen kann grundsätzlich die oben bereits erwähnte *Portfolioanalyse* herangezogen werden. Dieses zunächst für Konsum- und Investitionsgüterunternehmen eingesetzte Analyse- und Planungsverfahren ist allerdings auf die dienstleistungsspezifischen Besonderheiten einer Messegesellschaft anzupassen. In den folgenden Ausführungen stellen die Autoren eine messespezifische Portfolioanalyse vor, die sie auf der Grundlage traditioneller Portfolioansätze entwickelt und auch in der Messepraxis erfolgreich erprobt haben.

Die *Zielsetzung der Portfolioanalyse* liegt in der Gestaltung eines Portfolios, in dem aus der Sicht der Gesamtunternehmung eine langfristig erfolgreiche Mischung aus jungen, wachstumsstarken und finanzmittel-absorbierenden sowie etablierten, finanzmittelfreisetzenden Geschäftseinheiten bzw. Produkten gewährleistet werden kann (Meffert/Bruhn 2003, S. 174f.; Dunst 1983, S. 10ff.). Um die Marktstellung strategischer Geschäftseinheiten oder auch einzelner Produkte beurteilen zu können, sind sowohl ihre externen wie auch internen Erfolgsdeterminanten zu analysieren. Mit Hilfe der Portfolioanalyse können die Geschäftseinheiten anhand interner und externer Erfolgsfaktoren in einer Portfoliomatrix positioniert werden, um auf dieser Grundlage Strategien ableiten zu können. Besondere Verbreitung haben das sogenannte Markt anteils-Marktwachstums-Portfolio (BCG-Portfolio) und das Wettbwerbsvorteils-Marktattraktivitäts-Portfolio (siehe Abb. 3) erfahren. Allen in der Literatur diskutierten

Varianten der Portfolioanalyse ist gemeinsam, dass sie die Geschäftseinheiten in Abhängigkeit externer, unbeeinflussbarer Variablen und interner, beeinflussbarer Erfolgsdeterminanten analysieren und gegenüberstellen.

Abbildung 3 zeigt eine klassische Portfolio-Matrix mit den Dimensionen Marktattraktivität und Wettbewerbsstärke. Durch das Abschöpfen von erfolgreichen und etablierten Geschäftseinheiten (Cash Cows) sowie die Freisetzung von Finanzmitteln durch nicht wettbewerbsfähige Geschäftseinheiten (Dogs) sind Cash Flows für die Einführung neuer Leistungen (Fragezeichen) und den Ausbau bereits erfolgreich eingeführter Wachstumsbereiche (Star) verfügbar.

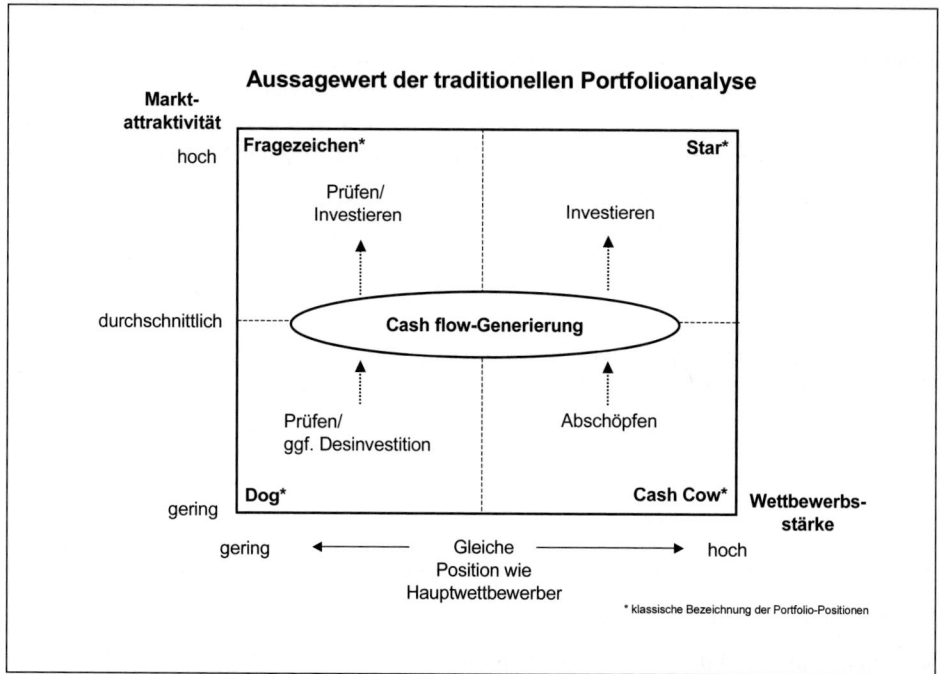

Abb. 3: Grundkonzept der Portfolioanalyse

Für den Einsatz der Portfolioanalyse im Bereich der Messegesellschaften stellt sich zunächst die Frage nach den relevanten externen und internen Erfolgsdeterminanten, wobei zu überprüfen ist, ob wie beim klassischen Portfolio Lern- und Größendegressionseffekte auch für Messeveranstalter eine besondere erfolgsrelevante Bedeutung haben.

3.3.2 Identifikation messespezifischer Erfolgsdimensionen

Im Rahmen eines Messeportfolios kann eine Messegesellschaft ihre Geschäftseinheiten oder auch einzelne Messeveranstaltungen positionieren, um darauf aufbauend entsprechende Strategien für ein Soll-Portfolio abzuleiten. Die *Geschäftseinheiten* sollten eine eigenständige und von anderen Geschäftseinheiten unabhängige Marktaufgabe besitzen, sie sollten am Markt mit Messeveranstaltungen als vollwertige Konkurrenz auftreten sowie über eine eigenständige Erfolgs- und Ressourcenverantwortung verfügen. Erfolgt die Portfolioanalyse auf der Ebene von einzelnen Messeveranstaltungen, so ist zu prüfen, inwieweit diese Anforderungen auf der Einzelveranstaltungsebene tatsächlich erfüllt sind. Vielfach tritt hier das Problem auf, dass einzelne Messen nicht unabhängig voneinander sind, sodass bei der Ableitung von Portfoliostrategien entsprechende Interdependenzen zu berücksichtigen sind. So können z.B. eine Automobilmesse und eine spezielle Messe für Automobilzubehör als zwei Veranstaltungen von einer Messegesellschaft angeboten werden, die jedoch in hohem Maße markt- und wettbewerbsbezogene Interdependenzen aufweisen, sodass sie zu einer Geschäftseinheit zusammenzufassen sind.

Bei der Übertragung des Portfolioansatzes auf Messegesellschaften sind die messespezifischen Bestimmungsfaktoren für die Marktattraktivität und Wettbewerbsstärke zu identifizieren. Der dualen Positionierung einer Messe bei der Aussteller- und Besucherzielgruppe ist auch bei der Bestimmung der Marktattraktivität einer Messeveranstaltung Rechnung zu tragen. Hierbei sind sowohl Faktoren der Aussteller- als auch der Besuchernachfrage zu berücksichtigen. Im Hinblick auf die *Marktattraktivität* können folgende Kriterien als relevant angeführt werden:

- Ausstellerseitiges Marktpotenzial
- Wachstum in der Ausstellerbranche
- Besucherseitiges Marktpotenzial
- Wachstum der Besucherbranche (Investitionsverhalten)
- Eintrittsbarrieren für andere Messen
- Innovationsgrad der Ausstellerbranche
- Preisbereitschaft der Aussteller/Besucher
- Konjunkturabhängigkeit der Aussteller-/Besucherbranchen.

Eine wichtige Voraussetzung zur Bestimmung der Marktattraktivität ist die *Abgrenzung des relevanten Messemarktes*, um das Aussteller- und Besucherpotenzial ermitteln zu können. So ist es von erheblicher Bedeutung, ob der relevante Ausstellermarkt für eine Messe nur national, international oder weltweit abgegrenzt wird. Ebenso ist dies auf der Besucherseite der Fall. Während bei Leitmessen vielfach eine weltweite Abbildung eines bzw. mehrerer Branchen erforderlich ist und somit der Ausstellermarkt international abzugrenzen ist, so ist dies bei regionalen Messen kaum der Fall. Vielfach führen unscharfe Marktabgrenzungen von einzelnen Messen bereits bei der Bestimmung der Marktattraktivität zu einem besonderen Planungsproblem.

Die Wachstumsperspektiven der Aussteller hängen i.d.R. von dem Verhalten der Besucherzielgruppen (z.B. Investitionsverhalten) ab, sodass für die Bestimmung der Marktattraktivität einer Messe Informationen über beide Zielgruppen zu berücksichtigen sind. Als Informationsgrundlagen können Marktanalysen und -prognosen aus der Aussteller- und Besucherbranche dienen. Zusätzlich sind vielfach Experteneinschätzungen einzubeziehen, um Zukunftsprognosen über die Marktattraktivität zu fundieren. Wird zur Bestimmung der Marktattraktivitätsposition einer Messeveranstaltung ein multikritierieller Ansatz verwendet, so kann eine Verdichtung der Informationen mit Hilfe eines Punktbewertungsverfahrens erfolgen, bei dem quantitative und qualitative Informationen zur Marktattraktivitätsbestimmung zu einer Gesamtbeurteilung zusammengeführt werden.

Hinsichtlich der Ermittlung der *Wettbewerbsstärke* wird in den traditionellen Portfolioanalysen der relative Marktanteil als besonders wichtiger Indikator herangezogen. Grundsätzlich kann angemerkt werden, dass im Vergleich zu Massenproduktionsunternehmen der relative Marktanteil im Messegeschäft nicht in gleichem Maße mit Economies of Scale und Erfahrungskurveneffekten verbunden ist, da es sich in hohem Maße um personalintensive Dienstleistungserstellungsprozesse handelt, die insbesondere auf der Ausstellerseite eine individualisierte Marktbearbeitung erfordern, sodass die Kostendegressionseffekte begrenzt sind.

Allerdings wird das Ertragspotenzial (Umsatzgenerierung) einer Messe im Vergleich zu Konkurrenzmessen durch den *relativen Aussteller- und Besucheranteil* erheblich beeinflusst, sodass diese Indikatoren zur Bestimmung der Wettbewerbsstärke heranzuziehen sind. Die Ermittlung des relativen Aussteller- und Besucheranteils setzt wieder eine definierte Marktabgrenzung und die Identifikation der relevanten Wettbewerbsmessen voraus. Der relative Aussteller- und Besucheranteil lässt sich mengenmäßig wie auch wertmäßig ermitteln. Bei der mengenmäßigen Ermittlung des Ausstelleranteils kann auf die Anzahl der Aussteller zurückgegriffen werden, wobei hierbei nicht berücksichtigt wird, dass große und kleine Ausstellerunternehmen für eine Messe eine ganz unterschiedliche Flächeninanspruchnahme haben und damit auch unterschiedliche Umsatzbeiträge leisten. Somit liefern relative Ausstelleranteile, die auf der Grundlage der Flächeninanspruchnahme oder der messespezifischen Umsätze ermittelt werden (Miet-, Serviceleistungen), validere Informationen zur Bestimmung der Wettbewerbsstärke.

Expertengespräche innerhalb der Messebranche haben weiterhin ergeben, dass für die Wettbewerbsstärke einer Messeveranstaltung zusätzlich weitere Faktoren ermittelt werden können. Bei der Systematisierung der einzelnen Einflussfaktoren kann auf die Erkenntnis zurückgegriffen werden, dass Messegesellschaften als Dienstleistungsunternehmen in folgenden Dimensionen ihre Wettbewerbsstärke dokumentieren können:

- Messeleistungspotenzial (z.B. Messeausstattung, Infrastruktur, Beziehungsnetzwerk)

- Messeprozess (z.B. Veranstaltungsablauf, nicht imitierbare Rahmenprogramme etc.)

- Messeergebnis (relativer Aussteller-, Besucheranteil, Zufriedenheit etc.).

Die realisierten Aussteller- und Besucheranteile stellen das Ergebnis einer Messeveranstaltung dar. Als Ergebnisgrößen können auch ein hoher Zufriedenheitsgrad und ein hoher Anteil an bedeutenden Ausstellern aus einer Branche (A-Aussteller) die Wettbewerbsfähigkeit einer Messeveranstaltung stärken. Insbesondere die Bindung von A-Ausstellern führt dazu, dass hiervon Signalwirkungen auf andere Unternehmen der Branche ausgehen und somit die Ausstellerakquisition im Vergleich zum Wettbewerb erleichtert wird. Auch die Ausgestaltung der Messepotenziale in Form von Hallenausstattungen, verfügbaren Serviceleistungen und Infrastrukturbedingungen können einen Wettbewerbsvorteil bedingen. Als besonders wichtiger Einflussfaktor der Wettbewerbsstärke einer Messegesellschaft wird auch die Qualität ihres Beziehungsnetzwerkes zu relevanten Multiplikatoren wie z.B. Verbänden eingestuft. Durch die Bindung von ideellen Trägern an eine Messegesellschaft ist es vielfach für Konkurrenzmessen schwierig, Messeveranstaltungen mit gleicher Ausstellerschaft zu imitieren. Schließlich kann die Wettbewerbsstärke einer Messegesellschaft auch im Messeprozess begründet liegen. Hierzu gehören der Zeitraum der Messeveranstaltung oder einzigartige Begleitprogramme und anderes mehr.

Ebenso wie bei der Verdichtung der Einflussfaktoren der Marktattraktivität kann für jede Geschäftseinheit bzw. Messeveranstaltung eine Zusammenfassung der Faktoren der Wettbewerbsstärke mit Hilfe eines Punktbewertungsverfahrens erfolgen.

Die *ökonomische Erfolgssituation* einer Messeveranstaltung bzw. einer Geschäftseinheit kann durch unterschiedliche Erfolgsgrößen zum Ausdruck gebracht werden, deren Ausmaß durch die Kreisgröße oder Kreisfarbe der Geschäftseinheiten in der Portfoliodarstellung signalisiert werden kann. Als Erfolgsgrößen können hierzu Deckungsbeiträge, Gewinne oder auch Renditegrößen verwendet werden, sofern die Voraussetzung ihrer Zurechenbarkeit erfüllt ist.

Abbildung 4 zeigt, mit Hilfe welcher Informationsgrundlagen die Ermittlung der Marktattraktivität und Wettbewerbsstärke sowie der ökonomischen Erfolgsposition erfolgen kann. In diesem Zusammenhang ist besonders hervorgehoben, dass eine entsprechende Marktabgrenzung für die jeweilige Geschäftseinheit bzw. Messeveranstaltung eine Voraussetzung darstellt, um die Portfolioanalyse durchführen zu können.

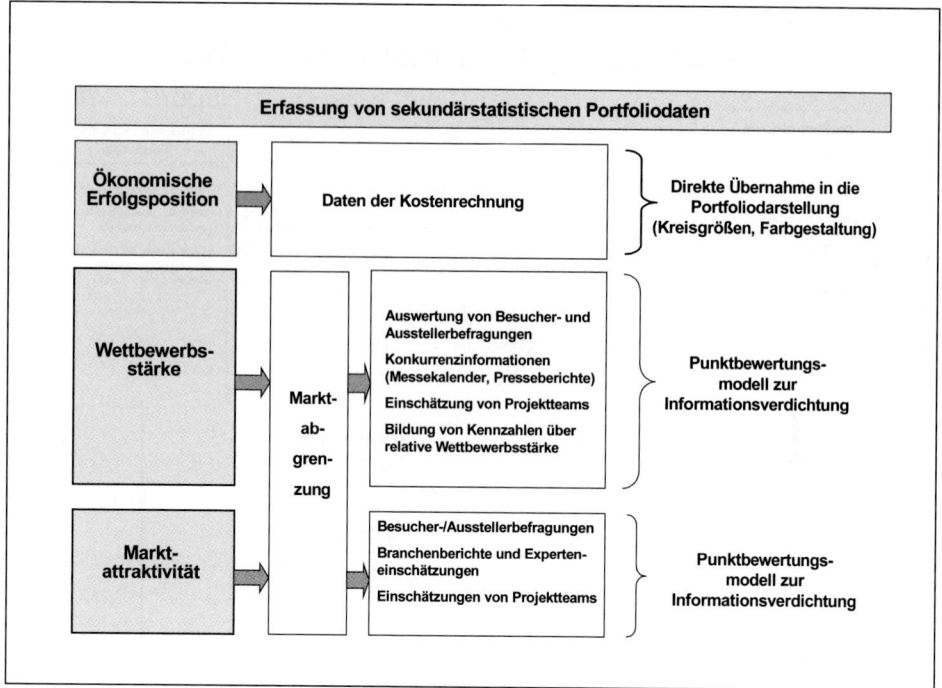

Abb. 4: Ableitung von messespezifischen Erfolgsdimensionen für die Portfolioanalyse

3.3.3 Erstellung eines Ist- und Soll-Portfolios

Bei der realen Anwendung der Portfolioanalyse für Messegesellschaften wurde das Marktwachstums-Marktattraktivitäts-Portfolio mit den oben genannten Detailkriterien für die Beurteilung von einzelnen Messeveranstaltungen eingesetzt. Verfügt eine Messegesellschaft über ein sehr umfassendes Messeveranstaltungsprogramm, kann es angebracht sein, aus informationsökonomischen Gründen eine zweistufige Vorgehensweise bei der Portfolioanalyse zu wählen. Hierbei kann zunächst auf der Grundlage verfügbarer Sekundärdaten eine Grobanalyse durchgeführt werden, die eine erste Einstufung der Ist-Positionen im Portfolio ermöglicht. Die durch die Grobanalyse identifizierten Problemmessen können dann für eine Feinanalyse priorisiert werden. Wie Abbildung 5 verdeutlicht, kann sich an eine Grobanalyse, die anhand von verfügbaren Sekundärdaten durchgeführt wurde, eine Feinanalyse anschließen. Hierbei erfolgt eine umfassende Analyse der Geschäftseinheiten durch Erhebung zusätzlicher Informationen (Primärdaten), die ggf. zu einer Adjustierung der durch die Grobanalyse ermittelten Ist-Positionen im Portfolio führen.

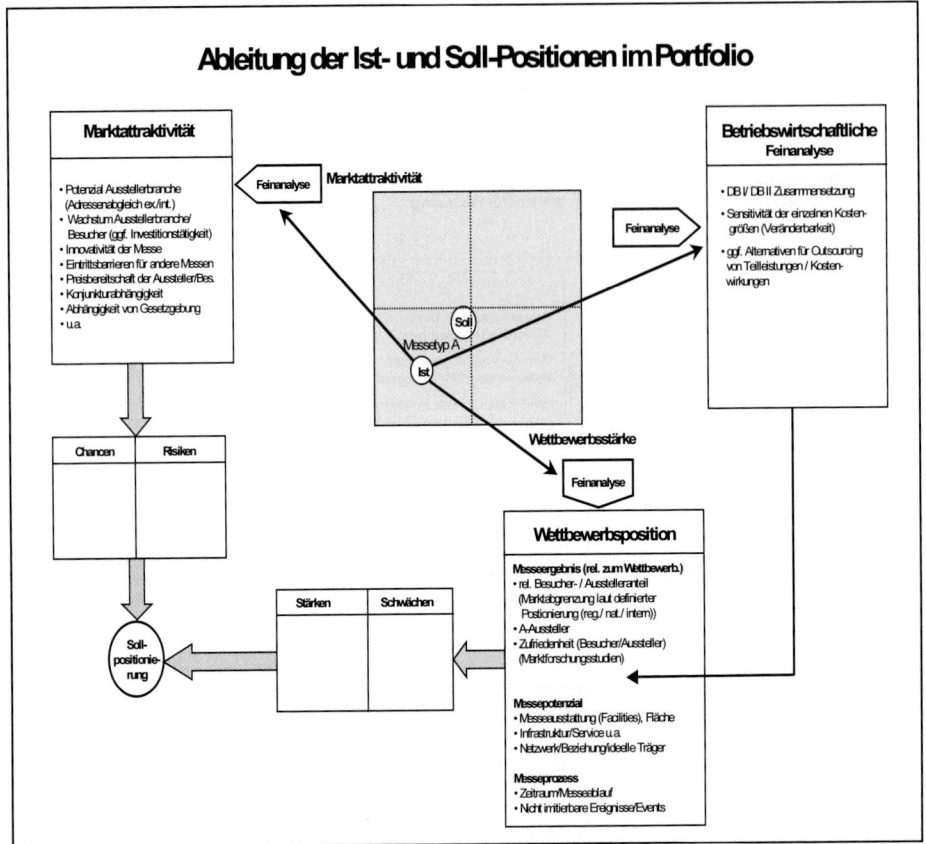

Abb. 5: Erstellung von Ist- und Soll-Portfolio mit Hilfe einer strategischen Feinanalyse

Gleichzeitig können durch eine sich anschließende strategische Analyse die Chancen und Risiken sowie Stärken und Schwächen der betrachteten Messeveranstaltung im Detail ermittelt und mit Hilfe einer SWOT-Analyse verdichtet werden. Auf der Grundlage der aus der Portfolioanalyse abzuleitenden Normstrategien und der ergänzenden SWOT-Analyse können dann Soll-Positionen für das Messe-Portfolio bestimmt werden, die mit entsprechenden Marketingstrategien und Marketinginstrumenten zu erreichen sind.

Ein Beispiel eines Ist-Portfolios zeigt die Abbildung 6. Die Portfoliopositionen der einzelnen Messeveranstaltungen sind durch die Kreisdarstellung gekennzeichnet, deren unterschiedliche Farbmarkierungen positive und negative Deckungsbeiträge bzw. Gewinnbeiträge darstellen. Die Kreisgrößen geben in dem vorliegenden Beispiel die Höhe des Deckungsbeitrages der jeweiligen Messeveranstaltung an.

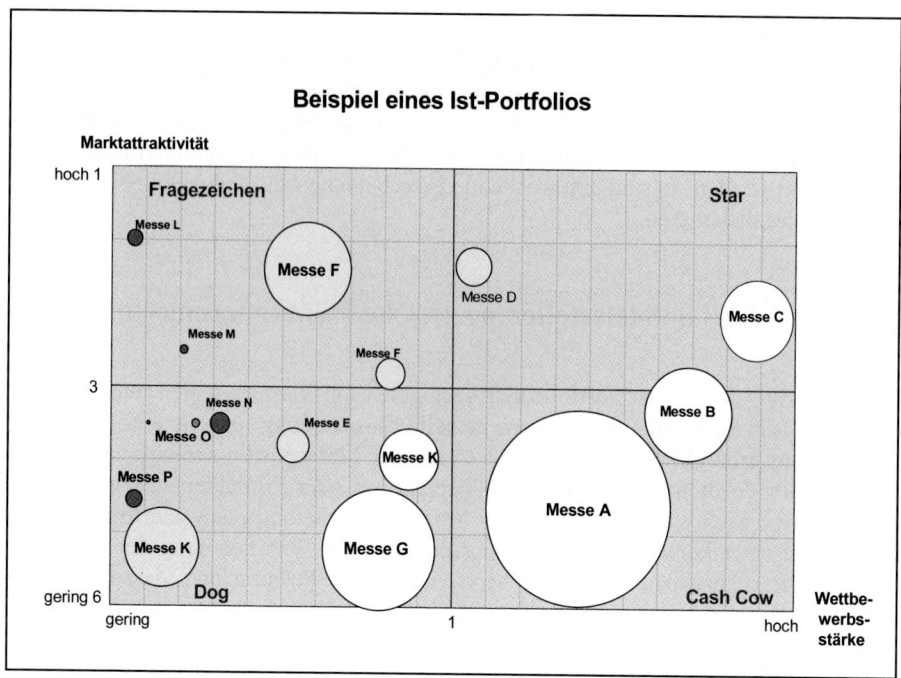

Abb 6: Beispiel für die Darstellung eines Ist-Portfolios einer Messegesellschaft

Anhand der Portfoliodarstellung können die Messen A und B als Cash Cows identifiziert werden. Die Messen G und K sind von der Wettbewerbsstärke her schwächer einzustufen und insbesondere bei der Messe G ist die Marktattraktivität gering ausgeprägt, wenngleich noch positive Deckungsbeiträge erwirtschaftet werden. Die Messe K ist in einer deutlichen Dog-Position und erwirtschaftet auch keine positiven Deckungsbeiträge mehr, sodass sie im Ist-Portfolio der Messegesellschaft durch andere Ertragsbringer subventioniert werden muss. Angesichts der geringen Marktbedeutung und Wettbewerbsstärke ist zu prüfen, inwieweit eine Eliminierung dieser Messe langfristig die Erfolgsposition der Messegesellschaft stärken kann. Zu den Stars gehört die Messe C, die auch einen positiven Deckungsbeitrag erwirtschaftet, während die Messe F sich von der Fragezeichen-Position in die Star-Position bewegt, wenngleich sie auf Grund der hohen Kosten noch keine positiven Deckungsbeiträge erwirtschaftet. Als Normstrategie der Portfolioanalyse wird angesichts der hohen Marktattraktivität der Ausbau dieser Messe empfohlen. Dabei ist ein besonderes Augenmerk auf die Erfolgsentwicklung dieser Messeveranstaltung zu richten.

Für jede Messe können auf Grundlage der Portfolioanalyse entsprechende Normstrategien abgeleitet werden, die dann für die Entwicklung der Marketingstrategien entsprechende Hinweise geben können. Bei der Ableitung von Entscheidungen auf der Grundlage eines Messeportfolios ist zu berücksichtigen, dass die von Messen erzielten „*Umwegrenditen*" nicht bei der Portfolioanalyse berücksichtigt werden, weil sie keinen Erfolgsbeitrag für die Messegesellschaft darstellen. Werden Messeveranstaltungen auf Grund ihrer regionalwirtschaftlichen Bedeutung oder anderer Gründe durchgeführt, obwohl sie im Rahmen des Messeportfolios als nicht profitabel und eliminierungsverdächtig eingestuft werden, so sind entsprechende Entscheidungsbegründungen bei der Strategieauswahl zu diskutieren.

3.4   Besucher- und ausstellerspezifische Positionierungsanalysen

Zur Fundierung der aus der Portfolioanalyse abgeleiteten Normstrategien sind weiterführende Analysen anzuschließen, die eine gezielte Entscheidung für jede einzelne Messeveranstaltung ermöglichen. Hierzu eignet sich die Messepositionierungs-Analyse, die nicht mit der Positionierung von Geschäftseinheiten oder Produkten in der Portfolioanalyse verwechselt werden darf. Bei der Messepositionierungsanalyse erfolgt zunächst die Analyse einer konkreten Messeveranstaltung in der Wahrnehmung der Aussteller- und Besucherzielgruppen. Hierbei geht es darum, die Position der Messe im Wahrnehmungsraum der Kunden zu ermitteln, um festzustellen, inwieweit sich eine Messeveranstaltung eine Vorrangstellung in den Köpfen der Zielgruppe erobert hat und gegenüber Konkurrenzmessen ein einzigartiges Image erzeugt hat. Dazu sind folgende Analyseschritte notwendig:

1. Bestimmung des Analyseobjektes
    (Gesamtunternehmung, einzelne Messeveranstaltungen oder auch Teilleistungen)

2. Abgrenzung der relevanten Besucher- und Ausstellerzielgruppen

3. Festlegung konkurrierender Analyseobjekte
    (Hauptkonkurrenten, Konkurrenzmessen etc.)

4. Identifikation der kauf- bzw. nutzenrelevanten Beurteilungskriterien
    (Besucher-/Ausstellerbefragungen zu Messeanforderungen)

5. Erfassung der Beurteilung der Analyseobjekte aus der Zielgruppensicht
    (Besucher-/Ausstellerbefragungen zur Ist-Einschätzung z.B. der eigenen und konkurrierender Messeveranstaltungen)

6. Erstellung eines Positionierungsdiagramms

7. Ableitung von Positionierungsstrategien.

Die Erfassung der Ist-Positionierung gehört in den Bereich der Situationsanalyse, während die Ableitung einer Soll-Positionierung im Rahmen der Marketingziel- und Marketingstrategieplanung zu diskutieren ist.

Die Analyseschritte (1) bis (3) sind von den Messeprojektteams festzulegen, während die Ermittlung der kaufrelevanten Kriterien für die Messebeteiligung durch eine Befragung von Aussteller- und Besucherzielgruppen zu ermitteln sind. Hierzu können explizite Wichtigkeitsabfragen dienen oder auch sogenannt Conjoint-Analysen eingesetzt werden, bei denen die Befragten alternative Nutzenbündel einer Messe beurteilen, sodass im Anschluss daran die nutzenrelevanten Attribute ermittelt werden können. Ein Beispiel für eine explizite Erfassung von wichtigen Messeeigenschaften zeigt Abbildung 7.

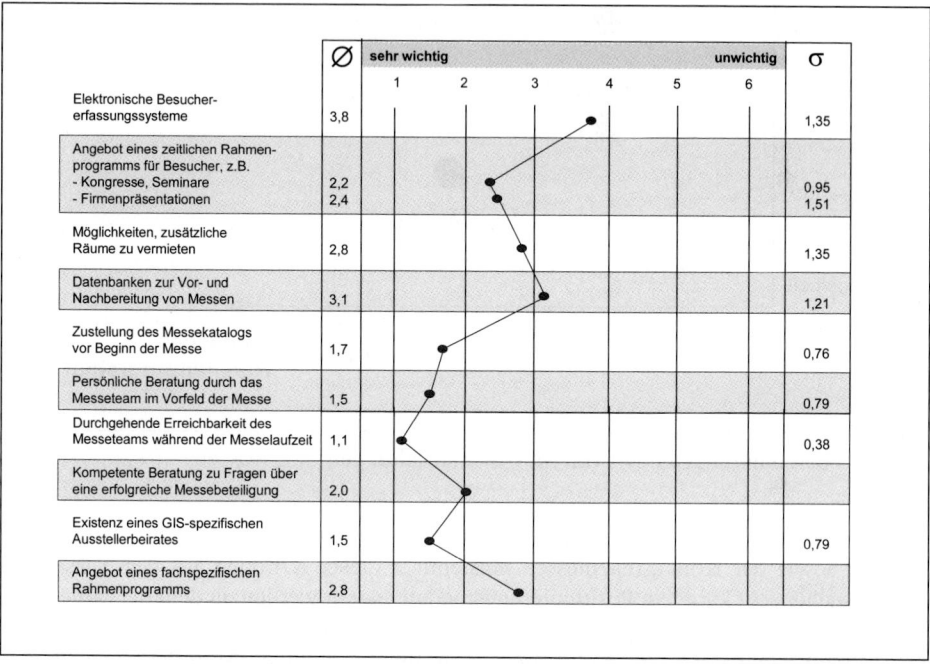

Abb. 7: Ausstellerbefragung zur Wichtigkeit von Veranstaltungsmerkmalen einer Messe

Hier sind die relevanten Kriterien für eine Messebeteiligung von Ausstellern ermittelt worden und durch ein Wichtigkeitsprofil dargestellt. Für eine erfolgreiche Messeveranstaltung ist es notwendig, insbesondere bei den wichtigen Entscheidungskriterien eine Vorzugsstellung gegenüber Konkurrenzmessen zu erlangen. Diese Informationen sind wiederum durch eine Befragung zu erheben, in der Aussteller und Besucher eine Einschätzung der ihnen bekannten Messeveranstaltungen vornehmen. Diese Ergebnisse liefern Informationen über die Positionierung der realen Messen im Wahrnehmungsraum der Probanden. Vielfach führt die Ermittlung einer aus Aussteller- und Besuchersicht idealen Messeveranstaltung zur Erfassung eines Referenzpunktes (Idealposition) und je geringer die Distanz zwischen der Real- und Idealposition einer Messe ist, desto höher ist die Besuchs- bzw. Beteiligungswahrscheinlichkeit.

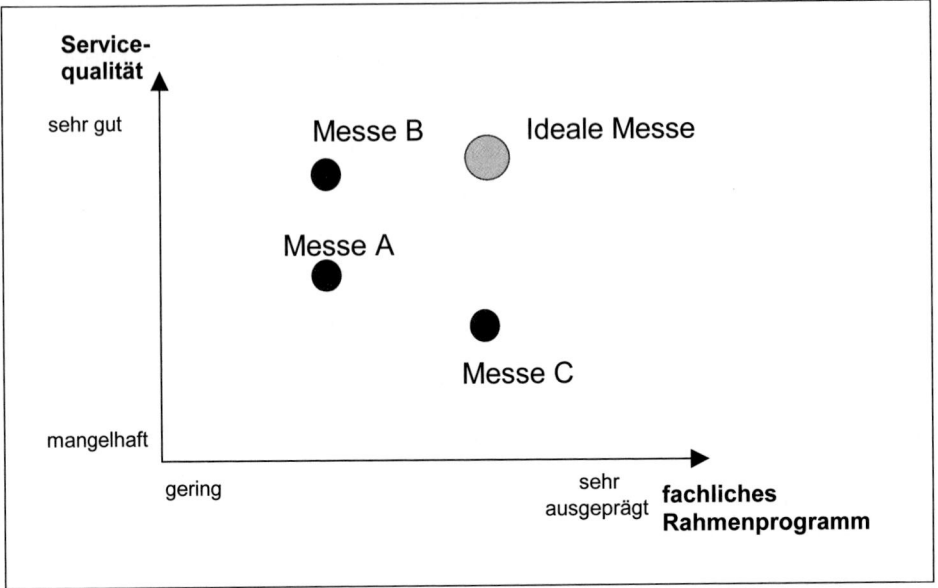

Abb. 8: Positionierungsmodell von Messeveranstaltungen

Auf der Grundlage der wichtigsten Beteiligungskriterien und der Realbeurteilung der eigenen sowie der Konkurrenzmessen hinsichtlich dieser Kriterien aus der Aussteller- und Besuchersicht kann ein Positionierungsmodell erstellt werden, in dem die Mittelwerte der Realpositionen und der idealen Messe abgebildet werden. Bestehen unterschiedliche Ausstellersegmente, die an eine Messe sehr unterschiedliche Anforderungen stellen, so können auch mehrere Idealpunkte im Positionierungsmodell identifiziert werden. Im Rahmen des Messemarketings ist dann zu entscheiden, inwieweit durch unterschiedliche Serviceleistungen oder Konditionen auf die verschiedenen Ausstelleranforderungen eingegangen werden kann. Grundsätzlich liefert die Positionierungsanalyse Hinweise über folgende Gestaltungsoptionen:

- Beibehaltung der Positionierung, sofern eine Messeveranstaltung den idealen Anforderungen entspricht und hinreichend von den Konkurrenzmessen differenziert ist.

- Umpositionierung, sofern eine Messeveranstaltung den Anforderungen der Zielgruppe nicht gerecht wird und/oder keine Einzigartigkeit gegenüber Konkurrenzmessen besteht. Eine Umpositionierung kann auch dann relevant werden, wenn sich grundlegende Aussteller- und Besucheranforderungen geändert haben, was zu einer

Verschiebung des Idealpunktes oder zum Entstehen unterschiedlicher Anforderungssegmente führt.

- Neupositionierung von Messeveranstaltungen, die neu eingeführt werden oder völlig neu auf die Zielgruppenbedürfnisse angepasst werden.

- Rekonstruktion des Wahrnehmungsraumes, d.h. sofern bereits latente Bedürfnisdimensionen zu identifizieren sind, kann ein Messeveranstalter versuchen, diese neuen Bedürfnisse durch eine Messeveranstaltung zu erfüllen, sodass die Zielgruppe zukünftig bei der Messebeteiligung diesem Kriterium verstärkte Bedeutung beimisst.

Die Gründe für eine Umpositionierung können einerseits in existenten Leistungsdefiziten einer Messeveranstaltung liegen, andererseits kommt es auch häufig vor, dass potenziellen Ausstellern oder Besuchern bestimmte Leistungsmerkmale einer Messe gar nicht bekannt sind und hierdurch eine verzerrte Wahrnehmung einer Messeveranstaltung besteht. In diesem Fall kann die Umpositionierung durch verbesserte Wahrnehmbarkeit der Leistungsmerkmale mit Hilfe von Kommunikationsinstrumenten erfolgen. In anderen Fällen ist eine reale Verbesserung der Dienstleistungsqualität notwendig. Die Informationen der Positionierungsanalyse können insbesondere zur Ermittlung der Wettbewerbsstärke für die Portfolioanalyse herangezogen werden. Darüber hinaus liefern Positionierungsanalysen wichtige Informationen für die konkrete Ausgestaltung der Messedienstleistungen sowie für die Gestaltung der Preis-, Distributions- und Kommunikationspolitik.

4. Planung der strategischen Marketingziele im Messemanagement

Ausgehend von den aufbereiteten Informationsgrundlagen sind Marketingziele festzulegen, die sich entsprechend des Planungshorizontes in lang-, mittel- und kurzfristige Ziele differenzieren lassen. Die Marketingziele stellen die gesetzten Imperative dar, die durch den Einsatz der Marketinginstrumente erreicht werden sollen. Bei der Festlegung der Marketingziele ist auch klar zu definieren, ob es sich um Marketingziele handelt, die sich auf die Messegesellschaft insgesamt (z.B. Bekanntheitsgrad der Messegesellschaft) oder auf einzelne Messeveranstaltungen beziehen (Bekanntheitsgrad einer bestimmten Messe). Grundsätzlich können psychographische und ökonomische Ziele im Messemarketing unterschieden werden (Peters 1992, S. 202).

Zu den *psychographischen Messezielen* zählen:

- Bekanntheitsgradziele einer Messeveranstaltung bei den relevanten Besucher- und Ausstellerzielgruppen sowie Multiplikatoren

- Imageverbesserung einer Messeveranstaltung

- Präferenzziele

- Aussteller-/Besucherzufriedenheitsziele.

Zu den *ökonomischen Messezielen* zählen:

- Umsatzziele (differenziert nach Aussteller-/Besucherzielgruppen)

- Auslastung der Geländekapazitäten

- Deckungsbeitragsziele (Deckungsbeitrag pro Quadratmeter Hallenfläche)

- Gewinnziele

- Renditeziele.

Zwischen den psychographischen und ökonomischen Marketingzielen steht in hohem Maße eine *Mittel-Zweck-Beziehung*. D.h. nur durch einen hohen Bekanntheitsgrad einer Messe ist es möglich, auch eine hohe Besucheranzahl und damit hohe Umsätze zu erzielen. Weiterhin ist die Ausstellerzufriedenheit mit der Messebeteiligung ein Voraussetzung für die Ausstellerloyalität, die wiederum zur langfristigen Umsatz- und Gewinnerzielung einer Messegesellschaft entscheidend ist. Entsprechende Marketingziele können sowohl für die Messegesellschaft als Gesamtunternehmen als auch für jede einzelne Messeveranstaltung definiert werden.

5. Planung und Umsetzung der Marketingstrategien von Messen

Vor dem Hintergrund der anzustrebenden Marketingziele und der durch die strategischen Analysen gewonnenen Erkenntnisse sind Marketingstrategien zu planen, die einen längerfristigen Verhaltensplan darstellen, an dem die einzelnen Marketinginstrumente ausgerichtet werden. Abbildung 9 zeigt die Verbindung von Normstrategien aus der Portfolioanalyse mit verschiedenen marketingstrategischen Optionen. Für jede Messeveranstaltung oder strategische Geschäftseinheit sind die strategischen Grundsatzentscheidungen zu spezifizieren.

Norm-strategien	Marketing-Strategieoptionen		Messe x
Des-investition (Dog)	Streichen		
	Verkaufen		
	Kooperation		
Halten (Chash Cow)	Marktareal	national / international	
	Marktstimulierung	Preisstrategie / Differenzierung	
	Marktabgrenzung	Branchenfokus / Anwenderfokus	
	Wettbewerbsstrategien	Kooperation / Konflikt	
	Standortmultiplikation	national / international	
	Multiplikatorenstrategie	hochkarätig / operativ	
Investition (Star)	Marktareal	national / international	
	Marktstimulierung	Preisstrategie / Differenzierung	
	Marktabgrenzung	Branchenfokus / Anwenderfokus	
	Wettbewerbsstrategien	Kooperation / Konflikt	
	Standortmultiplikation	national / international	
	Multiplikatorenstrategie	hochkarätig / operativ	
Investition prüfen (Fragezeichen)	Marktareal	national / international	
	Marktstimulierung	Preisstrategie / Differenzierung	
	Marktabgrenzung	Branchenfokus / Anwenderfokus	
	Wettbewerbsstrategien	Kooperation / Konflikt	
	Standortmultiplikation	national / international	
	Multiplikatorenstrategie	hochkarätig / operativ	

Abb. 9: Ableitung von Marketingstrategien für einzelne Messeveranstaltungen

Befinden sich Messen in einer *Dog-Position*, so ist zu prüfen, inwieweit eine *Desinvestition* vorzunehmen ist, um das Betriebsergebnis einer Messegesellschaft langfristig zu verbessern bzw. ertragreichere Messeprojekte fördern zu können. Für die Herausnahme einer Messeveranstaltung bieten sich unterschiedliche Optionen an. So kann die Messe eingestellt oder auch an einen anderen Messeveranstalter verkauft werden. Hierbei ist ein adäquater Kaufpreis für das Messekonzept festzulegen, wobei für Messen in einer Dog-Position i.d.R. auch das Interesse von anderen Messeveranstaltern begrenzt sein dürfte. Weiterhin kann auch durch Kooperationen versucht werden, die Ertragsposition einer Messeveranstaltung zu verbessern. Durch Kooperationen zweier Messegesellschaften können nicht profitable Messen ggf. zusammengelegt und im Wechsel angeboten werden. Hierdurch kann eine Ressourcenbündelung bei gleichzeitiger Reduzierung der Kosten pro Messegesellschaft erzielt werden.

Für Messeveranstaltungen, die im Portfolio gehalten oder als Neuveranstaltungen eingeführt werden sollen, stehen eine Reihe von marketingstrategischen Optionen zur Verfügung. Die *Marktarealstrategie* legt fest, inwieweit die Messe eine regionale, nationale oder internationale Ausrichtung verfolgt (Stoeck 1999). Hierbei ist der regionale Fokus sowohl für die Besucher- als auch die Ausstellerakquisition festzulegen. Gemäß der

AUMA-Konvention müssen internationale Messeveranstaltungen mindestens zehn Prozent an ausländischen Ausstellern und mindestens fünf Prozent an ausländischen Fachbesuchern aufweisen. Allerdings führt die Einhaltung dieser Werte nicht automatisch dazu, dass eine Messe auch als internationale Messe von den Ausstellern und Besuchern wahrgenommen wird. Sofern die Zielgruppen einen wesentlich höheren Anteil an internationalem Publikum erwarten, führt die Einhaltung der AUMA-Konvention nicht zu einem entsprechenden Messeimage. Dieser Sachverhalt ist gezielt durch Positionierungsanalysen zu klären. In welcher Weise die Aussteller- und Besucherzielgruppen durch Preis- oder Qualitäts- bzw. Differenzierungsstrategien für eine Messebeteiligung zu gewinnen sind, ist durch die *Marktstimulierungsstrategie* festzulegen. Im Hinblick auf Differenzierungsstrategien bieten sich eine Vielzahl messebegleitender Services an, die vom Standbauservice bis hin zu erlebnisorientierten Rahmenprogrammen reichen können. Vielfach liefern die Positionierungsanalysen Hinweise dafür, welche Ansatzpunkte sich für Servicedifferenzierung besonders eignen.

Oft stehen Messen vor dem Problem, sich bei der Abbildung des Ausstellerangebotes an Branchengrenzen zu orientieren, sodass die Konzeption einer Spezialmesse oder Branchenmesse im Vordergrund steht. Aus der Sicht der Anwender und Besucher können jedoch die Bedürfnisfelder weiter abgegrenzt werden, sodass eine zu enge Branchenfokussierung den Besucherbedürfnissen nicht gerecht wird. Bei der Abgrenzung des Messemarktes ist somit eine eher branchen- und anwenderorientierte Schwerpunktsetzung zu unterscheiden. Während eine Automobilmesse einen klaren Branchenfokus setzt, versuchen Tourismusmessen die gesamte Bandbreite der Mobilitäts- und Tourisumsdienstleistungen aus unterschiedlichen Branchensegmenten abzubilden. Im Rahmen der strategischen Ausrichtung einer Messeveranstaltung ist festzulegen, inwieweit eine Branchenfokussierung oder eine branchenübergreifende Ausrichtung erfolgversprechender ist. Vielfach lassen sich branchenübergreifene Messeveranstaltungen, die im Extremfall eine Universalmesse repräsentieren, schwerer bei der breiteren Aussteller- und Besucherzielgruppe positionieren. Angesichts der zunehmenden Wettbewerbsintensität zwischen den Messeveranstaltern ist im Rahmen der Marketingstrategie auch zu entscheiden, ob *Kooperations- oder Konfliktstrategien* vorteilhafter sind. Insbesondere bei der Internationalisierung der Messeaktivitäten sind auf Grund der hohen Investitionen und Markterschließungskosten vielfach Kooperationen vorteilhaft, bei der z.B. deutsche Messegesellschaften in Kooperation Messeveranstaltungen in anderen Ländern einführen. Um Wachstumsziele mit bestehenden Messeveranstaltungen zu verfolgen, bieten sich vielfach *Standortmultiplikationsstrategien* an. Hierbei wird ein erfolgreiches Messekonzept an verschiedenen inländischen und/oder ausländischen Messestandorten als Gastveranstaltung durchgeführt. Hierdurch können neue Besucher- wie auch Ausstellerzielgruppen erschlossen werden, wobei zu prüfen ist, inwieweit bestehende Messeveranstaltungen durch einen Multiplikationsstrategie kannibalisiert werden. Bereits bei der Diskussion der Einflussfaktoren der Wettbewerbsstärke wurde betont, dass der Aufbau und die Pflege von Beziehungen zu *Multiplikatoren* im Bereich der Wirtschaft (Verbände), Medien, Politik und Verwaltung wichtige Faktoren sein können.

Da das Multiplikatorenmanagement langfristig ausgerichtet sein muss und mit einem erheblichen zeitlichen und personellen Einsatz des Messemanagements verbunden ist, sollte im Rahmen der Strategiefestlegung entschieden werden, inwieweit bei spezifischen Messeveranstaltungen ein gezieltes Multiplikatorenmanagement erfolgversprechend sein kann. Bei der Multiplikatorenstrategie kann unterschieden werden, inwieweit z.B. hochkarätige Mitglieder für einen Messebeirat gewonnen werden sollen oder eher auf der operativen Fachexpertenebene Beziehungen aufzubauen sind, um ein Messekonzept zu entwickeln oder zu behaupten. Nach der jeweiligen Ist-Position einer Messeveranstaltung im Messeportfolio können die Normstrategien mit den oben dargestellten marktgerichteten Strategien verknüpft werden. Gemäß der in Abbildung 9 dargestellten Übersicht können die stategischen Schwerpunktsetzungen für jede Messeveranstaltung festgelegt werden, sodass hieraus eine Soll-Positionierung für das Messeportfolio resultiert. Die Marketingstrategien sind durch geeignete Maßnahmen im Rahmen des Messemarketingmix umzusetzen. Hierzu geben die Handbuchbeiträge zur Besucher- und Ausstellerakqusition sowie zum Multiplikatorenmanagement vielfältige Hinweise.

6.   Organisatorische Voraussetzungen des strategischen Messemarketings

Bei der Verankerung des Messemarketings in der Organisationsstruktur einer Messegesellschaft stellt sich die Frage, ob zentrale Abteilungen mit marketingspezifischem Fachwissen oder die Marketingfunktionen in einzelnen Projektteams bzw. Geschäftseinheiten verankert werden sollten. Hinsichtlich der organisatorischen Einbindung der Marketingfunktionen ist es vielfach vorteilhaft, Aufgaben der Marktforschung, der Neuproduktentwicklung und der Kommunikation als zentrale Funktionen zu verankern, auf deren Kompetenzen die für die einzelnen Messeveranstaltungen verantwortlichen Abteilungen oder Projektteams zurückgreifen können. Da Messeveranstaltungen in großen Zeitintervallen stattfinden, kann das Expertenwissen aus den Zentralabteilungen je nach Veranstaltungsbedarf einbezogen werden. Hingegen sind die Funktionen des Vertriebs bzw. der Besucher- und Ausstellerbetreuung und -akquisition sowie des Multiplikatorenmanagements in den einzelnen Projektteams zu verankern, um eine hohe Kundenähe sicherstellen zu können. In Teamstrukturen können Mitarbeiter aus den Zentralfunktionen des Marketings frühzeitig in die Messeplanung einbezogen werden, sodass eine intensive Abstimmung der gesamten Marketingmaßnahmen für eine Messeveranstaltung erreicht wird. Letztlich müssen Messegesellschaften bei allen Mitarbeitern die Kundenorientierung als Unternehmensphilosophie verankern, um den wachsenden Dienstleistungsanforderungen von Ausstellern- und Besuchern gerecht werden zu können.

7. Literaturverzeichnis

ARNOLD, D., Erfolgreiches Messemarketing, Veranstaltungsangebote – Ausstelleran-gebote – Messeservices, Renningen 2003.

FUCHSLOCHER, H./HOCHHEIMER, H., Messen im Wandel – Messemarketing im 21. Jahr-hundert, Wiesbaden 2000.

GOEHRMANN, K., Marketing für einen Messeveranstalter – Fallbeispiel Deutsche Messe AG, Hannover, in: Meyer, A. (Hrsg.), Handbuch Dienstleistungs-Marketing, Bd. 2, Stuttgart 1998, S. 1653-1664.

GOEHRMANN, K. E. (HRSG.), Politikmarketing auf Messen, Düsseldorf 1995.

GROTH, C./LENZ, I., Die Messe als Dreh- und Angelpunkt – Multifunktionales Instru-ment für erfolgreiches Marketing, Landsberg am Lech 1993.

HELMICH, H., Dynamik im Messe-Marketing der deutschen Investitionsgüterindustrie, Hamburg 1998.

HUBER, A., Wettbewerbsstrategien Deutscher Messegesellschaften, Frankfurt a.M. u.a. 1994.

MEFFERT, H./BRUHN, M., Dienstleistungsmarketing, 4. Aufl., Wiesbaden 2003.

MEFFERT, H., Marketing, 8. Aufl., Wiesbaden 1998.

MÜLLER-HAGEDORN, L., Benchmarking von Messegesellschaften, Diskussionspapiere des Instituts für Messewirtschaft und Distributionsforschung der Universität zu Köln, Nr. 4, Köln 2003.

NITTBAUR, G., Wettbewerbsvorteile in der Messewirtschaft – Aufbau und Nutzen strate-gischer Erfolgspotentiale, Wiesbaden 2001.

PETERS, M., Dienstleistungsmarketing in der Praxis – Am Beispiel eines Messunter-nehmens, Wiesbaden 1992.

PRÜSER, P., Messemarketing – Ein netzwerkorientierter Ansatz, Wiesbaden 1997.

ROBERTZ, G., Strategisches Messemanagement im Wettbewerb, Wiesbaden 1999.

STOECK, N., Internationalisierungsstrategien im Messewesen, Wiesbaden 1999.

STROTHMANN, K.-H./BUSCHE, M. (HRSG.), Handbuch Messemarketing, Wiesbaden 1992.

TAEGER, M., Messemarketing – Marketingmix von Messegesellschaften unter Berück-sichtigung wettbewerbspolitischer Rahmenbedingungen, Göttingen 1993.

Regine Kalka

Strategische Grundsatzentscheidungen im Messemanagement

1. Strategische Herausforderungen und Besonderheiten im Messemanagement

2. Grundsatzstrategie I: Geschäftsfeldbestimmung
   2.1 Produktdefinition
   2.2 Marktfestlegung

3. Grundsatzstrategie II: Wachstumsoptionen
   3.1 Marktdurchdringung
   3.2 Messeentwicklung
   3.3 Diversifikation
   3.4 Marktentwicklung

4. Grundsatzstrategie III: Wettbewerbsvorteile
   4.1 Kostenführerschaft
   4.2 Differenzierungsstrategie

5. Grundsatzstrategie IV: Internationalisierung
   5.1 Internationalisierung bestehender Messen
   5.2 Durchführung von Messen im Ausland

6. Fazit und Ausblick

7. Literaturverzeichnis

Prof. Dr. Regine Kalka ist Professorin für Marketing und Kommunikationswirtschaft an der Fachhochschule Düsseldorf.

1. Strategische Herausforderungen und Besonderheiten im Messemanagement

Die deutschen Messegesellschaften stehen vor neuen strategischen Herausforderungen. Noch in den neunziger Jahren verzeichneten sie ein stetiges Wachstum mit ansteigenden Aussteller- und Besucherzahlen und damit einhergehenden Zuwachsraten der vermieteten Flächen. Dies hat sich grundlegend gewandelt. Leicht rücklaufende bzw. sinkende heimische Besucherzahlen und stagnierende bzw. abnehmende heimische Ausstellerzahlen kennzeichnen die derzeitige Lage der Messewirtschaft in Deutschland. Messen werden verschoben, sogar abgesagt oder in andere existierende Messen integriert.

Diese Entwicklung hat mehrere Gründe. Zum einen verschärft sich der internationale Wettbewerb der Messeplätze und -veranstalter. Weltweit wachsende Hallenflächenkapazitäten, zunehmende Anzahl der Messen sowie der privaten Veranstalter und enorme Investitionen in neue Messegelände führen zu einem erhöhten Konkurrenzdruck. Immer mehr Veranstalter operieren international. Das Hallenflächenwachstum findet insbesondere in Osteuropa und im Asiatischen Raum statt. Die Folgen sind sinkende Gewinnmargen.

Zum anderen haben aber auch wirtschaftliche Gegebenheiten wie der anhaltende Konzentrations- und Konsolidierungsprozess in Industrie und Handel, der Kostendruck sowie die generelle Verunsicherung bzw. Zurückhaltung beim Thema Investition und Konsum, unmittelbare Auswirkungen auf den Messeauftritt bzw. -besuch und damit auch auf die Messeveranstalter. Neue Kommunikationsmöglichkeiten führen zu einer Verschiebung der Gewichtung innerhalb des Marketing-Mix und reduzieren letztendlich das Budget für den Messeauftritt. Messen stehen im Wettbewerb mit Kongressen, der Werbung, dem Direkt-Marketing, der Dialogkommunikation, den so genannten Roadshows, Hausmessen etc. Der Wandel einer Messe von der Verkaufs- zur Kommunikationsplattform bei gleichzeitigem Fokus auf Kosten und Effektivität der Aussteller hat somit auch direkte Folgen für die strategischen Messekonzepte der Messen.

Die Besonderheiten der Messewirtschaft liegen insbesondere darin, dass ein breites Spektrum an Institutionen als Messeveranstalter vorhanden ist. Die Entscheidung, mit welcher Institution man im Markt auftreten kann, möchte oder soll, kann schon als die erste grundsätzliche strategische Entscheidung im Messemanagement betrachtet werden. Die drei wesentlichen Hauptgruppen:

- Besitz- und Betreibergesellschaften: die Messegesellschaften mit eigenem Gelände meist in öffentlicher Hand, die es vor allem in Deutschland gibt

- Reine privatwirtschaftliche Betriebsgesellschaften: die Messegesellschaften ohne eigenes Gelände

- Wirtschaftsverbände und -organisatoren als privatwirtschaftliche Messeveranstalter.

haben grundlegend unterschiedliche Markt-Ausgangssituationen und verfolgen unterschiedliche Unternehmenszielsetzungen. Sie agieren einerseits als direkte Wettbewerber im Markt, andererseits bestehen direkte Interdependenzen hinsichtlich der Anmietung von Hallenkapazitäten und der reinen Organisation der Messen. Daraus ergeben sich Implikationen für die generelle strategische Ausrichtung des Messemanagements.

Eine weitere strategische Besonderheit des Messemanagement besteht darin, dass zwar die Messe-Dienstleistung an sich als austauschbar betrachtet werden kann, jedoch jede einzelne Messe-Veranstaltung einen einzigartigen individuellen Charakter besitzt und keine Veranstaltung der anderen gleicht und standardisierbar ist. Dies hat wiederum Auswirkungen auf die Positionierung der Messen und die Ermittlung der eigentlichen Marktanteile.

Im Folgenden werden die alternativen strategischen Grundsatzentscheidungen im Rahmen des Messemanagements kurz dargestellt. Dabei wird nicht der Entwicklungsprozess und die Darstellung detaillierter Einflussparameter der Strategien sowie die hierfür einzusetzenden Instrumente erläutert, da dies den Rahmen des Beitrages sprengen würde.

Als Strategie soll im Folgenden in Anlehnung an Simon (Simon 2000) die Kunst und Wissenschaft verstanden werden, alle Kräfte des Unternehmens so zu entwickeln und einzusetzen, dass ein möglichst profitables, langfristiges Überleben gesichert werden kann.

2.   Grundsatzstrategie I: Geschäftsfeldbestimmung

Als erste Grundsatzstrategie muss bestimmt werden, in welchen Bereichen bzw. Produkt-/Marktsegmenten die Messegesellschaft agieren möchte.

2.1   Produktdefinition

Als Produkt einer Messegesellschaft ist die einzelne Veranstaltung zu sehen. Diese wird wiederum im wesentlichen bestimmt durch das Messethema und damit durch die ausstellende Industrie und Besucher. Somit machen die Kunden – Aussteller, Besucher, Verbände, Medien – einer Messegesellschaft letztendlich das Produkt einer Messegesellschaft aus. Hierbei ist auch zu berücksichtigen, dass die Teilnahme eines einzelnen

Marktteilnehmers wiederum abhängt von der Teilnahme eines für ihn relevanten anderen Marktteilnehmers auf Aussteller- und Besucherseite aber auch auf der Seite der Verbände, Öffentlichkeit und Medien.

Eine Messe wird weiterhin charakterisiert durch den Veranstaltungstypus (z.B. Universalmesse versus Spezial-/Nischenmesse, Fachmesse versus Publikumsmesse) und das Messethema. Universal- bzw. Mehrbranchenmessen hatten Jahrzehnte lang die führende Position in der Messelandschaft inne. Seit einigen Jahren verlieren sie in vielen Fällen an Bedeutung zu Gunsten der Spezial- und Nischenmessen. Die Gründe hierfür sind vielschichtig. U.a. zählt hierzu, dass wegen des thematisch stark eingegrenzten Messethemas die einzelnen Marktsegmente in der Tiefe besser abgedeckt und so die Anbieter- und Nachfrageseite spezifischer zusammengebracht werden können. Zudem hat sich die Verweildauer der Besucher in den letzten Jahren reduziert, so dass maximal 1-2 Tage für einen Messebesuch zur Verfügung stehen. Eine Konzentration des Angebotes erleichtert somit die Besuchsplanung und den Besuchsverlauf. Allerdings ist die Internationalität bei Nischenmessen in der Regel selten so hoch wie bei Universal- bzw. Mehrbranchenmessen, da gerade internationale Aussteller und Besucher ein breitgefächertes Angebot suchen, um Kontakte in unterschiedlichen Distributionsstufen und Bereichen anbahnen zu können.

2.2 Marktfestlegung

Als Marktsegmente sind die Kundengruppen und die geographischen Zielmärkte zu verstehen. Die Kundengruppen werden bestimmt durch die Branche und die dazugehörigen Zielgruppen auf Aussteller- und Besucherseite, für die eine Kommunikationsplattform angeboten werden soll. Die Auswahl der Kundengruppe wird im Wesentlichen definiert durch die Größe der Branche, ihre Bedürfnisse und Anforderungen an den Messeauftritt und dem daraus resultierenden Serviceniveau. Eine grobe Unterteilung der Kundengruppen ist die Unterscheidung zwischen Industriegüter- und Konsumgüterbranchen. Die Konzentration auf Industriegütermessen bzw. Konsumgütermessen oder sogar auf bestimmte Kundengruppen bzw. Branchen hat den Vorteil, dass Synergien in den Bereichen Marktkompetenz, Erfüllung von Kundenanforderungen, Kunden-Know-how, -datenbänke und im klassischen Customer-Relationship-Management aufgebaut werden können. Hier besteht die Gefahr, dass die Abhängigkeit von der wirtschaftlichen Lage eines Bereiches bzw. einer Branche enorm hoch sein kann. Dies trifft insbesondere auf die Konzentration auf reine Konsumgütermessen zu, da hier davon auszugehen ist, dass eine Konsumflaute bzw. generell schlechte wirtschaftliche Lage Auswirkungen auf alle Konsumgüterbereiche und damit auch auf die Messeauftritte hat. Andererseits erfordern Investitionsgütermessen spezifischere Anforderungen an die Infrastruktur und die Ausstattungen des Messegeländes auf Grund der Gegebenheit der Produkte.

Die geografischen Zielmärkte sind die Messeplätze, d.h. die Messestädte bzw. das Messegelände sowie die einzelnen Länder. Die Festlegung der geographischen Zielmärkte werden bei den Besitz- und Betreibergesellschaften in erster Linie durch die Ortsgebundenheit an ihr eigenes Gelände vorgegeben. Im Rahmen ihrer Internationalisierungsstrategie spielt die Festlegung allerdings eine sehr wesentliche Rolle, so wie sie generell bei den privatwirtschaftlichen Messegesellschaften von hoher Bedeutung ist.

Strategische Geschäftseinheiten werden gebildet durch vielfältige Kombinationsmöglichkeiten der Produktmerkmale Veranstaltungstypus und Messethema sowie der Marktmerkmale Kundengruppen und geographische Zielmärkte. In der Praxis werden entweder die einzelnen Veranstaltungen als strategische Geschäftseinheit konzipiert oder mehrere Veranstaltungen, die insbesondere hinsichtlich der Kundengruppen gleiche Merkmale aufweisen, werden zu einer strategischen Geschäftseinheit zusammengefasst. Das Unternehmensportfolio einer Messegesellschaft bzw. eines Messeveranstalters wird definiert durch die einzelnen Messen und/oder Ausstellungen. Die Marktteilnehmer stehen somit nicht als Unternehmen direkt im Wettbewerb, sondern mit ihren einzelnen Veranstaltungen.

3.   Grundsatzstrategie II: Wachstumsoptionen

Mit Hilfe der bewährten Produkt-Markt-Matrix von Ansoff lassen sich konkrete Wachstumsstrategien auch für Messegesellschaften ableiten. Die wichtigste Voraussetzung für den Fortbestand einer Messegesellschaft ist es, künftiges Wachstum durch Aufspüren von Marktlücken, Produktvariation und Entwicklung neuer Produkte sowie durch Etablierung neuer Leistungsbereiche im Wettbewerbsumfeld zu sichern.

		Messen/Dienstleistungsprodukte	
		alt	neu
Märkte (Branchen / Zielgruppen/Regionen)	alt	Marktpenetration	Messeentwicklung
	neu	Marktentwicklung	Diversifikation

Abb. 1: Produkt/Markt-Matrix (in Anlehnung an Ansoff 1966)

3.1 Marktdurchdringung

Bei der Marktdurchdringung/-penetration steht das Wachstum in bestehenden Märkten für bestehende Messen/Veranstaltungen im Mittelpunkt. Ziel ist die Vergrößerung des Umsatz- und Marktanteils der Messe/Veranstaltung durch Gewinnung neuer (internationaler) Aussteller und Besucher. Hierfür muss die Attraktivität der Veranstaltung für die Marktteilnehmer erhöht und taktische Marketingmaßnahmen wie Werbung, Presse und PR-Arbeit, Verkaufsförderung etc. intensiviert werden. Die Attraktivität einer Veranstaltung wird im Wesentlichen bestimmt durch das Erreichen einer Eins-zu-Eins-Abbildung der relevanten Branche bzw. relevanten Branchen und damit der dazugehörigen Präsenz aller relevanten Marktpartner auf Aussteller- und Besucherseite. Die Veranstaltung muss optimale Voraussetzungen für Kontakt- und Geschäftsanbahnungen schaffen. Weiterhin wird die Attraktivität einer Veranstaltung determiniert durch den so genannten Zusatznutzen der Messe für die Marktteilnehmer. Die Marktteilnehmer haben längst andere Anforderungen an die Messegesellschaft als die Zurverfügungstellung der reinen Hallenfläche. Messen müssen der internationale Impulsgeber einer Branche sein. Die emotionale Inszenierung der Messe durch medienwirksame Events mit hoher Außenwirkung ist hierbei von größter Bedeutung.

3.2 Messeentwicklung

Die Strategie der Messeentwicklung strebt an, neue Produkte für bestehende bzw. bereits bearbeitete Märkte/Kundensegmente zu schaffen. Neue Produkte können hier sowohl die einzelnen Messen/Veranstaltungen sein als auch die Entwicklung neuer vermarktbarer Dienstleistungen wie z.B. Standbau, Marketingservices, virtuelle Marktplätze.

Neue Messen können zusätzlich zu den bereits existierenden Messen als Produktdifferenzierung etabliert werden oder die existierenden Messen als Produktsubstitution ersetzen. Es kann versucht werden, aus existierenden Messen ein Marktsegment auszugliedern und eine neue Messe für dieses Marktsegment zu etablieren. Hierbei bieten sich insbesondere Universal- oder Mehrbranchenmessen an, aus denen bestimmte Bereiche ausgegliedert und zu einer eigenen Messe in Form einer Nischen- oder Spezialmesse zusammengefasst werden. Weiterhin können existierende Messen von anderen Messestandorten, die einen bereits bearbeiteten Markt bedienen, abgeworben werden. Hierbei spielen Faktoren wie Preis und sonstige Kosten, Standortqualität und Synergien in den bereits existierenden Messen eine wesentliche Rolle.

3.3   Diversifikation

Die Strategie der Diversifikation verfolgt das Ziel, neue Messen in neuen Märkten zu konzipieren und umzusetzen. Neue Märkte können hierbei sowohl Kundengruppen/Branchen als auch Länder bedeuten. Die Konzeptionierung neuer Messen für neue Märkte ist meist ein sehr langwieriger Prozess, da neue Messethemen kreiert werden müssen, die sich wiederum aus neuen Branchenzweigen heraus entwickelt haben müssen. Auch können existierende Messen/Veranstaltungen, die von anderen Messegesellschaften an anderen Standorten durchgeführt werden, abgeworben werden. Hier sind die gleichen Faktoren wie oben genannt von Bedeutung. Wenn neue Messen in neue Ländermärkte etabliert werden sollen, wird dies auch unter einer Internationalisierungsstrategie der Messegesellschafen subsummiert, welche auf Grund der derzeitigen hohen Bedeutung als eine eigene Grundsatzstrategie behandelt wird.

3.4   Marktentwicklung

Die Marktentwicklung verfolgt die Strategie, bestehende Messen in andere Märkte zu transportieren. Hierbei können Märkte allerdings keine Kundengruppen sein, da diese letztendlich das Messethema an sich determinieren, sondern Märkte sind hierbei neue Länder bzw. Auslandsmärkte. Diese Internationalisierungsstrategie wird wie bereits erwähnt später im Detail dargestellt.

4. Grundsatzstrategie III: Wettbewerbsvorteile

Jedes Unternehmen muss mindestens einen vom Kunden wahrgenommenen strategischen Wettbewerbsvorteil aufweisen können, um langfristig und profitabel im Markt überleben zu können. Messegesellschaften müssen die Bedürfnisse und Anforderungen ihrer aktuellen und potentiellen Kunden besser erfüllen können als die Konkurrenz.

Die grundsätzlichen Optionen, einen strategischen Wettbewerbsvorteil aufzubauen, liegen nach Porter darin, entweder eine Kostenführerschaft oder eine Differenzierungsstrategie zu verfolgen.

4.1 Kostenführerschaft

Ziel der Kostenführerschaft bei Messegesellschaften ist es, die Messedienstleistung durch Ausnutzung von Kostenvorteilen dem Kunden wirtschaftlicher als die wichtigste Konkurrenz anzubieten. Die Kostenvorteile finden dabei im wesentlichen ihren Ursprung in den Durchführungskosten der Veranstaltung, den Geländekosten und den Personalkosten. Die Messegesellschaften mit eigenem Gelände weisen hier weitaus höhere Fixkosten zur Umlage auf als jene ohne eigenes Gelände. Diese sind zwar wiederum abhängig von der Verfügbarkeit der Messegelände, können jedoch auf Grund ihrer räumlichen Flexibilität und ihrer geographisch weit gestreuten Veranstaltungsaktivitäten höhere Spezialisierungsvorteile und dadurch Skaleneffekte nutzen. Weiterhin lassen sich durch Rationalisierungsmaßnahmen im technischen Bereich sowie durch eine rationale Gestaltung des für die Akquisition von Ausstellern und Besuchern notwendigen Vertriebsnetzes Kostenvorteile erzielen. Die Besitz- und Betreibergesellschaften verfügen in der Regel über ein internationales, allerdings auch personalintensives Vertriebsnetz, können dieses allerdings flexibel und mit hohen Synergiepotentialen gestalten. Die privaten Messeveranstalter verfügen zwar in der Regel nicht über ein solches Vertriebsnetz, durch ihre Aktivitäten und Präsenz in internationalen Märkten lassen sich aber auch hier Kostenvorteile durch Synergieeffekte erzielen.

Der wahrgenommene Kostenvorteil bezieht sich aus Kundensicht auf den Preis der angebotenen Standfläche sowie die Preise der sonstigen Servicedienstleistungen. Als wesentlicher wahrgenommener Kostenvorteil werden allerdings auch die so genannten Nebenkosten gesehen, auf die die Messegesellschaft prinzipiell keinen direkten Einfluss hat, die allerdings immer mehr an Bedeutung gewinnen. Hier sind insbesondere die Kosten für Hotels, Anreise und Gastronomie des jeweiligen Messestandortes zu sehen. Auch wenn hier keine direkte Einflussnahme möglich ist, können doch indirekte Maßnahmen eingeleitet werden. Die Besitz- und Betreibergesellschaften in öffentlicher Hand können zum Unterschied zu den reinen Betriebsgesellschaften entweder ihre Bindung zu regionalen Partnern nutzen oder auch z.B. Hotelkontingente über das Jahr hinweg an ihrem Messestandort bündeln, um einen Preisvorteil zu erzielen.

4.2   Differenzierungsstrategie

Ziel der Differenzierungsstrategie ist es, durch Produkt- und Leistungsvorteile einen Wettbewerbsvorteil zu erzielen. Die Ansatzpunkte der Differenzierung liegen bei Messegesellschaften in unterschiedlichen Bereichen und sind vielfältig untereinander kombinierbar. Die wichtigsten Differenzierungsmerkmale sind:

- Produktqualität

Die wahrgenommene Produktqualität ist die Dienstleistung Messe, die wiederum ein Eins-zu-Eins-Abbild der Branche darstellt. Die Präsenz der Aussteller und Besucher beeinflusst die Produktqualität genauso wie die Zuverlässigkeit der Organisation und Durchführung der Veranstaltung. Die Messe muss für alle Teilnehmer transparent sein hinsichtlich der zu erwartenden Besucherschaft als auch hinsichtlich der übersichtlichen Gliederung des Angebotes auf der Messe.

- Servicequalität und Erweiterung des Dienstleistungsangebotes

Der Service ist ein entscheidendes Differenzierungsmerkmal bei der Dienstleistung Messe, da mit individuellen, besseren und neueren Full-Services eine Austauschbarkeit verhindert werden kann. Die Servicequalität wird im wesentlichen bestimmt durch die Mitarbeiter einer Messegesellschaft, deren Freundlichkeit, Kundenorientierung, Kompetenz und Zuverlässigkeit. Ein gewisser Servicegrad wird automatisch mit einer bestimmten Produktqualität in Verbindung gebracht. Die Services machen letztendlich den Wohlfühlfaktor einer Veranstaltung aus. Services können sowohl im Vorfeld, während oder im Nachfeld einer Veranstaltung als auch unentgeltlich oder gegen Entgelt angeboten werden.

- Messekonzept

Bei dem Messekonzept spielt neben der zeitlichen Terminierung der Veranstaltung die Festlegung der angebotenen Warengruppen, der Besucherzielgruppen, der Hallenbelegung, der Markenpolitik und vor allem das inhaltliche Messekonzept eine wesentliche Rolle. Hierbei wird der oben genannte Zusatznutzen in Form von Attraktivitätsmerkmalen bestimmt. Dabei spielt die Emotionalisierung der Veranstaltung als Branchenereignis sowie die Medienwirksamkeit eine immer bedeutendere Rolle.

- Produktinnovation

Die ständige Besetzung neuer Messethemen durch kontinuierliche Marktbeobachtung, Aufspüren von Markttrends und Unzufriedenheiten bei anderen Messestandorten schafft ein Differenzierungsmerkmal in Kompetenz, Marktnähe und -kontakte sowie die Möglichkeit des Aufbaus von Wissensmanagementsystemen.

- Neuen Medien

Der Einsatz der neuen Medien spielt eine wichtige Rolle, um durch die informativen und kommunikativen Funktionen der Neuen Medien die Planungsphase für Aussteller und Besucher als auch die Geschäftsanbahnungsphase durch frühzeitige Transparenz zu erleichtern. Auch im Nachfeld einer Messe kann durch die Neuen Medien eine permanente Informations- und Kommunikationsplattform für eine Branche geschaffen werden.

- Qualität des Messegeländes

Die Qualität des Messegeländes wird auch häufig mit der Produktqualität in Verbindung gebracht. Es umfasst sowohl die Aufenthaltsqualität für Aussteller und Besucher, die Flexibilität des Geländes für die Aussteller, den leichten Zugang zu den Ausstellungsflächen als auch die technische Infrastruktur für die Beschickung, die externe Infrastruktur wie z.B. gute Anschlüsse an das Verkehrsnetz sowie die generelle Architektur der Messehallen wie Mehr- oder Einstöckigkeit, Tageslichtdurchlässigkeit etc.

- Kooperationen

Mit Hilfe von Kooperationen oder strategischen Allianzen lassen sich analog zu anderen Wirtschaftszweigen auch in der Messewirtschaft Differenzierungsvorteile durch Synergy- und Skaleneffekte aber auch durch die Entwicklung und Bearbeitung neuer Märkte erzielen. Auf horizontaler Ebene, d.h. Kooperationen mit anderen Messegesellschaften bzw. -veranstaltern sind diese in der Praxis bisher nur selten vorzufinden. Die Gründe hierfür liegen hauptsächlich in den unterschiedlichen Institutionsformen der Messeveranstalter mit den unterschiedlichen unternehmerischen Zielsetzungen und innerhalb einer Institutionsform – gerade bei Besitz- und Betreibergesellschaften – in den unterschiedlichen regionalwirtschaftlichen Interessen der Anteilseigner. Eine horizontale Kooperation erfolgt eher entweder als lose Kooperationsform zur Absprache von Terminen unter den Messestandorten oder gemeinsame Akquisitionsaktivitäten im Ausland. Eine engere Kooperation auf horizontaler Ebene erfolgt in der Regel zur Erschließung neuer Potentiale von eigenen Messen im Ausland. Vertikale Kooperationen können Kooperationen im Servicesektor mit Standbauern, Spediteuren, Cateringfirmen etc. und im Kerngeschäft mit z.B. Medienkonzernen umfassen. Im Servicesektor sind Kooperationen heute schon von hoher und auch notwendiger Bedeutung, wobei im Kerngeschäft auch hier wieder bei Besitz- und Betreibergesellschaften die unternehmerischen Zielsetzungen der Anteilseigner eine vertikale Kooperation erschweren.

5.   Grundsatzstrategie IV: Internationalisierung

Unter der Internationalisierungsstrategie versteht man im Messemanagement zwei wesentliche Bereiche:

1. Die Internationalisierung von bestehenden Messen durch Erhöhung des Anteils der ausländischen Aussteller und Besucher.

2. Die Durchführung von Messen im Ausland.

5.1   Internationalisierung bestehender Messen

Die Internationalisierung von bestehenden Messen hat traditionell eine sehr hohe Bedeutung zur Erreichung des Charakters von internationalen Leitmessen. Gerade vor dem Hintergrund der Bedeutungszunahme der so genannten Nischen- und Spezialmessen und des Anspruchs des Eins-zu-Eins-Abbildes einer Leitmesse ist die Akquisition von ausländischen Besuchern und Ausstellern essentiell. Hierbei ist zu berücksichtigen, dass eine hohe zahlenmäßige Beteiligung nicht gleichzeitig bedeutet, dass die ausländischen Märkte auch repräsentativ abgebildet sind. Der Charakter einer internationalen Leitveranstaltung und damit einer internationalen Muss-Veranstaltung muss durchgängig landesspezifisch erreicht werden. Zur Erreichung spielt ein effizientes Auslandsvertriebsnetz eine bedeutende Rolle. Nur durch die lokalen Marktkenntnisse, die systematische länderspezifische oder sogar persönliche Kundenansprache in den verschiedenen Ländern kann eine erklärungsbedürftige Dienstleistung wie die Messe erfolgreich vermarktet werden. Die Besitz- und Betreibergesellschaften verfügen in der Regel über ein sehr umfangreiches aber auch kostenintensives internationales Vertriebsnetz im Gegensatz zu den privaten Messeveranstaltern. Die Ausgestaltung reicht von regionalen Repräsentanzen in den örtlichen Industrie- und Handelskammern bis hin zu eigenen Tochtergesellschaften und wird determiniert durch das länderspezifische Potential. Eine zentrale systematische Koordination mit der Festlegung länderspezifischer Ziele und Strategien ist hier Voraussetzung für den erfolgreichen Einsatz des Vertriebsnetzes.

5.2 Durchführung von Messen im Ausland

Die Durchführung von Eigenveranstaltungen im Ausland beinhaltet die Planung, Vorbereitung und Organisation von Messen. Der anhaltende Globalisierungsprozess und die Verlagerung des Wirtschaftswachstums in andere Regionen wie Osteuropa oder vor allem Asien erfordert auch im Messemanagement die Erschließung neuer Wachstumsmärkte außerhalb des heimischen Marktes. Messen wachsen dort, wo Märkte entstehen. Gerade in komplexen, nicht sehr transparenten Märkten müssen Aussteller vor Ort präsent sein, um Geschäftskontakte anbahnen und lokale Kooperationspartner aufspüren zu können. Messeveranstalter können ihre Kunden ins Ausland begleiten und durch das Vertrauen in ihre Leistung ein gewisses Qualitätsniveau garantieren. Dies ist besonders wichtig, da sich der ausländische Messemarkt häufig als sehr unübersichtlich darstellt. Durch die Durchführung von Messen im Ausland können Messegesellschaften von den dortigen Wachstumsraten profitieren, Kompetenz für bestimmte Branchen zeigen, den heimischen Standort bekannt machen (bei Besitz- und Betreibergesellschaften) und somit auch Marktanteile sichern.

Die Durchführung von Messen kann entweder durch die reine Anmietung des Messegeländes erfolgen oder durch die Investition in ein eigenes Messegelände durch Kauf, Beteiligung oder Übernahme der Betreiberfunktion. Die hohen Investitionssummen mit dem verbundenen hohen unternehmerischen Risiko und die lokale Standortbindung sprechen häufig gegen die Investition in ein eigenes Messegelände, die Sicherung des Zugriffs auf das Messegelände wiederum dafür.

Besitz- und Betreibergesellschaften in öffentlich rechtlicher Hand müssen prinzipiell ihre Aktivitäten im Ausland intensiver vor ihren Anteilseignern begründen, da sie maßgeblich zur regionalwirtschaftlichen Förderung verpflichtet sind. Bei Messegesellschaften ohne eigenes Gelände ist die weltweite Anmietung eines Messegeländes und der daraus resultierenden schnellen Reaktionsgeschwindigkeit und Flexibilität auf Änderungen der geographischen Strukturen das Tagesgeschäft.

Die Auslandsaktivitäten werden häufig unter Einbezug von lokalen Partnern realisiert, um das Know-how der in dem Land ansässigen Gesellschaft zu nutzen. Zur Durchführung der Messen ist es vorteilhaft, eine eigene Tochtergesellschaft in dem Land zu besitzen, um schneller, flexibler, transparenter und näher im Markt agieren zu können.

Messekonzepte werden entweder spezifisch für die Erfordernisse des Landes bzw. der Region konzipiert oder aber bereits erfolgreiche und erprobte Messekonzepte werden in andere Länder transferiert und dort als fast gleiche Messekonzepte unter gleichen Messenamen veranstaltet, die so genannten Messeexporte. Gerade internationale Leitmessen können hierbei von dem Image ihrer Marke profitieren, da eine Etablierung in anderen Ländern leichter durch den Vertrauensvorsprung erfolgen kann.

6. Fazit und Ausblick

Der Beitrag zeigt die grundsätzlichen Strategieansätze auf Basis traditioneller marketingtheoretischer Grundsatzstrategien im Rahmen des Messemanagements auf. Die aktuelle Marktentwicklung sowie die Besonderheiten in der Messewirtschaft erfordern eine Überarbeitung der Strategieansätze. Die Konzentration auf Wachstumsstrategien bei gleichzeitiger Differenzierung hat eine vorrangige Bedeutung, um unter den verschärften weltweiten Wettbewerbsbedingungen bei gleichzeitig veränderten Ansprüchen der Kunden an ihren Messeauftritt und -besuch sowie der Abhängigkeit des Produktes von den Kunden, langfristig erfolgreich operieren zu können.

Um an den Umsatzpotentialen in Wachstumsmärkten partizipieren zu können, ist das Verfolgen einer Internationalisierungsstrategie unabdingbar. Der Schritt, im Ausland aktiv zu werden, bedarf gerade von Messegesellschaften mit eigenen Gelände eine äußerst präzise strategische Vorbereitung, nicht nur um die Anteilseigner von diesem Schritt überzeugen zu können, sondern auch, um die Synergien zu den eigenen heimischen Veranstaltungen ausnutzen zu können. Ein effizientes Prozessmanagement zwischen den Tochtergesellschaften vor Ort und der Muttergesellschaft sind hierbei von essentieller Bedeutung.

7. Literaturverzeichnis

ANSOFF, H. I., Management-Strategie, München 1966.

APPEL, C., Inteview; Internationalisierung – Herausforderungen für deutsche Messegesellschaften, in: m+a Newsline, Frankfurt 21.05.02.

DÜRR, J., Größenwahn trotz Branchenflaute, in: Handelsblatt, Düsseldorf, Beilage Internationale Messen, 09.01.03.

HOMBURG, C./KROHMER, H., Marketingmanagement, Wiesbaden 2003.

HUBER, A., Wettbewerbsstrategien Deutscher Messegesellschaften, Frankfurt am Main 1994.

KALKA, R./MÄßEN, A., Marketing, Planegg 1998.

KRESSE, H., Offensive Strategie, in: auslandskurier, Schwäbisch Hall, 04/2003-04-28.

NITTBAUER, G., Wettbewerbsvorteile in der Messewirtschaft, Wiesbaden 2000.

RIEDL, T., Riesen in Fesseln, in: Capital, Hamburg, Nr. 3 vom 24.01.02.

ROBERTZ, G., Strategisches Messemanagement im Wettbewerb, Wiesbaden 1999.

SIMON, H., Das große Handbuch der strategischen Konzepte, Frankfurt am Main 2000.

STOECK, N., Internationalisierungsstrategien im Messewesen, Wiesbaden 1999.

STROTHMANN, K.-H./BUSCHE, M., Handbuch Messemarketing, Wiesbaden 1992.

Dietmar Aulich

Qualität – ein unterschätzter Erfolgsfaktor für Messegesellschaften? Möglichkeiten und Grenzen von Total Quality Management (TQM) im Dienstleistungsunternehmen Messe

1. Einleitung

2. Bedeutung der Qualität als Erfolgsfaktor

3. Der Begriff Dienstleistungsqualität

4. Total Quality Management (TQM) als ganzheitliches Managementkonzept

5. Das Dienstleistungsunternehmen „Messegesellschaft" als Handlungsfeld für TQM
   5.1 Neue Herausforderungen für das Messemanagement
   5.2 Besonderheit der Dienstleistungsqualität im Messegeschäft
   5.3 Die strategischen Bausteine des TQM-Konzeptes

6. Die praktische Umsetzung von TQM
   6.1 Hindernisse auf dem Weg zur Durchsetzung
   6.2 Positive Einstellung als Treibstoff für erfolgreiche Umsetzung

7. Schlussbetrachtungen

8. Literaturverzeichnis

Dipl.-Vw. Dietmar Aulich ist Geschäftsführer der Hamburg Messe und Congress GmbH, Hamburg.

1. Einleitung

Sowohl in Wissenschaft wie in Praxis hat das Thema Qualität seit den 90er Jahren eine starke Entwicklung erlebt. In zunehmendem Maße wächst das unternehmerische und wissenschaftliche Bewusstsein über die Bedeutung der Qualität als marktstrategischem Faktor. Insbesondere für Dienstleistungsunternehmen gilt Qualität als ausschlaggebendes Handlungsfeld für den unternehmerischen Erfolg.

Da auch Messegesellschaften als spezifische Dienstleistungsbranche zunehmend vor der Herausforderung stehen, sich im Wettbewerb zu behaupten und ihre – aus deutschem Blickwinkel – bisher weitestgehend unangefochtene Führungsposition im internationalen Messegeschehen zu verteidigen, stellt sich die Frage, inwiefern die Qualitätsführerschaft als geeignete Wettbewerbsstrategie fungieren kann und ob auch bei Messegesellschaften ein adäquates Qualitätsmanagement notwendig geworden ist. Dabei ist wichtig, dass neben der Qualität der Dienstleistungsprodukte selbst auch die Qualität der Prozesse, der Arbeit und der Unternehmung als Ganzes Berücksichtigung finden. Ein solches langfristiges und ganzheitlich ausgerichtetes Managementkonzept stellt das ursprünglich für Industrieunternehmen entwickelte *Total Quality Management* (TQM) dar. Dieser umfassende Ansatz, der alle Phasen der Wertschöpfungskette umfasst, soll die Produkt- bzw. Dienstleistungsqualität des Unternehmens in allen Bereichen auf hohem Niveau zu günstigsten Kosten gewährleisten.

Dieser Artikel soll einen Beitrag zur Förderung systematischer Qualitätsüberlegungen im Messewesen als spezifischer Dienstleistungsbranche leisten. Da in dieser Branche ein systematisches Qualitätsmanagement bislang unterrepräsentiert ist, wird der Versuch unternommen, aufzuzeigen, auf welche Weise Messegesellschaften ein zukunftsorientiertes Qualitätsmanagement im Sinne des Total Quality Management-Ansatzes als umfassendem Managementkonzept einführen können und sollten.

2. Bedeutung der Qualität als Erfolgsfaktor

Die wirtschaftliche Realität, in der deutsche Unternehmen heute im Allgemeinen und Messegesellschaften im Besonderen im Markt handeln, ist geprägt durch einen tiefgreifenden Wandel der unternehmerischen Umfeldbedingungen. Das unternehmerische Handeln wird dadurch in zunehmendem Maße vor neue Herausforderungen gestellt: Neben demografischen, ökologischen und politischen Veränderungen stellen insbesondere der drastische Wandel der Markt- und Wettbewerbsverhältnisse, der Wertewandel und der technologische Wandel zentrale Einflussfaktoren dar, die für Unternehmen in Zukunft von entscheidender Relevanz sein werden (vgl. Schober 1991, S. 181).

Die Marktverhältnisse sind gekennzeichnet durch eine sich ständig verschärfende internationale Wettbewerbssituation infolge der zunehmenden Globalisierung unternehmerischen Handelns. Der Wertewandel manifestiert sich in einem zunehmenden Qualitätsbewusstsein, welches sich in wachsenden Ansprüchen und steigenden Erwartungen der Kunden und nicht zuletzt in einer veränderten Einstellung der Mitarbeiter zur Arbeit und zum Arbeitsleben zeigt (vgl. Schildknecht 1992, S. 52). Der fortschreitende technologische Wandel, insbesondere im Bereich der Informations- und Kommunikationssysteme, der innerhalb der Unternehmen bereits zu tiefgreifenden Veränderungen der Arbeitssituation der Arbeitnehmer geführt hat, ermöglicht wiederum den Kunden in zunehmendem Maße eine leicht realisierbare Markttransparenz, durch die Unternehmensleistungen verhältnismäßig einfach vergleichbar gemacht werden können. Die Kernfrage unternehmerischen Handelns ist, wie es gelingen kann, sich erfolgreich von der Konkurrenz abzugrenzen und langfristige Kundenbeziehungen aufzubauen. Dabei ist das Thema „Qualität" von entscheidender Bedeutung.

Unabhängig von Erkenntnissen der Erfolgsfaktorenforschung, die Qualität langfristig als den wichtigsten Einzelfaktor unter den erfolgsbeeinflussenden Variablen einstuft (vgl. Buzzell/Gale 1989, S. 39; S. 91), existieren eine Reihe von positiven Fallbeispielen aus dem Dienstleistungsbereich, deren Erfolg auf intensive Qualitätsbemühungen zurückzuführen ist. Internationale Unternehmen wie der Reiseveranstalter Club Méditerranée, die Fluggesellschaft SAS, die Hotelkette Mariott, der Kurierdienst Federal Express oder die Restaurantkette von McDonalds werden vor allem in praxisorientierten Publikationen immer wieder als erfolgreiche Qualitätsführer angeführt, nachdem sie sich jahrelang mit TQM auseinandergesetzt haben.

Die positive Wirkung von Qualität auf der Erlösseite werden über die Zwischenstufen Kundenzufriedenheit und Kundenloyalität bzw. Kundenbindung erreicht (vgl. Bruhn 1998, S. 6): Entsprechend bildet eine positiv bewertete Produkt- bzw. Dienstleistungsqualität, die sich über das theoretische Konstrukt Kundenzufriedenheit operationalisieren lässt, den Grundstock für den Aufbau und Erhalt langfristiger Kundenbeziehungen (vgl. Betzold 1996, S. 56). Dabei ist bei dem Begriff Kundenbindung sicherlich nicht an die z. Zt. anscheinend modisch gewordene Überhäufung des Kunden mit allen möglichen Rabatte gewährenden Coupons, Meilengutschriften u.ä. gedacht. Kundenbindung hat sich aus Überzeugung gegenüber der gesamten geforderten qualitativen Leistung des Lieferanten zu entwickeln. Zusammenfassend lässt sich feststellen, dass Qualität in zunehmendem Maße zur Determinante wirtschaftlichen Erfolges avanciert. Sie kristallisiert sich immer deutlicher als der bestimmende und entscheidende Wettbewerbsfaktor heraus. Sie scheint das wichtigste Instrument zu werden, um den unternehmerischen Erfolg durch zufriedene Kunden für die Zukunft zu sichern. Sie ermöglicht dem Anbieter eine Profilierung am Markt, schafft Wettbewerbsbarrieren gegen Konkurrenzprodukte und stellt das zentrale Instrument der Kundenbindung dar.

3. Der Begriff Dienstleistungsqualität

Der Begriff Dienstleistungsqualität wird genauso kontrovers diskutiert wie der Begriff der Dienstleistung selbst. Bisher herrscht in Wissenschaft und Wirtschaft noch kein Konsens über die Definition des Begriffes „Qualität". Die Vielschichtigkeit und Komplexität des Qualitätsphänomens manifestiert sich in verschiedensten Definitionsansätzen von Qualität (vgl. Berkel 1998, S. 69).

Für die Einschätzung von Dienstleistungsqualität ist mit Einschränkung der kundenorientierte Qualitätsbegriff am geeignetsten, da Dienstleistungen in wesentlichen Teilen auf der Interaktion zwischen Unternehmen und Kunden beruhen, wodurch dem subjektiven Urteil des Kunden entscheidende Bedeutung zukommt.

Der kundenorientierte Qualitätsbegriff betrachtet Qualität mit dem Auge des Nutzers. Qualität liegt demnach weniger im Produkt bzw. in der Dienstleistung, sondern leitet sich vielmehr aus der individuellen Qualitätswahrnehmung der Kunden ab. Damit erfolgt eine begriffliche Gleichsetzung von Qualität und Qualitätswahrnehmung (vgl. Berkel 1995, S. 23). Die subjektiven Bedürfnisse der Kunden sind demnach Maßstab für die Qualitätsbeurteilung. Ein Qualitätsmaximum ist dann erreicht, wenn die Bedürfnisse der Kunden maximal erfüllt sind. Demnach stellt dieser theoretische Ansatz im Vergleich zum produktorientierten Qualitätsverständnis eher die subjektive Komponente in den Vordergrund der Betrachtung.

Entsprechend kann nach Bruhn folgende Definition zugrunde gelegt werden: *„Dienstleistungsqualität ist die Fähigkeit eines Anbieters, die Beschaffenheit einer primär intangiblen und der Kundenbeteiligung bedürfenden Leistung auf Grund von Kundenerwartungen auf einem bestimmten Anforderungsniveau zu erstellen."* (vgl. Bruhn 1996, S. 27). Wie zu zeigen ist, wird eine solche kundenorientierte Sichtweise von Qualität auch im Rahmen des Total Quality Management-Ansatzes zugrunde gelegt. Eine Definition, die zunächst sehr theoretisch anmutet, jedoch alle wichtigen Elemente enthält.

4. Total Quality Management (TQM) als ganzheitliches Managementkonzept

Wie die meisten anderen (Dienstleistungs-) Unternehmen sind auch Messegesellschaften in zunehmendem Maße auf der Suche nach neuen Managementkonzepten, um im ständig schärfer werdenden Wettbewerb langfristig bestehen zu können. Angesichts veränderter Rahmenbedingungen stehen jahrzehntelang bewährte Handlungsmuster verstärkt auf dem Prüfstand. Total Quality Management stellt ein vielversprechendes Management-konzept dar, um auf die dynamischen Rahmenbedingungen zu reagieren. Dabei handelt es sich um eine inhaltliche Fortführung der in den vergangenen Jahren und Jahrzehnten stattgefundenen Entwicklung der Qualität sowie der ihr beigemessenen Bedeutung. Beim Total Quality Management handelt es sich um den umfassendsten Ansatz zur Steuerung der Qualität. Durch seine Ausrichtung nicht nur auf Leistungsergebnisse, sondern auch auf sämtliche Prozesse der Leistungserstellung sowie auf die Potentiale wie Mitarbeiter, Gebäude, Standortunterstützung, Sachleistungen und das Umfeld des Unternehmens stellt es die höchste Stufe der Qualitätsbemühungen dar.

Die tatsächliche Herkunft des Begriffes „TQM" ist nicht eindeutig geklärt. Verstärkt taucht er seit den 80er Jahren in der Qualitätsdiskussion sowie in der entsprechenden Fachliteratur auf und kann mit „Umfassendem Qualitätsmanagement" übersetzt werden. Die Weite des TQM-Konzeptes zeigt sich in der näheren Betrachtung der einzelnen Beg-riffsbestandteile „Total", „Quality" und „Management", welche die Kernaussagen des Begriffs „TQM" verdeutlichen.

Im Begriff *„Total"* spiegelt sich die Ganzheitlichkeit des Ansatzes. Er steht für das Ein-beziehen aller Mitarbeiter, aber auch ganz besonders der Kunden. *„Quality"* steht für ein mehrdimensionales Qualitätsverständnis, von dem der Qualitätsanspruch umfassender Qualitätskonzepte im Sinne des TQM ausgeht. Neben der Ausweitung des Kundenbe-griffes, der neben den externen Kunden auch interne Kunden mit einbezieht, verfügt der Qualitätsbegriff über eine starke Ausdehnung seiner Gegenstandsbereiche. Neben der Qualität der Produkte bzw. Dienstleistungen sind auch die Qualität der Arbeit, der Pro-zesse und des Unternehmens als Ganzes relevant. *„Management"* steht für das Bestre-ben, die bislang in der Unternehmung existierenden, punktuellen Bemühungen und Teil-konzepte der Qualitätssicherung zu einem synchronisierten Gesamtsystem zu formen. Damit ist es vor allem als deutliche Managementaufgabe markiert.

Als zentrale strategische Bausteine, auf die sich der Umsetzungsprozess des Total Qua-lity Management-Konzeptes bezieht und die im Rahmen einer Einführung zu gestalten sind, gelten in Anlehnung von Meier (vgl. Meier 1997, S. 45) folgende Orientierungs-ebenen:

- Kundenorientierung

- Mitarbeiterorientierung

- Prozessorientierung.

Im Ergebnis soll damit eine kontinuierliche Verbesserung der Unternehmensleistung erzielt werden. Kunden-, Prozess- und Mitarbeiterorientierung dürfen nicht als voneinander losgelöste, einzelne Elemente verstanden werden. Für eine erfolgreiche Umsetzung von TQM ist eine ausgewogene und untereinander abgestimmte Gewichtung der drei genannten Handlungsfelder von großer Wichtigkeit.

Kundenorientierung kommt im Rahmen des TQM-Konzeptes entscheidende Bedeutung zu. Sie stellt ein Mittel zur Realisierung von Kundennähe dar, durch die ihrerseits Kundenbindung erzeugt werden soll, sicherlich erschwert durch zunehmende Globalisierung. Inhaltlich bedeutet Kundenorientierung die genaue Analyse und Befriedigung von speziellen Bedürfnissen einzelner Kunden. Die konsequente Ausrichtung des Unternehmens auf Kundenanforderungen und -erwartungen sowie die Optimierung der Geschäftsaktivitäten aus Sicht der Kunden ist primäres Ziel und unternehmensweite Aufgabe im Rahmen von TQM. Zu den zentralen Aspekten der Kundenorientierung zählen die Ermittlung von Kundenanforderungen, die Umsetzung von Kundenanforderungen, konsequentes Beziehungsmanagement, Kundenwerbung sowie die permanente Ermittlung und Verbesserung der Kundenzufriedenheit (vgl. Radtke 1998, S. 95).

Ferner zeichnet sich erfolgreiche TQM-Realisation durch ein hohes Maß an *Mitarbeiterorientierung* aus. Unter Mitarbeiterorientierung im Sinne des TQM wird das Eingehen auf die Bedürfnisse der Mitarbeiter und die konsequente Einbeziehung aller Unternehmensangehörigen in den TQM-Prozess verstanden (vgl. Meier 1997, S. 49). Mit der Einführung von TQM werden grundlegende Anpassungs- und Wandlungsprozesse nötig, deren Realisierung nur mit engagierten Mitarbeitern möglich ist. TQM kann nur wirksam und effizient umgesetzt werden, wenn es die betroffenen Mitarbeiter bereitwillig tragen. Ohne die Identifikation der Mitarbeiter mit den Zielsetzungen und Prinzipien des Total Quality Management-Gedankens ist dieser kaum realisierungsfähig. Ein Eingehen auf die Bedürfnisse der Mitarbeiter ist Teil des Selbstverständnisses der TQM-Philosophie, die in den Mitarbeitern eine wichtige Anspruchsgruppe der Unternehmung sieht. Die Erfüllung von Mitarbeiteranforderungen kann als ein Teilbereich der Unternehmensziele interpretiert werden. Zu den wichtigsten Aspekten der Mitarbeiterorientierung zählen die Mitarbeiterqualifikation, die Mitarbeiterkommunikation, die Mitarbeitermotivation sowie die stetige Ermittlung und Verbesserung der Mitarbeiterzufriedenheit (vgl. Radtke 1998, S. 61, S. 116).

Neben der Kunden- und Mitarbeiterorientierung stellt eine konsequente *Prozessorientierung* einen essentiellen strategischen Baustein eines umfassenden präventiven Qualitätskonzeptes im Sinne des Total Quality Managements dar. Ihre Relevanz erhält die Prozessorientierung durch die Tatsache, dass Produkte und Dienstleistungen immer das Ergebnis von Prozessen sind und dementsprechend der erweiterte Qualitätsbegriff im

Rahmen von TQM sich nicht nur auf die Produkte und Dienstleistungen selbst beschränkt, sondern auch die betrieblichen Abläufe mit einschließt. Wenn man das gesamte betriebliche Handeln als Kombination von Prozessen und Prozessketten interpretiert, sind sämtliche Bereiche des Unternehmens – also auch der administrative – zu
berücksichtigen. Die Prozessorientierung konkretisiert sich in einem systematischen
Prozessmanagement, das sich über Prozessbeschreibung, Prozessstrukturierung sowie
Prozessregelung und kontinuierliche Prozessverbesserung realisiert (vgl. Radtke 1998,
S. 104). Die genannten Phasen müssen dementsprechend in einem kontinuierlichen
Kreislauf bearbeitet werden.

5. Das Dienstleistungsunternehmen „Messegesellschaft" als Handlungsfeld für TQM

5.1 Neue Herausforderungen für das Messemanagement

Der Messeplatz Deutschland genießt in Europa und im Weltmaßstab Anerkennung als
Messeland Nummer 1. Obgleich die Spitzenposition der deutschen Messewirtschaft allgemein akzeptiert wird, ist nicht zu verkennen, dass deutsche Messegesellschaften in
Zukunft vermehrt mit einer hohen Dynamik des Wettbewerbs auch vor dem Hintergrund
zunehmender Globalisierung konfrontiert und damit vor neue Herausforderungen gestellt
werden. Messegesellschaften müssen auf die Herausforderungen reagieren, die sich aus
der veränderten Wettbewerbsdynamik ergeben. Da der größte Druck durch den Wettbewerb zwischen Messegesellschaften besteht, kommt mit zunehmender Intensivierung des
Wettbewerbs der Differenzierung unter den etablierten Messegesellschaften eine wachsende Bedeutung zu.

Aus dem vielfältigen Differenzierungspotential von Messegesellschaften wurde in der
Vergangenheit der Fokus stark auf quantitatives Wachstum (Stichwort: Kapazitätsaus-
weitungen) in Verbindung mit technisch höchsten Ansprüchen gelegt. Qualitative Bemühungen hatten sekundäre Bedeutung und waren stark auf die Optimierung der Ausstattung der Infrastruktur einer Messe ausgerichtet. Auf Grund der Tatsache, dass jedoch
sowohl die flächenmäßigen Voraussetzungen als auch die Ausstattung der Messegelände
in Deutschland, wie auch weltweit konvergieren, ist der Differenzierungsgrad unter diesen Gesichtspunkten langfristig von verhältnismäßig geringer Bedeutung. Außerdem
sind Größe und Ausstattung noch lange keine Kriterien, um sich langfristig im Wettbewerb um Messeteilnehmer auszuzeichnen. Das Thema Dienstleistungsqualität muss zunehmend auch bei Messegesellschaften in den Mittelpunkt des Interesses gerückt werden. Vor dem Hintergrund einer sich verschärfenden Konkurrenzsituation müssen
Messen ihre Dienstleistungen stets und punktgenau den Anforderungen des Marktes an-

passen, um ihre Position im Markt erfolgreich behaupten zu können. Es gilt die Qualität zugunsten der Kunden, also der Aussteller und Besucher zu verbessern. Dabei ist zu berücksichtigen, dass auch Aussteller und Besucher von Messen den Auswirkungen des Wertewandels unterliegen, was sich in einem zunehmenden Qualitätsbewusstsein, wachsenden und differenzierteren Wünschen sowie verschärften Leistungsforderungen manifestiert. Ferner darf nicht vergessen werden, dass sie sich durch die Möglichkeiten des Internets so schnell und unbürokratisch über konkurrierende Messeplätze wie nie zuvor informieren können.

Vor diesem Hintergrund kann nur in der Realisierung eines konsequenten Qualitätsmanagements die Chance gesehen werden, die Wettbewerbsfähigkeit bei einem sich verschärfenden Wettbewerb aufrechtzuerhalten, auszubauen oder auf eine neue Grundlage zu stellen: Das Konzept des Total Quality Managements kann dabei für Messegesellschaften ein durchaus adäquater Ansatz sein, um umfassende Qualität realisieren zu können, sich damit im Wettbewerb abzugrenzen und die steigenden Qualitätsanforderungen von Ausstellern und Besuchern zu erfüllen oder – besser – zu übertreffen.

5.2 Besonderheit der Dienstleistungsqualität im Messegeschäft

Anschließend an die theoretischen Ausführungen soll aufgezeigt werden, wie in der Praxis Unterschiede je nach Aufgabenstellung zum Begriff der Qualität entstehen und verstanden werden.

Was ist im Dienstleistungsunternehmen Messe eigentlich Qualität und was ist so anders? Das fertige Produkt der Messegesellschaft – die Messe oder Ausstellung – unterscheidet sich von den Produkten vieler anderer Unternehmen in ihrer Komplexität und in der Notwendigkeit der punktgenauen terminlichen Fertigstellung. Eine Eröffnung mit Verspätung von einer Stunde oder einem Tag ist eine absolute Fehlleistung, die alle anderen qualitativ hervorragenden Dienste in der Vorbereitung oder im Umfeld zunichte macht. Hier zeigt sich die Absolutheit des Qualitätsbegriffs. Ein anderes Beispiel aus einer anderen Branche zeigt einen ähnlichen Anspruch. Die Lieferung von sauberem Trinkwasser eines Wasserwerks zu 99,9 Prozent, d.h. eine Stunde/Monat schlechtes Wasser = schlechte Qualität = komplettes Versagen, obwohl scheinbar eine Stunde/Monat sehr wenig ist gemessen an dem Gesamtvolumen. Also muss Qualität entsprechend den Anforderungen des Kunden immer 100 Prozent sein bzw. absolut verlässlich. Maßstab dafür ist die volle Zufriedenheit des Kunden, die in Gänze auch nur erreicht werden kann, wenn die Anforderungen klar, verständlich und umfassend genannt worden sind. Wenn ein Kunde mit der Qualität der Autoreinigung an der Tankstelle nicht zufrieden ist, liegt das möglicherweise an dem Kunden, der nicht deutlich von Innenreinigung gesprochen hat, d.h. Qualität ist immer nur so gut wie das Briefing.

Wesentlich für seine jeweilige Leistung ist also das Wissen, an welchem Punkt die Qualität absolut ist, sei sie unabdingbar mit Zeitvorgaben oder mit einem vorgegebenen Leistungsumfang verknüpft. Also gilt:

- Qualität bedeutet immer 100 Prozent

- Qualität muss zuverlässig sein

- Qualität kann nur so gut sein wie das Briefing.

Der Qualitätsbegriff hat aber auch ein erschwerendes Moment im Dienstleistungsunternehmen, ganz im Gegensatz zum klassischen Produktionsbetrieb. Sie enthält zwei Verhaltensweisen, die nur bei Erfüllung beider Komponenten die Qualität als Endprodukt gewährleisten: „dienen" und „leisten".

Insbesondere mit dem „Dienen" – so wird vielfach behauptet – hätten wir in Deutschland große Probleme, anders als beispielsweise die eher vorbildlichen USA. Andererseits kann es so schlecht wiederum nicht sein, denn im Messewesen, also einer typischen Dienstleistungsbranche, gelten wir international als diejenigen, die bisher die Maßstäbe weltweit gesetzt haben. Beim „Leisten" ist die gängige Meinung nach wie vor, dass niemand so tüchtig beim „Leisten" und damit eingeschlossen beim „Organisieren" ist wie wir. Dieser noch existierende Wettbewerbsvorsprung sollte jedoch niemanden dazu verführen, sich darauf auszuruhen.

5.3   Die strategischen Bausteine des TQM-Konzeptes

Die zentralen strategischen Bausteine sind – wie in Kapitel 4 eingeführt – *Kundenorientierung*, *Mitarbeiterorientierung* und die *Prozessorientierung* der Messegesellschaften in ihrer täglichen Arbeit. Was heißt das im Einzelnen in der Praxis?

Die konsequent kundenorientierte Denk- und Handlungsweise im Rahmen der Kundenorientierung zählt zu den wichtigsten Aspekten des TQM. Bei Messegesellschaften sind es teilweise – anders als in sonstigen Dienstleistungsunternehmen – mehrere Kundengruppen, die in den Prozess der Leistungserstellung eingebunden sind. So gehören neben Ausstellern und Besuchern Multiplikatoren wie Verbände, Trägerorganisationen und – selbstverständlich nicht zu vernachlässigen – die Vertreter der Medien dazu. Selbst wenn es bei letzteren keine unmittelbare vertragliche Leistungserfüllung im kaufmännischen Sinne gibt, sind sie nicht zuletzt für das Image und die Bewertung von Servicefreundlichkeit mehr als meinungsbildend. Dabei ist es außerordentlich wichtig, dass die Bedürfnisse der genannten Kundengruppen nicht nur weitestgehend erfüllt werden, sondern einem ständigen Prozess des messeeigenen Controllings unterliegen, um im Idealfall Veränderung des Kundenverhaltens rechtzeitig festzustellen und entsprechend so frühzeitig zu reagieren, dass nicht nur Beschwerden ausbleiben, sondern der entscheidende Vorsprung im Wettbewerb erhalten bleibt. Die Gesamtheit der Mitarbeiter stellt, neben dem Gelände als Produktionsstätte des Unternehmens, den wichtigsten Produktionsfaktor dar. Sowohl Potentialqualität wie Prozessqualität der Dienstleistung werden entscheidend durch die Fähigkeiten, das Know-how und das unmittelbare Verhalten gegenüber den Kunden bestimmt. Dabei ist unabdingbar, dass nicht nur die direkten Mitarbeiter des Unternehmens einbezogen werden, sondern entsprechend alle Dienstleister vom Gastronom bis zum Standbauer, vom Interviewer bis zur Hostess, in die Entwicklung des TQM-Konzeptes eingebunden werden. Der Kunde sieht alle Mitarbeiter des Messeunternehmens wie auch die Vertreter der Dienstleister auf dem Gelände gleichermaßen als verantwortlich an; eine Aussage nach dem Motto „Ich bin nicht zuständig!" ist dabei absolut kontraproduktiv. Bei den unterschiedlichen Strukturen der jeweiligen Unternehmen wächst dem handelnden Management der Messegesellschaft bei der Durchsetzung von TQM eine enorme Bedeutung zu.

Prozessorientierung ist bei Messegesellschaften im Hinblick auf den Qualitätsanspruch sicherlich unterschiedlich im Vergleich zu vielen anderen Unternehmen. Die Einbeziehung des Kunden „Aussteller" in den Prozess von der Bewerbung des potentiellen Kunden bis zur tatsächlichen Ausstellerpräsentation auf der Messe selbst, kann je nach Turnus der Veranstaltung mehrere Jahre dauern. Während dieses Prozesses ist die Einbeziehung des Kunden wünschenswert intensiv, unterliegt weitestgehend gewollt höchsten Ansprüchen der Servicequalität und endet im günstigsten Falle bei intensiver Kundenbindung. Dieser begleitende Prozess der laufenden Auseinandersetzung mit dem Kunden bedarf einer systematischen und ständigen Überprüfung durch und mit den betreffenden Mitarbeitern. In der Qualität dieses Prozesses zeigt sich auch zu wesentlichen Teilen der Erfolg oder Misserfolg. Hier manifestiert sich noch einmal die umfassende Managementaufgabe bei der Implementierung der zentralen strategischen Bausteine des TQM-Konzeptes.

Natürlich ist auch der Kunde „Besucher" von dem Prozess betroffen, in dem ihm idealerweise die Vorbereitung des Besuchs einer Messe weitgehend vorgeplant geliefert wird und ihm alle erforderlichen Leistungsanforderungen von Informationen über Aussteller und Produkte bis hin zu Reiseunterlagen und Hotelreservierung termingerecht geliefert werden. Auch hier noch mal der Hinweis, dass zwischen den Leistungen der Messe selbst und denen der jeweiligen Serviceunternehmen vom Kunden nicht unterschieden wird, was die Einbeziehung der Servicefirmen in diesem Prozess noch mal nachhaltig unterstreicht.

6. Die praktische Umsetzung von TQM

Obgleich der Nutzen und der Sinn eines systematischen Qualitätsmanagements im Sinne des Total Quality Management als Konzept außer Frage stehen, kann die Umsetzung ei-

nes derart angelegten Qualitätsmanagements auf zahlreiche Hemmnisse und Widerstandsbereiche treffen. Bevor eine erfolgreiche Einführung und Umsetzung des Total
Quality Managements erfolgen kann, ist es erforderlich, sich diese potenziellen Hürden
bewusst zu machen, um im Rahmen des Einführungs- und Umsetzungsprozesses prä-
ventiv handeln zu können.

6.1   Hindernisse auf dem Weg zur Durchsetzung

Grundsätzlich gilt, dass sämtliche Unternehmen, die sich mit der Einführung und Umsetzung von Total Quality Management beschäftigen, auf Widerstände stoßen können –
gleich ob Industrie- oder Dienstleistungsunternehmen. Entsprechend müssen auch Messegesellschaften Barrieren berücksichtigen, die inhaltlicher, struktureller oder personel-
ler Art sein können. Als Voraussetzung für die Durchführung des TQM-Prozesses gilt
die unbedingte Einbeziehung in die strategischen Unternehmensziele. Wenn sichergestellt werden kann, dass dieses unternehmerische Leitbild von allen Mitarbeitern getragen wird, dann ist eine wichtige Barriere aus dem Weg geräumt. Bei dem alle Bereiche
umfassenden Konzept des TQM gilt es, eine organisatorische Verankerung aufzubauen,
die mit einer klar zugeordneten Verantwortung die Entwicklung dieses Konzeptes begleitet. Die wichtigste Barriere überhaupt bei einem dermaßen umfassenden Veränderungsprozess ist jedoch die unbedingte Überzeugung im Topmanagement über die Notwendigkeit dieser Maßnahme. Sollte dies nicht klargestellt sein, ist es besser auf TQM
zu verzichten, da die Gefahr des Scheiterns offensichtlich ist und das Scheitern derartiger Maßnahmen verheerende Auswirkungen auf die Motivation der Mitarbeiter und das
Betriebsklima zur Folge haben kann. Also: Wille und Ausdauer sind die entscheidenden
Elemente dieses Prozesses, der von oben nach unten getragen werden muss.

6.2   Positive Einstellung als Treibstoff für erfolgreiche Umsetzung

Beim Umsetzen von TQM handelt es sich – wie beschrieben – um ein auf langfristigen
unternehmerischen Erfolg abzielendes Konzept, das nach Ansicht von Fachleuten in der
Regel einen Zeitraum von fünf bis zehn Jahren benötigt, je nachdem, welches Engagement das Top-Management zeigt. In dieser Zeit sind eine Vielzahl von aufeinanderfolgenden Maßnahmen notwendig, die sich in ihrer Wirkung verstärken und gemeinsam
den Weg zur *„Business Excellence"* (vgl. Malorny 1999) ebnen. Um während dieser
Zeitspanne nicht die Orientierung zu verlieren, ist das Setzen von „Meilensteinen" im
Rahmen eines vorausschauenden Umsetzungspfades zweckmäßig. Dies ermöglicht eine
laufende Standortbestimmung der eigenen TQM-Bemühungen. Einen solchen Umsetzungspfad hat Malorny entwickelt. Hierbei handelt es sich um ein vierphasiges, stufen-

förmiges Modell, bei dem der Abschluss der jeweiligen Phase jeweils einen Meilenstein im Rahmen der Umsetzung von TQM darstellt.

Grundsätzlich kann der Weg zur Erfüllung durch TQM in vier Phasen eingeteilt werden. Das Unternehmen gewinnt in jeder Phase zunehmende Kompetenz für TQM. Der Umsetzungspfad nach Malorny (vgl. Malomy 1999, S. 361) ist gekennzeichnet durch vier grundsätzliche Phasen:

1. Initiierung von TQM – Veränderung einleiten.

2. Unternehmensweite Anwendung und Entfaltung des TQM.

3. Beschleunigung des Verbesserungsprozesses und innovative Ausrichtung.

4. Kontinuität, Verfeinerung und Dynamisierung des TQM.

Diese Phasen hat Malorny aus der langjährigen Beobachtung und Unterstützung von erfolgreichen unternehmerischen TQM-Umsetzungen abgeleitet. Jede Phase kann durch charakteristische Merkmale und Hauptstellhebel gekennzeichnet werden. Mit Hilfe der Merkmale soll es möglich gemacht werden, Schwerpunkte für die Einführung von TQM zu ermitteln und Hinweise zur Weiterentwicklung im Sinne von Gestaltungsanforderungen zu geben.

Im Rahmen der Initiierung von TQM wird der Veränderungsprozess in Richtung einer qualitätsorientierten Unternehmensführung eingeleitet. Im Zentrum der Bemühungen steht, einen grundlegenden Bewusstseinswandel zu initiieren. Sowohl auf Managementebene als auch bei den Mitarbeitern muss zunächst Veränderungsbereitschaft geweckt und gefördert werden. Es muss ein Problembewusstsein und eine breite Akzeptanz für Veränderungen geschaffen werden. Um Vertrauen aufzubauen und Ängste abzubauen, sollten die Mitarbeiter in die Suche nach neuen Lösungsansätzen einbezogen werden. Die Mitarbeiter werden auf die Einführung von TQM vorbereitet und es werden erste wesentliche Voraussetzungen geschaffen, um eine breite Bewusstseinsbasis für TQM zu erarbeiten. Dazu gehört die inhaltliche Kommunikation der TQM-Geisteshaltung und ein genereller Qualifikationsprozess aller Mitarbeiter. Entsprechend der Zielsetzung der Sensibilisierungsphase sollte es sich zuerst um Lerninhalte handeln, die die Bewusstseinsbildung für die Einführung von TQM fördern. Ferner beginnt das Unternehmen in dieser Phase, durch Pilotprojekte erste Erfahrungen mit der Managementmethode TQM zu gewinnen und setzt Veränderungsprozesse in Gang (vgl. Malorny 1999, S. 384).

Ist die notwendige Sensibilisierung einer kritischen Zahl von Führungskräften und Mitarbeitern für die Idee des Total Quality Managements erreicht, gilt es, dieses unternehmensweit zu verankern. In der Folgephase wird die unternehmensweite Anwendung und Entfaltung des TQM vorangetrieben. Sie zielt auf einen Führungs- und Strukturwandel der gesamten Organisation ab. Die unternehmensweite Einführung von TQM muss vertikal über alle Hierarchieebenen und horizontal über alle Prozesse des Unternehmens betrieben werden. Wichtig ist dabei die Überwindung von Grenzen und Barrieren in der Organisation. Da ein nachhaltiger Wandel von Führung und Struktur immer auch eine erhebliche Veränderung im Verhalten der Menschen erfordert, stehen in der Realisierungsphase weiterhin Qualifikations- und Schulungsmaßnahmen im Vordergrund. Zusammen mit einer wachsenden Dezentralisierung und Eigenverantwortlichkeit können die Mitarbeiter von TQM überzeugt werden (vgl. Malorny 1999, S. 392).

Werden die neuen Ansätze des TQM-Konzeptes in weiten Teilen des Unternehmens ausreichend beherrscht, also führen sie zu tatsächlichen Leistungssteigerungen, so sind die vielfältigen Einzelmaßnahmen zu harmonisieren und zu vernetzen. Erfolgreiche Ansätze und Methoden müssen im ganzen Unternehmen kommuniziert und standardisiert werden. So kann aus bewährten Einzelaktionen ein harmonisches Gesamtwerk entstehen. Eine weitere Zielrichtung zur Stabilisierung des TQM ist die Förderung der Kreativität und Ausweitung der Verantwortung für die Mitarbeiter (vgl. Malorny 1999, S. 399).

Die letzte Phase ist die der Exzellenz und dient zur Verfeinerung und Dynamisierung des TQM-Prozesses. Sämtliche Veränderungs- und Verbesserungsmaßnahmen müssen in die tägliche Arbeit integriert werden. Das Unternehmen gewinnt an innerer Kraft durch eigenverantwortlich handelnde und kreative Mitarbeiter. Die Verankerung des Innovationsgedankens in der Organisation nimmt einen zentralen Stellenwert ein und die Innovationsfähigkeit wird zur treibenden Kraft des Unternehmens, um erfolgreich im Wettbewerb zu bestehen. Wesentlich am TQM ist, dass es sich um eine kontinuierlich anzuwendende Managementmethode handelt und es keinen Projektabschluss oder ein Ende von TQM gibt. Exzellente Unternehmen zeichnen sich dadurch aus, dass sie kontinuierlich nach Verbesserungen und Erneuerungen streben, dieses aber aus der Position eines erfolgreich etablierten Managements heraus vornehmen (vgl. Malorny 1999, S. 401).

7.   Schlussbetrachtungen

Auf Grund veränderter Rahmenbedingungen, die auch die deutsche Messewirtschaft berücksichtigen muss, gewinnt die Qualitätsorientierung in wachsendem Maße an Bedeutung. Insbesondere der sich zunehmend verschärfende Inter- und Intrawettbewerb, aber auch der Wertewandel, durch den Aussteller und Besucher als primäre Kunden der Dienstleistungsunternehmung Messegesellschaft immer höhere Qualitätsanforderungen an Messegesellschaften stellen, und nicht zuletzt die leichter realisierbare Markttransparenz infolge des technologischen Wandels zwingen Messegesellschaften, Qualität verstärkt in das Zentrum ihrer Bemühungen zu rücken.

Während in der Vergangenheit der Fokus mehr auf der Ausweitung von Kapazitäten und der Optimierung der Messegelände lag, um im Wettbewerb zu bestehen gilt es heute, eine Vielzahl weiterer Gesichtspunkte in die Überlegungen einzubeziehen. Die qualitativen Bemühungen dürfen sich keineswegs mehr in isolierten Problemlösungen erschöpfen. Vielmehr ist es erforderlich, Qualität ganzheitlich zu betrachten. Als adäquate Grundlage, um die Qualitätsbemühungen von Messegesellschaften systematisch und umfassend voranzutreiben, erscheint das Total Quality Management durchaus geeignet. Im Rahmen dieses Konzeptes werden nämlich keine isolierten Problemlösungen angestrebt, sondern vielmehr organisationsweit Qualitätssteigerungen zielgerichtet verfolgt. Die zentralen strategischen Bausteine des Konzeptes – Kunden-, Mitarbeiter- und Prozessorientierung – können auf Messegesellschaften ohne weiteres übertragen werden können.

Trotz der grundsätzlichen Eignung des Konzeptes für Messegesellschaften kann eine erfolgreiche Umsetzung durchaus durch diverse Hemmnisse und Widerstandsbereiche behindert werden, wodurch die Grenzen des Ansatzes sichtbar werden. Insbesondere die mangelnde Überzeugung und das entsprechend zu geringe Engagement des obersten Managements werden in Praxis und Wissenschaft immer wieder als entscheidende Hindernisse einer erfolgreichen Umsetzung herausgestellt. Grundsätzlich müssen sich Unternehmen, die sich mit der Einführung und Umsetzung des Total Quality Managements befassen, der möglichen Barrieren bewusst sein und diese in ihren konzeptionellen Überlegungen zur Umsetzung des Total Quality Managements berücksichtigen.

Zusammenfassend kann festgestellt werden, dass im Messewesen als spezifischer Dienstleistungsbranche umfangreiche Potenziale zur Optimierung der Dienstleistungsqualität vorhanden sind. Der derzeitige Anwendungsstand des Qualitätsmanagements im Messewesen bleibt noch hinter den dargelegten Möglichkeiten ganzheitlicher Total Quality Management-Konzepte zurück. Dies zeigt, dass systematisches Qualitätsmanagement und die konsequente Ausrichtung an Ausstellern und Besuchern als primäre Kunden bei Messegesellschaften noch in den Kinderschuhen steckt. Entsprechend kann abschließend auf die folgende Aussage von Maxim Worcester, Generalbevollmächtigter der FAZ, im Rahmen einer AUMA-Podiumsdiskussion verwiesen werden: *„(...) es ist etwas fahrlässig zu glauben, dass der Dienst am Kunden in der deutschen Messewelt befriedigend ist, er ist nie befriedigend. Der Dienst am Kunden muss immer verbessert werden, man darf sich nie zurücklehnen."* (Worcester 1997, S. 33).

8. Literaturverzeichnis

BERKEL, I., Die Rolle der Organisationsentwicklung im Dienstleistungsqualitätsmanagement: dargestellt am Beispiel einer Kundenbefragung im Privatkundengeschäft, München 1998.

BETZOLD, T., Zur Messung der Dienstleistungsqualität: eine theoretische und empirische Studie zur Methodenentwicklung unter besonderer Berücksichtigung des ereignisorientierten Ansatzes, Frankfurt am Main u.a. 1996.

BRUHN, M., Qualitätsmanagement für Dienstleistungen: Grundlagen, Konzepte, Methoden, 2. überarb. und erw. Aufl., Berlin u.a. 1996.

BRUHN, M., Wirtschaftlichkeit des Qualitätsmanagements: Qualitätscontrolling für Dienstleistungen, Berlin u.a. 1998.

BUZZELL, R.D./GALE, B.T., Das PIMS-Programm: Strategien und Unternehmenserfolg. Wiesbaden: Qualitätsmanagement für Dienstleister. Grundlagen, Selbstanalyse, Umsetzungshilfen, Berlin u.a. 1989.

MALORNY, C., TQM umsetzen: Weltklasse neu definieren, Leistungsoffensive einleiten, business excellence erreichen, 2. überarbeitete und aktualisierte Aufl., Stuttgart 1999.

MEIER, A., Führungsmaßnahmen und mitarbeiterorientierte Motivationskonzepte zur Unterstützung des Total Quality Managements: eine praxisorientierte Untersuchung, Frankfurt am Main 1997.

RADTKE, P., Das Berliner Modell zur Umsetzung von TQM. in: Kamiske, G. F. (Hrsg.), Der Weg zur Spitze. Mit Total Quality Management zu Business Excellence – der Leitfaden zur Umsetzung, München 1998, S. 35-130.

SCHILDKNECHT, R., Total Quality Management: Konzeption und state of the art, Frankfurt am Main 1992.

SCHOBER, W., Neue Werte und Technologien in der Personalwirtschaft, Wiesbaden 1991.

WORCESTER, M., Podiumsdiskussion. in: AUMA (Hrsg.), 1. AUMA Messeforum 1997: der Messeplatz Deutschland im globalen Wettbewerb, Köln 1997, S. 23-33.

Bernd A. Diederichs

Effizienz- und Kostenmanagement:
Für Aussteller, Besucher und die Messen selbst

1. Einleitung

2. Die Messlatte liegt nur vermeintlich hoch

3. Austausch statt Unterhaltung ist gefragt

4. Plattformen der Wissensgesellschaft

5. Messeplatz Deutschland – weltweit?

6. Die Messen von morgen

7. Literaturverzeichnis

Bernd A. Diederichs ist Geschäftsführer der NürnbergMesse GmbH, Nürnberg.

1. Einleitung

Über fünfzig Jahre lang war die deutsche Messeszene auf der Überholspur – immer größer, immer besser und immer bunter wurden die Veranstaltungen. Stagnation oder gar
Rückgang kannten die erfolgverwöhnten Messemanager nur aus anderen Branchen.
Doch der Höhenflug scheint vorüber; erstmals seit Gründung der Bundesrepublik
Deutschland schlägt die gedrückte Wirtschaftslage auch auf das Messewesen durch. Be-
sucher- wie Ausstellerzahlen sinken, Ausstellungsflächen werden kleiner, Veranstaltungen abgesagt oder verschoben.

In der Tat finden derzeit im Kommunikationsgeschäft erhebliche Umbrüche statt. Denn
in Zeiten knapper Kassen und zögerlicher Nachfrage gilt es, Streuverluste zu vermeiden
und den Kunden direkt und emotional anzusprechen (Kresse 2003). Das Kommunikationsinstrument „Messe", so eine Funktionsanalyse des Ausstellungs- und Messe-Ausschusses der Deutschen Wirtschaft (AUMA), wird bei drei von vier Unternehmen eingesetzt (EMNID 1999). Eine höhere Durchdringung haben nur persönlicher Verkauf und
Direktwerbung. Auch hinsichtlich der Qualität wird Messen – direkt nach dem Außendienst – der höchste Stellenwert zugemessen. Eindeutiger und originärer Vorteil von
Messen ist ihre Multifunktionalität. Eine Schwäche ist der hohe Kostenaufwand, wobei
nur ein Bruchteil der Kosten in direkter Verantwortung der Messegesellschaften selbst
liegt. Für Aussteller zählt allerdings der Gesamteindruck, der Meinungen, Einstellungen
und damit auch Entscheidungen beeinflusst. Es gilt also, die hohe Multifunktionalität
und Synergiefähigkeit von Messen zu betonen und als Entscheidungskriterium nicht die
Kosten, sondern die Kosten-Nutzen-Relation zu empfehlen.

2. Die Messlatte liegt nur vermeintlich hoch

Stellten Unternehmen früher aus, weil sie regelmäßig auf einer akzeptierten Branchenveranstaltung vertreten sein wollten, so muss sich inzwischen der Messebesuch in Euro
und Cent rechnen. In Zeiten schmaler Marketingbudgets steht jede Messebeteiligung auf
dem Prüfstand. Doch wie sieht dieser Prüfstand eigentlich aus?

Wenn es um die Beteiligung an einer Messe geht, entscheiden viele der Agierenden aus
dem Bauch heraus, statt die Planung und Organisation der Messebeteiligungen auf ein
sicheres Fundament zu stellen. Von der Zielsetzung über die Vor- und Nachbereitung bis
hin zu dem Training der Standcrew lassen viele Aussteller konkrete Vorgaben missen.
Nach einer Querschnittsuntersuchung des AUMA von 1996 stellen nur rund 27 Prozent
der Befragten regelmäßig Untersuchungen über die Zielerreichungen bei ihren Messe-

beteiligungen an. Mehr als ein Drittel der Unternehmen nimmt überhaupt keine Überprüfung der Messeergebnisse vor (AUMA 1996; Clausen 2002, S. 16ff.).[1] Drei Jahre später mahnt der AUMA dieses Informationsdefizit erneut an, denn im Ergebnis einer Funktionsanalyse zeigte sich, dass nur drei Viertel der Aussteller überhaupt Messeziele definieren, davon zwei Drittel nur sehr allgemeine Ziele. Lediglich 64 Prozent der Aussteller führen eine Kontrolle durch. Begründet wird die geringe Motivation zur Kontrolle mit der schwierigen Überprüfbarkeit sowie dem hohen Zeit- und Kostenaufwand. Bestehende Zielsetzungen sind zudem oft nicht hinreichend konkret. Die Beurteilung einer Kosten-Nutzen-Relation, und gerade hier wird die Stärke des Kommunikationsinstruments Messe sichtbar, setzt aber klar formulierte Ziele und deren Erfolgsmessung voraus. In diesem Punkt müssen Messegesellschaften, insbesondere bei kleineren Unternehmen, noch Schützenhilfe leisten.

Welche Messeziele stehen nun für den Aussteller im Vordergrund? Der AUMA nennt an erster Stelle den individuellen Kontakt mit potenziellen oder bestehenden Kunden, gefolgt von Aspekten des Kompetenznachweises, der Vorstellung des eigenen aktuellen Leistungsangebots und der Verkaufsanbahnung bzw. Förderung des Nachmessegeschäfts. Anders als bei der Tour eines Außendienstmitarbeiters ist die Zahl wertvoller Kontakte in der gleichen Zeitspanne wesentlich höher.[2] Eine US-Studie aus dem Jahr 1999 vergleicht die Kosten von Messebeteiligungen mit den Kosten des direkten Verkaufs beim Kunden (CEIR 1999). Danach ist unter Einbeziehung aller Kostenpositionen ein Kontaktgespräch auf dem Messestand um mehr als 20 Prozent günstiger als ein entsprechendes Gespräch bei einem Kundenbesuch. Untersucht wurden auch Kosten für einen Verkaufsabschluss mit und ohne vorherige Kontaktaufnahme bei einer Messebeteiligung. Demnach sind Verkaufsabschlüsse, die auf eine vorherige Kontaktaufnahme im Rahmen einer Messebeteiligung zurück gehen, um 45 Prozent kostengünstiger als Abschlüsse, die durch direkte Ansprache des Kunden über den Außendienst zustande kamen.

Doch der Erfolg misst sich nicht von selbst. Angaben zu Flächenvolumen, Länderbeteiligungen und Besucherschlüssel sagen noch nichts über die Qualität der einzelnen Messe im Vergleich zu anderen Veranstaltungen oder Medien aus (Fuchslocher 2000, S. 79). Enge Zusammenhänge zwischen den Ergebnissen eines Messeauftritts und den Wirkungen der übrigen Marketinginstrumente lassen sich nicht wegdiskutieren und schon gar nicht exakt beziffern (Meffert/Backhaus 1998, S. 58). Multivariate Analyseverfahren wären hier prinzipiell nutzbar, bedürften aber eines so anspruchsvollen Dateninputs, dass sie in der Praxis kaum in Frage kommen (Prüser 1997, S. 86f.). Neben quantitativen Messezielen wie Umsatz- und Budgetkontrolle, Kontaktbewertung und Kennziffernanalyse gilt es auch, qualitative Messeziele in Augenschein zu nehmen, ob in offener (Mes-

---

[1] Ziele und Nutzen von Messebeteiligungen, Zusammenfassung einer empirisch gestützten Untersuchung auf der Grundlage einer Befragung deutscher Aussteller, AUMA edition Nr. 4, Köln 1996.

[2] Siehe auch das Beispiel zur Effizienzrechnung von Pepperl+Fuchs in: m+a report, Dezember 2002, mehrfache Nennung.

seberichte, Besucher-, Standpersonal- und Kundenbefragungen, Resonanzanalysen) oder verdeckter (Standbesucherbeobachtung, Wegeverlaufsanalyse, Wettbewerbsbeobachtung) Form. In der „Interessengemeinschaft Messeforschung" zusammengeschlossene Unternehmen arbeiten deshalb gemeinsam mit der TU Chemnitz an einem leicht zu handhabenden Instrumentarium für die Effizienzbewertung von Messen, das sich an der Balanced Scorecard-Methode orientiert. Der AUMA will in Kürze eigene Verfahren zur Erfolgskontrolle publik machen.

3. Austausch statt Unterhaltung ist gefragt

Rund zwei Drittel der Fachbesucher deutscher Messen besitzen Entscheidungsbefugnis; das wichtigste Messeziel heißt „Neuheiten kennen lernen"; der Hauptanstoß für den Messebesuch ist eine Einladung des Ausstellers – so die erste deutschlandweite Messbesucheranalyse des AUMA (TNS EMNID 2000). Basierend auf Datensätzen von 145 Messen mit insgesamt 150 000 Interviews, die weitgehend im Rahmen der repräsentativen Fachbesucherbefragungen der FKM (der Gesellschaft zur Freiwilligen Kontrolle von Messe- und Ausstellungszahlen) durchgeführt wurden, untersuchte die Studie die Struktur und das Verhalten von Besuchern auf Fachmessen. Der größte Anteil der Besucher auf Fachmessen ist in einer hohen hierarchischen Ebene mit entsprechenden Kompetenzen angesiedelt, daher auch meist alleine oder in Begleitung nur eines Kollegen unterwegs. Mehr als drei Viertel der Besucher kommen aus dem Inland, fast ein Drittel aus kleinen Betrieben mit bis zu neun Beschäftigten. Vier von fünf Befragten besuchten Investitionsgütermessen. Was aber zieht die Besucher auf eine Messe?

Früher waren Messetage neben dem Austausch und der Beschaffung von Information immer auch eine Zeit der Unterhaltung. Mit schrillen Events und Standpartys sorgten Unternehmen dafür, dass das Amüsement nicht zu kurz kam. Heute verweilen zwei von drei Besuchern nur noch einen Tag auf der Messe. Eine Studie des Marketing-Lehrstuhls der Universität Erlangen-Nürnberg in Kooperation mit der NürnbergMesse sowie der Spielwarenmesse e.G. belegt: Events interessieren kaum noch, im Vordergrund steht statt dessen die schnelle und effiziente Informationsbeschaffung.[3] Die Analyseergebnisse zeigen deutlich, dass Fachmessebesucher ihre Messeteilnahme insgesamt so effizient wie möglich gestalten. Drei Viertel der Fachbesucher räumen ein, dass die Nutzung des Internets zu einem gezielteren Messebesuch führt, dass die Informationssuche punktueller und zielgerichteter – und damit zeitsparender – stattfindet und Fragen an Aussteller problemspezifischer erfolgen können. Denn in jedem Fall sollte der Besuch mit ei-

---

[3] Eine ausführliche Dokumentation der Studienergebnisse zu den Besucherbedürfnissen ist als Arbeitspapier Nr. 98 (2002) am Lehrstuhl für Marketing der Universität Erlangen-Nürnberg erhältlich.

nem möglichst geringem organisatorischen, zeitlichen und finanziellen Aufwand verbunden sein.

Allen Beteiligten entstehen durch eine Messe Kosten – auch die Messegesellschaft selbst tätigt enorme Investitionen: Von der Entwicklung eines Messethemas über die Bereitstellung von Gelände und Technik bis hin zu Kommunikation und Service, beansprucht daran gemessen aber nur einen vergleichsweise geringen Betrag. Branchenübergreifend entfielen für Aussteller in den letzten Jahren durchschnittlich 20 Prozent der Gesamtkosten auf Grundkosten wie Standmiete und Energie (Messegesellschaft), 39 Prozent auf Standbau und -gestaltung, 12 Prozent auf Standservice und Kommunikation, 21 Prozent auf Personal- und Reisekosten sowie 8 Prozent auf Transport und Sonstiges (Ifo 1999). Die Kosten für die Besucher sind zum Teil fix (Anfahrt, Übernachtung, Verpflegung, Eintrittspreis, Messekatalog), zum Teil variabel (Orientierungskosten). Ihnen stehen Ersparnisse an Transaktionskosten gegenüber, die allerdings vom Besucher nur bis zu einer bestimmten Informationssättigung zu verwirklichen sind (Fließ 1994, S. 125ff.). Was für Messeteilnehmer, insbesondere ausstellende Unternehmen, im Hinblick auf die Kosten pauschal unter „Messe" subsumiert wird, bezieht sich also nur zu geringen Teilen auf die tatsächlich von der Messegesellschaft ausgelösten Kosten.

Es ist einleuchtend, dass Aussteller und Besucher für ihre erheblichen Investitionen einen Return on Investment erwarten. Geprägt sind die Erwartungen der Unternehmen insbesondere von Beratungs- und Serviceleistungen, die unmittelbar für die erfolgreiche Durchführung einer Messe (sowohl insgesamt als auch für das einzelne Unternehmen) Bedeutung haben. Dabei steht die Vermarktung der Messe an erster Stelle. Aussteller, zumal ausländische, interessieren etwa auch Daten über die Handelsstruktur und Potenzialeinschätzungen für die kommenden Jahre. Die Unternehmen erwarten generell eine permanente Begleitung durch „ihre" Messegesellschaft über den gesamten Zeitraum einer Messebeteiligung, einen Rundum-Service von möglichst hoher Qualität.

Seitens der Messeveranstalter sind an erster Stelle nach wie vor die Kernkompetenzen gefragt – der Erfolg einer Messe steht und fällt mit der Qualität des Aussteller- und Besucher-Portfolios. Ein Rahmenprogramm aus begleitenden Tagungen oder Workshops ist deshalb themenunspezifischen Events eindeutig vorzuziehen. Gleichzeitig sollten die infrastrukturellen Voraussetzungen für Messen als Beziehungsplattformen stärker in den Vordergrund möglicher Überlegungen rücken. Der Wunsch nach Effizienz kann etwa durch entsprechende Online-Angebote in der Vor- und Nachmessephase unterstützt werden. Die Konzeption individueller Servicepakete (Reiseorganisation, Preisbündelung usw.) erspart zudem organisatorischen und zeitlichen Aufwand. Anzudenken wäre auch ein „Quick Check-In" in Verbindung mit einer Kundenkarte, die relevante Kundendaten enthält. Eindeutige Ausschilderungen und ein themenspezifischer Zuschnitt der Hallenverteilung vermeiden unnötige Umwege. Das Gleiche gilt für die logistische Steuerung außerhalb des eigentlichen Messegeländes.

In Nürnberg bringt daher nicht nur die U-Bahn Aussteller und Besucher in rund 20 Minuten von Flughafen und Hauptbahnhof zur Messe. Stadt, Land und Messe investieren zusätzlich Millionenbeträge in ein dynamisches Verkehrsleitsystem, das Modernste seiner Art in Europa. Auf gut 100 Kilometer Autobahn und Stadtstraßen werden rund 200 Hinweistafeln installiert. Das Ziel: Autofahrer sollen schnell und problemlos ihre Bestimmung erreichen, Staus und Verkehrsbelastungen für Anwohner werden vermindert. Mit der Anfahrt allein ist es aber nicht getan, gerade die Übernachtungskosten schlagen bei großen Standbesatzungen oft erheblich zu Buche. Nicht in allen Städten kann die Hotelkapazität mit dem Messeansturm Schritt halten, „Messepreise" sind die Folge. Darunter leiden vor allem die Aussteller, und während Messen und Kongressen häufen sich deshalb die Klagen über zu geringe Zimmerkontingente bei zu hohen Preisen. Zum Teil wird wegen gestiegener Übernachtungskosten der Umfang der Standbesatzung reduziert – eine grundverkehrte Entwicklung für ein Marketinginstrument, dessen Stärke in der persönlichen Kommunikation liegt.

4. Plattformen der Wissensgesellschaft

In Folge zunehmend dematerialisierter Wirtschaftsprozesse werden Generierung, Auswahl, Filterung und Kanalisierung von Informationen zur wichtigsten Beschäftigung innerhalb einer Volkswirtschaft.[4] Messen und Ausstellung spielen also nicht nur dann eine Rolle, wenn vom Besucher konkreter Problemlösungsbedarf geäußert wird, sondern sind immer stärker als Quelle von Informationen von Bedeutung, die Unternehmen anzapfen, um die eigene Existenz insbesondere über die Entwicklung von Innovationen langfristig abzusichern. Das ausstellende Unternehmen kann sowohl über persönliche Gespräche mit den Standbesuchern als auch durch den Besuch anderer Stände Entwicklungen und Bedürfnisveränderungen antizipieren, die zukünftige Projekte an Marktbedürfnissen orientiert entstehen lassen (Helmich 1998, S. 272).

Informations- und Wissensimporte erreicht man durch Beziehungen zu Kunden, Lieferanten, Wettbewerbern und Kooperationspartnern. Nirgends sind diese Beziehungen so direkt, so emotional, so herausfordernd wie auf einer Messe. Dementsprechend gelten Messen als Umschlagplätze der Wissensgesellschaft, deren Bedeutung wächst. Mut macht der neue AUMA-MesseTrend 2003/2004, eine Befragung deutscher Aussteller durch das EMNID-Institut. Dieser zufolge werden die Messeaufwendungen in den beiden nächsten Jahren um drei Prozent steigen; das Beteiligungsvolumen in Deutschland geht allerdings etwas zurück.[5] Für 2003 sind auf Grund des weiter wachsenden Interes-

---

[4] Peter Glotz, Direktor des Instituts für Medien und Kommunikationsmanagement der Universität St. Gallen, Eröffnungsrede zum Deutschen Messeforum 2002, Wiesbaden 28./29. Mai 2002.

[5] Repräsentative Umfrage des EMNID-Instituts im Auftrag des AUMA unter 500 Unternehmen, die auf fachbesucherorientierten Messen ausstellen, Oktober 2002.

ses ausländischer Aussteller wieder konstante Ausstellerzahlen erreichbar. Der Messe-
anteil am gesamten Business-to-Business-Kommunikationsetat liegt stabil bei rund 37
Prozent. Und auch die Stellung der Messen im B-to-B-Kommunikationsmix ist erfreulich stark und stabil: Immerhin 74 Prozent der ausstellenden Unternehmen betrachten
Messen als sehr wichtig oder wichtig in ihrem Kommunikations-Mix, nur knapp übertroffen vom persönlichen Verkauf, also im wesentlichen vom Außendienst (79 Prozent).
Wer ausstellt macht dies also nicht als Ergänzung, sondern betrachtet die Messebeteiligung als zentralen Baustein der Kommunikation.

5.   Messeplatz Deutschland – weltweit?

Ausländische Absatzmärkte sind für deutsche Unternehmen mehr denn je relevant – besonders in Zeiten stagnierender Inlandsmärkte. Ob sich eine Messe für einen Aussteller
lohnt, hängt deshalb nicht zuletzt auch von der Zahl ausländischer Fachbesucher ab. Wer
international Fuß fassen will, muss auf den relevanten Messen vor Ort vertreten sein.
Fachmessen sind auch global auf dem Vormarsch – zu nicht geringen Teilen als Trans-
ferveranstaltungen auf Basis hierzulande erfolgreicher Messekonzepte, was den hiesigen
Gesellschaften Entwicklungskosten spart.

Um ein Beispiel aus dem eigenen Haus zu nennen: Mit Veranstaltungen in Nürnberg,
Japan, den USA und Brasilien ist die BioFach bereits auf vier Kontinenten erfolgreich
vertreten. Der Handel mit Naturwaren ist mittlerweile globalisiert – eine Entwicklung,
die die NürnbergMesse mit der erfolgreichen Internationalisierung der Weltleitmesse
BioFach seit Jahren unterstützt und fördert. Die Tochtergesellschaft Nürnberg Global
Fairs erschließt mit Ablegern der deutschen BioFach Auslandsmärkte für Produzenten
von Lebensmitteln, Kosmetika, Textilien und Haushaltsprodukten aus organischer Fertigung. Neben dem Engagement in entwickelten Industrienationen setzt sich Nürnberg
Global Fairs auch für die Entwicklung des Biomarktes in Südamerika ein. Um den weiteren Ausbau biologischen Landbaus zu fördern, aber auch beim Aufbau der Inlandsmärkte zu unterstützen, veranstaltet die NürnbergMesse die BioFach Conference in Rio
de Janeiro. Derartige Ableger im Ausland sorgen nicht nur für zusätzliche Einnahme-
quellen, sondern auch für zusätzliche Kunden aus dem Ausland auf den Hauptmessen in
Deutschland. So hat sich herausgestellt, dass bereits nach der ersten BioFach Japan zur
nächsten „Muttermesse" in Nürnberg mehr japanische Aussteller präsent waren als je
zuvor, und mit dieser Erfahrung stehen wir in der Messebranche nicht alleine da (vgl.
Goehrmann 2003, S. 71f.).

Umgekehrt besteht für hiesige Aussteller die Möglichkeit, durch die Teilnahme am Auslandsmesseprogramm der Bundesregierung Kosten zu sparen. Neben der finanziellen
Ersparnis für den Aussteller (durchschnittlich rund ein Drittel der gesamten Messekos-

ten) ist vor allem die organisatorische Unterstützung ein besonderer Vorteil der Auslandsmesseförderung. Gerade kleine und mittelständische Unternehmen schätzen diese Hilfe besonders, da sie häufig nicht über die personellen Ressourcen zur Planung und Durchführung von Auslandsmessebeteiligungen verfügen. Das Ergebnis ist positiv, denn jährlich nehmen immerhin vier- bis fünftausend deutsche Unternehmen an den offiziellen Gemeinschaftsbeteiligungen teil. Zusätzlich fördern die einzelnen Bundesländer die Auslandsmessebeteiligungen. Subventionen, die im übrigen gut angelegt sind, wie eine finanzwissenschaftliche Studie der Universität Köln ergab: für jeden ausgegebenen Euro fließen rund 2,24 Euro an Steuereinnahmen zurück in den Staatssäckel (Gürtler 2003, S. 2).

Vom Messewesen profitiert im übrigen nicht nur die öffentliche Hand. Mit Bedacht wurden ja die großen Messeplätze Deutschlands von Kommunen oder Ländern nach dem zweiten Weltkrieg aus der Taufe gehoben oder wieder erschaffen, mit dem erklärten Ziel, durch Veranstaltungen die regionale Wirtschaft in Schwung zu bringen, und gleichzeitig Gelder auch in die Kassen von Hoteliers, Spediteuren, Werbeagenturen, Standbau- und zahlreichen anderen Unternehmen zu spülen. Dieser Mechanismus greift auch heute noch: Auf rund 30 Milliarden Euro bundesweit belief sich im Vorjahr die Umwegrendite insgesamt, mittelbar hängen knapp eine Viertelmillion Arbeitsplätze vom Messewesen ab. Andererseits lebt jede Messeveranstaltung auch von ihrem regionalen Umfeld – unabhängig von Spezialisierung und Branchenfokus. Das hat zum einen logistische (Anfahrt, Übernachtung), zum anderen emotionale (Abendunterhaltung, Gastronomiequalität) Gründe. Mit anderen Worten: Ebenso wie ein Messestandort seinem Umfeld zu Prosperität verhelfen kann, wirken sich Image und Servicequalität einer Region auf die Messe selbst aus. Im jüngsten Ranking der Messestädte belegt Nürnberg nach Berlin den zweiten Platz, ähnlich steht es um die Hallenauslastung – Standorte mit weiten Anfahrtswegen, zu geringen Bettenkapazitäten und überteuerten Preisen schneiden entsprechend schlechter ab (Wittrock 2003, S. 56f.).

6.   Die Messen von morgen

Wie sieht also die Zukunft im deutschen Messewesen aus? Die Unternehmensberatung Roland Berger Strategy Consultants prognostiziert für 2003 einen erneut leicht sinkenden Umsatz (2,35 Milliarden Euro, davon 2 Milliarden im Inland), für 2004 ein steigendes Wachstum auf 2,47 Milliarden Euro, davon 2,1 Milliarden im Inland.[6] Wir können davon ausgehen, dass im Branchenschnitt der kommenden Jahren Stagnation oder bestenfalls geringes Wachstum bei Aussteller- wie Besucherzahlen zu erwarten sind, auf der

---

[6] Umsatzentwicklung der deutschen Messegesellschaften, in: Impulse, Januar 2003, S. 44.

anderen Seite aber ein wachsender, größtenteils regionalökonomisch motivierter Flächenüberhang bevorsteht (Nittbaur 2001, S. 72ff.). Bis 2006 wollen 23 deutsche Gesellschaften mit Investitionen in Höhe von 1,2 Milliarden Euro ihre Flächen auf 2,5 Millionen Quadratmeter erweitern – das heizt den Konkurrenzkampf an. Denn mindestens zwei neue Messen pro Standort müssen erfolgreich implementiert werden, damit sich die hohen Investitionen lohnen (Appel 2002; Dürr 2003). Die Folge ist eine Messeinflation – und auch wenn erfolgreiche Konkurrenzmessen der eigenen Veranstaltung nachweislich mehr Zulauf verschaffen können, trägt sich eine Vielzahl thematisch gleich fokussierter Messen auf Dauer nicht. Rundum-Service wird mehr und mehr gefordert und auch geboten, die Verlängerung der Wertschöpfungskette allein aber sorgt für keinen merklichen Aufschwung. Die Zukunft der deutschen Messeplätze und aller davon abhängigen Branchen ist also in entscheidendem Maß an das jeweilige Veranstaltungsportfolio und den Grad seiner Internationalität gekoppelt. Bislang sind Messen unersetzbarer Teil des Netzwerks zwischen Produzent und Abnehmer und das müssen sie auch bleiben, wenn sie überleben wollen.

Deshalb darf nicht die kurzfristige Umsatzmaxime im Vordergrund stehen, sondern eine nachhaltige und langfristige Entwicklung. Auch wenn nach den Economies of Scale die Zahlen vordergründig für die Veranstaltung von rentableren Großmessen sprechen mögen, plädiere ich für eine Anzahl kleinerer, thematisch strafferer Messen. Messen stellen so genannte Kritische-Masse-Systeme dar, die einer Mindestteilnehmerzahl bedürfen, um funktionsfähig zu sein. Gleichzeitig zu dieser kritischen Untergrenze an Teilnehmern gibt es aber auch eine kritische Obergrenze – denn je mehr Absatz- und Beschaffungsmärkte auf der Messe präsent sind, desto unübersichtlicher wird sie (Fließ 1994, S. 125).

Auf Basis geeigneter Erfolgsfaktoren können sich Messegesellschaften also durchaus Wettbewerbsvorteile verschaffen. Allerdings darf das nicht in der ausschließlichen Konzentration auf einen möglichen Erfolgsfaktor geschehen, auch wenn um Alleinstellungsmerkmale natürlich gerungen wird. Zukünftig wird das Wissen um den jeweiligen Markt, seine Gesetzmäßigkeiten und Trends zählen, welches in Form von Dienstleistung wieder zur Verfügung gestellt werden kann. Know-how entscheidet. Messen werden damit verstärkt zu lokalen Akteuren eines umfassenden Netzwerks aus Herstellern, Händlern und Abnehmern: Die Messe fungiert als bedeutendste Informations- und Wissensquelle der Branche, die ihre genuinen Leistungen um aktive Marktforschung, die genaue Ergründung der tatsächlichen Kundenbedürfnisse und die Schaffung von Foren und Medien zur Integration aller Marktpartner ergänzt (Nittbaur 2001, S. 359ff.).

Statt Katerstimmung und Selbstmitleid sind Konzepte und Orientierung gefragt. Das gilt für alle, die am großen Messerad drehen, nämlich Aussteller, Besucher und die Messeveranstalter selbst. Aussteller müssen sich Ziele setzen, um ihren Erfolg zu prüfen – Messegesellschaften sind dabei sowohl mit Informationen rund um den Markt als auch mit dem passenden Instrumentarium als Partner das ganze Jahr hindurch gefordert. Besucher wollen mit mehr Dienstleistung und zusätzlicher Information geködert werden – Kernkompetenzen eines jeden Messeveranstalters. Messegesellschaften müssen also auf

Aussteller und Besucher achten. Beide Gruppen suchen mehr denn je nach klaren, erfolgversprechenden Messekonzepten. Bieten wir sie ihnen!

7. Literaturverzeichnis

APPEL, C., Wettbewerbsdruck in der Branche steigt, in: Die Welt, 6. Dezember 2002, Sonderbeilage Messen.

AUMA, Ziele und Nutzen von Messebeteiligungen: Zusammenfassung einer empirisch gestützten Untersuchung auf der Grundlage einer Befragung deutscher Aussteller, AUMA edition Nr. 4, Köln 1996.

BERGER, R., Umsatzentwicklung der deutschen Messegesellschaften, in: Impulse, Januar 2003, S. 44.

CEIR RESEARCH REPORT CM17, Center for Exhibition Industry Research, Chicago 1999.

CLAUSEN, E. Bei der Messe fehlt nur das „n", in: acquisa, die Zeitschrift für Führungskräfte in Verkauf und Marketing, Dezember 2002, S. 16ff.

DÜRR, J., Größenwahn trotz Branchenflaute, in: Handelsblatt, Nr. 6, 9. Januar 2003, Sonderbeilage Internationale Messen, S. B10.

EMNID INSTITUT, Messefunktions- und Potentialanalyse: Zusammenfassung der empirischen Untersuchung zur Relevanz der Messen im Kommunikationsmix, AUMA edition Nr. 9, Köln 1999.

EMNID INSTITUT, Repräsentative Umfrage des EMNID-Instituts im Auftrag des AUMA unter 500 Unternehmen, die auf fachbesucherorientierten Messen ausstellen, Oktober 2002.

FLIEß, S., Messeselektion: Entscheidungskriterien für Investitionsgüteranbieter, Wiesbaden 1994.

FUCHSLOCHER, H./HOCHHEIMER, H., Messen im Wandel – Messemarketing im 21. Jahrhundert, Wiesbaden 2000.

GOEHRMANN, K., in: Capital 1/2003, S. 71f.

GLOTZ, P. (Direktor des Instituts für Medien und Kommunikationsmanagement der Universität St. Gallen), Eröffnungsrede zum Deutschen Messeforum 2002, Wiesbaden 28./29. Mai 2002.

GÜRTLER, G., Subvention mit prachtvoller Rendite, in: Financial Times Deutschland, Nr. 9, 14. Januar 2003, Sonderbeilage Messen, S. 2.

HELMICH, H., Dynamik im Messe-Marketing der deutschen Investitionsgüterindustrie, Schriftenreihe betriebswirtschaftliche Forschungsergebnisse, Bd. 72, Hamburg 1998.

IFO Institut für Wirtschaftsforschung, Die gesamtwirtschaftliche Bedeutung von Messen und Ausstellungen als Dienstleistungssektor in Deutschland, München 1999.

KRESSE, H., Feste Größe, in: Frankfurter Allgemeine Zeitung, Nr. 17, Sonderbeilage Messen und Ausstellungen, 21.1.2003, Seite B1.

MEFFERT, H./BACKHAUS, K. (HRSG.), Messemarketing im Wandel – Status quo und Perspektiven, Dokumentation des Workshops vom 27. November 1997, Münster 1998, hier v.a. S. 58.

NITTBAUR, G., Wettbewerbsvorteile in der Messewirtschaft: Aufbau und Nutzen strategischer Erfolgsfaktoren, Wiesbaden 2001.

PEPPERL+FUCHS, in: m+a report, Dezember 2002.

PRÜSER, S., Messemarketing: ein netzwerkorientierter Ansatz, Wiesbaden 1997.

TNS EMNID, Fachbesucher auf deutschen Messen, Strukturanalyse auf der Basis repräsentativer Befragungen, AUMA edition Nr. 15, Berlin 2002.

WITTROCK, O., Messestädte im Test, in: Impulse, Januar 2003, S. 56f.

Ullrich Esser

PR- und Kommunikationsstrategien von Messegesellschaften

1. Einleitung

2. Leistungsfähigkeit von Messen

3. Umfang der PR-Arbeit von Messegesellschaften

4. Organisatorische Weichenstellungen

5. Nutzung der Online-Kommunikation

6. Renaissance personenbezogener Kommunikation

Ullrich Esser ist Leiter des Zentralbereiches Kommunikation der Messe München GmbH, München.

1. Einleitung

Mit der weltweiten Konjunkturabschwächung zu Beginn des neuen Jahrtausends, die sich in Deutschland zu einer veritablen wirtschaftlichen Krise ausgewachsen hat, hat sich die Diskussion über Kosten und Nutzen von Messebeteiligungen und deren Effizienz verschärft. Für die einen sind und bleiben sie die Königsdisziplin im Kommunikations-Mix der Unternehmen, für die anderen sind sie, pauschal geurteilt, zu teuer und zu aufwändig. Zu einem besonders herben Verdikt ließ sich Ulrich Tillmanns von Ogilvy & Mather im Interview mit „business global" verleiten:[1] „Während die ganze Welt sich im Jahresrhythmus neu erfindet und die Medien täglich mit neuen Formen, Formaten und Produkten um die Gunst ihrer Kunden werben, verhält sich das Werbemedium Messe ganz so, als befinde es sich in einer anderen Welt, in der Innovation nicht gedacht werden darf."

Das soll gegen Aussteller gehen, deren Messeauftritte angeblich verstaubt und veraltet sind und die so, in „einer unseligen Allianz" mit ihrer Messegesellschaft, knappe Kommunikations-Budgets blockieren. Denn das eigentliche Thema dieses Interviews sind Marketinginstrumente auf dem Prüfstand in Zeiten gekürzter Kommunikationsetats, womit die Messeschelte sich bei näherem Hinsehen als heftige Kundenbeschimpfung entpuppt: Wie können die Kunden ihre knappen Budgets nur in Messebeteiligungen stecken?!

Dabei dürfte es sich weniger um eine Glaubensfrage handeln als vielmehr um Erfahrungswerte aus erfolgreichen Messebeteiligungen, aber aus Sicht der Veranstalter auch um die Frage, was Messen heute leisten und wie sie dieses Leistungsangebot ihren Kunden vermitteln. Wirtschaftlich schwierige Zeiten haben den Vorteil, dass sie zur Überprüfung eingeschliffener Vorgehensweisen zwingen. Für die PR- und Kommunikationsstrategien von Messegesellschaften heisst das in erster Linie, dass sie als Überzeugungsarbeit argumentativ solide untermauert sein müssen.

Nicht von ungefähr sind es die Messegesellschaften selbst, die das Thema Messbarkeit von Messeeffizienz forcieren, um ihre Aussteller bei der Planung und Auswertung von Messebeteiligungen noch stärker zu unterstützen. Hier soll ein kurzer Blick auf den heutigen Standard professioneller Messevor- und -nachbereitung nicht nur zeigen, dass das eingangs zitierte Verdikt mit der Realität nicht viel gemein hat, sondern auch das Spektrum der Themen abstecken, das die Kommunikation für Messen abdecken muss.

---

[1] Hierbei handelt es sich um ein von den Vereinigten Wirtschaftsdiensten (vwd) herausgegebenes Supplement (Ausgabe 1 vom Mai 2003).

2.   Leistungsfähigkeit von Messen

Für die absatzorientierten Ziele der ausstellenden Wirtschaft empfehlen sich Messen als eines der effizientesten Kommunikationsinstrumente, weil sie mehreren Zielen dienen: Der Aussteller kann sie nutzen, um Innovationen zu präsentieren, Neukunden zu gewinnen oder Geschäftskontakte zu vertiefen, den Markt zu beobachten und um Geschäftsabschlüsse vorzubereiten. Das Alleinstellungsmerkmal einer Messe besteht darin, dass der Aussteller sein Portfolio im Wettbewerbsumfeld präsentieren kann, und in der Möglichkeit, potenzielle Neukunden direkt anzusprechen. Messeauftritte bieten zudem eine hohe Flexibilität, weil sie auf aktuelle Schwerpunkte der Vertriebs- und Marketingstrategie ausgerichtet werden können.

Die Messegesellschaften leisten für ihre Aussteller qualifizierte Entscheidungshilfe, indem sie objektiv ermitteltes Datenmaterial mit Aussteller-, Flächen- und Besucherzahlen sowie vor allem Besucheranalysen zur Verfügung stellen. Diese Daten geben Auskunft über Herkunft, Branche, Kompetenz und berufliche Position des potenziellen Kunden. Solche laufend ermittelten und ständig fortgeschriebenen Daten bietet die Gesellschaft zur freiwilligen Kontrolle von Messe- und Ausstellungszahlen (FKM). Dazu gehören auch Angaben zur Zahl der Erstbesucher, die bei Messen allgemein sehr hoch ist und für die ausstellende Wirtschaft gleich zu setzen ist mit dem Potenzial an neuen Geschäftskontakten. Laut Ausstellungs- und Messe-Ausschuss der Deutschen Wirtschaft e.V. (AUMA) liegt der Anteil der Erstbesucher bei den Gästen aus dem Ausland in Deutschland im Durchschnitt bei 47 Prozent.

Wer sich auf der Grundlage einer Auswertung dieser Daten mit klar definierten eigenen Zielen für eine Messebeteiligung entscheidet, legt auch die Parameter für seine individuelle Messeerfolgskontrolle fest. Die Messedaten, etwa der Prozentsatz der Besucher aus dem Ausland, geben ihm dafür Vergleichszahlen an die Hand. Er weiß durch seine eigenen Erhebungen zur Zahl und Qualifikation der Standbesucher, ob sein Investment sich rechnet. Faktoren wie Markenbildung oder Imagesteigerung kann er im Vergleich zu den Kosten anderer Kommunikationsmaßnahmen ebenfalls bewerten. Besonders wichtig sind, vor allem für den Vertrieb, die eigenen Erkenntnisse über Marktentwicklungen und die Positionierung des Unternehmens im Vergleich zum Mitbewerb. Dieser praktische Nutzen einer Messebeteiligung ist hoch zu veranschlagen: Messen können wie ein Seismograph genutzt werden um abzugleichen, wo man selbst im Wettbewerb steht. Schließlich sind Messen Medienereignisse. Hunderte von Journalisten aus Dutzenden von Ländern nehmen Messetermine wahr, um sich über Branchen und deren Unternehmen zu informieren und darüber zu berichten. Bei den großen Messen addiert sich die Zahl der Medienvertreter auf weit über Tausend. Das dient nicht nur der Branche, sondern auch dem Messeplatz als Wirtschaftsstandort. Im Urteil der Wirtschaftspresse stehen Messegesellschaften deshalb weit vorne in der Rangliste der Unternehmen, die durch ihre Kommunikationsarbeit den Wirtschaftsstandort maßgeblich stärken.

3.   Umfang der PR-Arbeit von Messegesellschaften

Beispielhaft illustrieren den Umfang der Medienarbeit, der einen Vergleich mit weltweit agierenden Großunternehmen nicht zu scheuen braucht, einige wenige Zahlen aus München: Im Jahr 2002 besuchten etwa 23 500 Journalisten aus 50 Ländern die Messen und Ausstellungen in München. Für die PR der Unternehmensgruppe Messe München International wurden mehr als 500 Pressemeldungen und Artikel verfasst sowie rund 100 Reden und Publikationen erstellt. Weltweit wurden etwa 100 Pressekonferenzen und Präsentationen ausgerichtet.

Eine Messe-spezifische Besonderheit sind Umfang und Qualität der Services für *elektronische Medien*. Zwei komplett digital ausgestattete Rundfunkstudios bieten in München den Hörfunkjournalisten professionelle Arbeitsvoraussetzungen und werden zudem genutzt, um Beiträge vorzuproduzieren, die als digitale, Hörfunk-geeignete Datenfiles online verschickt und zum Herunterladen ins Internet gestellt werden. Rund 1 800 Hörfunkberichte sind so allein im Jahr 2002 entstanden. Hinzu kamen rund 700 TV-Berichte, für die zu einzelnen Messen täglich ein Sendeband mit Höhepunkten des Tages im Rohschnitt oder als zweisprachiger Newscut produziert wurde. Das Dienstleistungsangebot umfasst auf Anfrage auch spezielle Themenwünsche, Interviews oder komplette Beiträge.

Zunehmend werden für spezielle Zielgruppen einer Branche attraktive Informationsprogramme in die Messen integriert. Dies steigert das Informationsangebot für die Medien, vor allem aber auch für Besuchergruppen, die die Aussteller erreichen wollen. Im Ergebnis nutzen, auch in wirtschaftlich schwierigen Zeiten, Zehntausende von Besuchern diese Messeplattformen. Der Anteil der Besucher aus dem Ausland nimmt weiterhin zu, wobei insbesondere weit angereiste Besucher als Repräsentanten und Entscheidungsträger ihrer Unternehmen hochkarätige Kontakte darstellen.

Dies sind keine allgemeinen Nutzenversprechen für die Teilnehmer an einer Messe, seien es Aussteller oder Besucher, sondern ist durch Zahlen und Fakten für die einzelnen Messen zu erhärten. Eine solche Nutzenkommunikation muss die verschiedenen *Kommunikations-Tools* verzahnen und verfolgt das Ziel einer einheitlichen Positionierung einer Messe über alle Kommunikationsmaßnahmen hinweg. Das ist schnell postuliert, aber in der Praxis eine Herausforderung. Der Messebetrieb ist in besonderem Maße Termin-getrieben, so dass Versäumnisse bei einer klaren Positionierung sich bei den einzelnen Kommunikationsaktivitäten immer wieder aufs Neue als Defizit erweisen: Von der Ausstellerakquise über die Besucherwerbung bis zur tagesaktuellen Pressearbeit, von der Online-Kommunikation über den Flyer bis zur Anzeigenwerbung.

4.   Organisatorische Weichenstellungen

Wie andere Unternehmen auch – vor allem amerikanische –, gehen Messegesellschaften diese Herausforderung durch organisatorische Veränderungen an. Ob zentrale oder dezentrale Organisationsmodelle dem Ziel einer integrierten Kommunikation dienlicher sind, ist dabei eine eher nachgeordnete Frage, auch wenn die negativen Auswirkungen von Silo-Effekten und Bereichs-Egoismen nicht zu unterschätzen sind. Wichtiger erscheint aber eine Projekt-orientierte Integration von PR-Maßnahmen und Marketing-Kommunikation. Gerade Messe-Projekte verbindet mit der Fachpresse eine enge Symbiose, bei der die Grenzen zwischen PR und klassischer Werbung – bei Wahrung ethischer Grundsätze redaktioneller Arbeit – fließend sind. So nutzen Fachverlage Messen im Rahmen von Medienkooperationen für Sonderveröffentlichungen, Specials oder Newsletter, um mit Branchen-spezifischer redaktioneller Leistung zusätzliche Anzeigenerlöse in den jeweiligen Ausstellersegmenten zu generieren. Dieser Trend stärkt den Stellenwert von zielgruppenspezifischer PR und von Pressearbeit allgemein und schmälert, bedingt auch durch den allgegenwärtigen Kostendruck, den der klassischen Werbung. Am Beispiel der Print-Medien lässt sich allerdings auch die Zweischneidigkeit dieser Entwicklung verdeutlichen: Anzeigenrückgang führt zu einer Reduzierung des redaktionellen Umfangs und damit auch der Möglichkeiten, aus Anlass von Messen aktuelle Branchenthemen aufzugreifen. Zudem gewinnt im verschärften Wettbewerb der Messeplätze die Positionierung der Messegesellschaften an Bedeutung.

Messegesellschaften beziehen ihr Image vorrangig über die Branchenkompetenzen, die sich aus den Messethemen ableiten und die auch für deren Adaption an neuen aufstrebenden Messeplätzen maßgeblich sind. Faktoren wie die Funktionalität eines Messegeländes, die Professionalität der Organisation, die Qualität und der Umfang der Services sowie auch die Attraktivität einer Stadt, deren verkehrstechnische Infrastruktur und Erlebniswert, prägen das Markenbild einer Messegesellschaft und wollen in einer verstärkt emotionalen Kundenansprache vermittelt werden. Hier dürfte klassische Werbung über kurz oder lang nicht nur ihre Berechtigung, sondern auch ihre Notwendigkeit behaupten.

Auf der anderen Seite ist auch die Tages- und Wirtschaftspresse aufgefordert, ihr Verständnis von Messen und speziell von Fachmessen zu überprüfen. Fachmessen finden sich häufig, in krassem Widerspruch zur Internationalität der Aussteller und Besucher, eher als regional relevante Veranstaltungen in den Medien wieder denn als Branchenplattformen, die mit ihrem Messe- und Veranstaltungsprogramm eine Fülle hochkarätiger Ansprechpartner und attraktiver Recherchemöglichkeiten bieten. Insbesondere bei Investitionsgütermessen können diese Möglichkeiten von der Tages- und Wirtschaftspresse noch besser genutzt werden, was für die Messegesellschaften bedeutet, ihre Presseservices im Bereich Themenmanagement weiter zu entwickeln, sei es durch direkte Vermittlung von Ansprechpartnern oder inhaltliche Vorbereitung von relevanten Themenschwerpunkten.

5. Nutzung der Online-Kommunikation

Die verstärkte Nutzung der Online-Kommunikation ist nicht nur für die Medienarbeit das Tool der Wahl. Das Internet setzt heute unumkehrbar den Standard für aktuelle, für Basis- und für Hintergrund-Informationen. Der anwender- und nutzenorientierte Auftritt im Web wird mehr und mehr zur Visitenkarte eines jeden Messeprojekts und auch unter Kostengesichtspunkten zur zentralen Arbeitsplattform für die Aussteller- und Besucherakquise sowie für die ablauforganisatorische Vorbereitung von Messen, angefangen von Information und Dokumentation über Anmelde- und Bestellvorgänge bis hin zur Registrierung. Systemgestützte Kommunikation ist zudem die Basis für ein Extranet als weltweite Vernetzung der Auslandsvertretungen und Tochtergesellschaften sowie als Instrument zur Steuerung des Vertriebs, für ein Intranet als zentrale Plattform der internen Kommunikation sowie für die Weiterentwicklung der Besucherregistrierung hin zu Besucherführung und Besucherinformationen für Aussteller.

In Verbindung mit neuen Tools und anspruchsvollen Services können Messegesellschaften, unter strikter Einhaltung datenschutzrechtlicher Bestimmungen, eine Fülle qualifizierter Daten generieren. Mit Millionen von Besuchern erschließt sich ihnen ein gewaltiges Potenzial im Bereich des Dialogmarketings, das bereits einen hohen Stellenwert in der zielgruppenspezifischen Messekommunikation hat. Wie in dem oben beschriebenen Leistungsangebot von Messen fest gehalten, liegt schon heute aussagekräftiges Datenmaterial aus Erhebungen vor, das nicht nur auf Anfrage, sondern von einzelnen Messen – unter Berücksichtigung des Datenschutzes – auch proaktiv zur Verfügung gestellt wird, beispielsweise als schriftliche Auswertung. Messegesellschaften nutzen diese Daten natürlich auch selbst für eine dialogorientierte Kundenansprache, sei es durch klassische Mailings oder Telefonmarketing, und arbeiten intensiv an messespezifischen Konzepten für Customer Relationship Management (CRM).

6. Renaissance personenbezogener Kommunikation

Mit diesen Trends korrespondiert eine allgemein zu konstatierende Renaissance der personenbezogenen Kommunikation, die nicht nur Messen per se als Werbemedium auszeichnet, sondern, durchaus mit Tradition, auch die Werbung für eine Messeteilnahme. Beispielhaft soll dies die weltweite Promotion der Messe München für die BAUMA illustrieren, die weltweite Leitmesse für Baumaschinen, Baustoffmaschinen, Baufahrzeuge, Baugeräte und Bergbaumaschinen. Im Vorfeld der Messe stehen Repräsentanten der Messegesellschaft und der Fachverbände im VDMA e.V. als Kooperationspartner bei 40 Terminen in allen Kontinenten für Präsentationen und persönliche Gespräche zur Verfügung. Sie adressieren mit länderspezifisch aufbereiteten Informationen Vertreter von Unternehmen, Ministerien, Kammern, Verbänden, Dienstleistern sowie Medien und erreichen so in direkter Kommunikation mehr als 3 000 Multiplikatoren.

Abhängig von den Zielgruppen in den einzelnen Ländern liegt der Schwerpunkt der Präsentationen auf der Vorstellung der Leitmesse insgesamt oder speziell der BAUMA MINING, die als Weltmesse für Bergbau-Technologie erstmals mit eigenem Auftritt in die BAUMA 2004 integriert ist. Besondere Aufmerksamkeit findet das Konzept der Partner-Region – 2004 die GUS-Staaten –, mit dem konkret auf die absatzorientierten Ziele der Messeteilnehmer Bezug genommen wird. Kundenorientierung also, das soll hier deutlich werden, nicht nur bei der fortlaufenden konzeptionellen Weiterentwicklung einer Messe, sondern auch in der Kommunikationsstrategie.

Das Beispiel zeigt, wie innovative PR- und Kommunikationsstrategien und bewährte Maßnahmen ineinandergreifen. Ein vergleichsweise junges Medium wie das Internet, neue Tools und Services oder die Fokussierung auf definierte Kundensegmente ersetzen nicht die personenbezogene Kommunikation. Konsequent miteinander verzahnt, dienen diese Maßnahmen einer effektiven Nutzenkommunikation für Messen, insbesondere für anerkannte Fachmessen, als exklusive Plattformen.

Voraussetzung ist eine durchgängige, argumentativ nachvollziehbare und glaubwürdige inhaltliche Positionierung der Messen mit einprägsamen Kernbotschaften. Für diesen Fokus auf *inhaltliche* Aussagekraft steht der Fachterminus Content Management, der hier nicht die technische Verwaltung oder Gestaltung von Online-Medien meint, sondern die Konzentration auf eine kompetente, von den Inhalten her gesteuerte Kommunikation. Wenn dies die Kernkompetenzen von Messen – wieder – transparenter macht, erübrigen sich auch vorschnelle Abgesänge auf das angebliche Auslaufmodell Messe.

Hans Werner Reinhard

Multiplikatorenmanagement von Messegesellschaften

1. Einleitung

2. Die Rolle des Multiplikatorenmanagements im Marketing
    2.1   Definitorische Abgrenzung des Begriffes „Multiplikatorenmanagement"
    2.2   Bestandteile des Marketinginstrumentariums von Messegesellschaften
    2.3   Einordnung des Multiplikatorenmanagements in den Marketingmix

3. Multiplikatorenmanagement von Messegesellschaften
    3.1   Multiplikatorenzielgruppen und deren Einfluss
          3.1.1   Gesellschafter
          3.1.2   Fachbeiräte
          3.1.3   Verbände
          3.1.4   Ministerien
          3.1.5   Medien
    3.2   Ableitung von Maßnahmen zur Aktivierung und Bindung von Multiplikatoren
          3.2.1   PR- und Lobby-Arbeit
          3.2.2   Protokollarische Aktivitäten

4. Aktives Multiplikatorenmanagement als strategischer Wettbewerbsvorteil

5. Literaturverzeichnis

Dipl.-Kfm., Dipl.-Betriebswirt Hans Werner Reinhard ist Abteilungsleiter Geschäftsführungsangelegenheiten & Protokoll sowie Leiter eines Projektteams der Leipziger Messe GmbH, Leipzig. Zum 1. Januar 2004 übernimmt er die Leitung des Unternehmensbereiches Kommunikation der Messe Düsseldorf GmbH, Düsseldorf.

1. Einleitung

Die heutige Zeit ist geprägt durch die Neuen Medien. Kommunikation erfolgt immer schneller, der „Informations-Overflow" führt zu Reizüberflutungen und der Faktor Zeit wird entsprechend immer knapper. Auch das Medium „Messe" bleibt von diesem Trend nicht unberührt. Virtuelle Märkte haben im Konsum- und Gebrauchsgüterbereich Fuß gefasst und als Vertriebsplattform an Bedeutung gewonnen.

Je mehr sich das unpersönliche Geschäft am Computer entwickelt, umso stärker werden mit einem gewissen „time-lag" ausgewählte Plattformen wie Messen, Kongresse und Events wieder an Bedeutung gewinnen. Denn hier steht das persönliche Gespräch – der Dialog zwischen Menschen – in konzentrierter Form im Mittelpunkt des Geschehens. Noch bis in die 70er und 80er Jahre wurde so manches erfolgreiche Geschäft per Handschlag oder auf einem Bierdeckel fixiert. Heute müssen Juristen seitenlange Vertragswerke verfassen.

Die persönliche Beziehung zwischen Geschäftspartnern muss zwangsläufig wieder an Bedeutung gewinnen. Wer auf ein exzellentes Beziehungsnetzwerk zurückgreifen kann, der kann in schlechteren Zeiten davon zehren und in guten Zeiten seinen geschäftlichen Erfolg schneller als der Wettbewerb entwickeln.

Die oben beschriebene Erkenntnis ist ein wesentlicher Grundpfeiler für die Erhaltung und Entwicklung des Messegeschäfts. Durch das Leben und Erleben eines aktiven Multiplikatorenmanagements können im Sinne einer Win-Win-Situation alle beteiligten Akteure davon profitieren: Aussteller, Besucher, Journalisten, Verbände, Fachbeiräte und die Messegesellschaften selbst mit ihren Eigentümern. Alle diese Partner zum gleichen Zeitpunkt an einem Ort im persönlichen Dialog, der auch eine Prüfung des persönlichen Miteinanders in puncto persönlicher Chemie darstellt, zu vereinen ist einzigartig und wird die Qualität von Geschäftsbeziehungen wieder stärker in den Mittelpunkt unserer Geschäftstätigkeit rücken.

Der vorliegende Beitrag zeigt die vielfältigen Möglichkeiten auf, wie Messegesellschaften über individuelle personenbezogene Maßnahmen die Kommunikation zu Meinungsmachern fördern und die Netzwerkbildung forcieren können.

2. Die Rolle des Multiplikatorenmanagements im Marketing

2.1 Definitorische Abgrenzung des Begriffes „Multiplikatorenmanagement"

Eine exakte Definition des Begriffes „Multiplikatorenmanagement" ist in der einschlägigen Literatur nicht vorhanden. In Gablers Lexikon Werbung werden Multiplikatoren wie folgt definiert (Behrens/Esch/Leischner/Neumair 2001, S. 274):

„Multiplikatoren sind Personen oder Institutionen, die empfangene Informationen an mehrere Personen weiterleiten und dadurch vervielfältigen (multiplizieren)."

Multiplikatoren werden eingesetzt, um die Reichweiten von Botschaften zu erhöhen. In diesem Zusammenhang erfüllen sie die Funktion von Meinungsführern, die durch das Bekunden und Veröffentlichen ihrer Meinung auf andere Personen Einfluss nehmen können (Behrens/Esch/Leischner/Neumair 2001, S. 274, S. 262f.). Multiplikatoren können die Entscheidungen anderer Personen im Sinne des Unternehmens sowohl positiv als auch negativ beeinflussen, indem sie sie auf das Unternehmen aufmerksam machen und eine Zusammenarbeit befürworten bzw. ablehnen.

Im Weiteren soll unter dem Begriff des Multiplikatorenmanagements folgendes verstanden werden:

Die Art und Weise, in welcher man mit Multiplikatoren in Kontakt – idealerweise in einen regelmäßigen Dialog – tritt, damit das eigene Unternehmen einen positiven Nutzen daraus ziehen kann.

2.2 Bestandteile des Marketinginstrumentariums von Messegesellschaften

Meffert definiert Marketinginstrumente wie folgt: „Marketinginstrumente beinhalten die Gesamtheit der Aktionen bzw. Handlungsalternativen, die sich auf eine Beeinflussung der Marktteilnehmer sowie der Makroumwelt richten, mit dem Zweck, das akquisitorische Potential der Unternehmung zu erhöhen. Marketingaktivitäten sind stets Kombinationen von Aktionsparametern mit bestimmten Werten oder Ausprägungen. Sie können sowohl in einem Tun als auch Unterlassen bestehen." (vgl. Meffert 1977, S. 114).

Da es für die Zahl und Inhalte der Marketinginstrumente keine allgemeingültige Standarddefinition gibt, hat Peters für das Marketing von Messeveranstaltern ein eigenes

Marketinginstrumentarium entwickelt, welches den Produkteigenschaften des Mediums „Messe" Rechnung tragen soll und sich aus sieben Teilbereichen konstituiert (vgl. Peters 1992, S. 209):

(1) Ein markt- und marketinggerechtes Verhalten der Messeveranstalter, die Entwicklung geeigneter Messekonzepte sowie deren laufende Überprüfung und Anpassung an Markterfordernisse setzen voraus, dass die Veranstalter genaue Kenntnisse über die Ziele, Erwartungen, Einstellungen und Bedürfnisse der Aussteller und Besucher besitzen (vgl. Peters 1992, S. 211). Instrumente dazu stellt die *Marktforschung* bereit. So ermöglichen Markt-, Umwelt- und Wettbewerbsanalysen eine rasche Anpassung der generellen Messepolitik an sich verändernde politische, wirtschaftliche und soziale Umweltbedingungen, Konzeptionsstudien und Synergieanalysen eine bedarfsgerechte Konzeptionsentwicklung einzelner Messeveranstaltungen, Infrastrukturanalysen die bessere Einschätzung der Qualität des Messegeländes und -standortes, Image- und Reichweitenanalysen die Verbesserung des Images des Messeveranstalters und einzelner Messeveranstaltungen sowie Struktur- und Konzeptanalysen die Untersuchung der Kundenbedürfnisse und -anforderungen (vgl. Langner 1992, S. 254). Die gewonnenen Daten werden nicht nur zur internen Dokumentation und Analyse genutzt, sondern bilden die Grundlage für die anderen absatzpolitischen Instrumente, auf die im Folgenden eingegangen wird (vgl. Niedergöker 1980, S. 106).

(2) Der *Sortimentspolitik* kommt im Messewesen eine besondere Bedeutung zu, da das Angebot eines Messeveranstalters nicht nur in der Bereitstellung von Ausstellungsfläche, sondern im Verbund mit anderen Leistungen in Form eines Sortiments zu sehen ist. Sie ist gekennzeichnet durch die drei Aktivitätsdimensionen „Messeveranstaltungen", „Marketing-/Technikservices" und „Reichweite". Eine Strukturierung innerhalb des Sortiments von Messeveranstaltungen lässt sich vornehmen nach der Organisationsform (Eigen-, Joint Venture-, oder Fremd- bzw. Gastveranstaltungen), dem Ort der Durchführung (auf eigenem oder fremdem Gelände), den Besucherzielgruppen (Fach-/Publikumsmessen) oder den Warengruppen (Messen für Konsumgüter/Gebrauchsgüter/Investitionsgüter/Dienstleistungen). Im Zuge so genannter Vorwärtsintegrationsmaßnahmen haben Messeveranstalter damit begonnen, messebegleitende Services für die technische Beteiligung an einer Messe und der damit verbundenen Marketingbedürfnisse der Aussteller und Besucher im Sinne von Marketing- und Technikservices zu entwickeln. Das Sortiment der Reichweite beinhaltet alle sortimentspolitischen Entscheidungen, bei denen der Standort variiert wird, d.h., dass Veranstaltungen nicht nur im Inland, sondern auch im Ausland durchgeführt werden. Diese Form der Sortimentspolitik verläuft vor dem Hintergrund der Umsatzausweitung und der Überwindung möglicher Engpässe auf dem eigenen Messeplatz durch die Besetzung geografischer Lücken mit Themen, bei denen von Seiten des Messeveranstalters eigene Markt-

erfahrung und von Seiten der Kunden ein ausreichendes Ausstellerpotential besteht (vgl. Peters 1992, S. 206, S. 229, S. 231, S. 234-236).[1]

(3) Welche Leistungen wie, wo, wann, womit, durch wen, für wen und mit welchem Ziel am Markt angeboten werden sollen, ist die zentrale Frage der *Produktpolitik* (vgl. Peters 1992, S. 206, S. 238). Mit anderen Worten umfasst das Aufgabenfeld der Produktpolitik eines Messeveranstalters die Entwicklung neuer Produkte, die Pflege und Fortführung etablierter Produkte sowie den vorgezogenen Akzeptanztest von Produktalternativen (vgl. Marzin 1992, S. 181). Dies schließt auch Entscheidungen der Produktdiversifizierung und -eliminierung mit ein (vgl. Peters 1992, S. 254). Ob es sich nun beim Medium „Messe" um ein Produkt im eigentlichen Sinne oder um eine Dienstleistung handelt, soll an dieser Stelle nicht diskutiert werden. Die Produktpolitik beschäftigt sich mit Entscheidungsparametern, wie z.B. Branchenzugehörigkeit, Zielgruppe der Aussteller und Besucher, Nomenklatur, Wahl des Standortes sowie Festsetzung des Termins und Turnus einer Messeveranstaltung (vgl. Niedergöker 1980, S. 110f.).

(4) Da im Messewesen die Markttransaktion in Bezug auf das Erfüllungsgeschäft für Aussteller und Besucher mit der Durchführung der Messe zusammenfällt, wird der Zeitabschnitt vor der Durchführung einer Messeveranstaltung der Produktpolitik zugeordnet und der Zeitabschnitt während der Durchführung, also der Phase der eigentlichen Nutzung und Leistungserstellung, der *Servicepolitik*. Ihre Aufgabe ist die Schaffung optimaler Bedingungen zur Abwicklung eines Messethemas. Dies umfasst jegliche Maßnahmen und Einrichtungen am Veranstaltungsort, welche über die reine Vermietung und Vergabe von Ausstellungsfläche hinaus den verschiedenen an Messen beteiligten Zielgruppen ergänzend als Dienstleistungen angeboten werden, um ihnen den Aufenthalt und die Nutzung der Messefazilitäten so einfach wie möglich zu gestalten. Die angebotenen Serviceleistungen, strukturiert nach den unterschiedlichen Bedürfnisarten, beinhalten neben Informations-, Verkehrs-, Human-, Social-, Gastronomie- und Daily Services auch die bereits angesprochenen Marketing- und Technikservices (vgl. Peters 1992, S. 207f., S. 269, S. 273; Tauberger/Wartenberg 1992, S. 238-245).

(5) Gegenstand der *Preispolitik* ist die preispolitische Ausgestaltung eines über das reine Messeprodukt hinausgehenden, umfangreichen Dienstleistungspakets gegenüber den Benutzern des Mediums Messe, basierend auf den drei Determinanten „Kosten", „Nachfrager" und „Konkurrenz" (vgl. Peters 1992, S. 278; Zentes 1992, S. 341). Den Produktpreisen in anderen Wirtschaftszweigen entsprechen bei Messeveranstaltern die Standgebühren für Aussteller sowie die Eintrittsgelder für Besucher, wobei die Höhe der Standmiete häufig nur ungenau den gebotenen Leistungsumfang widerspiegelt (vgl. Niedergöker 1980, S. 111). Probleme bei der Preisbestimmung ergeben sich im Vergleich zu anderen Branchen zum einen durch die zwei unterschiedlichen Nachfragergruppen, den Ausstellern und den Besuchern, und zum anderen durch die vom Messeveranstalter an-

---

[1] Nach Meffert beinhaltet die *Sortimentspolitik* alle Entscheidungstatbestände, welche sich auf die marktgerechte Gestaltung des Leistungsprozesses einer Unternehmung beziehen.

gebotenen Zusatzleistungen (vgl. Taeger 1993, S. 161). Für die Messeveranstalter ist es hilfreich, im Sinne einer marktorientierten Preispolitik preispolitische Spielräume zu schaffen, welche durch die geringe Substituierbarkeit des Mediums „Messe" sowie die hohe Präferenzintensität auf Seiten der Aussteller und Besucher bestimmt werden (vgl. Peters 1992, S. 281). Die in der Vergangenheit von dem AUMA vorgenommenen Aufschlüsselungen der Kosten einer Messebeteiligung von Messebenutzern haben gezeigt, dass die Standmieten und die Eintrittspreise oft nur einen geringen Teil der Gesamtteilnahmekosten darstellen und somit eine aggressivere Preispolitik von Seiten der Veranstalter wenig Einfluss auf eine Messeteilnahmeentscheidung hätte (vgl. AUMA 2002, S. 42-43).

(6) Die *Distributionspolitik* umfasst alle Maßnahmen, die im Zusammenhang mit dem Weg eines Produktes zum Kunden stehen. Da sich bei einer Messeveranstaltung der Ort der Konkretisierung des Produktes mit dem Ort des Verbrauches wegen der nicht gegebenen Lager- und Transportfähigkeit deckt, entfallen die anfangs genannten logistischen Aufgaben für den Messeveranstalter mit Ausnahme des Vorverkaufs von Eintrittskarten über Absatzmittler. Das Aufgabenspektrum der Distributionspolitik beschränkt sich somit auf die Distribution von Informationen an bestehende und potenzielle Messebenutzer und auf die Festlegung der Absatzkanäle und -wege, durch welche die Informationen zum Entscheider auf der Kundenseite in direkter oder indirekter Form gelangen. Das Kernziel der Distributionspolitik eines Messeveranstalters besteht in der Schaffung eines für eine Messebeteiligungsentscheidung notwendigen Informationsgrades auf Seiten der potenziellen Messebenutzer. Dies erfolgt durch die Auswahl und den Einsatz exzellenter und hoch motivierter Absatzmittler am geeigneten Ort, die eine hohe Bereitschaft haben, Informationen an den Kunden weiterzugeben. Da der gezielte Einsatz von Absatzmittlern zu einem unmittelbaren Beteiligungsentscheid führen soll, ist an dieser Stelle die Distributionspolitik mit der Vertriebspolitik gleichzusetzen (vgl. Peters 1992, S. 207, S. 278, S. 281, S. 286-288).

(7) Die *Kommunikationspolitik* beinhaltet alle Kommunikationsmaßnahmen der Leistungsdarstellung (vgl. Bruhn 1990, S. 195). Zentrale Ausgangsfrage ist, welche Werbewirkung für welches Produkt bei welcher Zielgruppe und zu welchem Zeitpunkt unter Berücksichtigung des zur Verfügung stehenden Werbebudgets angestrebt werden soll (vgl. Nieschlag/Dichtl/Hörschgen 1985, S. 503). Es geht dabei um die bewusste Gestaltung der auf den Markt gerichteten Informationen eines Messeveranstalters mit dem Ziel, möglichst viele Kontakte durch gezielte Ansprachen zu knüpfen und eine Verhaltensänderung aktueller und potentieller Kunden zu erreichen (vgl. Meffert 1977, S. 412; Niedergöker 1980, S. 113). Der Inhalt der Informationen kann messeveranstalter-, messeprodukt- und/oder zielgruppenbezogene Ziele verfolgen (vgl. Peters 1992, S. 304f.). Unter dem Gesichtspunkt der Ausstellerakquisition und Besucherwerbung lässt sich die Kommunikationspolitik eines Messeveranstalters in die beiden Bereiche der direkten und der indirekten Kontaktaufnahme untergliedern.

2.3   Einordnung des Multiplikatorenmanagements in den Marketingmix

Ein aktives Multiplikatorenmanagement erfolgt über die Interaktion von Maßnahmen der Kommunikations-, Service- und Distributionspolitik.

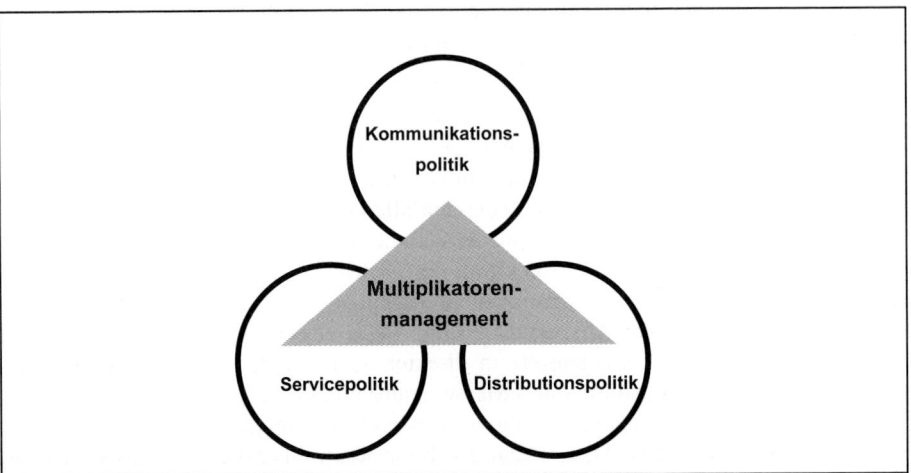

Abb. 1: Einordnung des Multiplikatorenmanagements in den Marketingmix

1.   Multiplikatorenmanagement als Teil der Kommunikationspolitik

Die Kommunikationspolitik nimmt als Marketinginstrument eine besonders herausragende Stellung ein. Durch eine am Unternehmen, an Projekten und Zielgruppen gleichermaßen ausgerichtete Kommunikationspolitik ist es erst möglich, die Leistungsbereitschaft des (Messe-)Unternehmens an die Bedarfsträger heranzutragen (vgl. Taeger 1993, S. 178).

Wie bereits erwähnt, differenziert man Maßnahmen der indirekten Kommunikation (klassische Werbung in Form von Anzeigen, Plakatierungen etc. sowie Pressearbeit) und der direkten Kommunikation (persönliche Kontaktaufnahme). Die persönliche Kommunikation nimmt in Bezug auf das Multiplikatorenmanagement eine entscheidende Rolle ein, da hier die Chance der direkten Einflussnahme am ehesten gegeben ist.

Sobald ein Kontakt zu einem Zieladressaten hergestellt werden konnte, gilt es diesen im Sinne des Multiplikatorenmanagements zu erhalten und auszubauen. Kontaktpflege beinhaltet den durchgängig guten Kontakt – z. B. durch das regelmäßige Versorgen mit aktuellen Branchen- und (Messe-)Unternehmensinformationen, regelmäßige Telefonate und/oder persönliche Begegnungen und dem Erteilen von personenbezogenen Aufmerksamkeiten (z.B. besondere Annehmlichkeiten im Rahmen des Messeaufenthaltes).

2.   Multiplikatorenmanagement als Teil der Servicepolitik

„Customer Care" kann auf verschiedenen Stufen erfolgen. Es gibt Services, die für jedermann zugänglich bzw. beziehbar sind und man kann gewisse Services einem limitierten Adressatenkreis vorbehalten. Letzteres wiederum ist Bestandteil eines aktiven Multiplikatorenmanagements. „Special Services" für Multiplikatoren sollen einen „added value", also Mehrwert, darstellen, d.h. dem besseren persönlichen Wohlbefinden dienen oder zur Förderung der Geschäftätigkeit beitragen.

Eine exzellente Kontaktpflege zu wichtigen Ausstellern und Besuchern führt in der Regel auch zur Kundenbindung. Dieser Zustand kann kommunikations- und distributionspolitisch sehr gut genutzt werden, da er die positive Zusammenarbeit unter Meinungsführern für ein gemeinsames, unternehmerisch wichtiges Vorhaben bekundet.

3.   Multiplikatorenmanagement als Teil der Distributionspolitik

Hierbei geht es darum, das akquisitorische Potential durch so genannte „Türöffner" besser auszuschöpfen. Multiplikatoren, die von einem Produkt oder einer Leistung überzeugt sind, stellen die motiviertesten und glaubhaftesten Absatzmittler für ein Unternehmen dar. Wenn Dritte gut über ein Produkt oder ein Unternehmen sprechen, erleichtert dies die Akquisitionsbemühungen des vertreibenden Unternehmens um ein Vielfaches. D.h., es müssen gezielt ausgewählte Multiplikatoren zur Gewinnung entsprechender Zielgruppen aktiviert werden. Aus diesem Grund steht den oft hohen personellen und finanziellen Investitionen eines aktiven Multiplikatorenmanagements auch ein entsprechend gestiegener Umsatz gegenüber.

3.   Multiplikatorenmanagement von Messegesellschaften

3.1   Multiplikatorenzielgruppen und deren Einfluss

Multiplikatoren können sich positiv, negativ oder überhaupt nicht über eine Messe äußern. Der Grad der Einflussname auf eine Messeveranstaltung oder sogar die Messegesellschaft selbst ist abhängig von dem jeweiligen Einflusspotential des Multiplikators.

Im Folgenden werden die für deutsche Messegesellschaften relevanten Zielgruppen aufgezählt, die in ihrer Position als Multiplikator fungieren können. Darüber hinaus werden die Möglichkeiten der Einflussnahme beschrieben.

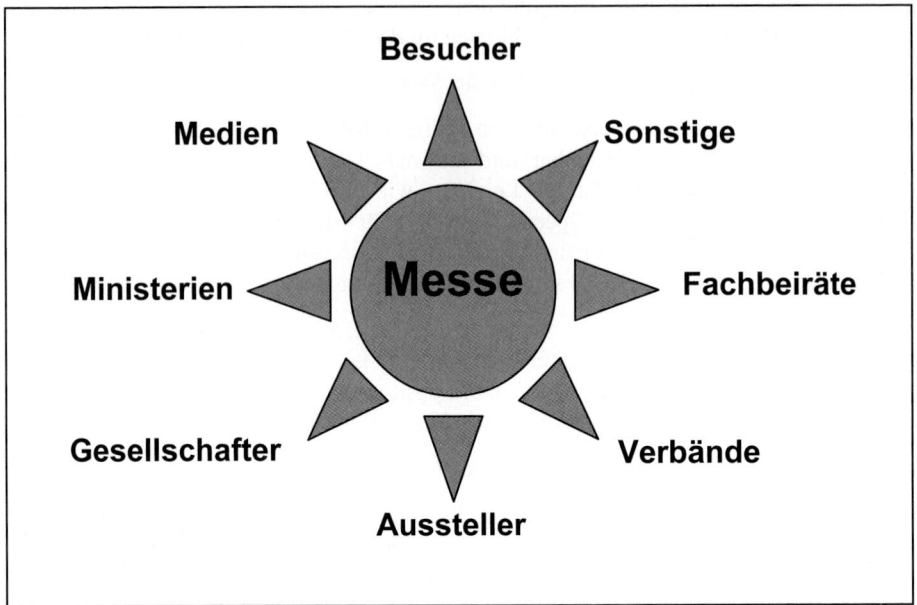

Abb. 2: Mulitplikatoren-Zielgruppen der Messe

3.1.1 Gesellschafter

In Deutschland existiert zu einem überwiegenden Teil das Modell eines Unternehmens in privater Rechtsform – meist eine GmbH (Gesellschaft mit beschränkter Haftung). Die Anteile liegen zu einem Teil bei der Stadt und zu einem Teil beim jeweiligen Bundesland (vgl. Busche 1992, S. 71f.). In der Regel besitzt die Kommune einen Anteil, der sich zwischen 50 Prozent und 100 Prozent bewegt, während das jeweilige Bundesland einen Anteil zwischen 0 Prozent und 50 Prozent hält. Geringere Anteile, die maximal 10 Prozent betragen, besitzen örtlich ansässige Industrie- und Handelskammern, Handwerkskammern und andere regionale Wirtschaftsorganisationen bzw. kommunale Tochtergesellschaften (vgl. Neglein 1992, S. 20).

Die öffentlich-rechtlichen Eigentümer investieren Mittel in Messegelände, Messehallen und begleitende Infrastrukturen nicht primär aus dem Grund, dass sich die Investition direkt rechnet (was in den wenigsten Fällen der Fall ist), sondern aus der mittelbaren Rentabilität, die sich unabhängig eines Defizits ergibt. Diese „Umweg-Rentabilität" bezieht sich auf die örtlich und regional anfallenden Umsätze in anderen Wirtschaftsbereichen, die durch die Messe induziert werden, wie beispielsweise im Hotel- und Gaststättengewerbe, im Transportgewerbe (Taxis) oder bei Speditionen, Standbauern,

Hostessenvermittlungen, Werbeagenturen etc. Folglich befruchtet eine erfolgreiche Messe die lokale und regionale Wirtschaft und schafft zusätzliche Arbeitsplätze (vgl. Busche 1992, S. 73f.).

Demnach sind Entwicklungen im Messewesen von der verfolgten Messepolitik zahlreicher Entscheidungsträger auf unterschiedlichen Ebenen im öffentlichen und privaten Sektor abhängig. Staatliches Interesse an der Funktionsfähigkeit des Messewesens besteht auch darin, dass Messen und Ausstellungen hervorragend dafür geeignet sind, die Wirtschaftskraft der Stadt oder des jeweiligen Landes zu dokumentieren (vgl. Schwermann 1976, S. 38-51).

Interessenvertretung und Interessenausgleich finden in den üblichen gesellschaftsrechtlichen Gremien statt. Vornehmlich sind dies, neben der Gesellschafterversammlung, der Aufsichtsrat – dieser setzt sich allerdings nicht zwingend nach den Eigentumsverhältnissen zusammen. Vertretern der Wirtschaft werden Sitz und Stimme im Aufsichtsrat eingeräumt – der Wirtschaft wird somit vom Staat eine entscheidende Mitwirkung zuteil. Der Aufsichtsrat setzt sich somit aus Vertretern von Stadt, Land und Wirtschaft zusammen. In welcher Konstellation, bleibt den jeweiligen Eigentümern überlassen. Dem Aufsichtsrat wird die Aufgabe zuteil, auf eine ausreichende, zielkonforme Auslastung der Messefazilitäten seitens der Messegesellschaft zu achten (vgl. Taeger 1993, S. 79).

Die Mitglieder des Aufsichtsrates einer Messegesellschaft vertreten diese maßgeblich auch nach außen und können hier die Geschäftsführung bei ihren Aktivitäten einflussreich unterstützen. Entsprechend zählen die Aufsichtsräte zu den bedeutenden Promotoren und damit Multiplikatoren des Unternehmens.

3.1.2 Fachbeiräte

Bei nahezu allen bedeutenden deutschen Messen werden Fachbeiräte einberufen. Der Beirat konstituiert sich in der Regel aus Vertretern der ausstellenden bzw. besuchenden Unternehmen inklusive ihrer Branchenverbände (vgl. Neglein 1992, S. 24). Die Zusammensetzung des Beirates ist vom jeweiligen Messetyp abhängig: Fachmesse, Fachmesse mit Publikumscharakter oder reine Publikumsmesse. Weiterhin kann dieser als ein Ausstellerbeirat, Besucherbeirat oder gemischter Beirat initialisiert werden. Die Größe eines solchen Beirates wird von den zu vertretenden Interessen einer Messe bestimmt.

Messegesellschaften verfolgen mit der Einbindung dieser Gremien das Ziel, den sich fortlaufend verändernden Bedürfnissen der Besucher und Aussteller gerecht zu werden und die Messeveranstaltung zeitnah an die aktuelle Marktsituation anpassen zu können (vgl. Taeger 1993, S. 80f.). Die Vorteile der Messegesellschaft liegen neben der fachlichen Unterstützung in der Beraterfunktion für die laufende konzeptionelle Messeweiterentwicklung, in der Informationsfunktion über Branchentrends, Konjunkturdaten, Wettbewerbermessen sowie in der Multiplikatorenfunktion im Sinne der zielgenaueren und einfacheren Akquisition von Ausstellern und Besuchern.

Durch diese Gremien werden die Bedürfnisse der primären Bedarfsträger – Aussteller und Besucher – artikuliert. Weitere relevante Messeentscheidungen werden bezüglich dem Einladungskreis der Aussteller, den Wirtschaftspartnern aus dem In- und Ausland, den Teilnahmekonditionen, dem Messe-Turnus und schließlich dem Rang der Messe im Verhältnis zu in- und ausländischen Konkurrenten, den es anzustreben bzw. zu behalten gilt, getroffen (vgl. Busche 1992, S. 75).

Somit können in diesen Gremien Entscheidungen der Messegesellschaft bezüglich der Messepolitik sowie in puncto konzeptioneller und organisatorischer Belange beeinflusst werden (vgl. Taeger 1993, S. 80f.).

3.1.3 Verbände

Branchenverbände sind die Vertreter der Aussteller- und Besucherseite innerhalb definierter Branchen. Sie beraten ihre Mitglieder in puncto Messen, z. B. über die für sie passende Veranstaltung und fungieren zudem als Sprecher für die Bedürfnisse und Wünsche der Aussteller gegenüber dem Messeveranstalter. Dem liegt zu Grunde, dass Verbände über ihre Mitgliederzahl eine so genannte „Nachfragemacht" darstellen – Entwicklungen können somit forciert oder gehemmt werden (vgl. Taeger 1993, S. 83).

Es existieren drei Formen, in denen Verbände an einer Messe mitwirken können:

1. Messen können ein alleiniges Projekt der Messegesellschaft sein, in denen Verbände ausschließlich eine beratende Funktion einnehmen.

2. Messen und Ausstellungen können sich in gemischter Trägerschaft befinden. Hierbei sind auch verschiedenste Formen möglich. Von der wirtschaftlichen Mitverantwortung der Verbände bis hin zu lediglich ideeller Trägerschaft, was bedeutet, dass die Messegesellschaft das alleinige wirtschaftliche Risiko trägt (z.B. die AMI – Automobil International in Leipzig. Der VDIK – Verband der Importeure von Kraftfahrzeugen e.V. ist ideeller Träger der AMI. Die Organisation und Operationalisierung erfolgt durch die Leipziger Messe; vgl. Haupt 1992, S. 592).

3. Messen und Ausstellungen können allerdings auch als Projekt einer oder mehrerer Branchen (Verbandsprojekt) stattfinden. Die Aufgabe der Messegesellschaft beschränkt sich lediglich auf die Vermietung des Geländes (z.B. die IAA – Internationale Automobilausstellung in Frankfurt wird vom VDA – Verband der Automobilindustrie e.V. organisiert und operationalisiert. Die Messe Frankfurt agiert ausschließlich als Geländevermieter und Service-Provider; vgl. Haupt 1992, S. 592).

Die Gründe für eine Zusammenarbeit aus Sicht der Messegesellschaft sind neben der beratenden Funktion der Verbände und damit der Vertiefung des Fachwissens die Motivation und Empfehlung einer Messebeteiligung an die Verbandsmitglieder sowie die Verhinderung der Förderung von Konkurrenzveranstaltungen durch den Verband (vgl. Peters 1992, S. 90).

3.1.4 Ministerien

Die Messeentwicklung Deutschlands wird grundlegend dadurch geprägt, dass die Bundesregierung auf eine wesentliche Beteiligung am Messegeschäft im eigenen Land verzichtet (vgl. Busche 1992, S. 76f.). Unterstützung seitens des Bundeswirtschaftsministeriums erfolgt in erster Linie im Bereich der Auslandsmessen im Sinne der Exportförderung. Deutsche Gemeinschaftsstände an ausgewählten ausländischen Messen werden finanziell gefördert und ermöglichen deutschen Unternehmen den organisatorisch und finanziell erleichterten sowie politisch flankierten Markteintritt in entsprechende Auslandsmärkte (weitere Informationen hierzu sind im jährlichen Auslandsmesseförderprogramm des Bundes zu finden: www.auma.de).

Die Wirtschaftsministerien der jeweiligen deutschen Bundesländer verfügen darüber hinaus über Messeförderbudgets, die unter Einhaltung bestimmter Kriterien eine Teilnahme von Unternehmen aus ihrem Bundesland an bestimmten regionalen, nationalen und zum Teil sogar internationalen Messen finanziell unterstützen (vgl. Schwermann 1976, S. 84f.). Hierbei ist es für die Messegesellschaft enorm wichtig, für möglichst viele Eigenveranstaltungen den Status der Förderungswürdigkeit für entsprechende Aussteller zu erhalten, um damit die kostenreduzierte Teilnahme auch kleineren oder noch wenig messeerfahrenen Unternehmen zu ermöglichen.

Ein ähnliches Prozedere auf nationaler Ebene gibt es im Ausland, wo die nationalen Wirtschaftministerien oder staatsnahe Handelsorganisationen die Teilnahme von Unternehmen ihres Landes an bedeutenden Auslandsmessen finanziell fördern. Jährlich wird eine Liste mit förderungswürdigen Auslandsmessen erstellt. Hier ist es für deutsche Messegesellschaften ebenfalls wichtig zu versuchen, ihre Messeveranstaltungen zu platzieren, um damit den Umsatz und den Auslandsanteil auf Ausstellerseite zu erhöhen (vgl. Ebert 1992, S. 1992; Peters 1992, S. 113f.).

Da Vertreter sämtlicher Ministerien im In- und Ausland meist hohes politisches Ansehen genießen, wird ihnen auch eine entsprechende Aufmerksamkeit zuteil. Aus diesem Grund können sie mit ihren Äußerungen eine große Wirkung und vor allem auch eine breite Masse erzielen bzw. erreichen.

3.1.5 Medien

Die Interessen der Medienvertreter und die der Messeveranstalter sind gleich stark zu gewichten. Vor allem Journalisten der Fachmedien benötigen die Messen, um ihr Wissen zu erweitern und in ihren Fachmedien vollständig über den betreffenden Themenkreis berichten zu können. Messegesellschaften ziehen einen Nutzen aus der ausreichenden Publikation im Vorfeld einer Veranstaltung sowie auch während und nach einer Messe (vgl. Peters 1992, S. 84).

Zudem fungieren Messen als „Medienereignis", sowohl auf nationaler wie internationaler Ebene. Neben der Informationsfunktion auf Messen wird vor allem der Kontakt zu den ausstellenden Unternehmen genutzt, denn kaum woanders treffen in so komprimierter Form die Repräsentanten einer Branche zusammen (vgl. Roloff 1992, S. 83f.).

Alle am Messegeschehen Beteiligten sind daran interessiert, dass die Veranstaltung so frühzeitig wie möglich einen hohen Bekanntheitsgrad und ein positives Image erhält. Die dafür notwendige Kommunikationsarbeit liegt bei der Messegesellschaft. Journalisten gilt es mit Informationen zu erreichen, um somit eine Berichterstattung zu bewirken (vgl. Roloff 1992, S. 141f.). Eine exzellente Berichterstattung in den zielgruppenspezifischen Medien ist in der Wahrnehmung beim Leser um ein Mehrfaches höher als eine entsprechende Werbeanzeige.[2]

Wenn aber eine Veranstaltung eine negative Presse bekommt, wird sich diese nachfolgend auch negativ auf die Entscheidungsprozesse der Aussteller und Besucher auswirken – sie bleiben der Folgeveranstaltung möglicherweise fern, wenn nicht eigene Positiverfahrungen deutlich überwiegen.

Die Zielgruppe der Journalisten ist heterogen – eine Vielzahl unterschiedlichster Journalisten ist für verschiedene Medien zuständig, die in den Presseverteilern der Messegesellschaft geführt werden. Die Kommunikation mit den Medien dient der Messegesellschaft als erste Phase im Kommunikationsprozess mit dem Kunden. Aussteller und Besucher sollen über die Messe informiert werden – die Handlungserwartungen gehen in Richtung Messebeteiligung bzw. -besuch oder die Bestätigung der bereits getroffenen Entscheidung (vgl. Roloff 1992, S. 144f.).

---

[2] Dies belegen Aussteller- und Besucherbefragungen einzelner Leipziger Messen, die von der Gelszus Messemarktforschung durchgeführt wurden. Hierbei wurde abgefragt, wie man auf die Messe aufmerksam wurde. Dabei hat die Presseberichterstattung bis zu acht mal höhere Wahrnehmungsraten erzielt, als Werbeanzeigen in Print-Medien.

3.1.6 Aussteller

Messeveranstalter finanzieren sich in erster Linie von den Erlösen auf Ausstellerseite, d.h. der verkauften Nettofläche in Quadratmetern und den mit einer Messeteilnahme verbundenen Erlösen von Serviceleistungen. Diese zusammen machen, abgesehen von Publikumsveranstaltungen, den größten Umsatzanteil einer Messeveranstaltung aus. Entsprechend ist die enorme wirtschaftliche Bedeutung dieser Zielgruppe nicht von der Hand zu weisen.

Als Aussteller zählen diejenigen Unternehmen, Parteien, Institutionen oder Verbände, die entweder mit einem oder mehreren Ständen auf einer Messe vertreten sind (vgl. Selinski 1995, S. 44).

Auf Messen können Aussteller ihr Produkt im Original präsentieren und in einem persönlichen Dialog forcieren. Anbieter und Abnehmer treten in einen unmittelbaren Kontakt zueinander. Die Bedeutung für ausstellende Unternehmen liegt im Absatz ihres Produktes bzw. ihrer Dienstleistung sowie im Aufbau und der Unterstützung ihres Images. Weitere Gründe einer Messeteilnahme liegen in der Informationsgewinnung über die Wettbewerber (vgl. Selinski 1995, S. 81-83).

Aussteller lassen sich kategorisieren in kleine und mittelständische Unternehmen, in Großunternehmen und Branchenführer. Letztere sind für den Messeveranstalter eine überaus wichtige Zielgruppe, da deren Anwesenheit auf einer Messe sich wie ein „Anziehungspol" für andere Aussteller und für Fachbesucher auswirkt. Wenn führende Branchenvertreter von einer Messebeteiligung absehen würden, könnte dies das Aus für die Messe bedeuten.

Aussteller sind oftmals Mitglieder in Wirtschaftsverbänden ihrer Branchen. Entsprechend sind sie durch die Verbände in Bezug auf eine Messebeteiligung beeinflussbar.

3.1.7 Besucher

Die Besucher einer Messe lassen sich in Fach- und Privatbesucher untergliedern. Investitionsgütermessen sind für das Fachpublikum von Bedeutung, während Konsumgütermessen eher Privatinteressenten ansprechen. Die wichtigsten Gründe für Fachbesucher sind nach Neglein der „Informationsaustausch über neue Produkte, die Vorbereitung von Beschaffungsentscheidungen, Anbahnung von Lieferantenbeziehungen" (vgl. Roloff 1992, S. 72). Der hohe Informationswert für Besucher liegt in der Konzentration des Angebotes und der dementsprechenden Vergleichsmöglichkeit, sowie der individuellen Beratung und Information (vgl. Roloff 1991, S. 72-81).

Der Fachbesucher hat ein geschäftliches bzw. berufliches Interesse – dabei wird er in Wiederkäufer und beruflicher Anwender unterschieden. Für das Messemarketing ist die

Besucherstruktur von Bedeutung, um auch Ausstellern eine potentielle Entscheidungsgrundlage zu geben (vgl. Taeger 1993, S. 122).

Die Einkäufer aus dem Handel zählen eigentlich auch zu der Gruppe der Fachbesucher –
ihre Zielsetzungen unterscheiden sich zum Teil von denen der übrigen Fachbesucher
(vgl. Peters 1992, S. 71). Messebesuche stellen für einkaufende Unternehmen einen
wichtigen Bestandteil ihres Marketings dar: Bei relativ einfachem Reiseaufwand haben
sie die Möglichkeit in konzentrierter Form vor Ort bestehende Kontakte zu pflegen, neue
potenzielle Lieferanten kennen zu lernen, sowie neue Techniken und Verfahren ausfindig zu machen. Damit kann die Einkaufspolitik maßgeblich gestaltet werden. Mit dem
Messebesuch beabsichtigt der Einkäufer, sein Spektrum zu erweitern. Ein besonderes
Augenmerk gilt dabei den jüngsten Forschungsergebnissen und neuen Werkstoffen für
künftige Einkaufsteile neuer Erzeugnisse (vgl. Sandvoß 1992, S. 477f.).

Dementsprechend ist es für Messegesellschaften von besonders großer Bedeutung, innovative Unternehmen – die „Trendsetter" der Branche – für eine Messebeteiligung zu gewinnen; vor allem Unternehmen, die innovative, kompetente Lösungsvorschläge anzubieten haben und die den neuesten technischen Entwicklungsstandards entsprechen bzw.
diesem sogar schon voraus sind.

Hochkarätige Einkäufer, wie beispielsweise Chefeinkäufer von großen Konzernen, fördern auch das Interesse auf Ausstellerseite, sich an der Messe zu beteiligen. Aus diesem
Grund ist es das Ziel von Messeveranstaltern, diese Einkäufer als Fachbesucher zu gewinnen und an ein Messethema zu binden.

3.1.8 Sonstige

Neben den oben beschriebenen wesentlichen Multiplikatoren-Zielgruppen gibt es weitere Adressaten, die einen Einfluss auf die erfolgreiche Entwicklung einer Messe haben
können.

Beispielsweise implizieren die Aussagen exponierter Vertreter aus Wissenschaft und
Forschung im Rahmen von Studien oder Vorträgen vor einem branchenspezifischen
Zielpublikum einen hohen Grad an Kompetenz und Glaubhaftigkeit. Je nach Rang und
Bedeutung der Person kann auch hier ein positiver Imagetransfer zu einer höheren Ak-
zeptanz auf Aussteller- und Besucherseite führen.

Zudem kann sich ein Know-how-Transfer in Bezug auf die konzeptionelle und damit
marktnahe Weiterentwicklung eines Messethemas für den Messeveranstalter ergeben
(vgl. Taeger 1993, S. 83).

Eine weitere Multiplikatorenzielgruppe, die sehr heterogen in sich ist, sind die Messe-
Consulter. Als Messe-Consulter werden Unternehmen verstanden, die sich auf die Beratung der Aussteller im Bereich Messebeteiligung spezialisiert haben und über Kennt-

nisse im Bereich des Messe- und Kongresswesens verfügen. Für ihre Auftraggeber, also die Aussteller, erstellen sie Konzepte zur Messebeteiligung, geben Strategie- und Handlungsempfehlungen und übernehmen z.T. auch ein Messetraining für das Standpersonal. Ein enger Kontakt besteht zu allen Dienstleistern der Messe- und Kongresswirtschaft (vgl. Selinski 1995, S. 51).

Messe-Consulting ist oft Teil des Angebotsspektrums von Unternehmensberatungen, von Werbe- und PR-Agenturen sowie von Standbau- und Messespeditionsunternehmen. Je nach Branchenorientierung und entsprechendem Kundenpotential kann ein Messe-Consulter ein aktiver Absatzmittler sowohl auf Aussteller- wie Besucherseite für den Messeveranstalter darstellen, indem er klare Empfehlungen für die Teilnahme an einer konkreten Messeveranstaltung gibt (vgl. www.m-a-sh.de/img/white_paper.pdf).

3.2 Ableitung von Maßnahmen zur Aktivierung und Bindung von Multiplikatoren

In dem vorangegangenen Gliederungspunkt wurden die Multiplikatoren benannt und ihr jeweiliger Einfluss darlegt. Nun geht es darum, wie die Messegesellschaft diese Multiplikatoren positiv beeinflussen kann, so dass sich diese zu Gunsten der Messe aussprechen. Wie dies funktional aber auch organisatorisch bei einer Messegesellschaft aussehen kann, wird im Weiteren aus den eigenen Erfahrungen bei der Leipziger Messe beschrieben.

3.2.1 PR- und Lobby-Arbeit

Eine aktive Lobby-Arbeit dient dem Aufspüren von für eine Messegesellschaft relevanten Multiplikatoren und der Einflussnahme auf Entscheidungsprozesse der identifizierten Entscheidungsträger im Sinne der Messe.

Public Relations (PR) stellt das Unternehmen und sein Leistungsspektrum in der Öffentlichkeit dar. Die Pressearbeit als Bestandteil der PR ist der direkte Kontakt mit den relevanten Medien (siehe Kapitel 3.1.5).

Lobby-Arbeit zur Aktivierung neuer Multiplikatoren

In Zusammenhang mit der Kommunikationspolitik ist Lobby-Arbeit ein entscheidendes Kriterium, um Multiplikatorenmanagement im Zielgruppenbereich von Entscheidungsträgern zu betreiben. Die Kommunikation findet auf Veranstaltungen in Form von Gesprächen und Treffen, wie z.B. Hintergrundgespräche, politische Salons, Empfänge, Verbands- und Stiftungsveranstaltungen, Branchentreffen etc. statt (vgl. Fries/Wenzel

2002, S. 10). Eine ideale Möglichkeit Meinungsführer zu identifizieren und mit diesen ins Gespräch zu kommen. Branchentrends und Neuheiten lassen sich somit aufspüren. Darüber hinaus kann man die Erkenntnisse in die eigene Messekonzeption einbringen; vielmehr kann man dem Multiplikator die Chance einräumen, seine Kompetenz in ein Projekt einzubringen. Aber auch die Aussprache einer persönlichen Einladung für einen Messebesuch bietet sich an. Aktive Lobby-Arbeit erfolgt bei einer Messegesellschaft durch die Geschäftsleitung, die themenrelevanten Messeprojektleiter sowie die Abteilungen Presse- und Öffentlichkeitsarbeit. Entscheidend für den Erfolg oder Misserfolg der Gewinnung neuer Multiplikatoren ist das persönliche Miteinander, d.h. man ist fachlich wie persönlich auf einer Wellenlänge. Nach erfolgreichem Kennenlernen muss der Kontakt mit entsprechenden Maßnahmen gefestigt und ausgebaut werden (vgl. www.democracyctr.org/resources/lobbying.html; Wallrabenstein 2003, S. 2). Kontaktpflege ist für ein erfolgreiches Lobbying eines der wichtigsten Voraussetzungen (vgl. Fries/Wenzel 2002, S. 10).

Hierzu dienen:

- Das regelmäßige Zustellen aktueller Branchen- und Messeinformationen

- Regelmäßige persönliche Begegnungen auf Eigen- oder Drittveranstaltungen, aktive Vor-Ort-Besuche sowie Telefonate

- Das Erteilen personenbezogener Aufmerksamkeiten (siehe Kapitel 3.2.2).

Lobbying als solches hat aber auch die Aufgabe, auf Entscheidungsträger und Entscheidungsprozesse einzuwirken (vgl. Strauch 1993, S. 19). Es wird der Versuch unternommen, wirtschaftliche und gesellschaftliche Akteure von der Richtigkeit bestimmter Maßnahmen und Meinungen zu überzeugen (vgl. Fries/Wenzel 2002, S. 10). Beispielsweise setzt sich die Stuttgarter Messe- und Kongressgesellschaft seit einigen Jahren für den Neubau des Messegeländes auf den Fildern nahe dem Stuttgarter Flughafen ein. Die dortigen Filderbauern und angrenzenden Gemeinden wehren sich vehement dagegen. Ein langwieriger politischer Willensbildungsprozess ist entstanden, der eines aktiven und überlegten Lobbyings zur Zielerreichung bedarf.

Pressearbeit als Bestandteil der PR einer Messegesellschaft

Der Kontakt zu den Medien sollte nicht in Form von Anfragen und Reaktionen stattfinden. Vielmehr muss die Messegesellschaft mit einer vorwärtsgerichteten, informationsfreudigen Pressearbeit in einen vertrauensvollen kontinuierlichen Dialog mit den Journalisten treten. Zum einen kann man Qualität und Quantität der Berichterstattung eher steigern als im umgekehrten Fall, zum anderen lassen sich weniger angenehme Themen häufig diskreter abhandeln. Maßnahmen für einen aktiven Umgang mit der Multiplikatorenzielgruppe der Medien, die über die üblichen Maßnahmen wie beispielsweise das Verschicken von Pressemitteilungen oder das Einladen zu Pressekonferenzen hinausgehen, werden im Folgenden beschrieben:

- *Herstellung von Kontakten und Vermittlung von Interview-Partnern*

  Hier gilt es Kontakte zu ausstellenden Unternehmen herzustellen, die entweder durch ihre Bedeutung in der Branche oder durch äußerst innovative Produkte auffallen. Darüber hinaus werden die hochkarätigen Mitglieder des Fachbeirates einer Messe bei den Fachmedien aktiv ins Gespräch gebracht. Letzteres dient beiden Multiplikator-Zielgruppen.

- *Bereitstellung von Hintergrundinformationen*

  Durch die Abteilung „Marktforschung" sowie vom Pressereferenten selbst recherchierte Marktinformationen werden ausgewählten Fachmedien zur Erleichterung ihrer Arbeit zugänglich gemacht. Auch Recherchewünsche von Journalisten werden aufgenommen und – sofern machbar – realisiert.

- *Einladung zu Sonderveranstaltungen*

  Die Leipziger Messe richtet direkt nach der Sommerpause immer ein Sommerfest für die Medien auf dem Messegelände aus. Es dient dem Dialog abseits fachlicher Themen in einem lockeren Rahmen. Mit dem gleichen Anspruch veranstaltet beispielsweise die Messe Düsseldorf immer kurz vor Weihnachten ein Weihnachtsbaumschlagen mit anschließender Weihnachtsfeier. Geschäftsführung, Bereichsleiter-, Abteilungsleiter- und Projektleiterebene sind dabei vertreten und kommen mit den unterschiedlichen Medienvertretern ins Gespräch.

  Zu den Sonderveranstaltungen gehören aber auch Pressereisen, z.B. im Rahmen der Eröffnung eines Messegeländes im Ausland, an dem man beteiligt ist (z.B. die Messen Düsseldorf, Hannover und München halten in Pudong/Shanghai an einem Messegelände Anteile) oder wie die Leipziger Messe im Rahmen ihrer Innovation des Fly-Away-Days, der integrierter Bestandteil der Kongressmesse REALLOCATION ist, diesen Flugtag vorab ausschließlich mit Medienvertretern durchführte (vgl. Reinhard 2003, S. B7).

- *Nutzung des Presse-Clubs*

  Dieses Instrument ist ein Erholungs- und Support-Service der Messegesellschaften. Dort finden die Journalisten technisch auf dem neuesten Stand eingerichtete Arbeitsplätze vor, an denen man in der notwendigen Ruhe Berichte schreiben und an die Redaktionen direkt online versenden kann. Auch für TV und Hörfunk stehen entsprechend ausgestattete Räumlichkeiten bereit. Darüber hinaus kann man speisen und sich mit Journalistenkollegen austauschen.

- *Individuelle Schreiben der Geschäftsführung zu wichtigen Anlässen an die Zielperson oder seinen Lebenspartner*

  Siehe hierzu Kapitel 3.2.2

Messen sind auf öffentliche Wirksamkeit angelegt. Somit stellt die Messe einen Markt für Informationen und Meinungen dar. Journalisten sind wichtige Partner: Eine Messe mit vielen Journalisten ist eine gute Messe. Eine gut funktionierende Messe stellt den Dialog zwischen Politik und Wirtschaft dar. Die Grundlage dafür ist bereits geschaffen – Berichterstatter und Kommentatoren sind anwesend. Eröffnungsveranstaltungen und Eröffnungspressekonferenzen zählen zu den besonders markanten Dialogereignissen (vgl. Busche 1992, S. 79).

3.2.2 Protokollarische Aktivitäten

Das Bundespräsidialamt, das Kanzleramt und das Auswärtige Amt in Berlin verfügen jeweils über einen Protokoll-Chef, der wiederum ein entsprechendes Team von Protokollmitarbeitern führt. Diese sind bei Staatsbesuchen zuständig für die Einhaltung entsprechender Regeln und Rituale der betroffenen Länder. Darüber hinaus planen und operationalisieren sie entsprechende Anlässe (vgl. Busche 1992, S. 79).

Bei den großen deutschen Messegesellschaften gibt es eine Protokollabteilung oder -Stabstelle. Im Folgenden wird das Aufgabenspektrum des Protokolls kurz skizziert und es werden Maßnahmen zur aktiven Multiplikatorenpflege und -bindung, wie sie bei der Leipziger Messe in jüngster Zeit gelebt werden, vorgestellt:

Aufgabenspektrum des Protokolls:

Die Protokollabteilung ist zuständig für die Planung und Durchführung von messebegleitenden Veranstaltungen, wie z.B. Empfängen, Eröffnungsfeiern, Ausstellerabenden etc. und sonstigen Rahmenprogrammen.

Darüber hinaus beinhaltet das Protokoll einer Messe die Etikette und die zeremoniellen Regeln, nach welchen hochgestellte Persönlichkeiten, die für die Messe von großer Wichtigkeit sind, entsprechend ihrer Rangordnung besonders individuell behandelt werden (vgl. von Bismarck 2002, S. 1).

Maßnahmen zur aktiven Multiplikatorenpflege und -bindung während einer Messe:

- *Zugang zum Gästeclub der Messegesellschaft*

  Die meisten deutschen Messegesellschaften verfügen über das Instrument der Club- und Ehrenkarten. Diese ermöglichen ausgewählten Multiplikatoren neben dem kostenfreien Besuch sämtlicher Messeveranstaltungen eines Messeplatzes auch die Nutzung des Gästeclubs, der einer VIP-Lounge entspricht. Dieses Instrument ist ein Erholungs- und Support-Service der Messegesellschaften. Dort kann man in aller Ruhe auf Einladung der Messe speisen und Gespräche mit wichtigen Kunden, Partnern oder Journalisten führen.

- *Zugang zu besonderen messebegleitenden Veranstaltungen der Messegesellschaft oder von Partnern (z.B. Ausstellern)*

Jede Veranstaltung hat aus räumlichen, budgetären und/oder veranstalterbezogenen Gründen eine Teilnehmerlimitierung. Es ist eine besondere Geste der Messegesellschaft, Teilnahmewünsche von nicht explizit geladenen Multiplikatoren zu realisieren und damit ihren eigenen Einfluss unter Beweis zu stellen.

- *Bevorzugte Platzierung und Behandlung bei Eröffnungen und Ausstellerabenden*

Die individuelle Begrüßung und eine bevorzugte namentliche Platzierung verdeutlichen dem Multiplikator seine Stellung und Wichtigkeit im Rahmen einer Veranstaltung. Die Rangfolge bei der Platzierung spiegelt den gesellschaftlichen und messebezogenen Status der Zielperson wider. Solche Gesten wecken und befriedigen die unterschiedlich ausgeprägten Eitelkeiten der Beteiligten. Deshalb sollten in diesem Zusammenhang Pannen möglichst vermieden werden – die betreffende Person könnte dies als Herabsetzung ihres Status empfinden.

- *Reise- und Hotelmanagement*

Die Reiseplanung inklusive der Hotelbuchung wird jedem Multiplikator vom Protokoll angeboten. Eine aktive Nutzung dieser Offerte ist von Seiten der Messegesellschaft gewollt, da man somit einen besseren Einfluss auf die Betreuung sowie auf eventuelle Up-Grades in eine Suite hat. Darüber hinaus kommt der Multiplikator in den Genuss von eigens zwischen Messe und Hotels ausgehandelten Sonderkonditionen. Zum Hotelmanagement gehört ebenfalls das Auslegen einer individuell verfassten Hotelbegrüßung der Messegeschäftsführung, die für den Fall von Wünschen auch einen rund um die Uhr verfügbaren Protokollansprechpartner benennt. In den Fällen, bei denen die Unterbringung unklar ist, findet im Rahmen einer sehr engen Kooperation mit den Leipziger Hotels der 4- und 5-Sterne-Kategorie ein regelmäßiger Namensabgleich statt, um auch hier die bewährten Hotelbegrüßungen zu gewährleisten.

Im Rahmen des Reisemanagements kommt im Bedarfsfall auch der Messe-Flieger der Leipziger Messe zum Einsatz. Hierbei handelt es sich um ein Flugzeug vom Typ Piper Cheyenne in Messe-Lackierung, welches von Top-Kunden und Multiplikatoren bei der Messe angefordert werden kann. Der Flieger wird in Zusammenarbeit mit dem Leipziger Luftfahrtunternehmen FSH betrieben und kann auch kleinere europäische Flughäfen ansteuern. So konnten im vergangenen Jahr Top-Besucher aus B- und C-Städten, wie z.B. Nantes, Breslau, Verona oder Graz, ohne Umsteigen eingeflogen werden. Damit ist der Messeplatz Leipzig terminsicher und komfortabel erreichbar.

- *Nutzung des Chauffeur-Services für den Zeitraum des Aufenthaltes*

Gäste aus dem In- und Ausland, die sich in der Messestadt nicht auskennen und Termine wahrnehmen müssen, nutzen in der Regel Taxen oder den öffentlichen Personennahverkehr. Top-Multiplikatoren der Leipziger Messe haben Anspruch auf Nutzung des Chauffeur-Services, der bei Bedarf rund um die Uhr bereit steht. Dazu hat die Leipziger Messe im Jahr 2000 damit begonnen, einen Chaufeur-Pool mit den besten Taxi-Fahrern der Stadt aufzubauen (Vorteil: Taxifahrer haben exzellente Ortskenntnis und verfügen über einen Passagierbeförderungsschein). Diese lassen sich relativ kurzfristig aktivieren, werden auf Stundenbasis abgerechnet und verfügen über eine komplette von der Messegesellschaft gestellte hochwertige Garderobe. Kooperationsverträge mit den am Ort ansässigen Niederlassungen von DaimlerChrysler und BMW sowie dem Porsche-Werk sichern immer die neuesten und gepflegtesten Fahrzeuge. Ein weiterer Vorteil dieses Prozederes auf lange Sicht gesehen besteht in dem Aufbau einer persönlichen Beziehung zwischen Fahrer und Multiplikator. Die Chauffeure treten auf wie Mitarbeiter der Messe und die Protokollabteilung ist bemüht, immer wieder den selben Fahrer bei wiederkehrenden Besuchen eines Multiplikators einzusetzen.

- *Bereitstellung eines anspruchsvoll ausgestatteten Appartements mit Büro*

Ein Messepräsident oder Vorsitzender eines Fachbeirates hat für die Messegesellschaft während der Messe zahlreiche Termine wahrzunehmen. Deshalb muss diese Person in eine optimale Lage zur Erfüllung seiner Aufgaben versetzt werden. Das Appartement bietet die Möglichkeit, sich zwischen den Terminen zurückzuziehen und auszuruhen; auch mal eine Dusche zu nehmen und sich für Abendveranstaltungen umzuziehen. Die Ausstattung entspricht der einer kleinen Hotel-Suite der 5-Sterne-Kategorie. Da aus Erfahrung immer wieder mal ein Oberhemd/Bluse oder die Krawatte schmutzig wird, findet man in einem Schrankteil eine Auswahl an neuer Garderobe in den gängigen Konfektionsgrößen. Auch dies ist ein Service, der im Falle eines Missgeschicks Pluspunkte für die Messegesellschaft bringen kann. Das Büro wird auf Wunsch mit einer Sekretärin der Messe besetzt.

- *Nutzung individuell gestalteter Rahmenprogramme*

Die Protokollabteilung erstellt nach den individuellen Wünschen Rahmenprogramme für den Multiplikator oder seine Angehörigen. Die Bandbreite ist groß und reicht vom Shopping-Programm über eine Stadtführung oder den Besuch kultureller Orte und Sehenswürdigkeiten bis hin zum persönlichen Fahrertraining auf der Porsche-Teststrecke. Im Rahmen von Beiratssitzungen oder größerer Messen wird ein Begleitprogramm – früher auch Damenprogramm genannt – offeriert, das dem Lebenspartner einen unterhaltsamen und spannenden Aufenthalt abseits des regulären Messegeschehens in der Messestadt garantiert.

- *Individuelle Betreuung von Gästen durch das Protokollpersonal*

Vornehmlich bei Gästen aus dem Ausland wird ein fremdsprachlich versierter Protokollmitarbeiter zur Seite gestellt. Ziel ist es, dass man auch in der Fremde eine Heimat findet und das muß die Messegesellschaft und ihr gesamtes Team sein.

Nach dem Prinzip „Geht nicht – gibt es nicht!" versucht das Protokollpersonal Wünsche von besonderen Gästen zu erahnen und zu realisieren. Auch die Vorlieben und

Gewohnheiten immer wiederkehrender Gäste werden im CRM-System der Leipziger Messe hinterlegt (z.B. raucht gerne Montecristo-Cigarren Nr. 4 oder isst keinen Lachs).

- *Messebezogene Werbemittel und Präsente*

Aufmerksamkeiten erhalten und fördern die Freundschaft. Die größte Freude ist, wenn der von der Arbeit gestresste Multiplikator von der Messe nach Hause zur Familie kommt und etwas mitbringt. Also muss man den Multiplikator in diese Lage versetzen. Da die Zielpersonen oft schon alles haben, ist beispielsweise die Leipziger Messe stets bemüht, nach nützlichen Dienstleisterpräsenten Ausschau zu halten, die jeder gerne hätte, die man sich aber in den seltensten Fällen kaufen würde. Dies hat nichts mit dem Preis zu tun, sondern Kreativität ist gefragt. Dienstleisterpräsente stehen für den Dienstleister „Messe" und sollen wie er selbst dem Multiplikator gute Dienste erweisen.

Maßnahmen zur aktiven Multiplikatorenpflege und -bindung außerhalb einer Messe:

- *Individuelle Schreiben der Geschäftsführung zu wichtigen Anlässen an die Zielperson oder seinen Lebenspartner*

Ereignisse wie Geburtstage, Amts- und Stellenwechsel, Auszeichnungen und Ernennungen, Verabschiedungen sowie Kondolenzen erfordern ein persönliches Schreiben der Geschäftsführung verbunden mit einer Aufmerksamkeit (z.B. Blumen). In der Protokollabteilung erfolgt eine laufende Aktualisierung der VIP-Datei. Die tägliche intensive Zeitungsschau wichtiger Tageszeitungen und Fachtitel ist die Basis für ein zeitnahes und damit professionelles Handeln der Messegesellschaft.

- *Hilfestellung bei der Herstellung von konkreten Kontakten*

Messemacher sind Netzwerker, denn in kaum einem anderen Tätigkeitsbereich hat man mit so vielen unterschiedlichen Branchen und den dazugehörigen Meinungsbildnern zu tun. Oft ergeben sich aus dem Gespräch mit den Vertretern der Messe heraus interessante Querverbindungen für den Multiplikator. Diese von Seiten der Messe aktiv anzubieten und zu realisieren, ist eine Maßnahme von unschätzbarem unternehmerischen Wert.

- *Einladung zu Eröffnungen von anderen Messen aus dem Messeprogramm*

Multiplikatoren, die möglicherweise konkret nur für ein Messethema wertvoll sind, werden dennoch zu den Eröffnungen sämtlicher Veranstaltungen im Messeprogramm eingeladen. Beispielsweise sind die Leipziger Buchmesse oder die Automobil International sehr beliebt für einen privaten Messebesuch. Auch hier kommt das Protokoll und die oben beschriebenen Maßnahmen in vollem Umfang zum Tragen.

Der Kunde ist das Maß aller Dinge (vgl. Nicolet 1996, S. 93). Die Messemannschaft muss das ihre tun, um unverwechselbar zu sein und damit den Wunsch des Wiederkommens beim Gast zu fördern. Dazu gehört neben der oben beschriebenen individuellen

Pflege auch die fachliche Kompetenz und Kreativität bei der Organisation. So können ein ungewöhnlicher Veranstaltungsort, mitreisende „Show-Acts", eine besonders ausgefallene Speisenfolge etc. So genannte „Aha-Effekte" bei den Gästen fördern und damit deren Sympathie zur ausrichtenden Messegesellschaft steigern.

4.   Aktives Multiplikatorenmanagement als strategischer Wettbewerbsvorteil

Die Qualität und Serviceleistung einer Messegesellschaft wird zu einem erheblichen Teil an den Mitarbeitern gemessen. Daher ist es essenziell, dass – um gegenüber anderen Wettbewerbern Standards zu setzen – ein aktives Multiplikatorenmanagement von jedem Einzelnen im Unternehmen hierarchieunabhängig gelebt werden muss. Dies betrifft den Geschäftsführer gleichermaßen wie den Pförtner an einer der Messezufahrten. Uneingeschränkte Flexibilität, absolute Dienstleistungsorientierung und ein gewisses Maß an Extrovertiertheit sind die gewünschten Eigenschaften.

Die Zahl der Messeveranstaltungen hat sich weltweit von 1992 zu 2002 mehr als verdoppelt (m+a Publisher for Fairs, Exhibitions and Conventions GmbH 1992; 2002). Analog der Konsumgüterindustrie, wo OMO, Persil oder Weiser Riese praktisch eins zu eins austauschbar sind, wird es immer schwerer, sich über den Produktinhalt bzw. die Produkteigenschaften im Markt zu definieren. Darüber hinaus hat sich die Zahl der Vertriebskanäle und Marketinginstrumente durch die Online-Medien ebenfalls rapide erhöht. Die Projektbudgets sind jedoch zumeist unverändert geblieben. Folglich ist es notwendig, andere Wege der Konkurrenzabgrenzung zu gehen. Ein professionelles und aktives Multiplikatorenmanagement kann ein USP (Unique Selling Proposition) – das Aushängeschild – für eine Messegesellschaft sein, mit dem man sich von Wettbewerbern unterscheidet. Einen Top-Kunden, der sich auf einem Messegelände besonders wohl fühlt, muss man nicht über Quadratmeterpreis-Dumping für eine Messeteilnahme locken. Alternativstandorte haben gerade auch wegen günstigerer Preise und eines schlechteren Ambientes bzw. Services automatisch einen anderen Wert im Empfinden des Messenutzers.

Qualität wird sich langfristig immer bewähren. Eine in diesem Sinne verfolgte Unternehmensstrategie ist nachhaltig: Sie sichert den Bestand und ist die beste Basis für die Entwicklung von Neugeschäft.

Messen sind zudem „people business", und wer dies am besten umsetzt, ist vorn. Exzellente Marketingstrategien sind gut, exzellente Konzepte auch, aber sie alle funktionieren nur dann, wenn Menschen sie unterstützen und das tun sie, wenn sie überzeugt sind. Überzeugung kann sachlich und emotional über den Aufbau von Vertrauen erfolgen. Da

Messen eine Konzeptidee und eine Philosophie verkaufen, die man nicht wie eine Flasche Onkel Dittmeyers Orangensaft probieren oder lagern kann, sind Meinungen Dritter ein nicht verzichtbarer Bestandteil der Akquisitionsarbeit. Ein erfolgreiches Multiplikatorenmanagement ist automatisch auch ein Instrument für den indirekten Vertrieb – eine Ausstelleranmeldung auf Empfehlung eines Multiplikators kommt einem Vertrauensbeweis gleich und spart der Messegesellschaft Akquisitionskosten.

Die Qualität des Multiplikatorenmananagements lässt sich aber auch über die Präsenzquote bei Fachbeiratssitzungen messen. Hochkarätige Fachbeiräte haben in der Regel einen vollen Terminkalender, so dass bei der Wahrnehmung von Terminen Prioritäten gesetzt werden müssen. Wenn die Messe dabei ganz oben steht, ist das der beste Ausdruck für ausgezeichnetes Multiplikatorenmanagement. Dieser Tatbestand spiegelt sich wiederum in marktnahen Messekonzepten wider; denn ein Mehr an Kompetenz setzt auch hier immer wieder neue und verbessere Produktstandards gegenüber möglichen Konkurrenzveranstaltungen.

Den in diesem Beitrag aufgeführten Vorteilen eines aktiven Multiplikatorenmanagements stehen als Nachteil entsprechende Kosten gegenüber. Diese lassen sich jedoch sehr schnell umsatzseitig gegenrechnen, d.h., dem Investment steht in der Regel ein mindestens so hoher Return gegenüber.

Wer näher am Kunden ist, wird im Wettbewerb der Messestandorte Wettbewerbsvorteile erzielen können. Ein exzellentes Multiplikatorenmanagment ist der notwendige und entscheidende Schlüssel zur Erreichung von Kundennähe.

5. Literaturverzeichnis

AUMA (HRSG.), Erfolgreiche Messebeteiligung Made in Germany, Berlin 2002.

BEHRENS, G./ESCH, F./LEISCHNER, E./NEUMAIER, M. (HRSG.), Gabler Lexikon Werbung, Wiesbaden 2001.

VON BISMARCK, G., Protokoll – eine subtile Form erfolgreicher Kommunikation, Seminarunterlagen Leipziger Messe 5.12.2002-6.12.2002.

BRUHN, M., Kommunikationspolitik. Bedeutung – Strategie – Instrumente, München 1997.

BRUHN, M., Marketing – Grundlagen für Studium und Praxis, Wiesbaden 1990.

BUSCHE, M., Staat und Wirtschaft als Träger und Gestalter des Messwesens, in: Strothmann, K./Busche, M. (Hrsg.), Handbuch Messemarketing, Wiesbaden 1992, S. 67-80.

EBERT, D., Weltweite Entwicklungstendenzen im Messewesen, in: Strothmann, K./Busche, M. (Hrsg.), Handbuch Messemarketing, Wiesbaden 1992, S. 38-49.

FRIES, M./WENZEL, S., Zwischen Maloche und Champagnerempfang, in: PR - REPORT, 21.06.2002, S. 10.

HAUPT, H., Organisation der Wirtschaft als Partner der Messe. Kammern und Verbände, in: Strothmann, K./Busche, M. (Hrsg.), Handbuch Messemarketing, Wiesbaden 1992, S. 585-595.

LANGER, H., Die Messemarktforschung, in: Strothmann, K./Busche, M. (Hrsg.), Handbuch Messmarketing, Wiesbaden 1992, S. 249-267.

M+A PUBLISHERS FOR FAIRS, EXHIBITIONS AND CONVENTIONS (HRSG.), International Tradeshow Directory 1992, 10th Volume, Frankfurt am Main 1992.

M+A PUBLISHERS FOR FAIRS, EXHIBITIONS AND CONVENTIONS (HRSG.), International Tradeshow Directory 2002, 30th Volume, Frankfurt am Main 2002.

MARZIN, W., Produktgestaltung und Produktpflege als Aufgabe von Messegesellschaften, in: Strothmann, K./Busche, M. (Hrsg.), Handbuch Messemarketing, Wiesbaden 1992, S. 179-189.

MAUGÉ, M., Lobbying für die Kongresswirtschaft, in: events, 4/2002, S. 9.

MASH, MESSE CONSULTING, www.m-a-sh.de/img/white_paper.pdf, zugegriffen am 11.08.2003.

MEFFERT, H., Marketing, Einführung in die Absatzpolitik, 2. Aufl., Wiesbaden 1977.

MEFFERT, H./BRUHN, M., Handbuch Dienstleistungsmarketing – Von der strategischen Konzeption zur praktischen Umsetzung, 2. überarbeitete und erweiterte Aufl., Wiesbaden 2001.

NEGLEIN, H., Das Messewesen in Deutschland, in: Strothmann, K./Busche, M. (Hrsg.), Handbuch Messemarketing, Wiesbaden 1992, S. 15-27.

NICOLET, U., Marketingerfolg durch Qualität und Serviceleistung, in: Belz, C./Müller, R. (Hrsg.), Näher zum Kunden – Kommunikation nach außen, Zürich 1996, S. 90-96.

NIEDERGÖKER, W., Marketing für Messen und Ausstellungen, in: Falk, B. (Hrsg.), Dienstleistungsmarketing, Landsberg am Lech 1980.

NIESCHLAG, R./DICHTL, E./HÖRSCHGEN, H., Marketing, 14. Aufl., Berlin 1985.

PETERS, M., Dienstleistungsmarketing in der Praxis, am Beispiel eines Messeunternehmens, Wiesbaden 1992.

REINHARD, H.W., Nischen finden – Mittel- und Osteuropa als Messethema in Leipzig, in: Verlagsbeilage der Frankfurter Allgemeinen Zeitung, Nr. 17, 21.01.2003, S. B7.

ROLOFF, E., Messen und Medien – Ein sozialpsychologischer Ansatz zur Öffentlichkeitsarbeit, Wiesbaden 1992.

SANDVOß, H., Messepolitik eines Industrieunternehmens, in: Strothmann, K./Busche, M. (Hrsg.), Handbuch Messemarketing, Wiesbaden 1992, S. 475-482.

SCHWERMANN, J., Grundlagen der Messepolitik – Eine Analyse der Marktpolitik von Messegesellschaften in der Bundesrepublik Deutschland, Göttingen 1976.

SELINSKI, H./SPERLING, U., Marketinginstrument Messe – Arbeitsbuch für Studium und Praxis, Köln 1995.

STRAUCH, M., Lobbying, Wirtschaft und Politik im Wechselspiel, Wiesbaden 1993.

TAEGER, M., Messemarketing – Marketing – Mix von Messegesellschaften unter Berücksichtigung wettbewerbspolitischer Rahmenbedingungen, Göttingen 1993.

TAUBERGER, A./WARTENBERG, W., Serviceleistungen von Messegesellschaften, in: Strothman, K./Busche, M. (Hrsg.), Handbuch Messemarketing, Wiesbaden 1992, S. 235-247.

THE DEMOCRACY CENTER, Lobbying – The Basics, www.democracyctr.org/resources/lobbying.html, zugegriffen am 16.07.2003.

WALLRABENSTEIN, A., Public Affairs Boomtown Berlin – Geschmeiß, Schafe und die Next-Generation, www.poli-c.de/publicaffairs/wallrabenstein.htm, zugegriffen am 23.07.2003.

WREDE-GRISCHKAT, R., Manieren und Karriere: Verhaltensnormen für Führungskräfte, 2. Aufl., Wiesbaden 1992.

ZANGER, C., Very important people als Zielgruppe im Eventmarketing, in: Messe & Event, 4/2002, S. 48-49.

ZENTES, J., Grundbegriffe des Marketings, 3. Aufl., Stuttgart 1992.

Manfred Kirchgeorg / Oliver Klante

Beiratsmanagement als Erfolgsfaktor von Messegesellschaften

1. Einleitung

2. Funktionen von Beiräten im Messemanagement

3. Stellenwert von Beiräten in unterschiedlichen Lebenszyklusphasen einer Messe

4. Erfolgsfaktoren des Beiratsmanagements
    4.1 Festlegung der Funktionen und Ziele des Beirates
    4.2 Zusammensetzung des Beirates
    4.3 Beiratssatzung
    4.4 Erfolgreiche Durchführung von Beiratssitzungen
    4.5 Vor- und Nachbereitung von Beiratssitzungen
    4.6 Informationsgrundlagen des Beiratsmanagements

5. Organisatorische Verankerung von Beiräten

6. Literaturverzeichnis

Prof. Dr. Manfred Kirchgeorg ist Inhaber des Lehrstuhls Marketingmanagement an der HHL - Leipzig Graduate School of Management, Leipzig. Dr. Oliver Klante war Mitarbeiter am Lehrstuhl Marketingmanagement. Er arbeitet heute als Marketingmanager im Bereich Marketingstrategie & Brandmanagement bei OTTO (GmbH & Co KG) in Hamburg.

1. Einleitung

Im Rahmen des Multiplikatorenmanagements nehmen Messebeiräte einen besonderen Stellenwert für die Etablierung, den Ausbau sowie die Absicherung von Messeveranstaltungen ein. Dieser herausragenden Bedeutung steht jedoch nur eine überaus stiefmütterliche Behandlung dieser Thematik in der Messeliteratur gegenüber. Vielfach wird auch in der Praxis des Messeprojektmanagements die Einrichtung, Pflege und Weiterentwicklung von Beiräten nicht systematisch durchdacht und umgesetzt. Hieraus können langfristige Fehlentwicklungen resultieren, die sowohl für eine Messe als auch für eine Messegesellschaft mit negativen innen- wie auch außengerichteten Wirkungen verbunden sein können.

Vor diesem Hintergrund beschäftigt sich der vorliegende Beitrag mit den Funktionen, Aufgaben und Ausgestaltungsformen von Fachbeiräten für einzelne Messeveranstaltungen.

2. Funktionen von Beiräten im Messemanagement

Bereits der Name „Beirat" bringt zum Ausdruck, dass es sich um ein zusätzliches Gremium mit ratgebendem Charakter handelt. Ihre Etablierung liegt im Ermessen einer jeden Messegesellschaft. Beiräte können wichtige Funktionen für einzelne Messeveranstaltungen (Messeprojektebene) oder die gesamte Messegesellschaft (Unternehmensebene) übernehmen. Im Folgenden stehen die so genannten Fachbeiräte für einzelne Messeveranstaltungen im Mittelpunkt der Betrachtungen. Die Nutzenstiftung eines Messebeirates liegt insbesondere in folgenden *Funktionen* begründet:

- *Informationsfunktion*
  Zu den zentralen Funktionen von Beiräten zählt die Informationsfunktion. Durch die Einbeziehung von Branchenexperten, Wissenschaftlern und Verbandsrepräsentanten in einen Beirat erhalten die jeweiligen Messeprojektteams spezifisches und aktuelles Wissen über zentrale Branchen- und Marktentwicklungen (Prüser 1991, S. 88ff.; Nittbaur 2001, S. 185f.). Selbst kleine Spezialmessen sind vielfach Multi-Themen-Veranstaltungen, die Wissen aus verschiedenen Angebotsbereichen erfordern (Fuchslocher 2000, S. 62f.). Durch kompetent besetzte Beiräte, in denen sowohl Vertreter der Aussteller- als auch der Besucherseite mitwirken, können Informationen von beiden Messezielgruppen in die Planung und Weiterentwicklung einer Messe einbezogen werden. Gerade zwischen den Messeterminen besteht die Gefahr der Informations- und Bindungslücke (vgl. Abb. 1), insbesondere wenn Projekt-

teams für mehrere Messeveranstaltungen zuständig sind und in der Nachmessephase andere Messeprojekte die kontinuierliche Nachbereitung und Vorbereitung beeinträchtigen. In dieser Phase sind Beiratssitzungen als wichtiges Informations- und Kommunikationsinstrument für die Projektteams einzustufen, um das „Ohr" am Kunden und Markt zu haben.

- *Beratungsfunktion*
  Eng im Zusammenhang mit der Informationsfunktion steht die Beratungsfunktion eines Beirates. Vielfach stehen Projektteams bei der Vorbereitung von Messeveranstaltungen vor einer Vielzahl von Problemstellungen, die nicht allein durch interne Perspektiven zufrieden stellend gelöst werden können. Im Dialog mit Beiratsmitgliedern können diese Problemstellungen behandelt werden und mit „Rückendeckung" eines Beiratsvotums zielgerichteter umgesetzt werden. Wenn für einen Beirat hochkarätige Vertreter von Ausstellerfirmen und Verbänden gewonnen werden, so haben diese auch ein spezifisches Interesse daran, als beteiligte Aussteller ihre Vorstellungen zu bestehenden oder neuen Messekonzepten einzubringen. Je mehr sie ihre Vorstellungen in die Messekonzeption einfließen lassen können, um so mehr werden sie auch zu Fürsprechern und Multiplikatoren für die Veranstaltung innerhalb einer Branche bzw. bei Verbandskollegen.

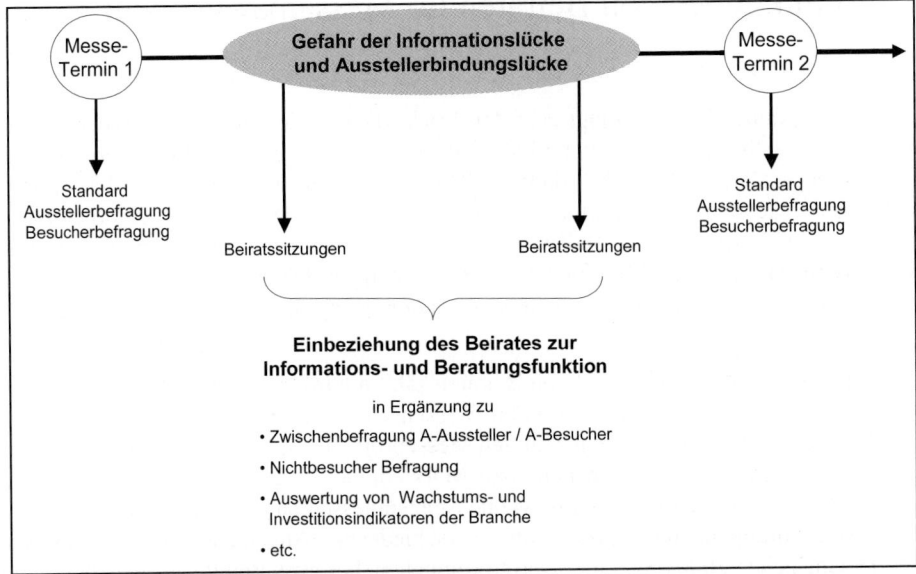

Abb. 1: Nutzung der Informations- und Beratungsfunktion von Beiräten zur Planung von Messeveranstaltungen in der Vormessephase

- *Steuerungsfunktion*
  Über die beratende Funktion hinausgehende Aufgaben des Beirates können in einer Steuerungsfunktion liegen, wenn bestimmte Entscheidungen des Beirates die Tätigkeiten des Messeprojektteams gezielt beeinflussen sollen. Zur Steuerungsfunktion gehört auch die Kontrollfunktion, d.h. werden die gesetzten Ziele einer Messe nicht erreicht, dann können hieraus Erkenntnisse für die Neuausrichtung einer Messeveranstaltung gewonnen werden. Da es sich bei Messebeiräten um freiwillige eingerichtete Gremien handelt, obliegt es der Messegesellschaft und den Projektteams, dem Beirat auch entsprechende Steuerungs- und Kontrollaufgaben zu übertragen.

- *Vernetzungsfunktion*
  Hochkarätige Mitglieder eines Beirates verfügen in der Regel über ein großes Beziehungsnetzwerk und Kontakte zu Branchen-Insidern. Somit können sie den Projektteams wertvolle Hinweise geben, wenn es darum geht, bestimmte Messetrends weiter zu verfolgen oder Kontakte mit weiteren Branchenexperten herzustellen und zu vertiefen. Durch die Einrichtung eines Beirates und die Bindung angesehener Experten als Beiratsmitglieder gewinnt eine Messe somit Zugang zu neuen Netzwerken.

- *Reputationsfunktion*
  Wie eingangs dargelegt wurde, sind Messeveranstaltungen in hohem Maße Erfahrungsprodukte, d.h. zum Zeitpunkt der Beteiligungsentscheidung müssen die Aussteller auf das Leistungspotenzial des Messemanagements und den Erfolg der Messe vertrauen. Ein hochkarätiger Messebeirat kann gerade bei der Neueinführung von Messen eine wichtige vertrauensbildende Funktion übernehmen und Kompetenzsignale für den Reputationsaufbau ausstrahlen, wodurch die Aussteller- wie auch Besucherakquisition für eine Messe erleichtert wird. Dies erklärt auch den Sachverhalt, dass die Zusammensetzung von Messebeiräten in der PR-Arbeit der Messegesellschaften offensiv kommuniziert wird.

- *Repräsentanzfunktion*
  Um die Reputationswirkung weiter zu erhöhen, können Beiratsmitglieder auch als offizielle Fürsprecher und Promotoren der jeweiligen Messe auftreten, womit sie zu Repräsentanten für eine spezifische Messe und Messegesellschaft werden. Beiratsmitglieder können mit Vorträgen bei Branchenveranstaltungen, Messeeröffnungen, Pressekonferenzen und anderen Events eingebunden werden.

- *Kommunikations- und Akquisitionsfunktion*
  Im Hinblick auf die außengerichtete Wirkung ist die aktive Kommunikation der Beiratsmitglieder eine wichtige Funktion, die für die Akquisition von weiteren Beiratsmitgliedern, Ausstellern und Besuchern eingesetzt werden kann.

- *Profilierungsfunktion*
  Schließlich ist die Profilierung und Absicherung einer Messeveranstaltung gegenüber Konkurrenten erfolgreich, wenn es einer Messegesellschaft gelingt, die Top-

Experten der Aussteller- und Besucherseite für eine Beiratsfunktion zu gewinnen (Huber 1994, S. 208f.), bevor sie bei anderen Messen in eine Beiratsfunktion berufen werden.

Es kann zusammenfassend festgestellt werden, dass Messebeiräte für die Projektteams bzw. die Messegesellschaft wichtige innengerichtete Wirkungen (Know-how-Gewinn für die Messeprojekte) wie auch außengerichtete Wirkungen (Multiplikatoren- und Vernetzungswirkung) entfalten können. Damit erscheint es notwendig, die Beiratsfunktionen effizient für das strategische wie auch operative Messemanagement zu nutzen.

Theoretische Begründungen für die Wirkung von Beiräten können z.B. in der *Informationsökonomie, Netzwerktheorie aber auch in Kernkompetenzansätzen* gesucht werden. Messeveranstaltungen sind in die Kategorie der Dienstleistungen einzuordnen. Hierbei handelt es sich um immaterielle Leistungen, die sich durch eine Potenzial-, Prozess- und Ergebnisqualität auszeichnen. Auf Grund des immateriellen Charakters fällt die Leistungsdokumentation einer Messeveranstaltung schwer, weil das eigentliche Produkt „Messeveranstaltung" erst zum Zeitpunkt der Messedurchführung als Dienstleistungsprozess für Besucher und Aussteller erlebbar wird. Damit zählen die Messeveranstaltungen in hohem Maße zu den sog. Erfahrungsgütern, die vor der Unterzeichnung des Messebeteiligungsvertrages oder eines Besuches nicht getestet werden können bzw. erfahrbar sind. Bei entsprechenden Leistungsarten ist ein *Signaling der Leistungskompetenz* in der Vormessephase von besonderer Bedeutung. Hierzu kann das Dienstleistungspotential einer Messe dienen, zu dem neben der Infrastruktur, der Messefazilitäten, dem Personal auch Beiräte zählen. Die Reputation von Beiratsmitgliedern überträgt sich auf das Image der jeweiligen Messeveranstaltung und kann damit zur Risikoreduktion bei den potenziellen Interessenten auf der Aussteller- und Besucherseite beitragen. Durch hochkarätige Beiratsmitglieder, auf die eine Messeveranstaltung verweisen kann, werden solche Vertrauenssignale übermittelt.

Schließlich können Beiräte auch als Instrument zur *Netzwerkbildung* angesehen werden, mit dem die Kernkompetenzen einer Messe gestärkt werden können. Ein professionelles Beiratsmanagement, das zu einer dauerhaften Bindung von Beiratsmitgliedern führt, kann auch selbst Kernkompetenz einer Messegesellschaft darstellen. Hierdurch werden hochkarätige Fürsprecher an die Messe gebunden, die dann für andere Messeplätze vielfach nicht mehr zur Verfügung stehen. Allerdings sind Beiratsmitglieder nicht in die hierarchische Struktur einer Messeorganisation eingebunden, was teilweise zu besonderen Herausforderungen des Beiratsmanagements führt. Sofern keine vertrauensvolle Mitarbeit der Beiratsmitglieder sichergestellt werden kann und diese möglicherweise Beiratsfunktionen bei verschiedenen Messegesellschaften innehaben, kann der Beirat vielfach nicht effizient für ein Projektteam eingesetzt werden. Es besteht die Gefahr, dass spezifisches Wissen über die Unternehmensgrenzen hinweg zu anderen Messegesellschaften gerät. Deshalb können bereits bei der Konstitution und Besetzung eines Messebeirates zentrale Fehler vermieden werden.

3. Stellenwert von Beiräten in unterschiedlichen Lebenszyklusphasen einer Messe

Die oben dargestellten Beiratsfunktionen können im Laufe des Lebenszyklusses einer Messe eine unterschiedliche Relevanz besitzen. In Abbildung 2 ist beispielhaft ein Lebenszyklus einer Messe abgebildet. Differenziert nach der Aufbau-, Wachstums- und Reifephase können verschiedene Funktionsschwerpunkte von Beiräten hervorgehoben werden.

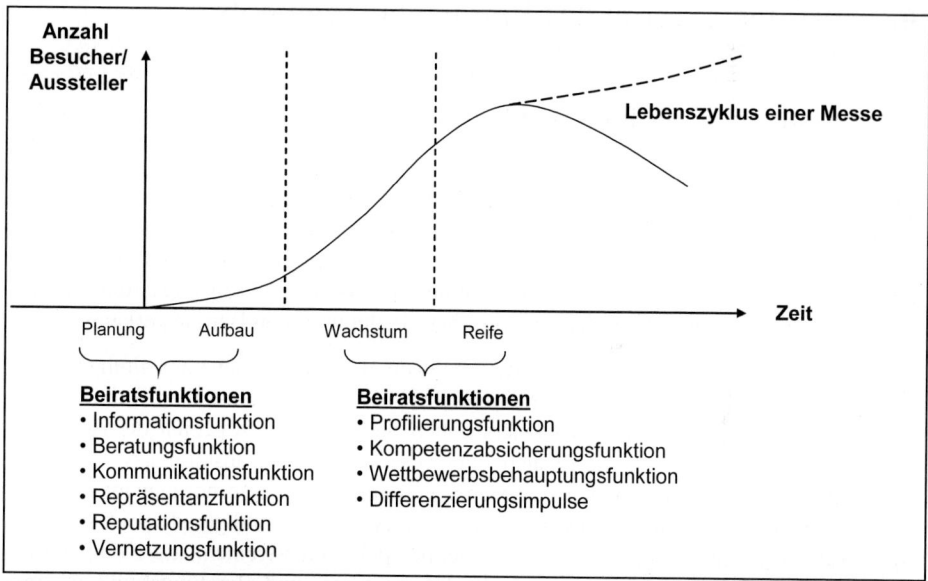

Abb. 2: Funktionen und Aufgaben eines Messebeirates im Lebenszyklus einer Messe

Gerade bei der Neuentwicklung einer Messekonzeption kann die Einrichtung eines Fachbeirates eine zentrale Informations-, Beratungs- und Vernetzungsfunktion für das Projektteam übernehmen und damit den Messeaufbau unterstützten. In dieser Phase ist auch die Kommunikations-, Repräsentanz- und Reputationsfunktion des Beirates von hoher Bedeutung, um neue Aussteller und Besucher für die Veranstaltung zu gewinnen.

Hingegen verlagern sich die Aufgaben bei bereits etablierten Messeveranstaltungen. Hier besteht die Aufgabe eines Beirates insbesondere in der Absicherung und Weiterentwicklung einer erfolgreichen Messeveranstaltung und der Notwendigkeit, sich gegen-

über Wettbewerbern, die vergleichbare Messekonzepte aufgenommen haben, zu profilieren und zu differenzieren.

Dementsprechend kann festgehalten werden, dass Messebeiräte sowohl bei der Planung
und Etablierung neuer Messen wie auch bei der Behauptung und Weiterentwicklung bestehender Messen wichtige strategische Funktionen für eine Messegesellschaft übernehmen können. Im Hinblick auf das Beiratsmanagement gilt es die Relevanz der Beiratsfunktionen in unterschiedlichen Lebenszyklusphasen richtig einzuschätzen und den Beirat optimal hierauf auszurichten.

4.   Erfolgsfaktoren des Beiratsmanagements

4.1   Festlegung der Funktionen und Ziele des Beirates

Zuvor wurde bereits hervorgehoben, dass sich das Beiratsmanagement selbst zu einer
Kernkompetenz einer Messegesellschaft herausbilden kann. Eine wichtige Voraussetzung hierfür ist darin zu sehen, dass die Geschäftsführung einer Messegesellschaft wie
auch das jeweilige Projektteam, welches eine spezifische Messeveranstaltung verantwortlich plant und durchführt, den strategischen Stellenwert von Beiräten erkennt.

Zunächst stellt sich die Grundsatzfrage, inwieweit für alle Messeveranstaltungen einer
Messegesellschaft ein eigener Beirat einzurichten ist. Tendenziell haben Beiräte insbesondere bei Fachmessen einen besonders hohen Stellenwert, um gezielt die Branchenverbände und Aussteller- sowie Besucherzielgruppen in die Veranstaltungsvorbereitung
einzubinden. Fachbeiräte können umso eher etabliert werden, je homogener die Ausrichtung einer Messeveranstaltung ausgestaltet ist. Allerdings sind gerade bei komplexen
Messeveranstaltungen, die mehrere Branchenperspektiven vereinen, die Kompetenzen
der Projektteams begrenzt, sodass hier die Informations- und Beratungsfunktion eines
Beirates mit einer heterogenen Besetzung sehr hilfreich wäre. Grundsätzlich sind Nutzen
und Aufwand der Etablierung eines Beirates im Vorfeld genau zu analysieren und gegenüberzustellen. Bevor sich Messegesellschaften entscheiden, einen Beirat einzurichten
sollten sich alle Beteiligten bewusst machen, dass der Nutzen eines Beirates erheblich
von den gewonnenen Beiratsmitgliedern und einem professionellen Beiratsmanagement
abhängt. Halbherziges Beiratsmanagement wird mehr Probleme bereiten als es an Nutzen stiftet.

Ist die Entscheidung für die Einrichtung eines Beirates gefallen, so sind die Funktionen
und Ziele der Beiratstätigkeit festzulegen. Darauf aufbauend sind potentielle Beiratsmitglieder zu identifizieren und mit einer sorgfältigen Akquisitionsstrategie für den Beirat
zu gewinnen. Ein professionelles Beiratsmanagement arbeitet zielorientiert, d.h. in Zu-

sammenarbeit mit den Beiratsmitgliedern sind konkrete Zielsetzungen für die Beiratstätigkeit zu definieren. Je hochkarätiger die Beiratsmitglieder sind, um so enger ist der verfügbare Zeitrahmen dieser Personen für entsprechende Beiratssitzungen. Ebenso wie die Beiratsmitglieder als Experten und professionelle Manager ihre Meetings organisieren, sollten auch Beiratssitzungen diesem Professionalitätsgrad entsprechen.

4.2 Zusammensetzung des Beirates

Ausgehend von den Funktionen des Beirates ist die Mitgliederzusammensetzung zu planen. Für diese Entscheidung sind folgende Fragen zu beantworten:

- Sollen Mitglieder nur von der Aussteller- oder Besucherseite berufen werden, oder ist ein gemischter Beirat zielführender?

- Sind nur hochkarätige Mitglieder (VIP's) für den Beirat vorzusehen und/oder sind auch Mitglieder von der funktionalen Arbeitsebene aufzunehmen?

- Sind Mitglieder von Verbänden, Wissenschaft, Politik etc. als anerkannte Interessenvertreter aufzunehmen?

Die personelle Zusammensetzung des Beirates sollte entsprechend der oben beschriebenen Beiratsfunktionen diskutiert und entschieden werden. Hochkarätige Mitglieder erfüllen die Repräsentanzfunktion eines Beirates, allerdings besteht möglicherweise die Gefahr, dass sie sich auf Grund ihrer hohen Zeitbelastung nicht in einen Beirat einbinden lassen oder nur selektiv an den Beiratssitzungen teilnehmen können. Vielfach kann durch die Einbindung von Mitgliedern, die als Fachexperten nicht auf der Top-Ebene arbeiten, die Informations- und Beratungsfunktion eines Beirates besonders gefördert werden, wenngleich diese Personen vielfach auf Grund ihrer geringeren Bekanntheit in der Öffentlichkeit nur eingeschränkt eine Reputationsfunktion übernehmen.

Es darf nicht übersehen werden, dass die Zusammenführung der wichtigsten Partner aus den messerelevanten Gruppierungen von Aussteller-, Besucher- oder Verbandsseite auch mit Problemen verbunden sein kann. Wenn die Mitglieder als Interessenvertreter auftreten, dann kann die Bereitschaft beschränkt sein, konsensfähige Lösungen zu finden.

Vielfach werden für die Beiratsfunktion die in der Öffentlichkeit bekannten Persönlichkeiten vorgeschlagen, die auf Grund ihrer Zeitbelastung nur schwierig für eine Beiratstätigkeit zu gewinnen sind, wenn diese keinen spezifischen Nutzen stiften kann. Als prominente Vertreter einer Branche verhelfen sie dem Beirat und damit der Messeveranstaltung zu einer hohen Reputation, allerdings darf nicht übersehen werden, dass diese Persönlichkeiten ggf. nicht den repräsentativen Querschnitt der an einer Messe beteiligten Unternehmen abbilden. Das Projektteam muss auch damit rechnen, dass Beiratsmitglieder möglicherweise ihre unternehmensindividuellen Vorteile aus der Beiratsmitgliedschaft im Vordergrund sehen (Böttcher 1989), was mitunter dazu führen kann, dass die Mitgliedschaft als Instrument zur Aushandlung von Sonderkonditionen hinsichtlich Platzierung, Preis u.a. Serviceleistungen ausgenutzt werden kann. Grundsätzlich wird eine Bindung von hochkarätigen Beiratsmitgliedern nur dann gelingen, wenn entsprechend der Erkenntnisse der Anreiz-Beitrags-Theorie die Summe aller von einem Beiratsmitglied wahrgenommenen Anreize die zu leistenden Beiträge (insbesondere Zeiteinsatz) übertrifft, d.h. jedes Beiratsmitglied muss einen spezifischen Nutzen durch die Beiratstätigkeit erlangen. Deshalb ist es besonders wichtig, dass im Beiratsmanagement mögliche Anreiz- und Nutzenkomponenten identifiziert und formuliert werden, bevor die Akquisition potenzieller Mitglieder beginnt.

4.3   Beiratssatzung

Bereits im Vorfeld der Gründung eines Beirates ist von der Messegesellschaft in Zusammenarbeit mit dem Projektteam eine Grundsatzentscheidung darüber zu treffen, inwieweit Beiratsmodalitäten per Satzung zu regeln sind. Selbst wenn Satzungen vielfach als formaler Ballast empfunden werden, so signalisiert eine Messegesellschaft mit der Bereitstellung einer Beiratssatzung, dass Messebeiräte einen besonderen Stellenwert einnehmen und dementsprechend auch die Modalitäten offiziell per Satzung verankert sind. Satzungen können auch Regelungen über das Ausscheiden von Beiratsmitgliedern u.a. festlegen, sodass sie wichtige Standards für das Beiratsmanagement festschreiben, die möglichen Konfliktsituationen gar nicht erst entstehen bzw. besser handhaben lassen. Insbesondere folgende Inhalte können in einer Beiratssatzung definiert werden:

- Zuständigkeit des Beirates (Messeveranstaltung)

- Funktionen und Ziele des Beirates

- Informations- und Einwirkungsrechte

- Zusammensetzung des Beirates

- Art und Anzahl der Beiratsmitglieder

- Beiratsvorsitz und Modalität zur Bestimmung des Beiratsvorsitzenden

- Beschlussfähigkeit und Abstimmungsmodalitäten

- Regelungen für das Ausscheiden von Beiratsmitgliedern

- Konkurrenzausschluss

- Vertretungsrechte von Beiratsmitgliedern

- Einberufung von Beiratssitzungen

- Sitzungsmodalitäten (Protokollerstellung etc.)

- Regelungen über Kostenerstattungen und Vergütungen etc.

Bei der Erstellung einer Beiratssatzung ist zu berücksichtigen, dass im Gegensatz z.B. zur Institutionalisierung von Beiräten zur Kontrolle einer Gesellschaftsform, beispielsweise für eine GmbH (vgl. Bea et al. 1996, S. 1193ff.), i.d.R. bei Messebeiräten nicht die Steuerungs- und Kontrollfunktion überwiegt und deshalb auch nicht zu viele Regelungen die Kreativität der Beiratstätigkeit lähmen sollten. Von daher ist wohl zu überlegen, welche Punkte in die Satzung aufzunehmen sind. Da eine Messegesellschaft ggf. für jede einzelne Messeveranstaltung einen eigenen Messebeirat einrichten kann, erweist es sich als effizient, wenn einheitliche Beiratssatzungen entworfen werden, die dann von den einzelnen Projektteams in Abhängigkeit der spezifischen Messeveranstaltung modifiziert und mit Rücksprache der Geschäftsführung der Beiratsgründung zu Grunde gelegt werden. Die Beiratssatzung dient auch bei der Berufung neuer Mitglieder als Orientierungsrahmen.

4.4 Erfolgreiche Durchführung von Beiratssitzungen

Je hochkarätiger die Beiratsmitglieder ausgewählt wurden, umso höher sind die Opportunitätskosten, die jeder Beteiligte beim Besuch einer Beiratssitzung hat. Eine kontinuierliche Beteiligung solcher Beiratsmitglieder wird nur gelingen, wenn auch das Beiratsmitglied einen Anreiz und Nutzen zur Teilnahme an einer Beiratssitzung verspürt. Die Messegesellschaft und das Projektteam sind gefordert, neben einem professionellen Ablauf der Beiratsveranstaltungen durch weitere Anreize einen spezifischen Nutzen für die Beiratsmitglieder zu generieren. Folgende Faktoren können einen besonderen Nutzen für die Beiratsmitglieder schaffen:

- Fachliche Dialoge mit interessanten und renommierten Beiratskollegen

- Individuelle Betreuung durch die Messegesellschaft zur mühelosen Abwicklung der Anreise und aller Transfers

- Präsentation von neuen Erkenntnissen und Studien durch die Messegesellschaft bzw. das Projektteam

- Einbringen von spezifischen Vorstellungen, die von der Messe aufgegriffen und umgesetzt werden

- Einzigartige Rahmenprogramme und Aufmerksamkeiten

- Hilfestellung der Messe bei spezifischen Anfragen von Beiratsmitgliedern

- VIP-Einladungen mit Sonderrechten für Messeveranstaltungen (VIP-Clubkarte etc.)

- Erstellung und Durchführung von Partnerprogrammen

- Öffentlichkeitswirksame Nennung der Beiratsmitglieder.

Um die individuellen Vorlieben von Beiratsmitgliedern zu erfahren, sollte das Projektteam die in Gesprächen mit den Beiratsmitgliedern aufgenommen Erwartungen, Wünsche und Anmerkungen in einer spezifischen Datenbank ablegen, um diese Informationen für die individuelle Betreuung der Beiratsmitglieder zukünftig systematisch verwenden zu können. In regelmäßigen Abständen sollte auch durch Umfragen bei den
Beiratsmitgliedern die Zufriedenheit mit den Beiratssitzungen und der Betreuungsqualität ermittelt werden.

Vor dem Hintergrund, dass i.d.R. Beiräte für einzelne Messeveranstaltungen eingerichtet
werden, sollte die Messegesellschaft das Wissen über Abläufe, die erfolgreiche Planung,
Durchführung und Nachbereitung von Beiratssitzungen dokumentieren und als Standard
für alle Projektteams verfügbar machen bzw. die Ablaufplanung in die Zuständigkeit von
Querschnittsabteilung (z.B. Protokollabteilung) einer Messegesellschaft geben.

4.5   Vor- und Nachbereitung von Beiratssitzungen

Gerade unter dem Aspekt, dass einerseits ein Projektteam durch eine Beiratssitzung einen spezifischen Nutzen für die Messeveranstaltung erzielen will und andererseits auch
die Beiratsmitglieder angesichts enger Zeitpläne Nutzen und Aufwand einer Beiratsmitgliedschaft sorgfältig abwägen, ist der Vor- und Nachbereitung von Beiratssitzung ein
besonderer Stellenwert beizumessen.

Hierbei reichen die Aufgaben von einer frühzeitigen Festlegung der Sitzungstermine für
Beiräte, über die Verschickung von Einladungen, Vorbereitungsmaterialen bis hin zur
Reisplanung. Schließlich ist das Programm für die Beiratssitzung optimal auszugestalten, sodass einerseits die Fachdiskussionen aber auch der individuelle Erfahrungsaustausch in einem angenehmen Ambiente stattfinden können. Soll der Beirat seine Expertisen für eine Messeveranstaltung einbringen, so liegt es in der Verantwortung des
Projektteams, durch Ausarbeitungen, Präsentationen und gezielte Fragestellungen, diese
Informationen von den Beiratsmitgliedern zu erfassen. Natürlich wird die Bereitschaft
der Beiratsmitglieder zur aktiven Mitarbeit auch dadurch motiviert, dass sie aufbereitete
Informationen von der Messegesellschaft erhalten, die bisher nicht in dieser Form verfügbar waren bzw. eigens von der Messe durch gezielte Studien erhoben wurden.

Schließlich gehört es zu einer erfolgreichen Nachbereitung von Beiratssitzungen, dass
Sitzungsprotokolle umgehend zugestellt und die Beiratsmitglieder über den Status, der
von ihnen während der Beiratssitzung vorgebrachten Anregungen und Wünschen informiert werden.

4.6   Informationsgrundlagen des Beiratsmanagements

Für ein professionelles Beiratsmanagement sind Informationsgrundlagen notwendig, die für die Konstitution, Entwicklung und Pflege eines entsprechenden Gremiums wichtige Hinweise liefern.

Das Beiratsmanagement muss als Teil des Multiplikatorenmanagements in hohem Maße auf die Erwartungen, Wünsche und Anforderungen der Beiratsmitglieder eingehen können. Für die Mitgliederakquisition sind deshalb umfassende Kenntnisse über die zu gewinnenden Beiratsmitglieder notwendig und auch für die Pflege der Mitgliederbeziehung ist eine *Mitgliederdatenbank* mit den bereits oben beschriebenen Informationen anzulegen und zu pflegen.

Des Weiteren sind Informationen aus der *internen und externen Sicht über die Beiratstätigkeit* zusammenzustellen. Hierzu gehören regelmäßige Befragungen von Beiratsmitgliedern über die Zufriedenheit mit der Planung, Durchführung und Nachbereitung der Beiratssitzungen und die vom Projektteam umgesetzten Anregungen des Beirates. Gleichermaßen sollten auch interne Befragungen dem Messemanagement einen Überblick geben, wie zufrieden die Projektteams mit der Einbindung der Beiratsmitglieder sind.

Oben wurde bereits darauf hingewiesen, dass Messegesellschaften häufig über eine Vielzahl von Fachbeiräten für einzelne Messeveranstaltungen verfügen. Erfahrungen zeigen, dass die Effizienz der Beiratstätigkeit häufig sehr unterschiedlich beurteilt wird und auch der Erfahrungsaustausch zwischen den Projektteams über Erfahrungen des Beiratsmanagements vielfach nicht stattfindet. Mit Hilfe eines *Beirats-Audits* kann eine systematische Bestandsaufnahme zum Status quo der Beiratstätigkeiten einer Messegesellschaft ermittelt werden. Hierbei geht es nicht um die einzelnen Fachinhalte der Beiratstätigkeiten, sondern um die Zusammenführung von Erkenntnissen über:

- Art der Beiräte (Aussteller-, Besucherbeiräte oder gemischte Beiräte)
- Vorhandene Satzungen für die Beiratstätigkeit
- Zusammensetzung der Beiräte (A-, B-, C-Analyse der Beiratsteilnehmer)
- Teilnahmebereitschaft der Beiratsmitglieder
- Programmabläufe von Beiratssitzungen
- Rahmenprogramme bei Beiratssitzungen
- Incentive-Möglichkeiten zur Mitgliederbindung
- Zufriedenheit der Beiratsmitglieder
- Zufriedenheit der Projektteams mit dem Fachbeirat.

Aufbauend auf einem Beirats-Audit können die grundsätzlichen Ziele und Funktionen der Beiräte neu ausgerichtet und generelle Schwachstellen und Stärken des Beiratsmanagements aufgedeckt werden.

5.   Organisatorische Verankerung von Beiräten

Bei der Organisation von Messebeiräten, die für einzelne Messeveranstaltungen ihre Expertisen einbringen sollen, ist eine Anbindung der Beiräte an die verantwortlichen Abteilungen bzw. Projektteams empfehlenswert, denen die Planung und Durchführung der Messeveranstaltungen obliegt. Bei großen Messegesellschaften können durchaus 20 bis 40 Messebeiräte existieren. Um einen hohen Qualitätsstandard im Beiratsmanagement zu erreichen, sind die Erfahrungen des Beiratsmanagements in einer Querschnittsfunktion (z.B. eine Protokollabteilung) zu bündeln und den Projektteams verfügbar zu machen.

Ein weiteres organisatorisches Problem stellt die Entscheidung darüber dar, einen Beirat mit oder ohne Arbeitsgruppe einzurichten. Vielfach sieht sich die Messegesellschaft vor dem Dilemma, dass einerseits hochkarätige Beiratsmitglieder eine sehr gute Reputations-, Repräsentanz- und Vernetzungsfunktion leisten können. Aber vielfach können sie auf Grund ihrer hohen Zeitbelastung neben der Teilnahme an ein oder zwei Beiratssitzungen im Jahr keine weitere Zeit für weitere Beiratsaufgaben erübrigen. Deshalb bietet es sich an, dass dem Beirat die Möglichkeit eingeräumt wird, Arbeitsgruppen einzurichten, in denen die Beiratsmitglieder selbst mitwirken können oder aber Fachexperten aus dem Unternehmen für die Arbeitsgruppen empfehlen. Durch die Arbeitsgruppen kann sichergestellt werden, dass die vom Beirat definierten Aufgaben unter Beteiligung des Messeteams und weiteren externen Fachexperten bearbeitet werden.

6.   Literaturverzeichnis

BEA, F.X./SCHEURER, S./GUTWEIN, D., Institutionalisierung der Kontrolle bei der GmbH durch einen Beirat, in: Der Betrieb, Heft 24, 49. Jg. (1996), S. 1193-1198.

BÖTTCHER, B., Kooperation im Messemarketing, in: Meffert, H./Wagner, H. (Hrsg.), Messemarketing – Bestandsaufnahme und Perspektiven, Dokumentation des 16. Münsteraner Führungsgespräches vom 13./14. März 1989, Münster 1989.

FUCHSLOCHER, H./ HOCHHEIMER, H., Messen im Wandel, Wiesbaden 2000.

HUBER, A., Wettbewerbsstrategien Deutscher Messegesellschaften – analysiert und entwickelt am Beispiel der Großmessegesellschaften, Frankfurt a.M. u.a. 1994.

NITTBAUR, G., Wettbewerbsvorteile in der Messewirtschaft – Aufbau und Nutzen strategischer Erfolgsfaktoren, Wiesbaden 2001.

PRÜSER, M., Dienstleistungsmarketing in der Praxis – Am Beispiel eines Messeunternehmens, Wiesbaden 1991.

Kapitel 3:

Produktentwicklungsstrategien

Kurt Schraudy

Produktentwicklung in der Messeindustrie

1. Einführung

2. Wie entstehen neue Messethemen?
   2.1 Gesellschaftliche Entwicklungen und Veränderungen des
       Konsumverhaltens
   2.2 Politische und legislative Einflussfaktoren
   2.3 Regionale Marktverschiebungen
   2.4 Technologie- und Produktinnovationen
   2.5 Umwelteinflüsse
   2.6 Ausdifferenzierung bestehender Industrien
   2.7 Veränderung der Vertriebswege
   2.8 Funktionswandel der Messen

3. Wie werden neue Messen entwickelt?
   3.1 Nutzenversprechen und Ausrichtung auf den Kunden
   3.2 Wettbewerbsanalyse und Alleinstellungsmerkmale
   3.3 Produktentwicklung zusammen mit Ausstellern und
       anderen „Stakeholdern"
   3.4 Geschäftsplan
   3.5 Innovationsprozess und Budget
   3.6 Innovationskultur und Wissen

Kurt Schraudy ist Leiter des Geschäftsbereiches „Neue Technologie-Messen" bei der Münchner Messe GmbH und Geschäftsführer der IMAG – Internationaler Messe- und Ausstellungsdienst GmbH, München.

1. Einführung

Die Grenze zwischen der Weiterentwicklung bestehender Veranstaltungen und der Entwicklung originär neuer Messethemen ist fließend, die Ursachen für beide Entwicklungsszenarien sind jedoch ähnlich. Messen unterliegen einem permanenten Austauschprozess sowohl zwischen den eigenen Elementen als auch mit ihrer jeweiligen Umwelt. Ein Vergleich soll diesen Grundgedanken verdeutlichen: die Messe als ein dynamisches (lebendes) System, das sich aus sich selbst heraus permanent erneuert und an Umweltveränderungen anpasst.

So wie dynamische Systeme einem stetigen Erneuerungsprozess unterliegen, verändern sich Angebotsstruktur und Zielgruppen einer Messe ebenso kontinuierlich. Das Generalthema der Messe mag – in Analogie zum Charakter und der Physiognomie eines Individuums – konstant bleiben, die „Substanz" jedoch muss sich den Veränderungen des Marktes laufend anpassen, d.h. weiterentwickelt und in ihren Bestandteilen erneuert werden. Eine qualitative oder quantitative Fehlentwicklung oder gar ein Stillstand in diesem Anpassungs- und Erneuerungsprozess führt zum „Absterben" der Veranstaltung.

„Substanz", das bedeutet in erster Linie die Image- und Kommunikationsplattform, auf der sich die Vertreter von Angebot und Nachfrage in einer strukturierten und damit effizienten Form persönlich begegnen können. Sie setzt sich zusammen aus der Angebotsgliederung und der damit verbundenen Definition der Aussteller- und Besucherzielgruppen und anderer Marktteilnehmer, wie der Medien- und Finanzwelt. Sie besteht ferner aus der Infrastruktur (Messegelände) und den operativen und kommunikativen Serviceangeboten, quasi den Anwendungen, die auf dieser Kommunikationsplattform – in Analogie zu einem Betriebssystem – aufsetzen.

Diese Serviceangebote ordnen und steuern die Kommunikation zwischen den Marktteilnehmern, insbesondere zwischen Ausstellern und Besuchern, und stellen damit ein außerordentlich wichtiges Innovationsfeld für Messegesellschaften dar. Auf die Erörterung der (Neu-)Entwicklung dieser Kommunikationsservices wird jedoch in diesem Beitrag weitgehend verzichtet und auf den entsprechenden Beitrag an anderer Stelle dieses Handbuches verwiesen.

Schließlich existiert die Kommunikationsplattform in einem konkreten Markt, an einem bestimmten Ort und zu einem definierten Zeitpunkt. Sie existiert „real", aber diese Realität umfasst den intersubjektiven Konsens in der Wahrnehmung der Marktteilnehmer. Eine Veranstaltung ist also stark von ihrem Image geprägt und differenziert sich darin am Markt gegenüber dem Wettbewerb, auch wenn sie sich in ihrer „Substanz" wenig signifikant von anderen unterscheiden mag. Man beobachte nur einmal die Werbung bestimmter Automobilmarken, um zu erkennen, dass die emotionale „Aufladung" eines Produkts gegenüber den weitgehend vergleichbaren technischen Leistungsmerkmalen eine immer größere Bedeutung erhält. Was bedeutet dies nun für die Entwicklung einer Messeveranstaltung?

Sobald es in einem Markt zu einer signifikanten Veränderung auf der Angebots- oder Nachfrageseite bzw. in der Beziehung zwischen beiden kommt, wird dies zu einer Veränderung in der Messe als Kommunikationsplattform führen, die eben diesen Markt abbildet und bedient. Diese Veränderung kann sich auf einen existierenden Markt beziehen, Märkte können aber auch z.B. durch technologische Innovationen neu geschaffen werden. Diese Veränderungen in den Beziehungen der Marktteilnehmer zueinander können dann – je nach qualitativer und quantitativer Ausprägung – zur Weiterentwicklung (Integration) bestehender Messen oder zur Entwicklung neuer Messen führen.

Im Folgenden werden die verschiedenen Ursachen für Veränderungen des Marktes präsentiert. Anhand von konkreten Beispielen wird zudem aufgezeigt, wie sich diese Veränderungen auf das Messeangebot ausgewirkt haben.

2.   Wie entstehen neue Messethemen?

2.1 Gesellschaftliche Entwicklungen und Veränderungen des Konsumverhaltens

Verhaltens- und Erlebensänderungen des Konsumenten und Veränderungen in der Struktur einer Gesellschaft sind starke Prägekräfte für die Ausformung von Märkten und deren Messen, die eben diese Märkte abbilden. Eine zunehmende Desintegration der Gesellschaft und eine damit einhergehende Steigerung der Kriminalitätsrate fördert den Bedarf nach und die Bereitstellung von diversen Sicherheitsprodukten und -dienstleistungen. Ein neuer oder größerer Markt etabliert sich: Messen zum Thema Sicherheitstechnik entstehen (Beispiel: SECURITY – Weltmarkt der Sicherheit www.security-messe.de).

Zunehmender Wohlstand und damit verbundene Negativentwicklungen wie Übergewicht durch Fehlernährung und Bewegungsmangel schärfen gleichzeitig das Bewusstsein für gesunde Ernährung oder Fitness. Beispiele hierfür sind: BioFach – Weltleitmesse für Bio-Produkte (www.biofach.de) und FIBO – Weltmesse für Fitness, Wellness und Freizeit (www.fibo.de).

Die Verringerung der Arbeitszeit in Verbindung mit einer steigenden Kaufkraft erzeugen einen milliardenschweren Tourismus- und Reisemarkt. Die Vielzahl der Marktteilnehmer verlangt nach Kommunikationsplattformen, wie sie z.B. auf der ITB Berlin – Internationale Tourismus-Börse (www.itb-berlin.de) oder der C-B-R – Ausstellung Caravaning, Wassersport, Tourismus (www.c-b-r.de) angeboten werden. Die steigende Mobilität führt zu neuen Herausforderungen wie z.B. einer zunehmenden Verkehrsdichte und der Suche nach technischen Lösungen. Telematik ist ein neuer Markt mit seinen eigenen Kommunikations- und Interaktionsplattformen (Beispiel: transport logistic – Internationale Fachmesse für Logistik, Telematik, Verkehr mit Air Cargo Europe www.transportlogistic.de).

Am Beispiel Tourismus wird auch deutlich, wie sich politische Ereignisse („11. September 2001") auf Märkte auswirken und zu einer Schwächung von entsprechenden Veranstaltungen führen können.

Ein weiteres Beispiel für Veränderungen im Verhalten und in der Wahrnehmung von Konsumenten ist die Entwicklung von neuen Schönheitsidealen. Beauty- und Fitnessmessen etablieren sich (BEAUTY INTERNATIONAL – Internationale Fachmesse für Kosmetik www.beauty-international.de).

2.2 Politische und legislative Einflussfaktoren

Erst die Liberalisierung des Energiemarktes führt zur Ausdifferenzierung dieser Industrie im Sinne der Verschiebung von einer vertikal integrierten hin zu einer horizontal differenzierten Wertschöpfungsstruktur. Energiegewinnung, -verteilung, -vermarktung, -verkauf oder -inkasso werden zunehmend von jeweils darauf spezialisierten Unternehmen übernommen. Dies führt zu neuen Produkten und zu einer Vermehrung der Marktteilnehmer auf den unterschiedlichen Stufen der Wertschöpfung – neue Messethemen können entstehen (enertec – Internationale Fachmesse für Energie www.enertec-leipzig.de; E-world of energy www.messe-essen.de). Die politisch gewollte Förderung erneuerbarer Energien macht Veranstaltungen um Wind-, Wasser- oder Sonnenenergie möglich und sinnvoll: WindEnergy – International Trade Fair (www.hamburg-messe.de) und Intersolar – Internationale Fachmesse und Kongress für Solartechnik (www.intersolar.de) seien hier beispielhaft genannt.

Ist die Deregulierung des Energiemarktes noch neueren Datums, so können deren Auswirkungen am IT- und Telekommunikationsmarkt (ITK-Markt) bereits deutlicher erkannt werden. Eine Fülle neuer Produkte auf den unterschiedlichen Ebenen der technischen Infrastruktur, der Services und Endgeräte führt zu neuen Angebotssegmenten in bestehenden Veranstaltungen und zur Entwicklung neuer Spezialmessen (Beispiele: eprocure – Fachmesse mit Kongress für elektronische Beschaffung und Lieferantenmanagement, Erfahrungen – Lösungen – Trends www.nuernbergmesse.de; DMS EXPO EUROPE – Fachmesse und -konferenz für Informations- und Dokumentenmanagement www.advanstar.de; SYSTEMS – Internationale Fachmesse für Informationstechnik, Telekommunikation und Neue Medien www.systems-world.de).

Auch die politisch gesteuerte Förderung der Kaufkraft einzelner Regionen durch Transferzahlungen (Aufbauprogramme) kann zur Entstehung neuer infrastrukturorientierter Industriemessen führen (Beispiele: denkmal 2004 – Europäische Messe für Restaurierung, Denkmalpflege und Stadterneuerung www.denkmal-leipzig.de oder BIRE – Sarajewo – Internationale Messe für den Aufbau der Infrastruktur in Bosnien-Herzegowina bzw. BiRe/Interiors – Belgrade Infrastructure Rebuild Exhibition www.ite-exhibitions.com).

2.3   Regionale Marktverschiebungen

Die globale Arbeitsteilung, angetrieben durch Innovationen in der Transport- und Kommunikationstechnik, führt zu einer Verlagerung einzelner Wertschöpfungsstufen oder ganzer Industrien in neue Regionen mit komparativen Kosten- oder Leistungsvorteilen. So wanderte z.B. die deutsche Textilindustrie in den 60er Jahren nach Asien ab.

Mittelfristig führt die Verlagerung der Wertschöpfung auch dazu, dass in diesen Regionen zunehmend die Nachfrage nach eben diesen Produkten entsteht. Ein besonders anschauliches Beispiel hierfür ist die dynamische Wirtschaftentwicklung in China.

In vielen Branchen entstehen nun dort auch neue Messen. Diese werden zu einem großen Teil „importiert" oder als Kooperation zwischen nationalen und internationalen Organisatoren aufgesetzt. Messeveranstalter aus Europa oder USA bringen ihre Leitveranstaltungen in die neue Boom-Region, indem sie die Kommunikationsplattform (Angebotsstruktur etc.) den lokalen Anforderungen anpassen (Beispiele: CeBIT asia www.cebit-asia.com oder Auto Shanghai - International Automotive & Manufacturing Technology Exhibition www.auto-shanghai.com).

2.4   Technologie- und Produktinnovationen

Märkte entstehen, wenn ein Produkt ein Bedürfnis befriedigt, wenn also Angebot und Nachfrage zueinander finden; und wo Märkte entstehen, entwickeln sich auch Messen. So befriedigte die Erfindung des Lasers und vor allem seine Bereitstellung in marktfähigen Produkten und Anwendungen die Bedürfnisse von Patienten und Medizinern z.B. die in der Laser-Chirurgie ebenso wie die von Fertigungsingenieuren nach höherer Präzision und Produktivität in der Materialbearbeitung, z.B. durch neue Füge- oder Prüftechniken. Die Erfindung des Lasers machte also eine Messe zu diesem Thema in den 70er Jahren möglich (Beispiel: LASER. World of Photonics – Internationale Fachmesse und internationaler Kongress www.global-electronics.net).

Erst die Entwicklung des Halbleiters führte über den Computer zu einer neuen Qualität in der Bürokommunikation oder Fertigungssteuerung, schuf damit neue Märkte und

Messen (Beispiel: INTERKAMA – Lösungen für die Automation der Produktion und der Geschäftsprozesse www.interkama.de).

Weitere Beispiele sind die Biotechnologie (BioAnalytica – Internationale Fachmesse für Lösungen für die Bio-Industrie mit BioAnalytica Business Conference www.analytica-world.com oder BIOTECHNICA – Internationale Fachmesse für Biotechnologie www.biotechnica.de) und neue Anwendungsgebiete der Nanotechnologie.

2.5 Umwelteinflüsse

Die Menschen werden von ihrer Umwelt geprägt und versuchen diese zu kontrollieren, damit ihre Bedürfnisse besser befriedigt werden können.

Bewässerungssysteme in der Landwirtschaft erleichtern die Bereitstellung von Nahrungsmitteln. Steigende Produktivität in Ackerbau und Viehzucht ermöglichten Stadtentwicklungen und die Ausdifferenzierung der gesellschaftlichen Arbeitsteilung. Spezialisierung – Expertenwissen – Effizienz: Wohlstand entsteht durch die Einflussnahme auf die Umwelt und Wohlstand wirkt auf diese Umwelt zurück.

Bevölkerungswachstum, Zersiedelung und die Versiegelung von Landschaften oder andere Eingriffe in das Ökosystem bedingen katastrophenartige Naturereignisse bzw. erhöhen deren wirtschaftliche Folgeschäden.

Am Beispiel „Hochwasser" wird deutlich, dass die Folgen nicht als unabwendbar hingenommen werden. Experten, Gesellschaft und Politik debattieren über Ursachen und Vermeidungsstrategien. Techniken des Hochwasserschutzes werden verfeinert und die Gesellschaft ist bereit zu investieren. Ein Markt entsteht und damit auch eine Messe: aqua alta – Internationale Fachmesse mit Kongress für Hochwasserschutz und Katastrophenmanagement, Klima und Flussbau www.acqua-alta.de. Der Zusammenhang zwischen Klimaveränderungen und dem Verbrauch fossiler Energieträger ist belegt und wird kaum mehr in Frage gestellt. Durch neue Techniken wird versucht, den Energieverbrauch zu reduzieren bzw. die negativen „Nebenwirkungen" z.B. mit aktiven Eingriffen in den Verbrennungsprozess oder mit Schadstofffiltern zu verringern.

Auch hier treffen Angebote (z.B. Hersteller von elektronischen Bauteilen und von Systemen mit modernem elektronischem Motormanagement) auf Nachfrage (z.B. Politik, Automobilhersteller und Autofahrer). An diesem Beispiel wird deutlich, wie neu entstehende Märkte sich auf deren Kommunikationsplattformen (Messen) auswirken können. Ist dieser neue Markt ein eigenständiges Segment mit einer neuen Messe oder ist er ein Querschnittsmarkt, der von den Messen der jeweiligen vertikalen Segmente aufgenommen wird (electronica – Internationale Fachmesse für Bauelemente und Baugruppen der Elektronik www.global-electronics.net oder IAA – Internationale Automobil-Ausstellung Personenkraftwagen/Motorräder www.iaa.de)?

Konkret: Entsteht eine neue Messe „Engines, Energy & Environment", die sich mit Motor- und Antriebssteuerung zur Verringerung des Energieverbrauchs beschäftigt oder wird dieses Thema in bestehende Energie-, Elektronik- oder Automobilmessen integriert? Beides ist möglich und hängt von der „kritischen Masse" der Marktteilnehmer ab. Damit ist eine weitere Ursache für die Entwicklung von (neuen) Messethemen angesprochen.

2.6   Ausdifferenzierung bestehender Industrien

Um bei dem eben beschriebenen Beispiel zu bleiben: „Engines, Energy & Environment" als Thema und Herausforderung mag zu Beginn ihres Lebenszyklus noch nicht über die kritische Masse verfügen, um daraus eine eigene Messe zu kreieren. Eine für den Veranstalter wirtschaftlich interessante Messe benötigt ein Minimum an Ausstellern, denn nach dem heute üblichen Geschäftsmodell in der Messebranche sind die Aussteller der primäre Umsatzgenerator und damit „Sponsor" der Veranstaltung. Die „Sponsoren" wiederum benötigen ein Minimum an qualifizierten Besuchern, damit sich die Aufwände des Messeauftritts nachvollziehbar rechnen. So mag ein neues Thema anfangs in bestehende Messen integriert werden. Formate dafür sind die Aufnahme in die Nomenklatur als „normales" Angebotssegment oder die Schaffung einer speziellen Sonderschau.

Ein weiteres geeignetes Format gerade für innovative Themen sind Kongresse mit begleitender Ausstellung, weil auf dieser vergleichsweise aufwandsärmeren Basis die Profitabilitätsschwelle bereits mit wenigen hundert zahlenden Kongressteilnehmern erreicht ist, während eine eigenständige Messe erst mit mehreren Tausend Quadratmetern Nettofläche (gesamt-)kostendeckend arbeitet.

So können sich Themen während ihres Lebenszyklus von einem Teilsegment einer etablierten Veranstaltung oder einem Kongress mit begleitender Ausstellung hin zu einer eigenen Plattform entwickelt. Ein Beispiel hierfür ist die heutige ITK-Branche, die in ihren Anfängen Teil einer umfassenden Industriemesse war und sich später als „Centrum der Büro- und Informationstechnik" (besser bekannt als „CeBIT" www.cebit.de) zur weltgrößten Messe überhaupt entwickelte.

In der Zwischenzeit hat die ITK viele Branchen und Lebensbereiche durchdrungen. Die Technologien und Angebote haben sich ausdifferenziert und der Markt ist volumen- wie auch werteseitig enorm gewachsen. Neben den Generalmessen zur ITK (CeBIT, SYSTEMS) sind in Deutschland Spezial- und Regionalmessen entstanden. Nachfragestarke Branchen haben ihre eigenen ITK-Plattformen erhalten (European Banking & Insurance Fair – Europäische Fachmesse und Kongress für Bankwesen und Versicherungen www.ebif.com oder CAT PRO – Internationale Fachmesse für innovative Produktentwicklung, Daten- und Prozessmanagement www.catpro.de) und der Aussteller kann entscheiden, ob er einen reinen Business-to-Business-Charakter einer ITK-Messe sucht (z.B. SYSTEMS) oder doch auch den „Consumer" ansprechen will (Internationale

Funkausstellung – World of Consumer Electronics www.ifa-berlin.de oder GC – Games Convention – Erlebnismesse für interaktive Unterhaltung, Infotainment und Edutainment www.leipziger-messe.de).

Ein weiteres aktuelles Beispiel für die Ausdifferenzierung einer Industrie (bzw. von Industrien) stellt die Hannover Messe Industrie (www.hannovermesse.de) dar. Nachdem Teilsegmente in die Selbständigkeit abgewandert sind (z.B. Automatik nach München) will der Veranstalter künftig die Zielmärkte Prozessindustrie und diskrete Industrie im jährlichen Wechsel getrennt adressieren.

2.7 Veränderung der Vertriebswege

Unternehmen, die über einen direkten Vertriebskanal den Weg zu ihren Kunden suchen, sind eher geneigt, sich des Marketinginstruments „Messe" zur Akquisition, Kundenpflege und Imagewerbung zu bedienen. Dieser direkte Vertrieb lohnt in der Regel wiederum nur bei teuren, Image prägenden (Image geprägten) oder erklärungsbedürftigen Produkten, die ein kritisches Umsatzvolumen pro Vertriebsgebiet generieren können.

Umgekehrt gilt, dass dort, wo ein Markt vorwiegend über Distributoren abgedeckt wird, die Original Equipment Manufacturer (OEMs) seltener in einen direkten Messeauftritt investieren. Vielmehr werden die Distributoren – ggf. unterstützt durch den Werbekostenzuschuss (WKZ) der OEMs – ihre Produkte und Dienstleistungen dem Endnutzer darbieten.

Diese Aussage gilt jedoch weniger für die Phase des Markteintritts. Versucht ein OEM einen bestimmten regionalen Markt zu erschließen, so wird er sich in dieser frühen Phase durchaus selbst an Messen beteiligen, aber eben zu dem Zweck, einen geeigneten lokalen Vertriebspartner zu finden. Die direkte Kundengewinnung erhöht dann zwar die Zuversicht in das Potenzial des Marktes, ist aber nicht primärer Zweck der Messebeteiligung.

Eine spezielle und innovative Form des Vertriebs wurde mit der kommerziellen Nutzung des Internets möglich. Der Computerhersteller Dell gilt als Musterbeispiel für diesen Paradigmenwechsel im Vermarktungs- und Distributionsprozess. Dell verzichtet auf Messebeteiligungen und vertraut damit ganz auf das neue Medium Internet. Gleichzeitig scheint gerade dort die Nachfrage nach Messen als unmittelbare und persönliche Interaktionsplattform am größten (gewesen!) zu sein, wo sich innovative Anbieter, die so genannten Dot-coms, ihren Markt schaffen wollen.

Das Internet wird letztlich den Werkzeugkasten der Vertriebs- und Marketingexperten um ein wichtiges Instrument ergänzen und mehr komplementär denn substituierend auf die klassische Messe wirken.

2.8   Funktionswandel der Messen

Nicht mehr der konkrete Geschäftsabschluss (Order und Verkauf) steht heute im Zielfokus einer Messebeteiligung. Der Messeveranstalter „verkauft" heute dem Aussteller eine Imageplattform und Kundenkontakte. In wirtschaftlich schwierigen Zeiten gewinnt die Darstellung des konkreten Nutzens einer Messebeteiligung einen dominierenden Stellenwert. Und weil Imagegewinn oder -verlust schwer in finanziellen Größen darzustellen ist, werden bei der „Return-on-Investment"-Analyse Aufwand und Anzahl der qualifizierten „Leads" gegenüber gestellt. „Cost per Lead" wird zur zentralen Maßeinheit einer wenig differenzierten Auseinandersetzung mit dem Marketinginstrument „Messe".

Die Messeveranstalter werden künftig daran arbeiten müssen, die Beteiligungskosten für die Aussteller zu reduzieren (wo bleibt der „Billigflieger" unter den Messeveranstaltern?) oder aber die Geschäftskontakte in Qualität und Quantität nachweisbar zu steigern. Analog, jedoch nachrangig wird die (nachweisbare) Herstellung von Öffentlichkeit (Imagegewinn) für den Aussteller ein kritischer Erfolgsfaktor für Messeveranstalter.

Ein weiteres Beispiel zeigt die Dynamik im Funktionswandel von Fachmessen: Der Geschäftskunde verlangt zunehmend nach Komplettlösungen für seine Geschäftsprobleme. Er erwartet, dass diese kundenspezifisch und schlüsselfertig entwickelt, implementiert und ggf. sogar betrieben werden („design – build – operate"). Dies führt auf der Anbieterseite zu höherer Integration der direkt vertriebenen Leistungen (auch in Form von Kooperationen). Auf der anderen Seite wird das Produktgeschäft („Commodities") zunehmend über den indirekten Vertrieb abgewickelt. In der Konsequenz finden wir heute auf Messen immer mehr Vortragsforen, Besprechungszonen und Flachbildschirme mit Powerpoint-Präsentationen, worüber das komplexe Lösungsangebot einem ausgewählten Fachpublikum vermittelt wird. Das (an)fassbare Produkt ist dagegen immer seltener in den Vitrinen der OEMs zu sehen.

Diesen Bedürfnissen der Märkte folgend werden neue Veranstaltungsformate entstehen. Insofern heißt „Produktentwicklung im Messewesen" eben nicht nur Entwicklung von *neuen Themen für traditionelle Messeformate*, sondern eben auch Entwicklung von *neuen Veranstaltungsformaten zu traditionellen Themen*.

3.   Wie werden neue Messen entwickelt?

Es mag den Leser enttäuschen oder – hoffentlich – eher ermutigen: die Neuproduktentwicklung im Messewesen folgt den gleichen „Gesetzen" wie das Management von Innovationen in anderen Branchen.

Dieses Anschauungsmaterial aus anderen Industrien sollte helfen, weit verbreitete Fehler zu vermeiden und einige wenige, aber kritische Erfolgsfaktoren im Auge zu behalten, die im Folgenden kurz skizziert werden.

3.1 Nutzenversprechen und Ausrichtung auf den Kunden

Wie bereits im vorherigen Kapitel ausgeführt, stellt der Messeveranstalter heute in erster Linie eine Image- und Kommunikationsplattform bereit, auf der sich die Vertreter von Angebot und Nachfrage in einer strukturierten und damit effizienten Form persönlich begegnen können.

Die genaue Analyse der Besucher- und Ausstellerzielgruppen, der Bedürfnisse dieser Gruppen und des Marktes, in dem sie sich bewegen, ergibt das „Pflichtenheft" für die Entwicklung dieser Kommunikationsplattform mit ihren Kommunikationsservices.

Die Kunst liegt nun darin, den im Pflichtenheft verankerten Kundennutzen ebenso kompromisslos wie effizient umzusetzen und in einer prägnanten und glaubwürdigen „Sales Story" kommunizierbar zu machen.

3.2 Wettbewerbsanalyse und Alleinstellungsmerkmale

Doch selbst ein sorgfältig erarbeitetes Pflichtenheft wird die Kunden wenig begeistern, wenn deren Bedürfnisse bereits an anderer Stelle befriedigt werden. Eine Analyse des Wettbewerbs mit seinen Stärken und Schwächen gibt Auskunft darüber, an welchen Stellen („Features") sich die Neuentwicklung differenzieren muss, um vom Markt wahr- und angenommen zu werden. Zahlreiche Neuentwicklungen im Messewesen finden derzeit in internationalen Wachstumsmärkten wie z.B. China statt. Hier ist eine Differenzierung vom (nationalen) Wettbewerb möglich durch:

- Internationale Ausstellerschaft

- Exzellente operative Abwicklung

- Erstklassige Besucherkommunikation mit einer überregionalen Reichweite.

3.3 Produktentwicklung zusammen mit Ausstellern und anderen „Stakeholdern"

Das Messekonzept ist in wesentlichen Teilen ausgerichtet an den Bedürfnissen ausgewählter Leitkunden („Opinionleader") der Ausstellerzielgruppen. Sie werden frühzeitig in die Produktentwicklung einbezogen und über diese Gestaltungsmöglichkeit an die Veranstaltung gebunden. Ein wesentlicher Faktor dabei ist die Definition der Besucherzielgruppen nach:

- Branche
- Funktion
- Hierarchiestufe
- psychologische und demographische Merkmale
- Region etc.

sowie des Kommunikationsplans, mit dem eben diese nachvollziehbar erreicht werden können.

Weitere wichtige Teilnehmer und Einflusskräfte auf den Markt und damit Kooperationspartner für Messen sind:

- Medien
- Industrieverbände
- Politische und öffentliche Institutionen.

Insbesondere ausgewählte Medienpartnerschaften können wertvolle Synergien bei der Besucheransprache erzeugen, bedienen sie doch das gleiche Klientel mit einem die Messe ergänzenden Medium.

3.4   Geschäftsplan

Der Geschäftsplan („Business Case" in seiner breiteren Bedeutung) enthält alle wesentlichen strategischen und konzeptionellen Aussagen zum neuen Messeprodukt inklusive einer gesamtwirtschaftlichen Betrachtung. Er spezifiziert die erwarteten Aufwendungen und Erträge im Zeitverlauf, gibt u.a. Auskunft über Erfolgsfaktoren, Risiken und mögliche Rückfalloptionen. Der finanzielle Teil des Geschäftsplans basiert auf einer Analyse des Wettbewerbs, des erreichbaren Marktes und einer Prognose der Aussteller- und Besucherzahlen.

Der Geschäftsplan ist die wesentliche Entscheidungsgrundlage für den Start des neuen Projekts und dient in seiner Fortschreibung als Maßstab für die Beurteilung des Projekterfolgs.

3.5 Innovationsprozess und Budget

„Lasst viele Blumen blühen", so könnte die Analogie zu der ersten wesentlichen Säule des Innovationsprozesses lauten. *Mutation* als kreative Kraft für Innovationen und *Selektion* als Korrektiv – und zweite Säule – für den zielgerichteten Einsatz der Ressourcen.

Die zukunftsgerichtete Messegesellschaft verfügt über ein in der strategischen Planung des Unternehmens verankertes und klar kommuniziertes Ziel, wie sich das Geschäft mit neuen Messeprodukten entwickeln soll. Dabei werden auch die Mittel und die Belohnungsmechanismen spezifiziert, die zum Erreichen dieses Ziels eingesetzt werden.

„Viele Blumen" konkurrieren – idealerweise – um die Bereitstellung der nötigen Entwicklungsressourcen. Die Kriterien für die (Vor-)Auswahl der Projekte in dieser „Seed-Phase" sind transparent und die Entscheidungsgremien funktionsübergreifend besetzt.

In der Folge bilden die Betreuung und Fortentwicklung der Innovationsprojekte („Inkubationsphase") eine Einheit mit einem die Abbruchkriterien spezifizierenden Meilensteinplan. Auf diesem Weg wird es zwar nicht gelingen Innovationen zu „erzwingen", wohl aber kreativen Ideen eine Chance auf Umsetzung zu geben.

3.6 Innovationskultur und Wissen

Die Grundlage für das *Entstehen* kreativer Ideen liegt in den so genannten „weichen" Faktoren einer Organisation begründet. Die Mitarbeiter erkennen sehr wohl auch subtile Signale, wie Pioniergeist und unternehmerisches Wagnis im Unternehmen bewertet werden.

Neben der kreativen Kraft brauchen Messegesellschaften aber künftig verstärkt das Wissen, um die Kommunikationsprozesse einer Branche oder gar einzelner Segmente mitgestalten und unterstützen zu können.

Es geht dabei um fundiertes Branchen-Wissen und dessen Anwendung in internationalen Märkten auf Basis eines soliden persönlichen Netzwerkes!

Jochen Witt

Bedeutung von Non-Space-Produkten im Messewesen

1. Einleitung

2. Definitionsversuch des Begriffs „Non-Space-Produkte"

3. Der Wandel der deutschen Messelandschaft

4. Die Bedeutung von Non-Space-Produkten
   4.1   Dienstleistungen im One-Stop-Shop
   4.2   Messen als Impulsgeber
   4.3   Non-Space-Produkte im Ausland

5. Ausblick

6. Literaturverzeichnis

Jochen Witt ist Vorsitzender der Geschäftsführung der Koelnmesse GmbH, Köln.

1. Einleitung

Die Messewirtschaft erlebt einen tiefgreifenden Umbruch. Messegesellschaften können sich heute nicht mehr auf das Vermieten von Ausstellungsflächen und -hallen beschränken. Mit steigendem Konkurrenzdruck bauen sie statt dessen ihre Service- und Kommunikationsdienstleistungen, ihr Angebot an „Non-Space-Produkten" immer weiter aus.

Und ein Ende dieser Entwicklung ist nicht zu erkennen, ganz im Gegenteil. Denn weltweit entstehen zahlreiche neue Messeplätze, bereits etablierte bauen ihre Ausstellungsfläche und Infrastruktur beständig weiter aus. Immer mehr Messen wechseln im In- und Ausland ihren Veranstaltungsort, teilweise fallen sogar etablierte Veranstaltungen ganz aus dem Messekalender heraus. Und immer kompromissloser streiten sich die Messegesellschaften um Themen, Besucher und Aussteller. Selbst vor Traditionsmessen macht dieser Konkurrenzkampf nicht mehr Halt – die jüngsten Diskussionen um die Hannover Messe oder die Frankfurter Buchmesse beweisen dies.

Dabei müssen sich die Messegesellschaften nicht nur mit ihren direkten Wettbewerbern auseinandersetzen, auch mit branchenfernen Firmen stehen sie in Konkurrenz. Die Jagd nach den Kommunikationsbudgets ist in den vergangenen Jahren immer heftiger geworden. Ob Kongress- oder Eventveranstalter, Marketing- oder Werbeagenturen: de facto wetteifern sie alle um die Marketingetats der Unternehmen.

Die deutsche Messewirtschaft befindet sich nun dort, wo andere Branchen bereits seit Jahrzehnten sind – im harten Wettbewerb. Die ursprüngliche Ausrichtung als reiner lokaler Flächenanbieter kann sich daher keine Messegesellschaft mehr leisten. Stattdessen sind sie heute Full-Service-Dienstleister, die in Zeiten fortschreitender Globalisierung immer stärker auch weltweit ihre Non-Space-Produkte anbieten.

2. Definitionsversuch des Begriffs „Non-Space-Produkte"

Unter Non-Space-Produkten (NSP) können Dienstleistungen verstanden werden, die nicht an einen spezifischen Raum gebunden sind, die also nicht haptischer Natur sind. Im Messewesen lässt es sich an folgender Entwicklung sehr anschaulich zeigen: Früher waren die Messegesellschaften reine Flächenanbieter, sie stellten einzig den Platz für Aussteller bereit, versorgten diese mit Strom und anderen nötigen Anschlüssen. Doch in den vergangenen Jahren veränderte sich das Bild. Heute sind nicht nur die führenden Messegesellschaften Full-Service-Dienstleister, die sich immer stärker vom ursprüngli-

chen Kerngeschäft entfernen. Ihr erweitertes Portfolio umfasst beispielsweise umfangreiche Dienstleistungen für die Aussteller: Standbetreuung, Seminare, Reiseorganisation
oder auch Standplanung per Web. Daneben entwickeln sie sich zu kommunikativen
Dienstleistern, die die jeweiligen Messethemen immer stärker medial in Szene setzen.
Auf diese Weise bieten sie nicht nur den einzelnen Ausstellern, sondern gleich der gesamten Branche eine umfangreiche Plattform in allen Medien. In dieser Wirkungsme-
chanik sind Messen einzigartig: Sie fungieren als Impulsgeber für gesamte Branchen und
für das einzelne Unternehmen.

3.   Der Wandel der deutschen Messelandschaft

Die moderne Messegesellschaft konzentriert sich heute vor allem auf folgende vier
Handlungsfelder: Die Modernisierung der Infrastruktur, den Ausbau des internationalen
Geschäfts, den effizienten Einsatz der Informationstechnologie sowie dem innovativen
Engagement im Dienstleistungsbereich.

Stichwort Infrastruktur: Hier ist die deutsche Messewirtschaft weltweit führend. 23 Messeplätze verfügen zusammen über eine Hallenfläche von über 2,5 Millionen Quadratmeter. Jährlich veranstalten sie rund 140 überregionale Messen und Ausstellungen mit
mehr als 170 000 Ausstellern und über 10 Millionen Besuchern. Zwei Drittel der global
wichtigen Leitmessen finden auf deutschem Boden statt, drei der vier größten Messegelände der Welt liegen in Deutschland und sechs der zehn umsatzstärksten Messegesellschaften haben hier ihren Sitz. Jedes Jahr sorgen die Aussteller und Besucher mit ihren
Investitionen in die Messepräsenz allein in Deutschland für einen Umsatz von über 10
Milliarden Euro.

Doch zwischen den einzelnen deutschen Messegesellschaften wird der Konkurrenzkampf immer härter. Allein die Standortspekulationen von Volker Neumann, Direktor
der Frankfurter Buchmesse, lösten in Branchenkreisen heftige Diskussionen aus. Mit
seinen Überlegungen, der Bankenstadt den Rücken zu kehren, stieß er „in ein Wespen-
nest", wie es nicht nur in einer dpa-Meldung hieß. Das Nachrichtenmagazin Focus nahm
die Geschichte zum Anlass und titelte im März 2003 „Kampf ums Revier" – „Betreiber
fürchten um ihre Veranstaltungen". Tatsächlich drängen verstärkt auch ausländische
Messekonzerne auf den deutschen Markt. Dazu gehören vor allem private Veranstaltungsgesellschaften wie die britische Reed Exhibition Companies, die in Deutschland
immer stärker ihr Geschäft auf- und ausbauen. Gerade hinsichtlich dieser reinen Veranstalter gewinnen Non-Space-Produkte immer mehr an Bedeutung. Denn Gesellschaften,
die ohne eigene Messegelände agieren, fokussieren sich sehr stark auf ein umfangreiches
Service-Portfolio.

Und auch die Konkurrenz im Ausland macht den deutschen, weltweit führenden Messegesellschaften immer stärker zu schaffen. Schließlich ist die Globalisierung auch in der Messewirtschaft stark vorangeschritten: Sowohl Aussteller als auch Besucher von Messen agieren weltweit, denken und handeln global und adressieren die verschiedensten Märkte der Erde. Infolgedessen werden weltweit, ob in Asien, in den USA oder in unseren europäischen Nachbarländern, Milliarden Euro ins Messewesen gesteckt, um der global agierenden Wirtschaft einen optimalen Messeauftritt zu garantieren. Nur ein Beispiel, stellvertretend für viele: Während in Deutschland alle Messegesellschaften zusammen bis 2006 gerade einmal rund 1,2 Milliarden Euro in den Aus- und Umbau ihrer Kapazitäten investieren, sollen allein in Mailand bis zum Jahr 2005 rund 550 Millionen Euro in ein neues Messezentrum am Rande der Millionenstadt fließen.

Aus diesem Grund forcieren die deutschen Messegesellschaften bereits seit Jahren ihr internationales Engagement. Längst unterhält jede größere Messegesellschaft Tochterunternehmen oder Vertretungen im Ausland. Denn Tochtergesellschaften auf allen Kontinenten, in allen strategisch wichtigen Städten weltweit sind ein wichtiger Schritt auf dem Weg zum global agierenden Messeveranstalter. Insgesamt unterhalten die deutschen Messegesellschaften mehr als 430 Auslandsvertretungen weltweit. Allein die Koelnmesse ist in über 80 Ländern präsent, die Frankfurter Messe unterhält Büros in 60, die Leipziger Messe in über 30 Ländern. 2002 veranstalteten die deutschen Messegesellschaften bereits rund 170 Messen im Ausland, schwerpunktmäßig in Asien und Osteuropa. Schon jetzt erwirtschaften einige Gesellschaften gut ein Fünftel ihres Umsatzes außerhalb Deutschlands.

4.   Die Bedeutung von Non-Space-Produkten

Moderne Messen sind heute weit mehr als reine Handelsplätze. Vielmehr präsentieren sie Trends und kommunizieren Perspektiven. Sie sind, wie Bundeswirtschaftsminister Wolfgang Clement erst kürzlich in der Frankfurter Allgemeinen Zeitung betonte, ein „Marktplatz für internationale Begegnungen". Und nicht nur das: „Deutsche Messen sind Entscheidermessen" (Jahresbericht zur Messewirtschaft des Ausstellungs- und Messe-Ausschusses der Deutschen Wirtschaft e. V. (AUMA)). Mehr als 60 Prozent der inländischen und sogar drei Viertel der ausländischen Besucher haben „ausschlaggebenden oder mitentscheidenden Einfluss auf Einkaufs- oder Beschaffungsentscheidungen".

Doch trotz dieser unschlagbaren Vorteile gegenüber anderen Kommunikationsformen müssen die deutschen Messegesellschaften ihr Dienstleistungsangebot ausbauen, um im Wettbewerb mit der branchenfremden Konkurrenz zu bestehen. Sie müssen sich als innovative und zugleich zuverlässige Service-Anbieter etablieren. Non-Space-Produkte gewinnen also immer mehr an Bedeutung – sie sind zentrale Wettbewerbsmerkmale.

4.1   Dienstleistungen im One-Stop-Shop

Aus diesem Grund hat beispielsweise die Koelnmesse bereits 2000 die Koelnmesse Service GmbH gegründet, in der sämtliche Dienstleistungen gebündelt sind. Die Tochtergesellschaft bietet ein komplettes Full-Service-Paket aus einer Hand – ob Standplanung, die Organisation von Events oder professionelle Werbe- und Medialeistungen, Hotelreservierungen und Messe-TV sowie technische Dienstleistungen wie Mietmöbel oder Personalvermittlung. Der so genannte One-Stop-Shop garantiert dabei jedem Aussteller und Besucher einen einzigen Ansprechpartner, der sich um den gesamten Service kümmert. Der Aussteller bespricht mit ihm seine Wünsche, die die Koelnmesse vor und während der Messe umsetzt. Das endet schließlich darin, dass der Aussteller nur noch eine Rechnung erhält und nicht, wie bisher, viele verschiedene vom Schreiner, PR-Berater oder Caterer. Gleichzeitig bietet die Koelnmesse mit der virtuellen Standplanung einen Vorgeschmack auf den Messeservice der Zukunft. Via Internet kann der Aussteller seinen Stand im Vorfeld der Messe eigenständig planen, Mobiliar, Größe und Gestaltung des Standes auswählen. Mittels einer zeitgleich aktualisierten Kostenübersicht behält er dabei sein Budget ständig unter Kontrolle und kann so die für ihn optimale Standlösung entwerfen. Falls er beispielsweise seinen Stand mit einer zusätzlichen Garderobe, einem Fernsehgerät oder einem Beamer ausstaffieren will, kann er diese sofort platzieren und anhand einer virtuellen Ansicht anschauen – und gegebenenfalls selbst wieder ändern.

Auf reges Interesse stoßen bei den Ausstellern auch die Seminare, die die Koelnmesse Service GmbH vermittelt. Schritt für Schritt geben Trainer den Ausstellern Tipps zur richtigen Produktpräsentation, zum Standaufbau oder zur optimalen Messe- und Ausstellungsplanung. Auch der wichtige Faktor „Mensch" wird umfassend behandelt: Ratschläge zur Motivation und richtigen Vorbereitung der Mitarbeiter gehören zum Standardrepertoire der Trainer. Die Vorteile dieser Non-Space-Produkte sind auch für die Aussteller augenscheinlich:

- Kostenreduzierung durch Rabatterlöse der Messegesellschaft
- Zeitersparnis durch Beauftragung nur eines Dienstleisters
- Stärkere PR-Wirkung und internationale Kontakte, da die Messegesellschaft in der Regel über ein größeres Netzwerk verfügt
- Internet als Medium zur Vor- und Nachbereitung der Messe mit Tendenz zur permanenten Kommunikationsplattform
- Erfolgreicherer Messeauftritt, da von vornherein ausschließlich Experten beauftragt sind
- Bessere Ausschöpfung der Messepotenziale, angesichts der besser qualifizierten Mitarbeiter
- „Business Broker" in Form von „Matchmaking" oder Firmenbesichtigung.

Wichtig ist bei den verschiedenen Serviceangeboten schließlich, dass die individuelle Linie jedes einzelnen Ausstellers beachtet wird – Service zwar von der Stange, aber immer wieder neu angepasst. Erst dann sind die Non-Space-Produkte als wichtiges Mittel zur Kundenbindung richtig angewendet.

4.2   Messen als Impulsgeber

Schließlich hören die Non-Space-Produkte aber nicht bei den Service-Angeboten für den einzelnen Aussteller auf. Darüber hinaus müssen sich die Messegesellschaften gleichzeitig auch zum Impulsgeber, zum ständigen, ganzjährigen Begleiter der ausstellenden Branchen entwickeln. So können die Messegesellschaften eine umfangreiche PR-Kampagne für die jeweilige Branche initiieren. Auf diese Weise lassen sich wichtige Themen und Trends bereits im Vorfeld redaktionell platzieren. Zusätzlich können direkte Kooperationen mit den Medien vereinbart werden, um die Berichterstattung über die Branche anzuregen.

Beispiel imm cologne: Gemeinsam mit Partnern überarbeitete die Koelnmesse das Konzept der internationalen Möbelmesse, um neue Impulse für die gesamte Branche zu setzen. Aus diesem Grund wird die stets im Januar stattfindende imm cologne nun nicht mehr allein als globale Business- und Kommunikationsplattform für die Möbelbranche, sondern vielmehr als wegweisende Ideenschmiede für die Einrichtungswelt gewertet. Mit einem erweiterten Angebotsspektrum und neuen Absatzchancen positioniert sich die Messe von der reinen Möbelschau zur kompletten Einrichtungs- und Designmesse. Das Resultat: Einzigartige Medienresonanz vor, während und noch Monate nach der Messe. Die Messe fungierte als wichtiger Impulsgeber für die gesamte Branche.

Im Rahmen der Möbelmesse findet zudem im zweijährigen Wechsel die imm cuisinale statt. Hier erhält die Küchenmöbelindustrie eine eigenständige Plattform. Mit gemeinsamen PR-Maßnahmen und Aktionen können so die Verbände gemeinsam mit der Koelnmesse der Branche neue Impulse geben: Ein umfangreiches Programm für Fachbesucher mit Vorträgen und Diskussionsveranstaltungen gehört ebenso dazu wie an den Publikumstagen ein Mix aus Entertainment und Information. Ziel des Programms muss es stets sein, für eine Emotionalisierung der Themen und somit für eine höhere Aufmerksamkeit der Medien und damit auch der Endverbraucher zu sorgen. Diese enge Verzahnung von Möbelbranche und Koelnmesse skizziert den Trend für die Zukunft. Messegesellschaften müssen sich nicht nur für jeden einzelnen Aussteller als Service-Dienstleister anbieten, sondern auch für die Branchen in ihrer Gesamtheit. Schließlich verlängert die ausführliche Vor- und Nachbereitung einer Messe optimal die Wertschöpfungskette einer jeden Messegesellschaft – hierin verbirgt sich noch ein hohes Umsatz- und Gewinnpotential.

4.3   Non-Space-Produkte im Ausland

Als Werkzeug der Kommunikation tragen moderne Messen maßgeblich dazu bei, neue Märkte zu erschließen. Moderne Messegesellschaften folgen ihren Kunden nicht nur auf diese Märkte, sondern helfen ihnen, auf diesen Fuß zu fassen. Daher bauen die deutschen Messegesellschaften ihr Netz an Auslandsvertretungen immer weiter aus. Diese haben mehrere Aufgabenfelder. Zunächst sollen sie vor Ort potenzielle Kunden – Aussteller als auch Besucher – für die eigenen Messeveranstaltungen in Deutschland akquirieren. Ein Faktor, der kontinuierlich an Gewicht gewinnt. Denn schon jetzt kommt fast die Hälfte der in Deutschland ausstellenden Firmen aus dem Ausland. Und gerade diese ausländischen Unternehmen fragen immer stärker Non-Space-Produkte nach. In dieser Situation kann sich die Messegesellschaft als kompetenter Partner vor Ort erweisen, der ihnen einen optimalen Messeauftritt beziehungsweise Besuch organisieren kann.

Zudem sollen die Auslandsvertretungen neue Veranstaltungen vor Ort organisieren und durchführen. Die Koelnmesse führte 2002 beispielsweise in Asien bereits fünf Eigenveranstaltungen mit mehr als 700 Ausstellern und 100 000 Besuchern durch. Neu gegründete Tochtergesellschaften in Singapur, Peking und Hongkong werden diese Zahl in den kommenden Jahren noch kräftig erhöhen.

Auf der anderen Seite etablieren sich die Messegesellschaften mit ihren Vertretungen verstärkt als Service-Anbieter im Ausland. Nicht ohne Grund. Denn nur so kann die Erfahrung und das Know-how der deutschen Messeveranstalter mit der nötigen Kenntnis der örtlichen Gegebenheiten verknüpft werden, oft auch mittels Kooperationen mit ortsansässigen Veranstaltungsgesellschaften. Auf diese Weise wird eine zielorientierte und kompetente Unterstützung der Aussteller vor Ort ermöglicht. Dabei kümmern sich die Tochtergesellschaften aber auch um die Betreuung der Auslandsmessebeteiligungen deutscher Unternehmen und Einkäufer. Denn gerade die Organisation deutscher Beteiligungen auf Auslandsmessen ist wichtig für die Messegesellschaften. Nur mit diesem Serviceangebot können sie sich zu vielgefragten Dienstleistern für die deutsche Wirtschaft etablieren. Schließlich sind Kooperationen dieser Art eine der Grundvoraussetzungen sowohl für eine erfolgreiche internationale Expansion als auch für die Stärkung des eigenen Messestandorts. Und vor der starken Konkurrenz im Auslandsgeschäft dürfen sie nicht zurückschrecken. Kunden sind global präsent, daher müssen auch die Messen weltweit aktiv sein. Nur dann können sie ihren Kunden optimale Dienstleistungen anbieten und langfristig erfolgreich sein.

5. Ausblick

Die Messewirtschaft befindet sich seit Jahren in einem Strukturwandel. Allein die Messegesellschaften: Aus lokal agierenden Flächen-Anbietern sind global handelnde und denkende Unternehmen geworden. Im heftig umkämpften Wettbewerb können sie heute nur noch bestehen, wenn sie innovative Wege gehen. Wenn sie sich selbst als ständigen Partner ihrer Kunden betrachten und ihr Dienstleistungsportfolio kontinuierlich erweitern und optimieren.

Die modernen Messegesellschaften haben sich bereits zu kompetenten und zielorientierten Full-Service-Anbietern entwickelt. Sie stellen den Ausstellern nicht nur die gewünschte Standfläche zur Verfügung, sondern bieten sämtliche messerelevante Leistungen aus einer Hand an. Angefangen von der Konzeption des Messeauftrittes bis hin zu individuellen Seminaren und Schulungen für die auf der Messe präsenten Mitarbeiter. Auch bei der Nachbereitung und Evaluation des Messeauftrittes stehen die Messegesellschaften als fachlich versierte Partner zur Verfügung. Gerade mittelständische Unternehmen profitieren von diesem One-Stop-Shop, wie ihn Messegesellschaften bieten können.

Für die Messegesellschaften zahlen sich Non-Space-Produkte vor allem in zweierlei Hinsicht aus. Zunächst ist ein umfangreiches Portfolio an Non-Space-Produkten ein Qualitätsmerkmal, das maßgeblich zur Wettbewerbsfähigkeit beiträgt. Denn während früher fast ausschließlich Größe und Qualität des Messegeländes über die nationale und internationale Wettbewerbsfähigkeit eines Messeveranstalters entschieden, können sich die Messegesellschaften heute mit Non-Space-Produkte gezielt von ihrer Konkurrenz abheben und sich auf dem immer enger werdenden Markt positionieren.

Auf der anderen Seite verlängern die Non-Space-Produkte, die zur Vor- und Nachbereitung der Ausstellung eingesetzt werden, in hohem Maße die Wertschöpfungskette für die Messegesellschaft. Und hier sind die Möglichkeiten noch längst nicht ausgeschöpft. So können sich die Messegesellschaften verstärkt als Kommunikationsdienstleister positionieren und dabei versuchen, alle Kommunikationsmärkte zu besetzen. Das bedeutet: Neben dem Kerngeschäft „Kongresse" und „Ausstellungen" müssen sie oder Partner die verschiedenen Zweige wie Print, Internet oder Seminare abdecken. Auf diese Weise lassen sich sowohl hohe inhaltliche als auch enorme finanzielle Synergien erzielen.

Die besondere Pflege der inhaltlichen Aspekte war stets ein bedeutender Vorteil der deutschen Messegesellschaften. Diese Stärke können sie auch heute nutzen. Dann nämlich, wenn sie ihren Kunden, ob Aussteller oder Besucher, ein umfangreiches, genau abgestimmtes und inhaltlich fundiertes Sortiment an Non-Space-Produkten anbieten und zudem die Suche nach immer neuen Serviceangeboten als ein wichtiges Unternehmensziel begreifen.

6.   Literaturverzeichnis

Statistische Daten rund um die Messewirtschaft können auf der Homepage des Ausstellungs- und Messe-Ausschusses der Deutschen Wirtschaft e. V. (AUMA), heruntergeladen werden. Hier wird auch der aktuelle Jahresbericht veröffentlicht: www.auma.de

Weitere Quellen:

CLEMENT, W., Internationaler Markt, in: Frankfurter Allgemeine Zeitung Nr. 17, 21. Januar 2003, Sonderbeilage „Messen und Ausstellungen", S. SB 1.

DPA, am Dienstag 21. Januar 2003, 09:08 Uhr, Zukunft der Frankfurter Buchmesse steht auf dem Spiel, http://de.news.yahoo.com/030121/3/36wlg.html, zugegriffen am 20. Januar 2003.

FRANKE, M./SCHWAB, F., Kampf ums Revier, in: Focus Nr. 10, 3. März 2003, S. 170.

GÖTTLICH, F., Branche unter Zugzwang, in: Die Welt online, 13. Dezember 2001, www.welt.de/daten/2001/12/13/1213w9301957.htx, zugegriffen am 27. Dezember 2002.

MANGOLD, I., München lockt, in: Süddeutsche Zeitung Nr. 14, 18. Januar 2003, S. 1.

APPEL, C., Wettbewerbsdruck in der Branche steigt, in: Die Welt Nr. 285, Report „Messen und Kongresse", 06. Dezember 02, Seite WR1.

MAS, Städte und Gemeinden sehen sich am Ende ihrer Kräfte, in: FAZ Nr. 2, 3. Januar 2003, S. 1.

Urs A. Ingold

Relaunches von Messeveranstaltungen

1. Einleitung

2. Bestimmung der Gesamtmarktstruktur

3. Analyse der eigenen Veranstaltung
   3.1   Definition der Messe
   3.2   Messehistorie
   3.3   Positionierung
   3.4   Entwicklungs- und Analysekennzahlen
   3.5   Rahmenprogramm

4. Ausstelleranalyse
   4.1   Ausstellerpotential
   4.2   Entwicklung der Teilmärkte (Untersegmente) innerhalb der Messe
   4.3   Ausstellerbefragungen und deren Auswertung
   4.4   Schlussfolgerung Ausstelleranalyse

5. Besucheranalyse
   5.1   Besucherregistration
   5.2   Besucherbefragung
   5.3   Schlussfolgerung Besucheranalyse

6. Stakeholderanalyse

7. Konkurrenzanalyse

8. Analyse des Marktumfeldes

9. Relaunch

Urs A. Ingold ist President Germany/ Switzerland der Reed Exhibitions, Zürich/ Düsseldorf.

1. Einleitung

Das Wort „Relaunch" (Neulancierung) sollte für Messen nur bei sehr ernsthaften Vorhaben verwendet werden; die Bedeutung des Wortes ist nämlich keineswegs „Komm' wir machen's noch einmal ...". Der Begriff „Relaunch" ist vielmehr als Synonym für „Neuausrichtung" zu verstehen. Offenbar funktioniert die „gute alte Messe" nicht mehr so wie früher. Die Aussteller sind nicht mehr zufrieden, die Besucher bleiben aus und/oder der Ertrag steht nicht mehr im Verhältnis zum Aufwand. Dies sind die drei Hauptgründe, die einen „Relaunch" nötig machen, bzw. als Ultimo Ratio die Messe vor dem sicheren Tod bewahren.

Bevor ich nun über *Neuausrichtungen von bestehenden Messen* (Relaunches) philosophiere, ist es mir ein großes Anliegen, dass der folgende Leitsatz, auch wenn er in englischer Sprache gehalten ist, klar verstanden wird: *„There is no second chance to give a first impression!"*. Ist die Notwendigkeit für eine Neuausrichtung gegeben, so ist dies ein weitaus riskanteres Unterfangen, als eine neue Messe auf den Markt zu bringen. Wird eine neue Messe von den Protagonisten im Markt, also Kernausstellern und Verbänden, mitgetragen und unterstützt, so wird die Neuveranstaltung immer von einem gewissen Wohlwollen begleitet. Es haben sich zu viele Brancheninsider zu laut für die neue Veranstaltung eingesetzt, als dass man diese z.B. wegen zu wenigen Ausstellern oder zu wenigen Besuchern gleich wieder absetzen würde. In diesem Fall wird immer wieder gerne gesagt, dass es eben drei Veranstaltungen brauche, bis die Messe zumindest ihre „mittlere Reife" erreicht habe. Bei einem Relaunch sitzt die Messe beim ersten Mal, oder aber, es ist für alle Zeiten vorbei – zumindest für den Messeveranstalter, der den Relaunch verantwortet.

Um einen erfolgreichen Relaunch anzugehen, d.h. die bestehende Messe neu auszurichten, muss man die neu auszurichtende Veranstaltung im Detail kennen. Eine sorgfältige Analyse ist notwendig, die in aller Ehrlichkeit „Soll" und „Ist" vergleicht. Dafür ist es grundsätzlich ratsam, eine Arbeitsgruppe einzurichten, die nicht nur aus Teammitgliedern der „alten" Messe besteht, sondern auch weitere KollegInnen mit Marketing- und Verkaufserfahrung einbezieht. Darüber hinaus sind alle emotionalen Vorurteile vor dem Sitzungsraum abzulegen. Nur mit einer sachlichen und distanzierten Betrachtung ist die Aufgabenstellung zu lösen. Eines sei vorweg gesagt: es gibt im Messewesen nichts befriedigenderes, als die im ersten Moment fast aussichtslose Herausforderung eines Relaunches anzunehmen und schließlich eine Neuausrichtung zu erarbeiten, der die Stakeholder (Aussteller, Besucher, Medien, Verbände, Messeveranstalter, Kapitalgeber etc.) ihr Vertrauen für die Zukunft aussprechen.

Um eine Situationsanalyse durchführen zu können, ist im ersten Schritt ein Inhaltsverzeichnis mit den wichtigsten zu untersuchenden Bereichen zu erstellen:

1. Bestimmung der Gesamtmarktstruktur (Kapitel 2)

2. Analyse der eigenen Veranstaltung (Kapitel 3)

3. Ausstelleranalyse (Kapitel 4)

4. Besucheranalyse (Kapitel 5)

5. Stakeholderanalyse (Kapitel 6)

6. Konkurrenzanalyse (Kapitel 7)

7. Analyse des Marktumfeldes (Kapitel 8)

8. Relaunch (Kapitel 9).

2.   Bestimmung der Gesamtmarktstruktur

Im ersten Arbeitsschritt ist eine Analyse des für die Messe relevanten Gesamtmarktes durchzuführen. Die Kernfrage lautet: Aus welchen Teilmärkten und Untersegmenten setzt sich der für die Messe maßgebende Gesamtmarkt zusammen (vgl. Abb. 1)?

Gesamtmarkt			
Teilmarkt 1	**Teilmarkt 2**	**Teilmarkt 3**	**Teilmarkt 4**
Untersegment I	Untersegment I	Untersegment I	Untersegment I
Untersegment II	Untersegment II	Untersegment II	Untersegment II
Untersegment III		Untersegment III	Untersegment III
Untersegment IV			Untersegment IV

Abb. 1: Analyse des Gesamtmarktes

3. Analyse der eigenen Veranstaltung

Der zweite Arbeitsschritt besteht aus einer objektiven Analyse der eigenen Veranstaltung. Diese unterteilen wir wiederum in:

3.1 Definition der Messe

3.2 Messe-Historie (von Anfang bis heute)

3.3 Positionierung

3.4 Entwicklungs- und Analysekennzahlen

3.5 Rahmenprogramm.

Die wesentlichen Inhalte der oben genannten Analyseschritte werden nachfolgend kurz skizziert.

3.1 Definition der Messe

Thematik – wieviel Prozent des Gesamtmarktes werden von der Messe abgedeckt?

Ausstellerzielgruppen – welche Aussteller aus welchen Branchengruppen stellen bisher auf unserer Messe aus?

Besucherzielgruppen – an welche Branchengruppen richtet sich das Messethema und innerhalb der Branchengruppen an welche Hierarchiestufen (Inhaber, Geschäftsleiter, Marketing- und Verkaufsleiter, Einkaufsleiter, Sachbearbeiter, Produktionsmitarbeiter etc.)?

Nutzen – ist die Messe eine Plattform für die Gesamtbranche und bietet sie folglich einen Gesamtüberblick? Ist sie eine Image- oder Einkaufsmesse? Ist sie eine hervorragende Kontakt- und „Networking"-Plattform?

Ausrichtung – wie ist die Messe ausgerichtet? Fachbesucher oder Endverbraucher, regional, national oder international?

Zyklus/Ort – wie häufig findet die Messe statt? In welchem geografischen wie demografischen Umfeld wird die Messe durchgeführt?

3.2   Messehistorie

Ist die Messe eine Eigenentwicklung oder wurde sie zugekauft? Seit wann findet sie an diesem Ort statt? Seit wann arbeitet man mit welchen Partnern zusammen? Welche Bereiche wurden wann und weshalb ergänzt oder weggelassen?

3.3   Positionierung

Wie ist die Messe positioniert in Bezug auf Anbieter und Abnehmer? Hier nehmen wir die für die Messe sinnvollste Positionierung (unser Beispiel: Ist-Positionierung in Bezug auf Besucher) vor.

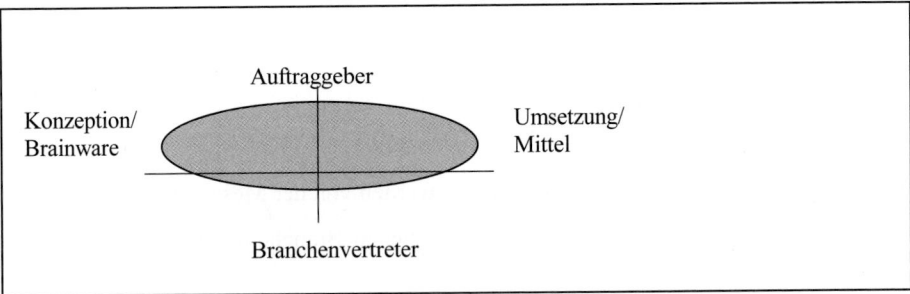

Abb. 2: Beispiel für Messepositionierung

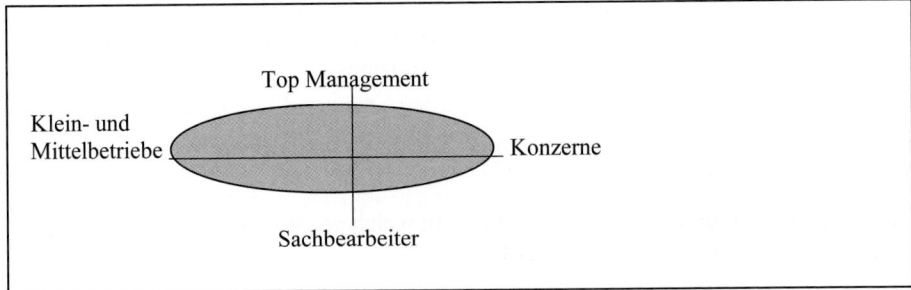

Abb. 3: Beispiel für Messepositionierung

3.4 Entwicklungs- und Analysekennzahlen

Im Vordergrund dieses Arbeitsschrittes steht die Analyse der Messeentwicklungszahlen in Tabellenform in Bezug auf Nettofläche, Anzahl der Aussteller und Besucher über einen Zeitraum von mindestens fünf Durchführungen. Insbesondere gilt es dabei, die Veränderungen zu analysieren. Sie sind in der Regel ausreichend aussagestark, sofern es sich nicht um Einzelausschläge handelt, die möglicherweise mit datumsspezifischen Begebenheiten zu erklären sind. Beispielsweise hatte eine Messe in einem Jahr einen unverhältnismäßigen Besuchereinbruch. Die Datumsüberprüfung zeigte aber eine einmalige Überschneidung von Messedatum und Urlaubsbeginn im Hauptbesucherland, was sich in den späteren Jahren nicht mehr wiederholte. Rückläufige Ausstellerzahlen bei fast gleichbleibender Fläche dagegen sind alarmierende Signale. Die Branche befindet sich offensichtlich in einem Konsolidierungsprozess. Unternehmen schließen sich zusammen, da jedes für sich nicht mehr in der Lage ist, sich alleine im Markt zu behaupten. Ebenso alarmierend sind abnehmende „Retentionrates" (Rückbuchungsquoten). Sobald wir – bei gleichbleibender Aussteller-Gesamtzahl – mehr als jeweils 25 Prozent neue Aussteller ausweisen (Basis 100 Prozent bildet die jeweils letzte Messe), besteht offenbar ein ernstzunehmendes Akzeptanzproblem in konzeptioneller Hinsicht. Die Entwicklungs- und Analysekennzahlen sind die aussagekräftigsten Einzelwerte, die für einen möglichen Relaunch von kapitaler Bedeutung sind.

3.5 Rahmenprogramm

Die Analyse des Rahmenprogramms ist – außer bei Konferenzmessen – nicht von primärer Bedeutung. Eine vom Markt geforderte und getragene Veranstaltung läuft auch ohne jegliches Rahmenprogramm. Dennoch kann das Rahmenprogramm einen wichtigen Beitrag zum so genannten „perceived value" (empfundener Wert) beisteuern. Bei „Black Box"-Technologien, also für Themen, die noch „horizontal" behandelt werden (Bsp. IT Information Technology, d.h. generelle Computermessen; im Gegensatz zu „vertikalen" Messen wie IT-Datensicherheit, IT-Netzwerke und Ausrüstung etc.) hat ein begleitender Fachkongress die Aufgabe, „Licht ins Dunkel" zu bringen, also oberflächlich über die verschiedenen Bereiche zu informieren. Hier kann von einer breiten potenziellen Teilnehmerschaft ausgegangen werden, welche sich dankbar und relativ unkritisch auf präsentierte Informationen stürzt. Ist ein Thema vertikal, also auf Spezialitäten ausgerichtet, verkleinert sich die potenzielle Teilnehmerschaft zwangsläufig. Hier gilt: Entweder Top-Neuheiten präsentieren oder keinen begleitenden Kongress anbieten. Denn die Erwartungshaltung des einzelnen Teilnehmers ist ebenso hoch wie die Bereitschaft zur Kritik.

Soziale, gesellschaftliche Rahmenprogramme dienen einerseits der Unterhaltung und andererseits der Kontaktpflege. Da die Einladung in den seltensten Fällen mit Kosten für die Teilnehmer verbunden ist, kann der Veranstalter eigentlich nur einen Fehler begehen: lange Reden und Präsentationen!

4. Ausstelleranalyse

Bei der Analyse der Gesamtmarktstruktur hatten wir die Teilmärkte und deren Unter-segmentierung festgelegt. Nun geht es darum, diesen Untersegmentierungen die entspre-chenden Aussteller zuzuteilen und den Grad der Abdeckung zu bewerten (vgl. Abb. 4).

Teilmarkt 1	Teilmarkt 2	Teilmarkt 3	Teilmarkt 4
Untersegment I	Untersegment I	Untersegment I	Untersegment I
Untersegment II	Untersegment II	Untersegment II	Untersegment II
Untersegment III		Untersegment III	Untersegment III
Untersegment IV			Untersegment IV
...bis 30%	**...31 – 59%...**	**...ab 60%...**	
schlechte Abdeckung	**mittlere Abdeckung**	**gute Abdeckung**	

Abb. 4: Segmentorientierte Ausstelleranalyse

4.1 Ausstellerpotential

Den Grad der Abdeckung können wir natürlich nur feststellen, wenn wir vorher das Aus-stellerpotenzial je Teilmarkt und Untersegment festgelegt haben (vgl. Abb. 5).

Teilmarkt	Gesamt-potenzial	%-Anteil Messe	Untersegment	% Anteil
Teilmarkt 1	800 Firmen	15%	Untersegment I	20% von 15% Teilmarkt
			Untersegment II	5% von 15% Teilmarkt
			Untersegment III	35% von 15% Teilmarkt
			Untersegment IV	40% von 15% Teilmarkt
Teilmarkt 2	1200 Firmen	80%	Untersegment I	45% von 80% Teilmarkt
			Untersegment II	55% von 80% Teilmarkt
Teilmarkt 3	900 Firmen	50%	Untersegment I	35% von 50% Teilmarkt
...	...	...	...	...

Abb. 5: Potenzialausschöpfung einer Messe nach Segmenten

4.2 Entwicklung der Teilmärkte (Untersegmente) innerhalb der Messe

Wir kennen nach entsprechenden Analysen die absoluten Marktgrößen unserer definierten Teilmärkte. Darüber hinaus haben wir den Grad der durch die Messe abgedeckten Teilmärkte ermittelt und eine Aufteilung der Teilmarkt-Untersegmente vorgenommen. Wir konnten also einen verlässlichen Status Quo in Bezug auf unsere Aussteller erarbeiten. Im nächsten Schritt ist nun zu analysieren, wie sich die Teilmärkte (Untersegmente) flächenmäßig entwickelt haben (vgl. Abb. 6).

Jahr	Teilmarkt 1	Teilmarkt 2	Teilmarkt 3	Teilmarkt 4
2003	Leitthema: ____ Flächenanteil: __%	Leitthema: ____ Flächenanteil: __%	Leitthema: ____ Flächenanteil: __%	Leitthema: ____ Flächenanteil: __%
2002	Leitthema: ____ Flächenanteil: __%	Leitthema: ____ Flächenanteil: __%	Leitthema: ____ Flächenanteil: __%	Leitthema: ____ Flächenanteil: __%
2001	Leitthema: ____ Flächenanteil: __%	Leitthema: ____ Flächenanteil: __%	Leitthema: ____ Flächenanteil: __%	Leitthema: ____ Flächenanteil: __%
2000	Leitthema: ____ Flächenanteil: __%	Leitthema: ____ Flächenanteil: __%	Leitthema: ____ Flächenanteil: __%	Leitthema: ____ Flächenanteil: __%
1999	Leitthema: ____ Flächenanteil: __%	Leitthema: ____ Flächenanteil: __%	Leitthema: ____ Flächenanteil: __%	Leitthema: ____ Flächenanteil: __%

Abb. 6: Analyse der Flächenentwicklung einer Messe nach Teilsegmenten

Nach dieser dritten Analyse sollten wir nun eigentlich unsere Messe ausstellerseitig sehr gut verstanden haben. Wir wissen nun, welche Unternehmen in welchen Bereichen ausstellen und welche Leitthemen sich günstig oder eben ungünstig auf den Flächenanteil ausgewirkt haben.

4.3 Ausstellerbefragungen und deren Auswertung

Abgerundet wird die Ausstelleranalyse durch die Einbeziehung der Resultate der Ausstellerbefragungen, die jeweils nach Messeschluss vorliegen. Im Rahmen der Befragungen werden die *Zufriedenheit in Bezug auf Messeorganisation, Anzahl und Qualität der Besucher, Erreichung von individuellen Messezielen* sowie Einschätzungen in Bezug auf zu *erwartende Auftragserteilungen* abgefragt. Hierzu wird eine Notenskala angewandt, die quantitative und qualitative Rückschlüsse erlaubt. Dabei gilt es zu berücksichtigen, dass Antworten in Bezug auf Einschätzungen „subjektiv" zu werten sind, Antworten in Bezug auf Erreichung individueller, im Vorfeld gesetzter Ziele dagegen als „objektiv" gelten.

4.4   Schlussfolgerung Ausstelleranalyse

Die sehr pragmatischen und sachlichen Analysen werden in einem Folgeschritt mit der Ausstellerbefragung und deren Auswertung kombiniert. Wir sind jetzt in der Lage, thematische Lücken zu erkennen. Um das Bild und somit die Ausstellerbedürfnisse vollumfänglich zu verstehen, wenden wir uns nun der Besucheranalyse zu.

5.   Besucheranalyse

Im Vordergrund dieses Analyseschrittes steht die Definition der Zielgruppen. Die nachfolgende Definition (vgl. Abb. 7) ist ebenso beispielhaft zu verstehen wie die vorangegangene Ausstelleranalyse. Die Zielgruppe verändert sich entsprechend den Bedürfnissen.

Zielgruppe	- 5 MA[1]	- 50 MA	- 100 MA	- 500 MA	über 500 MA
Inhaber					
Geschäftsleitung					
Einkaufsleitung					
Produktionsleitung					
Einkaufsfachleute					
Produktionsfachleute					

Abb. 7: Definition der Besucherzielgruppen

5.1   Besucherregistration

Die Besucherregistration hat einen wesentlichen Stellenwert. Durch das Schaffen von Anreizen – zum Beispiel vergünstigte Tageskarten bei Abgabe persönlicher Daten – versuchen wir, möglichst viele demografische Angaben über unsere Besucher zu sammeln.

---

[1] MA = Mitarbeiter

Wir wollen in möglichst absoluten Zahlen verstehen, ob „Schmitt oder Schmittchen" unsere Messe besucht und was ihn zum Besuch veranlasst hat. Von entscheidender Bedeutung ist zu wissen, für welche Ausstellungssegmente sich welche Zielgruppe speziell interessiert. In unserem Beispiel ist das Segment 3 angebotsseitig überrepräsentiert (vgl. Abb. 8).

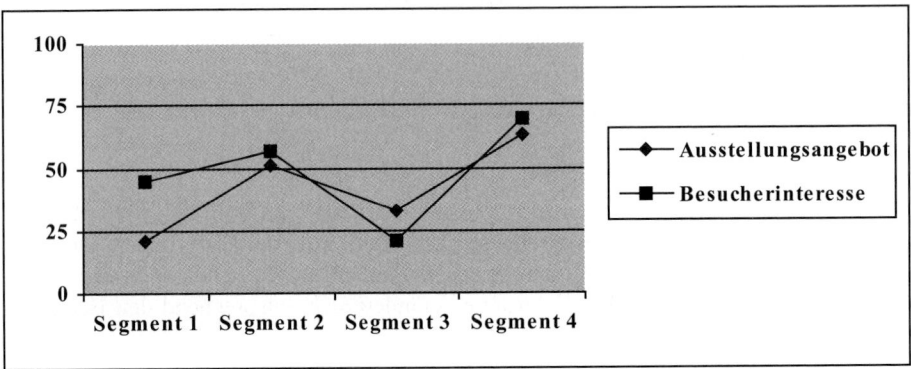

Abb. 8: Besucherinteresse nach Messesegmenten

5.2   Besucherbefragung

Um auch hier qualitative Aussagen zu gewinnen, ist eine der Ausstellerbefragung nachempfundene Besucherbefragung von höchster Bedeutung. Mittels einer Notenskala wollen wir vom Besucher wissen, welche Messeziele er sich gesetzt und zu welchem Grad er diese erreicht hat. Welche Segmente für seine Zwecke gut, welche schlecht oder gar nicht vertreten sind. Wie beurteilt er das Rahmenprogramm (falls vorhanden) und was muss erfüllt sein, damit er die Messe wieder besucht?

5.3   Schlussfolgerung Besucheranalyse

Nun können wir den Kreis schließen. Wir verknüpfen die Messeziele (objektiv) und die Empfindungen (subjektiv) mit der Ausstelleranalyse. Die Synthese daraus zeigt uns deutlich die konzeptionellen Lücken und Schwachpunkte auf, die es nach Abschluss der gesamten Analyse für die Konzeption des Relaunches zu berücksichtigen gilt.

6. Stakeholderanalyse

Bei einem Relaunch wird häufig der Fehler gemacht, dass die Stakeholder im Rahmen einer Messe nicht richtig analysiert werden. Hand aufs Herz: Mit der Nennung von Ausstellern und Besuchern sowie dem Trägerverband glauben viele Messemacher, sämtliche Stakeholder bereits ausgemacht zu haben. Bei der Analyse stellen wir allerdings dann eine Vielzahl von weiteren Stakeholdern mit einerseits unterschiedlichen Interessen und andererseits unterschiedlichen Möglichkeiten fest:

- Aussteller: wurden bereits analysiert.

- Besucher: wurden bereits analysiert.

- Geländebetreiber: Für einen Gastveranstalter fällt dem Messegelände eine ganz andere Bedeutung zu als für einen Geländebetreiber, der selbst veranstaltet. Als Gastveranstalter gilt es, auf die vielfältigen Bedürfnisse des Betreibers einzugehen und dessen Interessen richtig einzuschätzen.

- Messebeirat: Kann Kontakte vermitteln, Lobbying betreiben, Trends erkennen und einschätzen. Sein Grundbedürfnis ist eine positive Messeentwicklung. Wird ein Relaunch nötig, ist der Beirat in seiner Grundstruktur und Ausrichtung zu überdenken.

- Partner: Waren von Anfang an dabei oder kamen über die Jahre hinzu. Welche Aufgaben werden von Partnern ausgeübt und wie wichtig sind sie im Gesamtkontext der Messe? Was können die Partner aus- oder anrichten?

- Medien: Stützen oder ignorieren die Messe. Medien sind die logischen und komplementären Partner einer Messe. Sie haben die gleichen Zielgruppen, kennen den Markt und sind im Marketingmix trotzdem keine direkte Konkurrenz.

- Verbände: Haben die Aufgabe, einen (Teil-)Markt in seiner Gesamtheit abzubilden und die Interessen dieser Branche(n) zu vertreten. Fachlich ein optimaler Partner für die Messe.

- Veranstalter: Ist auf sein Produkt „Messe" angewiesen. Das Marketinginstrument „Messe" ist ein dynamisches Objekt. Es bildet in Vollendung den anvisierten Markt ab. Der Veranstalter muss mit der Messe wachsen. Und zwar bei den Einnahmen genauso wie bei den Investitionen.

- „Opinion Leaders" (Meinungsführer): Können Einzelpersonen sein oder Gruppierungen repräsentieren. Der/die Opinion Leader sind für einen Relaunch entscheidend.

- Konkurrenz: Für die aufmerksamen Mitbewerber ist ein Relaunch die Chance, Marktvolumen entweder zu festigen oder hinzu zu gewinnen. Aus diesem Grund ist die profunde Konkurrenzanalyse eine weitere Grundvoraussetzung für einen erfolgreichen Relaunch.

7.   Konkurrenzanalyse

Die Konkurrenzanalyse ist mehr als der simple Vergleich von Quadratmeterpreisen. Grundvoraussetzung ist, dass die Konkurrenzanalyse aus Sicht der Aussteller und Besucher durchgeführt wird. Warum findet eine Messe in XY statt? Gibt es hierfür historische Gründe, oder ist der Veranstaltungsort geografisch logisch? Wie sieht das Einzugsgebiet aus? Was kann ein Besucher in einem Tag an der Messe erreichen (ein Tag = Hin- und Rückreise inkl. mindestens vier Stunden Aufenthalt auf der Messe)? Wird die Konkurrenzmesse von einem Verband unterstützt? Inwieweit bestehen thematische Überschneidungen bzw. thematische Lücken zu unserer Messe? Darüber hinaus empfiehlt sich eine Ausstelleranalyse der Konkurrenzveranstaltungen (vgl. Kapitel 4).

8.   Analyse des Marktumfeldes

Nachdem wir unsere bestehende Veranstaltung durchleuchtet und detailliert analysiert haben, kann nun die Neukonzeption angegangen werden. Wir wissen, welche Bereiche zu korrigieren sind bzw. wo dringender Handlungsbedarf besteht. Damit wir allerdings nicht an politischen, gesellschaftlichen, wirtschaftlichen oder technologischen Entwicklungen vorbei planen, unterziehen wir die neue Strategie (vgl. Kapitel 9: Relaunch) noch einer letzten Probe, der PEST-Analyse. PEST steht für *P*olitical, *E*conomical, *S*ocial, *T*echnological.

- Politik: Was kommt politisch auf das Messethema zu? Sind neue Verordnungen auf Landes- oder Bundesebene angekündigt oder angedacht? Welchen Einfluss können EU-Richtlinien auf das Produkt „Messe" zukünftig haben?

- Wirtschaft: Wie entwickelt sich die Gesamtlage und welchen Einfluss wird diese Entwicklung auf unser Messethema haben? Sind unter den Marktteilnehmern Fusionen zu erwarten, welche das „Klumpenrisiko" bedrohlich erhöhen könnten?

- Gesellschaftlich: Mit welchen menschlichen Einflüssen ist bei unserem Messethema zu rechnen. Nimmt die Mobilität zu oder ab? Wird der zunehmende Hedonismus in der Bevölkerung das Thema stärken oder schwächen? Wie ist das Konzept auszurichten in einer immer stärker werdenden Kommunikationsgesellschaft? Welchen Stellenwert und folglich welche Rolle geben wir dem Internet im Rahmen der Messe?

- Technologie: Inwieweit werden technologische Einflüsse unsere Messe in den kommenden Jahren verändern? Welche Bereiche, die in der heutigen Messe noch ein Schattendasein fristen, werden an Bedeutung gewinnen, welche verlieren? Werden durch veränderte Technologien neue Firmen in den Markt drängen?

9. Relaunch

Wir benötigen nun eine Relaunch-Strategie. Auf Grund unserer Vorarbeiten kennen wir die Schwächen der zum Relaunch anstehenden Messe. Daraus leiten wir die neue Strategie ab, die folgende Punkte beinhaltet:

- Neue Positionierung (was soll anders werden?)
- Nutzen für Aussteller und Besucher (was ist besser?)
- Ziel und Maßnahmen.

Damit sind die Vorbereitungen für ein Relaunch getroffen. Dies ist eine wichtige Voraussetzung, um überhaupt einen Relaunch mit Aussicht auf Erfolg umsetzen zu können.

Zu einem erfolgreichen Relaunch gehört aber auch ein Name und ein Gesicht. Es beginnt jetzt die eigentliche Arbeit im Markt – und zwar beim Kunden. Der Kunde muss persönlich überzeugt werden, dass sich das neue Konzept von dem der „alten" Messe qualitativ unterscheidet. Er muss verstehen, dass alte Zöpfe abgeschnitten werden mussten und dass die Ausrichtung der neuen Messe vollumfänglich den Bedürfnissen des Marktes entspricht. Und dies alles können wir durch unsere Analysen belegen und erklären. Der Verkäufer wird zum Berater, der Kunde zum Vertrauten. Und Vertrauen ist mit das Wichtigste für einen erfolgreichen Relaunch. Denn vergessen wir nicht, der Relaunch wurde notwendig, weil das Vertrauen in die „alte" Messe schwand.

Marc Sasserath / Nina Daly / Christiane Wenhart

Die Bedeutung von Markenführung für Messen

1. Einleitung und Bestandsaufnahme

2. Messen sind Marken

3. Der Messemarkt ist äußerst komplex
    3.1   Die „Metaebene": Gesellschaftliche Komplexität
    3.2   Die „Makroebene": Bezugsgruppen einer Messe im In- und Ausland
    3.3   Die „Mikroebene": Unternehmensstruktur und Markenarchitektur
          einzelner Messegesellschaften
    3.4   Die Beziehungsebene: Messen besitzen multiple Zielgruppen

4. Eine Messe ist wie jede Marke zu führen
    4.1   Das MarkenWesen-Modell
    4.2   Festlegung der Markenarchitektur für die Messemarken

5. Schlussbetrachtung

6. Literaturverzeichnis

Marc Sasserath ist geschäftsführender Gesellschafter der Publics Sasserath Brand Consultancy, Frankfurt/Berlin. Nina Daly ist Strategic Planner und Christiane Wenhart ist Associate Partner bei der Publics Sasserath Brand Consultancy.

1. Einleitung und Bestandsaufnahme

Messen haben es zurzeit eher schwer. Auf der einen Seite müssen sie sich gegen andere Kommunikationskanäle behaupten, auf der anderen Seite konkurriert eine Vielzahl von Veranstaltungen und Messegesellschaften untereinander. Und letztendlich kämpfen alle um die knappe Aufmerksamkeit und das nachlassende Interesse ihrer Kunden (sowohl das der Aussteller, als auch das der Besucher).

Für das nachlassende Interesse gibt es mehrere Gründe. Der erste ist die wirtschaftliche Lage. Bei leeren Kassen wird natürlich auch das Messeengagement der Unternehmen bescheidener. Messen sind und bleiben ein wichtiges Instrument im Marketingmix der Unternehmen, aber der Umfang der Messebeteiligungen geht zurück. So wollen vor allem Unternehmen, die sich bisher an fünf oder mehr Messen im Jahr beteiligt haben, ihr Engagement in Zukunft auf weniger Veranstaltungen konzentrieren (AUMA 2003, S. 4). Ein zweiter Grund für das nachlassende Interesse an Messen ist die Tatsache, dass der Zyklus, in dem Messen stattfinden, nicht mehr zu den sich beschleunigenden Produktentwicklungs- und Lebenszyklen passt. Ein dritter Grund ist die bei einigen Unternehmen vorherrschende Meinung, dass sie keine Messe brauchen. Einerseits, weil sie das Gefühl haben, sich auf einer riesigen Messe unter tausenden von Ausstellern nicht aufmerksamkeitsstark (genug) darstellen zu können. Apple beispielsweise verzichtet auf die CeBIT, veranstaltet dafür aber vier eigene Messen mit jeweils bis zu 80 000 Besuchern. Andererseits, weil sie der Meinung sind, dass die Zusammenarbeit mit den wichtigsten Handelspartnern auch ohne Messe funktioniert. So fand die letzte Anuga erstmals ohne die Branchenriesen, Kraft Foods, Nestlé und Unilever statt, denen nach eigenen Aussagen der bestehende Kontakt zu ihren relevantesten Einkäufern aus dem Handel ausreiche (o.V. 2002, S. 72).

Aber nicht nur unter Ausstellerschwund, sondern auch unter einem Besucherrückgang von rund fünf Prozent haben die Messen zu leiden (o.V. 2003, S. 59).

Entscheidend für die Teilnahme der Aussteller ist „die Menge und Qualität der Besucher und die guten Kontaktchancen" (o.V. 2002, S. 84). Für die Besucher wiederum ist ein „qualitativ hochwertiges Ausstellerportfolio, das die wichtigsten Branchenführer beinhaltet" (o.V. 2002, S. 96) das wichtigste Entscheidungskriterium für einen Besuch.

Um diesen Entwicklungen entgegenzuwirken, müssen die Messemarken mehr denn je Attraktivität und Individualität ausstrahlen, damit das Budget an anderer Stelle gekürzt wird und die „richtigen" Besucher zahlreich erscheinen.

2.   Messen sind Marken

Nicht nur Produkte und Dienstleistungen können Marken sein, sondern alles, was angeboten wird, z.B. auch Erfahrungen, Orte, Veranstaltungen, Personen, Anlagevermögen
(z.B. Aktienfonds), Organisationen, Informationen und Ideen (Kotler 2000, S. 3ff.). Und
natürlich auch Messen.

Bevor Messemarken genauer betrachten werden können, gilt es zunächst einmal zu klären, was eigentlich mit „Messemarke" bezeichnet werden kann. Da gibt es einerseits die
Messeveranstaltung als solche, daneben die Messegesellschaften, die unterschiedliche
Messen aber auch andere Veranstaltungen ggf. an unterschiedlichen Orten bzw. Messegelänen organisieren. Diese stellen ihrerseits mit den dort stattfindenden Messeveranstaltungen ein „Aushängeschild" des Städte- und Regionenmarketings dar.

Darüber hinaus ist die Messeveranstaltung als solche aus Herstellersicht ein wichtiger
Kommunikationskanal für den Erfolg der eigenen Marke(n), welches in einem anderen
Kapitel ausführlich beleuchtet wird.

Kurzum: Im Folgenden werden wir uns mit der Bedeutung der Markenführung von Messen als Veranstaltungen, Messegeländen als Veranstaltungsstandorte und Messegesellschaften als Veranstalter (also Dienstleistungsunternehmen) beschäftigen.

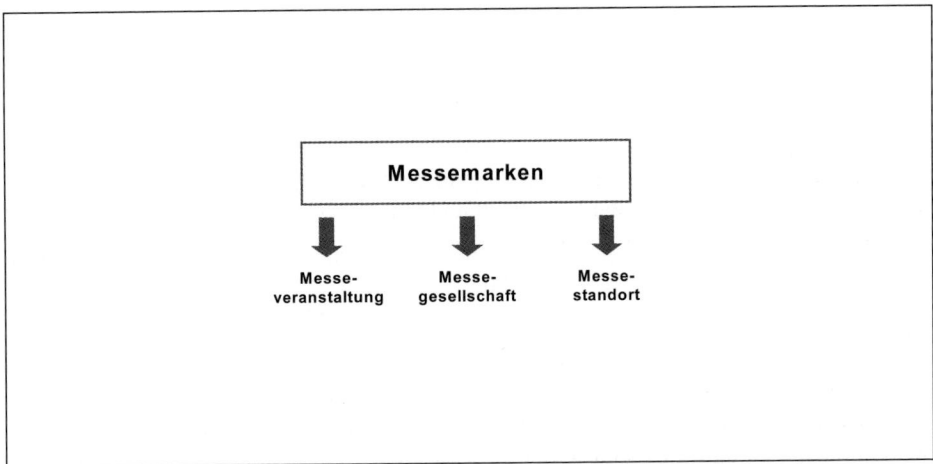

Abb. 1: Messemarken können unterschiedliche Angebote bezeichnen.

Theoretisch betrachtet haben sowohl die Veranstaltung, als auch der Ort, als auch die
Gesellschaft als Corporate Brand, die Vorraussetzung eine Marke zu sein. Praktisch be-

trachtet werden die meisten Messen, Messegelände und Messegesellschaften, vor allem die großen, auch als Marken verstanden. Sie sind durch Namen, Logos und Corporate Design als Marken gekennzeichnet und werden als Marken geführt.

Zusätzlich zu den Vorteilen, die eine Marke im klassischen Sinne für den Hersteller und den Konsumenten haben kann, gibt es für Messen im Speziellen einige Rahmenbedingungen, die der Markenführung eine besondere Bedeutung zukommen lassen.

3. Der Messemarkt ist äußerst komplex

Einzelne Messen, die Messegesellschaften sowie die entsprechenden Messegelände (Städte) sind einer großen und immer weiter zunehmenden Komplexität ausgesetzt. Diese Komplexität zeigt sich auf vier Ebenen:

- Im gesellschaftlichen Gesamtkontext

- Im nationalen und internationalen Messewesen

- Auf Unternehmensebene

- Hinsichtlich der Zielgruppen.

3.1 Die „Metaebene": Gesellschaftliche Komplexität

Alles wird immer komplexer und komplizierter: immer mehr Medien, immer mehr mediale Botschaften, immer ausdifferenziertere gesellschaftliche Gruppen, Meinungen und Märkte. Das zur Verfügung stehende Wissen und die Zugangsmöglichkeiten zu diesem nehmen sekündlich zu. Jeder versucht seine Zielgruppen mit Informationen zu bombardieren. Unterhaltung, Information und kommerzielle Botschaften vermischen sich und dominieren unser Leben. Das menschliche Gehirn entwickelt sich zwar weiter und die Art der Informationsverarbeitung passt sich an, allerdings kann es mit dieser explodierenden Entwicklung nicht immer mithalten. Die Folge ist die totale Überforderung. Im Jahre 2001 fühlten sich bereits 59 Prozent der Deutschen nach eigenen Aussagen von der Informationsflut überfordert – deutlich stärker mit zunehmendem Alter.[1] Diese Rahmenbedingungen sind für alle Marken, so auch für Messemarken eine schwierige Herausforderung.

---

[1] Die Ergebnisse stammen aus einer bevölkerungsrepräsentativen Umfrage von TNS emnid im Auftrag von Publicis•Sasserath Brand Consultancy im September 2001.

3.2 Die „Makroebene": Bezugsgruppen einer Messe im In- und Ausland

Das Messewesen ist sehr komplex: Jährlich finden in Deutschland 140 überregionale Ausstellungen und Messen mit über 170 000 Ausstellern und 10 Millionen Besuchern, sowie regionale Fach- und Verbrauchermessen mit 60 000 Ausstellern und 9 Millionen Besuchern statt. Auf diesen zahlreichen Veranstaltungen geht es ziemlich international zu: Knapp die Hälfte der Aussteller (auf den überregionalen Messen) und ein Fünftel der Besucher stammen aus dem Ausland. Außerdem organisieren deutsche Veranstalter pro Jahr etwa 160 Messen außerhalb Deutschlands (vgl. AUMA 2003). Ein schönes Beispiel für zunehmende Komplexität und Internationalität ist die CeBIT, die von der Deutschen Messe AG veranstaltet wird. Die CeBIT ist weltweit die größte Fachmesse für Informationstechnologie, Telekommunikation, Software und Services. Außerdem ist sie die größte Messe der Welt überhaupt. Auf der CeBIT in Hannover tummeln sich 6 500 Aussteller aus über 60 Ländern und rund 700 000 Besucher aus 125 Ländern. Die CeBIT („Centrum der Büro- und Informationstechnik") ist aus der Büroindustrie-Sparte der Hannover Messe hervorgegangen und seit 1986 eine eigenständige Veranstaltung. Die CeBIT wurde schnell zur internationalen Leitmesse für die IT-Branche und wuchs nicht nur in Hannover Jahr für Jahr, sondern auch über die Landesgrenzen hinaus. Da der Prophet nicht immer zum Berg gehen kann und will, kommt die CeBIT nun zum Propheten, und zwar in Shanghai, Sydney, Istanbul und New York.

Die Marke CeBIT wurde im Laufe der Zeit nicht nur regional, sondern auch inhaltlich ausgedehnt (vgl. Abb. 2). So gibt es CeBIT-Submarken, wie die CeBIT HOME (die inzwischen allerdings schon nicht mehr existiert), und im Jahr 2003 zum Beispiel die „International Satellite & Communications Exchange Conference and Expo", die ebenfalls unter dem Dach der CeBIT firmiert.

Die regionale und inhaltliche Ausdehnung ist eine Herausforderung für die Markenführung. So will die Deutsche Messe AG als Messegesellschaft mit der CeBIT und den CeBIT-Ablegern im Ausland jeweils unterschiedliche Zielgruppen ansprechen. Die CeBIT in Hannover soll nach wie vor die Leitmesse für das internationale Top-Management bleiben und „bei Messen im Ausland [können] weitere Besucherzielgruppen, wie das mittlere Management, angesprochen werden".[2]

Die CeBIT HOME wurde ursprünglich ausgegründet, um den „Privatbesucher"-Verkehr auf der CeBIT zu reduzieren und den B-to-B-Charakter der CeBIT zu verstärken. Durchgesetzt hat sich die Trennung jedoch nicht; die CeBIT HOME überlebte das Exil in Leipzig zur EXPO nicht und wurde auf Grund zu geringer Ausstellerbeteiligung eingestellt.

---

[2] www.cebit.de/top-21545.html, zugegriffen am 06.06.2003.

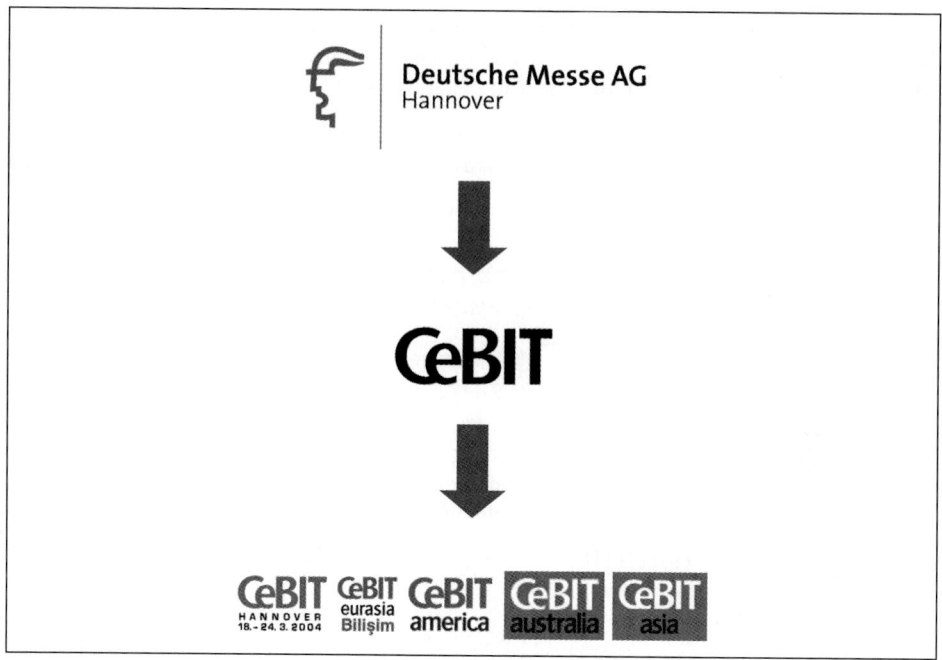

Abb. 2: Inhaltliche und internationale Ausdehnung der Marke CeBIT

3.3   Die „Mikroebene": Unternehmensstruktur und Markenarchitektur einzelner Messegesellschaften

Wie bereits erwähnt gibt es ganz unterschiedliche Angebotsobjekte für Messemarken. Da gibt es Messegesellschaften (z.B. Messe Frankfurt), die Messen auf ihrem eigenen und auf anderen Messegeländen veranstalten. Zusätzlich existieren Messeveranstalter ohne eigenes Messegelände (z.B. Reed Exhibitions). Und dann gibt es noch die Messen, also die Veranstaltungen an sich.

Die Messe Frankfurt ist ein schönes Beispiel für die Komplexität der Markenführung im Messewesen. Die „Messe Frankfurt" ist eine Unternehmensgruppe. Unter diesem Dach gibt es zahlreiche Subunternehmen im In- und Ausland, in Frankfurt bspw. die Messe Frankfurt Ausstellungen GmbH (MFA), die Regional- und Sonderausstellungen organisiert. Oder die Messe Frankfurt Medien und Service GmbH (MFS). Oder die Accente GmbH, der Caterer der Messe. Und dann noch das Congress Center.

Im Ausland kommen noch einige Tochterunternehmen und Beteiligungen hinzu, z.B. Messe Frankfurt Inc., Atlanta, Mesago Messe Frankfurt Corporation, Tokyo, Messe

Frankfurt (H.K.) Limited, Hong Kong, Messe Frankfurt Singapore Pte. Ltd., Singapore, Messe Frankfurt do Brasil Ltda., São Paulo, Messe Frankfurt Russ O.O.O., Moskau, Messe Frankfurt Trade Fairs India Pvt. Ltd., Bombay usw.

Die Messen, die von der Messe Frankfurt selber im In- und Ausland veranstaltet werden, (z.B. Heimtextil, Ambiente, Automechanika) verkomplizieren das ganze noch zusätzlich.

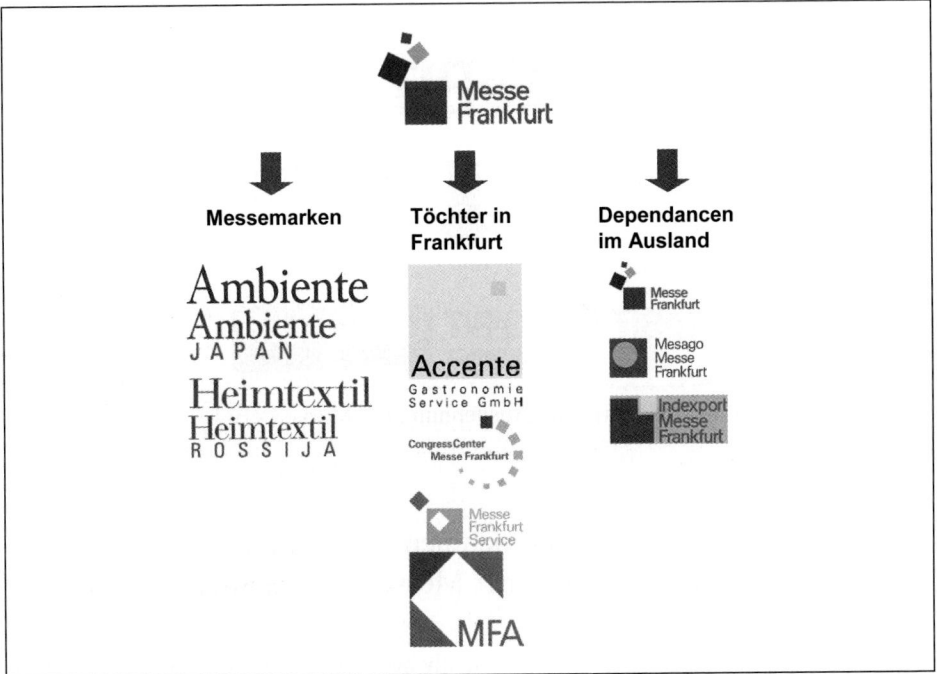

Abb. 3: Die Marken der Messe Frankfurt

Eine derart komplizierte Markenarchitektur wirft die Frage auf, was denn nun eigentlich eine Messegesellschaft genau tut. Und zwar für wen und wo und in welchem Zusammenhang. Damit zeigt sich deutlich die zentrale Bedeutung von Markenführung.

3.4 Die Beziehungsebene: Messen besitzen multiple Zielgruppen

Generell bedient jede Marke neben den eigentlichen Kunden bzw. Nicht-Kunden einige weitere Zielgruppen, nämlich Vertriebspartner, Arbeitnehmer, Financial Community, um nur einige zu nennen.

Eine Messe ist jedoch schon hinsichtlich ihrer eigentlichen „Kunden" mit unterschiedlichsten Bedürfnissen der jeweiligen Zielgruppen konfrontiert. Für den Aussteller ist die Teilnahme an einer Messe ein Bestandteil seines Marketingmixes, er möchte seine Produkte präsentieren und vermarkten und den Kommunikationskanal „Messe" optimal im Dienste seiner Marke(n) nutzen. Für den Fachbesucher ist der Messebesuch Teil seines Meinungsbildungs- und Entscheidungsprozesses, er will sich über den Markt informieren und in Kontakt mit Herstellern treten. Für den Privatbesucher ist eine Messe ein Event mit Freizeitcharakter, am besten mit vielen Gewinnspielen, Shows und Gratiskugelschreibern. Für die Presse wiederum ist eine Messe eine Möglichkeit, sich über Branchentrends und -entwicklungen zu informieren.

Diese unterschiedlichen Bedürfnisse zu integrieren und den Zielgruppen eine Möglichkeit zu geben, sich mit der Marke zu identifizieren, ist keine leichte Aufgabe, wie das bereits erwähnte Beispiel CeBIT zeigt.

4. Eine Messe ist wie jede Marke zu führen

Die Herausforderung für die Markenführung besteht also zunächst darin, über verschiedene inhaltliche Orientierungen, Regionen und Zielgruppen hinweg die eigene Messemarke als konsistente, attraktive, differenzierende und vertrauensbildende Marke zu erhalten und zu führen. Um somit den verschiedenen Zielgruppen (den Ausstellern, Fach- und Privatbesuchern, der Presse, der allgemeinen Öffentlichkeit) eine Orientierung zu geben, um was es bei der Messe genau geht und worin der spezifische individuelle Nutzen besteht, der für die jeweilige Zielgruppe durchaus unterschiedlich sein kann. Es gilt also zu definieren, wofür eine Messemarke stehen soll. Marken können bei dieser zunehmenden Komplexität den jeweiligen Bezugsgruppen einer Messe Orientierung bieten.

Eine Marke hat für eine Messe, genau wie für Konsumgüter, verschiedene Funktionen für Hersteller als auch für die unterschiedlichen Zielgruppen.

Marken identifizieren die „Quelle" des Produktes und weisen dem Hersteller, im Falle von Messen also dem Veranstalter bzw. der Messegesellschaft oder dem Veranstaltungsort, die Verantwortung für die Qualität zu. Die Messemarke dient also als Vehikel, um dem Besucher, Aussteller, Partner usw. Qualität des „Produktes" und einzigartige Assoziationen zu vermitteln, um so einen Wettbewerbsvorteil zu erlangen.

Die mit Abstand wichtigste Funktion von Marken generell besteht für den Hersteller im wirtschaftlichen Erfolg seines Angebotes, was sich durch die Bildung von Präferenz und Loyalität in der Zielgruppe ausdrückt – und dies gilt natürlich gleichermaßen für Messemarken.

4.1   Das MarkenWesen-Modell

Die Autoren verstehen Marken als menschliche Wesen.[3] *Markenpersönlichkeit* ist ein zentraler Begriff in der Markenforschung: „Klassische Marken haben Eigenschaften, wie man sie sonst nur Menschen zuerkennt. Man spricht daher völlig zu Recht auch von Markenpersönlichkeiten, die Charakterzüge tragen, die nur mit Begriffen zu umschreiben sind, mit denen man Personen seines sozialen Umfelds darzustellen sucht." (Pepels 1997, S. 38) Und um das Wesen, die Persönlichkeit eines Menschen zu verstehen, muss man ihn als Ganzes betrachten. Dies gilt für Marken genauso: Um ihr *MarkenWesen* zu verstehen, muss die Marke ganzheitlich betrachtet und analysiert werden.

Dabei gibt es grundsätzlich zwei Betrachtungsebenen. Einerseits deskriptiv-diagnostisch die einzelne Marke betreffend: Wie also lässt sich eine bestimmte Marke beschreiben? Was macht sie aus? Darüber hinaus gibt es jedoch eine für alle Marken gleichermaßen geltende präskriptive Ebene: Welches sind die generellen Kernparameter, die eine erfolgreiche Marke, d.h. ein erfolgreiches MarkenWesen ausmachen und in die entsprechend die einzelnen MarkenWesen-Merkmale einzahlen müssen?

Wie auch bei der Beschreibung eines Menschen gibt es einerseits physische bzw. morphologische Merkmale (beim Menschen bspw. Augenfarbe oder Größe), die wir bei Marken als Manifestationen bezeichnen, also typische Signale und Symbole einer Marke. Daneben gibt es psychologische Persönlichkeitsmerkmale und -eigenschaften, die sich wiederum in faktische Leistungen und Eigenschaften, wie z.B. Intelligenz oder bestimmte Fähigkeiten beim Menschen, sowie emotionale Werte, alltagspsychologisch den Charakter, untergliedern lassen. Die Dichotomie Psyche vs. Physis dient lediglich der besseren Beschreibung, keineswegs soll damit die alte Leib-Seele-Problematik hinsichtlich Marken neu aufgeworfen werden. Die Betrachtung einer Marke ist immer holistisch zu vollziehen: „Körper" und „Geist" bilden im holistischen MarkenWesen eine unzertrennbare Einheit. Wie die folgende Abbildung (vgl. Abb. 4) veranschaulicht, ergeben sich somit drei Dimensionen zur Beschreibung von MarkenWesen:

---

[3] Auch hier sei auf Domizlaff verwiesen, der die Analogie zwischen Marke und Mensch beschreibt „Eine Marke hat ein Gesicht wie ein Mensch", Domizlaff 1992, S. 113.

- *Leistungen und Eigenschaften der Marke:* Was ist die Marke? Was leistet sie?

- *Werte und Charakter der Marke:* Wie ist die Marke? Welche Werte besetzt sie?

- *Manifestationen der Marke:* Gibt es typische Symbole oder typische Signale?

Abb. 4: Das MarkenWesen-Modell

Das MarkenWesen stellt also in kompakter Form das Ergebnis der Markendiagnostik im Rahmen der Markenanalyse dar: Wie wird die Marke wahrgenommen? Welches MarkenWesen besteht in den Köpfen der Menschen? Dabei können die einzelnen Merkmale unterschiedliche Ausprägung besitzen. Die essenziellen Merkmale sind ganz zentrale Bestandteile des MarkenWesens, dies kann soweit gehen, dass sie so starker Bestandteil einer Marke sind, dass das MarkenWesen ohne diese kaum vorstellbar ist, bspw. „Magenta" und das „T" als Manifestationen der Marke Telekom. Solche essenziellen Merkmale sollten in der Regel nicht verändert werden – zudem lassen sie sich auch nur schwer bzw. mit erheblichem Aufwand verändern (man braucht sich nur vorzustellen, wenn aus „Magenta" nun „Cyan" werden sollte). Akzidenzielle Merkmale hingegen sind Merkmale, die zwar Bestandteil des MarkenWesens sind, allerdings eine weniger große

Bedeutung besitzen und daher auch wesentlich leichter veränderbar sind. Zieht man erneut Manifestationen der Marke Telekom als Beispiel heran, wäre hier „Enie" zu nennen. Als Manifestation zwar zur Zeit durchaus präsent, allerdings mit deutlich weniger Einfluss auf die Wahrnehmung der Marke als Ganzes. Vermutlich würde man sie einfach wieder vergessen, ohne dass das MarkenWesen der Telekom dadurch deutlich anders wäre.

Neben dieser inhaltlich beschreibenden Definition des MarkenWesens gibt es vier aus der Persönlichkeitspsychologie abgeleitete Parameter, die eine Marke hinsichtlich ihrer Stärke bzw. die des MarkenWesens präskriptiv vorhersagen und somit Markenpräferenz bzw. -loyalität bestimmen:

- *Attraktivität:* Die Marke muss für ihre Zielgruppe Relevanz besitzen

- *Individualität:* Die Marke muss sich von ihren Wettbewerbern differenzieren

- *Konsistenz:* Die Marke muss sich zu jedem Zeitpunkt und über alle Maßnahmen konsistent verhalten

- *Vertrautheit:* Die Marke muss in ihrer Zielgruppe Bekanntheit besitzen, darüber hinaus Vertrautheit vermitteln.

Individualität und Konsistenz sind unabdingbare Voraussetzungen, damit eine Marke überhaupt als Persönlichkeit, also als MarkenWesen, wahrgenommen wird. Im Unterschied zur menschlichen Persönlichkeit, der diese beiden Parameter inhärent sind, werden Marken von außen kreiert und geschaffen; demnach müssen diese beiden Markenstärkefaktoren bewusst und gezielt entwickelt werden. Allerdings kann eine Markenpersönlichkeit bzw. das MarkenWesen, das in den Köpfen der Menschen existiert, eine starke Eigendynamik besitzen, so dass existierende Marken nicht völlig willkürlich gestaltbar sind.

Individualität bedeutet für eine Marke, dass sie sich auf dem Markt und gegenüber ihren Wettbewerbern klar und deutlich differenziert, also hinsichtlich der deskriptiven Merkmale ein ganz individuelles und unverwechselbares MarkenWesen in den Köpfen der Menschen hervorruft. Individualität ist im Messekontext vor allen Dingen für die Veranstaltung wichtig. Die Messe muss als einzigartig wahrgenommen werden, um für Aussteller und Besucher so attraktiv wie möglich zu erscheinen.

Konsistenz bedeutet, dass sich die Marke zu jedem Zeitpunkt – auch über einen längeren Zeitraum hinweg – und über alle Maßnahmen konsistent verhält. Sie muss sich selbst treu bleiben. Menschen haben einen vielfach belegten Drang nach Konsistenz in Wahrnehmung und Verhalten und diesem muss eine Marke entgegenkommen. Betrachtet man als Mensch Marken, dann tut man dies mit impliziten Theorien, d.h. man kombiniert einige Merkmale und Informationen, „vervollständigt" diese und versucht so zukünftiges Verhalten (im Falle von Marken rationaler und emotionaler Benefit der Verwendung) vorherzusagen. Das heißt nicht, dass sie nicht überraschen darf. Im Gegenteil! Denn wie auch in zwischenmenschlichen Beziehungen liegt der Reiz in der perfekten Kombination aus Bekanntem, Vertrautem und dennoch Neuem. Das bedeutet, dass die Marke an unterschiedlichen Kontaktpunkten durchaus in unterschiedlicher Gestalt und mit unterschiedlichen Botschaften auftreten kann und dennoch als eine Marke wahrgenommen wird (solange die Divergenz nicht allzu groß ist). Die Konsistenz ist gerade in Bezug auf die unterschiedlichen Bedürfnisse für die verschiedenen Bezugsgruppen einer Messe von großer Wichtigkeit. Über alle Zielgruppen hinweg muss die Messe ein konsistentes Bild von sich vermitteln.

Da Marken jedoch nicht allein zum Selbstzweck existieren, sondern ein kommerzielles Ziel verfolgen, beziehen sich zwei weitere Parameter der Markenstärke auf die Qualität der Beziehung zu den Menschen (und potenziellen Käufern bzw. Zielgruppen). Hier gelten die gleichen Determinanten für Anziehung wie bei interpersonalen Beziehungen: Attraktivität und Vertrautheit.

Attraktivität bedeutet, die Marke muss für ihre Zielgruppe Relevanz besitzen und begehrlich sein. Im Idealfall wird sie bewundert und geliebt.

Weiterhin muss die Marke vertraut sein. *Vertrautheit* geht dabei über Bekanntheit alleine hinaus. Die Marke muss dem Menschen „nahe stehen". Vertrautheit kann durch Gewöhnung entstehen, wenn die Marke eine Person über lange Zeit begleitet oder in ihrem Leben sehr häufig anwesend ist und so unverzichtbar wird. Eine Marke kann aber auch sofort das Gefühl auslösen, genau für eine Person gemacht zu sein – ohne dass dem eine längere Annäherungsphase vorausgeht.

Eine möglichst hohe Ausprägung aller vier Parameter ist notwendig und muss über die Zeit gehalten werden, damit eine Marke zu ihrer Zielgruppe eine dauerhafte Beziehung aufbaut und hält und so kommerziell erfolgreich ist, d.h. das niedrige Niveau eines Faktors lässt sich nicht durch die überdurchschnittliche Performance eines anderen Faktors kompensieren.

Das MarkenWesen-Modell eignet sich wie für jede Marke auch zur Führung von Messemarken. Es eignet sich sowohl „diagnostisch", um ihre Schwachstellen und Potenziale zu erkennen und zu analysieren, als auch als strategisches Leitbild zur Zielformulierung. Generell gilt das MarkenWesen über alle Zielgruppen hinweg – natürlich gibt es dabei immer zielgruppenspezifische Interpretationen und Schwerpunkte in der entsprechenden Umsetzung. Letztendlich sollten im Idealfall jedoch sämtliche Aktivitäten im Rahmen des Marketingmixes, also die gesamte Marketingstrategie auf ein zentrales MarkenWesen zurückgehen und dieses umgekehrt aufladen.

Abb. 5: MarkenWesen als Leitstern über alle Zielgruppen hinweg

Definiert man prototypisch für die unterschiedlichen Messemarken, also Messe als Veranstaltung, Messegesellschaft und Messestandort ein ideales MarkenWesen, so zeigt sich deutlich, dass das Profil einer Messe als Veranstaltung, als Gesellschaft bzw. eines Standorts große Überschneidungen aufweist, dennoch aber auch Spezifika. Gerade dieser Punkt ist bei der Markenführung von Messen zu berücksichtigen – auch im Rahmen der Markenarchitektur.

Dieser fiktiven „Idealbetrachtung" ist natürlich hinzuzufügen, dass es im wahren Leben essenziell ist, dass sich jede Messe durch ihr ganz individuelles und damit deutlich von anderen differenzierendes Profil bzw. MarkenWesen auszeichnen muss. Nur generell „branchengenerische" Attribute aufzuweisen ist nicht ausreichend.

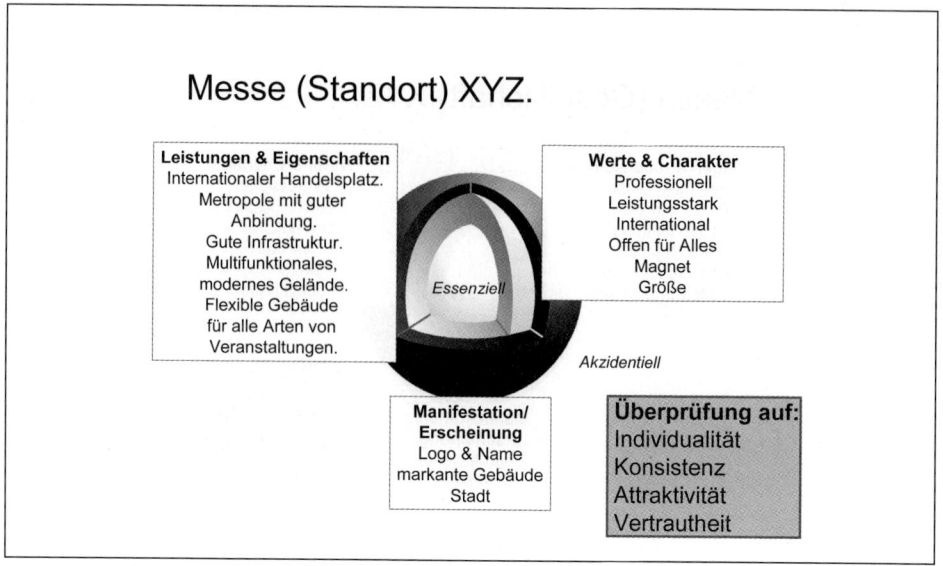

Abb. 6: Generisches MarkenWesen eines Messestandortes

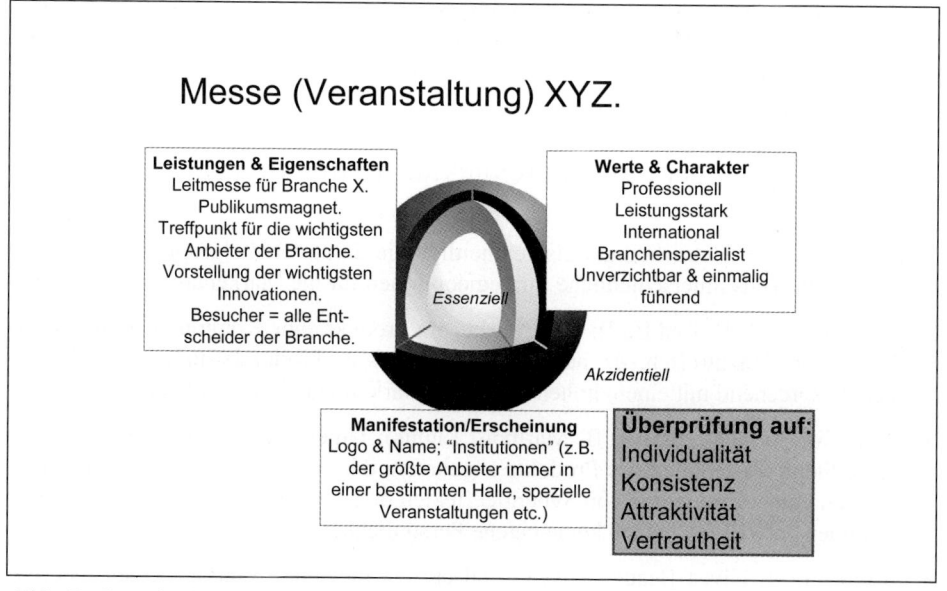

Abb. 7: Generisches MarkenWesen einer Messe

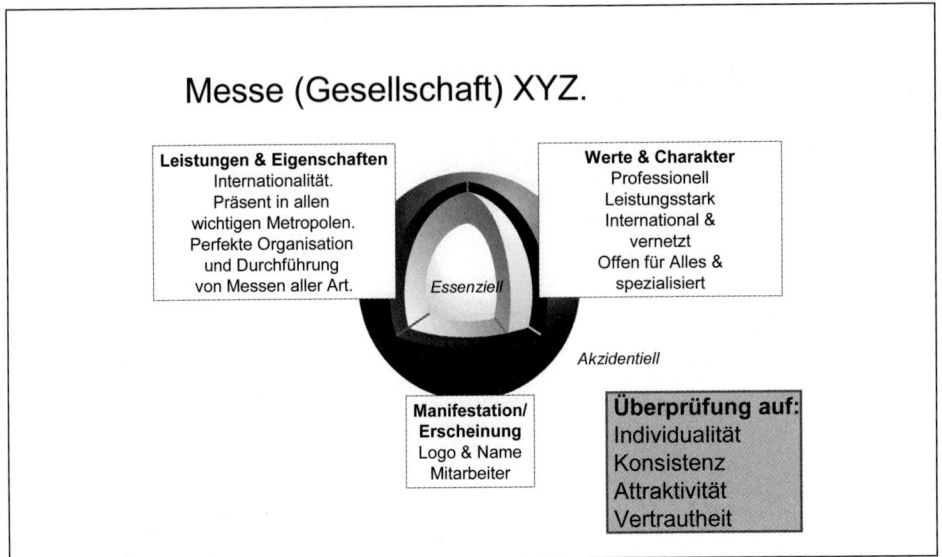

Abb. 8: Generisches MarkenWesen einer Messegesellschaft

Neben der Bestimmung, wofür eine Messemarke stehen soll, also welche Leistungen und Eigenschaften sowie Werte und Charakter sie besitzt und über welche Manifestationen diese repräsentiert werden, ist im Rahmen der *Markenstrategie* für eine Messemarke auch die Struktur – also die *Markenarchitektur* – zu definieren.

4.2 Festlegung der Markenarchitektur für die Messemarken

Wählt man bei der Betrachtungsweise einheitlich die Sicht der Zielgruppe ergeben sich grundsätzlich sechs unterschiedliche Strategieoptionen für die Markenarchitektur:

- *Monobrands* (z.B. Red Bull): Eine Marke, ein Produkt, eine Kommunikation – heute kaum noch anzutreffen, da nur bei überschaubarer Produktleistung möglich und dementsprechend mit einem hohen isolierten Marketingaufwand verbunden

- *Line Extensions/Flanker* (z.B. Marlboro Lights): Unter einer Marke werden unterschiedliche Variationen des Produkts angeboten, d.h. auch angrenzende Bedürfnisse können unter Ausnutzung von Synergieeffekten befriedigt werden. Die einzelnen Variationen entwickeln jedoch keine eigene Persönlichkeit

- *Ranges* (z.B. Nivea Beauté, Nivea Vital etc.): Unter einer Marke werden mehrere Produktlinien angeboten, für die auch die Kommunikation entsprechend variiert. Unterschiedlichste Bedürfnisse werden so durch maximale Nutzung von Synergieeffekten besetzt, die sich jedoch alle aus einem Kern entwickeln müssen. Damit einhergehend ist jedoch das Risiko der Überdehnung der Marke auf zu unterschiedliche Bereiche und ein hoher Koordinationsaufwand

- *Subbrands* (z.B. Studio Line von L'Oréal): Unter einer Dachmarke agieren unterschiedliche Submarken, die gemeinsam Kommunikationsinhalte und ggf. Symbole benutzen. Dabei können die Subbrands unterschiedlichste Territorien unter maximaler Ausnutzung der Dachmarkenkompetenz besetzen und bereichern umgekehrt die Dachmarke um neue Facetten

- *Network/Endorsement Brands* (z.B. Star Alliance): Unterschiedliche Marken firmieren zusätzlich unter einer gemeinsamen Kompetenzmarke unter Nutzung gemeinsamer Kommunikationselemente wie z.B. Logos, Claims oder Devices. Klare und konsistente Einzelmarken nutzen also mit einer Network/Endorsement Brand eine gemeinsame Kompetenzbasis

- *Producer Brands* (z.B. Procter & Gamble): Dabei handelt es sich um eine mehr oder weniger offensiv auftretende Herstellermarke, die für „Kenner" unterschiedliche Einzelmarken als einer gemeinsamen Basis bzw. Absenders zugehörig dokumentieren.

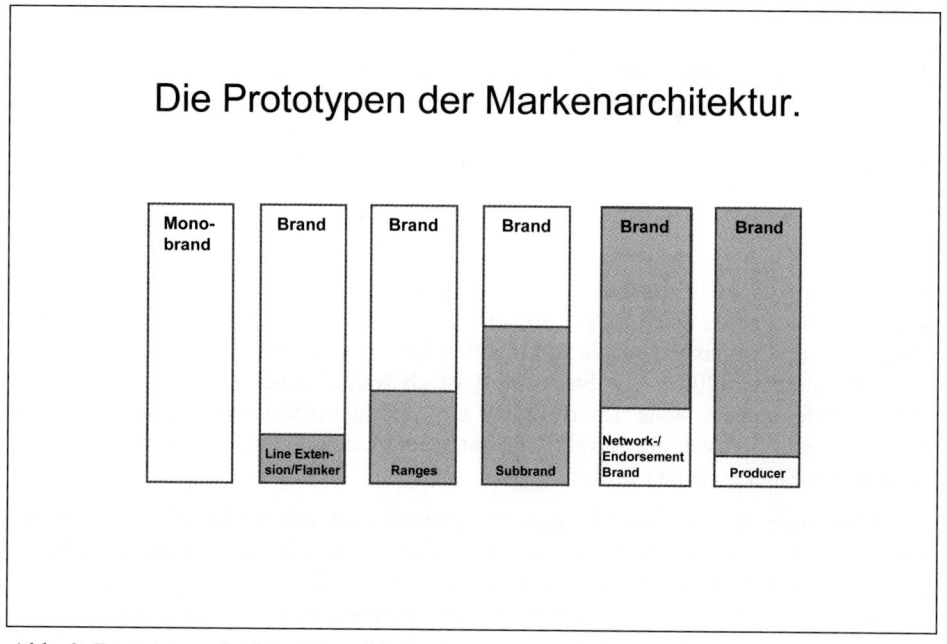

Abb. 9: Prototypen der Markenarchitektur

Generell ist die Heterogenität einer Marke (dementsprechend also die Markenarchitektur) abhängig von der Heterogenität der Zielgruppen und Märkte, die sie bedient. So ist bei Messen wie z.B. der CeBIT sorgfältig abzuwägen, wie weit und in welcher Form die Marke CeBIT gedehnt werden kann. Gerade wenn Messeveranstalter, Messegesellschaften und Messestandorte interagieren, wie das Beispiel der Messe Frankfurt zeigt, ist eine klare und zielführende Markenarchitektur unabdingbar.

Daneben gibt es bei der Wahl der „richtigen" Markenarchitektur noch weitere Faktoren, wie Markenhistorie, Unternehmensstrategie und -ziele, Marken- und Produktportfolio, Bedürfnisse und Nutzen innerhalb der Zielgruppe, aber auch unterschiedliche Zielgruppen u.v.m., die zu berücksichtigen sind.

5.   Schlussbetrachtung

Markenführung für Messen ist auf allen Ebenen (also für die Messe, die Messegesellschaft und den Standort) ein relevantes Thema.

Da die Veranstaltung selber die Umsätze generiert, ist der Erfolg der Marke in diesem Zusammenhang besonders wichtig. So sind Messen z.B. wie die IAA oder die CeBIT so eigenständig und „groß", dass der Veranstalter in den Hintergrund tritt.

Bei kleineren, spezielleren Messen, deren Marke nicht in dem Maße bekannt ist, ist der Standort und die Messegesellschaft als „Absender" von Bedeutung für den Erfolg. Der Besucher kann davon ausgehen, dass die Messe gut organisiert und durchgeführt wird.

Der Standort einer Messe ist ebenfalls ein wichtiger Faktor für den wirtschaftlichen Erfolg. Infrastruktur und Erreichbarkeit spielen eine Rolle; außerdem geht von Messen in wichtigen Metropolen eine größere Sogwirkung aus als von Standorten in der Provinz. „Der Weg von Cottbus nach Köln ist erheblich kürzer als der Weg von Köln nach Cottbus" (Zimmermann 2003). Die Stadt selbst ist als Manifestation einer Messemarke zu sehen, auf der anderen Seite ist eine Messe ein wichtiger Standortvorteil für eine Stadt. Die Messe profitiert von der Attraktivität der Stadt (Infrastruktur, Anbindung etc.), umgekehrt eine Stadt von einer Messe.

Die Betrachtung des Zusammenhanges zwischen Messen und Marken offenbart ein hohes Maß an Komplexität. Messen sind gleichzeitig Marken, als auch Kommunikationskanal und damit Bestandteil eines ganzheitlichen Markenführungskonzeptes. Messen als Marken befinden sich – besonders vor dem Hintergrund erschwerter konjunktureller Bedingungen – in einem harten Wettbewerb: Sowohl untereinander als auch mit anderen markenentwickelnden Maßnahmen.

Im Rahmen der Gestaltung der Messemarken müssen unterschiedliche Ebenen betrachtet und in einen sinnvollen Zusammenhang gebracht werden: der Messeort (Land/Region/Stadt), die Messegesellschaft und die Einzelmesse (in manchen Fällen auch die Messefamilie). Alle drei Ebenen prägen die Wahrnehmung der Einzelveranstaltung und damit auch Einstellungen und Verhalten zu dieser. Dass die sinnvolle Strukturierung zu Problemen führen kann, zeigt die häufig schwer nachzuvollziehbare Markenarchitektur von Messen. Diese ist zu hinterfragen und gegebenenfalls im Hinblick auf die Bedürfnisse der Zielgruppen zu optimieren.

Auch die Definition und das Verständnis der Zielgruppen entbehrt nicht einer gewissen Komplexität; so müssen die folgenden Zielgruppen verstanden und untersucht werden:

Intern:

• Arbeitnehmer und potenzielle Kandidaten

Extern:

• Aktuelle und potenzielle Kunden (als Aussteller)

• Aktuelle und potenzielle Besucher

• Medien

• Partner

• Politik

• Weitere Interessengruppen.

All diese Gruppen müssen durch ein gemeinsames MarkenWesen angesprochen werden, welches die grundsätzlichen funktionalen Leistungen und Eigenschaften, Werte und Charakter und die Manifestationen der Messe definiert. Diese Zielgruppen entscheiden dann auch über den kommerziellen Erfolg der Strategie und deren Implementierung, die eine Messe wählt. Positiv ist daran, dass die Kernparameter für den Erfolg recht einfach zu definieren sind und, das richtige Produkt und das richtige Verständnis der Zielgruppen vorausgesetzt, die Messe zu einer erfolgreichen Marke machen können:

• Die Messemarke muss attraktiv, also relevant für die Zielgruppe sein

• Sie muss sich von den Wettbewerbern differenzieren

• Sie muss über ihre Maßnahmen und über die Zeit ein konsistentes Bild erzeugen

• Sie muss ein hohes Maß an Vertrautheit aufbauen.

Werden alle Anforderungen erfüllt, wird die Messe eine lange und glückliche Beziehung zu ihren Zielgruppen aufbauen und ihre Betreiber zu kommerziellem Erfolg führen. Messen haben eine große Zukunft als Marken und jeder, der daran mitarbeiten darf, kann sich auf anspruchsvolle und faszinierende Herausforderungen in der Markenentwicklung freuen.

6. Literaturverzeichnis

AUMA_AUSSTELLUNGS- UND MESSEAUSSCHUSS DER DEUTSCHEN WIRTSCHAFT E.V,
    AUMA_MesseTrend 2003, S. 4, www.auma-messen.de.

DOMIZLAFF, H., Die Gewinnung des öffentlichen Vertrauens, Hamburg 1992 (1939),
    S. 113.

GIMM, C., Messen und Ausstellungen – Fachgespräche statt Unterhaltung, in: Absatz-
    wirtschaft, Heft 10, 2002, S. 96.

KOTLER, P., Marketing Management, New Jersey 2000.

MEWIS, D., Messen und Ausstellungen – Zum Preis eines Mittelkassewagens, in: Ab-
    satzwirtschaft, Heft 10, 2002, S. 84.

PEPELS, W., Die Leistungen des Markenartikels, in: Planung und Analyse, 42. Jg.,
    Heft 1, 1997, S. 28-42.

SCHNITZLER, L., Absagen, Einbußen, mangelndes Interesse – der Messeplatz Deutsch-
    land schwächelt, in: Wirtschaftswoche vom 30.10.2002, S. 72.

SCHNITZLER, L., Messejahr 2003 – Jeder für sich, in: Wirtschaftswoche vom 02.01.2003,
    S. 59.

ZIMMERMANN, R., Die Zukunft der Messe, www.koelnmesse.de, zugegriffen am
    20.05.2003.

www.cebit.de/top-21545.html, zugegriffen am 06.06.2003.

Michael Peters / Sabine Scharrer

Dach- und Einzelmarkenstrategien von Messeunternehmen

1. Bedeutung von Markenstrategien für Messeunternehmen

2. Eigenschaften des Markenartikels „Messe"

3. Die Unternehmensmarke als Dachmarke

4. Messeeinführung als Einzelmarke

5. Messeeinführung als Dachmarke

6. Das „Frankfurter Prinzip"

Dr. Michael Peters ist Geschäftsführer der Messe Frankfurt GmbH, Frankfurt. Sabine Scharrer ist Assistentin der Geschäftsführung der Messe Frankfurt GmbH, Frankfurt.

1. Bedeutung von Markenstrategien für Messeunternehmen

Die Veranstaltungen am Standort Frankfurt sind weltweit die größten, ältesten und internationalsten Fachmessen innerhalb ihrer Branche. 80 Prozent von ihnen sind in den jeweiligen Marktsegmenten und den geographischen Einzugsgebieten Marktführer. Über viele Jahre und teilweise Jahrzehnte wurde in diese Veranstaltungen und deren Marke investiert. Dieses stellt eine wichtige Voraussetzung für die Umsetzung einer modernen Markenpolitik dar.

Allerdings reicht die Konzentration einer Marke auf den Standort Frankfurt nicht mehr aus. Um uneingeschränkter Marktführer in den jeweiligen Marktsegmenten sein zu können, ist es notwendig, diese Fachmessen unter gleichem Markennamen und mit gleichem Qualitätsanspruch auch in anderen Ländern zu etablieren. Die Leitmesse in Frankfurt und die Fachmessen gleichen Typs und gleicher Marke in anderen Messezentren ergeben eine Markenfamilie. Mit Hilfe der Markenpolitik zahlt man mit jeder Messe und jeder Kommunikationsform auf ein „Marketingkonto" ein, aus dem sich die internationale Kraft und Dynamik entwickelt, sich im Wettbewerb zu behaupten.

Dieses Vorgehen ist unerlässlich um einerseits die bestehenden Leitmessen auf Dauer über diese Satelliten abzusichern, andererseits um die Kunden einer Leitmesse auch auf anderen Märkten betreuen zu können, indem die Messegesellschaft ihnen den Markteintritt in die sog. „Emerging Markets" erleichtert. Das Instrumentarium zur weltweit einheitlichen Führung einer Markenfamilie ergibt sich aus den Strategien, wie sie die Markenartikelindustrie über viele Jahre für sich entwickelt hat. Allerdings finden die Prinzipien der Markenpolitik in der Messeindustrie bisher kaum konsequente Anwendung. Die Dienstleistung Messe benötigt jedoch dieses Instrument zur Positionierung im internationalen Wettbewerb – heute mehr denn je, da so genannte „Me too-Messen" (themengleiche Veranstaltungen mit gleicher Zielgruppenausrichtung) in allen Märkten zunehmen. Erst im Zuge der auf den Messeboom folgenden Konsolidierungsphase werden die Messen, die sich bis dahin etabliert und zur Marke entwickelt haben, weiter am Markt bestehen.

2. Eigenschaften des Markenartikels „Messe"

Die Überlegungen zur Kennzeichnung von Dienstleistungen sind noch wichtiger als bei Warenleistungen. Durch ihren immateriellen Charakter müssen Messen andere Qualitätsmerkmale ausbilden als Produkte, um die Wiedererkennbarkeit zu gewährleisten.

Marken sind bei Dienstleistungen noch mehr ein Geländer für die Kunden und die Mitarbeiter. Sie sind Persönlichkeiten auf der Bühne der Wirtschaft. Gleichzeitig stellen
Messen eine Bühne für die Marken der Aussteller dar. Es ist aber ungleich schwieriger
eine Messemarke zu leben, da einer Messe Kennzeichnungsmöglichkeiten zum Beispiel
über eine Verpackung fehlen. Geht man von den klassischen Eigenschaften eines Markenartikels aus, ergeben sich folgende angepasste Kriterien für die Markenpolitik von
Messeunternehmen:

- Die Ubiquität impliziert die Notwendigkeit eines weltweiten Exports einer Messemarke bzw. die Durchführung von Messen an so vielen Standorten weltweit, wie es
  Wachstumsmärkte für die jeweilige Branche gibt

- Gleichbleibend hohe Qualität der Dienstleistung bei jeder Messe

- Gewährleistung eines hohen Bekanntheitsgrades für die Messemarke in allen Teilmärkten durch kontinuierliche, weltweite Umwerbung

- Eine einheitliche Aufmachung der Messemarke erfordert, dass hierfür Qualitätsstandards inhaltlicher Art, wie einheitliche Nomenklatur, Trendschauen und Rahmenprogramm, aber auch Designstandards für die Messegestaltung definiert und konsequent eingehalten werden

- Hieraus kann dann eine außergewöhnlich große Bedeutung am jeweiligen Markt erreicht werden (z.B. als Weltleitmesse mit hohem Internationalitätsgrad).

Nur durch konsequente Umsetzung dieser Kriterien ist die Schaffung einer starken Identität und die Wiedererkennbarkeit einer Messemarke gewährleistet. Für die Messe Frankfurt GmbH steht außer Frage, dass die Markenpolitik genutzt werden muss, um bestehende Veranstaltungen im Markt zu positionieren und ausbauen zu können.

3.   Die Unternehmensmarke als Dachmarke

Den Kern der Markenstrategie bildet die starke Unternehmensmarke „Messe Frankfurt
GmbH". Sie steht als Garant für einen hohen Qualitätsstandard und Internationalitätsgrad aller Fachmessen im In- und Ausland. Über alle Branchen hinweg verleiht die Unternehmensmarke durch ihren hohen Bekanntheitsgrad und den Transfer von positiven
Imagekomponenten neuen Veranstaltungen eine starke Ausgangsposition. Daher beziehen alle Kommunikationsmittel neben der Messemarke die stark assoziative Unternehmensmarke als Markenklammer stets mit ein. Erst diese starke Dachmarke ermöglicht
trotz der Nichtgreifbarkeit des immateriellen Wirtschaftsgutes den Aufbau eines weltweiten Produktmarkennetzes von Messeveranstaltungen.

Vor dem Hintergrund einer starken Unternehmensmarke erfolgt die Festlegung der Marktdurchdringungsstrategie für neue Veranstaltungen. Es bestehen zwei Möglichkeiten, eine neue Messe im Markt einzuführen: als Einzelmarke oder als Dachmarke. Im Weiteren werden die Bedingungen für diese Entscheidung beleuchtet.

4. Messeeinführung als Einzelmarke

Die Analyse einer neu geplanten Veranstaltung bezieht sich zunächst auf zwei Faktoren:

- Zum einen die Ausstellerzielgruppe beziehungsweise die Nomenklatur

- Zum anderen die Besucherzielgruppen. Hierbei werden Branchenüberschneidungen und damit einhergehende Synergieeffekte für die Zielgruppen überprüft.

Ergibt sich bei der Auswertung eine homogene und daher klar zu anderen Branchen abgrenzbare Zielgruppenzusammenstellung auf Aussteller- und Besucherseite, so empfiehlt sich die Einführung als Fachveranstaltung einer Branche und damit als Einzelmarke im Messeportfolio. Das trifft zum Beispiel auf Hochtechnologiemessen zu, die gegebenenfalls an einen Fachkongress angegliedert werden.

Die Strategie dieses Messekonzeptes richtet sich auf eine tiefe Durchdringung der Branche aus, sie konzentriert sich also auf sämtliche Marktteilnehmer dieser Branche und nicht auf ein breites, branchenübergreifendes Produktspektrum.

Unabhängig von der Nomenklatur kann auch eine als Einzelmarke konzipierte Veranstaltung durch Markenausweitung, der sog. „Brandextension", zur Dachmarke werden. Hierbei werden unter einem Dach weitere Marken eingeführt. Zum Beispiel kann bei der Messe „Automechanika" folgende Markenwelt aufgebaut werden: Automechanika Akademie, Automechanika Congress, Automechanika Global Club, Automechanika Award, usw. Diese Erweiterung kann auf alle Veranstaltungen übertragen werden und zur Profilschärfung sowie zur Erhöhung der Wiedererkennbarkeit beitragen und damit die Marke festigen und weiter ausbauen.

Vorteilhaft bei der Einführung einer Veranstaltung als Einzelmarke ist der Aufbau einer eigenständigen Markenpersönlichkeit mit einer spezifischen Branchenkompetenz von Beginn an. Andererseits wird die neue Marke nicht durch eine Dachmarke gestützt und sämtliche Kosten der Markenetablierung werden der Einzelmarke zugerechnet.

Im Folgenden wird beschrieben, dass eine Veranstaltung auch das Ziel haben kann, als Einzelmarke mit einem abgegrenzten Produktspektrum und klar definierten Zielgruppen am Markt zu bestehen, lediglich der Weg dahin führt über die Anwendung der Dachmarkenstrategie.

5.   Messeeinführung als Dachmarke

Besteht die Ausrichtung einer Veranstaltung aus verschiedenen, sich ergänzenden Branchen, so ist das Konzept der Messe auf die Arrondierung aller zugehörigen Produkte dieses Industriezweiges ausgelegt. Verschiedene Wirtschaftsbereiche werden hier zu einer
Mehrbranchen- bzw. Verbundmesse zusammengefasst. Dabei orientiert sich die Festlegung der Breite des Produktspektrums am Grad der Überschneidung des Besucherinteresses.

Ausschlaggebend sind ebenso die verschiedenen Absatzwege der Produkte. Zusammenfassen lassen sich hierbei sämtliche Ausstellungsgüter, die über den gleichen Absatzweg
vertrieben werden und die daher auf die gleichen Fachbesucher abzielen. Je größer die
Interessenüberschneidung ist, desto größer sind die zu erwartenden Synergieeffekte.
Diese machen sich nicht nur auf Kundenseite bemerkbar, sondern auch für den Messeveranstalter, wenn es darum geht, Marketingmaßnahmen möglichst zielgerichtet durchzuführen.

Um bei einer Mehrbranchen- oder Verbundmesse dennoch die Orientierung auf einem
Gelände zu ermöglichen, sollte die Dachmarke in Fachbereiche untergliedert werden.
Diese richten sich in der Regel nach Produktgruppensegmenten oder, wie bereits erwähnt, nach den verschiedenen Absatzwegen. Vor allem bei größeren Veranstaltungen
macht es nicht nur der Übersichtlichkeit halber Sinn, die Ausstellungsbereiche nach logischen Kriterien zu gruppieren. Es lassen sich zum Beispiel Produktsegmente dadurch
hervorheben und getrennt von den anderen vermarkten.

Auch unter strategischen Gesichtspunkten ist dieses Vorgehen empfehlenswert. Mit der
Zeit entstehen verschiedene Einzelmarken nebeneinander, die durch die Dachmarke zusammengefasst werden. Sobald sich einzelne Untergruppen der Dachmarke etabliert haben, können Einzelmarken ausgegliedert werden – entweder als Einzelmarkenveranstal-
tung oder in einem noch spezialisierteren Verbund mit anderen Marken.

Diese so genannten „spin-offs" können auch durch neu hinzukommende Fachmessen ergänzt werden. Die bestehende Marke kann durch Neuentwicklung eines Messekonzeptes, Kauf einer inhaltlich ergänzenden Veranstaltung oder durch eine Kooperation sinnvoll abgerundet werden und dadurch weitere Synergieeffekte generieren. Ein
wesentlicher Wettbewerbsvorteil der Einzelmarke ist dabei die Herkunft aus einer etablierten Mehrbranchenmesse: Sie hat bereits Marktgeltung im starken Verbund der Einzelmarken erlangt.

Ein weiterer Grund Einzelmarken zunächst im Verbund zusammenzufassen, besteht im
Erreichen einer kritischen Masse für die neue Messeveranstaltung. Da sich neue Messethemen erst im Markt behaupten müssen, gestaltet sich die Aussteller- und Besucherakquisition in der Regel schwieriger. Eine Veranstaltung läuft Gefahr, mittelfristig nicht

ausreichend Quadratmeter zu erzielen, um sich selbst zu finanzieren. Dieses Risiko lässt sich durch eine Mehrbranchenmesse mit einer starken Dachmarke reduzieren.

Vor allem für eine Messegesellschaft mit eigenem Gelände ist der Aspekt der kritischen Masse auch vor dem Hintergrund der Geländeauslastung zu betrachten. Mit Messen, die das ganze Messegelände in Anspruch nehmen, lässt sich eine höhere Umschlagshäufigkeit der Fläche erzielen, als mit mehreren kleinen Veranstaltungen, die nur wenige Hallen oder Hallenebenen belegen.

6.   Das „Frankfurter Prinzip"

Die Geschichte der Entwicklung des Veranstaltungsportfolios am Messeplatz Frankfurt hat den Namen „Frankfurter Prinzip" geprägt. Es steht für die Weiterentwicklung und Verselbständigung einzelner Produktgruppen aus Mehrbranchenmessen zu neuen spezialisierten Fachmessen.

Bereits seit dem Jahr 1150 haben sich die Herbstmesse und später auch die Frühjahrsmesse in Frankfurt etabliert. Sie bildeten den Ausgangspunkt für alle Eigenveranstaltungen der Messe Frankfurt GmbH. Mit Unterbrechungen während den beiden Weltkriegen finden sie seither zweimal jährlich am Standort Frankfurt statt. Heute sind sie weltweit in der Konsumgüterbranche unter den assoziativen Markennamen „Ambiente" und „Tendence Lifestyle" bekannt.

Mit zunehmender Angebotsfülle der Frühjahrs- und Herbstveranstaltungen zeichnete sich ein Trend zur Spezialisierung von Messethemen ab, die der Segmentierung der Märkte entsprach. So entstanden 1959 die Stoffmesse „Interstoff", 1960 die „ISH" - Internationale Fachmesse für Sanitär-, Heizungs- und Klimatechnik, 1971 die „Heimtextil" – Weltleitmesse für textile Wohnkultur sowie die „Automechanika" – Internationale Fachmesse für Autoteile, Werkstattausrüstung und Tankstellenzubehör. 1980 wurde die „Musikmesse" – weltweit führende Messe für Musikinstrumente – eigenständig und 1990 die Dachmarke „Premiere" mit ihren Fachmessen „Paperworld" (PW), „Beautyworld" (BW) und „Christmasworld" (CW). Unterhalb der Dachmarke „Premiere" wurden sukzessive die drei genannten eigenständigen Fachmessen aufgebaut und schließlich wurde 2003 die Dachmarke nicht mehr verwendet, um die Trennung der Veranstaltungen vorzubereiten und die jeweiligen Einzelmarken noch weiter zu stärken.

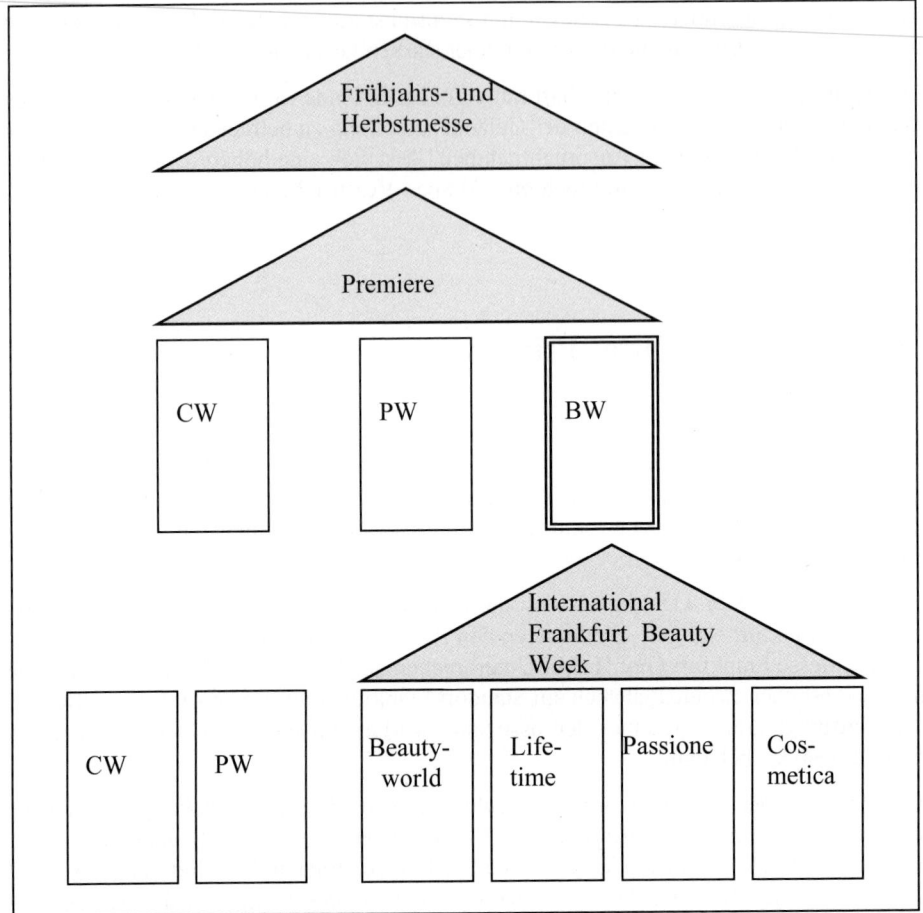

Abb. 1: Das „Frankfurter Prinzip"

Nach der gleichen Vorgehensweise wird im Jahr 2004 mit der Ausgliederung der „Beautyworld" eine neue Verbundmesse unter dem Dach der „International Frankfurt Beauty Week" etabliert. Dieser Verbund beinhaltet verschiedene Fachmessen: Zum einen bietet er der „Beautyworld" – internationale Fachmesse für Parfümerie, Kosmetik, Drogerien und Frisöre, ebenso wie der „Lifetime" – Internationale Fachmesse für Wellness weitere Wachstumschancen. Daneben wird eine neue Fachmesse für persönliche Accessoires unter der Marke „Passione" von der Messe Frankfurt GmbH neukonzipiert.

Diese drei Veranstaltungen profitieren von der Überschneidung des Besucherinteresses und der Synergieeffekte sowie der Stärkung durch den Messeverbund. Zur Arrondierung der Themen, allerdings durch die unterschiedliche Absatzstruktur mit einer anderen Besucherausrichtung, wird zusätzlich noch eine Kooperation mit der Fachmesse „Cosmetica" – internationale Fachmesse für Beautysalons – den Verbund unterstützen.

Aus der beschriebenen Entwicklung, die in Abbildung 1 noch einmal dargestellt ist, lässt sich das Prinzip der Abspaltung von Einzelmarken und auch neuen Dachmarken gut erkennen. Sobald sich einzelne Themenbereiche innerhalb einer gewachsenen Dachmarke weit genug spezialisieren, werden sie als eigenständige Messen ausgegliedert.

Es stellt sich also weniger die Frage, ob Dach- oder Einzelmarkenstrategien gefahren werden. Vielmehr bildet die Markteinführung einen kontinuierlichen Prozess, der zum Ziel hat, Einzelmarken mit Hilfe von Dachmarken zu etablieren. Für die Messe Frankfurt GmbH stellt das „Frankfurter Prinzip" mit der kontinuierlichen Erneuerung und Schaffung innovativer Konzepte die Basis und gleichzeitig die Zukunft allen Wachstums dar.

Kapitel 4:

Strategische Allianzen und Kooperationen

Gerd Robertz

Koalitionen als Herausforderungen des strategischen Messemanagements

1. Einleitung

2. Koalitionstheoretische Grundlagen

3. Übertragung des koalitionstheoretischen Ansatzes auf Messen
   3.1 Konstitutive Interessengruppen
       3.1.1 Messeveranstalter
       3.1.2 Aussteller
       3.1.3 Besucher
   3.2 Sekundäre Interessengruppen
       3.2.1 Besitzgesellschaften
       3.2.2 Wirtschaftsverbände
       3.2.3 Messestädte
   3.3 Periphere Interessengruppen
       3.3.1 Messedienstleister
       3.3.2 Lokales Gewerbe
       3.3.3 Medien

4. Pflege und Entwicklung von Messekoalitionen

5. Schlussbemerkungen

6. Literaturverzeichnis

Dr. Gerd Robertz ist Senior Marketing Director bei Bookspan, A Bertelsmann - Time-Warner Partnership, New York.

1. Einleitung

Der Erfolg von Messen gegenüber anderen Marktformen liegt seit jeher darin begründet, dass sie durch ihre Kombination aus örtlicher Bindung und zeitlicher Begrenzung das Zusammentreffen von Angebot und Nachfrage in besonders konzentrierter Form ermöglichen. Messeveranstalter sind vor die Herausforderung gestellt, Anbieter und Nachfrager eines relevanten Marktes für die Teilnahme an der Messe zu gewinnen und das Zusammentreffen der Marktteilnehmer an einem Messeplatz in einem festen Zeitrahmen zu ermöglichen. Um den dauerhaften Erfolg der Messe zu sichern, ist darüber hinaus die langfristige Bindung von Marktteilnehmern an die Messe wichtige Aufgabe des Messeveranstalters.

Sowohl die Gewinnung von Ausstellern und Besuchern als auch deren langfristige Bindung an die Messe kann der Messeveranstalter nicht ohne die Mitwirkung einer Vielzahl von Partnern bewerkstelligen. So hängt der Erfolg von Messen von zahlreichen Faktoren ab:

- *Messeinfrastruktur:* Ein ausreichend großes Messegelände mit der notwendigen Infrastruktur muss bereitgestellt werden. Entsprechend der ausgestellten Güter ist die Verfügbarkeit von Hallen- oder Freiflächen von Bedeutung. Ebenso wichtig sind eine moderne technische Infrastruktur und Kommunikationsinfrastruktur.

- *Verkehrsinfrastruktur:* Eine gute Verkehrsinfrastruktur ist erforderlich um eine zügige An- und Abreise von Messeteilnehmern sowie einen problemlosen An- und Abtransport von Messematerialien und Ausstellungsobjekten sicherzustellen.

- *Messewerbung und PR:* Die Messe muss rechtzeitig angekündigt werden und sowohl relevanten Ausstellern als auch potentiellen Besuchern kommuniziert werden. Während der Messe gilt es, eine Berichterstattung durch relevante Medien zu ermöglichen und zu fördern.

- *Messedienstleistungen:* Zur erfolgreichen Durchführung von Messen sind professionelle Messedienstleistungen wichtig. Beispielhaft seien die Erstellung von Messeständen durch Standbauunternehmen sowie der An- und Abtransport von Ausstellungsstücken durch Messe-Speditionen genannt.

- *Hotellerie und Gastronomie:* Am Messestandort müssen ausreichende Hotelkapazitäten oder alternative Unterbringungsmöglichkeiten vorhanden sein. Zudem gilt es, die gastronomische Versorgung der Messeteilnehmer sowohl auf dem Messegelände als auch im Messeumfeld zu gewährleisten.

Die Bedeutung der einzelnen Faktoren für den Erfolg von Messen unterscheidet sich je nach Größe, Frequenz, ausgestellten Waren und Dienstleistungen, Einzugsbereich und Internationalität der Messe. Allgemein lässt sich jedoch feststellen, dass erfolgreiche

Messen ein aufeinander abgestimmtes Zusammenwirken vieler beitragender Unterneh-
men und Institutionen erfordern, deren Koordination letztlich dem Aufgabenbereich des
Messeveranstalters als Träger des strategischen Messemanagements zufällt. Messen stel-
len somit ein geeignetes Erkenntnisobjekt für koalitionstheoretische Überlegungen dar.
Im folgenden soll die Bildung und Führung von Koalitionen als Herausforderung für
Messeveranstalter analysiert werden.

2.   Koalitionstheoretische Grundlagen

Die Überlegung, Messen als Koalition von Interessengruppen zu betrachten, basiert auf
dem koalitionstheoretischen Ansatz der Betriebswirtschaftslehre (vgl. Barnard 1938/68,
S. 3ff.) sowie der hieran anknüpfenden Theorie der Unternehmung (vgl. Cyert/March
1963/92, S. 31ff.). Grundlage des koalitionstheoretischen Ansatzes ist die Vorstellung
einer Organisation als Koalition aller an ihr partizipierenden Gruppen. Diese Gruppen
leisten Beiträge zur Koalition, durch die sie Vorteile zu erzielen erhoffen. Solange die
Anreize der Teilnahme an der Koalition die Beiträge übersteigen, werden sich die Teilnehmer in der Koalition engagieren. Die Ziele der Koalition sind zunächst die Ziele der
individuellen Teilnehmer. Dabei versuchen alle Teilnehmer, die Handlungen der Koalition so zu beeinflussen, dass sich ihre eigenen Ziele bestmöglich verwirklichen lassen.
Zur effizienten Durchsetzung eigener Vorstellungen bilden sich Interessengruppen, welche die Interessen der individuellen Teilnehmer bündeln.

3.   Übertragung des koalitionstheoretischen Ansatzes auf
Messen

Betrachtet man die Vielfalt der direkt und indirekt an Messen beteiligten Gruppen wird
deutlich, dass die Übertragung des koalitionstheoretischen Ansatzes auf Messen einen
Erklärungsbeitrag zum Anteil dieser Gruppen am Erfolg von Messen leisten kann. Zudem lassen sich mit Hilfe dieses Ansatzes Steuerungsmechanismen von Messen verdeutlichen. Für den Messeveranstalter bietet der koalitionstheoretische Ansatz die Möglichkeit, Handlungsanweisungen zur Bildung und Führung von Messegremien sowie zur
Einbindung weiterer Interessengruppen in ein erweitertes Entscheidungsumfeld von
Messen zu generieren.

Der Beitrag unterschiedlicher Interessengruppen zum Erfolg von Messen unterscheidet sich fundamental hinsichtlich der Art der Bindung an die Messe, sei es bspw. als Messeveranstalter, als Aussteller, Besucher oder als Messedienstleister. Aus koalitionstheoretischer Sicht stellt sich die Frage, welchen Einfluss die jeweiligen Interessengruppen auf die Entscheidungsprozesse der Koalition und die Positionierung der Messe im Markt haben. Auf Grund dieser Überlegung lassen sich drei Gruppen herausarbeiten:

- Konstitutive Interessengruppen, die entweder als Messeveranstalter oder als Marktteilnehmer grundlegenden Einfluss auf die Positionierung und den Erfolg der Messe haben

- Sekundäre Interessengruppen, mit denen der Messeveranstalter i.d.R. in direktem Kontakt steht und die in vielfacher Weise konzeptionell gestaltenden Einfluss auf die Messe nehmen

- Periphere Interessengruppen, die i.d.R. nicht in direktem Kontakt zum Messeveranstalter stehen und keinen konzeptionell gestaltenden Einfluss auf die Messe ausüben.

3.1 Konstitutive Interessengruppen

Als konstitutive Interessengruppen von Messen sind Messeveranstalter, Aussteller und Besucher zu nennen. Die konstitutiven Interessengruppen tragen das eigentliche Messegeschehen und sind direkt oder über ihre Interessenverbände an der Positionierung der Messe beteiligt.

3.1.1 Messeveranstalter

Messeveranstaltern fällt formell die Aufgabe des Messemanagements zu, dessen Kernbestandteil die erfolgreiche Positionierung der Messe im Markt und die beständige Anpassung der Positionierung an veränderte Marktgegebenheiten ist. Als Besonderheit der Positionierung von Messen ist die erforderliche Konsistenz zwischen aussteller- und besucherseitiger Positionierung hervorzuheben, die grundlegend für den Messeerfolg ist (vgl. Robertz, 1999a, S. 26).

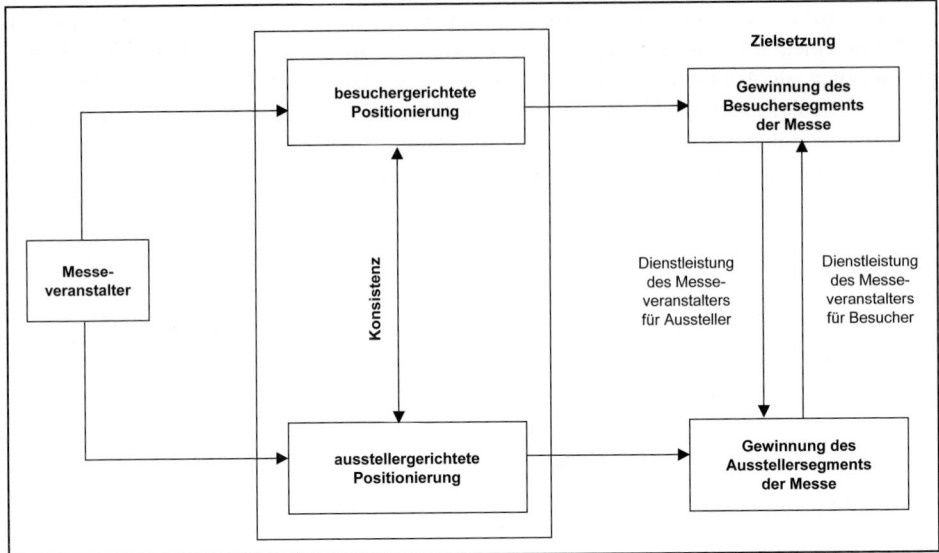

Abb. 1: Zweiseitige Positionierung von Messen

Eine Messe kann nur dann langfristig erfolgreich sein, wenn es dem Messeveranstalter gelingt, sowohl ein attraktives Ausstellersegment als auch ein attraktives Besuchersegment zu gewinnen. Aus Sicht der Aussteller stellt die Gewinnung einer ausreichend großen Zahl von für sie relevanten Besuchern die wichtigste Dienstleistung des Messeveranstalters dar. Umgekehrt erwarten Besucher von Messeveranstaltern, dass ihre Messen ein attraktives angebotsseitiges Abbild des relevanten Marktes darstellen. Die Konsistenz dieser beiden Positionierungsrichtungen stellt hohe Anforderungen an das Messemanagement, da der isolierte Erfolg der ausstellerseitigen Positionierung ohne den spiegelbildlichen Erfolg auf der Besucherseite mittelfristig das sichere Ende einer Messe bedeutet. Gleiches gilt in umgekehrter Richtung. Beispiele für derartige inkonsistente Positionierungen hat es in der jüngeren Vergangenheit häufig gegeben. Besonders in jungen Märkten lässt sich vielfach feststellen, dass ausstellende Unternehmen mit großen Versprechungen angeworben werden. Bleibt dann die Quantität und Qualität des Besuchersegments hinter den Erwartungen zurück, kommt die Messe vielfach nicht über ihre Debütveranstaltung hinaus. Die Art der Steuerung der Messekoalition durch den Messeveranstalter hängt in starkem Maße von seiner Organisationsform ab. Als wichtigste Organisationsformen sind:

- Messegesellschaften mit eigenen Messegeländen (Besitz- und Betriebsgesellschaften)

- Messegesellschaften ohne eigene Messegelände (reine Betriebsgesellschaften)

- Verbände in der Rolle als Messeveranstalter zu nennen.

Die in Deutschland bekannteste Organisationsform ist die der Besitz- und Betriebsgesellschaft, welche sowohl als Messeveranstalter auftritt als auch das Messegelände bereitstellt. Abweichend hiervon sind reine Betriebsgesellschaften zu nennen, die über kein eigenes Messegelände verfügen und für die Durchführung ihrer Messen auf die Anmietung von Hallen- oder Freiflächen angewiesen sind. Mit den gestiegenen Auslandsaktivitäten deutscher Messegesellschaften sind deutsche Besitz- und Betriebsgesellschaften in zunehmendem Maße als reine Betriebsgesellschaften außerhalb ihres Messegeländes aktiv. Umgekehrt verlagern sich ihre Inlandsaktivitäten vielfach stärker in Richtung reiner Besitzgesellschaften, wenn sie anderen Messeveranstaltern Betriebsrechte für Veranstaltungen auf ihrem Messegelände erteilen. Dieses Modell, das in anderen europäischen Ländern üblicher als in Deutschland ist, gewinnt angesichts des wachsenden Drucks zur Auslastung von Messegeländen zunehmend an Bedeutung. Als dritte Organisationsform sind Verbände und Organisationen zu nennen, die als Messeveranstalter auftreten und Messen als Dienstleistung für ihre Mitgliedsfirmen und ihre Branche durchführen.

Die Organisationsform des Messeveranstalters beeinflusst das Messemanagement in vielfacher Weise. So können reine Betriebsgesellschaften und Wirtschaftsverbände ihre Messeplanung frei von Überlegungen zur Auslastung vorhandener Messekapazitäten vornehmen. Umgekehrt sind sie vor die Herausforderung gestellt, für ihre Messeprojekte ausreichende Hallen- und Freiflächen kontrahieren zu müssen. Während Besitz- und Betriebsgesellschaften vielfach Rücksicht auf regionalwirtschaftliche Interessen nehmen müssen, kann das Messeprogramm reiner Betriebsgesellschaften durch das „Asset Portfolio" ihrer Muttergesellschaften beeinflusst sein. So werden Medienkonzerne bemüht sein, Synergien zwischen ihren Verlagsaktivitäten und ihrem Messeprogramm nutzbar zu machen. Im Falle von Wirtschaftverbänden bestimmen die Bedürfnisse der von ihnen vertretenen Branche die Messeplanung.

Schließlich sei darauf hingewiesen, dass neben der Organisationsform auch die Trägerschaft von Messeveranstaltern Einfluss auf das Messemanagement haben kann. Während Messeveranstalter in privater Trägerschaft letztlich die Profitabilität ihrer Messen zu maximieren versuchen, geht eine öffentliche Trägerschaft i.d.R. mit einer Verpflichtung für den jeweiligen Messestandort einher. Dies kann im Extremfall bedeuten, dass eine Messe an einem Standort gehalten wird, obwohl der durch die Messe abgedeckte Markt sich geographisch verlagert hat.

3.1.2 Aussteller

Neben dem Messeveranstalter sind ausstellende Unternehmen als konstitutive Interessengruppen von Messen zu nennen. Diese können sowohl dem produzierenden Gewerbe angehören als auch Importeure, Großhändler oder Dienstleistungsanbieter sein. Da der Aufwand einer Messebeteiligung für ausstellende Unternehmen deutlich höher als für besuchende Unternehmen ist, kommt der genauen Definition von Messebeteiligungszielen für ausstellende Unternehmen eine besondere Bedeutung zu (vgl. Robertz 1999b, S. 40). Wenn diese Ziele erreicht bzw. übertroffen werden bedeutet dies, dass Aussteller langfristig eine Beteiligung an der Messe suchen und vielfach ihre Teilnahme bereits lange im voraus zusichern werden. Diese langfristige Bindung stärkt die Messe als Institution und hat somit positiven Einfluss auf die gesamte Messekoalition.

3.1.3 Besucher

Unternehmen der besuchenden Wirtschaft sind in ihrer Messeplanung flexibler, da keine langfristige Standbuchung und keine Vorbereitung des Messeauftritts erforderlich ist. Dennoch erfordert auch die Messebesuchsplanung einen Vorlauf. So müssen Mitarbeiter für den Messebesuch freigestellt und Reiseplanungen vorgenommen werden. Die Teilnahme an international renommierten Großveranstaltungen kann es erforderlich machen, lange vor dem Messetermin Flug- und Hotelreservierungen vorzunehmen. Auch Unternehmen der besuchenden Wirtschaft sind daher gut beraten, systematisch ihre Messeziele festzulegen und die Zielerreichung zu prüfen. Diese langfristige Messebesuchsplanung stellt einen wichtigen stabilisierenden Faktor für Messekoalitionen dar, da die rechtzeitige Planung der Messeteilnahme allen Marktteilnehmern die Messevorbereitung erleichtert und somit der Erfolg der Messeteilnahme gefördert wird.

3.2   Sekundäre Interessengruppen

Aus der Vielzahl möglicher sekundärer Interessengruppen seien Besitzgesellschaften, Wirtschaftsverbände und Messestädte exemplarisch erwähnt, da sie in vielfacher Weise gestaltenden Einfluss auf Messen nehmen.

3.2.1 Besitzgesellschaften

Eine erste Gruppe bilden Besitzgesellschaften, die ihre Messegelände zur Durchführung von Messen bereitstellen. Wenn Besitzgesellschaften eine organisatorische Einheit mit Betriebsgesellschaften bilden, liegt die Bereitstellung des Messegeländes und die Durchführung der Messe in einer Hand. In vielen Ländern außerhalb Deutschlands ist dieses Modell eher die Ausnahme, in einigen sogar gänzlich unbekannt. Besitzgesellschaften haben ein hohes Interesse am Erfolg der Messe, da erfolgreiche Messen zur Auslastung der vorhandenen Kapazitäten beitragen und eine langfristige Bindung der Messe an den Standort fördern. Besitzgesellschaften werden daher bemüht sein, dem Messeveranstalter bei der Vorbereitung und Durchführung der Messe zu helfen und logistische Probleme zu vermeiden.

3.2.2 Wirtschaftsverbände

Neben den einzelnen Unternehmen der ausstellenden Wirtschaft hat die Branche als Ganzes ein Interesse an der Existenz leistungsfähiger Messen. Dieses Interesse beruht insbesondere auf der Leuchtturmfunktion von Messen, die drei wesentliche Ausprägungen hat:

- Messen dienen Branchen als Schaufenster zur Darstellung ihrer Leistungsfähigkeit. Sie sind wichtige Impulsgeber für die Innovationskraft ganzer Branchen

- Die Branche steht für einige Tage im Fokus der Medienberichterstattung und erreicht in dieser Zeit große Aufmerksamkeit in einer breiten Öffentlichkeit

- Eine Branche hat auf internationalen Messen die Chance zu einem Kräftemessen im internationalen Wettbewerb.

Als Vertreter der Branche treten Wirtschaftsverbände auf, welche in vielfacher Weise Einfluss auf die Positionierung und das Management von Messen nehmen. Besonders greifbar wird dieser Einfluss, wenn Wirtschaftsverbände in Messebeiräte eingebunden sind (vgl. Neglein 1989, S. 14). Darüber hinaus stellen Messeempfehlungen von Wirtschaftsverbänden an ihre Mitgliedsunternehmen einen wichtigen Erfolgsfaktor für Messen dar, weil diese Messeempfehlungen vielen Unternehmen wichtige Orientierungshilfen bei der Messeplanung geben. Die Kontaktpflege des Messeveranstalters zu Wirtschaftsverbänden ist somit als wichtiger Erfolgsfaktor für Messen zu nennen, da Wirtschaftsverbände in erheblicher Weise stabilisierenden Einfluss auf die Messekoalition nehmen können.

3.2.3 Messestädte

Als dritte sekundäre Interessengruppe von Messen sind Messestädte zu nennen. Ihr Interesse an der Bindung wichtiger Messen an ihren Messestandort ist herausragend:

- Messen haben erhebliche positive Beschäftigungseffekte, die sowohl durch Arbeitsplätze in Messegesellschaften als auch in den vor Ort ansässigen Gewerbebetrieben entstehen, die von Messen direkt profitieren

- Durch messebedingte Mehreinnahmen in Gastronomiebetrieben, Hotels, Verkehrsbetrieben, Einzelhandel und sonstigen Dienstleistungsbetrieben erzielen Kommunen teilweise hohe Steuereinkünfte. Diese werden vielfach den direkten Investitionen von Messestädten in ihre Messeinfrastruktur gegenübergestellt und als „Umwegrentabilität" bewertet

- Messen tragen in hohem Maße zur Profilbildung von Städten bei und können einen erheblichen Beitrag zum Stadt- und Regionenmarketing leisten (vgl. Hübl/Schneider

1992, S. 138). Insbesondere im internationalen Umfeld sind Messen oft ein wichtiger Anker für die Bekanntheit einer Stadt. Beispielhaft sei auf Städte wie Hannover, Leipzig oder Brno (Brünn) verwiesen, deren internationale Bekanntheit wesentlich durch ihre Rolle als Messeplätze gefördert wurde.

Messestädte bringen auf Grund dieser großen Bedeutung von Messen für die Stadt als Wirtschafts- und Kulturstandort ein hohes Maß an Energie auf, damit wichtige Messen nicht abwandern. Dies geschieht einerseits durch die Förderung von Investitionen in die Messeinfrastruktur bzw. durch die gezielte Förderung der Ansiedlung von Gewerbebetrieben, die für Messen relevant sind. Andererseits werden auch Messestädte bemüht sein, einen möglichst großen Einfluss auf Messekoalitionen zu nehmen, indem sie bspw. in Messegremien repräsentiert sind oder auf andere Weise den Kontakt zu Messeveranstaltern zu pflegen versuchen.

3.3 Periphere Interessengruppen

Im Gegensatz zu konstitutiven und sekundären Interessengruppen haben periphere Interessengruppen i.d.R. keinen konzeptionell gestaltenden Einfluss auf die Positionierung von Messen. Dennoch ist ihr Beitrag zum Erfolg von Messen nicht zu unterschätzen. Ebenso wie im Falle der sekundären Interessengruppen lässt sich eine Vielzahl von möglichen peripheren Interessengruppen aufzählen. An dieser Stelle sollen drei exemplarisch aufgegriffen werden: Messedienstleister, lokales Gewerbe und Medien.

3.3.1 Messedienstleister

Unter der Gruppe der Messedienstleister lässt sich eine Vielzahl von Unternehmen zusammenfassen, die Dienstleistungen im Zusammenhang mit der Vorbereitung, Durchführung und Nachbereitung von Messen erbringen. Beispielhaft seien Messebauunternehmen, Messe-Consulter, Catering-Unternehmen, Speditionen, Floristen oder Personalagenturen genannt. Diese Unternehmen erbringen ihre Dienstleistungen zwar direkt auf der Messe, leisten aber keine konzeptionellen Beiträge zur Messe. Hieraus sollte jedoch nicht geschlossen werden, dass Messedienstleister nicht versuchen werden, über ihre Interessenverbände Einfluss auf wichtige Fragen des Messemanagements wie bspw. Standortentscheidungen oder Fragen der Messeterminplanung zu nehmen.

3.3.2 Lokales Gewerbe

Auch dem lokalen Gewerbe fehlt der direkte konzeptionelle Einfluss auf die Messe. Nimmt man das Beispiel eines Hoteliers, eines Gastwirts, eines Einzelhändlers oder eines Taxiunternehmens, so wird deutlich, dass diese ihre Dienstleistungen unabhängig von der Art der Messe durchführen. Vertreter des lokalen Dienstleistungssektors in Messestädten haben aber ein hohes Interesse an der Bindung von Messen an den Standort, da diese die Auslastung der eigenen Kapazitäten erhöht (vgl. Schoop/Sandt 1982, S. 1676f.). Somit werden auch sie bemüht sein, zur Stabilität der Messe am Messestandort beizutragen. Dies geschieht i.d.R. durch die Mittlerschaft von Industrie- und Handelskammern, welche die Interessen des lokalen Gewerbes vertreten.

3.3.3 Medien

Schließlich seien die Medien als weitere periphere Interessengruppe von Messen genannt. Sie stellen ein Bindeglied zwischen den konstitutiven Interessengruppen einer Messe und der Öffentlichkeit dar. In dieser Rolle werden sie für Aussteller zur unmittelbaren Zielgruppe der Kommunikation, da sich diesen über die Medienberichterstattung große Potentiale der Neukundengewinnung erschließen. Brestel bringt die Bedeutung der Medienberichterstattung für Messen auf den Punkt: „Ohne Presse keine Messe" (Brestel 1967, S. 23). Umgekehrt hat auch die Presse ein Interesse an der Existenz von Messen. So profitieren Journalisten in ihrer Berichterstattung vielfach noch geraume Zeit nach Beendigung der Messe von den Ergebnissen ihrer Recherchen, die sie während der Messe betreiben, und sie können auf Kontakte zurückgreifen, die sich im Messeumfeld ergeben haben.

Die peripheren Interessengruppen komplettieren die Messekoalition, die in der nachfolgenden Abbildung zusammenfassend dargestellt ist.

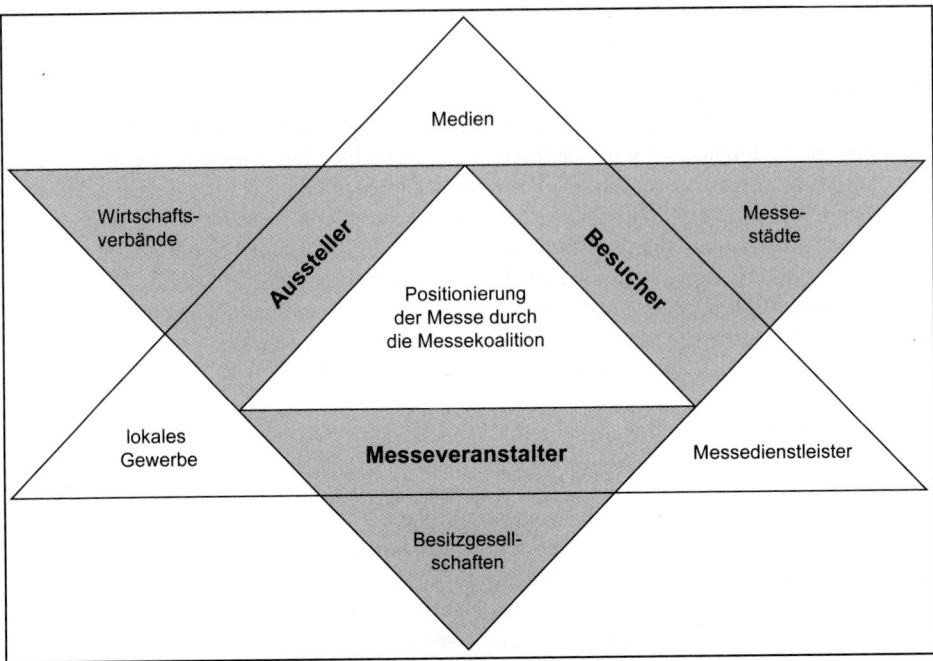

Abb. 2: Positionierung der Messe durch die Messekoalition.

4.   Pflege und Entwicklung von Messekoalitionen

Angesichts dynamischer Messemärkte ist es erforderlich, Messekoalitionen den veränderten Marktgegebenheiten anzupassen. Grundlegend hierfür ist die Weiterentwicklung
der Positionierung von Messen hinsichtlich ihrer thematischen, örtlichen und zeitlichen
Dimensionen:

- *Thematisch:* Hierbei werden Messen um Messethemen erweitert bzw. reduziert. Die
  thematische Erweiterung erfolgt in der Regel durch Hinzufügen von inhaltlich verwandten Themenbereichen, bspw. wenn Messekataloge von Automobilmessen um
  Nutzfahrzeuge erweitert werden. Als neuere Form der thematischen Erweiterung
  sind Verbundmessen zu nennen. Hierbei werden thematisch eigenständige Messen
  mit überlappendem Besucherpotential zeitgleich auf einem Veranstaltungsgelände
  durchgeführt (vgl. Meffert/Robertz 1998, S. 22). Die Ausgliederung von Messethe-

men erfolgt oft in Form von „Spin-offs", wobei die ausgegliederten Bereiche als eigenständige Messen positioniert werden.

- *Örtlich:* Hierbei geht es um die Frage der dauerhaften Bindung von Messen an Standorte bzw. der Durchführung an wechselnden Messeplätzen. Als erste Form von örtlich flexiblen Messen sind Wandermessen zu nennen, die im Gegensatz zu örtlich gebundenen Messen die Möglichkeit bieten, auf geographische Veränderungen von Märkten flexibel zu reagieren. Demgegenüber stellen sie Messekoalitionen hinsichtlich der Veranstaltungsdurchführung vor hohe Anforderungen, da jeweils wechselnde Standortbedingungen zu berücksichtigen sind. Als zweite Möglichkeit zur örtlichen Flexibilisierung bieten sich regionale „Spin-offs" an, welche die jeweilige Mutterveranstaltung an dezentralen Standorten i.d.R. zeitlich versetzt ergänzen. Europäische Messeveranstalter haben ihre Messen in der jüngeren Vergangenheit zunehmend um „Spin-off"-Veranstaltungen in anderen Erdteilen ergänzt, um den aussteller- und besucherseitigen Einzugsbereich zu erweitern. Mittelfristig ist bereits heute absehbar, dass auch im europäischen Raum „Spin-offs" von Messen aus anderen Erdteilen durchgeführt werden (vgl. Marzin 1997, S. 92ff.). Schließlich werden zunehmend moderne Technologien angewendet, um die örtliche Flexibilität von Messen zu erhöhen. So lassen sich mit Hilfe von Videoübertragungen und vernetzten Datenbanken Messeableger an dezentralen Standorten mit der Hauptveranstaltung vernetzen.

- *Zeitlich:* Hinsichtlich der zeitlichen Dimension sind die Messeterminplanung und die Laufzeit der Messe von Bedeutung, die beide Einfluss auf die Messebeteiligungskosten und den Messeerfolg der Messeteilnehmer haben. Über eine gezielte Messeterminplanung wird sichergestellt, dass einer möglichst großen Zahl relevanter Aussteller und Besucher die Messeteilnahme möglich ist und das potentiell kannibalisierende Überschneidungen mit Konkurrenzveranstaltungen vermieden werden. Die optimale Laufzeit einer Messe ist so bemessen, dass ausreichend Zeit zur Durchführung der Geschäfte bleibt. Dennoch haben insbesondere Aussteller kein Interesse an einer zu langen Laufzeit der Messe, wenn den inkrementalen Messebeteiligungskosten keine entsprechenden Messeergebnisse gegenüberstehen. Mit Hilfe von Internet-gestützten Datenbanken, vielfach als „virtuelle Messen" bezeichnet, können Aussteller und Besucher in zunehmendem Maße ihre Messeteilnahme vor- und nachbereiten, wodurch die begrenzte Zeit auf der Messe effektiver genutzt werden kann (vgl. Meffert 1997, S. 54).

Eine langfristige Entwicklung der Messekoalition erfordert, dass die relevanten Interessengruppen gezielt in Entscheidungen hinsichtlich der drei aufgezeigten Positionierungsdimensionen eingebunden werden. In Bezug auf die thematische Positionierungsdimension ist die Einbindung von Ausstellervertretern i.d.R. unabdingbar. Steht bspw. eine Entscheidung bezüglich der Hinzunahme weiterer Messethemen zum Messekatalog an, wird die Branchenkenntnis der auf der Messe vertretenen Unternehmen wichtiges Element der Entscheidungsfindung sein. Im Falle der örtlichen Positionierungsdimension kann es erforderlich sein, über konstitutive Interessengruppen hinaus auch sekundäre und periphere Interessengruppen selektiv in die Entscheidungsprozesse einzubinden. So kann bspw. im Falle der Verlegung von großen Messeveranstaltungen an einen anderen Standort die enge Zusammenarbeit mit Messestädten wichtige Voraussetzung sein, um einen reibungslosen Verlauf der Veranstaltung sicherzustellen. Dies gilt insbesondere dann, wenn die Messe auf starke organisatorische Hilfestellung seitens der Messestädte angewiesen ist. Schließlich erfordern Positionierungsentscheidungen hinsichtlich der zeitlichen Dimension die Einbindung verschiedener Interessengruppen. Naturgemäß ist jede Verlängerung, Verkürzung oder terminliche Verlegung von Messen für ausstellende und besuchende Unternehmen von hoher Wichtigkeit, da hiermit Auswirkungen auf Messebeteiligungskosten und die Effektivität des Mediums Messe verbunden sind. Doch auch für sekundäre und periphere Interessengruppen wie bspw. Unternehmen des lokalen Gewerbes sind diese Entscheidungen von hoher Bedeutung. Da die Messe umgekehrt auf zahlreiche Dienstleistungen aus dem lokalen und regionalen gewerblichen Umfeld angewiesen ist, erscheint eine systematische Einbindung von Vertretern des lokalen Gewerbes in Fragen der Messeterminplanung zielführend.

5.   Schlussbemerkungen

Die Darstellung von Messen als Koalitionen mag auf den ersten Blick ungewöhnlich erscheinen, da Messen üblicherweise als Veranstaltungen betrachtet werden, die Messegesellschaften „gehören". Die Teilnahme von Unternehmen der ausstellenden und besuchenden Wirtschaft wird als fallweise Entscheidung betrachtet. Demgegenüber wird der langfristigen Bindung von Ausstellern und Besuchern an die Messe i.d.R. wenig Beachtung geschenkt, insbesondere wenn diese langfristige Bindung nicht formalisiert ist. Gerade in diesem Falle kann die Darstellung von Messen als Koalitionen einen wichtigen Erklärungsbeitrag leisten, um die unterschiedlichen Bedürfnisse der ausstellenden und besuchenden Unternehmen aufzuzeigen und die langfristige Bindung wichtiger Unternehmen an die Messe zu fördern. Diese Überlegung lässt sich gleichermaßen auf sekundäre und periphere Interessengruppen übertragen. Wie zuvor erläutert gibt es zahlreiche Gründe, diese nicht direkt an der Messepositionierung beteiligten Partner gezielt in Entscheidungsprozesse einzubinden, um auf diese Weise den langfristigen Messeerfolg zu fördern. Somit bietet die Übertragung des koalitionstheoretischen Ansatzes der Betriebswirtschaftslehre Messeveranstaltern die Möglichkeit, ihre Messen auf die gezielte Einbindung von Interessengruppen hin zu überprüfen und den langfristigen Erfolg ihrer Messen gezielt zu fördern.

6.   Literaturverzeichnis

BARNARD, C., The Functions of the Executive, Cambridge Mass. 1938/1968.

BRESTEL, H., Ohne Presse keine Messe, in: m+a report, Heft 4, 1967, S. 23, zitiert nach: Roloff, E., Messen und Medien – Ein sozialpsychologischer Ansatz zur Öffentlichkeitsarbeit, Wiesbaden 1992, S. 83.

CYERT, R./MACH, J., A behavioral theory of the firm, Englewood Cliffs 1963/1992.

HÜBL, L./SCHNEIDER, U., Messen als Instrument der Regionalpolitik, in: Strothmann, K.-H./Busche, M. (Hrsg.), Handbuch Messemarketing, Wiesbaden 1992, S. 127-141.

MARZIN, W., Der „Export" von Messekonzepten – Bestandserhaltungsstrategie und Dienstleistung, in: Meffert, H./Necker, T./Sihler, H. (Hrsg.), Märkte im Dialog – Die Messen der dritten Generation, Leipzig 1997, S. 92-93.

MEFFERT, H., Neuere Entwicklungen in Kommunikation und Vertrieb, in: Meffert, H./Necker, T./Sihler, H. (Hrsg.), Märkte im Dialog – Die Messen der dritten Generation, Leipzig 1997, S. 32-55.

MEFFERT, H./ROBERTZ, G., Hauptstädte werden als Messeorte interessant, in: Ost-West-Contact, Nr. 2, 1998, S. 22.

NEGLEIN, H., Bedeutung des Messemarketing für die Unternehmensführung, in: Meffert, H./Wagner, H. (Hrsg.), Dokumentationspapier Nr. 52 der Wissenschaftlichen Gesellschaft für Marketing und Unternehmensführung e.V., Münster 1989, S. 3-19.

ROBERTZ, G., Strategisches Management im Wettbewerb – Ein markt-, ressourcen- und koalitionsorientierter Ansatz, Wiesbaden 1999a.

ROBERTZ, G., Die Auswahl ist wichtig!, in: auslandskurier Nr. 6, 1999b, S. 40-41.

SCHOOP, K./SANDT, B., Die Messeerfolgskontrolle, in: Tietz, B. (Hrsg.), Die Werbung. Handbuch der Kommunikations- und Werbewirtschaft, Bd. 2, München 1982, S. 1664-1679.

6. Literaturverzeichnis

Josef Rahmen

Die Messe als Betreiber von Dienstleistungsnetzwerken

1. Einleitung

2. Messespezifische Dienstleistungsangebote

3. Alternative Konzeptionen für die Gestaltung von Dienstleistungsnetzwerken
    3.1 Netzwerkstruktur eines Servicepartnermodells
    3.2 Netzwerkstruktur eines Firmenbeteiligungsmodells
    3.3 Netzstruktur eines "One Face to the Costumer"-Modells

4. Chancen und Risiken von Dienstleistungsnetzwerken

Josef Rahmen ist Geschäftsführer der Leipziger Messe GmbH, Leipzig.

1. Einleitung

In der Vergangenheit lag der Schwerpunkt der Tätigkeit der Messegesellschaften/Messeveranstalter in der Organisation von Messen. Auch wenn an Messeplätzen noch zusätzlich Kongresse und sonstige Großveranstaltungen durchgeführt wurden, so stand und steht sehr oft immer noch das Kerngeschäft der Vermietung von Ausstellungsfläche im Vordergrund.

Entscheidendes Argument für diese Entwicklung ist die Erlössituation von Messen. Die Erlöse der Unternehmen wurden zu rund 50-60 Prozent durch Flächenvermietung, 20-30 Prozent durch Eintrittsgelder der Besucher und nur zu einem Anteil von 20-30 Prozent durch technische Leistungen bzw. Dienstleistungen erwirtschaftet.

Setzt man der Erlössituation der Messen die Kostensituation der größten Kundengruppe, der Aussteller, gegenüber, dann ergibt sich ein völlig gegensätzliches Bild. Aussteller geben für ihre Messebeteiligung nur 20-30 Prozent für die Stand-/Flächenmiete aus. Der größte Kostenanteil für die Messebeteiligung wird von den Ausstellern für eine Vielzahl von Dienstleistungen an zahlreiche Partner aus dem Messeumfeld beauftragt.

2. Messespezifische Dienstleistungsangebote

Mit dem sich auf Grund von Flächenüberkapazitäten bzw. stagnierender Messeaktivität der Aussteller verschärfenden Wettbewerb, beginnen die Messeveranstalter sich verstärkt um die Anteile des Messeauftrittes der Aussteller zu bemühen, welche bisher an Dritte beauftragt wurden. Zielstellung ist hierbei:

- Als Messeveranstalter die komplette Wertschöpfungskette „Messeauftritt" für sich abzugreifen
- Durch qualifizierte Dienstleistung die Zufriedenheit des Ausstellers zu erhöhen, mit dem Ziel einer langfristigen, stabilen Kundenbindung.

Nachfolgende Auflistung ist sicherlich nicht vollständig, zeigt aber, wie umfangreich die Palette der Dienstleistungen rund um den Messeauftritt sein kann. Sie zeigt das Potenzial auf, welches es für die Messeveranstalter wirtschaftlich zu erschließen gilt. Sie zeigt auch deutlich auf, dass es noch zahlreiche Chancen gibt, sich durch ein qualifiziertes Dienstleistungsangebot vom Wettbewerb abzuheben.

Dienstleistungen rund um den Messeauftritt mit Schwerpunkt Messegelände umfassen:

- Flächenvermietung/Standgenehmigung
- Standaufbauleistungen
- Telefon- und Telexanschlüsse/Neue Medien
- Elektroinstallationen
- Wasserinstallationen
- Reinigung/Bewachung/Entsorgung
- Arbeitsbühnen/Abhängungen
- Sprinkleranlagen
- Druckluftversorgung
- Rauch- und Gasabzüge
- Speditionsleistungen
- Standpersonal
- Möbelvermietung
- Parkplatzvermietung
- Messeausweise für Aussteller
- Presseservice/Fotoarbeiten
- Versicherungsleistungen während Transport und Ausstellung
- Werbung in den Messepublikationen und Anzeigen im Katalog
- Etc.

Dienstleistungen rund um den Messeauftritt, welche nicht zwingend an den Messeveranstalter gebunden sind:

- Planung und Bau des Messestandes
- Marketingleistungen rund um den Messeauftritt
- Messevorbereitung für den Aussteller
- Messenachbereitung für den Aussteller/Messeerfolgs-Controlling
- Organisation Anreise, Abreise, Hotel, Events
- Stand-Catering
- Personal-Coaching/-Training

- Sonstige Agenturleistungen

- Etc.

Ausgehend von diesen Fakten haben sich zahlreiche Messeveranstalter den neuen Herausforderungen gestellt:

- Identifizierung und Neudefinierung aller Dienstleistungen rund um den Messeauftritt

- Optimale Dienstleistungspartner finden und langfristig vertraglich binden

- Gegebenenfalls Dienstleistungen selbst bzw. durch verbundene Unternehmen erbringen

- Durch optimalste Dienstleistungen langfristige Kundenbindungen schaffen

- Verbesserung der Wirtschaftlichkeit durch höhere Wertschöpfung.

3. Alternative Konzeptionen für die Gestaltung von Dienstleistungsnetzwerken

Die nachfolgenden Modelle (vgl. Abb. 1 bis Abb. 3) zeigen drei unterschiedliche Netzwerkstrukturen. Hierbei lässt sich durch vertragliche Vereinbarungen mit Servicepartnern, durch Firmenbeteiligungen oder Tochtergesellschaften in unterschiedlichem Maß Einfluss auf das Netzwerk nehmen.

3.1   Netzwerkstruktur eines Servicepartnermodells

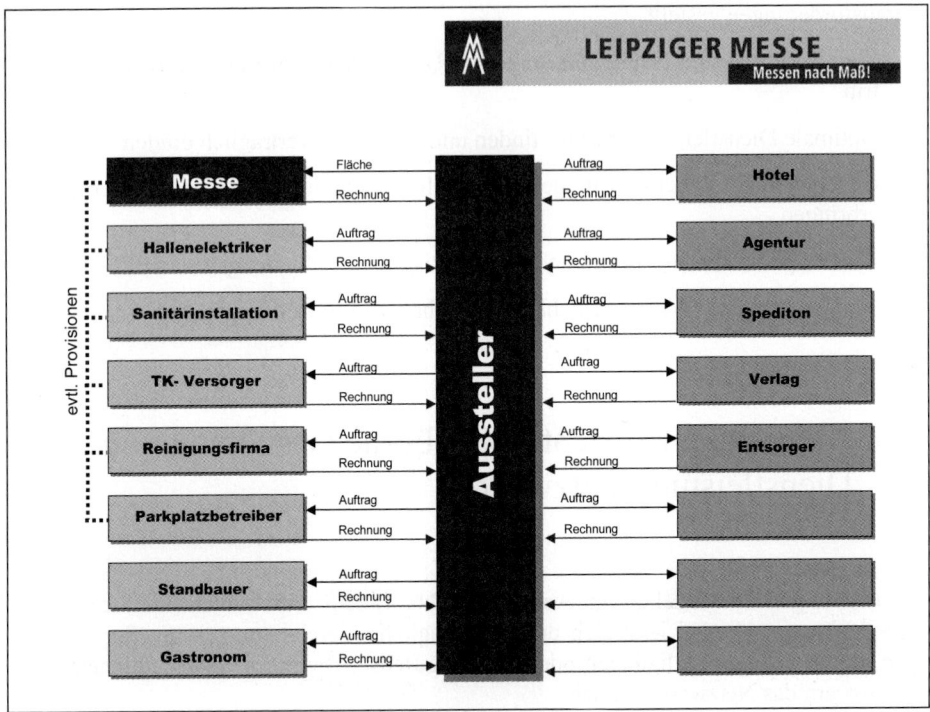

Abb. 1: Netzwerkstruktur eines Servicepartnermodells

In der Vergangenheit haben die Aussteller ihren Messeauftritt selbst organisiert. In den Unternehmen war ausreichend Fachkompetenz und Fachpersonal vorhanden. Größere Unternehmen legten großen Wert darauf, ihren Messeauftritt selbst zu organisieren, um den damit verbundenen Vorteil gegenüber dem Wettbewerb zu nutzen.

Der Organisationsaufwand ist für den Aussteller sehr hoch. Wegen der Vielzahl an Vertragspartnern besteht ein hohes Qualitäts-, Kosten- und Terminrisiko.

Die Messe ist für den Aussteller nur *ein* Partner von vielen. Umsatz und Erlös werden für den Messeveranstalter im Wesentlichen über die Flächenvermietung erzielt. Weitere, sehr viel geringere Erlösquellen sind Provisionen der Dienstleister. Der Einfluss der Messeveranstalter auf Preis und Qualität der Dienstleister ist sehr eingeschränkt.

3.2 Netzwerkstruktur eines Firmenbeteiligungsmodells

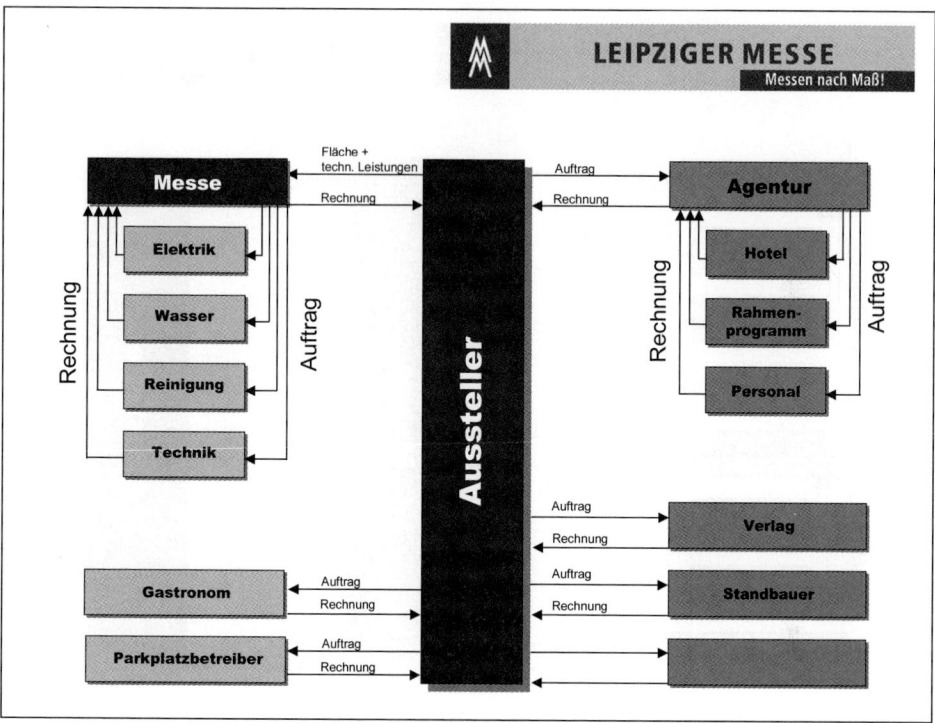

Abb. 2: Netzwerkstruktur eines Firmenbeteiligungsmodells

Auch bei dieser Organisationsstruktur liegt der Schwerpunkt der Aktivitäten beim Aussteller. Er steuert alle Vertragspartner und trägt weitest gehend alle Risiken selbst. Durch Bündelung verschiedenster Leistungen bei Messeveranstalter und Agenturen wird sein Organisationsaufwand reduziert.

Der Messeveranstalter kann jetzt Qualität und Preise der bei ihm gebündelten Dienstleistungen beeinflussen. Er übernimmt für die im direkten Zusammenhang mit dem Messeauftritt stehenden Leistungen die Koordinierung und ist Ansprechpartner für den Aussteller. Der Aussteller erteilt einen Auftrag und erhält im Idealfall auch nur noch eine Rechnung von der Messe. Der Gesamtumsatz dieser Leistungen läuft über den Messeveranstalter.

3.3   Netzstruktur eines "One Face to the Costumer"-Modells

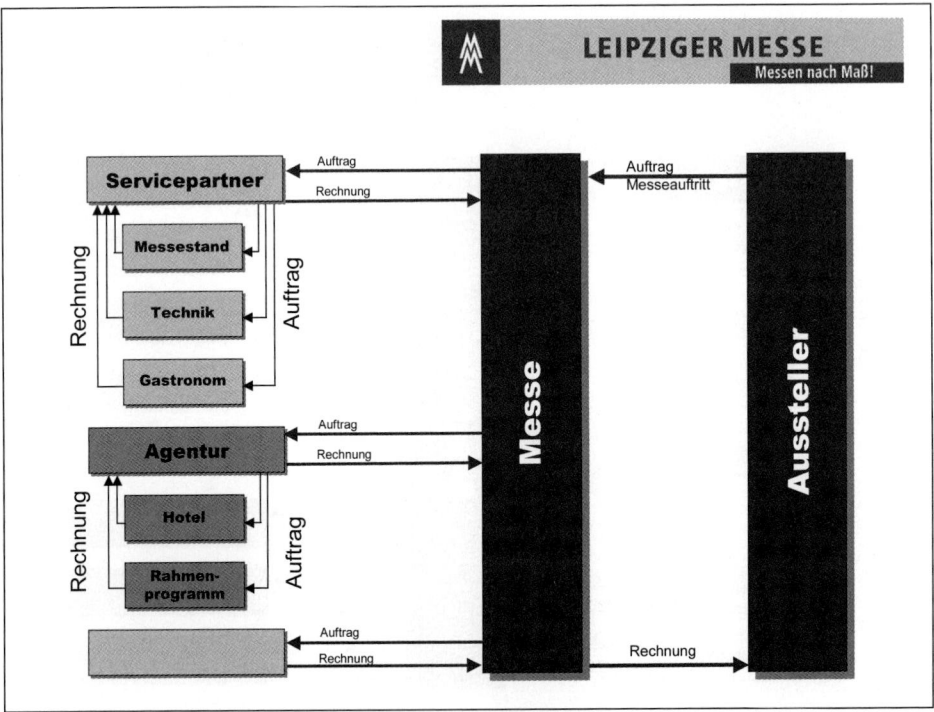

Abb. 3: Netzstruktur eines Modells mit Tochtergesellschaften

„One Face to the Costumer": Der Aussteller erteilt *einen* Auftrag, hat *einen* Ansprechpartner und erhält *eine* Rechnung. Die „Messe" organisiert für die Aussteller den kompletten Messeauftritt. Sie bestimmt im Auftrag des Ausstellers Qualität sowie Preis und trägt das komplette Durchführungsrisiko.

Die Erlössituation (Preis-Leistung) kann im Sinne einer optimalen Qualität zu Gunsten des Ausstellers gesteuert werden. Durch guten Service bei angemessenen Kosten wird eine starke Kundenbindung geschaffen. Dadurch, dass der Aussteller keine Messeorganisation im eigenen Unternehmen benötigt, spart er erhebliche Kosten. Er kann über sein Auftragsvolumen, losgelöst von eigenen Personalkapazitäten, seine Messeaktivitäten steuern.

Für den Messeveranstalter ergibt sich hieraus weiterhin die Chance, für den Aussteller über den eigenen Messeplatz hinaus aktiv zu werden.

4. Chancen und Risiken von Dienstleistungsnetzwerken

Zur Realisierung solch komplexer Dienstleistungen sind starke Dienstleistungsnetzwerke erforderlich, wobei die Stärke der Dienstleistungsnetzwerke nicht durch die Größe der Netzwerkpartner bestimmt wird. Gut funktionierende Dienstleistungsnetzwerke müssen transparent, flexibel, durchlässig, vor allem aber auf die gleiche Zielstellung hin ausgerichtet sein.

Chancen für ein Dienstleistungsnetzwerk:

- Risikoverteilung auf alle Netzwerkpartner

- Großes Angebot an Leistungen

- Qualitätssteigerung („Der Beste gibt den Standard vor")

- Optimaler Einsatz der Kernkompetenz eines jeden Partners

- Effizientes Lernen im Netzwerk.

Risiken für Dienstleistungsnetzwerke:

- Verlust an Kernkompetenz und Identität

- Unterschiedliche Ziele

- Invest- und Koordinierungskosten

- Betriebswirtschaftliche Abhängigkeiten.

Ausgehend von möglichen Chancen und Risiken lassen sich spezifische Modelle entwickeln, bei denen der Messeveranstalter federführend ein Netzwerk aus Tochterfirmen, Beteiligungen und Servicepartnern betreibt.

Ernst A. Hestermann / Friedrich E. Morawietz

Strategische Kooperationen mit Verlagen

1. Einleitung

2. Die schwierige wirtschaftliche Marktentwicklung

3. Synergien zwischen Verlags- und Messemarketing

4. Schritt für Schritt zu weiteren Kooperationen

5. Schlussbetrachtung

Ernst A. Hestermann ist Partner der MM + M Unternehmensberatung (Messen, Marketing und Medien), Waldbrunn. Dipl. Betriebswirt (FH) Friedrich E. Morawietz ist Geschäftsbereichsleiter der DataM-Services GmbH, Würzburg.

1. Einleitung

Messen (als synonym für Messegesellschaften, Messeveranstalter etc.) und Verlage (hier sind ganz dezidiert Fachverlage gemeint) verfolgen ein und das gleiche Ziel – die Zusammenführung von Angebot und Nachfrage, die Abbildung eines Marktes. Auf der Angebotsseite entsprechen die Aussteller den Inserenten, auf der Nachfragerseite sind es die Besucher bzw. Leser. Bearbeiten beide – Messen und Verlage – das gleiche Thema, so sind die Marktteilnehmer (Zielgruppen) – Aussteller/Inserenten und Besucher/Leser – absolut kongruent! Eine Kooperation drängt sich nahezu zwangsläufig auf, wie die folgende Abbildung (vgl. Abb. 1) zeigt.

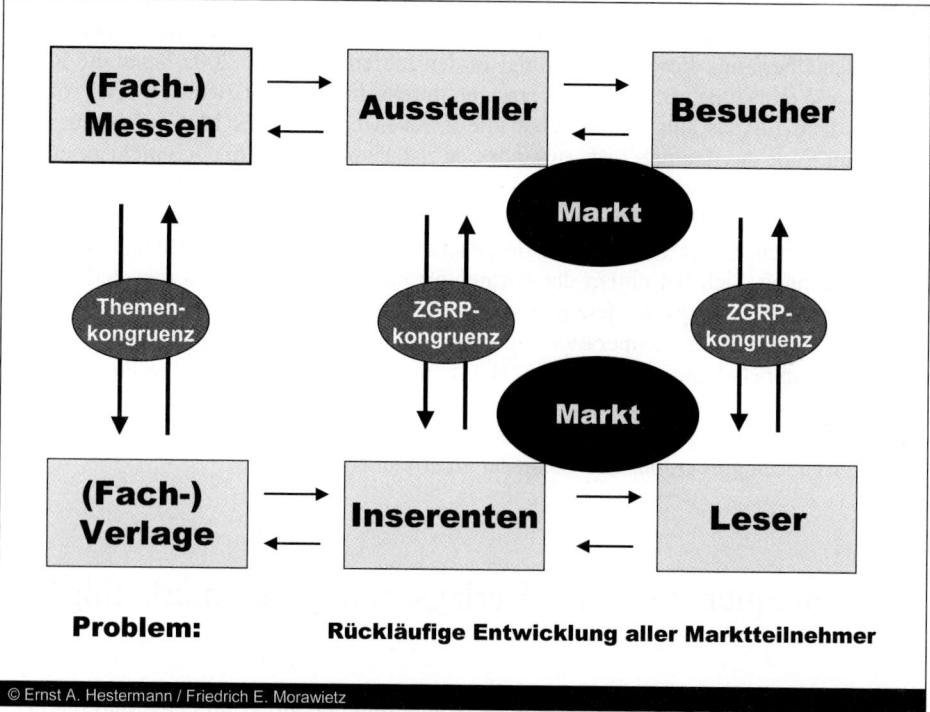

Abb. 1: Zielgruppenkongruenz von Verlagen und Messen

Ein fiktives Beispiel zur Verdeutlichung: Eine Fachmesse zu dem Thema „Energie" und ein Verlag mit einer Fachzeitschrift „Energie" haben ein und das gleiche Ziel: „Die Zusammenführung von Angebot und Nachfrage", in dem sie Aussteller und Besucher bzw. Inserenten und Leser zueinander bringen. Die Marktteilnehmer sind in Person dieselben.

2. Die schwierige wirtschaftliche Marktentwicklung

Seit dem die Wirtschaft stagniert, Unternehmenszusammenschlüsse Wettbewerber zu
Partnern werden lassen und neue Medien wie das Internet auf den Markt einwirken, verringern sich seit Jahren die Marktteilnehmer in vielen Branchen kontinuierlich. Die guten Zeiten, in denen interessierte Aussteller auf Wartelisten gesetzt wurden, weil die zur
Verfügung stehenden Hallenflächen bis auf den letzten Quadratmeter ausgebucht waren,
sind genauso vorbei, wie der Messetourismus, die mehrtägigen Ausflüge ganzer Heer-
scharen von Mitarbeitern eines Unternehmens zu einer Messe. Rückläufige Aussteller-
und Besucherzahlen sind die Folge.

Auch Fachverlage verzeichnen seit Jahren ein rückläufiges Insertions- und schwieriges
Abogeschäft. Die Werbemarktbeobachtung eines führenden Vertriebsdienstleisters für
Fachverlage bestätigt diese Entwicklung: In den Jahren 2001 und 2002 lagen die Rück-
gänge der Werbeeinnahmen bei Fachverlagen durchschnittlich im zweistelligen Prozentbereich. Und für das Jahr 2003 stehen die Zeichen ein weiteres Mal auf Minus. Ein
„Licht am Ende des Tunnels" ist, zumindest in manchen Branchen, noch nicht zu erkennen. Probleme auf allen Seiten, die gemeistert werden wollen. Es liegt also auf der Hand,
dass beide Seiten – Messen und Verlage – aktiv daran arbeiten, eine Umkehr der Situation zu erreichen. In der „Not" ist die Bereitschaft, neue Wege zu gehen deutlich größer.
Die Gelegenheit, sich bei einem der Partner für neue Ideen Gehör zu verschaffen war
noch nie so groß wie zu der jetzigen schwierigen Zeit. Die Chance, die Probleme gemeinschaftlich in einer Kooperation zu lösen – dabei die eigenen, individuellen Probleme im Auge behaltend – ist gegeben. Wer heute zuerst aktiv wird, seine Probleme erkennt und löst, wird morgen die „Nase vorn" haben und sich einen entscheidenden
Wettbewerbsvorsprung schaffen. Das kann jeder für sich alleine, aber gemeinschaftlich
sind die Chancen größer, das Ziel schneller zu erreichen.

3. Synergien zwischen Verlags- und Messemarketing

Was in den letzten 30 Jahren leicht von der Hand ging und auf Grund des Marktgesche-
hens selten oder seltener auf dem Prüfstand stand und auch qualifiziert hinterfragt wurde, erlebt heute eine Renaissance: Das Aussteller- und Besuchermarketing. Beim Aus-
stellermarketing kann man konstatieren, dass die Messegesellschaften gute Arbeit
geleistet haben. Auf der Besucherseite jedoch ist das erheblich in Frage zu stellen. Zum
Marketing gehört aber auch die Suche nach zukunftsträchtigen und -fähigen Themen.
Die zunehmende Spezialisierung der Märkte sowie die differenzierten Anforderungen

der Zielgruppen, stellen sowohl Messen als auch Verlage vor große Marketingherausfor-
derungen. Hier sind insbesondere die Messen teilweise überfordert und könnten mit
Partnern in Verlagen erfolgreiche strategische Ansätze entwickeln.

Am Beispiel des Besucher- und Lesermarketings soll aufgezeigt werden, welch hohes
Synergiepotenzial besteht, wenn Messen und Verlage – unter der Voraussetzung gleicher
Themenbearbeitung – kooperieren.

Da Messen in zyklischen Abständen von ein, zwei oder drei Jahren stattfinden, ist ein
aktives Besuchermarketing mit eigenen Besucherdaten problembehaftet, soweit es überhaupt erfolgt. Denn hier stoßen wir schon auf eine grundsätzlich zu lösende Frage: Wer
ist für das Besuchermarketing zuständig? Der Veranstalter – sprich die Messen – oder
der Aussteller? Jeder macht etwas, jeder verlässt sich auf die Aktivitäten des anderen,
und jeder ist leider immer häufiger enttäuscht bzw. unzufrieden mit dem Ergebnis. Nehmen wir an, wir erfassen (registrieren) auf einer Messe „Beispiel", die im 2-jährigen
Turnus stattfindet, einen Teil der Besucher und wollen diese Besucherdaten im Vorfeld
der nächsten Messe „Beispiel" für Besucherwerbung via Direct-Mail einsetzen, besteht
das grundlegende Problem darin, dass (Adress-) Daten, umso länger sie ungenutzt gespeichert werden, einem raschen Alterungsprozess unterliegen. Als Faustformel gilt,
dass „B2B-Ansprechpartneradressen" nach einem Jahr um 25-30 Prozent, nach zwei
Jahren um 50-60 Prozent und nach drei Jahren um 75-90 Prozent ‚veraltet' sind (bei
„B2C-Adressen" ist bei jährlich rund 4,5 Millionen Haushaltsumzügen von einem noch
schnelleren Alterungsprozess auszugehen). Verlage auf der anderen Seite verfügen über
top-aktuelle (und meist qualifizierte) Leseradressen, da diese, je nach Erscheinungsweise
einer Zeitschrift, regelmäßig genutzt und somit gepflegt werden. Ferner suchen Verlage
ständig nach neuen, aktuellen und qualifizierten Leserdaten um ihre Fachzeitschriften
zielgruppen- und themenadäquat verbreiten zu können. Die Problemlösung liegt auf der
Hand, wie das folgende Schaubild (vgl. Abb. 2) verdeutlicht.

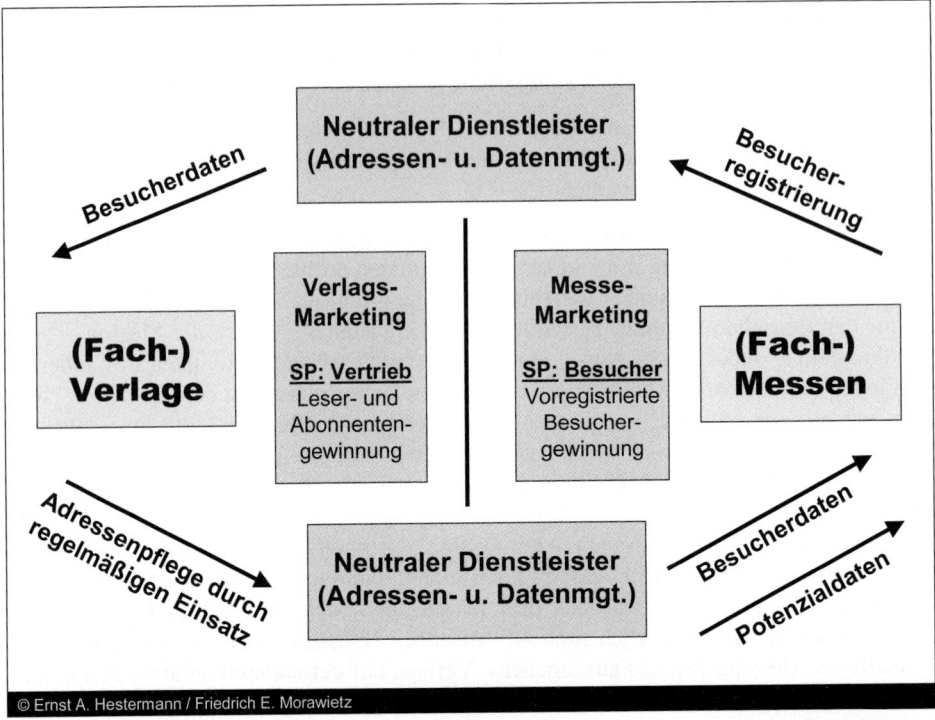

Abb. 2: Synergien hinsichtlich der Addressdatenverwaltung von Messen und Verlagen

Konkret: Registrierte (Fach-)Messebesucher werden (möglichst) qualifiziert erfasst, bei einem neutralen Dienstleistungsunternehmen auf einer leistungsfähigen Adressdatenbank gespeichert und dort auch verwaltet. Je nach Qualifikationsgrad der Besucherdaten werden diese entweder zunächst zeitnah (nach-)qualifiziert oder sofort dem Kooperationspartner „Fachverlag" zur Nutzung zur Verfügung gestellt. Dabei sind die Richtlinien des Datenschutzes strikt zu beachten und einzuhalten. Ein bewährtes Modell bei solchen Adresskooperationen ist das sog. „Lettershop-Modell", d.h., die Adressen werden von einem neutralen Dienstleister (Verarbeiter) verarbeitet, so dass der Kooperationspartner die Daten nicht im direkten, sondern nur im indirekten Zugriff hat. Über diesen „Umweg" kann ein Fachverlag dennoch diese top-aktuellen Daten hervorragend vertrieblich einsetzen – entweder um seine Fachzeitschriften qualifiziert zu verbreiten und/oder um neue Abonnenten für seine Titel zu gewinnen. Wichtig dabei ist, dass die Daten dem Verlag unmittelbar nach Messeende zur Nutzung/zur Verfügung stehen und nicht erst nach ein, zwei Monaten oder noch später. Durch den regelmäßigen Verlagseinsatz werden die Besucherdaten gut gepflegt und können von dem Kooperationspartner Messe zu einem adäquaten Zeitpunkt für Besucherwerbeaktivitäten bestens eingesetzt werden.

Ein weiterer Denkansatz ist die Entwicklung eines Multi-Channel Kunden- (Besucher) Informationssystems. Hierbei informiert die Messe in der messefreien Zeit den Besucher regelmäßig (mindestens einmal pro Quartal, am Besten monatlich) über messespezifische Themen; dabei kann ein Fachverlag bei der Themenfindung bzw. -aufbereitung redaktionell unterstützen, schließlich haben gerade die Fachredakteure „ihre Ohren am Markt" und wissen ganz genau was „im Markt gerade läuft". Über die redaktionelle Teilleistung hinaus, ist auch eine Fullserviceleistung denkbar, d.h. der Verlag übernimmt zusätzlich die Produktion (Druck eines Printmediums oder die Erstellung eines z.B. E-Mail-Newsletters) und den Versand.

Durch die Nähe der Redaktion zum Markt und somit zu aktuellen, relevanten Themen sind auch gemeinsame Foren ein weiterer naheliegender Kooperationsansatz. Der Part der Messe liegt auf der Seite der Infrastruktur: Sie stellt Fläche und Ausstattung. Der Verlag ist verantwortlich für den gesamten „Content": Er beschafft qualifizierte Referenten, stellt Moderatoren und setzt seine mediale Reichweite ein, um die richtigen Besucher zu akquirieren. Eine solche Zusammenarbeit sichert einen wirtschaftlichen, aber auch qualitativ hochwertigen, den Zielgruppen angemessenen Zusatznutzen. Foren können – und sollten – in der „messefreien" Übergangszeit zur Kundenbindung genutzt werden. Mit einem Nutzen für beide Seiten – Messen und Verlage.

Dass Fachverlage ganz sicher auch über weitere qualifizierte Adressen zur Besucherwerbung verfügen, versteht sich von selbst, denn die Leser einer Fachzeitschrift sind gleichzeitig auch die potenziellen Besucher einer Fachmesse. Diese qualifizierten Leseradressen können genutzt werden, um in erster Linie einer Fachmesse weitere qualifizierte Besucher zuzuführen. Und eine Steigerung der Besucherqualität durch detailliertere Besucherinformationen führt zu einer gezielteren Bearbeitung auf der Messe und erspart den Marktteilnehmern – Ausstellern und Besuchern – negative Erlebnisse. Für statistische Zwecke sind hohe Besucherzahlen zwar schön und gut, entscheidend aber ist für einen Messeveranstalter und deren Aussteller einzig und allein die Qualität der Besucher. Nur diese sichert den Messeerfolg und trägt langfristig zu einer partnerschaftlichen Geschäftsbeziehung bei. Den richtigen, sprich qualifizierten Besucher auf eine Messe einzuladen ist die eine Seite der Medaille, ob diese die Einladung annehmen und auch folgen die andere. Deshalb wird es auf Dauer immer wichtiger dem potenziellen, möglichst vorregistrierten Besucher eine Reihe von sog. Zusatznutzen zu bieten. Diese sollten die Entscheidung für einen Messebesuch herbeiführen und diesen letztlich erleichtern.

Das können z.B sein:

- Vorzugspreis für den Messeeintritt

- Vorzugspreis für den Messekatalog/die Messe-CD

- Vorzugsgate

- Reservierung von Parkplätzen

- Reservierung von Restaurantplätzen

- Fachforen und -beiträge

- Nutzung öffentlicher Verkehrsmittel

- Reservierung von Sitzplätzen in Messezügen

- Einsatz von Messeflugzeugen

- Pauschalangebote zu attraktiven Konditionen

- Terminkoordination mit Ausstellern

- Etc.

Der Messetourist von gestern hat mit dem Messebesucher von heute nichts mehr gemein; Messebesuche verursachen Kosten, werden deshalb im Vorfeld einer Messe genau geplant und organisiert, um die Durchführung so effektiv als möglich zu gestalten.

4. Schritt für Schritt zu weiteren Kooperationen

Über die reine Adressenkooperation hinaus gibt es weitere erfolgversprechende Kooperationsansätze.

Beide Partner sind um Kundennähe bemüht und verstärken ihre Aktivitäten, um noch näher an ihre Kunden – Besucher und Leser – heranzukommen. Fragen wie z.B. „Was sind die konkreten Informationsbedürfnisse von morgen?" oder „Wie sollen die Informationen vermittelt werden?" stehen im Mittelpunkt des Denkens und Handelns. Mittelfristig wird man dazu gezwungen sein, immer höherwertige (Fach-)Informationen für immer spezifischere Zielgruppen zu „produzieren". Dieser „besondere" Content wird sich dadurch auszeichnen müssen, dass er top-aktuell, gut strukturiert und kunden- bzw. branchenspezifisch aufbereitet sein muss. Aus diesem Grund findet ständig ein Überdenken der Redaktionskonzepte statt. Die Situation bspw. für hochauflagige, polytechnische Zeitschriften wird im Zeitalter der Spezialisierung nicht leichter. Das gleiche gilt für die Messen. Auch hier bereitet die Spezialisierung auf Fachthemen immer mehr Probleme. Gelingt es hier nicht, neue Themen zu integrieren und diese zeitnah in den Markt zu kommunizieren, so wird zwangsläufig neuer Wettbewerb entstehen. Da beide – Verlag und Messen – wiederum genau die gleichen Zielgruppen – Besucher und Leser – bearbeiten, liegt es abermals auf der Hand das Problem gemeinschaftlich an zu gehen. Ausgehend von z.B. einer gemeinsamen Marktforschung können Erkenntnisse zu neuen Themen zur Entstehung/Entwicklung neuer, auch gemeinsamer Produkte – Messen, Kongresse und Zeitschriften – gewonnen werden. Was ist gemeint? Bleiben wir bei dem eingangs erwähnten Beispiel „Energie". Es stellt sich heraus, dass der Informationsbedarf an dem speziellen Thema z.B. „Solarenergie" immer größer wird, so groß, dass die Abbildung eines Marktes möglich und wirtschaftlich vertretbar ist. Es liegt also nahe, ein integriertes themenspezifisches Kommunikationskonzept zu entwickeln, dass einmal pro Jahr eine Messe „Solarenergie" (evtl. mit Kongress, der von der Redaktion geplant, organisiert, moderiert und auch durchgeführt werden kann) vorsieht und während den messefreien Monaten die Besucher (und Interessenten) regelmäßig mit speziellen Informationen z.B. in Form einer Fachzeitschrift „Solarenergie" informiert.

Mit dieser Form der integrierten Kommunikation von Messen und Verlagen wird ein Thema aktiv in den Markt kommuniziert und so die Aufnahmebereitschaft bei den Zielgruppen gefördert. Was immer stärker Beachtung finden muss ist die Tatsache, dass Informationen über eine Messe oder ein Messethema nicht auf den Zeitraum kurz vor und während der Veranstaltung begrenzt sein dürfen. Hier gilt es Wege – Informationskanäle – zu erschließen, die kontinuierlich Inhalte/Content zum Messethema an alle relevanten Marktpartner heranbringt. Das sichert die Stellung im Markt, sichert Wettbewerbsvorteile und setzt die Schwelle der Wiederanlaufkosten erheblich herab. Mit den richtigen Partnern zeigt man, auf was es ankommt: Kompetenz. Kontinuierlich und nicht sporadisch.

Es liegt dabei auf der Hand, dass auch auf der Angebotsseite – Aussteller und Inserenten – ein hohes Synergiepotenzial besteht. Beide Marktpartner sind aufgefordert, fest eingefahrene Wege zu verlassen und neue Chancen durch Aufbrechen eingefahrener Wege zu nutzen. Hierzu nur ein Beispiel: Messeaussteller schalten in adäquaten Fachzeitschriften Anzeigen, um Kunden und Interessenten auf ihren Messestand einzuladen. In einer Messeanmeldung können bereits Insertionen in einer bestimmten Fachzeitschrift fest eingebunden sein. So profitiert jeder der Beteiligten – Messe, Verlag und Aussteller/Inserent.

5. Schlussbetrachtung

Messen und Verlage müssen alte Denkweisen von gestern aufbrechen. Integriertes Denken wird zur Grundvoraussetzung für den Beginn einer erfolgreichen langfristigen Kooperation zwischen Messen und Verlagen. Was ist gemeint? Alle handelnden Personen, Projekt-, Verlags- und/oder Objektleiter, Anzeigen- und Vertriebsleiter, müssen über ihr unmittelbares Aufgabegebiet hinausblicken und -denken; sie müssen die globalen und strategischen Ansätze einer Kooperation erkennen und verstehen. Ist nur einer dabei, der das nicht nachvollziehen kann, ist der Erfolg in hohem Maße gefährdet.

Die Bereitschaft alte Pfade zu verlassen (Sie kennen den Spruch „Das haben wir schon immer so gemacht.") und neue, nicht bekannte Wege zu gehen, muss Antriebsfeder sein.

Dass die Partner offen und vertrauensvoll miteinander umgehen, ist genauso selbstverständlich wie das Ziel – eine „win-win-Situation" für beide zu schaffen. Zu den Gewin-
nern werden die Messen und Verlage zählen, die rechtzeitig das existierende Synergiepotenzial erkennen, die notwendige Partnerschaft (Kooperation) beginnen und
zielstrebig und schnell umsetzen.

Werner M. Dornscheidt

Strategische Kooperationen mit Verbänden

1. Einführung

2. Verbände und Messen sind natürliche Partner
   2.1 Vielfalt der Messeaktivitäten
   2.2 Kooperation am Beispiel der Automobilbranche
       2.2.1 Der Verband als Veranstalter
       2.2.2 Der Verband als ideeller Träger

3. Von der natürlichen zur strategischen Partnerschaft

4. Literaturverzeichnis

Dipl.-Betriebswirt Werner M. Dornscheidt ist bis 31.12.2003 Vorsitzender der Geschäftsführung der Leipziger Messe GmbH, Leipzig und ab 1.1.2004 Vorsitzender der Geschäftsführung der Messe Düsseldorf GmbH, Düsseldorf.

1. Einführung

„Wer zählt die Verbände, nennt die Namen ..."
(siehe von Alemann, Was sind Verbände?, www.verbaende.com)

In der Bundesrepublik gibt es schätzungsweise über 200 000 Interessenvereinigungen, darunter ca. 5 000 Verbände im engeren politischen Sinne. 12 000 Eintragungen umfasst das aktuelle Handbuch „verband.info" des „Deutschen Verbände Forums", 118 000 Treffer meldet die Internet-Suchmaschine „Google" unter dem Stichwort „Verbände in Deutschland". Rund 1 600 Verbände sind in der „Lobbyliste" des Deutschen Bundestages („Öffentliche Liste über die Registrierung von Verbänden und deren Vertretern") erfasst.

Als *Verband* gilt laut allgemeiner Definition (Schubert/Klein 2001) der „Zusammenschluss von Personen und Unternehmen mit gemeinsamen Interessen zur Verfolgung gemeinsamer Ziele". Adressaten der verbandspolitischen Arbeit sind neben Staat und Politik auch die Öffentlichkeit und die Medien sowie die eigene Mitgliedschaft. Die gängige Typologie der Interessenverbände wird nach fünf gesellschaftlichen Handlungsfeldern vorgenommen (siehe von Alemann, Die Vielfalt der Verbände, im Internet: www.verbaende.com):

1. Wirtschaft und Arbeit (z.B. Wirtschafts- und Unternehmerverbände aller Wirtschaftssektoren)

2. Soziales Leben und Gesundheit (z.B. Wohlfahrtsverbände)

3. Freizeit und Erholung (z.B. Sportverbände)

4. Religion, Weltanschauung, gesellschaftliches Engagement (z.B. Kirchen)

5. Kultur, Bildung, Wissenschaft (z.B. wissenschaftliche Vereinigungen).

Naturgemäß bilden die Verbände der Wirtschaft und des Arbeitslebens die bedeutendste Gruppe der Interessenverbände. Der vorliegende Beitrag bezieht sich daher auf die wichtigsten Wirtschaftsverbände der Industrie und des Handels in Deutschland, die für das Messewesen von herausragender Bedeutung sind.

Die Bedeutung der Wirtschaftsverbände für das Messewesen legen beispielhaft folgende Fakten dar: Geschätzte 70-80 Prozent der Unternehmen in Deutschland sind organisiert. So vereint der Bundesverband der Deutschen Industrie (BDI) als größter Wirtschaftsverband unter seinem Dach 16 Landesverbände und 35 Branchenverbände – von A wie Automobilindustrie bis Z wie Zuckerindustrie –, die sich selbst wiederum in zahlreiche Fachverbände unterteilen, sodass es sich insgesamt um fast 400 Einzelverbände handelt. Die Bundesvereinigung der Deutschen Arbeitgeberverbände (BDA) umfasst 62 Mitgliedsverbände aus Industrie, Handel, Banken, Landwirtschaft, Handwerk und Dienstleistungen einerseits und 15 Landesverbände andererseits. Der VDMA als größter übergreifender Branchenverband unter der Dachbezeichnung Verband der Investitionsgüterindustrie vereint allein 51 Fachverbände mit 3 000 Mitgliedsunternehmen. Der Verband der Automobilindustrie als wichtigster Zusammenschluss der Kfz-Branche repräsentiert die Interessen von derzeit über 500 Unternehmen.

2.   Verbände und Messen sind natürliche Partner

Der hohe Organisationsgrad der deutschen Wirtschaft und die nachweislich hohe Effizienz von Messeveranstaltungen als Marketinginstrument für Unternehmen machen Messegesellschaften und Verbände zu natürlichen Partnern. Die traditionell enge Zusammenarbeit von Wirtschaftsverbänden und Messegesellschaften ist die Basis für die heutige Position Deutschlands als führender Messeplatz der Welt. Entsprechend hoch ist der Stellenwert, den Messen und Ausstellungen als zentrale Dienstleistung für die Mitglieder in der Verbandsarbeit einnehmen. Sowohl inhaltlich (in den Aufgaben und Zielen) als auch strukturell (in verschiedensten Gremien) kommt dem Thema Messe eine überdurchschnittlich hohe Aufmerksamkeit zu.

So definiert der BDI Messen und Ausstellungen als ein entscheidendes Instrument für die Erschließung internationaler Märkte und hat demzufolge in der Abteilung Internationale Märkte gleich zwei messerelevante Arbeitskreise angesiedelt – den Arbeitskreis Messen und Ausstellungen und den Geschäftsführerkreis Messen und Ausstellungen. Im VDMA diskutiert in regelmäßigen Abständen der Ausschuss „Messen, Werbung und Öffentlichkeitsarbeit" die Messepolitik des Verbandes ebenso wie der Wirtschaftsausschuss (AMG). Im Bundesverband „Informationswirtschaft, Telekommunikation und Neue Medien" (BITKOM) ist der Arbeitskreis „Messen & Events" aktiv. Der Verband der Unterhaltungssoftware Deutschland e.V. (VUD), der in Leipzig als ideeller Träger die Computerspielemesse GC – Games Convention unterstützt, definiert als eine zentrale Aufgabe die Organisation von Messepräsentationen und -teilnahmen.

2.1   Vielfalt der Messeaktivitäten

Das Spektrum der Messeaktivitäten reicht in der deutschen Verbandslandschaft von der Empfehlung wichtiger Branchenmessen über die Durchführung von Messeseminaren für Mitglieder bis hin zur Interessenvertretung im Ausstellungs- und Messe-Ausschuss der Deutschen Wirtschaft (AUMA). Gleichzeitig treten Branchenverbände als Veranstalter bzw. als ideelle Träger von Messen auf. Zahlreiche internationale Leitmessen werden von den entsprechenden Verbänden direkt (z.B. IAA Frankfurt, EMO Hannover) oder indirekt (interpack Düsseldorf, IGRUMA Leipzig) getragen.

Aus Sicht der Messegesellschaften bietet die Kooperation mit Verbänden die Chance, mit Hilfe des Branchen-Know-hows und durch die operative Unterstützung in der Aussteller- und Besucherakquisition marktgerechte Veranstaltungen anzubieten und sie stetig dem Bedarf von Ausstellern und Besuchern anzupassen. Gleichzeitig partizipieren Messe und Standort vom Image des Verbandes. Für die Positionierung einer Veranstaltung bzw. einer Messegesellschaft im Wettbewerb kann die Bindung an einen Verband von ausschlaggebender Bedeutung sein.

Aus Sicht der Verbände sind wichtige Ziele einer Messebeteiligung nach innen Mitgliederzufriedenheit, -aktivierung und -partizipation. Mit der Bündelung von Branchen-Know-how der Verbände und Dienstleistungs-Know-how der Messegesellschaften haben Wirtschaftsverbände zugleich die einmalige Gelegenheit, ihren Mitgliedern nutzwertorientierte und Mehrwert schaffende Dienstleistungen zu offerieren und Wachstumsimpulse für die beteiligte Branche zu erzeugen. Eine gelungene Messe als erfolgreiche Plattform für Neugeschäft, Kontakte, Wissenstransfer, öffentliche Wahrnehmung und Marktüberblick bringt somit den Mitgliedern direkte wirtschaftliche Vorteile und stärkt gleichzeitig Kompetenz und Image des Verbandsmanagements.

2.2 Kooperation am Beispiel der Automobilbranche

Die Brisanz des Themas Kooperation zwischen Messegesellschaften und Verbänden wird an der Entwicklung im Bereich Automobilmessen in Deutschland deutlich. Hier hat seit 2000 eine Marktbereinigung stattgefunden. Kleinere und regionale Veranstaltungen, die nicht den Rückhalt eines Branchenverbandes genossen (so die Messen in Berlin, München, Hamburg, Stuttgart und Saarbrücken), sind vom Markt verschwunden. Dagegen sind die klassischen Automobilmessen in Frankfurt (IAA) und Leipzig (AMI), die beide von einem Verband getragen werden, gestärkt aus dem Wettbewerb hervor gegangen.[1]

Anschaulich illustrieren die Auto Mobil International (AMI) in Leipzig und die Internationale Automobil-Ausstellung (IAA) in Frankfurt die wichtigsten Formen der Kooperation zwischen Verbänden und Messegesellschaften.

---

[1] Die Essen Motor Show als Messe für Tuning, Motorsport und Classics wird ebenfalls von wichtigen Verbänden wie dem ADAC, dem Verband Deutscher Automobiltuner (VDAT) e.V. und dem Deutschen Motor Sport Bund (DMSB) unterstützt.

2.2.1 Der Verband als Veranstalter

Der Verband der Automobilindustrie (VDA) veranstaltet in eigener Regie die Internationale Automobil-Ausstellung (IAA). Dem VDA gehören zum einen Automobilhersteller
und ihre Entwicklungspartner, die Zulieferer, an, darüber hinaus die Hersteller von Anhängern, Aufbauten und Containern. Dem Verband sind über 500 Firmen mit insgesamt
735 000 Beschäftigten angeschlossen. Er fördert national und international die Interessen
der gesamten deutschen Automobilindustrie auf allen Gebieten der Kraftverkehrswirtschaft. In ungeraden Jahren veranstaltet der VDA die IAA PKW auf dem Frankfurter
Messegelände, in geraden Jahren die IAA Nutzfahrzeuge auf dem Areal der Deutschen
Messe AG in Hannover.

Die IAA PKW ist die weltweit größte Mobilitätsmesse und das Markenzeichen des
VDA. Jährlich präsentieren rund 1 000 Aussteller aus über 40 Ländern die Highlights
und Trends der Automobilindustrie. Rund 850 000 Besucher aus dem In- und Ausland
kommen pro Jahr zu diesem automobilen Top-Event.

Die Messe Frankfurt fungiert dabei als reiner Dienstleister ohne Einfluss auf Konzept,
Marketing und Kommunikation. Sie vermietet ihr Gelände an den VDA und stellt ihre
Kapazitäten an messerelevanten Dienstleistungen zur Verfügung (z.B. Standbau, Logistik, Catering, Sicherheit).

Stärken dieses Konzepts sind die hohe Branchenkompetenz des Verbandes und die direkte Einflussnahme auf die ausstellende und besuchende Wirtschaft, was zu einer repräsentativen Messebeteiligung der Branche führt. Für die Messegesellschaft stehen auf der
Habenseite eine hohe Auslastung des Geländes und sichere Einnahmen. Die Reduktion
auf ihre Dienstleistungsfunktion begrenzt zugleich die Einbringung der Erfahrungen und
Ressourcen, die aus der Durchführung von zahlreichen anderen Messeveranstaltungen
resultieren. Die Funktion als Veranstalter erlaubt es dem Verband zudem, bei Vertragsverhandlungen eine dominierende Haltung einzunehmen.

2.2.2 Der Verband als ideeller Träger

Seit 1991 ist der Verband der Importeure von Kraftfahrzeugen e.V. VDIK ideeller Träger der Leipziger Messe Auto Mobil International (AMI). Auf die 32 VDIK-Mitgliedsfirmen entfallen nahezu 100 Prozent aller neu zugelassenen ausländischen PKW in
Deutschland und rund drei Viertel aller Nutzfahrzeugneuzulassungen von Importmarken.
Mit dem angeschlossenen Fachhandel beschäftigen die VDIK-Mitgliedsfirmen rund
160 000 Personen, erwirtschaften einen Umsatz von fast 20 Milliarden Euro im Jahr und
investieren jährlich beachtliche Volumina.

Der VDIK beschreibt das Messegeschäft als wichtige Dienstleistung des Verbandes:
„Messen bedeuten Nähe zum Markt und Nähe zum Kunden. Das Ausloten und auch

Provozieren von Nischen und Bedürfnissen sind Qualitätsmerkmale der Messe. Automobilausstellungen geben dabei Einblicke in die mobile Welt von morgen. Besucherumfragen anlässlich verschiedener Automobilmessen haben ergeben, dass der Messebesuch neben dem Besuch beim Autohändler, der Lektüre von Fachzeitschriften und Testberichten entscheidend zur Meinungsbildung beiträgt und in die Kaufentscheidung mit einfließt."

Deshalb ist der Verband 1991 eine langfristige Kooperation mit der Leipziger Messe zur gemeinsamen Entwicklung der AMI eingegangen. Inhalte, Ziele und finanzielle Vereinbarungen werden in einem mehrjährigen Vertrag partnerschaftlich geregelt. Die Leipziger Messe ist Veranstalter der AMI und hauptverantwortlich für die Organisation und Durchführung. Der VDIK und seine Mitglieder beteiligen sich aktiv an der konzeptionellen Entwicklung der Messe und an den entscheidenden Marketing- und Kommunikationsaktivitäten. Vertreter des Verbandes sind in den Messegremien involviert (z.B. Messebeirat). Im umgekehrten Fall tauschen sich die Mitarbeiter der AMI in den Arbeitskreisen des Verbandes mit den VDIK-Mitgliedern aus.

Die Leipziger Messe profitiert innerhalb dieser Zusammenarbeit von der Branchenkompetenz und dem engen Kontakt des Verbandes zu seinen Mitgliedern. Damit ist eine repräsentative Beteiligung der wichtigsten Aussteller gewährleistet. Zugleich erlaubt diese Form der Kooperation der Messegesellschaft, verbandsunabhängig weitere Ausstellungssegmente zu installieren und zusätzliche Aussteller- und Besucherzielgruppen zu akquirieren.

Der Verband wiederum kann seinen Mitgliedern eine erfolgreiche Business-Plattform bieten und so seiner Dienstleistungsfunktion nachkommen. Dadurch erhält er sowohl innerhalb der Automobilbranche als auch gegenüber seinen Mitgliedern einen beträchtlichen Image-Zuwachs und sichert sich eine stabile Einnahmequelle.

Die gleichberechtigte Partnerschaft zwischen VDIK und Leipziger Messe hat Früchte getragen. Mit jährlich rund 400 Ausstellern aus 20 Ländern und über 250 000 Besuchern gehört die AMI in Leipzig heute zu den bedeutendsten europäischen Automobilmessen.

3. Von der natürlichen zur strategischen Partnerschaft

Deutschland ist und bleibt Weltmeister im Messewesen. An deutschen Standorten werden rund zwei Drittel der weltweit führenden Branchenmessen durchgeführt. Generell haben Messen unter allen Instrumenten, die im Kommunikationsmix eingesetzt werden, die zweithöchste Bedeutung, nur übertroffen vom persönlichen Verkauf. Aus Sicht der Aussteller liegen die besonderen Stärken der Messen in der Erreichung bestimmter Unternehmensziele am Anfang des Verkaufsprozesses – etwa der Steigerung der Bekanntheit des Unternehmens, der Image-Pflege sowie der Demonstration von Marktpräsenz.

Dabei wird heute ein grundlegender Wandel erkennbar: Nicht mehr nur neue Produkte werden gezeigt, sondern neue Fertigungsprozesse, neue Dienstleistungen um die Produkte, und: Man diskutiert neue Vertriebsstrategien. Gerade im Fachmessebereich geht die Entwicklung zu hoch spezialisierten Veranstaltungen mit hoher internationaler Beteiligung. Dabei wird ein Trend deutlich: Die Wegweiser des weltweiten Messewesens zeigen auf den Europäischen Binnenmarkt, die EU-Erweiterung, die neuen Medien und die neuen Kommunikationsstrukturen, die sich auf das Selbstverständnis von Messen auswirken. Ein zweiter Trend bestimmt die künftige Entwicklung des Messewesens: Messen steigen in ihrer Bedeutung als Kommunikationszentren. Sie fördern neben der Abbildung einer Branche vor allem die Marktkommunikation. Immer stärker rückt dabei die Servicequalität in Bereichen ins Zentrum, die über die Messedurchführung hinaus gehen und den Aussteller bei der Vor- und Nachbereitung seines Messeauftritts unterstützen.

Die fortschreitende europäische Integration, die zunehmende Globalisierung und der technologisch bedingte Strukturwandel in der Wirtschaft stellen die Wirtschaftsverbände ebenfalls vor neue Herausforderungen. Hinzu kommt eine veränderte Denkrichtung der Unternehmer, die sich, auch im Gefolge des „Shareholder Value", von langfristiger Interessenpolitik hin zur Wahrnehmung von kurzfristigen Unternehmenszielen gewandelt hat. Daraus kann auch eine zunehmende Bindungsunwilligkeit an Verbänden und ähnliche Interessengruppen erwachsen.

Trotz Individualisierung verschwindet die organisierte Gesellschaft nicht. Mit Blick auf die immer komplexer werdenden Strukturen in Wirtschaft und Gesellschaft nimmt die Notwendigkeit einer formierten Organisation und Kommunikation eher noch zu. Die Vernetzung steigt und die Verbände müssen die Bedürfnisse ihrer Mitglieder ernster nehmen, ihnen mehr Mitsprache einräumen und mehr geldwerte Serviceleistungen anbieten. Der Nutzen eines Verbandes wird künftig von seinen Mitgliedern mehr denn je danach beurteilt werden, ob er ihnen messbare Vorteile bringt, die nach Einschätzung des Mitglieds höher einzustufen sind als der geleistete eigene Beitrag. Jeder Verband steht daher vor der Herausforderung, maßgeschneiderte Dienstleistungsangebote für seine Mitglieder zu entwickeln.

Die beschriebenen Rahmenbedingungen, der o.g. Organisationsgrad der deutschen Wirtschaft, die partielle Deckungsgleichheit von Verbandsmitgliedern und ausstellenden Unternehmen und dazu die nachweislich hohe Effizienz von Messeveranstaltungen als Marketinginstrument machen strategische Kooperationen zwischen Messegesellschaften und Verbänden zwingend notwendig.

Die entscheidenden Fragen lauten:

- Wie können Messegesellschaften und Verbände angesichts der veränderten Rahmenbedingungen ihre Dienstleistungsfunktion gegenüber ihren Mitgliedern und Kunden in Zukunft optimal erfüllen?

- Wie wird die Messe für den Kunden, wie wird die Mitgliedschaft in einem Verband mehr wert?

Schlüsselworte sind hierfür *Serviceorientierung* und *Internationalisierung*. Als System-anbieter von Dienstleistungen für Messen und Veranstaltungen stellt sich beispielsweise die Leipziger Messe diesem Anspruch und bündelt ihr Know-how in einem Netzwerk. Dabei geht das Verständnis dieser Dienstleistungen über die klassische Definition hinaus und meint das ganze Spektrum der Mehrwertdienste rund um eine Messe. Diese Dienst-leistungen sind ein wichtiges Differenzierungsinstrument bei ähnlicher werdenden Pro-dukten. Sie binden Kunden an die Messe, sichern die Umwegrendite in der Region und sind ein wesentlicher Beitrag zum Standortmarketing. Deshalb bietet die Leipziger Mes-se Ausstellern und Besuchern sowohl Full-Service-Angebote als auch individuell zuge-schnittene Module an – immer aber aus einer Hand. Ihre Kunden sparen Zeit und letzt-lich Geld, da sie sich auf der Messe ihren Kernaufgaben widmen können.

Auch die Verbände orientieren sich mittlerweile ausgeprägter an den Marketingzielen ihrer Mitglieder. Das Spektrum der Services reicht über die klassische Lobby-Arbeit hinaus, von Aus- und Weiterbildung über Marktforschung und Brancheninformation bis hin zu Beratung in Rechts- und Finanzfragen. Gleichzeitig haben sich die Verbände vor-genommen, aktiv für eine Weiterentwicklung der Messelandschaft in Deutschland ein-zutreten und die Interessen ihrer Mitglieder auf die erfolgversprechendsten Messen zu bündeln.

Ein wichtiges Spielfeld für strategische Kooperationen zwischen Messegesellschaft und Verbänden sind die internationalen Märkte. Hier müssen beide Parteien in ihren Struktu-ren und in ihrer Politik der globalisierten Wirtschaft folgen. Die zunehmende internatio-nale Verflechtung der Wirtschaft muss sich auch in der Abbildung der Branche durch eine Messe niederschlagen. Die internationale Ausrichtung bei Ausstellern und Besu-chern ist die Messlatte für den Erfolg. Zugleich muss die Frage geklärt werden, wie der von verschiedenen Messegesellschaften forcierte Export in Deutschland erfolgreicher Messekonzepte so gestaltet werden kann, dass er dem Interesse der heimischen Industrie an möglichst repräsentativen Markt- und Wettbewerbsplattformen in anderen Regionen der Welt gerecht wird.

Die großen Industrieverbände, wie hier beispielhaft der Zentralverband Elektrotechnik- und Elektronikindustrie e.V. (ZVEI) in seinem Tätigkeitsbericht 1999/2000, formulieren klar ihren Anspruch: „Auch wird der ZVEI die Internationalisierung der Messeland-schaft mitgestalten, statt auf den Wandel nur zu reagieren. Information und Unterstüt-zung seiner Mitglieder bei der Beteiligung und Mitgestaltung von Messen auf den wich-

tigsten Zielmärkten, aber auch stärkere Einbindung von internationalen Marktteilnehmern in die Entwicklung deutscher Leitmessen [...] sind notwendig".

Hier liegt die Chance für die Messegesellschaften, ihr Know-how bezüglich Service, Organisation und Konzeption sowie die Kapazitäten ihrer Auslandsorganisationen der
Branchenkompetenz und den internationalen Netzwerken der Verbände hinzuzufügen.
Auf diese Weise können Messen und Verbände ihren gemeinsamen Kunden den erforderlichen Mehrwert schaffen: ein Mehr an Kontakten, Geschäften und Erlösen.

4. Literaturverzeichnis

ANDERSEN, U./WOYKE, W. (HRSG.), Handwörterbuch des politischen Systems der Bundesrepublik Deutschland, 4. völlig überarbeitete und aktualisierte Aufl., Bonn 2000.

BOERNER, C., Aktiv als Veranstalter oder ideeller Träger – die Rolle der Verbände bei
Messen und Ausstellungen, in: Küffner, G./Mortsiefer J. (Hrsg.), Messeplatz Europa
– Messen als Bestandteil des betrieblichen Marketing, Frankfurt 1990.

BURGMER, I. M., Die Interessenvertreter formieren sich neu. Zu den Perspektiven des
Lobbyismus in Berlin/Plädoyer für einen komplementären Ansatz, in: Verbändereport, Nr. 03, 2001.

FOURNELL, N., Die Messe im Wandel zum modernen Dienstleistungsanbieter, Diplomarbeit, Regensburg 1998.

HÜRTEN, H. (HRSG.), Organisierte Interessen in Europa, Osnabrück 1996.

MARTELL, H., Die Zukunft der Wirtschaftsverbände, in: Verbändereport, Nr. 07, 1999.

MARTELL, H., Economic Networks. Aufgaben und Arbeitsweise von Wirtschaftsverbänden, in: Verbändereport, Nr. 06, 2002.

MEFFERT, H., Marketing – Grundlagen marktorientierter Unternehmensführung,
8. Aufl., Wiesbaden 1998.

NISSEN, D., Effektivität des Marketing von Verbänden, Wiesbaden 1998.

REUTTER, W., Organisierte Interessen in Deutschland. Entwicklungstendenzen, Strukturveränderungen und Zukunftsperspektiven, in: Das Parlament, Beilage aus Politik
und Zeitgeschichte, Nr. 26-27, 23./30. Juni 2002.

ROBERTZ, G., Strategisches Messemanagement im Wettbewerb: ein markt-, ressourcen-
und koalitionsorientierter Ansatz, Dissertation, Wiesbaden 1999.

SCHLOZ, H.-W. P., Auswirkungen der europäischen Integration auf das deutsche Ver-
bändesystem, Stuttgart 1994.

SCHUBERT/KLEIN: Das Politiklexikon, Bonn 2001.

TRIESCH, G./OCKENFELS, W., Interessenverbände in Deutschland. Ihr Einfluss in Politik, Wirtschaft und Gesellschaft, München 1995.

VARELA CARO, J., Strategisches Marketing für Messegesellschaften – Herausforderungen, Probleme, Gestaltungsperspektiven, Diplomarbeit, Hannover 1998.

VDIK – VERBAND DER IMPORTEURE VOM KRAFTFAHRZEUGEN E.V. (HRSG.), Bericht des Verbandes der Importeure von Kraftfahrzeugen e.V. über die Geschäftsjahre 2000/2001, Bad Homburg 2002.

VON ALEMANN, U., Die Zukunft der Verbändegesellschaft, in: Informationen zur politischen Bildung, Heft 253, Bonn 1996.

VON ALEMANN, U./WESSELS, B. (HRSG.), Verbände in vergleichender Perspektive. Beiträge zu einem vernachlässigten Feld, Berlin 1997.

VON ALEMANN, U., Organisierte Interessen in der Bundesrepublik, 2. Aufl., Opladen, 1989.

VON ALEMANN, U., Lobbyismus heute – Neue Herausforderungen durch Globalisierung, Europäisierung und Berlinisierung, in: Hamburgisches Welt-Wirtschafts-Archiv (HWWA), 80. Jg. (2002), Baden-Baden, S. 142-145.

WITT, D./ROSKOPF, K., Verbände auf dem Weg zu modernen Dienstleistern, in: H&V Journal, 100 Jahre CDH, Sonderausgabe zum Jubiläum, 54. Jg. (2002), Nr. 8, S. 74-77.

Ausgewählte verbandsbezogene Internet-Adressen:

www.das-parlament.de – Zeitschrift des deutschen Bundestages „Das Parlament"

www.verbaende.com – Deutsches Verbände Forum

www.bpb.de – Bundeszentrale für politische Bildung

www.bda-online.de – Bundesvereinigung der Deutschen Arbeitgeberverbände

www.bdi-online.de – Bundesverband der Deutschen Industrie e.V.

www.vda.de – Verband der Automobilindustrie

www.vdik.de – Verband der Importeure vom Kraftfahrzeugen e.V.

www.vdw.de – Verein Deutscher Werkzeugmaschinenfabriken

www.zvei.org – Zentralverband Elektrotechnik- und Elektronikindustrie e.V.

www.vdma.de – Verband der Investitionsgüterindustrie

www.dihk.de – Deutscher Industrie- und Handelskammertag

www.hki-online.de – Industrieverband Haus-, Heiz- und Küchentechnik e.V.

www.zdh.de – Zentralverband des Deutschen Handwerks

www.auma.de – Ausstellungs- und Messe-Ausschuss der Deutschen Wirtschaft e.V.

www.vud.de – Verband der Unterhaltungssoftware Deutschland e.V.

www.bitkom.org – Bundesverband Informationswirtschaft, Telekommunikation und
Neue Medien e.V.

www.german-pavilion.de – Homepage der offiziellen deutschen Messebeteiligungen im
Ausland

Claus Rättich

Strategische Kooperationen im Bereich Cross Selling

1. Begriff und Formen Strategischer Kooperationen

2. Produkte bündeln, Kunden binden

3. Marken vernetzen statt zersplittern

4. Cross Selling-Konzepte der NürnbergerMesse

5. Partner strategischer Kooperationen

6. Cooptition und mehr

7. Literaturverzeichnis

M.P.P.M. (Yale University) Claus Rättich ist Geschäftsbereichsleiter Eigenveranstaltungen der NürnbergMesse GmbH, Nürnberg.

„Die Grenzen zwischen Industriezweigen verschwimmen. Wenn die Schranken fallen – auf Grund von Internationalisierung, Deregulierung und Digitalisierung – wird es für Unternehmen immer einfacher, Querverbindungen zu verschiedenen Märkten und Industrien herzustellen." (Ridderstråle/Nordström 2000)

1. Begriff und Formen Strategischer Kooperationen

Begriffsbestimmung tut not. Eine trennscharfe Abgrenzung der strategischen Allianz, obwohl seit den achtziger Jahren immer wieder bemüht, existiert bis heute ebenso wenig wie eine einheitliche Definition des Kooperationsbegriffs. Gemeint ist eine formalisierte, länger andauernde Beziehung zwischen zwei oder mehreren Unternehmen aus demselben oder verwandten Wirtschaftszweigen, um die eigenen Schwächen durch Stärken anderer Organisationen zu kompensieren und dadurch Wettbewerbsvorteile zu sichern und respektive auszubauen. Der Vorteil dieser Form von Unternehmensbeziehung, die sich vor allem seit Beginn der achtziger Jahre hoher Beliebtheit erfreut, liegt vor allem in der relativ schnellen Erschließung externer Synergien ohne schwierige Interaktionsprobleme und hohe Anfangsinvestitionen, wie sie bei Aufkäufen oder Fusionen anfallen würden (Hammes 1994). Und ihre Bedeutung wächst. Mit steigender Komplexität von Innovationen und besser zugänglichem technologischem Wissen werden aus bilateralen Kooperationen oft multilaterale Netzwerke, die nicht nur Partner aus einer mehrgliedrigen Wertschöpfungskette einschließen, sondern darüber hinaus auch Hochschulen, Forschungsinstitute, staatliche Organe und sogar die Wettbewerber eines Industriezweigs (Hauschildt 1997).

Im Tagesgeschehen einer Messegesellschaft ist die Zusammenarbeit mit Partnern zum beiderseitigen Nutzen längst verankert, wenn auch in unterschiedlichen Ausprägungen:

- Ob als horizontale Kooperation zwischen Unternehmen der gleichen Wertschöpfungsstufe
- Als vertikale Kooperation zur Effizienzsteigerung der Wertschöpfungskette
- Als Verknüpfung beider Varianten in Form von strategischen Netzwerken.

Zahlreiche Formen strategischer Allianzen sind also denkbar – von gemeinsamer Kundenakquisition und gemeinsam durchgeführten Veranstaltungen über Schulung und Bildung bis hin zu Flächenoptimierung, Internationalisierung und Marketing. Möglicherweise bieten sich neue Geschäftsfelder – etwa über die Verknüpfung etablierter Veranstaltungen mit den Möglichkeiten der neuen Medien, den Einsatz von Serviceleistungen und Akquisitionskompetenz auch außerhalb des eigentlichen Messegeschäfts (Nittbaur 2001).

2.   Produkte bündeln, Kunden binden

In fast allen Unternehmen wachsen Datenbestände mit Kundeninformationen ins Uner-
messliche. Hier ruht ein Schatz, den auch wir Messeunternehmen heben müssen, um exzellenten, individuellen Service zu bieten. Denn bei hohem Wettbewerbsdruck und für
die Vermarktung von immer ähnlicheren Produkten sind dauerhafte Kundenbeziehungen
mit einem hohem Customer Lifetime Value (CLV) ausschlaggebend. Die emotionale Intelligenz von Unternehmen wird damit zum wichtigen Wettbewerbsfaktor (Kalyta 2002).

Eine Seite ist hier die technische Lösung in Form eines CRM-Systems, wie sie bei der
Nürnberger Messe und etlichen anderen Messegesellschaften eingesetzt werden, um die
riesige Datenflut erst einmal zu sammeln, zu ordnen und auszuwerten. Interaktiv agierende Kunden und leistungsfähige Datenbanken einmal vorausgesetzt, werden sich die
klassischen Medienkategorien überlagern und erweitern. Kollaborative Filter, wie sie
etwa im Onlinehandel bereits an der Tagesordnung sind, kommen möglicherweise auch
in der Arbeit der Messegesellschaften zum Einsatz: Mit der Erfassung individueller
Kundenpräferenzen und der Zuordnung zu bestimmten Affinitäten-Gemeinschaften wird
das so für einzelne Segmente optimierte Angebot wiederum den Kunden vorgestellt. Der
Online-Händler Amazon („Kunden, die dieses Buch bestellten, haben auch folgende Bücher gekauft") hat diese Methode bereits perfektioniert (Zerdick 2003).

Den Kunden „bei der Stange" zu halten bedeutet aber auch: Ausschöpfen aller Bin-
dungspotenziale, seien sie ökonomischer, sozialpsychologischer, vertraglicher oder tech-
nisch-funktionaler Natur. Letztere verflechten Kern- und Zusatzleistungen – als Beispiele seien hier aus der Informationstechnologie disparate Systeme und deren
Vernetzung genannt, in der Büromöbelherstellung etwa eine durch Funktion, Farbe und
Design verkettete Produktlinie (Reinecke/Tomczak/Geis 2001). Die Vorteile derartiger
„Leistungsbündel" für den Kunden werden klar, wenn er dadurch einen echten Mehrwert
erfährt (Meffert/Bruhn 2001). Vernetzen wir also uns und unsere Produkte!

3.   Marken vernetzen statt zersplittern

Seit Jahren prägen die Themen Kundenorientierung und Kundenbindung die Diskussion
in Marketingforschung und -praxis. Unternehmen investieren hohe Summen in Programme zur Steigerung von Kundenzufriedenheit und Kundenbindung. Die Frage, wie
Kundenpotenziale produktübergreifend erschlossen werden können, findet allerdings erstaunlich wenig Beachtung, obwohl Cross Selling in vielen Branchen an Bedeutung gewinnt. Das kann im Hinblick auf die Messebranche bedeuten:

a) Besucher der Messe A als Aussteller der Messe B zu gewinnen – oder umgekehrt

b) Besucher der Messe B als Besucher der Messe A

c) Aussteller der Messe A als Aussteller der Messe B

d) Ausstellern oder Besuchern der Messe A die Messe C von Veranstalter D empfehlen

e) Aussteller oder Besucher der Messe A als Veranstalter eines Kongresses oder einer Firmenveranstaltung für das Kongresssegment E gewinnen.

Aus dieser Auflistung wird deutlich: Ertragssteigerung lässt sich nicht nur über Neukunden erzielen. Oft schöpfen Unternehmen das Profitpotenzial, das bereits vorhandene Kunden bieten, nur ungenügend aus, urteilt eine Studie des Instituts für Marktorientierte Unternehmensführung an der Universität Mannheim: Im Schnitt zu weniger als einem Drittel (Homburg/Schäfer 2001). Vor allem beim Cross Selling liegen beträchtliche Erfolgspotenziale brach. Gleichzeitig beobachten die Wissenschaftler im Rahmen ihrer Untersuchung, dass die wenigen Unternehmen mit hohem Engagement beim Cross Selling deutlich profitabler sind als andere.

Pro Kunde lassen sich die Cross-Selling-Potenziale in aller Regel nur auf Basis durchschnittlicher Erfahrungswerte beziffern. Allerdings hängt das Niveau der Cross-Selling-Umsätze sehr stark von entsprechenden Bündelungsaktivitäten des Anbieters ab, Erfahrungen aus der Vergangenheit spiegeln damit die echten Potenziale nicht unbedingt wider (Diller 2002). Unter dem Strich bedeutet erfolgreiches Cross Selling für das Unternehmen gesteigerten Gesamtumsatz pro Kunde bei gleichbleibenden Fixkosten, gesteigerte Kundenloyalität durch Cross Buying (viele Produktbeziehungen zum Unternehmen steigern die Kundenbindung), verminderte Fluktuation und Verlängerung der Dauer der Kundenbeziehung. Ebenso positiv zu Buche schlagen die größere Bereitschaft der Kunden, bei Komplettangeboten aus einer Hand höhere Preise zu zahlen, und geringere Kosten durch die Bündelung der Distributionswege mehrerer Produkte. Kosten für die Anwerbung von Kunden und die Erhebung ihrer Daten fallen überdies nur einmal an. Das dafür zur Verfügung stehende Instrumentarium reicht von der allgemeinen Marktforschung über Preis- und Produktbündelung bis zu Data-Mining-Analysen aus internen wie externen Datenbanken, standardisierten Prozessvorgaben und sinnvoll eingesetzten Dachmarkenstrategien.

Im Messewesen findet sich vorwiegend die Ausprägung unabhängiger Marken, die sich untereinander ergänzen (Freter/Baumgarth 2001). Marken sind die „Goldader" vieler Unternehmen. Sie gelten als zentrale Wertschöpfer, weil sie den vielfältigen Anspruchsgruppen als Orientierungs- und Vertrauensanker dienen. Sie prägen Präferenzen und wirken positiv auf Preis und Absatzmenge. Der Transfer einer vorhandenen Marke auf ein neues Produkt ist ein typischer Weg zur Kapitalisierung einer Marke. Im Unterschied zu reinen Dachmarkenstrategien stellt ein Systemanbieter seine Kunden in den Vordergrund und definiert für ein breites Spektrum nachgelagerter Kundenbedürfnisse zusammenhängende Produkt-Service-Ketten (Dudenhöffer 2001). Auf der Suche nach Optimierungspotenzialen ist vor allem die Frage von Bedeutung, wie eine Markenarchitektur gestaltet sein muss, um einerseits Synergien zwischen den Marken zu realisieren und andererseits die nötige Eigenständigkeit der jeweiligen Marken zu wahren (Esch/Bräutigam 2001). Nicht zu vernachlässigen ist dabei außerdem eine möglichst einheitliche Positionierung bei entsprechend integrierter Kommunikation, die dem Ansprechpartner nicht nur verschiedene Markensplitter eines gesamten Produkt- oder Leistungsbündels vor Augen führt (Esch 2001).

4.   Cross Selling-Konzepte der NürnbergerMesse

Das Nürnberger Messeangebot stellt in der deutschen Messelandschaft eine geradezu vorbildliche Synthese zwischen Eigen- und Gastveranstaltungen dar. Die NürnbergMesse hat mit der Internationalen Spielwarenmesse, der bundesweit aktiven Veranstaltergesellschaft AFAG und anderen bedeutenden freien Organisatoren (z.B. Mesago Messe Frankfurt, AMA, Vincentz, Schall) gewichtige Partner gefunden, die ihr heute zusammen mit den Eigenveranstaltungen einen fünfzehnfachen Umschlag der Hallenfläche pro Jahr ermöglichen. Über 100 Veranstaltungen finden jährlich im Messezentrum Nürnberg statt. Das Fachmesse-Portfolio umfasst national und international mit der Auslandsmessetochter Nürnberg Global Fairs rund 50 thematisch eng umgrenzte Fachmessen. Zusätzlich werden rund 30 Fachkongresse im eigenen CongressCenter Nürnberg veranstaltet. Bei einer derartigen Ballung von Informationsplattformen liegt eins nahe: Der Wunsch, den Beteiligten an einer Veranstaltung weitere Angebote aus dem eigenen Haus schmackhaft zu machen und diese Angebote in thematisch verwandten Feldern eng miteinander abzustimmen.

Das kann zum einen in horizontaler Richtung geschehen, wie bei der traditionsreichen Verpackungsmesse, aus der inzwischen mit FachPack, PrintPack und LogIntern ein ganzes Veranstaltungsbündel geworden ist: Seit Jahren hat die FachPack einen ausgezeichneten Ruf als eine der wichtigsten europäischen Verpackungsfachmessen. Da aber bei aller Gewichtung innerer Werte gerade bei Verpackungen die Optik oft entscheidend ist, ging die FachPack im Oktober 2001 erstmals im Verbund mit der PrintPack, Fachmesse für Verpackungsdruck und Packmittelproduktion, an den Start. Und 2003 greift die neue Fachmesse LogIntern mit der innerbetrieblichen Logistik eines der meistdiskutierten FachPack-Themen auf und bietet dafür ein eigenständiges Forum.

Zum anderen lässt sich diese Entwicklung auch in vertikaler Richtung vorantreiben: Messemarken wie die BioFach verankerte das Tochterunternehmen Nürnberg Global Fairs außerhalb Europas bereits auf drei weiteren Kontinenten, auch andere traditionell am Standort der Muttermesse angesiedelte Themen wurden erfolgreich ins Ausland transferiert. Synergieeffekte für den Gesamtkonzern lassen sich durch derartige Diversifizierung gleich bei mehreren Gliedern der Prozesskette erzielen, die Kompetenzen im In- und Ausland wirkungsvoll miteinander verzahnen.

Kooperationen zwischen hiesigen und ausländischen Messegesellschaften sind heute schon fast an der Tagesordnung. Der künftige Weg der Messen zur Mitgestaltung der Weltmärkte wird zunehmend strategische Partnerschaften und maßgeschneiderte Konzepte für die internationalen Wachstumsmärkte erfordern, um spezifische Marktgegebenheiten schnell erschließen und umfassenden Service anbieten zu können.

5. Partner strategischer Kooperationen

Neue Verwertungsmöglichkeiten und Kooperationsformen müssen nicht zwingend den gegenseitigen Verkauf realer Waren oder Dienstleistungen zur Folge haben – Brand Selling und der Transfer von Imagewerten über einen Allianzpartner sind ein hinlängliches Motiv für die Zusammenarbeit. Die Positionierung von Veranstaltungen durch die Messegesellschaft hängt in diesem Zusammenhang entscheidend davon ab, welche Kooperationspartner in welchem Zeitrahmen, mit welchen Ressourcen und in welchem vertraglichen Formalisierungsgrad in die Messekoalition eingebunden werden (Robertz 1999). Und die Zahl denkbarer Partner für eine Messegesellschaft ist groß (siehe hierzu auch die detaillierten Einzelbeiträge weiterer Autoren dieses Handbuches).

Traditionell arbeiten die deutschen Messegesellschaften eng mit den deutschen *Verbänden* für Handwerk, Industrie, Handel und Dienstleistung zusammen. Häufig werden Messeprojekte gemeinsam gestartet – zum beiderseitigen Nutzen. Für die Partner steht dabei nicht in erster Linie die kurzfristige Gewinnmaximierung im Vordergrund, wichtiger ist die langfristige Bindung und die positive Entwicklung einer Fachmesse an einem bestimmten Standort.

Strategische Partnerschaften mit *Verlagen* pflegen zahlreiche Messeveranstalter. So entstanden in Nürnberg aus der strategischen Partnerschaft mit dem Vincentz-Verlag bisher die zwei Fachmessen Altenpflege+HealthCare und die European Coatings Show, gemeinsam mit dem Konradin-Verlag die e_procure, Fachmesse für elektronische Beschaffungsprozesse und mit dem WEKA Fachzeitschriften-Verlag die Fachmesse embedded world. Gerade im Management von Medienmarken sind Co-Branding und Cross-Promotion zur gegenseitigen Verstärkung von Markenwirkung und Absatzförderung gang und gäbe (Siegert 2001). Überdies steht die Medienindustrie insgesamt vor mehreren großen Herausforderungen: Neben der häufig fehlenden detaillierten Kenntnis ihrer Kunden und der Notwendigkeit zur Entwicklung zusätzlicher Geschäftsfelder sind dies vor allem die Einbindung neuer Technologien und Plattformen sowie die angemessene Reaktion auf zunehmenden Umsatz- und Kostendruck nach Jahren des Wachstums. Daraus folgt von

Seiten der Medienindustrie die Notwendigkeit, über stärkere Individualisierung und Situationsbezug individuelle Kundenbeziehungen aufzubauen, geeignete Inhalte über verschiedene Zugangswege zu vermarkten und bereits existierende Marken zu nutzen, um über Cross Selling und Cross Branding zusätzliche Umsatzquellen zu erschließen (Mercer Managment Consulting/Hypo Vereinsbank 2002).

6.   Cooptition und mehr

In der deutschen Messewirtschaft wurden die Möglichkeiten strategischer Allianzen untereinander bislang eher verhalten diskutiert, woran die kommunale Verankerung der Messeplätze keinen unwesentlichen Anteil hat. Kooperationen zwischen deutschen Messegesellschaften bestanden bislang vorwiegend im Auslandsgeschäft – seien es gemeinsame PR-Touren, übergreifende Auslandsvertretungen oder ein gemeinschaftlich finanzierter Messeplatz außerhalb Europas wie das gern zitierte „Projekt Pudong" in Shanghai. Doch der Wettbewerb der Messestandorte wird national wie international in den kommenden Jahren eine neue Dimension erreichen. Zahlreiche deutsche Messegesellschaften versuchen, ihre Wettbewerbsposition durch Kooperationen bzw. strategische Allianzen zu verbessern.

Das macht Sinn: Ohnehin sind ja Messen immer auch Koalitionen verschiedenster Interessengruppen – mit dem Messeveranstalter als Steuermann für Anreize, Beiträge und deren Relation zu den einzelnen Gruppen. Warum sich also nicht untereinander zusammentun?

Kooperationen zwischen Messegesellschaften werden sich immer nur auf Teilgebieten erfolgreich gestalten lassen – das liegt bei Wettbewerbern in der Natur der Sache. Aber der Messeplatz Deutschland muss sich innerhalb Europas, der Messeplatz Europa gegenüber dem in den USA und Asien behaupten. Neue Denkmuster dürfen wir uns nicht voreilig verbieten. Solange wir den Schritt von der „competition" zur „cooptition" nur zögerlich wagen, bleiben viele Cross-Marketing-Potenziale zwischen Messegesellschaften ungenutzt. Kooperationen sind immer da sinnvoll, wo Effizienzpotenziale und Kostenvorteile realisiert werden, ohne dass die Eigenständigkeit eines Messeplatzes eingeschränkt wird. Und das wird sie nicht, solange Konzepte, Infrastruktur und Service stimmen.

Das Selbstverständnis der Messe von morgen könnte darauf gründen, dass sie sich nicht nur als Informationsplattform versteht, sondern sich tatsächlich als zentraler Knoten eines umfassenden Netzwerks etabliert, das alle beteiligten Wirtschaftspartner einschließt. Verfehlt wäre es, nur noch nach den bislang erfolgreichen Kompetenzen zu schielen. Was Mehrwert bringt, sollte in den Mittelpunkt unserer Aufmerksamkeit rücken, ebenso wie mögliche Partner auf dem Weg zu diesem Ziel. Unsere zukünftige Aufgabe muss es sein, das Wissen um den Markt, dessen Gesetzmäßigkeiten, Gefahrenstellen und Zukunftstrends zu vertiefen und dieses Wissen als Dienstleistung unseren Kunden zur Verfügung zu stellen. In Deutschland, aber auch überall dort, wo unsere Kunden zukünftig international präsent sein wollen – und mit genau den Partnern, die wir dazu benötigen.

7. Literaturverzeichnis

DILLER, H., Grundprinzipien des Marketing, Nürnberg 2002.

DUDENHÖFFER, F., Systemmarken – Vernetzung produktnaher Angebote um Marken, in: Esch, F.-R. (Hrsg.), Moderne Markenführung, Wiesbaden 2001, S. 413-433.

ESCH, F.-R./BRÄUTIGAM, S., Analyse und Gestaltung komplexer Markenarchitekturen, in: Esch, F.-R. (Hrsg.), Moderne Markenführung, 3. Aufl., Wiesbaden 2001, S. 711-732.

ESCH, F.-R., Aufbau starker Marken durch integrierte Kommunikation, in: Esch, F.-R. (Hrsg.), Moderne Markenführung, 3. Aufl., Wiesbaden 2001, S. 599-635.

FRETER, H./BAUMGARTH, C., Ingredient Branding – Begriff und theoretische Begründung, in: Esch, F.-R. (Hrsg.), Moderne Markenführung, 3. Aufl., Wiesbaden 2001, S. 317-343.

HAMMES, W., Strategische Allianzen als Instrument der strategischen Unternehmensführung, Wiesbaden 1994.

HAUSCHILDT, J., Innovationsmanagement, München 1997.

HOMBURG, C./SCHÄFER, H., Profitabilität durch Cross-Selling: Kundenpotenziale professionell erschließen, Management Know-how Papier M60, Mannheim 2001.

KALYTA, U., BI + CRM = Emotionale Intelligenz, in: Uwe Hannig (Hrsg.), Knowledge Management und Business Intelligence, Berlin 2002.

MEFFERT, H./BRUHN, M., Dienstleistungsmarketing, Wiesbaden 2001.

MERCER MANAGEMENT CONSULTING/HYPOVEREINSBANK, Medien-Studie 2006 – Zukünftige Trends in der Medienlandschaft; Pressekonferenz München 24. April 2002.

NITTBAUR, G., Wettbewerbsvorteile in der Messewirtschaft: Aufbau und Nutzen strategischer Erfolgsfaktoren, Wiesbaden 2001.

REINECKE, S./TOMCZAK, T./GEIS, G. (Hrsg.), Handbuch Marketingcontrolling – Marketing als Motor von Wachstum und Erfolg, Frankfurt/Wien 2001.

RIDDERSTRÅLE, J./NORDSTRÖM, A. K., Funky Business – Wie kluge Köpfe das Kapital zum Tanzen bringen, München 2000.

ROBERTZ, G., Strategisches Messemanagement im Wettbewerb – ein markt-, ressourcen-
und koalitionstheoretischer Ansatz, Wiesbaden 1999.

SIEGERT, G., Medien Marken Management: Relevanz, Spezifika und Implikationen einer
medienökonomischen Profilierungsstrategie, München 2001.

ZERDICK, A., Zur Zukunft der Kommunikation – e-merging media, Vortrag zum Medientag 2003 des Fachbereiches Medien, Kunst und Industrie, ver.di, Stuttgart
22. März 2003.

Kapitel 5:

Internationalisierungsstrategien

Wilhelm Giese

Global Player mit Standortbindung – Internationalisierungsstrategien deutscher Messegesellschaften

1. Einleitung

2. Phänomen der Globalisierung und Internationalisierung

3. Internationalisierung als Herausforderung für Messegesellschaften

4. Chancen und Risiken der Internationalisierung

5. Ziele und Formen der Internationalisierung von Messen

6. Umsetzungsbeispiele von Internationalisierungsstrategien

7. Literaturverzeichnis

Wilhelm Giese ist Vorsitzender der Geschäftsführung der Messe Düsseldorf GmbH, Düsseldorf.

1. Einleitung

„Wer sich nicht nach dem Markt richtet,
wird vom Markt bestraft."
Wilhelm Röpke (1899 – 1966)

Die deutschen Messegesellschaften agieren heute mehr denn je im Kontext einer globalisierten Weltordnung. Im Zuge der Etablierung moderner Verkehrs- und Informationstechnologien wurden und werden vergrößerte Absatzmärkte generiert, die eine wesentliche Verschärfung des internationalen Wettbewerbs und verstärkte Standortkonkurrenzen fördern. Als direkte Konsequenz dieser Entwicklungen stellen der zunehmende internationale Austausch von Gütern und Dienstleistungen, die Intensivierung bi- und multilateraler Handelsbeziehungen sowie die Internationalisierung ausländischer Direktinvestitionen das Messewesen vor große Herausforderungen. Am Anfang des 21. Jahrhunderts befinden sich viele Wirtschaftsbranchen in einer Phase der Konsolidierung: Rezessive Erscheinungen in vielen nationalen Ökonomien, die Krise der New Economy, eine schwache Konsumgüterkonjunktur sowie die geplatzte Börsenblase führen im Messegeschäft nicht selten zu abnehmenden Aussteller- und Besucherzahlen. Die deutschen Messegesellschaften sind als Reaktion auf diese Entwicklungen gefordert, der Globalisierung offensiv entgegenzutreten, die sich bietenden Chancen zu nutzen, aber auch gegen negative Folgeerscheinungen der Globalisierung entschlossen anzugehen.

2. Phänomen der Globalisierung und Internationalisierung

Unter dem Begriff „Globalisierung" ist ein dynamischer realhistorischer Prozess zu verstehen, der in seinen Ausprägungen in den verschiedenen Weltregionen zwar stark asymmetrisch verläuft, gleichwohl jedoch als globaler Trend verstanden werden muss. Nach Varwick kann im Rekurs auf Giddens unter dem Terminus ein Prozess steigender Verbindungen zwischen Gesellschaften und Problembereichen dergestalt definiert werden, dass ein Ereignis in einem Teil der Welt in zunehmendem Maße Gesellschaften und Problembereiche in anderen Teilen der Welt tangiert (Varwick 1998, S. 111ff.). Bisher scheiterte auf Grund divergierender Perspektiven der Versuch, eine konsentierte allgemeine Definition des Globalisierungsbegriffs im wissenschaftlichen Diskurs zu etablieren. Allen Definitionsversuchen ist allerdings gemein, dass die Vorstellung, in geschlossenen und abgrenzbaren Räumen von Nationalstaaten und nationalen Märkten zu leben und zu agieren, der Vergangenheit angehört. In Anlehnung an Beck kann als weiteres

Definitionskriterium des Globalisierungsbegriffes die empirisch feststellbare Ausdehnung, Dichte und Stabilität wechselseitiger regionaler und globaler Beziehungsnetz-
werke sowie sozialer Räume auf ökonomischer, kultureller, ökologischer und politischer
Ebene gelten (Beck 1997, S. 31). Erste Globalisierungstendenzen setzten bereits mit dem
Aufkommen der industriellen Revolution Mitte des 19. Jahrhunderts ein. Die heute erkennbare *„fully-fledged globalization"*, also ein Prozess von derartiger Intensität, dass er
zu fundamentalen Veränderungen im Verhältnis weltpolitischer und weltökonomischer
Prozesse führt, kann jedoch als relativ neues Phänomen angesehen werden (Art Scholte
1997, S. 13-30).

Vor dem Hintergrund sich immer stärker globalisierender Systeme (für den hier diskutierten Zusammenhang ist vor allem die Globalisierung des ökonomischen Systems von
Relevanz) kam der *Internationalisierung* des Messewesens in den vergangenen Jahren
eine immer wichtigere Bedeutung zu. Dabei impliziert der Terminus Internationalisierung als Oberbegriff alle Formen und Phasen der Auslandstätigkeiten, in denen eine Unternehmung über die Grenzen ihres Stammlandes hinaus tätig ist (Corsten 1995, S. 382).
Internationalisierung besitzt einen polyzentrischen und netzwerkähnlichen Charakter und
ist als letzte Stufe einer regionalen Diversifikation betrieblicher Funktionen zu sehen
(Schneck 2003, S. 498). Der überproportionale Anstieg des weltweiten Handels und der
Direktinvestitionen, die Entstehung transnationaler Konzerne sowie das in der Vergangenheit grassierende „Fusionsfieber" sind als wesentliche Indikatoren der Internationalisierung zu nennen.

3. Internationalisierung als Herausforderung für Messegesellschaften

Das deutsche Messewesen hat die Zeichen der Zeit frühzeitig erkannt und nimmt heute,
basierend auf seiner historischen Genese und in der jüngsten Vergangenheit antizipierter
Reaktionen auf sich globalisierende Märkte, eine führende Rolle im internationalen
Messewesen ein: Zwei Drittel der rund 150 weltweit durchgeführten Leitmessen finden
in der Bundesrepublik statt. Sechs der weltweit zehn stärksten Betreibergesellschaften
haben ihren Sitz in Deutschland. 2,56 Millionen Quadratmeter Hallenfläche stehen auf
23 deutschen Messegeländen zur Verfügung. Die gesamtwirtschaftlichen Produktionseffekte belaufen sich auf geschätzte 25 Milliarden Euro pro Jahr. Dennoch ist Stoeck zuzu-
stimmen, wenn er ausführt, dass auf gesamtwirtschaftlicher Ebene der anhaltende Globalisierungsprozess auch die Rahmenbedingungen und das Umfeld im internationalen
Messe- und Ausstellungswesen nachhaltig verändert hat (Stoeck 1999, S. 13). Während
das Wachstum in den Wirtschaftsräumen der Triade stagniert respektive in verschiedenen Volkswirtschaften schrumpft, verlagert es sich mit zunehmender Dynamik in die
sich entwickelnden Schwellenländer Asiens, Lateinamerikas sowie Osteuropas (Jakobeit

2001, S. 245ff.). In diesem Kontext kann in Anlehnung an Stoeck somit nicht davon ausgegangen werden, dass die historisch gewachsene Arbeitsteilung im Messewesen mit Europa – und hier vor allem Deutschland – als Zentrum, dauerhaft Bestand haben wird (Stoeck 1999, S. 38). Die wachsende Nachfrage nach regionalen und überregionalen Messen auf ausländischen Märkten kann von den Leitmessen in Deutschland nicht mehr hinreichend befriedigt werden. Neue Strategien sind gefragt. Unter dem Postulat sich fortwährend mit den Märkten im Dialog befindlicher Messen, stellt die Internationalisierung des deutschen Messewesens somit die logische Konsequenz aus der Globalisierung dar: Wenn sich die Märkte globalisieren, sollten es ihnen die deutschen Messegesellschaften gleichtun, um ihre Wettbewerbsfähigkeit nachhaltig zu sichern.

4. Chancen und Risiken der Internationalisierung

Die Bearbeitung neuer geografischer Märkte setzt im Vorfeld immer einen Abwägungsprozess der möglichen *Chancen und Risiken* voraus, da sich der Aufwand für ein Unternehmen bei der Leistungserbringung in fremden Wirtschaftsräumen im Vergleich zu den Aktivitäten am Heimatmarkt überproportional erhöht (Klein 1998, S. 33). Auf der Chancen-Seite ist vor allem die optimierte Ansprache der Besucher- und Ausstellerpotenziale zu nennen. Große Teile der für die verschiedenen Messen relevanten potenziellen Zielgruppen lassen sich besser auf Veranstaltungen ansprechen, die in einem regionalen Kontext stattfinden. Als Gründe hierfür sind neben minimierten Streuverlusten in erster Linie der Wegfall von Sprach- und Kulturbarrieren, knappe Budgets sowie die oftmals strapaziöse Anreise zu den weiter entfernten Messeplätzen zu nennen. Wie aus Abbildung 1 weiter ersichtlich wird, kann es im Zuge der Internationalisierung von Messen zu Synergieeffekten zwischen Inlands- und Auslandsveranstaltungen kommen, vor allem dann, wenn es sich bei der Inlandsveranstaltung um eine Leitmesse mit entsprechenden Ausstrahlungseffekten handelt.

Potenzielle Chancen und Risiken der Internationalisierung	
• Optimierte Ansprache des Besu-cher- und Ausstellerpotenzials	• Bedeutungsverlust der internationa-len Leitmessen in Deutschland (Kan-nibalisierungseffekte)
• Synergieeffekte zwischen In- und Auslandsmessen	• Veranstaltungstransfer
• Steigerung der Internationalität von Messen in Deutschland	• Me-too-Strategie
• Zusätzliche Wachstumsimpulse in Deutschland	• Klonen von Veranstaltungen ohne Berücksichtigung des regionalen Kontexts selten möglich
• Standortsicherung	• Finanzielle Risiken auf Grund beste-hender Markteintrittsbarrieren
• Verkürzung des Veranstaltungstur-nus durch Etablierung regionaler Fachmessen im Ausland, Etablie-rung von Branchentreffs, Skalenef-fekte	• Im Ausland investierte finanzielle Ressourcen stehen für die Absiche-rung der Marktposition des heimi-schen Standorts nicht mehr zur Ver-fügung
• Imagegewinn durch Kundenservice	
• In der Regel höhere Quadratmeter-erlöse auf ausländischen Messe-märkten auf Grund geringerer An-gebotsdichten	

Abb. 1: Potenzielle Chancen und Risiken der Internationalisierung im Messewesen

Besuchern und Ausstellern der zumeist regional konzipierten Auslandsmessen kann hier die Qualität der (Leit-)Messe am Stammsitz kommuniziert werden. Greift dieser Mecha-nismus, trägt das Engagement in Auslandsmärkten zu einer erhöhten Internationalität im Mutterland, zu zusätzlichen Wachstumsimpulsen und schließlich zur Standortsicherung bei. Da der Veranstaltungsturnus für viele Leitmessen im Investitionsgüterbereich nicht selten mehrere Jahre beträgt, können bestehende, in ausländische Märkte exportierte Messekonzepte im regionalen Kontext zu wichtigen Branchentreffs avancieren, Ziel-gruppen an das Messeunternehmen binden und somit weitere Skaleneffekte bewirken. Renditebezogen liegen die Quadratmetererlöse auf ausländischen Messemärkten auf Grund geringerer Angebotsdichten meist deutlich über dem Niveau Deutschlands. Schließlich präsentiert sich ein Messeunternehmen als serviceorientierter Dienstleister, wenn es deutschen und europäischen Ausstellern als Partner beim Eintritt in neue Märkte behilflich ist. Diese Kundenorientierung resultiert bei professioneller Durchführung der

Auslandsveranstaltungen in einem signifikanten Imagegewinn für die gesamte Unternehmensgruppe.

Auf der Risiko-Seite kann der Export erfolgreicher Messekonzepte im Extremfall zu einem Bedeutungsverlust der Hauptveranstaltung in Deutschland führen. Ziehen es Besucher und Aussteller vor dem Hintergrund geringerer Messebudgets vor, auf den für sie relevanten Regionalmärkten mit ihren geringeren Streuverlusten präsent zu sein, schlägt sich dies möglicherweise in einer sinkenden Bedeutung der Hauptmesse nieder. Somit muss in einer Internationalisierungsstrategie konsequent ausgeschlossen werden, dass der zusätzlich generierte Wettbewerb im Ausland zu einer Schwächung des Standorts Deutschland führt (*Kannibalisierungseffekte*).

Investitionen in ausländische Märkte sollten zudem stets vor dem Primat der realistischen Finanzierbarkeit und weniger vor dem Primat einer strategischen Nachahmung durchgeführt werden. Lediglich ein *„Me too"* wird keinem Messeunternehmen Erfolg auf ausländischen Märkten bescheren. Weiter darf bei einer Chancen-Risiken-Analyse nicht übersehen werden, dass im Ausland investierte Gelder für die Entwicklung des Stammsitzes nicht mehr zur Verfügung stehen. Mit dem *Break Even* im Auslandsgeschäft ist dazu in der Regel frühestens fünf bis sieben Jahre nach Markteintritt zu rechnen. Ein Klonen bzw. eine Multiplikation von Messeveranstaltungen, d.h. die exakte Übertragung einer Veranstaltung ins Ausland, lässt sich zudem in den seltensten Fällen erfolgreich realisieren. Der Transfer der Messe in die regionalen Wachstumsmärkte muss neben den kulturellen Unterschieden auch wirtschaftlichen, politischen und sozialen Gegebenheiten sowie den Eigenheiten der Branche im Ausland gerecht werden. Weiter sollten Kommunikationsstrategien, Produktanforderungen, Positionierung und der Kundennutzen im internationalen Kontext präzise formuliert werden. Der Vertrieb ist dann im Sinne eines funktionsübergreifenden Prozess- und Schnittstellenmanagements effizient zu organisieren. Internationalisierungsstrategien müssen dieser Sichtweise Rechnung tragen.

5. Ziele und Formen der Internationalisierung von Messen

Ein Großteil der deutschen Messegesellschaften verfolgen bei ihren Internationalisierungsbestrebungen strategische Ziele. Neben der Präsenz in den Emerging Markets zielen die Aktivitäten im Ausland wesentlich auf die nachhaltige Sicherung des Heimatstandortes ab. Charakterisierendes Merkmal der Handlungsoptionen bei der Internationalisierung der deutschen Messegesellschaften war noch vor wenigen Jahren die Fokussierung auf eine monokausale Stufe der Internationalisierung, welche lediglich die

Erhöhung des relativen respektive absoluten ausländischen Besucher- und Ausstelleranteils bei inländischen Messen zum Ziel hatte (Stoeck 1999, S. 41). Diese Handlungsoption erfordert neben der Antizipation der Auswirkungen der beobachteten Globalisierungstrends auf die Messekonzepte vor allem den Ausbau des Akquisitionspotenzials im Ausland. Um den wachsenden Aktivitäten ihrer angestammten Ausstellerklientel auf Auslandsmärkten zu entsprechen, organisierten die deutschen Messegesellschaften parallel zu den Aktivitäten am Stammsitz im Auftrag der öffentlichen Hand Messebeteiligungen von deutschen und europäischen Unternehmen im Ausland (Durchführungen). Im Zuge dieser Entwicklung kam es schließlich zur Organisation und Durchführung von Eigenveranstaltungen auf ausländischen Messeplätzen. Trotz des Fehlens eigener Messegelände „klonten" viele Messegesellschaften ihre Veranstaltungen vor dem Hintergrund des jeweiligen länderspezifischen Kontexts und tun dies teilweise auch heute noch. Durch Kauf, Beteiligung oder Übernahme der Betreiberfunktion sind die großen deutschen Messegesellschaften in einem dritten Internationalisierungsschritt zur Entwicklung von Messegeländen im Ausland übergegangen, um langfristige Planungssicherheit für ihr Auslandsengagement zu erreichen. Wie weiter unten noch ausgeführt wird, engagiert sich die Messe Düsseldorf GmbH beispielsweise im Rahmen eines deutsch-chinesischen Joint Ventures am Messeplatz Pudong/Shanghai – und sichert sich durch dieses Engagement den Einfluss in einem der bedeutendsten Wachstumsmärkte weltweit.

Hat sich eine Messegesellschaft für den Eintritt in ausländische Wachstumsmärkte entschieden, muss sie die für ihre Strategie quasi-optimale Form des Eintritts wählen, die sich in der Investitionshöhe, dem Risiko, in der Einflussnahme durch den Mutterkonzern sowie durch die Kapital- und Managementleistungen im Stamm- respektive Gastland unterscheiden (vgl. Abb. 2):

- Jointventures[1] (Corsten 1995, S. 992f.)

- Strategische Allianzen[2]

- Aufbau, Erweiterung beziehungsweise Erwerb einer eigenen Auslandsgesellschaft (Tochtergesellschaften)

- Erwerb von Minderheits- beziehungsweise Mehrheitsbeteiligungen an einem ausländischen Unternehmen

- Vergabe von Lizenzen (Produkt-, Markenlizenzen)

- Know-how-Transfer in Form von Franchising-Verträgen.

---

[1] Unter Joint Ventures versteht man „eine Form der wirtschaftlichen Zusammenarbeit zwischen zwei oder mehreren voneinander unabhängigen Unternehmungen [...], die sich darin niederschlägt, dass ein rechtlich selbstständiges Unternehmen gemeinsam gegründet oder erworben wird mit dem Ziel, Aufgaben im gemeinsamen Interesse der Gesellschafterunternehmen auszuführen."

[2] Strategische Allianzen basieren darauf, dass Unternehmen bei bestimmten Gemeinschaftsaktivitäten (z.B. Marktbearbeitung) kooperieren, unterstellen die partnerschaftliche Beziehung der einzelnen Unternehmen und sind in der Regel nur dann sinnvoll, wenn alle Partner komplementäre Kernkompetenzen einbringen.

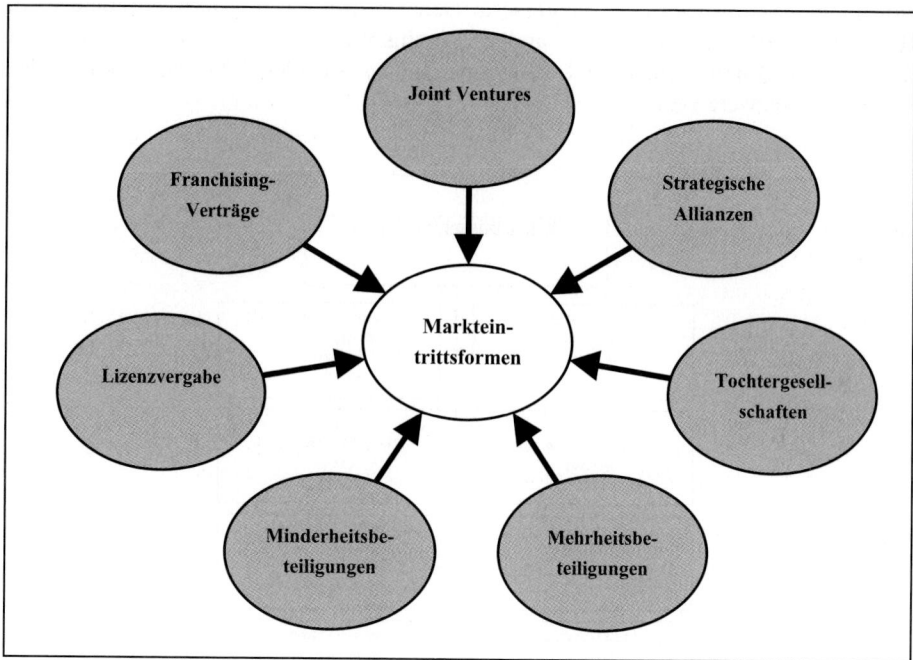

Abb. 2: Eintrittsformen für Messegesellschaften in ausländische Märkte

6.   Umsetzungsbeispiele von Internationalisierungsstrategien

Die vorangegangenen Ausführungen haben deutlich gemacht, dass der Internationalisierung im deutschen Messewesen eine vordringliche Bedeutung beigemessen werden muss, will man den Marktanteil gegenüber ausländischen, international tätigen Messeunternehmen nachhaltig sichern und ausbauen. Mit ihrer Strategie, das internationale Geschäft auszuweiten, um international führende Leitmessen am Heimatstandort zu stärken und weiterzuentwickeln, hat sich die Unternehmensgruppe Messe Düsseldorf in dem internationalisierten Wettbewerbsumfeld des Messewesens bestens positioniert und ist heute weltweit Marktführer im Hinblick auf relevante Benchmarks. Die zweigliedrige Unternehmensstrategie sieht vor, mit internationalen Aktivitäten das Entscheiderpotenzial für die heimischen Leitmessen zu sichern und durch den Export erfolgreicher Messekonzepte die Markteintrittschancen für deutsche und europäische Unternehmen in re-

gionale Wachstumsmärkte zu verbessern. Dabei bilden 62 Auslandsvertretungen, die
100 Länder betreuen, sowie 13 direkte Beteiligungen und Tochtergesellschaften in
Deutschland, Asien, Mittel- und Osteuropa, Indien und den USA ein engmaschiges
Kompetenznetzwerk (vgl. Abb. 3).

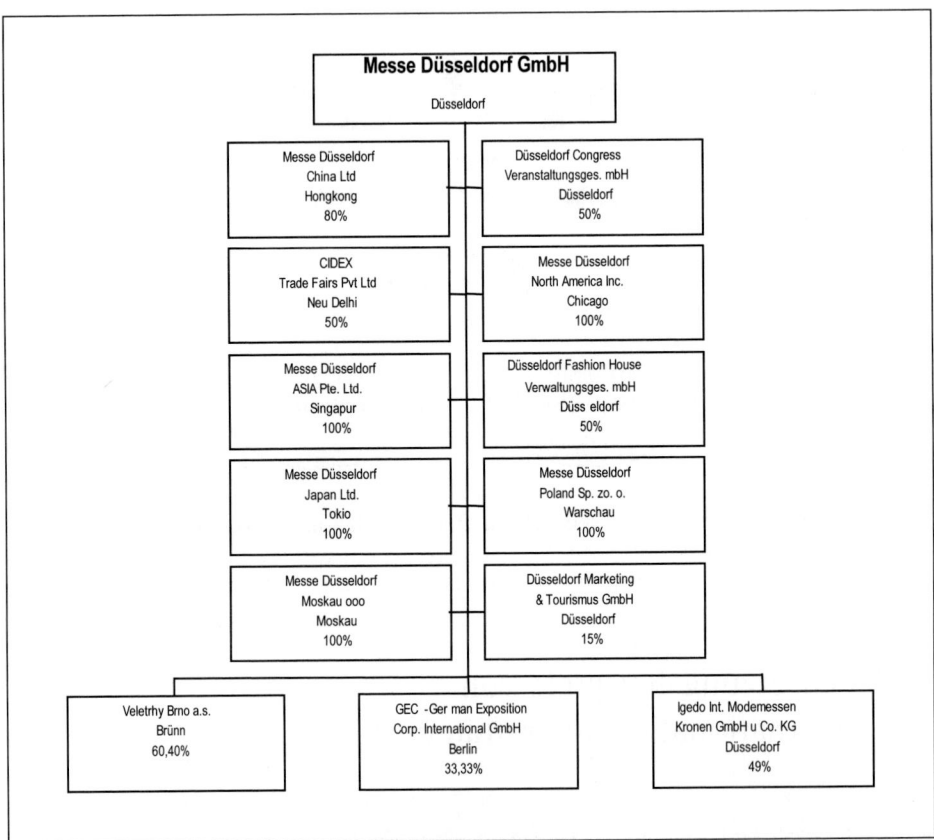

Abb. 3: Das internationale Netzwerk der Unternehmensgruppe Messe Düsseldorf

In Mittel- und Osteuropa spielt die Messe Düsseldorf GmbH eine führende Rolle im
Messegeschäft. Die Positionierung der Messen Brünn und Moskau als zentrale Messeplätze der Region sowie eine aktuell diskutierte mögliche Allianz der Messegesellschaften Düsseldorf, Leipzig, Brünn und Moskau zielen in diese Richtung. Zusammen mit der
Deutschen Messe AG Hannover und der Messe München GmbH betreibt die Unternehmensgruppe Messe Düsseldorf GmbH zudem in einem Joint Venture über die gemeinsame Tochter German Exhibition Coorporation International das 2001 eröffnete Shanghai New International Expo Center (SNIEC). Zusammen mit einem chinesischen Partner

haben die drei deutschen Messegesellschaften bis zum Jahr 2003 rund 300 Millionen Euro in den Standort Pudong investiert, um Ausstellern vor Ort das gesamte Spektrum an professionellen Messedienstleistungen aus einer Hand anzubieten und somit gleichzeitig die Standorte in Deutschland zu stärken. Die Messen Köln und Düsseldorf streben mit ihrem Gemeinschaftsunternehmen CIDEX Tradefairs Pvt. Ltd. die Marktführerschaft auf dem indischen Subkontinent an. In den Jahren 2003 und 2004 wird die Messe Düsseldorf GmbH allein 14 Veranstaltungen in dieser Region durchführen. Als ergänzendes Element ihrer Internationalisierungsstrategie „exportiert" die Messe Düsseldorf GmbH neben ihrer, sich in Allianzen, Tochtergesellschaften und Joint Ventures manifestierenden physischen Präsenz in den wichtigsten Märkten, ihre erfolgreichen Veranstaltungskonzepte u.a. der Bereiche Automation, Verpackung, Kunststoff und Medizin. Die Konzepte der Leitmessen MEDICA, ComPaMED, REHACare und A+A werden beispielsweise in Russland, Indien, den USA, Brasilien, Thailand, Mexico, Japan und Dubai erfolgreich realisiert und tragen mit dazu bei, dass die Unternehmensgruppe Messe Düsseldorf GmbH als leistungsstarker Dienstleister auch zukünftig auf einem internationalisierten Messemarkt erfolgreich agieren wird.

7. Literaturverzeichnis

ART SCHOLTE, J., The Globalization of World Politics, in: Baylis, J./Smith, S. (Hrsg.), The Globalization of World Politics. An Introduction to International Relations, Oxford 1997.

BECK, U., Was ist Globalisierung? Irrtümer des Globalismus – Antworten auf die Globalisierung, Frankfurt a.M. 1997.

CORSTEN, H., Lexikon der Betriebswirtschaftslehre, München 1995.

JAKOBEIT, C., Produktion und Handel, in: Stiftung Entwicklung und Frieden (Hrsg.), Globale Trends 2002, Fakten, Analysen, Prognosen, Frankfurt am Main 2001.

KLEIN, C., Rahmenbedingungen als Erfolgsfaktoren der Internationalisierung deutscher Messegesellschaften unter besonderer Berücksichtigung eines Engagements in den Wirtschaftsräumen Ostasiens, Basel 1998.

SCHNECK, O., Lexikon der Betriebswirtschaftslehre, München 2003.

STOECK, N., Internationalisierung im Messewesen, Wiesbaden 1999.

VARWICK, J., Globalisierung, in: Woyke, W. (Hrsg.), Handwörterbuch Internationale Politik, Opladen 1998.

Ernst Raue

Möglichkeiten und Grenzen der Übertragbarkeit von Leitmessen auf Standorte im Ausland

1. Einleitung

2. Die Basis für Erfolg im Ausland

3. Das Risiko ist kalkulierbar

4. Die Chancen – für Aussteller, Kunden und die Messe
    4.1 Globales Konzept sichert wirtschaftliches Überleben
    4.2 Deutschen Ausstellern neue Märkte eröffnen
    4.3 Ausländische Aussteller als Inlandskunden gewinnen
    4.4 Den Entscheidern entgegenkommen

5. Die Erfahrungen sind positiv

6. Das Fazit – International Branding ist ein Muss

Ernst Raue ist Mitglied des Vorstandes der Deutschen Messe AG, Hannover.

1. Einleitung

Der Mietwagen in den USA? Von Hertz. Das Hotel in Shanghai? Ein Marriott. Die Schmerztablette in Moskau? Eine Aspirin. Menschen vertrauen Marken, Marken machen Märkte. Das gilt auch für Messen. Die Deutsche Messe AG pflegt ihre wichtigsten Marken, die Leitmessen, seit langem und mit großem finanziellen Engagement. Nicht ohne Grund kommen jährlich alleine über 300 000 Besucher aus dem Ausland auf das größte Messegelände der Welt nach Hannover, um sich hier über die Zukunftstrends zu informieren, Experten zu treffen und am Ende wichtige Entscheidungen für ihr Unternehmen oder ihren Arbeitgeber zu treffen. Das macht den Erfolg der Deutschen Messe AG aus.

Die Marken – ob HANNOVER MESSE, CeBIT, DOMOTEX oder BIOTECHNICA – haben ein gutes Image bei Fachleuten in aller Welt. Darum war es richtig, diese Marken näher zu den Kunden zu bringen, also auf International Branding zu setzen. Als sich die Deutsche Messe AG dazu entschloss, warnten die Kritiker: Eine CeBIT in Asien werde das Geschäft am Stammplatz in Hannover schwächen. Genau das Gegenteil ist eingetreten. Wir haben unsere Geschäftsbasis erweitert und Kunden gewonnen, die wir sonst nie erreicht hätten. Allein bei den sieben CeBIT Messen, die wir im Ausland veranstalten, erreichen wir zur Zeit rund 2 060 Aussteller und 250 000 Besucher pro Jahr. Dieses Geschäftspotenzial bliebe verschlossen, wenn wir uns nur auf unseren angestammten Messeplatz konzentrieren würden.

Es gibt weitere Gründe, die für das Engagement im Ausland sprechen: Rund zwei Drittel der weltweit 150 Leitmessen finden in Deutschland statt. Der Verdrängungswettbewerb ist hart, in diesem Land zu wachsen, ist fast unmöglich. Sich neue globale Märkte in Wachstumsregionen zu erschließen, ist unverzichtbar, wenn es um die Zukunftssicherung des eigenen Unternehmens geht.

Wer sich mit dem Gedanken des International Branding trägt, muss eine Reihe von Besonderheiten beachten. Die nachfolgenden Ausführungen sollen Anregungen geben und wo möglich eine praktische Handreichung sein.

2. Die Basis für Erfolg im Ausland

Wichtigste Voraussetzung für das International Branding ist eine bekannte Marke. Nur wenn die potenziellen Kunden und Besucher im Ausland mit der Marke etwas verbinden, ihr ein positives Image zuschreiben, wird auch die Messe im Ausland erfolgreich sein. Die Deutsche Messe AG, die seit mehr als 20 Jahren auch im Ausland aktiv ist, hat solche Marken und stärkt sie seit Jahren gezielt. Wo wir mit jungen Marken antreten, werden sie durch bekannte Marken inhaltlich aufgewertet: „powered by HANNOVER MESSE", heißt eines unserer Zukunftskonzepte. Daneben ist viel Erfahrung mit internationalen Messeveranstaltungen unverzichtbar, um das Risiko kalkulierbar zu machen.

3.   Das Risiko ist kalkulierbar

Das positive Image einer Messe hängt von zahlreichen Faktoren ab: Dazu zählen auf Besucherseite die Attraktivität der Veranstaltung durch den richtigen Ausstellermix, das attraktive Umfeld des Messegeländes und die gute geografische Erreichbarkeit der Messe.

Auf Ausstellerseite ist der Service ein ebenso entscheidender Faktor wie die Tatsache, ob es dem Messeveranstalter gelingt, die für den Aussteller wichtigen Kunden zu einem Besuch der Messe zu bewegen. Im Umkehrschluss heißt das: Die Veranstaltung im Ausland muss der Messe im Inland entsprechen – nicht von der Größe, aber beim Service. Die Aussteller erwarten die selben Qualitätsstandards in Deutschland und Amerika, in der Türkei und in China. Der Messeanbieter muss darum sehr genau darauf achten, mit welchen lokalen Unternehmen er zusammenarbeitet oder er sichert sich über ein Joint Venture Einfluss.

Ein Beispiel dafür ist das neue Messegelände in Pudong, einer Sonderwirtschaftszone in Shanghai. Gemeinsam mit den Messegesellschaften Düsseldorf und München sowie einem chinesischen Partner hat die Deutsche Messe AG in Pudong Ausstellungskapazitäten nach westlichem Standard geschaffen. Fünf Hallen mit rund 56 000 Quadratmetern Fläche und ein Freigelände mit rund 20 000 Quadratmetern stehen Organisatoren, Ausstellern und Besuchern zur Verfügung.

Wer sich nur als Lizenzgeber für seine Messe-Marke versteht, läuft in Gefahr die Kontrolle zu verlieren und zu viele Lizenzen zu vergeben. Das gefährdet die Dachmarke und damit langfristig den wirtschaftlichen Erfolg, wie das Beispiel der Computermesse Comdex zeigt. Die Deutsche Messe AG hat deshalb bereits 1981 die Hannover Messe International GmbH gegründet, die im Auslandsmessegeschäft aktiv ist und durch die Entwicklung von individuellen Marketingplattformen den Weg ebnet, um Leitmessen an anderen Standorten erfolgreich zu veranstalten. Zusätzlich organisiert die Deutsche Messe AG selbst Leitmessen im Ausland.

Um die Marke zu stärken und Gefahren zu begrenzen, müssen klare Regeln für die Markenführung aufgestellt und Instrumente für ein Markencontrolling im Unternehmen geschaffen werden.

Gefahren drohen auch aus anderen Gründen, diese sind jedoch beherrschbar:

- Risiko 1, das Wechselkurs- und politische Risiko: Andere rechtliche und politische Bedingungen im Ausland erhöhen das Risiko in der Tat. Darum ist es wichtig, in den Märkten mit regionalen Mitarbeitern präsent zu sein. Es bietet sich an, Tochtergesellschaften vor Ort zu gründen, die für Planungssicherheit sorgen.

- Risiko 2, Rabattwünsche: Kunden, die mehrere Messen einer Marke buchen, könnten auf die Idee kommen, nach speziellen Rabatten zu fragen. Da nur 25 Prozent aller Messekosten letztlich dem Messeveranstalter zugeschrieben werden, dürfte der Druck in diesem Bereich nicht sehr groß sein. Zudem kann es tatsächlich zu Synergien kommen, die an den Kunden weitergereicht werden können.

4. Die Chancen – für Aussteller, Kunden und die Messe

4.1 Globales Konzept sichert wirtschaftliches Überleben

Es gibt keine Alternative zum International Branding. Der Bedarf an hochwertigen Messen steigt weltweit. Bieten die etablierten Messeveranstalter ihr Know-how nicht global vor Ort an, füllen andere diese Lücke und gefährden dadurch den wirtschaftlichen Erfolg ihrer Mitbewerber. Oder schärfer formuliert: Wer sich heute weigert, für seine Leitmessen ein globales Präsenzkonzept zu entwickeln, der wird langfristig am Messemarkt nur eine Nebenrolle spielen.

Denkbar sind drei Möglichkeiten, erfolgreiche Messemarken im Ausland zu etablieren: Lizenzvergabe, Eigenveranstaltungen und Kooperationen.

Die Schwierigkeit bei der *Lizenzvergabe* ist die exakte Definition des Markenrechts. Dadurch kann es zu einer Verwässerung der Marke kommen, die letztlich die eigene Veranstaltung schwächt oder gar gefährdet. Finanziell wird die Lizenz meist in eine Grundgebühr und eine erfolgsabhängige Bezahlung gesplittet. Der Lizenzgeber hat so ein gewisses Maß an Planungssicherheit, ohne sich selbst zu stark engagieren zu müssen.

Eigenveranstaltungen erfordern dagegen ein hohes Maß an eigenem Einsatz, sichern auf der anderen Seite aber auch das höchste Qualitätsniveau. Der Veranstalter entscheidet über Aussteller und die Besucherwerbung, trägt dafür das volle finanzielle Risiko, profitiert aber auch bei einem Erfolg am stärksten.

Ein erfolgversprechender Kompromiss sind *Kooperationen*: Gemeinsam mit einem lokalen Partner lassen sich so den eigenen Vorstellungen entsprechende Veranstaltungen professionell auf- und ausbauen. Ein Weg, den die Deutsche Messe AG nutzt, und der sich beispielsweise bei unserem Engagement in Asien und der Türkei ausgezahlt hat.

Spätestens nach drei Jahren sollte sich so der Break Even einstellen, nach fünf Jahren müsste sich auch das Investment bezahlt gemacht haben. Sind diese Vorgaben nicht einzuhalten, muss das Konzept auf den Prüfstand, bevor weiteres Geld investiert wird.

Der Erfolg des International Branding basiert auf drei Faktoren:

- Deutschen Ausstellern neue Märkte zu erschließen und damit Standfläche zu verkaufen

- Ausländische Aussteller für den Messeplatz Deutschland zu gewinnen

- Über neue Besuchergruppen im Ausland zusätzliche Einnahmen zu erzielen.

4.2 Deutschen Ausstellern neue Märkte eröffnen

Messegesellschaften müssen dorthin gehen, wo ihre Kunden sie brauchen. Denn neue Absatzmärkte im Ausland zu erschließen ist gerade für kleine und mittelständische Unternehmen nicht leicht. Ihnen fehlen die Kontakte, das Wissen um lokale Besonderheiten, sie scheuen sich vor einem großen bürokratischen und organisatorischen Aufwand. Auf der anderen Seite wissen die Unternehmen, dass Geschäfte in lokalen Märkten gemacht werden – „Every business is local business". Das sind Gründe, warum erfolgreiche Messen sich auch erfolgreich ins Ausland übertragen lassen. Messeveranstalter tun gut daran, ihren Kunden einen konsistent hohen und gleichbleibenden Messestandard und damit weltweit effiziente Marketingplattformen zu bieten. Den Unternehmen wird die Messeteilnahme erleichtert, wenn sie für eine Messe in Shanghai den selben Ansprechpartner haben wie in Hannover, wenn sie darauf vertrauen können, vor Ort Messehallen vorzufinden, in denen sie sich in einem adäquaten Umfeld präsentieren können. Und auch die kommunikative Begleitung darf nicht außer Acht gelassen werden. Nichts wäre schlimmer, als wenn der ohnehin kostspielige Auftritt im Ausland zu einem Flop wird, weil die örtliche Messegesellschaft in Marketingfragen nicht kompetent ist.

Durch rund 200 Mitarbeiter, die für die Deutsche Messe AG im Ausland tätig sind, ist eine erfolgreiche Betreuung gewährleistet. Allein in den USA sind wir mit mehr als 50 Mitarbeitern vor Ort, in China sind es 30. Sie alle kennen beide Welten: Das lokale Business und die Ansprüche deutscher Aussteller. So verschaffen wir unseren Kunden im Ausland einen klaren Heimvorteil. Durch die konsequente Betreuung der Aussteller von Gemeinschaftsständen – meist der Einstieg, wenn es darum geht, sich im Ausland zu präsentieren – kann der Etat für Auslandsmesseförderung der Deutschen Bundesregierung, der erst kürzlich auf 35 Millionen Euro pro Jahr erhöht wurde, effektiver eingesetzt werden. Das zahlt sich für die Unternehmen aus und bindet sie auch stärker an die Messen im Heimatland. Rund 4 500 Unternehmen haben sich nach Zählungen des Ausstellungs- und Messe-Ausschusses der Deutschen Wirtschaft e.V. (AUMA) im Jahr 2002 allein auf Messen mit offizieller deutscher Beteiligung präsentiert – ein großes Potenzial für Messeveranstalter.

4.3   Ausländische Aussteller als Inlandskunden gewinnen

Messeveranstalter profitieren vom International Branding noch über einen anderen Weg: Ausländische Aussteller kommen mit den Messemarken in ihrem Land in Kontakt und lernen die Vorteile von Leitmessen kennen. Bei ihnen entsteht dann sehr häufig der Wunsch, ihre Innovationen auch auf internationaler Ebene zu präsentieren, um sich ihrerseits neue Absatzmärkte zu erschließen. Die Entwicklung bei den ausländischen Ausstellern am Standort Hannover zeigt eindeutig ein wachsendes Interesse aus den Ländern, in denen die Deutsche Messe AG International Branding betreibt.

4.4   Den Entscheidern entgegenkommen

Firmen schauen verstärkt auf die Kosten – gerade bei Reisen von Mitarbeitern, die nicht zur ersten Führungsebene gehören. Doch gerade das mittlere Management, das für Einkaufsentscheidungen oft maßgeblich ist, kann im Ausland gezielter angesprochen werden. Alles Gründe, den Besuchern mit den Messen entgegenzukommen. Wir erschließen so Besucherschichten, die unsere Kunden sonst nicht erreicht hätten und stabilisieren gleichzeitig in Deutschland den hohen Anteil an Besuchern aus dem Top-Management, der allein bei der HANNOVER MESSE bei 30 Prozent liegt.

Die Deutsche Messe AG hat ihre führenden Messen konsequent im Ausland etabliert. Zusammen mit unseren Tochtergesellschaften bieten wir den traditionellen Ausstellerbranchen des Messeplatzes Hannover vielfältige Möglichkeiten, um in ausgewählten Wachstumsmärkten gezielt Geschäfte zu machen. Vor allem China, Südostasien. Australien, die Türkei, USA und Brasilien sind Zielmärkte mit Wirtschaftspotenzial. Dort gibt es Bedarf an Informations- und Telekommunikationstechnik, an Maschinen- und Anlagenbau, an Elektrotechnik und Elektronik, an Umweltschutz, Fahrzeugbau und Landtechnik.

In China und Südostasien sind wir präsent mit PTC Asia (Power Transmission and Control), CeMAT Asia (Materialflusstechnik, Automatisierungstechnik, Transport und Logistik), DOMOTEX Asia/Chinafloor (Bodenbeläge), ENERGY Asia, der CeBIT Asia und der BIOTECHNICA Asia. In Australien hat sich unsere Messemarke CeBIT australia etabliert. In der Türkei sind wir mit der CeBIT Broadcast Cable + Satellite, der CeBIT Bilisim eurasia, der Automechanika Istanbul (Kfz-Ersatzteile, Automobilzulieferindustrie), SODEX (Klima, Heizung, Sanitär), ANKIROS (Gießereitechnik) sowie World of Industry (Anlagenbau, Maschinenbau, Elektrotechnik) vor Ort. In den USA sind die Marken CeBIT america und BIOTECHNICA AMERICA am Start. In Brasilien vertrauen Besucher und Aussteller der MERCOPAR (Materialflusstechnik).

5.   Die Erfahrungen sind positiv

Kritiker hatten gewarnt, Messen im Ausland würden die angestammten Messen im Inland schwächen. Diese Prognose hat sich als nicht richtig erwiesen. Im Gegenteil, allein die Deutsche Messe AG hat gemeinsam mit ihrer Tochter Hannover Messe International GmbH im vergangenen Jahr 4 000 Aussteller im Ausland unterstützt und ihnen eine Plattform für erfolgreiche Geschäfte zur Verfügung gestellt. Die Zahl der Besucher, die unsere Auslandsveranstaltungen besuchten, weist jährlich Steigerungsraten von 10 Prozent auf. Bis zu 350 000 Besucher zählen wir dort jährlich.

Messen im Ausland helfen den Ausstellern aus den Ländern beim Einstieg in den internationalen Markt. Stellen sich Erfolge ein, buchen sie auch die Hauptveranstaltung der Messe-Marken. Das konnten wir bei der CeBIT mehrfach beobachten. Seit wir in der Türkei die CeBIT Bilisim eurasia veranstalten, stieg die Zahl der türkischen Aussteller auf der CeBIT in Hannover innerhalb von drei Jahren um das Vierfache (10 auf 41). Die Zahl der Aussteller aus China, die heute nach Hannover kommen, ist deutlich größer als in der Zeit, zu der wir uns noch nicht in China engagierten.

Und es gibt auch einen Zusammenhang zwischen Auslandsengagement und wachsenden Besucherzahlen aus diesen Ländern in Hannover. Wer über lokale Messen den Einstieg gefunden hat, der kommt auch zur Hauptveranstaltung nach Hannover. So stärkt das International Branding den Wert unserer Marken weltweit und macht uns unabhängiger von wirtschaftlichen Schwächeperioden in einzelnen Regionen der Welt. Das Messegeschäft in Deutschland erhält zudem durch das Auslandsengagement neue Impulse, wenn es um Präsentationen oder Sonderschauen geht. Auch am Umsatzanteil des Auslandsgeschäfts lässt sich der Erfolg ablesen: Nach gut 18 Millionen Euro im Jahr 1997 erreicht das Geschäft heute fast 40 Millionen Euro – Tendenz steigend.

Die Zahlen der gesamten Branche stützen unsere Erfahrungen: Boten deutsche Messegesellschaften nach Angaben des AUMA im Jahr 1990 gerade 30 Auslandsmessen an, waren es im Jahr 2002 rund 120. Nicht bei allen Aktivitäten kann man von International Branding sprechen, doch bei einem großen Teil. Und das Engagement wächst: Im Jahr 2003 zählte die AUMA bereits 170 Auslandsmessen deutscher Veranstalter, davon mehr als die Hälfte allein in Asien. Und die Erfahrungen sind fast immer positiv.

6.   Das Fazit – International Branding ist ein Muss

Der Messe-Markt in Deutschland und in Europa ist verteilt, Wachstum kann es nur durch Verdrängung oder im außereuropäischen Ausland geben. Messegesellschaften, die starke Leitmessen und damit starke Marken haben, sollten das Image dieser Traditionsveranstaltungen nutzen und sich verstärkt im Ausland engagieren. Marken machen Märkte – diese Erkenntnis trifft für die Übertragbarkeit von Leitmessen voll und ganz zu, denn angesichts einer wachsenden Vielfalt ähnlicher Angebote geben Marken den Kunden Orientierung, International Branding wird zum Muss. Davon profitieren nicht nur Messeveranstalter, sondern auch ihre Kunden: Aussteller und Besucher. Doch zumindest die Messeveranstalter müssen sich beeilen, ihre Marken im Ausland zu etablieren, denn auch im Ausland sind die Märkte bald verteilt.

Manfred Wutzlhofer

Erfolgsfaktoren der Internationalisierung von Messegesellschaften

1. Einleitung

2. Die Landkarte der Messewirtschaft

3. Internationale Arbeitsteilung als ökonomisches Prinzip

4. Stärken klassischer Messegesellschaften

5. Die Bedeutung maßgeblicher Standards

6. Gemeinsame Ziele verbinden

7. Schlussbetrachtung

Manfred Wutzlhofer ist Vorsitzender der Geschäftsführung der Messe München GmbH, München.

1. Einleitung

Die Frage nach der – erfolgreichen – Internationalisierung von Messegesellschaften ist thematisch untrennbar verknüpft mit dem zentralen Stellenwert der Internationalität von Messen als Indikator für deren Rang und Zukunftsperspektiven. Die Internationalität einer Messe ist das entscheidende Kriterium, ob sie im nationalen Maßstab – und damit auch relevant für ausländische Beteiligungen –, in der Dimension eines Wirtschaftsraums, etwa des europäischen, oder im weltweiten Vergleich für sich die Bedeutung einer Leitmesse reklamieren kann.

Als Leitmesse muss sie für ihren Einzugsbereich beanspruchen können, den repräsentativen Querschnitt einer Branche – mit der Beteiligung aller oder der meisten maßgeblichen Anbieter – vorzustellen. Sie muss aus einem großen Einzugsbereich die für ihre Klientel maßgeblichen Besucher für eine Teilnahme gewinnen und zudem so attraktiv sein, dass ihr die breite Aufmerksamkeit der Medien – national und international – gewiss ist. Die anhaltende Konsolidierung im Messewesen wird dazu führen, dass – von Nischen abgesehen – sich nur die Leitmessen eines Landes, eher sogar nur die großen Leitmessen eines Wirtschaftsraums, neben den weltweit relevanten Messen auf Dauer behaupten und eine intensive Beteiligung ihrer Branche gewährleisten.

Die Konsequenz daraus ist, dass Messegesellschaften international agieren *müssen*, um die Kompetenzmarken ihrer großen Messen zu stärken. Wie sie das – auf Grundlage von Erfahrungswerten, aber auch nach Maßgabe neuer Herausforderungen – tun können oder sollten, ist im folgenden zu beleuchten. Dabei sind vor allem die Wechselwirkungen zwischen der Internationalisierung von Messegesellschaften und der internationalen Positionierung ihrer Messen zu berücksichtigen. So ist ein positiver Effekt des Engagements in Wachstumsmärkten im Ausland, dass dort neue Aussteller und Besucher für die internationalen Messen am eigenen Standort gewonnen werden. Grundsätzlich aber ist hervorzuheben, dass die Messegesellschaften mit ihrem Auslandsengagement die Internationalisierungs-Strategien ihrer Kunden unterstützen. Sie beugen damit auch vor, dass internationale Wettbewerber ihre Messethemen in anderen Märkten aufgreifen und dadurch zu ihren Lasten ein Dienstleistungsvakuum entstehen würde.

Diese Einschätzung nimmt sich heute, in Zeiten *realer* Globalisierung, selbstverständlich aus, aber sie hat sich erst vor ein, zwei Jahrzehnten wirklich durchgesetzt. Dabei haben sich in Europa – mit mehr als 1 000 Jahren Tradition die Wiege des Messewesens – nach den großen Industrieausstellungen im 19. Jahrhundert regelmäßige Fachveranstaltungen für spezielle Branchen mit internationalem Einzugsgebiet bereits zu Beginn des 20. Jahrhunderts herausgebildet und dann auf breiter Basis seit den 50er Jahren etabliert. In dieser wegweisenden Weiterentwicklung der Messen mit der exportorientierten Wirtschaft als maßgeblicher Zielgruppe war die zunehmende Internationalisierung schon immer eine spiegelbildliche Entwicklung der Wirtschaft.

Die klassischen Messegesellschaften mit ihren lokalen und regionalen Gesellschafter-strukturen waren zunächst allerdings vorrangig als Instrument zur wirtschaftlichen Stär-kung der eigenen Standorte vorgesehen. Diesem Zweck dienen sie auch weiterhin, in-dem sie sich – unabhängig von der Gesellschafterstruktur – mit ausgeprägtem Dienstleistungsverständnis und Innovationen in allen Bereichen, insbesondere bei der Weiterentwicklung der Messekonzepte, im Wettbewerb bewähren. Je leistungsfähiger und funktionaler die Infrastruktur einer Messegesellschaft ist, desto besser ist sie für die-sen Wettbewerb gerüstet, der sich zunehmend verschärft und den Charakter eines Ver-drängungswettbewerbs angenommen hat.

Standortsicherung einerseits und Internationalisierung andererseits ergeben dabei nur vordergründig einen Zielkonflikt. Zu Beginn des 21. Jahrhunderts erweist es sich näm-lich gerade in Zeiten schwacher Konjunktur und angespannter öffentlicher Haushalte als Vorteil für die traditionellen Messestandorte, wenn bei der Standortentwicklung auch rechtzeitig in das Messewesen investiert wurde: hier stehen heute attraktive und interna-tional wettbewerbsfähige Messezentren auch für importierende Firmen der neuen Wirt-schaftsmetropolen zur Verfügung.

2. Die Landkarte der Messewirtschaft

Bei aller Notwendigkeit, über neue Organisationsmodelle von Messegesellschaften nachzudenken, sollte folglich nicht übersehen werden, dass die gewachsenen Strukturen dazu geführt haben, Europa zur wichtigsten Messeregion der Welt zu machen. Europa stellt 70 Prozent aller Messeplätze mit mehr als 100 000 Quadratmeter Hallenfläche und mehr als 80 Prozent der weltweit führenden Leitmessen.

Deutschland ist dabei das Messeland mit der höchsten Internationalität. Laut Ausstel-lungs- und Messe-Ausschuss der Deutschen Wirtschaft e.V. (AUMA) stieg die Zahl der ausländischen Aussteller von 1997 bis 2001 um 19,3 Prozent auf einen Anteil von 50 Prozent. Davon kamen – Stand 2001 – zwei Drittel aus Europa und ein Drittel aus Län-dern außerhalb Europas. Auch in dem wirtschaftlich schwierigen Folgejahr 2002 ist die Zahl der Aussteller aus dem Ausland bei überregionalen Messen im Vergleich zu den Vorveranstaltungen erneut um 1,5 Prozent gestiegen. Die Zahl der ausländischen Besu-cher stieg in dem genannten Fünfjahreszeitraum um 12,4 Prozent auf einen Anteil von 20 Prozent, davon vier Fünftel aus Europa und ein Fünftel aus Ländern außerhalb Euro-pas.

Die starke Stellung Europas im Messewesen dokumentiert auch der AUMA_Trade Fair Guide Worldwide mit den internationalen Messedaten 2003. Er umfasst rund 3 200 Mes-sen weltweit, von denen die Hälfte auf Europa entfällt. Außerhalb Europas liegt der

Schwerpunkt in Asien (727 Veranstaltungen), gefolgt von Nord- und Südamerika (548), Afrika (113) und Australien (37). Aus Europa führt der Guide insgesamt 1 772 Veranstaltungen weltweit auf, darunter auch die 141 internationalen Messen in Deutschland.

Als weitere aussagekräftige Kennzahl nennt der vom AUMA herausgegebene Flyer German Exhibition and Trade Fair Quality Abroad 2003 die Zahl von 124 Messen, die seine Mitglieder im Ausland veranstalten. Davon entfallen 71 Veranstaltungen auf Asien – das entspricht einer Steigerung um 65 Prozent gegenüber 2001 –, gefolgt von Europa (37), Lateinamerika (8), Nordamerika (5), Afrika (2) und Australien (1). Auch bei den rund 200 Auslandsmessen, bei denen das Bundesministerium für Wirtschaft und Arbeit im Jahr 2003 die Beteiligungen der deutschen Wirtschaft finanziell unterstützt, entfallen 103 Beteiligungen auf Asien (53 Prozent), 39 auf Europa, davon 33 in den Ländern Mittel- und Osteuropas, 23 in Nord- und 18 in Lateinamerika. Mehr als drei Viertel dieser Beteiligungen werden in Form von Firmengemeinschaftsausstellungen realisiert, zum Teil in Verbindung mit Informationszentren, Sonderschauen oder Fachsymposien.

Kriegerische Auseinandersetzungen oder z.B. der Ausbruch der Lungenkrankheit SARS werden zwar vorübergehend immer wieder dazu führen, dass solche Zahlen temporär nach unten korrigiert werden müssen, aber langfristig zeigen sie eindeutig, dass die außereuropäischen Wachstumsmärkte – insbesondere Asien und dort vor allem China – im Fokus des Auslandsengagements stehen.

Auf Grund der EU-Osterweiterung, die mit zehn Beitrittsländern die Zahl der Einwohner in diesem Wirtschaftsraum von 375 Millionen auf 450 Millionen im Jahr 2004 hoch schnellen läßt (die USA kommen im Vergleich auf 281 Millionen Einwohner), erfährt der mittel- und osteuropäische Markt ebenfalls zunehmende Aufmerksamkeit.

Verwundern mag, dass der US-amerikanische Markt für das europäische und deutsche Auslandsengagement nur eine nebensächliche Rolle zu spielen scheint. Der Grund dafür ist, dass der amerikanische Messemarkt stark auf die heimische Wirtschaft ausgerichtet und mit mehr als 4 500 Messen pro Jahr als gesättigt anzusehen ist. Es gibt vergleichsweise wenig internationale Leitmessen, aber laut AUMA sind doch rund 200 Messen als bedeutend zu bewerten. Auf einem solchen Markt Fuß zu fassen, erfordert langjährige Erfahrungen, um über Kooperationen und Beteiligungen einen kostenintensiven Verdrängungswettbewerb zu vermeiden, der meist auch zu keinem Erfolg führt. Für europäische Veranstalter bleibt es jedoch eine Herausforderung, ihre Kunden dabei zu unterstützen, sich diesen unverändert attraktiven Markt auch über Messebeteiligungen zu erschließen. Dessen Wachstumspotenzial bis 2005 wird immerhin auf rund 257 Milliarden Euro geschätzt (bei einem Vergleichswert von 93,4 Milliarden EURO für China).

3.   Internationale Arbeitsteilung als ökonomisches Prinzip

Ob Asien mit dem Schwerpunkt China oder der alte Kontinent mit seinem Entwicklungspotenzial in den mittel-/osteuropäischen Märkten, ob Schwellenländer oder ein hochentwickelter Markt wie der US-amerikanische – die oben an Hand wesentlicher Kennziffern skizzierte Landkarte mit den messewirtschaftlich relevanten Regionen und Ländern macht deutlich, dass international agierende Messegesellschaften sich an den Anforderungen ihrer Kunden ausrichten müssen. Aussteller- und Besucher-Akquise im Ausland und erst recht Messeveranstaltungen im Ausland dienen immer der Anbahnung oder Vertiefung internationaler Geschäftskontakte. Das in den 90er Jahren forcierte Auslandsengagement ist die Konsequenz fortschreitender internationaler Arbeitsteilung. Vor dem Hintergrund von Deregulierungen, Liberalisierungen und Marktöffnungen hat die Globalisierung weltweite Beschaffung, Produktion und Vermarktung zum ökonomischen Prinzip erhoben. Unternehmen internationalisieren ihre Geschäftsprozesse, um Kostenvorteile zu nutzen und auf allen wichtigen Märkten präsent zu sein.

Eine wesentliche Voraussetzung für die Steuerung weltweiter Wertschöpfungsketten ist die Abbildung der Geschäftsprozesse in der Informationstechnologie und den entsprechenden Anwendungen der Unternehmen. Das Internet hat die Möglichkeit eröffnet, unabhängig von Raum und Zeit Informationen weltweit zur Verfügung zu stellen und zu nutzen. Die neuen Informations- und Kommunikationsnetze sind zu einem entscheidenden Wettbewerbsfaktor geworden und haben der internationalen Arbeitsteilung eine ungeahnte Dynamik verliehen.

Messegesellschaften folgen mit ihrer Internationalisierung der Logik dieser Entwicklung und dem Anspruch ihrer internationalen Leitmessen. Es ist eine sehr verkürzte Interpretation, dass sie, wie immer wieder zu lesen, das angeblich wegbrechende Geschäft im Heimatmarkt durch internationale Ableger ihrer Messen kompensieren wollten. Richtig ist, dass die großen Messegesellschaften sich mit allem Nachdruck auf strukturelle Veränderungen in Volkswirtschaften, Marktsegmenten und Branchen einstellen müssen.

Die führenden Messegesellschaften tun dies nicht wie beliebige Event-Veranstalter, die ihr Glück in boomenden oder messewirtschaftlich aufstrebenden Regionen suchen, sondern in enger Kooperation mit nationalen und internationalen Interessenverbänden. Sie entsprechen damit vor allem den Anforderungen ihrer nationalen und internationalen Kunden. Dieses Auslandsengagement ist folglich strategisch und längerfristig ausgerichtet.

Speziell für europäische Messegesellschaften spielt bei dieser Weiterentwicklung ihres Kerngeschäfts die Zielgruppe mittelständischer Unternehmen – je nach Definition 49 bis 500 oder 1 000 Mitarbeiter – eine zentrale Rolle. Deren Stellenwert in der Wirtschaftsstruktur illustrieren beispielhaft Zahlen für Deutschland. So beschäftigen nach Angaben des Verbands Deutscher Maschinen- und Anlagenbau e.V. (VDMA) für 2002 in Deutschland 97,9 Prozent der Unternehmen dieses Industriezweigs weniger als 1 000 Mitarbeiter. Dabei sind in diesen Betrieben, die 64,5 Prozent des Branchenumsatzes auf sich vereinigen, 70,2 Prozent aller Mitarbeiter der Branche in Lohn und Brot. Die Zahlen für die Elektrotechnik ergeben nach Angaben des Zentralverbands Elektrotechnik- und Elektronikindustrie e.V. (ZVEI) für 2002 ein ähnliches Bild.

Von kleineren Unternehmen ganz abgesehen, haben diese mittelständischen Unternehmen in der Regel keine Abteilungen, die gezielt Messeauftritte vorbereiten. Marketingentscheidungen treffen hier nach übereinstimmenden Untersuchungsergebnissen Geschäftsführer oder geschäftsführende Gesellschafter. Solche Unternehmerpersönlichkeiten wollen nicht nur vom Kosten-Nutzen-Verhältnis eines Messeauftritts überzeugt sein, sondern sie brauchen Messegesellschaften als Marketing- und Vertriebspartner, die sie operativ von der Planung bis zur Umsetzung einer Messebeteiligung unterstützen. Im Unterschied zu Großunternehmen verfügen sie nicht über dezidierte Ressourcen und internationale Netzwerkstrukturen aus ihrer Organisation heraus.

Durch die Dynamik der Globalisierung bekommt die originäre Funktion der Messegesellschaften, den Mittelstand als Dienstleistungspartner zu begleiten, eine neue Qualität: Die internationale Arbeitsteilung ist für diese Klientel nicht nur eine Chance, sondern eine Herausforderung, die sie mit begrenzten personellen und finanziellen Ressourcen bestehen müssen. Deshalb ist die Effektivität einer Messebeteiligung für sie geradezu geschäftskritisch. Messen müssen dem Mittelstand neue Märkte erschließen, auf denen Großunternehmen als Global Player per se operieren.

An den gestiegenen Anforderungen an Messen ändert diese Differenzierung allerdings nichts, denn der Erfolgsdruck des Mittelstands zeigt sich in Großunternehmen als zunehmender Kostendruck. Entsprechend werden Marketinginvestitionen fortlaufend kritisch überprüft, wird nach dem messbaren Erfolg einer Messebeteiligung gefragt. Dafür fehlt es keineswegs an Zahlen und Fakten, aber es muss deutlich bleiben, dass Messen sich im Vergleich der Marketinginstrumente nicht auf einzelne Parameter reduzieren lassen. Gegenüber allen anderen Marketinginstrumenten führen sie die maßgeblichen Anbieter und Abnehmer einer Branche aus aller Welt konzentriert an einem Ort zusammen. Sie präsentieren Innovationen, Trends und die aktuellen Produkt- und Dienstleistungsangebote. Wie kein anderes Instrument bieten sie die Möglichkeit, bestehende Kundenbeziehungen zu vertiefen und neue aufzubauen. Das alles geschieht in einer sehr anregenden Atmosphäre und macht die Faszination einer Messe aus.

4. Stärken klassischer Messegesellschaften

Dass fortschreitende internationale Arbeitsteilung und Verschärfung des Wettbewerbs für alle Wirtschaftsteilnehmer gleichermaßen die Bedingungen vorgeben, unter denen sie sich bewähren müssen, gilt ohne jede Einschränkung auch für Messegesellschaften. Dank der Internationalität ihrer Messen und der zum Teil jahrzehntelangen Erfahrung mit der Veranstaltung von Auslandsmessen sind die Voraussetzungen für ihre Internationalisierung sehr gut, auch wenn selbst die großen unter ihnen nach Umsatz und Mitarbeiterzahl mittelständische Unternehmen sind. Für ihre Internationalisierung können sie auf einem internationalen Netzwerk von Repräsentanten und zunehmend auch von Tochtergesellschaften aufbauen, vor allem aber auf gewachsenen Kundenbeziehungen, Erfahrungswissen und Branchenkompetenz.

Die Vielzahl modischer Schlagworte, mit denen das Thema Internationalisierung in der Literatur behandelt wird, stimmt jedoch nachdenklich. „Spin-offs" der heimischen Kompetenzmarken, so die Zauberformel, sollen neue Märkte erschließen und gleichzeitig zusätzliche internationale Aussteller für das Original interessieren. Durch „geklonte Messen" und „Duplizierung" angestammter Themen sollen internationale Branchenführerschaft geltend gemacht und „Claims" abgesteckt werden. So richtig einzelne Aspekte sind, ist dazu doch eine grundlegende Feststellung erforderlich: Messethemen lassen sich nicht „klonen". Sie müssen entsprechend den Voraussetzungen in den Zielmärkten adaptiert werden.

Dabei sind nicht nur die Anforderungen exportorientierter Aussteller zu berücksichtigen, sondern auch die Zielsetzungen repräsentativer Verbände und Institutionen in den Gastgeberländern. Die vertrauensbildende Zusammenarbeit mit solchen Einrichtungen ist eine Stärke klassischer Messegesellschaften. Dies wirft zugleich auch ein Schlaglicht auf die immer stärker in den Vordergrund tretende Notwendigkeit organisatorischer Präsenz an den neuen Messestandorten. Sprachbarrieren oder Mentalitätsunterschiede lassen sich sonst nicht auf Dauer ausgleichen, denn internationale Kooperation über unterschiedliche Kulturkreise hinweg ist immer auch interkultureller Erfahrungsaustausch.

Ein in seiner Dimension und Konsequenz einmaliges internationales Messeprojekt ist fraglos das Shanghai New International Expo Centre (SNIEC). Die Messegesellschaften von München, Hannover und Düsseldorf haben Ende 1999 eine strategische Allianz in Form eines Joint Ventures für den Bau und Betrieb dieses neuen Messezentrums geschlossen. Gemeinsam mit dem chinesischen Partner, der Shanghai Pudong Land Development Corporation, etablieren sie für die ausstellende Wirtschaft einen Messeplatz, der am Standort Shanghai neue Maßstäbe für ganz Ostasien setzt. Der erste Bauabschnitt des neuen Messegeländes mit vier Hallen wurde im Oktober 2001 abgeschlossen. Bereits im Frühjahr 2002 wurde eine zusätzliche Halle in Betrieb genommen, und im Februar 2003 begannen die Erweiterungsarbeiten für den Bau zweier weiterer Hallen.

Mit dem Shanghai New International Expo Centre können die deutschen Joint Venture-Partner ihre Messeaktivitäten gemeinsam in einem mittel- und langfristig wichtigen Wachstumsmarkt entwickeln, in dem alle drei Gesellschaften zuvor schon unabhängig voneinander engagiert waren. Die Internationalisierungs-Strategien der ausstellenden Wirtschaft bei der Erschließung von Auslandsmärkten können damit noch besser unterstützt werden: Interessierten Firmen wird ein stufenweises Engagement in China ermöglicht, beginnend mit der Messebeteiligung als Ersteinstieg in den Markt, über die Suche nach einem Vertriebspartner, die Einrichtung einer Repräsentanz, den Aufbau eines Vertriebsnetzes bis hin zur Produktion oder Dienstleistung vor Ort.

Zum ersten Mal wird mit dem SNIEC in der Volksrepublik China durch ein Joint Venture im Bereich Dienstleistungen von deutschen und chinesischen Partnern ein internationaler Messestandort mit einem internationalen Messeprogramm entwickelt. Das neue Messegelände ist hochfunktional und zeichnet sich durch eine gestalterisch anspruchsvolle Architektur aus. Es kann für sich in Anspruch nehmen, das modernste und leistungsfähigste Messegelände in Ostasien zu sein. Der erste Bauabschnitt umfasste 45 000 Quadratmeter Hallenfläche und 20 000 Quadratmeter Ausstellungsfreigelände. Mit Abschluss der aktuellen Erweiterungsmaßnahmen stehen 78 000 Quadratmeter Bruttoausstellungsfläche zur Verfügung. Ausgebaut werden kann das Gelände auf 200 000 Quadratmeter Hallenfläche und 50 000 Quadratmeter Ausstellungsfreiflächen.

Ein wichtiges Planungsprinzip ist die Gleichwertigkeit der Ausstellungsflächen: Alle Hallen haben die gleiche Größe, sie sind ebenerdig, leicht zu beschicken und haben auch die gleichen technischen Standards. Das Ausstellungsfreigelände ist direkt den Hallen zugeordnet. Das Gelände ist flexibel nutzbar, mit drei Eingängen im Endausbau ist es problemlos zu teilen, aber auch jetzt schon ist eine hohe Flexibilität gewährleistet.

Auch die Kooperation von drei der größten deutschen Messegesellschaften ist eine Premiere, durch die – zusammen mit dem chinesischen Joint Venture-Partner – für die ausstellende Wirtschaft ein umfangreiches Leistungsspektrum bereitgestellt wird. Die Anteile am Joint Venture liegen zu 50 Prozent bei der Shanghai Pudong Land Development Corporation und zu 50 Prozent bei einer gemeinsamen Gesellschaft der drei deutschen Messeveranstalter, der German Exposition Corporation International Ltd. mit Sitz in Berlin (GEC).

Die Messegesellschaften München, Hannover und Düsseldorf setzen seit der Eröffnung des neuen Standorts zielstrebig Themen aus ihrem Messeprogramm für Shanghai um. Dies beinhaltet nicht nur eine enge Zusammenarbeit mit der internationalen ausstellenden Wirtschaft, sondern auch mit chinesischen Industrie- und Handelsverbänden sowie Ministerien. Das Gelände ist auch offen für internationale und regionale Drittveranstalter. Die GEC wie auch die beteiligten Messegesellschaften unterhalten in Shanghai Repräsentanzen oder Niederlassungen.

5.   Die Bedeutung maßgeblicher Standards

Der Erfolg bestätigt, dass dieses Projekt wegweisend ist. Im Jahr 2002, dem ersten vollen Betriebsjahr, überstiegen sowohl Flächennachfrage als auch Umschlaghäufigkeit die Erwartungen, lag der Umsatz um mehr als 40 Prozent über Plan. Insgesamt fanden auf dem neuen Gelände 36 Veranstaltungen statt, darunter vier der Messe München mit 1 100 Ausstellern und fast 60 000 Besuchern. Ein Highlight setzte dabei die erste Bauma China, die sich auf Anhieb als größte und wichtigste Messe für die Bauindustrie in Asien etablieren konnte. Der Know-how-Transfer, den die Messe München als in diesem Segment führende Gesellschaft gemeinsam mit dem Fachverband Bau- und Baustoffmaschinen im VDMA geleistet hat, begründete eine enge Partnerschaft mit dem Construction Machinery Sub-Council des China Council for the Promotion of Trade (CCPIT), der China National Construction Machinery Corporation und dem Baumaschinenverband China Construction Machinery Association, welche die Erstveranstaltung Bauma China gemeinsam mitgetragen haben.

Es hieße, die Realität der Globalisierung und der fortschreitenden internationalen Zusammenarbeit zu ignorieren, wenn man nun, wie immer wieder zu hören, den chinesischen Partnern unterstellt, sie wollten durch eine solche Kooperation nur auf mittlere Sicht eigenes Know-how aufbauen. Erstens ist das nur legitim, und zweitens gibt es dazu keine Alternative. Die Stärke der deutschen oder europäischen Messewirtschaft liegt in ihrem Erfahrungswissen, mit dem sie Standards setzen und sich als dauerhafter Partner empfehlen kann.

Das belegt auch der Besuch zweier chinesischer Delegationen – mit Repräsentanten des CCPIT, chinesischer Messeveranstalter und von Verbänden sowie eine Delegation der Stadtverwaltung Shanghai –, die sich im April 2003 beim AUMA und der Gesellschaft zur freiwilligen Kontrolle von Messe- und Ausstellungszahlen (FKM) über das deutsche Messewesen informierten. Die FKM als deutsche Prüforganisation für Messezahlen will den Messemarkt für die ausstellende Wirtschaft transparenter machen und verfügt durch die Gastmitgliedschaft der Messe Verona und des Hongkong Trade Development Councils auch über Erfahrungen mit der Prüfung von Messen im Ausland. Es spricht nur für das chinesische Messewesen, dass man sich für den Aufbau einer solchen Organisation an bewährten Standards orientiert.

Dies ist auch ein wesentliches Kriterium für die Messekooperation im Alpen/Adria/Donau-Raum, die Central European Fair Alliance (CEFA). Zu diesem Kooperationsnetzwerk haben sich die Messegesellschaften in Bratislava, Brünn, Budapest, Graz, Klagenfurt, Ljubljana, München, Prag, Wien und Zagreb 1995 als Gründungsmitglieder zusammen gefunden. Im Jahr 2001 wurden auch die Messestädte Sarajevo, Belgrad und Novi Sad in die Allianz aufgenommen, 2003 folgten Plovdiv und Bukarest. Sie steht weiteren Mitgliedern offen, sofern sie den Kriterien und Qualitätsstandards genügen, auf die man sich einvernehmlich geeinigt hat. In Frage kommen demnach nur Veranstalter von Messemarktbegegnungen mit internationaler Bedeutung, die über zuverlässige und überprüfbare Statistiken nach dem FKM-Regelwerk oder dem der International Exhibition Statistics Union (CENTREX) verfügen, den Qualitätsmerkmalen der Union des Foires Internationales (UFI) entsprechen und in dem umrissenen Wirtschaftsraum beheimatet sind.

Kern der Organisationsstruktur ist das Board of Directors, das mindestens einmal jährlich tagt. Es bestimmt aus seiner Mitte den Präsidenten – er repräsentiert die Gruppe gegenüber der internationalen Öffentlichkeit und wird jeweils für ein Jahr gewählt – und den Chairman, der für einen Zeitraum von drei Jahren das interne Arbeitsprogramm steuert. Für die operative Umsetzung steht ihm ein Generalsekretär zur Seite, der gleichfalls drei Jahre amtiert. Mit Blick auf die Osterweiterung der EU und die Reintegration der Wirtschaftsräume in Mittelost- und Südosteuropa sehen die Messepartner große Aufgaben und Chancen zugleich, diese Prozesse mit Gemeinschaftsaktivitäten zu begleiten und zu fördern. Sie zielen auf eine Bündelung der Kräfte in Marketing und Öffentlichkeitsarbeit, auf den Austausch von Know-how und Fachpersonal.

6. Gemeinsame Ziele verbinden

Wie diese Beispiele zeigen, gilt für die Erfolgsfaktoren der Internationalisierung von Messegesellschaften das Prinzip, internationale Standards zu etablieren. Wer die Standards setzt, muss sich nicht an Maßstäben orientieren, die andere vorgeben. Das erfordert strategische Partnerschaften. Diese Netzwerkorientierung hat durchaus Tradition im Messewesen, speziell im deutschen, auch wenn dies lange Zeit die irreführende Vorstellung genährt hat, in der Messewirtschaft gäbe es keinen oder nur einen eingeschränkten Wettbewerb. Erstens hat es diesen Wettbewerb immer schon gegeben, und zweitens gilt, dass Messegesellschaften immer mehr gleichzeitig Partner, Kunden und Mitbewerber sind.

Es ist keineswegs ein Widerspruch, dass dies einher geht mit der Rückbesinnung auf gemeinsame Ziele und Stärken, wie dies in dem Shanghai-Projekt zum Ausdruck kommt oder auch in der Gemeinschaft Deutscher Großmessen e.V. (GDG), die im Jahr 2002 die Messegesellschaften Berlin, Düsseldorf, Frankfurt, Hannover, Köln, München und Nürnberg gegründet haben. Eingeführte Messegesellschaften mit anerkanntem Messe-Portfolio verbindet kollektives Erfahrungswissen, das ihr wichtigstes Kapital ist. Ihre Stärke ist konzeptionelles und organisatorisches Know-how, vielfach erprobt in professioneller Projektsteuerung, angefangen von fortlaufender Weiterentwicklung bewährter Messekonzepte bis hin zum disziplinierten Abarbeiten ablauforganisatorischer Checklisten.

Das sind, um es mit einem altmodisch anmutenden Wort zu sagen, Tugenden des etablierten Messewesens. Der eingespielte, reibungslose Ablauf einer Großveranstaltung – und das sind Messen ja – wird in einer entwickelten Dienstleistungsgesellschaft als selbstverständlich erachtet. Unter den häufig erschwerten Bedingungen in ausländischen Regionen ist es das keineswegs. So fühlten sich bei der Bauma China 2002 die chinesischen Partner ausdrücklich „geehrt", an einer „so hervorragend organisierten Veranstaltung mitgewirkt zu haben". Solche Anerkennung darf nicht zu Überheblichkeit verführen, denn sie findet nur, wer mit der Sensibilität auftritt, die sich für den Gast im fremden Land gebietet.

Für ein erfolgreiches Auslandsengagement gelten darüber hinaus natürlich die Kriterien und Anforderungen, mit denen sich Messen grundsätzlich bei knapper werdenden Kommunikationsbudgets auseinandersetzen müssen. Sie betreffen im wesentlichen die Stärkung der Dienstleistungsorientierung und damit den weiteren Ausbau der Serviceangebote sowie die Unterstützung der Aussteller bei der Entscheidung für eine Messebeteiligung und die Messbarkeit ihrer Effektivität. Die transparente Darstellung des Kosten-Nutzen-Verhältnisses muss auch den kritischen Fragen eines Messe-Controllings standhalten können.

7.   Schlussbetrachtung

Für die Erfolgsfaktoren der Internationalisierung von Messegesellschaften ist hier im Sinne eines Resümees ein anderer Aspekt hervorzuheben. Messegesellschaften sind von ihrer Struktur und Größe her, wie weiter oben bereits kurz angesprochen, mittelständische Unternehmen, die global operieren und sich folglich international profilieren müssen. Während sie ihre Messeprojekte durchaus als Kompetenzmarken verstehen, ist die Entwicklung eines Markenbildes, mit dem sie sich als Messegesellschaft positionieren, in der Vergangenheit eher vernachlässigt worden. In dem Maße, in dem der Wettbewerb schärfer wird, gewinnt dies auch aus Gründen der Standortsicherung an Bedeutung.

Die Attraktivität eines Messestandorts fällt, wie Imageuntersuchungen zeigen, neben der Funktionalität und dem Ambiente eines Messezentrums sowie der Relevanz der einzelnen Messen zunehmend ins Gewicht. Bei der Entwicklung von Markenbildern für Messestandorte und ihre Messegesellschaften sind die Imagefaktoren und eine emotional gewinnende Ansprache der internationalen Klientel eine wichtige Komponente. Damit eng verbunden ist das Selbstverständnis einer Messegesellschaft. Internationalisierung setzt nicht nur entsprechende Qualifikationen der Mitarbeiterinnen und Mitarbeiter voraus, sondern muss auch mental mitgetragen und als Gewinn für die beruflichen Entfaltungsmöglichkeiten empfunden werden.

Dies erfordert künftig eine noch stärker international geprägte Unternehmenskultur. Die Internationalität großer Messen, ihr Flair als internationale Kommunikationsplattform sowie die Verankerung der Messegesellschaften in internationalen Netzwerken bieten dafür optimale Voraussetzungen. Messegesellschaften haben als Dienstleistungsunternehmen im Wechsel konjunktureller Zyklen und auch bei strukturellen Veränderungen stets eine hohe Flexibilität und Zukunftsorientierung bewiesen. Dafür, wie für die unumkehrbare Internationalisierung der Messegesellschaften, kann ein treffendes chinesisches Sprichwort herangezogen werden: „Eine Fähigkeit, die nicht täglich zunimmt, geht täglich ein Stück zurück."

Bernd Jablonowski

Russlands Messewirtschaft geprägt durch die Planwirtschaft und Perestroika

1. Einleitung

2. Das Messewesen in der Sowjetunion zu Zeiten der Planwirtschaft

3. Wandel des Messewesens durch die Perestroika in Russland

4. Das russische Messewesen als ein Spiegelbild der politischen und wirtschaftlichen Rahmenbedingungen

5. Der Messeplatz Moskau und sein wirtschaftliches Umfeld

6. Strategien deutscher Messegesellschaften in Russland am Beispiel der Messe Düsseldorf GmbH

7. Tendenzen im russischen Messewesen

8. Literaturverzeichnis

Dipl.-Betriebswirt Bernd Jablonowski übernahm 1999 die Leitung der Repräsentanz der Messe Düsseldorf GmbH in Moskau und ist seit dem Jahr 2002 Managing Director der OOO Messe Düsseldorf Moscow, Moskau.

1.   Einleitung

Das Messewesen zu Zeiten der Sowjetunion bzw. in Russland beschreibt zwei unterschiedliche Entwicklungsstufen, die durch politische Systeme und durch Veränderungen der wirtschaftlichen Rahmenbedingungen geprägt waren oder sind.

Im Folgenden werden zunächst die Eigenheiten des sowjetischen Messewesens und dann die durch den Umbruch stattfindenden Veränderungen beschrieben sowie die sich abzeichnenden Tendenzen dargelegt. Im Vordergrund werden die Strategien und Aktivitäten deutscher Messegesellschaften in diesem Markt am Beispiel der Messe Düsseldorf aufgezeigt, die als einzige deutsche Messegesellschaft zu Zeiten der Sowjetunion und seit Bestehen Russlands sehr erfolgreich ihrem Business nachgeht.

Eine weitere These, dass das Messewesen ein Spiegelbild der politischen und wirtschaftlichen Rahmenbedingung ist, wird im Folgenden belegt und unterstreicht die Bedeutung dieses Zusammenhangs für das zukünftige Messegeschäft in Russland.

2.   Das Messewesen in der Sowjetunion zu Zeiten der Planwirtschaft

Zu Zeiten der Sowjetunion galt das Messewesen als ein wichtiger Bestandteil innerhalb des Marketing-Mix für die Unternehmen, die einen Warenaustausch mit der Sowjetunion forcieren wollten. Hierbei trafen zwei unterschiedliche Wirtschaftssysteme aufeinander. In Westeuropa gab es die Marktwirtschaft, die gekennzeichnet war durch privates Unternehmertum mit internationalem Engagement, eigener konvertierbarer Währung und einer liberalen Außenhandelspolitik.

Demgegenüber stand in der Sowjetunion die zentrale Planwirtschaft (Zentralverwaltungswirtschaft). Hierbei handelt es sich um eine Wirtschaftsordnung, in der die innerhalb einer Gesellschaft ablaufenden Wirtschaftsprozesse von einer staatlichen Zentralinstanz geplant und koordiniert wurden (o.V. 1988a). Kennzeichen waren dabei das staatliche Außenhandelsmonopol, die nicht konvertierbare Währung und eine bilaterale Außenhandelspolitik auf der Grundlage des Ausgleichs der Zahlungs- und Handelsbilanz. Den westlichen Firmen stand eine staatliche Gesellschaft für den Im- und Export gegenüber, die praktisch eine Monopolstellung besaß.

Eine wichtige Grundlage, nach der sich auch das Messewesen richten musste, bildeten die staatlichen Pläne. Diese Pläne enthielten die wichtigsten Informationen für die exportierenden Unternehmen. Es gab drei unterschiedliche Planstufen: Der Perspektivplan umriss grob die Ziele für die zukünftigen 15-20 Jahre. Der Fünfjahresplan benannte für die einzelnen Branchen Richtwerte, die es im Zeitraum von fünf Jahren zu erreichen galt. Der Volkswirtschaftsplan wurde für ein Jahr erstellt (Abore 1981, S. 40ff.).

Für das russische Messewesen war vor allem der Fünfjahresplan von entscheidender Bedeutung. Durch die staatlichen Vorgaben, welche Investitionen getätigt werden sollten, entwickelten sich Messen, angelehnt an die Richtlinien des Planes. Innerhalb des sowjetischen Messewesens unterschied man Veranstaltungen, bei denen ausländische Messeveranstalter und ausländische Unternehmen zugelassen waren und Veranstaltungen, die eine solche Teilnahme ausschlossen. Ohne ausländische Beteiligungen waren z.B. Messeveranstaltungen, bei denen die Errungenschaften der einzelnen Sowjetrepubliken gezeigt wurden.

Messen und Ausstellungen für ausländische Unternehmen wurden durch die Außenhandelsorganisation Expocentr organisiert. Dabei unterschied man zwischen:

- *Großen internationalen Messeveranstaltungen:* Diese Ausstellungen waren durch eine breite branchenbezogene Thematik, an denen auch sowjetische Aussteller teilnehmen konnten, gekennzeichnet.

- *Internationalen Fachmessen:* Die Fachmesse war eine Veranstaltung, die auf einen Herstellungs- bzw. Funktionsbereich oder auf ein bestimmtes Thema spezialisiert war (o.V. 1988b, S. 370). In der Nomenklatur erfolgte eine Systematisierung der ausgestellten Güter nach Produkt- und Warengruppen oder nach den technischen Eigenschaften (AUMA 1993, S. 28). Ein solches Messekonzept präsentierte dem Fachbesucher das abgegrenzte Themengebiet, durch das er sich über neue Produkte und neue Fertigungstechniken informieren konnte. Sowjetischen Unternehmen blieb die Teilnahme verwehrt.

- *Ausstellungen ausländischer Messeveranstalter:* Expocentr nahm auch Vorschläge ausländischer Messeveranstalter auf und organisierte – meist für eine bestimmte Branche – entsprechende Messen.

Die Verfahrensweisen bei der Ankündigung und der Abwicklung einer Messe hatten immer denselben Charakter. So wurde das Messeprogramm vom Ministerrat, vertreten durch das Staatskomitee für Wissenschaft und Technik, und deren Industrieministerien festgelegt. Dabei entschied man sich in der Regel für das Macht- und Handelszentrum Moskau als Austragungsstandort. Neben Moskau als Messeplatz spielte Leningrad eine untergeordnete Rolle.

Die für die Sowjetunion zugelassenen Messeveranstalter, hier war die Messe Düsseldorf von großer Bedeutung, hatten jetzt die Aufgabe, international tätige Unternehmen auf eine entsprechende Messeveranstaltung in die Sowjetunion zu führen. An diesen häufig durch das Bundesministerium für Wirtschaft geförderten Messen nahmen führende Unternehmen teil, um an den wirtschaftlich sehr interessanten und mit wenig Risiko versehenen Staatsaufträgen zu partizipieren.

Für die Besucherwerbung zeichneten sich u.a. Ministerien, Staatskomitees, Außenhandelsorganisationen und Institutionen verantwortlich. Durch die Festlegung der Messethematik konnten die entsprechenden Spezialisten benannt werden, die sich gezielt einen Überblick über die gegenwärtige Branchensituation verschafften und sich über Produktinnovationen und Differenzierungen im ausgewählten Marktsegment informierten. Im Vordergrund der Zielgruppen standen Techniker und qualifizierte Fachleute, die wiederum von Meistern und Vorarbeitern des Betriebs beraten wurden (Walter/Lorenz 1970, S. 68).

Anschließend teilten sie den staatlichen Organisationen mit, welche der ausgestellten Güter angeschafft werden sollten. Abschließend entschied über deren Anschaffung eine Abteilung innerhalb der Außenhandelsorganisationen (Zell 1980).

3. Wandel des Messewesens durch die Perestroika in Russland

Mit Beginn der Perestroika (Umbildung, Neugestaltung des politischen Systems) änderte sich das Messewesen grundlegend. Einstige Monopole brachen auf. Ministerien, Organisationen und Institutionen verloren an Bedeutung. Wir erlebten in dieser Zeit nicht nur einen politischen, sondern auch einen wirtschaftlichen und gesellschaftlichen Wandel. Eigentumsverhältnisse, Rechte, Erwartungshaltungen, Ziele und Erfolge wurden neu definiert.

Diese Situation machte auch keinen Halt vor dem – bis dahin – staatlichen Messewesen. Die ehemaligen, durch Funktionäre geleiteten Messegesellschaften wie z.B. Expocentr und Lenexpo wurden in Aktiengesellschaften umgewandelt. Die Anteilseigner, bei Expocentr hielt die Mehrheit die russische Handelskammer, rückten kommerzielle Ziele in den Vordergrund und bestimmten das Handeln aller Beteiligten.

Als Inhaber der Messegelände verfügten diese Unternehmen in Russland über eine starke Stellung. Sie traten einerseits als Veranstalter, andererseits als Vermieter an Messegesellschaften auf. Somit waren die einstigen Monopolstellungen aufgebrochen worden und eine Vielzahl an Messeveranstaltern drängte auf den geöffneten Markt. Neben den nationalen Verbänden und privaten Organisatoren, hierzu zählen u.a. Abteilungen oder Mitarbeiter von einstigen Schlüsselministerien (Roshimneft), drängten vermehrt auch ausländische Messegesellschaften auf den russischen Messemarkt und wollten an der boomenden Entwicklung teilhaben.

Für die bis dahin tätigen ausländischen Messegesellschaften bedeutete das eine Neuausrichtung, die nicht immer ganz leicht vonstatten ging. Einzig und allein Nowea International, heute Messe Düsseldorf, hat diese Umstellung bewältigt. Messe Düsseldorf ist somit die einzige ausländische Messegesellschaft, die zu Zeiten der Sowjetunion und auch heute noch sehr erfolgreich in diesem Business tätig ist.

Darüber hinaus wurde es schwerer, Aussteller aus dem Ausland für ein Messeengagement zu gewinnen. Zum einen fielen die Staatsgarantien bei der Bezahlung von Waren und Gütern weg, zum anderen war die Rechtssicherheit nicht mehr gegeben. So stellte sich die Frage: An wen richte ich eigentlich mein Angebot? Diese Problematik spiegelte sich auch in der Besucherwerbung wider. Die einst vom Staat ausgewählten Messebesucher fielen weg. Jetzt begannen die Messegesellschaften, mühselig ihre Zielgruppen zu recherchieren. Hierbei bediente man sich neben den Kontakten aus den alten Zeiten auch der klassischen Werbung, die natürlich einen Aufschwung erlebte.

Für die Messegesellschaften entstand eine Situation, die sie bis dato nicht kannten. Den heutigen Erfolg mussten sie sich unter schweren wirtschaftlichen Verlusten erarbeiten.

4.   Das russische Messewesen als ein Spiegelbild der politischen und wirtschaftlichen Rahmenbedingungen

Das russische Messewesen ist geprägt durch eine Vielzahl von Veranstaltungsorten, Messeveranstaltern, durch eine wachsende Anzahl von Messen und letztendlich durch einen Zuwachs an ausstellenden Unternehmen und Messebesuchern. Die These, dass das Messewesen ein Spiegelbild der politischen und wirtschaftlichen Situation darstellt, wird deutlich, wenn man sich die Entwicklung der letzten Jahre anschaut. So finden mittlerweile ca. 2 000 Veranstaltungen in Russland statt, mit einer steigenden Tendenz. Wie aber haben sich die Rahmenbedingungen geändert?

Das Jahr 1999 endete in Russland mit dem überraschenden Rücktritt des ersten russischen Präsidenten, Boris Jelzin, am 31. Dezember 1999. Seit dem 1. Januar 2000 bestimmt der neue Präsident Wladimir Putin die Entwicklung des Landes. Dieser wurde am 26. März 2000 mit 52,9 Prozent der Stimmen zum Präsidenten der Russischen Föderation gewählt. Am 7. Mai 2000 ist er in das Amt eingeführt worden.

Seit dieser Zeit versucht Wladimir Putin die Modernisierung Russlands mit einer „gelenkten Demokratie" voranzutreiben. Dabei versteht er es geschickt, die breite Zustimmung der russischen Bevölkerung für seine Politik zu gewinnen. Durch seinen Konsens mit den unterschiedlichen Macht- und Interessengruppen hat er es verstanden, gemeinsam den Aufbau Russlands voranzutreiben und seinen Einfluss in bisher unzugänglichen Strukturen geltend zu machen.

Die Schwerpunkte seiner Agenda beim Amtseintritt im Jahre 2000 sahen Gesetzesänderungen zur Unterstützung eines positiven Geschäfts- und Investitionsklimas sowie eine Entbürokratisierung der Wirtschaft vor. Darüber hinaus war ein wesentlicher Bestandteil seiner Agenda die Reduzierung der Steuerbelastung u.a. von Gewinnen, unbeschränkt Steuerpflichtigen und beschränkt Steuerpflichtigen. So ist beispielsweise die Gewinnsteuer auf 24 Prozent und die Steuer für unbeschränkt Steuerpflichtige auf 13 Prozent gesenkt worden.

Aber auch ein progressives Angehen von Strukturreformen in den Bereichen staatliche Monopole (Elektrizitätswirtschaft, Eisenbahn, Telekommunikation, Öl- und Gasmarkt), der Banken (Verbesserung der Bankenaufsicht bei gleichzeitiger Entbürokratisierung), stärkere Öffnung des Bankensektors für ausländische Investitionen, Justiz sowie die gezielte Förderung von Russlands wissenschaftlichem und technischem Potenzial bildeten die Eckpfeiler eines nachhaltigen Wirtschaftswachstums.

Daneben werden sehr kontrovers diskutierte Entscheidungen getroffen, um die Entwicklung durch Investitionen voranzutreiben. So wurde mit dem In-Kraft-Treten des neuen Bodengesetzes am 30.10.2001 grundsätzlich auch Ausländern der Erwerb von Grund und Boden erlaubt.

Die somit verabschiedeten und geplanten Reformen sollen der Wirtschaft neue Impulse geben und für eine Rechtssicherheit sorgen. Damit setzt die Politik Putins Rahmenbedingungen, die die Wirtschaft beleben sollen. Aber wie sieht die praktische Umsetzung dieser Maßnahmen eigentlich aus?

Seit 1999 ergibt sich in Russland ein reales BIP-Wachstum von 4,3 bis 9,0 Prozent, die Staatsverschuldung wird seitdem reduziert, der Währungskurs entwickelt sich stabil, die Währungsreserven steigen bei gleichzeitigem Abbau der Auslandsverschuldung, die Ratings der Ratingagenturen tendieren bei Moody's Ba2 und Standard & Poor's bei BB.

Für das Jahr 2003 erwartet der Wirtschaftsminister Germann Gref ein Wirtschaftswachstum von 5,5 Prozent, was unter Analysten als pessimistisch angesehen wird. Wie auch immer die Zahlen am Jahresende ausfallen werden, Russland erlebt im fünften Jahr in Folge ein robustes Wirtschaftswachstum; es weist seit vier Jahren einen Etatüberschuss aus und zahlt seit drei Jahren seine Auslandschulden vollständig und vertragskonform. Die Gehälter sind gestiegen, die Währungsreserven haben eine Rekordmarke von 65 Milliarden Dollar erreicht. Zum ersten Mal seit dem Ende der Sowjetunion könnte in diesem Jahr mehr Kapital nach Russland hinein als hinaus fließen.

Auf Grund der zuvor beschriebenen politischen und wirtschaftlichen Entwicklungen liegt der Schluss nahe, dass das Messewesen ein Spiegelbild von Rahmenbedingungen ist. Im gleichen Tempo wie sich die Wirtschaft Russlands entwickelt, können die Messegesellschaften und Veranstalter einen Zuwachs an ausstellenden Unternehmen und Besucher verzeichnen.

5. Der Messeplatz Moskau und sein wirtschaftliches Umfeld

Auf Grund der Historie kommt dem Messeplatz Moskau heute noch eine herausragende Stellung zu. Schon zu Zeiten der Sowjetunion galt Moskau als Macht- und Handelszentrum. Diese Stellung hat die Stadt bis heute beibehalten und sie hat auch nichts an ihrer Bedeutung verloren. Moskau, die Hauptstadt der Russischen Föderation, nimmt eine Fläche von 1 045 Quadratkilometer ein. In Moskau und im Moskauer Gebiet leben heute ca. 15 Millionen Menschen; das sind etwas mehr als 10 Prozent der russischen Bevölkerung. Ferner zählt Moskau heute zu einem der größten Industriezentren Russlands. Dabei zählen zu den Schlüsselindustrien Moskaus der Maschinenbau, die Metallverarbeitung, die chemische Industrie, die petrochemische Industrie, die Leichtindustrie und die Lebensmittelindustrie.

Durch große Investitionsvorhaben und Infrastrukturprojekte (Straßenbau, Wohnungsbau, Handelszentren) entwickelt sich Moskau schneller als die übrigen Städte und Regionen Russlands. Dies führt dazu, dass sich internationale und führende russische Unternehmen zunehmend Moskau als Sitz der Zentrale wählen. Hierdurch beschleunigt sich der Trend, dass Moskau eine besondere Stellung in Russland einnimmt. Diese Tatsache spiegelt sich natürlich auch im Messewesen wider. Somit zählt Moskau heute zu den größten Veranstaltungsorten Russlands. Mit ca. 58 Prozent aller Messeveranstaltungen in Russland nimmt Moskau eine zentrale Rolle ein. Schätzungsweise 11 Veranstaltungsgelände werden in Moskau professionell beworben, zwei weitere befinden sich im Bau. Von diesen 11 Veranstaltungsorten haben aber lediglich drei einen Geländecharakter, wie er auch in Westeuropa bekannt ist. Hierzu zählt das Gelände von Zao Expocentr, WWZ (Allrussisches Messezentrum, auf dem die Errungenschaften der Sowjetunion vorgestellt wurden) und das Messezentrum Sokolniki. Dabei ist das Gelände von Zao Expocentr den anderen infrastrukturell weit überlegen. Andere Veranstaltungsorte sind Sporthallen, Eishockeystadien, Lagerhallen und Mehrzweckveranstaltungshallen.

Außer nationalen Messeveranstaltern engagieren sich große europäische Messegesellschaften, die vor allem in Moskau Messen als Ableger ihrer Kernthemen veranstalten. Die deutschen Messeveranstalter spielen dabei eine bedeutende Rolle. Als eine der größten ausländischen Messegesellschaften bearbeitet die Messe Düsseldorf den russischen Messemarkt. Messe Düsseldorf wurde 1979 als erste westliche Messegesellschaft offiziell akkreditiert und ist seit Mai 2002 mit der 100prozentigen Tochtergesellschaft OOO Messe Düsseldorf Moskau sehr erfolgreich im russischen Messemarkt vertreten. Aber auch Messegesellschaften aus Italien und Großbritannien versuchen sich im russischen Markt zu platzieren, wobei auch sie sich auf den Standort Moskau konzentrieren. Addiert man noch die vielen kleinen russischen Privatveranstalter hinzu, wird klar, warum die Zahl der Messeveranstaltungen in Moskau inflationäre Züge annimmt.

6. Strategien deutscher Messegesellschaften in Russland am Beispiel der Messe Düsseldorf GmbH

Seit mehr als 50 Jahren organisiert die Messe Düsseldorf Messen im Ausland. Einen Schwerpunkt dabei bildet Mittel- und Osteuropa, wobei der Standort Moskau eine herausragende Position in der Strategie der Düsseldorfer einnimmt.

Die Strategie der Messe Düsseldorf ist klar festgelegt: Zum einen will die Messe Düsseldorf am Standort Düsseldorf ihre Leitmessen sichern, ausbauen und ins Ausland exportieren. Dazu zählen z.B. Veranstaltungen wie die K, in Moskau Interplastica genannt, und die Interpack, in Moskau Upakovka genannt. So werden mit Düsseldorfer Know-how Messen in einem schwierigem Umfeld mit gewohnter Professionalität und gewohntem Service organisiert. Synergieeffekte zwischen Veranstaltungen im In- und Ausland sind dabei erwünscht.

Zum anderen will die Messe Düsseldorf sich aktiv an der Gestaltung der Messemärkte in Wachstumsregionen beteiligen, oft in partnerschaftlichen Kooperationen. Beispiele hierzu sind das gemeinsame Engagement der Messe München, Hannover und Düsseldorf in Schanghai, die Kooperation mit Expocentr in Moskau und die Kooperation mit Kuzbasfair in Nowokuznezk. Ziel ist es, durch Kooperationen, Allianzen, Auslandsvertretungen und Tochtergesellschaften maßgeschneiderte Konzepte für spezielle Wirtschaftsregionen zu entwickeln.

Das Geschäft der Messe Düsseldorf in Russland ruht auf einem Viersäulenmodell. Dabei bilden die Eigenveranstaltungen wie z.B. die Upakovka, SHK und Interplastica mit einem Umsatzanteil von ca. 54 Prozent die tragende Säule des Geschäftes. Messe Düsseldorf organisiert auf eigenes wirtschaftliches Risiko Messen, die vorwiegend den Kernthemen der Messen in Düsseldorf entsprechen.

Eine zweite Säule ist die Organisation von Gruppenbeteiligungen und Kooperationsveranstaltungen. Dieser Geschäftszweig trägt zu ca. 27 Prozent des gesamten Umsatzes der Messe Düsseldorf in Russland bei.

Zum Beispiel hat die Messe Düsseldorf in enger Zusammenarbeit mit Expocentr erfolgreiche Fachmessen wie die Neftegas, eine Fachmesse für die Öl- und Gasindustrie, und die Inlegmash, eine Fachmesse für die Leichtindustrie, durchgeführt.

Technische Dienstleistungen ergänzen und unterstützen den gewohnten Service der Messe Düsseldorf, der Umsatzanteil liegt hier bei ca. 15 Prozent.

Die restlichen vier Prozent entfallen auf Dienstleistungen wie z.B. Verkaufsförderungsaktionen für die CMA (zentrale Marketinggesellschaft der Agrarwirtschaft), Organisation von Hausmessen, Symposien, Pressekonferenzen etc. für andere Unternehmen.

Ein wesentlicher Teil des Auslandsumsatzes der Messe Düsseldorf wird in Moskau generiert. Dies liegt nicht zuletzt an der Kontinuität und der Ausdauer, die die Messe Düsseldorf auch in schwierigen Zeiten in diesem Messemarkt bewiesen hat. Durch den seit Jahrzehnten tätigen Know-how-Transfer und das finanzielle Engagement konnte die Position der Messe Düsseldorf gestärkt werden, um auf diesem Wachstumsmarkt erfolgreich tätig zu sein.

7.   Tendenzen im russischen Messewesen

Durch die fehlenden Flächenkapazitäten und die höheren Anforderungen an eine Messeinfrastruktur wird eine wichtige Voraussetzung die Investition in bestehende Messegelände sowie in deren Neubau sein. Erst hierdurch kann das russische Messewesen an Dynamik gewinnen.

Erste Planungen liegen bereits vor. So hat die Messe Düsseldorf gemeinsam mit Zao Expocentr dazu beigetragen, dass in Moskau auf dem Krasnaja Presnaja Gelände eine neue 30 000 Quadratmeter große Halle gebaut werden konnte. Weitere Projekte sind bei Expocentr zur Zeit in Planung. Ferner entsteht außerhalb des Autobahnringes ein modernes, privat finanziertes Messegelände, das im Jahr 2004 fertiggestellt sein soll.

Auch die Stadt Moskau, die die deutschen Modelle des Messewesens sehr gut kennt, denkt über entsprechende Entwicklungsmöglichkeiten nach. Der Ausbau öffentlicher Verkehrsmittel und die Verbesserung der Parkplatzsituationen müssen künftig optimiert werden. Eine Konsequenz wird natürlich sein, dass vermehrt Messeveranstalter auf den Markt kommen und zusätzliche Messethemen in Moskau veranstaltet werden. Schon heute spricht man von einer Messeinflation in Moskau.

Durch den verstärkten Wettbewerb in der freien Marktwirtschaft wird es zukünftig zu einer Selektion kommen. Die Großzahl von privaten Messeveranstaltern, die in der Vergangenheit wie Pilze aus dem Boden geschossen sind, um schnell an dem boomenden Messemarkt zu profitieren, werden im harten Wettbewerb und bei zukünftig geringer werdenden Margen von der Messelandschaft verschwinden.

Eine weitere Entwicklung wird in der Größe und Struktur von Messegesellschaften zu sehen sein. So wird die Messelandschaft in große und kleinere Messeveranstalter gegliedert werden. Zu den wichtigen Veranstaltern werden u.a. Expocentr, Lenexpo, WWZ, zwei bis drei private und natürlich die ausländischen Messeveranstalter gehören. Nur sie haben die finanziellen Möglichkeiten, Messen mit hoher Qualität und GUS-weite Besucherwerbung sowie internationale Ausstellerakquisition zu gewährleisten. Sie werden einen großen Teil des Messemarktes für sich erschließen.

Kleine, private russische Veranstalter werden sich auf Messen mit vorwiegend russischen Ausstellern konzentrieren, die einen regionalen Charakter tragen.

Ein für die Kosten der Aussteller wichtiger Aspekt wird in der Verschiebung des Messeturnus zu sehen sein. Durch die Profitorientierung einzelner russischer und internationaler Messegesellschaften finden heute u.a. Investitionsgütermessen in einem jährlichen Turnus statt. Auf Grund der sehr hohen Kosten, die mit einem Messeauftritt verbunden sind und auch den schwindenden Margen in den unterschiedlichen Industrien, werden sich Veranstalter entscheiden ihren Turnus den Bedürfnissen der Ausstellerschaft anzupassen.

Die Mehrbranchenmessen werden den Fachmessen weiter Platz machen müssen. Diese Entwicklung ist mit der professionellen Einstellung der Unternehmer und somit der Besucher zu sehen. Sie möchten eine klare Struktur, damit sie in kurzer Zeit ihre Ziele auf einer Messe erreichen können, denn auch in Russland ist Zeit Geld. So sind z.B. aus der Konsumexpo in der Vergangenheit die Prodexpo, die Obuv und die Mebel entstanden.

Durch den zunehmenden Wettbewerb werden Veranstalter dem Trend der internationalen Messeveranstalter folgen und entsprechend dienstleistungsorientierter sein. Eine weitere Entwicklung wird die Erschließung östlicher Regionen sein. Als entwicklungsfähige Messeregionen gelten u.a. Nowosibirsk, Nowokuznezk sowie Irkutsk, auf die man mittel- bis langfristig sein Augenmerk richten sollte.

Aber auch die Städte und das Land werden erkennen, dass Messeveranstaltungen nicht nur Hilfsmittel, sondern ein wichtiger Wirtschaftsfaktor für die Stadt und die Region sind. Dies wird zur Zusammenarbeit von Messegesellschaften und den Städten und Regionen führen, um ihren Messeplatz für weitere Expansionen wettbewerbsfähig zu machen. Hierzu zählen u.a. Infrastrukturmaßnahmen, Hotelbauten, die Flughafensituation usw.

Im Grossen und Ganzen hat sich in relativ kurzer Zeit ein Messewesen in Russland entwickelt, das sich dem westeuropäischen Messewesen annähert. Auf Grund der politischen, wirtschaftlichen und technischen Entwicklung kann mit Recht gesagt werden, dass Russlands Messewesen zu einem der aufstrebenden gezählt werden kann. Und auch in umgekehrter Richtung werden zunehmend russische Unternehmen an westlichen Messen teilnehmen. Somit ist Russland sowohl für die ausstellenden Unternehmen wie auch für die Messewirtschaft ein Markt mit Zukunft.

8. Literaturverzeichnis

ABORA T. E., Planung und Vertrag in der sozialistischen Wirtschaft der UdSSR, in: Deutsches und sowjetisches Wirtschaftsrecht, Max-Planck Gesellschaft (Hrsg.), Tübingen 1981.

AUMA (HRSG.), Erfolgreiche Messebeteiligung Made in Germany, Köln 1993.

LINDNER, P., Die Auslandswerbung für Investitionsgüter auf der Grundlage systematischer Marktuntersuchungen, Berlin 1966.

O.V. (1988a), „Zentralverwaltungswirtschaft", in: Sellien, R./Sellien, H. (Hrsg.), Gablers Wirtschafts-Lexikon, 12. Aufl., Wiesbaden 1988, S. 2863.

O.V. (1988b), „Fachmesse", in: Sellien, R./Sellien, H. (Hrsg.), Gablers Wirtschafts-Lexikon, 12. Aufl., Wiesbaden 1988, S. 370.

WALTER, H./Lorenz, W., Handbuch für Auslandswerbung für Investitionsgüter und das Entwicklungsgeschäft, Berlin 1970.

ZELL, G., Zielgruppenbestimmung Sowjetunion: Investitionsgüter, in: Nachrichten für den Außenhandel vom 24.9.1980.

Gerhard Gladitsch

Messetrends in den USA

1. Einführung

2. Entwicklungen
   2.1 Ausstellungsflächen wachsen
   2.2 Effektivität durch Bauplanung
   2.3 Wirtschaftswandel belastet Messen
   2.4 Geringere Besucherverkehrsdichte/Besucherfrequenz
   2.5 Alternativevents
   2.6 Virtuelle Messen
   2.7 Weltpolitische Unsicherheiten

3. Lösungen
   3.1 Höhere Wertigkeit schaffen
   3.2 Unabhängige Strukturdaten
   3.3 Messebeteiligungen effizienter machen
   3.4 Von Unternehmensevents lernen
   3.5 Moderne Technologien einsetzen
   3.6 Markt- und Marketingwissen erlangen

4. Literaturverzeichnis

Gerhard Gladitsch ist Geschäftsführer der Messe Frankfurt GmbH, Frankfurt.

1. Einführung

In den USA gehören Messen zu den wichtigsten Marketinginstrumenten. Sie haben einen großen Anteil an den Marketingbudgets vieler Unternehmen. Damit dieser Status Quo gehalten werden kann, steht der US-Messewirtschaft ein tiefgreifender Wandel bevor. Davon ist weniger die klassische Funktion von Fachmessen betroffen. Auch künftig treffen sich Käufer und Verkäufer auf US-Messen zum Face-to-Face-Dialog. Doch die massiven Umgestaltungen in der amerikanischen Volkswirtschaft erfordern neue Strukturen und Abläufe im Messegeschäft.

Die Gründe für diese notwendigen Veränderungen sind vielfältig. US-Messeveranstalter tummeln sich in einem geschäftlichen Umfeld, das komplexer und anspruchsvoller ist als je zuvor. So ist die Zahl der ausgerichteten Veranstaltungen gewachsen, während die Bindung von Ausstellern und Besuchern an bestimmte Messen abgenommen hat. Dadurch wird es für Veranstalter immer schwieriger, eine angemessene Zahl qualifizierter Besucher und Aussteller zur Messe zu bringen. Nur wenn die Organisatoren diese Herausforderung erfolgreich bewältigen, werden sie ihre avisierten Zielgruppen zufrieden stellen. Denn für Aussteller und Besucher bleibt eine Messe nur dann ein unverzichtbarer Pflichttermin, wenn sie von der Teilnahme einen spürbaren Nutzen haben.

Vor allem für ausstellende Unternehmen erhält die Rentabilität von Messeinvestitionen eine immer stärkere Bedeutung. Erfolgreiche Messebeteiligungen sind nicht mehr länger das Resultat subjektiver Einschätzungen, sondern gründen sich auf echten, nachvollziehbaren Ergebnissen. Immer knappere Messebudgets erfordern einen optimierten Mitteleinsatz. Auch die unsichere Weltlage und die Existenz so genannter „virtueller Messen" dürfte das neue Denken beeinflusst haben. Außerdem organisieren viele Unternehmen eigene Events als Alternative zur Messebeteiligung.

Zwar sind die Ansprüche von Ausstellern und Besuchern an eine Messe stark gewachsen, Messeveranstalter sollten jedoch die gegenwärtigen Entwicklungen als Umbruchsituation und somit auch als Chance begreifen und darauf positiv reagieren. Oder anders formuliert: Alle beteiligten Akteure erleben derzeit eine der aufregendsten und innovativsten Zeiten im US-Messegeschäft. Detaillierte Marktsegmentierung, strategische Partnerschaften und der Einsatz bahnbrechender Technologien bieten den Veranstaltern eine Vielzahl von Zukunftschancen.

2.   Entwicklungen

2.1   Ausstellungsflächen wachsen

Die Zahl der Ausstellungshallen hat in den USA in den letzten zwanzig Jahren stark zugenommen und dieser Trend hält weiter an. Zwischen 2000 und 2005 wird die verfügbare Ausstellungsfläche um fast 30 Prozent wachsen.[1] Unter Experten ist es umstritten, ob diese neuen Flächen tatsächlich benötigt werden oder ob es bereits Überkapazitäten gibt. In einem Punkt besteht aber große Einigkeit: Niemals war die Qualität der Ausstellungsareale höher als zum gegenwärtigen Zeitpunkt. Die meisten Hallen verfügen heute über hochmoderne Kommunikationsanlagen, audiovisuelle Einrichtungen, Heizung, Klimatisierung, Beleuchtungssysteme und Gastronomie. In vielen Hallen existieren drahtlose Hochgeschwindigkeitszugänge zum Internet. Zudem wurden die neueren Bauten auch optisch anspruchsvoll gestaltet und sie bieten ein angenehmes Ambiente. Auf Grund des intensiven Wettbewerbs sind die Mietkosten gering. Sie dürften noch weiter fallen, wenn zusätzliche neue oder neu renovierte Ausstellungsareale öffnen.

2.2   Effektivität durch Bauplanung

In diesem heftigen Wettbewerbsumfeld wollen kommunale Repräsentanten sowie örtliche Kongress- und Tourismusgesellschaften möglichst viele Veranstaltungen für ihre eigenen Städte sichern. Beim Bau neuer Ausstellungshallen stehen heutzutage daher die Bedürfnisse der (ausstellenden) Industrie im Mittelpunkt. Schon während der Entwicklungs- und Planungsphasen bestehen die Vertreter der Industrie auf Mitsprache. Den Bedürfnissen von Ausstellern entsprechend sollen funktionierende logistische Abläufe garantiert werden. So haben die Lage und die Größe von Rangierflächen erhebliche Auswirkungen auf die betriebswirtschaftliche Effizienz. Das betrifft Aussteller und Geländebetreiber gleichermaßen. Eine zu geringe Kapazität oder zu abgelegene Flächen können zu längeren Auf- und Abbauzeiten führen. Für den Aussteller sind das zusätzliche Kosten, während beim Betreiber die Einnahmen tendenziell sinken, weil er dadurch weniger Veranstaltungen abhalten kann.

Bei ihren Messebeteiligungen legen ausstellende Unternehmen ebenso großen Wert auf transparente, nachvollziehbare Rahmenbedingungen. Das betrifft die verschiedenen Zuständigkeitsbereiche der einflussreichen Gewerkschaften und Verbände. Bei neu entstehenden Messebauten ist es daher wichtig, diese Zuständigkeiten von vornherein eindeutig festzulegen und öffentlich bekannt zu machen.

---

[1] 65 Millionen Quadratfuß im Jahr 2000 gegenüber geschätzten 84 Millionen Quadratfuß im Jahr 2005.

Eine zentrale Bedeutung erhält die verkehrstechnische Erreichbarkeit von Messegeländen. Aus logistischen Gründen werden immer mehr Ausstellungshallen in enger Nachbarschaft zu neuen städtischen Bahnlinien gebaut; einige Gelände erhalten sogar eine
Flughafenanbindung. Inzwischen gibt es mehr Direktverbindungen zu Orten, die früher
nur mühsam mit Anschlussflügen erreicht werden konnten.

2.3 Wirtschaftswandel belastet Messen

Von den sich wandelnden Wirtschaftsstrukturen und konjunkturellen Einflüssen bleibt
die US-Messewirtschaft nicht unberührt. Kennzeichen sind Firmenübernahmen, veränderte Lieferketten sowie kürzere Produktentwicklungs- und Lebenszyklen. Rückläufige
Messezahlen haben eine negative psychologische Wirkung zur Folge. Sie beeinflussen
oftmals die wahrgenommene Bedeutung und Wertigkeit von Messen. Dadurch wird es
tendenziell schwerer, Besucher und Aussteller für einen Besuch oder eine Beteiligung zu
gewinnen. Gleichzeitig führen sinkende Aussteller- und Besucherzahlen zu niedrigeren
Erlösen beim Veranstalter. Nur sehr wenige Messen sind gegen diese Probleme immun.
Nachfolgend aufgeführt sind einzelne Beispiele für wirtschaftliche Veränderungen und
deren mögliche Auswirkungen auf Fachmessen:

- *Unternehmensübernahmen:*
  Ähnlich wie bei Fusionen kann es anstatt bisher zwei Ständen nur noch einen Stand
  geben. Die vermietete Ausstellungsfläche geht tendenziell zurück. Gleichzeitig wird
  das Besucherpotenzial geringer, weil Abteilungen – wie der Einkauf – zusammengelegt werden.

- *Veränderung der Vertriebskanäle/Verschiebungen in der Lieferantenkette:*
  Sollten kleinere Firmen ihre Waren nicht mehr länger beim Hersteller beziehen
  können, lohnt sich für sie der Messebesuch immer weniger.

- *Outsourcing von Produktionsvorgängen:*
  Wenn große Hersteller exklusive Verträge mit Zulieferfirmen vereinbaren, haben sie
  geringeren Bedarf, eine Messe zu besuchen. Denn sie haben die Verantwortung für
  Entwicklung/Spezifikationen und Produktion auf ihre Lieferanten verlagert (Outsourcing). Gleichzeitig sinkt der Bedarf für die Zulieferfirmen, auf einer Messe auszustellen, denn sie verfügen ja über besagten exklusiven Lieferantenstatus.

- *Großkundenverkauf an Großeinkäufer:*
  Lieferanten, die nur einige wenige Großkunden gewinnen wollen, sehen nur noch
  geringen Bedarf, auf einer Messe auszustellen. Großeinkäufer müssen die Messe
  nicht unbedingt besuchen, da sie von ihren Lieferanten ständig (über neue Produkte
  und Konditionen) informiert werden.

- *Angebot und Nachfrage verschwimmen:*
  Wenn traditionelle Verkäufer plötzlich zum Einkäufer werden, verschwimmen die

Vertriebskanäle. Die Veranstaltung verläuft weniger zielgerichtet und der Nutzen
für Aussteller und Besucher nimmt ab.

- *Börsendruck:*
  Ausgaben wie Reise- und Messekosten müssen aus Ergebnisgründen reduziert werden. Dadurch gehen potenziell Aussteller- und Besucherzahlen zurück. Standflächen
  werden nur kurzfristig gebucht. Das erschwert die (Liquiditäts-) Planung beim Veranstalter sowie ein effizientes Messemanagement beim Aussteller.

2.4   Geringere Besucherverkehrsdichte/Besucherfrequenz

Eine „gesunde" Veranstaltung hat beispielsweise 100 000 Besucher und eine Nettofläche
von 100 000 Quadratmetern – also ein Besucher pro Quadratmeter Nettofläche. Dieses
Verhältnis ist in den USA auf Fachmessen von drei Personen pro 100 Quadratfuß im
Jahr 1990 auf 2,1 Personen im Jahr 2001 gesunken (-30 Prozent).

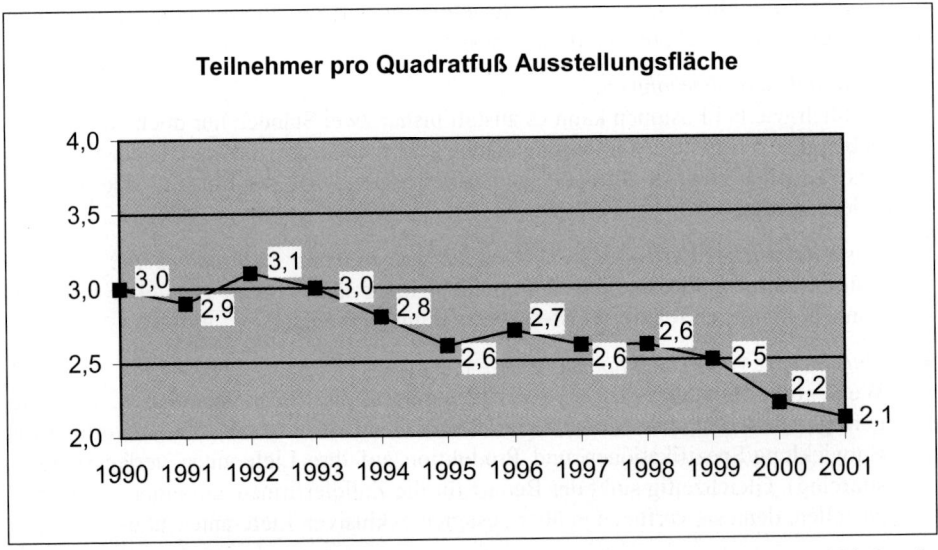

Abb. 1: Durchschnittliche Verkehrsdichte auf Ausstellungen (Teilnehmer pro 100 Quad-
        ratfuß Ausstellungsfläche)

Quelle: Exhibit Surveys, Inc.

Obwohl sich damit die Besucherverkehrsdichte rückläufig entwickelt hat, ist die Besucherqualität nach wie vor sehr hoch. Vorliegende Untersuchungen bestätigen, dass Messen ein Anziehungspunkt für hochqualifizierte Besucher sind. So haben 83 Prozent Einfluss auf die Kaufentscheidung und 36 Prozent besitzen sogar Entscheidungsbefugnis.

Mehr als die Hälfte der Messebesucher nutzt die Messeerfahrungen als Einkaufsgrundlage. Trotzdem leidet die Messewirtschaft immer noch an fehlender Glaubwürdigkeit im Hinblick auf die Besucherzahlen. Weniger als 100 der über 13 000 vom Center for Exhibition Industry Research (C.E.I.R.) erfassten Veranstaltungen lassen ihre Daten prüfen (The Center for Exhibition Industry Research 2003).

2.5 Alternativevents

Zu den größten Konkurrenten traditioneller Messen gehören Unternehmensveranstaltungen. Sie haben in den vergangenen zehn Jahren deutlich zugenommen. Anfangs wurden sie nur von größeren Firmen durchgeführt, doch jetzt veranstalten auch kleinere und mittlere Unternehmen ihre eigenen Events. Normalerweise handelt es sich dabei um Fachmessen, Anwendertreffen, technische Konferenzen, Roadshows oder Produktseminare. Ihr stetiges Wachstum belegt, dass nach wie vor ein großer Bedarf nach ganz direkter Ansprache besteht. 47 Prozent der Aussteller führen eigene Veranstaltungen durch und 75 Prozent der Messebesucher nehmen pro Jahr an einer oder mehreren Firmenveranstaltungen teil. Außerdem beurteilen dreiviertel der Besucher die persönliche Interaktion mit potenziellen Verkäufern für ihre Arbeit als sehr wichtig oder extrem wichtig.[2] Aus Sicht der Messeveranstalter konkurrieren diese Corporate Events um dieselben, immer knapper werdenden Marketingbudgets und um dasselbe Publikum.

Untersuchungen zeigen eine Reihe von Vorteilen, die den Erfolg und die Zunahme von Unternehmensveranstaltungen begründen. Die Kenntnis dieser Vorteile kann einige wertvolle Anhaltspunkte für die qualitative Verbesserung von Messen liefern. Zu den Vorteilen zählen folgende Faktoren:

- Längere und intensivere Präsentationen für jeden Kunden und Interessenten

- Kontrolliertes Umfeld ohne Konkurrenz (z.B. bei Hausmessen)

- Größere Konzentration auf die Förderung der Marke und den Aufbau von (Geschäfts-)Beziehungen

- Die Unternehmen können mehr Informationen und auch ganz spezifische Informationen über ihre Produkte, Leistungen, Lösungen und Fähigkeiten geben

- Zum Teil sehr hohe Effizienz – die Kosten kommen oft durch Anmeldegebühren, die Vermietung von Ausstellungsflächen und Sponsoren wieder herein

- Untersuchungen zeigen, dass die Besucher einen hohen Gegenwert erhalten und die Veranstalter einen guten Return-on-Investment erzielen.

---

[2] Beruht auf der C.E.I.R.-Zählung vom März 2003. Vgl. The Center for Exhibition Industry Research 2003.

2.6   Virtuelle Messen

Eine neuere und größtenteils noch nicht erforschte Messeinnovation ist die „virtuelle" Fachmesse, die sich die finanziellen Sorgen von US-Unternehmen zu Nutze macht. Sie will Einkäufer und Verkäufer auf einfache und erschwingliche Weise über interaktive Hallenpläne, Echtzeit-Terminplaner, interaktive Online-Meetings und Produktansichten in Kontakt bringen. Nach Ansicht der Anbieter offerieren virtuelle Messen mehr Bequemlichkeit und direktere Resultate. Derzeit sind noch keine negativen Auswirkungen virtueller Messen auf die real existierenden Messen festzustellen, denn der unmittelbare Kontakt der Marktpartner kann dadurch nicht ersetzt werden. Nach und nach stellen auch die Veranstalter realer Messen ihr eigenes Internetangebot ins Web. So wird für die „traditionellen" Aussteller und Besucher ein Online-Zusatznutzen und damit noch mehr Komfort geschaffen.

2.7   Weltpolitische Unsicherheiten

Ein weiterer Faktor mit möglicherweise dramatischen Auswirkungen auf die Messeindustrie ist das Weltgeschehen. In diesem recht weit gefassten Begriff sind tatsächliche Ereignisse und mögliche Bedrohungsszenarien für anstehende Veranstaltungen enthalten. Angst und Sorgen um die Sicherheit können aus realen und vermeintlichen Gefahren wie Terrorismus, Krieg oder ansteckenden Krankheiten resultieren. Auch Kostenaspekte im Zusammenhang mit Rezessionen und Kursschwankungen können Nervosität bei Ausstellern und Besuchern verursachen. Die durch diese Ereignisse erzeugte Unsicherheit verstärkt die Notwendigkeit, dass sich Messeveranstalter noch stärker mit zusätzlichen für die Messeindustrie wichtigen Partnern verbünden. Dazu gehören unter anderem die Kongress- und Tourismusbranche, Gewerkschaften oder Hotels. Gemeinsam lassen sich Strategien entwickeln, um ein sicheres Umfeld zu schaffen, in dem Geschäfte stattfinden können. Alternative und flexible Reaktionspläne im Kampf gegen potenzielle Bedrohungen sind heutzutage eine wichtige Voraussetzung, um für die Durchführung einer Veranstaltung gerüstet zu sein. Im Laufe der kommenden Jahre wird ein gesteigertes Bewusstsein vermutlich zu noch besseren Vorbereitungsmaßnahmen – für den Fall des Falles – führen.

3. Lösungen

3.1 Höhere Wertigkeit schaffen

Um den Abwärtstrend zu stoppen, muss die Wertigkeit bzw. der Nutzen von Messebeteiligungen oder -besuchen wieder erhöht werden. Einfacher formuliert: Aussteller und Besucher müssen durch ihr Fernbleiben das Gefühl haben, etwas verpasst zu haben oder gar geschäftliche Nachteile zu erfahren.

Die Erhöhung der Wertigkeit ihrer Messen ist für Veranstalter eine große Herausforderung. Sie können bei dieser Aufgabe nur bestehen, indem sie mehr Zeit und Geld in die Ansprache neuer Besucher- und Ausstellersegmente investieren. Mit diesen neuen Segmenten sollen bestehende Messen ergänzt werden. Angesichts der großen Zahl von Veranstaltungen und des schwierigen wirtschaftlichen Umfelds ist ein schnelles und übergroßes Wachstum in einem einzelnen Segment eher unwahrscheinlich. Werden jedoch diverse Nischenmärkte zielgerichtet angesprochen, scheint ein deutliches Wachstum durchaus plausibel. Damit diese „Nischenstrategie" aufgeht, müssen sowohl Aussteller als auch Besucher aus den avisierten Nischenmärkten gewonnen werden.

Über den klassischen Ausstellungsbereich hinaus müssen die Veranstalter außerdem „Mehrwertprogramme" entwickeln, die sich speziell am Bedarf ihrer Zielgruppen orientieren. Das können Fortbildungsseminare sein oder ein „Matchmaking-Service", mit dem gezielte Kontakte zwischen Angebot und Nachfrage geschaffen werden. Schließlich möchten die ausstellenden Unternehmen mit ihren immer knapper werdenden Messebudgets einen möglichst großen Return-on-Investment erzielen. Für sie sind nicht nur die Kontakte in der Ausstellungshalle wichtig, sondern auch die begleitenden Events, die vom Messeveranstalter organisiert werden (z.B. Foren und Symposien).

Doch das ist längst nicht alles, um bei den (potenziellen) Zielgruppen zu punkten. Immer hartnäckiger fragen Aussteller nach den Marketingaktivitäten des Veranstalters. Sie wollen wissen, welche nachgewiesenen Wettbewerbsvorteile eine Messe gegenüber Konkurrenzveranstaltungen aufweisen kann - und welche qualitative und quantitative Nachfrage bedient wird. Wichtiger wird ebenso das Umfeld des jeweiligen Veranstaltungsortes. Dazu gehören beispielsweise Fragen der Anreise: Wie leicht oder kompliziert ist der Messeplatz zu erreichen und welche Übernachtungsoptionen bestehen?

3.2 Unabhängige Strukturdaten

Inzwischen wollen immer mehr Aussteller die Rentabilität ihrer Messeinvestitionen messen. Bei kleinen und mittleren Unternehmen lässt sich diese Kennziffer leichter ermitteln, wenn die Messebeteiligung nicht nur aus Imagegründen geschieht. Indikatoren sind beispielsweise die Anzahl der qualifizierten Kontakte, die Zahl der Aufträge oder das Umsatzvolumen. Die Messung ist bei großen Ausstellern auf Grund zusätzlicher Messeziele (Image, Sichtbarkeit und Markenförderung) wesentlich komplexer. Messeveranstalter haben die wichtige Aufgabe, den Prozess der Rentabilitätsmessung oder Effizienzbewertung zu unterstützen. Das können sie tun, indem sie quantitative und qualitative Daten erfassen, welche die Messestruktur präzise und nachvollziehbar wiedergeben.

Um die Effektivität des Marketinginstruments Messe unter Beweis stellen zu können, werden unabhängige Prüfungen der Besucherzahlen benötigt. Die Trade Show Exhibitors Association (TSEA) spricht sich nachdrücklich für solche Prüfungen aus. Andere Unternehmen aus dem Medienbereich – wie internationale Werbeagenturen – verfolgen die Messe- und Kongressbranche mit Argusaugen. Denn viele Unternehmen nehmen unabhängige Prüfungen als Entscheidungsgrundlage für die Belegung von Medien, beispielsweise im Printbereich. Ähnliche Anforderungen werden sie auch an die Messeveranstalter stellen.

Weiterhin interessieren den Aussteller die quantifizierbaren Trends der jeweiligen Messe und der dazugehörigen Branche in den letzten Jahren. Denn die Messeverantwortlichen haben die schwierige Aufgabe, ihre Messeausgaben in Zeiten knapper Kassen noch stärker zu begründen. Die Entscheidung, an Messen teilzunehmen, wird heutzutage bereits im Vorfeld kritisch beäugt. Für die Beteiligungsentscheidung kommt der Qualität und Verfügbarkeit von glaubhaften Besucherstrukturdaten eine Schlüsselrolle zu. Auf mittlere Sicht könnte eine Prüfung vor Ort durch Dritte erforderlich sein.

3.3   Messebeteiligungen effizienter machen

Bei der Effektivität von Messebeteiligungen spielen die Marketingaktivitäten jedes Ausstellers eine unverzichtbare Rolle. Ein weiterer elementarer Erfolgsfaktor ist das Personal am Stand. Denn der wichtigste Grund für den Besuch einer Messe ist der persönliche Kontakt mit den Mitarbeitern des Ausstellers. Das haben unterschiedliche Forschungen bestätigt. In der Praxis sind viele Besucher aber von der Qualität der Kontakte enttäuscht (fehlende qualifizierte Mitarbeiter). Für das Medium Messe, das in erster Linie vom Face-to-Face-Dialog lebt, ist das kein gutes Signal. Es gehört daher zu den Aufgaben von Messeveranstaltern, die Aussteller bei einem effektiven Messemanagement zu unterstützen. Durch verbesserte Kommunikation mit den Messebesuchern könnten Aussteller in die Lage versetzt werden, ihre Messeergebnisse zu verbessern. Genauso lassen sich – im Rahmen von Messebeteiligungen anfallende – Organisationsprozesse durch die Nutzung neuer Technologien vereinfachen und effektiver gestalten.

Messeeffizienz wird unter Umständen auch von den Messebudgets beeinflusst. Wenn Ausstellungskosten steigen und Messebudgets immer enger werden, ist der Gestaltungsspielraum für Aussteller gering. Es wird für sie damit fast unmöglich, effektives Marketing zu betreiben und dabei gleichzeitig die Gesamtkosten zu senken. Bei der Zusammensetzung des Messebudgets gilt eine grobe Faustregel: Die Kosten für die Standmiete betragen nur etwa ein Viertel der unmittelbaren Beteiligungskosten des Ausstellers; sogar nur ein Sechstel, wenn Reise- und Bewirtungskosten mit berücksichtigt werden.

Auf den größten Teil der Messekosten haben Messeveranstalter damit keinen direkten Einfluss. Gerade deshalb ist es für sie sehr wichtig, partnerschaftliche Beziehungen mit Messedienstleistern zu entwickeln. Dazu gehören Messebauer, Messespediteure, Elektro- und Wasserinstallationsfirmen, Reinigungsunternehmen, Hotels, Geschäftsreiseagenturen und viele andere. Alle Beteiligten müssen Lösungen finden, mit denen sich Ablauf- und Verwaltungsprozesse vereinfachen lassen und Kosten gesenkt werden können. Dazu gehören beispielsweise so genannte „Sparangebote" oder mehr Transparenz beim Ordern von Messedienstleistungen. Bei diesem Prozess müssen Messeveranstalter die Führung übernehmen; andernfalls riskieren sie Stabilität und Wachstum ihrer Veranstaltung.

Ziel sollte es sein, auf die Dienstleister intensiv einzuwirken, damit die Partner ihre Kosten senken. Schon mit einfachen Maßnahmen lassen sich größere Effekte erzielen, beispielsweise durch eine bessere Information der Messeveranstalter und Aussteller über Möglichkeiten der Kosteneinsparung. Ein weiteres Einsparpotenzial könnte sich beim Transport von Exponaten und Materialien ergeben – nicht nur durch kürzere Transportzeiten, sondern auch durch Verringerung von Be- und Entladezeiten. Dadurch lassen sich die vom Messeveranstalter gebuchten Auf- und Abbautage und somit die Gesamtkosten einer Messe reduzieren.

3.4 Von Unternehmensevents lernen

Der wichtigste Erfolgsfaktor von Corporate Events ist die Möglichkeit für den Besucher, mehr fachspezifische Informationen zu erhalten. Zwar ist es unrealistisch zu erwarten, dass Messen diesen Grad an Detailinformationen erreichen können. In jedem Fall können Messeveranstalter einzelne Erfolgselemente übernehmen. Das heißt:

- Segmentierung (bestehender und potenzieller) Besucher und Aussteller. Anschließend muss ermittelt werden, was für jedes Segment ein adäquates Leistungsangebot darstellt

- Entwicklung und Umsetzung von Inhalten für bestehende und neue Segmente (Fortbildung, Vernetzung, Nomenklatur)

- Es müssen spezifische Aussteller- und Besuchersegmente mit gemeinsamen Interessen zusammengebracht werden.

Wer als Messeveranstalter jedoch den Bedarf einzelner Segmente nicht ausreichend befriedigt oder das Gießkannenprinzip bevorzugt, wird langfristig wahrscheinlich keine Erfolgsmesse organisieren können.

3.5   Moderne Technologien einsetzen

Die umfassenden Veränderungen in Wirtschaft und Technik bieten Veranstaltern, Geländebetreibern, Ausstellern, Besuchern und Dienstleistern neue Chancen. Innovative Technologien und Medien bilden die Basis für einen revolutionären Service und noch intelligenteres Marketing. Bahnbrechende Entwicklungen wie die softwaregestützte Gestaltung von Hallenplänen haben zu umfassenden Erleichterungen geführt. Zusätzlich kann der Messeveranstalter bestimmte Ausstellerbedürfnisse berücksichtigen. Dank moderner Technologien ist die Aufplanung der Ausstellungsfläche jetzt ein extrem dynamischer Prozess geworden.

Während der Messe hat sich die Besuchererfassung auf Grund technischer Fortschritte ebenfalls stark vereinfacht. Heute gibt es moderne Systeme, die ein Codieren der Messeausweise ermöglichen. Jeder Barcode ist einmalig und enthält die Informationen, die jede Person bei der Anmeldung zur Messe angegeben hat. Die Ausweise werden, ähnlich wie in Supermärkten und Einzelhandelsgeschäften, mit Scannern erfasst. Damit wird es den Veranstaltern möglich, ihre Besucherzahlen schnell und präzise zu prüfen. Ihre Daten können sie auch den Ausstellern oder Besuchern zur Verfügung stellen.

Die Nutzung der Möglichkeiten des Internets war und ist ein weiterer Meilenstein in der US-Messewirtschaft. Besucher erhalten die Möglichkeit, bereits auf der Internetseite den direkten Kontakt mit einem Aussteller aufzunehmen. Sie können seine Internetseite besuchen, Informationen über Produktsortimente erhalten und sich sogar Bilder der Produkte anschauen. Der Aussteller bekommt schon Monate vor dem Messebeginn ein Forum, in dem er sich präsentieren kann. Kontakte werden entwickelt, bevor die Messe überhaupt öffnet, und die Besucher haben dann vor Ort schon ein breiteres Wissen über Ausstellerprodukte.

Die Veranstalter haben Dinge wie Servicemanuals auf Papier fast ganz abgeschafft und dafür das komplette Handbuch im Internet verfügbar gemacht. Für das Verkaufsteam ist es einfacher geworden, mit Hilfe von interaktiven Hallenplänen verfügbare Ausstellungsflächen an interessierte Aussteller zu vermitteln. Ein Verkaufsmitarbeiter kann einem Interessenten mit dem er gerade telefoniert, im Internet zeigen, welche Stände frei sind, wo sich die Mitbewerber befinden oder wo die Eingänge sind. Wer sich für eine Messe interessiert, kann sich auf der Internetseite der Messe einloggen und sich alles vom Vertrag und dem Anmeldeformular über Prospekte bis zu Besucherbroschüren ausdrucken. Internetbesucher können auch interaktive Listen von angemeldeten Ausstellern suchen, die mit dem Hallenplan verbunden sind. So lässt sich auf dem Bildschirm der exakte Standort des Ausstellers anzeigen.

Auch die messebezogene Kommunikation ist mit dem Einsatz des Internets und der weit verbreiteten Nutzung von E-Mails effizienter geworden. Das Vorhandensein qualitativ hochwertiger Informationen über eine Veranstaltung hat die Informationsströme verändert. Inzwischen ist eine Vielzahl von Kommunikationskanälen entstanden, die sich als Matrix darstellen lässt. An dieser erweiterten Kommunikation nehmen nun auch Dienstleister, Hoteliers, Kongress- und Tourismuszentralen, Registrierungsunternehmen und Arbeitskräfte teil. An jeder Achse dieser komplexen Matrix entstehen Vereinbarungen. Messen in den USA sind heute sehr vielschichtige Kommunikations- und Marketingmedien geworden (vgl. Abb. 2).

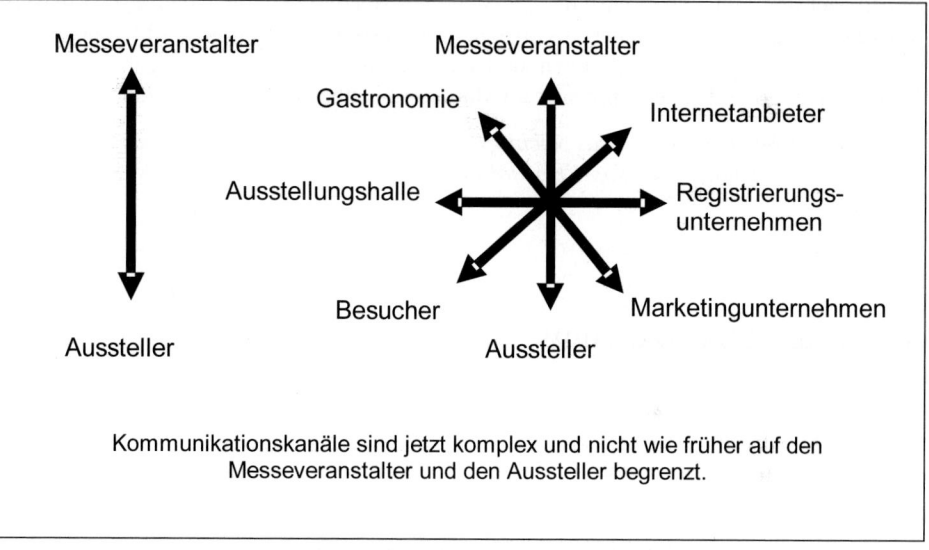

Abb. 2: Kommunikationskanäle – Vergangenheit und Gegenwart

Vor allem auf Grund der im Internet gewonnenen Informationen sind Einkäufer heute besser vorbereitet denn je.

3.6   Markt- und Marketingwissen erlangen

Die Flut technischer Innovationen hat die Veranstalter gezwungen, ihre Marketingpläne und Budgets genauer zu durchleuchten. Der Einsatz moderner Technologien erfordert ein breites Fachwissen, das heute in der Ausstellungsbranche noch nicht durchgängig verfügbar ist. Grundsätzlich müssen die Veranstalter bereit sein, sich auch dieses Themas verstärkt anzunehmen, denn sonst bleibt die Realisierung der innovativen technischen Möglichkeiten nur Wunschdenken.

Ein bestimmender Faktor für das langfristige Wachstum einzelner Veranstaltungen ist schließlich die Fähigkeit, Strategien zur Identifikation von potenziellen Wachstumsfeldern zu entwickeln – und damit neue Aussteller- und Besuchersegmente anzusprechen. Viele Veranstalter versuchen außerdem, die Ausstellerbasis durch parallele Organisation von mehreren Messen mit gleichen Besucherzielgruppen zu stärken.

Auch in den USA suchen Messeveranstalter verstärkt den Kontakt zu den Verbänden, um zum Vorteil für die Messen und ihre Klientel von deren Know-how zu profitieren.

In den nächsten fünf Jahren wird die US-Messewirtschaft einen intensiveren Wettbewerb um Marketingausgaben erleben als in den vergangenen Jahrzehnten. Mit innovativen Konzepten für die Veranstaltungen und den Rahmen (z.B. Serviceangebote) ist die Branche aber gut aufgestellt, um sich im Marketingwettbewerb zu behaupten.

Die persönliche Interaktion, das wichtigste Verkaufsargument von Messen, behält für Käufer und Verkäufer eine Top-Priorität und ist ein Geheimnis des Erfolges des Mediums Messe.

4.   Literaturverzeichnis

THE CENTER FOR EXHIBITION INDUSTRY, Research Exhibition Industry Census, Chicago/Illinois 2003.

THE CENTER FOR EXHIBITION INDUSTRY RESEARCH (CEIR), The Exhibition Industry Situation Analysis, Band 1, Nr. 4, Chicago/Illinois 2002.

COX, S., Growing Your Event In A Rapidly Changing Business Environment, Fachbericht des Präsidenten von Exhibit Surveys, Inc. auf dem Exhibition and Convention Executives Forum (ECEF), Washington D.C., Juni 2002.

COX, S., Trends and Their Impact on the Future of Face to Face Marketing, Fachpräsentation des Präsidenten von Exhibit Surveys, Inc. für die Exhibitors Show, Las Vegas/Nevada, Februar 2003.

DUCATE, D. L., The Future of the United States Exhibition Industry – Flourish or Flounder?, Fachpräsentation des Präsidenten des Center for Exhibition Industry Research für die Union des Foires Internationales, München, Oktober 2002.

Fachberichte

HACKER, S., Tradeshow Trends in the USA, Unterlage des Präsidenten der International Association for Exhibition Management für die Messe Frankfurt, Inc., Dallas/Texas, März 2003.

THE INTERNATIONAL ASSOCIATION FOR EXPOSITION MANAGEMENT (N.D.), The Exhibition Industry Manifesto, Unterlage des International Association Management auf der Grundlage des Exhibition Industry Summit, Chicago/Illinois, Juli 2002.

PALM, M., Champion's Insight, Unterlage von Champion Exposition Service für die Messe Frankfurt, Inc., Middleboro/Massachusetts, März 2003.

The Trade Show Exhibitors Association (n.d.), Show Selections, Chicago/Illinois, 2003.

Wolfgang Schellkes

Entwicklung des Messewesens in der Triade

1. Einleitung

2. Entwicklung des Messewesens in Europa
   2.1   Messewesen in Westeuropa
   2.2   Messewesen in Osteuropa

3. Entwicklung des Messewesens in den USA

4. Entwicklung des Messewesens in Asien

Dipl.-Volkswirt Wolfgang Schellkes ist Geschäftsführer der Fair Relations GmbH, Pulheim.

1. Einleitung

Nach wie vor gilt Deutschland als Messeplatz Nr. 1 in der Welt, 80 Prozent der internationalen Leitmessen finden hier statt. Die Gewichte in der internationalen Messelandschaft verschieben sich allerdings erkennbar. Europa ist – was die Messewirtschaft angeht – nicht mehr der Nabel der Welt. Mit den wirtschaftlichen Veränderungen der letzten Jahrzehnte hat sich auch die Messelandkarte verändert. In den neuen Märkten entstehen neue Messestandorte und neue Messen. So hat sich in Asien zwischen 1980 und heute eine Entwicklung vollzogen, die in Europa nahezu ein Jahrhundert gedauert hat. In Mittel- und Osteuropa hat der Übergang von der Plan- zur Marktwirtschaft zu einem wahren Messeboom geführt. Im Ergebnis haben wir es heute mit der Triade Europa – Nordamerika – Asien zu tun. Das aktuelle Messewesen darf also nicht mehr standortgebunden gesehen werden, sondern muss global verstanden werden. Die Entwicklung des Messewesens in den drei genannten Regionen unterscheidet sich allerdings erheblich voneinander. Diese unterschiedlichen Ansätze müssen bei der Betrachtung des Weltmessemarktes berücksichtigt werden.

2. Entwicklung des Messewesens in Europa

Der Ursprung der Messe, wie wir sie heute kennen, liegt in *Europa*. Erste Vorformen der heutigen Messen sind bereits aus dem neunten Jahrhundert überliefert. Seit dieser Zeit hat sich das Messewesen kontinuierlich weiter entwickelt. Europa wurde, mit Deutschland an der Spitze, zum weltweit führenden Messestandort. Zu beachten ist bei dieser Betrachtung allerdings der erhebliche Unterschied in der wirtschaftlichen Entwicklung zwischen West- und Osteuropa. Dieser Unterschied wirkt sich auch auf den Stand des Messewesens aus.

2.1 Messewesen in Westeuropa

Schätzungsweise gibt es in Europa 7 000 regelmäßig stattfindende Messen. Über 80 Prozent der weltweit führenden Messen finden in Europa statt. Die wichtigsten Länder des europäischen Messewesens sind Deutschland als klare Nummer eins, Frankreich, Großbritannien, Italien und Spanien. Aber auch Österreich, die Schweiz und die Niederlande entwickeln sich zu wichtigen Standorten.

Die weltweite Dominanz europäischer Messen lässt sich auch mit Zahlen belegen. Ein Ranking der 20 nach Besucherzahlen größten Messen zeigt nur drei nichteuropäische Messeveranstaltungen, nach der Zahl der Aussteller finden sogar die 19 größten Messen in Europa – und da ganz überwiegend in Deutschland – statt.

Der wichtigste Messestandort ist *Deutschland*. In Deutschland kann auf eine lange Geschichte des Messewesens zurückgeblickt werden. Schon am Anfang des 20. Jahrhundert wurde die Anzahl der Messen so groß und dadurch unübersichtlich, dass ein Verband (AUMA_Ausstellungs- und Messe-Ausschuss der Deutschen Wirtschaft e.V.) gegründet wurde, der dem deutschen Messewesen eine Struktur verleihen sollte. In Zeiten des Wirtschaftsbooms in Deutschland nach dem zweiten Weltkrieg, boomte auch das Messewesen. In den 50er und 60er Jahren begann eine zunehmende Spezialisierung der einzelnen Veranstaltungen. Die wichtigsten Messestandorte sind Hannover, Köln, Düsseldorf, München, Frankfurt/Main, Berlin und seit der Wiedervereinigung auch wieder Leipzig.

Auch in *Frankreich* reicht die Geschichte der Messe weit zurück in die Zeit des Mittelalters. Mitte bis Ende des 19. Jahrhundert wurden in Frankreich die ersten Weltausstellungen veranstaltet. Damals lag der Schwerpunkt der Veranstaltungen in Paris. Heutzutage sind neben Paris auch Lyon, Straßburg, Lille, Marseille, Bordeaux und Toulouse zu wichtigen Messestandorten aufgestiegen.

Bis 1980 lag das Messewesen in *Österreich* in staatlicher Hand. Erst dann begann das erste private Unternehmen mit der Ausrichtung von Messen. Auch in Wien startete ein ähnliches Projekt. Weitere österreichische Messestandorte sind Klagenfurt, Graz und Innsbruck. Eine große Veränderung im österreichischen Messewesen trat ein, als die Firma Reed Exhibition Company zuerst den Salzburger und kürzlich auch den größten Wiener Veranstalter aufkaufte und somit zum größten Messeveranstalter in Österreich wurde.

Die Situation in *Großbritannien* unterschiedet sich von der in allen anderen europäischen Ländern. Dort gibt es keine Messeveranstalter mit eigener Ausstellungsfläche. Die Veranstaltungsfläche gehört privaten Investoren oder öffentlichen Unternehmen und wird vom jeweiligen Veranstalter angemietet. Der wichtigste Messestandort in Großbritannien ist Birmingham, gefolgt von London.

Italien ist ein traditionelles Messeland. In Mailand, Bozen, Palermo, Padua, Triest und Verona finden schon seit Jahrzehnten Messen statt. Heute sind Mailand, Bologna und Florenz die wichtigsten Messestädte.

Auch *Spanien* ist ein traditioneller Messestandort in Europa. Seit Anfang des 20. Jahrhunderts sind Barcelona und Valencia die größten Messestandorte Spaniens. Nachdem 1992 in Madrid ein neues Messegelände gebaut wurde, ist die Hauptstadt auch der führende Messeplatz Spaniens.

Das Messewesen der *Niederlande* besteht im Wesentlichen aus den Standorten Amsterdam und Utrecht. Diese beiden Städte stellen annähernd die gesamte Ausstellungsfläche der Niederlande. Eine anvisierte Fusion wurde aus kartellrechtlichen Gründen untersagt. Statt dessen stieg der Medienkonzern VNU bei Jaarbeurs in Utrecht ein.

In der *Schweiz* nahm das Messewesen 2001 eine neue Entwicklung. Die beiden größten Messeveranstalter aus Basel und Zürich fusionierten zur neuen Messe Schweiz AG. Neben Basel und Zürich stellt Genf den dritten Veranstalter internationaler Messen (Autoschau, Telekommunikationsmesse).

2.2   Messewesen in Osteuropa

Der große politische und wirtschaftliche Umbruch in Osteuropa zu Anfang der 90er Jahre des vergangenen Jahrhunderts hat auch das Messewesen in diesen Ländern von Grund auf verändert. An die Stelle von staatlich gelenkten Prestigeausstellungen, in der Regel veranstaltet von den jeweiligen Außenhandelsorganisationen, traten allmählich marktwirtschaftlich ausgerichtete Messen privater Veranstalter. Nachdem der Boom der ersten Jahre mit vielen Fehlentwicklungen und Übertreibungen („Wilder Osten") vorüber ist, finden wir heute eine ähnliche differenzierte Messelandschaft wie in Westeuropa. Einige der in früherer Zeit bekanntesten Messeplätze haben ihre einstige Bedeutung beibehalten oder noch ausbauen können. So dominiert Moskau mit einem inzwischen weitgefächerten Angebot an Fachmessen auch heute unangefochten den russischen Messemarkt. Plätzen wie St. Petersburg und anderen Städten kommt eine wachsende, aber doch eher regionale Bedeutung zu. In *Polen* sieht sich Posen zunehmend der Konkurrenz verschiedener privater Veranstalter in Warschau ausgesetzt. Brünn beherrscht unangefochten den Messemarkt der *Tschechischen Republik*, gestärkt durch die Partnerschaft mit der Messe Düsseldorf. Auch die frühere staatliche ungarische Messegesellschaft HUNGEXPO, deren Privatisierungsprozess von häufigen Rückschlägen begleitet war, gibt nach wie vor in *Ungarn* den Ton an. Noch etwas zurück in der Entwicklung – sicherlich auch als Spiegelbild der wirtschaftlichen Situation – ist das Messegeschehen in Bulgarien, Rumänien, der Slowakischen Republik und den verschiedenen Nachfolgestaaten des früheren Jugoslawiens. Als Ausnahme ist hier bedingt Zagreb zu nennen. Insgesamt ist festzuhalten, dass die Messeplätze, die aus früherer Zeit über große – wenn auch häufig veraltete und renovierungsbedürftige – Messegelände verfügten, ihre daraus resultierenden Standortvorteile in der Regel genutzt haben für den Start in die neue Zeit. Der Neubau von Messegeländen hatte verständlicher Weise bei der Vielzahl der anstehenden Aufgaben keine Priorität. Es ist allerdings bis heute keinem osteuropäischen Messeplatz gelungen, eine über das jeweilige Land hinaus gehende Bedeutung als internationaler – oder auch nur überregionaler – Messeplatz zu erreichen.

3.   Entwicklung des Messewesens in den USA

Während die Geschichte des Messewesens in Europa weit in das Mittelalter zurück-
reicht, ist es für die amerikanische Wirtschaft noch ein relativ junges Medium. Aus dem
vergangenen Jahrhundert sind vor allem verschiedene „Country Fairs" überliefert, Veranstaltungen, die am ehesten mit Verbraucherausstellungen in Deutschland vergleichbar
sind. Oft hatten sie einen Volksfestcharakter und wurden von Rodeos und anderen Attraktionen begleitet. Dieser Veranstaltungstypus ist auch heute noch vereinzelt zu finden,
vor allem im mittleren Westen und in den Südstaaten der USA. Country Fairs hatten
aber niemals eine Bedeutung als Verkaufs- und Marketinginstrument für die Wirtschaft,
wie es die Universalmessen schon sehr früh in vielen europäischen Ländern hatten.

Der Ursprung der Tradeshows in den USA liegt in einem regelmäßigen, traditionellen
Treffen von Fachleuten der verschiedenen Branchen zu nationalen, manchmal auch regionalen Kongressen, so genannten Conventions. Erste Ausstellungen entwickelten sich
begleitend zu diesen Kongressen, um neben dem fachlichen Meinungsaustausch auch
Gelegenheit zur Präsentation von Produkten und Dienstleistungen zu bieten. Dabei war
es nur natürlich, dass die Teilnehmer entweder auf Mitglieder des jeweils veranstaltenden Verbandes beschränkt, oder aber von diesem zur Wahrung der Interessen seiner
Mitglieder streng reglementiert wurde. Dies hat sich – in vielen Fällen – bis heute nicht
geändert.

Zunächst hatten die begleitenden Ausstellungen eine nachgeordnete Bedeutung, was sich
sowohl in ihrer Größe als auch in der Art und Qualität der Präsentation niederschlug. Eine zunehmende Bedeutung als Marketinginstrument erlangten diese Veranstaltungen erst
in den 60er Jahren des 20. Jahrhundert. Seither hat das amerikanische Fachmessewesen –
in vielfältiger Hinsicht – eine beachtliche Entwicklung gemacht.

Dennoch kann noch nicht von einem Gleichziehen mit Europa gesprochen werden. Allein die Größe der wichtigsten Messeplätze der USA in Chicago, Las Vegas, Houston,
Orlando oder New Orleans ist nicht mit europäischen Messeplätzen zu vergleichen. In
der Liste der größten Messegelände der Welt ist Europa dreimal häufiger vertreten als
Nordamerika. Immerhin hat sich aber durch eine sehr starke Expansion vor allem in den
90er Jahren Chicago mit nun rund 204 000 Quadratmetern auf den siebten Platz vorge-
arbeitet. Während in Europa mehr als 90 Prozent aller Messegelände im Besitz der öffentlichen Hand sind, beträgt dieser Anteil in den USA nur etwas mehr als 65 Prozent.
Rund 30 Prozent sind in Privateigentum, 0,5 Prozent gehören Non-Profit-Organisationen. Betrieben werden die Gelände zu 50 Prozent von privaten Firmen, weitere 30 Prozent werden von den Städten betrieben.

Der Major Exhibit Hall Directory (2002) hat 362 nordamerikanische Gelände erfasst.
Davon umfassen zur Zeit in den USA nur fünf Gelände mehr als 100 000 Quadratmeter
Ausstellungsfläche: mehr als 46 000 Quadratmeter Fläche haben ca. 25 Gelände, wäh-

rend rund 170 Gelände über eine Fläche zwischen 9 000 und 46 000 Quadratmeter verfügen.

Mit 33 Veranstaltungen hielt Las Vegas mit den beiden Geländen Sands Expo und Convention Center 16,4 Prozent des Marktanteils innerhalb der 200 führenden Messen in den USA. Hinter Chicago mit 10,9 Prozent und 22 Messen folgten 2000 New Orleans (8 Prozent, 16 Messen), New York (7,5 Prozent, 15 Messen) und Orlando (7,0 Prozent, 14 Messen).

Ein Aspekt, der das amerikanische Messewesen von dem deutschen und auch von anderen europäischen Messewesen unterschiedet, ist der Einfluss der Gewerkschaften auf amerikanischen Messegelänen. In Chicago war die ausstellende Wirtschaft von den sehr einengenden Arbeitsregelungen besonders stark betroffen. Die Folge waren Ende der 90er Jahre Überlegungen vieler Veranstalter, die Messen trotz günstiger geografischer Lage und Infrastruktur auf andere Messegelände zu verlegen. Diese Verlagerungen konnten durch ein Abkommen, an dem die Gewerkschaften, die Hotel- und Gaststättenvereinigung, die Stadt Chicago und der Bundesstaat Illinois sowie der Betreiber des Messegeländes beteiligt waren, verhindert werden. Inhalte des Abkommens sind Zugeständnisse der Gewerkschaften beim Messebau und bei der Arbeitszeitregelung, Preiszugeständnisse der Hotelvereinigung sowie Zusagen der Stadt und des Bundesstaates zur Verbesserung des Verkehrs. Andere Städte, in denen die Gewerkschaften inzwischen ebenfalls die Arbeitsregeln für die ausstellende Wirtschaft gelockert haben, sind New York und Detroit.

Die Bedeutung des Marketinginstruments Messe für US-amerikanische Unternehmen nimmt weiter zu. Inzwischen werden 17 Prozent der Marketingbudgets für Messebeteiligungen ausgegeben (nach Werbung mit 24 Prozent und Sales Promotion mit 19 Prozent). Allerdings haben Messen bei weitem noch nicht die Bedeutung erreicht, die sie z.B. für deutsche Unternehmen haben. Nach einer im Auftrag des AUMA durchgeführten Studie werden dort mehr als 38 Prozent der gesamten Marketingausgaben für die Beteiligung an Messen und Ausstellungen aufgewendet.

Dass die Bedeutung des Messewesens für das Marketing der Unternehmen in den vergangenen Jahrzehnten stark zugenommen hat, zeigt sich an den regelmäßig hohen Wachstumsraten bei der Zahl der Veranstaltungen und bei den Aussteller-, Besucher- und Flächenzahlen, jedenfalls bis zum September 2001. Terrorakte, Wirtschaftskrise und Irak-Krieg führten danach erstmals seit mehr als 20 Jahren zu rückläufigen Zahlen.

Mit der International Association for Exhibition Management (IAEM) und der Society of Independent Show Organisers (SISO) sind zwei sehr aktive und einflussreiche Verbände entstanden, die viel zur Entwicklung des Messewesens in den USA beigetragen haben. IAEM, Dallas, setzt seit der Änderung des Verbandsnamens von „National" in „International" Anfang der 90er Jahre sehr stark auf eine zunehmend internationale Ausrichtung. Der Verband hat zur Zeit 3 600 Mitglieder aus 42 Ländern.

Die Trade Show Exhibitors Association (TSEA), Chicago, vertritt die Interessen 2 100 hauptsächlich US-amerikanischer Mitglieder als Aussteller auf Messen.

Das aus dem früheren Trade Show Bureau hervorgegangene Center for Exhibition Industry Research (CEIR), eine von der Messewirtschaft finanzierte Stiftung, hat sich auf die Vergabe von Forschungsaufträgen zu allen Aspekten des Mediums Messe und seiner Bedeutung im Marketing der Unternehmen spezialisiert.

4.   Entwicklung des Messewesens in Asien

Den „asiatischen" Messemarkt gibt es angesichts der geografischen Ausdehnung des Kontinents und den doch sehr unterschiedlichen politischen und wirtschaftlichen Entwicklungsständen nicht. Die bedeutendsten einzelnen Messemärkte sind sicherlich China, Indien und Japan. Wirtschaftlich interessante Länder wie Thailand, Malaysia, Südkorea, Taiwan und Indonesien verfügen – neben anderen – über gut entwickelte nationale Messewesen mit auf die jeweiligen Volkswirtschaften zugeschnittenen Fachmesseprogrammen.

Einziger Messeplatz mit einer überregionalen, teilweise internationalen Bedeutung ist *Singapur*, das auf Grund seiner geographischen Lage und seiner Position als internationaler Handelsplatz Standort zahlreicher internationaler Fachmessen geworden ist.

Japan verfügt über ein sehr differenziertes, dem hohen Niveau der japanischen Wirtschaft entsprechendes, aber rein national ausgerichtetes Messeprogramm, mit den Zentren Tokyo und Osaka.

In *Indien* entwickeln sich neben New Delhi – einem der ältesten, heute aber nicht mehr wichtigen Messeplätze Asiens – und dem industriell bedeutsameren Standort Mumbai, Hyderabad und Kalkutta zu interessanten Messestandorten. Auch die Veranstaltungen in Indien haben eine rein nationale Orientierung. International gilt Indien als sehr schwieriger Messemarkt.

Eine enorme Entwicklung hat das Messewesen in *China* genommen, und diese Entwicklung hat bis heute nichts an Dynamik verloren. Erst Mitte der 70er Jahre gab es erste Veranstaltungen, die man als Messen bezeichnen konnte. Herauszuheben ist die 1975 durchgeführte TECHNOGERMA, eine Industrieausstellung der deutschen Wirtschaft, die eine ungeheure Wirkung hatte und entscheidende Impulse für die Messeentwicklung in China gab.

Anfangs noch sehr stark staatlich kontrolliert und gelenkt, fanden erste Fachmessen in Beijing und wenig später auch in Shanghai statt. Bald etablierten sich private Messeveranstalter in Hongkong, die den chinesischen Markt in Zusammenarbeit mit Behörden und Verbänden entwickelten. In den späten 80er und vor allem den 90er Jahren des letzten Jahrhunderts kam es zu einer explosionsartigen Vermehrung der Veranstaltungen. Zunehmend etablierten sich auch internationale Messeveranstalter mit eigenen Messen in China. Als Meilenstein ist die Inbetriebnahme des neuen Messegeländes in Shanghai – heute führender Messeplatz in China – anzusehen, ein Joint-Venture zwischen chinesischen und deutschen Investoren. Mit der zunehmenden Öffnung und Liberalisierung des chinesischen Messemarktes – der allerdings noch keinesfalls abgeschlossen ist – hat sich die Bedeutung des Messeplatzes Hongkong verändert. Galt Hongkong lange als Tor zur Volksrepublik China, so ist diese Funktion heute fast völlig entfallen. Auch als Standort von Investitionsgütermessen hat die heutige Sonderverwaltungszone in Ermangelung einer eigenen industriellen Basis keine Bedeutung mehr. Was bleibt, ist ein breites Angebot an Fachmessen der verschiedensten Konsumgüterbereiche, teilweise auch mit überregionaler Bedeutung.

Neben Shanghai als führenden Messeplatz und Beijing, das vor allem aus seiner Hauptstadtposition heraus noch eine wichtige, allerdings eher abnehmende Rolle spielt, entwickeln verschiedene Provinzstädte ein zunehmendes Gewicht als Messeplätze. Das größte Augenmerk gilt allerdings Südchina und hier vor allem der Provinz Guangdong. Neben dem etablierten Messeplatz Guangzhou ist hier vor allem der aufstrebende Messeplatz Shenzhen zu nennen. Wegen seiner wirtschaftlichen Dynamik hat die Region des Pearl River Delta auch als Messestandort an Bedeutung gewonnen. Um in diesem Standortwettbewerb die eigene Ausgangsposition zu verbessern, ist zur Zeit ein beispielloser Neubauboom an Messegeländen zu beobachten. Hier wird es zumindest kurzfristig zu Überkapazitäten und einem daraus resultierenden Verdrängungswettbewerb kommen, mittelfristig schafft sich die Region aber beste Voraussetzungen, einer der führenden chinesischen Messestandorte zur werden.

Joachim Erwin

Messe Düsseldorf als Vorreiter im chinesischen Wachstumsmarkt

1. Einleitung

2. China als gewaltiger Wachstumsmarkt

3. Fachmessen als „Türöffner" für neue Märkte

4. Gemeinschaftsprojekt SNIEC in Shanghai

5. Notwendigkeit eines stimmigen politischen Umfeldes

Joachim Erwin ist Oberbürgermeister der Landeshauptstadt Düsseldorf und Vorsitzender des Aufsichtsrates der Messe Düsseldorf GmbH, Düsseldorf.

1. Einleitung

Die Messe Düsseldorf GmbH hat nicht nur in der Vergangenheit, sondern insbesondere in den letzten Jahren gute Geschäftsergebnisse erzielt. Dies kann als besondere Leistung betrachtet werden, da zur Zeit der Trend im deutschen Messegeschäft in eine andere Richtung geht. Das allgemein schwierige wirtschaftliche Umfeld wirkt sich auch auf den Messemarkt aus, denn Messen sind ein Spiegelbild der Wirtschaft. Bei einer stagnierenden Binnenwirtschaft und einem gesättigten Messemarkt können die deutschen Messegesellschaften im eigenen Land kaum noch nennenswerte Zuwächse erzielen. Nach eingehender Analyse lassen sich für den Geschäftserfolg der Messe Düsseldorf sicherlich verschiedene Ursachen finden. Der wichtigste Grund für das gute Abschneiden der Messe Düsseldorf ist jedoch in ihrer starken internationalen Ausrichtung zu suchen, mit der die Gesellschaft das geringe Wachstum im Inland ausgleichen kann.

Die Messe Düsseldorf erkannte als eine der ersten deutschen Messegesellschaften die Bedeutung des Auslands als Messemarkt. Die Internationalisierung begann zunächst am eigenen Standort. Bereits in den Gründungsjahren der Messe Düsseldorf, kurz nach dem Zweiten Weltkrieg, als der Welthandel wieder in Bewegung kam, schuf der erste Düsseldorfer Messechef Dr. Herbert Engst die Grundlagen für die Internationalisierung der modernen Fachmessen „Made in Düsseldorf". Messen waren davor fast ausschließlich nationale Leistungsschauen, für den Blick über den nationalen Tellerrand hinaus gab es damals die Weltausstellungen.

Die Internationalisierung der Düsseldorfer Fachmessen wurde seit Bestehen der einstigen NOWEA, die heute Messe Düsseldorf GmbH heißt, konsequent vorangetrieben. So setzte Dr. Engsts Nachfolger, Kurt Schoop, dieses richtungweisende Konzept in prägender Weise fort. Alle Düsseldorfer Messechefs bauten auf dieser Grundlage auf. Als Resultat dieser Geschäftsstrategie sind heute über 20 Veranstaltungen Leitmessen ihrer Branche, also die Nummer 1 weltweit. In Düsseldorf sind zu Messezeiten Menschen aus nahezu allen Ländern der Welt, weil hier Unternehmen aus allen Erdteilen ihre innovativen Produkte und Dienstleistungen präsentieren und Besucher aus vielen Ländern anziehen. Nichts lag also näher, als diese Leitmessen und ihre Kernthemen sowie das mit ihnen gewachsene Branchen-Know-how auch zu exportieren und zwar dahin, wo die Bildung neuer Märkte neue Messen nach sich zieht. So hat die Messe Düsseldorf inzwischen 62 Auslandsvertreter für rund 100 Länder, die sowohl ausländische Unternehmen für die Düsseldorfer Messen akquirieren als auch Aussteller zu den Düsseldorfer Messen in aller Welt bringen. Tochtergesellschaften und Beteiligungen der Messe Düsseldorf bestehen inzwischen in Singapur, Neu-Delhi, Chicago, Tokio, Brünn, Warschau, Moskau, Shanghai und drei weiteren Städten in der Volksrepublik China. Auf das Gemeinschaftsprojekt „Shanghai New International Expo Centre" (SNIEC) wird im folgenden noch eingegangen, denn China ist ein besonderer Wachstumsmarkt und auch das SNIEC hat seine Besonderheiten.

2.   China als gewaltiger Wachstumsmarkt

Die positive Entwicklung der chinesischen Wirtschaft lässt sich am besten durch aktuelle Zahlen verdeutlichen: In den ersten sechs Monaten des Jahres 2003 wuchs die chinesische Volkswirtschaft um 8,2 Prozent, für das Gesamtjahr wird mit rund 8,5 Prozent gerechnet; die landesweite Industrieproduktion legte im August 2003 wieder um 17,1 Prozent zu. Noch deutlicher wird die Bedeutung Chinas – gerade für Deutschland –, wenn man auf die Zuwachsraten bei den deutschen Ausfuhren blickt: Im ersten Halbjahr 2003 war hier eine Steigerung von mehr als 30 Prozent zu verzeichnen. Damit ist China wichtigstes Zielland für die deutschen Exporte Richtung Asien. 2002 beliefen sich die deutschen Direktinvestitionen hier auf 930 Millionen Euro, weitere Investments von 916 Millionen Euro wurden verabredet. Auf der Liste der zehn größten ausländischen Investorenländer für China liegt Deutschland auf Nummer acht und ist damit als einziges europäisches Land vertreten. Der Handel legte im ersten Halbjahr 2003 um 55,3 Prozent zu. Wirtschaftlich bildet in der Volksrepublik China die 16-Millionen-Metropole Shanghai einen besonderen Schwerpunkt. Etwa ein Drittel des Umsatzes von ausländischen Unternehmen wird hier gemacht.

Das alles belegt, wie ungeheuer wichtig China für die deutsche Wirtschaft ist. Doch ob die ausländischen Unternehmen dieses immense Potenzial nutzen können, liegt nicht zuletzt an der Wahl der richtigen Absatzstrategie. So erklärte Chinakennerin Daniela Bartscher von der Euro Asia Consulting (EAC) in einem Beitrag der Zeitschrift „Nachrichten für Außenhandel": „Der Vertrieb ist der Dreh- und Angelpunkt, wenn man in China erfolgreich sein will", denn am Anfang steht hier in der Regel der Export. In der zweiten Phase kann dann eine eigene Infrastruktur aufgebaut werden. Dazu gehören ein Vertriebsbüro zur Betreuung der Agenten und eine Handelsfirma für den Direktvertrieb. In einigen Fällen schließt sich in der dritten Phase dem Vertrieb dann auch eine lokale Fertigung an.

3.   Fachmessen als „Türöffner" für neue Märkte

Wenn ein Unternehmen in einem neuen Markt Fuß fassen will, kann es dies am einfachsten und effektivsten über die Teilnahme an einer Fachmesse tun. Messen sind Marktplätze der Kommunikation und Drehscheiben für den Austausch von Informationen. Deshalb sind sie niemals Einbahnstraßen für die Interessen einer Seite. Für das Fallbeispiel Shanghai bedeutet dies konkret: Wenn internationale Unternehmen durch Messeauftritte im chinesischen Markt Fuß fassen wollen, haben die chinesischen Unternehmen dort im Gegenzug häufig auch die Gelegenheit, für ihre Produkte und Dienstleistungen neue internationale Märkte zu erschließen.

Somit bedeutet das Engagement deutscher Messegesellschaften im Ausland neben Know-how-Transfer und Erfahrungsexport vor allem einen Beitrag zur Vertiefung und Verbreiterung echter multilateraler Handelsbeziehungen. Allerdings ist nach Aussage von Roland Klein, Geschäftsführer der Deutsch-Chinesischen Wirtschaftsvereinigung, zur Zeit in China ein „atomisierter Messemarkt" zu beklagen, der nicht immer den Marktgesetzen folgt. Doch nach einer zwangsläufig einsetzenden Marktbereinigung werden schwache Messen ähnlichen Inhalts verschwinden und sich die echten Leitmessen herauskristallisieren.

4. Gemeinschaftsprojekt SNIEC in Shanghai

Das erkannten die Messegesellschaften von Düsseldorf, Hannover und München bereits frühzeitig, entschlossen sich zu einer durchaus ungewöhnlichen Gemeinschaftsinvestition und gründeten das „Shanghai New International Expo Centre" (SNIEC) im Shanghaier Stadtteil Pudong. Dabei handelt es sich um ein deutsch-chinesisches Joint Venture – jeweils zur einen Hälfte eine Tochtergesellschaft der Stadtregierung von Shanghai und zur anderen Hälfte ein Gemeinschaftsunternehmen der drei führenden deutschen Messegesellschaften, die sich für dieses Projekt zusammengetan haben, denn solche besonderen Herausforderungen werden leichter von mehreren Schultern getragen. Hier ist anzumerken, dass eine Kooperation dieser Art mit Blick auf neue Absatzmärkte im Ausland sicherlich leichter möglich ist als in Deutschland, wo sich die einzelnen Messegesellschaften auf historisch gewachsenem, abgestecktem Terrain bewegen und miteinander im Wettbewerb stehen. Doch das Verteilen der Lasten bei einer solchen Unternehmung ist nicht der einzige Grund für das gemeinsame Vorgehen. Die Messen Düsseldorf, Hannover und München haben in China gemeinsam weit mehr zu bieten als jede andere einzelne Messegesellschaft weltweit, weil sie in der Lage sind, ihre jeweiligen Kernthemen bzw. Leitmessen dorthin zu „exportieren" und sich mit ihren Stärken gut ergänzen.

So organisiert beispielsweise die Messe Düsseldorf mit Unterstützung der weltweit führenden Fachverbände in Shanghai-Pudong die „wire China 2004", eine internationale Fachmesse der Draht- und Kabelmaschinenbranche für den chinesischen Markt. Damit wird die Messe Düsseldorf, seit 1986 Veranstalterin der „wire" in Düsseldorf – der weltweiten Nr. 1 in diesem Bereich –, gemeinsam mit der Messe Düsseldorf China Ltd. diese Messe erstmals im wichtigen chinesischen Wachstumsmarkt durchführen. Gleichzeitig veranstaltet sie im SNIEC mit der „Tube China 2004" eine Rohr-Fachmesse – ebenfalls eine Premiere. Die wachsende Bedeutung Chinas für die internationale Rohrindustrie wurde im Frühjahr 2003 durch Besuche von hochrangigen internationalen Handelsdelegationen in Peking und Shanghai unterstrichen. Dabei wurden Gespräche mit chinesischen Industriellen und der Regierung geführt und eine Zusammenarbeit vereinbart.

Mit derzeit 57 500 Quadratmetern Brutto-Ausstellungsfläche ist das SNIEC übrigens das modernste Messegelände Chinas, dessen säulenfreie Hallenarchitektur und Infrastruktur den aktuellen internationalen Anforderungen entspricht: Jede Halle verfügt beispielsweise über Büros, Besprechungsräume, Info-Points, Restaurants etc. Bereits vier Monate nach der Eröffnung des Ausstellungsgeländes durch den deutschen Wirtschaftsminister im November 2001 wurde eine fünfte Messehalle in Betrieb genommen. Bis Anfang 2004 sollen die Hallen 6 und 7 stehen. Die Entscheidung für die Vergrößerung fiel wegen des Erfolgs, der bereits im ersten Betriebsjahr weit über die Erwartungen hinausging: Statt der geplanten 634 000 wurden 887 000 Quadratmeter vermietet. Die weitere Expansion sieht einen Gesamtumfang von 17 Hallen mit insgesamt 200 000 Quadratmetern vor, denn der Boom scheint sich fortzusetzen. Das zeichnet sich umso mehr nach dem Beitritt Chinas zur WTO ab. Die gesamtwirtschaftliche Stimmung ist äußerst positiv. In diesem Zusammenhang gelten die Transrapid-Verbindung zwischen der Stadt Shanghai und dem internationalen Flughafen Pudong sowie der Zuschlag für die Ausrichtung der EXPO 2010 als Symbole für das Wachstum und die Dynamik der Region.

5.   Notwendigkeit eines stimmigen politischen Umfeldes

Einleitend wurde festgestellt, dass es der Messe Düsseldorf gelungen ist, trotz des schwierigen wirtschaftlichen Umfelds erfolgreich zu sein. Deutschland ist zur Zeit für Messegesellschaften kein Wachstumsmarkt. Echte Zuwächse können nur auf dem internationalen Parkett erzielt werden. Dafür ist der chinesische Messemarkt ein ausgezeichnetes Beispiel. Aus wirtschaftsanalytischer Sicht ließen sich für diese Einschätzung noch zahlreiche Details anführen, die oben angeführten Fakten belegen jedoch hinreichend die Richtigkeit der These.

Für das Wachstum einer Messegesellschaft im Ausland ist aber neben dem erforderlichen Branchen-Know-how, der nötigen Professionalität und der richtigen Geschäftsstrategie noch etwas anderes unbedingt erforderlich: Seitens der Politik muss Unterstützung geleistet werden. Das darf sich nicht auf Sonntagsreden beschränken. Hier geht es vielmehr darum, den Boden zu bereiten, Kontakte zu knüpfen und zu pflegen. Das ist harte Arbeit und erfordert Einsatz. Als Düsseldorfer Oberbürgermeister versuche ich in dieser Hinsicht zu tun, was in meiner Macht steht. So habe ich beispielsweise das Projekt SNIEC immer mit besonderem Interesse verfolgt und bereits verschiedene Anlässe zu Besuchen in Shanghai genutzt, um unsere chinesischen Partner besser kennenzulernen sowie die Beziehungen zwischen unseren beiden Städten und deren Wirtschaft zu festigen und zu vertiefen.

Ob es sich um Unternehmerdelegationen handelt oder um Wirtschaftstage, die für einzelne Wirtschaftsregionen veranstaltet werden, es geht darum, über den jeweiligen Standort und seine Besonderheiten zu informieren und neue Kontakte zu knüpfen. Besondere Bedeutung kommt dabei dem persönlichen Kennenlernen zu, für das ein anregender Rahmen geschaffen werden muss. So will die Stadt Düsseldorf auch mit ihren verschiedenen Städtepartnerschaften durch enge Zusammenarbeit die Entwicklung und die Verbesserung der Lebensbedingungen in den betreffenden Städten fördern. Schwerpunkte sind neben der Kultur und dem Verkehr auch immer die wirtschaftlichen Kontakte zwischen den Unternehmen der Partnerstädte. Zusammengefasst heißt das: Wir sind bestrebt, gute Rahmenbedingungen zu bieten, damit sich die Beziehungen zum Wohl der Bürger vertiefen.

So begleitete ich beispielsweise im Herbst 2003 den ersten LTU-Direktflug von Düsseldorf in unsere Partnerstadt Chongqing im aufstrebenden chinesischen Westen. Solche verkehrstechnischen Entscheidungen sind wichtige Beiträge zur Verbesserung der Infrastruktur, denn diese Fluglinie verbindet zwei große Wirtschaftsräume Europas und Asiens miteinander. Die Zusammenarbeit zwischen diesen beiden Partnerstädten wurde dadurch einfacher, die räumlich-zeitliche Distanz verkürzt. Neben Unternehmen, wie der in Chongqing vertretenen Düsseldorfer Metro-Handelsgesellschaft oder der in Düsseldorf beheimateten Wedeco AG, die auf Trinkwasseraufbereitung mit Ozon spezialisiert ist und sich in Chongqing im Umweltschutz engagiert, profitiert von dieser Flugverbindung nicht zuletzt die Messe Düsseldorf GmbH, die in Chongqing mit einer eigenen Repräsentanz vertreten ist.

Thomas Khoo

Trade Fair Trends in Asian Countries

1. Introduction

2. Trends in Countries of North & East Asia
   2.1   Japan
   2.2   China
   2.3   South Korea
   2.4   Taiwan
   2.5   Hong Kong

3. Trends in Countries of Southeast Asia
   3.1   Philippines
   3.2   Indonesia
   3.3   Singapore
   3.4   Malaysia
   3.5   Thailand
   3.6   India

4. A Summary of Trade Fair Trends in Asia

Thomas Khoo is CEO of Interfama Exhibition Companies, Singapore.

1.   Introduction

This telescopic view of *trade fair trends in Asian countries* is presented from the personal experiences of the author who has almost three decades of entrepreneurial experience as a producer of trade fairs in Asia. The article is aimed at giving an objective and calligraphic sketch of the structure, trends and status of the trade fair industry in Asia. In order to flow smoothly through this subject, this article begins with a geographical sweep into Asia, starting with Japan, and ends by touching upon India in South Asia. As golf is a widely known sport, an analogy to golf is a good way to understand the structure of the exhibition industry. Any golfer, professional or amateur, is familiar with the acronym *"PGA"* (Professional Golf Association). In respect to the *structure of the exhibition industry, PGA stands for Private, Government and Association.*

The exhibition industry in most countries has a similar industry structure. The difference lies in the degree of concentration of industry players and the market share in each of the three sectors. In the US, UK and Japan, the industry has a greater concentration of private and association organizers (see Figure 1). In Continental-Europe the government-linked organizers and association organizers dominate the industry. The exhibition industry matures and develops in parallel with the economic structure of the country. The more developed, industrialized and open the economy, the more mature is the exhibition industry in that country. The more mature the exhibition industry, the greater the involvement of the state agency and trade associations as organizers.

Main players in the Exhibition Industry across the world			
Country	Ownership of Standalone Venues	Venue Manager	Top Market Share of Exhibition
Europe	Govt/Govt-linked	Govt/Govt-linked	1) Govt 2) Association 3) Private organizers
US	Govt-linked	Private/Association	1) Association 2) Private organizers 3) Govt-linked
China	Govt	Govt/Govt-linked	1) Govt 2) Private organizers (mainly foreign) 3) Associations
Hong Kong	Govt	Govt	1) Govt 2) Private organizers (local and foreign) 3) Association
Thailand	Govt	Govt/Govt-linked	1) Private organizers (mainly foreign) 2) Govt/Associations (minimal)
Malaysia	Govt-linked	Govt-linked	1) Private organizers (mainly foreign) 2) Govt/Associations (minimal)
Singapore	Govt	Govt-linked	1) Private organizers 2) Associations 3) Govt (minimal)

Figure 1: Main Players in the Exhibition Industry across the world

As the cradle of the Industrial Revolution, the trade fair industry in Europe is the most developed. The countries in western Europe have a similar industry structure. The concentration of market players in industry in Germany falls in the order G.A.P., which is government first, then association and then private organizers. The structure of the exhibition industry in the US is more in the order A.P.G., namely associations, private and government-linked organizers.

In a survey of trade fair trends, it is not possible to treat Asia as one homogenous region. Although each country has a trade fair industry that is at a different stage of development, the industry in most of the bigger markets such as China, Japan, Korea and India is largely domestically focused, while certain locations like Singapore and Hong Kong stage trade fairs that cater more to the international and/or Asian market as a whole. These locations have the conveniences of connectivity, neutrality, superior infrastructure and the business environment to support international/pan-Asian events. Many Asian governments however, now see the value of trade fairs both as a means to develop their local industries as well as to generate spin-offs for their economies and are putting renewed emphasis on developing this sector. If the structure of the trade fair industry in Europe is G.A.P. and in the US is P.A.G., what is the structure and trend of the industry in the various Asian countries?

2.   Trends in Countries of North & East Asia

2.1   Japan

As the oldest industrialized and most advanced economy in Asia, the exhibition industry in Japan is the most mature. The dominant players in the exhibition industry are venue operators, trade associations and private organizers in that order of market share. As the majority of events are organized and owned by the venue operators, the majority of the market share is directly owned by the state agencies.

The market share of the trade associations as a group is also very substantial. There is a wide diversity of trade associations that own and organize fairs, while private organizers are mostly from the US and Europe.

The two major cities for international trade shows are Tokyo and Osaka, which have bigger venues, and business infrastructure that is conducive to international events. The largest exhibition centre in Tokyo is the Tokyo Big Sight and in Osaka it is the Intex.

Like the organizers, the majority of the exhibiting companies are Japanese enterprises. As mature marketplaces, the trade fairs in Japan tend to be very specialized in nature. The specialized fairs are supported by a variety of specialized trade associations. The state agency in charge of promoting the exhibition industry is JETRO, the Japan External Trade Organization. The trade fairs, although large, cater mainly to domestic rather than international buyers.

2.2   China

The Chinese economy was very much detached from the global economy for many decades since the beginning of the Communist era. In the old Chinese economic system, it was the *Canton Produce Fair*, probably China's oldest international fair that was open to the international trading community. The modernization of the Chinese economy since the mid-1980s and its reintegration with the global system has had a profound impact on the development of the fair industry. The state agency for the trade fair industry is the CCPIT, China Council for the Promotion of International Trade.

The government has adopted a strong policy in favour of the development of the exhibition industry, seeing it as means to promote industry and trade. As China moves into a higher gear to industrialize the economy, the trade fair industry in China will undergo rapid development. The likely trend to evolve will be similar to Taiwan and Japan with associations and professional societies playing a major role as fair producers. Many new exhibition centres are being built all over the country and a number of foreign organizers have moved into the market, having seen its huge potential. Nevertheless, exhibitions in China cater primarily to the domestic market, similar to those in Japan and Korea.

2.3   South Korea

To a great extent, the exhibition industry in Korea has a similar structure to that of Japan. The major players are the trade associations, followed by the private sector and then the government agency. The government agency for the trade fair industry is Kotra, which has a similar role as JETRO. The trade associations in Korea are very well established and have played a significant role in developing the trade fair industry.

There was a distinctive lack of proper exhibition facilities for many years in Korea. The new facilities of the Korea Exhibition Center, KOEX, later renamed COEX, were only built in 1980 by the KTA, Korea Traders Association. The venue operators are active organizers and have a tendency to search for collaborations with overseas organizers of new events, with the view to having the fairs take root in their venues. Over the last twenty years, the trade fair industry in Korea has not made its mark with any major international events. Exhibitors and visitors are largely domestic.

2.4   Taiwan

The state agency, the CETDC, China External Trade Development Council, later renamed CETRA, plays a dual role as venue operator and organizer. Before the conversion of the arrival terminal at the old Zhong San Airport into exhibition halls, fairs were held in small cultural halls in the city of Taipei. Organizers from the private sector were mainly from publishing groups and trade associations. With the expansion of facilities in the World Trade Center in Taipei in the late 1980s, entrepreneurial organizers began to appear. As a more developed economy, Taiwan places great importance on exhibitions as a platform for promoting export and international trade.

The integration of China into the global marketplace has further narrowed the windows of opportunity for overseas fair organizers to develop a strong foothold in Taiwan. China is a bigger attraction for international organizers and exhibitors. The four north Asian countries – namely Japan, China, Korea and Taiwan – currently have a structure very similar to the exhibition industry, namely a dominant role by state agencies and trade associations. The industry structure is evolving into the German model, which has proven successful in growing the industry.

2.5 Hong Kong

The structure of the exhibition industry in Hong Kong SAR is similar to that of Taiwan, Japan and South Korea. The HK Exhibition Center was built in the late 1980s on a formula of collaboration between a private property developer and the state agency that provided the land. The management of the Center was by the Hong Kong Trade Development Council, the government agency in charge of promoting trade. From the initial stage as venue operator, the HKTDC soon got engaged in the role of organizer and owner of exhibitions.

The mid-1980s saw the entry of overseas players from the private sector, including international organizers from Singapore. The overseas organizers set up shop in HK to organize fairs for the HK and China markets. The indigenous HK organizers used the advantage of their knowledge of the Chinese language to spread their activities to China. The trade associations in HK do not play as big a role compared to organizers in Taiwan, Japan and South Korea. The market share of the exhibition industry is more in favour of local players if events organized by HKTDC are included. HKTDC plays an active role as organizers in their venue, very similar to the structure found in Taiwan, South Korea and Germany. Hong Kong is host to a number of international trade fairs that cover the Chinese market for sectors such as electronics, toys, fashion, furs and jewellery. ITU chose to hold the Asian version of their show in Hong Kong for several years. However, it may increasingly lose business to China as the mainland builds up its exhibition capacities and infrastructure.

3.   Trends in Countries of Southeast Asia

3.1   Philippines

The exhibition industry in the Philippines is relatively less developed than in other Asian countries. The industry was started by the private sector with the entry of international players. Not many of the overseas players stayed in the industry long enough to develop their market share, probably due to the fluctuation of political and economic stability. The forays of local players in the industry did not make much impact on an international scale, unlike events organized by local players in HK and Singapore. The need for facilities for a major International Congress to be held in the Philippines led to the building of the Philippine International Convention Center by the government in the late 1980s.

The government agency responsible for the development of the exhibition industry is known as CITEM, Center for International Trade and Export Marketing. The International Furniture and Handicrafts Exhibitions are amongst the few, but better-known shows with international participation, that CITEM organizes annually. The few shows that are organized by trade associations or professional societies basically draw their main participants of local exhibitors from amongst their members. The building of the World Trade Center Exhibition Hall in Manila by private investors in 1996 gave a new dimension to the future development of the industry.

3.2   Indonesia

The trade fair industry in Indonesia is relatively under-developed. The structure of the industry in Indonesia is P.A.G., private, trade associations and government-linked organizers, in that order. There is, however a less discernable involvement of government-linked and trade association organizers. Trade associations are mainly involved in the furniture, handicrafts and motor industry. The major players, as in Singapore, are the foreign private organizers from Europe that also have activities in the region. The local players such as *Multimedia, Napindo* and *Meditama* are entrepreneurial organizers who struck out on their own after having gained their experience from working with foreign organizers.

The government agency that is charged with the responsibility of promoting international business is the National Agency for the Promotion of International Trade, NAFED, under the Ministry of Trade and Industry. The oldest fair is the *Jakarta Fair,* a general trade fair organized by the provincial government of Jakarta. The major exhibition city in Indonesia is the capital of Jakarta. The government provided a parcel of land near the former Jakarta airport for the development of a new Exhibition Center.

In 1990 the JITC, Jakarta International Trade Center, was developed by a consortium of private investors from Indonesia with financial aid from Japan. To cater to the needs of a major International Congress, the facilities of the Jakarta Hilton Hotel were expanded to host the World Finance Ministers Meeting in the late 1980s. The Jakarta Convention Center, as it is now known, has become a favoured venue for international Conferences and Exhibitions in Jakarta.

It can be expected that as the Indonesian economy develops, the role of state agencies and trade associations will become more pronounced.

3.3   Singapore

The exhibition industry in Singapore is driven mainly by companies from the private sector. Trade Association and government-linked organizers play a secondary and tertiary role respectively. As the industry matures, the market share will shift towards the trade associations and the two major venue operators, which are owned by a government-linked company and private investors from overseas, respectively. That was the trend observed in Japan, Europe and the US where the economies are more advanced and the exhibition industry is more mature. The trend has become more discernible in recent years. The International Enterprise (IE) Singapore under the Ministry of Trade & Industry (MTI) together with the Singapore Tourism Board (STB) are the lead government agencies in charge of the exhibition sector.

A consortium of investors from HK was attracted to develop the Suntec Singapore, a new convention centre with 24 000 square metres of exhibition space in 1995. A new fair centre named the Singapore Expo (60 000 square metres) was built by the MTI to replace the former World Trade Center, which has been redeveloped for commercial and shopping malls.

The Singapore Expo was built in 1999 according to a two-phase design for 100 000 square metres of indoor space. Currently at Phase One, the centre has 6 halls of 10 000 square metres each. The halls are laid in a continuous row for a smooth flow of visitors. On completion of Phase One in record time by March 1999, the Singapore Expo was hailed as the biggest in South East Asia featuring state-of-the art design. A year later a Mass Rapid Transit train station was built next to Hall 6 to link the expo centre to the airport.

Figure 2: The biggest fair centre in Southeast Asia in 2003

The PSA was appointed by the MTI to manage the Singapore Expo Center in 1999. Two years later, the PSA set up subsidiary company PSA Exhibitions Pte Ltd to organize fairs in collaboration with local trade associations, as well as attempting to joint venture with professional organizers. After being involved with the exhibition industry for 25 years since 1978, the PSA divested its exhibition activities in March 2003 and sold the business to the wholly owned subsidiary company of Temasek Holdings, a company 100% owned by the government of Singapore.

Singapore is home to a number of top international shows in Asia such as CommunicAsia, FoodandHotelAsia, Asian Aerospace, International Furniture Fair and so on. It has also played host to Asian versions of some top European shows such as ITMA (the textile machinery show) in 2001, scheduled to return to Singapore in 2005.

3.4   Malaysia

The exhibition industry in Malaysia is relatively young compared to its southern neighbour. The structure of the industry in Malaysia is similar to that in Singapore. Trade association organizers are not active except for a few events like the *Furniture Show*. The major players, as in Singapore, are the foreign private organizers from Europe and the US that also have activities in the region. The exhibition industry in Malaysia started with international organizers who have a base in Singapore. The player Tradelink Pte Ltd is one of the few successful local entrepreneurial organizers.

The government agencies charged with responsibility for promoting international business are the Malaysian Trade Development Authority (under the Ministry of Trade and Industry) and the Tourism Authority. The Tourism Authority, while keenly interested in the industry, has not been actively involved in promoting the exhibition and convention industry. The linking up of a state agency – and its involvement in the development of the facilities like exhibition halls – is weaker than that in Singapore. A government-related company developed the Putra World Trade Center Convention

Center in the late 1980s and the MINES Exhibition Center was developed by a private entrepreneur in the late 1990s. As the Malaysian economy becomes more developed, the role of state agencies and trade associations in the trade fair industry will become more pronounced. The industry caters mainly to the domestic rather than the international industry.

3.5   Thailand

The industry structure in Thailand is quite similar to Malaysia, but in terms of development, Thailand is a few years ahead of Malaysia. Organizers who expanded their business portfolios from Singapore also started the activities of the professional exhibition industry in Thailand. The private sector has been the most prominent in the industry. Among the first organizers in Thailand was a joint venture started by the organizer Interfama from Singapore. Soon thereafter other entrepreneurial organizers began making their entries via the organizing of local consumer home shows. Amongst the local organizers, the two that organized international events and became most successful were *Tradex* and *Thailand Exhibitions Management* (TEM). These were acquired by international organizers. Other European organizers set up their subsidiary companies in Bangkok for the market in Thailand and the Indo-China region.

The involvement of government-linked companies and trade associations as organizers was almost non-existent until the late 1990s. In a similar development to the Jakarta Convention Centre, the Queen Sirikit National Convention Center was built to cater to a major International Congress in the late 1980s. Before the availability of the QSNCC, exhibitions were held in temporary halls built by organizers in a covered car park of the Hyatt Hotel between the airport and the city.

The government agency that takes care of promoting the industry was the Department for the Promotion of Trade. The vast majority of the market share for the industry is owned by foreign companies. The first-start advantage and the availability of a global marketing network gave the international players an edge over the local organizers in the game of organizing international trade exhibitions.

Thailand is situated in the midst of under-developed countries like Vietnam, Laos, Myanmar and Cambodia to the west, with a huge population base in the Indo-China region. Looking forward to the potential for Thailand to be a hub for the region, Thailand is fast expanding new exhibition facilities. IMPACT, the new expo centre of 50 000 square metres is the latest venue in Thailand.

3.6   India

The exhibition industry in India is not as developed as many believe, given the fact that it is the world's biggest democracy with a population of about one billion people.

The huge domestic market soaks up most of the industrial production, which, apart from textiles, jewellery and some primary products, does not seem to produce a great deal for the export market. The state agency ITPO, India Trade Promotion Organization, is the caretaker of the exhibition industry and organizes official participation in trade fairs abroad and also in India.

Trade associations of various categories are also active players as organizers in the exhibition industry in India. Organizers from the private sectors come mostly from Europe with the German organizers currently having a dominant share of the market. The late 1990s saw the emergence of indigenous private organizers in India and a bigger presence of the German organizers in India.

The exhibition industry is concentrated in the Indian capital city of New Delhi and the business city of Mumbai. Without any development of bigger exhibition space capacity, the exhibition industry in India currently seems to be meandering along. In a landscape of diverse political parties and frequent changes in government, the exhibition industry in India will not get much attention or interference from state agencies for any substantial development. Private organizers will continue to play a primary role in the development of the exhibition industry in India.

4.   A Summary of Trade Fair Trends in Asia

The conclusion one can draw from the above is that the exhibition industry is in different stages of development in the Asian countries, with Japan being most developed in north Asia and Singapore being best developed in South East Asia. The programme of fairs in the region is moving towards a more specialized nature. Fairs with broad industry themes such as *'Machine Asia'* in Singapore, *'Production Indonesia'*, *'Industry Tradefair Malaysia'* – and others launched in the early years of the industry to ensure a sizable participation in the fairs – were phased out with more focused industry shows taking their place.

The rapid pace of technological development, especially in IT, has had an impact on the character of the exhibition industry. Exhibitors who used to display big equipment or machinery are replacing the actual equipment with display kits like power-point presentations on laptop computers, or large overhead projection screens with smaller plasma screens. Booths with laptop computers on display tables showing PowerPoint presentations of the products or services are a common sight at trade fairs in recent years. Even the models of factory plants are disappearing from the booths at fairs. The result of this trend is that exhibitors take smaller booths and organizers have to work harder. The flipside of the negative trend in reduction of space occupied by actual exhibits is the positive trend for exhibitors to incorporate an area within the booth for hospitality or product demonstration.

The trade fair centres in Asia can be summarized into two broad categories (see figure 3). Countries with large populations and domestic markets tend to attract mainly domestic attendees to their fairs, and countries that do not have a large domestic market base are compelled to develop overseas visitors.

Top-30 Fairs in Asia Ranking by Percentage of Overseas Attendees						
			Exhibitors		Attendees	
Fair Title	City	Exhibition net m²	Foreign	F: %	Foreign	F: %
1 Canton Fair 2001	Canton	170,000 m²	na	na	101,382	91.0%
2 ITMA 2001	Singapore	33,000 m²	778	98	26,159	90.0%
3 HK Fur 2002	HongKong	9,277 m²	31	29	2,621	79.0%
4 KIDS World 2001	Beijing	8,000 m²	5	7	3,5	70.0%
5 Toys+Gifts 2001	HongKong	38,754 m²	945	32	35,546	64.0%
6 HK Electronics 2001	HongKong	44,000 m²	587	35	20,456	48.0%
7 WoodmacAsia 2001	Singapore	7,050 m²	588	86	3,312	46.0%
8 VIV Asia 2001	Bangkok	7,300 m²	356	91	6,93	45.0%
9 CommunicAsia 2001	Singapore	24,889 m²	1,406	77	25,156	41.0%
10 Watch+Jewelry 2001	HongKong	27,575 m²	851	51	10,407	39.0%
11 HK Fashion 2001	HongKong	12,636 m²	207	41	4,981	39.0%
12 Int Furniture 2001	Singapore	22,892 m²	400	86	6,275	38.0%
13 BroadcastAsia 2001	Singapore	8,500 m²	599	85	3,773	37.0%
14 Pumps&Systems 2000	Singapore	7,369 m²	393	73	9,659	37.0%
15 Food+HotelAsia 2002	Singapore	22,944 m²	1,956	76	16,065	36.0%
16 Watch+Clock 2001	HongKong	16,277 m²	129	18	5,211	36.0%
17 Giftionery 2000	Taipei	27,000 m²	70	6.9	5,197	31.1%
18 Computex 2001	Taipei	45,000 m²	125	1.1	23,306	29.3%
19 CIMedical+H 2001	Beijing	10,000 m²	198	37	4	27.0%
20 Manufacturing 2000	Singapore	10,479 m²	920	75	4,375	26.0%
21 TaiSPO 2001	Taipei	26,800 m²	12	3.4	2,231	24.8%
22 Welding 2000	Beijing	7,500 m²	61	23	575	22.0%
23 MetalAsia 2001	Singapore	11,073 m²	884	74	3,783	21.0%
24 MachineTool 2001	Taipei	18,144 m²	105	20.0	7,206	13.3%
25 IA Robotics 2001	Bangkok	20,000 m²	48	24	3,634	11.0%
26 TaiTronics 2001	Taipei	26,866 m²	29	4.8	3,164	10.5%
27 I Plastic Fair 99	Tokyo	24,111 m²	320	40	5,511	7.4%
28 ThaiMetalex 2001	Bangkok	20,000 m²	224	39	1,967	4.6%
29 JIMTOF 2000	Tokyo	45,108 m²	50	9.8	4,741	4.1%
30 KOMAF 2001 Mach	Seoul	14,094 m²	54	10	5,709	3.6%

Figure 3: Top-30 Fairs in Asia Ranking by Percentage of Overseas Attendees
Source: iConsult International 09-04-2003

Singapore and Hong Kong stand out as the centres whose trade fairs are most international in terms of exhibitors and visitors. Trade fairs in Japan, Korea, Taiwan and

China attract a lower percentage of foreign exhibitors and visitors to their fairs. The strategic geographical location of Singapore as the crossroads for international air and sea routes between Asia and Europe provides a strong base for international trade fairs. Since a trade fair is a platform for international trade, the fair city must have the following basic criteria so that international trade fairs can flourish: easy accessibility for transport of goods by air, sea, land and communication, a convenient business environment with ample first class hotel accommodations, and a pool of professional organizers, contractors and logistic companies whose standards overseas exhibitors can have confidence in. As one of the first countries in Southeast Asia to develop the trade fair industry, Singapore has established a good foundation as an international trade fair city with a good portfolio of trade fairs having a high percentage of overseas exhibitors and attendees. The hinterland market for trade fairs in Singapore stretches from India in West Asia to China in the North and Australia in the South.

As the trade fair industry in Asia evolves, successful events in Europe are beginning to be cloned to bring them to the buyers in the Asian market. Events like ITMA made its successful debut in the Asian scene in 2001 in Singapore. The German organizers have also cloned fairs from Germany to be reproduced in Asian venues such as Singapore, HK, China, India and Japan.

Clemens Schütte

Der Strategische Dialog als Steuerungsinstrument im internationalen Beteiligungsmanagement

1. Internationalisierung des deutschen Messewesens

2. Beteiligungsmanagement und Strategischer Dialog

3. Inhalte des Strategischen Dialogs

4. Zusammenfassung

5. Literaturverzeichnis

Dr. Clemens Schütte ist Abteilungsleiter International Business bei der Messe Düsseldorf GmbH, Düsseldorf.

1. Internationalisierung des deutschen Messewesens

Das deutsche Messewesen hat in den zurückliegenden 20 Jahren einen grundlegenden Wandel durchlaufen. Die traditionell überwiegende oder gar ausschließliche Fokussierung des heimischen Standortes als Nabel des Weltmessegeschehens passt nicht mehr in eine Zeit globalisierungsbedingter Verschiebungen auf den Weltmärkten. Zehrten die deutschen Messegesellschaften in der Nachkriegszeit noch von ihrer überlegenen infrastrukturellen Ausstattung und ihrem historisch gewachsenen Kompetenzvorsprung, so nahm spätestens seit den 80er Jahren der Wettbewerbsdruck durch international aufgestellte Medienkonzerne und regionale private Veranstalter rasant zu. Internationalisierung war das Gebot der Stunde und ist es bis dato geblieben. Der Export eigener Veranstaltungsthemen ins Ausland erwies sich einerseits als wichtig für die Absicherung und Stärkung eigener Leitmessen. Andererseits konnten die deutschen Messegesellschaften durch den Ausbau ihrer Auslandsaktivitäten auch am rasanten Wachstum des internationalen Veranstaltungsgeschäfts in den beiden zurückliegenden Dekaden teilhaben (vgl. Abb. 1 und 3). Schnell erkannten sie, dass die vorübergehende Entsendung von deutschen Messeprofis allein meistens nicht ausreicht, um auf den zunehmend umkämpften Auslandsmärkten Fuß zu fassen. Lediglich die permanente und langfristige Präsenz vor Ort gewährleistet die Marktnähe und lokale Vernetzung, die für die erfolgreiche Entwicklung eines Veranstaltungsportfolios am Auslandsstandort erforderlich sind. In den 90er Jahren expandierten deutsche Messen vornehmlich im europäischen Ausland und in Fernost.

	Deutsche Messe	Messe Düsseldorf	Messe Frankfurt	Messe München
Konzernumsatz	270 Mio. €	324 Mio. €	335 Mio. €	218 Mio. €
- davon Ausland	19 Mio. €	89 Mio. €	51 Mio. €	22 Mio. €
Veranstaltungen				
- Inland	36	38	51	84*
- Ausland	44	99	45	72
Auslandstöchter u. -beteiligungen	8	9	14	3

* ohne M,O,C,

Abb. 1: Auslandsaktivitäten deutscher Messekonzerne in 2002 (Beispiele)
Quelle: Berichte der jeweiligen Messegesellschaften

Heute spielt sich ein beträchtlicher Teil der Veranstaltungsaktivitäten deutscher Messekonzerne im Ausland ab. Die Anzahl ausländischer Eigenveranstaltungen, Beteiligungen
und Auftragsveranstaltungen übersteigt in vielen Fällen die Zahl der am heimischen
Standort durchgeführten Messen. Die internationale Präsenz deutscher Messekonzerne
wird durch die steigende Anzahl von Auslandstöchtern und -beteiligungen widergespie-
gelt. Der Anteil des Auslandsgeschäfts an den Konzernumsätzen nimmt ebenfalls zu.
Betriebswirtschaftlich ergeben sich durch die Auslandsaktivitäten zusätzliche Umsatz-
und Ergebnispotenziale. Aus strategischer Sicht lassen sich Synergien mit Heimveran-
staltungen realisieren. Steigende internationale Besucher- und Ausstellerzahlen stärken
die Wettbewerbsposition der heimischen Leitmessen und leisten einen wachsenden Beitrag zur Umwegrendite des Standorts. Allgemein wird dabei ein überproportionaler Anstieg der Besucher- und Ausstellerzahlen aus Regionen verzeichnet, in denen eigene
Auslandsstandorte eingerichtet wurden. Als Beleg dafür mag die 1995 in Singapore gegründete Messe Düsseldorf Asia dienen. Trotz Asienkrise konnte das Ausstelleraufkommen
kommen aus der ASEAN-Region in den Jahren 1996-2000 (Jahresdurchschnitt 94 Aussteller) im Vergleich zum Zeitraum 1990-95 (Jahresdurchschnitt 59 Aussteller) um 59
Prozent gesteigert werden. In den Jahren 2001 und 2002 nahmen im Schnitt sogar 177
Aussteller aus der Region an Düsseldorfer Messen teil. In der Tat sind die ausländischen
Besucher und Aussteller mittlerweile zum primären Wachstumsmotor der deutschen
Leitmessen geworden. Damit hat die Internationalisierung ein starkes Gewicht im Stra-
tegiemix deutscher Messegesellschaften erlangt.

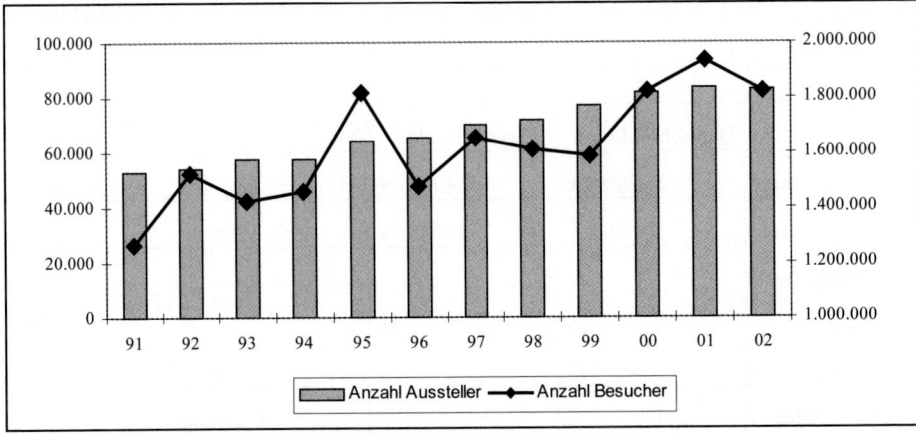

Abb. 2: Anzahl ausländischer Aussteller und Besucher auf deutschen Messen
Quelle: AUMA

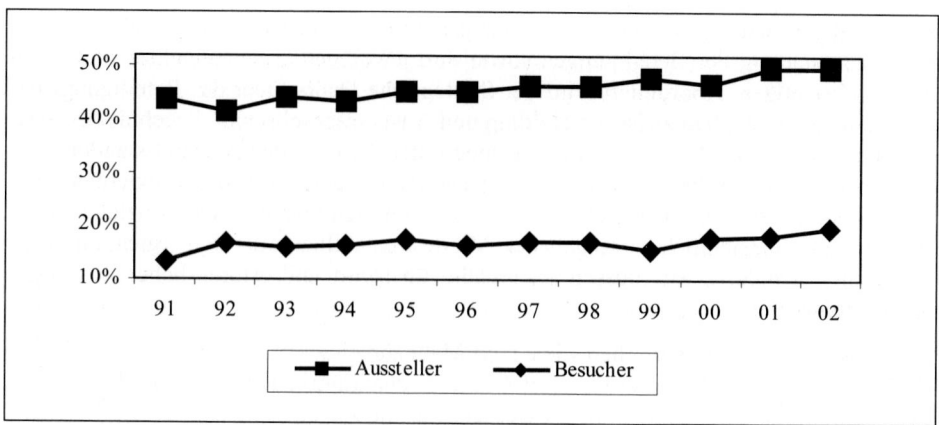

Abb. 3: Anteil ausländischer Aussteller und Besucher auf deutschen Messen
Quelle: AUMA

2. Beteiligungsmanagement und Strategischer Dialog

Im Anschluss an die Internationalisierung steht bei vielen Messekonzernen die Konsolidierung der Auslandsgesellschaften und -niederlassungen auf der Agenda.[1] Dabei geht es in erster Linie um ihre Integration in bestehende Konzernstrukturen sowie um Aufbau und Pflege neuer Strukturen zur strategischen Steuerung der internationalen Standorte. Dies ist Aufgabe des Beteiligungsmanagements. Je größer das Netzwerk internationaler Standorte, desto komplexer ist die Entwicklung und Umsetzung einer Konzernstrategie. Basis für die erfolgreiche Integration der Auslandsgesellschaften ist daher die Implementierung eines Instrumentariums zum effizienten Austausch strategisch relevanter Informationen zwischen Auslandsstandorten und Holding. Der im Folgenden dargestellte formalisierte ‚Strategische Dialog' erfüllt eben diese Funktion und trägt dadurch zu einem transparenten Prozess der Strategiefindung und -umsetzung bei.

Das Beteiligungsmanagement ist ein wesentlicher Kernprozess einer jeden Holdinggesellschaft, für das es keine aufbau- oder ablauforganisatorische Standardlösung geben kann. Bezogen auf den Strategischen Dialog kann daher nur ein Grundkonzept dargestellt werden (vgl. Abb. 4), welches individuell an die Erfordernisse des Konzerns und

---

[1] Im weiteren Text ist der Einfachheit halber von Auslandsgesellschaften die Rede. Grundsätzlich sind die gemachten Aussagen analog auch auf internationale Niederlassungen und Repräsentanzen deutscher Messegesellschaften anwendbar.

der jeweiligen Beteiligungsgesellschaft anzupassen ist. Kriterien wie die Größe und Ressourcenausstattung der Beteiligungen sowie ihre jeweiligen Geschäftsfelder sind dabei zu berücksichtigen. Koordiniert wird der Strategische Dialog über das Beteiligungsmanagement als Bindeglied zwischen Holding und Auslandsgesellschaft. Ergebnis des Strategischen Dialogs ist die Vereinbarung strategischer Ziele für den Auslandsstandort. Die vereinbarten Ziele basieren auf der Bestandsaufnahme der internen und externen Ausgangssituation der Auslandsgesellschaft und sind mit den globalen Konzernzielen abgeglichen (z.B. hinsichtlich vorgegebener Mindestrentabilität oder Synergien mit dem heimischen Standort). Sie müssen regelmäßig überprüft und erforderlichenfalls angepasst werden.

Zur Umsetzung der strategischen Ziele sind Maßnahmen zu vereinbaren, von denen die wichtigsten in einer ‚Scorecard' fixiert und über quantitative Kennziffern oder qualitative Zieldefinitionen operationalisiert werden. Für die Zielerreichung wichtige Maßnahmen können beispielsweise die Markteinführung neuer Messethemen oder die Entwicklung bestehender Veranstaltungen auf ein bestimmtes Zielniveau (Umsatz, Deckungsbeitrag, Internationalisierung etc.) sein. Weitere Beispiele sind Rationalisierungsmaßnahmen, die Optimierung von Arbeitsprozessen durch EDV-Projekte oder die Verbesserung des Kundenservices durch den Launch einer neuen Website.

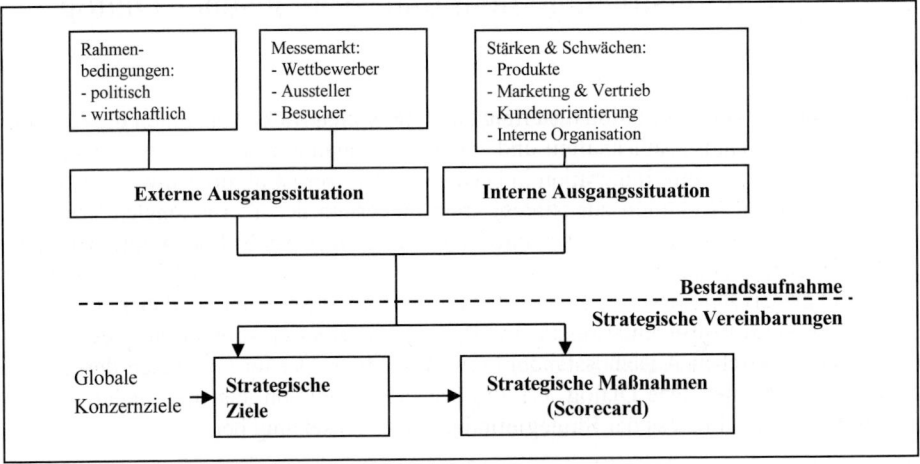

Abb. 4: Struktur des Strategischen Dialogs

Die zwischen der Holding und dem lokalen Management vereinbarte Scorecard ist für einen international operierenden Messekonzern ein effektives strategisches Steuerungsinstrument. Sie überbrückt die Lücke zwischen der globalen Konzernstrategie und der Geschäftätigkeit des jeweiligen Auslandsstandorts. Als Performance-Benchmark des lokalen Managements sollte sie jährlich überprüft und angepasst werden. Aus Konsistenzgründen empfiehlt sich auch die zumindest teilweise Anbindung der Bonusziele des lokalen Managements an den Erfüllungsgrad der strategischen Maßnahmen. Aufgabe des lokalen Managements ist es dann, die strategischen Maßnahmen über Zielvereinbarungen und Projekte auf die einzelnen Abteilungen bzw. Mitarbeiter herunterzubrechen. Dadurch ist letztlich die Übereinstimmung von Konzernstrategie und Alltagshandlungen der Konzernmitarbeiter erreichbar. Es wird sichergestellt, dass alle Beteiligten „an einem Strang ziehen". Unterjährig wird die Umsetzung der Scorecard im Rahmen eines strategischen Controllings durch das Beteiligungsmanagement des Mutterhauses nachgehalten.

Die zeitliche Abfolge des Strategischen Dialogs ist schematisch in Abbildung 5 dargestellt. Kristallisationspunkt ist der Zeitpunkt t, an dem der Strategische Dialog zwischen dem lokalen Management und dem (in der Regel im Board of Directors vertretenen) Management des Mutterhauses stattfindet. Terminlich bieten sich dafür die messearmen Sommermonate an, um Kollisionen mit der operativen Budgetplanung und -verabschiedung im Herbst zu vermeiden. Das lokale Management präsentiert die Strategie für den Auslandsstandort; Gesellschafter (Holding) und lokales Management vereinbaren strategische Prioritäten und die Scorecard mit strategischen Maßnahmen. Dies markiert den Abschluss des im Vorfeld des Dialogs begonnenen Prozesses der strategischen Planung. Letztere wird durch die Auslandsgesellschaft durchgeführt und über das Beteiligungsmanagement mit der Globalstrategie des Mutterhauses koordiniert. Aufgabe des Beteiligungsmanagements ist es dabei, als Coach und Sparringspartner das lokale Management der Tochtergesellschaft im strategischen Planungsprozess zu begleiten.

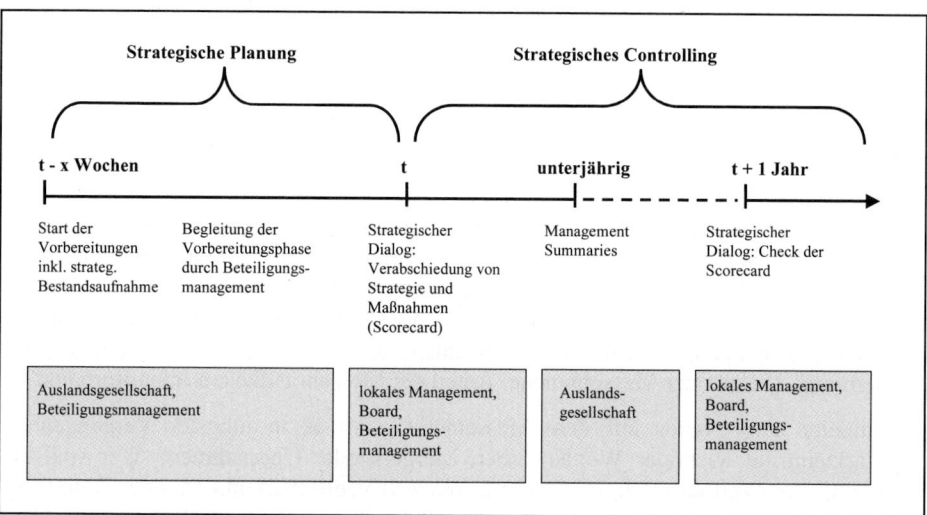

Abb. 5: Ablaufdiagramm des Strategischen Dialogs

Anschließend wird die Umsetzung der beschlossenen Maßnahmen im Rahmen des strategischen Controllings über periodische, z.B. vierteljährige Management Summaries nachgehalten. Darin berichtet die Auslandsgesellschaft über den Implementierungsstand der in der Scorecard festgelegten Maßnahmen. Eine Überprüfung der Strategie und eine Gesamtbewertung der Umsetzung der Scorecard erfolgt nach einem Jahr anlässlich des nächsten Strategischen Dialogs.

3.   Inhalte des Strategischen Dialogs

Zur Schaffung von Transparenz werden die im Rahmen des Strategischen Dialogs präsentierten Daten und Fakten so weit wie möglich verdichtet und standardisiert. Zu diesem Zweck definiert das Beteiligungsmanagement den Informationsbedarf des Mutterhauses durch die Vorgabe von Excel- oder Powerpoint-Formularen, die von der Auslandsgesellschaft ausgefüllt werden. Der Detaillierungsgrad der aufbereiteten Informationen hängt sowohl vom Bedarf der Holding als auch von der Größe und Ressourcenausstattung des jeweiligen Standorts ab. Die im Folgenden beschriebenen Inhalte und Standards sind daher nur als Anregungen zu verstehen und mögen als Check-Liste für die Vollständigkeit des Strategischen Dialogs dienen.

Bei der Analyse der externen Ausgangssituation sind typischerweise folgende inhaltliche Schwerpunkte zu beachten. Sie können bei Bedarf jeweils auf eigenen Charts behandelt werden:

- Politisch-rechtliche Situation und Trends: Wie stabil sind das politische System und die Regierung? Gibt es politische Reformkonzepte und Reformdruck? Welche Konsequenzen, Risiken und Chancen ergeben sich dadurch für das betroffene Land bzw. die vom Auslandsstandort abgedeckte Region?

- Volkswirtschaftliche Situation und Trends: Wie ist die augenblickliche konjunkturelle Lage? Wie sind die zukünftigen Aussichten für Konjunktur und Wachstum? Wie entwickeln sich die relevanten Industriezweige? Wie sind die Rahmenbedingungen für Investoren? Wie entwickeln sich historisch und prognostiziert die wichtigsten ökonomischen Kennziffern wie z.B. Inlandsprodukt, Inflation, Zahlungsbilanz, Länderrating, Umsatz der Messebranche, Anteil der Messebranche am Inlandsprodukt?

- Situation und Trends auf dem Messemarkt: Gab es in jüngster Vergangenheit Markteintritte wichtiger Wettbewerber, Mergers oder Übernahmen? Wer sind die wichtigsten Wettbewerber aus Sicht der lokalen Gesellschaft und/oder des Konzerns? Wie ist die Performance der Wettbewerber? Internationalisiert sich der lokale Messemarkt? Wie entwickelt sich das Medium Messe im Wettbewerb mit sonstigen Instrumenten des Marketingmixes? Gibt es Konsolidierungs- bzw. Konzentrationstendenzen? Wie entwickeln sich die Ansprüche von Ausstellern und Besuchern an die Qualität von Messeveranstaltungen?

- Profile der strategischen Wettbewerber: Wer sind die ‚Strategic Peers' in der Region, d.h. Wettbewerber mit ähnlichen Strategien oder Veranstaltungsthemen und vergleichbaren Marktchancen wie die eigene Gesellschaft? Wie ist ihre Preispolitik und Kundenstruktur? Welche sind ihre Stärken und Schwächen? Wie ist ihre Strategie?

- Zusammenfassend: Welches sind die Konsequenzen der externen Ausgangssituation für die Auslandsgesellschaft (vgl. Abb. 6)? Welche Erfordernisse für die Gesellschaft ergeben sich aus den wichtigsten Tendenzen auf dem regionalen Messemarkt (Trends bei Wettbewerbern, Ausstellern, Besuchern) sowie im politischen und ökonomischen Umfeld?

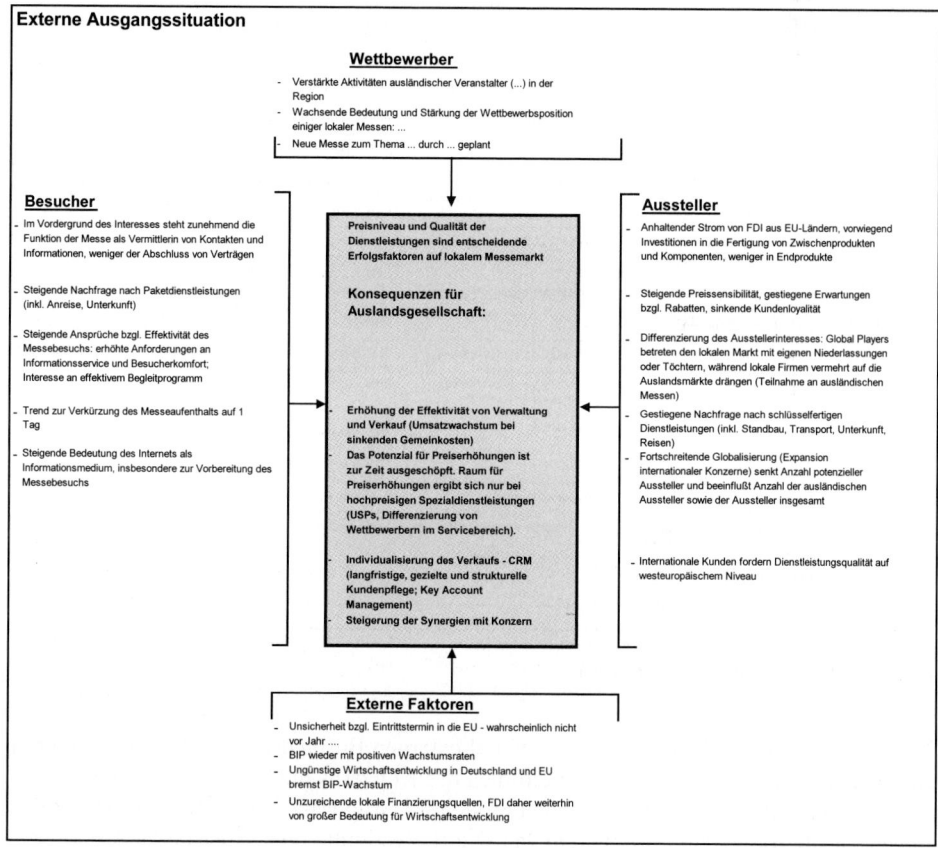

Abb. 6: Konsequenzen der externen Ausgangssituation für die Auslandsgesellschaft (Schema)

Für die interne Bestandsaufnahme empfiehlt sich die logische Aufgliederung der Auslandsgesellschaft in vier Module bzw. Analysefelder:

1. Produkte: Veranstaltungen, technische und sonstige entgeltliche Dienstleistungen

2. Vertrieb: Vertriebskanäle, Marketing, Preispolitik

3. Kundenorientierung: unentgeltliche Dienstleistungen, Infrastruktur des Geländes, Kundenbindungssysteme

4. Interne Organisation: Geschäfts- und Verwaltungsprozesse, Personalentwicklung, Corporate Identity.

Für die einzelnen Module sind die Stärken und Schwächen, Chancen und Risiken der Gesellschaft herauszuarbeiten (SWOT-Analyse in Abb. 7).

	Produkte	Marketing & Vertrieb	Kundenorientierung	Interne Organisation
Stärken	Komplexes Dienstleistungsangebot aus einer Hand: Fläche + Standbau + andere Dienstleistungen	Kontinuierliche Verbesserung des Internetauftritts zur Vertriebsunterstützung	Aktuelle und ständig gepflegte Datenbanken, Vorbereitung eines CRM-Systems	In den meisten Bereichen hocheffektive Geschäftsprozesse
	Gute Performance der Kernthemen bzgl. Umsatz und Profitabilität, 3 No. 1-Themen in der Region	Gute Beziehungen zu Verbänden führender lokaler Industriezweige	Funktionierendes Informationssystem für Besucher (NIS)	Niedrige Gemeinkosten im Vergleich mit Wettbewerbern
Schwächen	Schwache Position/sinkender Marktanteil in den Themenbereichen ...	Sinkende Loyalität der Aussteller	Seitens einiger Mitarbeiter unzureichende Kundenorientierung	Teilweise wenig ausgeprägte corporate identity
	Unzureichende Realisierung von Synergien im Konzern im Veranstaltungsbereich	Keine konzernweite Preisstrategie	Unzureichende Park- und Unterbringungskapazitäten am Standort	
Chancen	Einführung neuer Themen durch Nutzung von Know-how im Konzern	Unterstützung der Internationalisierung durch stärkere Anbindung an konzernweites Auslandsvertreternetz und anhaltende FDI-Aktivitäten in der Region	Stärkung der Kundenbindung nach Implementierung des neuen CRM-Systems	Gemeinkosteneinsparungen durch Outsourcing des Rechnungswesens
			Stärkung des Standorts durch Ausbau des internationalen Flughafens	
Risiken	Negative Deckungsbeiträge in den Themen ... durch nachhaltig rückläufigen Marktanteil, evtl. Portfoliokonsolidierung erforderlich	Langsamer Anstieg der Internationalisierung wegen fehlender internationaler Marketingaktivitäten	Steigende Unzufriedenheit des Verbands wegen schlechter Hotelsituation	Hohe Fluktuation wegen fehlender corporate identity
	Verlust der Verbandsunterstützung für Thema ...			

Abb. 7: SWOT-Analyse (Schema)

Basierend auf der umfassenden internen und externen Bestandsaufnahme können nun in Abstimmung mit den strategischen Leitlinien des Konzerns die Strategieziele der Gesellschaft formuliert werden. Dabei handelt es sich im Grundsatz um die strategischen Prioritäten für die folgenden drei bis fünf Jahre, z.B. Festigung oder Ausbau der Marktposition im Veranstaltungs- oder Standbaubereich, Umsatz- und Renditeziele für die

Gesellschaft oder für einzelne Veranstaltungen, Erweiterung und Internationalisierung des Veranstaltungsportfolios.

Zur Bestimmung des strategischen Status Quo wird die Umsetzung der Scorecard des Vorjahres bewertet (vgl. Abb. 8). Es wird festgestellt, ob bzw. inwieweit strategische Maßnahmen vereinbarungsgemäß umgesetzt worden sind. Wurden Maßnahmen nur teilweise oder gar nicht implementiert, so sind die Gründe sowie getroffene Korrekturmaßnahmen offen zu legen. Dadurch lässt sich – neben der üblichen operativen Leistungsmessung durch Plan/Ist-Vergleiche – auch die strategische Performance von Tochtergesellschaften systematisch bewerten. Aus den Strategiezielen und der Bestandsaufnahme lassen sich für die vier Firmenmodule Maßnahmen und Projekte ableiten, die für die gewünschte strategische Entwicklung der Gesellschaft wichtig sind. Aus Transparenzgründen können auch der Einfluss der Maßnahmen auf Wachstum und Profitabilität und der jeweilige Finanzbedarf präsentiert werden. Die wichtigsten strategischen Maßnahmen werden in der Scorecard zwischen Management und Holding festgelegt. Neben den Maßnahmen selbst sollten auch der jeweilige Implementierungszeitraum, eventuelle Risiken und Abhängigkeiten sowie das erwartete Ergebnis der Maßnahme knapp erläutert werden. Das Zielergebnis als Messlatte für den Implementierungserfolg kann quantitativ oder qualitativ definiert sein. Die Zielerreichung wird unterjährig im Rahmen eines strategischen Controllings nachgehalten; eine Gesamtevaluierung erfolgt im Rahmen des Strategischen Dialogs des Folgejahrs.

STRATEGISCHE MAßNAHMEN 2004-2006			
Strategische Maßnahme	Implementierungs-zeitraum	Voraussetzungen, Risiken, Abhängigkeiten, Zweck Weitere Bemerkungen	Ziel
1) Weitere Internationalisierung der Besucher bei allen Veranstaltungen	bis 2006	Zielländer: ...	Erhöhung des Anteils der Auslandsbesucher um 3%-Pkt. (auf ...%)
2) Verkauf der Veranstaltung ...	2004	Bereinigung des Portfolios von defizitären Veranstaltungen	Verkauf bis 06/2004; ggf. Mindesterlös definieren
3) Einführung einer neuen Veranstaltung zum Thema ...	2004	Portfolioerweiterung	Mindestens ausgeglichener Deckungsbeitrag bei Erstveranstaltung; Mindesterlös von ...; Teilnahme der folgenden Key Accounts: ...
4) Kooperation mit strategischen Vertriebspartner für Inbound- und Outbound-Geschäft: Identifizierung eines Vertriebspartners	2004	Erweiterung der Vertriebskapazität in der Region	Kooperationsvertrag bis 12/2004
5) Erweiterung der Internetanwendungen um Besucherinformationssystem	2004	Stärkung der Besucherbindung über Website, effizientere Messevorbereitung für Besucher	Inbetriebnahme per 03/2004, Steigerung der Website-Besuche um 30% in 2004
6) Einrichtung eines Call Centers für Ausstellerakquise	2004	Intensivierung des Telemarketing	Inbetriebnahme per 06/2004
7) Einführung neuer Dienstleistungen für Aussteller	bis 2005	Ausstellertraining und schlüsselfertige Beteiligung (alle Dienstleistungen gegen eine Rechnung)	Vermarktung ab 01/2005

Abb. 8: Scorecard (Schema)

4.   Zusammenfassung

Die zunehmende Internationalisierung und die damit einhergehende steigende Anzahl von Auslandstöchtern und -niederlassungen stellen neue Anforderungen an das Beteiligungsmanagement deutscher Messegesellschaften. Es müssen Strukturen für die strategische Steuerung der neuen Auslandsstandorte entwickelt werden. Der Strategische Dialog dient dabei als Instrument zum effizienten Austausch strategisch relevanter Informationen zwischen Auslandsstandort und Mutterhaus. Er trägt zu einem transparenten Prozess der Strategiefindung und -umsetzung unter Berücksichtigung sowohl der lokalen Ausgangssituation wie auch der Konzernstrategie bei. Ziel des Strategischen Dialogs ist die Vereinbarung strategischer Ziele und Maßnahmen für die Auslandsgesellschaft. Dadurch definiert er Benchmarks zur Bewertung der strategischen Performance von Beteiligungsgesellschaften. Inhaltlich ist der Strategische Dialog auf den spezifischen Informationsbedarf des Konzerns sowie die Geschäftsfelder und Ressourcenausstattung des jeweiligen Auslandsstandorts anzupassen.

5.   Literaturverzeichnis

AUMA, Die Messewirtschaft, Berlin, diverse Jahrgänge.

Dritter Teil

Operatives Management von Messegesellschaften

Kapitel 1:

Projektplanung und Projektumsetzung im Messemanagement

Walter Hufnagel

Effizientes Projekt- und Prozessmanagement als Erfolgsfaktor des Messemanagements

1. Einleitung

2. Menschen

3. Wissen

4. Technologien

5. Strukturen

6. Erfolge

7. Literaturverzeichnis

Walter Hufnagel ist Mitglied der Geschäftsleitung der NürnbergMesse GmbH, Nürnberg.

1. Einleitung

„In den entwickelten Ländern stehen die Manager vor einer großen Herausforderung: die Produktivität der Wissens- und Dienstleistungsarbeiter zu steigern. Diese Herausforderung wird die Managementagenda für die nächsten Jahrzehnte dominieren und letztendlich über die Wettbewerbsfähigkeit von Unternehmen entscheiden. Mehr noch, sie wird die Struktur unserer Gesellschaft und die Lebensqualität in allen industrialisierten Nationen bestimmen." (Drucker 1991, S. 69).

Die Produktivität, von der Peter Drucker 1991 spricht, liegt in vielen einzelnen Projekten und Prozessen begründet, die auch heute die tägliche Arbeit einer Messegesellschaft ausmachen. Bereits das strategische Management von Messen selbst ist ja im Prinzip ein Prozess, der alle Entscheidungen der Planung und Durchführung von Messen, den Aufbau von Ressourcen und die Bindung von Partnern umfasst (Robertz 1999). Ein Prozess, der fortwährend nach Kriterien der Effizienz, Effektivität und Innovation neu ausgerichtet werden muss. Innovation ist dabei nicht nur eine Frage der Technologie, sie betrifft jeden Aspekt einer Organisation. Es gilt also auch jeden noch so kleinen Aspekt der Arbeitsabläufe neu zu überdenken. Vor allem erfordert das, den Kunden zu ignorieren und ihm zuzuhören, für interne Heterogenität und Homogenität zu sorgen (Ridderstråle/Nordström 2000). Auch wenn das der Quadratur des Kreises scheinbar gleichkommt: Anders lassen sich weder die eigene Linie, das eigene Markenportfolio konsequent fortschreiben (denn hier darf Verbesserung nicht Verwässerung bedeuten), noch Innovationen und Ideen der am Messeprozess intern wie extern Beteiligten sinnvoll (und nicht auf Kosten von Effizienz und Effektivität) einbinden.

2. Menschen

Wenn etwas funktioniert, dann interpretiert es der Verstand als Erfindung eines vernunftbegabten Wesens und nicht als Endergebnis eines Prozesses mit vielen Beteiligten, der durch Versuch und Irrtum unzählige Modifikationen erfahren hat. Entgegen den Befunden der Gehirnforschung glaubt der Verstand, er verfüge immer über die Kontrolle. Die herkömmliche ökonomische Theorie beruht einseitig auf diesem rationalen Urteilsvermögen – unbewusste Prozesse oder das Vorhandensein von Normen werden ausgeblendet. Stattdessen gilt die Annahme, dass Individuen Vor- und Nachteile von Handlungsalternativen immer bewusst abwägen und über vollständige Information verfügen (Smith 2001).

Für den Mainstream in den Wirtschaftswissenschaften zeichnen sich wirtschaftliche Akteure durch perfekte Rationalität, uneingeschränkte Willenskraft und unbeschränktes Streben nach Eigennutz aus. Doch zahlreiche Forschungsergebnisse der letzten 20 Jahre stellen dieses Menschenbild systematisch in Frage. Selbst wenn die Menschen die besten Mittel kennen, sind sie manchmal wegen eingeschränkter Willenskraft nicht in der Lage, diese Mittel auch anzuwenden. Außerdem legen viele Menschen nicht nur Wert auf materiellen Eigennutz, sondern lassen ihr Handeln auch von dem Bedürfnis nach Fairness und Gerechtigkeit leiten. Die neuere Forschung zeigt, dass neben Beschränkungen in der Rationalität auch Ungeduld und Willensschwäche die ökonomischen Entscheidungen beeinflussen können – ein Umstand, der bisher ebenfalls von der Ökonomik vernachlässigt wurde (Fehr 2001). Ebenso wenig Berücksichtigung findet die Tatsache, dass bei herkömmlichen Lohnmodellen das Gewicht einseitig auf monetären Anreizen wie Lohnhöhe und Boni liegt. Kreativität und Initiative lassen sich aber mit Belohnungen weniger gut fördern. Soziale Motive gehen über den Wunsch nach einer guten Bezahlung oder nach besseren Karrierechancen hinaus. Tatsächlich zeigen Forschungsergebnisse, dass die positive Einstellung am meisten dadurch beeinflusst wird, wie fair die Arbeitnehmer die Verfahren einschätzen, die in ihrer Firma zur Organisation der Arbeit verwendet werden (Tyler 2001). Und auch Führungskräfte werden daran gemessen, ob sie in ihrer Arbeit aufgehen oder lediglich an der Position selbst Interesse zeigen – ihr Beispiel setzt oft Standards für das Unternehmen (Drucker 2002).

Ohne das persönliche Engagement und die Selbstorganisationsfähigkeit des einzelnen Mitarbeiters ist so manche Dienstleistung nicht möglich. Die Mitarbeiter müssen „sehen was zu tun ist" und selbständig aktiv werden. Nicht selten ist es erforderlich, ohne Rücksprache Entscheidungen zu treffen, die für das Unternehmen ein nicht unerhebliches finanzielles Risiko darstellen. Die Forderung nach Mitarbeitern, die wie Unternehmer agieren, ist für den Bereich der wissensintensiven Dienstleistungen deshalb leicht nachvollziehbar. Mitarbeiter zu Mitunternehmern zu machen erfordert umfangreiche Veränderungen im Unternehmen und das Selbstverständnis aller Beteiligten: Intrapreneurship setzt verändertes Führungsverhalten, Wissen über die Unternehmensumwelt, innerbetriebliche Prozesse und auch Kostentransparenz, neue Steuerungsmechanismen und neue Qualifikationen voraus (Ganz/Hermann 1999).

3. Wissen

Wissensintensive Dienstleistungsarbeit stellt hohe Anforderungen an die Mitarbeiter. Sie ist gekennzeichnet durch vollständige Arbeitsinhalte, hohe individuelle Anforderungen an Kreativität und selbständiges Problemlösen, die Arbeit in multidisziplinären Expertenteams, starke Fragmentierung und geringe Planbarkeit der Tätigkeit. Neue Arbeitsaufträge kommen oft kurzfristig und ohne Vorwarnung. Dies erfordert von den Mitarbeitern eine Neuorganisation ihrer Arbeitsabläufe. Um Lösungen entwickeln zu können, die auch für den Kunden neuartig sind, genügt es nicht, das eigene Fachgebiet zu beherrschen. Es ist vielmehr erforderlich, sich sehr rasch mit den Arbeitsabläufen, -strukturen und Problemstellungen des jeweiligen Kunden vertraut zu machen. Erfahrungen und Erkenntnisse, die in anderen Zusammenhängen (in der Arbeit mit anderen Kunden) erworben wurden, müssen generalisiert und auf die spezifische Situation des jetzigen Kunden übertragen werden. Es ist notwendig, sich neue Wissensgebiete zu erschließen und mit Personen innerhalb des eigenen Unternehmens aber auch im Unternehmen des Kunden zusammenzuarbeiten. Entscheidend für den Erfolg einer solchen Tätigkeit ist weiterhin, bei den Kunden Akzeptanz zu finden. Das bedeutet, sich gleichermaßen auf die Sprache und Denkwelt von Geschäftsführern, Führungskräften und Mitarbeitern der Kunden einzustellen und auch als Übersetzer fungieren zu können. Wissensintensive Dienstleistungen lassen sich nicht im voraus bis ins Detail planen, sondern entstehen vor Ort, aus den aktuellen Anforderungen der Kunden. Sie sind das Resultat eines gemeinsamen Erkenntnis- und Aushandlungsprozesses zwischen Mitarbeiter und Kunde/Kooperationspartner. Der Strukturwandel in Richtung Wissensgesellschaft ist in vollem Gang (v. Pierer 1999).

Um zusätzlicher erfolgskritischer Ressourcen habhaft zu werden, kann eine Messegesellschaft – abgesehen von externen Kooperationen – neue interne Ressourcen durch organisationales Lernen, Wissensmanagement und organisationale Kreativität aufbauen. Gerade Messeveranstalter sind dabei in hohem Maße vom impliziten Wissen ihrer Mitarbeiter abhängig, das nicht nur für die Messe selbst, sondern auch für deren Kunden einen hohen Nutzen darstellt. Nebenbei gesagt, liegt in dieser Tatsache ein hohes Potenzial zur Differenzierung gegenüber den neuen Medien begründet, vorausgesetzt die Messe macht sich tatsächlich während des ganzen Jahres und nicht nur für die Dauer einer Veranstaltung zu einem der Kernakteure des jeweiligen branchenweiten Wissensnetzwerkes (Nittbaur 2001).

Dienstleistung ist eine permanente Managementaufgabe. Letztlich geben wir damit ein Qualitätsversprechen, das immer wieder neu eingelöst werden muss. Daher dienen bei der NürnbergMesse Investitionen in das weltweite Marketing, in die Verbesserung von Technik, Infrastruktur und die Förderung der rund 200 Mitarbeiter auch immer der Stärkung der Dienstleistungsorientierung. Der Dienst am Kunden wird ernst genommen – mit Erfolg: Einer Image-Untersuchung der GfK aus dem Herbst 2001 zufolge laufen Serviceorientierung und Kompetenz unserer „jungen" Belegschaft (Durchschnittsalter: 35,6 Jahre) der bundesweiten Konkurrenz deutlich den Rang ab. Und im Vergleich zu anderen Messen bewahrt die NürnbergMesse uns auch bei niedrigem Personaleinsatz eine hohe Flexibilität. Geschickt angelegtes Management, das sich in der Qualität deutlich niederschlägt: Als einzige deutsche Auslandsmessegesellschaft verfügt das Tochterunternehmen Nürnberg Global Fairs seit Jahren über ein zertifiziertes Qualitätsmanagementsystem.

4. Technologien

Sinnvoller Einsatz von Technik gibt dem Messemanagement bei all den täglich anstehenden Arbeitsprozessen die notwendige Unterstützung. Denn, um mit den Worten des englischen Soziologen Anthony Giddens zu sprechen, Handlung und Struktur stehen sich nicht als Gegensätze gegenüber, sondern sind zwei Momente desselben Ganzen. „Structure follows strategy" schrieb Alfred Chandler schon 1962 – wir machen uns die Technik zur Prozesssteuerung zunutze. Tatsächlich zeigen sich die Auswirkungen des Informationszeitalters mitnichten in der Form von Information selbst. So gut wie keine der mit Aufkommen der ersten Computer erhofften Informationseffekte sind tatsächlich eingetreten. Beispielsweise blieb die Art und Weise, in der wichtige Entscheidungen in Wirtschaft oder Regierung gefällt werden, nahezu unverändert. Aber die Informationsrevolution hat bestehende Prozesse auf unbeschreiblich vielen Gebieten verändert und vereinfacht (Drucker 1999).

Wie lassen sich Arbeitsprozesse aus technischer Sicht optimieren? Voraussetzung ist eine möglichst ganzheitliche und transparente Darstellung des einzelnen Arbeitsprozesses – in der Praxis eine der größten Hürden der Prozessverbesserung. Welche Personen sind involviert? Wo findet der Arbeitsprozess statt? Wie ist die zeitliche Abfolge? Welche Daten müssen bereit gehalten werden? Welche Daten werden produziert, an wen werden sie weitergeleitet? Wer ist Entscheidungsträger? Welche Ereignisse stoßen den Prozess an? Von welchen Bedingungen ist der Fortgang des Prozesses abhängig? Wie hoch sind die Kosten der einzelnen Teilprozesse? Wo liegen die kritischen Momente innerhalb des Prozesses? Welche Alternativprozesse stehen zur Verfügung? Wo liegen Brüche in den Arbeitsprozessen vor?

Um diese komplexen Informationen zu erfassen, sind technologische Systeme nötig, die umfangreiche Prozesse aufnehmen und darstellen können. Da diese Darstellungen von unterschiedlichen Personen mit verschiedenen Fragestellungen und Sichtweisen abgefragt werden, liegt eine weitere Anforderung an derartige Systeme darin, für jeden Betrachter eine möglichst passend aufbereitete Darstellungsweise in der jeweils notwendigen Detailtiefe zu liefern. Messeveranstalter nutzen eine Vielzahl an Systemen und Anwendungen. Auf Grund der strukturellen und konjunkturellen Entwicklung steigt der Kostendruck permanent. Ziel muss es daher sein, Prozesskosten zu reduzieren, ein funktional ausgereiftes System zum Messemanagement bereitzustellen und Kundeninformationen darin zu konsolidieren.

Auch in Unternehmen liegen heutzutage die meisten Daten schon elektronisch vor. Das größte Problem der Unternehmen besteht also nicht darin Informationen zu sammeln, sondern sie so aufzubereiten, dass sie zu einer möglichst effizienten Hilfe für den Mitarbeiter werden. Je effizienter die Bereitstellung von Information, desto größer die Wertschöpfung. Nur werden Informationen erst in Abhängigkeit von Kontext und Situation zu Wissen. Wissen als solches kann man also nicht speichern, das einzige was in Dokumenten und Datenbanken gespeichert wird, sind Informationen. Wissensmanagement stellt sich also zum einen die Aufgabe, vorhandenes Wissen in Informationen zu überführen und zum anderen diese Informationen durch Bereitstellung, möglichst im Rahmen des jeweiligen Kontextes, wieder zu Wissen werden zu lassen. Generell unterscheidet man beim Wissensmanagement die Prozesse Identifikation (Wo sind die Informationen?), Akquisition (Wie komme ich an sie?), Strukturierung (Welche Form sollen sie haben?), Entwicklung (Wie stimuliere ich neue Ideen?) und Verteilung (Wie bringe ich sie zum Anwender?). Von der Bedeutung firmeninterner Informationssysteme wie dem Intranet war bereits die Rede – Kommunikationsforscher sagen derartigen Meso-Medien für die Zukunft eine rasant wachsende Rolle voraus (Zerdick 2002).

Auf der NürnbergMesse wird Messe-Software eingesetzt, die im Kern die Abwicklung des Ausstellerkontaktes bis hin zur Fakturierung übernimmt – und in nicht allzu ferner Zukunft auch die Stände von Ausstellern über CAD direkt abbilden wird. Die bei der NürnbergMesse eingesetzte Organisationslösung richtet sich konsequent am Work-flow des Tagesgeschäfts aus. Intuitive Programmabläufe und benutzerfreundlich gestaltete Windows-Oberflächen ermöglichen eine problemlose Systemeinführung und fördern den kreativen Umgang mit den Geschäftsprozessen. Die Software besteht aus drei untereinander kompatiblen Bausteinen. Grundlage für die reibungslose Zusammenarbeit aller Komponenten ist eine gemeinsame Datenbank. Alle Module arbeiten standardmäßig mit bis zu vier Korrespondenzsprachen, die grunddatengesteuert je nach hinterlegtem Sprachschlüssel eines Zieldatensatzes verwendet werden. Ebenso sind verschiedene Benutzerdialogsprachen möglich.

Der Basisbaustein übernimmt die Ressourcenverwaltung eines Veranstaltungsbetriebes. Räume (Hallen, Säle, Freigelände, Mehrzweckflächen), Dienstleistungen (Serviceleistungen für Veranstalter, Aussteller und Besucher), Material (Energieversorgung, Mobiliar, allgemeine Veranstaltungstechnik, Catering) und bestimmte personelle Leistungen (technische Leitung, Hallenmeister, Ambulanz) können definierten Vorgängen zugeordnet werden. Messemanagern stellt diese Komponente eine komplette Auftragsabwicklung zur Verfügung, die alle Bereiche von der automatischen Vertragserstellung und Bepreisung über Arbeitsanweisungen für Technikabteilungen bis hin zur Abrechnung und Fakturierung abdeckt. Dabei kann problemlos zwischen dem Eigenveranstaltungs- und dem Vermietgeschäft unterschieden werden. Ziel ist eine jederzeitige und unverzügliche Auskunftsfähigkeit über den Arbeitsfortschritt der laufenden und geplanten Projekte. Die integrierte, zentrale Termintafel ersetzt dabei herkömmliche Belegungsbücher und hat verbindliche und unternehmensweite Gültigkeit. Unklarheiten, Doppel- und Fehlbelegungen werden damit zuverlässig vermieden.

Zwischen Ausstelleranmeldung, Platzierung, Veranstaltung und Abrechnung können sehr lange Zeiträume liegen, oft mehr als ein halbes Jahr. In dieser Zeit fallen zahlreiche Änderungen an, müssen Sonderwünsche erfüllt, Zahlungen und offene Posten verwaltet, Hallen aufgeplant, Kataloge mit Inhalt gefüllt und immer größere Bandbreiten von Serviceleistungen abgewickelt werden. Mit der Erweiterung zur CAD-Aufplanung können vorher erfasste Standanmeldungen bequem am entsprechenden Standort platziert werden. Der notwendige Datenaustausch unter den Modulen erfolgt automatisch. Standnummer, Ausstellername und Bemaßung erscheinen in der Zeichnung und eventuelle Änderungen der Standmaße werden ohne weiteres bei der Rechnungsstellung berücksichtigt.

Interessenten, Kunden, Lieferanten und Protokolladressen können in einem dritten Modul – mit individuell verschiedenen Klassifizierungsmerkmalen versehen – professionell verwaltet werden. Eine ausgeklügelte Systematik stellt sicher, dass stets der richtige Ansprechpartner eines Unternehmens angesprochen werden kann. Selektionen über den gesamten Adressbestand oder Teile davon können nach beliebigen Kriterien erstellt werden. Eine Automatik gewährleistet, dass Adressen, die mehrere Kriterien erfüllen, auch dann nicht doppelt ausgewählt werden, wenn bestehende Selektionen gemischt werden. Eine Wiedervorlagefunktion ermöglicht professionelles Telefon- und Direktmarketing. Kein Kontakt und kein Termin geht verloren. Auch Informationen, die nur schwer als Klassifizierungsmerkmal zu formulieren sind, können – z.B. als Gesprächsprotokolle in beliebiger Länge – erfasst werden. Die enge Verknüpfung mit anderen Bausteinen erlaubt uns zum einen die Verwendung aller Adressen in allen Modulen, zum anderen aber auch die Rückübertragung und Archivierung von marketingrelevanten Daten zur jeweiligen Adresse. Analysen zu Cross Selling-Potenzialen werden dadurch ebenso möglich wie der Überblick über die einzelne Kundenhistorie in Bezug auf das anstehende Projekt.

5.   Strukturen

Projekte sind allgegenwärtig. Wie auch der allgemeine Organisationsbegriff, ist der Begriff der Projektorganisation zweideutig. Einerseits wird darunter die Tätigkeit des Organisierens und Strukturierens verstanden, andererseits aber auch deren Resultat der „Organisiertheit" im Sinne der Projektstruktur als Ablauf- und auch Aufbauorganisation in einem Unternehmen. Meist wird der Projektbegriff als Aufgabenbündel oder als komplexe Sonderaufgabe mit besonders breitem Kompetenzbedarf aufgefasst, häufig mit Blick auf die zeitliche Befristung, Komplexität und relative Neuartigkeit. Betrachtet man die Einordnung eines Projekts in die Organisationsstruktur eines Unternehmens, so unterscheiden sich die möglichen organisatorischen Formen hauptsächlich im Hinblick auf ihre Autonomie (Entscheidungs-, Weisungs- und Delegationsrecht) und Autarkie (Ressourcenausstattung) (Adam 2002).

Im Unterschied zur Projektorganisation sind Prozesse nicht zeitlich beschränkt, oft weniger komplex und schaffen bei einer geringeren Zahl an neuartigen Aufgaben ganz im

Gegenteil Routine, wo nur möglich (Osterloh/Frost 1998, S. 134ff.). Das Instrumentarium der Prozesssteuerung umfasst Vorgaben und Kontrollen zu Ergebnis, Zeitrahmen, Budget sowie die Prozessgliederung (Hauschildt 1997). Zielgrößen des Prozessmanagements sind Zeit, Qualität und Kosten – sie gilt es mit der Orientierung am Kunden zu verknüpfen. Damit stellt sich ein Unternehmen als Geflecht von miteinander verbundenen Geschäftsprozessen und gleichzeitig als Ansammlung zahlreicher Lieferanten-Kundenbeziehungen dar. Kundenmanagement findet hier Einsatzfelder an all den Stellen im Wertschöpfungsprozess, die für den Kunden messbare Teilprozesse enthalten – eine Matrixorganisation aus Prozess- und Kundenmanagern ist die Folge. Bedingung für echte Wert- und Effektivitätssteigerung ist allerdings eine hohe Prozesssicherheit im Unternehmen, was konsequentes Überprüfen und notfalls Umgestalten der einzelnen Prozesse bedeutet (Gaitanides/Raster/Rießelmann 1994).

Prozessmanagement ruht dem Grundverständnis nach, und in diesem Punkt gleichen sich die meisten wissenschaftlichen Konzepte, auf drei Säulen – nämlich der Ablösung rein funktionaler Organisationsprinzipien durch eine an Prozessen orientierte und bereichsübergreifende Sichtweise, der Evaluation von Leistungen an ihrem Wert für den Kunden sowie dem Einsatz moderner Informations- und Kommunikationstechnologien (Meyer 2000). Eine rein prozessorientierte Organisationsform würde allerdings in Bezug auf die Wissensverteilung im Unternehmen schlecht abschneiden, denn Spezialistenwissen stünde im Unterschied zur rein produktorientierten Unternehmensform nicht mehr konzentriert zur Verfügung. Um beide Ebenen zusammenzuführen, bietet sich neben Maßnahmen wie Job Rotation und Patenschaften der Aufbau einer Matrixstruktur an (Osterloh/Frost 1998, S. 208ff.).

Derartige Matrixstrukturen, wie sie auch bei der NürnbergMesse vorherrschen, erleichtern nicht nur die Kooperation mit externen Partnern. Kleine Projektteams und übergreifende Prozessebenen sind zudem geeigneter für Cross Marketing und ein besseres Wissensmanagement. Dem Projektteam selbst obliegt allein die Ausstellerbetreuung; die Projektleitung übernimmt hier teilweise Aufgaben der Prozesssteuerung, insgesamt sind die Prozesse aber hochgradig vernetzt und umfassen mehrere Beteiligte im Unternehmen. Das ist ein deutlicher – wie wir finden: vorteilhafter – Unterschied zu anderen Messegesellschaften, die oft pro Messe im Projektteam eine Person für Technik, einen Mitarbeiter für Pressearbeit usw. ansiedeln. Autarken Teams droht aber leicht der Wandel in kleine „Fürstentümer" – samt dem klassischerweise damit einher gehenden Herrschaftswissen, das nicht organisationsweit genutzt wird. Möglicherweise steht dieser Nachteil für Messen mit wenigen Großveranstaltungen eher im Hintergrund als für Veranstalter wie die NürnbergMesse mit einem breit aufgefächerten Portfolio von über 30 internationalen Fachmessen. Gleichzeitig sehen wir mit einer engen Vernetzung von Prozessen, Projekten und entsprechend vernetzten Marketingstrukturen aber auch unser einheitliches CI und CD besser gewahrt.

6.   Erfolge

Selbstredend bedingt effizientes und effektives Management die kontinuierliche Kontrolle der eigenen Strukturen, Handlungen und Erfolge. Auch die NürnbergMesse prüft Kennzahlen, überwacht und synchronisiert Prozesse, stellt die eigene Organisation und Tätigkeit immer wieder auf den Prüfstand. Reaktionen von außen spiegeln interne Entwicklungen ebenfalls deutlich – seien es wiederkehrende Achtungsbekundungen von Aussteller- und Besucherseite oder öffentliche Anerkennung von Seiten der Fach- und Wirtschaftsmedien. Deutlichster Beweis dafür, dass die NürnbergMesse den richtigen Weg eingeschlagen haben, ist letztlich die Entwicklung der Messe selbst: Als Spätstarter in einem schon weitgehend entwickelten und aufgeteilten Markt musste die erst 1974 gegründete Gesellschaft sofort durch klare Strategien bestechen. Der Fokus lag dabei von Anfang an auf Fachmessen mit eindeutigem Markt- und Branchenzuschnitt, bei denen sowohl für Aussteller als auch Besucher der Nutzen klar im Vordergrund steht und als solcher erkennbar ist. Ein erkennbares Erfolgsrezept, denn trotz allgemeiner Krisenstimmung in der Branche legt die NürnbergMesse – heute einer der sieben Großmesseplätze Deutschlands – auch in den ersten Jahren des neuen Jahrtausends kräftig zu und ist auf bestem Wege, sich dauerhaft in den Top Ten der führenden Messestandorte Europas zu platzieren.

7.   Literaturverzeichnis

ADAM, V., Organisation und Strategien von Netzwerken –Autonomie und Abhängigkeit in Projektnetzwerken aus strukturationstheoretischer Sicht, Seminarvortrag, Hofgut Albführen, 13./14. Juni 2002.

DRUCKER, P. F., The New Productivity Challenge, in: Harvard Business Review, No. 6, 1991, S. 69.

DRUCKER, P. F., The Next Society – a conversation with Peter. F. Drucker about the future, in: The Flame – The Magazine of Claremont Graduate University, 3. Jg., Nr. 1, Frühjahr 2002, S. 12-17.

DRUCKER, P. F., Beyond the Information Revolution, The Atlantic Monthly, Oktober 1999, S. 47-57.

FEHR, E., Über Vernunft, Wille und Eigennutz hinaus – Ansätze zu einer neuen Synthese von Psychologie und Ökonomie, in: Neue Zürcher Zeitung, 28. April 2001.

GAITANIDES, M./RASTER, M./RIEßELMANN, D., Die Synthese von Prozeßmanagement und Kundenmanagement, in: Michael Gaitanides et al. (Hrsg.), Prozeßmanagement –

Konzepte, Umsetzungen und Erfahrungen des Reengineering, München/Wien 1994, S. 207-224.

GANZ, W./HERMANN, S., Wissensintegrative und koordinative Dienstleistungstätigkeiten: Erfolgsfaktoren für einen nachhaltigen Wettbewerbsvorsprung – Thesen und Fragestellungen einer neuen Forschungsinitiative, Fraunhofer-Institut für Arbeitswirtschaft und Organisation, Stuttgart 1999.

HAUSCHILDT, J., Innovationsmanagement, München 1997.

MEYER, D., Strategisches Prozeßmanagement in der Intelligenten Unternehmung – Entscheidungen über die Leistungstiefe, Produktlebenzykluskonzept, Aachen 2000.

NITTBAUR, G., Wettbewerbsvorteile in der Messewirtschaft: Aufbau und Nutzen strategischer Erfolgsfaktoren, Wiesbaden 2001, S. 321ff.

OSTERLOH, M./FROST, J., Prozeßmanagement als Kernkompetenz, Wiesbaden 1998.

RIDDERSTRÅLE, J./NORDSTRÖM, K. A., Funky Business – Wie kluge Köpfe das Kapital zum Tanzen bringen, München 2000.

ROBERTZ, G., Strategisches Messemanagement im Wettbewerb – ein markt-, ressourcen- und koalitionstheoretischer Ansatz, Wiesbaden 1999.

SMITH, V., Handeln in zwei Welten – Interaktion auf Märkten und im persönlichen Austausch, in: Neue Zürcher Zeitung, 10. August 2001.

TYLER, T., Mit «Fairness» zu höherer Produktivität – Überschätzte Rolle monetärer Anreize, in: Neue Zürcher Zeitung, 26. Juni 2001.

PIERER, H. VON, Den Wandel gestalten, die Chancen ergreifen, Festvortrag zum 100-jährigen Bestehen der Siemensstadt, Berlin, 8. Juli 1999.

ZERDICK, A., Zur Zukunft der Kommunikation – e-merging media, Vortrag zum Medientag 2003 des Fachbereichs Medien, Kunst und Industrie, ver.di, Stuttgart, 22. März 2003.

Silvana Kürschner

IT-gestützte Messeplanung

1. Einleitung

2. Aufgaben des strategischen Messemanagements

3. IT-gestützte Management-, Marketinginformations- und -kontrollsysteme
    3.1   Strategische Messeplanung
        3.1.1   Auswertung
        3.1.2   Konzeption
        3.1.3   Strategie
        3.1.4   Eckdaten zur Messe
        3.1.5   Meilensteine
    3.2   Operative Messeplanung
        3.2.1   Ausstellerakquisition und Besucherwerbung
        3.2.2   Rahmenprogramme
        3.2.3   Veranstaltungsdurchführung
    3.3   Controllingansatz

4. Literaturverzeichnis

Dipl.-Pol. Silvana Kürschner ist Leiterin der Abteilung Marketingmanagement/CRM der Leipziger Messe GmbH, Leipzig.

1. Einleitung

Wurde bis vor kurzem noch über das stetige Wachstum des deutschen Messe- und Aus-
stellungswesens geschrieben, begründet durch wachsende Aussteller- und Besucherzahlen, lässt sich heute eher ein Konzentrationsprozess erkennen. Ursachen hierfür liegen
nicht nur im intensivierten nationalen und internationalen Wettbewerb der Messegesellschaften untereinander, der aus den Globalisierungstendenzen heraus die Vereinheitlichung von Produkten, Dienstleistungen und Marketingstrategien sowie Wettbewerbs-
transparenz zur Folge hat, sondern auch in der Rolle der Messen als Spiegelbild der
Wirtschaft. Der intensivierte Wettbewerb im Messewesen ist somit Folge der sich ändernden Marktbedingungen.

Trotz dieser Entwicklungen ist ein weltweites Wachstum der Messekapazitäten zu beobachten. Der Zuwachs an Veranstaltungskapazitäten hat eine steigende Zahl von Veranstaltungen und damit die Zunahme von Me-too-Messen zur Folge, was zu einer weiteren
Verschärfung der Konkurrenz unter den Messegesellschaften führt. Die zunehmende
Angebotsbreite für Unternehmen, alternative Wege der Kundenansprache über sich rasant weiterentwickelnde Informations- und Telekommunikationstechniken sowie stagnierende und rückläufige Marketingbudgets rücken die Messegesellschaften in ein noch
komplexeres Wettbewerbsumfeld. Unter diesen Einflüssen stellt zusätzlich das heterogene, auf eine Vielzahl von Branchen bezogene Produktportfolio der Messegesellschaften das strategische Messemanagement vor komplexe Entscheidungssituationen.

Managementinformations- und -früherkennungssysteme sind – sofern vorhanden – gefordert, sich trotz der Informationsflut am spezifischen Informationsbedarf des Managements zu orientieren. Häufig sind die Geschäftsprozesse jedoch nicht transparent genug
und können nur oberflächlich betrachtet werden. Darüber hinaus sind Zuständigkeiten
der Leistungserstellung nicht immer klar geregelt und die Möglichkeiten der IT-Nutzung
werden auf Grund unterschiedlichster Beweggründe nicht optimal ausgeschöpft. Insgesamt sind Mehrfachbearbeitungen und Medienbrüche bei Daten und Prozessen auf
Grund unklarer Schnittstellen an der Tagesordnung.

Der effiziente und prozessunterstützende Einsatz von Informationstechnologie ist für alle
Messegesellschaften ein wichtiger Wettbewerbsfaktor und inzwischen zentraler Faktor
der Unternehmensstrategie. Dennoch werden die Investitionen in Technologien und Systeme häufig nur aus der IT-Perspektive betrachtet, die Abstimmung dieser Investitionen
hinsichtlich der Geschäftsstrategien und Unternehmensziele auf die zu optimierenden
und zu unterstützenden Geschäftsprozesse jedoch vernachlässigt.

2.   Aufgaben des strategischen Messemanagements

Das strategische Messemanagement umfasst den Prozess aller langfristigen Entscheidungen der Planung, Durchführung und Kontrolle von Messen mit dem Ziel, die konzeptionellen Grundlagen von Messen und damit die Basis für die Integration der relevanten Märkte zu schaffen (Robertz 1999, S. 25). Über die Definition strategischer Geschäftsfelder und die Bildung strategischer Geschäftseinheiten (SGE) wird eine eindeutige Abgrenzung des relevanten Marktes in sachlicher, räumlicher und zeitlicher Hinsicht erreicht. Diese bildet die Grundlage für die Bestimmung der über die strategische Positionierung im Markt zu erreichenden Wettbewerbsstärke der einzelnen Messen.

Mit der Portfolioanalyse der Boston Consulting Group (BCG), in der hauptsächlich über Marktanteil und Marktwachstum das Erfolgspotenzial des Messethemas ermittelt wird, steht ein strategisches Analyseinstrument zur Verfügung, welches allgemeine Informationen aus den Bereichen Unternehmen, Wettbewerber, Markt und Kunden und den Hauptanspruchsgruppen zu entscheidungsrelevanten Informationen verdichtet. Durch die Visualisierung und Verdichtung lassen sich IST- und SOLL-Zustand sowie die Strategie zur Erreichung des SOLL-Zustandes herleiten (Meffert 2000, S. 238ff.).

Messen nehmen im Dienstleistungsmarketing allerdings auf Grund der zweifachen Positionierung, jeweils ausgerichtet an den Forderungen der zwei Hauptanspruchsgruppen, den Ausstellern und den Besuchern, eine besondere Rolle ein. Aus diesem Grund ist der klassische Portfolioansatz nicht uneingeschränkt auf Messen zu übertragen. Die Kriterien, welche die relative Wettbewerbsstärke im Markt ermitteln, setzen sich hier aus Messeergebnis (relative Aussteller- und Besucheranteile, verkaufte Fläche, Deckungsbeitragsrechnung usw.), dem Messepotenzial (Ausstattung, Facilities, Fläche, Infrastruktur, Netzwerke usw.) und dem Messeprozess (Messezeitraum und -ablauf, Events, nicht imitierbare Ereignisse usw.) zusammen. Die Marktattraktivität wird durch Kriterien des jeweiligen Marktes, wie u.a. Grund- und Wachstumspotenzial der Aussteller- und Besucherbranchen, der Innovativität der Messe, den Eintrittsbarrieren für Konkurrenten, der Preisbereitschaft der Hauptanspruchsgruppen, der Konjunktur und Branchentrends bestimmt. Die Heterogenität der relevanten Kriterien lässt erkennen, dass für jede Messe eine Vielzahl an allgemeinen und spezifischen Informationen zu entscheidungsrelevanten Größen verdichtet werden muss. Gerade bei Messegesellschaften, deren Messeportfolio hauptsächlich aus Me-too- und Nischenmessen besteht, bilden spezifische Informationen die Entscheidungsgrundlage, ob es gelingen kann, die erforderlichen Marktanteile zu generieren und die gewachsenen Kundenbeziehungen und Netzwerke der Konkurrenten aufzubrechen (vgl. Godefroid 2000, S. 166f.). Zum anderen ist für Nischenmessen die Kenntnis über die Positionierung der Konkurrenten entscheidend, um über marktrelevante Modifikationen, Zielgruppenabgrenzungen und Added Values eine eigene Positionierung mit einem klaren USP erarbeiten zu können, was die Gefahr einer rein preisbestimmten Distribution und damit das Risiko der Rentabilität minimiert.

3.   IT-gestützte Management-, Marketinginformations- und -kontrollsysteme

Um die oben beschriebenen Entscheidungsgrundlagen bezogen auf jedes Messeprojekt zu erhalten, müssen über die spezifischen Informationen hinaus Grundstandards in der Projektorganisation definiert werden, die bezogen auf die Kernprozesse der Messeprojektteams und die unterstützenden Prozesse von Querschnittsabteilungen sowie internen und externen Servicedienstleistern das Gesamtprojekt Messe abbilden und einen optimierten Projektablauf garantieren, dabei die nötige Flexibilität aber nicht einschränken.

Gerade für wissensintensive Dienstleistungen wie Messen ist es wichtig, die Synergienutzung durch ein Wissensmanagement zwischen den Messeprojekten genauer zu betrachten. Ziel ist es, an Messeprojekte und deren Mitarbeiter geknüpftes implizites Wissen in explizites Wissen zu wandeln und über die Messeprojektgrenzen und den Messeabschluss hinaus zu sichern und zu transportieren. Mit der Abbildung bzw. zur Verfügungstellung der entscheidungsrelevanten Informationen und des erworbenen Know-hows kann das Unternehmen über jedes einzelne Messeprojektteam hinweg langfristig Kompetenzen aufbauen und verhindern, dass diese beim Wechsel von Mitarbeitern verloren gehen. Es kommt also darauf an, das ideale Werkzeug zu identifizieren, um den Erfolg einer Messe durch die optimierte Operationalisierung der Strategien und Marketingziele sowie der Erfüllung der Anforderungen der Kunden, hauptsächlich Aussteller und Besucher, über die Implementierung von Prozessstandards zu erhöhen.[1]

Fragen, die unternehmensintern vor der Einführung eines Management-, Marketinginformations- und -kontrollsystem beantwortet werden müssen, sind die Vollständigkeit des Systems, der Integrationsgrad, die Verantwortlichkeit bzw. die Anbindung innerhalb der Unternehmenshierarchie und das Entwicklungs- und Umsetzungskonzept.

Informations- und Kontrollsysteme können isoliert, teilintegriert und vollintegriert in der IT-Unternehmenslandschaft etabliert werden. Vollintegrierte Lösungen sind zwar auf Grund der verfügbaren IT-Systeme denkbar, haben sich auf Grund riesiger und komplizierter Datenbanken aber nicht bewährt. Zu den sachlichen Problemen kommen personelle Schwierigkeiten, welche die größten Herausforderungen bei der Implementierung technischer Lösungen darstellen. Es empfiehlt sich, mit Partiallösungen zu starten, die überschaubar, wirtschaftlicher und weiterentwickelbar sind und so von den Anwendern auf allen Hierarchieebenen besser akzeptiert werden (vgl. Ehrmann 1999, S. 68f.). Allerdings sollten Schnittstellen zu anderen unternehmensinternen Systemen wie einem

---

[1] „Prozessmanagement kann nur dann ein Erfolgsfaktor im Unternehmen darstellen, wenn der Entwicklung von konkreten Zielvorstellungen die substanzielle Hinterfragung der eigenen Kernkompetenzen vorausgeht. Die Fixierung der Kernkompetenzen stellt damit die Grundvoraussetzung für das Zielsystem dar, da die Ziele ansonsten unzutreffend ausgerichtet werden." (Suntrop 1999, S. 20).

Customer Relationship Management (CRM) und Finanzsystem mitdefiniert und bereits optimiert werden, um spätere Integrationen zu erleichtern.

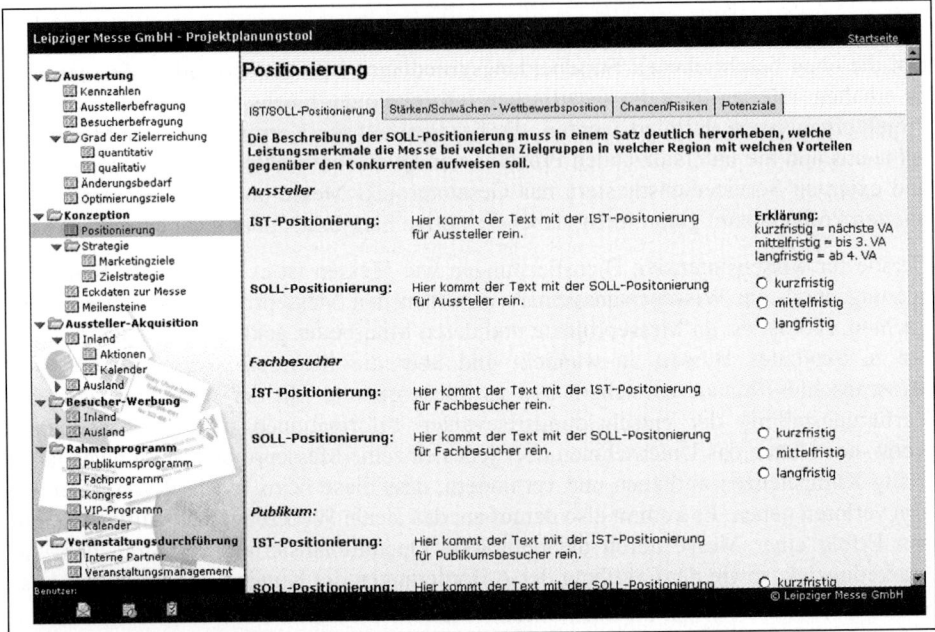

Abb. 1: Eigenentwicklung eines Projektplanungs- und -steuerungsinstrumentes der Leipziger Messe GmbH entsprechend der im Artikel dargestellten Planungs- und Operationalisierungsphasen.

Egal ob sich die Messegesellschaft für eine Standardsoftware oder eine Eigenentwicklung entscheidet, die abzubildenden Informationen müssen den Geschäftsprozessen entsprechen, diese unterstützen und optimieren. Die Software muss auf sich ändernde Geschäftsprozesse flexibel anpassbar sein. Das bedeutet, dass die Anforderungen an das System durch diese Prozesse und damit durch die Mitarbeiter, deren Prozesse unterstützt werden sollen, definiert werden müssen.

Der Anstoß zur Implementierung eines Management- und Marketinginformationssystems im Rahmen des unternehmensinternen Qualitätsmanagements und die folgende Umsetzung muss als Element der Unternehmensführung und -optimierung in der Top-Down-Methode verbunden mit einer Qualifikation und Motivation der Mitarbeiter erfolgen. Bei der Implementierung von Management-, Marketinginformations- und -kontrollsystemen müssen nach Meffert (vgl. Meffert/Bruhn 2000, S. 127) vor allem in Dienstleistungsunternehmen die Informationsversorgungsfunktion, die Planungsfunktion und die Kontrollfunktionen erfüllt werden.

3.1 Strategische Messeplanung

Alle planungs- und entscheidungsrelevanten internen und externen Informationen werden erfasst und zentral zugänglich bereitgestellt, wobei darauf geachtet werden muss, dass sowohl Informationsdefizite als auch Informationsüberfluss vermieden werden. Innerhalb eines Messeprojektes müssen Informationen für das so genannte Kernteam und die beteiligten Querschnittsabteilungen so aussagekräftig aufbereitet werden, dass Redundanzen ausgeschlossen sind. Um die Aussagekraft der Informationen werten zu können, ist es wichtig, die Quellen der zu verwendenden und zu bewertenden Informationen zu benennen.

Vor der Implementierung und nach Betrachtung und Neudefinition der Kernprozesse müssen folgende Hauptfragen beantwortet werden:

- Wo sind bisher welche Informationen in welcher Form abgelegt?

- Sind die Informationen ausreichend und entscheidungsrelevant?

- Aus welchen Quellen stammen diese Informationen?

- Sind die Informationen mit dem Informationsstand und -bedarf anderer Bereiche abgestimmt?

- Sind die vorliegenden Informationen auswertbar bzw. gibt es Informationen, die z.B. aus Kostengründen oder Marktgegebenheiten schwer beschaffbar sind?

Mit dem entscheidungsorientierten Informations- und Kontrollsystem müssen Informationsstandards gesetzt und Informationsbedarf, -nachfrage und -angebot so übereinander gelegt werden, dass möglichst wenig Informationslücken bleiben.

Für die Entscheidung zur Durchführung einer Messeveranstaltung stellen die nachfolgend beschriebenen Informationen die Schlüsselinformationen dar, wobei für die erstmalige Durchführung einer Messeveranstaltung mit der Konzeption begonnen wird und von der Geschäftsführung Entscheidungs-Steps abweichend von der wiederholten Durchführung einer Messeveranstaltung zu definieren sind. Ab der zweiten Durchführung einer Messeveranstaltung ist der Überprüfung der Konzeption die Auswertung der Erst- bzw. Vorveranstaltungen vorgelagert und wird aus diesem Grund in der folgenden Aufstellung zuerst betrachtet.

Das Füllen und die Pflege dieser Informationen zu einer jeden Veranstaltung sollte vorrangig dem Projektleiter bzw. dem Projektteam obliegen. Die Querschnitts- und Serviceabteilungen füllen und pflegen ihre definierten Zuständigkeitsbereiche. Die Schreib-, Veränderungs- bzw. Leserechte werden im Vorfeld personalisiert und über ein Benutzerkonzept geregelt, so dass entsprechend der Hierarchie und Verantwortlichkeiten Zugangsbeschränkungen für sensible Daten eingerichtet werden können.

Bei teilintegrierten Informations- und Kontrollsystemen muss darauf geachtet werden, dass Informationen, die sich bereits in anderen unternehmensinternen Systemen befinden, nicht doppelt gepflegt werden und somit zusätzlichen administrativen Aufwand erzeugen.

3.1.1 Auswertung

Die Auswertung sollte so aufgebaut sein, dass auf einen Blick positive wie negative Entwicklungen erkennbar werden. Die Betrachtung der Ergebnisse sollte ebenfalls den Vergleich zu den Vorveranstaltungen ermöglichen.

- *Kennzahlen:*
  Kennzahlen wie Umsatz, Kosten und Deckungsbeiträge aus den real erreichten Aussteller- und Besucherzahlen sowie der verkauften Fläche, werden vom Finanzcontrolling zur Überprüfung der Zielzahlen bereitgestellt.

- *Ergebnisse der Aussteller- und Besucherbefragungen:*
  Über vordefinierte Grundfragen lassen sich Entwicklungen über mehrere Veranstaltungen erkennen und bewerten. Aufgezeigte Schwachstellen bzw. Kundenwünsche können so für die Konzeption der Folgeveranstaltung berücksichtigt werden.

- *Grad der Zielerreichung:*
  Der Grad der Zielerreichung zeigt zum einen, ob bezogen auf die geplanten Aussteller- und (Fach)-Besucherzahlen entsprechend der Zielregionen die Ziele quantitativ erreicht wurden, und zum anderen, ob qualitativ die Optimierungsansätze aus den Vorveranstaltungen umgesetzt werden konnten und zur positiven Entwicklung des Gesamtergebnisses beigetragen haben.

- *Änderungsbedarf/Optimierungsziele:*
  Der Änderungsbedarf, der in Vorbereitung einer Messeveranstaltung konzeptionell und organisatorisch nicht mehr berücksichtigt werden kann, sollte an einer zentralen Stelle unter dem Punkt „Auswertung" in der Datenbank abgelegt werden und als „Notizzettel" für die Definition der Optimierungsziele für die nächste Veranstaltung dienen. Optimierungsziele, die in der Auswertung erkannt werden, wie z.B. Potenzialerweiterungen bezogen auf die Aussteller- und Besucherzielgruppen, die Steigerung der Marktattraktivität, der Wettbewerbsstärke oder der Rentabilität sowie nötige Überprüfungen des Dienstleistungs- und Serviceangebotes, müssen separat bewertet und bei geplanter Umsetzung an konkrete Maßnahmen der Kampagnenplanung geknüpft werden.

3.1.2 Konzeption

- *Positionierung:*
  Die IST-Positionierung beschreibt die Wahrnehmung des Leistungsspektrums, der inhaltlichen und regionalen Ausrichtung der Messe sowie ihre objektive und subjektive Stellung im Konkurrenzumfeld durch die Aussteller- und (Fach)-Besucher. Die Beschreibung der SOLL-Positionierung gegenüber Ausstellern und (Fach)-Besuchern muss in einem Satz deutlich hervorheben, welche Leistungsmerkmale die Messe bei welchen Zielgruppen, in welcher Region und mit welchen Vorteilen gegenüber Konkurrenten aufweisen soll. Anzugeben ist hier ebenfalls die Kurz-, Mittel- oder Langfristigkeit, mit der die SOLL-Positionierung erreicht werden soll.

- *Stärken/Schwächen:*
  Zur Stärkung der Messeveranstaltung und zur Erreichung sofortiger, flexibler Reaktionen auf bestehende Nachteile in der Wahrnehmung der Hauptanspruchsgruppen und im Konkurrenzumfeld ist es unumgänglich, die eigenen Stärken und Schwächen bezogen auf folgende Kriterien zu kennen, zu analysieren und zu bewerten:

  - Messepotenzial

  - Messeausstattung/Facilities

  - Interne/externe Services

  - Infrastruktur

  - Netzwerke/ideelle Träger

  - Zeitraum/Messeablauf.

- *Wettbewerbsposition/Wettbewerberumfeld:*
  Für die erfolgreiche Positionierung einer Messeveranstaltung im Markt liefern ausreichende Informationen über das Wettbewerbsumfeld und den oder die Hauptwettbewerber und die eigene Wettbewerbsstärke, bezogen auf die Konkurrenten, strategische Entscheidungsgrundlagen. Anhand vordefinierter Kriterien, wie Nomenklaturabgleich, Zeitpunkt und Nähe zur eigenen Veranstaltung und regionales Einzugsgebiet etc., lassen sich diese Informationen zu entscheidungsrelevanten Zielgrößen verdichten.

- *Chancen/Risiken:*
  Die Analyse der Chancen und Risiken der eigenen Messeveranstaltung im Markt anhand der Kriterien Marktattraktivität, Konjunkturprognosen, Branchentrends, Zielmärkte, Wachstumspotenziale und Preisbereitschaft bei Ausstellern und Besuchern sowie Eintrittsbarrieren für potenzielle Konkurrenten etc. verlangt die absolute Kenntnis über Marktgegebenheiten und anstehende bzw. erkennbare -veränderungen. Die genaue Marktkenntnis bildet nicht nur die Entscheidungsgrundlage für eine geplante Messeveranstaltung, sondern auch über den zu erarbei-

tenden USP für die zusammenzuführenden Marktpartner, die Aussteller und Besucher.

- *Aussteller- und Besucherpotenziale:*
  Die Planung des über den Marketingmix erreichbaren Aussteller- und Besucherpotenzials entsprechend der Branchennomenklatur setzt die weitestgehende Kenntnis über das Gesamtpotenzial voraus. Aussagen, die nur auf Grund vorhandener Kundendaten im eigenen Unternehmen bzw. die Anbieter von Mietadressen gemacht werden, verhindern bzw. verwässern planungsrelevante Aussagen über die quantitativen Wachstumspotenziale der Messeveranstaltung. Ausgehend vom Gesamtpotenzial ist das erreichbare Potenzial entsprechend der über die Messethematik definierten Zielgruppen, über definierte Branchen, Zielmärkte und Konkurrenzsituationen, aber auch soziodemographische Größen zu selektieren. In der Bereitstellung dieser Daten übernehmen die interne und externe Marktforschung sowie die nationalen und internationalen Vertriebspartner, Beiräte und Multiplikatoren eine wichtige Rolle.

3.1.3 Strategie

Die Formulierung eines klaren, langfristigen Zielsystems ist wesentlicher Bestandteil der Messemarketingkonzeption. Hier sollten vorbereitend für die Planung der Marketingaktivitäten, abzuleisten über eine eigene Werbeabteilung oder externe Agenturen, Einschätzungen darüber getroffen werden, ob sich die Messe in der Akquisitions-, Kundenbindungs- oder Rückgewinnungsphase befindet. Die Strategie soll für eine klare Kommunikation gegenüber den Kunden in einer Art „Checkliste" darüber Auskunft geben, welche Märkte bearbeitet werden, welche Marktfeldstrategie verfolgt wird, wie die Profilierung gegenüber den Hauptanspruchsgruppen und den Konkurrenten erfolgen soll und welche Schwerpunkte bei den Marketinginstrumenten und -maßnahmen mit welchem Ziel verbunden werden.

3.1.4 Eckdaten zur Messe

- *Termin/Messetyp/Nomenklatur:*
  Die Messeterminplanung wird unter Beachtung der markt- bzw. branchenspezifischen Zeitfenster sowie des eigenen Veranstaltungskalenders mit den Marktpartnern besprochen und festgelegt. Der Messetyp wird über die relevanten Zielgruppen entsprechend der Aussteller- und Besuchernomenklatur definiert und bestimmt, ob es sich um eine reine Fach- oder Publikumsmesse handelt oder ob bei einer Fachmesse fachfremdes Publikum zugelassen werden kann.

- *Akquisitionsziel Aussteller und (Fach)-Besucher:*
  Ausgehend vom selektierten erreichbaren Aussteller- und Besucherpotenzial und den oben genannten Markt- und Konkurrenzinformationen werden Zielzahlen definiert, die die Grundlage für die nachfolgende Marketing- und Budgetplanung darstellen. Hierbei werden entsprechend der Wertigkeit vor allem bei den potentiellen Ausstellern A, B und C-Kunden[2] identifiziert. Die Wertigkeit des Kunden entscheidet über die Ansprache und die damit verbundenen Aufwendungen für die Akquisition durch das Projektteam.

- *Beirat/Multiplikatoren:*
  Dem Beirats- und Multiplikatorenmanagement kommt in der Vorbereitung und in der Durchführung von Messeveranstaltungen eine besondere Rolle zu. Für fast alle Messen in Deutschland werden Fachbeiräte aus Vertretern der Aussteller- und Besucherbranchen, Vertretern der Fachverbände und Fachmedien gebildet, die das Projektteam konzeptionell und beratend in der permanenten Anpassung des Messethemas an die Marktgegebenheiten, aber auch in der gezielten Ansprache der Aussteller- und Besucherzielgruppen unterstützen. Die Zusammensetzung und Größe des Beirates hängt vom Typ der Messeveranstaltung und den vertretenen Branchen ab.

  In der Phase der Planung und des Aufbaus neuer Messethemen liegen die Hauptaufgaben eines Beirates in der Initialfunktion, dem Kompetenzaufbau, der Akzeptanzsicherung, dem Aufbau von Barrieren für Wettbewerber und dem Netzwerkaufbau. In der Phase des Wachstums bzw. der weiteren Positionierung einer Messe soll der Beirat die Funktion der Kompetenzabsicherung und der Wettbewerbsbehauptung erfüllen und Differenzierungsimpulse liefern. Häufig wird das Beirats- und Multiplikatorenmanagement in den Projektteams sehr unterschiedlich verfolgt. Aufgabe des Managements ist es, Grundstandards für das Beiratsmanagement zu definieren und zu implementieren und andererseits von den Projektteams darüber informiert zu werden, ob der Beirat die erwartete Impulsfunktion erfüllt. Auf Grund dieser im System vorliegenden Informationen und Bewertungen kann dann in Vorbereitung der nächsten Messeveranstaltung über eine eventuelle Veränderung in der Zusammensetzung des Beirates entschieden werden.

- *Verantwortlichkeiten:*
  Alle an der Messeorganisation beteiligten Abteilungen, Bereiche und Partner sollten über personalisierte Ansprechpartner in der Datenbank hinterlegt sein, was auch nur mittelbar beteiligten Mitarbeitern einen sofortigen Überblick zu den Verantwortlichkeiten erlaubt. Diese Liste ermöglicht, resultierend aus dem Benutzerkonzept, den dezidierten Zugriff auf das System.

---

[2] Die Definition der Aussteller entsprechend ihres Wertes nach A, B und C ist messespezifisch und unternehmensspezifisch zu betrachten und kann nicht übergreifend definiert werden. Sie richtet sich u.a. an Kriterien wie Marktführerschaft, dem Kundenbindungsgrad, der Höhe des Umsatzes und der Multiplikatorfunktion für weitere Aussteller und Besucher aus.

- *Zahlen/Fakten/Details:*
  Um einen kompletten Überblick über die Messeveranstaltung in der Datenbank zu
  gewährleisten, müssen neben den strategischen Planungsinformationen auch allgemeine Daten, Fakten und Details abgebildet werden, die in der folgenden Ansprache
  der Hauptzielgruppen mitkommuniziert werden bzw. wichtige Informationen für das
  Projektteam, die Querschnittsabteilungen und Servicebereiche darstellen. Zu diesen
  Informationen gehören u.a. die Flächenbelegungspläne inklusive der Auf- und Abbauzeiten, Fristen, Preise und Konditionen, spezielle Teilnahmebedingungen, Informationen zum Standbau sowie die Teilpläne der Querschnittsabteilungen und
  Servicebereiche.

3.1.5 Meilensteine

Die Meilensteinplanung entspricht der Definition von Eckterminen, wiederkehrenden
regelmäßigen Terminen und Zeiträumen und bildet den Grobrahmen der Marketingmaß-
nahmenplanung. Die Grobplanung enthält Kurzbeschreibungen und eine Angabe in Ka-
lenderwochen zu den jeweiligen Meilensteinen und dient einem ersten Überblick, der in
der darauf folgenden Detailplanung verfeinert wird.

3.2 Operative Messeplanung

Die zur Verfügung gestellten Informationen sind sowohl Management- als auch Marketinginformationen und unterstützen neben der Informationsbereitstellung den Planungsprozess auf sämtlichen Ebenen. Diese werden gezielt für die strategische Planung der
Messeveranstaltung genutzt und gehen über in den operativen Planungsprozess, die
Kampagnen-, Aktionen- und Detailmaßnahmenplanung aller beteiligten Abteilungen und
Bereiche. Nach der Entscheidung der Geschäftsführung auf Grund der vorliegenden Informationen zur Durchführung der Messeveranstaltung werden die entscheidungsrelevanten Informationen um operative planungsrelevante Informationen ergänzt, die – vor-
definierten Strukturen folgend – transparent im selben System hinterlegt werden und
sowohl den Aufbau als auch den Ablauf der Marketingplanung vorgeben.

3.2.1 Ausstellerakquisition und Besucherwerbung

Die Detailplanung der Marketingmaßnahmen durch das Projektteam und aller unterstützenden Maßnahmen der beteiligten Querschnittsabteilungen und Serviceeinheiten erfolgt
auf der Grundlage der strategischen Messeplanung und betrachtet nun dezidiert die zwei
Hauptanspruchsgruppen Aussteller und Besucher.

Zunächst erfolgt die Überprüfung der Quantität und Qualität der vorhandenen Kundendaten und Profilstrukturen entsprechend der geplanten zielgruppenspezifischen Ansprache in Abhängigkeit der definierten erreichbaren Potenziale. Nicht vorhandene Kundendaten können über Adressanbieter ermittelt und gemietet werden. Eine weitere
Möglichkeit besteht in der Ansprache über Multiplikatoren und Marktpartner, wobei
hierbei, da auf die Kundendaten nicht zugegriffen werden kann, keine direkte Erfolgskontrolle möglich ist. Die Ansprache der internationalen Zielgruppen erfolgt in der Regel über Auslandsvertretungen oder Vertriebspartner im Zielland.

Über die Festlegung der Haupt- und Zusatznutzenargumentationen, aufgeschlüsselt nach
Angebotsbereichen und anzusprechenden nationalen und internationalen Zielgruppen,
erfolgt die Planung der Umsetzung der Gesamtkommunikationsstrategie in die Kampag-
nen-, Aktionen- und Maßnahmenplanung. Über die vorhandenen Kundenprofile ist eine
Kundensegmentierung vorzunehmen, welche die Auswahl der Kommunikationsmedien,
der Angebotsinhalte und der Werbemittel bestimmt.

Die Kampagnen Ausstellerakquisitions- und Besucherwerbung werden in zielgruppenspezifische Aktionen unterteilt, innerhalb derer die einzelnen Zielgruppen in zeitlich
aufeinanderfolgenden Maßnahmen personalisiert, über Post-, Fax- oder E-Mail-
Mailings, Telefonmarketingaktionen und persönliche Gespräche bzw. unpersonalisiert
über Anzeigenkampagnen, redaktionelle Beiträge in den Fachmedien, Plakatierungen
und Promotionaktionen etc. angesprochen werden. Operationalisiert werden diese Maßnahmen im nachgelagerten bzw. integrierten CRM-System, welches Schnittstellen zu
allen Kommunikationsmedien bieten sollte und in dem, bezogen auf jeden Kunden, individuell die Aktions- und Reaktionshistorie betrachtet und der Erfolg der Maßnahmen
bewertet werden kann.

3.2.2 Rahmenprogramme

Begleitend zu Messeveranstaltungen finden eine Vielzahl von Rahmenprogrammen, wie
Eröffnungsveranstaltungen, VIP-Programme, Fachprogramme und Kongresse, Seminare
und Exkursionen sowie Aktionstage und Events für Aussteller und Besucher statt, welche die Attraktivität der Messe steigern, Ausstellern und Besuchern einen Zusatznutzen
bieten und einmalige messespezifische Erlebniswelten schaffen. Organisiert werden diese messebegleitenden Programme nicht nur vom Projektteam, sondern von einer Vielzahl interner und externer Partner, u.a. der Protokollabteilung, dem Kundenservice,
PCO's oder Agenturen, Beiratsmitgliedern, Ausstellern etc. Um die Vielfalt dieser Programmpunkte koordinieren und übersichtlich abbilden zu können, empfiehlt sich im
Rahmen des Messe-Informationssystems ein festes Raster, welches alle Details zu einem
Übersichtsplan mit Aktionsbezeichnung, Datum, Uhrzeit, Veranstaltungsort, Veranstalter und einer Kurzbeschreibung verdichtet, ohne auf die dahinter liegenden Details zu

verzichten. Die Struktur der Daten erlaubt über mehrere Ebenen den Blick von der Übersichtsinformation zur ausführlichen Detailinformation.

3.2.3 Veranstaltungsdurchführung

Die Planungen der Servicebereiche, wie Reinigung, Standbewachung, Gastronomie und Veranstaltungstechnik etc, sind als begleitende Services nicht unmittelbar in den Marketingprozess eingebunden. Diese Services können von den Ausstellern zusätzlich zur Ausstellungsfläche gebucht werden, sind aber der Entscheidung zur Teilnahme an der Messe eher nachgelagert. Services, wie Parkplatzbewirtschaftung, Bewachung und Standbaueigenbedarf, werden direkt vom Projektteam in Vorbereitung der Messedurchführung, nach Abschluss der Marketingaktivitäten, entsprechend der tatsächlichen Aussteller- und erwarteten Besucherzahl geordert. Um jederzeit eine transparente Betrachtung der budgetseitigen Auswirkungen der Planungen auf das Gesamtprojekt Messe für das Projektteam und das Management zu gewährleisten, sollten diese Informationen zzgl. aller Ablaufpläne, Abstimmungsprotokolle der Abteilungen und Servicepartner mit dem Projektteam sowie Checklisten für alle an der Messedurchführung beteiligten internen und externen Partner ebenfalls im Management-, Marketinginformations- und -kontrollsystem hinterlegt werden.

3.3   Controllingansatz

Neben der Informationsbereitstellungs- und -versorgungsfunktion dienen die abgebildeten Informationen zur Prüfung und Bewertung aller Einzelstrategien, Ziele und Marketingaktivitäten. Unterstützt wird dabei der Ansatz des integrierten Marketings durch die Standardisierung von Prozessabläufen anhand optimierter Geschäftsprozesse.

Mit der Einführung eines Management-, Marketinginformations- und -kontrollsystems werden die häufig vielfältig existierenden und sehr individuell gestalteten Planungsinstrumente der Projektteams, Querschnittsabteilungen und Servicebereiche abgeschafft und ein einheitliches Planungs- und Arbeitsinstrument für alle Messen geschaffen, welches eine optimierte Planung und Auswertung auf Grund definierter Kriterien garantiert.

Die Transparenz und Vergleichbarkeit der Planungsprozesse unterstützt den Know-how-Transfer zwischen den Messeprojektteams und sichert darüber hinaus den erleichterten und schnelleren Informationszugang für nicht direkt am Projekt beteiligte Personen (Querschnittsabteilungen, Servicetöchter und Vertriebspartner etc.) und damit eine Entlastung der Projektteams.

Ebenso wie die Deckungsbeiträge permanent reportet werden, müssen auf Grund der anfangs beschriebenen Aufgaben des strategischen Messemanagements auf Grund der Heterogenität und Komplexität des strategischen und operativen Messemarketingprozesses, marktbezogene Schlüsselinformationen definiert und als zusätzliche Frühwarnindikatoren in das Controlling einbezogen werden.

4. Literaturverzeichnis

EHRMANN, H., Marketing-Controlling, 3. Aufl., Ludwigshafen (Rhein) 1999.

GODEFROID, P., Business-to-Business-Marketing, 2. Aufl., Ludwigshafen (Rhein) 2000.

KUSS, A./TOMCZAK, T., Marketingplanung, Einführung in die marktorientierte Unternehmens- und Geschäftsfeldplanung, Wiesbaden 1998.

MEFFERT, H., Marketingmanagement, 9. Aufl., Wiesbaden 2000.

MEFFERT, H./BRUHN, M., Dienstleistungsmarketing, Grundlagen – Konzepte – Methoden, 3. Aufl., Wiesbaden 2000.

ROBERTZ, G., Strategisches Messemanagement im Wettbewerb, Wiesbaden 1999.

SUNTROP, C., Die Implementierung eines Prozessmanagements. Illustriert am Beispiel der Business Line Chlorprodukte des Hoechst Konzerns, Lang 1999.

Norbert Stoeck

Instrumente der Ausstellerakquisition

1. Einführung und Definitionen

2. Die Wechselbeziehung zwischen Aussteller- und Besucherakquisition

3. Herausforderungen für den Vertrieb von Messedienstleistungen

4. Instrumente der Ausstellerakquisition
    4.1   Auswahlkriterien für den Einsatz der Akquisitionsinstrumente
    4.2   Segmentierung der Aussteller
    4.3   Festlegung der Akquisitionsstrategie

5. Literaturverzeichnis

Dr. Norbert Stoeck ist Leiter der Practice Group „Trade Fairs and Events" bei Roland Berger Strategy Consultants, München.

1. Einführung und Definitionen

Neben seiner instrumentellen Funktion – der möglichst umfassenden Abdeckung des Angebotes eines definierten Marktes oder Marktsegmentes – hat das Ausstelleraufkommen eine dominante Bedeutung für den wirtschaftlichen Erfolg einer Messegesellschaft: Bis zu vier Fünftel der Gesamterlöse werden mit der Standvermietung und Serviceleistungen für die Aussteller (Strom, Wasser, Kommunikation etc.) erzielt. Die aktuellen und potenziellen Aussteller sind vor diesem Hintergrund die zentralen Wachstums- und Gewinngeneratoren eines Messeveranstalters.

Gleichzeitig hat sich der internationale Messemarkt auf Grund des rapide gewachsenen Messeangebotes sukzessive zu einem Käufermarkt entwickelt. Die Akquisition der Aussteller in einem zunehmend kompetitiven Marktumfeld ist damit die zentrale Herausforderung des Marketings und Vertriebs von Messegesellschaften. Unter dem Begriff „Akquisition" werden alle Bemühungen subsummiert, die „darauf gerichtet sind, im Interesse der Erzielung von Geschäftsabschlüssen Kontakte zu Abnehmern anzubahnen bzw. zu festigen" (Nieschlag et al. 1988, S. 990). Entsprechend dieser Definition umfasst die Ausstellerakquisition somit alle Aktivitäten und Formen der Ansprache potenzieller Aussteller, unabhängig davon, ob diese letztlich an der Messe teilnehmen oder nicht.

Sofern es sich bei der Messe nicht um eine Erstveranstaltung handelt, lassen sich bei der Ausstellerakquisition zwei Arten von Aktivitäten unterscheiden: solche zur Bindung der bestehenden Aussteller und solche zur Gewinnung neuer Aussteller. In Anlehnung an eine allgemeine Definition von Tomczak/Karg (vgl. Tomczak/Karg 2003, S. 3f.) umfasst die Ausstellergewinnung sämtliche Maßnahmen, die dazu führen, dass ein Unternehmen erstmals an einer Messe oder Ausstellung teilnimmt. Eine wesentliche Voraussetzung für den Akquisitionserfolg ist damit, dass die Ziele der Akquisitionsmaßnahmen, Ausstellerbindung versus Ausstellergewinnung, im Vorfeld klar akzentuiert werden. Dabei kann die Ausstellerakquisition nicht losgelöst von der Besucherakquisition betrachtet werden; beide beeinflussen sich wechselseitig.

2. Die Wechselbeziehung zwischen Aussteller- und Besucherakquisition

Ein zentrales Kriterium im Rahmen der Teilnahmeentscheidung ist für die potenziellen Aussteller die erwartete Ergebnisqualität der Messe (Neukundenkontakte, Verkaufsabschlüsse, Media Coverage etc.). Gerade für Erstaussteller ist das Ergebnis der Messebeteiligung zum Zeitpunkt der Entscheidung über eine Teilnahme nur schwer einschätzbar.

Die Akzeptanz einer Messe hängt vor diesem Hintergrund in hohem Maße davon ab, inwieweit es im Rahmen des Akquisitionsprozesses gelingt, den potenziellen Ausstellern Vertrauen in die Kompetenz, Kommunikationsfähigkeit und organisatorische Kapazität des Veranstalters zu vermitteln (vgl. Stoeck 1999, S. 29). Von ausschlaggebender Bedeutung ist dabei das Vertrauen der potenziellen Aussteller in die Fähigkeit des Messeveranstalters, ein optimales Besucheraufkommen zu gewährleisten.

Dies macht deutlich, dass eine zielgerichtete Besucherwerbung der erste Schritt für eine erfolgreiche Ausstellerakquisition ist. Von wachsender Bedeutung für einen Messeveranstalter ist deshalb die integrierte Planung der Maßnahmen zur Ausstellerakquisition und Besucherwerbung. Angaben zur Besucherstruktur vorangegangener Veranstaltungen, die Beschreibung der zukünftig angestrebten Besucherzielgruppen (Branche, Funktion, Region etc.) sowie der konkreten Maßnahmen zur Erreichung dieser Ziele sind bei dieser Betrachtungsweise zentrale Vorbedingungen, um erfolgreich Aussteller zu akquirieren. Die heute noch häufig beobachtbare organisatorische Trennung zwischen den Verantwortlichkeiten für die Ausstellerakquisition (Projektteam) auf der einen Seite und die Besucherwerbung (Werbung, Presse) auf der anderen Seite wird den Anforderungen nicht gerecht. Dieser traditionell gewachsenen „Arbeitsteilung" liegt unter anderem die Erfahrung zu Grunde, dass die Aussteller ihrerseits einen signifikanten Beitrag im Rahmen der Akquisition der Besucher leisten.

Neben der Schaffung der notwendigen organisatorischen Voraussetzungen, z.B. durch die Bildung interaktiv wirkender Teams, bedeutet dies auch, dass bei der Planung der Akquisitionsstrategie sowohl die Anforderungen der Aussteller als auch die der Besucher detailliert zu analysieren sind. Neben den generellen Anforderungen der Aussteller und Besucher, etwa hinsichtlich der Incoming Services, sind im Rahmen dieses Prozesses auch die spezifischen Erwartungen an die jeweilige Veranstaltung zu berücksichtigen.

3.   Herausforderungen für den Vertrieb von Messedienstleistungen

Neben der oben beschriebenen Notwendigkeit, die Besucherwerbung integrativ einzubeziehen, stehen die Messeveranstalter vor einer Reihe gravierender Herausforderungen, welche die Akquisitionsstrategie beeinflussen. Anzuführen sind vor allem:

- *Die Konsequenzen der Internationalisierung:*
  Im Zuge des anhaltenden Globalisierungstrends bedeutet die Beschränkung der Veranstaltungsaktivitäten auf den „Heimatmarkt" eine zu enge und damit strategisch gefährliche Marktdefinition. Analog zu anderen Dienstleistungsbranchen (Banken,

Versicherungen, Beratungsgesellschaften etc.) müssen sich Messegesellschaften zu weltweiten Marketingpartnern ihrer angestammten Kunden entwickeln, wenn sie ihre Marktanteile zumindest halten und ihre angestammten Kundenbeziehungen nicht aufs Spiel setzen wollen. In der Konsequenz bedeutet dies, dass sich das Vertriebsspektrum sukzessive um Veranstaltungen in den strategisch relevanten Auslandsmärkten erweitern wird.

• *Die strategische Entwicklung zu „integrierten Kommunikationsdienstleistern":*
Messen haben seit mehr als 1 400 Jahren die Funktion eines „Intermediärs" zwischen den Anbietern einerseits und den Nachfragern andererseits. Die Wahrnehmung dieser Aufgabe auch in Zeiten des rapiden technologischen Wandels – Stichwort Internet – und der dynamischen Veränderung der Markt- und Wertschöpfungsstrukturen bedeutet einen enormen Veränderungsdruck für das Medium Messe. Der isolierte Verkauf von Standfläche ist zukünftig ein nur eingeschränkt tragfähiges Geschäftsmodell. Erforderlich ist vielmehr der Aufbau einer ganzjährigen Kommunikation mit den unterschiedlichen Marktpartnern, in deren Rahmen die Messe den „Kulminationspunkt" darstellt.

• *Die wachsende Bedeutung von „Non-Space-Produkten":*
Zusätzlich zur klassischen Vermarktung von Hallenflächen und den dazugehörigen Services (Strom, Wasser, Standbau etc.) bieten sich den Messegesellschaften erhebliche Umsatz- und Wachstumspotenziale durch die Vermarktung so genannter „Non-Space-Products". Die Konzeption und effiziente Vermarktung dieser Produkt- und Dienstleistungsangebote wird zukünftig eine Kernaufgabe der Messegesellschaften sein.

Die skizzierten Veränderungen und Erweiterungen im Geschäftssystem sind mit weit reichenden Auswirkungen auf die vertriebliche Marktbearbeitung der Messeveranstalter verbunden. Hervorzuheben ist vor allem die signifikant steigende Komplexität: Nicht nur das Produkt- und Leistungsspektrum wird ausgeweitet, auch die Erklärungsbedürftigkeit der Angebote nimmt deutlich zu. Damit verbunden ist die Notwendigkeit, geeignete Planungs-, Steuerungs- und Anreizsysteme zu entwickeln, um das zunehmend komplexe Vertriebsspektrum handhaben zu können.

Von vergleichbarer Bedeutung für den Akquisitionserfolg sind eindeutige und aufeinander abgestimmte Markierungsstrategien, die die Unterschiede der einzelnen Leistungsangebote, z.B. zwischen themenverwandten Messen im Inland und Ausland, klar akzentuieren. Dies ist nicht nur wichtig, um den potenziellen Aussteller von den Vorteilen einer Beteiligung an der jeweiligen Messe zu überzeugen, sondern auch um internen Kannibalisierungseffekten vorzubeugen.

Ebenso wichtig ist es, die Leistungsangebote im Sinne eines „modularen Baukastens" zu definieren, aus dem der Aussteller seine „Wunschleistung" einfach und mit geringem Aufwand wählen kann.

4. Instrumente der Ausstellerakquisition

Bei der Ausstellerakquisition handelt es sich demnach letztlich um die Vermarktung eines erklärungsbedürftigen Leistungsversprechens im Rahmen eines komplexen Prozesses. Durch diese abstrakte Definition wird dem Umstand Rechnung getragen, dass das
Produkt oder Leistungsangebot eines Messeveranstalters nicht primär in der Standfläche
besteht.

Zur Vermarktung dieses Leistungsversprechens steht den Messeveranstaltern in Analogie zu allgemeinen Dienstleistungsunternehmen (vgl. Tomczak/Reinecke 1998) eine
breite Palette unterschiedlicher Instrumente zur Verfügung. Die Instrumente unterscheiden sich entsprechend der Intensität und der Interaktion mit den potenziellen Kunden einerseits sowie dem Standardisierungsgrad der Kundenansprache andererseits (vgl. Abb.
1).

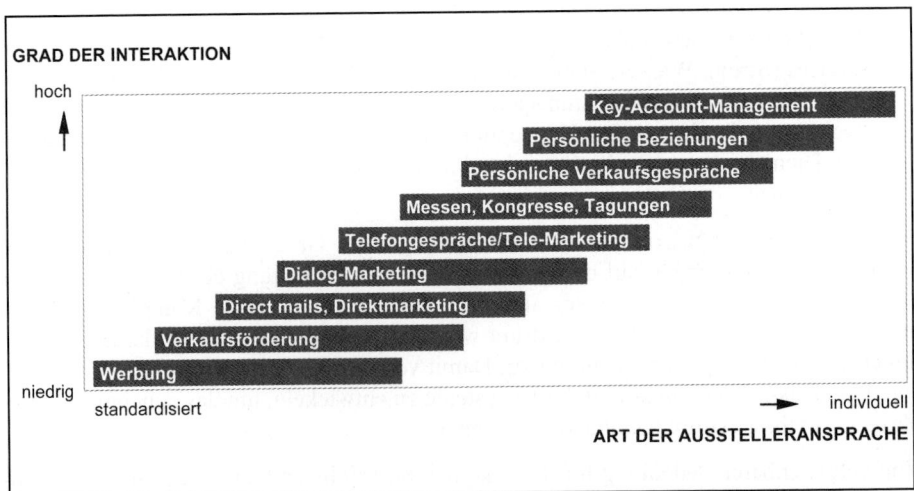

Abb. 1: Instrumente der Ausstellerakquisition

Angesichts der wachsenden Erklärungsbedürftigkeit und der hohen Wettbewerbsintensität sind vor allem jene Akquisitionsinstrumente für den Vertrieb von Messedienstleistungen geeignet, die sowohl ausstellerspezifische Belange berücksichtigen als auch ein
Aussteller-Feedback ermöglichen. Die Face-to-face-Kommunikation (Key-Account-Management, persönliche Beziehungen, persönliche Verkaufsgespräche) bietet hier die
größten Chancen, gleichzeitig verursacht sie jedoch einen hohen Zeit- und Kostenaufwand. Vor diesem Hintergrund gewinnt das Telemarketing im Messewesen zunehmend

an Bedeutung. Telemarketing ist dabei nicht nur ein Instrument, um die Vertriebskosten zu senken oder den Servicegrad zu erhöhen, sondern auch ein wichtiges Zusatzelement um die Wirkung der anderen Kundengewinnungsmaßnahmen, wie z.B. Direktmailings oder klassische Werbung, zu unterstützen (vgl. Greff 2003, S. 17).

Neben den dargestellten Instrumenten der Ausstellerakquisition, die überwiegend dem Beziehungsmarketing zuzuordnen sind, spielen natürlich auch die weiteren Marketing-mixinstrumente eine wichtige Rolle. Anzuführen sind beispielsweise PR-Maßnahmen, die Preis- und Konditionenpolitik, Rabatte oder das Angebot von Zusatzleistungen.

Nicht unerwähnt bleiben darf im Rahmen der Betrachtung der Akquisitionsinstrumente die Rolle des Internets, das als weitgehend standardisiertes Medium eine zunehmend wichtige Rolle im Rahmen des Akquisitionsprozesses einnimmt. Forciert wird die Entwicklung durch die hohe Effizienz dieses Mediums und die daraus resultierenden Kosteneinsparungen, welche die Anfangsinvestitionen und den erforderlichen Pflegeaufwand relativ schnell kompensieren. Das Internet ermöglicht es zudem, zusätzliche und verbesserte Services anzubieten und dadurch die Kundenbindung zu steigern. Als weitere Vorteile sind anzuführen:

- Online-Informationen über den Messeveranstalter, das Messeprogramm und die einzelnen Messen reduzieren den Aufwand für Produktions- und Distributionskosten für gedruckte Kataloge und Direct Mails

- Bei entsprechender Pflege gewährleisten sie einen tagesaktuellen Überblick

- Der Umfang der online verfügbaren Informationen reduziert die Notwendigkeit für Rückfragen per Telefon oder Fax

- Die Online-Bestellmöglichkeit in Verbindung mit elektronischer Rechnungstellung beschleunigt den Prozess und reduziert die mehrfache Erfassung gleicher Daten (vgl. Somm 2003, S. 7).

Schließlich ist das Internet auch ein prädestiniertes Instrument zum Aufbau einer „ganzjährigen Kundenbeziehung". Die Messegesellschaften gehen vor diesem Hintergrund zunehmend dazu über, messebezogene Internet-Portale anzubieten, die nicht nur Informationen zur jeweiligen Messe beinhalten, sondern auch über relevante Entwicklungen der Branche informieren.

4.1 Auswahlkriterien für den Einsatz der Akquisitionsinstrumente

Wichtige Kriterien für die Auswahl der Akquisitionsinstrumente sind zunächst der erwartete Erfolg der Akquisitionsmaßnahme und die damit jeweils verbundenen Kosten. Grundsätzlich ist davon auszugehen, dass sowohl die Erfolgswahrscheinlichkeit (Effektivität) als auch die Kosten pro Kundenkontakt (Effizienz) mit abnehmendem Standardisierungsgrad steigen.

Da ein Messeveranstalter jedoch in der Regel nur über ein begrenztes Budget und limitierte Ressourcen verfügt, tritt ein weiteres zentrales Entscheidungskriterium hinzu: Der Ertragswert der Kundenbeziehung, auch kurz als „Kundenwert" bezeichnet. Der Kundenwert orientiert sich dabei nicht nur an den aktuellen Umsätzen und Deckungsbeiträgen, sondern berücksichtigt im Sinne einer dynamischen Betrachtung auch den zukünftigen Wert, den der Aussteller für den Messeveranstalter haben wird bzw. haben könnte. Der so definierte Kundenwert ist somit maßgeblich für die Ausrichtung der Akquisitionsstrategie, denn er „richtet den Vertrieb aus und bestimmt, auf welche Kunden sich der Vertrieb fokussieren sollte und in welchem Umfang Leistungen für den Kunden zu erbringen sind." (Marzian/Smidt 2003, S. 3).

Bei der Planung, Vorbereitung und Durchführung einer Messe oder Ausstellung handelt es sich um einen vergleichsweise langen Prozess. Bei Erstveranstaltungen ist von einem Zeitraum von mindestens zwei Jahren auszugehen, bei bestehenden Veranstaltungen kann er in Einzelfällen bis zu fünf Jahre dauern. Vor diesem Hintergrund ist es erforderlich, den Einsatz und die Intensität der verschiedenen Akquisitionsinstrumente nach einzelnen Phasen zu planen und zu variieren. Die Planung der Phasen sollte sich dabei an dem Entscheidungsverhalten der potenziellen Aussteller orientieren. Im Allgemeinen sind hinsichtlich der Teilnahmeentscheidung der Aussteller drei Phasen zu unterscheiden:

• Die Informationsphase

• Die Bewertungsphase

• Die Entscheidungsphase.

So ist es in der Informationsphase vor allem wichtig, die mit der Entscheidungsvorbereitung betrauten Fachabteilungen der potenziellen Aussteller über die jeweilige Veranstaltung zu informieren. Unter Kosten-Nutzen-Gesichtspunkten bieten sich hier neben allgemeinen Werbemaßnahmen vor allem Direct Mailings an. Je näher der Zeitpunkt der Entscheidung rückt, desto stärker sollten sowohl die Intensität als auch der Interaktionsgrad der Akquisitionsmaßnahmen ausfallen. Der Standardisierungsgrad nimmt somit im Verlauf des Akquisitionsprozesses tendenziell ab.

4.2   Segmentierung der Aussteller

Die Steuerung der Vertriebsaktivitäten zur Ausstellergewinnung unter Effizienz- und Effektivitätsgesichtspunkten setzt eine stringente Segmentierung aller aktuellen und potenziellen Aussteller voraus. Zwar kann die klassische 20/80-Regel (20 Prozent der Kunden, die so genannten A-Kunden, tragen 80 Prozent zum Umsatz bzw. Ergebnis bei) nicht pauschal auf das Messewesen übertragen werden. Es stimmt jedoch, dass in aller Regel eine vergleichsweise kleine Gruppe von Ausstellern, die jeweiligen Markt- und Branchenführer, eine überragende Bedeutung für den Erfolg einer Messe hat. Eine Messe ohne die jeweiligen Marktführer hat kaum Erfolgschancen. Neben der Präsenz der Marktführer ist häufig auch die Unterstützung seitens der Verbände und Branchenorganisationen eine zentrale Erfolgsvoraussetzung.

Auf Grund ihrer Bedeutung ist bei diesen Ausstellern eine Segmentierung nach dem Kundenwert sekundär – ihre Behandlung als Key Accounts ist eine „Pflichtaufgabe" für jeden Messeveranstalter. Key-Account-Management bedeutet, dass „der Vertrieb nicht nach dem Kriterium Gebiet oder Land ausgerichtet ist, sondern nach dem Kriterium Kunde" (Hassmann 2001, S. 22). Dementsprechend ist die Betreuung der Key Accounts auch vorrangige Aufgabe des Top-Managements des Messeveranstalters.

Für alle weiteren Kunden bietet sich eine Segmentierung unter dem Gesichtspunkt des Kundenwertes an. Dies erfordert vor allem den Aufbau und die laufende Pflege einer Datenbank („Datawarehouse"), in der alle wichtigen Merkmale der heutigen und der potenziellen Kunden enthalten sind. Um die erforderlichen Daten zu gewinnen, kommt insbesondere dem Telefonmarketing ein wichtige Funktion zu. Neben der vertriebsbezogenen Ansprache der Zielkunden kann es auch effizient zur Datengenerierung genutzt werden.

Bei der Definition und Erfassung der Daten ist neben allgemeinen Strukturdaten vor allem auf solche Informationen Wert zu legen, die eine Segmentierung nach dem Kundenwert erlauben. Beispielhaft anzuführen sind etwa:

- Ist-Beteiligungen (Größe der Standfläche, Umsatz, Deckungsbeitrag)

- Allgemeine Unternehmensdaten (Umsatz, Anzahl der Mitarbeiter etc.)

- Produktspektrum (für andere Messethemen)

- Auslandsaktivitäten (für potenzielle Messen im Ausland)

- Referenzwert (Signalwirkung für andere Aussteller).

Durch die gezielte Auswertung der Daten („Datamining") entsteht eine wertvolle Datenbasis, die eine Segmentierung der Ausstellerpotenziale (z.B. A-Kunden bzw. Key Accounts, B-Kunden, C-Kunden) als Voraussetzung für den Einsatz der Akquisitionsinstrumente unter Kosten-Nutzen-Gesichtspunkten ermöglicht. Durch Querbezüge und Referenzwerte, z.B. „durchschnittlicher Serviceumsatz pro Quadratmeter Standfläche" kann diese Vorgehensweise auch zur Identifikation von weiteren Umsatzpotenzialen bei den bestehenden Ausstellern führen.

4.3   Festlegung der Akquisitionsstrategie

Die Segmentierung aller aktuellen und potenziellen Aussteller ist die Voraussetzung für
die Festlegung der oben beschriebenen Akquisitionsinstrumente unter Einbeziehung der
Kriterien Effizienz und Effektivität (vgl. Abb. 2). Ebenso erforderlich sind die zeitliche
Taktung aller Akquisitionsmaßnahmen, die Schaffung der organisatorischen Voraussetzungen und die Definition der Vertriebssteuerungsinstrumente.

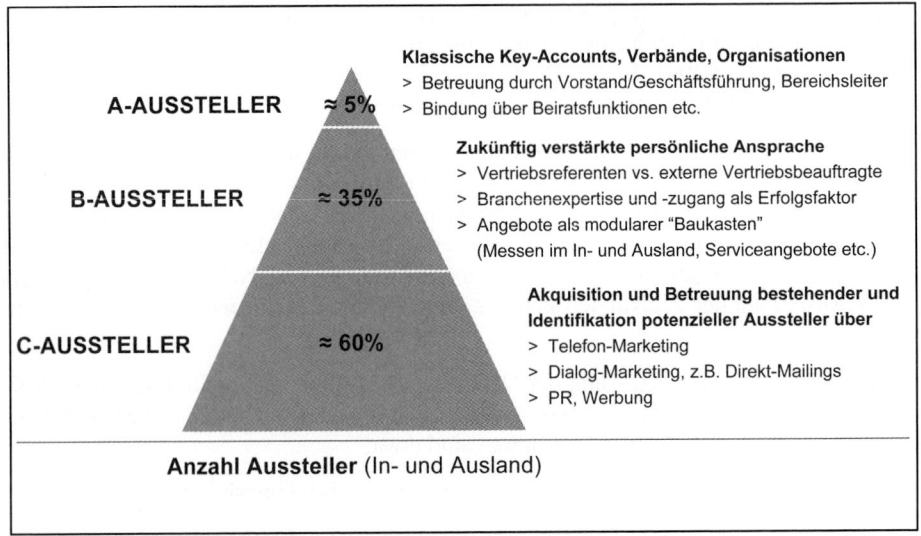

Abb. 2: Beispiel für eine Akquisitionsstrategie nach Ausstellersegmenten

Zu den organisatorischen Kernfragen zählt vor allem, in welchem Ausmaß die Kunden
dezentral durch die jeweiligen Messeteams oder durch einen zentralen bzw. messeüber-
greifenden Vertrieb bearbeitet werden sollen. Neben den Kosten sind die erforderliche
Branchenexpertise und der Branchenzugang wesentliche Entscheidungskriterien. Während der Vertrieb in den Auslandsmärkten heute überwiegend messeübergreifend erfolgt,
ist ein Zentralvertrieb im Inland eher die Ausnahme.

Auf Grund der eingangs erwähnten Herausforderungen ist allerdings davon auszugehen,
dass dieses Instrument zur Gewinnung und Bindung der Aussteller auch im Inland zukünftig an Bedeutung gewinnen wird. Zur Gewährleistung einer gleichmäßigen Auslastung bietet sich eine Arbeitsteilung dergestalt an, dass den dezentralen Messeteams vor
allem die Betreuung der A-Kunden bzw. Key Accounts obliegt, während die B- und C-
Kunden unter Einbezug der Instrumente des Telemarketings primär durch den Zentralvertrieb bearbeitet werden. Grundsätzlich kommen hierfür, analog zur vorherrschenden

Situation im Ausland, auch externe Vertriebsbeauftragte, z.B. Handelsvertreter oder externe Telefonmarketingagenturen (Call Center) in Frage.

Für die Einbindung externer Agenturen spricht vor allem die geringe Fixkostenbindung. Die hohe und weiter wachsende Erklärungsbedürftigkeit und Komplexität der Messedienstleistung legt es jedoch nahe, sowohl im Inland als auch in den ausländischen Kernmärkten einen unternehmenseigenen Vertrieb einzusetzen. Dies ist vor allem auch dann von Vorteil, wenn es darum geht, neue Messeprodukte zu vermarkten, die zumindest in der ersten Phase keine ausreichenden Provisionserträge für externe Agenturen oder Handelsvertreter erwarten lassen. Schließlich ist der Vertrieb die Hand des Messeveranstalters am „Puls des Marktes".

5.   Literaturverzeichnis

GREFF, G., Telefonmarketing, in: Albers, S./Haßmann, V./Somm, F./Tomczak, T., Verkauf: Kundenmanagement, Vertriebssteuerung, E-Commerce, Wiesbaden 2003, Kap. 05.03, S. 1-27.

HASSMANN, V., Mehr Ertrag mit Key Accounts, in: Sales Business, November 2001, S. 22-25.

MARZIAN, S./SMIDT, W., Wie sich der Ertragswert der Kundenbeziehungen bestimmen und für den Vertrieb nutzen lässt, in: Albers, S./Haßmann, V./Somm, F./Tomczak, T., Verkauf: Kundenmanagement, Vertriebssteuerung, E-Commerce, Wiesbaden 2003, Kap. 01.02, S. 1-29.

NIESCHLAG, R./DICHTL, E./HÖRSCHGEN, H., Marketing, 15. überarbeitete und erweiterte Aufl., Berlin 1988.

SOMM, F., E-Commerce aus der Sicht des Verkaufs, in: Albers, S./Haßmann, V./Somm, F./Tomczak, T., Verkauf: Kundenmanagement, Vertriebssteuerung, E-Commerce, Wiesbaden 2003, Kap. 06.01, S. 1-20.

STOECK, N., Internationalisierungsstrategien im Messewesen, Wiesbaden 1999.

STOECK, N., Moderne Instrumente der Kunden- und Serviceorientierung im Messe- und Ausstellungswesen, unveröffentlichter Vortrag, München 2001.

TOMCZAK, T./KARG, M., Die Kundenakquisition, in: Albers, S./Haßmann, V./Somm, F./Tomczak, T., Verkauf: Kundenmanagement, Vertriebssteuerung, E-Commerce, Wiesbaden 2003, Kap. 01.01, S. 1-21.

TOMCZAK, T./REINECKE, S./KARG, M., Best Practice in Marketing – Empirische Erfolgsstudie zum aufgabenorientierten Ansatz, Fachbericht für Marketing, St. Gallen 1998.

Ulrich Kromer von Baerle / Bernhard Müller

Instrumente der Besucherakquisition

1. Einleitung

2. Besucherwerbung auf Fachmessen
   2.1   Wie wird das Besucherinteresse geweckt?
   2.2   Der Weg vom interessierten zum zahlenden Besucher
   2.3   Mehr Service ist gefragt – der Status Quo genügt nicht mehr

3. Besucherwerbung auf Publikumsmessen

4. Fazit und Ausblick
   4.1   Zukunftsherausforderungen für Fach- und Publikumsmessen
   4.2   Entscheidende Faktoren der Zukunft – Messeinfrastruktur und
         Servicequalität

5. Literaturverzeichnis

Ulrich Kromer von Baerle ist Geschäftsführer der Stuttgarter Messe- und Kongressgesellschaft mbH, Stuttgart. Dipl.-Oec. Bernhard Müller ist Assistent der Geschäftsleitung der Stuttgarter Messe- und Kongressgesellschaft mbH, Stuttgart.

1. Einleitung

Die Faszination und Anziehungskraft von Messen auf ihre Besucher war über viele Jahre hinweg eine weitgehend von der Konjunktur unabhängige Größe. Die anhaltend schwierigen wirtschaftlichen Rahmenbedingungen in Deutschland haben aber inzwischen auch die Messelandschaft erreicht. Eindrucksvoller Beleg ist der Rückgang der Besucherzahlen bei internationalen Messen in Deutschland: 2002 waren sechs Prozent weniger deutsche Besucher für einen Messebesuch zu gewinnen als im Jahr 2001. Dies wurde nur zum Teil durch mehr ausländische Besucher kompensiert (vgl. AUMA 2003, S. 15).

Neben differenzierten und steigenden Kommunikationsanforderungen sind die Messeveranstalter einem verschärften Wettbewerb um den Besucher ausgesetzt, der durch die Nutzung neuer Medien und die stark zunehmende Wettbewerbsintensität in der Messelandschaft und bei messeähnlichen Veranstaltungen entsteht. Die Messeveranstalter sind verstärkt gezwungen, die Inhalte der Messen und deren Nutzen für die Besucher klar herauszuarbeiten. Es muss eine permanente Kontrolle des *Besuchermanagements* vorgenommen werden, um einen aktiven Umgang mit der dynamischen und komplexer werdenden Besucherstruktur zu gewährleisten.

Der Fokus der konsequenten Kundenbetreuung bei Messegesellschaften war in der Vergangenheit primär auf die Aussteller und deren Wünsche und Erwartungen ausgerichtet. Diese Vorgehensweise ist auf Grund der hohen Umsatzgenerierung durch die ausstellenden Firmen naheliegend. Die Messebesucher hingegen wurden bisher meist als anonyme Masse behandelt. Die Aussage von Ernst Raue, Vorstandsmitglied der Deutschen Messe AG, „[...] im Gegensatz zu den Ausstellern kannten wir den einzelnen Besucher noch nicht namentlich [...]" (Raue 2001, S. 82), die als durchaus repräsentativ für die gesamte Branche gesehen werden kann, deutet darauf hin, dass das Besuchermanagement bisher eher stiefmütterlich behandelt wurde.

Der einzelne Besucher ist, reduziert auf den Profitabilitätsgesichtspunkt, nicht annähernd so ausschlaggebend wie ein Aussteller. Setzt man sich jedoch mit dem „Teilnahme-Kreislauf" einer Messe auseinander, so wird offensichtlich, dass der Besucher hierbei eine wichtige Position einnimmt. Wenn die „richtigen" Aussteller auf einer Messe vertreten sind, reisen auch die „richtigen" Besucher zu dieser Veranstaltung an. Vice versa gilt: nur wenn die „richtigen" Besucher zugegen sind, stellen auch die „richtigen" Aussteller auf dieser Messe aus bzw. sind die Aussteller auf der Folgemesse wieder vertreten. Unter den „richtigen" Besuchern und „richtigen" ausstellenden Firmen sind die jeweiligen Zielgruppen der Messe zu verstehen. Das Bestreben der Messegesellschaften, über Besucherregistrierung, zusätzliche Besucher-Full-Service-Pakete, Besuchermagazine und spezielle Kundenbindungssysteme für Besucher nun auch eine persönliche und intensive Geschäftsbeziehung zu den Besuchern aufzubauen, ist demnach auf jeden Fall begründet.

Die Ausgangslage für die Besucherakquisition ist je nachdem, ob es sich um eine *Fach-messe* oder eine *Publikumsmesse* handelt, unterschiedlich. Für die Fachmesse ist es von größter Wichtigkeit, frühzeitig die Werbemaßnahmen der Messegesellschaft und der Aussteller abzustimmen, um auf der Messe das gewünschte branchenspezifische Fach-publikum vorzufinden. Die Messegesellschaften werden bei der Fachbesucherwerbung eher flächendeckend vorgehen, während die Aussteller kundenspezifisch vorgehen. Dies bedarf einer intensiven Abstimmung (vgl. Földy 1992, S. 229).

Die Werbestrategie für Besucher einer Publikumsmesse dagegen ist an die breite Öf-fentlichkeit gerichtet. Hierbei sind die Grenzen des reinen Marketings, der Werbung und der Öffentlichkeitsarbeit fließend. Im Folgenden wird daher die Unterscheidung Fach-messe und Publikumsmesse beibehalten.

2.   Besucherwerbung auf Fachmessen

Die entscheidende Voraussetzung für den Erfolg einer Fachmesse ist eine gute bzw. qua-lifizierte *Besucherstruktur*. Um diese zu erreichen müssen bereits weit im Vorfeld der Messe geeignete Maßnahmen ergriffen werden. Zuerst muss wie in jeder Kommuni-kations- und Marketingplanung die genaue Zielgruppenbeschreibung erfolgen – nach Möglichkeit gestützt auf qualifizierte demographische Erkenntnisse: Welche Unterneh-men sollen angesprochen werden? Welche Funktionsgruppen und Hierarchiestufen wer-den als Besucher gewünscht? Im sich verschärfenden Wettbewerb um Besucher werden die Veranstalter zu mehr Engagement und zu effektiverem Marketing gezwungen sein. Dies beginnt mit einer lange vor der Veranstaltung einsetzenden zielgruppenfokussierten Ansprache der potenziellen Besucher.

Grundvoraussetzung der *Besucherakquise* ist es, die Aufmerksamkeit des potenziellen Besuchers, insbesondere der Zielgruppe der fachspezifischen Messe, zu erreichen. Dem potenziellen Besucher muss der Inhalt der Messe sowie der persönliche, direkte Nutzen des Messebesuchs klar verdeutlicht werden. Nachdem das Interesse geweckt wurde, muss der hohe Informations- und Aufklärungsbedarf des potenziellen Besuchers befrie-digt werden. Die Bereitstellung der allgemeinen Informationen zur Messe wie z.B. das konkrete Messethema, die Kosten des Messebesuchs, Öffnungszeiten, Angebote über Reise- und Aufenthaltspakete und Neuigkeiten über die Branche, kann über unterschied-liche Kanäle sichergestellt werden.

2.1 Wie wird das Besucherinteresse geweckt?

Zurückgehende Aussteller und Besucherzahlen, die Vielzahl existierender Messen sowie der Informationsfluss via Neue Medien verschärfen den Wettbewerb in der Messelandschaft zusehends. Umso stärker sind Messegesellschaften, Partner von Messen wie Verbände, Institutionen, Multiplikatoren etc. und nicht zuletzt Aussteller gefordert, das Interesse für einen Messebesuch zu wecken.

Eine persönliche *Messeeinladung* der Aussteller an ihre Kunden ist wohl nach wie vor das effizienteste Instrument, um eine qualifizierte Besucherstruktur zu erzielen. Diese Ansicht wird aber nicht von allen Ausstellern geteilt, denn viele überlassen die Besucherakquisition nach wie vor ausschließlich den Messegesellschaften. Deren Aufgabe muss es daher sein, ihre Kunden – die Aussteller – dazu zu bewegen, das Instrument der persönlichen Einladung (z.B. durch spezielle Gutscheine und Leistungspakete) aktiver zu nutzen.

Die persönliche Einladung, die mit Informationen über die Messe angereichert werden sollte, kann aber immer nur so gut sein wie die Adressen der potenziellen Besucher. Die sorgfältige Pflege der Adressdatenbanken und deren ständige Aktualisierung ist somit auch für den Aussteller von größter Bedeutung für den Messeerfolg. Weiterhin sollte der Adressenfundus durch Ankauf weiterer Adressen nach Maßgabe der Zielgruppenbeschreibung ergänzt werden.

Auch die Messegesellschaft – gutes Adressenmaterial stets vorausgesetzt – muss den klassischen Weg der mehrstufigen Kontaktierung potenzieller Besucher via persönlichem Brief bzw. wo möglich via personalisierter E-Mail gehen. Vorteil des Kontaktes über E-Mail ist, neben der Einsparung von Akquisitionskosten für die Versendung von Briefen, die unkomplizierte und schnelle Möglichkeit zur Interaktion zwischen potenziellem Besucher und Veranstalter. Weiter kann durch den geringen Kostenaufwand eine größere Anzahl von Kunden der Zielgruppe erreicht werden. Es sei an dieser Stelle nochmals betont, dass sowohl der herkömmliche Postweg als auch die personalisierte E-Mail von der Qualität der Adressen abhängig ist. Dies bedeutet, dass grundsätzlich das gleiche Risiko besteht, die Variante per E-Mail jedoch die deutlich günstigere Alternative darstellt.

Eine selbstverständliche Ergänzung zu den *klassischen Akquisitionsinstrumenten* wie Anzeigen in der Fachpresse, Plakatierung, Prospekte, Flyer, Telefonakquisition, speziellen Marketingaktionen, evtl. TV- und Radiospots etc., kann die gezielte Werbung über die Internetseiten der Aussteller sein, um das Interesse an der Fachmesse zu wecken. Grundsätzlich gilt, dass der Kreativität im Rahmen dessen, was sinnvoll und gleichzeitig machbar ist, keine Grenzen gesetzt sind. Ein weiterer wichtiger Faktor in der *Besucherwerbung* ist die Einbindung von Multiplikatoren (z.B. Branchenverbände, Fachmedien, etc.), die – nicht zuletzt in deren Eigeninteresse – Inhalte der Messe und den Nutzen eines Messebesuchs an die ihnen nahestehenden Unternehmen weiter vermitteln.

Weiterhin kommt der Pressearbeit von Messegesellschaften bei der Besucherwerbung eine immer bedeutendere Rolle zu. Pressetexte mit interessanten Inhalten, Pressekonferenzen und Redaktionsbesuche sind ein wichtiger Baustein bei der Besucherakquisition und stellen hierfür ein sehr effizientes Instrument dar.

2.2   Der Weg vom interessierten zum zahlenden Besucher

Wurde das Interesse des potenziellen Fachbesuchers an der Messe geweckt, muss er mit weiteren Informationen versorgt werden. Hierbei kommt dem Medium *Internet* bei der Besucherakquisition von Fachmessen eine immer zentralere Rolle zu. Es bietet die Möglichkeit, den Besucher mit einem Maximum an wichtigen Informationen zu versorgen. Ein Blick auf die Homepages deutscher Messeveranstalter und Messegesellschaften zeigt deutlich, dass die Internet-Auftritte in der Regel auf den potenziellen Aussteller ausgerichtet sind. Auf jeder Homepage findet sich die Rubrik „Ausstellerservice" bzw. „Ausstellerinformationen".

Eine vergleichbare Rubrik für Besucher ist zumeist mit wenig aussagekräftigen Inhalten versehen. Hauptsächlich wird man auf nahe gelegene Parkplätze verwiesen, kann einen virtuellen Blick in das Messegelände werfen oder wird auf Neuheiten der Messe aufmerksam gemacht. Zudem erfährt man Öffnungszeiten und Eintrittspreise, hat die Möglichkeit ein Hotelzimmer zu reservieren und erfährt günstige Verkehrsverbindungen. Für weitere Informationen steht dann meist die eine oder andere Kontaktperson zur Verfügung, deren Kontaktdaten sich auch noch bei den Besucherinformationen finden lassen.

Bei schwindenden Besucherzahlen ist es mit diesem Angebot aber bei weitem nicht getan. Der potenzielle Messebesucher erwartet zuerst einmal konkrete Aussagen darüber, in wie fern gerade diese Messe seine ganz speziellen Interessen tangiert und welchen konkreten Nutzen diese Ausstellung für ihn haben kann (vgl. Arnold 2003, S. 85). Er möchte aussagekräftige Angaben zu Angebotsschwerpunkten der Veranstaltung, ihren Ausstellern und deren Angebot an neuen Dienstleistungen und Produkten erhalten. Heutige Praxis ist, Warengruppen, Produkt- und Dienstleistungsverzeichnisse von Messe zu Messe fortzuschreiben. Dies stellt zumeist den Versuch des Veranstalters dar, ein möglichst breites Angebotsspektrum auszuweisen. Bei vielen „Warenverzeichnissen mit Ausstellerfirmen" findet der potenzielle Besucher die gleichen Firmen unter einer Vielzahl von Warengruppen, obwohl sie eigentlich nur eine Warengruppe repräsentieren und zu den anderen Warengruppen keinen bzw. nur einen unbedeutenden Beitrag leisten. So reduziert sich die Anzahl der Aussteller einer Produktgruppe, wegen der ein potenzieller Besucher anreist, oft gewaltig.

Den Ansprüchen des Besuchers weitaus gerechter wird eine detaillierte Gewichtung der Produkt- bzw. Dienstleistungsgruppen nach Anzahl der jeweiligen Aussteller, nach Anteil der Produktpalette bzw. des Dienstleistungsangebots oder nach Anteil der Ausstellungsfläche. Je detaillierter die Angaben zum Ausstellerangebot auf der Homepage des Veranstalters sind, umso leichter fällt einem potenziellen Besucher die Entscheidung, ob sich ein Messebesuch für ihn lohnt und umso einfacher ist es ihm in Zeiten enger Budgets, seinem Chef klar zu machen, dass ein Messebesuch gerade auf dieser Veranstaltung für ihn zwingend notwendig ist.

Dies führt uns zum steigenden Informationsbedarf des Besuchers, der seinen Messebesuch möglichst mit der Verringerung seines Aufwandes kombinieren will. Bei der immer kürzeren Verweildauer der Messebesucher ist er auf Informationen angewiesen, die ihm eine optimale Planung ermöglichen. Der Besucher muss in die Lage versetzt werden, schon vor der Veranstaltung seinen Messetag und den dazugehörigen Rundgang mit dem Besuch der individuell für ihn wichtigen Aussteller und des speziell für ihn interessanten Rahmenprogramms planen zu können. Der Optimalfall für den Fachbesucher könnte eine Homepage mit vorgegebenen Hallen- und Belegungsplänen mit Links zu Ausstellerbereichen sein, die dann wieder Links zu Firmeninformationen und speziellem Ausstellungsprogramm beinhaltet. Um dem Fachbesucher die optimale Planung seines Messebesuchs zu ermöglichen, sollte die Homepage ein Verzeichnis aller Aussteller aufweisen, nach deren Markierung dem Besucher ein perfekter individueller Besuchsplan entgegenstrahlt, den er dann ausdruckt und mit auf seine Reise zur Messe nimmt.

Es ist wichtig, dass der permanente Zugang zum detaillierten Angebot der Fachmesse sichergestellt wird und alle relevanten Informationen über unterschiedliche Kontaktkanäle wie Telefon, Fax, E-Mail und vor allem über die Homepage der Messegesellschaft bzw. der Messe selbst abrufbar sind. Das Augenmerk ist auf die Hilfestellung bei der Entscheidungsfindung des Kunden zu richten. Ziel des Veranstalters muss es sein, den potenziellen Besucher davon zu überzeugen, dass der Besuch der eigenen Fachmesse einen Mehrwert im Gegensatz zum Besuch von Konkurrenzmessen schafft.

2.3   Mehr Service ist gefragt – der Status Quo genügt nicht mehr

Jeder Besucher einer Fachmesse kennt den Servicestandard, den die deutschen Messegesellschaften momentan bieten. Der potenzielle Besucher wird wie oben beschrieben durch Einladungsschreiben bzw. Einladungsprospekte umworben, sieht Anzeigen in den Printmedien oder Plakate auf der Straße, liest Artikel und wird von Fall zu Fall im Rundfunk bzw. im Fernsehen auf die Messe aufmerksam gemacht.

Kommt der Besucher in der Messestadt an, fährt er per eigenem Pkw oder Taxi zum Messegelände oder wird von einem Zubringerdienst der Messegesellschaft von verkehrsstrategisch wichtigen Punkten der Stadt (Bahnhof, Flughafen, Sonderparkplätzen) auf das Messegelände gebracht. Dort angekommen, wird er im Eingangsbereich mit Informationen über den gezielten Besuch von Ausstellungsbereichen oder einzelnen Ausstellern versorgt. Hinweisschilder weisen auf das vielfach schlechte und überteuerte gastronomische Angebot in den Messehallen hin. Damit ist der Service für den „umworbenen Kunden" Messebesucher in der Regel erschöpft.

Ist der Fachbesucher auf der Messe angelangt, erwartet er die Einhaltung des über Internet, Katalog oder Anzeigen versprochenen Leistungsangebotes. Der Veranstalter hat somit die Präsenz der genannten Ausstellerfirmen, der aufgeführten Produkte und die Einhaltung der anberaumten Veranstaltungen zu gewährleisten. Ziel des Veranstalters ist es, den Alt- oder Neubesucher für die nächste Veranstaltung wieder zu gewinnen und ihn zusätzlich für andere Messen der Messegesellschaft zu begeistern. Eventuell kann auch die Rede von einem „Up-Selling" des Besuchers sein. Und zwar in dem Falle, dass sich der Besucher dafür entscheidet, bei der nächsten Fachmesse als Aussteller aufzutreten, um somit als Multiplikator für die Besucherakquisition aufzutreten. Insgesamt gilt es, den Besucher von dem für ihn aus dem Messebesuch resultierenden Nutzen zu überzeugen und seine Potenziale auszuschöpfen (vgl. Bruhn 2001, S. 48).

Hatte der Fachbesucher nicht die Möglichkeit, sich mittels moderner Technologie seinen individuellen *Messebesuchsplan* online im Vorfeld des Besuchs zu erstellen, muss es auch dem unvorbereiteten Fachbesucher möglich sein, sich auf einer großen Messe schnell zurechtzufinden. Wer kennt nicht die Situation: Man schlendert durch mehrstöckig gebaute Messehallen und wenn eine freundliche Stimme verkündet, dass die Veranstaltung in wenigen Minuten schließt, stellt man fest, dass gerade mal 50 Prozent der Stände besucht sind, die man sich für den Messetag vorgenommen hatte, weil man durch Suchen einzelner Hallen und Stände die Hälfte des Tages verloren hat.

Abhilfe schaffen hier intelligente *Besucherleit- und Besucherinformationssysteme*, die den Besucher in kurzer Zeit an seinen gewünschten Messestand bringen. Solche Systeme sind auf einigen Messegeländen bereits Realität. Die bislang gängigen Hinweisschilder an den Hallendecken mit zum Teil verwirrenden Angaben wo die Halle X zu finden ist passen nicht mehr ins 21. Jahrhundert. Denkbar sind ein ausgeklügeltes Beschilderungssystem bis hin zu computergesteuerten Messeleitsystemen: Der Besucher bekommt am Eingang ein Gerät, über dessen Display er sicher zu jedem x-beliebigen Ort des Messegeländes geleitet wird und zudem noch mit Informationen zu Ausstellerangeboten, aktuellen Sonderschauen, Vorträgen etc. oder der Tageskarte des Messerestaurants versorgt wird.

Ferner erwartet der Besucher auch speziell in fremden Städten Anregungen, was er nach Messeschluss in der Messestadt unternehmen kann. Veranstaltungstipps, ein Restaurantführer und ein kleiner Ratgeber von Sehenswürdigkeiten der Messestadt dürfen an den Informationsständen auf dem Messegelände und auf der Internetseite des Messeveranstalters nicht fehlen.

3.   Besucherwerbung auf Publikumsmessen

Bei Publikumsmessen, meist in Form von Verbrauchermessen mit regionalem Charakter, ist seit Ende der 90er Jahre eine stetige Verringerung der Besucherzahlen je Veranstaltung zu verzeichnen. Dies ist auf die immer größere werdende Zahl von Veranstaltungen und Events zurückzuführen. Die Verbrauchermesse steht zunehmend im Wettbewerb mit den vielfältigen Freizeit- und Unterhaltungsangeboten der jeweiligen Region des Messeplatzes, seien es Freizeitparks, Einkaufsparks, Stadtfeste oder reine Unterhaltungsevents, die meist kostenlos besucht werden können.

Die Bedeutung von Publikumsveranstaltungen wird bei vielen Messegesellschaften unterschätzt. Das Medium Publikumsmesse im Sinne von Verbrauchermessen ist für die Generierung regionaler Umsatzpotenziale ein erfolgreiches Marketinginstrument, das von vielen potenziellen Ausstellern oft noch zu wenig erkannt und genutzt wird. Oftmals werden zu viele Ressourcen in globales Marketing investiert, ohne die vorhandenen Defizite in Kommunikation und Absatz durch gezielte Messepräsenz in regionalen Märkten auszumerzen. Mit dieser Argumentationsstruktur kann es gelingen, verstärkt Aussteller von Publikumsmessen in die Besucherwerbung/Besucherakquisition mit einzubinden, wie es bei Fachmessen gute Tradition ist.

Mit welchen Instrumenten ist es möglich, die Besucherzahlen bei Publikumsmessen auszubauen oder zumindest zu halten? Um sich von sonstigen Unterhaltungs- und Verkaufsveranstaltungen abzuheben, müssen bei Publikumsausstellungen aktuelle und interessante Themen aufgegriffen werden, die von vielen verschiedenen Anbietern dargestellt, fachkundig erklärt und publikumswirksam umgesetzt werden. Der Besucher von Publikumsveranstaltungen muss in den Mittelpunkt der Veranstaltung gerückt werden. Er muss aktiv in das Messegeschehen mit einbezogen werden und die Möglichkeit haben, bei verschiedenen Aktionen der Aussteller und des Messeveranstalters mitzumachen. Im Idealfall wird dem Besucher ein fachbezogener Unterhaltungswert vermittelt, den er in dieser Form beispielsweise in einem Einkaufscenter niemals finden wird.

Verbrauchermessen werden zukünftig nicht mehr reine Informationsevents bleiben können. Dem Besucher muss das Ereignis Messe als beeindruckendes Freizeiterlebnis nahe gebracht werden. Das Ausstellungsangebot muss durch ein umfangreiches Rahmenprogramm mit Events, Vorführungen, Diskussionsforen mit Prominenten, Gewinnspielen mit Live-Verlosungen oder Auftritten regionaler Größen des Show-Business begleitet werden. Eine Erlebnisgastronomie zu akzeptablen Preisen, Kinderbetreuung und ein Begleitservice für Besuchergruppen oder ältere Besucher runden das Serviceangebot ab.

Die Besucherakquise muss umso intensiver betrieben werden, je näher der Termin der Veranstaltung rückt. Neben dem klassischen Werbeaufwand, z.B. mit Anzeigen, Plakatierungen, Radiospots, Prospekten etc., ist eine umfassende redaktionelle Berichterstattung – sowohl in den Printmedien als auch in lokalen Radiosendern – ein geeignetes Instrument der Besucherakquisition. In diesem Zusammenhang können Kooperationen zwischen Messegesellschaften und Printmedien bzw. lokalen Radiosendern (je nach Bedeutung und Größe der Publikumsmesse auch lokalen Fernsehsendern) den Werbeeffekt verstärken. Wortbeiträge zum Messethema, verpackt in das Sendeprogramm der Radiostationen bzw. Schwerpunktartikel in den Printmedien, sind eine hervorragende Flankierung von Anzeigen in den Printmedien oder Radiospots in den klassischen Werbeblöcken der Sender. Hierbei wird die akquisitorische Funktion der Öffentlichkeitsarbeit der Messegesellschaften, insbesondere mit dem Einsatz der Pressearbeit als klassischem und zentralem PR-Instrument, deutlich. Ziel ist es, über die Pressearbeit den potenziellen Messebesucher zum Messebesuch zu bewegen.

Verfügt man über qualifizierte Daten bezüglich der Herkunft der Besucher vorheriger Messen kann mit gezielter Werbung (z.B. Plakatierung, Brückenbannern oder Werbung auf öffentlichen Verkehrsmitteln) in den Städten/Regionen, aus denen bisher die Besucher nur unterdurchschnittlich die Messe besucht haben, bisher nicht erschlossenes Besucherpotenzial akquiriert werden.

Zusätzliche Anreize für einen Messebesuch stellen Veranstaltungsangebote der Messemacher nach Messeschluss dar. Veranstaltungen auch außerhalb des Messegeländes mit Vorträgen, Lesungen, Filmvorführungen etc. zum Messethema bis hin zu Parties in der Innenstadt runden den Messetag und das Messeerlebnis für den Besucher ab. Wenn dieses über den Messebesuch hinaus gehende Erlebnisangebot von der Norm des Alltäglichen abweicht, wird der Besucher auch in gewissem Umfang bereit sein, für diese zusätzlichen Leistungen einen Preis zu zahlen (vgl. Arnold 2003, S. 87).

4.   Fazit und Ausblick

4.1   Zukunftsherausforderungen für Fach- und Publikumsmessen

Die Besucherakquisition für die klassische Fachmesse als traditioneller Branchentreff wird wegen immer kürzer werdenden Innovationszyklen von Dienstleistungen und Produkten, ständig neuer Veranstaltungen auf Grund der sich weiter verschärfenden Wettbewerbssituation der Messeveranstalter, der zunehmenden Bedeutung des Mediums Internet für die Aussteller sowie der ständig wachsenden Internationalisierung des Wirtschaftslebens zunehmend schwieriger. Um die Besucherpotenziale zukünftig auszuschöpfen, ist es dringend erforderlich, auf Fachmessen ein ständig aktualisiertes und für den Fachbesucher überschaubares Angebot von neuen Dienstleistungen und Produkten sowie die Integration aktueller Branchentrends darzustellen. Die Fachmesse muss verstärkt produkt- und firmenspezifische Erlebnisse vermitteln sowie ein informatives branchenspezifisches Rahmenprogramm bieten. Die Mitarbeiter, die von ihren Firmen auf Fachmessen geschickt werden, um Informationen über Entwicklungen der Branche zu generieren, müssen Argumente für den Messebesuch liefern. Um auch zukünftig als Messestandort für Besucher attraktiv zu bleiben, werden zusätzliche Angebote des Veranstalters eine wichtige Rolle spielen.

Große internationale Leitmessen werden es zukünftig sehr schwer haben, ihre Besucherzahlen zu verteidigen. Wettbewerbsgründe, hohe Kostenbelastungen für Aussteller und Besucher und die mangelnde Überschaubarkeit der Großmessen lassen die potenziellen Besucher verstärkt die Frage diskutieren, ob sich ein Besuch der Megamesse lohnt, auf welcher der Besucher oftmals von der Angebotsfülle „erschlagen" wird, oder ob der Besuch einer kleineren, fokussierten Fachmesse nicht effektiver ist.

Da die Nähe der Veranstaltung zu den Besucherzielgruppen den Messeveranstaltern die Möglichkeit bietet, Besuchergruppen anzusprechen, die selten oder gar nicht auf Messen gehen, werden aktuell ausgerichtete Regionalveranstaltungen mit attraktiven Programm auch zukünftig ihren Platz in der Messelandschaft behaupten. Publikumsmessen werden auch zukünftig viele Besucher anziehen, wenn sie die regionalspezifischen Anforderungen erfüllen und dabei aktuelle, für die breite Allgemeinheit interessante Themen aufgreifen und dem Besucher umfassende Produktinformationen mit der Verdeutlichung des praktischen Nutzens bieten.

Dennoch ist bei der Vielzahl bereits existierender regionaler Ausstellungen und der großen Konkurrenz anderer Unterhaltungsangebote in diesem Bereich eher eine Konsolidierung als eine Steigerung der Besucherzahlen zu erwarten.

4.2 Entscheidende Faktoren der Zukunft – Messeinfrastruktur und Servicequalität

Ein weiterer entscheidender Punkt für die Besucherakquisition ist die Messeinfrastruktur. Ein angenehmes Ambiente, guter Service und eine freundliche Atmosphäre lassen den Messebesuch von Anfang an zu einem Ereignis werden. Der Verkehrsinfrastruktur kommt ebenfalls entscheidende Bedeutung zu. Wer vor dem Messebesuch zwei Stunden im Stau gestanden ist und nach Messeschluss eine Stunde auf die Abfahrt von seinem Parkplatz wartet, wird sich den Messebesuch im nächsten Jahr gut überlegen. Eine moderne Verkehrsinfrastruktur auch außerhalb der Messegelände wird über die zukünftigen Besucherzahlen und die Wahl des Messestandortes durch die Veranstalter mitentscheiden. Neben den Inhalten und der Angebotsvielfalt der Messen sowie der Gebäude- und Verkehrsinfrastruktur wird in Zukunft auch die Servicequalität und Servicebereitschaft der Veranstalter eine zentrale Rolle spielen. Analog zu den Anstrengungen, die Aussteller über Servicepakete zu gewinnen und zu halten, müssen die Messegesellschaften maßgeschneiderte Pakete und Kundenbindungsprogramme für den Besucher auflegen und in die Servicefähigkeit ihrer Mitarbeiter und speziell ihrer externen Partner und Lieferanten investieren.

Der Besucher als Werbeträger der Veranstaltung darf nicht unterschätzt werden. Nur ein von der Qualität der Ausstellung und dem Service des Veranstalters überzeugter Besucher wird über Mund-zu-Mund-Propaganda zum kostenlosen Werbeträger und zum „Wiederholungstäter".

5.   Literaturverzeichnis

ARNOLD, D., Erfolgreiches Messemarketing: Veranstaltungstrends – Ausstellerangebote – Messeservices, Renningen 2003.

AUMA – AUSSTELLUNGS- UND MESSE-AUSSCHUSS DER DEUTSCHEN WIRTSCHAFT E.V. (HRSG.), Bilanz – Die Messewirtschaft 2002/2003, Berlin 2003.

BRUHN, M., Relationship Marketing, München 2001.

FÖLDY, R., Werbung von Messegesellschaften, in: Strothmann, K./Busche, M., Handbuch Messemarketing, Wiesbaden 1992, S. 221-234.

RAUE, E., Der wesentliche Punkt der Kundenorientierung ist, man muss sie wirklich leben", in: Brandt, J./Schneider, U.G., Handbuch Kundenbindung. Service und Kundenorientierung, Interviews mit namhaften Experten, Methoden und Maßnahmen der Kundenbindung, Berlin 2001, S. 80-84.

Anna Holzner

Pricing von Messedienstleistungen

1. Einleitung

2. Systematisierung des Messedienstleistungsangebotes

3. Pricing von Messedienstleistungen für Aussteller
   3.1 Preisniveau
   3.2 Preisstrukturen
       3.2.1 Preisstrukturen der Basismessedienstleistungen
       3.2.2 Preisstrukturen der Zusatzleistungen
   3.3 Preisfestsetzungsmethode
       3.3.1 Preisfestsetzungsmethode für die Standflächen
       3.3.2 Preisfestsetzungsmethode bei den Zusatzmessedienstleistungen

4. Kritische Anmerkungen zur aktuellen Preispolitik
   4.1 Beurteilung der gegenwärtigen Preispolitik
   4.2 Entwicklung der Stakeholder Perspektive
   4.3 Das Potenzial eines integrierten, am Ausstellernutzen orientierten
       Pricings

5. Literaturverzeichnis

*Dipl.-Volksw. Anna Holzner ist Doktorandin am Lehrstuhl Marketingmanagement an
der HHL - Leipzig Graduate School of Management, Leipzig.*

1. Einleitung

Der Preispolitik von Messegesellschaften und Messeveranstaltern in Deutschland wurde bisher in der wissenschaftlichen Literatur und in Fachjournalen der Messewirtschaft wenig Beachtung geschenkt. Die Vertreter der Messegesellschaften und Messeveranstalter beurteilen die Preissetzung von Messedienstleistung als wichtig, allerdings äußert sich die Mehrheit verhalten bei der Diskussion der aktuellen Preisgestaltung und vor allem der Veränderungen der betrieblichen Preispolitik.

Die gegenwärtige Situation der Messewirtschaft ist gekennzeichnet durch Überkapazitäten, Marktsättigung und steigende Nachfragemacht (vgl. AUMA 2002, S. 7-29)[1] – eine Situation, die den Stellenwert des Pricings erhöht.

Vor diesem Hintergrund wird mit dem vorliegenden Beitrag das Hauptziel verfolgt, die aktuelle Preissetzung zu beschreiben, ihre Defizite aufzuzeigen und den Handlungsspielraum für preispolitische Entscheidungen zu erörtern. Abschließend wird auf das Potenzial einer Preispolitik hingewiesen, die den Kunden und seine Zahlungsbereitschaft in den Mittelpunkt rückt. Sämtliche Aussagen beziehen sich auf den Messemarkt in Deutschland.

Noch eine Abgrenzung: Im Folgenden wird ausschließlich der Begriff *Messeveranstalter* verwendet. Als Messeveranstalter werden Unternehmen und Organisationen verstanden, die Messen in Deutschland planen, organisieren und durchführen. Damit sind Messegesellschaften, private Messeveranstalter und Verbände sowie deren angeschlossene Unternehmen integriert.

Die Aussagen in Kapitel 4.2 und 4.3 beziehen sich auf die sechs großen Messegesellschaften („Big Six") in Deutschland: Messe Berlin, Messe München, Messe Frankfurt, KoelnMesse, Messe Düsseldorf und Deutsche Messe (vgl. Huber 1994).[2]

2. Systematisierung des Messedienstleistungsangebotes

Messeveranstalter haben zwei heterogene Kundengruppen: die Besucher und die Aussteller. Daher ist es sinnvoll zwischen einem besucher- und ausstellerbezogenen Pricing zu unterscheiden. Es gehen durchschnittlich 6 Prozent (Glässer/Seidel/Lorenz 2001) des Gesamtumsatzes einer Messegesellschaft auf Besuchereinnahmen zurück. Daher wird in

---

[1] Expertengespräche 2002 mit Vertretern der Messegesellschaften in Deutschland und des AUMA-Verbands.

[2] Von den internationalen Messen in Deutschland werden 80 Prozent von den Messegesellschaften ausgeführt (55 Prozent von den Big Six und 25 Prozent von den kleineren Messegesellschaften).

diesem Beitrag der Schwerpunkt auf das Pricing von den Messedienstleistungen gelegt, die den Ausstellern im Rahmen einer Messeveranstaltung angeboten werden.

Die Messedienstleistungen für den Aussteller können in Basisdienstleistungen und Zusatzmessedienstleistungen eingeteilt werden.

Die *Basismessedienstleistungen* sind Grundvoraussetzung für eine Messebeteiligung und umfassen die Vermietung der Standfläche und die damit verbundenen Leistungen: Platzierung des Standes, Standform und Planungssicherheit.

- Die Platzierung des Standes richtet sich danach, welche Standortqualität der Aussteller wünscht: einen hochfrequentierten Standort oder einen ruhigeren Standort. Abhängig von ihren Messebeteiligungszielen bevorzugen Aussteller unterschiedliche Standorte[3]

- Bei der Standform als Leistung handelt es sich um die Anzahl der offenen Seiten der Standfläche. Der Aussteller hat die Wahl zwischen einem Reihenstand (eine offene Seite), Eckstand (zwei offene Seiten), Kopfstand (drei offene Seiten) und Inselstand (vier offene Seiten)

- Die Planungssicherheit ermöglicht dem Aussteller detaillierte Vorbereitung seines Messeauftritts in operativer, lokaler und finanzieller Hinsicht. Dem Aussteller können vom Messeveranstalter unterschiedliche Zeiträume zur verbindlichen Buchung der Messeteilnahme angeboten worden.

Bei den *Zusatzmessedienstleistungen* handelt es sich um die Nebenleistungen, die zusätzlich von dem Messeveranstalter bezogen werden können, z.B. Standbaudienstleistungen und Mediendienstleistungen. Die Leistungen sind übersichtlich in Abbildung 1 dargestellt.

---

[3] Expertengespräche mit Ausstellern 2002.

Messedienstleistungen – Für Aussteller	
Basismessedienstleistungen	**Zusatzmessedienstleistungen**

• Vermietung der Hallenfläche
  • Platzierung der Firmenstände
  • Standform
  • Planungssicherheit/Flexibilität
	• Messestandservice (Standbau, Messepersonal, Mietmöbel etc.)
	• Außenwerbung
	• Schulungen und Seminare
	• Veranstaltungsorganisation (Events auf dem Stand, Vermitteln von Räumlichkeiten außerhalb der Messe etc.)
	• Hotel- und Transfer-Service
	• PR und Marketing (für Unternehmen und Produkt)
	• Media-Pakete (neben Katalogeintrag: E-Mail-Service, Internet-Link etc.)
	• Neue Medien (Videodokumentation, Web-TV etc.)
	• Elektroinstallation
	• Sanitärinstallationen (Spüle, Geräteanschluss etc.)
	• Etc.

Abb. 1: Das Messedienstleistungsangebot für Aussteller

3. Pricing von Messedienstleistungen für Aussteller

Um Übersicht über die Preise zu gewinnen, ist es hilfreich Preisniveau und Preisstruktur zu unterscheiden. Stellen Sie sich vor, Sie betrachten die Speisekarte in einem Restaurant. Eine Charakteristik, welche die *Preisstruktur* der Speisekarte bestimmt, ist die Kombination von Gerichten, die nur zusammen bestellt werden können, z.B. ein 4-Gänge-Menu zu 60 Euro. Eine weitere Charakteristik für die Preisstruktur ist der Essensanlass, z.B. unterschiedliche Preise für dasselbe Menu zum Lunch oder Dinner. Die

Preisstruktur kann durch die Flexibilität der Weinkarte gekennzeichnet sein, z.B. ob und wie viele offene Weine es gibt.

Dagegen reflektiert das *Preisniveau* die durchschnittliche Preishöhe der Leistungen. In anderen Worten: Sie gehen in einen McDonald's und bestellen ein 2-Gänge-Menu mit Getränk für im Schnitt 4,69 Euro, während sie bei Feinkost-Käfer für ein 2-Gänge-Menu mit Getränk 62 Euro bezahlen – das Preisniveau von Käfer liegt um ein Vielfaches über dem Preisniveau von McDonald's.

3.1   Preisniveau

Die Preisniveaus der Basismessedienstleistungen der Messeveranstaltungen in Deutschland sind in der Regel abhängig von der Branche. In Abbildung 2 sind Preisniveauindizes für einige Branchen dargestellt. In der Abbildung werden für die Bestimmung des Preisniveauindexes einer Branche der Mittelwert der Standflächenpreise einer Branche auf den Mittelwert der Bekleidungs&Mode-Branche bezogen. Es handelt sich um die Standflächenpreise (Reihenstände) von überregionalen und internationalen Messen, die in Berlin, München, Frankfurt, Köln, Düsseldorf und Hannover in den Jahren 2001 und 2002 durchgeführt worden sind.

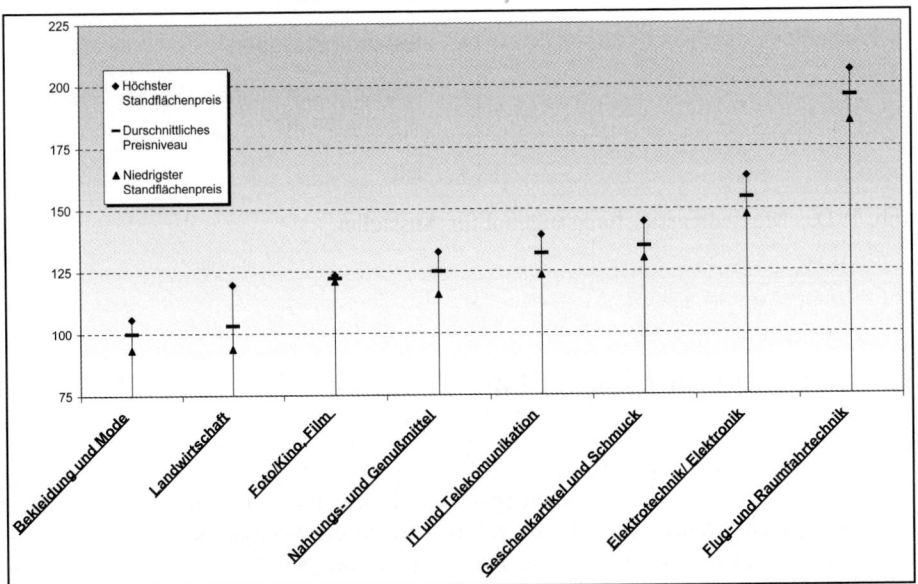

Abb. 2: Preisniveauindizes und Indizes der minimalen und maximalen Preise für Messen einzelner Branchen in Deutschland (2001/2002); Bekleidungs&Mode-Branche = 100

Aus der Grafik lässt sich z.B. ablesen, dass das Preisniveau für Flug- und Raumfahrt-technikmessen rund 95 Prozent über dem von Bekleidungs- und Modemessen liegt. Einige Autoren erklären die branchenabhängigen Niveauunterschiede mit den verschiedenen Zahlungsbereitschaften der Branchen (vgl. z.B. Peters 1992).

3.2 Preisstrukturen

Die Preisstrukturen der Messedienstleistungen unterscheiden sich zwischen den Messe-veranstaltungen je nach den Kriterien, die zur Preisdifferenzierung herangezogen werden. Es haben sich in Deutschland einige Kriterien eingebürgert, die regelmäßig zur Preisdifferenzierung verwendet werden (zu den hier verwendeten Begriffen und Methoden der Preisdifferenzierung, vgl. Diller 2000, S. 286-324).

3.2.1 Preisstrukturen der Basismessedienstleistungen

Die Ansatzpunkte zur Differenzierung der Standflächenpreise werden in Abbildung 3 zusammengefasst. Die angewandten Preisdifferenzierungsansätze werden in drei Gruppen eingeteilt.

Zur Differenzierung des Standflächenpreises (Preis für den Quadratmeter Standfläche) werden die Anzahl der offenen Seiten, von Hallen/Freigelände und Anzahl der Ebenen des Standes herangezogen. Da der Ansatzpunkt für die Preisdifferenzierung in der unter-schiedlichen Leistungsqualität liegt, kann von *Produktdifferenzierung* gesprochen werden.

*   Der Quadratmeterpreis beinhaltet in der Regel bestimmte Basis-Infrastruktur-Leistungen, wie z.B. Eintrag in den Messekatalog und Organisation der Messeveran-staltung – man spricht hier von der *reinen Preisbündelung*. Reine Preisbündelung, weil nicht die Einzelpreise der Einzelleistungen, sondern nur der Komplettpreis aus-gewiesen werden.

*   Rabatte, Preisnachlässe im Vergleich zum Normalpreis (vgl. Diller 2000, S. 298), werden selten gewährt. Mengenrabatte werden in inoffiziellen, individuellen Einzel-verhandlungen ausgehandelt. Sie werden vor allem größeren Kunden in Form von Naturalrabatten gewährt. Zum Beispiel in der Form, dass der Abstellraum oder zu-sätzliche Standflächen nicht bezahlt werden müssen. Relativ selten wird der Zeitra-batt zur Preisdifferenzierung herangezogen. Allgemein werden bei einem Zeitrabatt die Preise in Abhängigkeit von bestimmten Zeitenpunkten oder Zeitspannen redu-ziert. So erhalten Aussteller, die am Ende oder einige Tage nach der aktuellen Mes-severanstaltung für die nächste Veranstaltung die Fläche buchen, in der Regel einen Rabatt.

Einen Überblick über die Ansatzpunkte zur Preisdifferenzierung gibt die Abbildung 3.

Art der Preisdifferenzierung	Messedienstleistung und Differenzierungskriterien
Produktdifferenzierung	Standfläche: • Anzahl der offenen Seiten der Standfläche • Standstock/ 2. Standstock • Freigelände/Halle
Rabatt Zeitrabatt	Standfläche: Frühbucherrabatt
Mengenrabatt	Standfläche: Mengenrabatt als Naturalrabatte
Reine Preisbündelung	Standfläche: Mieten der Standfläche beinhaltet Eintrag im Messekatalog, Organisation Messeveranstaltung etc.

Abb. 3: Ansatzpunkte für die gegenwärtige Differenzierung der Standflächenpreise

3.2.2 Preisstrukturen der Zusatzleistungen

Betrachtet man die Angebote und Preise der Zusatzmessedienstleistungen, so werden vor allem die gemischte und reine Preisbündelung angewendet sowie Mengenrabatte gewährt. Von gemischter Preisbündelung spricht man, wenn neben dem Paketpreis Einzelpreise ausgewiesen werden. Diese zwei Preisbündelungsformen werden von den Messeveranstaltern in unterschiedlichem Ausmaß bei den Zusatzleistungen angewandt. Ein Beispiel für eine gemischte Preisbündelung bei der IFMA 2002 in Köln ist das Premium-Media-Paket. Das Paket bietet zu einem Preis von 1 950 Euro zusätzlich zu den Leistungen des Komfort-Pakets noch weitere Produktdarstellungen und Firmenstandpräsentationen in verschiedenen Medien (Web-TV, Internet etc.). Es handelt sich um eine gemischte Preisbündelung, weil Leistungen, die im Premium-Paket enthalten sind wie Homepage-Banner und Videopräsentationen, auch einzeln buchbar sind.

Bei der reinen Preisbündelung kann der Aussteller nur das Paket als ganzes kaufen, nicht aber Einzelleistungen daraus. Ein Beispiel für die reine Preisbündelung ist das obligatorische Basis-Media-Paket der KoelnMesse. In dem Angebot werden der Messekatalogeintrag, der Texteintrag in der Ausstellerdatenbank, der Internetlink zur Firmenhomepage, die E-Mail-Funktion und ein Eintrag im Messe-TV zu einem Bündel geschnürt – zu einem Preis von 115 Euro. Da es sich um eine reine Preisbündelung handelt, kann der Aussteller den Messekatalogeintrag oder den Texteintrag in der Ausstellerbank nicht einzeln wählen.

Mengenrabatte sind Preisabschläge. Sie sind Anreize zum Kauf größerer Mengen pro Auftrag oder Periode (vgl. Diller 2000, S. 313). So werden die Preise für Konferenztechnikdienstleistungen (z.B. Overheadprojektor/Tag, Videoprojektor/Tag) bei den Big Six in Deutschland (Ausnahme: Hannover) günstiger, je mehr Tage sie für eine Messeveranstaltung angemietet werden.

3.3 Preisfestsetzungsmethode

Zur Preisfestsetzung werden als Bestimmungsfaktoren des Preises die Kosten, die Konkurrenz und die Nachfrage herangezogen. Je nachdem welcher Faktor vorrangig zu der Bestimmung herangezogen wird, wird von der kostenorientierten, konkurrenzorientierten oder nachfragerorientierten Preisbestimmung gesprochen.

Die Preise für die Messedienstleistungen, die im Rahmen von Messeveranstaltungen in Deutschland festgelegt werden, orientieren sich bei den Standflächen vorrangig an der Konkurrenz und bei den Zusatzleistungen vorrangig an den Kosten[4].

3.3.1 Preisfestsetzungsmethode für die Standflächen

Der Preis für den Quadratmeter orientiert sich hauptsächlich an den Preisen der Konkurrenzveranstaltungen in Deutschland. In der Messewirtschaft lassen sich selten direkte Konkurrenzveranstaltungen im Sinne einer vollständigen Substitutionsbeziehung bestimmen.[5] Als Konkurrenz werden Messeveranstaltungen gesehen, die sich thematisch überlappen und zum großen Teil identische Kunden und Branchen ansprechen. Diese Vorgehensweise beim Pricing erklärt das ähnliche Preisniveau von Veranstaltungen einer bestimmten Branche.

Je nach der Beschaffenheit des Marktes insbesondere im Hinblick auf die Anzahl der konkurrierenden Veranstaltungen, deren Marktmacht (Leitmessen, internationale Messen etc.) sowie deren Homogenitätsgrad (wie ähnlich sind die Messethemen, in was unterscheidet sich die neue Messe), eröffnen sich drei Strategien (vgl. zur Nennung der allgemeinen Strategien: Nieschlag/Dichtl/Hörschgen 1991, S. 303) für Messeveranstaltungen:

---

[4] Diese Aussage und folgende Aussagen (nicht die Beurteilungen) beziehen sich auf die Mehrheit der 15 Expertengespräche mit Vertretern der deutschen Messegesellschaften 2002.

[5] In Deutschland gibt es in der Regel keine Messeveranstaltungen, die absolut deckungsgleich sind. Das lässt sich zum Teil durch das regulative Eingreifen des AUMA (Ausstellungs- und Messeausschuss der Deutschen Wirtschaft) erklären.

1. Anpassung an den Marktpreis (z.B. Unterordnung unter einen Preisführer, den Messeveranstalter einer Leitmesse)

2. Eine konsequente Preisunterbietung

3. Eine konsequente Preisüberbietung.

Mit der erstmaligen Preissetzung für Messen muss man gut liegen! Ein Fehler ist kaum
wieder gut zu machen. Wenn der Standflächenpreis festgelegt ist, ist der Spielraum für
künftige Preisänderungen nach oben klein. Der Preis kann in der Regel maximal um 10
Prozent für die nächste Veranstaltung angehoben werden.[6]

Spielen die Kosten bei der Preissetzung der Standflächen keine Rolle? Sie spielen eine
Rolle, allerdings kommt ihnen eher eine Kontrollfunktion zu – die unabhängig von der
eigentlichen Preissetzung zu sehen ist. Meistens gehen die Kosten in Form einer vom
Verkaufspreis rückwärtsrechnenden Kalkulation ein. Damit wird aber nicht der Verkaufspreis bestimmt, sondern die erwarteten Beiträge zur Deckung der Fixkosten. In anderen Worten: nachdem man die Preise für die Standfläche konkurrenzorientiert festgelegt hat, wird deren Tragfähigkeit mit Hilfe der Deckungsbeitragsrechnung überprüft.
Die Kosten haben damit aber keinen Einfluss auf die Preishöhe.

3.3.2 Preisfestsetzungsmethode bei den Zusatzmessedienstleistungen

Die Preise für die Zusatzmessedienstleistungen unterscheiden sich bei einigen Veranstaltern nicht für die verschiedenen Messeveranstaltungen (z.B. bei der KoelnMesse).
Bei anderen variieren sie zwischen den Veranstaltungen (z.B. bei der Messe Frankfurt).

Die Preise der Zusatzmessedienstleistungen[7] werden – im Unterschied zu den Standflä-
chenpreisen – kalkuliert, d.h. kostenorientiert festgelegt. Das Preisniveau der Konkurrenz fließt nur indirekt in das Pricing ein. Die Messeveranstalter treten bei der Mehrheit
der Nebendienstleistungen als Intermediär auf. Wenn sie als Händler von Messedienstleistungen auftreten, schlagen sie dem Einstandspreis[8] (vgl. Müller-Hagedorn 1998,
S. 652) eine Handelsspanne zu (Ausführungen zur Kalkulation in einem Handelsunternehmen, vgl. Müller-Hagedorn 1998, S. 652-654). Es handelt sich somit um eine besondere Form der Kosten-Plus-Kalkulation. Die relative Handelsspanne ergibt sich aus der
absoluten Handelsspanne[9] bezogen auf den Verkaufspreis. Zur Veranschaulichung ein
Beispiel: Der Einstandspreis der Standbau-Leistung sei 60 Euro pro Quadratmeter, der
Verkaufspreis sei 75 Euro pro Quadratmeter – die relative Handelsspanne beträgt dann

---

[6] Expertengespräche 2002/2003.

[7] Die Zusatzmessedienstleistungen werden meist von den Service-Gesellschaften der Messegesellschaften in
Deutschland angeboten.

[8] Einstandspreis der Ware ergibt sich aus dem Einkaufspreis der Ware (ohne MwSt.) zzgl. der Warenbezugs-
und Nebenkosten.

[9] Absolute Handelsspanne = Verkaufspreis ./. Einstandspreis der Ware.

20 Prozent (15 Euro dividiert durch 75 Euro). Die relativen Handelsspannen liegen im Durchschnitt zwischen 15 Prozent und 20 Prozent für obligatorische Leistungen, also Leistungen, die der Aussteller nur vom Messeveranstalter beziehen kann (z.B. Elektro-anschlüsse, Wasser, Katalog) und zwischen 0 Prozent und 15 Prozent für fakultative Leistungen, Leistungen, die neben dem Messeveranstalter auch von anderen Anbietern bezogen werden können (z.B. Marketing-Services wie Messeanzeigen, Streuprospekte und Performances auf Messeständen). Es gibt einige wenige Messedienstleistungen, bei denen die Handelsspannen bis zu 70 Prozent betragen.

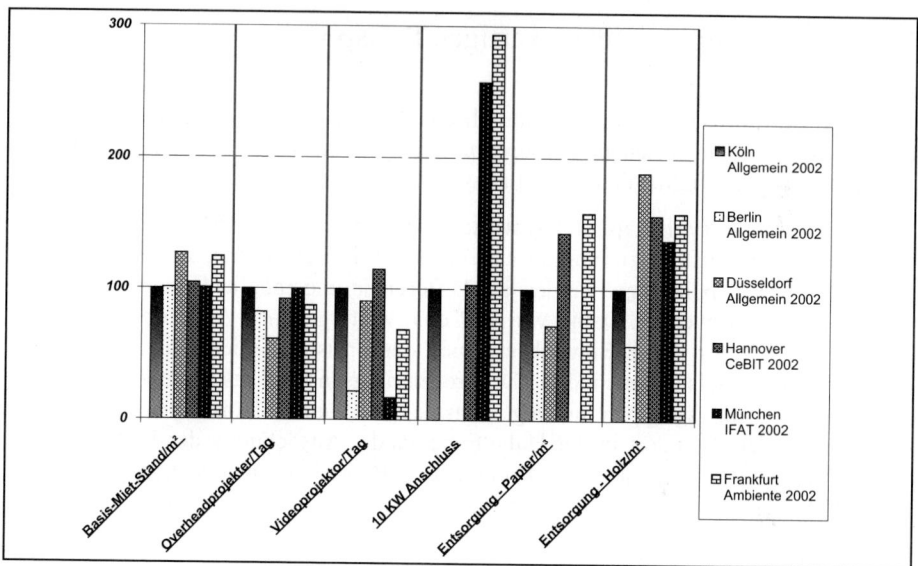

Abb. 4: Preisindizes für ausgewählte Zusatzmessedienstleistungen (KoelnMesse = 100)

Die kostenorientierte Preisbestimmung bei den Zusatzleistungen spiegelt sich in den Preishöhen der Leistungen der verschiedenen Messegesellschaften wider. In Abbildung 4 sind Preisindizes ausgewählter Messedienstleistungen der Big Six in Deutschland dar-gestellt. Der Preisindex einer bestimmten Messedienstleistung einer Messegesellschaft ergibt sich aus dem Verhältnis: Preis der Leistung zum Preis der Leistung der Koeln-Messe. Der KoelnMesse-Preis ist somit beispielhaft als Referenzpreis angesetzt worden, der für die Indizesrechnung auf 100 gesetzt wird. Beim Preisindexvergleich der Holz-Abfallentsorgung für den Kubikmeter sieht man, dass Berlin ca. 50 Prozent unter dem Preis der KoelnMesse liegt und Düsseldorf ca. 90 Prozent über dem Preis der KoelnMes-se. Die Standbaupreise konvergieren gegeneinander und bilden bei den Zusatzleistungen eher eine Ausnahme als die Regel. Diese teilweise enormen Preisunterschiede für die gleiche Leistung zeigen nochmals deutlich, dass sich die Preise in der Regel nicht an der Konkurrenz orientieren, denn in diesem Fall würden die Preise enger beieinander liegen. Vielmehr kalkuliert jeder Messeveranstalter seine Preise losgelöst von der Konkurrenz.

4.   Kritische Anmerkungen zur aktuellen Preispolitik

Im Folgenden wird die oben beschriebene Preispolitik beurteilt, der Handlungsspielraum des Messemanagements bei strategischen preispolitischen Entscheidungen analysiert und das Potenzial einer nutzenorientierten Preispolitik skizziert.

4.1   Beurteilung der gegenwärtigen Preispolitik

Kann der Gewinn oder der Umsatz durch das Pricing gesteigert werden? In anderen Worten, schöpfen die bestehenden Preisstrukturen und die angewendeten Preisverfahren die Zahlungsbereitschaften der Aussteller systematisch ab?

Die Preisstrukturen (vgl. Kapitel 2.4) weisen darauf hin, dass bei Messeveranstaltungen verschiedene Preisdifferenzierungsansätze (Produktdifferenzierung, Zeitrabatt etc.) angewendet werden. Allerdings werden die Differenzierungsmöglichkeiten im Allgemeinen nur partiell verwendet. Damit wird auf eine weitergehende Abschöpfung der Zahlungsbereitschaft verzichtet. Sowohl innerhalb der Basismessedienstleistungen und der Zusatzmessedienstleistungen sind die Differenzierungsansätze ausdehnbar als auch über die beiden Leistungsgruppen hinweg. Beispiele für solche Ansatzpunkte: Differenzierung nach dem Standort in der Halle/Freigelände, Ausdehnung der Differenzierung nach dem Buchungszeitpunkt (Last-Minute etc.), Bündelung über Standflächen, Standbau und Medienleistungen und Bonussysteme.

Was sind die Gefahren der verwendeten Preisbestimmungsmethoden, welche Chancen werden übersehen? Die konkurrenzorientierte Festlegung der Standflächenpreise betont, dass die Preisbereitschaft der Aussteller im starkem Maße von der preislichen Attraktivität der Alternativveranstaltungen abhängt. Das wird sicherlich bei dem sich gegenwärtig verschärfenden Wettbewerb wichtig. Gleichzeitig birgt eine solche Preisstellung die Gefahr, dass sie von der Kostensituation und zum Teil auch vom Abnehmerverhalten abgekoppelt wird. Zwar wird mit der Deckungsbeitragsrechung, die für jede Veranstaltung durchgeführt wird, die völlige Loslösung von der Kostensituation verringert – allerdings wirkt sie (wie oben beschrieben) als Kontrollinstrument, das nur noch größeren Schaden abwenden kann.

Die progressive Kalkulation (Kosten-Plus-Rechnung) der Zusatzmessedienstleistungen ist nur dann nicht problematisch, wenn das Preisbewusstsein der Nachfrager gering ist. Bei bestimmten Nebenleistungen, die nur exklusiv von dem Messeveranstalter (z.B. Elektro- und Wasseranschlüsse) bezogen werden können, ist es für die Aussteller unmöglich durch Nicht-Kauf auf die überhöhten Preisfestsetzungen zu reagieren, wenn sie nicht auf die Leistung verzichten wollen. Bei den anderen Zusatzleistungen, die auch von anderen Anbietern bezogen werden können (z.B. bei Mobiliar, Standbau, Marketingleistungen), besteht die Gefahr, dass Aussteller auf diese ausweichen.

Sowohl die wettbewerbsorientierte Festlegung der Standflächenpreise als auch die kostenorientierte Bestimmung der Zusatzleistungspreise beziehen den Aussteller nicht direkt mit ein. Damit jedoch lässt man die Chance ungenutzt, sich an der Zahlungsbereitschaft der Aussteller zu orientieren – und verzichtet auf die systematische Abschöpfung der Konsumentenrente[10] sowie auf die Ausrichtung des Angebotes auf die Aussteller.

Die fehlende Orientierung an den Ausstellern ist mit ein Grund, dass sich bei einigen Veranstaltungen ein zweiter Standflächenmarkt herausbildet, auf dem ein Aussteller eine Standfläche kauft, die größer ist als die von ihm benötigte. Er verkauft die zusätzlichen Quadratmeter zu einem höheren oder subventionierten Preis. Die Vorzüge für Aussteller von diesem „Händler" und nicht vom Messeveranstalter zu kaufen, können darin liegen, dass der Händler ihre Wünsche erfüllt: besserer Standort, gewünschte Standform, zeitliche Flexibilität (z.B. keine Reservierungsdeadline) – Leistungen die ihnen als einzelner Aussteller der Messeveranstalter oft nicht bietet.

4.2   Entwicklung der Stakeholder Perspektive

Verwunderlich ist, dass sich die Preispolitik der Big Six in Deutschland in den letzten Jahrzehnten nicht wesentlich verändert hat – während in anderen Branchen mit verwandten Herausforderungen (z.B. Fluggesellschaften, Hotels, die wie die Big Six ihre Kapazitäten langfristig planen – und kurzfristig die Kapazitäten ertragsoptimierend auslasten müssen) komplexe Preissysteme entwickelt wurden. Gründe für die Stabilität der Preispolitik für Messeveranstaltungen in Deutschland können mit Elementen des Stakeholderkonzepts erklärt werden (vgl. Robertz 1999).

Das Stakeholder-Konzept zeigt, dass es eine gegenseitige Abhängigkeit zwischen Unternehmen und bestimmten Gesellschaftsgruppen gibt. Das Management muss diese Stakeholder (Anspruchsgruppen) zum Erreichen seiner Ziele in seinen Entscheidungen berücksichtigen (vgl. Figge/Schaltegger 2000, S. 7). Dies bedeutet, übertragen auf die preispolitischen Herausforderungen der Messegesellschaften, dass das Messe-Management auch bei seinen preispolitischen Entscheidungen die verschiedenen Interessengruppen berücksichtigen muss. Mit der Stakeholder-Perspektive als Analyse Tool können u.a. die kritischen Stakeholder identifiziert werden. Hier soll nur ein hilfreiches Analyse-Tool des Stakeholderkonzepts zur Verdeutlichung der Komplexität preisstrategischer Entscheidungen des Messemanagements herangezogen werden. Das Stakeholder-Konzept insgesamt ist wesentlich umfassender (zum Stakeholderkonzept, vgl. z.B. Figge/Schaltegger 2000, S. 9-12, S. 14-16; Freeman, 1984). Kritische Stakeholder kennzeichnen sich durch die Zurverfügungstellung von Ressourcen aus, die nicht oder nur zu hohen Kosten ersetzt werden können (vgl. Figge/Schaltegger 2000, S. 10). In Abbildung 5 sind die kritischen Stakeholder der Big Six für preisstrategische Entscheidungen darge-

---

[10] Die Konsumentenrente ergibt sich aus der positiven Differenz zwischen den Preisen, die die Aussteller bereit wären zu zahlen und dem Marktpreis (Preis, der im Durchschnitt für die Leistung bezahlt wird).

stellt. Es gilt diese Stakeholder zu priorisieren, da nicht alle Interessen vollständig beachtet werden können, und dabei den Handlungsspielraum des Unternehmens soweit wie
möglich sicherzustellen (vgl. Figge/Schaltegger 2000, S. 10, S. 12). Nun zu den kritischen Stakeholdern im Einzelnen:

- Die Preise für Leistungen des regionalen *Gastgewerbes*, der *Verkehrsbetriebe* und
  der *Messedienstleister* (z.B. Standbauer, Cateringanbieter) beeinflussen die preispolitischen Entscheidungen des Messemanagements und umgekehrt beeinflusst die
  Preispolitik der Messe diese Stakeholder in ihren Betriebsentscheidungen. So ist z.B.
  häufig von den Messemanagern zu hören, sie könnten die Preise nicht erhöhen, da
  die Aussteller bereits soviel für die Anreise, Unterkunft und Verpflegung ausgeben
  müssten.

- *Verbände* beeinflussen durch ihr Engagement und durch das Vertreten ihrer Mitglieder in (Preis-)Verhandlungen mit der Messegesellschaft in direkter Weise die Preisentscheidungen der Messegesellschaft.

- In einer ähnlichen Beziehung stehen die bedeutenden Aussteller (*Key-Account-Aus-
  steller*) zur Messegesellschaft. Sie bestimmen in Einzelverhandlungen mit dem Messemanagement direkt den Preis mit. Desgleichen werden ihre Situation und ihre Entscheidungen direkt von der Preispolitik der Messe beeinflusst.

- Der Großteil der *Aussteller* hat keinen direkten Einfluss auf die Preispolitik der
  Messegesellschaften – da sie weder durch direkte Verhandlungen noch durch die
  Preisfestsetzungsmethoden der Big Six miteinbezogen werden. Indirekt können sie
  im begrenzten Umfang versuchen, die Preispolitik der Messegesellschaft durch
  Mehrteilnahmen oder Wenigerteilnahmen (bei einer bedeutenden Messe für den
  Aussteller können sie nicht wirklich reagieren) und durch den Umfang der gekauften
  Leistungen zu beeinflussen. Fraglich ist, ob diese Kaufreaktion die Messemanager
  bei der preispolitischen Entscheidung der späteren Veranstaltungen beeinflusst. Die
  Besucheranzahl hängt u.a. davon ab, welche und wie viele Aussteller sich auf der
  Messe präsentieren. Auf diese Weise zieht die Reaktion der Aussteller auf die Preis-
  politik der Messegesellschaft nach sich, wie viele *Besucher* auf die Messe kommen
  werden. Mit der Anzahl und der Qualität der Besucher wiederum steigt und fällt der
  Erfolg einer Messe – im schlechtesten Fall: ohne attraktive Besucher – gibt es keine
  Messe.

- Der *Staat* (Messestadt und das entsprechende Bundesland) steht in einer besonderen
  Stakeholder-Beziehung zu den Big Six. Zum einen möchte der Staat aus regionalwirtschaftlichen, regionalpolitischen und fiskalischen Gründen, dass Aussteller, Besucher und Messegesellschaften möglichst viel in der Region ausgeben und investieren. Die Folgen dieser Ausgaben (z.B. Übernachtungen, Restaurantbesuche,
  Messegeländeausbau etc.) sind Produktionseffekte[11] und Beschäftigungseffekte[12]

---

[11] Produktion, die von den Ausgaben induziert wird.

[12] Erwerbstätigkeit, die von den Ausgaben induziert wird.

(zu Produktionseffekten und Beschäftigungseffekten, vgl. Spannagel/Täger/Weitzel et al. 1999, S. 63-71) für die Region, die sich letztendlich positiv auf die öffentliche Haushaltslage und auf die politische Situation der Stadt- und Landespolitiker auswirken. Dabei sind ca. 53 Prozent der Gesamtproduktionseffekte auf die Aussteller, 35 Prozent auf die Besucher und 12 Prozent auf die Messegesellschaften zurückzuführen (eigene Berechnungen auf Basis der Statistiktabellen, in: Spannagel/Täger/Weitzel et al. 1999, S. 100-102). Zum anderen sind Stadt und Land zusammen der jeweils größte *Shareholder* (Eigentümer) der Big Six in Deutschland. Die Messegesellschaften firmieren meist als GmbH. Ein privater Shareholder wäre an einer größtmöglichen Rendite seines Kapitals interessiert, d.h. er erwartete vom Messemanagement Gewinnoptimierung. In diesem Fall müssten die Preise gewinnoptimierend festgelegt werden. Stadt und Land als Shareholder aber verfolgen regionalwirtschaftliche und politische Interessen. Im Gegensatz zu Ihren Shareholdern und Stakeholdern verfolgt das Messemanagement meistens gewinnorientierte Ziele.[13]

Vor allem der Interessenskonflikt zwischen Staat und Management schränkt den Handlungsspielraum für preispolitische Entscheidungen des Messemanagements erheblich ein. Stadt und Land befürchten, dass durch eine veränderte Preispolitik, die den Messegesellschaftsgewinn optimiert, die Besucher- und Ausstellerausgaben in der Region mit all ihren positiven Effekten zurückgehen. Damit würden aus Fiskusperspektive die Mehreinnahmen durch eine erhöhte Eigenkapitalrendite aus der Messebeteiligung bei weitem nicht die negativen Effekte auf den öffentlichen Haushalt kompensieren, ganz zu schweigen von der abnehmenden Popularität der Politiker. Für preisstrategische Entscheidungen muss das Messemanagement der Beziehung zum Stakeholder Staat hohe Priorität einräumen. Die Herausforderung für das Management liegt kurzfristig darin, den verbleibenden preispolitischen Handlungsspielraum bestmöglich auszunutzen und zu zeigen, dass eine veränderte, ertragsorientierte Preispolitik nicht notwendigerweise mit einem Rückgang der Aussteller und Besucherzahlen verbunden sein muss. Langfristig sollte es das Ziel sein, den Handlungsspielraum für Preisentscheidungen zu vergrößern.

---

[13] Expertengespräche 2002/2003.

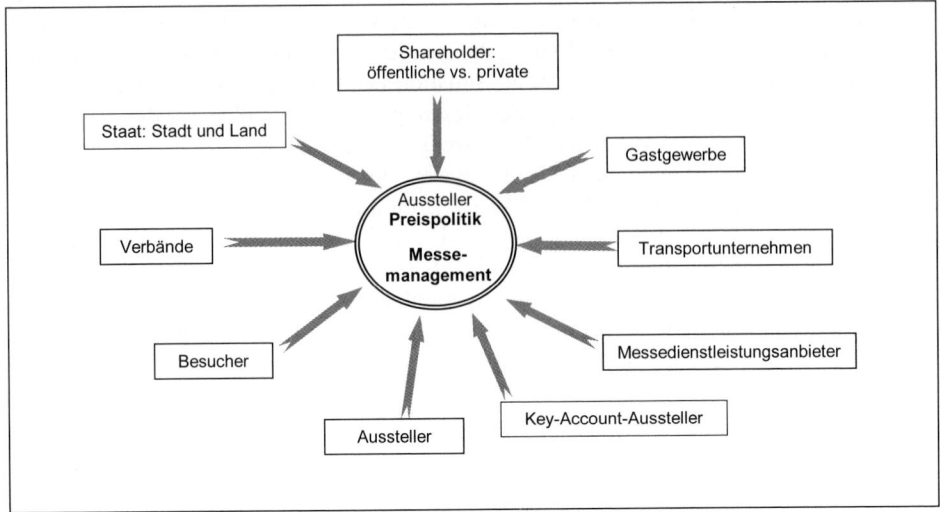

Abb. 5: Stakeholder-Map für die Big-Six-Messegesellschaften in Deutschland

4.3 Das Potenzial eines integrierten, am Ausstellernutzen orientierten Pricings

Eine integrierte, d.h. in einen Revenue-Prozess einbezogene, nutzenorientierte Preispolitik (Literatur zur nutzenorientierten Preissetzung, vgl. z.B. Kucher/Hilleke 1993, S. 283-290; Skiera/Gensler 2002, S. 200-206), könnte zum einen den Ertrag der Messegesellschaft steigern. Es wird das Ziel verfolgt, die Zahlungsbereitschaft der Aussteller einer Messeveranstaltung mit einer am Ausstellernutzen orientierten Preisdifferenzierung abzuschöpfen. Gleichzeitig wird das Messedienstleistungsangebot für eine Veranstaltung hinsichtlich der Ausstellerpräferenzen optimiert. Bei dieser Preissetzung wird beispielsweise berücksichtigt:

- Die Wichtigkeit der einzelnen Messedienstleistung für den Aussteller (z.B.: Wie wichtig ist das Medienpaket, der Standort in der Halle, die Standform?)

- Der Wert der Ausprägungen bestimmter Messedienstleistungen für den Aussteller (z.B.: Wie viel ist der Aussteller bereit für einen hochfrequentierten/weniger frequentierten Standort zu bezahlen?)

- Die Preis-Absatzfunktionen für bestimmte Messedienstleistungsversionen (z.B.: Wie groß ist die Nachfrage nach hoch frequentierten Standplatzierungen in Abhängigkeit vom Preis?).

Da die Angebote und Preise durch die Präferenzen der Aussteller bestimmt werden, ist es wahrscheinlich, dass die Aussteller erfolgreicher und zufriedener mit ihrem Messeauftritt sind und an der nächsten Messeveranstaltung wieder teilnehmen werden.

Zum anderen kommen durch die Integration des nutzenorientierten Pricings in den Revenue-Prozess, mit dem u.a. Ziele wie eine möglichst gleichmäßig hohe Kapazitätsauslastung und Kundenloyalität verfolgt werden, mehr Aussteller und Besucher in die Region. Das bedeutet, dass mit der Einbindung in den Revenue Prozess neben den ertragswirtschaftlichen Zielen des Messemanagements auch die Interessen des Staates als Stakeholder berücksichtigt werden können.

5. Literaturverzeichnis

AUMA (HRSG.), Die Messewirtschaft 2001/2002 – Bericht des Ausstellungs- und Messe-Ausschusses der Deutschen Wirtschaft e.V., Bergisch Gladbach 2002.

DILLER, H., Preispolitik, 3. Aufl., Stuttgart 2000.

FIGGE, F./SCHALTEGGER, S., Was ist „Stakeholder Value"? – Vom Schlagwort zur Messung, Lüneburg 2000.

FREEMAN, R. E., Strategic Management: A Stakeholder Approach, Boston 1984.

GLÄSSER, E./SEIDEL, A./LORENZ, J. ET AL., BBE-Branchenreport. Messemarkt – Jahrgang 2001, Köln 2001.

HUBER, A., Wettbewerbsstrategien Deutscher Messegesellschaften – analysiert und entwickelt am Beispiel der Großmessegesellschaften, Frankfurt a.M. 1994.

KUCHER, E./HILLEKE, K., Value Pricing Trough Conjoint Measurement: A Practical Approach, in: European Management Journal, Vol. 11 (1993), Nr. 3, S. 283-290.

MÜLLER-HAGEDORN, L., Der Handel, Stuttgart 1998.

NIESCHLAG, R./DICHTL, E./HÖRSCHGEN, H., Marketing, 16. Aufl., Berlin 1991.

PETERS, M., Dienstleistungsmarketing in der Praxis – am Beispiel eines Messeunternehmens, Diss. Frankfurt a.M. 1992.

ROBERTZ, G., Strategisches Messemanagement, Wiesbaden 1999.

SKIERA, B./GENSLER, S., Berechnung von Nutzenfunktionen und Marktsimulationen mit Hilfe der Conjoint-Analyse (Teil I), in: WiSt, Heft 4, 2002, S. 200-206.

SPANNAGEL, R./TÄGER, U./WEITZEL, G. ET AL., Die gesamtwirtschaftliche Bedeutung von Messen und Ausstellungen in Deutschland, München 1999.

Ulrich Kromer von Baerle

Bedeutung des Internets als Kommunikations- und Vertriebsinstrument von Messen

1. Einleitung

2. Die Online-Services der Messegesellschaften

3. Nutzung der Online-Services
   3.1 Vorteile der Online-Services für die Interaktionspartner
   3.2 Service für Besucher
   3.3 Service für Presse
   3.4 Service für Aussteller

4. Die virtuelle Messe
   4.1 Zum Begriff der virtuellen Messe
   4.2 Funktionsweise
   4.3 Typologisierung der virtuellen Messe anhand spezifischer Kriterien
       4.3.1 Veranstaltungsdauer
       4.3.2 Dimension der Darstellung
   4.4 Die Bedeutung der virtuellen Messe
       4.4.1 Vorteile von virtuellen Messen
       4.4.2 Nachteile von virtuellen Messen
   4.5 Die Potenziale der virtuellen Messe

5. Schlussbetrachtung

6. Literaturverzeichnis

Ulrich Kromer von Baerle ist Geschäftsführer der Stuttgarter Messe- und Kongressgesellschaft mbH, Stuttgart.

1. Einleitung

Die Märkte sind weltweit im Wandel und daraus entwickeln sich neue Messekonzepte. Die Anzahl der Messen steigt weltweit rapide an. Gleichzeitig werden sich die einzelnen Messekonzepte immer ähnlicher. Eine marktgängige und branchengerechte Messekonzeption wird längst als Selbstverständlichkeit vorausgesetzt. Neue Chancen zur Differenzierung gegenüber den Mitbewerbern bieten sich hauptsächlich bei den Inhalten, der Positionierung, der Prozessorientierung und im Service. Diese Abgrenzung im Dienstleistungsbereich kann auf zwei Arten geschehen: Über die Art des Services und über den Ort seiner Bereitstellung. Die Entstehung des Internet hat den Messegesellschaften die Möglichkeit eröffnet, ihre bisherigen Serviceangebote für Aussteller und für Besucher auch über diesen neuen Kanal anzubieten. Aber durch seine weite Verbreitung und seine Dialogfähigkeit eignet sich das Internet auch für die Implementierung von völlig neuen Serviceleistungen. Daher liegt es nun an den Messegesellschaften, das Offline- und das Online-Geschäft auf intelligente Weise so zu verzahnen, dass den Kunden die Serviceleistungen auf allen verfügbaren Kanälen zu Verfügung stehen. Diese „Multi-Channel-Strategie" der Messegesellschaften ist auch nötig, da die Neuen Medien im Marketing vieler Unternehmen der ausstellenden und besuchenden Wirtschaft Einzug gehalten haben. Die drastischen Veränderungen aus dem zunehmenden Einsatz betreffen sowohl Märkte als auch das Marketing. Wollen die Messegesellschaften auch künftig am wettbewerbsintensiven Messemarkt partizipieren, müssen sie sich mit der Entwicklung der Neuen Medien befassen.

2. Die Online-Services der Messegesellschaften

Kein renommierter Messeveranstalter kann es sich heute leisten, nicht im Internet vertreten zu sein. Die Ausprägungen der Messe-Websites reichen von der einfachen Unternehmensinformation, über Veranstaltungstermine und kompletten Online-Standbau bis hin zu einer partiellen Live-Übertragung der realen Veranstaltung ins Internet. Diese im Internet bereitgestellten Dienstleistungen, die Online-Services, sollen den Interaktionspartnern die Teilnahme an einer Messeveranstaltung erleichtern. Der Unterschied zwischen den Online-Dienstleistungen, die von den Messegesellschaften angeboten werden, und den virtuellen Messen liegt in deren fehlendem Bezug zu einer realen Messe. Virtuelle Messen finden ausschließlich im Internet statt. Die Online-Services dagegen sind fest mit einer realen Veranstaltung verbunden. Die zeitliche Dimension ist dabei variabel, das bedeutet sie können mit einem gewissen Vor- und Nachlauf zum Veranstaltungstermin oder aber permanent im Netz erreichbar sein.

Betrachtet man die Eigenschaften erfolgreicher Internetangebote, ist schnell zu erkennen, dass eine einfache und bequeme Bedienung, umfassender, informativer und nützlicher Inhalt sowie eine hohe Individualität wichtig sind, um im Wettbewerb bestehen zu
können.

Wie für jede andere Website gilt auch für die Präsenz einer Messegesellschaft, die Regel
das *DIME*-Konzept (vgl. Stolpmann 2000, S. 62) zu berücksichtigen:

D – Dialog

I – Interaktion

M – Mehrwert

E – Einzigartigkeit.

Sie muss mit den Besuchern einen echten Dialog eröffnen, Nutzen in Form von Interak-
tion und Mehrwert bieten und sich durch Einzigartigkeit von der Konkurrenz abheben.
Die Kunden erwarten auf den Webseiten der Messeveranstalter alles an einer Stelle: In-
formation, Kommunikation und Transaktion. Doch die unterschiedlichen Veranstal-
tungskonzepte einer Messegesellschaft sprechen auch unterschiedliche Zielgruppen an.
Die Messewebsite wird sowohl von Business-Kunden seitens der Aussteller und der
Fachbesucher (B2B) als auch von den Privat-Kunden der Verbrauchermessen besucht.
Diese Kundengruppen haben unterschiedliche Ansprüche an die Online-Präsenz. Bei
B2B-Kunden treten Aspekte wie Entertainment in den Hintergrund, dafür ist die Ver-
mittlung komplexer Sachverhalte und Produktnutzen entscheidend.

3. Nutzung der Online-Services

3.1 Vorteile der Online-Services für die Interaktionspartner

Für Aussteller und Besucher können die Online-Services der Messegesellschaften zu einer intensiveren Vorbereitung und Nutzung sowie auch zu verbesserter Nacharbeit der
Veranstaltung beitragen (vgl. Borstel 2000, S. 3). Da die Online-Services rund um die
Uhr abrufbar sind, können sich die Interaktionspartner jederzeit, auch unabhängig von
den Geschäftszeiten des Veranstalters, über eine Messe informieren. Dies ist besonders
für diejenigen ausländischen Aussteller und Besucher wichtig, die in anderen Zeitzonen
leben. Dank der Online-Ausstellerdatenbank kann der Besucher seinen Besuchsablauf
schon im Vorfeld der Veranstaltung planen, dabei können auch Hallenpläne helfen. Für
den Aussteller bedeutet der Eintrag in die Ausstellerdatenbank eine weltweite Präsenz,
darüber hinaus wird die Verfügbarkeit der Information über die eigentliche Veranstaltungsdauer hinaus verlängert.

Die Online-Services können für die Kunden auch Zeit- und Aufwandsersparnis bedeuten. Kartenvorverkauf und Hotelbuchung per Internet lassen dem Besucher Zeit, sich auf den Messebesuch zu konzentrieren. Der Aussteller profitiert von Online-Standreservierung und Online-Standbau. Informationen über die Vorveranstaltung üben einen positiven Effekt auf die Transparenz von Messeergebnissen aus, somit kann der Aussteller seine Beteiligung besser planen und den Grad seines Messeerfolgs ermitteln.

Der Veranstalter selbst profitiert von einer gewissen Sogwirkung durch das Webangebot. Potenzielle Aussteller, die im Internet auf eine Veranstaltung aufmerksam werden, können auch zu realen Kunden werden, sofern ihr Aufwand dafür möglichst reduziert wird. Bei den Besuchern verhält es sich genau so. Wird der Nutzer über das Internet ausreichend interessiert für eine Messe, besucht er eventuell auch die eigentliche Veranstaltung.

3.2   Service für Besucher

Der Besucher von heute bleibt im Durchschnitt nur 1,2 Tage auf einer Messe (vgl. Schöne 1999, S. 7). Darum ist es für ihn wichtiger denn je, den Besuch gründlich vor- und nachzubereiten, was auch über 70 Prozent der Messebesucher tun. Dazu stellen die Messegesellschaften verschiedene Services zur Verfügung, die den Messebesuch so effizient wie möglich machen sollen.

Ausstellerverzeichnis: Der Veranstaltungskatalog beinhaltet alle Daten der Aussteller wie Anschrift- und Standnummer. Er wird traditionell als Printmedium und als CD-ROM veröffentlicht, inzwischen ist er aber auch über die Websites der Messeveranstalter abrufbar. Auf Grund seiner Inhalte kann der Messekatalog als anbahnendes Element für den Messebesuch sowie für eventuell zustande kommende Geschäftsabschlüsse mit den Besuchern betrachtet werden. Mit der Messeteilnahme eines Unternehmens ist üblicherweise auch die gebührenpflichtige Eintragung in den Katalog verbunden.

Der Online-Katalog hat für Aussteller und Besucher gleichermaßen viele Vorteile. Je nach Gesellschaft bietet er verschiedene zusätzliche Funktionen, über die der Printkatalog nicht verfügt, wie z.B. die umfangreiche Suche nach Stichwörtern oder direkte Links zu den Unternehmens-Homepages. Außerdem kann der Online-Katalog jederzeit aktualisiert werden, ist früher verfügbar und kann unbegrenzt lange auch nach der Veranstaltung angeboten werden. So kann die Ausstellerdatenbank auch zwischen den Messeterminen zur Recherche genutzt werden (vgl. Borstel 2000, S. 3).

Speziell für die Besucher ist es eine große Erleichterung, vom heimischen PC aus eine Liste mit den interessanten Ausstellern zusammenstellen und ausdrucken zu können, anstatt den mitunter 500 oder mehr Seiten dicken Katalog auf der Messe bei sich tragen zu müssen. Der quantitative und qualitative Überblick über die Aussteller im Vorfeld einer Veranstaltung kann potenzielle Besucher interessieren und so neue Kunden für die Mes-

segesellschaft gewinnen. Für den Aussteller wird durch den Eintrag im weltweit abrufba-
ren Online-Katalog zusätzliche Publizität erzielt.

Sinnvolle Ergänzung hierzu ist ein virtueller Messeplaner, in den man per Klick seine
persönliche Ausstellerliste stellen kann. Name, Halle und Standnummer werden automatisch notiert und lassen sich wahlweise ausdrucken oder sogar auf das PDA
herunterladen. Besitzer von PDAs können sich dazu ergänzend Hallenpläne, Gelände-
pläne oder Veranstaltungshinweise zum Rahmenprogramm herunterladen und sich so
jederzeit auch während des Messebesuchs mobil informieren.

Registrierung: Die Fachbesucherregistrierung per Internet, beispielweise in Kombination
mit dem Kartenvorverkauf, spart den Besuchern wertvolle Zeit am Eingang in die Messehallen. Für Messegesellschaften bedeutet es eine große organisatorische Erleichterung,
dass die Daten schon digital vorliegen und gleich weiterverarbeitet werden können, und
nicht erst einzeln in die EDV eingegeben werden müssen. Um Besucher für die Online-
Registrierung zu gewinnen, bieten die Gesellschaften verschiedene Benefits, vom verbilligten Messekatalog bis zum kostenlosen Messeeintritt. Die so gewonnenen, qualitativen Besucherdaten können zur gezielten Ausstellerwerbung eingesetzt werden.

Kartenverkauf: Eintrittskarten werden traditionell entweder direkt am Messegelände o-
der per Vorverkauf (ausgewählte Vorverkaufsstellen oder telefonische Bestellung) an die
Besucher verkauft. Aber auch die elektronische Bestellung ist möglich und wird von einigen Gesellschaften praktiziert. Wenn die Karte sogar am heimischen Drucker ausgedruckt werden kann, lassen sich alle Transaktionsphasen mit Hilfe elektronischer Medien durchführen. Den Messegesellschaften erschließt sich damit ein weiterer Vertriebskanal.

3.3   Service für Presse

Beim Pressebereich gehen die Messeveranstalter verschiedene Wege. Bei der Mehrheit
ist dieser Bereich für alle Nutzer offen zugänglich. Die Messen Hannover und Düsseldorf behalten diesen Bereich allerdings akkreditierten Journalisten vor. Da sich aber
auch noch andere Benutzergruppen für diesen Bereich interessieren, bietet die Messe
München einen offenen und einen geschlossenen Pressebereich an. Die Messe Nürnberg
geht einen ähnlichen Weg, sie öffnet die geschlossene Benutzergruppe eine Woche vor
der Veranstaltung der Öffentlichkeit. Inhaltlich bieten fast alle Veranstalter dasselbe:
Pressemitteilungen lassen sich recherchieren und teilweise herunterladen, ebenso stehen
bei den meisten Messegesellschaften Markenvorlagen und Bilder der Veranstaltungen
online zur Verfügung. Dies hat für die Journalisten den Vorteil, dass sie auch ohne eigene Anwesenheit über das Ereignis berichten können.

3.4 Service für Aussteller

Die Anmeldung zur Messeteilnahme erfolgt momentan bei den meisten Gesellschaften noch schriftlich. Damit ist ein erheblicher bürokratischer Aufwand für Aussteller und Veranstalter verbunden. Eine elektronische Anmeldung dagegen hat zahlreiche Vorteile, wie z.B. Kosten- und Zeitersparnisse für beide Seiten. Die Vertragsschließung im Internet gestaltet sich nach den gleichen Vorschriften wie bei „normalen" Verträgen. Bei Vertragsabschlüssen handelt es sich um Abgaben von Willenserklärungen. Problematisch stellen sich bei digitalen Verträgen die Beweisbarkeit und Zurechenbarkeit dar. Durch die Verbreitung von elektronischen Signaturen wurden derartige Probleme allerdings teilweise gelöst. Eine weitere Problematik in diesem Bereich sind Formvorschriften (Schriftform, notarielle Beurkundung, vgl. Sternersen 2000, S. 7). Zur Zeit mangelt es allerdings noch an der Akzeptanz elektronischer Verträge seitens der Aussteller. Daher wird von den Gesellschaften höchstens eine unverbindliche Standreservierung im Internet angeboten, die dann auf herkömmliche Art schriftlich bestätigt werden muss.

4. Die virtuelle Messe

4.1 Zum Begriff der virtuellen Messe

Der Begriff „virtuelle Messe" ist nicht eindeutig, da solche virtuellen Ereignisse kaum mit der eigentlichen Definition und dem ursprünglichen Charakter einer klassischen Messeveranstaltung vereinbar sind. Eine Differenzierung zwischen Messen und Ausstellungen erübrigt sich in diesem Fall, da die virtuellen Konzepte nicht zwischen Fach- und Privatbesuchern unterscheiden können. Daraus lässt sich schließen, dass der Begriff „Messe" im virtuellen Raum eine andere Definition benötigt als die Messe im klassischen Sinne.

4.2 Funktionsweise

Die Grundfunktion aller virtuellen Messen ist weitestgehend identisch. Über die Homepage der virtuellen Messe kann der Besucher auf eine Datenbank zugreifen, auf der Unternehmensinformationen wie Firmenadresse, Telefon- und Faxnummer, Ansprechpartner und Link zur Unternehmenswebsite abgespeichert sind. Gegliedert sind die verschiedenen Unternehmenseinträge nach Produktgruppen oder anderen Kriterien. Ergänzt werden die Informationen je nach Funktionsumfang der Messe mit dem Profil und

Leistungsspektrum des Unternehmens und verschiedenen Darstellungen der Produkte anhand einfacher oder vereinzelt auch dreidimensionaler Bilder. Eine ausgereiftere Form ist eine Virtualisierung der Messe, das heißt der Zuschauer kann sich mit Hilfe seiner Computer-Maus durch eine virtuelle Messehalle bewegen und einzelne, im Internet dargestellte Messestände besuchen.

4.3   Typologisierung der virtuellen Messe anhand spezifischer Kriterien

4.3.1 Veranstaltungsdauer

Im Gegensatz zu klassischen, zeitpunktbezogen Messen und Ausstellungen, deren Dauer begrenzt ist, lassen sich in diesem Zusammenhang zwei Formen virtueller Messen unterscheiden. Zum einen kann es sich um eine zeitlich begrenzte Messe im Internet handeln und zum anderen um eine Messe mit unbegrenzter Dauer.

4.3.2 Dimension der Darstellung

Nach der Dimension der Darstellung lassen sich zwei- und dreidimensionale virtuelle Messen unterscheiden. Die zweidimensionale virtuelle Messe setzt sich zusammen aus einer prinzipiell beliebig großen Zahl miteinander über Hyperlinks verknüpfter Internet-Seiten im HTML-Format. Sie umfassen u.a. Informationen über Anbieter, Produkte und Serviceleistungen.

Dreidimensionale virtuelle Messen basieren dagegen auf dem VRML-Format, das den Austausch dreidimensionaler Objekte im WWW ermöglicht. Wie bei HTML-Seiten hat der virtuelle Messebesucher auch hier die Möglichkeit, über Hyperlinks entweder HTML-Seiten aufzurufen oder auf andere VRML-Seiten zu wechseln, wodurch der virtuelle Informationsraum beliebig erweitert werden kann. Die dreidimensionalen Objekte lassen sich beliebig drehen, skalieren und animieren. Allerdings wird für diese 3D-Welt eine spezielle Software, Plug-In genannt, für den Browser benötigt.

4.4   Die Bedeutung der virtuellen Messe

Der Bedeutungsumfang einer virtuellen Messe lässt sich aus deren positiven und negativen Wirkungen, das heißt aus deren Vorteilen und Nachteilen, herleiten. Auf Grund dessen, dass die virtuelle Messe im Internet stattfindet, können viele seiner Vor- und Nachteile auch auf sie projiziert werden.

4.4.1 Vorteile von virtuellen Messen

Zu den positiven Wirkungen einer virtuellen Messe zählen folgende Punkte:

Aktualität: Den unmittelbaren Messebeteiligten steht ein zusätzliches und weltweites Informationsmedium zur Verfügung. Denn es wird eine umfassende Präsentation von Unternehmen, Produkten und Dienstleistungen ermöglicht und ebenso die Qualität des Messeinformationsangebotes erhöht, beispielsweise durch online verfügbare Ausstellerlisten oder den Messekatalog. Zudem besitzen die Informationen im Internet normalerweise eine hohe Aktualität, da sie bequem und lediglich mit geringer Zeitverzögerung im Gegensatz zu herkömmlichen Medien aktualisiert werden können. Folglich kann eine verbesserte Vor- und Nachbereitung der realen Messe erfolgen sowie eine größere Transparenz der Messeergebnisse erzielt werden. Darüber hinaus entsteht ebenso eine gewisse Sogwirkung, da sowohl Aussteller als auch Besucher über Fachkontakte im Internet auf potenziell interessante Unternehmen aufmerksam werden, zu denen sie auf der realen Messe Kontakt aufnehmen können. In ähnlicher Weise trifft das auch auf die Messegesellschaften zu. Sie kommen über Internet-Kontakte stets mit potenziellen Kunden in Verbindung, die oftmals noch nicht als Aussteller oder Besucher aufgetreten sind.

Disponibilität: Eine virtuelle Messe besitzt des weiteren eine hohe räumliche und zeitliche Disponibilität im Gegensatz zur realen Messe. Hinsichtlich der räumlichen Disponibilität ist sie an keinen räumlichen Veranstaltungsort gebunden, sondern kann von jedem Ort aus, der über entsprechende technische Zugangsvoraussetzungen verfügt, „besucht" werden. Ein Ortswechsel von Ausstellern und Besuchern wird damit überflüssig (vgl. Borstel 2000, S. 3).

Die zeitliche Flexibilität ergibt sich aus der Tatsache, dass eine virtuelle Messe nicht zwangsläufig auf wenige Tage beschränkt ist, sondern theoretisch rund um die Uhr an allen Tagen im Jahr zur Verfügung stehen kann. Aussteller und Besucher sind nicht mehr vom Turnus der Veranstaltung abhängig. So kann der Besucher ohne Zeitdruck die Angebote auf der virtuellen Messe vergleichen und prüfen.

Erstaunlich ist jedoch, dass diese Undisponibilität der Messe offenbar keinen negativen Einfluss auf ihren Stellenwert bei potenziellen Besuchern hat. Im Gegenteil lassen sich die Messen bei Umfragen nach den bevorzugten Informationsquellen in unmittelbarer Konkurrenz zur Fachzeitschrift auf Rang eins oder zwei nachweisen. Die Undisponibilität des Mediums Messe wird wohl durch seine positiven Merkmale kompensiert.

Personal-, Zeit- und Kostenersparnis: Für den Aussteller bedeutet die Beteiligung an einer virtuellen Messe einen geringeren Personalbedarf im Vergleich zu realen Messen. Es besteht sogar die Möglichkeit, die anfallenden Arbeiten teilweise oder komplett auszulagern, z.B. die Gestaltung und Pflege der Web-Seiten. Die verbleibenden Aufgaben, wie Bearbeitung von Anfragen und Aktualisierung der Informationen, bedürfen nur wenig personellen Aufwand. Damit einher gehen natürlich auch Personalkosteneinsparungen. Unter bestimmten Umständen kann der Aussteller auch weitere Kosten durch eine virtuelle Messe einsparen, z.B. Kosten für Standmiete, Standaufbau und Transport auf der realen Messe. Allerdings entsteht ihm im Gegenzug auch ein finanzieller Aufwand für die Teilnahme an der virtuellen Messe (die Beteiligungskosten bewegen sich i.d.R. zwischen 50 und 3 500 Euro, vgl. dazu auch Quirin 2000, S. 16). Dazu zählen u.a. Hardware- und Softwarekosten, Internetzugangs- und Verbindungskosten sowie Wartungs- und Instandhaltungskosten. Die Kostenhöhe ist demzufolge von den individuellen Kriterien und Wünschen des ausstellenden Unternehmens abhängig.

Auch der Besucher profitiert von der virtuellen Messe mit Zeitersparnissen. Für ihn entfallen dadurch, dass die virtuelle Messe sozusagen vom Schreibtisch aus besucht werden kann, beispielsweise die Hin- und Rückreise, die Suche nach Parkplätzen oder einem Hotel oder Wartezeiten an der Kasse. Mit einhergehend sind Kosteneinsparungen durch nicht benötigte Zug- oder Flugtickets, entfallene Übernachtungen und Einsparung des Eintrittspreises. Privaten Besuchern entstehen dafür allerdings Ausgaben für Internet-Zugang, Hard- und Software. Daher ist auch hier die Höhe der Kosteneinsparungen individuell verschieden.

Unbegrenzte Messefläche: Ein letzter Vorteil der virtuellen Messe, der hier angeführt werden soll, ist die unbegrenzt zur Verfügung stehende Messefläche im Gegensatz zu den teils gravierenden Flächenproblemen realer Messeplätze. Für virtuelle Messen existiert theoretisch keine Platzbeschränkung, da die Messefläche beliebig erweitert und an die jeweiligen Bedürfnisse des Ausstellers angepasst werden kann. Diese entspricht dabei der Anzahl der Internet-Seiten auf denen sich das Unternehmen präsentieren möchte. Darüber hinaus gibt es auch für Besucher kein Platzproblem im Hinblick auf überfüllte Stände, da theoretisch eine beliebig große Anzahl von Besuchern auf den Internet-Messestand zugreifen kann.

4.4.2 Nachteile von virtuellen Messen

Was die negativen Wirkungen virtueller Messen anbelangt, so sind folgende Punkte ausschlaggebend:

Nur funktioneller Informationsaustausch: Im Rahmen virtueller Messen ist lediglich ein funktioneller Informationsaustausch zwischen den unmittelbaren Messebeteiligten möglich. Denn das jeweilige Problem muss im vorhinein bekannt sein, um dann eine entsprechende Lösung ausfindig zu machen. Auf realen Messen dagegen können Zufallskontakte geknüpft und Ideen hervor gebracht werden, die im vorhinein nicht in Erwägung gezogen wurden. Nach einer Studie verwenden Messebesucher zwei Drittel ihrer Zeit zum Abarbeiten der geplanten Programmpunkte, ein Drittel der Zeit nutzen sie dazu, sich zusätzlich über noch interessant erscheinende allgemeine Entwicklungen oder Neuheiten zu orientieren.

Keine Face-to-Face-Kommunikation: Virtuelle Messen ermöglichen im Gegensatz zu realen Messen keine Face-to-Face-Kommunikation. Es kommt kein persönlicher Kontakt zustande, was auch keine zwischenmenschlichen Beziehungen entstehen lässt. Gerade über diese Art der Kommunikation erhält man geschäftlich wichtige Informationen, die auf virtuellem Wege so nicht verfügbar sind.

Fehlende Erlebniswelt: Da das Internet im Gegensatz zur realen Messe nicht alle Sinne anspricht, kann gerade für den Besucher kaum eine sinnliche Erlebniswelt geboten werden. So lassen sich noch keine Düfte wahrnehmen oder Produkte verkosten. Manche Produkte können eben nur durch ihre Körperlichkeit, durch ihr haptisches Erleben richtig wahrgenommen werden. Folglich ist auch eine nachhaltige Kommunikation problematisch, da durch das Betrachten des Bildschirms kaum all das wahrgenommen werden kann, was in der gleichen Zeit im Rahmen einer realen Messe möglich ist.

Mangelhafte Technologie: Auch im Hinblick auf die Technologie hat die virtuelle Messe noch einige Nachteile aufzuweisen. Das Internet ist zu bestimmten Zeiten häufig überlastet. Hinzu treten noch geringe Übertragungskapazitäten, die wiederum lange Wartezeiten hervorrufen und die vorher angeführten Zeiteinsparungen zunichte machen. Für die Betrachtung benötige Plug-Ins oder Änderungen in den Softwareeinstellungen behindern das Bedürfnis der Besucher nach schnelleren Sachinformationen, um beispielsweise einen umfassenden Vergleich innerhalb einer Produktgruppe machen zu können. Oftmals sind geschäftliche Surfer gar nicht berechtigt, solche Änderungen an dem Browser vorzunehmen.

Darüber hinaus besteht auch die Gefahr, dass die Software durch Internet-Transaktionen mit Viren infiziert wird, welche zu erheblichen Schäden an den Datenbeständen führen können. Nicht zu unterschätzen ist auch der Aufwand, der sich u.a. für den Besucher aus der Speicherung und Verwertung des Datenmaterials aus einem erfolgreichen virtuellen Messebesuch ergibt.

Fehlende Konkurrenzbeobachtung: Ein anderer Nachteil besteht darin, dass zwar auch im Internet eine Beobachtung der Konkurrenz durch das Studieren derer Web-Seiten realisierbar ist, doch kann ein Aussteller nicht von den Aktivitäten seiner Mitbewerber profitieren. Er hat keinerlei Einfluss darauf, dass deren „Standbesucher" auch seinen virtuellen Messestand anklicken.

Schwierige Marktforschung: Marktforschung in virtuellen Messen ist über Analysieren der Page-Impressions (eine Page-Impression [auch Seitenimpression oder Page-View genannt] ist eine komplett geladene Webseite, es wird also gezählt, wie viel Seitenaufrufe stattgefunden haben, vgl. dazu Stolpmann 2000, S. 259) hinaus nur schwer möglich. Der anonyme Besucher muss mittels entsprechendem Mehrwert dazu bewegt werden, seine persönlichen Angaben zu hinterlassen. Möglich sind auch Online-Umfragen, die aber nur geringe Resonanz finden.

4.5   Die Potenziale der virtuellen Messe

Die im vorherigen Punkt angeführten Vorzüge und Nachteile verdeutlichen, dass virtuelle Messen höchstens reale Messen und Ausstellungen ergänzen, nicht aber ersetzen können. Virtuellen Messen gebührt dennoch ein nicht zu unterschätzender Stellenwert. Richtig positioniert, könnten sie die realen Messen unterstützen und eine ganze Reihe von deren Funktionen übernehmen. Viele dieser Funktionen können ohne den direkten Kontakt zwischen den teilnehmenden Menschen ausgeführt werden, wie z.B. der Austausch von Informationen, einige aber auch nur interpersonal.

Für eine mögliche Substitution der realen Messeveranstaltung fehlen der virtuellen Messe zwei für Aussteller und Besucher wichtige Eigenschaften, nämlich das Bieten einer Erlebniswelt und die Fähigkeit, persönliche Kontakte zu ermöglichen.

5.   Schlussbetrachtung

Der zukünftige Internetkunde einer Messegesellschaft will sowohl Online-Information als auch elektronische Betreuung. Reine Leistungsbeschreibungen und Unternehmensinformationen reichen dann nicht mehr aus. Zwar belegen Informationsangebote heute noch Platz eins bei den Kundenwünschen im Internet, in Zukunft wird der Schwerpunkt aber stärker auf Kundenbetreuungsangeboten liegen. Entscheidend für erfolgreiche Kundenbindung wird dann das Drumherum, das eine Messegesellschaft neben den nackten Infos im Web anbietet. Serviceleistungen wie ein personalisierter Newsletter oder ein komfortabler Online-Standbau-Service, entscheiden, ob ein potenzieller Kunde auch ein tatsächlich an der Messe Teilnehmender wird. Die bedarfsgerechte Bereitstellung von Vorabinformationen wird dann ebenfalls notwendig sein, um den verschiedenen Zielgruppen die Möglichkeit zu geben, sich optimal vorzubereiten. In diesem Punkt wird die absolute Markttransparenz des Internets die Messegesellschaften mittelfristig zwingen, ihre heutige Informationspolitik zu ändern und die relevanten Daten der Veranstaltungen den Interessenten zugänglich zu machen. Diejenige Gesellschaft, die das nicht tut, wird mit Wettbewerbsnachteilen rechnen müssen. Ein zielgruppenspezifischer und weitestgehend strukturierter und damit letztlich individueller Service ist aufwändig, personalintensiv und teuer. Daher genügt es nicht, lediglich zu Veranstaltungszeiten eine große Zahl von Nutzern zu erreichen. In Form von Branchenplattformen kann die Messesite ganzjährig für Aussteller und Besucher attraktiv sein. Den notwendigen Bekanntheitsgrad dafür erzeugt erst die Verknüpfung des Online-Angebots mit klassischen Kommunikationsinstrumenten.

Es hat sich gezeigt, dass Neue Medien, speziell das Internet, einen nicht zu unterschätzenden Einfluss auf die Funktionen von Messen und Ausstellungen ausüben. Damit ist weniger eine eventuelle Bedrohung durch die virtuelle Messe gemeint, die das eigenständige, motivierende und multisensorische Medium Messe in seiner Funktion als Marketinginstrument nur stärken kann. Vielmehr wird die Messe durch die Neuen Medien und speziell das Internet um ein zusätzliches Informations- und Kommunikationsinstrument ergänzt, das zeit- und ortsunabhängig ist. Diese Entstehung einer Art „ubiquitären Messe" könnte die Entwicklung zu einer dritten Messegeneration einläuten. Die Verbindung aus realer und virtueller Messe in der „ubiquitären Messe" gleicht die Schwachstellen der beiden einzelnen Medien aus. Die niedrige Disponibilität der realen Messe profitiert von der hohen Verfügbarkeit der virtuellen Messe, während das Fehlen persönlicher Kontakte auf der virtuellen Messe durch die Face-to-Face-Kommunikation der realen Messe egalisiert wird. Die Neuen Medien können aber auch die Kommunikation zwischen den Interaktionspartnern fördern.

Die Bindung der Kunden lässt sich langfristig nur erreichen, wenn die Erwartungen der Kunden nicht nur erfüllt, sondern übertroffen werden. Das Messeunternehmen muss bei der Bereitstellung von Mehrwert und der Reduktion des Aufwandes, den der Kunde zur Lösung seines Problems betreiben muss, immer wieder neue, innovative Produkte präsentieren. Damit das Angebot aber nicht an den Kundenerwartungen vorbei erweitert wird, sollten gezielte Analysen über die Bedürfnisse der Kunden und deren Anforderungen erfolgen. Nutzungsstatistiken und Befragungen geben dem Messeveranstalter Rückschlüsse über die Akzeptanz seiner Online-Präsenz und gewähren das Aufdecken von möglichen Defiziten.

Aus dieser Situation heraus stehen auch die Messegesellschaften als Anbieter veranstaltungswirtschaftlicher Dienstleistungen für Aussteller und Besucher im Handlungszwang, das heißt sie müssen auf der Basis einer kontinuierlichen Marktbeobachtung sowohl auf deren sich (möglicherweise) veränderndes Informations- und Kommunikationsverhalten im Rahmen von Messen und Ausstellungen durch Neue Medien reagieren als auch auf die Möglichkeit einer komplementären virtuellen Messe. Das bedeutet, die Messegesellschaften kommen nicht umhin, die Neuen Medien als zukunfts- und serviceorientierten Bereich in ihren Marketing-Mix einzubinden, um somit aufkommende Konkurrenz- bzw. Substitutionstendenzen zu erkennen. Andernfalls koppeln sie sich von einer grundlegenden Entwicklung ab, infolgedessen sie mit Wettbewerbsnachteilen bzw. mit einer Gefährdung ihres eigenen Marktes rechnen müssen, da sich Mitbewerber etablieren und die Marktnische besetzen werden. Denn die neuen Informations- und Kommunikationstechnologien werden sich mit großer Wahrscheinlichkeit früher oder später in irgendeiner Form durchsetzen.

Die rasanten technologischen Entwicklungen, aber auch die steigende Nutzung neuer Medien, insbesondere des Internets, sowohl im Business- als auch im Consumer-Bereich gehen an der Messewirtschaft nicht spurlos vorbei und zwingen die Gesellschaften, ihre Strategie zu überdenken und gegebenenfalls neu auszurichten. Als Anbieter veranstaltungswirtschaftlicher Dienstleistungen für Aussteller und Besucher sind sie im Handlungszwang, sie müssen auf Basis einer kontinuierlichen Marktbeobachtung auf deren sich veränderndes Informations- und Kommunikationsverhalten im Rahmen von Messen und Ausstellungen durch Neue Medien reagieren.

In Zukunft werden die Kunden der Messegesellschaften die Leistungsfähigkeit des Veranstalters nicht mehr nur an seiner Branchenkompetenz und der Qualität der Veranstaltungen in der realen Welt messen. Die Kompetenz muss sich auch im Internet fortsetzten, die Messewebsite analog zu der eigentlichen Messe ein weltweiter Sammelpunkt von Experten werden. Dafür müssen eine Vielzahl von externen Leistungen bereitgestellt werden, die durch die optimale Koordination der Messegesellschaft für ein umfassendes Leistungspaket sorgen. Gerade an solchen Kooperationen zeigt sich der strategische und konzeptionelle Vorsprung eines Messveranstalters. Die Messegesellschaft, die das konsequent umsetzt, wird in Zukunft zu den führenden Messegesellschaften gehören.

6.   Literaturverzeichnis

BORSTEL, P., Virtuelle und reale Messen im Internet, in: VDI Nachrichten, Messen und Kongresse, 28.01.2000, S. 3.

QUIRIN, I., Mit der Maus auf Messebesuch, in: Handelsblatt, 16.02.2000, S. 16.

SCHÖNE, B., Gut vorbereitet ins Messegetümmel, in: Süddeutsche Zeitung, 13.03.1999, S. 7.

STERNERSEN, S., Grundlagentext: E-Business, bpu Unternehmensberatung GmbH, o. O. 2000.

STOLPMANN, M., Kundenbindung im E-Business. Loyale Kunden – nachhaltiger Erfolg, 1. Aufl., Bonn 2000.

Oliver P. Kuhrt / Denis Steker

Virtuelle Services im Messebusiness

1. Rund um die Uhr

2. Einsatz virtueller Services im Messebusiness
    2.1 Virtualisierung peripherer Services
        2.1.1 Virtuelles Angebot
        2.1.2 Wirtschaftlichkeitsprüfung mit dem Vertragspartner
        2.1.3 „Nice to have"
        2.1.4 Tendenziell kein virtuelles Angebot
        2.1.5 Das virtuelle Servicepaket
    2.2 Virtuelle Ergänzung zur physischen Messe
    2.3 Virtuelle Leistungen

3. Zusammenfassung und Ausblick

4. Literaturverzeichnis

Oliver P. Kuhrt ist Geschäftsführer der Koelnmesse GmbH, Köln. Dipl.-Kfm. Denis Steker ist zuständig für die Bereiche Marketing Services & Projektmanagement bei der Koelnmesse Service GmbH, Köln.

1. Rund um die Uhr

Die Planung und Organisation einer Messeteilnahme ist für den Aussteller eine komplexe Aufgabe. Kosten- und Termindruck sowie die unzähligen Schnittstellen zu Lieferanten lassen das Marketing-Instrument „Messe" schnell zum Frustfaktor avancieren. Parallel dazu bieten die modernen Informations- und Kommunikationsmedien alternative Präsentationsmöglichkeiten im World Wide Web, die einfach und kostengünstig zu bedienen sind.

Während einzelne Messegesellschaften daher noch über die Gefahr der Substitution physischer Messen durch entsprechende virtuelle Lösungen nachdenken, bilden andere bereits ihr Service-Portfolio im Netz ab – und schaffen so den strategischen Wettbewerbsvorteil für den eigenen Standort. Denn ebenso wenig wie das „papierlose Büro" das Papier aus unserem beruflichen Alltag verbannt hat, ist zu erwarten, dass virtuelle Messen ihr reales Pendant einmal ersetzen werden (vgl. ter Weiler 2003). Andererseits ist das virtuelle Serviceangebot auch kein Erfolgsgarant und nicht alle Inhalte lassen sich im Netz gleichermaßen transportieren.

Welche virtuellen Services für welche Zielgruppen einer Messegesellschaft attraktiv sind, soll daher auf den folgenden Seiten untersucht werden. Vorweggenommen werden kann der Hinweis, dass die virtuellen Angebote mit ihrer Eigenschaft, ubiquitär und rund um die Uhr abrufbar zu sein, in der heutigen Zeit und insbesondere für die global ausgerichteten Messegesellschaften als Informations- und Distributionskanal nicht zu vernachlässigen sind.

2. Einsatz virtueller Services im Messebusiness

Unter virtuellen Services verstehen wir die multimediale Präsentation von Leistungen, welche insbesondere über Online-Medien (Internet, E-Mail) kanalisiert werden. Aber auch via Offline-Medien (CD-ROM usw.) ist ein entsprechendes Angebot möglich (Steker 2000). Im Vordergrund stehen dabei die Informations- und die Kommunikationsfunktion. Die Leistung selbst bleibt in der Regel dagegen physisch und erfolgt im Anschluss an eine virtuelle Auswahl bzw. elektronische Bestellung. Allerdings sind auch direkte virtuelle Leistungen denkbar, wie zum Beispiel ein datenbankbasiertes Informationsmanagement (Goschmann 2000).

Strukturell bieten sich den Messegesellschaften drei unterschiedliche Möglichkeiten für den Einsatz virtueller Services an: Erstens lassen sich die peripheren Leistungen zur

Messeteilnahme virtuell vermarkten, zweitens können reale Veranstaltungen im Netz eine virtuelle Ergänzung finden, und Last but not Least können „virtuelle Leistungen" (wie z.B. elektronische Werbebanner) direkt vermarktet werden. Fokussiert wird im Folgenden die Querschnittsfunktion, welche die Servicegesellschaften mit dem Angebot peripherer Leistungen für alle am Messeplatz stattfindenden Veranstaltungen einnehmen.

2.1   Virtualisierung peripherer Services

Die mit einer Messeteilnahme verbundenen Services, die ein Aussteller regelmäßig in Anspruch nimmt, sind in der Regel in so genannten „Servicepaketen" der Messegesellschaften zusammengefasst (vgl. Arnold 2000). Das oft nur in Papierform vorliegende oder als pdf-Dokument digitalisierte Formularheft bildet den Ausgangspunkt für die Virtualisierung entsprechender Services. Primär handelt es sich dabei um die Ausweitung des Vertriebs auf einen neuen – virtuellen – Distributionskanal.

Um dessen Akzeptanz zu gewährleisten, müssen sämtliche Abwicklungsprozesse vom Aussteller optimal durchgeführt werden können. Es sollte eine gewisse Kontinuität zur bekannten physischen Welt des Bestellenden bestehen (Haertsch/Schmidt 2002, S. 24f.). Auch darf der Vorteil der schnellen Datenübertragung nicht durch eine schlechte technische Umsetzung relativiert werden. Hier ist die Reaktionszeit ebenso wichtig wie die Qualität der Ausführung. Da nicht alle Leistungen direkt von der Messegesellschaft bzw. deren Servicetochter ausgeführt werden, hat diese nicht immer den notwendigen Einfluss auf die dargestellten Faktoren. Dementsprechend muss die Vertragsgestaltung mit den jeweiligen Dienstleistungspartnern diesen Anforderungen gerecht werden.

Darüber hinaus ist empirisch ein Trade-off zwischen der Nutzung virtueller Angebote zur Information und den tatsächlichen virtuellen Bestellvorgängen zu beobachten (vgl. Kromer von Baerle 2002, S. 25-28). Hier sind Wirtschaftlichkeitsüberlegungen in das Virtualisierungsvorhaben einzubeziehen.

Insgesamt sind manche Services für ein virtuelles Angebot demnach besser geeignet, als andere. Welche Services letztlich auf elektronischem Wege angeboten werden sollten, ist im Rahmen einer Virtualisierungsmatrix auf der folgenden Seite schematisch dargestellt. Ausschlaggebend für die Eignung ist zum einen die Standardisierbarkeit der jeweiligen Leistung und zum anderen die Relevanz der Leistung für die Messeteilnahme des Ausstellers.

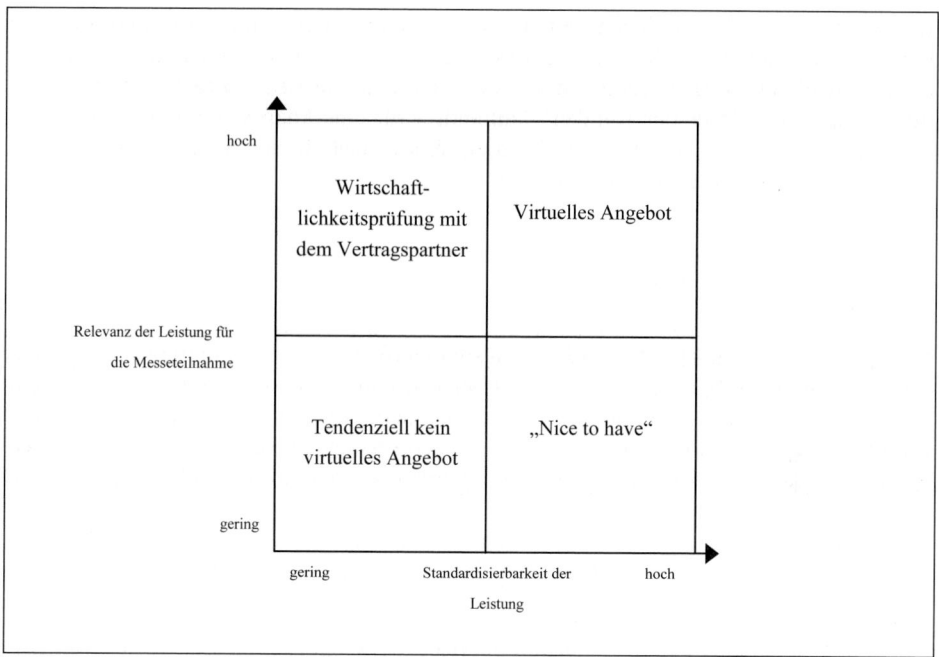

Abb. 1: Virtualisierungsmatrix

In der Dimension „Standardisierbarkeit" sind verschiedene Eigenschaften zusammengefasst. So darf die angebotene Leistung weitestgehend nicht individualisierbar sein. Auch sollte die jeweilige Leistung nur in einer oder in wenigen Ausprägungen zum Verkauf angeboten werden. Standardprodukte können andererseits gerade auf dem virtuellen Weg mit ihren unterschiedlichen Ausprägungsvarianten ideal dargestellt und ohne direkte Kommunikation visualisiert sowie zur Auswahl angeboten werden. Darüber hinaus sollten nicht nur die virtuellen und physischen Leistungen, sondern auch die begleitenden Abwicklungsprozesse, die hinter einer möglichen Bestellung stehen, standardisierbar – und standardisiert – sein. Nur auf diese Weise sind die virtuell kürzeren Durchlaufzeiten für den Kunden auch erfahrbar.

Ein weiterer Vorteil, der sich durch die Standardisierung der Prozesse ergibt, liegt in der Reduktion der Schnittstellen und damit in einer Reduzierung möglicher Fehlerquellen. Bestellungen können digital 1:1 durchgereicht oder auch direkt an einen Subunternehmer übermittelt werden (vgl. Helmke 2001, S. 315-325). Auf diese Weise können ganz nebenbei bei der Messegesellschaft Transaktions- bzw. Prozesskostenvorteile realisiert werden.

Die Dimension „Relevanz für die Messeteilnahme" stellt auf zwei Faktoren ab: Zum einen ist zu erwarten, dass notwendige oder gar obligatorische Leistungen eine hohe Anfrageintensität nach sich ziehen, deren bedarfsgerechte Steuerung mit entsprechendem Personal nicht immer möglich und darüber hinaus sehr teuer ist. Eine virtuelle Lösung ist entsprechend vorzuziehen. Zum anderen werden im „digitalen Zeitalter" spezifische virtuelle Angebote seitens der Kunden – zumindest für eine knappe Vorab-Information – einfach erwartet. Dies belegt gerade für die Messewirtschaft eine Studie der Universität Essen eindrucksvoll (vgl. Büteführ/Eicker 2002).

2.1.1 Virtuelles Angebot

Services, die einen hohen Standardisierungsgrad aufweisen und die untrennbar mit einer Messeteilnahme verbunden sind, sollten immer virtuell angeboten werden. Dabei spielt es keine Rolle, ob diese Services Aussteller, Besucher oder Pressevertreter ansprechen. Entscheidend ist, dass der Abnehmer den Nutzen erkennt und gleichzeitig die internen Betriebsabläufe beim Anbieter optimiert werden können (vgl. Bachem/Maul 2000, S. 237-250). Dies ist beispielsweise bei der Zimmervermittlung der Fall. Aber auch bei der Buchung von Anreisemöglichkeiten, Messepersonal oder Aussteller-/Besucherausweisen erleichtern und beschleunigen virtuelle Angebote die Abläufe bei allen Vertragspartnern.

Allerdings ist gerade bei den genannten Services die Responsegeschwindigkeit von entscheidender Bedeutung für die Akzeptanz des Angebotes. Da die Nutzer ihre Erfahrungen häufig generalisieren, sollte hier ein gewisser Qualitätsstandard in der Messewirtschaft vorausgesetzt werden können (vgl. Mager 2000, S. 363-366).

Ein bereits etabliertes Tool ist in diesem Zusammenhang der virtuelle Standbau. Auch wenn die Frage nach der Standardisierbarkeit von Messeständen zurecht gestellt werden darf, ist dieses Angebot heute nicht mehr aus den Web-Auftritten der Messegesellschaften wegzudenken. Natürlich können dabei nur Standardvarianten so genannter Systemstände abgebildet und „individuell" modifiziert werden. Neben der Standgröße, stehen als Parameter regelmäßig die Farben und Materialien von Bodenbelag und Seitenwänden zur Verfügung, häufig aber auch die Ausstattung des Standes mit Mobiliar. Die Möglichkeit der Visualisierung entsprechender Parameter richtet sich speziell an KMU, die sich ein eigenes Vertrags-Standbauunternehmen nicht leisten können oder wollen. Neben der reinen Darstellung des Systemstandes aus diversen Perspektiven, unterstützt ein solches Tool auch die Standgestaltung im Rahmen der Platzierung von Exponaten.

Dennoch haben diese Tools zur Zeit oft noch einen entscheidenden Nachteil: Nachdem der Messestand konfiguriert wurde, muss eine mögliche Bestellung häufig noch via Telefon, Fax oder auf dem Postweg – schlimmstenfalls sogar bei unterschiedlichen Teillieferanten – aufgegeben werden. Eine Überwindung des Medienbruchs ist für die nahe Zukunft deshalb nicht nur wünschenswert, sondern maßgeblich für die langfristige Akzeptanz dieses virtuellen Angebotes. Erste Tools mit entsprechenden Möglichkeiten werden bereits am Markt angeboten.

Interessant wird das virtuelle Standbauangebot aber vor allem dann, wenn der Nutzer die Leistungen und Preise unterschiedlicher Anbieter direkt online vergleichen kann. So bietet beispielsweise die Koelnmesse einen Standkonfigurator an, bei dem der ausgewählte Stand für alle größeren deutschen Messeplätze verfügbar ist. Auf diese Weise erstreckt sich der Wettbewerbsvorteil nicht nur auf den eigenen Standort, sondern erweitert den bisher durch die Ausstellerzahl am eigenen Messeplatz begrenzten Markt.

Neben dem reinen Standbau, sind vor allem technische Standardleistungen prädestiniert für ein virtuelles Angebot. So könnten beispielsweise – auf Basis der elektronischen Standbestellung – mit Hilfe von Plausibilitätschecks die notwendigen Aufträge für Strom- und Wasseranschlüsse generiert werden, welche der Kunde abschließend nur noch elektronisch bestätigen muss. Lästige Standskizzen für den Installateur können auf diese Weise ebenfalls entfallen.

Neben den Leistungen die sich primär an Aussteller richten, sind virtuelle Services auch für Besucher und Pressevertreter denkbar. Besucherseitig ist hier die Online-Registrierung bereits Standard, obwohl die Nutzerzahlen derzeit noch hinter den Erwartungen zurückbleiben. Stark genutzt werden dagegen die virtuellen Informationsmöglichkeiten, anhand derer die Fachbesucher ihren Messebesuch professionell planen können (vgl. Lengert 2003). Dass dies die Effizienz der Messeteilnahme nicht nur auf Besucherseite erhöht, sei hier nur am Rande erwähnt.

Für die Presse stehen ebenfalls Online-Tools zur Verfügung. Allen voran stehen hier die virtuellen Pressefächer, in denen sowohl Aussteller als auch die Messegesellschaften selbst Pressemitteilungen tagesaktuell einstellen können.

2.1.2 Wirtschaftlichkeitsprüfung mit dem Vertragspartner

Leistungen, die für eine Messeteilnahme zwar relevant sind, die aber nicht oder nur schwer standardisierbar sind, lassen sich ohne größeren Aufwand virtuell nicht abwickeln. In diesen Fällen ist gemeinsam mit dem jeweiligen Vertragspartner zu prüfen, inwieweit ein entsprechendes Angebot sinnvoll und wirtschaftlich realisierbar ist.

Konkret sind hier Services wie Speditionsleistungen, Anzeigenwerbung oder auch die Gestaltung des Abendprogramms (Incentives) angesprochen. Natürlich lassen sich reine Willenserklärungen im Sinne eines übergeordneten Bestellvorgangs virtuell abbilden. Die Umsetzung ist und bleibt aber stark an ein individuelles Briefing gebunden, so dass ein persönlicher Austausch im Anschluss an die elektronische „Bestellung" auch weiterhin erforderlich ist. Ob eine virtuelle Bestellmöglichkeit daher sinnvoll ist, sollte der jeweilige Vertragspartner ggf. selbst entscheiden.

Der bloße virtuelle Hinweis auch auf diese Services, sowie entsprechende Kontaktmöglichkeiten, dürfen aber auf keinen Fall fehlen, will die Messegesellschaft ihre Full-Service-Kompetenz auch im Netz beweisen. Im Sinne eines virtuellen Serviceportals lassen

sich dann alle relevanten Leistungen zumindest aufrufen. Dabei können Referenzpro-
jekte durchaus virtuell präsentiert werden, wobei die Entscheidung über den Aufwand
der virtuellen Darstellung immer auch als Entscheidung zwischen dem technisch Machbaren und dem wirtschaftlich Sinnvollen verstanden werden muss.

2.1.3 „Nice to have"

Demgegenüber gibt es Leistungen, die leicht standardisiert werden können bzw. die bereits standardisiert ausgeführt werden, die aber für eine Messeteilnahme keine hohe Relevanz aufweisen. Diese Services virtuell anzubieten ist eigentlich ein Leichtes und kann
den Portalcharakter sowie die empfundene Full-Service-Kompetenz der Messe- bzw.
Servicegesellschaft noch unterstreichen. Dennoch ist bei diesen Services der Aufwand
der virtuellen Darstellung zu prüfen, da auf Grund der fehlenden Relevanz auch nur geringe Zugriffs- und Absatzzahlen zu erwarten sind. Der tatsächliche Nutzen für den User
sowie die Wirtschaftlichkeit sollten auch hier in den Mittelpunkt der Überlegungen gestellt werden. Schließlich wird niemandem daran gelegen sein, Services im System „mit-
zuschleppen", die einen hohen Aufwand an Datenpflege nach sich ziehen und die letztendlich nur marginale Akzeptanz finden.

Der grundsätzliche virtuelle Hinweis auf solche Services, gegebenenfalls mit einfacher
Bestellmöglichkeit, sollte aber nicht fehlen und ist auf Grund der tendenziell einfachen
Virtualisierung immer als „Nice to have" einzustufen (vgl. Kuhrt 2002, S. 23-25).

2.1.4 Tendenziell kein virtuelles Angebot

In dieser letzten Kategorie finden sich all jene Leistungen, die weder leicht zu standardisieren sind noch eine besondere Relevanz für den „durchschnittlichen" Aussteller aufweisen. Allerdings handelt es sich dabei häufig gleichzeitig um Services, welche die
empfundene Problemlösungs- und Systemkompetenz der Messegesellschaft nachhaltig
positiv beeinflussen können.

In erster Linie handelt es sich dabei um Angebote für den Aussteller, welche zum Beispiel die Ausarbeitung eines übergeordneten Messekonzeptes oder die konzeptionelle
Ausarbeitung und Realisierung begleitender Marketingmaßnahmen zur Messeteilnahme
beinhalten. Auch aus der aktuellen Diskussion zum Thema Messeeffizienz lassen sich
virtuelle Angebote ableiten, die wohl in diese Kategorie einzuordnen sind.

Sollen entsprechende Angebote entgegen der tendenziellen Beurteilung dennoch angeboten werden, lassen sich diese natürlich nicht bis zum – in der Regel sehr individuellen
– Ergebnis virtuell abwickeln oder darstellen. Entsprechende Tools können aber bereits
digital die richtigen Kanalisierungsschritte in Gang setzen, die letztlich zu einem schnel-

leren physischen Ergebnis führen. Auch weckt das virtuelle Angebot (und sei es nur ein Hinweis im Rahmen des eigenen Internet-Auftritts) Interesse sowohl an den angebotenen Services als auch an dem Anbieter selbst. Das Cross-Selling-Potenzial solcher Angebote ist dabei nicht zu unterschätzen.

2.1.5 Das virtuelle Servicepaket

Als virtuelles Servicepaket bezeichnen wir das Service-Portfolio, welches dem User auf digitalem Wege zugänglich gemacht wird. Dabei bietet das digitale Angebot bessere Darstellungs- und Kanalisierungsmöglichkeiten als sein gedrucktes Pendant, auch wenn dieses in der Regel bereits eine logische Struktur aufweist.

Dabei liegt der Ausgangspunkt des virtuellen Angebots – ähnlich wie beim Printprodukt – bei typischen oder sogar obligatorischen Leistungen für die Messeteilnahme. Von dort aus lässt sich das weitere Angebot mittels elektronischer Plausibilitäts-Checks und dem so genannten „Collaborative Filtering" bedarfsorientiert kanalisieren (vgl. Brenner/Zarnekow 1999, S. 33-50). Selbst durch die Anordnung der Navigationshilfen lassen sich im virtuellen Raum höhere Absatzzahlen generieren, als durch die eindimensionale Anordnung der Services im realen Heft.

Das virtuelle Servicepaket entwickelt sich daher mehr und mehr zum ganzheitlichen Serviceportal für Aussteller, Besucher und sogar die Presse. Mit Hilfe von elektronischer Verlinkung können hier zusätzliche Services „angeboten" werden, welche die Messegesellschaften sonst vielleicht nicht in Erwägung gezogen hätten. Dies kann direkt (z.B. via Bannerwerbung) oder indirekt (z.B. via Umsatzbeteiligung) zu zusätzlichen Einnahmen führen.

Zusammenfassend lässt sich eine marktorientierte Notwendigkeit des Angebotes virtueller Services auf den in der Virtualisierungsmatrix dargestellten Bereich „Virtuelles Angebot" beschränken. Wenn darüber hinaus ein Mehrwert geschaffen werden soll, sind Services aus den Bereichen „Wirtschaftlichkeitsprüfung mit dem Vertragspartner" und „Nice to have" in den digitalen Distributionskanal aufzunehmen. Einen wirklichen Wettbewerbsvorteil generiert aber nur derjenige Anbieter, der seinen Kunden ein vollständiges Service-Portal zur Verfügung stellt, in dem nicht nur Standardleistungen einfach bestellt werden können, sondern in dem sich der User gerne und lange aufhält sowie informiert.

2.2 Virtuelle Ergänzung zur physischen Messe

Da alle bisher dargestellten virtuellen Services unmittelbar der Vorbereitung einer Messeteilnahme dienen, werden diese auch nur jeweils einmal im Messeturnus genutzt. Darüber hinaus können sich virtuelle Angebote aber auch ganzjährig an einzelne Branchen richten. Dies scheint insbesondere deshalb sinnvoll, da die punktuell fixierte physische Messe eher selten mit Innovationszeitpunkten oder Neuprodukteinführungen zusammenfällt (vgl. Felser 2001, S. 375-387). Gleichzeitig fordert der hohe Marktdruck heute in der Regel aber einen schnellen Weg entsprechender Informationen an die Öffentlichkeit, so dass die Messegesellschaft ihre ursprüngliche Kernfunktion hier nur noch virtuell wahrnehmen kann, will sie diese nicht ganz verlieren.

Ein adäquates Mittel hierfür ist das Angebot einer so genannten „Competence Site" für einzelne ausgewählte Branchen (vgl. Killius/Mueller-Oerlinghaus 1999, S. 139-153). Während diese virtuelle Informations- und Kommunikationsplattform die jeweilige Branche ganzjährig über Entwicklungen und Trends informiert, stärkt sie gleichzeitig die Vernetzung von Ausstellern und Besuchern sowohl untereinander als auch mit der Messegesellschaft. Auch die Einbindung von beispielsweise der Hotellerie lässt sich mit einem solchen Tool einfach realisieren. Im Ergebnis stärkt diese Art der kontinuierlichen Kundenbetreuung das gegenseitige Vertrauen und damit auch das Fortbestehen der physischen Veranstaltung am etablierten Standort.

Ein entsprechendes Angebot ist aber branchenspezifisch zu hinterfragen. Während die unter Kapitel 2.1 dargestellten virtuellen Services als Querschnittsfunktion von allen Branchen in etwa mit gleicher Intensität genutzt werden, ziehen IT-affine Branchen sicherlich einen höheren Nutzen aus dem hier dargestellten ganzjährigen Angebot als nonaffine. Entsprechend dem erwarteten Nutzerverhalten sind auch hier Wirtschaftlichkeitsüberlegungen in den Vordergrund zu stellen.

Eine weitere Facette der virtuellen Ergänzung physischer Messen gelang dem Aussteller Peter Heisig GmbH erstmals im Jahre 2002. Im Rahmen einer virtuellen Standbegehung konnten sich Kunden bzw. Besucher schon im Vorfeld der Veranstaltung auf dem Messestand orientieren und sich sogar in 3D-Animation über einzelne Exponate informieren (vgl. o.V. 2003).

2.3 Virtuelle Leistungen

Neben den bereits aufgezeigten unterschiedlichen virtuellen Serviceangeboten, bieten Messegesellschaften in der Regel ein mehr oder weniger großes Portfolio direkter virtueller Leistungen an. Als virtuelle Leistungen sind solche Leistungen zu bezeichnen, bei denen der Gegenwert, den der Aussteller für sein Entgelt erhält, ein „virtuelles Produkt" ist. Als virtuelles Produkt kann beispielsweise ein digitales Werbebanner oder der Eintrag in eine elektronische („virtuelle") Datenbank verstanden werden.

Entsprechende Leistungen werden heute – insbesondere von den Ausstellern – in der Regel erwartet. Standardleistungen sind hierbei der Eintrag in die Ausstellerdatenbank im Internet, eine Verlinkung zur Firmenhomepage sowie eine interaktive E-Mail-Funktion innerhalb dieser Datenbank. Darüber hinausgehende Angebote betreffen häufig die werbliche Darstellung, wobei der Datenbank-Eintrag beispielsweise mittels Fettdruck oder Logo-Abbildung individualisiert bzw. hervorgehoben werden kann. Ein weiteres virtuelles Angebot ist beispielsweise das einer branchenbezogenen Jobbörse, welche z.B. den ausstellenden Unternehmen vorbehalten bleibt.

Die wohl bekannteste virtuelle Leistung ist das elektronische Werbebanner, das sowohl auf der Homepage als auch auf allen untergeordneten Websites oder auch innerhalb der Ausstellerdatenbank platziert werden kann, und das in der Regel mit der Website des Werbenden verlinkt ist.

Als Full-Service-Anbieter offerieren manche Messegesellschaften darüber hinaus die Erstellung einer eigenen virtuellen Firmen- oder Produktpräsentation. Diese kann dann von der Aussteller-firmeneigenen Homepage heruntergeladen oder als Offline-Produkt (in Form von Disketten oder CD-ROMs) gestreut werden. Auch ein Link von der messe-eigenen Website im Rahmen eines virtuellen „Messe-TV"-Angebotes ist denkbar. Dabei werden – je nach Budget – entweder grafische Darstellungen animiert oder reale Film-aufnahmen digitalisiert.

Dem Angebot weiterer virtueller Services sind kaum Grenzen gesetzt. Allerdings ver-schwimmt mit zunehmender Komplexität des Angebots die Abgrenzung zur oben vorge-stellten Competence Site.

3. Zusammenfassung und Ausblick

Zusammenfassend bleibt festzuhalten, dass Messegesellschaften sich den virtuellen Möglichkeiten der Neuen Medien nicht verschließen sollten. Anstelle der Substitutions-gefahr sind die Vorteile einer permanenten Präsenz – z.B. im Internet – zu sehen und entsprechend zu nutzen.

Die Möglichkeiten sind dabei weitreichend: Bereits in der Vormessephase können virtu-elle Services zur Ausstellerakquise, Besucherakquise sowie für die Öffentlichkeitsarbeit genutzt werden; während der Veranstaltung können Online-Buchungen, elektronische Wegweiser und virtuelle Messehallen das Tagesgeschäft sowohl der Veranstalter wie auch der Aussteller und Besucher entlasten; und bei der Messenachbereitung gewähr-leisten Multimedia-Anwendungen schnelle und fundierte Auswertungen.

Darüber hinaus bietet sich den Messegesellschaften die Möglichkeit einer „virtuellen Brücke" in der messefreien Zeit zwischen den Zyklen. Diese kann das ganze Jahr über Informationsmaterial der Aussteller bereithalten und interessierten Teilnehmern vor, während und nach der Messe als Branchen-Plattform dienen. Der Veranstalter kann sich auf diese Weise auch zwischen den Messeterminen als kompetenter Dienstleister für die jeweilige Branche präsentieren und so seine physischen Messen unterstützen.

Das virtuelle Service-Tool der Zukunft wird daher ein ganzheitlicher Messeplaner, mit dem insbesondere Aussteller ihre Messeteilnahme vom Konzept bis zur Entsorgung planen, bestellen und abwickeln können. Dabei agiert die Messegesellschaft als Generalunternehmer, der abschließend nur noch eine Rechnung für die Messeteilnahme erstellt, auf der alle in Anspruch genommenen Leistungen zusammengefasst sind. Der besondere Service liegt dann in dem Convenience-Grad, der sich durch die strikte „One-Face-To-The-Customer"-Strategie zum Teil heute schon ergibt.

Auf der anderen Seite ist das virtuelle Angebot immer auch auf Basis von Nutzen- und Wirtschaftlichkeitskalkülen zu gestalten und ggf. zu begrenzen. Dabei werden die erwogenen Serviceangebote idealerweise im Dialog mit den späteren Nutzern entwickelt. Denn nur wenn die Ressource „Information" bedarfsgerecht kanalisiert werden kann, kann sie sich auch zum strategischen Wettbewerbsvorteil hin entwickeln.

4. Literaturverzeichnis

ARNOLD, D., Messepraxis – Die professionelle Unternehmenspräsentation auf Messen und Ausstellungen, 1. Aufl., Frankfurt am Main 2000.

BACHEM, C./MAUL, R., E-Commerce als Bestandteil strategischer Unternehmensplanung, in: Stephan, P. F. (Hrsg.), Events und E-Commerce, 1. Aufl., Berlin et al. 2000, S. 237-250.

BRENNER, W./ZARNEKOW, R., Innovative Ansätze zur digitalen Bereitstellung multimedialer Inhalte, in: Schumann, M./Hess, T. (Hrsg.), Medienunternehmen im digitalen Zeitalter, 1. Aufl., Wiesbaden 1999, S. 33-50.

BÜTEFÜHR, K./EICKER, S., Elektronische Marktplätze für die Messewirtschaft – Ergebnisse einer empirischen Erhebung, Universität Essen, Essen 2002.

FELSER, W., Virtuelle Competence-Center – Neue Formen der unternehmensübergreifenden Kundenakquisition und -bindung im Internet, in: Helmke, S./Dangelmaier, W. (Hrsg.), Effektives Customer Relationship Management, 1. Aufl., Wiesbaden 2001, S. 375-387.

GOSCHMANN, K., Medien am Point of Interest – Arbeitslexikon, 1. Aufl., Mannheim 2000.

HAERTSCH, P./SCHMIDT, A. P., Virtuellen Messe-Services gehört die Zukunft, in: EXPOdata 9/2002, S. 24f.

HELMKE, J., Electronic Commerce – Ein Merkmal zur kundenorientierten Gestaltung unternehmensweiter Informationssysteme, in: Helmke, S./Dangelmaier, W. (Hrsg.), Effektives Customer Relationship Management, 1. Aufl., Wiesbaden 2001, S. 315-325.

KILLIUS, N./MUELLER-OERLINGHAUS, J., Innovative Geschäftsmodelle in digitalen Medien, in: Schumann, M./Hess, T. (Hrsg.), Medienunternehmen im digitalen Zeitalter, 1. Aufl., Wiesbaden 1999, S. 139-153.

KROMER VON BAERLE, U., Statement, in: AUMA (Hrsg.), AUMA-Edition: Deutsches Messeforum 2002: Messen und Kongresse – Umschlagplätze der Wissensgesellschaft, Bergisch Gladbach 2002, S. 25-28.

KUHRT, O. P., Virtuelle Services im Messebusiness – Welche Online-Tools brauchen Aussteller und Besucher wirklich?, in: AUMA (Hrsg.), AUMA-Edition: Deutsches Messeforum 2002: Messen und Kongresse – Umschlagplätze der Wissensgesellschaft, Bergisch Gladbach 2002, S. 23-25.

LENGERT, J., Besucherverhalten und digitale Medien: Veränderungen und neue Chancen, www.expodata.ch/archiv/overview.lasso?-database=expodata&-response=archiv.html, zugegriffen am 19.04.2003.

MAGER, B., Die Götter haben Automata – Über die Servicedimensionen der neuen Medien, in: Stephan, P. F. (Hrsg.), Events und E-Commerce, 1. Aufl., Berlin et al. 2000, S. 363-366.

O.V., Heisig baut Service aus, www.heisig.com/html/d_aktu5.html, zugegriffen am 25.03.2003.

STEKER, D., Einfluss neuer Medien auf die Internationalisierungsstrategien von Messeunternehmen, Universität zu Köln, Köln 2000.

TER WEILER, D. S., Wird Internet Messen ersetzen?, www.expodata.ch/archiv/overview.lasso?-database=expodata&-response=archiv.html, zugegriffen am 19.04.2003.

Gerhard Griebler

Integration von Incoming-Services

1. Der Begriff Incoming-Services

2. Veränderungen der Rahmenbedingungen und Aufgaben für Messeveranstalter

3. Ziel ist die Bündelung von touristischen Leistungen

4. Die möglichen Strukturen
   4.1   Etablierung eines eigenständigen Bereichs
   4.2   Kooperation mit einem externen Dienstleister

5. Fazit

Gerhard Griebler ist Vorstand der aovo:network AG, Hannover.

1. Der Begriff Incoming-Services

Der Begriff „Incoming-Services" wird in der Tourismuswirtschaft für Reisen aus dem Ausland ins Inland verwendet. Er umfasst alle touristischen Leistungen, die zur Durchführung der Reise erforderlich sind bzw. von dem Reisenden in Anspruch genommen werden. In den 80er und 90er Jahren, als das Reiseaufkommen aus den Überseeländern überproportional anstieg, etablierte sich in Deutschland eine Vielzahl von Service-Agenturen, die sich diesem neuen Markt annahmen. Je nach Anlass der Reise ist dabei zu unterscheiden zwischen dem klassischen touristischen Markt und dem Markt für Geschäftsreisen.

Ein wesentlicher Wachstumstreiber für den Geschäftstourismus war die florierende Entwicklung des Messe- und Kongresswesens in Deutschland. Untersuchungen zufolge entfallen heute bis zu einem Drittel aller Geschäftsreisen nach Deutschland auf die Teilnahme an Messen und Kongressen. Ein wesentliches Merkmal dieses Teilmarktes ist der ausgeprägte Spitzenbedarf, der sich durch die zeitlich und räumlich fokussierte Nachfrage nach enorm hohen Zimmerkapazitäten und anderen Serviceleistungen zu den Messeterminen ergibt.

Diese Situation hat dazu geführt, dass vor allem Hotelzimmer während der Messezeiten ein „knappes Gut" darstellen. Der Nachfrageüberhang ließ die Kalkulationen der privaten Anbieter zum Teil ins uferlose gleiten – zum Nachteil der Messewirtschaft. Die inzwischen üblichen „Messepreise" sind einerseits eine feste Kalkulationsgrundlage für so manches Hotelprojekt, andererseits sind sie häufig alles andere als förderlich für den Messeplatz Deutschland. Die führenden deutschen Messeplätze sind also gefordert, ihre Aktivitäten im Incoming-Service systematisch zu erweitern, um die Messeteilnahme auch zukünftig einem möglichst großen Teilnehmerkreis zu ermöglichen.

2. Veränderungen der Rahmenbedingungen und Aufgaben für Messeveranstalter

Der in nahezu allen Branchen wachsende Kostendruck führt dazu, dass die Unternehmen auch ihre Marketingausgaben auf den Prüfstand stellen und insbesondere ihre Ausgaben im Bereich der Messeorganisation und -reisen überprüfen. Die von wachsendem Kostenbewusstsein geprägte Haltung der Aussteller in Verbindung mit der zunehmend restriktiven Handhabung von Messebesuchen, zwingt die Messegesellschaften zum Umdenken.

Die Ausgaben für Geschäftsreisen stellen heute in vielen Unternehmen im Bereich Personalmanagement den zweitgrößten Kostenblock dar. Vorteilhaft ist allerdings, dass dieser Aufwand direkt steuerbar ist und durch gezielte Maßnahmen relativ einfach gesenkt werden kann.

Große Unternehmen gehen vor diesem Hintergrund immer mehr dazu über, effektive Methoden zur Analyse und Senkung der Geschäftsreisekosten einzusetzen. Im Vordergrund steht dabei zunächst die Identifikation von Kostensenkungspotenzialen entlang der gesamten Prozesskette, wie z.B. Angebotssichtung, Vertragsverhandlungen mit den Leistungsträgern, Überwachung der Vertragskonditionen und Verfallsfristen. Ebenso wichtig sind jedoch Maßnahmen zur Senkung der indirekten Reisekosten. Hierzu zählen beispielsweise die Kosten des Zahlungsverkehrs, Depositzahlungen und der Aufwand für Reisekostenabrechnungen.

Im Bereich der Messereisen lassen sich bislang nur wenige Potenziale zur Kostenreduzierung identifizieren, da auch Spezialisten ihre Leistungen über unterschiedliche und zum Teil mehrere Absatzkanäle (= Zwischenhändler) beziehen. Im Ergebnis führt diese Situation zu einer künstlichen Verteuerung der Produkte, da der Zwischenhandel entsprechende Margen für sich beansprucht.

Die kommunalen Organisationen wie Verkehrsvereine, Touristinformationen oder Tourismus GmbHs waren und sind mit einem professionellen Messeservice überfordert. Nicht nur der unzureichende Dienstleistungsgedanke, sondern auch das fehlende Produktmanagement sind nur zwei der wesentlichen Ursachen hierfür. Diese Mängel werden durch weitere Defizite verstärkt:

• Seitens der öffentlichen Hand oder Trägerschaft werden nicht genügend finanzielle Mittel für einen professionellen Aussteller- und Besucherservice zur Verfügung gestellt

• Fehlende und/oder unzureichende Strukturen und Kompetenzen bei Mitarbeitern und Führung lassen die professionelle Abwicklung eines hochkomplexen Geschäfts nicht zu

• Die differenzierte Sichtweise und strikte Trennung zwischen dem Touristik- und Geschäftsreisemarkt verhindert die Realisation von wichtigen Synergien – Kirchturmpolitik prägt das Tagesgeschäft

• Innerhalb der Messegesellschaften wird der Incoming-Service als ein Service- und Schnittstellenbereich gesehen. Im Mittelpunkt steht hierbei die Betreuung der lokalen Hotellerie und Tourismusorganisationen sowie der nationalen und internationalen Messereiseveranstalter, weniger der direkte Kunde (= Aussteller und Besucher).

Neben dem primären Flächenvermietgeschäft sind die Messegesellschaften deshalb gefordert, sich der Aufgabe zu stellen, neue Servicethemen aufzugreifen, um künftig als Full-Service-Anbieter auftreten zu können. Es muss ein aktiver kaufbarer Service angesiedelt werden, um die Bedürfnisse und Wünsche der Kunden aufzunehmen und aktiv

bei der Reiseorganisation helfen zu können. In diesem Zusammenhang ist unter Abwägung wirtschaftlicher Aspekte insbesondere die Entscheidung zu treffen, ob das Messeunternehmen diese Aktivitäten in eigener Regie durchführt oder ob externe Dienstleistungen das Spektrum erweitern sollen.

Unabhängig von dieser Entscheidung ist auf eine unabdingbare Notwendigkeit hinzuweisen: Bei der Preisfindung muss sich die Messegesellschaft zwingend involvieren, ansonsten kann sie das Business auch gleich dem Markt überlassen. Unter Umständen wird
sie sogar ein zusätzliches Geschäft aus diesem Service ableiten, beispielsweise als PCO[1]
für Veranstaltungen außerhalb von Messezeiten sowie die Vermietung von Messehallen
für Events aller Art.

3.   Ziel ist die Bündelung von touristischen Leistungen

Aus Kundensicht werden alle touristischen Teilleistungen (Unterkunft, Anreise, Events
etc.) auf gleicher Ebene erbracht. Der Aufbau von horizontalen Partnerschaften ist hierbei der Weg, um für den Kunden eine optimale Service- und Angebotspalette zu schaffen. Wichtig ist hierbei vor allem, auf eine sinnvolle Ergänzung der einzelnen Leistungen zu achten.

Im Mittelpunkt steht immer der Kunde mit seinen Bedürfnissen. Dies dient nicht nur der
Kundenorientierung, sondern auch der Wettbewerbsdifferenzierung gegenüber anderen
Messegesellschaften. Neben den primären touristischen Leistungen wie An-, Abreise
und Übernachtung sind dabei vielfältige weitere Leistungen denkbar. Beispiele hierfür
sind etwa der Versand von Informationen über die Messestadt und Region, die Reservierung von Abendveranstaltungen oder auch die systemgestützte Vermittlung von Terminen auf der Messe. Die jeweiligen Einzelleistungen müssen den individuellen Wünschen
der Messeteilnehmer entsprechend zu einem Komplettangebot bündelbar sein („Dynamic Packaging"). Zusätzlich besteht die Option, attraktive Pauschalangebote zu definieren. In jedem Fall aber erhält der Messekunde alle erforderlichen Teilleistungen aus einer Hand und mit einer Rechnung. Die Vermarktung der Angebote sollte über alle
gängigen Vertriebswege, also Call Center, das Internet und über Wiederverkäufer möglich sein. Auch wenn Wiederverkäufer und Call Center heute noch eine wichtige Rolle
einnehmen, ist davon auszugehen, dass das Internet auf Grund der damit verbundenen
Kostenvorteile zukünftig zum wichtigsten Vertriebsinstrument werden wird. Nachfolgende Abbildung 1 verdeutlicht beispielhaft das zukünftige Incoming-Angebot von innovativen Messegesellschaften.

---

[1] PCO = Professional Congress Organizer.

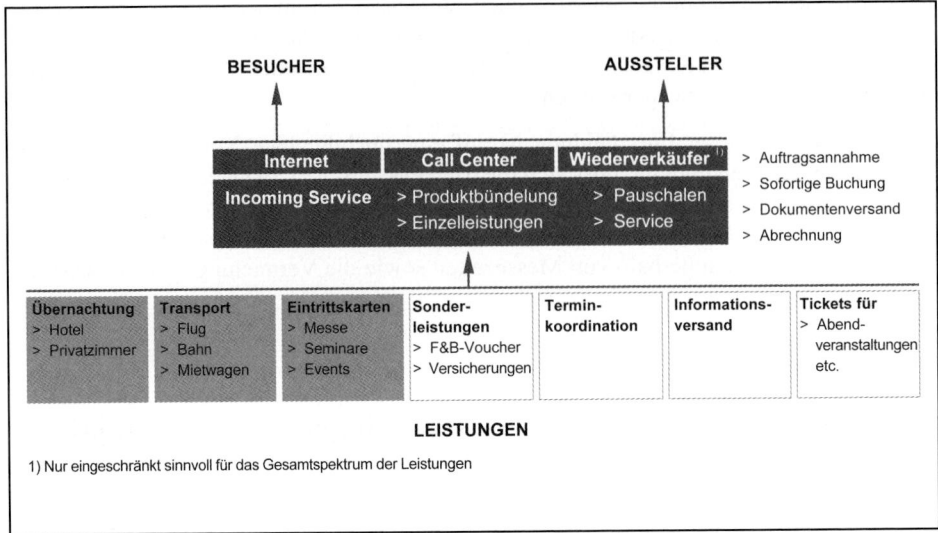

Abb. 1: Struktur des Incoming-Service

4. Die möglichen Strukturen

Anhand des obigen Systembildes in Abbildung 1 wird deutlich, dass ein kundenorien-
tierter Incoming-Service die Nutzung eines leistungsfähigen Baustein-Reservierungs-
systems erfordert. Das Reservierungssystem sollte nicht nur einen hohen Automatisie-
rungsgrad aufweisen, sondern auch über Schnittstellen zu den gängigen GDS[2] der
Reiseveranstalter sowie zu den Reservierungssystemen der weiteren Leistungsträger,
z.B. Mietwagenanbietern verfügen. Für die Messegesellschaften bestehen mehrere Möglichkeiten, um die notwendigen Voraussetzungen zu schaffen und einen aktiven Incoming-Service in ihr Geschäftssystem zu integrieren bzw. diesen neu am Markt zu positionieren. Die zwei gängigen und derzeit am Markt zu beobachtenden Modelle werden im
Folgenden kurz skizziert.

---

[2] GDS = Global Distribution Systems.

4.1   Etablierung eines eigenständigen Bereichs

Eine potenzielle Variante ist, dass die Messegesellschaft den Incoming-Service in Eigenregie übernimmt und im Sinne eines Profit Centers organisatorisch in das Gesamtunternehmen integriert. In diesem Fall sind entsprechende Strukturen und Systeme innerhalb des Messe-Unternehmens aufzubauen und mit eigenem Personal zu betreiben.

Der Vorteil dieser Vorgehensweise ist sicher die absolute Unabhängigkeit sowie die 100-Prozent-Steuerung des Projektes inklusive der wichtigen Themen wie Kalkulation und Preisfindung. Als Nachteile sind neben den hohen Vorlaufkosten für die Aufbauphase vor allem die zu erwartenden Anlaufverluste in den ersten Jahren bis zur Erreichung des Break-even zu sehen. Diese Vorgehensweise ist also sowohl kosten- als auch zeitintensiv. Weiterhin ist davon auszugehen, dass entsprechend qualifiziertes Personal am Markt nicht ohne Barrieren verfügbar ist.

4.2   Kooperation mit einem externen Dienstleister

Eine weitere potenzielle Variante besteht darin, den gesamten Servicebereich an einen externen Dienstleister, z.B. eine Reisebürokette, outzusourcen. Voraussetzung ist, dass diese über einen Firmendienst und eine Kongress- und Veranstaltungsagentur verfügt. Wesentlicher Vorteil dieser Alternative ist, dass keinerlei Vorlaufkosten und Investitionen für die Messegesellschaft entstehen.

Diese aus finanzieller Sicht vorteilhaft zu bewertende Lösung hat jedoch gravierende Nachteile im Hinblick auf den operativen Service und damit für den Kunden. Diese liegen primär in den Bereichen Produktportfolio, Hoteleinkauf, Kalkulation und Rentabilität. Nicht zuletzt spricht der eingeschränkte Zugriff auf Management-Informationen wie Kundendaten, Durchschnittspreise und Auslastung dagegen. Ab einem bestimmten Volumen kann man allerdings auch über eine Kommissionsteilung verhandeln.

5.   Fazit

Um ihre Markt- und Wettbewerbsposition nachhaltig abzusichern, müssen die Messegesellschaften ihre Incoming-Serviceangebote systematisch und kundenorientiert erweitern. Eine zentrale Rolle hat hierbei das Produktmanagement inne. Diese Aufgabe umfasst vor allem die Zusammenstellung attraktiver Teilleistungen, aus denen der

Messekunde im Sinne eines „Dynamic Packaging" seine Wunschleistungen einfach und mit hoher Kostentransparenz individuell auswählen kann.

Hinsichtlich der Organisation wäre für die Messegesellschaften eine Mischform aus eigenständiger Führung und Outsourcing der speziellen Tätigkeiten die ideale Lösung. Die Akquisition, Kundenbetreuung, Produktvorgabe und das Pricing würde in diesem Konzept bei der Messegesellschaft liegen. Die Beschaffung der Leistungsträger und die technische Abwicklung der Reservierungsvorgänge läge bei einem Dienstleister, der über die entsprechende Infrastruktur verfügt. Der Vorteil dieser Lösung liegt darin, dass die Messegesellschaft ihren Einfluss auf das Angebot gegenüber dem Kunden wahrt und das Leistungsangebot somit im eigenen Interesse als Akquisitionshebel einsetzen kann.

Claus Bühnert

Mehrwert für Messen durch Veranstaltungskombinationen

1. Zielsetzungen
   1.1 Veranstaltungsziele
   1.2 Marketingziele

2. Veranstaltungsarten
   2.1 Messen und Ausstellungen
   2.2 Kongresse und Tagungen
   2.3 Events

3. Messen und Ausstellungen in der Wechselbeziehung zu anderen Veranstaltungsarten
   3.1 Veranstaltungskombinationen
   3.2 Messen und Kongresse

4. Fokus Wissenschaft und Bildung

5. Anforderungen an Veranstalter und Veranstaltungsstätten

6. Literaturverzeichnis

Claus Bühnert ist Leiter des Messe Congress Centrum Stuttgart & Kongressbüro Stuttgart der Messe Stuttgart.

1. Zielsetzungen

Veranstaltungen dienen – bei aller Unterschiedlichkeit – dem einen Zweck, Menschen an einem Ort in Kontakt zu bringen. Dieses Kernmotiv kennzeichnet eine Branche, die sich ursprünglich aus den ersten Veranstaltungsaktivitäten von Kirche und Staat im frühen Mittelalter zu einem eigenständigen Wirtschaftszweig entwickelt hat. Der damit verbundene Entwicklungsprozess hat entlang von Anforderungen mit vielfältigen Veranstaltungsarten ein breites Spektrum hervor gebracht, das sich auch auf der Marktangebotsseite widerspiegelt.

Um den Stellenwert von Messen und Ausstellungen als Veranstaltungssegment und den Nutzen von Veranstaltungskombinationen einschätzen zu können, ist eine Betrachtung der Zielsetzungen und der Eigenschaften von Veranstaltungen voran zu stellen, korrespondierend mit der Entstehungsgeschichte der Veranstaltungsbranche.

In den Anfängen sind Veranstaltungen vornehmlich Mittel zum Zweck gewesen. Die organisierte Versammlung von Menschen fand stets dann statt, wenn es etwas zu verkünden, zu zeigen, zu zelebrieren, zu beschließen, zu verhandeln oder zu erwerben gab. Im Vordergrund standen somit ausschließlich operative Ziele. Die strategische Dimension von Veranstaltungen wurde erst später erkannt, was auch die relativ späte Entstehung der Veranstaltungswirtschaft als eigenständige Branche erklärt.

1.1 Veranstaltungsziele

Die strategische Zielplanung, die der Operationalisierung von Zielen vorangestellt ist, hat ihren Ursprung in der Gesamtheit der (ökonomischen) Ziele einer Unternehmung, die auch als Zielkonzeption bezeichnet wird. Diese besteht aus drei Zielkategorien (vgl. Schierenbeck 1995):

- Leistungsziele:
  Beschaffungs-, Lagerhaltungs-, Produktions-, Absatzziele

- Finanzziele:
  Liquiditäts-, Investitions-, Finanzierungsziele

- Erfolgsziele:
  Umsatz-, Wertschöpfungs-, Gewinn-, Rentabilitätsziele.

Die Grundsatzentscheidungen über jene Unternehmensziele nehmen Einfluss auf alle weiteren sich anschließenden Planungsprozesse. Fokussiert auf die Veranstaltungsplanung bedeutet dies, dass die strategische Zielplanung vorbestimmt, ob Veranstaltungen überhaupt Teil des Zielsystems werden.

Die operative Zielplanung für Veranstaltungen wird in fünf Zielbereiche unterschieden:

- Innovation:
  - Wissenschaft/Bildung
  - Wissenstransfer
  - Lernen/Kompetenzerweiterung
- Motivation:
  - Inspiration/Manipulation
  - Ansporn/Initiative
  - Belohnung/Unterhaltung
- Information:
  - Kommunikation
  - Demonstration
  - Gedanken- und Erfahrungsaustausch
- Entscheidung:
  - Diskussion/Debatte
  - Entschließung/Beschluss
  - Planung/Zielsetzung
- Verkaufen:
  - Produktpräsentation
  - Angebot
  - Absatz/Handel/Austausch von Waren und Werten.

Diese Zielbereiche wecken besondere Assoziationen, aus denen sich wiederum die Vorgaben an die Veranstaltungsart ergeben.

1.2   Marketingziele

Für Wirtschaftsunternehmen (Profit-Organisationen) sind Veranstaltungen fester Bestandteil des Marketing, konkret der Verkaufsförderung und der Öffentlichkeitsarbeit. Analog gilt dies für Verbände und Institutionen (Non-Profit-Organisationen), die Veranstaltungen im Rahmen ihrer Informations- und Kommunikationsarbeit betreiben. Definiert man Marketing unter dem Gesichtspunkt der zielgerichteten Anbahnung und Abwicklung des Austauschs ideeller und materieller Werte (vgl. Pepels 1996), sind Veranstaltungen als Teil des Marketings somit nicht nur ökonomischen Aspekten unterworfen.

Veranstaltungen sind innerhalb des Marketingmix eindeutig dem Instrumentarium Kommunikationspolitik zugeordnet. Eher traditionell werden in der Kommunikationspolitik folgende marketingpolitische Instrumente unterschieden (vgl. Weis 1997):

- Werbung (Werbeträgerpolitik, Werbemittelpolitik, Werbebotschaft, Direktwerbung)
- Verkaufsförderung
- Persönlicher Verkauf
- Öffentlichkeitsarbeit
- Sponsoring
- Product Placement.

Die Assoziationen, die sich mit diesen marketingpolitischen Instrumenten verbinden lassen, zeigen Parallelen auf zu den operativen Veranstaltungszielen „Innovation, Motivation, Information, Entscheidung und Verkaufen". Damit liegt auf der Hand, dass die Ziele des Marketings bzw. der Kommunikationspolitik die strategische Entscheidung über Veranstaltungsaktivitäten präjudizieren und letztlich auch die jeweilige Veranstaltungsart als operative Komponente. Die Kenntnis von Eigenschaften und Fähigkeiten der gängigen Veranstaltungsarten ist somit Grundvoraussetzung für die Zielerreichung.

2. Veranstaltungsarten

Die Veranstaltungsbranche kennt eine Vielzahl von Veranstaltungsarten, über deren Merkmale weitgehend Übereinstimmung herrscht. Eine allgemein verbindliche Typologie existiert jedoch weder national noch international, das betrifft vor allem Sammelbegriffe. International spricht man vermehrt von der MICE-Industry. MICE bedeutet Meetings, Incentives, Conventions und Events bzw. Exhibitions (vgl. Abb. 1). Letzteres ist wohl auch Ausdruck einer begrifflich gewollten Verzahnung mit der Messe- und Ausstellungsbranche.

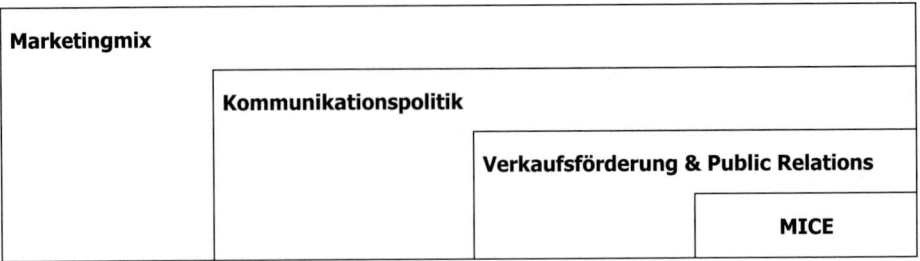

Abb. 1: „MICE" als Teil des Marketingmix

Für eine Typologie ist von drei Veranstaltungssegmenten auszugehen:

- Messen und Ausstellungen

- Kongresse und Tagungen

- Events.

2.1   Messen und Ausstellungen

Messen und Ausstellungen, ein sehr homogenes Veranstaltungssegment und ein maß-geblicher Teil der Veranstaltungsbranche, sind entstanden als Plattformen für die kom-pakte Präsentation von Produkten und Dienstleistungen. Mit dieser Kerneigenschaft sind Messen und Ausstellungen für die Vermittlung von Produkteigenschaften und die De-monstration des Leistungsvermögens eines Unternehmens unersetzlich geworden.

Was im Mittelalter mit dem Warenverkauf in königlich autorisierten „Marktflecken" be-gann, schaffte mit den Weltausstellungen (1. Weltausstellung: London 1851) den Durch-bruch. Messen und Ausstellungen sind für die Anbieter der Ort, an dem sie ihre Ziel-gruppen treffen, Kundenpflege und Akquisition gleichermaßen betreiben können, keine größeren Streuverluste hinnehmen müssen und den Wettbewerb unmittelbar sondieren können. Die Nachfrager wiederum sehen in einer Messe oder Ausstellung die Vorteile der unmittelbaren Vergleichsmöglichkeit von Produkten und Dienstleistungen. Bei Mes-sen unterscheidet man u.a. besucherbezogen zwischen Fachmessen/-ausstellungen und Verbrauchermessen/-ausstellungen. Funktionsbezogen wird differenziert zwischen Or-der-, Verkaufs-, Informations- und Kommunikationsmessen/-ausstellungen (vgl. Goschmann 2000).

2.2 Kongresse und Tagungen

Im Veranstaltungssegment „Kongresse und Tagungen" wird unterschieden in:

- Kongress

- Tagung

- Konferenz

- Seminar.

Ein Kongress zeichnet sich durch eine Vielzahl von parallel verlaufenden Veranstaltungseinheiten (Konferenzen, Seminare, Workshops, Arbeitskreise, Poster Sessions, Foren) aus. Ein Kongress vereinigt somit mehrere Veranstaltungsarten, wirkt aber als kompakte Veranstaltungseinheit. Der Kongress ist einem Generalthema gewidmet. Thematische Verzweigungen bewirken die Veranstaltungsvielfalt und im allgemeinen eine mehrtägige Dauer. Mit den Bezeichnungen Messe-Kongress (Kongress mit begleitender Messe) oder Kongress-Messe (Messe mit begleitendem Kongress) existieren außerdem eigene Definitionen für die synergetische Wechselbeziehung von Messe und Kongress.

Mit einer Tagung sind begrifflich Versammlung, Konferenz, Seminar und Symposium verbunden. Beratung, Diskussion und Gedankenaustausch stehen bei einer Tagung im Vordergrund. Die Wortherkunft „Tag" drückt nicht zwingend die Veranstaltungsdauer aus, zumal Organtage (z.B. Parteitage, Kirchentage, Städtetage) mehrtägige Veranstaltungen darstellen. Konferenzen (z.B. Fachkonferenzen, Pressekonferenzen) dienen der (meist mehrstündigen) Beratung eines Themas, das in Sitzungen, Workshops, Arbeits- oder Gesprächskreisen erörtert wird. Seminare sind ein- bis mehrtägige Lehrveranstaltungen in der Aus-, Fort- und Weiterbildung. Sie schließen Veranstaltungsarten wie Training, Schulung, Lehrgang, Kurs, Klausur, Workshop und Gruppenarbeit didaktisch ein. Darüber hinaus gibt es weitere Veranstaltungsarten im Segment „Kongresse und Tagungen", die im Zweifel nicht eindeutig zugeordnet werden können. Auf Grund ihrer besonderen Eigenschaften sind folgende besonders hervorzuheben:

- Symposium:
  Wissenschaftliche oder philosophische Diskussion in einer Expertenrunde vor Fachpublikum (Dauer: mehrstündig bzw. halbtägig)

- Kolloquium:
  Wissenschaftliche Gesprächsrunde zur Prüfungsvorbereitung (Dauer: mehrstündig)

- Open Space Forum:
  Konferenzmethode zur Diskussion eines frei gewählten Generalthemas (sog. „Pausenkonferenz") mit moderiertem Plenum und Gruppenarbeit (Dauer: ein bis zwei Tage).

2.3   Events

Als ein eher heterogenes Veranstaltungssegment umfassen Events

- Incentives

- kulturelle/gesellschaftliche Veranstaltungen

- Sportveranstaltungen

- Feste, Basare und Umzüge.

Events unterscheiden sich von den Veranstaltungssegmenten „Messen und Ausstellungen" sowie „Kongresse und Tagungen" in ihren Eigenschaften merklich. Sie dienen eigentlich nicht dem Austausch von materiellen Gütern oder dem Wissenstransfer. Im Vordergrund stehen Motivation, soziale Kontakte und Unterhaltung. Soweit sie in Verbindung mit Messen und Ausstellungen oder Kongressen und Tagungen realisiert werden, nehmen sie wichtige Ergänzungsfunktionen für die Erreichung von deren Veranstaltungszielen wahr.

3.   Messen und Ausstellungen in der Wechselbeziehung zu anderen Veranstaltungsarten

Messen und Ausstellungen sind wie jede Veranstaltung Teil des Marketingmix und erfüllen Ziele der Verkaufsförderung und der Öffentlichkeitsarbeit. Ein modernes Messe- bzw. Ausstellungskonzept oder ein klug konzipierter Messeauftritt bzw. eine Ausstellungsbeteiligung werden, um die Ziele der Verkaufsförderung und Öffentlichkeitsarbeit zu erreichen, nicht allein auf die Veranstaltungsart „Messe" oder „Ausstellung" setzen können.

Erst die Kombination mit anderen Veranstaltungsarten erschließt einer Messe oder einer Ausstellung ein größeres Spektrum an marketingpolitischen Zielen und trägt somit zur eigenen Aufwertung bei, zum Nutzen für Veranstalter und Aussteller.

3.1   Veranstaltungskombinationen

Zur systematischen Findung der geeigneten Veranstaltungsart(en) für eine Kombination mit einer Messe oder Ausstellung kann eine Zielematrix (vgl. Abb. 2) eine Orientierung geben. Maßgeblich sind dafür die Kerneigenschaften der jeweiligen Veranstaltungsart und ihre Eignung für die Erreichung ausgewählter operativer Ziele.

Eine Veranstaltungskombination kann:

- In der Zielausrichtung optimieren und/oder ergänzen
- Die Intensität der Business-to-Business-Kontakte und des Wissenstransfers verstärken.

Voraussetzung ist indes stets die richtige, auf das Messe- bzw. Ausstellungsziel maßgeschneiderte Mischung mit anderen Veranstaltungsarten, die zweckmäßig ineinander greifen, sich gegenseitig fördern, ein Netzwerk für die Kommunikation schaffen und letztlich zur Zielerreichung beitragen. In einem Ausgleich zwischen Kreativität und Nutzen entsteht damit ein Programm an Parallelveranstaltungen, das von Foren innerhalb der Messe, über Seminare und Fachkonferenzen in Tagungsräumlichkeiten bis hin zu gesellschaftlichen Veranstaltungen in feierlichem Rahmen reichen kann. Hinzu kommen mittlerweile vermehrt virtuelle Plattformen als Treffpunkt oder zur Anbahnung von Business-to-Business-Kontakten, in einer Art Vorstufe zur realen Begegnung.

Veranstaltungsart	Operative Ziele				
	Innovation	Motivation	Information	Entscheidung	Verkaufen
Kongress	X		X		X[1]
Tagung	X	X[2]	X	X[3]	
Konferenz			X	X[4]	
Seminar	X		X		
Symposium	X		X		
Kolloquium			X		
Open Space Forum		X	X		
Events		X[5]			
Messen und Ausstellungen	X[6]		X	X	X

[1] z.B. Begleitausstellung, Anbieterworkshop   [2] z.B. Vertriebstagung, Parteitag   [3] z.B. Hauptversammlung
[4] z.B. Vorstandssitzung, Länderkonferenz   [5] z.B. Gala, Incentive   [6] z.B. Messeforum

Abb. 2: Zielematrix

Was allgemeinsprachlich als „messe- bzw. ausstellungsbegleitende Veranstaltungen" bezeichnet wird, ist nichts anderes als die Veranstaltungen der Segmente „Kongresse und Tagungen" sowie „Events". Während dabei ein Messe- bzw. Ausstellungsveranstalter mit Parallelveranstaltungen zusätzliche Attraktionen für die Veranstaltung an sich und damit weitere Besuchsanreize schafft, haben Aussteller zahlreiche Möglichkeiten, sich gegenüber den Besuchern (und dem Wettbewerb) in individueller Weise zu profilieren. Für Aussteller reicht hier die Bandbreite von Unternehmenspräsentationen über Vorträge auf dem Messestand, Pressekonferenzen oder Produktschulungen bis hin zur Abendveranstaltung.

In der Praxis ist zu beobachten, dass der Entscheidung über eine messebegleitende Veranstaltung nicht immer deren eigentliche Bestimmung zugrunde liegt. Oft hat es den Anschein, eine Veranstaltungsart wird fast willkürlich auf Grund ihrer Begrifflichkeit gewählt, um einen faktischen bzw. wissenschaftlichen Anspruch zu demonstrieren. Eine solche Ausrichtung auf Plakativität ist in aller Regel kontraproduktiv, weil sie nur falsche Erwartungen erzeugen und wenig Zusatznutzen stiften kann.

3.2   Messen und Kongresse

Messen und Kongresse, beide ausweislich kompakte Veranstaltungsarten in ihrem jeweiligen Veranstaltungssegment, ergänzen sich in bemerkenswerter Weise in vielen operativen Zielen. In der Praxis wachsen sie deshalb immer enger zusammen, ausgehend von folgender Basis:

- Messen sind längst nicht mehr nur pure Produktpräsentationen, denn für die Besucher werden zum Zweck der Informationsvertiefung Fachtagungen, Seminare, Symposien, Workshops, Anbieterforen oder Fachkonferenzen angeboten

- Kongresse werden ergänzt mit Ausstellungen, um Themen anschaulicher und buchstäblich begreifbar zu machen.

Die besonderen synergetischen Wirkungen von Messen und Kongressen finden sich auch in der Typologie wieder. Die Begriffe „Kongressmesse" und „Messekongress" sind die Einzigen, die für Kombinationen zwischen zwei Veranstaltungsarten existieren. Auch daher ist diese Veranstaltungskombination gesondert zu bewerten.

Die moderne Kommunikationswissenschaft sieht in Messen einerseits und Kongressen andererseits eine Vielfalt an Übertragungswegen für Informationen und Plattformen für den Wissensaustausch. Eine Mischung schafft aber nicht per se die gewünschten Synergien. Ein Mehrwert und somit eine Attraktivitätssteigerung gelingt erst dann, wenn Inhalt und Form der Informationsvermittlung in Einklang gebracht werden.

Über die kommunikationspolitischen Motive hinaus hat die Kombination von Messen und Kongressen sehr rationale Gründe. Diese liegen im Wettbewerb, in dem sich Messen und Kongresse als Produkte auf regionaler, nationaler oder internationaler Ebene befinden. Der Besucher als Nachfrager der Produkte „Messen" oder „Kongresse" wählt aus, welches die geeignete Veranstaltungsart bzw. -kombination ist, die den meisten Nutzen bietet, d.h. mit der eine Vielzahl operativer Ziele erreicht werden kann. Hinzu kommt der Faktor Zeit. Die Kombination von Messe und Kongress erfüllt diese Anforderungen, zumal beide ihrerseits sogar mehrere Veranstaltungsarten integrieren.

Messen und Kongresse sind darüber hinaus gegenseitige Impulsgeber. Aus Messen heraus entstehen Kongresse und umgekehrt. Ebenso wie kleine messebegleitende Veranstaltungen zu Kongressen wachsen können, haben kongressbegleitende Industrieausstellungen nicht selten das Potenzial, sich zu Fachmessen zu entwickeln. Das sind allerdings keine zufälligen Prozesse:

- Ein Fachkongress oder eine Verbandstagung während einer Messe haben bewusst neben anderem die Aufgabe, neue Zielgruppen und damit zusätzliches Messepublikum zu erschließen

- Ein Kongress kann Testmarkt sein im Entwicklungsprozess für eine neue Fachmesse, nach einer Messe zu deren Evaluierung beitragen oder bei zwei- und mehrjährigen Messerhythmen in den Zwischenjahren Messethemen aufarbeiten

- Eine Ausstellung als Begleitveranstaltung eines Kongresses wiederum ist schon allein aus ökonomischen Gründen auf Wachstum ausgerichtet, weil sie für die meisten großen Kongresse die wesentliche finanzielle Grundlage darstellt.

4. Fokus Wissenschaft und Bildung

Die Veranstaltungssegmente „Messen und Ausstellungen" sowie „Kongresse und Tagungen" gelten als bedeutende Wirtschaftsfaktoren. Darüber hinaus sind sie Teil der neuen Wissensgesellschaft, die Wissen nicht mehr ausschließlich bei traditionellen Bildungseinrichtungen nachfragt. Das ist eine besondere Perspektive für Veranstaltungskombinationen. Wissenstransfer und Kompetenzerweiterung sind in einer globalen Wirtschaft eine ständige Herausforderung. Dies bedeutet für Veranstaltungskombinationen:

- Die Ausrichtung von messe- und ausstellungsbegleitenden Veranstaltungen auch zum Zweck der gezielten Weiterbildung ist zweckmäßig

- Es entstehen für Veranstalter und Teilnehmer Synergieeffekte im Hinblick auf den zeitlichen und den finanziellen Aufwand

- Kongresse und Tagungen, ebenso aber auch klassische Weiterbildungsangebote in Form von Seminaren, Schulungen oder Lehrgängen gestalten Messen und Ausstellungen zu einer Plattform für Wissenschaft und Bildung.

Wie bereits die medizinische Weiterbildung zeigt, findet der Wissenstransfer zunehmend auf Kongressen und dabei häufig im Rahmen von Messen statt. Der Wettbewerb um Veranstaltungsteilnehmer ist daher auch ein Wettbewerb der Bildungsangebote geworden, was sich letztlich nachhaltig auf den Weiterbildungsmarkt und auf die Bildungspolitik auswirken wird. Für die Messe-, Kongress- und Tagungswirtschaft bedeutet dies langfristig eine partiell veränderte Marktpositionierung.

5. Anforderungen an Veranstalter und Veranstaltungsstätten

Eine sich immer schneller verändernde Veranstaltungswelt stellt die Anbieter vor neue Herausforderungen. Das betrifft sowohl die Veranstaltungsformen als auch die Veranstaltungsstätten.

Der Bedarf an neuen Plattformen für den Informationsaustausch wächst. Neue Umschlagplätze des Wissens entstehen und auch die „physikalischen Umschlagplätze", die Veranstaltungsstätten, sehen sich einer anderen Nachfrage gegenüber, die Ausdruck findet in einem besonderen Anforderungsprofil für das Raumprogramm und die Präsentationsflächen.

Messezentren mit Kongressfazilitäten oder Kongresszentren mit großflächigen Foyers für Ausstellungen verfügen über solche erforderlichen Kapazitäten, was deren „Kernkompetenz Messen und Kongresse" untermauert. Darüber hinaus ist es außerdem wichtig geworden, für messe- oder kongressbegleitende „Social Events", d.h. Empfänge, Galas etc., über atmosphärisch geeignete Räumlichkeiten zu verfügen. Eine Reihe von Messe- bzw. Kongressgesellschaften haben auf diesen Bedarf produktpolitisch reagiert. Es wurden entsprechende Veranstaltungsstätten in das Portfolio aufgenommen, was im Ergebnis einer Programmvariation entspricht.

Die Bereitstellung von Raum oder Fläche allein genügt jedoch nicht. Veranstalter und Aussteller erwarten Beratungskompetenz und damit verbundene Systemlösungen für die Veranstaltungskonzeption. Der Markt leitet somit auf Seiten der Anbieter einen Prozess der Produktdiversifikation ein. Ergänzend zum Angebot an Raum und Fläche nehmen Veranstaltungsstätten Dienstleistungen im Sinne eines Komplettservices in ihr Produktprogramm auf oder kooperieren mit entsprechenden Dienstleistungslieferanten, in erster Linie mit Veranstaltungsagenturen.

Die Produktpalette der Veranstaltungsstätten und der Dienstleister lässt Rückschlüsse auf deren Kompetenz zu. Eine Kompetenzerweiterung geht hier einher mit einer Vielfalt an Veranstaltungsstätten sowie mit der Fähigkeit, Organisationsleistungen für verschiedene Veranstaltungsarten erbringen zu können.

6. Literaturverzeichnis

GOSCHMANN, K., Medien am Point of Interest, 1. Aufl., Mannheim 2000.

PEPELS, W., Lexikon des Marketing, München 1996.

SCHIERENBECK, H., Grundzüge der Betriebswirtschaftslehre, 12. Aufl., München 1995.

WEIS, H. C., Marketing, 10. Aufl., Ludwigshafen (Rhein) 1997.

Norbert Stoeck / Dirk P. Weiss

CRM im Messewesen – Beziehungsmanagement in der Nachmessephase

1. Einführung und Definitionen

2. Ziele von CRM

3. Der CRM-Ansatz
    3.1 Voraussetzungen für CRM
    3.2 Die CRM-Aktionsfelder
    3.3 Maßnahmen zur Kundenbindung

4. Literaturverzeichnis

Dr. Norbert Stoeck ist Leiter der Practice Group „Trade Fairs and Events" bei Roland Berger Strategy Consultants, München. BA, MBA Dirk P. Weiss ist Senior Consultant bei Roland Berger Strategy Consultants, München.

1. Einführung und Definitionen

Betrachtet man die Bilanz einer Messegesellschaft, so stellt man schnell fest, dass die Vermögensseite (Aktiva) primär durch das Anlagevermögen geprägt wird. Das Anlagevermögen aber ist ohne funktionierende Kundenbeziehung „wertlos". Der Wert einer Messegesellschaft entspricht bei dieser Betrachtungsweise vielmehr der Summe der diskontierten Nettowerte aller heutigen und zukünftigen Kundenbeziehungen. Das den Wert des Anlagevermögens prägende Messegelände hat in diesem Sinne lediglich die Funktion eines „Hygienefaktors": Es ist Voraussetzung, nicht aber Ursache für die Steigerung des Unternehmenswertes.

Vor diesem Hintergrund ist es evident, dass das strategische Ziel zur nachhaltigen Unternehmenswertsteigerung nicht nur in der Neukundengewinnung, sondern vor allem in der Bindung profitabler Kunden an das Unternehmen bestehen muss. Als geeignetes Instrument hierfür hat sich das zunehmend an Bedeutung gewinnende Konzept des „Customer Relationship Managements", kurz CRM, etabliert. Als strategisches und ganzheitliches Konzept liefert CRM das methodische Rüstzeug, indem es unternehmensübergreifend den Kunden und dessen Bedürfnisse in den Mittelpunkt aller Aktivitäten stellt und damit „von der Produkt- und Prozessorientiertheit im Kundenzugang" (vgl. Wehrmeister 2001, S. 78) abrückt.

Die Relevanz eines erfolgreichen Managements aller Kundenbeziehungen wird insbesondere deutlich, wenn man sich die Auswirkung einer nur 90prozentigen Kundenbindung vor Augen hält: Schon nach fünf Jahren sind rund 40 Prozent aller Kundenbeziehungen erloschen und müssten, das Ziel der Unternehmenswerterhaltung vorausgesetzt, durch die Akquisition neuer Kunden ersetzt werden (vgl. Abb. 1). Gleichzeitig ist offenkundig, dass die Gewinnung neuer Kunden um ein Mehrfaches teurer ist als die Bindung bestehender Kunden an das Unternehmen (vgl. Grönross 2001, S. 116). Um dieses Ziel zu erreichen, benötigen die Unternehmen ein „Frühwarnsystem", denn „most customers never tell a firm about problems with services or goods that they have faced. They just disappear to a competitor" (Grönross 2001, S. 116).

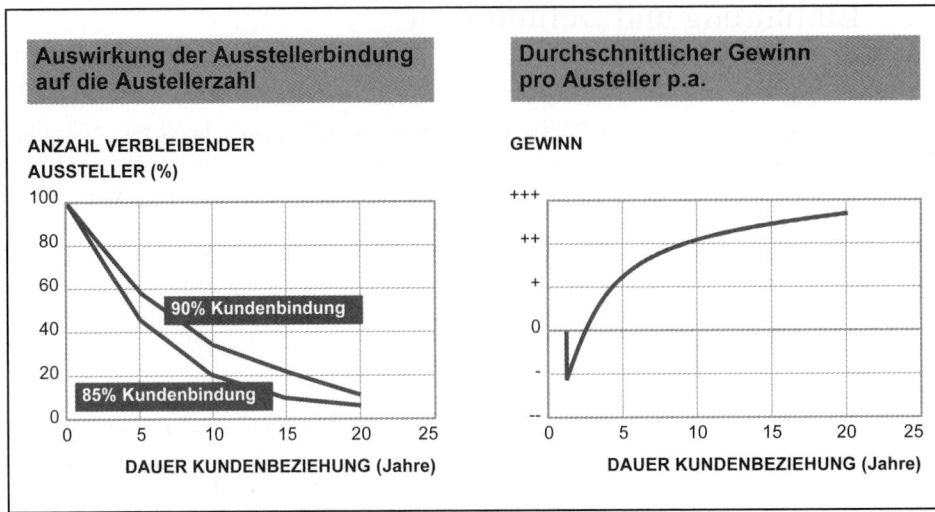

Abb. 1: Auswirkung der Ausstellerbindung auf Ausstellerzahl und Gewinn

2. Ziele von CRM

Auf einen Nenner gebracht besteht das Ziel von CRM vorrangig in der Identifikation, der Erhaltung und dem Ausbau profitabler Kundenbeziehungen. Abgeleitet aus der Unternehmensstrategie zielt CRM nicht nur auf die Steigerung der Kundenloyalität, sondern auch auf die Erhöhung der Effizienz der vertrieblichen Marktbearbeitung ab. Damit ergibt sich neben positiven Umsatzeffekten auch eine Verbesserung der Kostenposition, wobei allerdings festzustellen ist, dass „CRM keine Kostensenkungsmaßnahme" ist und „kurzfristige Ertragssteigerungen durch Senkung von Kosten daher nicht zu erwarten sind" (Grönross 2001, S. 58).

Trotz der mit seiner Einführung verbundenen Kosten ist CRM gerade für die Veranstalter von Messen und Ausstellungen ein geeignetes strategisches Rahmenkonzept, da es an den vier „Druckpunkten" einer Messegesellschaft ansetzt: Die Steigerung der Prozesseffizienz im Vertrieb, die Erhöhung des Umsatzes mit bestehenden Kunden („share of wallet"), die langfristige Bindung der Aussteller und Besucher („share of life") an das Unternehmen sowie die verstärkte Durchdringung bestehender Marktsegmente bzw. Messethemen („share of segment"). CRM geht damit weit über die Einführung IT-gestützter Insellösungen hinaus (vgl. Abb. 2).

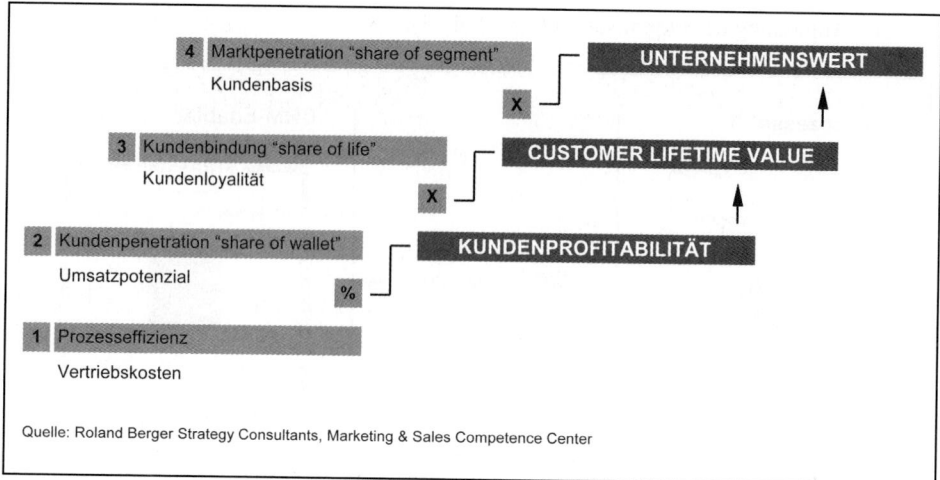

Abb. 2: Zusammenhang zwischen CRM-Zielen und Unternehmenswert

3. Der CRM-Ansatz

Wie oben dargelegt handelt es sich bei CRM um einen ganzheitlichen Ansatz. Im Rahmen seiner Einführung geht es zunächst darum auf der Basis der Unternehmensstrategie, die konkreten CRM-Ziele zu formulieren. Die CRM-Ziele wiederum bilden die Grundlage für die Ableitung optimaler Prozesse und Marktbearbeitungsansätze. Im Vordergrund stehen dabei die Prozesse und Marktbearbeitungsansätze

- Zum Aufbau eines umfassenden Kundenverständnisses („understand")

- Zur Kundengewinnung („gain")

- Zur Schaffung eines überlegenen Nutzens für die Kunden („create")

- Zur langfristigen Bindung der Kunden („retain") (vgl. Abb. 3).

Die erfolgreiche Umsetzung der neu definierten Prozesse und Marktbearbeitungsansätze ist an die Erfüllung einer Reihe konkreter Voraussetzungen gebunden („CRM-Enabler"). Anzuführen sind insbesondere:

- Die Adaption der Unternehmensstrategie an die CRM-Ziele

- Die notwendige Technologie

- Die Schaffung einer CRM-orientierten Unternehmenskultur

- Die Anpassung der Organisation (vgl. Abb. 3).

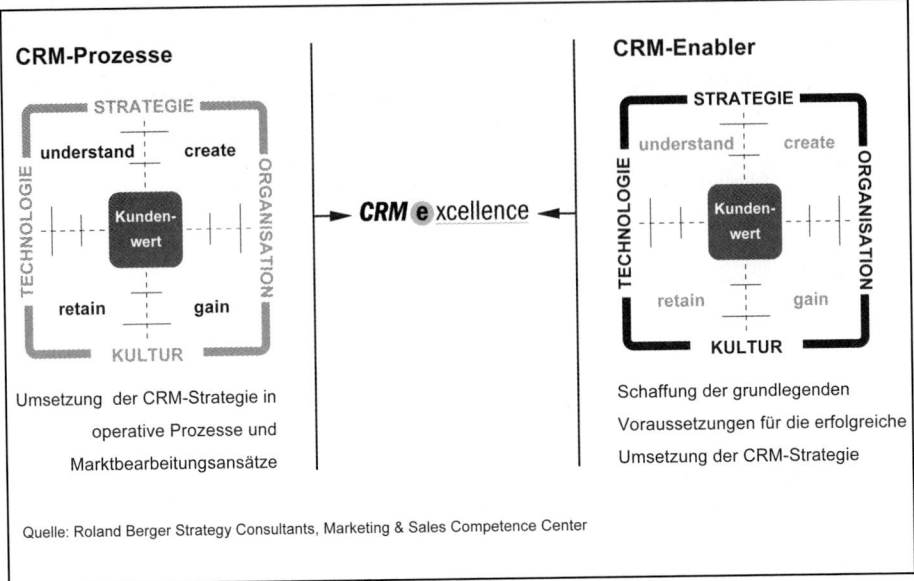

Abb. 3: Der CRM-Ansatz im Überblick
Quelle: Roland Berger 04/2002, S. 12f.

3.1   Voraussetzungen für CRM

Aus den CRM-Zielen und den auf diesen basierenden Prozessen und Marktbearbeitungs-ansätzen resultieren spezifische Anforderungen an das Kundenverständnis, das sehr umfassend sein muss. CRM setzt deshalb eine exzellente Datenbasis mit allen relevanten Kundendaten voraus. Tatsache ist, dass alle Messegesellschaften über eine enorme Anzahl an Kundendaten verfügen. Dabei stehen in der Regel die Ausstellerdaten im Vordergrund. Anders als in den USA befindet sich die systematische Erfassung aller Besucherdaten in Europa, mit Ausnahme von Registriermessen, erst in der Entwicklungsphase. Auf Grund ihrer außergewöhnlichen Bedeutung für den Messeerfolg zählen natürlich auch Verbände und Medienvertreter zu den „Kunden" einer Messegesellschaft.

Diese Daten stellen bereits einen hohen Wert dar, vorausgesetzt, sie sind aktuell und jederzeit in der erforderlichen Weise verfügbar. Dies erfordert einerseits einen hohen Pflegeaufwand und andererseits eine einheitliche Datenbank („Datawarehouse"), die Auswertungen nach unterschiedlichen Selektionskriterien („Datamining") erlaubt. Insbesondere für die Segmentierung der Kunden ist diese Datenverwaltung elementar. Die häufig dezentral, z.B. bei den einzelnen Messeteams oder den Auslandsvertretungen, verwalteten Kundeninformationen sind zu diesem Zweck in einer einheitlichen Datenbank zusammenzuführen. Dies stellt sicher, dass sie bereichs- und messeübergreifend genutzt werden und adäquate Kundensegmentierungen vorgenommen werden können.

Wichtiger als die Technologie ist die strategische Ausrichtung des Unternehmens an den CRM-Zielen. So ergab eine Studie der University of Pennsylvania unter 2 000 leitenden Marketingangestellten in den USA, dass die CRM-Technologie unabdingbare Voraussetzung, die Ausrichtung des Unternehmens zum Kunden aber der entscheidende Erfolgsfaktor ist (vgl. Day/Van den Bulte, 2002). Dazu müssen die Organisation, die Prozesse, die Mitarbeiter und die Unternehmenskultur auf die Kunden ausgerichtet sein. Wichtige Maßnahmen sind beispielsweise spezifische Schulungs- und Trainingsangebote, die Ausrichtung der Prämiensysteme an den Kundenzielen oder die Einführung von Incentives.

Ein Beispiel: Der Hallenwart ist bei dieser Betrachtungsweise nicht nur „Hausmeister" seiner Halle, sondern die erste Kontaktperson, wenn der Aussteller auf das Gelände kommt. Dies setzt neben der technischen Qualifikation auch ein entsprechendes Auftreten und angesichts des hohen Anteils ausländischer Aussteller, Fremdsprachenkenntnisse voraus. Generell ist den europäischen Messegesellschaften hinsichtlich ihrer Servicequalität, auch auf Grund ihrer Tradition, ein gutes Zeugnis auszustellen und zweifelsohne hat dies in der Vergangenheit maßgeblich zu ihrem Erfolg beigetragen.

3.2 Die CRM-Aktionsfelder

Sofern die Rahmenbedingungen für die Umsetzung der Prozesse geschaffen sind, erfordert die Einführung von CRM im nächsten Schritt die zielorientierte Aufbereitung der Kundendaten. Ziel dieser Maßnahme ist es zum einen, ein umfassendes Kundenverständnis aufzubauen („*understand*"), und zum anderen, profitable Kundenbeziehungen zu erkennen. In Abhängigkeit von der Branche und der strategischen Ausrichtung können hierbei potenzial-, wert- oder kostenorientierte Segmentierungsansätze sowie Kombinationen aus diesen angewandt werden. In der Messebranche eignet sich insbesondere eine Kombination von wert- und potenzialorientierter Segmentierung.

Im Vordergrund stehen dabei Kriterien, die eine Segmentierung nach dem Ertragswert der Kundenbeziehung (Kundenwert) erlauben. Der Kundenwert orientiert sich nicht nur an den aktuellen Umsätzen und Deckungsbeiträgen, sondern berücksichtigt im Sinne einer dynamischen Betrachtung auch das Potenzial und damit den zukünftigen Wert (vgl. auch Tomczak/Brockdorff 2002, S. 16), den der Aussteller, Besucher, Verband oder Medienvertreter für den Messeveranstalter haben wird bzw. haben könnte. Beispielhaft anzuführen sind:

- Die Kundenhistorie (Ist-Beteiligungen, Standfläche, Umsatz, Deckungsbeitrag, Besuchshäufigkeit etc.)

- Das Produktspektrum (Potenzial für andere Messen)

- Die Auslandsaktivitäten (für potenzielle Messen im Ausland)

- Der „Referenzwert" (Signalwirkung für andere Aussteller, Besucher, Verbände, Medienvertreter).

In Ergänzung zu den aktuellen Kunden sollten auch die Daten von potenziellen Ausstellern, Besuchern oder Medienvertretern verfügbar gemacht werden. Instrumente des Dialog- und Telefonmarketings bieten sich hierfür an. Das Wissen über die aktuellen und potenziellen Kunden ist Voraussetzung für den zielgerichteten Einsatz der Instrumente zur Akquisition der Messeteilnehmer („*gain*") unter den Gesichtspunkten Effizienz (Kosten) und Effektivität (Erfolgswahrscheinlichkeit).

Die zielgerichtete Auswertung der Daten liefert zudem wichtige Informationen im Hinblick auf die Gewinnung des Ausstellers, Besuchers oder Medienvertreters für andere Messen im In- und Ausland. Durch Querbezüge und Referenzwerte (z.B. durchschnittlicher Serviceumsatz pro Quadratmeter Standfläche) kann dies auch zur Identifikation weiterer Umsatzpotenziale bei bestehenden Ausstellern führen (Kundenpenetration). Schließlich kann eine solche Datenbank auch wertvolle Hinweise für die Beurteilung der Potenziale neuer Messethemen liefern.

3.3   Maßnahmen zur Kundenbindung

Ebenso wichtig wie die Kundendaten sind die darauf aufbauenden Überlegungen, wie der Wert bzw. Nutzen der Messebeteiligung für die Aussteller und Besucher gesteigert werden kann („*create*"). Die Betrachtungsebene sollte dabei nicht auf das eigentliche Messeereignis begrenzt bleiben, sondern auf die gesamten Marketingbedürfnisse der Kunden abheben. Die Zugkraft der Messemarken und der hohe Vertrauensvorschuss bieten den Messegesellschaften beispielsweise exzellente Voraussetzungen, sich zu einem umfassenden Marketingpartner ihrer Kunden zu entwickeln. Durch umfassende und aufeinander abgestimmte Kommunikationsdienstleistungen, im Sinne von „Global Marketing Packages" können die Messegesellschaften ihren Kunden die Chance des „One-Stop-Shopping" und damit einen zusätzlichen Nutzen bieten.

Der Nutzen lässt sich auch durch eine stringentere Ausrichtung des Messeprogramms an den Teilnehmerbedürfnissen steigern. Exemplarisch anzuführen sind die Arrondierung einer Messe um verwandte Segmente, die Verselbstständigung einzelner Messesegmente zu einer eigenen Messe, der Verzicht auf einzelne Randsegmente oder die Ansprache neuer Besucherzielgruppen.

Bezogen auf die Messen, die als „Branchen-Summit" zweifelsohne auch zukünftig im Mittelpunkt der Kommunikationsbeziehungen stehen werden, sind alle Phasen der Messeteilnahme aus der Sicht des Ausstellers, Besuchers oder Medienvertreters zu betrachten, von der Anmeldung bis zur Nachbereitung. Dementsprechend sollten alle „Customer Touch Points" (Kundenkontaktpunkte) strukturiert erfasst und entsprechend den definierten CRM-Zielen und Prozessen optimiert werden.

Große Unternehmen organisieren heute mit vergleichsweise kleinen Teams die Beteiligung an einer Vielzahl von Messen. Die wesentliche Ursache für die häufig angeführte „Messemüdigkeit" besteht deshalb nicht in erster Linie in den Kosten einer Messebeteiligung, sondern vor allem in dem hohen Organisationsaufwand. Aufgabe ist es also, Angebote zu kreieren, die zu einer Verringerung des Organisationsaufwandes führen. Die Definition der Produkt- und Leistungsangebote mit dem Ziel, einen überlegenen Teilnehmernutzen zu schaffen, setzt die sorgfältige Analyse der Anforderungen von Ausstellern und Besuchern voraus. Anzuführen sind beispielsweise einfach (per Internet) buchbare Incoming-Angebote (An- und Abreise, Übernachtung), IT-gestützte Systeme zur Terminvereinbarung (Appointment-Systeme) oder Angebote zur Schulung des Standpersonals (vgl. Abb. 4).

Ziel von CRM ist jedoch nicht nur die Kundengewinnung, sondern auch die Bindung der aktuellen Aussteller und Besucher an den Messeplatz und nicht zuletzt die Rückgewinnung „verlorener" Kunden („*retain*"). Zwar basiert die Entscheidung zur Messeteilnahme in erster Linie auf Kosten-Nutzen-Erwartungen. Letztlich wird die Entscheidung jedoch von Menschen getroffen und ist damit nicht frei von subjektiven Einflüssen.

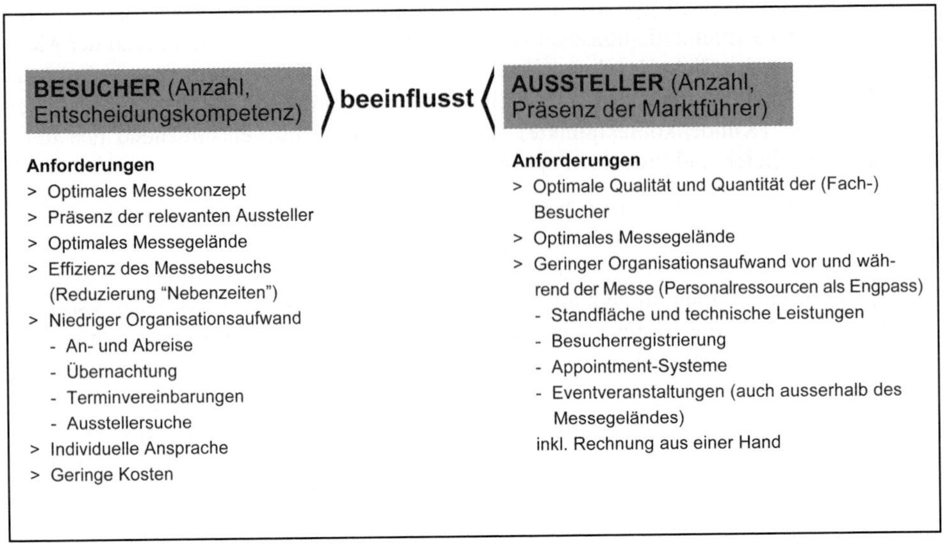

| BESUCHER (Anzahl, Entscheidungskompetenz) | beeinflusst | AUSSTELLER (Anzahl, Präsenz der Marktführer) |

Anforderungen
- > Optimales Messekonzept
- > Präsenz der relevanten Aussteller
- > Optimales Messegelände
- > Effizienz des Messebesuchs (Reduzierung "Nebenzeiten")
- > Niedriger Organisationsaufwand
  - An- und Abreise
  - Übernachtung
  - Terminvereinbarungen
  - Ausstellersuche
- > Individuelle Ansprache
- > Geringe Kosten

Anforderungen
- > Optimale Qualität und Quantität der (Fach-) Besucher
- > Optimales Messegelände
- > Geringer Organisationsaufwand vor und während der Messe (Personalressourcen als Engpass)
  - Standfläche und technische Leistungen
  - Besucherregistrierung
  - Appointment-Systeme
  - Eventveranstaltungen (auch ausserhalb des Messegeländes)
- inkl. Rechnung aus einer Hand

Abb. 4: Anforderungen an eine Messe aus Aussteller- und Besuchersicht

Messeveranstalter müssen sich deshalb überlegen, wie sie den Messeteilnehmern einen „Mehrwert" bieten können, also die Frage stellen: Unter welchen Bedingungen kommt ein Aussteller oder Besucher „gerne" zu meinem Messeplatz? Neben attraktiven Begleitveranstaltungen während der Messe sind hierzu die allerorts entstehenden Internet-Portale, die eine ganzjährige Kommunikation ermöglichen, ein richtungweisender Weg. In diesem Kontext anzuführen ist auch die Notwendigkeit eines effizienten Beschwerdemanagements, das die Einwendungen unzufriedener Kunden als Chance zur Optimierung der Leistungsangebote und der Servicequalität begreift.

Wichtige Informationen lassen sich dabei aus der selbstkritischen Durchführung von Lost-Order-Analysen gewinnen. Insbesondere die wertorientierte Differenzierung der Kunden an den einzelnen Kontaktpunkten liefert erhebliches Potenzial, die als „besonders wertvoll" identifizierten Kunden zu binden. Auch „VIP-Karten", die diesen Kunden besondere Serviceleistungen zugestehen oder auch die mehrmalige Teilnahme honorieren, bieten beachtliche Chancen. Voraussetzung ist aber, dass sie einen echten und wahrnehmbaren Nutzen enthalten, der über den kostenlosen Eintritt hinausgeht.

4. Literaturverzeichnis

DAY, G. S./VAN DEN BULTE, C., Superiority in Customer Relationship Management: Consequences for Competitive Advantage and Performance, The Wharton School, University of Pennsylvania, September 2002.

GRÖNROSS, C., Service management and marketing: a customer relationship management approach, 2nd edition, Chichester/UK 2001.

ROLAND BERGER STRATEGY CONSULTANTS, Maximizing Customer Value – A Strategic Perspective on CRM, veröffentlichtes Issue Paper, 01/2002, München 2002.

ROLAND BERGER STRATEGY CONSULTANTS, CRM Excellence – Der Roland Berger Ansatz zum Customer Relationship Management, veröffentlichtes Issue Paper, 04/2002, München 2002.

STOECK, N., Moderne Instrumente der Kunden- und Serviceorientierung im Messe- und Ausstellungswesen, unveröffentlichter Vortrag, München 2001.

TOMCZAK, T./BROCKDORFF, B., One-to-one Marketing, Teil 1: Konzepte und ihre Umsetzung, in: Albers, S./Haßmann, V./Somm, F./Tomczak, T., Verkauf: Kundenmanagement, Vertriebssteuerung, E-Commerce, Wiesbaden 2002.

WEHRMEISTER, D., Customer Relationship Management: Kunden gewinnen und an das Unternehmen binden, Köln 2001.

Literaturverzeichnis

(bibliography entries, illegible)

Kapitel 2:

Projekt- und Messe-Controlling

Gerhard Gerritzen / Markus Marschalek

Allgemeine Kennzahlen zur Projekt- und Unternehmenssteuerung

1. Anforderungen an moderne Kennzahlensysteme

2. Defizite des bisherigen Performance Managements

3. Die Balanced Scorecard – mehr als ein Kennzahlensystem
   3.1 Ursprünge und Grundprinzip der Balanced Scorecard
   3.2 Umsetzung der Balanced Scorecard

4. Umsetzung der Balanced Scorecard in einem Messeunternehmen

5. Bewertung der Umsetzung des Balanced Scorecard-Ansatzes in einem Messeunternehmen

6. Literaturverzeichnis

Gerhard Gerritzen ist Bereichsleiter der Messe München GmbH, München. Dipl.-Kfm. Markus Marschalek ist Leiter der Abteilung Organisation der Messe München GmbH, München.

1. Anforderungen an moderne Kennzahlensysteme

Fast alle größeren Unternehmen befinden sich heute in einem strukturellen Veränderungsprozess. Dieser wurde insbesondere durch den rasanten Wechsel von der Industrie- zur Informationsgesellschaft ausgelöst. Man hat die Erkenntnis gewonnen, dass das Vermögen eines Unternehmens nicht nur aus den in der Bilanz ausgewiesenen Werten besteht, sondern den Fähigkeiten, dem Ausbildungsstand und der Motivation der Mitarbeiter für den Unternehmenserfolg zunehmend Bedeutung zukommt. Die klassische Kundentreue gehört der Vergangenheit an. Kunden werden anspruchsvoller und reagieren schnell mit einem Lieferantenwechsel, wenn sie nicht zufrieden sind. Moderne Dienstleistungsunternehmen müssen mit motivierten und kompetenten Mitarbeitern kundenorientiert agieren sowie schlanke, fehlerarme und kostengünstige Prozesse aufweisen, um weiter erfolgreich zu sein. In diesem Sinn werden auch Messegesellschaften zunehmend gefordert.

Vor diesem Hintergrund reichen die meist vergangenheitsbezogenen Kennzahlen des traditionellen Rechnungswesens für die Unternehmenssteuerung nicht mehr aus. Vielmehr ist es notwendig, die betriebswirtschaftliche Unternehmensplanung und -steuerung neu auszurichten. Die bisherige Fokussierung auf finanzielle Kennzahlen muss durch Kunden-, Prozess- und Personalperspektiven erweitert werden. Für alle diese Perspektiven ist es letztendlich entscheidend, sie an der Unternehmensvision und den daraus abgeleiteten Unternehmenszielen auszurichten.

2. Defizite des bisherigen Performance Managements

Die Defizite traditioneller Leistungsmesssysteme als Planungs- und Berichtsinstrumente sind weitgehend bekannt. Während sich das Wettbewerbsumfeld der Unternehmen deutlich verändert, sind die notwendigen Anpassungen allein über finanzielle Kennzahlen des Rechnungswesens nur sehr schwer zu realisieren. Hauptkritikpunkte sind vor allem:

- *Ausschließliche Betrachtung finanzieller Kennzahlen*
  Für die Bewertung des unternehmerischen Handelns werden ausschließlich finanzielle Messgrößen berücksichtigt. Diese lassen jedoch keine detaillierte Aussage bezüglich der Kern-, Support- und Managementprozesse im Unternehmen zu. Die Überbetonung kurzfristiger finanzieller Ergebnisse kann ein Unternehmen sogar dazu verleiten, kurzfristig zu handeln und die langfristige Wertschöpfung zu vernachlässigen. Das gilt besonders im Hinblick auf die immateriellen Vermögens-

werte wie z.B. Kundenbeziehungen, eigene Geschäftsprozesse, Qualifikation und Motivation der Mitarbeiter usw., die zukünftiges Wachstum erst möglich machen.

- *Historische Betrachtung*
  Viele Unternehmen haben zwar bereits Strategien, die Kundenbeziehungen, Kernkompetenzen usw. betreffen, messen die erreichten Leistungen jedoch weiterhin nur mit historischen Finanzkennzahlen. Die Bewertung der Unternehmensleistung, z.B. basierend auf den Kennzahlen des Jahresabschlusses, ist immer mit einer zeitlichen Verzögerung verbunden. Sie erlaubt somit grundsätzlich kein aktives Agieren, sondern nur ein passives Reagieren.

- *Fehlende Kausalzusammenhänge*
  Finanzielle Kennzahlen lassen zwar eine Ist-Analyse oder eine Trendaussage zu. Sie ermöglichen aber keine Untersuchung der tatsächlichen Ursache-Wirkungs-Zusammenhänge im Unternehmen.

- *Mangelnder nach vorne gerichteter Blick*
  Klassische Leistungsmesssysteme berücksichtigen in nicht ausreichendem Maße die o.a. zukünftigen Anforderungen des Wettbewerbsumfelds.

- *Fehlende Berücksichtigung der Unternehmensziele*
  Die isolierte Leistungsbewertung von einzelnen Unternehmensbereichen (z.B. von Profit- und Costcentern) ausschließlich anhand finanzieller Kenngrößen führt häufig nur zu einer teilweisen Optimierung in den einzelnen Bereichen, ohne dabei ganzheitlich die Unternehmensziele zu betrachten.

Diesem Konflikt aus neuen Wettbewerbsanforderungen und vergangenheitsorientierten, finanziellen Kennzahlensystemen begegnet die Balanced Scorecard.

3.   Die Balanced Scorecard – mehr als ein Kennzahlensystem

3.1   Ursprünge und Grundprinzip der Balanced Scorecard

Die Balanced Scorecard (BSC) wurde in den 90er Jahren als Performance Measurement-System von Robert S. Kaplan und David P. Norton in Form eines mehrdimensionalen Kennzahlensystems entwickelt (Kaplan/Norton 1997). Das Instrument stellt eine ganzheitliche Sichtweise für die Leistungsmessung zur Verfügung. Es setzt neben den finanziellen Kennzahlen auch kunden-, prozess- und infrastrukturorientierte Messgrößen ein. Wesentlich an dem Konzept ist, dass sehr unterschiedliche Unternehmensziele in einem Steuerungsinstrument zusammen laufen.

Die Ursprünge der BSC gehen auf eine KPMG-Studie zum Thema „Performance Measurement in Unternehmen der Zukunft" aus dem Jahr 1990 zurück, die von Kaplan und Norton durchgeführt wurde. Die Ausgangsüberlegung war, dass das Vertrauen der Unternehmen auf aggregierte finanzielle Kennzahlen die Fähigkeit zur künftigen Wertschöpfung der Organisation behindere. Gemeint war damit, dass immaterielle Vermögenswerte anders bewertet werden müssten als Anlagevermögen. Im Rahmen einer Feldstudie zeigte sich, dass das (auch heute noch sehr erfolgreiche) Unternehmen Analog Devices bereits eine „Unternehmens-Scorecard" verwendete, die neben monetären auch nicht-monitäre Kennzahlen (z.B. Lieferzeiten, Qualität, Effektivität der Produktentwicklung usw.) enthielt.

Aus diesen Kennzahlen entstand eine „Balanced Scorecard" mit den Perspektiven Finanzwirtschaft, Kunden, Prozesse sowie Lernen und Entwicklung, die auf Basis der Unternehmensvision monetäre und nicht-monetäre Kennzahlen in einem ausgewogenen Verhältnis betrachtete (vgl. Abb. 1).

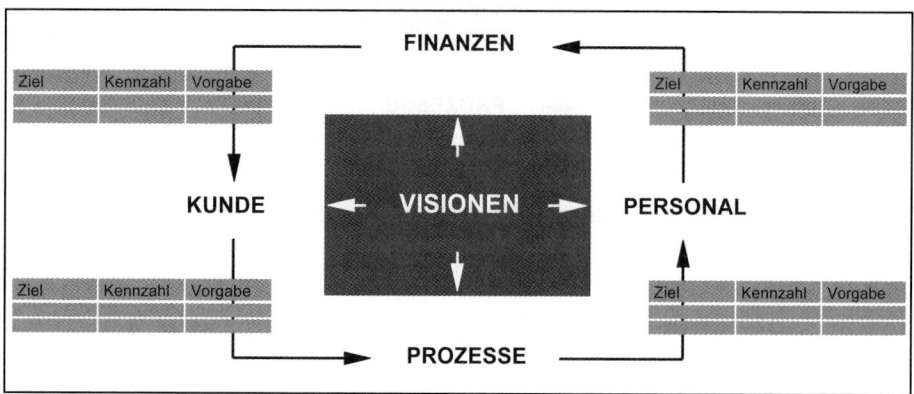

Abb. 1: Balanced Scorecard-Ansatz im Überblick
Quelle: Kaplan/Norton 1997

3.2 Umsetzung der Balanced Scorecard

Der Scorecard-Prozess ist in erster Linie ein Mechanismus des Herunterbrechens der Unternehmensziele auf einzelne Teilziele, die mit den Gesamtzielen in einem Ursache-Wirkungs-Zusammenhang stehen. Er dient nicht primär zur Erarbeitung der Unternehmensziele selbst oder zur Entwicklung von Strategien.

In einem ersten Schritt werden hierzu aus den langfristigen Unternehmenszielen in einem Top-down-Prozess die operativen Ziele abgeleitet. Die Unternehmensvision, die Inhalte der Strategischen Ziele und die Kennzahlen sind über alle Unternehmensebenen zu kommunizieren. Das ist für den späteren Erfolg der Balanced Scorecard entscheidend, da eine Identifikation der Mitarbeiter mit den Unternehmenszielen hergestellt werden soll. Die Verankerung der Unterziele in den individuellen Zielvereinbarungen steigert die Umsetzungsanstrengungen zusätzlich (vgl. Abb. 2). Der Top-down-Prozess ermöglicht damit auch die Ausrichtung jeder Organisationseinheit an den Unternehmenszielen. Insellösungen der einzelnen Bereiche werden vermieden.

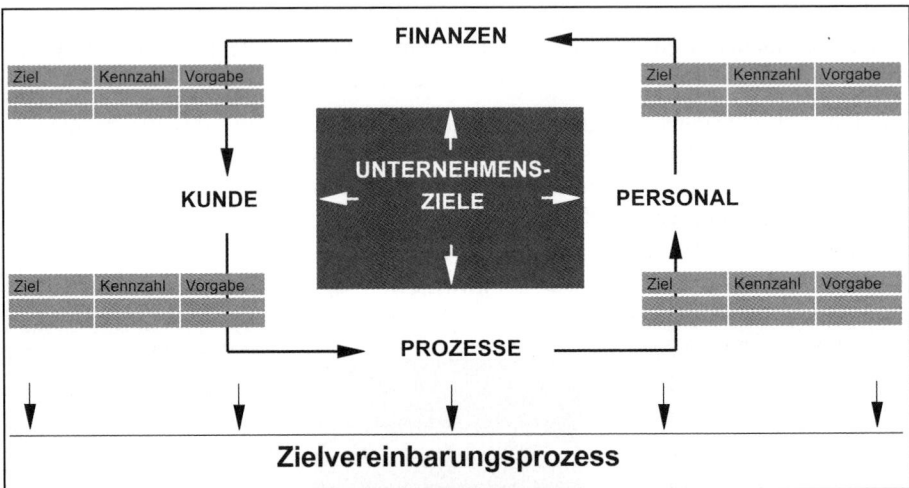

Abb. 2: Umsetzung der Unternehmensziele in individuellen Zielvereinbarungen

Ebenso wichtig ist es in einem dynamischen Unternehmensumfeld, den Top-down-Ablauf mit einem Rückkoppelungsprozess zu verbinden, um Abweichungen schnell erkennen zu können. Wenn z.B. Mitarbeiter qualifiziert werden, um das Finanzergebnis für ein Messeprojekt zu steigern, sind bei Zielabweichungen zunächst die festgelegten Kennzahlen für die Qualifizierungsmaßnahmen zu prüfen. Anschließend ist die vermutete Wirkungskette zwischen Qualifizierung (Enabler) und Steigerung des Finanzergebnisses (Result) zu hinterfragen. Somit wird die BSC im nächsten Schritt selbst zu einem Instrument der Strategieentwicklung.

4. Umsetzung der Balanced Scorecard in einem Messeunternehmen

Das folgende Praxisbeispiel zeigt die Einführung der Balanced Scorcard bei der Messe München GmbH (MMG). Das von der Geschäftsführung initiierte Projekt dauerte von der Idee bis zum unternehmensweiten Nutzungsbeginn ein gutes Jahr.

Auslöser für die Einführung der BSC waren zum einen die eingangs beschriebenen steigenden Anforderungen an das Performance Management, zum anderen der intern und extern zunehmende Druck zur nachhaltigen Rentabilitätsverbesserung.

Die BSC war dabei Teil eines ganzen Maßnahmenbündels, das u.a. auch die Einführung einer Profitcenterrechnung mit einer mehrstufigen Deckungsbeitragsrechnung und eines modernen Anreiz- und Vergütungssystems mit individuellen Zielvereinbarungen umfasste. Mit der Einführung, dem Maßnahmencontrolling und der anschließenden Weiterentwicklung des BSC-Systems wurde eine Arbeitsgruppe beauftragt, die aus Vertretern aller Unternehmensbereiche und verschiedener Hierarchieebenen bestand.

Im ersten Schritt wurden auf Basis sorgfältiger Analysen die wichtigsten Ursache-Wirkungs-Zusammenhänge des Unternehmens erfasst und dokumentiert. Der Fokus lag dabei stets auf der Verbindung zu den Finanzzielen und der Umsetzung der konsequenten Kundenorientierung der MMG. In einem Bottom-up-Prozess wurden dann die einzelnen Messeprojekte und Zentralbereiche analysiert. Für jeden Unternehmensbereich wurden Business Pläne (im MMG-internen Sprachgebrauch „Dokumentierte Messe- und Dienstleistungskonzepte") erstellt, die den Input für die Geschäftsführung zur Planung und Formulierung der BSC für das Gesamtunternehmen lieferten.

Die Unternehmens-BSC wurde dann wiederum, gemäß der BSC-Systematik, top-down in verpflichtende Vorgaben für die Bereiche heruntergebrochen und in den Zielvereinbarungen der Mitarbeiter verankert. Den BSC-Regelkreis schließen das inhaltlich erweiterte Reporting und die jährliche Strategieüberprüfung durch den Führungskreis sowie regelmäßige Audits durch die BSC-Arbeitsgruppe. Die Profitcenterrechnung schaffte dabei die notwendige Transparenz, die zur Ermittlung und Beurteilung der internen Finanzströme unerlässlich ist.

Bei der Auswahl und Erstellung der BSC-Kennzahlen wurde auf einen überschaubaren und damit begrenzten Umfang geachtet. Zu berücksichtigen war zusätzlich, dass die Kennzahlen die jeweiligen Zielinhalte auch tatsächlich messen. Zudem sollte der Aufwand für die Kennzahlenerhebung in einem angemessenen Verhältnis zum Nutzen stehen. Für die MMG reichten die klassischen vier BSC-Perspektiven nicht aus. So wurden die Perspektiven Finanzen, Kunden, Prozesse und Personal um die Bereiche Internationalisierung und Neue Ertragsfelder ergänzt. Einen Eindruck des Katalogs von Ursache-

und Wirkungs-Beziehungen bei einem Messeprojekt soll das folgende Beispiel vermitteln (vgl. Abb. 3).

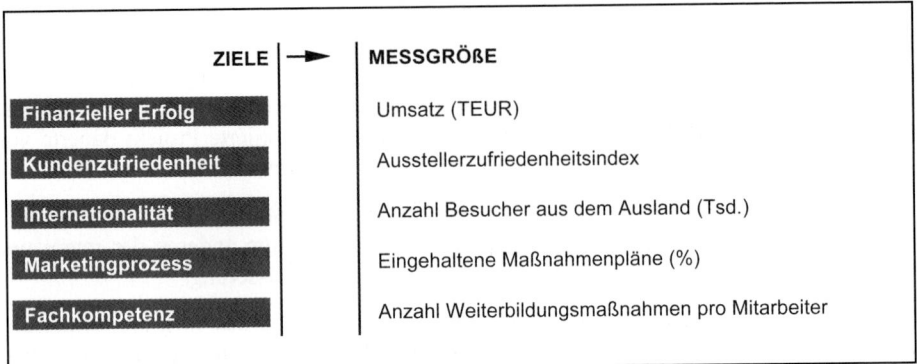

Abb. 3: Beispiel für Ursache-Wirkungsbeziehungen

Interkulturelle und Sprachenkompetenz der Mitarbeiter sind Grundvoraussetzungen für ein erfolgreiches länderspezifisches Marketing. Dieses wiederum ist die Basis zur Steigerung der Internationalität der Messen. Bei Leitmessen ist der Grad der Internationalisierung ein wesentliches Kriterium für die Zufriedenheit sowohl der Aussteller als auch der Besucher und damit mitentscheidend für die Messeteilnahme bzw. den Besuch einer Messe. Je höher die Zahl der Aussteller und Besucher, desto größer der finanzielle Erfolg. Die Zusammenhänge klingen lapidar. In der Praxis werden sie aber trotzdem oft nicht hinreichend beachtet. Störungen in der oben dargestellten Kette und damit Nichterreichung der gesteckten Ziele sind oft auf Minderleistungen von Mitarbeitern mit mangelhaftem fachlichen Hintergrund und fehlender Motivation zurückzuführen. Der Erfolg kann oft bereits mit einfachen Qualifizierungsmaßnahmen deutlich verbessert werden.

Wichtig bei der Erstellung der Kausalzusammenhänge ist auch, sie von beiden Richtungen zu durchdenken. Das gilt auch für die zeitlichen Abhängigkeiten. Typische Kennzahlen, mit denen der jeweilige Grad der Zielerreichung bei der MMG gemessen wird, sind in nachfolgender Abbildung 4 dargestellt.

Abb. 4: Beispiele für Kennzahlen bzw. Erfolgsmessgrößen

Um die Entwicklung der Kennzahlen auch im Zeitverlauf besser überwachen zu können, wurden Grenzwerte (Limits), insbesondere im Hinblick auf mögliche negative Abweichungen, definiert. Ziel dieser Maßnahme ist es, potenzielle Risiken rechtzeitig anhand von im zeitlichen Ablauf früh reagierenden Kennzahlen (Frühindikatoren) zu erkennen und aktiv gegen zu steuern. Aber auch die Wahrnehmung von Chancen ist dadurch wesentlich früher möglich, als dies bei der bisherigen Steuerung mit rein finanziellen Kenngrößen der Fall war.

5.   Bewertung der Umsetzung des Balanced Scorecard-Ansatzes in einem Messeunternehmen

Die Anwendung der Balanced Scorecard fand im Praxisbeispiel durchweg positiven Anklang. Die intensive Einbindung von zahlreichen Mitarbeitern aus unterschiedlichen Unternehmensbereichen und -ebenen im Einführungsprozess förderte die Akzeptanz der BSC nachhaltig. Die erarbeiteten Messgrößen waren dabei auch für angrenzende Systeme wie z.B. das Risikomanagement von Bedeutung. Sogar die individuelle Arbeitsorganisation wurde positiv beeinflusst. Das vormals zum großen Teil an „soft facts" ausgerichtete Handeln wird im Ergebnis der systematischen Einführung der BSC heute zunehmend von Kennzahlen und klaren Zielen bestimmt. Einen wesentlichen Nutzen brachte die BSC im direkten Zusammenwirken mit der, im Unternehmen ebenfalls neu eingeführten, Profitcenterrechnung und den individuellen Zielvereinbarungen. Durch die resultierenden hohen Synergieeffekte der Systeme ließ sich das Finanzergebnis des Gesamtunternehmens signifikant verbessern. Die Kosten in den Supportprozessen konnten dauerhaft gesenkt werden. Das Verhältnis von Veranstaltungserlösen und direkten Veranstaltungskosten, das bis dato stetig rückläufig war, hat sich nach der Umsetzung der Maßnahmen stabilisiert und steigt seither an.

6.   Literaturverzeichnis

COLLIS, D. J./MONTGOMERY, C. A., Wettbewerbsvorteile durch hervorragende Ressourcen, in: Harvard Business Manager, No. 18, 1996, 3, S. 88-96.

COOPER, R./KAPLAN, R. S., Activity Based Costing: Ressourcemanagement at its best, in: Harvard Business Manager, No. 13, 1991, 4, S. 87-94.

FRIEDAG H. R./SCHMIDT, W., Balanced Scorecard – Mehr als ein Kennzahlensystem, Freiburg i.Br. 1999.

FRIEDAG H. R./SCHMIDT, W., My Balanced Scorecard, Freiburg i.Br. 2000.

FUCHSLOCHER, H./HOCHHEIMER, H., Messen im Wandel, Wiesbaden 2000.

KAPLAN, R. S./NORTON, D. P., Balanced Scorecard, Stuttgart 1997.

KNON, D., Balanced Scorecard, München 2000.

NITTBAUR G., Wettbewerbsvorteile in der Messewirtschaft, Wiesbaden 2001.

STOECK, N., Internationalisierungsstrategien im Messewesen, Wiesbaden 1999.

Matthias Rose

Ebenen des Projekt-Controllings im Messewesen

1. Einleitung

2. Die instrumentelle Ebene des Projekt-Controllings
    2.1 Konzeptionelle Überlegungen
    2.2 Praktisches Beispiel eines Projekt-Controlling-Instruments
    2.3 Der Planungs- und Budgetierungsprozess im Projektstrukturplan
    2.4 Laufende Verfolgung von Kosten und Erlösen

3. Die kommunikative Ebene – Interaktionen von Projektmanagement und
   Projekt-Controlling
    3.1 Die Dilemmata von Projektmanagement und Projekt-Controlling
    3.2 Das Verhältnis zwischen Projektmanager und Projektcontroller
    3.3 Das Controlling-Gespräch

4. Fazit

Matthias Rose ist Bereichsleiter Finanzen/Verwaltung der Leipziger Messe GmbH, Leipzig.

Matthias Rose

Elemente des Projekt-Controllings im Messewesen

1. Einleitung

Controlling wird allgemein als integrierter Prozess aus Planung, Kontrolle und (Gegen-) Steuerung aufgefasst. Controlling ist ergebnisorientiert und soll dem Management Überwachungs- und Entscheidungshilfen durch die Bereitstellung von Informationsinstrumenten und die Aufarbeitung unternehmensinterner und/oder -externer Daten liefern.

Controlling hat stets pragmatisch zu sein. Die Hilfsmittel des Controllings – beispielsweise die Kostenrechnung – haben sich nach den Informations- und Steuerungsbedürfnissen des Managements zu richten. Komplexität als Selbstzweck ist hierbei unter allen Umständen zu vermeiden. Controlling darf nicht l'art pour l'art sein.

Projekt-Controlling hat für Messegesellschaften naturgemäß eine überragende Bedeutung. Hier soll eine Lösung des Projekt-Controlling im Messewesen vorgestellt werden. Dies betrifft die instrumentelle Ebene des Projekt-Controllings. Daran anschließend werden einige Überlegungen zum Verhältnis Projekt-Controlling und Projektmanagement angestellt. Diese betreffen die Rollen der handelnden Personen und insoweit die „menschliche", kommunikative Ebene des Projekt-Controllings.

2. Die instrumentelle Ebene des Projekt-Controllings

2.1 Konzeptionelle Überlegungen

Messeveranstaltungen werden als Projekte aufgefasst, die durch drei Dimensionen gekennzeichnet sind:

- Die äußeren sachlichen Zusammenhänge oder die „Umwelt" der Veranstaltung: Das Messethema, die Märkte, die Struktur der Kundschaft (Aussteller und Besucher), die sich in der Nomenklatur spiegelt, externe Partner (z.B. Verbände) usw.

- Die inneren sachlichen Zusammenhänge: Die verschiedenen Tätigkeiten und Funktionen, die zur Messevorbereitung und -durchführung benötigt werden (Akquisition von Ausstellern und Besuchern, technische Leistungen, begleitende Kongresse usw.)

- Die zeitliche Dimension: Leistungen werden zu großen Teilen vor der Veranstaltung erbracht, Kosten und Ausgaben sind zeitgerecht zu planen und bereitzustellen. Erlöse werden oft erst kurz vor oder nach der Veranstaltung generiert.

Jedes (Messe-)Projekt ist durch einen klaren zeitlichen Rahmen definiert. Allerdings „wiederholen" sich die Projekte regelmäßig in ein- oder mehrjährigem Turnus.

Ein Projekt-Controlling-Instrument muss zunächst die *inneren* sachlichen und die zeitlichen Strukturen berücksichtigen.

Seine Elemente müssen die inneren Zusammenhänge eindeutig abbilden und eine Zuordnung von wertmäßigen Größen (Kosten und Erlösen) zulassen. Die äußeren Bedingungen determinieren weniger die *Struktur* des Projektes als die *Höhe der zurechenbaren Werte*.

Ein Projekt-Controlling-Instrument muss den zeitlichen Ablauf der Projektdurchführung und den geplanten bzw. tatsächlichen Anfall von Kosten und Erlösen berücksichtigen. Letzteres dient unter anderem zur Liquiditätssteuerung des Unternehmens und hilft bei der Erstellung von Forecasts zur wirtschaftlichen Situation der Messegesellschaft im jeweils laufenden Geschäftsjahr sowie der Prognose von Auswirkungen auf folgende Geschäftsjahre.

Es versteht sich von selbst, dass ein Projekt-Controlling-Instrument den formalen Controllingprozess (Planung, Kontrolle, Steuerung) unterstützen und abbilden muss. Erfolgt die Planung, wie heute wohl allgemein üblich, im Gegenstromverfahren, muss das System hierarchisch aufgebaut sein. Auf den oberen Planungsebenen werden für die Projekte Rahmenpläne vorgegeben. Auf den unteren Ebenen erfolgt detaillierte Planung, die bottom-up verdichtet wird und auf ihre Kompatibilität mit der Gesamtplanung des Unternehmens geprüft wird.

Ein Projekt-Controlling-Instrument sollte daher hinsichtlich seiner Aggregationsstufen differenziert sein. Einerseits muss es dem Projektmanagement und der Geschäftsführung eine aussagefähige Gesamtsicht auf das Projekt liefern, andererseits soll es den mit der Veranstaltung beschäftigten Personen Detailinformationen zu den einzelnen Sachverhalten liefern.

Weiterhin muss ein Projekt-Controlling-Instrument erlauben, verschiedene Messen miteinander zu vergleichen. Bei *Zeitvergleichen* werden die Werte der Vorveranstaltungen des gleichen Titels denen der aktuellen Veranstaltung gegenüber gestellt. *Interthematische Vergleiche* bieten sich bei Veranstaltungen gleichen Typs, aber unterschiedlicher Themen an (z.B. Vergleich der Ausstellerakquisitionskosten einer Ordermesse im Modebereich mit den entsprechenden Aufwendungen einer Ordermesse im Schmuckbereich).

Daraus folgt, dass ein Projekt-Controlling-Instrument standardisiert sein muss. Gleiche Sachverhalte werden stets gleich abgebildet.

Schließlich sollte ein Projekt-Controlling-Instrument sämtliche einer Veranstaltung zurechenbare Kosten und Erlöse abbilden. Die Zuordnung sollte hinsichtlich Beeinflussbarkeit insbesondere der Kosten differenziert sein. Wenn verschiedene Projekte um knappe Ressourcen konkurrieren, sollte das Instrument eine Allokationsfunktion zur optimalen Lenkung der Ressourcen erfüllen.

Die Anforderungen an ein Projekt-Controlling-Instrument lassen sich also allgemein wie folgt zusammenfassen:

- Abbildung der (inneren) sachlichen und zeitlichen Strukturen der Projekte

- Abbildung und Unterstützung des formalen Controllingprozesses unter Berücksichtigung der Planungsphilosophie des Unternehmens

- Eindeutige Zuordenbarkeit sämtlicher projektbezogener Kosten und Erlöse zu den einzelnen Elementen des Instruments. Differenzierung nach der Beeinflussbarkeit von Kosten

- Angemessene Aggregationsstufen

- Standardisierung und Gewährleistung von Zeit- und interthematischen Vergleichen

- Optimale Allokation knapper Ressourcen.

2.2 Praktisches Beispiel eines Projekt-Controlling-Instruments

Auf Grundlage der oben dargestellten grundsätzlichen Überlegungen wurde die im Folgenden skizzierte Lösung entwickelt, die auf dem Modul PS der Anwendungssoftware SAP R/3 basiert. Gegenwärtig ist das Release 4.6C im Einsatz.

Die Projekte werden in einem hierarchisch aufgebauten Projektstrukturplan (PSP) mit vier Ebenen abgebildet. Auf jeder Ebene sind Projektelemente (PSP-Elemente) vorgegeben. Die PSP-Elemente unterhalb der obersten Ebene können entweder „selbständig" beplant und bebucht werden oder Empfänger von aggregierten Werten von hierarchisch in direkter Linie unter ihnen angesiedelten PSP-Elementen sein.

Die oberste Ebene besteht aus nur einem (Top-)PSP-Element, auf das alle Plan-, Budget- und Ist-Werte der darunter liegenden Projektebenen verdichtet werden. Es ist selbst weder beplanbar noch bebuchbar.

Je nach Komplexität eines Projektes kann die Planung bottom-up bereits auf der zweiten Ebene erfolgen. Auch können einzelne vertikale Stränge des PSP differenzierter, bspw. bis zur vierten Ebene, beplant werden, während andere Stränge lediglich bis zur zweiten oder dritten Ebene heruntergebrochen werden.

In den vertikalen Strängen werden die sachlichen Bestandteile des Projektes dargestellt. „Von oben nach unten" nimmt hierbei die Differenzierung und Detaillierung zu bzw. „von unten nach oben" steigt der Aggregationsgrad.

Durch Verwendung einer „sprechenden Nummerierung" wird der Umgang mit dem PSP nach kurzer Einarbeitung relativ einfach. Veranstaltung, Durchführungsjahr, vertikaler Strang und die Ebene, auf der sich ein Projektelement befindet, lassen sich mit Hilfe der alphanumerischen Syntax problemlos identifizieren.

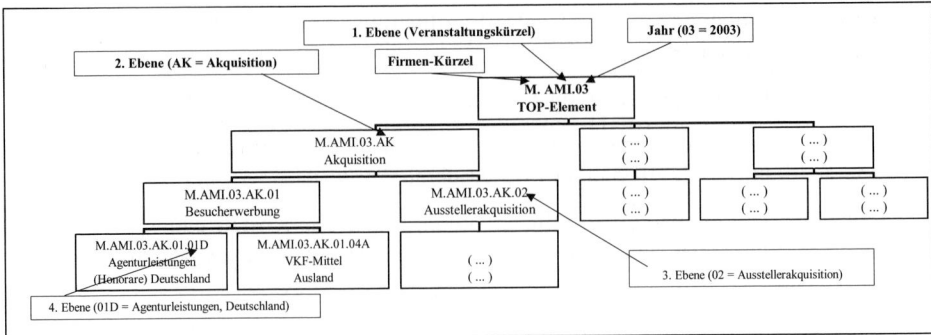

Abb. 1: Konzept der PSP-Struktur

Zu jedem PSP-Element existieren Beschreibungen, in denen dokumentiert ist, welche Inhalte auf dem Element zu planen und abzurechnen sind.

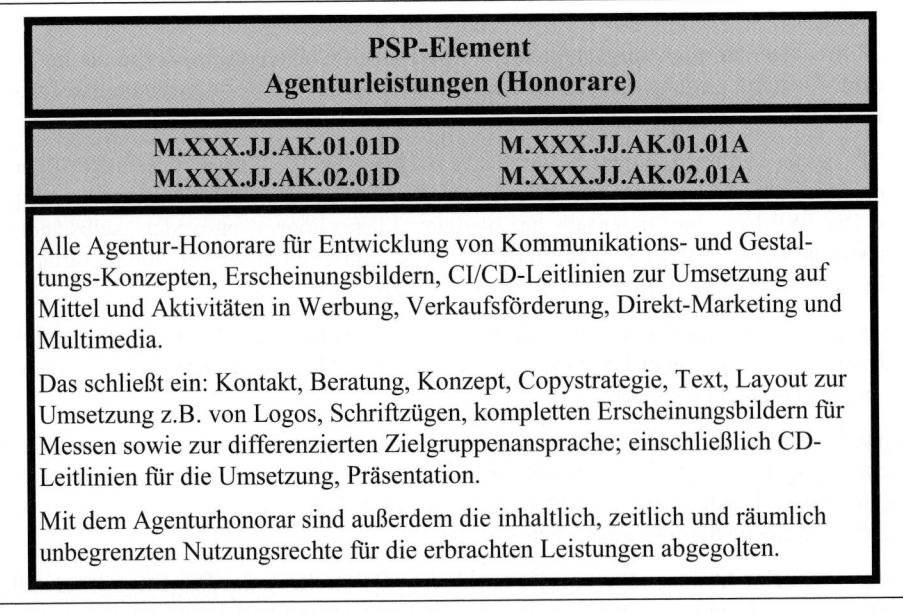

Abb. 2: Erläuterung zu PSP-Elementen

Alle mit einer Veranstaltung in Zusammenhang stehenden Kosten und/oder Erlöse verursachenden Vorgänge werden im PSP abgebildet.

Ebene	PSP - Element	Bezeichnung
PSP-Struktur für Messeveranstaltungen		
1	**M.XXX.XX**	**Messe XXXX**
2	M.XXX.XX.MA	Messe allgemein
3	M.XXX.XX.MA.01	Projektleitung
4	M.XXX.XX.MA.01.01	Projektleitung allgemein
4	M.XXX.XX.MA.01.02	Dienstreisen
4	M.XXX.XX.MA.01.03	Aushilfskräfte
3	M.XXX.XX.MA.02	Abgaben / Beiträge / Gebühren
4	M.XXX.XX.MA.02.01	Verbandsabgaben
4	M.XXX.XX.MA.02.02	Auma-Gebühren
4	M.XXX.XX.MA.02.03	Sonstige Beiträge / Gebühren
3	M.XXX.XX.MA.03	Marktforschung
4	M.XXX.XX.MA.03.01.	Ausstellerbefragung
4	M.XXX.XX.MA.03.02.	Besucherbefragung
4	M.XXX.XX.MA.03.03.	Marktinformation
3	M.XXX.XX.MA.04	Besuchererfassung
3	M.XXX.XX.MA.05	Bestellblock / allg. Drucksachen
3	M.XXX.XX.MA.06	Porto allgemein
2	M.XXX.XX.KS	Kundenservice
3	M.XXX.XX.KS.01	Ticketing
4	M.XXX.XX.KS.01.01.	Eintrittskartenverkauf
4	M.XXX.XX.KS.01.02.	Katalog
4	M.XXX.XX.KS.01.03.	LVB
4	M.XXX.XX.KS.01.04.	Aushilfskräfte
4	M.XXX.XX.KS.01.05	Porto Kundenservice
4	M.XXX.XX.KS.01.06	EBES
3	M.XXX.XX.KS.02	Serviceeinrichtungen
4	M.XXX.XX.KS.02.01.	Kinderhort
4	M.XXX.XX.KS.02.02.	Post
4	M.XXX.XX.KS.02.03.	Sonstige Serviceeinrichtungen
4	M.XXX.XX.KS.02.04.	Aushilfskräfte für Infostände
3	M.XXX.XX.KS.03	Verkaufsunterstützung
4	M.XXX.XX.KS.03.01.	Materialkosten
4	M.XXX.XX.KS.03.02.	Aushilfskräfte

Abb. 3: Auszug aus dem PSP

Neben den Primärkosten werden im Rahmen der innerbetrieblichen Leistungsverrechnung die Projekte auch mit Sekundärkosten belastet. Diese Kosten sind durch die Projektverantwortlichen beeinflussbar. Sie fließen in eine mehrstufige Deckungsbeitragsrechnung ein.

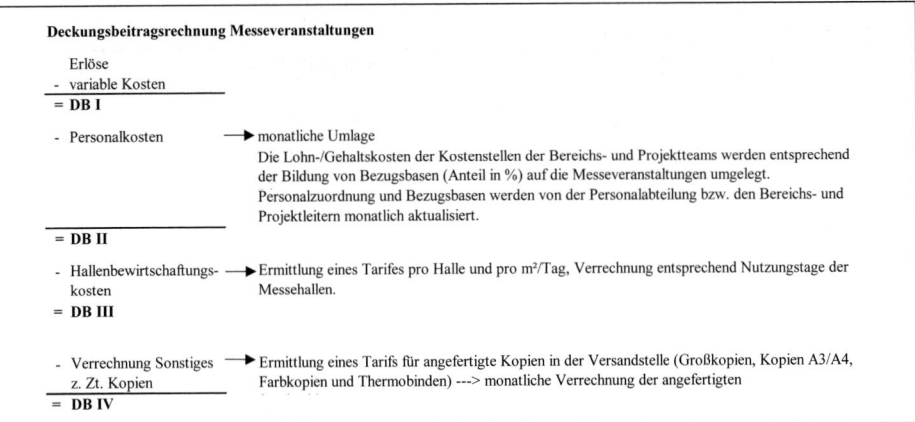

Abb. 4: Deckungsbeitragsdefinitionen

Die Berechnung der Personalkosten erfolgt durch Schätzungen der Inanspruchnahme der personellen Ressourcen eines Projektteams für die jeweilige Veranstaltung. Die Schätzungen durch die Projektleitung werden durch die Controllingabteilung auf Plausibilität geprüft und ggf. hinterfragt.

Die Projektleitung hat die Möglichkeit, diese Kosten bspw. dadurch zu beeinflussen, dass sie freie (Teil-)Kapazitäten anderen Projekten zur Verfügung stellt.

In den Tarif der Hallenbewirtschaftungskosten fließen Instandhaltungskosten, fixe Bewirtschaftungskosten, Grundsteuern, Abschreibungen usw. ein. Die Belastung erfolgt entsprechend den Flächen- und Zeitreservierungen durch das Projektteam in der Zentralen Terminplanung (ZTP) des Unternehmens.

Die Ist-Belastung erfolgt normalerweise auf Grundlage der Plan-Zeit- und Flächenangaben. Hierdurch soll verhindert werden, dass für ein Projekt Kapazitäten blockiert werden, die in Knappheitssituationen für andere um diese Ressourcen „konkurrierende" Projekte dann nicht mehr zur Verfügung stehen würden.

Die Projektleitung kann diese Kosten durch sorgfältige Zeit- und Flächenplanung optimieren. Eine weitere Steuerungsmöglichkeit besteht darin, reservierte Flächen, die doch nicht benötigt werden, später intern an andere Projekte „zu verkaufen".

Die Zurechnung der sonstigen Kosten, z.B. für Spezialkopien, erfolgt nach der tatsächlichen Inanspruchnahme durch das Projektteam. Neben der Minimierung der hiermit verbundenen variablen Kosten soll erreicht werden, dass keine Engpässe bei der relativ teuren Kopiertechnik auftreten, die für das Unternehmen durch notwendig werdende Zusatzinvestitionen sprungfixe Kosten auslösen würden.

Sekundärkosten werden in eigenen PSP-Elementen erfasst.

Stufe	PSP - Element	Bezeichnung
2	M.XXX.XX.IV.	Innerbetriebliche Leistungsverechnung
3	M.XXX.XX.IV.01	Personalkosten
3	M.XXX.XX.IV.02	Hallenbewirtschaftungskosten
3	M.XXX.XX.IV.03	Sonstiges

Abb. 5: PSP-Elemente der innerbetrieblichen Leistungsverrechnung

2.3 Der Planungs- und Budgetierungsprozess im Projektstrukturplan

Im Rahmen einer rollierenden mittelfristigen Wirtschaftsplanung werden für alle Projekte Grobplanungen erstellt, in die Erfahrungswerte der Vergangenheit ebenso einfließen wie die mittelfristigen Erwartungen, die sich aus der Marktforschung und den Vorgaben der Gesellschafter ergeben.

Die Werte der jeweils letzten Mittelfristplanung sowie ggf. Erfahrungen, die mit der zuletzt durchgeführten Veranstaltung gemacht wurden, bilden die Vorgaben, innerhalb derer die Detailplanung für das folgende Planjahr erfolgt.

Die Planung erfolgt auf dieser Grundlage bottom-up in den Projektteams in Zusammenarbeit mit den projektunterstützenden Querschnittsabteilungen (z.B. Werbung, Kundenservice, Veranstaltungstechnik, Geländeservice). Anders als in der Kostenstellenrechnung erfolgt die Planung im PSP nicht nach Kostenarten, sondern sachverhaltsbezogen.

Die Projektverantwortlichen erfassen die Ergebnisse ihrer Planung per PC in vorgegebenen Excel-Sheets. In diesen Vorlagen werden Berechnungen und Verdichtungen automatisch vorgenommen. Es sind durch die Bearbeiter nur bestimmte Eingabefelder befüllbar. Alle anderen Felder sind gesperrt, sodass gesichert ist, dass nicht versehentlich Änderungen von Bezeichnungen oder Formeln vorgenommen werden.

Kurzbezeichnung - PSP:		M.XXX.XX.		Kosten
M.XXX.XX.	**AK**	**Akquisition**		**0,0**
M.XXX.XX.	AK.01	**Besucherwerbung**		0,0
M.XXX.XX.	AK.01.01D	Agenturleistungen (Honorare) für WM,VKF,DM,MMI	D	0,0
M.XXX.XX.	AK.01.01A	Agenturleistungen (Honorare) für WM,VKF,DM,MMI	A	0,0
M.XXX.XX.	AK.01.02D	PV/Prod./Einkauf für Wbg./VKF/DM/MMI	D	0,0
M.XXX.XX.	AK.01.02A	PV/Prod./Einkauf für Wbg./VKF/DM/MMI	A	0,0
M.XXX.XX.	AK.01.03D	Werbe-Mittel/Aktivitäten	D	0,0
M.XXX.XX.	AK.01.03A	Werbe-Mittel/Aktivitäten	A	0,0
M.XXX.XX.	AK.01.04D	VKF-Mittel/Aktivitäten	D	0,0
M.XXX.XX.	AK.01.04A	VKF-Mittel/Aktivitäten	A	0,0
M.XXX.XX.	AK.01.05D	Direct-Marketing-Mittel/Aktivitäten	D	0,0
M.XXX.XX.	AK.01.05A	Direct-Marketing-Mittel/Aktivitäten	A	0,0
M.XXX.XX.	AK.01.06D	Multmedia-Mittel/Aktivitäten/Fotos und Videos	D	0,0
M.XXX.XX.	AK.01.06A	Multmedia-Mittel/Aktivitäten/Fotos und Videos	A	0,0
M.XXX.XX.	AK.01.07D	Media	D	0,0
M.XXX.XX.	AK.01.07A	Media	A	0,0
M.XXX.XX.	AK.01.08	Porto Besucherwerbung		0,0
M.XXX.XX.	AK.01.09	Fracht/Kurier Besucherwerbung		0,0
M.XXX.XX.	AK.01.10	Außenwerbung		0,0
M.XXX.XX.	AK.02	**Ausstellerakquisition**		0,0
M.XXX.XX.	AK.02.01D	Agenturleistungen (Honorare) für WM,VKF,DM,MMI	D	0,0
M.XXX.XX.	AK.02.01A	Agenturleistungen (Honorare) für WM,VKF,DM,MMI	A	0,0
M.XXX.XX.	AK.02.02D	PV/Prod./Einkauf für Wbg./VKF/DM/MMI	D	0,0
M.XXX.XX.	AK.02.02A	PV/Prod./Einkauf für Wbg./VKF/DM/MMI	A	0,0
M.XXX.XX.	AK.02.03D	Werbe-Mittel/Aktivitäten	D	0,0
M.XXX.XX.	AK.02.03A	Werbe-Mittel/Aktivitäten	A	0,0
M.XXX.XX.	AK.02.04D	VKF-Mittel/Aktivitäten	D	0,0
M.XXX.XX.	AK.02.04A	VKF-Mittel/Aktivitäten	A	0,0
M.XXX.XX.	AK.02.05D	Direct-Marketing-Mittel/Aktivitäten	D	0,0
M.XXX.XX.	AK.02.05A	Direct-Marketing-Mittel/Aktivitäten	A	0,0
M.XXX.XX.	AK.02.06D	Multmedia-Mittel/Aktivitäten/Fotos und Videos	D	0,0
M.XXX.XX.	AK.02.06A	Multmedia-Mittel/Aktivitäten/Fotos und Videos	A	0,0
M.XXX.XX.	AK.02.07D	Media	D	0,0
M.XXX.XX.	AK.02.07A	Media	A	0,0
M.XXX.XX.	AK.02.08	Porto Ausstellerakquisition		0,0
M.XXX.XX.	AK.02.09	Fracht/Kurier Ausstellerakquisition		0,0
M.XXX.XX.	AK.03	**A-Kunden/Key Accounting/Multiplikatoren**		0,0
M.XXX.XX.	AK.03.01D	Unternehmen	D	0,0
M.XXX.XX.	AK.03.01A	Unternehmen	A	0,0
M.XXX.XX.	AK.03.02D	Verbände	D	0,0
M.XXX.XX.	AK.03.02A	Verbände	A	0,0
	A = Ausland	D = Deutschland		

Abb. 6: Planungsformular für Werbemaßnahmen

Die Daten werden auf einem Übersichtsblatt pro Projekt verdichtet.

Projektplan   alle Angaben in Tausend EUR

Projekttitel: **Muster**

Kurzbezeichnung - PSP: **M.XXX.XX.**

Veranstaltungszeitraum:

Basiszahlen	Planung	Vorveranstaltung
Bruttofläche m²		
Nettofläche gesamt m²		
- davon Freigelände m²		
- davon kostenlose Sonderschau m²		
verkaufte Nettofläche m²		
Belegung der Hallen/Häuser:		
Auf- u.Abbauzeiten:		
Aussteller gesamt (ohne ZVU)		
- davon Hauptaussteller		
- davon Mitaussteller		
Besucher		
Reihenstand EUR (netto)		
Tageskarte EUR (brutto)		

			Erlöse (Tausend EUR)	Kosten (Tausend EUR)
1.	MA	Projektleitung/Messe allgemein	0,0	0,0
2.	KS	Kundenservice	0,0	0,0
3.	AK	Akquisition		0,0
4.	PR	Presse	0,0	0,0
5.	St	Standbau Eigenbedarf		0,0
6.	PK	Protokoll	0,0	0,0
7.	IN	Information		0,0
8.	AV	Auslandsvertretungen/IBL	0,0	0,0
9.	SO	Sonstige Aktivitäten	0,0	0,0
10.	KF	Kongress/Fachvorträge	0,0	0,0
11.	TL	Technische Leistungen	0,0	0,0
12.	TE	Technik	0,0	0,0
		Summe	**0,0**	**0,0**
		Deckungsbeitrag I	**0,0**	

Datum: Geschäftsführer   Projektleiter

Abb. 7: Übersichtsblatt mit verdichteten Projektdaten

Die Planung erfolgt jahresscheibenbezogen: Vorlaufkosten und -erlöse werden dem Kalenderjahr vor dem Durchführungsjahr zugerechnet, nachlaufende Kosten und Erlöse dem Folgejahr. Diese Daten fließen in die Liquiditätsplanung und die Abgrenzung innerhalb der laufenden unterjährigen Berichterstattung zum Gesamtjahresergebnis.

Die Planung wird bei der Controlling-Abteilung eingereicht und dort auf formale und inhaltliche Plausibilität geprüft. Beispielsweise wird anhand von Vergangenheitswerten hinterfragt, ob die zu Grunde gelegten Standarten (Block-, Reihen- und Kopfstände) den Erfahrungen der Vorjahre entsprechen. Weiterhin wird die Rabattierungsquote, differenziert nach Rabattarten, den entsprechenden Relationen früherer Messen gegenübergestellt. Soweit sich Fragen ergeben, werden diese durch das Controlling mit den Projektteams bzw. den Querschnittsabteilungen geklärt.

Im nächsten Schritt werden die Ergebnisse des ersten Planungsschrittes zusammengefasst und in das Planungsrechenwerk für das Gesamtunternehmen eingefügt. Anschließend erfolgt ein Abgleich mit den sich aus der Mittelfristplanung ergebenden Vorgaben.

Häufig ist es nötig, in einer oder mehreren weiteren Planungsphasen einzelne Planrechnungen zur Überarbeitung zurück in die Projektteams zu geben. Dies ist regelmäßig dann der Fall, wenn Kosten/Erlösrelationen wirtschaftlich nicht tragbar sind. Die Controlling-Abteilung unterstützt das Projektmanagement durch gezielte Fragen und Vorschläge bei der Suche nach Einsparungspotenzialen.

Selbstverständlich kann die Entscheidung über das Unterlassen oder die Modifizierung von Kosten verursachenden Vorhaben nicht durch das Controlling getroffen werden, welches später möglichst neutral und objektiv über die Auswirkungen solcher Entscheidungen zu berichten hat.

Wenn es nicht gelingt, zwischen Projektmanagement und Controlling einen Konsens über Teile oder die gesamte Planung eines Projekts herzustellen, müssen die Entscheidungen auf einer höheren hierarchischen Ebene – der jeweiligen Bereichsleitung und/oder der Geschäftsführung – getroffen werden.

Die überarbeiteten Pläne werden in die Gesamtplanung eingearbeitet und zur Freigabe der Geschäftsführung und später den Aufsichtsgremien vorgelegt. Wird die Planung nicht bewilligt, erfolgen weitere Planungsrunden nach dem oben beschriebenen Schema.

Nach Bewilligung der Planung werden aus den Planzahlen durch das Controlling im SAP-System Budgets erzeugt. Mit Freigabe der Budgets wird es möglich, über die Mittel für das jeweilige Projekt zu verfügen, also die vorgesehenen Ausgaben zur Projektrealisierung vorzunehmen.

Die Planzahlen werden im Berichtswesen „eingefroren" und sind nicht mehr veränderbar. Die Budgets stehen ihnen zunächst in gleicher Höhe gegenüber. In aller Regel verändern sich einzelne Budgets im Laufe des Wirtschaftsjahres. Dies ist immer dann der Fall, wenn das Projektmanagement in Abstimmung mit dem Controlling Umverfügungen zwischen den Teilbudgets veranlasst. Solche Änderungen sind grundsätzlich möglich, wenn sie entsprechend begründet werden und der finanzielle Gesamtrahmen des Projekts nicht gesprengt wird. Die Einstellung zusätzlicher Mittel kann nur mit Zustimmung der Unternehmensleitung erfolgen.

2.4   Laufende Verfolgung von Kosten und Erlösen

Im Berichtswesen gibt es im Kostenbereich neben den Kategorien Plan und Budget die Größen Ist, Obligo und Abweichung.

Im Ist werden alle bereits gebuchten und auf das jeweilige Projekt kontierten Aufwendungen erfasst.

Im Obligo werden ausgelöste Bestellungen für die noch keine Rechnungen vorliegen und bereits intern veranlasste Bestellanforderungen, die systemseitig erfasst sind, gezeigt.

Die Spalte Abweichung zeigt die noch verfügbaren Mittel, errechnet aus Budget abzüglich Ist und Obligo.

Die o.g. Größen zeichnen sich dadurch aus, dass sie aus bereits im SAP-System erfassten Geschäftsvorfällen resultieren.

Es ist jedoch regelmäßig der Fall, dass anstehende Geschäftsvorfälle systemseitig wegen der zeitlichen Projektabfolge noch nicht erfasst sein können, sodass noch keine Bestellanforderung, Bestellung oder Rechnung vorliegt. Diese „weichen" Informationen werden monatlich von den Projektleitern an das Controlling geliefert und von diesem in das Berichtswesen eingearbeitet. Wenn sich zwischen den Berichtszeitpunkten unerwartete zusätzliche Mittelinanspruchnahmen ergeben, müssen die Projektmanager dies von sich aus zeitnah melden.

Budgetvergleich Navigation		2003				
Objekt Darstellung in		Plankosten 1 EUR	Budget 1 EUR	Istkosten 1 EUR	Obligo 1 EUR	Abweichung 1 EUR
PRO M.AMI.03	AUTO MOBIL INTERNATIONAL	0,00	0,00	0,00	0,00	0,00
PSP M.AMI.03		0,00	0,00	0,00	0,00	0,00
PSP M.AMI.03.MA	Messe allgemein	0,00	0,00	0,00	0,00	0,00
PSP M.AMI.03.MA.01	Projektleitung	0,00	0,00	0,00	0,00	0,00
PSP M.AMI.03.MA.02	Abgaben/Beiträge/Gebühren	0,00	0,00	0,00	0,00	0,00
PSP M.AMI.03.MA.03	Marktforschung	0,00	0,00	0,00	0,00	0,00
PSP M.AMI.03.MA.05	Bestellblock/allg. Drucksachen	0,00	0,00	0,00	0,00	0,00
PSP M.AMI.03.MA.06	Porto allgemein	0,00	0,00	0,00	0,00	0,00
PSP M.AMI.03.KS	Kundenservice	0,00	0,00	0,00	0,00	0,00
PSP M.AMI.03.KS.01	Ticketing	0,00	0,00	0,00	0,00	0,00
PSP M.AMI.03.KS.02	Serviceeinrichtungen	0,00	0,00	0,00	0,00	0,00
PSP M.AMI.03.KS.03	Verkaufsunterstützung	0,00	0,00	0,00	0,00	0,00
PSP M.AMI.03.KS.04	Hotel/Eventservice	0,00	0,00	0,00	0,00	0,00
PSP M.AMI.03.AK	Akquisition	0,00	0,00	0,00	0,00	0,00
PSP M.AMI.03.AK.01	Besucherwerbung	0,00	0,00	0,00	0,00	0,00
PSP M.AMI.03.AK.02	Ausstellerakquisition	0,00	0,00	0,00	0,00	0,00
PSP M.AMI.03.PR	Presse	0,00	0,00	0,00	0,00	0,00
PSP M.AMI.03.PR.01	Medienarbeit	0,00	0,00	0,00	0,00	0,00
PSP M.AMI.03.ST	Standbau Eigenbedarf	0,00	0,00	0,00	0,00	0,00
PSP M.AMI.03.ST.01	Lückenschließung	0,00	0,00	0,00	0,00	0,00
PSP M.AMI.03.ST.02	Grundbebauung/Messestand	0,00	0,00	0,00	0,00	0,00
PSP M.AMI.03.ST.03	Bühnen/Foren	0,00	0,00	0,00	0,00	0,00
PSP M.AMI.03.PK	Protokoll	0,00	0,00	0,00	0,00	0,00
PSP M.AMI.03.PK.01	Eröffnung	0,00	0,00	0,00	0,00	0,00
PSP M.AMI.03.PK.02	Ausstellerabend	0,00	0,00	0,00	0,00	0,00
PSP M.AMI.03.PK.03	Rahmenprogramm	0,00	0,00	0,00	0,00	0,00
PSP M.AMI.03.PK.04	Sonstige Veranstaltung	0,00	0,00	0,00	0,00	0,00
PSP M.AMI.03.PK.05	Messeclub	0,00	0,00	0,00	0,00	0,00
PSP M.AMI.03.PK.06	Aushilfskräfte	0,00	0,00	0,00	0,00	0,00
PSP M.AMI.03.PK.07	Porto Protokoll	0,00	0,00	0,00	0,00	0,00
PSP M.AMI.03.IN	Information	0,00	0,00	0,00	0,00	0,00
PSP M.AMI.03.IN.01	Info-/Orientierungssystem	0,00	0,00	0,00	0,00	0,00
PSP M.AMI.03.AV	Auslandsvertretungen	0,00	0,00	0,00	0,00	0,00
PSP M.AMI.03.AV.01	AV-Tätigkeiten	0,00	0,00	0,00	0,00	0,00
PSP M.AMI.03.AV.02	Repräsentationen	0,00	0,00	0,00	0,00	0,00
PSP M.AMI.03.AV.03	OWK	0,00	0,00	0,00	0,00	0,00
PSP M.AMI.03.AV.04	Bloc Charter	0,00	0,00	0,00	0,00	0,00
PSP M.AMI.03.AV.06	Aushilfskräfte	0,00	0,00	0,00	0,00	0,00
PSP M.AMI.03.AV.07	Porto AV	0,00	0,00	0,00	0,00	0,00
PSP M.AMI.03.AV.08	Provision AV	0,00	0,00	0,00	0,00	0,00
PSP M.AMI.03.SO	Sonstige Aktivitäten	0,00	0,00	0,00	0,00	0,00
PSP M.AMI.03.SO.01	Fachprogramm	0,00	0,00	0,00	0,00	0,00
PSP M.AMI.03.SO.02	Sonderschauen	0,00	0,00	0,00	0,00	0,00
PSP M.AMI.03.KF	Kongreß/Fachvorträge	0,00	0,00	0,00	0,00	0,00
PSP M.AMI.03.KF.02	Fachvorträge	0,00	0,00	0,00	0,00	0,00
PSP M.AMI.03.TL	Technische Leistungen	0,00	0,00	0,00	0,00	0,00
PSP M.AMI.03.TL.01	Installation und Verbrauch	0,00	0,00	0,00	0,00	0,00
PSP M.AMI.03.TL.02	Parkplätze	0,00	0,00	0,00	0,00	0,00
PSP M.AMI.03.TL.03	Provisionsleistungen	0,00	0,00	0,00	0,00	0,00
PSP M.AMI.03.TE	Technik	0,00	0,00	0,00	0,00	0,00
PSP M.AMI.03.TE.01	Betriebskosten allgemein	0,00	0,00	0,00	0,00	0,00
PSP M.AMI.03.TE.02	Bewirtschaftung	0,00	0,00	0,00	0,00	0,00
PSP M.AMI.03.TE.03	Verkehrslenkung	0,00	0,00	0,00	0,00	0,00
PSP M.AMI.03.TE.04	Brandschutz	0,00	0,00	0,00	0,00	0,00
PSP M.AMI.03.TE.05	Schadensbehebung	0,00	0,00	0,00	0,00	0,00
PSP M.AMI.03.TE.06	Technische Sonderleistungen	0,00	0,00	0,00	0,00	0,00

Abb. 8: Gegenüberstellung von Plan-, Ist-, Obligowerten, Abweichung

Es existiert eine Reihe von Berichten und Auswertungen, die vom Controlling erstellt und dem Management zur Verfügung gestellt werden. Beispielhaft sollen der Wochenbericht (vgl. Abb. 9) und die Projektmanagementinfo (vgl. Abb. 10) vorgestellt werden.

Der Wochenbericht zeigt Umsatz, Absatz (verkaufte Nettofläche, Anzahl der Aussteller und Besucher) sowie den Deckungsbeitrag 1 (absolut und prozentual bezogen auf den Umsatz) für alle Messen. Die Werte der Vorveranstaltung werden den aktuellen Plan-werten und dem voraussichtlichen Ist laut Einschätzung der Projektleitungen gegenüber gestellt. Hierdurch werden Zeitvergleiche ermöglicht und es wird zahlenmäßig ausge-drückt, wie das wirtschaftliche Ergebnis aus jeweils aktueller Sicht aussehen wird. Die Summierungen von Umsatz und Deckungsbeitrag zeigen, wie das Unternehmensergeb-nis unter Berücksichtigung der unterjährigen Entwicklungen voraussichtlich beeinflusst werden wird.

In weiteren Spalten wird der Akquisitionsstand (Ausstelleranzahl, Fläche) dargestellt, sodass ersichtlich wird, inwieweit die Absatzerwartungen bereits durch feste Buchungen untersetzt sind. Dem wird referenziell der Akquisitionsstand gegenüber gestellt, der in der Vergleichswoche der Vorveranstaltung, also bei gleichem zeitlichen Abstand zur Messedurchführung, kontrahiert war. Es lassen sich Hinweise ableiten, ob die Akquisi-tion vergleichsweise schleppender, etwa gleich oder zügiger voran geht.

Wochenbericht Veranstaltung	KW bis Be ich	IST / Vorauss. IST Vorveranstaltung					Wirtschaftsplan 2003						Voraussichtliches IST entspr. Einschätzung der Pl.						DB1 Abw.% Ist-WP	IST aktuelle Woche				Vorwoche (qm)		Vergleichswoche Vorjahr	
		Aus-stel-ler	Fläche (qm)	Besu-cher	Er-löse	DB1 (T€)	DB1 in % v. Erlös	Aus-stel-ler	Fläche (qm)	Besu-cher	Er-löse	DB1 (T€)	DB1 in % v. Erlös	Aus-stel-ler	Fläche (qm)	Besu-cher	Er-löse	DB1 (T€)	DB1 in % v. Erlös		Aus-stel-ler	% v. WP	Fläche WP	% v. WP	% v. WP Ausst.	% v. WP Fläche	Aus-stel-ler	Fläche (qm)
Partner Pferd 2003																				0,0								
BODY LOOK F 2003																				0,0								
Fashion Look! F 2003																				0,0								
Immobilien-Messe 2003																				0,0								
Haus-Garten-Freizeit 2003																				0,0								
mitteldt. handwerksmesse 2003																				0,0								
CADEAUX F 2003																				0,0								
enertec 2003																				0,0								
TerraTec 2003																				0,0								
Leipziger Buchmesse 2003																				0,0								
AUTO MOBIL INTERNAT. 2003																				0,0								
REAL-LOCATION 2003																				0,0								
therapie 2003																				0,0								
Z 2003 - Die Zuliefermesse																				0,0								
BODY LOOK H 2003																				0,0								
Fashion Look! H 2003																				0,0								
GC - Games Convention 2003																				0,0								
MIDORA 2003																				0,0								
Comfortex 2003																				0,0								
CADEAUX H 2003																				0,0								
IGRUMA 2003																				0,0								
Pflegemesse 2003																				0,0								
MODELL & HOBBY 2003																				0,0								
IFRAExpo 2003																				0,0								
BauFach 2003																				0,0								
Gäste 2003																				0,0								
Touristik & Caravaning 2003																				0,0								
Total		0	0	0	0,0	0,0		0	0	0	0,0	0,0		0	0	0	0,0	0,0		0,0	0		0					

IST Vorveranstaltung DB 1 in % vom Erlös
Wirtschaftsplan 2002 DB 1 in % vom Erlös
Vor. IST DB 1 in % vom Erlös
Vor. IST DB 1 Abweichung in % IST zum WP
IST aktuelle Woche % vom WP Aussteller
IST aktuelle Woche % vom WP Fläche

Abb. 9: Wochenbericht

Im Projektmanagementinfo werden in der Vorspalte in Anlehnung an den PSP die verschiedenen projektbezogenen Sachverhalte aggregiert dargestellt (vgl. Abb. 10). Die Darstellung wird um bestimmte Kennzahlen ergänzt: Gesamterlös pro Aussteller, Ausgaben Besucherwerbung pro Besucher, Deckungsbeitrag (I) pro Quadratmeter, Deckungsbeitrag I in Prozent (vom Umsatz).

Spaltenweise werden die diesen Sachverhalten zuzurechnenden Werte im Zeitverlauf dargestellt: Ist-Zahlen der Vorveranstaltung, Planwerte des laufenden Projektes, die verschiedenen monatlichen Prognosewerte und schließlich die sich aus der Messeabrechnung ergebenden Ist-Werte.

Diese Darstellungsweise erlaubt, sich eine schnelle Übersicht über die wirtschaftliche Entwicklung eines Projektes zu verschaffen. Sie dient beispielsweise als Einstiegsinstrument im Rahmen von Controlling-Gesprächen. Auf den ersten Blick unplausible Werte können dann durch Fragen und mit Hilfe von Detailauswertungen aus dem Rechenwerk untersucht und hinterfragt werden.

Projekttitel:	IST 2002	Plan 2003	vor. IST Jan.	vor. IST Feb.	vor. IST März	vor. IST April	vor. IST Mai	Messeabrechnung
Anzahl Aussteller/MA								
Anzahl Besucher								
Gesamtfläche (m² netto)								
verkaufte Fläche								
Preis Reihenstand (m²)								
Preis Tagesticket (brutto)								
Gesamterlös pro Aussteller								
Ausg. Besucherwerb. pro Besucher								
Deckungsbeitrag pro m²								
PSE ERLÖSE (T EUR)								
MA Mieten								
MA Gebühren								
MA sonstige Erlöse								
KS Eintrittskarten/Katalog/HE-Service								
PR Pressefächer								
PK Protokolleistungen								
AV Bloc Charter								
SO Fachprogramm								
KF Kongreßgebühren/Fachvorträge								
TL Installation/Verbrauch								
TL Parkplätze								
TL/TE Provisionsleistungen/Technik								
TE Garderobe								
Gesamterlös								
KOSTEN (T EUR)								
Messe allgemein								
Projektleitung								
Abgaben /Beiträge/Gebühren								
Marktforschung								
Besuchererfassung								
Bestellblock / allg. DS								
Porto allgemein								
Kundenservice								
Ticketing								
Serviceeinrichtungen								
Verkaufsunterstützung/HE-Service								
Akquisition								
Besucherwerbung								
Ausstellerakquisition								
A-Kunden								
Presse								
Medienarbeit								
Öffentlichkeitsarbeit								
Standbau Eigenbedarf								
Lückenschließung								
Grundbebauung								
Bühnen								
Gänge/Bodenbeläge								
Protokoll								
Eröffnung								
Ausstellerabend								
Rahmenprogramm								
sonst. Veranstaltungen								
Messeclub								
Aushilfskräfte								

Abb. 10: Projektmanagementinfo (Teil I)

	IST 2002	Plan 2003	vor. IST Jan.	vor. IST Feb.	vor. IST März	vor. IST April	vor. IST Mai	Messeabrechnung
Information								
Info- / Orientierungssystem								
Auslandsvertretungen/IBL								
AV-Tätigkeiten								
Repräsentationen								
IBL								
Bloc Charter								
Besucherregistratur Ausland								
Aushilfskräfte								
Porto AV								
Provision AV								
sonstige Aktivitäten								
Fachprogramm								
Kongress/Fachvorträge								
Kongress								
Fachvorträge								
Technische Leistungen zur WB								
Installation und Verbrauch								
Parkplätze/Prov./Sonstiges								
Provisionslst./Entsorgung/Sonst.								
Technik								
Betriebskosten allgemein								
Bewirtschaftung								
Verkehrslenkung								
Brandschutz								
Schadensbehebung								
Techn. Sonderleistungen								
Gesamtausgaben								
Deckungsbeitrag 1								
Deckungsbeitrag 1 in %								

Abb. 10: Projektmanagementinfo (Teil II)

Diese und andere Auswertungen sind Teil des Managementinformationssystems. Sie bilden unter anderem auch die Grundlagen für Controlling-Gespräche.

3. Die kommunikative Ebene – Interaktionen von Projektmanagement und Projekt-Controlling

Ein Controlling-Instrument ist nur so gut wie seine Anwendung. Erst wenn es in der praktischen Arbeit Wirkung entfaltet, erhält es seine Berechtigung.

Der Input in das Zahlenwerk ist primär das Ergebnis der Arbeit der handelnden Akteure. Diese sind in der Projektsteuerung einerseits das jeweilige Projektteam und andererseits die Projektcontroller. Beide Gruppen haben im Controlling-Prozess unterschiedliche Rollen zu spielen, die immer wieder neu gegeneinander austariert werden müssen.

Je nach Charakter und Mentalität der handelnden Personen und der Unternehmenskultur betrachten Projektmanager und Projektcontroller einander mit einer gewissen Skepsis. Es gibt eine Reihe von Vorurteilen und negativen Stereotypen.

Projektmanager sind im Markt, „am Kunden" tätig. Sie haben täglich mit den vielfältigen Problemen der Projektdurchführung zu kämpfen, müssen sich mit Lieferanten und internen sowie externen Dienstleistern beschäftigen, konzeptionelle Arbeit leisten und vor allem ihr Produkt verkaufen. Sie sind in erster Linie Praktiker, die tendenziell wenig Zeit und Motivation haben, sich mit Berichten und Zahlen auseinander zu setzen. Controlling ist für sie, überspitzt gesagt, „Zahlenknechterei" und „Erbsenzählerei".

Controller beschäftigen sich mit den finanziellen Auswirkungen der Projektarbeit. Veranstaltungen werden von ihnen prinzipiell als Kosten- und Erlösfunktionen und wirtschaftliche Wirkungsgefüge aufgefasst. Ihr Verständnis der unterschiedlichen Märkte und Zielgruppen ist eher abstrakt, ihre Denkweise ist im Vergleich eher theoretisch und verallgemeinernd angelegt. Projektmanagement ist für sie Kosten verursachend, jede Ausgabe muss aus ihrer Sicht durch entsprechende Einnahmen gerechtfertigt werden.

In diesen unterschiedlichen Sichten und Herangehensweisen sind naturgemäß Zielkonflikte angelegt.

3.1   Die Dilemmata von Projektmanagement und Projekt-Controlling

Ein Projektmanager steht prinzipiell vor einem ständigen Dilemma. Setzt er seine Zahlen (insbesondere Erlöse und Deckungsbeiträge) sehr optimistisch an, wird er in der Planungsphase wenig Schwierigkeiten bei der Budgetbewilligung haben. Dies verschafft ihm in der Projektdurchführung wirtschaftliche Handlungsspielräume, die sein Geschäft zumindest kurzfristig erleichtern. Beispielsweise ermöglicht ein hohes Werbebudget, eine Vielzahl von Medien „flächendeckend" zu nutzen. Die Notwendigkeit, gezielt die richtigen zielgruppenadäquaten Kommunikationswege zu finden und diese in wirtschaftlich möglichst optimaler Weise einzusetzen, entfällt (zunächst).

Andererseits erlauben eher niedrig angesetzte Plangrößen bei Erlösen, bei später höheren Umsätzen (Schein-)Erfolge vorzuweisen. Eine weitere Möglichkeit besteht darin, in die Kostenplanung „Polster" einzubauen, sie also höher als wirklich nötig anzusetzen. Bei ausbleibenden Erlösen kann dann durch Nichtinanspruchnahme von Budgets zumindest der Deckungsbeitrag „unter dem Strich" gerettet werden.

Es liegt auf der Hand, dass alle diese Verhaltensweisen aus Unternehmenssicht nicht wünschenswert sind. Wird hinsichtlich der geplanten Absätze und Erlöse „die Latte zu niedrig gelegt", besteht die Gefahr, dass die Projekte „mit angezogener Handbremse" durchgeführt werden. Sind Budgets zu hoch angesetzt, kann dies zur Verschwendung von Mitteln führen. In jedem Fall entsteht Planungsunsicherheit. Deckungsbeiträge werden geschmälert, weil Erlöspotenziale nicht ausgenutzt werden oder Kosten überhöht sind.

Das Projekt-Controlling steht vor einem anderen Dilemma. Es soll den oben beschriebenen Erscheinungen entgegen wirken und die „richtigen" Zahlen liefern. Diese Zahlen sind aber Ergebnis der Einschätzungen und Maßnahmenplanungen des Projektmanagements.

Das Projekt-Controlling muss also Planungen inhaltlich verstehen und bewerten. Es muss die inneren Zusammenhänge von Messen kennen und in der Lage sein, Sachverhalte kritisch zu hinterfragen. Dies klingt banal, wenn man hierbei ausschließlich an technisch oder organisatorisch determinierte Vorgänge denkt, wie zum Beispiel Häufigkeit und Intensität von Hallenreinigung oder Bewachung im Verhältnis zur Ausstellungsgröße und der Besucherfrequenz. Schwieriger wird es, wenn es um Umfang und Sinnhaftigkeit von Akquisitionsmaßnahmen, Werbestrategien oder die Qualität von Kundenansprachen geht.

Selbst wenn das Controlling das nötige Fachwissen und Verständnis hat (oder zu haben meint), darf es nicht in die Rolle kommen, selbst Managemententscheidungen zu treffen oder gegen das Projektmanagement durchzusetzen. In einem solchen Fall wäre das Controlling nicht mehr in der Situation, die Ergebnisse und Folgen von solchen Entscheidungen „objektiv" zu messen und darzustellen.

3.2   Das Verhältnis zwischen Projektmanager und Projektcontroller

Voraussetzung für eine fruchtbare Zusammenarbeit zwischen Projektmanagement und Projekt-Controlling ist zunächst das Verständnis der Rolle und der inhärenten Dilemmata des jeweils Anderen. Der Controller muss wissen, dass das Management unter erheblichem Erfolgsdruck steht, gesetzte Ziele zu erfüllen bzw. überzuerfüllen. Er muss verstehen, dass es für das Projektmanagement eine „natürliche" Verhaltensweise ist, Ziele vorsichtig anzusetzen. Er muss dies akzeptieren und ihm gleichzeitig entgegen wirken.

Das Projekt-Controlling kann Akzeptanz dadurch erlangen, dass es Instrumente zur Verfügung stellt, die helfen, die *richtigen* Ziele zu setzen, welche einerseits so ehrgeizig sind, dass möglichst das wirtschaftliche Optimum angestrebt wird und die andererseits so realistisch sind, dass sie auch erreicht werden können. Schließlich kann es im Rahmen von Abweichungsanalysen dazu beitragen zu erklären, warum Ziele nicht erreicht wurden. Dies hilft dem Projektmanagement, Abweichungen zu begründen, nicht beeinflussbare von „hausgemachten" Ursachen zu unterscheiden und Steuerungsmechanismen zu verbessern. Der Projektmanager sollte verstehen, dass das Controlling eine Berichts- und Kontrollfunktion zu erfüllen hat. Es gewinnt seine Informationen nicht direkt am Markt, sondern muss sie aus mehr oder weniger abstrakten Zahlen ableiten und durch Plausibilitätsüberlegungen und „dumme" Fragen verifizieren. Idealerweise arbeitet er mit dem Controlling eng zusammen und nutzt dessen Instrumentarien zur Steuerung seines Projektes.

Die Zusammenarbeit bedarf einer offenen Kommunikationskultur. Beispielsweise muss das Projektmanagement die Frage des Controllings beantworten, warum die Kennzahl „Ausgaben Besucherwerbung pro Besucher" bei Messe A doppelt so hoch ist, wie bei einer vergleichbaren Messe B. Auf der anderen Seite muss das Projekt-Controlling akzeptieren, wenn dies nachvollziehbar mit strategischen Investitionen in den Markt zur Erschließung neuer Kundenpotenziale begründet wird. Es kann eine Begründung entgegen nehmen, auf Plausibilität prüfen und in geeigneter Form für die Entscheider dokumentieren. Es sollte sich mit darüber hinausgehenden Bewertungen aber zurück halten.

3.3   Das Controlling-Gespräch

Qualitatives Controlling kann sich nicht auf das Bereitstellen von Zahlen und quantifizierenden Auswertungen beschränken. Eine Kommunikationskultur muss organisiert werden.

Praktisch heißt das, dass zwischen Projekt-Controlling und Projektmanagement regelmäßig Controlling-Gespräche zu führen sind. Es obliegt dem Controlling, diese zu initiieren.

Regelmäßigkeit bedeutet in Bezug auf Controlling-Gespräche nicht die Festlegung bestimmter fixer Gesprächstermine oder -intervalle. Die Kontinuität des formalen Informationsflusses wird durch feste Berichtszeitpunkte auf der instrumentellen Ebene gewährleistet.

Regelmäßigkeit im Hinblick auf Controlling-Gespräche heißt vielmehr, dass Grundlage der Gespräche aktuelle Berichte und Auswertungen sind. Die Gespräche sollten nicht ausschließlich auf Sachbearbeiterebene, sondern durch die Leitung des Projekt-Controlling und das verantwortliche Projektmanagement geführt werden. Die wichtigsten Ergebnisse sind zu protokollieren, die Protokolle durch die Gesprächsteilnehmer inhaltlich zu bestätigen.

Controlling-Gespräche sollten mehrmals im Wirtschaftsjahr geführt werden, vorzugsweise in zeitlichem Zusammenhang mit bestimmten Meilensteinen in der Projektdurchführung, etwa kurz nach dem Anmeldeschluss für eine Veranstaltung oder nach der Durchführung von Mailing- oder Telefonakquisitionsaktionen. Die Gespräche sollten knapp und sachorientiert gehalten werden und sich auf wichtige Zusammenhänge konzentrieren. Formale Detailfragen sind vor dem Gespräch zu klären.

Die Gespräche haben folgende Funktionen:

- Das Projektmanagement wird (im positiven Sinne) „gezwungen", sich im Vorfeld der Gespräche mit der aktuellen Entwicklung seines Projektes auseinander zu setzen. Wenn durch entsprechende Erfahrungen aus früheren Controlling-Gesprächen bekannt ist, dass mit qualifizierten und in die Tiefe gehenden Fragen zu rechnen ist, kann bereits die Vorbereitung auf das Gespräch zu Erkenntniszuwächsen beim Projektmanagement führen

- Es wird verhindert, dass das (instrumentelle) Controlling zur Routine wird und „Zahlenfriedhöfe" produziert

- Das Projektmanagement kann gegebenenfalls Unterstützung durch das Controlling, zum Beispiel durch zusätzliche Auswertungen, Benchmarks oder das Einwirken auf Querschnittsabteilungen, einfordern

- Unter Umständen wird Entscheidungsbedarf durch die Geschäftsleitung aufgezeigt, etwa wenn in schwierigen Situationen zusätzliches Akquisitionsbudget benötigt wird

- Die Unternehmensleitung erhält mit den Ergebnisprotokollen zusätzliche Informationen zur Qualifizierung der zahlenbezogenen Berichte und Auswertungen.

Die Controlling-Gespräche bieten wie die finanzwirtschaftlichen Reports die Möglichkeit zu Zeit- und interthematischen Vergleichen. Es lässt sich anhand der Protokolle nachvollziehen, wie sich Aussagen und Einschätzungen zu Märkten, Sachverhalten und Entwicklungen verändern und/oder wie sie von den Aussagen zu ähnlichen Projekten abweichen.

Ein solcher Vergleich zwischen verwandten oder gleichartigen Themen lässt gegebenenfalls Rückschlüsse anderer Art zu: Stellt das Projektmanagement, das an gesättigten oder schrumpfenden Märkten arbeitet, strategische Überlegungen zur Neuausrichtung des Produktes zum Beispiel durch die Erschließung von Nischenthemen an? Ist Kenntnis über den Wettbewerb vorhanden und versucht man, eventuell von Wettbewerbern zu lernen? Ist der Kommunikationsmix besser oder schlechter als der von anderen Projekten?

Übereinstimmung zwischen Projekt-Controlling, Projektmanagement und Geschäftsleitung muss über die Regeln von Controlling-Gesprächen bestehen:

- Grundlage ist Ehrlichkeit: Aussagen und Einschätzungen werden nach bestem Wissen gegeben

- Die Inhalte werden nicht „gegen" das Management verwendet

- Sachliche und inhaltliche Konflikte sind positiv, weil sie Entscheidungs- und Handlungsbedarf aufzeigen

- Der Controller ist nicht der (bessere) Manager, sondern kritischer Begleiter und Dienstleister des Managements.

Es versteht sich von selbst, dass Interdependenzen zwischen den finanzwirtschaftlichen Instrumenten und dem Instrument Controlling-Gespräch bestehen. Die zahlenmäßigen Informationen bilden die Grundlage der Gespräche und liefern in der Regel den Einstieg in das Gespräch. Wenn beispielsweise vom Projektmanagement im Gespräch hohe Absatzerwartungen formuliert werden, bietet es sich an, den aktuellen Anmeldestand aus dem Wochenbericht mit dem Referenzwert der Vorveranstaltung zu vergleichen. Ist er signifikant schlechter als der alte Wert, bietet dies Anlass zu Nachfragen. Unter Umständen ist die Absatzerwartung dann zu korrigieren.

4. Fazit

Projekt-Controlling im Messewesen muss Instrumente bereitstellen, die durch angemessene Darstellung des Durchführungsgeschäftes die zahlenmäßige Planung, Kontrolle und Steuerung von Messen und Ausstellungen ermöglichen.

Controlling ist aber mehr als das Generieren und Verwalten von Zahlen. Es muss durch Kommunikation mit dem Management Risiken und Chancen aufzeigen, Hilfen für qualifizierte Entscheidungen liefern und die inhaltliche Auseinandersetzung über Managemententscheidungen und deren Auswirkungen befördern.

Deshalb muss der Projektcontroller neben fachlicher vor allem kommunikative und soziale Kompetenz haben. Er muss einerseits den Mut haben, das Handeln des Managements kritisch zu hinterfragen und andererseits die Demut, die Grenzen seiner eigenen Funktion zu erkennen und zu akzeptieren.

Manfred Bruhn / Karsten Hadwich

Steuerung und Kontrolle der Servicequalität von Messen

1. Bedeutung und Begriff der Servicequalität im Messemanagement
   1.1 Qualitätsrelevante Beziehungen im Messemanagement
   1.2 Qualitätsbegriff und -dimensionen des Messemanagements

2. Qualitätsmodell des Messemanagements
   2.1 Darstellung des Qualitätsmodells des Messemanagements
   2.2 Einflussfaktoren der qualitätsrelevanten GAPs im Messemanagement
   2.3 Messung der Messequalität im Rahmen eines Messebarometers

3. Gestaltung des Qualitätsmanagements im Messemanagement
   3.1 Total Quality Management als Führungskonzeption
   3.2 Begriff und Ziele eines Qualitätsmanagementsystems im
       Messemanagement
   3.3 Instrumente des Qualitätsmanagements im Messemanagement
       3.3.1 Strategische Planung des Qualitätsmanagements
       3.3.2 Operative Umsetzung des Qualitätsmanagements
       3.3.3 Strategisches Qualitäts-Controlling

4. Zukunftsperspektiven des Qualitätsmanagements im Messemanagement

5. Literaturverzeichnis

Prof. Dr. Manfred Bruhn ist Ordinarius für Betriebswirtschaftslehre, insbesondere Marketing und Unternehmensführung am Wirtschaftswissenschaftlichen Zentrum (WWZ) der Universität Basel. Dr. Karsten Hadwich ist wissenschaftlicher Mitarbeiter und Habilitand am Lehrstuhl für Marketing und Unternehmensführung am Wirtschaftswissenschaftlichen Zentrum (WWZ) der Universität Basel.

1. Bedeutung und Begriff der Servicequalität im Messemanagement

1.1 Qualitätsrelevante Beziehungen im Messemanagement

Das Angebot von Services wird im nationalen und internationalen Wettbewerb der Messegesellschaften zunehmend wichtiger (Kresse 1999, S. 31). Der Service-Check der Fachzeitschrift „Impulse" von 20 deutschen Messestandorten kommt zu dem Ergebnis, dass Service bei Standbau und Technik heute Standard ist und die „wirklich guten" Messegesellschaften auch Prospekte drucken, Zimmer reservieren und Dolmetscher vermitteln (Selbach/Wittrock 2002, S. 60). Neue und hochwertige Services bieten damit ein Differenzierungspotenzial gegenüber Wettbewerbern.

Der Erfolg einer Messe hängt aus der Perspektive des Messeanbieters im Wesentlichen davon ab, inwieweit die Erwartungen und Ziele der Aussteller und der Messebesucher, die diese mit der Messebeteiligung bzw. dem Messebesuch verbinden, erfüllt werden (Langner 1992, S. 260). Über eine Erfüllung der (heterogenen) Kundenerwartungen kann eine Steigerung der Kundenzufriedenheit erreicht werden. Die Kundenzufriedenheit beeinflusst wiederum kundenbezogene Verhaltenswirkungen, insbesondere die Kundenbindung. Dabei wird von der Annahme ausgegangen, dass ein zufriedener Kunde eher bereit ist, die Leistungen des Messeanbieters erneut (Wiederwahl des Messeanbieters) oder sogar in stärkerem Umfang (z.B. in Form von Cross Buying) in Anspruch zu nehmen. Eine hohe Kundenbindung hat wiederum Erlös- bzw. Erfolgswirkungen auf Einzelkundenebene zur Folge. Die erlössteigernden Auswirkungen auf den Unternehmenserfolg, die der Sicherung einer überlegenen Servicequalität zugeschrieben werden können, lassen sich zusammenfassend in der so genannten *Erfolgskette des Qualitätsmanagements für Dienstleistungen* abbilden (vgl. Abb. 1).

Die Servicequalität wird damit für Messegesellschaften zu einem zentralen Erfolgsfaktor und rückt in den Mittelpunkt der unternehmerischen Aktivitäten. Messegesellschaften sehen sich bei der Erfüllung von Kundenerwartungen zwei *Kernzielgruppen*, den Messeausstellern und den Messebesuchern, gegenüber. Diese beiden Kundensegmente haben an den Messeanbieter zum Teil ähnliche und zum Teil auch sehr unterschiedliche Erwartungen. Um diesen Erwartungen gerecht zu werden, setzen Messegesellschaften ein breites Spektrum an Leistungen ein, die der Bedürfnisbefriedigung von einem oder beiden Kundensegment(en) dienen.

Leistungen wie z.B. die Gastronomie richten sich an beide Kundensegmente, während die Gestaltung des Eingangsbereichs in erster Linie die Messebesucher betrifft.

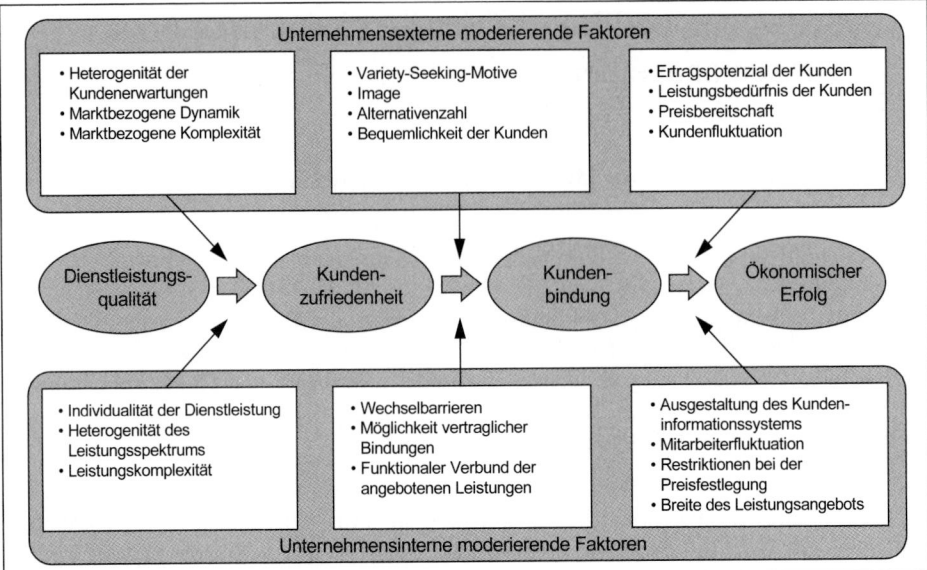

Abb. 1: Erfolgskette des Qualitätsmanagements für Dienstleistungen
Quelle: Bruhn 2003, S. 9

Neben der Beziehung zwischen der Messegesellschaft und den Ausstellern sowie zwischen der Messegesellschaft und den Besuchern liegt eine dritte Beziehung zwischen den Ausstellern und den Besuchern vor, die zwar die Messegesellschaft nicht direkt betrifft und von dieser auch nicht direkt gesteuert werden kann, aber einen indirekten Einfluss hat. So ist anzunehmen, dass die Beziehung zwischen der Messegesellschaft und den Ausstellern von der Beziehung zwischen Ausstellern und Besuchern beeinflusst wird. Eine Unzufriedenheit, die Besucher gegenüber den Ausstellern artikulieren, kann die Beziehung zwischen Ausstellern und Messegesellschaft beeinflussen, wenn die Ursache des Mangels nicht beim Aussteller selbst, sondern bei der Messegesellschaft liegt. Messegesellschaften müssen aus Sicht des Ausstellers die Voraussetzungen schaffen, dass diese die Erwartungen der Messebesucher erfüllen können. Das Qualitätsurteil des Ausstellers in Bezug auf die Leistungen des Messeanbieters hängt deshalb auch von der Aussteller-Besucher-Beziehung ab. Durch diese indirekte Leistungsbeziehung werden die Erwartungen der Aussteller an die Messegesellschaft auch von den Erwartungen der Messebesucher an die Aussteller beeinflusst. Somit liegt im Bereich des Messewesens eine *Beziehungstriade* zwischen der Messegesellschaft, den Ausstellern und den Besuchern vor (vgl. Abb. 2).

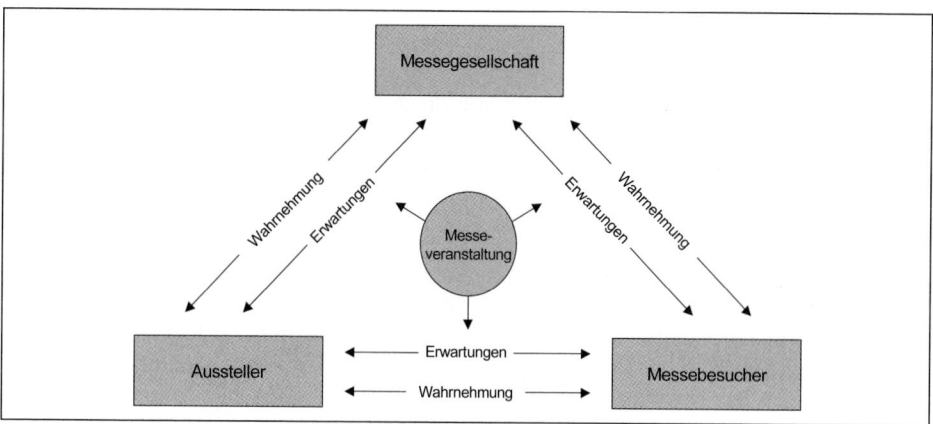

Abb. 2: Beziehungstriade im Messemanagement

Eine Steuerung und Kontrolle der Servicequalität im Messemanagement setzt die Analyse der Servicequalität in den aufgezeigten Beziehungskonstellationen und deren Interdependenzen voraus.

1.2 Qualitätsbegriff und -dimensionen des Messemanagements

Die besondere Relevanz der Servicequalität bei der Beurteilung von Leistungen durch den Kunden ist auf den Charakter von Dienstleistungen und deren Merkmale zurückzuführen. Über den Begriff von Dienstleistungen herrscht in der Marketingwissenschaft eine intensive Diskussion, die bisher nicht abgeschlossen ist. Unter Berücksichtigung von für das Messemanagement relevanten Dienstleistungsdefinitionen kann der *Begriff der Dienstleistung für Messen* wie folgt gefasst werden (Meffert/Bruhn 2003, S. 30):

Dienstleistungen für Messen sind selbständige, marktfähige Leistungen, die mit der Bereitstellung und/oder dem Einsatz der Leistungsfähigkeiten des Messeanbieters verbunden sind (*Potenzialorientierung*). Interne und externe Faktoren, d.h. Messeanbieter, Aussteller und Besucher sowie deren Verfügungsobjekte, werden im Rahmen des Erstellungsprozesses kombiniert (*Prozessorientierung*). Die Faktorenkombination des Messeanbieters wird mit dem Ziel eingesetzt, an den externen Faktoren (Aussteller und Besucher) nutzenstiftende Wirkungen zu erzielen (*Ergebnisorientierung*).

Im Rahmen von Marketingaktivitäten im Messemanagement sind diverse Sachverhalte zu berücksichtigen, die drei *konstitutiven Besonderheiten* zugeordnet werden können:

1. Bei der Erstellung von Leistungen liegt ein besonderes Gewicht auf der *Leistungsfähigkeit* des Messeanbieters, deren Sicherstellung eine zentrale Marketingaufgabe im

Messemanagement darstellt. Messeanbieter i.w.S. sind die Messegesellschaft und die Messeaussteller.

2. Des weiteren sind die Leistungen durch die *Integration des externen Faktors*, d.h. der Kunden, gekennzeichnet. Für die Messegesellschaft gibt es einen direkten (Aussteller) und einen indirekten Kunden (Besucher). Der Aussteller wiederum hat den Besucher als Kunden.

3. Das Ergebnis der Leistungserstellung hat vorwiegend *immateriellen Charakter*. So liegt der Nutzen einer Messe für einen Aussteller z.B. in einer Steigerung seiner Bekanntheit, in der Anbahnung neuer oder der Pflege alter Geschäftsbeziehungen. Der Messebesucher verspricht sich unter anderem von seinem Besuch einen Marktüberblick, eine innovative Problemlösung oder neue Erkenntnisse durch kompetente Fachgespräche. Das Ergebnis einer Messe ist damit zu einem wesentlichen Teil nicht tangibel. Handelt es sich um Verkaufsmessen, dann ist das Ergebnis der Leistungserstellung selbstverständlich sehr materiell (Umsatz).

Auf Grund der Relevanz der Leistungsfähigkeit des Messeanbieters, der Integration des externen Faktors in den Leistungserstellungsprozess sowie der Immaterialität des Leistungsergebnisses, bestehen *Besonderheiten beim Kaufentscheidungsprozess* des Kunden.

Auf Grund der leistungsimmanenten Eigenschaften sind Dienstleistungen schwieriger zu beurteilen als Sachgüter. Zur Erläuterung dieses Sachverhalts kann auf eine Klassifikation von Darby und Karni (1973, S. 67ff.) zurückgegriffen werden, die Beurteilungskriterien von Leistungen in Search, Experience und Credence Qualities unterteilen. Während Güter sich in hohem Maße durch „*Search Qualities*" (Sucheigenschaften) auszeichnen und sich somit bereits vor dem Kauf einschätzen lassen, existiert eine Schnittmenge von Sachgütern und Dienstleistungen, die sich durch „*Experience Qualities*" (Erfahrungseigenschaften) auszeichnen, d.h. erst während oder nach der Konsumtion beurteilbar sind. Für Dienstleistungen typisch ist die dritte Kategorie der „*Credence Qualities*" (Vertrauenseigenschaften) (Zeithaml 1991, S. 40). Hier sind die Merkmale der Leistung mitunter auch nach Kauf und Konsumtion nicht beurteilbar. Bei den Messeleistungen handelt es sich insgesamt um Vertrauensgüter, die für Aussteller und Besucher in der Regel mit hohen Risiken auf Grund der asymmetrischen Informationsverteilung verbunden sind. Die Qualität kann frühestens im Prozess beurteilt werden (Erfahrungseigenschaften).

Auf Grund der Schwierigkeiten bei der Beurteilung von Dienstleistungen sowie der Notwendigkeit der Kenntnis der Einschätzung der Dienstleistung durch den Kunden zur Planung der Leistungserstellung, ist die wahrgenommene Servicequalität des Messemanagements – im Folgenden als Messequalität bezeichnet – zu konzeptionalisieren. Von den zahlreichen in der Literatur anzutreffenden Verständnissen des Qualitätsbegriffs (zu einem Überblick vgl. Garvin 1984, S. 25ff.) sind zwei *Definitionsansätze der Qualität* für Leistungen eines Messeanbieters von zentraler Bedeutung:

1. Nach dem *produktbezogenen Qualitätsbegriff* wird die Leistung eines Messeanbieters als die bewertete Summe der vorhandenen Leistungseigenschaften verstanden. Diese Auffassung rückt die Tatsache in den Vordergrund, dass die Leistung anhand einer Vielzahl von Leistungsmerkmalen beurteilt werden kann. Der Versuch einer möglichst objektiven Beurteilung steht im Vordergrund.

2. Unter Zugrundelegung des *kundenorientierten Qualitätsbegriffs* wird dem Umstand Rechnung getragen, dass die Wahrnehmung der Leistungseigenschaften durch den Kunden bei der Leistungsbewertung im Vordergrund steht. Letztlich entscheiden nicht allein die objektiv vorhandenen Leistungsmerkmale über die Qualitätsbeurteilung der Leistung eines Messeanbieters durch den Kunden. Diese Beurteilung erfolgt vielmehr vor dem Hintergrund seines subjektiven Urteils über die von ihm als wichtig erachteten Eigenschaften.

Durch eine Verknüpfung dieser Qualitätsbegriffe wird unter Berücksichtigung der konstitutiven Besonderheiten von Dienstleistungen *Messequalität* wie folgt definiert:

Messequalität ist die Fähigkeit eines Messeanbieters, die Beschaffenheit einer primär intangiblen und der Kundenbeteiligung bedürfenden Leistung auf Grund von Kundenerwartungen auf einem bestimmten Anforderungsniveau zu erstellen. Sie bestimmt sich aus der Summe der Eigenschaften bzw. Merkmale von Messeleistungen, bestimmten Anforderungen gerecht zu werden.

Die Orientierung am kundenorientierten Qualitätsbegriff führt zum Erfordernis einer Erforschung verschiedener Dimensionen der aus Kundensicht wahrgenommenen Messequalität. Der Vielzahl der zu beurteilenden Merkmale von Leistungen einer Messegesellschaft an Ausstellern und Messebesuchern lassen sich drei *Qualitätsdimensionen* zuordnen (Donabedian 1980; vgl. Abb. 3):

1. Bei der *Potenzialdimension* steht die Wahrnehmung der Strukturen und Potenziale des Messeanbieters im Vordergrund

2. Unter der *Prozessdimension* ist die Einschätzung der Prozesse während der Leistungserstellung zu verstehen

3. Die *Ergebnisdimension* rückt die Beurteilung der erbrachten Leistung bzw. des Ergebnisses des Leistungserstellungsprozesses in den Vordergrund.

Das Verständnis dieser Qualitätsdimensionen trägt dazu bei, die Anforderungen an die Qualität einer Messeleistung zu erfüllen. Für ein systematisches Qualitätsmanagement ist es notwendig, die Qualitätsdimensionen durch empirische Untersuchungen zu konkretisieren, d.h., durch die vollständige Erfassung der dahinter stehenden, relevanten Qualitätsmerkmale messbar und somit steuerbar zu machen (vgl. zur Vorgehensweise bei der Operationalisierung von Konstrukten Homburg/Giering 1996).

	Potenzialdimension	Prozessdimension	Ergebnisdimension
Messegesellschaft-Aussteller-Beziehung	• Marketingunterstützung • Messepräsentation • Verfügbarkeit der gewünschten Standflächen • Schreib- und Übersetzungsbüros • Verfügbarkeit der technischen Beratung	• Qualität der technischen Beratung • Werbliche Unterstützung • Sicherstellung einer umfassenden Kommunikation vor und während einer Messe • Flexibilität bei der Standplatzierung • Reaktion auf Beschwerden	• Zuverlässigkeit der Ausstellerbetreuung • Quantität und Qualität der Besucher • Urteil der Messebesucher über den Messeauftritt • Verkaufszahlen
Messeaussteller-Besucher-Beziehung	• Hallenstruktur • Eingangsbereich • Parkplatzsituation • Gestaltung des Messestandes • Gastronomieangebot • Angebot von Freizeit- und Kulturprogrammen	• Kompetenz des Messepersonals • Freundlichkeit des Messepersonals • Engagement des Messepersonals • Messeatmosphäre • Ausschilderung der Parkplätze	• Lösung eines Besucherproblems durch den Aussteller • Kaufabschlüsse • Höherer Informationsstand • Aufbau neuer und Pflege alter Geschäftsbeziehungen

Abb. 3: Qualitätsmerkmale im Messemanagement (Beispiele)

Neben der Entwicklung eines leistungsfähigen Messkonzepts für die Messequalität stellt die Analyse der Entstehung der Messequalität eine wichtige Voraussetzung für deren Steuerung dar. Die potenziellen Einflussfaktoren der Messequalität sollen im Rahmen eines Qualitätsmodells des Messemanagements behandelt werden.

2. Qualitätsmodell des Messemanagements

2.1 Darstellung des Qualitätsmodells des Messemanagements

Es existieren zahlreiche Modelle der Servicequalität, die dazu dienen, die Entstehung der Qualitätswahrnehmung einer Dienstleistung durch den Kunden zu beschreiben (vgl. zu einem Überblick Bruhn 2003, S. 60ff.). Größte Bedeutung in der Dienstleistungsliteratur und -praxis erlangte das so genannte *GAP-Modell der Dienstleistungsqualität*. Aufbauend auf theoretischen Überlegungen wurden Modellzusammenhänge aufgestellt, einer empirischen Überprüfung unterzogen und auf Grund der gefundenen Resultate modifiziert. Die Überlegungen und Erkenntnisse dieses Modells sollen im Folgenden genutzt werden, um ein Qualitätsmodell für das Messewesen abzuleiten. Mit dem in Abbildung 4 dargestellten Modell zur Messequalität werden die Dienstleistungsinteraktionen zwischen Messebesucher, Aussteller und Messeanbieter umfassend abgebildet (in Anlehnung an Parasuraman/Zeithaml/Berry 1985, S. 44; Murmann 1999, S. 77).

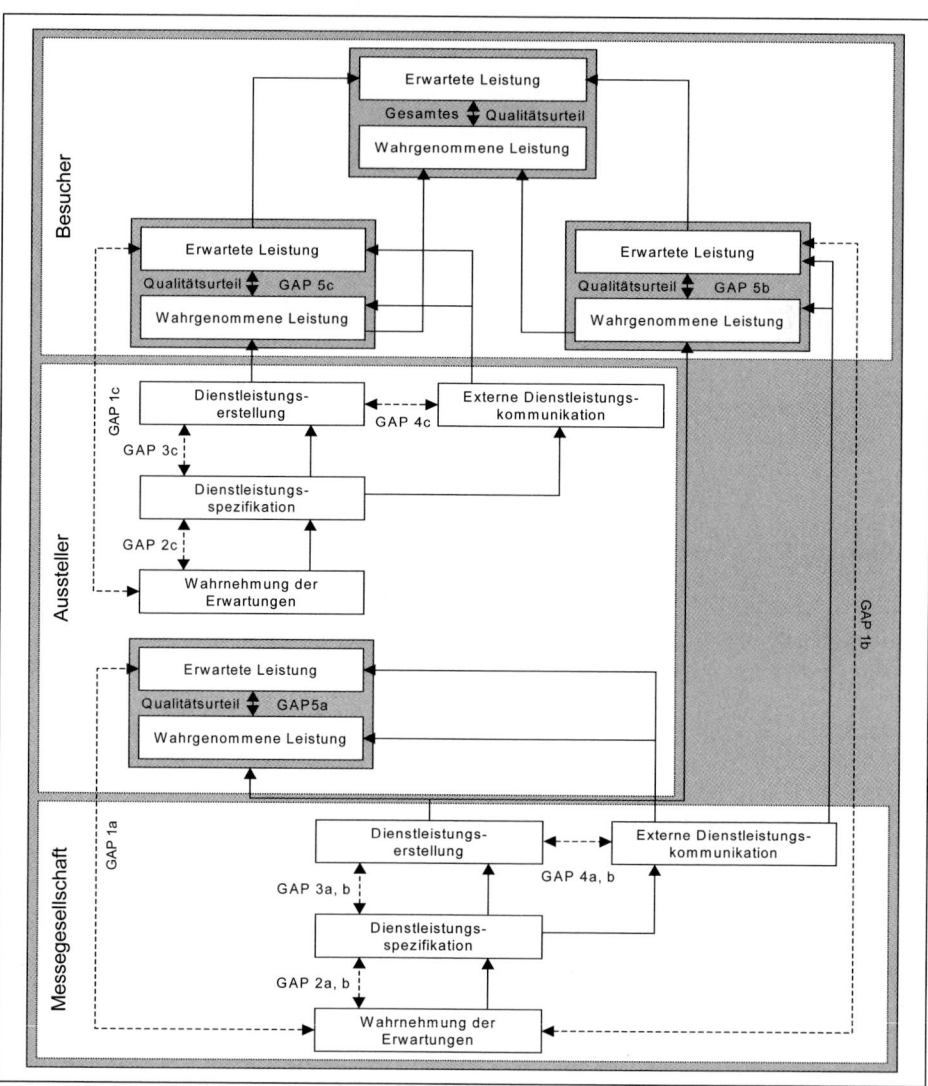

Abb. 4: Qualitätsmodell des Messemanagements

In Analogie zum GAP-Modell wird der Dienstleistungsprozess idealtypisch durch die Variablen „erwartete Leistung", „Wahrnehmung der Erwartungen", „Dienstleistungsspezifikation", „Dienstleistungserstellung", „externe Dienstleistungskommunikation" und „wahrgenommene Leistung" abgebildet (Parasuraman/Zeithaml/Berry 1985, 1988). Messebesucher und Aussteller beurteilen die Qualität einer in den unterschiedlichen Dienstleistungsinteraktionen in Anspruch genommenen Leistung anhand des Vergleichs der erwarteten Leistung mit der wahrgenommenen Leistung: Der Messebesucher bildet ein *Qualitätsurteil* hinsichtlich der Ausstellerleistungen sowie ein weiteres Qualitätsurteil bezüglich der Messeanbieterleistungen; der Aussteller bewertet die Qualität der Messeanbieterleistungen. Aus der Perspektive der Messegesellschaft sind in erster Linie die direkten Interaktionen mit dem Aussteller und Besucher von Relevanz. Die Aussteller-Besucher-Beziehung spielt lediglich eine untergeordnete Rolle, da sie von dem Messeanbieter nicht direkt beeinflusst werden kann. Jedoch ist diese Beziehung auch nicht völlig vernachlässigbar, da der Besucher sein Gesamtqualitätsurteil sowohl von der Qualitätswahrnehmung der Messeanbieter- als auch der Ausstellerleistungen abhängig macht. D.h., die Zufriedenheit des Besuchers und dessen Entscheidung über sein Wiederkommen sowie seine Weiterempfehlung hängt von der Messegesellschaft selbst und von den Ausstellern ab. Messeanbieter müssen sich daher mit der Frage auseinandersetzen, wie sie die Voraussetzungen dafür schaffen, dass Aussteller eine aus Besuchersicht hochwertige Messeleistung erbringen können. Es kann angenommen werden, dass sich diese Voraussetzungen in den Erwartungen des Ausstellers an den Messeanbieter widerspiegeln, da auch der Aussteller eine hohe Qualität, Zufriedenheit und die entsprechenden Konsequenzen auf der Besucherseite anstrebt.

Bei der Entstehung der Messequalität sind in jeder Beziehungskonstellation fünf GAPs von Relevanz, ein externes und vier interne GAPs. Das externe GAP (*GAP 5a, 5b, 5c*) – als die Diskrepanz zwischen den Kundenerwartungen an die Leistungen des Messeanbieters bzw. Ausstellers und der vom Kunden wahrgenommenen Leistung des Messeanbieters bzw. Ausstellers – repräsentiert die *Messequalität aus Kundenperspektive*. Wenn die Leistung des Messeanbieters bzw. Ausstellers nicht zu einer Erfüllung der Kundenerwartungen führt, liegt eine nicht anforderungsgerechte Messequalität vor. Je höher die wahrgenommene Leistung die an sie gestellten Kundenerwartungen übertrifft, desto positiver fällt das Qualitätsurteil des Kunden aus. Die Messequalität als externes GAP wird determiniert durch vier interne GAPs:

1. *GAP 1* gibt die Diskrepanz zwischen den Kundenerwartungen an die Messeleistung und die vom Messeanbieter bzw. Aussteller wahrgenommenen Kundenerwartungen wider. Je eher die vom Messeanbieter bzw. Aussteller wahrgenommenen Kundenerwartungen den tatsächlichen Anforderungen aus Kundensicht entsprechen, desto eher ist der Anbieter in der Lage, seine Leistungen anhand der Kundenerwartungen zu planen und zu erstellen und somit eine hohe Messequalität zu liefern.

2. *GAP 2* repräsentiert die Diskrepanz zwischen den vom Messeanbieter bzw. Aussteller wahrgenommenen Kundenerwartungen und ihrer Umsetzung in Spezifikationen

der Messequalität. Je mehr es dem Messeanbieter bzw. Aussteller gelingt, seine Erwartungswahrnehmung auf konkrete Leistungsspezifikationen zu übertragen, desto eher entsprechen diese Spezifikationen den Kundenerwartungen.

3. Durch *GAP 3* wird die Diskrepanz zwischen den festgelegten Spezifikationen der Messequalität und der tatsächlich erstellten Messeleistung widergegeben. Je kongruenter die angebotene Leistung mit den zuvor festgelegten Spezifikationen ist, desto eher werden die Kundenerwartungen durch die Leistungserstellung umgesetzt.

4. Schließlich beschreibt *GAP 4* die Diskrepanz zwischen der tatsächlich erstellten Messeleistung und der an den Kunden gerichteten Kommunikation des Messeanbieters bzw. Ausstellers. Hierbei sind Kommunikationsprozesse vor, während und nach der Leistungserstellung von Relevanz. Auf Grund des hohen Integrationsgrades der Messeleistungen kommt der kundengerichteten Kommunikation der Kundenberater vor dem Hintergrund dieses GAPs besondere Bedeutung zu.

Ausgehend von diesem Bezugsrahmen führt eine Analyse von potenziellen Einflussfaktoren der fünf GAPs zur Ableitung konkreter Handlungsempfehlungen zur Erstellung einer hohen Messequalität.

2.2 Einflussfaktoren der qualitätsrelevanten GAPs im Messemanagement

Die Vielzahl von potenziellen Einflussfaktoren der einzelnen GAPs lassen sich jeweils zu Determinantenkategorien zusammenfassen (vgl. Abb. 5).

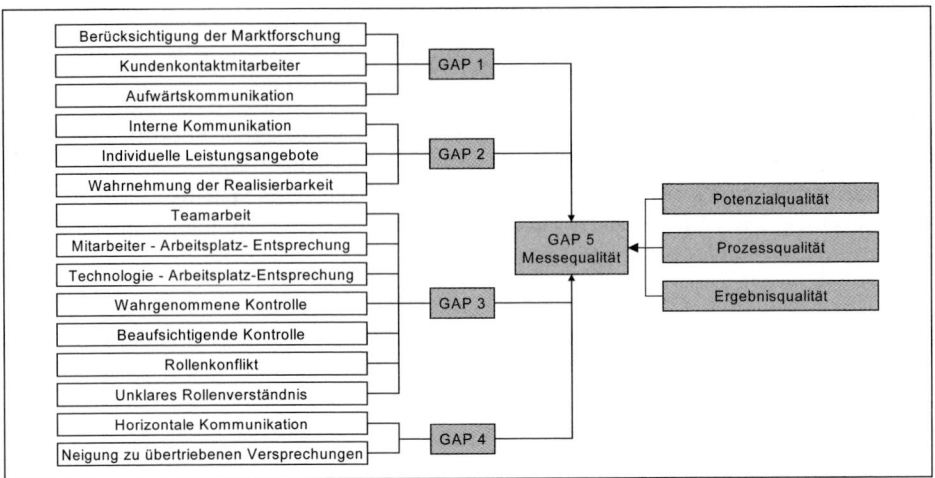

Abb. 5: Potenzielle Einflussfaktoren des Qualitätsmodells des Messemanagements
Quelle: In Anlehnung an Zeithaml/Parasuraman/Berry 1992, S. 131

So lässt sich *GAP 1* – die Diskrepanz zwischen den tatsächlichen und den vom Messeanbieter wahrgenommenen Kundenerwartungen – im Wesentlichen durch drei zentrale
Einflussfaktoren erklären (Zeithaml/Parasuraman/Berry 1992, S. 66ff.):

(1) Marktforschung
Die Marktforschung stellt in Messegesellschaften einen entscheidender Erfolgsfaktor bei
der Entwicklung einer Qualitätsmanagementkonzeption dar. Um Aktualität zu gewährleisten, ist sie als *permanenter Informationsgewinnungs- und -verarbeitungsprozess* zu
verstehen. Für Messegesellschaften kommen dabei insbesondere die Konkurrenz-, Pro-
dukt- und Kundenanalyse in Betracht. Neben der Auswertung von *Sekundärdatenmate-
rial* ist auch die unternehmensspezifische Erhebung von *Primärdaten* erforderlich, wobei
das gesamte Spektrum von Imagestudien, Kundenfrequenzforschung, Kundenstrukturana-
lysen, Kundenmeinungsforschung, Konkurrenzbeobachtung bis hin zum Reklamations-
und Vorschlagswesen in Betracht zu ziehen ist.

(2) Kundenkontaktmitarbeiter
Bedingt durch die unmittelbare Nähe zum Kunden haben die im Kundenkontakt stehenden Messemitarbeiter die besten Möglichkeiten, Erwartungen und Bedürfnisse der Kunden in spezifischen Situationen einer Interaktion zu erfassen. Dabei variiert der Anteil
der *Mitarbeiter mit direktem Kundenkontakt* je nach Art und Umfang der erstellten
Dienstleistungen. Mitarbeiter ohne diese direkten Kundenbeziehungen sind auf Sekun-
därinformationen angewiesen und werden diese vor dem Hintergrund der Unterneh-
mensstrategien interpretieren. Im Idealfall müsste jeder Mitarbeiter, der in die Entwicklung und Verwirklichung von Konzepten zur Bedürfnisbefriedigung der Kunden
involviert ist – bis hin zum Topmanagement –, den direkten Kundenkontakt suchen. Je

mehr Mitarbeiter „Front-Line"-Erfahrung haben, desto größer ist die Chance, GAP 1 zu minimieren.

(3) Aufwärtskommunikation
Idealiter müssten Informationen über Zustände, Veränderungen, Aktivitäten und Probleme direkt von der Entstehungsquelle an die verantwortlichen Personen im Management weitergeleitet werden, um rechtzeitige und zielgerichtete Maßnahmen generieren zu können. Vielfach werden die hier zur Verfügung stehenden Optionen der *Aufwärtskommunikation* jedoch nicht in ausreichendem Maße effizient genutzt; eine Tatsache, die u.a. auch in einem mangelnden Verständnis des Erfolgsfaktors „interne Kommunikation" begründet sein kann (Bruhn 2000b, S. 407ff.).

Auch behindern *organisatorisch-strukturelle Probleme* den unternehmensinternen Informationsfluss bzw. führen zu Informationsselektion oder -verlust, als Beispiel sei die Überwindung verschiedener hierarchischer Ebenen genannt. Auch auf dieser internen Ebene sind es nicht die tatsächlichen Hierarchiestufen, die den Informationsfluss behindern, es sind vielmehr die von den Mitarbeitern wahrgenommenen *personell-kulturellen Barrieren*, die der Bereitschaft zur Aufwärtskommunikation entgegenwirken. Lösungsmöglichkeiten bestehen in diesem Zusammenhang durch die Entwicklung und Implementierung angemessener interner Kommunikationskonzepte, die ihrerseits in ein System der integrierten Unternehmenskommunikation eingebunden sein müssen.

Bei Betrachtung von *GAP 2* – der Diskrepanz zwischen den wahrgenommenen Kundenerwartungen und ihrer Umsetzung in Leistungsspezifikationen – sind die Funktionsfähigkeit der internen Kommunikation und die Einstellung gegenüber den Dienstleistungsprodukten als Einflussfaktoren von GAP 2 hervorzuheben (Zeithaml/Parasuraman/Berry 1992, S. 86ff.).

(1) Interne Kommunikation
Ähnlich wie bei GAP 1 ist zur Verringerung von GAP 2 die Gestaltung der internen Kommunikationsprozesse von Bedeutung. Während dieser Aspekt bei GAP 1 die unternehmensweite Kenntnis der Kundenanforderungen betrifft, steht bei GAP 2 die Abstimmung zwischen Management und Kundenkontaktmitarbeitern sowie den Kundenkontaktmitarbeitern untereinander im Vordergrund.

Durch eine Beteiligung aller Verantwortlichen an der Festlegung der Leistungsspezifikationen kann sichergestellt werden, dass sämtliche Informationen der Messegesellschaft über die Kundenerwartungen Berücksichtigung finden. Je mehr diesbezügliche Informationen Eingang in die Spezifikationsfestlegung finden, desto geringer wird GAP 2 ausfallen.

(2) Individuelle Leistungsangebote
Auf Grund der Heterogenität des Leistungsspektrums im Messebereich ist es erforderlich, die Festlegung der Leistungsspezifikationen nach Kundengruppen oder sogar einzelnen Kundenbeziehungen zu differenzieren. Nur auf diese Weise ist es möglich, die unterschiedlichen Kundenerwartungen entsprechend zu berücksichtigen. Je individueller

das Leistungsangebot des Messeanbieters gestaltet werden kann, desto eher wird es die Kundenerwartungen erfüllen.

(3) Wahrnehmung der Realisierbarkeit
Schließlich beeinflusst die Wahrnehmung der Realisierbarkeit der Kundenanforderungen die Diskrepanz zwischen den wahrgenommenen Erwartungen und den Leistungsspezifikationen. Wenn die an der Spezifikationsfestlegung Beteiligten nicht von der Erfüllbarkeit der Kundenwünsche überzeugt sind, wird eine Verringerung von GAP 2 nur eingeschränkt möglich sein.

GAP 3 resultiert aus der Diskrepanz zwischen den Spezifikationen der Dienstleistungsqualität und der tatsächlichen Dienstleistungserstellung. Bestimmungsfaktoren für eine spezifikationsgemäße Realisierung der Dienstleistung sind Personalanforderungen und -motivationen, technische Gegebenheiten, Kontrollmechanismen und letztlich nicht beeinflussbare Umfeldfaktoren.

(1) Personal
Bei Messeanbietern wird die Angebotsqualität in weiten Bereichen von der Qualifikation, der Leistungsfähigkeit und dem Leistungswillen der Mitarbeiter bestimmt. Bei der *Auswahl der Mitarbeiter* sollte aus diesem Grund neben fundierten fachlichen Fähigkeiten auf Einfühlungsvermögen, Kontaktfähigkeit und Flexibilität geachtet werden – Persönlichkeitsmerkmale, die unter dem Stichwort „soziale Kompetenz" zu subsumieren sind. Darüber hinaus sind die fachlichen und sozialen Potenziale über die Instrumente der *Personalentwicklung*, wie Schulungen und Seminare, gezielt zu fördern, wobei vor allem auch die Bereitschaft der Mitarbeiter sichergestellt werden muss, die dienstleistende Tätigkeit auch auszuüben (Zeithaml/Parasuraman/Berry 1992, S. 109ff.).

(2) Technik
Im Sinne der Potenzialorientierung muss neben der Qualität des Personals auch die entsprechende technische Ausstattung der Messegesellschaft gesichert werden, um die Leistungsfähigkeit und Leistungsbereitschaft aufrechtzuerhalten. Technikunterstützung darf dabei nicht zu Technikdominanz führen; auch hier sind die Kundenanforderungen zu ermitteln, um die Technikausstattung nicht über ein vom Kunden als angenehm und hilfreich wahrgenommenes Maß auszuweiten. Innerhalb der so gesetzten Grenzen trägt die *Ausschöpfung des Automatisierungspotenzials* durchaus zu einer Reduzierung der Diskrepanz zwischen den Spezifikationen der Messequalität und den tatsächlich erbrachten Messeleistungen bei (Zeithaml/Parasuraman/Berry 1992, S. 117ff.).

(3) Umfeld
Die Messequalität wird neben den bereits diskutierten Faktoren auch von Umfeldbedingungen in der Mikro- bzw. Makroumwelt der Messegesellschaft bestimmt, die sich weitgehend der Kontrolle des einzelnen Anbieters entziehen. Exemplarisch sei hier auf rechtliche Regelungen, das Konkurrenzumfeld, die Internationalisierung, die wirtschaftliche Lage und Fragen des Konsumentenverhaltens verwiesen. In dem engen Messemarkt mit einer entsprechenden Wettbewerbsdynamik werden Modifikationen des Mes-

seangebots sensibel von den Konkurrenten registriert und vielfach in kürzester Zeit nachgeahmt. Diese Dynamik führt dementsprechend dazu, dass eine einmal erreichte USP („Unique Selling Proposition") nur bedingt langfristige Kundenbindung gewährleisten kann. So können Konkurrenzaktivitäten zu einer weiteren Vergrößerung der Diskrepanz zwischen der Spezifikation der Messeleistung und der tatsächlichen Erstellung führen, wenn andere Anbieter ähnlich optimierte Leistungen offerieren. Auch müssen sich die Messeanbieter mit veränderten Marktsituationen auf der Kundenseite und den sich im Zeitablauf verändernden Einstellungs- und Wertemustern auseinandersetzen. Die Zahl der Anbieter wächst, gleichzeitig nimmt die Transparenz der Märkte für die emanzipierter, informierter und anspruchsvoller werdenden Kunden zu.

Im Mittelpunkt von *GAP 4* stehen die Unterschiede zwischen den tatsächlich erstellten Messeleistungen und der an den Kunden gerichteten Kommunikation hierüber. So determinieren die auf verschiedenen Kanälen über das Messeangebot und die Messequalität gemachten Aussagen die Erwartungen der Kunden in besonderem Maße. Die hier zugrunde liegende Diskrepanz zwischen der generierten Erwartung und der realen Leistungserstellung wird maßgeblich von der horizontalen Kommunikation und dem ungenügenden Abwägen von Werbeaussagen bestimmt (Zeithaml/Parasuraman/Berry 1992, S. 131ff.).

(1) Horizontale Kommunikation
Unter horizontaler Kommunikation ist der Informationsaustausch zwischen und innerhalb von Abteilungen zu verstehen, der zur Verwirklichung der Ziele des Messeanbieters erforderlich ist. So erfordert die Formulierung von Werbeaussagen eine entsprechend intensive Kommunikation zwischen Werbeabteilung und Kundenkontaktmitarbeitern, um sicherzustellen, dass das von der Werbung gezeichnete Bild in der täglichen Praxis umgesetzt werden kann. Das Ausmaß der Verärgerung des Kunden über eine unbefriedigende Messeleistung ist erheblich größer, wenn die Unternehmenskommunikation zuvor eine andere – höhere – Erwartung hervorgerufen hat (Zeithaml/Parasuraman/Berry 1992, S. 135).

(2) Abwägen der Werbeaussage
Die Notwendigkeit des Abwägens der Werbebotschaft ist in engem Zusammenhang mit der horizontalen Kommunikation zu sehen. Unternehmen werden hinsichtlich ihrer Werbeaussagen von Kunden vielfach „beim Wort genommen". Missverständliche Aussagen, die Interpretationsspielräume über das tatsächlich zu erwartende Niveau der Messequalität eröffnen, rufen bei den Nachfragern im Falle der Nichterfüllung Unverständnis bzw. Verärgerung hervor (Zeithaml/Parasuraman/Berry 1992, S. 143f.).

GAP 5 schließlich ist die zentrale Lücke des Modells und weitgehend von den GAPs eins bis vier abhängig. Die hier zugrunde liegende Differenz zwischen der erwarteten und der real erlebten Messeleistung kann durch die Minimierung der übrigen vier GAPs verringert werden und stellt den Schlüssel zu gutem Service dar, wenn die wahrgenommene Messequalität die Kundenerwartungen erfüllt bzw. übertrifft (Parasuraman/Zeithaml/Berry 1985, S. 46).

In Abhängigkeit von der jeweiligen Leistungserstellung wird sich der Kunde also ein Urteil hinsichtlich der Qualität der erfahrenen Leistung bilden. Dabei kann die wahrgenommene Messequalität die Erwartungen erreichen, nicht erreichen oder auch übertreffen. Von besonderem Interesse sind hierbei die Fälle der Über- bzw. Unterschreitung der erwarteten Messequalität. Während die weitgehende Entsprechung von Erwartung und Wahrnehmung zu einem zufriedenstellenden Erlebnis der Messequalität führen wird, ist bei einer signifikanten Verfehlung des Leistungsniveaus im positiven Sinne mit einer Attribution in Richtung Idealqualität („Ideal Quality") zu rechnen, bei wachsender negativer Verfehlung in Richtung nicht akzeptabler Qualität („Totally Unacceptable Quality") (Parasuraman/Zeithaml/Berry 1985, S. 48f.). Gewisse Vorbehalte gegenüber dieser gedanklichen Attribuierung sind allerdings angebracht, da keine Aussagen über das tatsächliche („absolute") Niveau der Messequalität möglich sind. So wird eine Nichterreichung der erwarteten Messequalität in Abhängigkeit vom (subjektiv) absoluten Qualitätsniveau verschieden bewertet werden (Hentschel 2000, S. 312).

2.3 Messung der Messequalität im Rahmen eines Messebarometers

Um die Wirksamkeit der Marketingaktivitäten einer Messegesellschaft zur Steigerung der Messequalität und in der Folge der Kundenzufriedenheit und Kundenbindung zu überprüfen, bietet sich der Einsatz eines an dem Konzept der so genannten *Nationalen Kundenbarometer* ausgerichteten Messebarometers an. Nationale Kundenbarometer haben sich seit einigen Jahren in verschiedenen Ländern sowohl als branchenübergreifende als auch als unternehmensindividuelle Messinstrumente von Qualität und Zufriedenheit etabliert, sodass bereits erste Erfahrungen mit den zugrunde gelegten Modellen, der Methodik und den Ergebnissen vorliegen. Nationale Kundenbarometer können als zukunftsgerichtete Performance-Messungen von Unternehmen eines Wirtschaftsraumes betrachtet werden, bei denen Kundenzufriedenheit als ein aussagekräftiger Indikator für den Unternehmenszustand modelliert wird. Sie messen sämtliche Leistungsdimensionen der Unternehmen, d.h. die Potenziale, den Leistungserstellungsprozess sowie die Unternehmensergebnisse. Die Bezeichnung „Barometer" drückt aus, dass sowohl das Niveau der Zufriedenheit als auch diesbezügliche Schwankungen gemessen werden, um zu Aussagen hinsichtlich der Kundenzufriedenheit auf Wirtschaftsraum-, Branchen- und Unternehmensebene zu gelangen (in Anlehnung an Bruhn/Murmann 1998, S. 49ff.).

Als *Messebarometer* wird die integrierte Messung der Zufriedenheit von Ausstellern und Messebesuchern sowie ihrer Determinanten (Qualitätsmerkmale) und Wirkungen (Kundenbindung) bezeichnet, die durch eine neutrale Institution regelmäßig für eine Messegesellschaft oder die Messebranche durchgeführt wird.

Von zentraler Bedeutung ist dabei, dass ein Messebarometer als ein umfassendes Instrument für die Steuerung und Kontrolle der Servicequalität von Messen eingesetzt wird.

Die folgenden *Merkmale* sind dabei für die Planung und Implementierung von Messebarometern zu beachten:

- Es werden die zentralen Qualitätsmerkmale in den Beziehungen zwischen Messegesellschaft, Aussteller und Besucher aus der Sicht der jeweiligen Kunden betrachtet (siehe die Beziehungstriade im Messemanagement in Abbildung 2)

- Neben dem ökonomischen Erfolg der Messebeteiligten (als finalem Ziel) werden im Rahmen der so genannten Erfolgskette die vorökonomischen Kenngrößen (z.B. Kundenzufriedenheit, Beziehungsqualität, Vertrauen, Kundenbindung) in die Messung einbezogen

- Ein Messebarometer hat die Interdependenzen zwischen den Erfolgsfaktoren empirisch zu identifizieren, d.h., die Treiber des Erfolgs und deren Bedeutung sind zu ermitteln (z.B. relative Bedeutung einzelner Aspekte der Servicequalität), damit alle Beteiligten Ansatzpunkte für die Verbesserung ihrer Leistungen erkennen können und sich über die Wirkungen in der Erfolgskette bewusst werden

- Die Analysen müssen kontinuierlich durchgeführt werden, also bei jeder Messeveranstaltung, um über ein Trackingsystem zu verfügen und einen Zeitvergleich durchführen zu können. Darüber hinaus sind Vergleiche zwischen verschiedenen Messeveranstaltungen möglich

- Bei der Durchführung des Messebarometers empfiehlt sich die Einschaltung einer neutralen Institution, damit die Seriosität und Glaubwürdigkeit für alle Beteiligten nicht in Frage gestellt wird.

Der *Nutzen eines Messebarometers* für die Messegesellschaft besteht vor allem in einer Leistungskontrolle und -verbesserung. Der Messeanbieter erhält über eine Identifikation jener Qualitätsdimensionen, die die relevanten „Treiber der Kundenzufriedenheit" darstellen, Hinweise für eine effiziente Verwendung von Unternehmensressourcen sowie eine Verbesserung der Kundenorientierung.

Abbildung 6 zeigt ein *Beispiel für die Struktur eines Messebarometers*, in dem Messequalität, Kundenzufriedenheit und Kundenbindung sowie deren Ursache-Wirkungs-Zusammenhänge abgebildet sind. Dabei wird angenommen, dass die Zufriedenheit und Bindung der Aussteller nicht nur von der wahrgenommenen Messequalität des Ausstellers abhängen, sondern auch von der Zufriedenheit bzw. Bindungsabsicht der Messebesucher beeinflusst werden. Je zufriedener die Messebesucher sind, desto zufriedener sind auch die Aussteller. Die Absicht des Ausstellers, sich auch an der nächsten Messe zu beteiligen, wird auch davon abhängen, ob die für den Aussteller relevanten Kunden an der nächsten Messe wieder teilnehmen wollen.

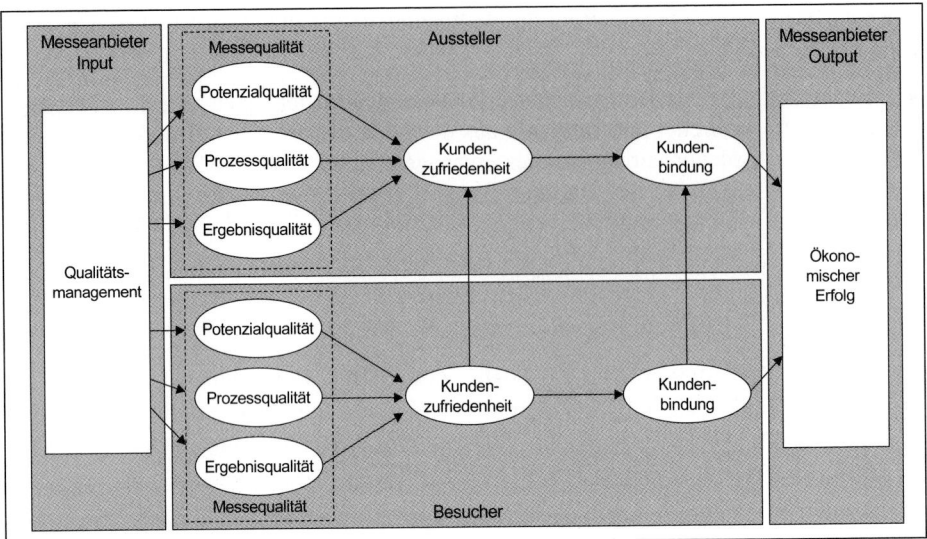

Abb. 6: Beispielhafte Struktur eines Messebarometers

Wie in dem Messebarometer aufgezeigt, stellt der ökonomische Erfolg das Ergebnis einer hohen Messequalität und damit erreichten Kundenbindung dar. Dies kann jedoch nur durch ein systematisches Qualitätsmanagement erreicht werden, dessen Gestaltung im Folgenden behandelt wird.

3. Gestaltung des Qualitätsmanagements im Messemanagement

3.1 Total Quality Management als Führungskonzeption

Bei den Überlegungen zur Entwicklung und Umsetzung eines umfassenden Qualitätsmanagements im Messemanagement wird davon ausgegangen, dass die gemeinsame Übernahme von Qualitätsverantwortung durch Führungskräfte und Mitarbeiter sämtlicher Hierarchiestufen zur Sicherung bzw. Verbesserung der Qualität von Leistungen unabdingbar ist (Bruhn 2000a, S. 41). Dieser Grundgedanke ist in dem Konzept des *Total Quality Management (TQM)* enthalten.

TQM ist nicht nur Bestandteil eines Unternehmensführungskonzeptes, sondern dominiert vielmehr sämtliche Managementaktivitäten. Da „Qualität" zum wichtigsten Erfolgsfaktor im Unternehmen wird, der von sämtlichen Mitarbeitern getragen werden sollte, handelt es sich beim Total Quality Management nicht lediglich um ein Qualitäts-konzept, sondern um eine das ganze Unternehmen einschließende Qualitätsphilosophie bzw. Qualitätskultur. Das Konzept des Total Quality Management umfasst drei zentrale Bausteine (z.B. Bruhn 2003, S. 41):

- *Total* – d.h. die Einbeziehung sämtlicher Personengruppen, die an der Leistungser-stellung beteiligt sind (Mitarbeiter des Unternehmens; alle Kundengruppen), in den Qualitätsmanagementprozess

- *Quality* – d.h. die konsequente Orientierung aller Aktivitäten der Messegesellschaft an den Qualitätsanforderungen der externen und internen Kundengruppen

- *Management* – d.h. die übernommene Verantwortung und Initiative der obersten Führungsebene der Messegesellschaft für eine systematische Qualitätsüberzeugung und -verbesserung.

Diese generellen Bestandteile des Total Quality Management sind vor dem Hintergrund der jeweiligen Problemstellung des Messeanbieters zu konkretisieren, indem spezifische Prinzipien des Qualitätsmanagements formuliert werden (zur Formulierung von Quali-tätsprinzipien vgl. Bruhn 2003). Diese Prinzipien stellen den Handlungsrahmen eines unternehmensindividuellen Qualitätsmanagements dar und bilden die Grundlage für die Einrichtung eines integrierten Qualitätsmanagementsystems.

3.2 Begriff und Ziele eines Qualitätsmanagementsystems im Messemanagement

Der Gegenstand eines integrierten Qualitätsmanagementsystems für Leistungen eines Messeanbieters ist die Gestaltung der qualitätsbezogenen Aktivitäten eines Messeanbie-ters auf Basis der festgelegten Qualitätsprinzipien. Auch wenn der Begriff *Qualitätsma-nagement* in Wissenschaft und Praxis in vielfältiger Weise diskutiert wird (Stebbing 1990; Stauss 1994; Bruhn 2003, S. 54), soll hier das zweckmäßig erscheinende Begriffs-verständnis nach den ISO-Normen zu Grunde gelegt werden. Hiernach ist Qualitätsma-nagement als die „Gesamtheit der qualitätsbezogenen Tätigkeiten und Zielsetzungen" (Deutsche Gesellschaft für Qualität e.V. 1995, S. 35) eines Unternehmens definiert. Un-ter einem *Qualitätsmanagementsystem* werden dann die Aufbauorganisation, Verant-wortlichkeiten, Abläufe, Verfahren und Mittel zur Verwirklichung des Qualitätsmana-gements erfasst. Das Qualitätsmanagement ist hierbei nur so umfassend zu gestalten, wie dies zum Erreichen der Qualitätsziele unbedingt notwendig ist (Deutsche Gesellschaft für Qualität e.V. 1995, S. 36). Auf diese Weise soll die Wirtschaftlichkeit des entwi-ckelten Qualitätsmanagementkonzeptes gewährleistet werden.

Gemäß dem TQM-Ansatz und den unternehmensindividuellen Qualitätsprinzipien sollte ein Qualitätsmanagement für Leistungen eines Messeanbieters entsprechend den *Anforderungen und Besonderheiten des Messemarktes* angepasst werden. Einen Schwerpunkt der Qualitätsbetrachtung stellen im Gegensatz zu dem für Sachgüter konzipierten TQM sämtliche Prozesse innerhalb der Dienstleistungskette des Messeanbieters sowie die Integration des externen Faktors dar (Bruhn 2003, S. 53). Ferner soll die wirtschaftliche Ausrichtung der qualitätsbezogenen Aktivitäten sichergestellt werden.

Hauptaufgabe des Qualitätsmanagementsystems ist die *Schaffung und Sicherstellung der Qualitätsfähigkeit* des Messeanbieters (Hórvath/Urban 1990, S. 14). Somit ist die Gestaltung des Qualitätsmanagementsystems an der Qualitätsfähigkeit zu orientieren. Hierzu sollte ein Qualitätsmanagementsystem vier *Bausteine* umfassen, die sich den Phasen des klassischen Managementprozesses (Bruhn 2003, S. 55f.; Meffert/Burmann 2003) – Analyse, Planung, Durchführung und Kontrolle – zuordnen lassen:

1. *Analyse der Dienstleistungsqualität* als Informationsgrundlage des Qualitätsmanagements für Dienstleistungen

2. *Planung des Qualitätsmanagements* zur Festlegung der erforderlichen Qualitätsfähigkeit in der Planungsphase

3. *Umsetzung des Qualitätsmanagements* mit einer Qualitätsplanung, -lenkung, -prüfung und -managementdarlegung zur Steuerung und Demonstration der Qualitätsfähigkeit in der Durchführungsphase

4. *Controlling des Qualitätsmanagements* zur Informationsversorgung und Kontrolle der Qualitätsfähigkeit im weitesten Sinne einer modernen Controlling- Philosophie.

Dem Qualitätsmanagement stehen für die einzelnen Phasen des Managementprozesses eine Vielzahl unterschiedlicher Instrumente zur Verfügung. Ein professionelles Qualitätsmanagement für Messeleistungen erfordert den systematischen Einsatz dieser Instrumente innerhalb jeder Phase. Es ist daher notwendig, sich mit deren Nutzungsmöglichkeiten auseinander zu setzen.

Die bisherigen Ausführungen haben sich schwerpunktmäßig mit dem Analyseaspekt des Qualitätsmanagements im Messewesen beschäftigt. Im Folgenden sollen daher die Planung, Umsetzung und das Controlling des Qualitätsmanagements im Messewesen behandelt werden.

3.3   Instrumente des Qualitätsmanagements im Messemanagement

3.3.1 Strategische Planung des Qualitätsmanagements

Im Rahmen der Planung des Qualitätsmanagements gilt es, den grundsätzlichen Handlungsrahmen des Qualitätsmanagements und somit die qualitätsbezogene strategische Ausrichtung der Messegesellschaft in Abstimmung mit der Unternehmensstrategie festzulegen. Somit kommen der strategischen Qualitätsplanung drei grundlegende *Aufgaben* zu (Bruhn 2003, S. 154):

1. Festlegung der Qualitätsposition des Messeanbieters

2. Festlegung der Qualitätsstrategie des Messeanbieters

3. Festlegung von Qualitätsgrundsätzen.

Die Bestimmung der *strategischen Qualitätsposition* des Messeanbieters bildet die wesentliche Grundlage für den Entwurf eines Qualitätsmanagementkonzeptes, da – je nach momentaner und zukünftig angestrebter Qualitätsposition gegenüber den Wettbewerbern am Markt – im Rahmen des Qualitätsmanagements unterschiedliche Schwerpunkte zu setzen sind.

Zur Festlegung der Qualitätsposition können so genannte *Qualitätsportfolios* herangezogen werden, die die strategische Position des Messeanbieters in Bezug auf die Qualität einzelner strategischer Geschäftsfelder darlegen (Horváth/Urban 1990, S. 32f.). So kann ein Geschäftsfeld des Messeanbieters beispielsweise anhand der Dimensionen „Relative Qualitätsposition des Anbieters" und „Bedeutung der Qualität im Messesektor" positioniert werden (Bruhn 2003, S. 154). Auf diese Weise lassen sich generelle Richtungen in Bezug auf das Ist- und Soll-Bild verschiedener Geschäftsfelder des Messeanbieters aufzeigen.

Eine Konkretisierung der aktuellen Qualitätsposition und ein Aufzeigen von Ansatzpunkten für die Erreichung der Soll-Position können mittels der qualitätsbezogenen *SWOT-Analyse* vorgenommen werden. Während sich mit Hilfe der qualitätsbezogenen Chancen-Risiken-Analyse diejenigen Umweltkräfte erkennen und antizipieren lassen, die im Rahmen der strategischen Planungsprozesse für Messeanbieter zukünftig von Bedeutung sind, dient die Stärken-Schwächen-Analyse dazu, strategisch sinnvolle Aktivitäten angesichts der gegenwärtigen und zukünftigen Ressourcensituation zu identifizieren (Bruhn 2003, S. 155).

Ausgehend von den qualitätsbezogenen Stärken, Schwächen, Chancen und Risiken wird die *Qualitätsstrategie* festgelegt, mit der die angestrebte Qualitätsposition erreicht werden soll. Wettbewerbsorientierte Qualitätsstrategien zeigen die grundsätzliche Ausrichtung des Messeanbieters und seines Qualitätsmanagements auf, die als Grundlage einer

eindeutigen Positionierung des Unternehmens am Markt und gleichzeitig der Erschließung eines gewinnbringenden Marktpotenzials dient (Heskett 1988, S. 47).

Ausgehend von der gewünschten Qualitätsposition und der gewählten Qualitätsstrategie
des Messeanbieters werden schließlich *Qualitätsgrundsätze* festgelegt. Diese konkretisieren die Qualitätsstrategie für die tägliche Qualitätsarbeit im Unternehmen (Bruhn
2003, S. 157f.). Die Formulierung verbindlicher Qualitätsgrundsätze bildet das Fundament für die im Unternehmen durchzuführenden Qualitätsumsetzungsmaßnahmen.

3.3.2 Operative Umsetzung des Qualitätsmanagements

In der Phase der Qualitätsumsetzung werden Qualitätsinstrumente mit dem Ziel eingesetzt, die in der strategischen Planung des Qualitätsmanagements festgelegte Qualitätsstrategie zu verwirklichen (Bruhn 1998, S. 42). Hierbei stehen folgende an die Dienstleistung gestellten *Kundenanforderungen* im Vordergrund:

- Die durch die Instrumente der Qualitätsplanung ermittelt werden

- Die durch Instrumente der Qualitätslenkung realisiert werden sollen

- Deren Erfüllungsgrad durch Instrumente der Qualitätsprüfung festgestellt wird

- Deren Erfüllbarkeit durch den Messeanbieter in der Qualitätsmanagementdarlegung
  dokumentiert wird.

Die Instrumente dieser vier Bereiche lassen sich anhand des so genannten *Regelkreises
des Qualitätsmanagements* darstellen (vgl. Abb. 7).

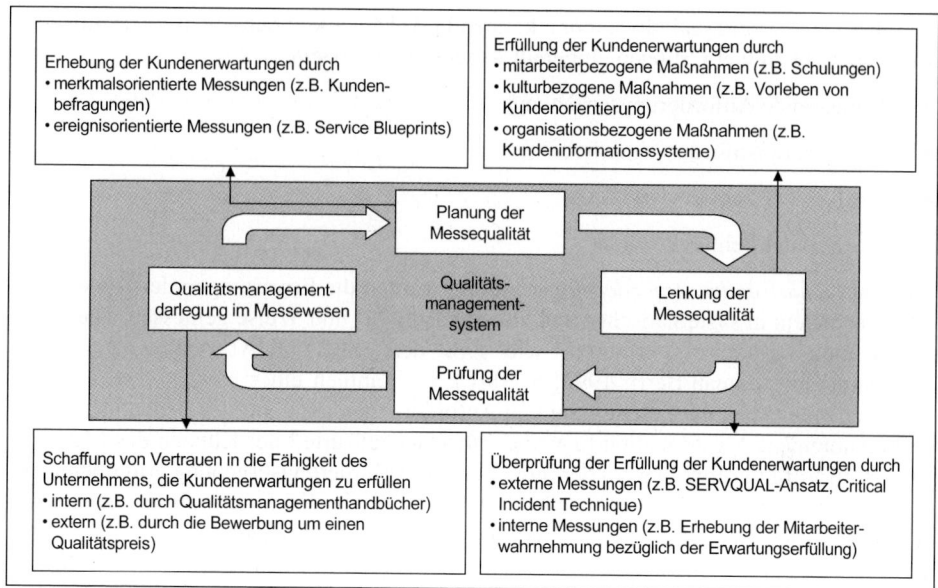

Abb. 7: Regelkreis des Qualitätsmanagements im Messemanagement

3.3.2.1 Qualitätsplanung

Im Rahmen der *Qualitätsplanung* werden Instrumente eingesetzt mit dem Ziel des „Auswählens, Klassifizierens und Gewichtens der Qualitätsmerkmale sowie eines schrittweisen Konkretisierens aller Einzelforderungen an die Beschaffenheit einer Dienstleistung zu Realisierungsspezifikationen im Hinblick auf die durch den Zweck der Einheit gegebenen Erfordernisse, auf die Anspruchsklasse und unter Berücksichtigung der Realisierungsmöglichkeiten" (Deutsche Gesellschaft für Qualität e.V. 1995, S. 95).

Dementsprechend beinhaltet diese erste Phase des Qualitätsmanagements bei Messegesellschaften die Planung und Weiterentwicklung der Qualitätsforderung an die verschiedenen Dienstleistungen des Messeanbieters. Nicht die Qualität der Messeleistungen selbst, sondern die verschiedenen Qualitätsanforderungen sollen geplant werden. Als *Aufgaben* der Qualitätsplanung können grundsätzlich folgende Tätigkeiten angeführt werden:

- Ermittlung der Kundenerwartung im Hinblick auf die Messequalität

- Aufstellen von konkreten Qualitätszielen

- Entwicklung von Konzepten zu deren Verwirklichung.

Die *Instrumente* der Qualitätsplanung können in Abhängigkeit der jeweils zu erfüllenden Einzelaufgabe in vier Gruppen eingeteilt werden (Bruhn 1998, S. 47):

- Umfassende Anforderungserhebung

- Elementare Anforderungserhebung

- Analyse der Fehlereventualität

- Analyse der Fehlerursachen.

Bei einer *umfassenden Anforderungserhebung* werden die Erwartungen der Kunden des Messeanbieters in systematischer und vollständiger Art und Weise gemessen. Dies kann durch multiattributive Verfahren, wie z.B. dem SERVQUAL-Ansatz, geschehen (Zeithaml/Parasuraman/Berry 1992, S. 38ff.). Im Rahmen einer *elementaren Anforderungserhebung* steht die Feststellung von Anforderungen mit zentraler Bedeutung für die wahrgenommene Messequalität bzw. das Zufriedenheitsurteil der Kunden des Messeanbieters im Vordergrund. Die bei der umfassenden Anforderungserhebung ermittelten Anforderungen können durch statistische Verfahren, z.B. der Faktorenanalyse, genauer untersucht werden. Weiterhin stehen merkmalsorientierte Messansätze zur Verfügung, die auf die explizite Feststellung von Leistungsmerkmalen mit zentraler Qualitätsrelevanz ausgerichtet sind. So können durch die Penalty-Reward-Faktoren-Analyse (Berry 1986) diejenigen Qualitätsmerkmale identifiziert werden, deren Nichterfüllung zu einer Kundenunzufriedenheit führt. Dahingegen dient der Willingness-to-Pay-Ansatz (Liljander/Strandvik 1992, S. 15ff.; Haller 1998, S. 136ff.) der Identifizierung derjenigen Leistungsmerkmale eines Messeanbieters, die eine hohe Zahlungsbereitschaft der Kunden des Messeanbieters implizieren.

Durch die *Analyse der Fehlereventualität* soll untersucht werden, an welchen Stellen des Erstellungsprozesses Fehler auftreten können. Hierbei kann entweder der gesamte Erstellungsprozess betrachtet werden oder lediglich diejenigen Leistungsmerkmale, die als elementar herausgestellt wurden. Zur Erfüllung dieser Teilaufgabe kann z.B. die Frequenz-Relevanz-Analyse für Probleme (FRAP) eingesetzt werden, mit der die Häufigkeit und die Qualitätsrelevanz des Fehlerauftretens bei bestimmten Leistungsmerkmalen gemessen wird (Stauss/Hentschel 1990; Stauss 2000). Schließlich dient die *Analyse der Fehlerursachen* der Identifizierung von Ansatzpunkten einer Qualitätsverbesserung im Hinblick auf Leistungsmerkmale mit hoher Qualitätsrelevanz. Zu diesem Zweck sind insbesondere die Fishbone-Analyse (Munro-Faure/Munro-Faure 1992, S. 205ff.) und die Fehlermöglichkeits- und -einflussanalyse (Kersten 1994, S. 477f.) anwendbar.

In der Phase der Qualitätsplanung werden die konkreten Anforderungen an die Messequalität aus Kunden- und Anbietersicht ermittelt, um entsprechend den Vorstellungen der betroffenen Anspruchsgruppen die Leistungen des Messeanbieters entwickeln und anbieten zu können. Die Geschäftsführung des Messeanbieters sollte hauptverantwortlich dafür sein, dass mindestens einmal im Jahr umfassende Kundenbefragungen durchgeführt werden. Es wäre zweckmäßig, wenn die verantwortlichen Mitarbeiter eine detaillierte Auswertung der Ergebnisse erhalten würden, wobei die Kundenurteile in Bezug auf die verschiedenen Einzelkriterien, aber auch Globalwerte, verständlich aufbereitet werden.

3.3.2.2 Qualitätslenkung

Die Hauptaufgabe der Instrumente der *Qualitätslenkung* besteht darin, die Leistungserstellung an den in der Qualitätsplanung erhobenen und in Qualitätsspezifikationen umgesetzten Kundenanforderungen auszurichten. Demnach beinhaltet die Qualitätslenkung sämtliche „vorbeugenden, überwachenden und korrigierenden Tätigkeiten bei der Realisierung einer Einheit mit dem Ziel, unter Einsatz von Qualitätstechnik die Qualitätsforderung zu erfüllen" (Deutsche Gesellschaft für Qualität e.V. 1995, S. 97). Diese Phase umfasst dementsprechend sämtliche Tätigkeiten, die der Realisierung der Anforderungen an die Messequalität dienen (Meffert/Bruhn 2003, S. 334). Hierbei lassen sich bei einer Klassifikation der hierzu einsetzbaren Methoden folgende *Instrumentegruppen* unterscheiden (Bruhn 2003, S. 194ff.):

- Mitarbeiterbezogene Instrumente

- Kulturbezogene Instrumente

- Organisationsbezogene Instrumente.

Auf Grund der Integration des externen Faktors in den Leistungserstellungsprozess und der hiermit häufig einhergehenden persönlichen Mitarbeiter-Kunden-Interaktion im „Service Encounter" (Bitner 1990; Bitner/Booms/Tetreault 1990) kommt den *mitarbeiterbezogenen Instrumenten* der Qualitätslenkung beim Qualitätsmanagement von Messeanbietern eine besondere Rolle zu.

Im Rahmen der qualitätsorientierten Personalauswahl sind neu einzustellende Mitarbeiter auf die im Kundenkontakt notwendigen Fähigkeiten hin zu überprüfen. Hierbei sind Aspekte wie Servicementalität, Kontaktfreude oder Einfühlungsvermögen von Bedeutung. Bei der *qualitätsorientierten Personalentwicklung* sind die vorhandenen qualitätsrelevanten Eigenschaften kontinuierlich zu verbessern. Die Notwendigkeit einer konsequenten Qualitätsorientierung der Personalentwicklung ist insbesondere bei bereits seit langem beschäftigten Mitarbeitern und im Hinblick auf Merkmale und Verhaltensweisen vorhanden, die bei neuen Mitarbeitern nicht per se vorausgesetzt werden können. Hierbei kann es sich z.B. um Aspekte handeln, die sich aus einer spezifischen Qualitätsphilosophie des Messeanbieters heraus ergeben. Zu den zentralen Bausteinen qualitätsbezogener Schulungen gehören Qualitätsseminare, Servicetraining für das Kundenkontaktpersonal und Coaching für Führungskräfte (Bruhn 2003, S. 201f.). Schließlich dienen *qualitätsbezogene Anreizsysteme* der Motivation der Mitarbeiter, die in den qualitätsbezogenen Schulungen vermittelten Erkenntnisse der Kundenorientierung umzusetzen und die in den Qualitätsgrundsätzen festgelegten Standards zu erfüllen. Hierbei können individuelle, d.h. die Leistung des einzelnen Mitarbeiters betreffende, und gruppenbezogene Anreizsysteme angewendet werden.

Zur umfassenden Umsetzung des Qualitätsgedankens im Unternehmen ist der Einsatz *kulturbezogener Instrumente* der Qualitätslenkung erforderlich. Nur wenn sämtliche Führungskräfte sowie Kundenkontaktmitarbeiter eine gute Messequalität schätzen sowie die interne und externe Kundenorientierung als „Natural Way of Work" ansehen, kann beim Messeanbieter eine übergreifende Dienstleistungskultur entstehen (Grönroos 1990, S. 241ff.). In diesem Zusammenhang kommt insbesondere den Führungskräften eine Vorbildfunktion zu, indem sie sich zur Kundenorientierung bekennen und diese ihren Mitarbeitern durch entsprechende Verhaltensweisen vorleben.

Schließlich betreffen die *organisationsbezogenen Instrumente* der Qualitätslenkung die Schaffung einer qualitätsorientierten Aufbau- und Ablauforganisation (Schneider/Bowen 1995; Bruhn 2003, S. 205f.). Hierbei gilt es zunächst, die Hauptqualitätsverantwortlichen festzulegen. Auch wenn insbesondere im Messebereich die Übertragung der Qualitätsverantwortung auf sämtliche Unternehmensmitglieder anzustreben ist, sollten Institutionen geschaffen werden, denen eine explizite Verantwortung für die qualitätsbezogenen Aktivitäten des Messeanbieters obliegt. Dies kann durch die Bildung einer Zentralstabsstelle für Qualität, eines Qualitätsausschusses oder der Position eines Qualitätsmanagers bewerkstelligt werden. Weiterhin gilt es, zur Verbesserung der Qualitätsorientierung der Ablauforganisation des Messeanbieters die *Informations- und Kommunikationssysteme* im Unternehmen nach Qualitätsgesichtspunkten zu gestalten (Bruhn 2000b). Hierbei ergeben sich vor allem zwei Ansatzpunkte:

- Effiziente Vorbereitung des Kundenkontaktes (z.B. durch die systematische Aufbereitung und sofortige Verfügbarkeit von kundenbezogenen Daten)

- Effiziente Gestaltung der internen Kommunikation (z.B. Einrichtung von internen Kommunikationskanälen zur Information der Kollegen und Mitarbeiter über häufiger auftretende Leistungserstellungsfehler oder aktuelle Marktentwicklungen).

Durch eine systematische Ausgestaltung der mitarbeiter-, kultur- und organisationsbezogenen Instrumente der Qualitätslenkung kann die Grundlage für eine Erfüllung der Kundenerwartungen geschaffen werden.

3.3.2.3 Qualitätsprüfung

Während die Anforderungen an die Dienstleistung in der Qualitätsplanung erhoben und in der Qualitätslenkung realisiert werden, gilt es in der Phase der *Qualitätsprüfung* festzustellen, „inwieweit eine Einheit die Qualitätsforderung erfüllt" (Deutsche Gesellschaft für Qualität e.V. 1995, S. 108). Dies bedeutet jedoch nicht, dass die Qualitätsprüfung das Ende der Qualitätsumsetzung darstellt. Vielmehr finden die Ergebnisse der Qualitätsprüfung vor allem in der Qualitätsplanung bei der Anforderungsfestlegung Berücksichtigung. Die *Instrumente der Qualitätsprüfung* lassen sich hinsichtlich der eingenommenen Perspektive und des Prüfungsgegenstands systematisieren. Im Hinblick auf die Perspektive der Prüfung können zwei Instrumentenarten unterschieden werden (Bruhn 2003, S. 217):

1. Bei der *internen Qualitätsprüfung* wird festgestellt, inwiefern die Qualitätsanforderungen aus Sicht des Messeanbieters erfüllt werden. Auch wenn diese Instrumente die Anforderungserfüllung aus der Sichtweise des Managements oder der Mitarbeiter erheben, gilt es hier dennoch, auch die Kundenanforderungen zu berücksichtigen. Abbildung 8 zeigt das Ergebnis einer Studie der Fachzeitschrift impulse aus dem Jahre 2002, in der 20 deutsche Messestandorte anhand eines Fragebogens ihr Serviceangebot beurteilt haben.

2. Instrumente der *externen Qualitätsprüfung* beurteilen dahingegen die Messequalität direkt aus Kundensicht.

Weiterhin lassen sich gemäß dem Prüfungsgegenstand eine umfassende und eine elementare Qualitätsprüfung differenzieren. Bei der *umfassenden Qualitätsprüfung* werden sämtliche qualitätsrelevanten Leistungsmerkmale untersucht. Dies kann entweder durch die Erhebung eines Globalurteils über die Anforderungserfüllung oder durch die Bewertung sämtlicher relevanter Qualitätsdimensionen und -merkmale erfolgen. Hierbei stehen in externer Hinsicht wiederum die multiattributiven Verfahren im Vordergrund, während bei der internen Qualitätsprüfung die interne Qualitätsmessung Einsatz findet. Zur Implementierung einer langfristig orientierten Qualitätsprüfung bietet sich in diesem Zusammenhang die Einrichtung eines Messebarometers an, um die Entwicklung der Messequalität im Zeitablauf zu beobachten (vgl. Kapitel 2.3). Der Einsatz von Instrumenten der *elementaren Qualitätsprüfung* gilt der Untersuchung von Leistungsmerkmalen mit besonderer Qualitätsrelevanz. Mit Hilfe von *Prozessprüfungen* soll der Ablauf des Leistungserstellungsprozesses unter Qualitätsgesichtspunkten analysiert werden, um Ansatzpunkte für „kritische" Situationen im Messeanbieter-Kunden-Kontakt zu ermitteln. Hierzu lässt sich als ein externes Instrument z.B. die Critical-Incident-Technik einsetzen. Bei diesem Instrument wird auch die enge Verbindung zwischen Qualitätsprüfung und operativer Qualitätsplanung ersichtlich. Wenn dem Kunden die Leistung auf Grund bestimmter Vorfälle positiv (oder negativ) in Erinnerung bleibt, bieten diese Ereignisse Ansatzpunkte für die Leistungsgestaltung im Rahmen der Qualitätsplanung. In interner Hinsicht können für Prozessprüfungen z.B. das betriebliche Vorschlagswesen, das Vieraugenprinzip oder die Mitarbeiterbeobachtung angewendet werden. Durch die *Ergebnisprüfung* soll die Anforderungserfüllung im Hinblick auf die Nutzung des Leistungsergebnisses durch den Kunden untersucht werden. Hierbei stehen insbesondere Fehlerprüfungen im Vordergrund, die z.B. durch die Problem-Detecting-Methode, die Frequenz-Relevanz-Analyse für Probleme (FRAP) oder die Beschwerdemessung (externe Ergebnisprüfung) bzw. die interne Qualitätsmessung oder Mitarbeiterbeurteilung (interne Ergebnisprüfung) vorgenommen werden können (Bruhn 1999).

Eine systematische Qualitätsplanung, -lenkung und -prüfung sind für eine Demonstration der Qualitätsfähigkeit des Messeanbieters im Rahmen der Qualitätsmanagementdarlegung unerlässlich.

Columns (Messeplätze): 1 Leipzig · 2 Köln · 3 Düsseldorf · 4 Stuttgart · 5 Frankfurt/Main · 6 Sinsheim · 7 München · 8 Friedrichshafen · 9 Essen · 10 Offenburg · 11 Offenbach · 12 Wiesbaden · 13 Hamburg · 14 Saarbrücken · 15 Nürnberg · 16 Hannover · 17 Berlin · 18 Bremen · 19 Freiburg · 20 Dortmund

	1	2	3	4	5	6	7	8	9	10	11	12	13	14	15	16	17	18	19	20
Servicegrad	98%	90%	87%	78%	75%	72%	67%	60%	57%	55%	53%	53%	52%	50%	47%	43%	42%	40%	40%	28%
Gesamtpunktzahl (von 30)	29,5	27	26	23,5	22,5	21,5	20	18	17	16,5	16	16	15,5	15	14	13	12,5	12	12	8,5
Marketing und PR — Punkte (von 8)	7,5	7	6	8	7,5	2,5	4	4	3	4	3,5	6	3,5	4	4	1	3,5	2	2	2,5
Messeeigene Eventagentur	✓	✓	✓	✓	✓					✓			✓	✓						
Presseclipping	✓		✓	✓	✓	✓		✓		✓			✓							
Pressekonferenz-Organisat.	✓	✓	✓	✓	✓	✓			✓	✓	✓	✓	✓	✓		✓	✓	✓	✓	
Anzeigen im Ausland	✓	✓	✓	✓	✓		✓	✓	✓		✓	✓	✓		✓	✓	✓		✓	✓
Sonderwerbeflächen³	✓	✓	✓	✓	✓		✓	✓	✓		✓	✓	✓	✓		✓	✓			
Werbeflächen an Fassaden³	✓	✓	✓	✓	✓		✓	✓	✓	✓	✓	✓	✓				✓			
Werbeflächen in den Hallen³		✓	✓	✓	✓	✓	✓	✓	✓	✓	✓	✓	✓				✓			✓
Werbung auf Terminals³	✓	✓	✓	✓			✓	✓	✓			✓								
Mailings	✓	✓		✓	✓		✓					✓			✓					
Layout/Repro/Druck	✓	✓		✓	✓							✓								
Bürodienstleistungen — Punkte (von 8)	8	8	8	5,5	6	5	8	5	5	4,5	6	1	4	4	4	6	2	0	2	1
Inkasso²	✓	✓	✓	z.T.	✓		✓	✓		z.T.	✓			✓		✓				
Kontakt-Erfassung	✓	✓	✓	✓	✓	✓	✓				✓									
Post-Kurierdienst	✓	✓	✓	✓	✓	✓	✓	✓	✓	✓	✓	✓	✓	✓				✓		
Übersetzungsdienst	✓	✓	✓	✓	✓	✓	✓	✓	✓		✓		✓		✓	✓			✓	✓
Fremdsprachensekretariat	✓	✓	✓	✓		✓	✓		✓		✓		✓		✓					
Schreibservice	✓	✓	✓		✓	✓			✓				✓		✓	✓	✓			
Standservices — Punkte (von 8)	8	6	6	4	8	8	3	5	4	4	5	6	5	4	5	6	4	5	3	4
Hallenreinigung	■	■	■	□	■	■	□	■	■	□	□	□	■	□	□	■	■	□	□	□
EDV-Administrator	■	■	□	(Bereitschaft)	■	■	□	□	□	□	□	□	□	□	□	□	□	□		□
Hausmeisterservice	■	□		(Bereitschaft)	■	■		□		□		■	■		■	■		■	□	□
Telefon-Hotline Technik	■	□	□	(Bereitschaft)	■	■	□	□	□	□	□	■	□	□	□	□	□	□	□	□
Vorbereitung — Punkte (von 6)	6	6	6	6	1	6	5	4	5	4	1,5	3	3	3	1	0	3	5	5	1
Partnerhotels mit Rabatt²	✓	✓	✓	✓		✓	✓	✓	✓	z.T.	✓			✓			✓	✓	✓	
Hotelkontingente¹	✓	✓	✓	✓		✓	✓		✓			✓						✓	✓	
Mitarbeiterschulung	✓	✓	✓	✓	✓	✓	✓		✓		✓		✓	✓						✓

Legende: Generell ein Punkt pro Kategorie; ¹zwei Punkte; ²drei Punkte; ³halber Punkt; ✓=vorhanden; ■=tagsüber/Reinigung einmal pro Tag; □=tagsüber/Reinigung mehrmals pro Tag

Abb. 8: Serviceangebote von deutschen Messeplätzen (Quelle: Selbach/Wittrock 2002, S. 60)

3.3.2.4 Qualitätsmanagementdarlegung

Während in den ersten drei Phasen der Qualitätsumsetzung die Leistungserstellung gemäß den Kundenanforderungen sichergestellt wird, werden unter der *Qualitätsmanagementdarlegung* sämtliche Tätigkeiten des Messeanbieters verstanden, „die innerhalb des Qualitätsmanagementsystems verwirklicht sind, und die wie erforderlich dargelegt werden, um ausreichendes Vertrauen zu schaffen, dass eine Einheit die Qualitätsforderung erfüllen wird" (Deutsche Gesellschaft für Qualität e.V. 1995, S. 145).

Hierbei sind *interne und externe Zwecke* der Qualitätsmanagementdarlegung zu unterscheiden, da zum einen innerhalb des Messeanbieters bei den Führungskräften und Mitarbeitern Vertrauen in die eigene Qualitätsfähigkeit und somit Motivationsinstrumente geschaffen werden können (Bruhn 2003, S. 230). Zum anderen sollen die externen Anspruchsgruppen des Messeanbieters, insbesondere seine Kunden, von der Qualitätsfähigkeit überzeugt werden. Bei einem breiten Verständnis der Qualitätsmanagementdarlegung lassen sich *unternehmens- und konkurrenzbezogene Instrumente* der Qualitätsmanagementdarlegung unterscheiden.

Bei den unternehmensbezogenen Instrumenten stehen Qualitätsstatistiken und die Zertifizierung im Vordergrund. Zu den konkurrenzbezogenen Instrumenten der Qualitätsmanagementdarlegung gehört insbesondere das qualitätsbezogene Benchmarking (Bruhn 2003, S. 232).

Die verschiedenen im Rahmen der Qualitätsumsetzung herangezogenen Instrumente sollten nach einem unternehmensspezifisch auszugestaltenden Phasenkonzept Einsatz finden. Abbildung 9 zeigt beispielhaft die Gestaltung eines solchen Phasenkonzeptes.

3.3.3 Strategisches Qualitäts-Controlling

Der entscheidungsorientierte Planungsprozess „schließt" mit der Phase der Kontrolle der Qualitätsaktivitäten des Messeanbieters. Hierbei soll der Begriff der Kontrolle sehr weit gefasst werden, sodass strategische Kontrollen auf Grund des engen Zusammenhangs zur strategischen Planung und deren Zukunftsbezogenheit sich nicht in der Ex-post-Kontrolle der Aktivitäten erschöpfen dürfen, sondern auch zeitlich nach vorne gerichtet sein und parallel zu den Planungs- und Umsetzungsprozessen erfolgen müssen (Meffert/Burmann 2003). Auch wenn die Qualitätsprüfung in terminologischer Hinsicht Kontrollcharakter aufweist, sind auf Grund der weiten Fassung des Kontrollbegriffes zwei *Ebenen der Kontrolle* des Qualitätsmanagements zu unterscheiden:

1. Auf der Ebene der (operativen) Qualitätsumsetzung gilt es sicherzustellen, dass die Messeleistung gemäß den Kundenanforderungen erstellt wird. Hierbei ist es Aufgabe der Qualitätsprüfung, die Einhaltung der Erwartungen durch die erstellte Leistung zu kontrollieren.

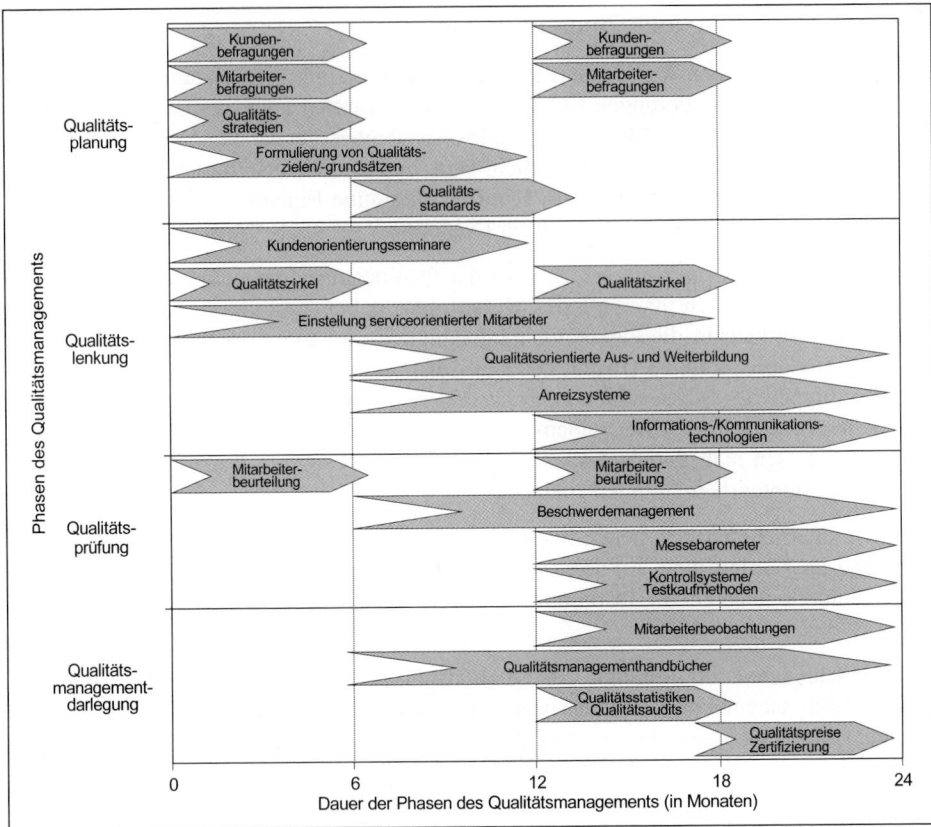

Abb. 9: Beispiel für ein Phasenkonzept des Qualitätsmanagements
Quelle: Bruhn 2003, S. 248

2. Dahingegen soll das Qualitätsmanagement auf strategischer Ebene nach einem weiten Kontrollbegriff im Hinblick auf sämtliche Aktivitäten, die mit dem Qualitätsmanagement in Zusammenhang stehen, auf Effektivität und Effizienz hin überprüft werden. Hierzu ist die Gestaltung eines Qualitäts-Controllings erforderlich.

Während eine Vielzahl von Instrumenten der Qualitätsprüfung in der Wissenschaft entwickelt wurden und in der Praxis eingesetzt werden, ist eine umfassende strategische Kontrolle des Qualitätsmanagements mit koordinierendem und zukunftsweisendem Charakter bisher vernachlässigt worden. Im Mittelpunkt eines strategischen Qualitäts-Controllings im Messebereich steht die Kosten-Nutzen-Analyse der Qualitätsaktivitäten des Messeanbieters (Bruhn 1998, S. 60, S. 267ff.).

Während Qualitätsmaßnahmen in der Praxis zumeist als ein Aufwandsfaktor aufgefasst werden, sind sie zur systematischen Kosten-Nutzen-Analyse als Qualitätsinvestitionen aufzufassen. In Anlehnung an die klassische Investitionsdefinition wird unter einer *Qualitätsinvestition* eine Aktivität im Rahmen des Qualitätsmanagements verstanden, die zwischen zwei bestimmten Zeitpunkten langfristige positive und negative finanzielle Konsequenzen zur Folge hat. Im Vergleich zu klassischen Sachinvestitionen weist eine Qualitätsinvestition zwei generelle *Besonderheiten* auf (Bruhn 1998, S. 113ff.):

1. Die Ermittlung der Kosten wird auf Grund ihres Gemeinkostencharakters und die Erfassung des Nutzens durch seine problembehaftete Zurechenbarkeit sowohl bezüglich der Isolierung der Maßnahmenwirkung als auch hinsichtlich der mit ihm in Zusammenhang stehenden Kosten erschwert.

2. Der Investitionszeitraum ist in eine Time-Lag-Dauer und eine nach dieser einsetzenden Wirkungsdauer zu differenzieren. Während Kosten des Qualitätsmanagements im gesamten Investitionszeitraum anfallen, wird der Nutzen erst im Laufe der Wirkungsdauer realisiert.

Insbesondere die Erfassung des Nutzens ist auf Grund der Komplexität der Nutzenwirkungen des Qualitätsmanagements mit Problemen behaftet. Bei einer Systematisierung verschiedener Nutzenkategorien können der Kundenbindungsnutzen und der Kommunikationsnutzen unterschieden werden. Der *Kundenbindungsnutzen* resultiert aus Verhaltensweisen der aktuellen Kunden des Messeanbieters, die sich auf Existenz und Intensität der Kundenbeziehung auswirken (Bruhn 2003). So entsteht der Wiederkaufnutzen durch die Fortsetzung der Beziehung durch den Messekunden, während der Cross-Selling-, der Preisbereitschafts- und der Kauffrequenznutzen auf einer Beziehungsintensivierung durch den Kunden beruhen. Der *Kommunikationsnutzen* ergibt sich aus der Akquisition (bisher) potenzieller Kunden, die auf die Mund-zu-Mund-Kommunikation aktueller Kunden zurückgeführt werden kann (Bruhn 1998, S. 227ff.). Der Weiterempfehlungs- und Warnungsvermeidungsnutzen resultiert aus einer Erlössteigerung durch die Forcierung positiver bzw. die Verringerung negativer Mund-zu-Mund-Kommunikation.

Zur *Quantifizierung der Nutzenwirkungen* des Qualitätsmanagements sind einige Methoden entwickelt worden (Rust/Zahorik/Keiningham 1995; Bruhn 1998). Durch die Gegenüberstellung von Kosten und Nutzen des Qualitätsmanagements lassen sich Wirtschaftlichkeitskennziffern, wie der Qualitätsgewinn oder die Qualitätsrendite, ermitteln (Bruhn 1998, S. 283ff.). Durch den kontinuierlichen Einsatz von Wirtschaftlichkeitsmessungen, z.B. in Form von Kosten-Nutzen-Trackings des Qualitätsmanagements, kann eine wirtschaftlichkeitsorientierte Gestaltung des Qualitätsmanagements vor dem Hintergrund des Gewinnstrebens von Unternehmen unter Zugrundelegung einer Investitionsorientierung anstelle einer Ausgabenorientierung verwirklicht werden.

4. Zukunftsperspektiven des Qualitätsmanagements im Messemanagement

Die Folgen des intensiver werdenden Wettbewerbs in der Messebranche werden sich in steigenden Kundenerwartungen bezüglich der Messequalität manifestieren. Die Bereitschaft der Kunden, Dienstleistungen zu akzeptieren, die nicht vollständig ihren Erwartungen entsprechen, wird in Zukunft abnehmen. Vor dem Hintergrund einer Vielzahl gleichartiger Messeangebote wird es für die Kunden immer einfacher, den Messeanbieter zu wechseln. In diesem Zusammenhang wird die Fähigkeit zur *Kundenbindung* ein immer wichtigerer Wettbewerbsfaktor sein.

Die Erhaltung der Wettbewerbsfähigkeit erfordert die stete Bereitschaft zur *Verbesserung der gebotenen Messequalität*. Vorsprünge vor den Konkurrenten werden in immer kürzerer Zeit eingeholt, sodass nur die konsequente Suche nach neuen und besseren Konzepten und Angeboten den langfristigen Unternehmensbestand sichern helfen kann. Qualitätsvorsprünge müssen im Messebereich in jeder Interaktion neu verteidigt und ausgebaut werden.

Die Sicherung von Wettbewerbsvorteilen auf der Basis einer kontinuierlich hohen Messequalität kann nur gelingen, wenn die Messegesellschaften frühzeitig eigene Stärken und Schwächen vor dem Hintergrund der marktlichen Chancen und Risiken analysieren. Informationen werden dabei zu einem immer wichtigeren Wettbewerbsfaktor. Investitionen in Informationsbeschaffungs-, -verarbeitungs- und -analysesysteme müssen die Datenbasis für eine *unternehmerische Frühaufklärung* sichern.

Auf Grund der Integration des Kunden in den Erstellungsprozess von Messeleistungen kommt den Mitarbeitern eine zentrale Qualitätsrelevanz zu, sodass eine *Steuerung der Kunden-Mitarbeiter-Interaktion* unumgänglich ist. Neben Maßnahmen der Qualitätslenkung, wie qualitätsorientierte Personalschulungen oder Anreizsysteme, ist es daher unerlässlich, dass im gesamten Unternehmen eine Qualitätskultur vorgelebt wird. Hierbei sollten sich insbesondere die Führungskräfte ihrer Vorbildfunktion bewusst sein.

Im Zeichen der Internationalisierung des Messewesens und der Erweiterung der Leistungsangebote werden Strategien zum Nachweis unternehmerischer Kompetenz und Vertrauenswürdigkeit von zunehmender Bedeutung sein. Die Leistungsfähigkeit des Markenartikelkonzeptes muss im Messebereich durch Etablierung von *Messegesellschaften als Dienstleistungsmarken* in viel stärkerem Ausmaß genutzt werden.

5. Literaturverzeichnis

BERRY, L. L., Big Ideas in Services Marketing, in: Venkatesan, M./Schmalensee, D. M./Marshall, C. (Hrsg.), Creativity in Services Marketing, Chicago 1986, S. 6-8.

BITNER, M. J., Evaluating Service Encounters: The Effects of Physical Surroundings and Employee Responses, in: Journal of Marketing, Vol. 56, No. 2, 1990, S. 69-82.

BITNER, M. J./BOOMS, B. H./TETREAULT, M. S., The Service Encounter. Diagnosing Favorable and Unfavorable Incidents, in: Journal of Marketing, Vol. 54, No. 1, 1990, S. 71-84.

BRUHN, M., Wirtschaftlichkeit des Qualitätsmanagements. Qualitätscontrolling für Dienstleistungen, Heidelberg 1998.

BRUHN, M., Verfahren zur Messung der Qualität interner Dienstleistungen. Ansätze für einen Methodentransfer aus dem (externen) Dienstleistungsmarketing, in: Bruhn, M. (Hrsg.), Internes Marketing. Schnittstellen zwischen dem Marketing- und Personalmanagement, 2. Aufl., Wiesbaden 1999, S. 537-576.

BRUHN, M., Qualitätssicherung im Dienstleistungsmarketing. Eine Einführung in die theoretischen und praktischen Probleme, in: Bruhn, M./Stauss, B. (Hrsg.), Dienstleistungsqualität. Konzepte, Methoden, Erfahrungen, 3. Aufl., Wiesbaden 2000a, S. 21-48.

BRUHN, M., Sicherstellung der Dienstleistungsqualität durch integrierte Kommunikation, in: Bruhn, M./Stauss, B. (Hrsg.), Dienstleistungsqualität. Konzepte, Methoden, Erfahrungen, 3. Aufl., Wiesbaden 2000b, S. 405-432.

BRUHN, M., Qualitätsmanagement für Dienstleistungen. Grundlagen, Konzepte, Methoden, 4. Aufl., Berlin/Heidelberg/New York 2003.

BRUHN, M./MURMANN, B., Nationale Kundenbarometer: Messung von Qualität und Zufriedenheit. Methodenvergleich und Entwurf eines Schweizer Kundenbarometers, Wiesbaden 1998.

CHURCHILL, G. A., A Paradigm for Developing Better Measures of Marketing Constructs, in: Journal of Marketing Research, Vol. 16, No. 2, 1979, S. 64-73.

DARBY, M. R./KARNI, E., Free Competition and the Optimal Amount of Fraud, in: Journal of Law and Economics, Vol. 16, No. 1, 1973, S. 67-86.

DEUTSCHE GESELLSCHAFT FÜR QUALITÄT E.V., Begriffe zum Qualitätsmanagement, DGQ-Schrift, Nr. 11-04, 6. Aufl., Frankfurt am Main 1995.

DONABEDIAN, A., The Definition of Quality and Approaches to Its Assessment and Monitoring, Vol. I, Ann Arbor 1980.

GARVIN, D. A., What Does "Product Quality" Really Mean?, in: Sloan Management Review, Vol. 25, No. 1, 1984, S. 25-43.

GRÖNROOS, C., Service Management and Marketing. Managing The Moments of Truth in Service Competition, Lexington 1990.

HALLER, S., Beurteilung von Dienstleistungsqualität, Wiesbaden 1998.

HENTSCHEL, B., Multiattributive Messung von Dienstleistungsqualität, in: Bruhn, M./Stauss, B. (Hrsg.), Dienstleistungsqualität. Konzepte, Methoden, Erfahrungen, 3. Aufl., Wiesbaden 2000, S. 289-320.

HESKETT, J. L., Management in Dienstleistungsunternehmen. Erfolgreiche Strategien in einem Wachstumsmarkt, Wiesbaden 1988.

HOMBURG, C./GIERING, A., Konzeptualisierung und Operationalisierung komplexer Konstrukte. Ein Leitfaden für die Marketingforschung, in: Marketing ZFP, 18. Jg., Nr. 1, 1996, S. 5-24.

HORVÁTH, P./URBAN, G., Qualitätscontrolling, Stuttgart 1990.

KERSTEN, G., Fehlermöglichkeits- und -einflußanalyse (FMEA), in: Masing, W. (Hrsg.), Handbuch Qualitätsmanagement, 3. Aufl., München/Wien 1994, S. 427-444.

KRESSE, H., „Soft Factors" werden die Messequalität der Zukunft bestimmen, in: WirtschaftsKurier, 25.10.1999, S. 31.

LANGNER, H., Die Messe-Marktforschung, in: Strothmann, K.-H./Busche, M. (Hrsg.), Handbuch Messemarketing, Wiesbaden 1992, S. 249-267.

LILJANDER, V./STRANDVIK, T., Estimating Zones of Tolerance in Perceived Service Quality and Perceived Service Value, Meddelanden Working Papers No. 247, Swedish School of Economics and Business Administration Helsingfors, Helsingfors 1992.

MEFFERT, H./BRUHN, M., Dienstleistungsmarketing. Grundlagen, Konzepte, Methoden, 4. Aufl., Wiesbaden 2003.

MEFFERT, H./BURMANN, C., Strategisches Marketing Management, 2. Aufl., Wiesbaden 2003.

MUNRO-FAURE, L./MUNRO-FAURE, M., Implementing Total Quality Management, London 1992.

MURMANN, B., Qualität mehrstufiger Dienstleistungsinteraktionen. Besonderheiten bei Dienstleistungsunternehmen mit direktem und indirektem Kundenkontakt, Wiesbaden 1999.

PARASURAMAN, A./ZEITHAML, V. A./BERRY, L. L., A Conceptual Model of Service Quality and Its Implications for Future Research, in: Journal of Marketing, Vol. 49, No. 1, 1985, S. 41-50.

PARASURAMAN, A./ZEITHAML, V. A./BERRY, L.L., SERVQUAL: A Multiple-Item Scale for Measuring Consumer Perceptions of Service Quality, in: Journal of Retailing, Vol. 64, No. 1, 1988, S. 12-40.

RUST, R. T./ZAHORIK, A .J./KEININGHAM, T. L., Return on Quality (ROQ). Making Service Quality Financially Accountable, in: Journal of Marketing, Vol. 59, No. 2, 1995, S. 58-70.

SCHNEIDER, B./BOWEN, D. E., The Service Organization. Human Resources Management is Critical, in: Bateson, J.E.G. (Hrsg.), Managing Services Marketing. Text and Readings, 3. Aufl., Forth Worth 1995, S. 273-283.

SELBACH, D./WITTROCK, O., Wer Aussteller gut pflegt, in: Impulse, Januar 2002, S. 60-63.

STAUSS, B., Qualitätsmanagement und Zertifizierung als unternehmerische Herausforderung. Eine Einführung in den Sammelband, in: Stauss, B. (Hrsg.), Qualitätsmanagement und Zertifizierung, Wiesbaden 1994, S. 11-23.

STAUSS, B., „Augenblicke der Wahrheit" in der Dienstleistungserstellung. Ihre Relevanz und ihre Messung mit Hilfe der Kontaktpunkt-Analyse, in: Bruhn, M./Stauss, B. (Hrsg.), Dienstleistungsqualität. Konzepte, Methoden, Erfahrungen, 3. Aufl., Wiesbaden 2000, S. 321-340.

STAUSS, B./HENTSCHEL, B., Verfahren der Problemdeckung und -analyse im Qualitätsmanagement von Dienstleistungsunternehmen, in: Jahrbuch der Absatz- und Verbrauchsforschung, 36. Jg., Nr. 6, 1990, S. 232-259.

STEBBING, L., Quality Management in the Service Industry, Chichester 1990.

ZEITHAML, V. A., How Consumer Evaluation Processes Differ between Goods and Services, in: Lovelock, C. H. (Hrsg.), Services Marketing, 2. Aufl., Englewood Cliffs 1991, S. 39-47.

ZEITHAML, V. A./PARASURAMAN, A./BERRY, L. L., Qualitätsservice. Was Ihre Kunden erwarten – was Sie leisten müssen, Frankfurt am Main 1992.

Kapitel 3:

Messeorganisation und -personal

Michael Degen

Besonderheiten der Aufbau- und Ablauforganisation von Messegesellschaften

1. Besonderheiten in der Aufbauorganisation
   1.1 Klassische Organisationsformen
   1.2 Idealtypischer Aufbau der Organisation bei deutschen Messegesellschaften
   1.3 Das Konzept der strategischen Geschäftseinheiten (SGE)
   1.4 Vor- und Nachteile der Projekt-Matrix-Organisation

2. Besonderheiten in der Ablauforganisation
   2.1 Projektmanagement als Organisationsprinzip
   2.2 Das 4-Phasen-Modell der Projektdurchführung
      2.2.1 Konzeption
      2.2.2 Planung
      2.2.3 Durchführung
      2.2.4 Analyse

3. Schlussbetrachtung

4. Literaturverzeichnis

Michael Degen ist Hauptabteilungsleiter Messen und Ausstellungen bei der Hamburg Messe und Congress GmbH, Hamburg.

1. Besonderheiten in der Aufbauorganisation

In der betriebswirtschaftlichen Organisationslehre hat sich die Trennung in Aufbau- und Ablauforganisation etabliert. Während die Aufbauorganisation die Verknüpfung der organisatorischen Grundelemente (Stelle, Instanz, Abteilung) zu einer organisatorischen Struktur definiert, handelt es sich bei der Ablauforganisation um die Ordnung von Handlungsvorgängen (Arbeitsprozessen) (Wöhe 1986, S. 156). Der folgende Beitrag zeigt die spezifischen Merkmale der Aufbauorganisation bei Messegesellschaften auf, die als Dienstleistungsunternehmen ihre Organisationsform unter den Kriterien Kunden- und Serviceorientierung ausrichten. Die Ausführungen zur Ablauforganisation einer Messegesellschaft sollen darstellen, wie sich diese Kunden- und Serviceorientierung in einer projektorientierten Betrachtungsweise auch in der Leistungserbringung widerspiegelt.

1.1 Klassische Organisationsformen

Die Organisation ist ein System von Aufgaben, Befugnissen und Verantwortlichkeiten (ABV). Daneben gibt es Einflussfaktoren wie Anreize, Kontrolle oder gegenseitige Information. Gemeinsam dienen die verschiedenen Faktoren der Leistungserbringung innerhalb der Unternehmung (Hinterhuber 1989, S. 111).

Hinterhuber unterscheidet fünf verschiedene Organisationsformen:

1. Lineare Organisation

2. Funktionale Organisation

3. Divisionale Organisation

4. Holding-Organisation

5. Matrix-Organisation.

Die *lineare Organisation* ist die einfachste Organisationsform mit einer klaren Struktur und findet idealerweise in Unternehmen Anwendung, deren Größe etwa 30 Mitarbeiter nicht übersteigt und oftmals nur ein Produkt anbietet. Die alleinige Führung und Kontrolle übt der Unternehmer bzw. die Geschäftsführung aus. Alle Stellen sind in einen einheitlichen Instanzenweg (Dienstweg) eingegliedert. Die *funktionale Organisation* gewinnt dann an Bedeutung, wenn die Unternehmung größer wird, eine Mehrzahl von Produkten erstellt bzw. Dienstleistungen erbracht werden und damit die Führungs- und Kontrollaufgaben an Komplexität zunehmen. Der elementare Unterschied zur linearen Organisation liegt in der Delegation von Aufgaben und Verantwortlichlichkeiten an die Mitarbeiter. Bei der Unternehmensführung verbleiben koordinierende Funktionen sowie die Strategieentwicklung.

Mit der weiteren Diversifikation und einem damit verbundenen Wachstum der Unternehmung wird die Umwandlung in eine *divisionale Organisation* zur strategischen Option. Neben den relativ autonom handelnden Unternehmensbereichen (auch Divisionen, Sparten oder Geschäftsbereiche genannt) gibt es zentrale Stabsstellen (Zentralbereiche), die die Unternehmensbereiche koordinieren und übergeordnete Steuerungsaufgaben übernehmen.

Bei einer *Holding-Organisation* sind mehrere rechtlich selbständige Unternehmungen unter einer einheitlichen Leitung zusammengefasst.

Die *Matrix-Organisation* entsteht durch die Überlagerung von Funktions- und Objektbereichen (Projekt-/Produktbereiche, Strategische-Geschäfts-Einheiten) (Wöhe 1986, S. 168).

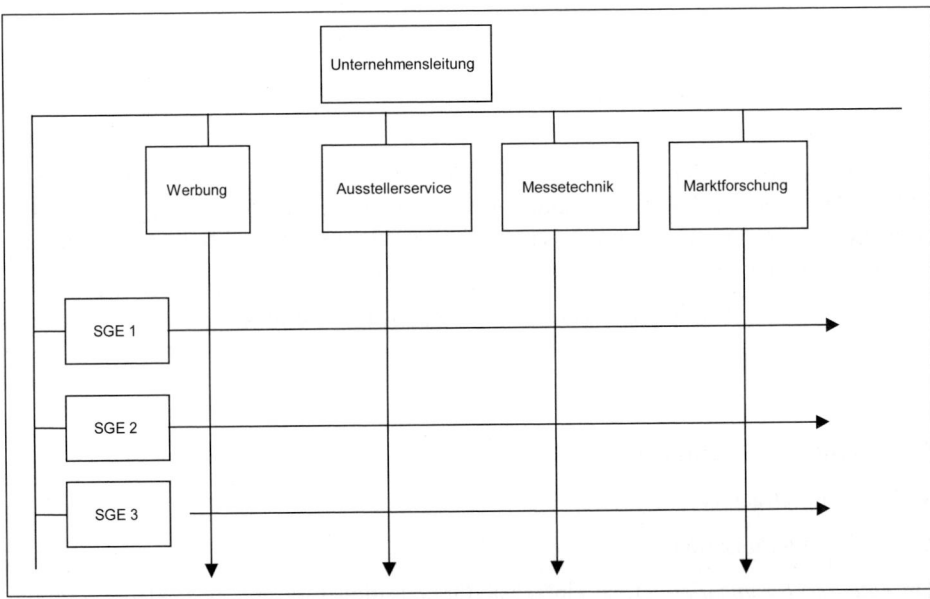

Abb. 1: Beispiel für eine Matrix-Organisation

Durch die gemeinsame Planung und Durchführung durch Mitarbeiter aus verschiedenen Funktionsbereichen und Verantwortungsebenen erwachsen neben den Vorteilen der eigenen Verantwortlichkeit auch häufig Koordinationsprobleme, die einen erhöhten Kommunikationsaufwand verursachen.

1.2 Idealtypischer Aufbau der Organisation bei deutschen Messegesellschaften

Projekte werden im klassischen Sinne als zeitlich befristet und in der Regel als einmalige Sonderaufgaben definiert. Messegesellschaften bezeichnen ihre Messeprodukte ebenfalls als Projekte bzw. Objekte, obgleich diese im strengen Sinne ja nicht nur einmal durchgeführt werden. In Ausnahmefällen werden Messeprojekte allerdings tatsächlich nur einmal durchgeführt, z.B. eine Wanderausstellung wie die INTERSCHAU oder die DACH + WAND[1], die an jährlich wechselnden Standorten von der jeweiligen örtlichen Messegesellschaft organisiert werden. In der Regel werden die Messen jährlich, 2-jährlich oder im Mehrjahresrhythmus von einer Messegesellschaft bzw. einem Messeveranstalter[2] durchgeführt.

Die projektorientierte Betrachtungsweise findet ihren Niederschlag in der Aufbauorganisation der meisten Messegesellschaften in Form einer *Projekt-Matrix-Organisation*. Die operativen Geschäftsbereiche (Projektteams, Objektleitungsteams, Kompetenzcenter) sind für die Leistungserbringung innerhalb der von ihnen verantworteten Messen zuständig, während die Funktionsbereiche (Messetechnik, Werbung, Öffentlichkeitsarbeit, Protokoll, Marktforschung, Ausstellerservice, Auslandsvertrieb) als Querschnitts-Fachabteilungen allen Geschäftsbereichen zuarbeiten. Neben diesen in die Matrix eingegliederten Organisationseinheiten gibt es Zentralbereiche und -abteilungen, die für die Leistungserbringung zentraler, projektübergeordneter Aufgaben verantwortlich sind. Beispiele hierfür sind die zentrale Gebäude- und Betriebstechnik, der Geschäftsbereich Administration und Finanzen oder der Zentralbereich Personal.[3] Daneben finden sich klassische Stabsstellen wie Revision und Arbeitssicherheit.

1.3 Das Konzept der strategischen Geschäftseinheiten (SGE)

Seit Mitte der achtziger Jahre gewinnt das Modell der strategischen Geschäftseinheiten (SGE) zunehmend an Bedeutung. Strategische Geschäftseinheiten sind durch folgende Merkmale gekennzeichnet (Hinterhuber 1989, S. 126):

1. Eigenständigkeit der Marktaufgabe

2. Gesellschaftsrelevanz der Marktaufgabe

---

[1] Die Durchführung der DACH + WAND hat der Veranstalter ZVDH ab 2004 permanent der GHM (Gesellschaft für Handwerksmessen, München) übertragen.

[2] Als Messegesellschaft sollen in diesem Beitrag die Unternehmen mit eigenem Gelände bezeichnet werden, als Messeveranstalter diejenigen ohne eigenes Gelände.

[3] Diese Organisationseinheiten sind in der dargestellten Form bei der Hamburg Messe und Congress GmbH (HMC) wiederzufinden.

3. Abhebung von der Konkurrenz

4. Erreichbarkeit relativer Wettbewerbsvorteile

5. Relative Unabhängigkeit der Entscheidungen

6. Führungseffizienz.

Das Konzept der strategischen Geschäftseinheiten setzt sich auch bei den deutschen Messegesellschaften zunehmend durch. Insbesondere die Messegesellschaften, die ihre Geschäftseinheiten als Kompetenzcenter definieren (Busche/Grave 1998, S. 307), verfolgen einen den SGE ähnlichen Ansatz. Zur Überprüfung, ob diese Kompetenzcenter allerdings SGE im originären Sinne darstellen, dienen die folgenden Fragen:

1. Sind die Leiter der Kompetenzcenter wirklich von der Unternehmensleitung unabhängig in ihren strategischen Entscheidungen?

2. Sind die SGE geschäftlich unabhängig von anderen Teilen und Organisationseinheiten der Unternehmung?

3. Ist das Konzept der SGE überhaupt erfüllt, wenn alle Messeprojekte auf die gleiche Ressource, nämlich die Messe- und Konferenzfazilitäten zugreifen?

Spätestens hier wird deutlich, dass das Konzept der SGE in der deutschen Messewirtschaft nicht im Sinne der reinen Lehre angewendet werden kann: der gemeinsame und damit konkurrierende Zugriff auf die Ressource Messegelände, dazu die Abhängigkeit von zentralen Organisationseinheiten stellen einen deutlich Widerspruch zur originären Konzeption der SGE dar.

Folgende Unterteilung in Unternehmensbereiche entspricht schon eher einer sinnvollen Konzeption bei der die Kriterien der SGE im klassischen Sinne gewährleistet sind:[4]

• Messen und Ausstellungen

• Kongresse

• Auslandsveranstaltungen

• Sport, Show & Events.

1.4   Vor- und Nachteile der Projekt-Matrix-Organisation

Die für Messeprojekte verantwortlichen Geschäftseinheiten sind nicht nur bei der Hamburg Messe nach Branchen zusammengefasst (im nachfolgenden Objektleitungen ge-

---

[4] Diese Unterteilung findet beispielsweise bei der Messe Berlin GmbH Anwendung.

nannt).[5] Die Zusammenfassung nach Branchenmerkmalen bringt einen entscheidenden Vorteil mit sich: Synergieeffekte können in der Konzeption von Marketing und Werbung, aber auch in der Zusammenarbeit mit Branchenverbänden und Multiplikatoren realisiert werden. Daneben entsteht unmittelbar in der Objektleitung, wie auch in den zuarbeitenden Fachabteilungen, ein Know-how Transfer.

Den Vorteilen der nach Branchen ausgerichteten Geschäftseinheiten stehen allerdings Faktoren gegenüber, die die erzielbaren Synergieeffekte einschränken können. So kommt es häufig zu Koordinationsproblemen und Konflikten an den Schnittstellen zwischen Geschäftseinheiten und Fachabteilungen. Weiterhin kann es bei der Teambildung zu Ressourcenproblemen kommen, wenn entweder die von einer Geschäftseinheit betreuten Messen in enger zeitlicher Abfolge stattfinden oder in den Fachabteilungen in bestimmten Zeiträumen eine besondere zeitliche Belastung besteht, z.B. in Zeiträumen mit hoher Veranstaltungsfrequenz.

An seine Grenzen stößt das Prinzip der nach Branchen ausgerichteten Geschäftseinheiten bei einer Auslastung der verfügbaren Kapazitäten innerhalb einer Objektleitung. Hier kann und muss in bestimmten Fällen eine kapazitätsorientierte Betrachtungsweise den Vorrang gegenüber der Marketingausrichtung gewinnen (Busche/Grave 1998, S. 308).

Zu typischen Konflikten in der Projekt-Matrix-Organisation bei Messegesellschaften kann es kommen, wenn sich der Leiter der Geschäftseinheit und der Leiter der Fachabteilung uneinig über Art und Umfang der durchzuführenden Maßnahmen sind. In diesem Fall muss eine übergeordnete Instanz mit Erfahrung und Fachwissen eine fachliche Vorgabe setzen, um den Prozess in Gang zu halten. Auf Grund des hohen Konfliktpotenzials in der Matrix-Organisation ergeben sich spezifische Anforderungen an die Qualifikation einerseits der Leiter der Geschäftseinheiten und Leiter der Fachabteilungen und andererseits an die Vorgesetzten in der Unternehmensleitung. Diese müssen in einem besonderen Maß – neben der fachlichen Kompetenz – über die Fähigkeit verfügen, Konfliktsituationen zu moderieren, einen Teamgeist zu entwickeln und gleichzeitig einen formalen Rahmen zu definieren, der die Grundlage für die Zusammenarbeit zwischen den Organisationseinheiten festlegt. Als Führungsprinzip hat sich das „Führen durch Zielvereinbarungen" (Management by Objectives) bewährt. Einerseits ist die Unternehmensleitung angesichts der Fülle der Einzelaufgaben bei der Organisation einer Messe zur Delegation von Aufgaben gezwungen. Andererseits ermöglicht eine klare Ergebnisorientierung den einzelnen Mitarbeitern einen hohen Freiheitsgrad bei der Erfüllung ihrer Aufgaben und schafft somit eine hohe Motivation.

---

[5] Bei der HMC sind die fünf Objektleitungen mit thematischen Branchenschwerpunkten wie folgt strukturiert:
MA 1: Konsumgüter
MA 2: Medien, Tourismus, Gastronomie
MA 3: Maritime Fach- und Freizeitthemen
MA 4: Handwerk, Hobby, Gastveranstaltungen
MA 5: Energie, Gastveranstaltungen

Die Aufstellung der *Aufgaben, Befugnisse, Verantwortlichkeiten (ABV)* kann hierfür den adäquaten Handlungsrahmen darstellen. Sie definiert alle Tätigkeiten, die nicht a priori eindeutig einer Organisationseinheit zugeordnet werden können („Wer macht was?"). Beispielsweise ergibt sich bei der Aufgabe „Versand der Anmeldeunterlagen" weder eindeutig eine Zuordnung im Projektleitungsteam (das für den Verkauf der Standflächen verantwortlich ist), noch in der Werbeabteilung (die die Anmeldeunterlagen produziert). Im Konfliktfall muss also eine übergeordnete Instanz unter Abwägung aller fachlichen Argumente eine Festlegung treffen. Wichtig bei der Festlegung der ABV ist einzig und allein die Frage, welcher Organisationseinheit die Aufgabe unter fachlichen Erwägungen zugeordnet wird (und nicht auf Grund der Erwägung, „wer gerade Zeit hat"). Sind die ABV klar zugeordnet, verantworten die Leiter der einzelnen Organisationseinheiten auch die Lösung von Kapazitätsengpässen.

Abschließend zu diesem Punkt soll die Frage nach der Kernkompetenz einer Messegesellschaft gestellt werden. Die deutschen Messegesellschaften verfolgen fast durchgehend die Philosophie, innerhalb der Objektleitungsteams (Projektleitungsteams) ein Spezialwissen aufzubauen und umzusetzen. Diese Kompetenz (und somit die Kernkompetenz einer Messegesellschaft) setzt sich zusammen aus:

1. Dem spezifischen Know-how für die Messeorganisation (und -konzeption)

2. Besonderen Branchenkenntnissen in dem jeweiligen Marktsegment

3. Einer besonders ausgeprägten Kunden- und Serviceorientierung (Busche/Grave 1998, S. 311).

Eine zunehmende Dienstleistungs-, aber auch Kostenorientierung hat bei allen Messegesellschaften in den vergangenen Jahren dazu geführt, Tätigkeiten, auf die die genannten Merkmale nicht zutreffen, auszugliedern und externe Dienstleister mit den Aufgaben zu betrauen, oder – sofern betriebswirtschaftlich sinnvoll – an Tochtergesellschaften zu delegieren.

2.   Besonderheiten in der Ablauforganisation

2.1   Projektmanagement als Organisationsprinzip

Wie bereits im Punkt 1.2 ausgeführt, stellen Messeveranstaltungen kein Projekt im klassischen Sinne dar. Trotz der Einschränkungen in der Definition (nämlich die Einmaligkeit des Projekts, Innovationscharakter der (Sonder-)Aufgabe) besteht ein breiter Konsens in der Messewirtschaft, dass eine projektorientierte Betrachtungsweise einen idealtypischen Managementansatz darstellt (Busche/Grave 1998, S. 307).

Unter den vielfältigen Ansätzen der Projektmanagementpraxis hat sich eine zeitlich orientierte Ausrichtung der Ablauforganisation durchgesetzt. Im allgemeinen – und so auch bei der Hamburg Messe – werden die Phasen der Projektdurchführung in ein 4-Phasen-Modell gegliedert.

2.2 Das 4-Phasen-Modell der Projektdurchführung

Die Tätigkeiten der Projektteams lassen sich im zeitlichen Ablauf in *vier Aufgabenkomplexe* unterteilen:

1. Konzeptionsphase

2. Planungsphase

3. Durchführungsphase

4. Analysephase.

Die vier Phasen der Projektdurchführung lassen sich auch als *Regelkreis* darstellen, sofern eine turnusmäßige Durchführung der Messe/Ausstellung stattfindet.

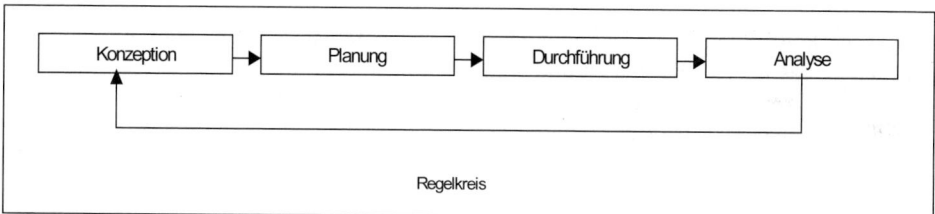

Abb. 2: Phasen der Projektdurchführung

Das Konzept des Regelkreises verdeutlicht, dass der entscheidende Kompetenzaufbau auf Seiten der Messegesellschaft bzw. des Veranstalters dann gewährleistet ist, wenn die Erkenntnisse und Auswertungen der Vorveranstaltung in die Konzeption der Folgeveranstaltung einfließen. Hierbei ist der Know-how-Transfer nicht auf das einzelne Messeprojekt oder die Geschäftseinheit beschränkt, sondern wird vielmehr – beispielsweise bei technischen Fragestellungen – auf die anderen Geschäftsbereiche übertragen. Ein Beispiel hierfür ist der Erfahrungswert, den ein Messeteam aus der erstmaligen elektronischen Fachbesucherregistrierung einer Messe zieht. An den dort gewonnenen Erkenntnissen sollten idealerweise alle Objektleitungen, für deren Messen dieses Thema zukünftig relevant werden könnte, partizipieren.

2.2.1 Konzeption

In der Konzeptionsphase sammeln der Objektleiter bzw. die jeweils eingebundenen Fachabteilungen alle relevanten und verfügbaren Informationen, die für seine Messe wichtig sind. Hierzu zählen Brancheninformationen, Vertriebsstrukturen, Marktbesonderheiten, eine ausführliche Konkurrenzanalyse und natürlich Daten zur eindeutigen Identifikation der Zielgruppen auf Aussteller- wie auch Besucherseite. Abhängig davon, ob eine Messe erstmalig oder wiederholt stattfindet, werden die Informationen entweder vollständig aus externen Quellen erhoben (im Falle eines Neuprojektes) oder es kann auf eigene erhobene Daten (im Falle eines Folgeprojektes) zugegriffen werden. Durchweg aus externen Quellen werden Branchendaten erhoben, wobei Marktforschungsinstitute, aber auch Branchenverbände eine zentrale Rolle spielen.

Bei der Entwicklung neuer Messen und Ausstellungen spielen die konzeptionellen Vorarbeiten natürlich eine besondere Rolle, denn am Ende dieser Phase steht die Grundsatzentscheidung, ob ein neues Projekt an den Start geht. Die meisten potenziellen neuen Messen scheitern bereits in der Konzeptionsphase. Zur Absicherung der Grundsatzentscheidung, eine neue Messe in einem Markt zu positionieren, dienen umfangreiche Gespräche mit Branchenvertretern, Multiplikatoren und marktführenden Unternehmen. Vor allem Kontakte zu Branchenverbänden – als Repräsentanten der Anbieter- und Nachfragerseite – dienen der konzeptionellen Absicherung der Messestrategie und -planung.

Sämtliche konzeptionellen Überlegungen sollten idealerweise in ein Marketingkonzept einfließen, das neben Marktdaten und -informationen auch die für eine Messe alles entscheidende Frage beantwortet: „Wer trifft wen?", also die Frage nach den anvisierten Zielgruppen und Marktpartnern auf Angebots- (Aussteller) und Nachfrage- (Besucher) Seite klar skizziert. Darüber hinaus sollten die Branchen (Nomenklatur) und relevanten Märkte sowie Zielbilder (nicht Handlungsanweisungen) für die Fachabteilungen definiert werden. Dass der konzeptionellen Kompetenz wie auch der Umsetzungskompetenz der Messeteams eine besondere Bedeutung zukommt, liegt vor allem in der Tatsache begründet, dass in Deutschland in den vergangenen Jahrzehnten ein hohes Niveau bei der technischen Infrastruktur der Messegesellschaften erreicht worden ist. Dies stellt jedoch nicht den entscheidenden Wettbewerbsvorteil dar. Bei der deutlichen Mehrzahl der Messen auf dem Messeplatz Deutschland ist die strategische und konzeptionelle Kompetenz einer Messegesellschaft bzw. eines Messeteams der entscheidende Wettbewerbsfaktor.

Relevanter Bestandteil des Marketingkonzepts wie auch der Budgetplanung sind die qualitativen und quantitativen Projektziele. Während die von der Geschäftsleitung formulierten strategischen (qualitativen) Ziele des Unternehmens für die Geschäftseinheiten und deren einzelne Messen und Ausstellungen abgeleitet werden, stellt die mittelfristige Finanzplanung des Unternehmens die quantitative Zielvorgabe dar. Die Unterscheidung in qualitative und quantitative Ziele ist im Marketingmanagement von Messeprojekten fließend: z.B. ist die Anzahl der Aussteller zwar eine quantitative Größe, hat aber ebenfalls in entscheidendem Maße eine qualitative Relevanz.

2.2.2 Planung

Ist die Grundlagenarbeit weitestgehend abgeschlossen, beginnt die Objektleitung gemeinsam mit den Fachabteilungen die Planung der Einzelmaßnahmen, die sich aus den konzeptionellen Vorgaben ergeben. Hierzu gehören beispielsweise die Mediaplanung durch die Werbeabteilung, der Presseplan durch die Abteilung Öffentlichkeitsarbeit, Eröffnungsfeier und Ausstellerabend. Nicht zu vergessen ist die Planung der technischen Maßnahmen, wie z.B. die Konzeption und Planung von Sonderschauen (denen insbesondere bei publikumsorientierten Veranstaltungen eine besondere Rolle zukommt), die Bewachung des Geländes, die Reinigung der Hallen etc. Ausgehend von der mittelfristigen Finanzplanung, der Wettbewerbs- und Branchensituation im relevanten Marktsegment sowie den daraus abgeleiteten Werbe-, Vertriebs- und technischen Maßnahmen erfolgt eine Anpassung der Budgetplanung. Hier sind häufig kurzfristige Korrekturen notwendig, wenn auf Grund einer veränderten Markt- oder Konkurrenzsituation die geplante Anzahl der Aussteller und damit die vermietete Fläche angepasst werden muss. Zu diesem Zeitpunkt können auch letztmalig Korrekturen in der Preisgestaltung vorgenommen werden.

Entsprechend der besonderen Bedeutung der angestrebten Internationalität einer Messe ist die Planung der Vertriebsaktivitäten wichtig. Die Hamburg Messe hat hierfür ein Zielsystem entwickelt, das – aufbauend auf den Ergebnissen der Vorveranstaltung in dem jeweiligen Land – eine Synthese der vorgegebenen Ziele durch die Objektleitungen und der Markteinschätzung der jeweiligen Auslandsvertreter darstellt. Die Hamburg Messe verfolgt hierbei den Ansatz einer individuellen und kostenorientierten Maßnahmenplanung, bei der die einzelnen Märkte sehr gezielt bearbeitet werden. Die Marketingkonzeption sowie die abgeleitete Maßnahmenplanung beeinflussen daneben auch die Stellenplanung, wenn für die Projektarbeit in den Objektleitungen und Fachabteilungen zeitlich befristete Aushilfskräfte geplant werden.

2.2.3 Durchführung

Die Durchführung der Messen und Ausstellungen lässt sich im zeitlichen Ablauf in folgende Schritte unterteilen:

1. Ausstellerakquisition

2. Besuchermarketing

3. Durchführung der Messe.

Innerhalb der *Ausstellerakquisition* stellt die Ausstellereinladung, meistens in Form eines Werbeprospektes und der Anmeldeunterlagen, das zentrale Werbemittel dar. Auf der Grundlage der Ausstellereinladung, die als Mailing an die wichtigen Zielgruppen versendet wird, werden flankierende Maßnahmen wie Anzeigenschaltungen, E-Mail-Newsletter und PR-Aktivitäten eingeleitet. Zunehmend gewinnt auch das Instrument der Telefonakquisition als unterstützende Maßnahme an Bedeutung. Auf Grund der zentralen Bedeutung der Ausstellerakquisition für den Erfolg einer Messe wird große Energie auf die Erhebung und Pflege eines qualifizierten Adressdatenbestandes verwendet. Hier sind in den vergangenen Jahren bei allen Messegesellschaften weitreichende Maßnahmen unternommen worden, um ihre Datenbanken im Sinne eines Customer-Relation-Management Systems zu qualifizieren. Originäre Aufgabe der Objektleitung ist in dieser Phase der persönliche Kontakt zu den marktführenden Unternehmen, um diese zu einem möglichst frühen Zeitpunkt zur Anmeldung zu bewegen. Kleinere und mittlere Unternehmen machen ihre Teilnahme insbesondere von der Präsenz der Key Accounts abhängig.

Das *Besuchermarketing* setzt ca. 4-6 Monate vor Veranstaltungsbeginn ein. Wichtig in dieser Phase ist die erfolgte Zulassung einer möglichst hohen Zahl von Ausstellern, da eine repräsentative Anzahl von Marktteilnehmern das beste Argument für den Besuch einer Messe darstellt. Weitere Informationen, z.B. zum fachlichen Rahmenprogramm, Information zu Anfahrt und Hotels, Daten und Fakten ergänzen die Nutzenargumentation für die Besucher. Der Wirkungsgrad der Besucherakquisition kann erheblich erhöht werden, wenn die Aussteller in die Bewerbung der Messe eingebunden werden und ihre Kunden mit von der Messe bereit gestellten Eintrittskartengutscheinen zur Veranstaltung einladen. Zunehmend gewinnt das Internet für das Besuchermarketing an Bedeutung. Die Bereitstellung aller relevanten Daten, die Erreichbarkeit der Objektleitung per E-Mail sowie die Möglichkeit, sich online zu registrieren, gehören auch hier mittlerweile zu den Standardangeboten jeder Messegesellschaft. Begleitend kommt der Presse- und Öffentlichkeitsarbeit eine besondere Bedeutung zu. Mit zunehmender zeitlicher Nähe zur Messe wird die Anzahl der Pressemeldungen erhöht und die Kontakte zu Journalisten intensiviert.

Die *Durchführung der Messe* im unmittelbaren Veranstaltungszeitraum besteht primär aus technisch-koordinierenden Tätigkeiten. Zu Veranstaltungsbeginn bzw. zu Beginn des Aufbaus durch die Messebauer werden alle Handlungen der Messegesellschaft auf den maximalen Kundennutzen ausgerichtet. Während der Laufzeit bearbeiten die Objektleitung sowie die technischen Fachabteilungen Anfragen und Probleme, die im logistischen Bereich auftreten. Für Objektleitung und Unternehmensleitung besteht zudem die Aufgabe, Kontakt zu den wichtigen Ausstellern und Verbandsvertretern zu halten, denn nur während der Messe besteht die einmalige Chance, alle Kunden wie auch relevante Partner und Multiplikatoren an einem Ort zu treffen. Besondere Bedeutung kommt auch den protokollarischen Aufgaben zu: die Eröffnungsfeier, der Eröffnungsrundgang, Ausstellerabend sowie die Betreuung von VIPs und Delegationen müssen kompetent organisiert und reibungslos abgewickelt werden.

2.2.4 Analyse

Nach Durchführung einer Messe werden die durch die Marktforschung erhobenen Daten aus der Aussteller- und Besucherbefragung zusammengefasst und analysiert. Die Marktforschung als Controllinginstrument ist an anderer Stelle bereits umfangreich behandelt worden, deswegen soll hier lediglich auf die Nachbereitung der Messe durch die Objektleitung und die Fachabteilungen hingewiesen werden. In Gesprächen, Berichten und einer ausführlichen Manöverkritik werden Stärken und Schwächen – vor allem im technisch-operativen Bereich – der vergangenen Veranstaltung zusammengefasst. Daneben wird die Berichterstattung in der Tages- und Fachpresse analysiert und in einem Medienspiegel dokumentiert.

3. Schlussbetrachtung

Ausgehend von einer verschärften Wettbewerbssituation gerät die Kunden- und Serviceorientierung einer Messegesellschaft zum entscheidenden Erfolgsfaktor. Als idealtypische Organisationsform erweist sich eine Projekt-Matrix-Organisation, in der diese Zielfunktion realisiert werden kann. Die Schwächen der Projekt-Matrix-Organisation (Probleme bei der Koordinierung der Aufgaben, Konflikte zwischen den Organisationseinheiten) können durch eine klare Definition und Kommunikation aller ABV sowie einem deutlichen Bekenntnis zur Führung mit klaren Zielvorgaben aufgelöst werden. Das Projektmanagement hat sich dabei über Jahre bewährt, denn es gewährleistet die effiziente Bereitstellung der von Kunden und Partnern geforderten Dienstleistungen. Darüber hinaus fördert das Organisationsprinzip der Projekt-Matrix-Organisation den Know-how-Transfer zwischen den operativen Organisationseinheiten, sodass die Entwicklung und Markteinführung innovativer Dienstleistungen zeitnah und kostengünstig realisiert werden können.

4. Literaturverzeichnis

BUSCHE, M./GRAVE, S., Projektmanagement als Instrument eines modernen Messeunternehmens, in: Steinle/Bruch/Lawa (Hrsg.), Projektmanagement: Instrument effizienter Dienstleistung, 2. Aufl., Frankfurt a. M. 1998.

HINTERHUBER, H. H., Strategische Unternehmensführung, Band II: Strategisches Handeln, 4. Aufl., Berlin 1989.

KIESER, A./KUBICEK, H., Organisation, 3. Aufl., Berlin 1992.

STAEHLE, W. H., Management: eine verhaltenswissenschaftliche Perspektive, 7. Aufl., überarbeitet von Conrad, P./Sydow, J., München 1994.

WÖHE, G., Einführung in die allgemeine Betriebswirtschaftslehre, 16. Aufl., München 1986.

Peter Neven

Aus- und Weiterbildung für die Messe- und Kongresswirtschaft

1. Messe- und Kongresswirtschaft – eine Branchenskizze
   1.1 Der Messeplatz Deutschland – ein stabiler Wirtschaftsfaktor
   1.2 Die Kongresswirtschaft – zunehmende Bedeutung im internationalen Wettbewerb
   1.3 Künftige Herausforderungen der Branche und Qualifizierungsbedarf

2. Tätigkeitsfelder im beruflichen Wirkungsraum Messe- und Kongresswirtschaft
   2.1 Veranstalter von Messen und Ausstellungen
   2.2 Organisator von Tagungen und Kongressen
   2.3 Aussteller auf Messen und Ausstellungen
   2.4 Dienstleister für die Messe- und Kongresswirtschaft
   2.5 Konsequenz

3. Aus- und Weiterbildungskonzepte der Messe- und Kongresswirtschaft
   3.1 Berufliche Erstausbildung im dualen System: Veranstaltungskaufmann/-frau
   3.2 Aus- und Weiterbildung für Veranstaltungstechnik
   3.3 Berufsbegleitende Fortbildung: Fachwirt für die Messe-, Tagungs- und Kongresswirtschaft
   3.4 Ausbildung an Berufsakademien, Fachhochschulen und Universitäten
   3.5 Neue Aus- und Weiterbildungsmaßnahmen

4. Literaturverzeichnis

Dr. Peter Neven ist Geschäftsführer des Ausstellungs- und Messe-Ausschuss der Deutschen Wirtschaft e.V., AUMA, Berlin.

1. Messe- und Kongresswirtschaft – eine Branchenskizze

Stellten zu Beginn der 90er Jahre die Messewirtschaft sowie das Kongress- und Tagungswesen noch zwei deutlich voneinander zu unterscheidende Branchen oder Wirtschaftszweige dar, so sind zehn Jahre später Messe- und Kongresswirtschaft eng zu-
sammengewachsen, insbesondere deshalb, weil die agierenden Unternehmen wie z.B.
Messegesellschaften mit eigenem Gelände inzwischen über modernste Kongressfazilitäten verfügen und die Organisation von messebegleitenden Tagungen und Seminaren
immer stärker zum Dienstleistungsangebot gehört. Die Kongressorganisation ist ein eigenes Geschäftsfeld der Messegesellschaften geworden. Parallel dazu beinhaltet das
Serviceangebot von eigenständigen Kongress- und Stadthallenbetreibern sowie von professionellen Kongressagenturen außerhalb der Messewirtschaft im engeren Sinne auch
kongressbegleitende Ausstellungen und Foyerpräsentationen.

Für die folgenden bildungsökonomischen und bildungspolitischen Überlegungen zur
branchenbezogenen Aus- und Weiterbildung wird deshalb von einer gemeinsamen Herausforderung der Messe- und Kongresswirtschaft ausgegangen, die Pflege des beruflichen Nachwuchses durch Bildungsangebote sicherzustellen. Da es keine gemeinsame
Statistik der Messe- und Kongresswirtschaft gibt, lassen sich die Wirtschaftszweige mit
ihren Kennziffern und Beschäftigungsentwicklungen zunächst nur getrennt darstellen.
Auf die darüber hinausgehenden Anforderungen der gesamten Veranstaltungswirtschaft,
die auch noch das Spektrum der Kultur-, Show- und Wissenschaftsveranstaltungen umfasst, kann im Folgenden nicht detailliert eingegangen werden. Die bildungspolitischen
Konsequenzen, so hat sich gezeigt, gehen aber von strukturidentischen Anforderungen
des Veranstaltungsmanagements im weitesten Sinne aus und werden bei den nachste-
henden Betrachtungen Berücksichtigung finden.

1.1 Der Messeplatz Deutschland – ein stabiler Wirtschaftsfaktor

Messen und Ausstellungen in Deutschland erweisen sich bei langfristiger Betrachtung
als konjunkturresistent. Seit mehr als 20 Jahren wächst die Zahl der Aussteller, Besucher
und Veranstaltungen und bleibt seit Langem auf hohem Niveau. Die ca. 140 überregionalen und internationalen Messen, die jährlich stattfinden, führen ca. 170 000 Aussteller
und 9-10 Millionen Besucher aus aller Welt zusammen. 6,5-7 Millionen Quadratmeter
Ausstellungsfläche werden vermietet. Hinzu kommt noch ein Markt für regionale Fach-
und Verbraucherausstellungen; allein die vom AUMA auf Grund von Qualitätskriterien
getroffene Auswahl erfasst jährlich annähernd 60 000 Aussteller mit fast 1,7 Millionen
Quadratmetern vermieteter Fläche auf rund 200 Veranstaltungen. (Stand: 2002)

Vollbeschäftigte zählt man mehr als 6 000 auf der Veranstalterseite und weitere rund
7 000 Beschäftigte bei den Messedienstleistern. Eine Ifo-Studie Ende der 90er Jahre erfasste die gesamtwirtschaftliche Auswirkung der Messen in Deutschland und stellte fest,
dass das gesamte Beschäftigungsvolumen (Veranstalter, Aussteller, Dienstleister) inkl.
der direkten und induzierten Produktionseffekte in anderen Branchen ungefähr 230 000
Vollzeitstellen jährlich entspricht. Es gibt jedoch keine detaillierten Untersuchungen
über die Beschäftigungssituation nur für die Ausstellerseite. Auch hier werden Veranstaltungsmanager für die Vorbereitung, Durchführung und Nachbereitung einer Messebeteiligung im In- und Ausland gebraucht. Fest steht aber, dass das Marketing-Instrument Messen und Ausstellungen, so die Trenduntersuchung des Instituts TNS EMNID
im Auftrag des AUMA aus dem Jahr 2002, auch in Zukunft einen hohen Stellenwert besitzen wird. Auch zukünftig ist die Bereitschaft der Aussteller gegeben, in Messebeteiligungen im Inland zu investieren und das Engagement auf hohem Niveau beizubehalten.
Es ist aber auch der Trend zu beobachten, mit dem Medium Messe kostenbewusster um-
zugehen. So konnten die konstant hohen Vermietungsvolumina mit einem nicht
gestiegenen Personaleinsatz sowohl auf der Veranstalter- als auch auf der Ausstellerseite
bewältigt werden. Potenziale für weitere Arbeitsverdichtungen und damit Produktivitätssteigerungen zeichnen sich ab. Die Auslandsaktivitäten der Messeveranstalter werden
mehr Beschäftigungseffekte im Ausland als im Inland nach sich ziehen. Dass es angesichts der dynamischen Entwicklung dennoch einen Qualifikationsbedarf und Personal-
entwicklungsnotwendigkeiten auf breiter Basis der gesamten Messewirtschaft gibt, soll
weiter unten detailliert dargestellt werden.

1.2 Die Kongresswirtschaft – zunehmende Bedeutung im internationalen Wettbewerb

Auch die Situation der Kongress- und Tagungswirtschaft stimmt optimistisch. Deutschland stellt mit seiner geopolitischen Lage mitten in Europa und seinem Ambiente wie für
Messen und Ausstellungen, so auch für Tagungen und Kongresse einen attraktiven
Standort dar. Untersuchungen des German Convention Bureau (GCB) kommen auf fast
1,5 Millionen Veranstaltungstage an mehr als 7 000 Tagungsstätten, wobei auch das gesamte in Hotels stattfindende Tagungswesen mit erfasst wird. Die Zahl der Vollarbeits-
plätze, die sich ausschließlich auf das Durchführen von Kongressen und Tagungen rich-
ten, lässt sich nicht feststellen, da die Veranstaltungszentren einen Mix aus Kongress,
Kultur und Sport anbieten. Zu berücksichtigen ist ferner, dass gerade im Bereich der
Vorbereitung und Durchführung freiberufliche Kräfte Einsatzmöglichkeiten erhalten.
Insgesamt spürt vor allem das Kongresswesen (Großveranstaltungen) eine zunehmende
Wettbewerbsintensität, insbesondere im Kampf um internationale Wanderveranstaltun-
gen.

Eine Mitgliederbefragung des AUMA ergab im Jahre 2002, dass allein auf deutschen Messeplätzen messeunabhängige und messebegleitende Kongresse in einem Volumen von 10 000 Veranstaltungen mit über 2 Millionen Teilnehmern stattfanden.

1.3 Künftige Herausforderungen der Branche und Qualifizierungsbedarf

Über die Quantifizierung neuer Ausbildungsplätze und das künftige Schulungsvolumen gibt es weder für die Messe- noch für die Kongresswirtschaft verlässliche Perspektiven. Unbestritten sind aber Qualifikationsdefizite, die durch verbesserte Ausbildung und Anpassungsfortbildung behoben werden sollen. Dies ist das Ergebnis eines Workshops anlässlich des Deutschen MesseForums 1999 in Köln. Insbesondere die Bereitstellung des Führungsnachwuchses erfordert in den nächsten Jahren eine frühzeitige, fundierte Branchenausbildung, die alle Stationen eines beruflichen Werdegangs betrifft. Ein dynamischer Wirtschaftsbereich wie die Messe- und Kongresswirtschaft benötigt daher neben den klassischen öffentlichen Bildungsangeboten auch mit Flexibilität reagierende branchenbezogene Aus- und Weiterbildungsangebote.

Welches sind nun diese Herausforderungen der Branche in den nächsten Jahren, die einen konkreten Qualifizierungsbedarf schaffen?

Auch wenn es sich gemeinhin um Schlagworte handelt, zeichnen sich vier Zukunftsentwicklungen der Messe- und Kongresswirtschaft ab, die nicht ohne Konsequenzen für die Personalausbildung und -entwicklung bleiben können.

- *Globalisierung*
  Auf dem Messeplatz Deutschland kommen bereits annähernd 50 Prozent der Aussteller aus dem Ausland. Englisch ist inzwischen die weltweit anerkannte Sprache der Messe- und Kongresswirtschaft; nicht nur an den Messeständen, sondern auch in vielen Messe- und Kongresszentren ist sie quasi zur Amtssprache geworden. Weltweite Kontakte von Unternehmen, nicht nur auf der Veranstalter-, sondern auch auf der Ausstellerseite, setzen auch eine interkulturelle Offenheit voraus, die nur mit spezifischen lernaktivierenden Methoden und nicht ohne berufliche Erfahrung vermittelt werden kann.

- *Neue Medien*
  Messen und Kongresse sind die Instrumente der Face-to-Face-Kommunikation. In diesen Gesprächssituationen ist der direkte vertrauensbildende Kontakt, der Dialog zwischen Menschen möglich, ohne medial beeinflusst zu werden. Dennoch wird die Informationsgesellschaft immer stärker von den neuen Medien gekennzeichnet. Der Umgang mit ihnen ist, allein schon um ihre effizienz- und produktivitätssteigernde Wirkung nutzen zu können, unbestreitbar Bestandteil der künftigen Aus- und Wei-

terbildung der Branche. Die neuen Medien wie das Internet werden Messen und Kongresse nicht ersetzen, aber es zeichnet sich deutlich ab, dass sie sie ergänzen.

- *Die wissensbasierte Gesellschaft*
  Messen, Tagungen und Seminare bilden in der wissensbasierten Gesellschaft den effizienten und nachhaltigen Umschlagplatz für Know-how. Neuigkeiten werden präsentiert, im Dialog entsteht ein synergetischer Erkenntnisgewinn, erklärungsbedürftige Produkte können dialogisch präsentiert werden. Die zentrale Ressource rohstoffarmer Länder, das Wissen, lässt sich nur durch temporäre Lehr-Lern-Situationen vermitteln. Die Messe- und Kongresswirtschaft wird der Dreh- und Angelpunkt für Wissensmanagement sein.

- *Die Messe- und Kongressveranstalter als kundenorientierte Kommunikationsdienstleister*
  Der zukünftige Umgang mit Kunden, die in ihren Wünschen immer anspruchsvoller werden, setzt insbesondere auf der Seite der Messeveranstalter das Arbeiten in flachen Hierarchien voraus. Die Beratungskompetenz des Messemanagers erfordert künftig ein qualifiziertes Handeln und Denken zur Stärkung des Mediums. Nach wie vor zeigen Untersuchungen, dass die ausstellende Wirtschaft in der Handhabung des komplexen Marketing-Instruments Messen und Ausstellungen nur unzureichend ausgebildet ist. Hinzu kommt, dass im Sinne eines rationellen Messemanagements die ausstellende Wirtschaft immer mehr Dienstleistungen vom Veranstalter verlangt, um die Multifunktionalität der Messen auch in ihrer ganzen Breite nutzen zu können. Entsprechend werden Messegesellschaften in der Zukunft noch stärker Dienstleistungen rund um die Kommunikation anbieten, die im Auftreten des einzelnen Mitarbeiters weitestgehende Kompetenz erforderlich machen, und einen dafür geeigneten Führungskräftenachwuchs heranziehen.

Angesichts dieser nur kurz skizzierbaren Herausforderungen der Messe- und Kongresswirtschaft sind die im Folgenden abzugrenzenden Tätigkeitsfelder nicht nur in ihrem aktuellen Umfeld zu verstehen, sondern jeweils auch auf die künftigen Herausforderungen auszurichten.

2. Tätigkeitsfelder im beruflichen Wirkungsraum Messe- und Kongresswirtschaft

2.1 Veranstalter von Messen und Ausstellungen

Die Inhalte und Bezeichnungen der einzelnen Aufgabengebiete unterscheiden sich je nach Größe und organisatorischem Aufbau der Unternehmung. Grundsätzlich lassen sich aber im nichttechnischen Bereich benennen:

- *Der/die Projekt- oder Objektleiter/in* ist für die Akquisition der Schlüsselkunden zuständig und federführend für eine gesamte Messeveranstaltung verantwortlich.

- *Der/die Projekt- oder Objektreferent/in* ist für die Akquisition der Aussteller verantwortlich.

- *Der/die Projekt- oder Sachbearbeiter/in* ist für die administrative Betreuung der Aussteller zuständig.

- *Der/die Marktforschungsreferent/in* liefert die Fakten über die Aussteller- und Besucherpotenziale und stellt eine systematische Rückkopplung der Urteile über die Messe von den Ausstellern und Besuchern sicher.

- *Der/die Werbereferent/in* zeichnet für die Umsetzung von Aussteller- und Besucherwerbung unter Einbindung von externen Dienstleistern der Werbe- und Kommunikationsbranche verantwortlich.

- *Der/die Pressereferent/in* hat für die Aufmerksamkeit in den Medien zu sorgen.

- *Der/die Protokollreferent/in* wird in der Betreuung wichtiger Persönlichkeiten und Multiplikatoren eingesetzt und stellt oftmals die Verbindung zum Kongressbüro her.

- *Der/die Kongressreferent/in* ist für die Durchführung von Seminaren, Tagungen usw. zuständig.

- *Der/die Regie-, Verkehrs-, Logistikreferent/in* zeichnet verantwortlich für die reibungslose An- und Abfahrt der Verkehrsmittel PKW, Busse, LKW, öffentlicher Nahverkehr usw. während der Aufbau-, Abbau- und Laufzeit einer Messe. Hier gibt es Schnittstellen und identische Aufgaben mit den technischen Abteilungen.

- *Der/die Servicereferent/in* unterstützt die Kunden mit verschiedenen Leistungen wie z.B. Vermittlung von Hotels und Verkauf von Standbaupaketen. Hier sind die Messegesellschaften dazu übergegangen, eigene Tochtergesellschaften zu gründen, die mit diesen Servicepaketen befasst sind.

Inwieweit die Aus- und Weiterbildungslandschaft spezielle Berufe für diese Tätigkeitsfelder anbietet, soll in den abschließenden Kapiteln aufgegriffen werden. Auf den ersten

Blick kann man erkennen, dass es nicht spezifische Messeausbildungsberufe sind, die zu den beschriebenen Tätigkeiten befähigen, sondern oftmals Seiteneinsteiger den Weg in die Messewirtschaft gefunden haben.

2.2 Organisator von Tagungen und Kongressen

Das Tätigkeitsfeld des Professional Congress Organisers (PCO) gibt ein Berufsbild wider, das mit dem Tagungs- und Seminarmanager umschrieben werden kann. Entsprechend dem zunehmenden Kommunikationsbedarf der Unternehmen und der Intensivierung des Know-how-Transfers zwischen Anbietern und Nachfragern, zwischen informationsgebenden und informationsnachfragenden Unternehmen, ist der Bedarf an gut organisierten Kongressen gestiegen. Bislang gelten allerdings fest angestellte Tagungsmanager bei Unternehmen oder in Kongresszentren als die Ausnahme. Der Beruf wird in der Regel von Selbstständigen ausgeübt. Die Zahl der angestellten Tagungsmanager nimmt allerdings zu. In der Regel haben diese Profis den Einstieg in das Tagungswesen über eine vorherige selbstständige Tätigkeit geschafft.

Der Organisator von Kongressen und Tagungen hat folgende Aufgaben:

- Das Veranstaltungsziel exakt zu formulieren
- Die Zielgruppe nach didaktischen Gesichtspunkten homogen oder differenziert zusammenzustellen
- Themen und Inhalte zielorientiert aufzubereiten
- Das adäquate Umfeld zu arrangieren
- Die zielgerechte methodische und mediale Umsetzung der Inhalte sicherzustellen.

Insbesondere hat der Veranstalter die inzwischen übliche Verknüpfung von Wissenstransfer, Dialog und interpersonellem Erfahrungsaustausch herzustellen. Inzwischen stellt auch die Emotionalität als Unterstützung für nachhaltiges Lernen einen untrennbaren Bestandteil des Tagungswesens dar. Auch das hat der Veranstaltungsmanager in seiner Gesamtverantwortung sicherzustellen. Er bedient sich dabei professioneller Partner.

2.3 Aussteller auf Messen und Ausstellungen

Messebeteiligungen, aber auch Unternehmenspräsentationen auf Kongressen sind für Unternehmen ein wichtiges Marketinginstrument. Unternehmen, die sich der ausstellenden Wirtschaft zurechnen, stellen an ihre Mitarbeiter im Wesentlichen folgende drei Anforderungen, die sich zusammenfassen lassen zum Typ „berufserfahrener und leistungsstarker Pragmatiker":

- Er besitzt eine Berufsausbildung und Erfahrung im Marketingbereich. Vor allem bei großen Unternehmen wird darüber hinaus auch eine Hochschulausbildung gefordert

- Er besitzt Fremdsprachenkenntnisse

- Er weist eine sehr hohe Leistungsbereitschaft auf, ist kommunikativ, teamorientiert, aufgeschlossen und pragmatisch.

In ausstellenden Unternehmen fragt man vergeblich nach dem ausgebildeten Messekaufmann. Über viele Jahre sind die Erfahrungen von den älteren Messemachern an jüngere Kollegen weitergegeben worden. Im Detail erwartet man aber vom Ausstellungsexperten auf der Seite der Aussteller:

- Wissen über die spezifischen Unternehmens- und Marktziele

- Ableitung der Messeziele aus den Unternehmens- und Marktzielen

- Kenntnis des Produkt- und Dienstleistungsprogramms des Unternehmens

- Kenntnisse über die Branche

- Einbeziehung von mehreren Organisationseinheiten im Unternehmen und Abstimmung mit ihnen über Ziele, Maßnahmen, Zeitraum und Regie für eine Messebeteiligung

- Kommunikation, inhaltliche und zeitliche Koordination von vielen externen Partnern im Rahmen der Messevorbereitung.

Untersuchungen der letzten Jahre haben gezeigt, dass die Multifunktionalität von Messen und Ausstellungen und damit das Nutzungspotenzial des Instruments für die Unternehmungen noch nicht voll ausgeschöpft werden können, nicht zuletzt wegen mangelnder Vorbereitung der Mitarbeiter. Angesichts des zunehmenden Wettbewerbs zwischen den Kommunikations- und Werbemedien und den Kommunikationsinstrumenten ist damit zu rechnen, dass Entscheidungen über Messebeteiligungen künftig fundierter begründet werden müssen, nicht zuletzt gegenüber dem Controller. Ausstellende Unternehmen haben bereits reagiert und qualifizieren ihre Mitarbeiter insbesondere in der Auswertung der Beteiligungsergebnisse und der Zielkontrolle.

2.4 Dienstleister für die Messe- und Kongresswirtschaft

Insbesondere in den bislang noch nicht berücksichtigten technischen Tätigkeitsfeldern, die zum Teil von den Hallen- und Geländeeignern selber betreut werden, haben sich in den letzten Jahren Dienstleister unabdingbar gemacht für die Branche. Zwar gibt es beim Auf- und Abbau, bei der Logistik und der technischen Sicherstellung einer Veranstaltung Tätigkeiten, die von eigenen Mitarbeitern wahrgenommen werden, aber gerade beim Messestandbau und bei der Licht- und Tontechnik haben sich temporäre Dienstleister in den letzten Jahren mehr und mehr professionalisiert. Auf Grund der gestiegenen Ansprüche an optimales Messe- und Tagungsmanagement haben sich Berater, Full-Service-Agenturen u.a. spezialisiert. Sie übernehmen einzelne Module einer Messebeteiligung und wickeln sie im Kundenauftrag ab. Die Tätigkeitsfelder dieser Firmen reichen von der Einladung der Kongressteilnehmer oder Messebesucher über ihre Erfassung und Betreuung bis zur Entwicklung begleitender Events. Auch haben sich Serviceunternehmen auf die Betreuung von VIPs und die Pressearbeit verlegt. Einige Standbaufirmen haben sich zu Full-Service-Unternehmen der Messebranche entwickelt und sind in der Lage, die komplette Beteiligung eines Betriebes zu organisieren. Für diesen wachsenden Dienstleistungsbereich ist ähnlich wie in den anderen Tätigkeitsfeldern ein Bedarf an qualifizierten Kräften oder Anpassungsfortbildung des vorhandenen Personals entstanden.

2.5   Konsequenz

Die beschriebenen Tätigkeitsfelder im beruflichen Wirkungsraum der Messe- und Kongresswirtschaft verlangen aus bildungspolitischer und bildungsökonomischer Sicht nach adäquaten staatlichen und privatwirtschaftlichen Aus- und Fortbildungsmaßnahmen, in denen die für die Ausübung der Tätigkeiten notwendigen Qualifikationen vermittelt werden.

3.   Aus- und Weiterbildungskonzepte der Messe- und Kongresswirtschaft

Eine effiziente Aus- und Weiterbildung konzentriert sich auf eine Verbesserung der Tätigkeiten in den genannten Handlungsfeldern und ist sowohl der Messe- als auch der Kongresswirtschaft dienlich. Bei der Konzipierung solcher Maßnahmen wird zunächst nach den Querschnitts- und Schlüsselqualifikationen gesucht, die sich als Anforderungen aus den Tätigkeitsfeldern ergeben. Folgende Schwerpunkte für einen Messe- und Kongressmanager unabhängig von der Ebene, auf der er wirkt, werden von Experten immer wieder genannt:

- Kommunikative Kompetenz im Sinne von Überzeugungskraft und Teamfähigkeit

- Fremdsprachigkeit und Sensibilität für fremde Kulturen im Sinne von Aufgeschlossenheit und Fähigkeit zum globalen Denken

- Kurzfristige Aneignung von Fachwissen im Sinne von Flexibilität und Innovationsfreudigkeit

- Finanzielle Kompetenz im Sinne von autonomer Kalkulation und Kostenbewusstsein

- Messen und Tagungen in ihrer Konkurrenzsituation zu anderen Marketinginstrumenten und Medien sehen, Kriterien zur Bewertung und Auswahl von Messen, Methoden der Erfolgskontrolle kennen und anwenden im Sinne von Marketingkompetenz.

Diese Schlüsselqualifikationen haben Eingang gefunden in die von der Messe- und Tagungswirtschaft mit entwickelten Aus- und Weiterbildungskonzepte, die abschließend vorgestellt werden sollen. Grundlage für fast alle Aus- und Weiterbildungsbemühungen war das im Jahr 1994 von der Internationalen Congress Akademie in Karlsruhe mit Unterstützung des Bundesinstituts für Berufsbildung BiBB entwickelte handlungsorientierte Curriculum für eine berufsbegleitende Fortbildung. Alle kaufmännischen Aus- und Weiterbildungsaktivitäten, die sich in den letzten zehn Jahren auf dem Markt etabliert haben, haben letztlich diese Lernfeldorientierung und die erarbeiteten Sozial- und Methodenkompetenzen für den beruflichen Wirkungsraum Messe- und Kongresswirtschaft aufgegriffen. Zuvor hatte die Berufsakademie Ravensburg in Baden-Württemberg Ende der 80er Jahre mit der Ausbildung von Messefachleuten begonnen und für die Messebranche richtungsweisende Impulse in der Aus- und Weiterbildung gegeben und den Ausbildungsgang später um das Thema Kongressmanagement erweitert.

3.1 Berufliche Erstausbildung im dualen System: Veranstaltungskaufmann/-frau

Bis zum Ende der 90er Jahre hatte die Messe- und Kongresswirtschaft keinen Ausbildungsberuf. Auf Grund der zu erwartenden, bildungsökonomisch nicht verantwortbar kleinen Teilnehmerzahlen war immer von Experten abgeraten worden, den Beruf eines Messekaufmanns zu kreieren. Auf der Basis dieser Erkenntnis hat der AUMA als Dachverband der Messewirtschaft, gemeinsam mit anderen Verbänden wie z.B. dem FAMAB – Fachverband Konzeption und Dienstleistung, Design, Exhibition, Event e.V. (Fachverband Messe- und Ausstellungsbau) und der Interessenvereinigung der Konzertveranstalter, unter der Leitung des Deutschen Industrie- und Handelskammertages DIHK an der Verordnung über die Ausbildung zum Veranstaltungskaufmann/-frau mitgewirkt. Bewusst wurde davon Abstand genommen, einen Kongress-, Messe- oder Eventkaufmann zu schaffen, sondern mit der breiten Anlage eines Veranstaltungsmanagers soll dafür Sorge getragen werden, dass innerhalb der vielen Sparten des Veranstaltungsgeschäftes eine berufliche Mobilität und Flexibilität möglich ist.

Die Ausbildungsordnung entstand in enger Zusammenarbeit zwischen der Berufsbildungspraxis und der Ausbildungsforschung. Die Entscheidungen für die Aufnahme oder Nichtaufnahme von Inhalten in den Ausbildungsrahmenplan und deren sachliche und zeitliche Gliederung wurden in zähem Ringen zwischen Arbeitgeber- und Arbeitnehmervertretern getroffen. Von Beginn an war eine eingehende fachliche Diskussion möglich und auch konstruktiv. Die Besonderheit lag darin, einen Ausbildungsberuf zu schaffen, für den es schon einen anerkannten Fortbildungsberuf gab (vgl. Kapitel 3.3). Mit der Schaffung dieses neuen Berufes im Jahr 2001 wurde auch das Ziel verfolgt, durch duale Ausbildung qualifiziertes Fachpersonal für Betriebe und Organisationen, deren betrieblicher Schwerpunkt ganz oder teilweise auf der professionellen Durchführung von Veranstaltungen liegt, heranzubilden.

Veranstaltungskaufleute sind Dienstleister und ihre Tätigkeit bewegt sich im Rahmen von Veranstaltungsprojekten. Die Ausbildung dauert drei Jahre. Voraussetzung ist in der Regel Mittlere Reife oder das Abitur, aber auch Absolventen mit Hauptschulabschluss sind zugelassen. Veranstaltungskaufleute nehmen Aufgaben im Rahmen der Planung, Durchführung und Nachbereitung von Veranstaltungen wahr. Unter Beachtung ökonomischer, ökologischer und rechtlicher Grundlagen konzipieren, koordinieren und vermarkten sie zielgruppengerecht eigene und fremde Veranstaltungsdienstleistungen. Der Einsatz erfolgt in Veranstaltungsbetrieben oder Dienstleistungsunternehmen, die der Veranstaltungsbranche zugehören. Dies können z.B. Konzertveranstalter, Gastspieldirektionen, Künstleragenturen, Künstlermanager, Marketing- und Eventagenturen, Messe- und Ausstellungsgesellschaften, Veranstalter von Kongressen, Tagungen, Konferenzen, Seminaren sowie kultureller oder professioneller Veranstaltungen, Professional Congress Organiser, Messebaufachunternehmen oder Betreiber von Veranstaltungsstätten sein.

Aber auch Unternehmen der ausstellenden Wirtschaft werden ausdrücklich vom Gesetzgeber genannt. Hierzu zählen Unternehmen aller Wirtschaftszweige, für die Präsentationen auf Messen oder anderen Veranstaltungen sowie die Durchführung innerbetrieblicher Veranstaltungen ein wesentliches Marketinginstrument sind. Auch Bereiche der kommunalen Verwaltung wie z.B. Stadt- und Mehrzweckhallen, Stadtmarketing, Kultur- und Jugendämter, die Veranstaltungen unterschiedlicher Art anbieten, werden als Ausbildungsplatzanbieter vorgesehen. Zu den Kernqualifikationen des/der Veranstaltungskaufmanns/-frau gehören die Themen: der Ausbildungsbetrieb, Geschäfts- und Leistungsprozess, Information, Kommunikation und Kooperation, Marketing und Verkauf, kaufmännische Steuerung und Kontrolle sowie Personalwirtschaft. Die vorgeschriebenen Fachqualifikationen: Vermarktung von Veranstaltungen, Methoden des Projektmanagements, Planung und Organisation von Veranstaltungen, Durchführung von Veranstaltungen, Nachbereitung von Veranstaltungen, Veranstaltungstechnik, rechtliche Rahmenbedingungen, Anwenden von Fremdsprachen bei Fachaufgaben. Das Berufsbild wird seit 2001 angeboten. Der Unterricht findet teilweise in Blockform, in der Regel aber mit ein bis zwei Berufsschultagen pro Woche im dualen System statt.

Die Probleme bei der Einführung des Berufs lagen vor allem darin, dass es auf der Lehrerseite noch keine ausgebildeten Fachkräfte gab. Hier war es eine Aufgabe der Verbände, in den Jahren 2002 und 2003 gezielte Schulungsmaßnahmen für die Berufsschullehrer anzubieten. Diese Angebote wurden in erfreulich großem Umfang von der Lehrerschaft angenommen. So konnte sichergestellt werden, dass die in die Lernzielfindung eingebrachten Vorschläge über die Qualifikation eines Veranstaltungskaufmanns auch mit Schulungen der Lehrer einhergingen.

3.2 Aus- und Weiterbildung für Veranstaltungstechnik

Ein Jahr vor Schaffung des Veranstaltungskaufmanns konnte die Bundesregierung die Verordnung über die Berufsausbildung zur Fachkraft für Veranstaltungstechnik veröffentlichen. Das Ausbildungsberufsbild gemäß § 3 der Verordnung umfasst neben den Kernqualifikationen, wie sie in anderen technischen Berufen vermittelt werden müssen, vor allem Inhalte wie Beurteilen der Sicherheit und der Infrastruktur von Veranstaltungsstätten, Planen von Arbeitsabläufen und Zusammenarbeiten im Team, Projektkoordination; Bereitstellen, Einrichten und Prüfen von Geräten und Anlagen sowie Sichern, Transportieren und Lagern von Geräten und Anlagen. Das Aufstellen, Montieren und Demontieren von Veranstaltungsaufbauten, Bedienen von Bühnen und szenentechnischen Einrichtungen gehört ebenso dazu wie das Organisieren, Bereitstellen und Prüfen der Energieversorgung wie auch das Aufbauen, Einrichten und Bedienen von Beleuchtungs-, Projektions- und Beschallungsanlagen. Schließlich sollen die Fachkräfte für Veranstaltungstechnik auch Bild, Ton und Daten aufnehmende und übertragende Effekte bewerten und einsetzen können.

Inzwischen werden auch Kurse für den Meister für Veranstaltungstechnik angeboten. Hierbei handelt es sich um eine Qualifizierung von Fachkräften, die z.B. im Kulturbetrieb (Theater, Konzert usw.) Einsatz finden. Sie müssen gemäß der Musterversammlungsstättenverordnung vom Veranstalter vorgehalten werden, um die vom Gesetzgeber vorgegebenen Sicherheitsvorschriften einhalten zu können. Auch die Berufsakademie in Karlsruhe hat im Bereich Technik die Ausbildung zum Diplomingenieur (BA) für Veranstaltungs- und Produktionstechnik eingerichtet. Verschiedene Akademien, die eng mit den Fachverbänden der Messe- und Tagungstechnik zusammenarbeiten, bieten Fortbildungsmaßnahmen an, die über den klassischen Bühnentechniker hinausgehen und die gesamten technischen Anforderungen der Messe-, Kongress- und Eventwirtschaft aufgreifen.

3.3   Berufsbegleitende Fortbildung: Fachwirt für die Messe-, Tagungs- und Kongresswirtschaft

Aufbauend auf den Erfahrungen der 1994 initiierten Fortbildungsmaßnahme der Karlsruher Congress Akademie hat der DIHK 1998 versucht, zu einer Vereinheitlichung der Fortbildungsmaßnahmen beizutragen, und einen Rahmenstoffplan mit Lernzielen für die Fortbildung zum Fachwirt für die Messe-, Tagungs- und Kongresswirtschaft verabschiedet. Vorbereitungskurse für diese Fortbildungsprüfung werden von freien Trägern angeboten. Insgesamt benötigt man zur Vorbereitung ca. 600 Unterrichtsstunden, die sich in einen fachrichtungsübergreifenden Teil (VWL, BWL, Rechnungswesen, Personalwirtschaft, Steuern) und einen fachrichtungsspezifischen Teil gliedern. Hier werden branchenbezogenes Management, Märkte und Marketing, Planung und Durchführung von Veranstaltungen und Informations-, Kommunikations- und Veranstaltungstechniken gelehrt wie auch fachspezifisches Recht. Diese bundesweit geltende Fortbildung des DIHK ist nur teilweise zu vergleichen mit dem im Rahmen des Projektes zu Beginn der 90er Jahre entwickelten Fachwirtekonzept; insbesondere die Prüfung der Sozial- und Methodenkompetenz des Lehrgangsteilnehmers erweist sich angesichts der Strukturen der öffentlich-rechtlichen, auf bundesweite Einheitlichkeit ausgerichteten Bildungsgänge als sehr schwierig. Handlungsorientierte Bildungsabschlüsse müssen, so die Verfechter des privatwirtschaftlichen Ansatzes, auch handlungsorientiert, d.h. mit Schüler und Lehrer aktivierenden Methoden, geprüft werden können.

Inzwischen hat eine Vielzahl von Bildungsanbietern in Deutschland die Fortbildung zum Fachwirt abgewandelt und bietet sie in Form von privaten Lehrgängen an, zum Teil mit Förderung der Bundesanstalt für Arbeit, jedoch ohne IHK-Abschluss. Einige dieser Schulungen richten sich an arbeitslose Akademiker, aber auch berufsbegleitende und Vollzeitmaßnahmen sind dabei. Hier besteht die Gefahr, dass Trendberufe gelehrt und kurzfristige Erfolge gesucht werden in ruinösem Wettbewerb der privaten Bildungsträger, was sich bei der Entwicklung des Fortbildungskonzeptes leider Ende der 90er Jahre deutlich zeigte. Gute Weiterbildungskonzepte lassen sich nicht ohne weiteres kopieren. Zum einen fehlt die methodisch-didaktische Erfahrung des Pionieranbieters, zum anderen gibt es bundesweit nicht ausreichend qualifizierte Dozentenschaft für kongress- und messefachliche Bildung. Sie lässt sich auch nicht kurzfristig rekrutieren. Kommt es dann zu Unterauslastung solcher Kursangebote, besteht die Gefahr, dass die Zielgruppe beliebig ausgedehnt wird und sehr heterogene Teilnehmerstrukturen entstehen. Anspruchsvolle Konzeptionen lassen sich dann nicht mehr realisieren.

3.4   Ausbildung an Berufsakademien, Fachhochschulen und Universitäten

Ende der 80er Jahre hat die bereits erwähnte Berufsakademie Ravensburg eine Zusatz-qualifikation Messemanagement geschaffen, die inzwischen auf das Kongressmanagement ausgedehnt wurde. Das duale Studium an der Berufsakademie dauert drei Jahre. Das Land Baden-Württemberg hat in Zusammenarbeit mit der Wirtschaft einen beruflichen Bildungsgang entwickelt, der sich durch eine enge Verzahnung von Theorie und Praxis auszeichnet und Berufschancen eröffnet, die denen von Fachhochschulabsolventen ähnlich sind. Theorie und Praxis wechseln sich in Dreimonatsblöcken ab, so dass theoretisch vermittelte Bildungsinhalte anschließend in der Praxis erprobt und umgekehrt praktische Erfahrungen theoretisch aufgearbeitet werden können. Eingangsvoraussetzung ist die allgemeine oder fachgebundene Hochschulreife. In der Regel haben die Studierenden einen Ausbildungsvertrag mit einer Messegesellschaft oder einem Kongresszentrum, einer im Messewesen aktiven Werbeagentur oder einem Standbauunternehmen. Die Rahmenausbildungsverträge sind mit der Messe- und Kongresswirtschaft abgestimmt. Der theoretische und der praktische Teil werden im Sinne des dualen Ausbildungssystems verknüpft. Verbands- und Unternehmensvertreter der Messe- und Kongressbranche sind sowohl an der Ausbildung als auch an der Prüfung beteiligt. Dem Lehrkörper gehören neben Dozenten der staatlichen Studienakademie auch Messe- und Kongresspraktiker an.

Da es sich um eine berufliche Erstausbildung handelt, wird in der Fachrichtung Handel und Messewirtschaft das Grundwissen in den Bereichen allgemeine BWL, Statistik, Datenverarbeitung, VWL und Recht sowie Grundlagen der speziellen BWL unterrichtet. Der besondere Wunsch der Messe- und Kongressbranche war es aber auch Techniken wie Rhetorik, Verwaltungsrationalisierung, Präsentation, kreative Problemlösung und Verhaltenstraining zu vermitteln. Ziel des Zusatzfachs Messe- und Kongressmanagement, das mit mehr als 270 Stunden 10 Prozent des gesamten betriebswirtschaftlichen Ausbildungsumfangs einnimmt, sind kaufmännisch geschulte und mit dem Messe- und Kongressgeschäft vertraute Nachwuchskräfte. Der Studiengang wird mit großem Erfolg seit 1987 von Messe- und Kongressveranstaltern und Messeserviceunternehmen in Anspruch genommen. Die wichtigsten Bestandteile der Stoffplangliederung, die ständig mit den Branchenverbänden abgestimmt und aktualisiert wird, sind u.a. regionale, volkswirtschaftliche und wirtschaftspolitische Bedeutung der Messewirtschaft, Messemanagement, der Messe- und Ausstellungsstand, Beteiligung an Auslandsmessen, Übungen, Fallstudien, Exkursionen und Sprachausbildung.

An Fachhochschulen und Universitäten gibt es keinen Studiengang, der mit dem Fach Messewirtschaft abschließt. Die Universität zu Köln hat 1999 mit Hilfe einer Stiftung der Koelnmesse GmbH das erste Universitätsinstitut für Messewirtschaft und Distributionsforschung gegründet, eine Kooperation von drei betriebswirtschaftlichen Lehrstühlen. Im Wahlbereich Messewirtschaft können Studenten eine Zusatzqualifikation der

Wirtschafts- und Sozialwissenschaftlichen Fakultät erwerben. Ca. 200 Stunden umfasst das Lehrangebot in Form von Übungen, Vorlesungen und Gastvorträgen von Messepraktikern. Diplomarbeiten und Dissertationen werden vergeben. Die auftragsbezogene Forschung ist schwerpunktmäßig auf die Veranstalterseite ausgerichtet. Weitere Fachhochschulen und Universitäten in Leipzig, Köln (FH), Berlin und Osnabrück haben Messe- und Veranstaltungsmanagement als Vorlesungsschwerpunkt aufgenommen. Insbesondere in den Marketingstudiengängen finden sich in Form von Vorlesungen und Seminaren die Messen und Kongresse als Themen wieder, aber die systematische Heranführung der künftigen Manager unserer Wirtschaft an die Nutzung des Mediums Messen und Ausstellungen als Kommunikationsinstrument hatte Mitte der 90er Jahre noch nicht die gewünschte Verbreitung. In absoluten Zahlen bieten 2003 knapp 30 Fachhochschulen und rund 20 Marketinglehrstühle an Universitäten messespezifische Themen in der Lehre an. Gemessen an der Gesamtzahl der Marketingprofessuren befassen sich die eher praxisorientierten Fachhochschulen in wesentlich stärkerem Maße mit Messen, Ausstellungen und Kongressen.

Bei der Forschungsbefassung hat die Situation sich ebenfalls merklich gebessert mit der Einrichtung der Deutschen Messebibliothek beim AUMA 1997 in Köln (heute Berlin). Deren starke Nutzung durch Studenten und Wissenschaftler aus ganz Deutschland – ca. 300 Besucher jährlich – beweist, dass die Wahrnehmung der Messe- und Kongresswirtschaft durch Forschung und Lehre ständig zunimmt. Die Bibliothek verfügt über die umfangreichste und aktuellste Sammlung deutschsprachiger messefachlicher Literatur. Unter www.deutsche-messebibliothek.de ist eine Onlinerecherche des Präsenzbestandes möglich. Angehende Messemanager werden bei der Recherche vor Ort sowie bei der Erstellung wissenschaftlicher Arbeiten durch Fachreferenten des AUMA unterstützt. Das Antiquariat umfasst mehr als 400 Bände zur Geschichte des Messewesens. Mehr als 600 Dissertationen und Diplomarbeiten stehen ebenso zur Verfügung wie über 600 Exemplare messefachlicher Literatur. Die ständig wachsende Zeitschriftensammlung bietet mehr als 2 000 verschlagwortete Artikel.

3.5 Neue Aus- und Weiterbildungsmaßnahmen

Drei weitere Vorhaben vervollständigen die Bemühungen um ein umfassendes Aus- und Weiterbildungsangebot für die Messe- und Kongresswirtschaft:

- Das vom Kongresszentrum Mannheim gegründete Congress College, eine Online-Fortbildungsinstitution, an der Fortbildungswillige über das Internet Zugang zu Lektionen und Kursen haben (web based training), begann im ersten Quartal 2003 den ersten integrierten Kurs Projektmanagement bei Tagungen und Kongressen mit begleitenden Kursen, die die Anwesenheit des Lernenden erforderlich machen

- Im Oktober 2003 läuft ein Modellprojekt im Rahmen des EU-Förderprogramms Leonardo da Vinci, in Deutschland unter der Leitung des AUMA, mit Partnern aus

Großbritannien, Portugal und der Tschechischen Republik zur Entwicklung eines Fortbildungscurriculums und entsprechender Lehr- und Lernmaterialien unter dem Arbeitstitel International Event Organiser an. Dieser Fortbildungsgang entspricht dem Fachwirt. Allerdings sind die Inhalte stark auf die Fähigkeiten und Fertigkeiten der tatsächlichen Tätigkeiten beim Veranstaltungsmanagement konzentriert. Der AUMA beabsichtigt, den Bildungsträger bei dieser Fortbildung im ersten Modellkurs ab Herbst 2003 zu unterstützen. Die Regelkurse sollen danach mit Partnern regional angeboten werden

- Ab Oktober 2004 beabsichtigt die International University of Applied Sciences – eine privatwirtschaftliche Fachhochschule in Bad Honnef –, neben weiteren Studiengängen einen eigenständigen Studiengang zum Eventmanagement anzubieten. Die Abschlüsse sollen mit Bachelor oder auch später mit MBA international anerkannt werden. Dieser Studiengang wird in Abstimmung und enger Zusammenarbeit mit dem Dachverband AUMA entwickelt und angeboten werden.

4. Literaturverzeichnis

AUMA (HRSG.)/BECKMANN, K. u.a., Seminar-, Tagungs- und Kongressmanagement, Das professionelle 1x1, 1. Aufl., Berlin 2003.

AUMA (HRSG.)/NEVEN, P./GÖRZEN, M., Aus- und Weiterbildung in der Messewirtschaft, AUMA-Edition Nr. 7, Köln 1998.

AUMA (HRSG.), Erfolgreiche Messebeteiligung. Tipps für Aussteller, Berlin 2002.

Bekanntmachung der Verordnung über die Berufsausbildung zur Fachkraft für Veranstaltungstechnik nebst Rahmenlehrplan vom 22. August 2002, in: Bundesanzeiger 54. Jg., Nr. 191a, Ausgabe 12., Oktober 2002.

BUNDESINSTITUT FÜR BERUFSBILDUNG (Hrsg.), Erläuterungen und Praxishilfen zur Verordnung über die Berufsausbildung zum Veranstaltungskaufmann/zur Veranstaltungskauffrau, 1. Aufl., Nürnberg 2002.

DIHT (HRSG.), Fachwirt für die Messe-, Tagungs- und Kongresswirtschaft. Rahmenstoffplan mit Lernzielen, IHK. Die Weiterbildung, Bonn 1999.

DIHT-GESELLSCHAFT FÜR BERUFLICHE BILDUNG (HRSG.), Qualifizierungskonzept professionelle Unternehmenspräsentation auf Messen, Tagungen und Kongressen, IHK. Die Weiterbildung, Bonn 1999.

GANTENBERG, D. R., Führungsnachwuchs für die Messe- und Kongresswirtschaft - Qualifizierungsoffensive erforderlich?, in: AUMA (Hrsg.), Deutsches MesseForum 1999

– Wachstum im Globalisierungswettlauf. Messen gestalten Zukunft, AUMA-Edition Nr. 10, Köln 1999, S. 32-34.

NEVEN, P., Dynamische Dienstleistungsbranchen benötigen flexible Aus- und Weiterbildungskonzepte – brancheneigene Lösungen der Messe- und Tagungswirtschaft, in: Weiss, R. (Hrsg.), Aus- und Weiterbildung für die Dienstleistungsgesellschaft, Kölner Texte & Thesen, 34, Köln 1997, S. 258-271.

NEVEN, P., Modelle zur Curriculumkonstruktion, in: Twardy, M. (Hrsg.), Kompendium Fachdidaktik Wirtschaftswissenschaften, Teil I, Wirtschafts-, berufs- und sozialpädagogische Texte, Düsseldorf 1983, S. 111-162.

WITT, J., Führungsnachwuchs für die Messe- und Kongresswirtschaft – Qualifizierungsoffensive erforderlich?, in: AUMA (Hrsg.), Deutsches MesseForum 1999 – Wachstum im Globalisierungswettlauf. Messen gestalten Zukunft, AUMA-Edition Nr. 10, Köln 1999, S. 29-31.

Rolf Weber

Ziele, Inhalte und Probleme der Personalentwicklung im Messewesen

1. Einleitung

2. Bausteine der Personalentwicklung
   2.1 Eigene Ausbildung (Auszubildende und Trainees)
   2.2 Initiierung und Förderung von Weiterbildungsmaßnahmen
       2.2.1 Sprachen
             2.2.1.1 Englisch
             2.2.1.2 Andere Fremdsprachen
       2.2.2 Arbeitstechniken
       2.2.3 Kundenkommunikation und Mitarbeiterführung
             2.2.3.1 Kundenkommunikation
             2.2.3.2 Mitarbeiterführung
       2.2.4 Fachspezifische Schulungen
       2.2.5 Auslandspraktika
       2.2.6 Komplette weiterführende Ausbildungen
       2.2.7 Kostenbeteiligung und Bindungsklausel

3. Berufliche Weiterentwicklung

Rolf Weber ist Personalleiter der Messe Düsseldorf GmbH, Düsseldorf.

1. Einleitung[1]

Als die Personalabteilung der Düsseldorfer Messe begann, Einführungsveranstaltungen für die neuen Mitarbeiter durchzuführen, wurde aus den Fragen bald klar, dass *vor* einer rein fachlichen Einführung nicht nur ein Überblick über das Unternehmen stehen musste, sondern eine Darlegung, was die Zielsetzung des Unternehmens ist, und in diesem Zusammenhang die Beantwortung der Frage, welche Rolle der Mitarbeiter dabei spielt.

Die Rolle des Mitarbeiters wurde in einer kurzen Geschichte dargestellt:

> „Stellen Sie sich vor, Sie (der neue Mitarbeiter) möchten ein neues Auto kaufen. Sie gehen in ein Autogeschäft und lassen sich verschiedene Modelle zeigen und erklären. Sie können das Produkt, d.h. das Auto, anfassen, Sie können sich hineinsetzen, Sie können die gesamte Technik selbst ausprobieren. Danach können Sie eine Probefahrt machen und sich von der Frage, ob das Auto zu Ihnen passt, selbst überzeugen. Den Verkäufer brauchen Sie nur für einige technische Erklärungen, ansonsten überprüfen Sie selbst, ob das Produkt Ihren Erwartungen entspricht, und erst, wenn Sie das Auto persönlich ausprobiert und sich davon überzeugt haben, dass es das richtige für Sie ist, entscheiden Sie sich, dafür 30 000 Euro zu investieren.

Szenenwechsel:

> Sie sind nicht Autokäufer, sondern Inhaber einer Firma, die auf einer Messe ausstellen möchte, und Sie überlegen, ob Sie hierfür 30 000 Euro ausgeben sollen. Sie gehen zur Messegesellschaft und möchten das Produkt sehen, bevor Sie es kaufen. Der Messemitarbeiter erfüllt gerne Ihren Wunsch. Er führt Sie durch die z.Zt. leeren Messehallen, er erläutert Ihnen, was für diese Messe alles geplant ist, und er zeigt Ihnen gerne auch Presseberichte, in denen dargestellt ist, wie die letzte Veranstaltung vor drei Jahren lief.

> Bei dem neuen Auto im ersten Beispiel konnten Sie das Produkt ausprobieren, bevor Sie den Preis zahlen. Bei der Teilnahme an einer Messeveranstaltung im zweiten Beispiel müssen Sie als Aussteller zuerst den Preis zahlen (für die Anmietung der notwendigen Hallenfläche), und erst nach Ablauf der Messe wissen Sie, ob Sie zu recht oder zu unrecht Ihre 30 000 Euro investiert haben.

Das heißt: Bei einem Dienstleistungsunternehmen wie einer Messegesellschaft muss der Kunde, verglichen mit einem Produktionsunternehmen, genau in der ent-

---

[1] Der nachfolgende Artikel gibt die Erfahrungen des Autors zu dem o.g. Thema als Personalleiter der Messe Düsseldorf wieder; bestimmte Darstellungen, Vorschläge oder Rückschlüsse ergeben sich aus der spezifischen Situation dieses Unternehmens. Zur leichteren Lesbarkeit wurde auf die jeweils männliche oder weibliche Darstellung verzichtet, der Begriff „Mitarbeiter" umfasst Frauen wie Männer gleichermaßen.

gegengesetzten Reihenfolge aktiv werden, und in dieser Situation kommt dem Mitarbeiter der Messe eine besondere Bedeutung zu:

Sie, der Mitarbeiter, sind als Repräsentant des Messeunternehmens gleichzeitig auch Repräsentant des Produktes „Messe"! Sie treten an dessen Stelle auf, und Ihre Art und Weise, Ihre Kompetenz, Ihre Zuverlässigkeit, Ihre Menschlichkeit ist für den Aussteller das einzige, woran er sich orientieren kann."

Mit dieser Geschichte, die zwar etwas schwarz-weiß gefärbt, in der Tendenz aber durchaus folgerichtig ist, wird klar, welchen Typ von Mitarbeiter die Messegesellschaften brauchen:

Sie brauchen Mitarbeiter, die gegenüber den Kunden das Produkt „Messe" zuverlässig sowie menschlich und fachlich kompetent vertreten. Damit sie dazu persönlich motiviert und fachlich in der Lage sind, sind verschiedene Maßnahmen möglich, von denen die Personalentwicklung ein wichtiger Bestandteil ist.

2. Bausteine der Personalentwicklung

2.1 Eigene Ausbildung (Auszubildende und Trainees)

Als sinnvoll hat sich die Entwicklung eines eigenen Nachwuchspools erwiesen, der in der Düsseldorfer Messe auf mehreren Ebenen geführt wird. Ausgebildet werden Bürokaufleute, Veranstaltungskaufleute, Informatikkaufleute ebenso wie Tischler, Fachkräfte für Veranstaltungstechnik, Elektroinstallateure, Gas- und Wasserinstallateure.

Hochschulabsolventen erhalten die Möglichkeit eines einjährigen Traineejahres mit Job-Rotation in gemeinsam festzulegenden Arbeitsbereichen.

Auch wenn keiner dieser Personen zugesagt wurde, sie nach Abschluss dieser Maßnahmen in ein festes Anstellungsverhältnis zu übernehmen, hat sich in der Praxis erwiesen, dass für 80-90 Prozent der Teilnehmer eine Einsatzmöglichkeit realisiert werden konnte.

2.2 Initiierung und Förderung von Weiterbildungsmaßnahmen

Das Interesse des Unternehmens besteht darin, für das jeweilige Aufgabengebiet möglichst kompetente Mitarbeiter zu haben, die zum einen das Unternehmen gegenüber dem Kunden positiv repräsentieren, die aber auch im Innenverhältnis das intensive Miteinander in den verschiedenen Teams und Abteilungen positiv gestalten.

Das Interesse des Mitarbeiters besteht darin, zusätzliche Kenntnisse zu erwerben, die ihn sowohl für seine derzeitige Aufgabe weiterqualifizieren, die ihn aber nach Möglichkeit auch bei seinem beruflichen Vorwärtskommen unterstützen.

Von dieser Annahme ausgehend, hat sich das Angebot bzw. die Förderung der folgenden Weiterbildungsschwerpunkte als geeignet erwiesen.

2.2.1 Sprachen

2.2.1.1 Englisch

Die englische Sprache hat in Europa fast die Rolle übernommen, die Esperanto einmal übernehmen sollte, und auch mit Kunden aus Übersee ist die Verständigung in Englisch meist problemlos möglich. Es wurde deshalb für das Unternehmen am sinnvollsten angesehen, die fließende Beherrschung der englischen Sprache massiv zu fördern. Dies geschieht in Zusammenarbeit mit einer ortsansässigen Sprachenschule nach folgendem Schema:

Pro Woche werden eineinhalb Stunden und einmal pro Jahr eine Intensivwoche mit ca. 50 Stunden Unterricht erteilt. Ziel ist, nach spätestens drei Jahren die Prüfung der London Chamber of Commerce und Industries, Level 2, abzulegen.

Die Teilnahme an diesem Unterricht ist offen für alle Mitarbeiter, sie bedürfen dazu nicht der Genehmigung des Vorgesetzten. Die Teilnahme wird als Arbeitszeit gewertet. Die Mitarbeiter übernehmen einen kleineren Teil der Kosten und bringen zwei Urlaubstage ein. Wer am Jahresende weniger als 75 Prozent der möglichen Zeit am Unterricht teilgenommen hat, erstattet der Messe zusätzlich einen größeren Teil der Kosten, derzeit 250 Euro.

Wer die LCCI-Prüfung besteht, scheidet aus dem normalen Unterricht aus, erhält jedoch – um seine Sprachkenntnisse auf dem einmal erreichten Niveau zu halten – das Angebot, in der Zukunft einmal jährlich an einer Intensivwoche teilzunehmen, er beteiligt sich hierbei an den Kosten und bringt zwei Urlaubstage ein.

2.2.1.2 Andere Fremdsprachen

Begründet ein Vorgesetzter, dass einzelne seiner Mitarbeiter aus arbeitsplatzspezifischen Gründen Kenntnisse einer anderen Sprache benötigen, so wird zunächst davon ausgegangen, dass dies bereits bei der Besetzung der Stelle zu berücksichtigen war. Um aber gleichwohl einen Anreiz zu geben, sich in dieser Sprache weiterzubilden und vertraut zu halten, wird demjenigen, der sich in seiner Freizeit in der betreffenden Sprache weiterbildet, eine Kostenbeteiligung angeboten, die jedoch in ihrer Höhe limitiert und auf maximal drei Jahre begrenzt ist.

2.2.2 Arbeitstechniken

Mit dem Begriff „Arbeitstechniken" umschreibt die Messe Düsseldorf die Unterstützung technisch oder organisatorisch strukturierter Handlungsabläufe wie vor allem den Einsatz moderner Computeranwendungen und die Vermittlung der erforderlichen Kenntnisse der Netzwerktechnik, ebenso aber bei Bedarf auch Zeitmanagement oder Präsentationstechniken.

Bei der breiten Einführung moderner PC-Techniken haben sich temporär einstündige Kurzschulungen bewährt, die nach Themenschwerpunkten gegliedert waren, für alle Mitarbeiter offen standen und ohne vorherige Anmeldung besucht werden konnten.

2.2.3 Kundenkommunikation und Mitarbeiterführung

Professionelle Kommunikation mit Kunden und professionelle Mitarbeiterführung sind in jedem Unternehmen ein wesentlicher Bestandteil des Miteinanders, aber für einen Dienstleister wie ein Messeunternehmen sind sie geradezu lebenswichtig.

2.2.3.1 Kundenkommunikation

Kommunikation als das Medium des Umgangs mit dem Kunden ist in den Weiterbildungsmaßnahmen der Messe in besonderer Weise zu fördern, denn auf dieser Basis werden alle Kontakte und Verbindungen angebahnt, gepflegt und ausgebaut.

Besonderer Wert ist deshalb zu legen auf Form und Inhalt des Kommunikationsverhaltens der Mitarbeiter mit den Schwerpunkten Präsentation, Rhetorik, Unterstützung der Anliegen unserer Kunden, Akquisition, Verhalten am Telefon, Umgang mit Konfliktsituationen, Verhandlungsführung bis hin zu Umgangsformen im Geschäftsleben.

2.2.3.2 Mitarbeiterführung

Mitarbeiterführung stellt sich als ein wichtiges Schulungsthema für Führungskräfte dar, da sie innerhalb der Schulung, d.h. zunächst in neutralem Raum, lernen und üben können, welche Lösungsalternativen sie in Situationen haben, denen sie in der Praxis täglich gegenüberstehen.

Sie müssen wissen, dass es nicht „das Führungsverhalten" gibt, sondern dass dieses abhängig ist von ihrer eigenen Persönlichkeit, vom Reifegrad des Mitarbeiters und von der Zielsetzung des Unternehmens. Erkannt werden muss auch, dass regelmäßige Information der Führungskräfte durch die Geschäftsführung und der Mitarbeiter durch die Führungskräfte ein elementarer Bestandteil der Motivation ist, denn nur jemand, der sich ernst genommen, informiert und integriert fühlt, wird bereit sein, sich zu engagieren, und genau dies ist das Ziel der Mitarbeiterführung.

2.2.4 Fachspezifische Schulungen

Fachspezifische Schulungen dienen der Aktualisierung des am Arbeitsplatz erforderlichen speziellen Fachwissens unter dem Aspekt, dass jeder Bewerber das Basiswissen bei Eintritt selbst mitbringen muss, dass aber auf Grund gesetzlicher, wirtschaftlicher oder technischer Änderungen ein permanenter Anpassungsbedarf dieser Kenntnisse besteht, wobei häufig auch unternehmensspezifische Fragestellungen mitzuklären sind.

2.2.5 Auslandspraktika

Die Messegesellschaften verstehen sich als Unternehmen, die stark im internationalen Umfeld arbeiten. Es stellt sich jedoch schnell heraus, dass die wenigsten Mitarbeiter bisher Gelegenheit hatten, diese internationalen Aspekte aus beruflicher Sicht kennenzulernen, und damit auch, sich auf andere Mentalitäten oder andere Problem- und Lösungsansätze einzustellen. Die Mitarbeiter der Messe Düsseldorf erhalten deshalb die Möglichkeit, an einem Austauschprogramm mit den Messegesellschaften von Helsinki/Finnland, Stockholm/Schweden oder Brünn/Tschechien teilzunehmen (diese Partnerorganisationen entsenden ihrerseits ebenfalls Mitarbeiter zur Messe Düsseldorf mit der gleichen Zielsetzung) oder für mehrere Wochen bei der Tochtergesellschaft in Chicago oder der Repräsentanz in Großbritannien tätig zu sein. Sie lernen bei dieser Gelegenheit die kulturellen, wirtschaftlichen und politischen Besonderheiten des Gastlandes durch ihre Zusammenarbeit mit den dortigen Kollegen kennen. Sie können teilweise auch die Kunden des eigenen Hauses, die in diesem Land ansässig sind, als Vertreter der Messe Düsseldorf betreuen und müssen sich nebenbei noch darauf einstellen, während der gesamten Zeit Englisch zu sprechen. Somit werden mehrere Ziele gleichzeitig erreicht.

2.2.6 Komplette weiterführende Ausbildungen

Absolviert ein Mitarbeiter in seiner Freizeit eine weiterführende Ausbildung, z.B. ein Abendstudium, und erlangt er dabei Kenntnisse, die auch für die Messe anwendbar sind, so kann es sinnvoll sein, ihn hierbei durch die Übernahme eines Teiles der Kosten zu unterstützen, vorausgesetzt es besteht ein hohes Maß an Wahrscheinlichkeit, dass der Mitarbeiter diese Kenntnisse künftig auch innerhalb der Messe einsetzen kann.

2.2.7 Kostenbeteiligung und Bindungsklausel

Um klarzumachen, dass eine Anmeldung zu einer Schulung die Verpflichtung beinhaltet, an dieser Schulung auch teilzunehmen, ist von der Messegesellschaft Düsseldorf einge-führt wurden, dass der Mitarbeiter bei Nichtteilnahme eine Kostenbeteiligung von 100 Euro übernimmt, was bewirkte, dass Seminarabsagen nicht mehr erfolgten.

Da eine Investition in das Know-how der Mitarbeiter natürlich auch getätigt wird in der Erwartung, dieses Know-how nutzen zu können, werden ab einer bestimmten Kosten-höhe pro Maßnahme mit den einzelnen Mitarbeitern Verträge abgeschlossen, in denen vereinbart wird, die neu erworbenen Kenntnisse dem Unternehmen für eine festgelegte Mindestdauer zur Verfügung zu stellen oder, bei früherem Ausscheiden, dem Unterneh-men die zeitanteiligen Kosten zu ersetzen.

3.   Berufliche Weiterentwicklung

Versteht man unter Personalentwicklung nicht allein die Durchführung von Weiterbil-dungsmaßnahmen, sondern bei ganzheitlicher Betrachtungsweise alle Schritte, die dem Weiterkommen des Mitarbeiters im Unternehmen, damit der Motivation und damit auch dem Unternehmen dienen, so ist „berufliches Weiterkommen" theoretisch denkbar so-wohl als Aufstieg innerhalb einer hierarchischen Struktur als auch durch die Übernahme neuer anspruchsvollerer Aufgaben auf der gleichen Ebene, jedoch zu verbesserten Kon-ditionen.

Bei der Überprüfung, welche Aufstiegsmöglichkeiten in der hierarchisch-organisatori-schen Struktur machbar sind, stößt man allerdings schnell auf unternehmenstypische Be-sonderheiten, die das Thema erschweren. Innerhalb des Messeunternehmens verfügt die Düsseldorfer Messegesellschaft – die Ebene der Geschäftsleitung ausgeklammert – über drei, maximal vier hierarchische Ebenen, innerhalb derer ein Aufstieg überhaupt möglich ist. Gleichzeitig existiert eine relativ geringe Fluktuation und eine lange Betriebszugehö-rigkeit, sodass relevante vakante Positionen nur in begrenztem Umfang zur Verfügung stehen. Außerdem herrscht ein extrem hohes Maß an Spezialisierung (d.h. innerhalb der ca. 600 Mitarbeiter der Messe Düsseldorf sind etwa 90 verschiedene Berufe oder Tätig-keitsbilder vertreten, die zum großen Teil entweder eine spezielle Ausbildung oder eine entsprechend intensive praktische Erfahrung erfordern). Durch diese Gegebenheiten werden sowohl die Aufstiegsmöglichkeiten als auch Wechsel in andere, auf der gleichen Ebene befindliche Positionen erheblich erschwert.

Es wurde deshalb eingeführt, neuen Mitarbeitern bereits vor der Einstellung klarzuma-chen, dass ihre Motivation für einen Stellenwechsel jeweils von der konkret zu besetzenden Position ausgehen muss, und nicht von imaginären Aufstiegschancen, die nicht verbindlich zugesagt werden können. Es wird jedoch auch stets darauf hingewiesen, dass bei der Besetzung vakanter Positionen interne Bewerber bei gleicher Qualifikation den Vorrang erhalten.

Im Resultat wurde mit dieser Vorgehensweise erreicht, dass zwar interne Bewerbungen nur auf bestimmte Positionen eingingen, dass aber von diesen Positionen, für die interne Bewerbungen vorlagen, auch ca. 90 Prozent tatsächlich mit internen Kandidaten besetzt wurden, womit die berufliche Weiterentwicklung im Rahmen des Machbaren durchaus realisiert wurden.

Günther Heger

Das Standpersonal als Erfolgsfaktor im Messewesen

1. Bedeutung persönlicher Kontakte auf der Messe

2. Messeteam
   2.1 Zusammensetzung des Messeteams
   2.2 Aufgaben des Standleiters

3. Führung auf der Messe
   3.1 Kommunikation der Messeziele
   3.2 Schulung der Standmitarbeiter
   3.3 Integration der Standmitarbeiter
   3.4 Coaching der Standmitarbeiter
   3.5 Anreizsysteme auf der Messe

4. Fazit

5. Literaturverzeichnis

Prof. Dr. Günther Heger ist Professor für Marketing und Unternehmensführung an der Fachhochschule für Technik und Wirtschaft Berlin, Berlin.

1. Bedeutung persönlicher Kontakte auf der Messe

Messen und Ausstellungen nehmen in der Einschätzung ausstellender Unternehmen nach Persönlichem Verkauf/Beratung/Außendienst und Kundenservice einen Spitzenplatz innerhalb ihrer Marketingaktivitäten ein (vgl. Meffert/Ueding 1996, S. 19f.). Der hohe Stellenwert der Messebeteiligung ergibt sich daraus, dass durch die Möglichkeit zu persönlichen Kontakten und zum direkten individuellen Dialog mit den Zielgruppen eine Reihe von Marketingzielen in besonderer Weise erreicht werden können:

- Messen ermöglichen in der relativ kurzen Zeit der Messedauer eine Vielzahl persönlicher Kontakte mit hoher Kontaktqualität. Dabei spielen neben den Kontakten mit Stammkunden, die der Intensivierung von Geschäftsbeziehungen dienen, vor allem Möglichkeiten zur Kontaktierung neuer potenzieller Kunden eine große Rolle.

- Die persönliche Interaktion auf der Messe ermöglicht es, ein persönliches Vertrauensverhältnis zu pflegen und zu entwickeln. Vor allem bei hoher Marktintransparenz beim Nachfrager, bei kundenindividueller Leistungserstellung und zunehmenden Dienstleistungsanteilen wird das Vertrauensverhältnis zunehmend zum Wettbewerbsfaktor.

- Im Produktgeschäft bietet die Messe die Möglichkeit, das Produkt selbst in Betrieb vorzuführen. Die Möglichkeit zur Objektbesichtigung, verbunden mit direkten Interaktionsmöglichkeiten, wird vom Nachfrager als wichtig für die Risikoreduktion empfunden.

- Bei Produktinnovationen kann auf der Messe relativ schnell die Akzeptanz bei potenziellen Nachfragern getestet werden. Auch Hinweise auf bislang nicht berücksichtigte Anwendungsfelder des Kunden können gewonnen werden.

- Über den konkreten Produktbezug hinaus bietet die Messe insgesamt gute Möglichkeiten der Informationsgewinnung. Dies betrifft vor allem Informationen über Entwicklungen beim Nachfrager- und Konkurrenzverhalten. Dazu kommt, dass sich Messen immer mehr zu Kommunikationsplattformen entwickeln, die über die unmittelbaren Anbieter-Nachfrager-Interaktionen hinausreichen.

Ob die Ziele erreicht werden können, wird wesentlich von der Qualität und Quantität der persönlichen Kontakte zwischen Ausstellern und Besuchern bestimmt. Nur mit einem gut vorbereiteten und motivierten Messeteam ist das Unternehmen in der Lage, die knappe und mit relativ hohen Kosten verbundene Messezeit effektiv und effizient zu nutzen. Personalpolitisch ist über die Zusammensetzung und die Anzahl der Standmitarbeiter, die Qualifizierung des Messeteams sowie über die Standleitung und die Führung des Standpersonals zu entscheiden.

Empirische Untersuchungen (vgl. Clausen 2000, S. 189) zeigen deutlichen Handlungsbedarf für die Personalarbeit auf der Messe:

- Bis zu 70 Prozent der Fachbesucher auf Investitionsgütermessen werden nicht vom
  Standpersonal angesprochen

- Nur ca. 20 Prozent der Fachbesucher sind mit der Qualität der geführten
  Messegespräche zufrieden

- Über 25 Prozent der Standmitarbeiter warten darauf, vom Besucher angesprochen
  zu werden und verzichten darauf, selbst aktiv zu werden.

2. Messeteam

2.1 Zusammensetzung des Messeteams

Die wesentliche Aufgabe des Standpersonals ist die Anbahnung, Durchführung und Dokumentation persönlicher Gespräche mit den Zielgruppen auf dem Stand. Die qualitative
Zusammensetzung des Messeteams sollte sich vor allem an den Erwartungen der Standbesucher orientieren. Besuchern, die mit spezifischen, differenzierten Informationsinte-
ressen den Stand betreten, sollten entsprechend gut qualifizierte Mitarbeiter (z.B. Vertriebsmitarbeiter, Entwicklungsingenieure, Anwendungstechniker, Marketingfachleute)
zur Verfügung stehen. Dagegen können Besucher mit eher allgemeinem Informationsinteresse am Leistungsprogramm des Ausstellers auch durch eigenes oder fremdes Personal, das vor der Messe eine entsprechende Produktschulung erhalten hat, bedient werden (vgl. Fließ 1999, S. 617). Da auf vielen Messen der Anteil von Besuchern mit
leitenden Funktionen hoch ist, sollte diesen Besuchern nicht nur fachlich, sondern auch
hierarchisch adäquates Standpersonal (z.B. Mitglieder der Geschäftsleitung, Standleiter
mit entsprechender hierarchischer Position) gegenübergestellt werden. Darüber hinaus
ist für die laufende Standbetreuung auch Servicepersonal (z.B. für Reinigung, Standservice, Transporte) erforderlich.

Die Anzahl der Standmitarbeiter wird neben der Besucherstruktur auch durch die Standgröße und die Anzahl und Dauer der erwarteten Besuchergespräche bestimmt. Hilfreich
für die Planung der erforderlichen Anzahl von Mitarbeitern an einzelnen Messetagen
können Erfahrungswerte über die Besucherstruktur und die Besucherverteilung auf die
Messetage sein, wie sie von der Gesellschaft zur freiwilligen Kontrolle von Messe- und
Ausstellungszahlen (FKM) bzw. dem Ausstellungs- und Messe-Ausschuss der Deutschen Wirtschaft (AUMA) für eine Vielzahl von Messen zur Verfügung gestellt werden.

2.2 Aufgaben des Standleiters

Die Verantwortung für den Messeablauf trägt der Standleiter. Häufig obliegt ihm auch die Messevor- und -nachbereitung. Das Aufgabengebiet des Standleiters umfasst zum einen die technisch-organisatorische Umsetzung des Messeauftritts. Dazu gehören z.B. die Standabnahme vor Beginn der Veranstaltung, die Delegation bestimmter Aufgaben an Mitarbeiter und die Erstellung und Überwachung des Dienst- und Anwesenheitsplanes. Zum anderen gehören auch der Empfang wichtiger Besucher und Pressevertreter sowie die Führung der Mitarbeiter auf dem Messestand zu seinen Aufgaben (vgl. AUMA o.J., S. 81; Selinski/Sperling 1995, S. 142).

In der Praxis sehen viele Standleiter ihren Aufgabenschwerpunkt im technisch-organisatorischen Bereich; die Führung der Mitarbeiter wird als weniger wichtig erachtet (vgl. Heger/Schwarzlos 2001, S. 653). Da der Messeerfolg jedoch wesentlich vom Verhalten der Standmitarbeiter abhängt, sollte der Führung als Standleiteraufgabe zukünftig höhere Bedeutung zukommen.

Der Standleiter stammt hauptsächlich aus den Bereichen Marketing und Vertrieb. Bei Großunternehmen wird die Standleitung zum Teil auch durch eine separate Messeabteilung übernommen. Teilweise ist die Standleitung auch personell geteilt (vgl. Clausen 2000, S. 186f.). In der Regel ist dann der Standleiter aus dem Marketing, der oft auch schon die Messebeteiligung im Vorfeld organisiert hat, für den technisch-organisatorischen Teil verantwortlich. Dazu gehören z.B. die Zuständigkeit für das Servicepersonal, die Bereitstellung von Werbematerialien und die Zusammenarbeit mit der Messegesellschaft. Dagegen verantwortet der Leiter aus dem Vertriebsbereich die Akquisition und Auftragsbearbeitung, die Personaleinsatz- und Terminplanung, das Messeberichtswesen und die kundenbezogenen Nach-Messe-Aktivitäten. Die Aufteilung sorgt dafür, dass für jeden Problembereich ein adäquater Entscheidungsträger auf dem Stand zur Verfügung steht. Die Festlegung der Zuständigkeiten dient zugleich auch der Vermeidung von Kompetenzüberschneidungen.

3. Führung auf der Messe

Erfolg auf der Messe erfordert ein zielorientiertes Verhalten der Standmitarbeiter. Hier kommt der Führungsfunktion des Standleiters zentrale Bedeutung zu. Der Standleiter hat als Führungskraft die Aktivitäten der Mitarbeiter auf die Verfolgung der festgelegten Messeziele auszurichten, die Mitarbeiter zu motivieren und den Zusammenhalt des Messeteams zu fördern und zu sichern. Zur Mitarbeiterführung stehen im Vorfeld der Messe und auf der Messe insbesondere fünf Instrumente zur Verfügung, die aufeinander abzustimmen sind: Kommunikation der Messeziele, Schulung des Standpersonals, Integration der Mitarbeiter in die Messeplanung, Coaching der Mitarbeiter und die Gestaltung von Anreizsystemen (vgl. Abb. 1).

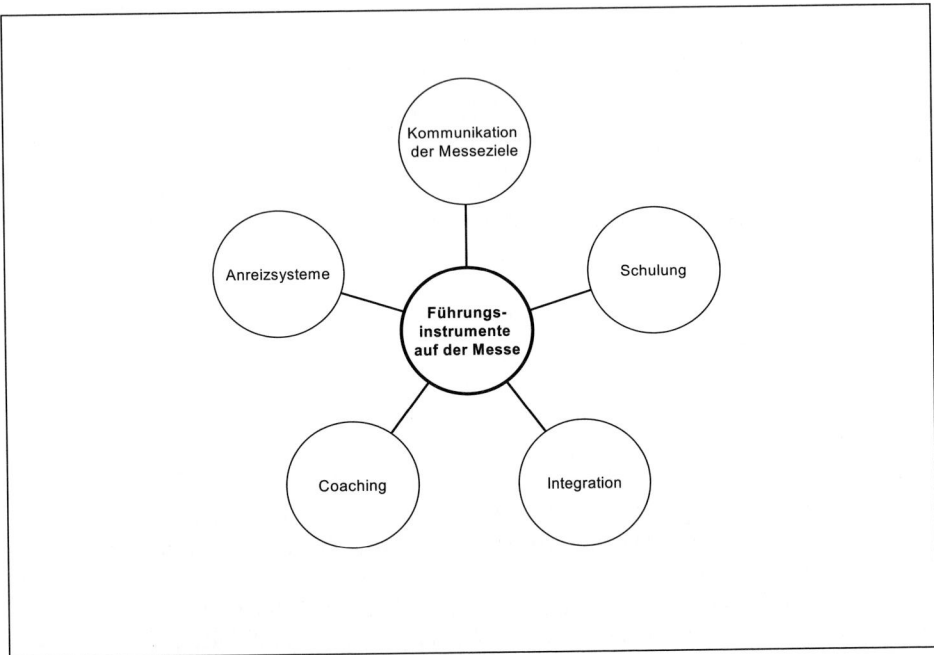

Abb. 1: Führungsinstrumente auf der Messe

3.1   Kommunikation der Messeziele

Die Ziele von Messebeteiligungen sind aus den Unternehmens- und Marketingzielen ab-zuleiten. Zielvorgaben haben neben der Steuerungs-, Kontroll- und Koordinationsfunk-tion auch eine wichtige Motivationsfunktion (vgl. Bruhn 2003, S. 131). Für den Messe-erfolg sind Festlegung und Kommunikation der Messeziele von grundlegender Bedeutung. Aus den Zielen können für den einzelnen Mitarbeiter oder das gesamte Mes-seteam konkrete Leistungsvorgaben entwickelt werden. Sie sollten so formuliert werden, dass sie zwar herausfordern, aber nicht überfordern. Insbesondere ist auf eine operatio-nale Festlegung der Ziele zu achten. Dadurch kann zunächst der Grad der Zielerreichung überprüft werden, was eine Bewertung des Messeauftritts ermöglicht. Erreichte Ziele vermitteln den Mitarbeitern aber auch Erfolgserlebnisse, was eine Steigerung der Mitarbeiterzufriedenheit bewirken und Ansporn für zukünftige Aufgaben sein kann.

Zur Operationalisierung der Messebeteiligungziele sind fünf Zieldimensionen festzulegen (vgl. Bruhn 2003, S. 132f.). Erstens müssen die Zielinhalte der Messebeteiligung festgelegt werden. Das Unternehmen muss bestimmen, was es durch seine Messebeteiligung erreichen will. Abb. 2 gibt einen Überblick über Inhalte von Messezielen (vgl. Heger 2001, S. 18ff.). Die auf der Messe im Vordergrund stehenden Marktbearbeitungsziele sind dabei nach einem Stufenleiterkonzept geordnet, welches auch gut zu kommunizieren ist: Auf der ersten Stufe steht als Ziel die Kontaktaufnahme mit der anvisierten Zielgruppe. Auf der zweiten Stufe werden Beeinflussungsziele definiert. Diese umfassen sowohl affektive (z.B. Emotionen, Einstellungen) als auch kognitive, Wissen betreffende Größen. Schließlich folgen auf der dritten Stufe handlungsbezogene Ziele: Terminvereinbarungen, Anforderungen von Angeboten durch die Besucher, Verkaufsabschlüsse.

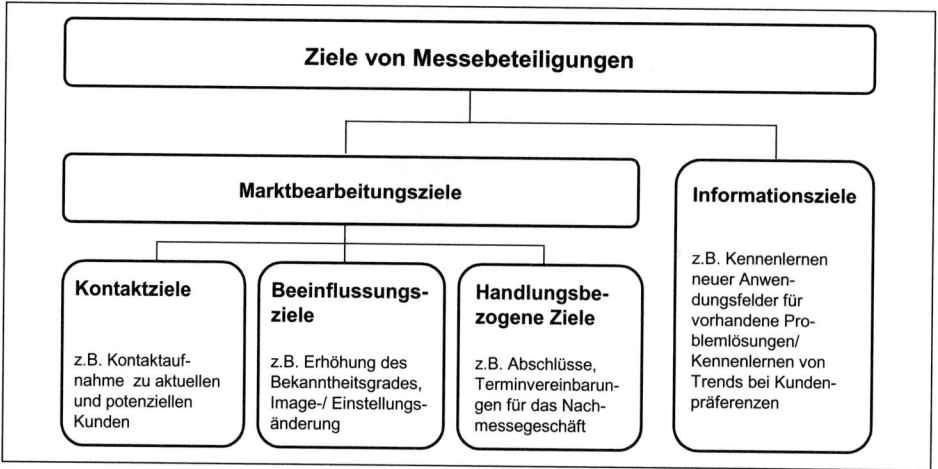

Abb. 2: Ziele von Messebeteiligungen

Zweitens ist zu klären, welches Zielausmaß angestrebt werden soll, d.h. wie viel von der festgelegten Zielgröße erreicht werden soll (z.B. Anzahl der Besucherkontakte). Drittens ist der Zeitbezug der Messebeteiligungsziele durch Angabe eines Zeitpunktes oder Zeitabschnittes festzulegen (z.B. Kontakte während der gesamten Messedauer). Viertens muss der Objektbezug der Ziele angegeben werden, d.h. für welche Produkte bzw. Leistungsbereiche des Unternehmens die Ziele Gültigkeit besitzen sollen (z.B. Kontakte bezüglich einer bestimmten angebotenen Dienstleistung). Abschließend ist fünftens der Segmentbezug der Messebeteiligungsziele zu präzisieren. Hier ist festzulegen, bei welchen Ziel- bzw. Besuchergruppen die Ziele erreicht werden sollen (z.B. Fachbesucher aus einer bestimmten Branche mit einer bestimmten Funktion im Unternehmen und einem bestimmten Informationsverhaltensstil).

Die Auswertung einer Befragung von 26 Standleitern auf der HannoverMesse Industrie im März 2000, deren Unternehmen mit einem mindestens 40 Quadratmeter großen Messestand und wenigstens 10 Mitarbeitern vertreten waren, deutet auf Handlungsbedarf hin (vgl. Heger/Schwarzlos 2001, S. 653). Die überwiegende Zahl der Aussteller (85 Prozent) legt zwar für die Messe spezifische Ziele fest. Allerdings findet die Zielvereinbarung bei einem Großteil der Unternehmen lediglich mündlich statt, nur 35 Prozent formulieren ihre Ziele schriftlich (vgl. Abb. 3). Fehlende Messeziele beeinträchtigen eine sinnvolle Messearbeit von vornherein. Aber auch bei mündlich festgelegten Messezielen ist der Verbindlichkeitsgrad häufig als gering anzusehen, sodass in diesen Fällen weder detaillierte Mitarbeiterziele vereinbart werden können, noch eine Überprüfung des Messeerfolges möglich ist.

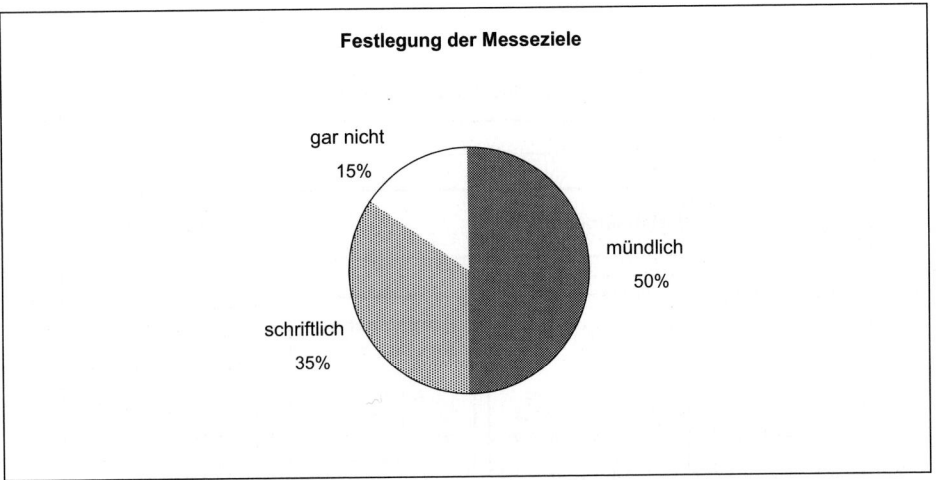

Abb. 3: Festlegung der Messeziele

Die vereinbarten Ziele werden den Standmitarbeitern in der Regel während der Schulung mitgeteilt. Eine kleine Gruppe von Unternehmen teilt ihren Mitarbeitern die Ziele allerdings erst auf der Messe im Rahmen der Standeinweisung mit. Dies ist als zu kurzfristig anzusehen. Die Mitarbeiter haben dann nicht mehr die Möglichkeit, sich ausreichend auf die Anforderungen einzustellen.

3.2 Schulung der Standmitarbeiter

Vor dem eigentlichen Messeauftritt kommt der Schulung der Mitarbeiter wesentliche Bedeutung zu. Sie dient der Kommunikation der Messeziele und der Strategien zur Zielerreichung sowie der Produkt- und Verhaltensschulung. Durch ein entsprechendes Verhaltenstraining soll sichergestellt werden, dass die knappe Kontaktzeit möglichst effizient für die definierten Zielgruppen eingesetzt wird (vgl. Huckemann/ter Weiler 2003, S. 182ff.). Die Mitarbeiter sollen z.B. lernen,

- Wie Besucher möglichst frühzeitig kategorisiert werden können

- Wann der richtige Zeitpunkt der Besucheransprache ist

- Wie Besucher anzusprechen sind

- Welche Frage- und Argumentationstechniken sinnvoll sind

- Wie die Gespräche zu dokumentieren sind (z.B. Berichtsbögen)

- Wie man sich als Mitglied eines Teams zu verhalten hat.

Oben genannte Untersuchung zeigt, dass Schulungen vor dem Messeauftritt von über drei Viertel der Unternehmen genutzt werden. Die meiste Schulungszeit wird hauptsächlich für Produkt- und Angebotsschulungen verwendet. Dieser Schwerpunkt ergibt sich aus der Bedeutung einer korrekten Beratung und kompetenten Unternehmensdarstellung für den Messeerfolg. Das Verhalten der Mitarbeiter auf dem Messestand und die Gesprächsführung wird deutlich weniger trainiert. Die Schlüsselrolle der persönlichen Kontakte wird damit von vielen Unternehmen noch nicht deutlich genug gesehen. Eine solide Kenntnis der Produkte genügt nicht für einen Messeerfolg. Das Angebot muss auch kommunikativ überzeugend vermittelt und die Messezeit effizient genutzt werden.

Die Durchführungswahrscheinlichkeit von Schulungen steigt mit der Anzahl der jährlichen Messeteilnahmen eines Unternehmens (vgl. Abb. 4). Dies zeigt, dass besonders Unternehmen mit umfangreicher Messeerfahrung die Qualifikation der Mitarbeiter vor der Messe sehr ernst nehmen. Nachholbedarf ergibt sich für Unternehmen, die seltener auf Messen ausstellen.

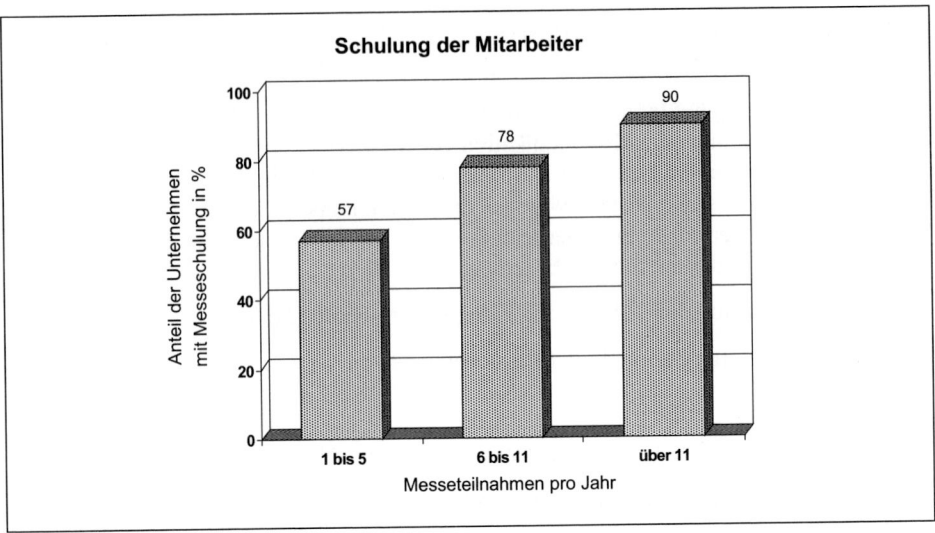

Abb. 4: Schulung der Mitarbeiter

3.3   Integration der Standmitarbeiter

Eine frühzeitige Integration bzw. Einbeziehung der Standmitarbeiter in den Messeprozess fördert zum einen die Motivation der Mitarbeiter und die Teambildung, zum anderen bietet sie die Möglichkeit, das Wissen und die Erfahrungen der Mitarbeiter zu nutzen
(vgl. Clausen 2000, S. 190ff.). Ansätze zur Integration der Mitarbeiter liegen zum einen
vor der Messe, wenn Messen ausgewählt und Messeziele und -strategien erarbeitet werden. Hier kann das spezifische Marktwissen der Mitarbeiter genutzt und zugleich eine
bessere Akzeptanz der erarbeiteten Ziele erreicht werden. Zum anderen bieten sich In-
tegrationsmöglichkeiten während und nach der Messe, indem Mitarbeiter über das Messeergebnis informiert und zu ihren Erfahrungen auf der Messe bzw. Verbesserungsvor-
schlägen befragt werden.

3.4   Coaching der Standmitarbeiter

Durch ein auf die spezifische Messesituation zugeschnittenes Coaching, das von einem
externen Berater oder von einem entsprechend qualifizierten Standleiter übernommen
wird, kann die Problemlösungsfähigkeit der Standmitarbeiter bzw. des Teams erhöht und
dazu beigetragen werden, die Messeanforderungen besser zu bewältigen (vgl. Bauer

1995; Brinkmann 1997). Der Coach nimmt als Beobachter an einer Messesituation (z.B. Gespräch eines Mitarbeiters mit einem Standbesucher, Interaktion von Standmitarbeitern) teil, ohne sich in die Handlung direkt einzumischen. Im Anschluss findet ein Auswertungsgespräch (Feedback) statt, das dem Mitarbeiter helfen soll, kommende Situationen besser zu bewältigen.

Im Rahmen der Messebeteiligung kann sich Coaching sowohl auf die Teambetreuung als auch auf die Hilfestellung für einzelne Mitarbeiter beziehen. Durch Team-Coaching soll ein neues Messeteam möglichst schnell leistungsfähig gemacht bzw. ein bestehendes Team in seiner Leistungsfähigkeit optimiert werden. Dabei wird verstärkt auf die Interaktion der Standmitarbeiter und die Außenwirkung der Standbesatzung geachtet. Dies ist für den Messeauftritt sehr wichtig, da nur ein zusammenarbeitendes Team Erfolg haben und ein positives Bild des Unternehmens vermitteln wird. Beim Einzel-Coaching erhält der einzelne Mitarbeiter Anregungen, wie er vor allem seine Gesprächsführung und Körpersprache in Interaktionssituationen mit Standbesuchern optimieren kann.

In der Messepraxis wird das Potenzial des Coaching, unmittelbar auf der Messe die relevanten Fähigkeiten der Mitarbeiter zu verbessern und Motivationsreserven freizulegen, nur ansatzweise ausgeschöpft. Allerdings werden Vorbereitung und Feedback im Messeverlauf häufig in tägliche Morgen- bzw. Abendbesprechungen integriert. Durch eine Morgenbesprechung vor der Messeöffnung sollen die Mitarbeiter auf den kommenden Messetag eingestimmt und zu einem zielorientierten Verhalten veranlasst werden. Ein motivierender Start in den Messetag hat einen nicht zu unterschätzenden Einfluss auf das Verhalten während des Tages. Nach Messeschluss bietet sich auf einer Abendbesprechung die Gelegenheit zur Analyse des Tagesablaufs, um Probleme und Schwachpunkte aufzudecken und zu besprechen. Dabei sollten nicht nur technisch-organisatorische Fragen besprochen, sondern verstärkt der Stand der Zielerreichung reflektiert werden.

3.5 Anreizsysteme auf der Messe

Als Führungsinstrument bietet auch ein messespezifisch gestaltetes Anreizsystem die Möglichkeit, das Standpersonal zu einem zielorientierten Handeln zu motivieren und den Gruppenzusammenhalt zu festigen. Bei der Gestaltung eines Anreizsystems ist zunächst festzulegen, ob die Anreize auf den einzelnen Mitarbeiter oder auf das Messeteam als ganzes zu beziehen sind. Weiter ist über die Bemessungsgrundlagen (z.B. Anzahl der Kontakte, Anzahl der vereinbarten Termine für das Nach-Messe-Geschäft, Anzahl der Abschlüsse, Umsatz, kollegiales Verhalten) und die Arten von Anreizen (z.B. Anerkennung, Belohnung in Form von Geld-/Sachprämien, Incentives) zu entscheiden. Die Art des Anreizes sollte dabei auf die konkrete Messesituation abgestimmt werden. Sie muss sowohl zu der erbrachten Leistung passen, als auch von den betroffenen Mitarbeitern tatsächlich als Anreiz empfunden werden. Schließlich ist darauf zu achten, dass für die

Standmitarbeiter ein klarer funktionaler Zusammenhang zwischen den Anreizen und den Ausprägungen der Bemessungsgrundlagen erkennbar ist (vgl. Laux 1995, S. 71ff.).

In der genannten Standleiterbefragung zeigt sich, dass Anreizsysteme lediglich bei knapp einem Drittel der Aussteller angewandt werden. Als Anreizarten kommen vor allem Geschenke und Prämien zum Einsatz. Anreizgrundlage ist überwiegend die Zahl der ungewichteten Kontakte. Differenziertere Anreizsysteme oder verhaltensbezogene Systeme finden kaum Verwendung. Einige Unternehmen geben an, in der Vergangenheit kurzfristig Anreizsysteme angewendet, dies aber auf Grund schlechter Erfahrungen wieder eingestellt zu haben. Es wird dabei durchgängig beklagt, dass die Mitarbeiter nur noch auf die Quantität, aber nicht mehr ausreichend auf die Qualität der Kontakte achten.

Der Tendenz zur einseitigen Ausrichtung auf die Quantität der Kontakte kann durch die Ausgestaltung eines gewichteten Systems auf der Basis von Besucherkontaktwerten entgegengesteuert werden (vgl. Meffert/Ueding 1996, S. 65f.; Ueding 1998, S. 141f.). Zur Unterscheidung der Kontaktqualität bieten sich verschiedene Kriterien an:

• Geschäftsbeziehung (Alt- oder Neukunde)

• Herkunft (inländischer oder ausländischer Besucher)

• Entscheidungskompetenz (Geschäftsleitung, Bereichsleiter etc.)

• Bedarfssituation (Budget beim Kunden vorhanden/nicht vorhanden)

• Ergebnis des Kontaktes (Information, Angebotserstellung vereinbart, Terminvereinbarung, Auftrag).

In Abhängigkeit der Messeziele des Ausstellers können den einzelnen Besuchern dann Kontaktwertpunkte zugeteilt werden. Sämtliche Daten sind bei entsprechend gestalteten Gesprächsprotokollen relativ leicht zu erheben und auszuwerten.

Insgesamt betrachtet sollte nicht vorschnell auf den Einsatz spezifischer Anreizsysteme verzichtet werden. Ein kreativ gestaltetes System kann wesentlich zur Mitarbeitermotivation beitragen und helfen, das Verhalten im Sinne der Messeziele zu steuern. Es sollte allerdings auf eine ausgewogene Mischung zwischen Einzel- und Teambelohnungen geachtet werden, so dass nicht ein unproduktives Konkurrenzdenken gefördert, sondern auch das Miteinander auf dem Stand unterstützt wird.

4. Fazit

Der Erfolg einer Messebeteiligung wird wesentlich durch die Führung der Mitarbeiter auf dem Messestand bestimmt. In der praktischen Messearbeit zeigt sich jedoch bei vielen Ausstellern Handlungsbedarf in diesem Bereich. Vor allem kleinere Unternehmen und solche, die selten auf Messen vertreten sind, haben hier Nachholbedarf. Der Beitrag zeigt, dass ein abgestimmter Führungsinstrumentemix aus Messezielkommunikation, Mitarbeiterschulung, Mitarbeiterintegration, Coaching und Anreizen eine solide motivationale Grundlage zur Erreichung der Messeziele darstellt.

5. Literaturverzeichnis

AUMA (HRSG.), Erfolgreiche Messebeteiligung, o.J., www.auma.de/download/Erfolgreiche_Messebeteiligung.pdf.

BAUER, R., Coaching, in: Kieser, A./Reber, G./Wunderer, R. (Hrsg.), Handwörterbuch der Führung, 2. neu gestaltete und ergänzte Aufl., Stuttgart 1995, Sp. 200-211.

BRINKMANN, R.D., Mitarbeiter-Coaching: Der Vorgesetzte als Coach seiner Mitarbeiter, 2. durchgesehene Aufl., Heidelberg 1997.

BRUHN, M., Kommunikationspolitik: Systematischer Einsatz der Kommunikation für Unternehmen, 2. völlig überarbeitete Aufl., München 2003.

CLAUSEN, E., Mehr Erfolg auf Messen, Landsberg/Lech 2000.

FLIEß, S., Messeplanung und -kontrolle, in: Kleinaltenkamp, M./Plinke, W. (Hrsg.), Markt- und Produktmanagement: Die Instrumente des Technischen Vertriebs, Berlin 1999, S. 563-634.

HEGER, G./SCHWARZLOS, N., Mitarbeiterführung auf der Messe, in: Personal, Heft 11, 2001, S. 650-654.

HEGER, G., Messemarketing, Studienbrief des Fachhochschul-Fernstudienverbundes der Länder, Berlin 2001.

HUCKEMANN, M./TER WEILER, D. S., Messen messbar machen: Mehr Intelligenz pro m^2, 3. erweiterte Aufl., Neuwied 2003.

LAUX, H., Erfolgssteuerung und Organisation 1: Anreizkompatible Erfolgsrechnung, Erfolgsbeteiligung und Erfolgskontrolle, Berlin 1995.

MEFFERT, H./UEDING, R., Ziele und Nutzen von Messebeteiligungen: Zusammenfassung einer empirisch gestützten Untersuchung auf der Grundlage einer Befragung deutscher Aussteller, hrsg. vom Ausstellungs- und Messe-Ausschuss der Deutschen Wirtschaft e.V. (AUMA), Köln, Bergisch-Gladbach 1996.

SELINSKI, H./SPERLING U. A., Marketinginstrument Messe: Arbeitsbuch für Studium und Praxis, Köln 1995.

UEDING, R., Management von Messebeteiligungen: Identifikation und Erklärung messe-spezifischer Grundhaltungen auf der Basis einer empirischen Untersuchung, Frankfurt a.M. 1998.

Vierter Teil

Event-, Kongress- und Servicemanagement von Messegesellschaften

Karla Henschel

Messebegleitendes Kongressmanagement

1. Zum Zusammenhang von Messen und Kongressen

2. Aspekte des Kongressmanagements
   2.1 Die Planungsphase
   2.2 Die Vorbereitungsphase
   2.3 Die Durchführungsphase
   2.4 Die Nachbereitungsphase

3. Literaturverzeichnis

Prof. Dr. Karla Henschel ist Inhaberin der Professur Tourismus-Management/BWL, insbesondere Hotelmanagement/Kongresswesen an der Hochschule Harz, Wernigerode.

1. Zum Zusammenhang von Messen und Kongressen

Die Entwicklung zu einer modernen Wissens- und Informationsgesellschaft und die damit verbundenen Veränderungen in vielen gesellschaftlichen und wirtschaftlichen Bereichen sind auch durch intensive Veränderungen in der Messewirtschaft einerseits und in der Tagungs- und Kongresswirtschaft andererseits gekennzeichnet. Sie äußern sich u.a. darin, dass beide Bereiche immer mehr zusammenwachsen.

Eine Ursache dafür ist, dass durch den wissenschaftlichen und technischen Fortschritt neue Produkte auf den Markt kommen, die immer komplexer werden und deren Erklärungsbedürftigkeit zunimmt, sodass zusätzliche Formen der Kommunikation notwendig werden. Durch zunehmende Globalisierung und die sich dadurch weiter vertiefende Arbeitsteilung und Spezialisierung sind die gezeigten Güter oft auch nur Teil einer Problemlösung, für die eine visualisierte Darstellung auf Messen allein nicht mehr ausreicht, sondern umfassende Erörterungen notwendig sind. Daher erfolgen auf Messeständen immer häufiger ausführliche Produkterklärungen und Problemdiskussionen in unterschiedlichen Formen und wissenschaftliche Fachprogramme ergänzen zunehmend Messen. Die Entwicklung von Universalmessen zu Branchen-, Fach- und Leitmessen hat diese Entwicklung zusätzlich gefördert.

Auch im Tagungs- und Kongressbereich hat die Zunahme des Wissens und des Informationsbedürfnisses dazu geführt, dass auf den persönlichen Informations- und Erfahrungsaustausch nicht verzichtet werden kann. Diese werden gefördert durch die wachsende Spezialisierung einerseits und die Notwendigkeit zur Kooperation andererseits, die zunehmende Interdisziplinarität der Wissenschaft, den schnelleren Wissensumschlag sowie ein generell hohes Tempo im Know-how-Transfer, vor allem in den Top-Technologien. Dabei hat sich gezeigt, dass technische Entwicklungen, wie Videokonferenzen oder das Internet, die direkte, nicht technisch vermittelte Kommunikation zwischen den Teilnehmern nicht in Frage gestellt haben, sondern die Bedürfnisse nach verbaler Kommunikation und persönlichem Kennenlernen unverändert hoch sind.

Ausdruck dafür sind die beobachtbaren Entwicklungen im Tagungs- und Kongressmarkt. Im Jahr 2002 wurde mit 69 Millionen Teilnehmern an Kongressen, Tagungen und Seminaren in 1,3 Millionen Veranstaltungen in Deutschland ein Umsatzvolumen von 49,3 Milliarden Euro realisiert.[1] Davon profitieren nicht nur die Tagungsstätten, sondern viele Leistungsträger an den Veranstaltungsorten, wie die Struktur des Umsatzes der Tagungs- und Kongresswirtschaft verdeutlicht.

---

[1] Diese und die folgenden Daten zum Tagungs- und Kongressmarkt, vgl. German Convention Bureau, Studie Der Deutsche Tagungs- und Kongressmarkt 2002/2003.

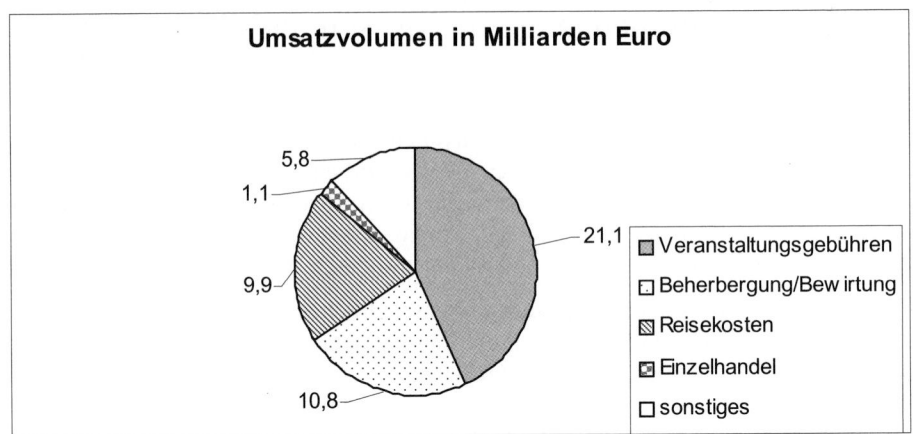

Umsatzvolumen in Milliarden Euro

- 5,8
- 1,1
- 21,1 — Veranstaltungsgebühren
- 9,9 — Beherbergung/Bewirtung
- Reisekosten
- Einzelhandel
- 10,8 — sonstiges

Abb. 1: Die Struktur des Umsatzes im Tagungs- und Kongresswesen
Quelle: GCB, Der deutsche Tagungs- und Kongressmarkt 2002/2003

Die Beschäftigungswirkung der Tagungs- und Kongresswirtschaft zeigt sich in der Schaffung von etwa 970 000 Vollzeitarbeitsplätzen, womit direkt oder indirekt jeder dritte Arbeitsplatz im Tourismus gestellt wird.

Die 1,3 Millionen Veranstaltungen wurden in rund 11 000 Tagungsstätten mit 60 500 Tagungsräumen unterschiedlicher Größenordnungen durchgeführt. Dabei standen rund 3,1 Millionen Quadratmeter Veranstaltungsfläche und 1,4 Millionen Quadratmeter Ausstellungsfläche zur Verfügung. Obwohl über 90 Prozent der Veranstaltungen in Hotels stattfanden, sind 420 Kongresszentren und Hallen wichtige Veranstaltungsorte, da sie den Anforderungen der Veranstalter an ein großzügiges und flexibel gestaltbares Raumangebot für Kongress- und Ausstellungsaktivitäten entsprechen und Platz für Großveranstaltungen mit 500 und mehr Teilnehmern bieten. So haben sich die Kongresszentren und Hallen in den vergangenen Jahren immer besser den Marktbegebenheiten angepasst und neben großen Sälen zunehmend auch kleinere Räume zur Verfügung gestellt.

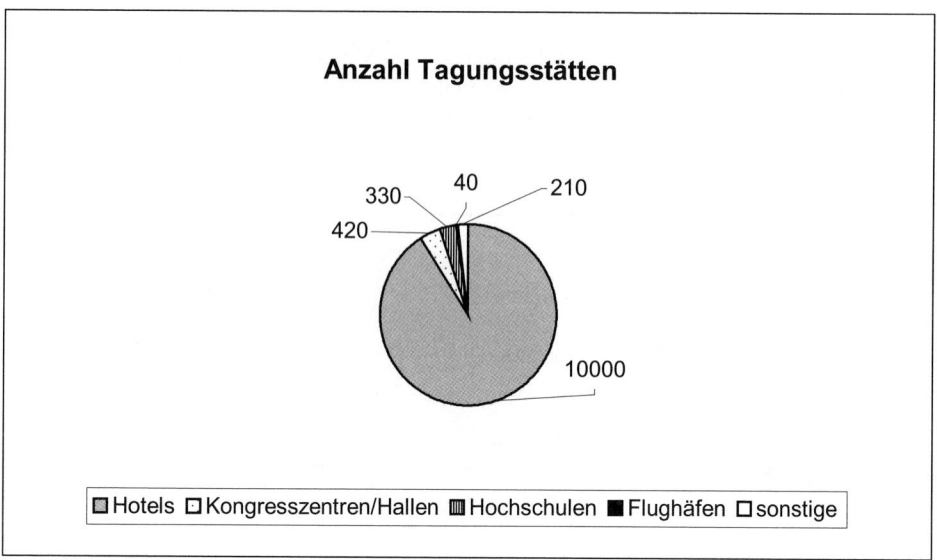

Anzahl Tagungsstätten

☑ Hotels ☐ Kongresszentren/Hallen ▥ Hochschulen ■ Flughäfen ☐ sonstige

Abb. 2: Die Struktur der Tagungskapazitäten

Quelle: GCB, Der deutsche Tagungs- und Kongressmarkt 2002/2203

Das Spektrum der Veranstaltungen ist vielfältig. Es reicht von Kongressen mit mehr als Tausend Teilnehmern (1 Prozent der Veranstaltungen) über Tagungen und Konferenzen bis zu Seminaren und Workshops mit meist geringer Teilnehmerzahl[2] (eine Differenzierung von Grundtypen im Tagungs- und Kongressmarkt ist zu finden in: Schreiber 2002, S. 7).

Die durchschnittliche Teilnehmerzahl pro Veranstaltung hat sich tendenziell verringert und wies im Jahr 2002 durchschnittlich 53 Personen auf. Ein weiterer Trend besteht darin, dass die Veranstaltungen kürzer werden. Die mittlere Veranstaltungsdauer betrug 1,8 Tage im Jahr 2002. 45 Prozent der Veranstaltungen erstreckten sich über maximal einen Tag, nur etwa jede sechste Veranstaltung dauerte drei und mehr Tage.

Qualitative Veränderungen im Tagungs- und Kongressmarkt zeigen sich darin, dass immer mehr Veranstaltungen durch Ausstellungen begleitet werden. So fanden z.B. im Jahr 2002 8 Prozent aller Veranstaltungen im Tagungs- und Kongressbereich (von insgesamt 1,3 Millionen) mit begleitenden Ausstellungen statt. Bei Kongressen waren es sogar 30 Prozent.

---

[2] Im Folgenden wird der Terminus „Kongress" als Sammelbegriff für alle Veranstaltungen benutzt, da die Grenzen fließend sind und eine konkrete Begriffsbestimmung für die Vielzahl von Erscheinungsformen nicht existiert.

Messen in ihrer Funktion, Innovationen zu zeigen und zu erläutern und somit zur Vermittlung von Wissen beizutragen und Kongresse als Medium des persönlichen Informations- und Erfahrungsaustausches über Innovationen ergänzen sich dabei als Kommunikationsverbund. Im Ergebnis entstehen neue Mischungen von Messen, Kongressen und Events und die Verzahnung von Messen und Kongressen nimmt immer mehr zu.

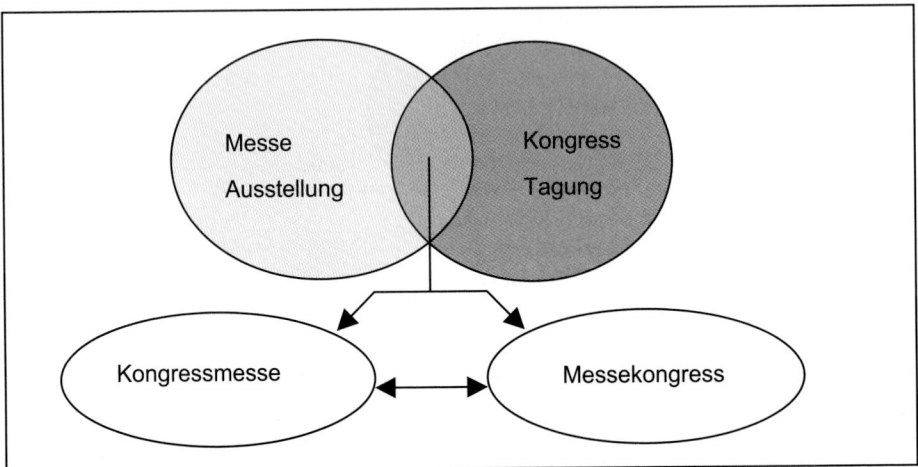

Abb. 3: Der Zusammenhang von Messen und Kongressen

Damit haben sich neue Veranstaltungstypen herausgebildet:

- Der Messekongress
- Die Kongressmesse.

Der Messekongress

Unter einem Messekongress wird ein Kongress mit einer begleitenden Messe bzw. Ausstellung verstanden. Dabei steht der Kongress mit seiner Funktion des Informationsaustausches und der Wissensvermittlung im Vordergrund. Der Umfang der Präsentationen kann – in Abhängigkeit vom Tagungsprogramm und der Größe der Veranstaltung – sehr unterschiedlich sein.

Die Möglichkeiten bzw. Ziele, die mit begleitenden Messen/Ausstellungen genutzt bzw. verfolgt werden, sind vielfältig. Sie können bestehen

- In der Ergänzung des Vortragsprogramms durch Ausstellungen, indem ein direkter inhaltlicher Zusammenhang zwischen Kongressvorträgen und vertiefenden Präsentationen hergestellt wird

- In der Mitfinanzierung der Kongresse durch Stand- bzw. Flächenvermietung an ausstellende Unternehmen, wobei diese Unternehmen die Kongressteilnehmer als Multiplikatoren nutzen können, da diese oft Entscheidungsträger darstellen

- In Präsentationsmöglichkeiten für Kongress-Sponsoren, wodurch sich für Sponsoren und Kongressveranstalter eine Win-Win-Situation ergibt

- In der erlebnismäßigen Bereicherung von Kongressen, was dem Trend nach Emotionalisierung von Veranstaltungen entspricht.

Die Kongressmesse

Bei der Kongressmesse steht die Messe bzw. Ausstellung im Vordergrund. Die Bedürfnisse von Fachbesuchern nach mehr Information und Kommunikation werden auf thematischen Veranstaltungen befriedigt. Die verbale Kommunikation über das Medium Kongress unterstützt dabei das Anliegen der Messeaussteller, indem Messethemen vertiefend erörtert und diskutiert werden können und die ausstellenden Unternehmen oder Organisationen zusätzlich die Möglichkeit haben, sich über das Medium Kongress zu präsentieren. Hinzu kommt, dass durch den Kongress auch weitere Fachbesucher angezogen werden können.

Die Positionierung neuer Fachmessen ist häufig mit der Kombination Fachmesse und begleitender Kongress verbunden, wobei sich die begleitenden Veranstaltungen dann besonders gut eignen, die neue Messe auch international in der jeweiligen Branche zu etablieren.

Die Formen der begleitenden Veranstaltungen sind sehr unterschiedlich und variieren in Abhängigkeit von der Messe. Sie reichen vom Kongress mit 1 000 Teilnehmern und mehr bis zu Diskussionsforen und Workshops mit wenigen Teilnehmern. So gibt es z.B. auf der Internationalen Tourismusbörse (ITB) 300 begleitende Kongresse, Tagungen, Workshops, Pressekonferenzen u.ä. unterschiedlicher Größenordnungen (vgl. o.V., 2003b, S. 6). Die Entwicklung hat dazu geführt, dass es keinen bedeutenden Messeplatz mehr ohne entsprechende Kongresskapazitäten gibt. Die überregional bedeutenden deutschen Messestandorte haben in den letzten Jahren nicht nur in den Ausbau von Hallenkapazitäten investiert, sondern auch in die Verbesserung der Kongresseinrichtungen und wollen dies auch künftig tun (vgl. G+J Branchenbild 2002).

Obwohl die überwiegende Mehrzahl der Tagungsstätten in Hotels zu finden ist und Hotels im Tagungs- und Kongressmarkt eine herausragende Rolle spielen (vgl. Henschel 2002, S. 127ff.), haben Kongresszentren im messebegleitenden Kongressmanagement einen wichtigen Stellenwert, da sie über ein großzügiges und qualitativ hochwertiges Raumangebot verfügen. So werden bestehende Messen um Kongresszentren erweitert und beim Bau neuer Messen ist ein Kongresszentrum meist Bestandteil der Messekonzeption.

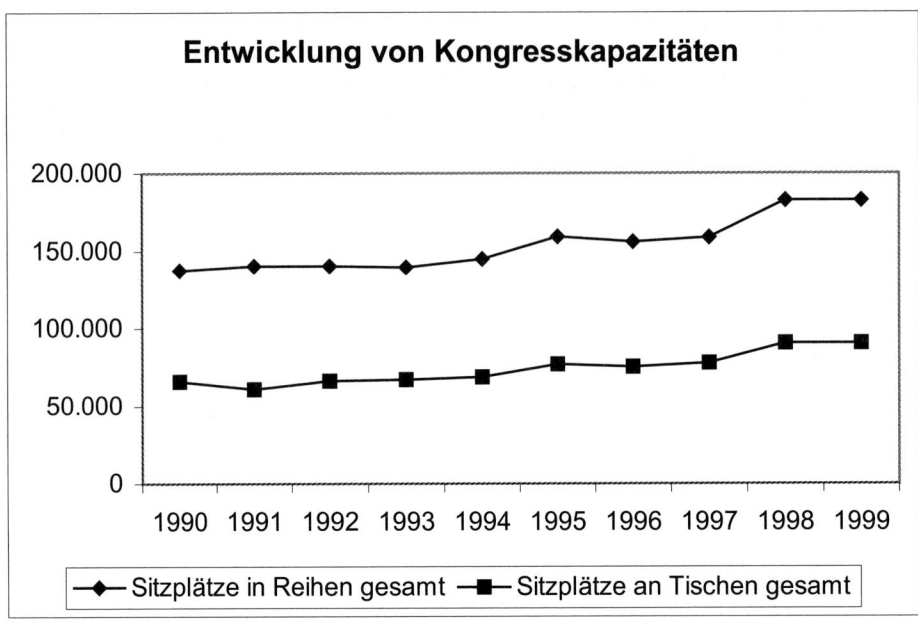

Entwicklung von Kongresskapazitäten

Sitzplätze in Reihen gesamt — Sitzplätze an Tischen gesamt

Abb. 4: Die Entwicklung der Kongresskapazitäten
Quelle: G+J Branchenbild Messen und Kongresse, Jg. 1991-2000

Unter Kongresszentren werden multifunktionale Großeinrichtungen verstanden, die über eine Vielzahl von Räumen und modernen technischen Einrichtungen sowie über Flächen für kongressbegleitende Ausstellungen verfügen. Sie werden vor allem zur Durchführung von Kongressen u.ä., aber auch von kulturellen oder gesellschaftlichen Veranstaltungen genutzt (vgl. Schreiber 2002, S. 90).

Es ist zwischen messegebundenen Kongresszentren, die auch meist von den Messegesellschaften betrieben werden, und messeungebundenen Kongresszentren zu unterscheiden.

Eine Kombination von Messe und Kongresszentrum ist positiv. Einer Umfrage der Zeitschrift „events" zufolge werden in Kongresszentren, die in Messeplätze integriert sind, bereits drei Viertel aller Messen von einem Kongress oder einer Tagung begleitet, wobei der Anteil von Kongressen bei Fachmessen tendenziell höher ist als bei Publikumsmessen (vgl. o.V. 2003b, S. 6ff.). So wurden z.B. im Internationalen Congress Centrum Berlin (ICC Berlin) im Jahr 2002 614 Tagungen mit über 203 000 Teilnehmern durchgeführt. Parallel dazu wurden 145 000 Quadratmeter Ausstellungsfläche im ICC bzw. in den angrenzenden Hallen des Berliner Messegeländes für kongressbegleitende Ausstellungen vermietet (vgl. o.V. 2003a, S. 23).

Die sieben größten deutschen Kongresszentren mit Messeanbindung (ICC Berlin – Internationales Congress Center Berlin, das CCD – Congress Center Düsseldorf, das Congress Center Messe Frankfurt, das CCH – Congress Centrum Hamburg, KölnKongress, das ICM – International Congress Center München und das Messe Congress Center Stuttgart) haben sich zu einer Marketingkooperation zusammengeschlossen, um auf internationaler Ebene gemeinsam Großveranstaltungen zu akquirieren und die Auslastung vorhandener Kongresskapazitäten zu erhöhen.

2. Aspekte des Kongressmanagements

Für die Auswahl eines Messestandortes und damit einer Kongressmesse sind primäre Standortfaktoren, wie die Qualität und Funktionalität der Hallen und Kongresseinrichtungen, die Verkehrsanbindung einschließlich des Parkplatzangebotes, die Quantität und Qualität der Beherbergungs- und Bewirtungsmöglichkeiten (Henschel 2001, S. 77), eine kongresswirksame Infrastruktur (z.B. Vorhandensein von Wirtschaftsunternehmen, Verbänden, wissenschaftlichen u.a. Einrichtungen) sowie die regionale, nationale oder internationale Akzeptanz des Messeplatzes, ausschlaggebend. Gleichzeitig gewinnen sekundäre Faktoren, z.B. das kulturelle Angebot oder natürliche Faktoren (geografische Lage, Klima), immer mehr an Bedeutung, wenn berücksichtigt wird, dass das vorhandene Kultur- und Naturpotenzial nicht unwesentlich die Gestaltung von attraktiven Rahmenprogrammen ermöglicht. Auch qualitative Faktoren, wie z.B. die Professionalität der Messe- und Kongressorganisation oder die Kundenorientierung sind zunehmend Entscheidungskriterien.

Werden auf Messen Kongresse durchgeführt, sind Grundsätze des Tagungs- und Kongressmanagements ebenso zu berücksichtigen wie die Tatsache, dass Messen und die begleitenden Kongresse nicht konkurrierende Veranstaltungen sein dürfen. Außerdem ist zu unterscheiden, ob die Kongresse als Eigenveranstaltungen oder Gastveranstaltungen durchgeführt werden. Bei der Eigenveranstaltung erfolgt die Planung, Organisation und Durchführung des Kongresses durch eine Messegesellschaft/ein Kongresszentrum im Sinne eines PCO (Professional Congress Organizer). Projektteams fungieren dabei als Berater und Organisator für den/die Kongressveranstalter (z.B. Unternehmen, Verbände, wissenschaftliche Gesellschaften) und übernehmen die damit verbundenen Aufgaben. Bei einer Gastveranstaltung wird entweder der Kongressveranstalter selbst oder ein PCO für den Veranstalter tätig, die dann mit der Messegesellschaft/dem Kongresszentrum in Verbindung treten.

Computer- und internetgestützte Software verschiedener Anbieter erleichtern die Planung, Organisation, Durchführung und Nachbreitung von Veranstaltungen. Auch das German Convention Bureau (GCB) als zentrale Interessenvertretung und Marketingorganisation für die Kongressdestination Deutschland, dem Hotels, Kongresszentren, Veranstaltungsagenturen, Destinationen u.a. Dienstleister aus der Tagungs- und Kongressbranche angehören, unterstützt mit konkreten Checklisten und Arbeitsblättern Kongressaktivitäten.

Im Kongressmanagement kann von folgendem Phasenschema ausgegangen werden:

Planung der Veranstaltung
Vorbereitung der Veranstaltung
Durchführung der Veranstaltung
Nachbereitung der Veranstaltung

Abb. 5: Die Phasen im Kongressmanagement

2.1   Die Planungsphase

In dieser Phase sind zunächst Thematik, Ort, Zeitpunkt und Form der Veranstaltung sowie Verantwortlichkeiten und Budgets festzulegen. Im messebegleitenden Kongressmanagement sind Orte und Zeitpunkte von Messen Ausgangsgrößen, wobei die o.g. primären und sekundären Faktoren berücksichtigt werden. Auch die Thematik von Veranstaltungen orientiert sich am Messeprofil.

Die Entscheidung über die entsprechende Veranstaltungsform (z.B. Kongress, Fachtagung, Seminar/Workshop, Firmenmeeting, Pressekonferenz oder Rahmenprogramme bzw. Messe-Event als kulturelle Veranstaltung während einer Messe) und die Festlegung von Verantwortlichen (Projektteams, Projektleiter/Projektmitarbeiter) ist in dieser Phase zu treffen. Dabei können mehrere Veranstaltungsarten bei einer Messe in Frage kommen. Ob für jede oder für mehrere Veranstaltung(en) Projektteams arbeiten, hängt von der Größe bzw. Bedeutung der Veranstaltungen ab. In der Regel bestimmt die Größe der Veranstaltung den Zeitpunkt dieser Entscheidungen. Sie werden z.B. bei großen Veranstaltungen mit mehr als 1 000 Teilnehmern bereits ein bis zwei Jahre im voraus getroffen.

Die Erstellung eines Ablaufplanes und des Budgets[3] für die Veranstaltung(en) sind weitere Aufgaben. In diesem Zusammenhang werden auch die Möglichkeiten der Finanzierung der Veranstaltungen geprüft (z.B. Mitfinanzierung über Sponsoren, Förderungen).

2.2 Die Vorbereitungsphase

In diese Phase fallen Entscheidungen zur Beschaffung von Hotelkontingenten (Auswahl der Hotelkategorien, Erwirken von Sonderkonditionen hinsichtlich Preis oder Stornierungsfristen) oder zur Bewirtung der Teilnehmer (Catering) durch interne oder externe Dienstleister.

Die Erstellung von Drucksachen (Ankündigungen, Einladungen, Programmen, Kongressmappen, Teilnehmer- und Ausstellerlisten, Namensschilder, Teilnahmebescheinigungen u.ä.) sind ebenso Aufgaben in dieser Phase wie Werbeaktivitäten und PR-Aktionen (Anzeigen, Mailings, Medienkontakte).

Die Kommunikation zwischen dem Veranstalter bzw. PCO und den potenziellen Teilnehmern einschließlich der Referenten bzw. Moderatoren ist ein wichtiger Teil des Vorbereitungsprozesses. Darunter fallen solche Aktivitäten wie Kongressankündigung, Kongresseinladung mit dem Call for Papers, Verwaltung der Kongressbeiträge, Teilnehmerregistrierung und Hotelzimmerreservierung. In diesen Prozessen erleichtern Kongressinformationssysteme (z.B. Congress-Online) die Kommunikation zwischen den Beteiligten.

Weitere Aufgaben sind die Planung und Beschaffung des Personals sowie die Durchführung von Site Inspections.

In der Vorbereitungsphase erfolgt auch die Erstellung eines Ablaufplanes (auch Regieplan oder Drehbuch), der alle Aktivitäten und Verantwortlichkeiten nach Zeit und Ort erfasst und für alle Kongressbeteiligten verbindlich ist. Ein Schwachpunkt vieler Veranstaltungen ist die zu knappe Zeitplanung für entsprechende Aktivitäten. Insbesondere bei einer Kongressmesse muss deshalb darauf geachtet werden, dass den Kongressbesuchern auch genügend Zeit für Messeaktivitäten bleibt, damit Messe und Kongress sich ergänzen können und nicht konkurrieren. Der Ablaufplan wird bis zum Veranstaltungsbeginn ggf. ständig abgestimmt und konkretisiert. Auch hier kann auf Softwareprogramme zurückgegriffen werden.

---

[3] Vgl. www.gcb.de/externewindows/pop_kongressbudget.htm.

2.3   Die Durchführungsphase

Die Durchführung der Veranstaltung erfolgt auf der Grundlage des konkretisierten Ablaufplanes. Dieser Plan ermöglicht die Überwachung des Kongressgeschehens und schnelle Eingriffsmöglichkeiten bei „kritischen" Ereignissen durch die Verantwortlichen.

Die Einrichtung eines Kongressbüros, die Registrierung der Teilnehmer, die Betreuung von Referenten und VIPs (z.B. Keynote Speaker) sowie ggf. Pressevertretern gehören ebenso wie der Personaleinsatz zu den Aufgaben.

2.4   Die Nachbereitungsphase

In die Nachbereitungsphase fällt nicht nur die Abrechnung der Einnahmen und Ausgaben der Veranstaltung, sondern auch die möglichst zeitnahe Berichterstattung in den Medien (Pressemeldungen, Fotos, Poster, Proceedings u.ä.) sowie die Veröffentlichung der Kongressergebnisse in gedruckter Form und zunehmend in elektronischen Bibliotheken, z.B. der Veranstalter.

Für künftige Veranstaltungen sollte es dem Kongressveranstalter und -organisator auch darauf ankommen, eine kritische Auswertung der Veranstaltung vorzunehmen sowie ein Feedback von den Teilnehmern und Sponsoren zu erhalten. Dazu bieten sich Befragungen entweder während des Kongresses (Interviews, Fragebogen) oder im Anschluss über Internet (Fragebogen) an.

3.   Literaturverzeichnis

AUMA (HRSG.), Deutsches Messe Forum 2002, Messen & Kongresse – Umschlagplätze der Wissensgesellschaft, AUMA Edition Nr. 16, Berlin 2002.

G+J Branchenbild Messen und Kongresse, Gruner + Jahr Marktanalyse, Hamburg versch. Jg.

GERMAN CONVENTION BUREAU, Der Deutsche Tagungs- und Kongressmarkt 2002/2003, ghh consult GmbH Wiesbaden.

HENSCHEL, K., Hotelmanagement, München 2001.

HENSCHEL, K., Stellung der Hotellerie im Rahmen des Veranstaltungswesens, in: Schreiber, M. (Hrsg.), Kongress- und Tagungsmanagement, 2. Aufl., München, Wien 2002.

O.V.a, ICC Berlin erringt einen Umsatzrekord für 2002, in: events, Nr. 1, 2003.

O.V.b, Messen und Kongresse – Zusammenwachsen als Symbiose? in: events, Nr. 3, 2002.

SCHREIBER, M. (HRSG.), Kongress- und Tagungsmanagement, 2. Aufl., München 2002.

www.gcb.de/externewindows/pop_kongressbudget.htm.

Ralf G. Kleinhenz / Wolfram D. Svoboda

Besonderheiten des Managements von Kongresszentren

1. Unterschiede zwischen Messen und Kongressen
   1.1 Eigenveranstaltungen
   1.2 Gastveranstaltungen
       1.2.1 Messegastveranstaltungen
       1.2.2 Tagungen und Kongresse

2. Das Management von Kongresszentren
   2.1 Entscheidungsmodelle
       2.1.1 Synergien
       2.1.2 Konflikte
   2.2 Organisationsformen
       2.2.1 Vollorganisation
       2.2.2 Teilorganisation
       2.2.3 Outsourcing
   2.3 Kongressmarketing
       2.3.1 Marketingziele
             2.3.1.1 Zielgruppen
             2.3.1.2 Veranstaltungstypen und -größen
             2.3.1.3 Instrumente des Kongressmarketing
       2.3.2 Dienstleistungsangebote
   2.4 Customer Relationship Management

3. Resümee

Dipl.-Kfm. Dr. Ralf G. Kleinhenz ist Direktor KompetenzCenter Kongresse & Gastveranstaltungen der Messe Berlin GmbH, Berlin. Dipl.-Betriebswirt Wolfram D. Svoboda ist Marketingleiter des Internationalen Congress Centrums (ICC) Berlin.

1. Unterschiede zwischen Messen und Kongressen

Spricht man von den gängigen Veranstaltungstypen auf deutschen Messe- und Kongressplätzen, so wird zumeist zwischen zwei Veranstaltungsgattungen unterschieden: Messen und Kongresse. Diese Aufteilung greift nach Auffassung der Verfasser, insbesondere bei den in diesem Beitrag im Zentrum stehenden Kongresszentren[1], zu kurz. Es ist sinnvoller, die Unterscheidung danach vorzunehmen, wer die Rolle des Veranstalters inne hat. Konsequenterweise kommt die Unterscheidung in Eigen- und Gastveranstaltungen zum Tragen.

1.1 Eigenveranstaltungen

Zu den „Eigenveranstaltungen" gehören in der Regel die bekannten und häufig auch flächenmäßig großen „Aushängeschilder" des jeweiligen Messeplatzes, die vielfach die (Welt-) Leitmessen ihrer Branche darstellen. In Berlin ist dies zum Beispiel die Internationale Tourismus Börse ITB Berlin. Bei solchen Veranstaltungen ist die Messe Berlin für alle Fragen rund um die Messe verantwortlich: von der thematischen Entwicklung über die Aussteller- und Besucherakquisition bis zur Sicherstellung des wirtschaftlichen Ergebnisses. Der Großteil der Umsätze, zum Beispiel durch die Vermietung von Flächen und das Angebot umfangreicher Dienstleistungen für die Aussteller (z.B. Standbau), wird über die Messe Berlin abgebildet. Auch werden messebegleitende Tagungen und Seminare veranstaltet, die in den meisten Fällen ebenfalls von der Messe Berlin organisiert und wirtschaftlich verantwortet werden.[2]

---

[1] Die in diesem Artikel betrachteten Kongresszentren sind jene, die durch eine direkte räumliche und organisatorische Anbindung an eine Messegesellschaft gekennzeichnet sind. Als Beispiel in Deutschland sind die in der Marketingkooperation „SevenCenters" zusammen gefassten Zentren zu nennen. Es handelt sich dabei um einen losen Zusammenschluss der sieben größten deutschen Kongresszentren zu Marketing- und Akquisitionszwecken (Internationales Congress Centrum ICC Berlin, Congress Center Düsseldorf, CongressCenter Messe Frankfurt, CCH-Congress Centrum Hamburg, Congress Centrum KölnMesse, Internationales Congress Center München, Messe Congress Center Stuttgart). Allen diesen Zentren ist eine gewisse Mindestgröße und die unmittelbare Anbindung an ein Messegelände gemein. Siehe dazu die Website www.sevencenters.de.

[2] Gängige Praxis ist auch die Delegation derartiger messebegleitender Tagungen an einen externen Veranstalter im Auftrag der Messegesellschaft. Hierbei handelt es sich streng genommen bereits um eine Gastveranstaltung.

1.2   Gastveranstaltungen

1.2.1 Messegastveranstaltungen

Als Gastveranstaltungen bezeichnet man alle Messen und Ausstellungen, die von der jeweiligen Messegesellschaft nicht selber, sondern von externen Veranstaltern durchgeführt werden. Die Geschäftsbeziehung zwischen Messegesellschaft und Veranstalter gestaltet sich in diesen Fällen derart, dass die Messegesellschaft an den externen Organisator nur ihre Flächen und Services vermietet. Die Bedeutung dieser Veranstaltungsform, die lange ein Randdasein fristete, ist in den letzten Jahren sprunghaft angestiegen. Gastveranstaltungen werden heute von nahezu allen Messegesellschaften offensiv akquiriert oder in Kooperationsform betrieben. Als Beispiel sei hier die Messe Berlin Reed GmbH genannt.

1.2.2 Tagungen und Kongresse

Zu den Gastveranstaltungen gehören bei den großen, überregional agierenden Kongresszentren in der überwiegenden Anzahl auch Tagungen und Kongresse: Diese werden als fertiges Produkt (z.B. wissenschaftlicher Kongress) von externen Organisationen an oftmals wechselnden Orten durchgeführt. Dabei ist das Geschäftsmodell grundsätzlich gleich dem der Gastmessen: Die Messegesellschaft (hier: die Kongressabteilung oder Kongress-Tochtergesellschaft) vermietet dem Veranstalter Räume und Flächen und bietet eine Vielzahl kongressbegleitender Services (z.B. Technik, Grafik etc.) an. Seitens der Kongressabteilung erfolgt keine inhaltliche Auseinandersetzung mit den Themen. So werden zum Beispiel die Referenten und Teilnehmer eines Kongresses vom jeweiligen Veranstalter akquiriert. Im Fall der immer häufiger integrierten kongressbegleitenden Ausstellung erfolgt die Ausstellerakquisition ebenfalls durch den Veranstalter. Die volle Konzentration der Kongressabteilung gilt insofern der reibungslosen und konsequenten Umsetzung der Anforderungen des Veranstalters, deren Schwerpunkte auf organisatorisch-technischem Gebiet liegen. Im Gegensatz zu den Eigenveranstaltungen, die sich auf die Akquisition von Ausstellern und (Fach-)besuchern konzentrieren, ist es eine der Hauptaufgaben der Kongresseinheiten, Tagungs- und Kongressveranstalter in den verschiedenen Märkten zu identifizieren und zu akquirieren. Diese wiederum lassen sich grob in zwei Arten unterteilen:

- „Associations", also Verbände und Institutionen

- „Corporates", also Firmen und Agenturen.[3]

---

[3] Eine Mischform stellt sich ein, wenn ein Verband oder eine Firma eine Agentur beauftragt hat, die dann als Vertragspartnerin auftritt. Quelle: ICCA-Jahresbericht 2002, Amsterdam 2003.

Beide Veranstaltungsarten unterscheiden sich mit Blick auf den zeitlichen Horizont: Einerseits das stabilere und längerfristig geplante Verbandsgeschäft mit üblicherweise regelmäßig wiederholten Kongressen und andererseits die kurzfristigeren, im Allgemeinen einmaligen, Firmenveranstaltungen, wie etwa Produktpräsentationen, Händler- und Verkäufermeetings oder die durch gesetzliche Regelungen vorgeschriebenen Betriebs-, Personal- sowie Hauptversammlungen.

Die Akquisitionen sowohl im Firmen-, insbesondere aber die im Verbandsgeschäft, erfordern einen hohen Ressourcen- und Zeiteinsatz. So werden die Destinationen für Kongresse international agierender Verbände regelmäßig von etwa fünf bis zu zehn Jahre vor dem Veranstaltungsdatum festgelegt. Das Auswahlprocedere gleicht in vielen Fällen der Bewerbung um die Vergabe sportlicher Großereignisse.

Die hier im Fokus stehenden großen Häuser sind dabei regelmäßig selbst international aktiv und haben damit einen erheblichen Anteil daran, dass Deutschland in Europa als Nummer Zwei der Kongressdestinationen (hinter Großbritannien) und weltweit an dritter Stelle (hinter den Vereinigten Staaten und Großbritannien) gelistet wird.[4]

2. Das Management von Kongresszentren

Bei der Umsetzung der oben beschriebenen Aufgaben muss jedes Kongresshaus eine Reihe von Entscheidungen treffen, die, je nach geschäftspolitischer Ausrichtung, sehr unterschiedlich ausfallen können. Eine große Rolle spielt dabei auch, wie die jeweilige Messegesellschaft den Kongressbereich behandelt und welchen Stellenwert sie diesem zumisst.

Nachfolgend sollen einige Punkte diskutiert werden, die wesentlich auf das Management des Kongresszentrums Einfluss nehmen. Sie haben damit überwiegend den Charakter strategischer Entscheidungen.

2.1 Entscheidungsmodelle

2.1.1 Synergien

Mehr und mehr entwickeln sich Mischformen zwischen Messen und Kongressen: Keine Messe von Bedeutung kommt heute ohne begleitenden Tagungsteil aus. Aber auch – und

---

[4] Quelle: ICCA-Jahresbericht 2002, Amsterdam 2003.

hier vor allem die wissenschaftlichen – Kongresse finden regelmäßig mit angeschlossenen Fachausstellungen in den Foyers der Zentren oder in den benachbarten Messehallen statt.[5]

Hier bieten solche Messegesellschaften Vorteile im Markt, die eine Kombination aus Gelände und gut angebundenen Kongressfazilitäten bieten: Auf Grund dieser Konstellation können sie auch umfangreiche Tagungsprogramme anlässlich ihrer Leitmessen problemlos durchführen. Veranstaltern großer Kongresse bietet sich die Möglichkeit, ihre begleitenden Fachausstellungen, die Flächen für wissenschaftliche Posterausstellungen und die notwendigen Cateringflächen in optimaler Anbindung an die Tagungsräume zu organisieren. Die begleitenden Ausstellungen sind auch deshalb so bedeutsam, weil sie dem Veranstalter oder der beauftragten Agentur über die Erträge aus der Flächenvermietung an die ausstellende Industrie einen erheblichen Beitrag zur Finanzierung eines Kongresses leisten.

2.1.2 Konflikte

Während sich Eigenveranstaltungen durch eine gewisse Konstanz (z.B. bei Terminen und Flächenbedarf) auszeichnen, müssen die Gastveranstaltungen des Typs „Kongresse" akquiriert werden, was regelmäßig zu Terminkonflikten zwischen Eigen- und Gastveranstaltungen bei den Ausstellungsflächen[6] führt. War es früher durchgängig üblich, den Eigenveranstaltungen den Vorzug zu geben, ist inzwischen zu beobachten, dass die Messegesellschaften die jeweiligen betriebswirtschaftlichen Auswirkungen von Eigen- bzw. Gastveranstaltungen gegeneinander abwägen.

So haben die Eigenveranstaltungen in der Regel längere Auf- und Abbauzeiten, was u.a. darauf zurück zu führen ist, dass es sich um Leitmessen mit vorwiegend größeren Ständen und aufwändigerem Standbau handelt. Dadurch können Terminkonflikte mit anderen (Gast-)Messen oder Kongress begleitenden Ausstellungen entstehen. In zunehmendem Maß wird eine größere Flexibilität von den eigenen Messeprojekten verlangt, um die Auslastung der Gelände insgesamt – durch Eigen- und Gastveranstaltungen – zu optimieren.

Umgekehrt können aber auch Konflikte in der Raum- und Terminplanung der Kongresszentren entstehen, wenn in gut verkäuflichen Kongresszeiten die Räume durch Messe begleitende Tagungen belegt sind. Da diese von der Messegesellschaft selbst durchgeführten Veranstaltungen häufig nicht mit marktüblichen Mieten belegt sind, eröffnet sich hier Konfliktpotenzial.

---

[5] Dieses stetige Zusammenwachsen unterstreicht die Bedeutung der gewählten Unterscheidung zwischen Eigen- und Gastveranstaltungen gegenüber der zwischen Messen und Kongressen.

[6] Diese Terminkollisionen finden sich im Gastmessegeschäft genauso (abhängig von der Auslastung des Messegeländes).

In beiden Fällen ist sowohl eine betriebswirtschaftliche als auch eine strategische Abwägung dieser Interessenkonflikte auf Geschäftsleitungsebene unerlässlich. Klare Zielvorgaben erleichtern den Mitarbeitern entsprechende Entscheidungen und vermeiden Ressourcen bindende interne Abstimmungsprozesse.

2.2 Organisationsformen

Eine weitere wichtige Entscheidung, die von der Leitung eines Kongresszentrums zu treffen ist, ist die Frage, ob man den Kunden die komplette Organisation ihrer Veranstaltungen anbietet oder nur eine Teilorganisation.

2.2.1 Vollorganisation

Das entscheidende Kriterium bei der Frage nach der Einführung einer Vollorganisation ist die mögliche Auslastung im eigenen Haus. Denn diese Organisationsform setzt voraus, dass ausreichend Fachpersonal für alle in Frage kommenden Dienstleistungen vorgehalten wird. So werden neben den Projektorganisatoren u.a. benötigt:

- Spezialisten aus dem Incomingsektor (für die Verwaltung von Hotelkontingenten und Anreisen)

- Spezialisten aus den Bereichen Marketing und Werbung (für die Akquisition von Ausstellern und Teilnehmern sowie die Gestaltung von Werbemitteln)

- IT-Spezialisten (für die Gestaltung und Verwaltung der Registrierungsunterlagen sowie der Abstracts)

- Destination Management Spezialisten (für die Organisation des Transports der Teilnehmer innerhalb der Destination und die Gestaltung von Rahmenprogrammen).

Diese Entscheidung wird darüber hinaus im wesentlichen auch von den örtlichen Bedingungen abhängig zu machen sein: Wie ist das Angebot bzw. die Konkurrenzsituation vor Ort? Ist eine solche Organisationsform dort wirtschaftlich tragfähig?

2.2.2 Teilorganisation

Bei dieser Form beschränkt sich die Kongresseinheit im Wesentlichen auf die Organisation der Teile der Veranstaltungen, die mit dem Haus selbst verbunden sind, also etwa:

- Aufbau und ggf. notwendige Änderungen bei der Einrichtung der Tagungsräume nach den Kundenwünschen

- Aufbau und Einrichtung der vom Kunden angeforderten technischen Ausstattung (Ton, Licht, Projektion, IT- und Telekommunikations-Installationen)

- Abstimmung und Beauftragung grafischer Dienstleistungen.

Alle anderen, nicht an das Kongresszentrum gebundenen Teilaufgaben werden vom Veranstalter Spezialanbietern übertragen, wie z.B.:

- PCOs = Professional Congress Organizers

- DMCs = Destination Management Companies

- Groundoperators = Bus-/Transportunternehmen.

2.2.3 Outsourcing

Seit geraumer Zeit setzt sich mehr und mehr die Erkenntnis durch, dass es zunehmend schwieriger wird, auf allen Gebieten immer den bestmöglichen Service selbst anbieten zu können. Verstärkt werden daher Überlegungen angestellt, bestimmte Dienstleistungen an externe Anbieter auszulagern (= Outsourcing), die als Spezialisten ihrer Branchen und Gewerke häufig über neuere, modernere Geräte und ggf. auch aktuelleres Know-how verfügen können.

Immer öfter geschieht dies auch in der Form, dass bisherige Abteilungen des Messe- und Kongress-Unternehmens in selbstständige (Tochter)-Gesellschaften umgewandelt werden. So kann das angesammelte Fachwissen der Mitarbeiter weiter vermarktet werden und die Muttergesellschaft verlängert die Wertschöpfungskette durch das Angebot weiterer Dienstleistungen. Dadurch verbleiben diese Umsätze und Erträge im Konzern.

2.3   Kongressmarketing

Die Festlegung der Marketingmaßnahmen für eine Veranstaltungsstätte ist eine klassische strategische Entscheidung. Nachfolgend werden die einzelnen Marketingelemente diskutiert.

2.3.1 Marketingziele

Der Betreiber einer Veranstaltungsstätte muss definieren:

- Welche Zielgruppen er ansprechen will

- Welche Veranstaltungstypen und welche Veranstaltungsgröße sein Haus zulässt

- Mit welchen Werbe- und Vertriebsmaßnahmen

- Mit welcher Preispolitik

er diese Ziele erreichen will.

2.3.1.1 Zielgruppen

Entgegen der landläufigen Meinung, dass sich ein Kongresszentrum primär über die bevorzugte Anwerbung von Veranstaltungen bestimmter Branchen profilieren sollte, sind die Autoren der Auffassung, dass sich die Profilierung an der Infrastruktur des Hauses orientieren sollte. Was heißt das?

Die erste Frage, die sich bei einer Kongressanfrage stellt, lautet: Passt diese Veranstaltung in mein Haus? Das heißt: Stimmen die Raumgrößen, die geforderten Flächenmaße, die Anzahl der Räume u.ä. Es muss also die optimale Größenordnung eines Kongresses für die jeweilige Veranstaltungsstätte ermittelt werden:

- Maximal mögliche Teilnehmerzahl

- Minimal aus betriebswirtschaftlicher Sicht erforderliche Teilnehmerzahl

- Mögliche Flächen für begleitende Fachausstellungen und Postersessions

- Zusätzlich benötigte Flächen für Catering.

Hieraus ergibt sich die anzupeilende Zielgruppe in den unterschiedlichen Märkten (Kongress, Show, Event). In diesem Fall ist die adäquate Größe und Infrastruktur der Veranstaltungsstätte auch ihr USP.[7]

Allerdings gibt es auch hierbei Ausnahmen. Eine zwar „zu kleine", dafür aber zum Beispiel politisch hochkarätige und damit öffentlichkeitswirksame Veranstaltung wird man nicht absagen, da hier der Imagegewinn größer sein kann als der unmittelbare monetäre Ertrag.

2.3.1.2 Veranstaltungstypen und -größen

Wie oben bereits beschrieben, ist die Veranstaltungsgröße vorgegeben von der Infrastruktur der Veranstaltungsstätte mit entsprechender Auswirkung auf das Angebot. Bei den Veranstaltungstypen verhält es sich ähnlich.

Die Autoren sind der Auffassung, dass ebenso die Festlegung auf bestimmte Veranstaltungstypen nicht sinnvoll ist. Im Vordergrund müssen immer die Möglichkeiten des eigenen Hauses stehen. Also, auch hier wieder die Frage nach der räumlichen und vor allem technischen Vielfalt.

---

[7] Unique Selling Proposition = Alleinstellungsmerkmal

Wenn das Kongresszentrum über keine ausreichende Bühnengröße und -ausstattung, keine ausreichende Bodenbelastbarkeit oder ausreichende Lastaufnahme der Decke[8] verfügt, lassen sich bestimmte Events und damit bestimmte Veranstaltungstypen gar nicht erst realisieren. Je besser die Ausstattung ist, desto breiter kann das Veranstaltungsspektrum sein. Auch dies kann ein USP eines Kongresszentrums sein.

2.3.1.3 Instrumente des Kongressmarketing

Bei der Festlegung der Strategien eines Kongresszentrums nehmen die Marketingpolitik und einzelne Marketinginstrumente eine zentrale Rolle ein. Hierzu gehören:

- Die Vertriebskanäle

- Die Kommunikationskanäle

- Die einzusetzenden Werbemaßnahmen

- Die Preispolitik.

2.3.1.3.1 Vertriebskanäle

Ein benutzerfreundlicher und informativer Internetauftritt ist im heutigen Veranstaltungsmarkt für ein Kongresszentrum unerlässlich. Das Angebot interaktiver Kommunikation, um auf schnellem und direktem Weg mit dem Anbieter von Kongressfazilitäten in Kontakt zu treten, gehört ebenfalls essenziell dazu. Gerade international agierende Kongresszentren sollten sich dieser spezifischen Kundenansprache bedienen, da diese den Anforderungen internationaler Kunden und weltweit handelnder Agenturen in hohem Maße gerecht wird.

Der Kunde kann sich präzise und nach seinen individuellen Anforderungen schnell und kostengünstig informieren und so den Kongress vorbereiten, bevor in einer späteren Phase die persönliche Inaugenscheinnahme unverändert die weiteren Schritte bis zum Vertragsabschluss einleitet. Entsprechend sollten auch alle Akquisitionsunterlagen webfähig gemacht werden.

In Abhängigkeit von der definierten Zielgruppe sind die weiteren Vertriebswege festzulegen. Je kleiner die Zielgruppe ist, desto gezielter muss sie angesprochen werden. Damit ist die Entscheidung, entweder über ein breit gestreutes Direct-Marketing oder den Einsatz von Verkaufspersonal den persönlichen Verkauf zu präferieren, vorgegeben. Darüber hinaus ist der Einsatz von Telefonmarketingaktivitäten als Pre-Sale- oder Follow-Up-Maßnahme im Kongressgeschäft üblich.

---

[8] Belastbarkeit der Decke durch dort abgehängte Riggings.

2.3.1.3.2 Kommunikationskanäle

Der aktive Einsatz von E-Mails sowohl als Vertriebs- als auch als Kommunikationsmittel hat sich im Markt zwar schon verbreitet, ist aber noch nicht Standard. Hier liegen noch viele ungenutzte Potenziale, um im B-2-B-Markt erfolgreicher seine Kunden anzusprechen. Ein zunehmend beliebtes Instrument sind per E-Mail verschickte Newsletter, die extrem kostengünstig, sehr aktuell und genau auf das gewünschte Kundensegment zugeschnittene Angebote bzw. Informationen distribuieren können.

Zu beachten sind jedoch die entsprechenden gesetzlichen Bestimmungen hinsichtlich des Versandes unangeforderter E-Mails oder Faxe. Ebenso ist darauf zu achten, dass beim Empfänger nicht der Eindruck entsteht, von so genannten Spam-Mails überhäuft zu werden.

2.3.1.3.3 Werbemaßnahmen

Im Gegensatz zur Werbung für Eigenveranstaltungen im Messewesen, die meist sowohl Fach- als auch Publikumswerbung ist, beschränkt sich diese im Kongressgeschäft gemäß der weiter oben beschriebenen Definition (= „Gastveranstaltungen") auf Maßnahmen gegenüber potenziellen Veranstaltern, d.h. Verbänden, Firmen, Organisationen, Institutionen und Agenturen. Dies ist im Wesentlichen klassische Dach- bzw. Imagewerbung im B-2-B-Bereich.

Die in Frage kommenden Medien sind u.a. Fachzeitschriften, CD-ROMs, Prospekte, Flyer und selbstverständlich verstärkt die Webpräsenz im Internet. Im Übrigen findet hier das gesamte Spektrum an klassischen Werbemitteln seinen Einsatz, wie es auch im Messewesen üblich ist.

Das ICC Berlin geht inzwischen so weit, auf umfangreiche Print-Broschüren als Akquisitionsinstrument weitestgehend zu verzichten. Als Informationsmedium für die Angebotserstellung und bei Projektbesprechungen bleiben sie jedoch immer noch unersetzlich.

2.3.1.3.4 Preispolitik

Bei der Marktdurchdringung ist die Preispolitik eines der entscheidenden Instrumente. Preisfestsetzung und Rabattpolitik bestimmen zunehmend über den Erfolg eines Kongresszentrums in globalen Märkten mit einer hohen Wettbewerbsintensität.

Die Preisfestsetzung hat sich ebenso an betriebswirtschaftlichen Anforderungen wie an den Marktgegebenheiten zu orientieren. Hat das Kongresshaus auf Grund seiner Besonderheiten (USPs) eine gewisse Alleinstellung im Markt, kann es leichter eine Premium-Preispolitik durchsetzen als ein Haus, das sich in einem breiten Umfeld ähnlicher Anbieter befindet.

Im Rahmen der Preispolitik ist auch die Frage möglicher Rabattierungen grundsätzlich festzulegen. Es sollte immer versucht werden, nur mit Festpreisen zu arbeiten, da man sich bei großzügiger Rabattgewährung „erpressbar" durch die Kunden macht. Insbesondere die Mietpreise für die Räumlichkeiten sollten ausschließlich Festpreise sein. Eine „weichere" Linie kann dann bei den hauseigenen Zusatzleistungen, wie zum Beispiel der technischen Ausstattung, Personal etc. verfolgt werden.

Letztlich ist die Preispolitik eine der wichtigsten Managemententscheidungen und sollte sich am Ziel der Umsatz- und Ertragsoptimierung der Gesellschaft orientieren.

2.3.2 Dienstleistungsangebote

Zu den Besonderheiten des Managements eines Kongresszentrums gehört auch die Frage, welchen Umfang an Services dem Veranstalter geboten wird. In der letzten Zeit lässt sich feststellen, dass die Häuser zunehmend über die Vermietung von Sälen hinaus in erheblichem Umfang zusätzliche Dienstleistungen anbieten, um so die Wertschöpfungskette zu verlängern.

Da diese Leistungen vielfach selber durch das Kongresshaus auf den Märkten beschafft werden müssen, handelt es sich um so genannte „durchlaufende Posten", die primär umsatz-, weniger ergebniswirksam sind.[9]

Aufgaben, die sonst vielfach von so genannten PCOs, also auf die spezifischen Bedürfnisse eines Kongresses ausgerichtete Veranstaltungsagenturen, übernommen werden, gehören zu den Dienstleistungen, die die Kongresszentren verstärkt anbieten. Das sind zum Beispiel: die Teilnehmerregistrierung, die Ausstellerakquisition für begleitende Ausstellungen sowie die Organisation des Rahmenprogramms eines Kongresses. Meist schließt das Haus mit einem solchen Dienstleister einen Werkvertrag ab, der dann zwischen Kongresszentrum und Veranstalter eine Mittlerfunktion übernimmt.

Ähnlich ist es bei Aufgaben, die gewöhnlich DMCs anbieten, wie zum Beispiel die Beschaffung der benötigten Hotelkontingente einschließlich der Vergabe der Zimmer an die Teilnehmer. Weitere typische DMC-Angelegenheiten, die ein Kongresszentrum selbst oder mit Hilfe eines vertraglich gebundenen Dienstleisters übernehmen kann, sind die Suche nach geeigneten Locations für begleitende Abendveranstaltungen oder die Gestaltung von Rahmenprogrammen.

Ein einheitlicher Trend in der Branche ist hier nur schwer auszumachen. Der primäre Zweck der Übernahme weiterer Aufgaben ist die Verlängerung der Wertschöpfung im eigenen Haus. Auf der anderen Seite sind diese Aufgaben zum Teil mit erheblichen wirtschaftlichen Risiken verbunden, die zudem in den seltensten Fällen vom Kongresshaus direkt beeinflussbar sind, beispielsweise bei der Kontingentsverwaltung von Hotelzimmern. Verläuft die Teilnehmerakquisition unprofessionell oder ist der Veranstalter nicht

---

[9] Siehe hierzu auch die Diskussion zur Voll- oder Teilorganisation unter Abschnitt 2.2.

in der Lage, aktuelle Themen der Branche in den Kongress zeitnah einzubauen, so kommt es zu rückläufigen Besucherzahlen. Da diese Art Angebote oftmals vorfinanziert werden müssen, kann somit eine Finanzierungslücke entstehen, wenn diese nicht in ausreichendem Maß nachgefragt werden.

Im Internationalen Congress Centrum ICC Berlin[10] ist man dazu übergegangen, sich voll auf die Kernaufgaben der Vermietung von Räumlichkeiten und den unmittelbar mit der Nutzung der Säle verbundenen Services zu konzentrieren. Dazu zählt insbesondere die Bereitstellung qualifizierter Projektmanager, die dem Veranstalter in (fast) allen Fragen zur Seite stehen und ihn individuell mit Blick auf die spezifischen Gegebenheiten des Hauses beraten.

Darüber hinaus werden weitere wichtige Kongressleistungen, wie Catering, technische und Marketing-Services etc. über spezialisierte Tochterfirmen der Messe Berlin GmbH[11] den Kunden angeboten.

2.4   Customer Relationship Management

Einen notwendigen aber noch nicht ausreichenden Niederschlag in der Kongressbranche hat die CRM-Diskussion der letzten Jahre gefunden. Dabei beinhaltet die Diskussion über eine auf Dauer angelegte und ganzheitliche Beziehung zu einem profitablen Kunden viele Aspekte, die für das Management eines Kongresshauses von essenzieller Bedeutung sind.

Um es vorweg zu nehmen: Kundenbindung erschöpft sich nicht in einer „kreativen" Preispolitik, wie es zuweilen den Anschein hat. Es ist zwar richtig, dass der Preis ein wesentlicher Aspekt der Kundenbindung ist und bleibt; gleichwohl darf seine Bedeutung nicht überschätzt werden. Vielmehr geht es um eine kundenorientierte Preisbildung, die transparent, und damit für den Kunden nachvollziehbar ist.

Wichtiger erscheint den Autoren die besondere Pflege der meist überschaubaren Anzahl von Kernkunden, die mit ihren Veranstaltungen die höchsten Deckungsbeiträge erwirtschaften und die die wesentlichen Umsatz- und Ertragsanteile eines Kongresshauses sicher stellen.

Dabei entlarvte sich die stets angeführte „Kundenorientierung" allerdings oft genug als eine Worthülse. Denn insbesondere für Anbieter von großen Kongressfazilitäten ist die Aussage „don´t count the people you get – get the people who count" von erheblicher Bedeutung. Ging es lange Zeit darum, eine möglichst hohe Anzahl von Veranstaltungen

---

[10] Siehe auch die Website www.icc-berlin.de.

[11] Siehe hierzu auch Abschnitt 2.2.3 und folgende Websites: www.capital-catering.de, www.capital-services.de; www.capital-marketing-media.de, www.capital-facility.de.

in die Häuser zu bekommen, um so die „Auslastung" zu steigern, muss die Konzentration auf profitable so genannte „Kernkunden" gerichtet werden.

Plakativ ausgedrückt heißt das: weg von der Masse, hin zur Klasse. Denn sonst würden die Kernkunden die Verlustkunden subventionieren. Insofern muss es nicht schädlich sein, die Anzahl der jährlich durchgeführten Veranstaltungen herunterzufahren. Im Gegenteil: Mit dem Rückzug aus den unprofitablen Segmenten geht umgekehrt eine Steigerung des Unternehmenswertes einher. Bei der Fokussierung auf die profitablen A-Kunden steht also nicht zwingend die Steigerung des Marktanteils oder die Neukundengewinnung im Vordergrund, sondern eine nachhaltige Intensivierung der Kundenbeziehungen zu den identifizierten „Cash Cows".

Einschränkend sei bemerkt, dass die Gesellschafter der Häuser, die häufig die Kommunen und/oder die Länder sind, oftmals kein oder nur ein sehr unterentwickeltes Interesse an derartigen Geschäftsstrategien haben. Denn dies würde auch die Trennung von zum Teil langjährigen B- und C-Kunden bedeuten, die selbst häufig in kommunaler Trägerschaft stehen. Auf Grund der veränderten wirtschaftlichen Rahmenbedingungen auch bei Ländern und Kommunen ist aber seit einiger Zeit die erfreuliche Entwicklung zu beobachten, dass sich die Politik mehr und mehr aus dem Tagesgeschäft zurück zieht. Dieser Trend wird sich mit Sicherheit in Zukunft weiter verstärken.

3. Resümee

Kongresse sind Foren der Begegnung mit der Funktion von Werkstätten bzw. Börsen der Wissensgesellschaft. Hier wird Wissen vermittelt und auf Marktplätze gebracht. Auch wenn sich die Möglichkeiten der Verbreitung von Know-how in den letzten Jahren dramatisch verändert haben, bleiben Seminare, Tagungen und Kongresse, aber genauso auch Messen, in ihrem Bestand ungefährdet. Gerade in einer Zeit der Informationsüberflutung sind sie wichtiger denn je. Auf Kongressen und Messen bleibt der Mensch im Mittelpunkt. Und mit ihm das Bedürfnis nach direkter, persönlicher Kommunikation.

Anders als noch in der zweiten Hälfte der 90er Jahre des letzten Jahrhunderts, als gemutmaßt wurde, dass die neuen Medien die Funktionen von Kongressen und Messen wenigstens teilweise übernehmen könnten, hat sich herausgestellt, dass sie sich ideal ergänzen und keineswegs substituieren.

André Kaldenhoff / Klaus Beckmann

Management für erlebnisorientierte Kongresse, Tagungen und Seminare

1. Kongresse, Tagungen und Seminare in einer wissensbasierten Gesellschaft
    1.1 Kennzeichen einer wissensbasierten Gesellschaft
    1.2 Bedeutung von Kongressen und Tagungen in der wissensbasierten Gesellschaft

2. Begriffsbestimmung
    2.1 Messegesellschaften
    2.2 Messebegleitende Kongresse und Tagungen
    2.3 Kongressmessen
    2.4 Eigenständige Kongresse und Tagungen

3. Dienstleistungsnetzwerke bei Kongressen und Tagungen

4. Ziele von Kongressen

5. Management von erlebnisorientierten Veranstaltungen

6. Messegesellschaften als Partner im erlebnisorientierten Veranstaltungsmanagement
    6.1 Das Umfeld von Veranstaltungen
    6.2 Erlebnisorientiertes Veranstaltungsmanagement

7. Literaturverzeichnis

André Kaldenhoff ist Abteilungsleiter Kongresse der Leipziger Messe GmbH, Leipzig. Dipl.-Soz. Klaus Beckmann ist Direktor des Instituts für Lernende Organisation, Büdingen.

1. Kongresse, Tagungen und Seminare in einer wissensbasierten Gesellschaft[1]

1.1 Kennzeichen einer wissensbasierten Gesellschaft

Am Beginn des 21. Jahrhunderts befinden wir uns im Übergang von der Industriegesellschaft zur wissensbasierten Dienstleistungsgesellschaft oder, wie häufig beschrieben, zur Wissensgesellschaft. Wissen ist damit die zentrale Produktivkraft. Die systematische Beschäftigung mit der „Ressource Wissen" in Wirtschaft und Politik erhält eine eminente Bedeutung. Die wissensbasierte Gesellschaft ist wesentlich gekennzeichnet durch:

- Den dramatischen Rückgang von industrieller Massenproduktion mit stark arbeitsteiliger menschlicher Beteiligung hin zu individuellen Produkten und Dienstleistungen, die tendenziell durch Menschen ganzheitlich allein oder in Teamarbeit hergestellt werden

- Immer kürzer werdende Produktlebenszyklen, um dem hohen Innovationsdruck zu begegnen und dem Bedürfnis der Menschen nach immer Neuem, Anderem und Individuellerem entgegenzukommen

- Einen hohen Anspruch an Qualität im Gegensatz zur Forderung der Industriegesellschaft nach Quantität (immer Besseres und Anderes anstatt immer mehr von genau der gleichen Sorte)

- Den Anspruch hoher Flexibilität, Mobilität und Kreativität an die Individuen sowohl im Arbeitsprozess als auch im privaten Bereich

- Den allgemeinen Trend zur Globalisierung und damit auch zum verschärften internationalen Wettbewerb.

Wissen wird zunehmend als zentraler Bereich der wirtschaftlichen, sozialen und politischen Prozesse verstanden. Wissen zu beschaffen, vorzuhalten, zu vermehren und zu aktualisieren rückt als Schlüsselaufgabe des politischen und unternehmerischen Handelns an die zentrale Stelle unserer Gesellschaft. In vielen Unternehmen und Organisationen ist „Wissensmanagement" daher bereits ein eigenständiger Bereich. Gesellschaftsbestimmende Tendenzen haben wesentlichen Einfluss auf Ziele, Bedeutung, Selbstverständnis, Organisation und tägliches Handeln der an der Vermittlung der „Ressource Wissen" Beteiligten. Die gesellschaftlichen und wirtschaftlichen Bedingungen stecken aber auch gleichzeitig den Rahmen für die Gestaltungsmöglichkeiten und Handlungsnotwendigkeiten der Tagungs-, Kongress- und Seminarwirtschaft ab.

---

[1] Der Beitrag wurde unter Verwendung von Auszügen aus Beckmann, Seminar-, Tagungs- und Kongressmanagement 2003 verfasst.

1.2   Bedeutung von Kongressen und Tagungen in der wissensbasierten Gesellschaft

Aktuelle gesellschaftliche Trends haben direkte und indirekte Auswirkungen auf die Tagungs- und Kongresswirtschaft. Die Produkte dieses Wirtschaftsbereiches werden durch die Kunden nur dann akzeptiert, wenn sie auf die individuellen Wünsche der Adressaten ausgerichtet sind. Kongresse, Tagungen und Seminare müssen mit einem hohen Maß an Professionalität und Qualität erbracht werden.

Innovationsdruck und der Zwang nach permanenter Wissenserweiterung sind die Motoren der Tagungs- und Kongresswirtschaft. Diese werden durch immer kürzere Produktlebenszyklen begleitet, die ihrerseits sowohl die Quantität als auch die Qualität von Kongressen, Tagungen und Seminaren beeinflussen und Letztere zu zentralen „Umschlagplätzen für die Produktionsressource Wissen" machen.

Im Ergebnis dieser Trends wachsen auch die Messe- und Kongresswirtschaft inhaltlichorganisatorisch und baulich-ausstattungsseitig immer enger zusammen. Im Ergebnis erhält die Veranstaltungswirtschaft nicht nur ein eigenständiges Profil, sondern sie gewinnt immer mehr an gesellschaftlicher und wirtschaftlicher Bedeutung und ist auf dem Weg zu einem eigenständigen Wirtschaftszweig.

Es werden aber nicht nur Drehscheiben des Wissensmanagements in Form von höchstmodernen Veranstaltungsstätten, sondern auch Wissensmanager in Persona benötigt. Diese Veranstaltungsprofis verfügen über ein hohes Maß an Sach-, Methoden- und Sozialkompetenz und sind mit der synergetischen Form der ganzheitlich orientierten Teamarbeit „möglichst alles aus einer Hand" vertraut.

2.   Begriffsbestimmung

2.1   Messegesellschaften

Auf Grund ihrer räumlich-technischen und personell-organisatorischen Voraussetzungen können aktuell Messegesellschaften und hier besonders jene mit direkt angegliederten Kongress- und/oder Eventmanagementabteilungen die qualitativen und quantitativen Anforderungen des Marktes abdecken. Deren Mitarbeiter verfügen traditionell über hohe Themen- und Organisationskompetenz.

Messegesellschaften haben sich in den letzten Jahren immer mehr zu Systemanbietern von Dienstleistungen entwickelt. Eigens dazu wurden Servicenetzwerke mit hochspezialisierten Tochterunternehmen (Messebau, Messemarketing, Immobilienverwaltung,

Gastronomie) oder externen Partnern (Reinigung, Sicherheitsdienste, Verkehrslenkung) aufgebaut.

Die exzellente technische und räumliche Infrastruktur sowie die meist hervorragende Verkehrsanbindung prädestinieren Messegelände insbesondere für Großveranstaltungen. Als Aussteller sind die zukünftigen Veranstalter von z.B. Firmenpräsentationen mit der Infrastruktur der jeweiligen Messegesellschaften bestens vertraut. Die Projektteams der Messegesellschaften haben sich auf Grund ihrer Produkt- und Themenkenntnis als Partner für die Entwicklung neuer Veranstaltungsformen angeboten. Marktdruck und Innovationsgrad der Produkte bedurften einer neuen Qualität an Wissensvermittlung, die an herkömmlichen Messeständen nicht mehr zu leisten war. Somit entwickelten sich Messekonzepte immer mehr weg von klassischen Schauplätzen für Erstpräsentationen von Innovationen hin zu Drehscheiben des Wissensmanagements. Hervorragend an Messehallen angebundene moderne Kongresszentren befruchteten diese Entwicklung zusätzlich. Fachprogramme gewinnen an Bedeutung, eigenständige messebegleitende Kongresse und Tagungen eröffnen Messeveranstaltern und Ausstellern gleichermaßen neue Möglichkeiten zusätzliche Besucher im Rahmen ihrer Messepräsentationen mit den am Stand ausgestellten Produkten vertraut zu machen.

2.2 Messebegleitende Kongresse und Tagungen

Messebegleitende Kongresse und Tagungen sind der Versuch der Neuorientierung klassischer Messeveranstaltungen. So werden gezielt Verbände, Institute oder Unternehmen zur Nutzung der Kongress- und Tagungsmöglichkeiten motiviert, um einen Mehrwert für potenzielle Messebesucher zu schaffen bzw. diese überhaupt zu einem Messebesuch zu motivieren. Zahlreiche Veranstaltungen erhalten durch das Fachprogramm ein eigenes Profil. Einzelne Branchen bieten sogar zertifizierte Kurse im Rahmen von Messen an. Anfängliche Bedenken der ausstellenden Unternehmen, messebegleitende Kongresse und Tagungen würden die Besucher aus den Messehallen und damit vom Besuch ihrer Messestände fern halten, haben sich nicht bewahrheitet, da messebegleitende Tagungen und Kongresse die Attraktivität der Messeveranstaltung steigern und zusätzliche Besucher anziehen.

2.3 Kongressmessen

Interessant für die Entwicklung von Messethemen ist die Verbindung von hochqualifiziertem Kongressprogramm und tendenziell kleiner aber feiner thematischer Ausstellung. Ohne große finanzielle Risiken können so Potenziale und Märkte für neue Messeprodukte und -themen getestet werden. Bei einer entsprechenden Marktakzeptanz kann in den Folgejahren kontinuierlich der Ausstellungsanteil ausgebaut werden.

2.4   Eigenständige Kongresse und Tagungen

Veranstaltungsorte von Kongressen und Tagungen sind eigenständige Kongresszentren, multifunktionale Veranstaltungszentren, Tagungshotels, Universitäten und Hochschulen, Bildungseinrichtungen und Akademien oder auch Special Event Locations.

Messegelände wurden mit erheblichen Investitionen durch direkt angegliederte Kongresszentren sinnvoll ergänzt. In den meisten Fällen sollten die Räumlichkeiten lediglich die Voraussetzungen schaffen, das Ausstellungsprogramm durch ein fachliches Programm inhaltlich aufzuwerten. Eine Komplettauslastung, ganz zu schweigen von einer betriebswirtschaftlichen Auslastung wird so auch künftig nicht zu erreichen sein.

Die hervorragenden infrastrukturellen Voraussetzungen eben dieser Kongresszentren, aber auch die Organisationsstruktur der Messegesellschaften an sich, haben es den Kongresszentren ermöglicht, eine dominante Stellung unter den Anbietern zu erreichen.

Die häufigsten Veranstaltungsformen sind dabei:

- Mitgliederversammlungen von Verbänden oder Organisationen

- Medizinische Kongresse und Tagungen

- Firmen- und Produktpräsentationen (Corporate Meetings)

- Partei- und Gewerkschaftstage

- Politisch und gesellschaftlich motivierte Konferenzen und Tagungen

- Sport- und Kulturevents im weitesten Sinne.

3.   Dienstleistungsnetzwerke bei Kongressen und Tagungen

Den immer komplexer werdenden Anforderungen an die Organisation und Durchführung von Kongressen und Tagungen Rechnung tragend, haben sich eigene Dienstleistungsnetzwerke herausgebildet. So stehen den Veranstaltern bei Messe- oder Kongressgesellschaften sowohl messeeigene als auch externe Spezialunternehmen unterstützend zur Seite. Die Dienstleistungen dieser Partner können von der Beratung bis zur Ausführung von Kongressen und Tagungen reichen.

Die klassischste Form der mit der Organisation und Durchführung betrauten Unternehmen sind die PCOs (Professional Congress Organizer). Aber auch DMCs (Destination Management Companies) beeinflussen das Geschäft durch ihre touristische Kompetenz.

Werbe- und Eventagenturen profitieren von ihrer inhaltlichen Kompetenz. Sie haben sich vielfach auf die Organisation von Firmenevents oder Incentive-Veranstaltungen spezialisiert.

Die wichtigsten kongressrelevanten Dienstleistungen, die durch Partner erbracht werden, seien nachfolgend nur namentlich erwähnt:

- Transportunternehmen

- Beherbergungsunternehmen

- Rahmenprogramm

- Veranstaltungstechnik

- Gastronomie.

Im Rahmen einer Studie des German Convention Bureau wurde mit folgendem Ergebnis nach den wichtigsten externen Dienstleistern gefragt:

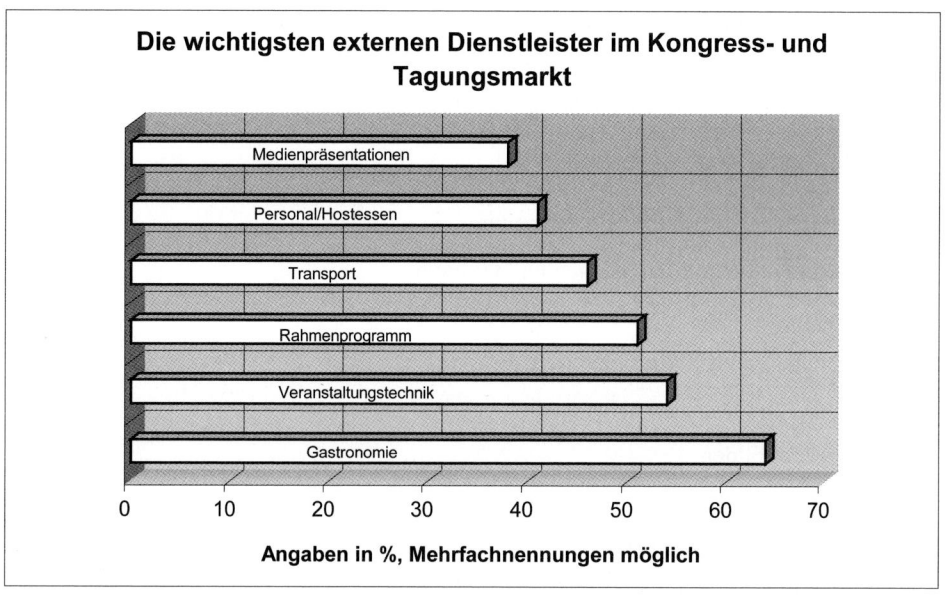

Abb. 1: Bedeutung von Dienstleistern im Kongress- und Tagungsmarkt
Quelle: German Convention Bureau (GCB), Der deutsche Kongress- und Tagungsmarkt 1999/2000, Die wichtigsten externen Dienstleister; Mehrfachnennungen waren möglich.

4. Ziele von Kongressen

Aus dem Lateinischen „congressus" lässt sich das Hauptziel, nämlich die „Zusammen-kunft" von Menschen, am einfachsten definieren. Die Notwendigkeit, dass sich Ent-scheider unterschiedlicher räumlicher Herkunft zu einem bestimmten Zeitpunkt an ei-nem bestimmten Ort zusammenfinden, bestand schon immer. Politisch motiviert und aus heutiger Sicht mit großer historischer Tragweite fanden der amerikanische und französi-sche Nationalkongress oder der Wiener Kongress als klassischste Form statt.

Heute versteht man unter Kongressen und Tagungen Zusammenkünfte von Entschei-dungs- und Kenntnisträgern aus wirtschaftlichen, wissenschaftlichen, politischen und anderen Organisationen sowie aus gesellschaftlichen Gruppen, um Informationsaus-tausch und Diskurs zu betreiben, gegenseitige Kontakte zu fördern oder Definitionen und Lösungswege für Probleme zu erarbeiten.

Durch das Zusammentreffen von verschiedenen Sichtweisen wird der eigene Stand-punkt – oder der der Organisation bzw. Institution, die man vertritt – durch andere oder neue Ideen beeinflusst und gegebenenfalls neu bestimmt.

Davon ausgehend lassen sich für Kongresse und Tagungen die in folgenden dargestellten Haupt- und Nebenziele formulieren.

Hauptziele von Kongressen, Tagungen und Seminaren:

- Informationen bündeln und verarbeiten
- Botschaften begreiflich machen und verbreiten
- Absatzquellen und Märkte erschließen
- Angebots- und Konkurrenzumfeld ausloten
- Produkt- und Dienstleistungsqualität spürbar machen
- Netzwerke bilden.

Nebenziele von Kongressen, Tagungen und Seminaren:

- Affinität zu Produkten und Unternehmen erreichen
- Beeinflussungseffekte erzielen
- Akquisitorischer Absatzhelfer sein
- Multisensorische Ansprache unterstützen
- Interaktion und wirkungsvolle Zweiwegekommunikation erlauben
- Interdisziplinarität fördern

- Audience Effect und Übereinstimmung erzielen

- Communicator Effect erzielen

- Corporate Communication, Corporate Behaviour, Corporate Design und Corporate Mission erlebbar machen

- Möglichkeit für Expertengutachten bieten

- Kontakt zu Meinungsbildnern ermöglichen

- Plattform für Händlerempfehlungen sein

- Pipelineeffekte erzielen

- Positionen verstärken.

Der Zielerreichungsgrad eines Kongresses kann neben der inhaltlichen Qualität durch ein professionelles Marketing und durch eine perfekte Organisation positiv beeinflusst werden. In zunehmendem Maß kommt der angemessenen didaktischen Aufbereitung eine große Bedeutung zu. Die Tagungsinhalte müssen den Erwartungen der Teilnehmer angemessen sein und darüber hinaus muss die Aufbereitung leisten, dass die Botschaften die Teilnehmer gezielt erreichen. Dies geschieht durch angemessene und adressatengerechte Sozial- und Kommunikationsformen.

5. Management von erlebnisorientierten Veranstaltungen

Will die Veranstaltungswirtschaft den Sprung in die Wissensgesellschaft schaffen, so muss sie sich auf kurz oder lang professionell mit deren wichtigsten Begrifflichkeiten auseinandersetzen und diese vor allem umsetzen. Im Ergebnis dieser Auseinandersetzung kann die zunehmende „Eventisierung" von Kongressen und Tagungen nur ein wenig geeignetes Zwischenziel sein. Vielmehr sollte einer spezifischen erlebnisorientierten Veranstaltungsdidaktik zunehmende Bedeutung beigemessen werden.

Didaktik wird hier als „... die Vermittlung zwischen Sachlogik des Inhalts und der Psychologik der Lernenden ..." verstanden. „Zur Sachlogik gehört eine Kenntnis der Strukturen und Zusammenhänge der Thematik. Zur Psychologik die Berücksichtigung der Lern- und Motivationsstrukturen des AdressentInnen." (Siebert 1996)

Nur unter Beachtung des Einklangs von Inhalt (Was) und Form (Wie) können die Ziele von Kongressen und Tagungen erreicht werden. Der Weg (Methode) ist dabei mit dem Ziel eines Kongresses oder einer Tagung eng verbunden.

Wer diese Aufgaben heute kompetent ausfüllen kann, darüber kann lange diskutiert werden. So besitzen PCOs häufig eine hohe inhaltliche und betriebswirtschaftliche Kompetenz, lassen aber Methodenkompetenz mitunter vermissen. Werbe- und/oder Eventagenturen stellen die Form in den Mittelpunkt ihrer Planungen. Methode und Design von Veranstaltungen geraten dabei häufig zum Selbstzweck.

Dagegen finden sich gute Ansätze einer solchen systematischen Vorgehensweise im professionellen Projektmanagement (Professional Project Management – PMP) wieder. Manchmal im Stil einer DIN-Norm, wird das Ziel und die Methodenkompetenz unabhängig vom Inhalt in den Mittelpunkt der Betrachtungsweise gerückt.

Management von erlebnisorientierten Veranstaltungen setzt sich also aus folgenden Planungsschritten zusammen, die von einem professionellen Veranstaltungsmanager beachtet werden sollten:

- Ziel- und Zielgruppendefinition
- Definition der Inhalte und Themen
- Definition der Methoden und Techniken
- Definition der Veranstaltungsziele und Veranstaltungsformen
- Definition des Veranstaltungsumfelds
- Didaktisches Arrangement.

Wollen moderne Messegesellschaften sich auch weiterhin in dem sich stark entwickelnden Wirtschaftszweig profilieren, so sollten sie sich inhaltlich und personell – zumindest durch strategische Allianzen – mit den einzelnen Planungsschritten auseinandersetzen.

6. Messegesellschaften als Partner im erlebnisorientierten Veranstaltungsmanagement

6.1 Das Umfeld von Veranstaltungen

Messegesellschaften stellen mit ihrer Infrastruktur das Umfeld für die Umsetzung der Veranstaltungskonzepte. Nicht direkt beeinflussen können sie dabei Faktoren wie Verkehrsanbindung oder das Image der Destination selbst. Dies aber sind Kriterien, die alle Veranstaltungsformen stark beeinflussen.

Die Einflussnahme der Messegesellschaften sollte bereits weit vor der eigenen Haustür beginnen. Gute Kontakte in Wirtschaft, Politik und Gesellschaft und eine enge Zusammenarbeit mit den Organisationen, Institutionen und Unternehmen, die direkt an der Durchführung einer Veranstaltung beteiligt sind, wirken sich immer auf das Gelingen einer Veranstaltung aus.

Hoteliers, Taxi- oder Busunternehmer, denen der Kongress- oder Tagungsveranstalter kein Fremdwort ist, oder ein kompetenter Wirtschaftsminister oder Bürgermeister, der das Grußwort zum Veranstaltungsbeginn hält, vielleicht sogar zu einem Empfang einlädt, aber auch Wirtschaftskompetenz am Ort ansässiger Unternehmen als Gesprächspartner bzw. als Zielorte für Fachexkursionen können prägend sein.

6.2 Erlebnisorientiertes Veranstaltungsmanagement

Direkt beeinflussen können Messegesellschaften Veranstaltungen, indem sie folgende Kriterien beachten und positiv umsetzen:

- Gute Verkehrsanbindung, ausreichende Parkmöglichkeiten

- Individuelle Begrüßung der Kongress- und Tagungsteilnehmer bereits bei der Anreise auf dem Bahnhof oder dem Flughafen, in der Stadt oder im Hotel unter Verwendung wiedererkennbarer Symbole oder Zeichen

- Komfortable Eingangs- und Empfangssituation im Kongress- und Messezentrum

- Moderne, lichtdurchflutete, funktionale und angemessen große Veranstaltungsräume

- Arrangement von Farben, Licht und Beschallung

- Bequemes Funktionsmobiliar

- Kurze und übersichtliche Wege innerhalb und außerhalb des Veranstaltungszentrums

- Variable Pausengestaltung und Pausenverpflegung

- Kompetentes Hilfspersonal.

Messegesellschaften und die mit der Durchführung von Kongressen und Tagungen beauftragten Projektteams müssen in der Lage sein bzw. in die Lage versetzt werden, mit ausreichender Entscheidungskompetenz bestückt als wirkliche Partner der Veranstalter agieren zu können. Ihre Kunst ist es, im Wissen um die mehr oder weniger komplexen Ziele der Veranstalter die ihnen gegebenen „hard facts" mit persönlichen „soft skills" zu kombinieren. So entwickeln die Veranstaltungsmanager und die ihnen zugeordneten Teams durch die Auseinandersetzung mit den Zielen der Veranstaltung Methodenkompetenz.

Sie müssen im Zusammenspiel mit dem Veranstalter:

- Ansprechpartner für alle Fragen und Probleme sein

- Nach konstruktiven Lösungen suchen können und aktiv Vorschläge zur Problemlösung einbringen

- Über Kenntnisse des durch den Veranstalter betreuten Unternehmens oder der Organisation sowie deren Veranstaltungsziele verfügen

- In einem motivierenden Umfeld und mit ehrlichem Engagement arbeiten.

7.   Literaturverzeichnis

BECKMANN, K. u.a., Seminar-, Tagungs- und Kongressmanagement, Berlin 2003.

SIEBERT, H., Didaktisches Handeln in der Erwachsenenbildung, Neuwied 1996.

Werner M. Dornscheidt / Claus Groth / Hans Werner Reinhard

Mega-Events

1. Einleitung

2. Events

3. Historie von Mega-Events

4. Bedeutung von Mega-Events

5. Komplexität als Operationalisierungsherausforderung von Mega-Events
   am Beispiel der EXPO 2000

6. Fazit

7. Literaturverzeichnis

Dipl.-Betriebswirt Werner M. Dornscheidt ist bis 31.12.2003 Vorsitzender der Geschäftsführung der Leipziger Messe GmbH und ab 1.1.2004 Vorsitzender der Geschäftsführung der Messe Düsseldorf GmbH. Prof. Claus Groth war von 1979 bis 1984 Vorsitzender des Vorstandes der Deutschen Messe AG, Hannover und von 1984 bis 1997 Vorsitzender der Geschäftsführung der Messe Düsseldorf GmbH. Nach seiner Pensionierung übernahm er die Geschäftsführung der Trägergesellschaft Deutscher Pavillon mbH bei der EXPO 2000 in Hannover. Dipl.-Kfm., Dipl.-Betriebswirt Hans Werner Reinhard ist Leiter der Abteilungen Geschäftsführungsangelegenheiten und Protokoll sowie Leiter eines Projektteams bei der Leipziger Messe GmbH, Leipzig. Zum 1. Januar 2004 übernimmt er die Leitung des Unternehmensbereiches Kommunikation der Messe Düsseldorf GmbH, Düsseldorf.

1. Einleitung

In der neueren Literatur taucht immer häufiger die Begrifflichkeit der „Mega-Events"
auf. Deshalb widmet sich der vorliegende Artikel diesem Thema.

Bei näherer Betrachtung wird deutlich, dass sich hinter Mega-Events bereits bekannte
und keinerlei neuartige Veranstaltungsformen verbergen. Jedoch haben sich Größe und
Ausmaß dieser Veranstaltungen in den vergangenen Jahrzehnten deutlich verändert. Wie
eine Triebfeder hat man ähnlich dem Wetteifern um den höchsten Skyscraper der Welt
von Veranstaltung zu Veranstaltung neue „gigantische" oder auch „Mega-Bestmarken"
gesetzt.

Je größer ein Event wird, um so komplexer und schwieriger wird das Projektmanagement. Deutsche Messegesellschaften haben in der Vergangenheit hiervon profitiert und
ihr Know-how in Teilprojekten eingebracht. So wurden beispielsweise die Messegesellschaften von Düsseldorf und Hannover mit der Operationalisierung des Betriebes des
Deutschen Pavillons auf der EXPO 2000 beauftragt. Ein weiteres sehr prestigeträchtiges
Projekt der Messe Düsseldorf ist die Beauftragung (durch die Deutsche Sport-Marketing
GmbH), für das Nationale Olympische Komitee die Organisation und den Betrieb des
Deutschen Hauses bei den Olympischen Sommerspielen in Sydney (2000), Athen (2004)
und Peking (2008) sowie den Winterspielen in Salt Lake City (2002) und Turin (2006)
zu übernehmen.

2. Events

2.1 Begriffliche Abgrenzung und Definition von Mega-Events

Die aus dem englischen stammende Begrifflichkeit „Event" geht auf das lateinische
Verb evenire – heraus-/hervorkommen, eintreffen – zurück. Die davon abgeleiteten Sub-
stantive eventum bzw. eventus haben u.a. die Bedeutung eines „Ereignisses". Ein Event
im herkömmlichen Sinne wird als ein „Geschehen, Ereignis oder Wettbewerb" bezeichnet. In der heutigen „(Spaß)-Gesellschaft" steht Event für „sportliche oder kulturelle
Großveranstaltungen, aber auch für betriebliche und private Feiern" (vgl.
www.wissen.de). Bruhn definiert einen Event als „eine besondere Veranstaltung oder ein
spezielles Erlebnis, das multisensitiv vor Ort von ausgewählten Rezipienten erlebt und
als Plattform zur Unternehmenskommunikation genutzt wird." (Bruhn 1997, S. 777).

In der gängigen Literatur ist eine allgemeingültige Definition zu Mega-Events nicht vorhanden. Das Präfix „Mega" ist eine Steigerungsform und stammt aus dem Griechischen (megas = gross). Es wird sinngemäß für „super", „mächtig" oder „bedeutend" eingesetzt. In der heutigen Gesellschaft wird „Mega" allerdings schon wieder abgelöst von Superlativen, wie z.B. „giga" und „hyper" (vgl. www.wissen.de). Ein Mega-Event stellt dementsprechend eine Steigerungsform des oben definierten Events dar. Ziel dieser Steigerung ist es, ein Erlebnis in bestimmte Dimensionen zu heben und diesem eine entsprechende Beachtung zu schenken.

Nach Roche sind Mega-Events groß angelegte und zeitlich befristete kulturelle (einschließlich kommerzielle und sportliche) Veranstaltungen, die von dramatischem Charakter, populärem Massenanreiz und von internationaler Bedeutung sind. (Roche 2001, o. S.) Diese Events stellen ein Schlüsselereignis dar, in dem sich die jeweiligen Nationen Images aufbauen und sich selbst repräsentieren unter dem Gesichtspunkt der Anerkennung und Beachtung anderer Nationen. Events können passenderweise auch als „Mega" beschrieben werden in Bezug auf ihre Größe und den Wirkungsgrad an Aufmerksamkeit, den Zielmarkt, den Grad an öffentlicher finanzieller Beteiligung, der Übertragung im Fernsehen und in der Art und Weise, in der sich der Veranstalter selber repräsentieren kann – in sozialer, wie auch in ökonomischer Form (University of South Wales 2003, lecture 2).

Durch folgende Merkmale lassen sich Mega-Events von anderen Events abgrenzen (Klenk 1999, S. 39f.; Meyer Künzel 1999, S. 432-436; Presse u. Informationsamt der Bundesregierung 1997, S. 268):

- Lange Vorlaufzeiten bei der Organisation (bis zu 10 Jahre) sowie hohe Investitionen in Infrastruktur und Veranstaltungsinhalte; dadurch nachhaltige städtebauliche Auswirkungen

- Hohes Interesse von Seiten der Politik und der Medien (hoher Imagewert)

- Begrenzter, aber längerer Veranstaltungszeitraum (mindestens vier Wochen) ausgelegt auf ein Millionenpublikum

- Beachtung und Einhaltung zentral geregelter Richtlinien durch die zu vergebenden Organisationen.

2.2 Typologisierung von Events

Roche hat für Events eine Typologisierung vorgenommen, welche nach folgenden Kriterien erfolgt (Roche 2001; vgl. Abb. 1):

- Der Zielbeteiligung bzw. des Zielmarktes
- Dem Medieninteresse.

Mega-Events sprechen einen globalen Zielmarkt an und sind demnach auch von globalem Interesse für die Medien. Weltweit berichten TV-Sender über Events dieser Art. Zu solchen Veranstaltungen zählen Weltausstellungen, Olympische Spiele sowie Weltmeisterschaften publikumsaffiner Sportarten.

Typ	Zielbeteiligung / -markt	Medieninteresse	Beispiele
Mega-Event	Global	Global	• Weltausstellungen • Olympische Spiele • Weltmeisterschaften
Special-Event	Ausgewählte Regionen in der Welt / national	International	• Formel-1-Rennen • Wimbledon, US Open • Tour de France • Oscar-Verleihungen
Hallmark-Event	Überregional	National	• Bundesgartenschau • Stuttgarter Weindorf • Deutsches Turnfest
Community-Event	Lokal bis Regional	Lokal / Regional	• Landesgartenschau • Stuttgarter Weindorf • Stadtfeste

Eigene Darstellung in Anlehnung an ROCHE

Abb. 1: Typologisierung von Events

Special Events finden ihre Zielbeteiligung bzw. ihren Zielmarkt auf internationaler und nationaler Ebene. Dementsprechend wecken sie das Interesse der internationalen wie auch national agierenden Medien. Ein Special-Event ist in einer „Gastgeber-Stadt" beheimatet. Mehrere Nationen sind an diesem Event beteiligt. Entsprechend der involvierten Länder (Teilnehmer) stößt dies auf das Interesse der jeweiligen nationalen Medien. Bei einem Rennen der Formel 1 beispielsweise berichten die Medien des Austragungsortes bzw. -landes sowie die Medien der Herkunftsländer von Rennfahrern und Rennställen über den Event.

Hallmark-Events sind auf den überregionalen Bereich fokussiert. Nach Ritchie sind es große einmalige oder mehrfach wiederkehrende Veranstaltungen, welche die Bekanntheit und Attraktivität einer meist touristischen Destination kurz- oder langfristig verbessern (Ritchie 1984, S. 2; Olds 1998a, S. 3). Zu Hallmark-Events zählen nationale Sportveranstaltungen, Festspiele und kulturelle Großereignisse, wie z.B. das Deutsche Turnfest oder das Stuttgarter Weindorf. *Community-Events* fokussieren auf ein lokal bis regional begrenztes Umfeld, entsprechend sind diese von lokalem Publikums- und Medieninteresse (Roche 2001, S. 2). Die Bandbreite von Community-Events ist groß: angefangen vom Stadtteilfest, über den Stadt-Marathon bis hin zu (über-)regional bedeutenden Veranstaltungen, wie z.B. das Konstanzer Seenachtsfest oder den jährlich an wechselnden Orten ausgerichteten Tag der Sachsen.

3.   Historie von Mega-Events

Im Weiteren werden die drei bekannten Mega-Event-Typen vorgestellt und auf deren historische Entstehung eingegangen.

3.1   Weltausstellungen

Mitte des 19. Jahrhunderts setzte die technische Entwicklung zu gewaltigen Galopp-sprüngen an und suchte nach Lösungen, die mathematischen Tatsachen entsprachen und jenseits von Zufälligkeiten lagen (Schmals 2003, S. 34). Darin begründet, entwickelte sich eine besondere Ausstellungskultur – die Weltausstellung, welche in unregelmäßigen Abständen und in jeweils anderen Städten stattfindet (vgl. Abb. 2 bis Abb. 4) und im Verlauf der Jahrzehnte ihren Charakter verändert hat (EXPO 2000 Hannover 1997, S. 14-17).

Die Weltausstellung befasst sich mit einem Generalthema (oft von philosophischem Ein-schlag) und zeigt die Gegenwart, aber auch die Zukunftsperspektiven des technischen und zivilisatorischen Fortschritts an. In der „Konvention über internationale Ausstellun-gen" von 1928 sind die internationalen Regelements festgeschrieben. Entscheidungen bezüglich der Teilnahme eines Landes an einer Weltausstellung trifft das „Bureau Inter-national des Expositions" (BIE) mit Sitz in Paris. Die folgende Historische Entwicklung von Weltausstellungen zeigt die spezifischen Akzente im Zeitablauf:

1851 – 1889: Gewerblich industrielle Leistungsschauen von Nationen und Unternehmen

Die Idee einer Weltausstellung stammte von Prinz Albert von England im 19. Jahrhun-dert, als er die regelmäßig stattfindenden Manufakturmessen zu einem Forum des inter-nationalen Fortschritts forderte. So entstand 1851 in London die erste Weltausstellung mit dem Titel „The Great Exhibition of the Works of Industry of all Nations". Der Deut-sche Albert von Sachsen-Coburg-Gotha, Prinzgemahl von Königin Victoria, stellte hier-für den Hydepark kostenlos zur Verfügung, während englische Geschäftsleute das Vor-haben finanzierten. Über sechs Millionen Besucher strömten durch den eigens dafür ge-bauten Kristallpalast und bestaunten die 13688 Aussteller aus 23 Ländern. Die Aus-stellung wirkte wie ein Magnet auf Erfinder, Hersteller und Publikum (Krawinkel 1991, S. 87; Klenk 1999, S.62f.; EXPO 2000 1997, S. 14f.).

Nach dem großen Erfolg der ersten Weltausstellung setzte ein Weltausstellungsboom ein. England und Frankreich zählten dabei zu den treibenden Nationen (Klenk 1999, S. 62).

1851	London	1873	Wien	1888	Barcelona
1855	Paris	1876	Philadelphia	1889	Paris
1862	London	1878	Paris		
1867	Paris	1880	Melbourne		

Abb. 2: Weltausstellungsstädte 1851 bis 1889

1893 – 1939: Leistungsschauen der Nationen und Ideologien

Die Weltausstellungen des 19. Jahrhunderts waren Schauausstellungen, bei denen wirtschaftliche und technische Erneuerungen und Erfindungen zum Teil erstmals der Öffentlichkeit präsentiert wurden (von der Schreib- und Nähmaschine über das Telefon und das elektrische Licht bis hin zur Rolltreppe) und die teilnehmenden Länder in einen wirtschaftlichen Wettstreit traten (Klenk 1999, S. 62f.; Kalb 1993, S. 1, Kalmus 1994, S. b05).

1893	Chicago	1906	Mailand	1933	Chicago
1897	Brüssel	1910	Brüssel	1935	Brüssel
1900	Paris	1913	Gent	1937	Paris
1904	St. Louis	1915	San Franzisko	1939	New York
1905	Liège	1929	Barcelona		

Abb. 3: Weltausstellungsstädte 1893 bis 1939

Nach der Jahrhundertwende verloren Weltausstellungen an Bedeutung. Gründe dafür waren beispielsweise der allgemeine wirtschaftliche Niedergang und zunehmende politische Konfrontationen, die schließlich zum Ersten Weltkrieg führten. Bis 1939 entwickelten sich Weltausstellungen zunehmend zu „Propagandaschauen" auf Grund der zunehmenden Ideologisierung der Außenpolitik (Klenk 1999, S. 66f.).

1945 – 1992: Unterhaltungsspektakel mit Anspruch

Nach dem Zweiten Weltkrieg ist ein deutlicher Entwicklungsbruch erkennbar – die zahllosen neuen Produkte bedurften keiner Weltausstellung mehr und das Trauma des Krieges zeigte seine Auswirkungen bezüglich des Fortschrittsgedankens (Klenk 1999, S. 66f.). Branchenbezogene Fachmessen etablierten sich sukzessive und übernahmen die Funktion einer fachgerechten und zielgruppenorientierten Präsentation von Innovationen und neuen Produkten (EXPO 2000 1997, S. 15).

In der Konsequenz haben Weltausstellungen ihren Charakter verändert und sich im Verlauf der Zeit zu rein publikumsorientierten Massen-Events entwickelt, deren Konzepte anspruchsvoll und trotzdem unterhaltsam für jedermann sein sollen (Schmals 2000, S. 87).

1958	Brüssel	1970	Osaka
1967	Montreal	1992	Sevilla

Abb. 4: Weltausstellungsstädte 1958 bis 1992

Brüssel: Belgien versuchte mit dem Motto „Bilanz der Menschheit für eine bessere Welt" eine thematische Umgestaltung. Die Zielsetzung wurde von den Teilnehmerländern jedoch ignoriert (Klenk 1999, S. 68).

Montreal: Kanada rückte mit dem Thema „Man and his world" den Menschen in den Mittelpunkt. Erstmals wurden dabei Themenpavillons eingeführt. Jedoch standen auch hierbei Werbung und Propaganda für das eigene Land im Vordergrund (Klenk 1999, S. 67f.).

Osaka: Die Weltausstellung in Osaka präsentierte sich als ein Vergnügungs- und Unterhaltungspark ohne informatorischen Anspruch und wurde von Kritikern als eine „Mega-Show mit Disneyworldcharakter" bezeichnet (Kretzschmer 1999, S. 256f.).

Sevilla: Nach den negativen Erfahrungen von 1970 wagte Spanien einen erneuten Vorstoß, jedoch ohne konzeptionellen Erfolg. Dennoch überraschte die Veranstalter eine Rekordbesuchszahl von rund 42 Millionen. Allein am 3. Oktober 1992 kamen 629 845 Besucher auf das EXPO-Gelände (Klenk 1999, S. 69).

Seit 2000: EXPO neuen Typs

Mit dem Eintritt ins 21. Jahrhundert erleben auch die Weltausstellungen eine neue Renaissance. Die EXPO 2000 konnte die inhaltliche Ausrichtung einer universellen Weltausstellung neu profilieren (Klenk 1999 S. 70; Beck 1988, S. 256). In Zeiten knapper Ressourcen und einer wachsenden Weltbevölkerung wollte man weder eine Industrieschau noch ein Vergnügungspark werden. Vielmehr sollten mit dem Generalthema „Mensch – Natur – Technik. Eine neue Welt entsteht" die teilnehmenden Nationen und Aussteller animiert werden, nachhaltige Lösungen für die globalen Probleme zu entwickeln und auf der EXPO 2000 aufzuzeigen (EXPO 2000 Hannover GmbH 1998, S. 13; EXPO 2000 Hannover GmbH 1999, S. 36-38). Mit dieser Weltausstellung neuen Typs wollte man die Chance nutzen, auf Basis einer kritischen Bilanzierung des 20. Jahrhunderts die „Grundrisse einer besseren Welt" zu skizzieren und zur Aufklärung über negative Entwicklungslinien des zurückliegenden Jahrhunderts beizutragen (Weiteres zur konzeptionellen Ausrichtung siehe Kapitel 5) (Negt 1991, S. 37-38).

Mit über 170 teilnehmenden Nationen und Organisationen konnte die EXPO 2000 in Hannover eine bis dato auf Weltausstellungen nie dagewesene Rekordbeteiligung verzeichnen und damit eine neue Bestmarke im Reigen der Mega-Events setzen (EXPO 2000 Hannover GmbH 1999, S. 6; EXPO 2000).

3.2   Olympische Spiele

Die ersten Olympischen Spiele fanden nach griechischer Überlieferung 776 v. Chr. statt. Bereits im 6. Jahrhundert entwickelten sich die Olympischen Spiele von ihrer regionalen Bedeutung zu einem überregionalen Ereignis – einer „Manifestation des griechischen Nationalgefühls" (H. Bengston). Bis ins 5. Jahrhundert n. Chr. gediehen die Olympischen Spiele – ihr Ende liegt allerdings, wie der Beginn im Dunkeln (Hess, www.olympia.hessonline.de).

Der französische Historiker und Pädagoge Baron Pierre de Coubertin schlug am 25. November 1892 bei einem Vortrag vor, die Idee der Olympischen Spiele wieder zu beleben. Dieses internationale Sportfest sollte dem Frieden und der Völkerverständigung dienen – der Förderung einer „gesunden Demokratie und eines friedlichen Internationalismus". Am 23. Juni 1889 fanden sich Delegierte aus 12 Ländern zu dem von Coubertin einberufenen Internationalen Leibeserzieherischen Kongress zusammen und beschlossen, ein Internationales Olympisches Komitee (IOC) zu gründen.[1]

---

[1] Vgl. Hess, olympia.hessonline.de; Wissen digital; www.olympia-lexikon.de.

1896	**Athen**	**1948**	**London**	1980	Lake Placid
1900	**Paris**	1948	St. Moritz	**1984**	**Los Angeles**
1904	**St. Louis**	**1952**	**Helsinki**	1984	Sarajevo
1908	**London**	1952	Oslo	**1988**	**Seoul**
1912	**Stockholm**	**1956**	**Stockholm / Melbourne**	1988	Calgary
1916	**Berlin**	1956	Cortina	**1992**	**Barcelona**
1920	**Antwerpen**	**1960**	**Rom**	1992	Albertville
1924	**Paris**	1960	Squaw Valley	1994	Lillehammer
1924	Chamonix	**1964**	**Tokio**	**1996**	**Atlanta**
1928	**Amsterdam**	1964	Innsbruck	1998	Nagano
1928	St. Moritz	**1968**	**Mexico City**	**2000**	**Sydney**
1932	**Los Angeles**	1968	Grenoble	2002	Salt Lake City
1932	Lake Placid	**1972**	**München**	**2004**	**Athen**
1936	**Berlin**	1972	Sapporo	2006	Turin
1936	Garmisch	**1976**	**Montreal**	**2008**	**Peking**
1940	**Helsinki**	1976	Innsbruck	2010	Vancouver
1944	**London**	**1980**	**Moskau**		

Sommerspiele /Winterspiele

Abb. 5: Austragungsorte der Olympischen Spiele seit 1896

Das IOC vergab die ersten Spiele in das Ursprungsland der Olympischen Idee. Am 5. April 1896 wurden die ersten Olympischen Spiele der Neuzeit eröffnet. In einem nach antikem Vorbild errichteten Stadion traten 295 Athleten aus 13 Ländern an und ermittelten 42 Olympiasieger. Zu diesem Ereignis wurde von Spyros Samara die olympische Hymne komponiert, die bis heute die einzig rechtmäßige olympische Festmusik und ein wichtiger Bestandteil der Spiele ist.[2] In einem 4-Jahres-Rhythmus werden seit 104 Jahren die Olympischen Spiele ausgetragen und haben mittlerweile eine Reihe „schwererer Prüfungen" überstanden – kriegsbedingter Ausfall von Spielen, Missbrauch durch die Nazis, Kalter Krieg mit Boykotten. Seit 1924 finden neben olympischen Sommerspielen auch olympische Winterspiele statt, um den Wintersportdisziplinen Rechnung zu tragen (vgl. Hess, www.olympia.hessonline.de).

Bei den 3. Olympischen Spielen der Neuzeit in St. Louis wurden erstmals Ehrungen in Gold, Silber und Bronze durchgeführt. Vorher gingen Drittplatzierte leer aus. Die olympische Flagge wurde 1913 von Coubertin entwickelt und 1920 erstmals in Antwerpen aufgezogen: fünf ineinander verschlungenen Ringe in den Farben Blau, Gelb, Schwarz, Grün und Rot auf weißem Grund. Aus diesen Farben lassen sich die Nationalflaggen aller Staaten zusammenstellen und stehen für die Nationenvielfalt der olympischen Idee. Heute werden die Farben und Ringe mit den fünf Erdteilen gleichgesetzt. Bei den Spielen in Antwerpen wurde erstmals der olympische Eid ausgesprochen. Das

---

[2] Vgl. zu den folgenden historischen Ausführungen im Detail: DSM = Deutsche Sport-Marketing GmbH; www.dsm-olympia.de/olympia/index.html.

olympische Feuer brannte erstmalig 1928 in Amsterdam. Seit 1936 wird es in einem Fa-
ckellauf (seit 1948 auch unter Nutzung anderer Transportmittel) aus dem griechischen
Olympia in die jeweilige Olympiastadt gebracht. Seit den ersten Olympischen Spielen
der Neuzeit haben diese sich enorm entwickelt, was folgende Übersicht in Abbildung 6
zum Ausdruck bringt:

	Athen 1896	Paris 1900	Sydney 2000
Athleten	245	1.227	10.000
Nationen	14	26	200
Sportarten	9	19	28
Wettkämpfe	43	87	300

Abb. 6: Daten und Fakten zur Entwicklung der Olympischen Spiele

Die Olympischen Spiele sind das weltgrößte Sportevent. Allein die Zahl der teilnehmenden Athleten hat sich innerhalb von gut 100 Jahren um über 4 000 Prozent erhöht – auch
ein Superlativ, welcher die Bezeichnung der Olympischen Spiele als Mega-Event unterstreicht.

3.3   Weltmeisterschaften

Weltmeisterschaften besonders publikumsaffiner Sportarten wie beispielsweise Fußball-
Weltmeisterschaften gehören ebenfalls zur Kategorie der Mega-Events. Offiziell fand im
Jahr 1930 das erste Weltmeisterturnier statt. Bereits im Vorfeld hatte es einige Anläufe
gegeben – erste Ideen stammen aus dem Gründungsjahr der FIFA.[3] Die FIFA – Fédération Internationale de Football Association – wurde am 21.05.1904 in Paris gegründet.
Die Gründungsmitglieder waren Frankreich, Schweiz, Schweden, Spanien, Niederlande,
Dänemark und Belgien.[4] Da die Europäer zunächst unter sich waren, ließ sich eine Meis-
terschaft mit Weltanspruch noch nicht realisieren. 1910 kam dann als erstes außer-
europäisches Mitglied Südafrika hinzu. Bereits im Rahmen der Olympischen Spiele
(1908, 1912, 1920) fanden Turniere der Nationalmannschaften statt. 1924 fand dann das
erste olympische Fußballturnier statt, das allerdings unter dem Namen „Weltmeister-

---

3 Vgl. Worldcupportal, www.worldcupportal.de/vorgeschichte/index.htm.
[4] Vgl. FIFA = Fédération Intertnationale de Football Association, www. fifa.com.

schaft der Amateure" lief; erst 1930 wurden bei einem von der FIFA veranstalteten Welt-Turnier nur Profi-Fußballer zugelassen.[5]

Mittlerweile hat sich die Fußball-WM zu einem „Mega-Event" entwickelt. Weltweit verfolgen Millionen von Menschen vor den Bildschirmen die Austragung dieser Weltmeisterschaften und verhelfen den TV-Sendern zu Rekordeinschaltquoten.[6]

1930	Uruguay	1962	Chile	1986	Mexiko
1934	Italien	1966	England	1990	Italien
1938	Frankreich	1970	Mexiko	1994	USA
1950	Brasilien	1974	Deutschland	1998	Frankreich
1954	Schweiz	1978	Argentinien	2002	Japan / Korea
1958	Schweden	1982	Spanien	2006	Deutschland

Abb. 7: Fußball-Weltmeisterschaften im Überblick

4.   Bedeutung von Mega-Events

4.1   Für die Politik

Die geschichtliche Entwicklung von Mega-Events zeigt, welch enormen Einfluss die Politik auf ein solches Ereignis hat und wie die Politik solche Ereignisse auch im eigenen Interesse nutzen kann.

Weltausstellungen sind, schon rein formal gesehen politische Ereignisse. Das Bureau International des Expositions ist auf Grund seiner Organisationsform, welche auf Basis einer völkerrechtlichen Vereinbarung getroffen wurde, von grundsätzlich politischem Charakter geprägt. Die Ziele von Weltausstellungen waren seit ihrem Beginn nationalistisch, ideologisch, politisch und diplomatisch. Die Gastgebernationen konnten neben der Präsentation ihrer politischen Macht gezielte Besuchsdiplomatie ausüben und strategisch politische Propaganda betreiben. Das Aussprechen einer Einladung bzw. das Annehmen oder Ablehnen dieser von der jeweiligen Nation waren eindeutige diplomatische Botschaften und Ausdruck der politischen Haltung des jeweiligen Landes. Neben außenpolitischen Motiven werden auch innenpolitische Motive in die Planungen einbezogen; die

---

[5] Vgl. Worldcupportal; www.worldcupportal.de/vorgeschichte/index.htm.

[6] Vgl. FIFA/Yahoo; www.fifaworldcup.yahoo.com.

Gastgebernation macht sich hierbei das konzentrierte öffentliche Interesse zunutze, um innenpolitisch ihre Ziele umzusetzen. Vor allem für junge Staaten bzw. Demokratien bietet die Anerkennung eines solchen Mega-Events und die Teilnahme möglichst vieler Nationen eine sowohl innenpolitische wie auch außenpolitische Symbolwirkung (Klenk 1999, S. 86-89).

Mega-Events, die das internationale Interesse auf sich ziehen, dienen beispielsweise Politkern des Landes oder auch führenden Köpfen der Wirtschaft dazu, ihr Image national wie international aufzubauen. Auf Grund des Interesses der Medien können sie sich und ihre Politik im Rahmen des Events profilieren (Olds 1998, S. 21).

Die Polit-PR hat „durchschaut", dass beispielsweise bedeutende Sportereignisse in größerem Maße die Aufmerksamkeit der Medien auf sich ziehen und diese in Berichterstattungen berücksichtigt werden als politische Ereignisse im nationalen, regionalen oder gar internationalen Umfeld. Ziel einer strategischen Polit-PR ist es daher, Politiker im Umfeld solcher Mega-Events zu positionieren (Klenk 1999, S. 123-128).

Die imagebildende Funktion ist in der Regel das politische Hauptmotiv eines Landes, sich um die Durchführung derartiger Events zu bemühen. Vor allem sind Staaten nach Beendigung innenpolitischer Krisen bestrebt, der „Welt" zu signalisieren, dass Ruhe und Stabilität in ihrem Land eingekehrt sind. Der erstrebte Effekt ist internationale Anerkennung sowie eine Statusverbesserung im internationalen Gefüge. Beispielsweise erhoffte sich dies Spanien mit einer erfolgreichen EXPO-Durchführung (Klenk 1999, S. 109, S. 112f.).

4.2   Für die Wirtschaft

Die Durchführung von Mega-Events erfordert in erster Linie Investitionen. Der erhoffte wirtschaftliche Nutzen, den man aus diesen Investitionen zieht, soll auf der einen Seite potentielle Produktions- und Wertschöpfungseffekte erbringen – dazu zählen auch das Erhöhen des Bekanntheitsgrades der jeweiligen Stadt bzw. des Landes und die damit verbundene nachhaltige Imagewirkung. Andererseits wirken sich derartige Mega-Events auf die regionalen Beschäftigungsverhältnisse, die Verbesserung der Infrastruktur sowie den Wohnungsbau aus. Für die Weltausstellung in Hannover wurden Milliarden-Euro-Beträge aufgewendet, die in das Ausstellungsgelände, die Infrastruktur von Stadt und Umland sowie in die Leistungsdarstellung investiert wurden, d.h. sämtliche Wirtschaftsbereiche profitieren in unterschiedlichem Umfang an solchen Großprojekten (Klenk 1999, S. 89f., S. 128; Presse- und Informationsamt der Bundesregierung 1997, S. 273f.; EXPO 2000 Hannover GmbH 1998, S. 55).

Traditionell betrachtet, zählen Mega-Events zu Instrumenten der Wirtschaftspolitik – das Gastgeberland stellt mit der Ausrichtung seine Leistungsfähigkeit unter Beweis. Die erste Weltausstellung ist das beste Beispiel dafür: Der englische Außenhandel ist nach 1851 in den zwei nachfolgenden Jahren um 500 Millionen DM gestiegen. Auch in den darauf folgenden Jahren bestätigte sich dieser wirtschaftspolitische Charakter, insbesondere was die Erschließung neuer Absatzmärkte und Handelskontakte mit dem Ausland anbetraf (Klenk 1999, S. 90).

Großveranstaltungen sind unter anderem auch touristische Ereignisse und von entsprechender wirtschaftlicher Bedeutung. Vor allem das Hotel- und Gaststättengewerbe erfährt eine zusätzliche Wertschöpfung. Als das bisher größte touristische Ereignis der 90er Jahre zählt die EXPO von 1992 in Sevilla mit 41 Millionen Besuchen in rund sechs Monaten. Wenn ein Mega-Event ein positives Image erhält und eine entsprechend positive Berichterstattung in den Medien, kann sich dies langfristig auf die Förderung des Tourismus in der Gastgeberstadt, der jeweiligen Region oder sogar auf das gesamte Land auswirken (IHK/IUK 2003, S. 86f.).[7]

In diesem Fall wird von einer Umweg-Rentabilität gesprochen. Der Großteil und sogar überwiegende Teil der durch einen Mega-Event induzierten Umsätze fallen nicht beim Veranstalter an, sondern vornehmlich im Hotel- und Gastronomiegewerbe, im Transportgewerbe, sprich bei Fluggesellschaften, Eisenbahnen, Taxi-Betrieben etc., aber auch im örtlichen Einzelhandel (Busche 1992, S. 74).

4.3   Für die Medien

Mega-Events sind von enormem medialen Interesse – zum einen sind die verschiedensten Nationen vertreten, zum anderen aber auch führende Politiker und Wirtschaftsgrößen sowie weitere, das Auge der Öffentlichkeit auf sich ziehende Akteure. Millionen von Menschen verfolgen weltweit diese Events vor ihren Fernsehern. Folglich findet immer wieder aufs Neue ein „Kampf" um die Rechte an der Berichterstattung statt. TV-Sender zahlen enorme Summen, um eine Exklusivberichterstattung zu bekommen (Meier 1997, S. 3-5).

Das jeweilige Gastgeberland wird durch zahlreiche Staatsbesuche und Empfänge „aufgewertet". Beispielsweise waren bei der EXPO 1992 in Sevilla 77 Staats- und Regierungschefs, 227 Minister, 44 Mitglieder von Königshäusern, 20 Vizepräsidenten und 21 Vorsitzende internationaler Organisationen präsent (Klenk 1999, S. 127). Nirgendwo sonst „finden" Journalisten in solch komprimierter Form solch hochkarätige Prominenz.

Veranstaltungen im Ausland sind für die Medien von Interesse, wenn dieses Ereignis für die jeweiligen Leser, Hörer und Zuschauer relevant ist – sprich, wenn die eigene Nation an einem derartigen Events beteiligt ist. Die Olympischen Spiele zählen weltweit zu dem Event mit den höchsten Werten in Bezug auf Image, Bekanntheit und Werbewirksamkeit – und das mit steigender Tendenz, was aus den TV-Einschaltquoten ersichtlich wird.

---

[7] Vgl. www.expo2000.de/expo 2000/geschichte/index.php; Klenk1999, S. 102f.

Beispielsweise verfolgten 1984 rund 2,5 Milliarden Zuschauer in 156 Ländern die Olympischen Spiele von Los Angeles (Klenk 1999, S. 48).

Auch eine Studie der FIFA belegt, dass die Fußballweltmeisterschaften rund um die Uhr auf allen Kontinenten verfolgt werden und für neue Einschaltrekorde sorgen.[8]

Bei den Olympischen Spielen in Sydney 2000 waren 18 000 Medienvertreter akkreditiert.[9]

Die Übertragungsrechte von Mega-Events werden dem Meistbietenden zugesprochen – in der Regel laufen derartige Geschäfte über so genannte Rechtehändler, welche die Erst-, Zweit- und Drittvermarktung gewinnbringend an die ständig wachsende Zahl von Fernsehsendern unterbringen. Ist ein solcher Vertrag vollzogen, finden sich Sponsoren, die einen Teil dieser enormen Summe übernehmen, um im Rahmen der Übertragung derartiger Events entsprechend positioniert zu werden. Auch die werbetreibende Wirtschaft bezahlt hohe Summen, um während der Spielunterbrechungen bzw. den Werbepausen auf eine große Anzahl kauffreudiger Fernsehzuschauer stoßen zu können. Jedoch sind auch hier die Kosten in Höhen gestiegen, die sich vielfach nicht mit Werbe- und Sponsoreneinnahmen decken lassen. Dieses Defizit versuchen die Fernsehsender über ein direktes Entgelt abzudecken. Nur wer bereit ist, diese zusätzlichen Kosten auf sich zu nehmen, kann in den Genuss dieser Top-Ereignisse gelangen. Ein zunehmender Einfluss der Werbewirtschaft und Sponsoren auf das Fernsehen ist dabei unverkennbar (Meier 1997, S. 1-3).

4.4   Für den Austragungsort

In früherer Zeit spielte die Stadt- und Regionalentwicklung eine eher unbedeutende Rolle. Führende Metropolen waren Austragungsorte bedeutender Veranstaltungen, denn nur sie waren in der Lage, die städtebaulichen, architektonischen und infrastrukturell-verkehrstechnischen Bedingungen zu erfüllen (Klenk 1999, S. 93). Mega-Events wie Weltausstellungen, Olympische Spiele oder Weltmeisterschaften waren für manche Städte wie ein Geschenk: So nahmen die Städte Chicago (1893), Paris (1900) und Montreal (1967) die Weltausstellung zum Anlass, um ein U-Bahn-Netz zu errichten bzw. auszubauen. Auch die Olympischen Spiele 1972 gaben der Stadt München einen infrastrukturellen Modernisierungsschub, von dem sie bis heute profitiert.[10]

Heutzutage herrscht ein starker Konkurrenzkampf zwischen den Städten, Regionen und Ländern um lukrative Kongresse, Kultur- oder Sportveranstaltungen. Die Standorte wer-

---

8 Vgl. FIFA = Fèdèration Internationale de Football Association,
   www.fifaworldcup.yahoo.com/02/de/020624/1/auw.html.
9 Vgl. DSM = Deutsche Sport-Marketing GmbH; www.dsm-olympia.de/olympia/index.html.
10 Vgl. www.expo2000.de/expo2000/geschichte/index.php; Meyer Künzel 1999, S. 437.

den zunehmend wie Produkte gesehen und auch dementsprechend vermarktet (Kotler/Haider/Rein 1994, S. 24).

Eine Studie, an der rund 360 Städte mit über 20.000 Einwohnern teilnahmen, ergab, dass ein hoher Bekanntheitsgrad und ein positives Image die Voraussetzung für die Ansiedlung neuer Unternehmen in der jeweiligen Region sind (Töpfer/Mann 1995, S.63). Die Imagewirkung einer Stadt, die durch ein „Mega-Event" ausgelöst wird, kann ihr eine positive internationale Publizität und der Wirtschaft diesbezüglich einen Auftrieb geben (Klenk 1999, S. 95).

Verschiedene Faktoren einer Stadt müssen erfüllt sein, damit sie als Gastgeber für eine Mega-Event in Frage kommt. Dazu zählen die Infrastruktur (zentrale Verkehrslage sowie die nötige Verkehrsinfrastruktur), ausreichende Beherbergungsmöglichkeiten, die „Lebensqualität" einer Stadt, kulturelle Attraktionen und Bürger, die hinter einem solchen Großprojekt mit „Leib und Seele" stehen (Meyer-Schwickerath 1990, S. 127; Klenk 1999, S. 126).

Großereignisse werden immer mehr zu Schlüsselprojekten der Stadtplanung und zu „mediengerechten Zugpferden". Mit einer Weltausstellung bzw. den Olympischen Spielen wird ein Stück Stadt endgültig gebaut, was sich im Normalfall nur über einen längeren Zeitraum hätte entwickeln können. Barcelona beispielsweise passte 1992 die Baumaßnahmen für die Olympischen Spiele in das bestehende Stadtentwicklungskonzept ein – so konnten ursprünglich langfristig geplante Vorhaben in einem verhältnismäßig kurzen Zeitrahmen umgesetzt werden (Meyer Künzel 1999, S. 435).

5. Komplexität als Operationalisierungsherausforderung von Mega-Events am Beispiel der EXPO 2000

Die Verfasser dieses Artikels haben maßgeblich an der Weltausstellung EXPO 2000 Hannover im Rahmen der Realisierung der Visitenkarte Deutschlands – dem Deutschen Pavillon – mitgewirkt. Aus diesem Grund wird im Weiteren auf die Komplexität von Mega-Events am Beispiel der EXPO 2000 in Hannover eingegangen und der damit verbundenen Herausforderung einer zielerreichenden Umsetzung.

EXPO-Konzept

Erstmals in der Geschichte fand im Jahr 2000 eine Weltausstellung auf deutschem Boden statt. Mit dem Generalthema „Mensch – Natur – Technik. Eine neue Welt entsteht." hatte man sich 1990 bei der Vergabe durch das Bureau International des Expositions in Paris mit knappem Vorsprung gegenüber Toronto durchsetzen können (EXPO 2000 Hannover GmbH 1998, S. 13).

Zur Umsetzung des Generalthemas wurde das in Abbildung 8 dargestellte Vier-Säulen-Konzept entwickelt:

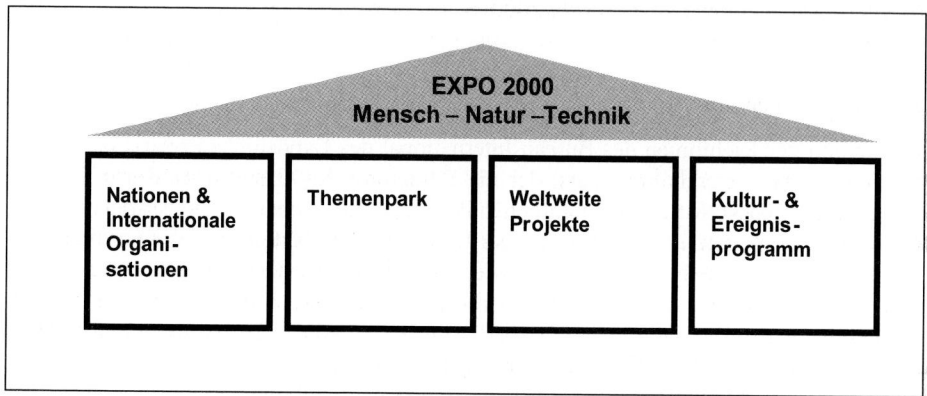

Abb. 8: Das Veranstaltungskonzept der EXPO 2000

Die beiden Elemente „Teilnehmende Nationen und Organisationen" sowie das „Kultur- und Ereignisprogramm" waren bereits Bestandteile vergangener Weltausstellungen. Neu hinzugekommen sind der „Themenpark" und die „Weltweiten Projekte" (EXPO 2000 Hannover GmbH 1999/2000, S. 36f.).

Die Nationen bzw. internationalen Organisationen haben entweder einen eigenen Pavillon auf dem EXPO-Gelände gebaut (rund 50 neue Pavillons entstanden) oder sich in einer der Messehallen präsentiert. Sie hatten alle das Generalthema in ihrer Darstellung zu berücksichtigen (EXPO 2000 Hannover GmbH 1999/2000, S. 38; Hannover Journal Special 2000; S. 6).[11] Bei den drei weiteren Elementen war es Aufgabe des General-kommissariats und der EXPO 2000 GmbH, Wege der Realisierung zu finden. Weit mehr als 20000 Veranstaltungen umfaßte allein das Kultur- und Ereignisprogramm (EXPO 2000 Hannover GmbH 2000, 254-337).[12] Vom spektakulären Rockkonzert über Jugend-

---

[11] Vgl. EXPO 2000 (2000a); www.expo2000.de/expo2000/presse.html, S. 2.

[12] Vgl. EXPO 2000 (2000a); www.expo2000.de/expo2000/presse.html, S. 4; EXPO 2000 (2000b), www.expo2000.de/expo2000/presse.html, S. 1.

orchester aus aller Welt bis hin zur 20-stündigen Welturaufführung einer Inszenierung von Goethes Faust (EXPO 2000 Hannover GmbH 1999/2000, S. 53).[13]

Der Themenpark vernetzte auf einer Fläche von rund 100 000 Quadratmetern 11 Einzelthemen, welche allesamt – in einer gelungenen Mischung aus Visionen, Unterhaltung und Information – Lösungen für Probleme von morgen präsentierten (EXPO 2000 Hannover GmbH 1999/2000, S. 44).

Die weltweiten Projekte stellten den praktischen und greifbaren Teil der Weltausstellung dar. Insgesamt 767 Projekte aus über 120 Ländern der Erde wurden für die EXPO 2000 registriert und sollten die tägliche Arbeit der Agenda 21 dem Besucher näher bringen (EXPO 2000 Hannover GmbH 1999/2000, S. 56; Heise 2002, S. 123).[14]

Planung und Verwaltung

Bestandteil der Richtlinien des Bureau International des Expositions in Paris ist die Ernennung eines Generalkommissars, der die Regierung des Gastgeberlandes in EXPO-Angelegenheiten vertritt. Die wesentlichen Aufgaben des Generalkommissariats bestanden in der Ansprache und Gewinnung der teilnehmenden Nationen, der Koordinierung des deutschen Ausstellungsbeitrages sowie Mitwirkung bei der inhaltlichen Ausgestaltung der Konzeptbestandteile. Um die Vorbereitung und Durchführung der EXPO 2000 perfekt zu planen, wurde die EXPO 2000 GmbH gegründet. Unterstützt wurden diese beiden Hauptorgane der EXPO durch das International Advisory Board (IAB), welches den Veranstaltern in erster Linie bei der Suche und Auswahl internationaler Projekte zur Seite stand, durch das Kuratorium der EXPO 2000, welches sich mit inhaltlichen Fragen und der Konzeption des Themenparks befaßte, sowie durch den Kulturrat der EXPO 2000, der für das Kunst- und Kulturprogramm sich beratend verantwortlich zeichnete (Presse- und Informationsamt der Bundesregierung 1997, S. 268-272).

Zwischenfazit

Die EXPO 2000 in Hannover war ein Mega-Event, der mehrere tausend Einzelevents verteilt auf den fünfmonatigen Veranstaltungszeitraum (1. Juni bis 31. Oktober 2000) umfaßte. Der zeitliche Vorlauf war immens, da neben der inhaltlichen Umsetzung des Gesamtkonzeptes auch die infrastrukturelle Planung (Bauvorhaben, Transportlogistik, Sicherheit, etc.), die Sicherstellung einer soliden Finanzierung und die Erstellung eines Vermarktungskonzeptes (Besucherwerbung) zu erbringen waren – also ein hochkomplexes Mega-Projekt mit unzähligen Teilprojekten.

---

[13] Vgl. EXPO 2000 (2000b); www.expo2000.de/expo2000/presse.html, S. 1-8.

[14] Vgl. EXPO 2000 (2000a); www.expo2000.de/expo2000/presse.html, S. 6; EXPO 2000 (2000c), www.expo2000.de/expo2000/presse.html, S. 1.

Die Operationalisierungsherausforderung besteht in einer effektiven Projektplanung bzw. -vergabe sowie dem effizienten Einsatz der zur Verfügung stehenden finanziellen Mittel. Der Projektsteuerung und dem Projektcontrolling kommt hierbei eine entscheidende Bedeutung zu. Sobald unvorhergesehene Zwischenfälle entstehen, kann das Gesamtprojekt in eine Schieflage geraten.

Im Falle des Gesamtprojektes EXPO 2000 fiel die Operationalisierung des Deutschen Pavillons nicht nur während des Veranstaltungsverlaufs, sondern auch im Nachgang bei der Prüfung des Bundesrechnungshofes positiv auf (o.V. 2001, S. 1).

Beispiel Deutscher Pavillon

Dem Pavillon des Gastgeberlandes kommt traditionell eine große Aufmerksamkeit der Besucher zu. Für die Realisierung dieses Prestige-Projektes wurde die Trägergesellschaft Deutscher Pavillon mbH (TDP) gegründet. Im Gegensatz zu zahlreichen anderen Projekten dieses Mega-Events EXPO 2000 war hier die Zielerreichung am größten. Das zur Verfügung stehende Gesamtbudget in Höhe von 133,8 Millionen Euro mußte nicht nachträglich korrigiert werden, die Fertigstellung des Pavillongebäudes und der einzelnen Show-Bereiche durch die Ausstellungsmacher war termingerecht, der Betrieb inklusive Warteschlangenmanagement und Gastronomie verlief trotz Hochphasen und offiziellen Staatsbesuchen für den Besucher problemlos (Trägerschaft Deutscher Pavillon 2000, o. S.).

Der Deutsche Pavillon war nur ein kleiner Teil des Gesamtprojektes EXPO 2000, aber man hat sehr früh erkannt, sich als TDP auf die Steuerung und das Projektcontrolling zu konzentrieren und sämtliche Operationalisierungsaufgaben extern an Fachleute, die von dem jeweiligen Geschäft etwas verstehen, zu vergeben (Presse- und Informationsamt der Bundesregierung 1997, S. 275).

Im Rahmen sehr präziser Ausschreibungen wurde der komplette Bau an einen Generalunternehmer übergeben, der sich auch für die Nachnutzung des Pavillons verantwortlich zeichnete. Die Inszenierungen der drei Show-Bereiche im Inneren wurden an zwei Ausstellungsgestalter vergeben, die bereits jahrelange Erfahrungen bei der Realisierung von Messen, Marketingaktivitäten und von Medienproduktionen vorweisen konnten. Die Durchführung des Betriebs wurde der Messe Düsseldorf und der Hannover Messe International GmbH, einer Tochtergesellschaft der Deutschen Messe AG, übertragen. Reibungsverluste durch Unerfahrenheit und die damit einhergehenden Geld- und Zeitverluste konnten durch diese profunden Managemententscheidungen minimiert werden (EXPO 2000 Hannover GmbH 1998, S. 45; 1999/2000; S. 80-83).

Empfehlung

Je komplexer ein Mega-Event wird, um so konsequenter muss das Vorhaben in Projekt-module aufgegliedert werden, die dann im Rahmen einer Beauftragung an Profis mit entsprechenden zeitlichen, inhaltlichen und budgetären Zielvorgaben nach außen verge-ben werden. Eine aktive Projektsteuerung und ein kontinuierliches Projektcontrolling gewährleisten die gewünschte Qualität sowie den effektiven und effizienten Ressourcen-einsatz bei der Leistungserstellung.

6. Fazit

Mega-Events werden immer größer und damit für die Organisatoren komplexer. Für je-den neuen bzw. Folge-Event wird ein neues Organisationsteam vom nationalen Veran-stalter installiert. In der Konsequenz bedeutet dies, dass Erfahrungseffekte zu wenig oder kaum zum Tragen kommen und so mancher Anfängerfehler immer wieder gemacht wird – und dies hat bei größer werdenden Projekten entsprechend größere negative Fol-gewirkungen.

Weltweit gibt es kein Kern-Team, bestehend aus 30 bis 50 Fachleuten der verschiedens-ten Disziplinen, welches sich ausschließlich mit der Planung und Organisation von Me-ga-Events beschäftigt und von Folge- zu Folgeveranstaltung mitwandert. Eine solche un-ternehmerische Idee würde dem Veranstalter (einer Stadt oder einem Land) enorme zeitliche Vorteile und budgetäre Einsparungen einbringen.

Deutschland steht vor der Ausrichtung der Fußball-Weltmeisterschaft im Jahre 2006 und mit viel Glück auch vor den ersten Olympischen Spielen im neuen Jahrhundert an einem deutschen Standort – Leipzig 2012. Einige Messegesellschaften und größere Event-Ver-anstalter konnten in der Vergangenheit Kompetenz bei gleichartigen oder verwandten Events aufbauen. Diese gilt es von den jeweiligen Ausrichtern zur bestmöglichen Zieler-reichung einzufordern.

7. Literaturverzeichnis

BECK, U., Gegengifte, Die organisierte Unverantwortlichkeit, Franfurt/Main 1988.

BRUHN, M., Kommunikationspolitik, München 1997.

BIS – Bureau International des Expositions, www.bie-paris.org/eng/index3.htm, zugegriffen am 10.09.2003.

Busche, M., Staat und Wirtschaft als Träger und Gestalter des Messewesens, in: Strohtmann, K./Busche, M. (Hrsg.), Handbuch Messemarketing, Wiesbaden 1992, S. 67-80.

DSM – Deutsche Sport-Marketing GmbH, Faszination Olympia, www.dsm-olympia.de/olympia/index.html, zugegriffen am 1.09.2003.

Expo 2000 Hannover GmbH/Generalkommissariat der Expo 2000 (Hrsg.), EXPO 2000 Hannover, Hannover/Berlin 1997.

Expo 2000 Hannover GmbH (Hrsg.), Jahresmagazin 1998, Hannover 1998.

Expo 2000 Hannover GmbH (Hrsg.), Jahresmagazin 1999/2000, Hannover 1999.

Expo 2000 Hannover GmbH (Hrsg.), Der EXPO-Guide – Offizieller Führer durch die EXPO 2000, Hannover 2000.

Expo 2000 Hannover GmbH (Hrsg.), Abschlußpresseerklärung – Gesamtbilanz, 15.10.2000 (2000a), www.expo2000.de/expo2000/presse.html, zugegriffen am 10.09.2003, S. 1-10.

Expo 2000 Hannover GmbH (Hrsg.), Abschlußpresseerklärung – Kultur- und Ereignisprogramm, 29.10.2000 (2000b), www.expo2000.de/expo2000/presse.html, zugegriffen am 10.09.2003, S. 1-8.

Expo 2000 Hannover GmbH (Hrsg.), Abschlußpresseerklärung – Weltweite Projekte, 29.10.2000 (2000c), www.expo2000.de/expo2000/presse.html, zugegriffen am 10.09.2003, S. 1-5.

FIFA – Fédération Internationale de Football Association/Yahoo, FIFA-Weltpokal ein Einschaltquoten-Erfolg, Seoul, 24.06.2002, www.fifaworldcup.yahoo.com/02/de/020624/1/auw.html, zugegriffen am 1.09.2003.

FIFA – Fédération Internationale de Football Association, www.fifa.com, zugegriffen am 1.09.2003.

Hannover Journal Special, EXPO 2000. Eine Weltreise zu Fuß. Das Festival der Nationen, Frühjahr 2000.

Heise, P., Nachhaltigkeit von Weltausstellungen am Beispiel der EXPO 2000 in Hannover. Eine Wirkungsanalyse, Dortmund 2002.

Hess, C., Die Olympischen Spiele der Antike, www.olympia.hessonline.de, zugegriffen am 1.09.2003.

IHK – Industrie- und Handelskammer zu Leipzig/IuK – Information und Kommunika-tion, Institut für Sozialwissenschaftliche Technikforschung, Sozioökonomisches Gutachten. Effekte der Olympiabewerbung der Stadt Leipzig und mögliche Folgen einer Durchführung der Olympischen Spiele 2012 für Leipzig, die Partnerstädte und den Freistaat Sachsen, Dortmund 2003.

KALB, C., Weltausstellungen im Wandel der Zeit und ihre infrastrukturellen Auswirkungen auf Stadt und Region, Frankfurt/Main 1993.

KALMUS, K., Von reinen Industrieschauen zu Ausstellungen mit überwiegend kulturellem Charakter, in: Handelsblatt-Beilage Nr. 197, Düsseldorf 12.10.1994.

KLENK,V./BENTELE, G. (HRSG.), Mega-Events als Instrument der Imagepolitik.Eine Mehrmethodenstudie zu Images und Imagewirkungen der universellen Weltausstellung Expo 1992, Leipzig 1999.

KOTLER, P./HAIDER, D./REIN, J., Standort – Marketing. Wie Städte, Regionen und Länder gezielt Investitionen, Industrien und Tourismus anziehen, Düsseldorf 1994.

KRAWINKEL, G., Ausstellungsraum Hannover, in: Brand, A./Jüttner, W./Weil, S. (Hrsg.), Das Expo Projekt. Weltausstellung und Stadtzukunft, Hannover 1991.

KRETZSCHMER, W., Geschichte der Weltausstellungen, Frankfurt/Main, New York 1999.

MEIER, W., Sport und Fernsehen sind untrennbar miteinander verknüpft, www.unicom.unizh.ch/unimagazin/archiv/4-96/sportundfernsehen.html, 1997, zugegriffen am 1.09.2003.

MEYER KÜNZEL, M., Städtebau der Weltausstellungen und Olympischen Spiele: Stadtentwicklung der Veranstaltungsstandorte, Braunschweig 1999.

MEYER-SCHWICKERATH, M., Perspektiven des Tourismus in der Bundesrepublik Deutschland: Zur Notwendigkeit eines wirtschaftspolitischen Konzepts, Göttingen 1990.

NEGT, O., Weltausstellungen 2000: Industrie oder ein „Haus Salomonis"?, in: Brand, A./Jüttner, W./Weil, S. (Hrsg.), Das EXPO – Projekt. Weltausstellung und Stadtzukunft, Hannover 1991, S. 25-38.

OLDS, K., Urban Mega-Events, Evictions and Housing Rights: The Canadian Case,1998 www.breadnotcircuses.org/kris_olds_p21.html, zugegriffen am 1.09.2003.

OLDS, K., Background: Urban Mega-events and Forced Evictions,1998a www.breadnotcircuses.org/kris_olds_p3.html, zugegriffen am 1.09.2003.

O.V., Rechnungshof rügt: Geschäftsführer der EXPO waren unfähig, in: Hannoversche Allgemeine Zeitung, Nr. 289 vom 11.12.2001, S. 1.

PRESSE- UND INFORMATIONSAMT DER BUNDESREGIERUNG, Tatsachen über Deutschland, Frankfurt/Main 1997.

RHEIN-ZEITUNG, 3,4 Milliarden Mark für TV-Rechte, www.rheinzeitung.de/old/96/07/04/topnews/tvrechte.html, zugegriffen am 1.09.2003.

RICHI, J. R. B., Adressing the Impact of Hallmark Events: Conceptual and Research Issues, Journal of Travel Research, Vol. 23, No. 1, 1984, S. 2-11

ROCHE, M., Mega-Events, Olympic Games and the World Student Games 1991 – Understanding the Impacts and Information Needs of Major Sports Events, SPRIG Conference, UMIST Manchester, 1. Mai 2001.

SCHMALS, K., Die zivile Stadt, in: Wentz, M. (Hrsg.), Die kompakte Stadt, Frankfurt/Main, New York 2000, S. 30-49.

SCHMALS, K., Gesellschaftstheoretische Grundlagen der Raumplanung. Ein Arbeitsbuch mit 12 Vorlesungen, Dortmund 2000a.

TÖPFER, A./MANN, A., Kommunikation als Erfolgsfaktor im Marketing für Städte und Regionen, Hamburg 1995.

TRÄGERGESELLSCHAFT DEUTSCHE PAVILLION MBH, Der deutsche Pavillon EXPO 2000. Deutschland: Brücken für die Zukunft, Besucherflyer, Hannover 2000.

UNIVERSITY OF NEW SOUTH WALES, SYDNEY, AUSTRALIA – CENTRE FOR OLYMPIC STUDIES, Olympic Games and Mega Events, www.arts.unsw.edu.au/olympic, zugegriffen am 1.09.2003.

Weitere Internetquellen:

Wissen.de – Stichwortsuche, www.wissen.de, zugegriffen am 1.09.2003

Wissen digital – Olympia Lexikon, www.olympia-lexikon.de, zugegriffen am 1.09.2003.

Worldcupportal – www.worldcupportal.de/vorgeschichte/index.htm, zugegriffen am 1.09.2003.

www.wppc.de/olympia/geschichte.htm, zugegriffen am 1.09.2003.

www.expo2000.de/expo 2000/geschichte/index.php, zugegriffen am 1.09.2003.

Norbert Bargmann

Im Mittelpunkt des Weltinteresses: Weltausstellungen und nationales Prestige

1. Einleitung

2. Identifikation von Leitthemen für die EXPO 2000

3. Beteiligungsziele für eine Weltausstellung

4. Ausstellerakquisition

5. Ziele des Veranstalters der EXPO 2000

6. Beurteilung des Erfolges der EXPO 2000

7. Fazit

Norbert Bargmann ist Stellvertretender Generalkommissar der Weltausstellung EXPO 2000 Hannover a. D.

1. Einleitung

Weltausstellungen haben eine große Tradition. Seit über 150 Jahren gehören sie zum kulturellen und wirtschaftlichen Leben in Europa und in der Welt. Weltausstellungen sind und waren der Rahmen für die Darstellung von Leistungen und Lösungen. Die Symbole von Weltausstellungen sind in vielen Fällen auch zu Symbolen von Epochen oder Regionen geworden.

Seit die Telekommunikation die Welt immer enger miteinander verbindet, scheinen Weltausstellungen viel von ihrem Reiz verloren zu haben. Der Rhythmus von fünf Jahren, der für Weltausstellungen vereinbart worden ist, erscheint auf den ersten Blick fremd in einer Zeit, die sich immer schneller miteinander austauscht. Dennoch ist die Herausforderung, Gastgeber einer Weltausstellung zu sein, immer noch von ungemein großer Attraktion. Das persönliche Miteinander ist durch nichts zu ersetzen.

Die nächste Weltausstellung findet im Jahr 2005 in Aichi (Japan) statt. Das Bewerbungsverfahren für das Jahr 2010 ist abgeschlossen. Die Stadt Shanghai machte das Rennen vor Moskau, Joshu/Korea und Mexico City. Vorauszuschicken ist ferner, dass Weltausstellungen keine natürliche weltweite Anhängerschaft wie etwa Weltmeisterschaften im Sport, regelmäßige Messen und Festivals oder olympische Spiele haben. Das internationale Publikum wartet nicht wie selbstverständlich auf die Wiederkehr eines solchen Ereignisses. Die Regeln für EXPO's sind zwar mittlerweile festgefügt wie die Teilnahmebedingungen des Sportes, sind aber nur wenigen bekannt und in hohem Maße erklärungsbedürftig.

2. Identifikation von Leitthemen für die EXPO 2000

Es verstand sich nicht von selbst, dass im Jahr 2000 an die Tradition von EXPO's angeknüpft werden sollte, die in ihrer Symbolik eher das ausgehende 19. Jahrhundert zu repräsentieren scheinen. Viele Menschen reagieren skeptisch auf Großereignisse dieser Art, die Informationsgesellschaft und die Allgegenwärtigkeit von Informationen scheinen das Urteil über solche Formen der Begegnung und des Austausches von Erfahrungen und kulturellen Leistungen gesprochen zu haben.

Die Bewerbung Deutschlands für die EXPO im Jahr 2000 ging davon aus, dass ein Leitthema den inhaltlichen Rahmen für eine vielfältige Präsentation von Leistungen und Lösungen darstellen soll. Dieses Konzept hat viele überzeugt. Die Chancen der EXPO 2000

Hannover lagen darin, bislang noch sehr abstrakte programmatische Aussagen, wie z.B. die Agenda 21, mit Leben zu erfüllen, konkret werden zu lassen.

Es galt auch vor allem Lösungen aufzuzeigen für das künftige Zusammenleben der Menschen in der einen Welt. Freiheit, Wohlstand und hohe Lebenserwartung sind für viele Menschen in den letzten 150 Jahren erreicht worden. Weltausstellungen haben dies in der Vergangenheit immer wieder dargestellt.

In vielen Teilen der Welt leiden die Menschen unter Unfreiheit, Armut und Krankheit. Alle Länder dieser Erde fügen der Natur großen Schaden zu. Jedes auf seine Art. Wir brauchen für immer größere Bereiche ganzheitliche Lösungen, bei denen Technik, Kultur, Wissenschaft, Wirtschaft und Politik eng zusammenwirken und erst *dieses* Zusammenwirken über Grenzen hinweg kann überhaupt einen Fortschritt bringen. Ob die Menschheit in Zukunft leben kann, sollte erfahrbar, fühlbar gemacht werden. Die Dispute und das Ringen um Zukunftslösungen sollten ein Forum erhalten. Dies waren sehr hoch gesteckte Ziele.

Es hat sich gezeigt, dass die gewachsene Tradition von Weltausstellungen solche Ziele nur zum Teil zu erreichen vermag. Dies würde nämlich die Bereitschaft der Teilnehmerstaaten und internationaler Organisationen beinhalten, ihre Beiträge nicht als klassische Leistungsschau und Selbstdarstellung anzulegen, sondern tatsächlich mit Lösungsbeiträgen aufzutreten, die für die ökologischen und ökonomischen Herausforderungen der Menschen von Bedeutung sind.

3. Beteiligungsziele für eine Weltausstellung

Wir alle kennen die Gründe, warum sich ein Staat, eine internationale Institution oder eine internationale Organisation an einer Weltausstellung beteiligen. Die Gründe sind in erster Linie:

- Imagepflege
- Außenwirtschaftspflege
- Standortmarketing
- Tourismuswerbung.

Dafür gibt es in den meisten Ländern der Erde Budgets in den Haushalten der zuständigen Ministerien. Wir haben festgestellt, dass erstmalig das Thema *„Private Public Partnership"* für viele Länder sehr wichtig war, um *überhaupt* an der Weltausstellung teilnehmen zu können. Im Falle der Vereinigten Staaten von Amerika führte fehlendes privates Engagement sogar zur Absage der Beteiligung.

Für viele Länder war es auch ein politisches und wirtschaftliches *muss*, an der EXPO 2000 in Deutschland teilzunehmen. Immer wieder wurde betont, wie wichtig es für das einzelne Land sei, sich in einem der größten Wirtschaftszentren der Erde umfassend, d.h. mit Land und Leuten, Wirtschaft und Kultur, darzustellen. In diesem Zusammenhang kann auch erstmals von der *nationalen Visitenkarte* gesprochen werden, vom Prestige eines Landes – und dieses nationale Prestige haben sich die 173 offiziellen Teilnehmer insgesamt rund 1,7 Milliarden DM kosten lassen. In dieser Summe ist der entwicklungspolitische Beitrag der Bundesrepublik Deutschland von 100 Millionen DM, mit dem den LDC-Staaten eine Teilnahme ermöglicht wurde, nicht enthalten.

1,7 Milliarden DM sind eine große Summe, die sich natürlich auch auf die Qualität der einzelnen Beiträge auswirkte. 1,7 Milliarden DM „waren eine Investition in die Zukunft", wie es der Präsident des Ausstellerbeirates, Ole Phillipson, ausdrückte. Die EXPO 2000 präsentierte sich auf einem 160 Hektar großen Gelände. Sie war die erste Weltausstellung, die den Teilnehmern zur freien Auswahl Ausstellungsflächen in bereits existierenden Messeeinrichtungen oder Grundstücke zur Errichtung von Bauwerken anbot.

So konnten Ressourcen geschont und gleichzeitig die individuellen Wünsche der Teilnehmer berücksichtigt werden. Die Präsentationen waren in Länderregionen angeordnet, was die Orientierung der Besucher sehr erleichterte. 48 teils temporäre Präsentationsbauten wurden von den Teilnehmern errichtet. Der so genannte Europaboulevard, an dem viele europäischen Länder ihre Pavillons erbauten, wird inzwischen zu einem Gewerbepark weiter entwickelt. Die hier praktizierte und demonstrierte Nachhaltigkeit, d.h. die Weiternutzung der Gebäude diente nicht nur dem Prestige des Landes, sondern war auch eine willkommene Gelegenheit, durch den Verkaufserlös des Gebäudes den Budgetrahmen einzuhalten.

4.   Ausstellerakquisition

Schon bei den Akquisitionsgesprächen hat sich herausgestellt, dass vielen Staaten eine Teilnahme an der EXPO 2000 aus eigener Kraft nicht möglich war, teils aus finanziellen, teils aus personellen Gründen. Das politische Ziel des EXPO-Managements war es aber, so viele Teilnehmer wie möglich in Deutschland zu haben. Deshalb wurden u.a. folgende Maßnahmen angewandt:

1.   Die vorhin schon erwähnten 100 Millionen DM zur Unterstützung der Least Developed Countries wurden ausgegeben, um es den Staaten zu ermöglichen, ein Ausstellungskonzept zu entwickeln, den Standbau und die Hallenmiete zu finanzie-

ren. Auch Werbekosten wurden damit bezuschusst. Reisekosten wurden aber nicht übernommen.

2. Mit regional benachbarten Staaten wurde über Gemeinschaftspräsentationen gesprochen. Das Konzept sah Einzelpräsentationen der Staaten zu einem gemeinsamen, die Region betreffenden Thema vor. Im Falle der südafrikanischen Staatengemeinschaft – SADC – war dies das Thema „Wasser" oder im Falle der Sahel-Länder – Cills – das Thema „Der grüne Sahel". Es ist gelungen, mit den zentralamerikanischen Staaten, den Caricom-Staaten und den Staaten des Südpazifiks ebenfalls Gemeinschaftspräsentationen zu realisieren. Weitere Vorteile dieser Präsentationsform waren, dass die Länder gemeinsame Infrastrukturflächen, wie z.B. Küche, Besprechungsräume und Lager, nutzen konnten.

3. Unter dem Motto „Das Geschenk Afrikas" haben sich erstmals 40 afrikanische Staaten auf 25 000 Quadratmetern gemeinsam mit einem durchgängigen Gestaltungskonzept und einem besonderen Außendesign präsentiert. Besucherbefragungen und Besucherzahlen haben gezeigt, dass gerade die Afrikahalle, die Gemeinschaftspräsentationen und daneben die Nationenpavillons wesentlich zur Attraktivität der EXPO 2000 beigetragen haben.

4. Einige Staaten verfügten über kein qualifiziertes Personal. Deshalb wurde mit der Carl-Duisberg-Gesellschaft Köln ein einmaliges Projekt kreiiert, nämlich die Ausbildung zum *EXPO 2000 Standmanager*. Aus 28 Staaten wurden über einen Zeitraum von über zwei Jahren hinweg junge Menschen ausgebildet, die als Standdirektoren alle Fragen einer Beteiligung gelernt und dann erfolgreich angewendet haben. Dies war für kleine Staaten wie z.B. die Fiji-Inseln, Costa Rica, Bhutan oder Nepal essentiell, um sich im Konzert der großen Teilnehmerstaaten erfolgreich präsentieren zu können. Übrigens: Alle in Deutschland ausgebildeten Standmanager sind jetzt bei Messegesellschaften in ihren Heimatländern tätig. Die Erfahrungen mit der Mentalität, den Sitten und Gebräuchen, den Verhandlungsweisen und den nationalen Empfindlichkeiten waren mehr als groß, oftmals haben wir Neuland betreten, auch Rückschläge erlitten. Für Deutschland als Veranstalter war es eine wichtige Erkenntnis, nicht mit erhobenem Zeigefinger aufzutreten, sondern freundschaftlich und partnerschaftlich Konzepte zu entwerfen. Wichtig war dabei, immer die besondere Rolle, die ein Gastgeber erfüllen muss, vor Augen zu haben – auch wenn man als Geldgeber den Auftritt des Landes erst ermöglicht hat. Gerade mit den Vertretern der ärmeren Länder war ein respektvoller Umgang auf gleicher Ebene für den Beteiligungserfolg sehr wichtig.

5.   Ziele des Veranstalters der EXPO 2000

Bislang war fast ausschließlich die Rede von der Motivation und den Zielen der ausstellenden Länder. Die Rolle des Veranstalters sollte hierbei nicht zu kurz kommen.

Deutschland und die Stadt Hannover hatten sich ja im Jahr 1988 um die Ausrichtung einer universellen Weltausstellung im Jahr 2000 bemüht. Damals war nicht daran zu denken, dass sich schon wenig später die Welt grundlegend ändern sollte: Wir haben in Deutschland unsere Einheit gefunden.

Neue tiefgreifende Entwicklungen in Osteuropa hatten begonnen. Es gab sicherlich wichtigeres, als eine EXPO vorzubereiten, aber wir sahen in dieser EXPO auch eine große Chance für Deutschland. Und – wir haben ein tolles Ergebnis eingefahren!

In Deutschland war erstmalig die Welt zu Gast und die Welt hat sich hier sehr wohl gefühlt. Über 173 Nationen und internationale Organisationen, NGO's, Künstler und Wirtschaftspartner sind bei uns in dieses globale Expodorf gezogen. Über 25 000 Menschen haben hier täglich rund um die Uhr gemeinsam gearbeitet, geredet, gefeiert und einen Mikrokosmos des Heiteren miteinander geschaffen. Und das in einer Zeit, in der in unserem Land Ausländerfeindlichkeit und Rechtsextremismus deutlich zunahmen.

Jedem der dort war, bot die EXPO 2000 eine unvergleichliche Erlebniswelt, die Spaß machte und gleichzeitig sehr vielfältige, teilweise sehr anspruchsvolle Inhalte vermitteln konnte. Der besondere Reiz der Veranstaltung lag für viele darin, die Ideen, die Kulturen, die Architektur und nicht zuletzt die Menschen aus allen Teilen der Welt an einem Ort und auf engem Raum verdichtet kennenzulernen, *Island* gegenüber von *Kolumbien* und *Bhutan* neben *Australien*.

Dass auf dem Gelände eine so fröhliche, friedvolle und entspannte Atmosphäre herrschte, ist für eine Großveranstaltung dieses Zuschnitts wohl auch nicht ganz selbstverständlich und hat zur aufgeschlossenen Neugier und zur Toleranz gegenüber fremden Kulturen beigetragen. Die EXPO-Gäste haben viele Geschenke mitgebracht – ihre Tänze, ihre Farben, ihre Lieder, ihr Lachen, ihre Nachdenklichkeit und ihre Träume. Wir haben ihnen zugehört und viel verstanden, vor allem, dass wir nicht alles verstehen müssen, um es anzuerkennen.

Der Respekt vor dem Anderssein des Gegenübers hat diese Weltausstellung geprägt. Der Respekt, der vielfach in Zuneigung mündete, hat alle Beteiligten begleitet. Aus Fremden wurden Freunde.

Deutschland hat gezeigt, dass es ein guter Gastgeber ist und dass sich die deutschen Gastgeber freundlich und selbstverständlich einfügen in die große Völkerfamilie. Millionen Menschen, die die EXPO besucht haben, konnten Anregungen für sich persönlich mit nach Hause nehmen. Sie haben das globale Dorf fröhlich mit vielen geteilt, sie haben

Exotisches geschnuppert und zu bisher fremden Melodien auf fröhlichen Parties getanzt. Wo sonst gibt es die Gelegenheit, in Afrika zu Mittag und in Australien zu Abend zu essen, in Asien einzukaufen und in Lateinamerika oder dem Pazifik zu feiern. Nur auf einer Weltausstellung!

Es war insofern auch nicht überraschend, dass am Ende auch die hartnäckigsten Kritiker der EXPO 2000 – und deren gab es viele – einschließlich der Medien, überzeugt wurden.

Die EXPO war nicht in erster Linie ein Unternehmen um Geld zu verdienen, dies zeigt das betriebswirtschaftliche Defizit von etwa 2,1 Milliarden DM. Auch selbst diejenigen, die seit dem ersten Tag jeden Besucher buchhalterisch nachgezählt haben, sind in den letzten Wochen auf der EXPO auffallend stumm geworden.

6.   Beurteilung des Erfolges der EXPO 2000

Was hat Deutschland gewollt und was hat Deutschland erreicht? Deutschland wollte 10 Jahre nach der Wiedervereinigung ein neues, ein anderes Deutschland zeigen, weltoffen und nachdenklich, humorvoll und bescheiden, selbstbewusst, neugierig auf Unbekanntes und auf unsere globale Zukunft und voller Respekt für die jeweils Anderen.

Das ist mit der EXPO 2000 größtenteils geglückt, wie die Gäste immer wieder bestätigt haben. Irritiert waren sie nur – vor allem am Anfang der EXPO – darüber, dass leider allzu oft pessimistischer Kleinmut und Nörgelei in den Medien den Ton angaben. Das ganze Deutschland stellte sich nur sehr zögerlich hinter die EXPO als nationale Veranstaltung.

Es konnte der ganzen Welt gezeigt werden, dass das Deutschland von heute über 10 Jahre nach der Wiedervereinigung eine liebenswerte Normalität erlangt hat. Es hat sich dabei herausgestellt, dass nicht alles so perfekt, so rational ist, wie immer erwartet. Dafür viel spontaner, offener, herzlicher. Im Folgenden belegen einige bemerkenswerte Zahlen den Erfolg der Weltausstellung. Aus Anlass der Expo besuchten innerhalb von 153 Tagen:

- 70 Staatsoberhäupter
- 57 Regierungschefs
- 426 Minister
- 25 949 Delegationsmitglieder
- über 40 000 Künstler

aus dem Ausland Deutschland.

Diese Besucher waren für das *Protokoll* die größte Herausforderung seit Bestehen der Bundesrepublik Deutschland. Unter den Staatsgästen waren die Königshäuser Europas vollzählig vertreten:

- Königin Beatrix der Niederlande und Prinzgemahl Claus

- Fürst Rainier von Monaco

- König Albert II. von Belgien und Königin Paola

- Königin Margarete von Dänemark

- König Juan Carlos und Königin Sofia von Spanien

- Kronprinz Felipe von Asturien

- Ihre Königlichen Hoheiten Edward und Sofie von England

- Königin Silvia von Schweden besuchte die EXPO dreimal.

Ebenso waren z.B. UN-Generalsekretär Kofi Annan, die Präsidenten Nelson Mandela und Jacques Chirac Gäste der Weltausstellung. Insgesamt haben Bundesminister 53mal, Ministerpräsidenten 9mal, Staatssekretäre der Bundesregierung 162mal und Landesminister 113mal Nationentagstermine wahrgenommen.

Die Nationentage wurden für die Intensivierung der politischen bilateralen Beziehungen ebenso genutzt, wie für Wirtschaftskontakte und Kulturaustausch. Deutschland stellte sich auch als Kulturland vor, nicht nur im Deutschen Pavillon, sondern durch ein Brilliantfeuerwerk von 15 000 einzelnen Veranstaltungen. Nicht unerwähnt bleiben sollen die über 24 000 Journalisten, die uns besucht haben, und der Satz des spanischen Außenministers nach Beendigung der EXPO Sevilla 1992: „Die EXPO '92 hat Spanien in kurzer Zeit mehr gebracht als jahrelange intensive diplomatische Arbeit." Dies kann nicht nur für Deutschland, sondern auch für alle Teilnehmer und Organisatoren einer EXPO bestätigt werden.

7.   Fazit

Big Events und nationales Prestige: Es gibt keine andere vergleichbare Veranstaltung als eine Weltausstellung. Deshalb ist die Institution Weltausstellung als Teil der nationalen Imagepflege nicht überholt: Wir brauchen weltweite, verbindende Ereignisse, die zumindest für einen kurzen Moment eine gemeinsame Öffentlichkeit schaffen. Wie sonst könnte für globale Zukunftsaufgaben die notwendige Aufmerksamkeit geschaffen und wie sonst könnte für große Visionen geworben werden?

Cornelia Zanger

Beurteilung des Erfolgs von Messeevents

1. Spezifika von Messeevents aus Sicht der Erfolgsbeurteilung

2. Stand der Erfolgsmessung von Marketingevents in Wissenschaft und Praxis

3. Die Festlegung von Zielen als Voraussetzung einer Erfolgsbeurteilung
    von Messeevents

4. Erfolgsbeurteilung in den Phasen des Messeevents
    4.1 Prämissenkontrolle
    4.2 Ablaufkontrolle
    4.3 Ergebniskontrolle
    4.4 Ausgewählte empirische Ergebnisse einer Erfolgsbewertung

5. Fazit

6. Literaturverzeichnis

Univ.-Prof. Dr. Cornelia Zanger ist Inhaberin des Lehrstuhls für Marketing und Handelsbetriebslehre an der Technischen Universität Chemnitz.

1. Spezifika von Messeevents aus Sicht der Erfolgsbeurteilung

Austauschbare Produkte, austauschbare Werbung, austauschbare Standgestaltung und den Konkurrenten nebenan, das ist die Situation nicht weniger Unternehmen auf Messen. Wie eine differenzierte Wahrnehmung des eigenen Angebots bei der anvisierten Zielgruppe erreichen, ist daher eine der zentralen Fragestellungen, der sich Messeverantwortliche im Unternehmen stellen müssen. Vor dem Hintergrund des Trends zur Emotionalisierung und Individualisierung von Angeboten haben Messeevents in den letzten Jahren sprunghaft an Bedeutung gewonnen. Und das nicht nur bei Messen, die sich (auch) an Endkunden richten wie IAA, IFA oder CeBit zu beobachten, sondern dieses gilt auch für reine Fachbesuchermessen.

Messeevents stellen eine Sonderform von Marketingevents dar. Unter *Marketingevents* werden inszenierte Ereignisse in Form von Veranstaltungen und Aktionen verstanden, die dem Adressaten (Kunden, Händler, Meinungsführer, Mitarbeiter) firmen- oder produktbezogene Kommunikationsinhalte erlebnisorientiert vermitteln und auf diese Weise der Umsetzung der Marketingziele des Unternehmens dienen (Zanger 2001, S. 439). Bei Messeevents handelt sich um Begleitveranstaltungen oder Aktionen, die während der Messe durch einen Aussteller mit dem Ziel inszeniert werden, der Zielgruppe zusätzliches Aktivierungspotenzial anzubieten sowie das Unternehmen und sein Produkt- bzw. Dienstleistungsangebot emotional positiv zu positionieren. Ziel dieser Messeevents ist nicht nur und vor allem nicht ausschließlich der ökonomische Erfolg beispielsweise gemessen am Orderumfang. Im Mittelpunkt von Messeevents stehen insbesondere der persönliche Kundenkontakt, der Dialog mit den Kunden und der Aufbau bzw. die Verfestigung von Firmenbotschaften und Markenimages.

Angesichts der oft hoffnungslosen Informationsüberlastung von Messebesuchern, kann durch die gezielte Verbindung von firmenbezogenen Informationsinhalten mit sinnlichen Reizen (Bilder, Animationen, Klänge/Musik/Gesang, Mimik/Gestik/Tanz, Geruch, Geschmack, taktile oder thermale Reize) die Aktivierung der Messebesucher für die Aufnahme von Informationen erreicht und diese können emotional im Gedächtnis verankert werden. Diese organische Verschmelzung von Informationsinhalten mit reizstarkem Entertainment (im Sinne von Unterhaltung mittels Kunst/Showacts) zum sog. Infotainment führt zu recht unterschiedlichen Veranstaltungen oder Aktionen, die Firmen anlässlich von Messen organisieren. Die Palette reicht von Standpartys über Infotainment Shows bis zu Informations-Parcours.

Die *Standparty* findet i.d.R. einmal pro Messe für ausgewählte (Schlüssel-)kunden und Meinungsführer statt und dient dazu, Gäste und Firmenmitarbeiter zu einem intensiven Dialog zusammenzuführen. Im Mittelpunkt stehen Entertainment, „Wir-Gefühl" zwischen Kunden und Unternehmensvertretern sowie die Emotionalisierung von Kundenbe-ziehungen und weniger die Vermittlung von Produktinformationen.

Infotainment Shows richten sich an alle Messebesucher, laufen während der gesamten Messe und werden meist mehrmals täglich aufgeführt. Ziel ist es, auf den Messestand des Unternehmens aufmerksam zu machen, dabei Firmeninformationen unterhaltend zu vermitteln und die Messebesucher zur Kontaktsuche zum Standpersonal zu animieren.

Informations-Parcours sind den gesamten Messeauftritt begleitende Events, die die Kernkompetenzen des Unternehmens und die Produktwelt des Unternehmens für den Messebesucher unmittelbar erlebbar machen. Im Mittelpunkt stehen interaktive Produkt-präsentationen, die sinnliche Produkterfahrung unterhaltsam vermitteln. Messeevents nehmen unter den verschiedenen Typen von Marketingevents eine exponierte Stellung ein, wie eine repräsentative Befragung deutscher eventveranstaltender Unternehmen und Eventagenturen ergab (vgl. Abb. 1). Es wird deutlich, dass Messeevents beispielsweise im Vergleich zu Händlerevents oder Firmengalas häufig durch die Messe- bzw. Marke-tingabteilung des Unternehmens selbst organisiert werden.

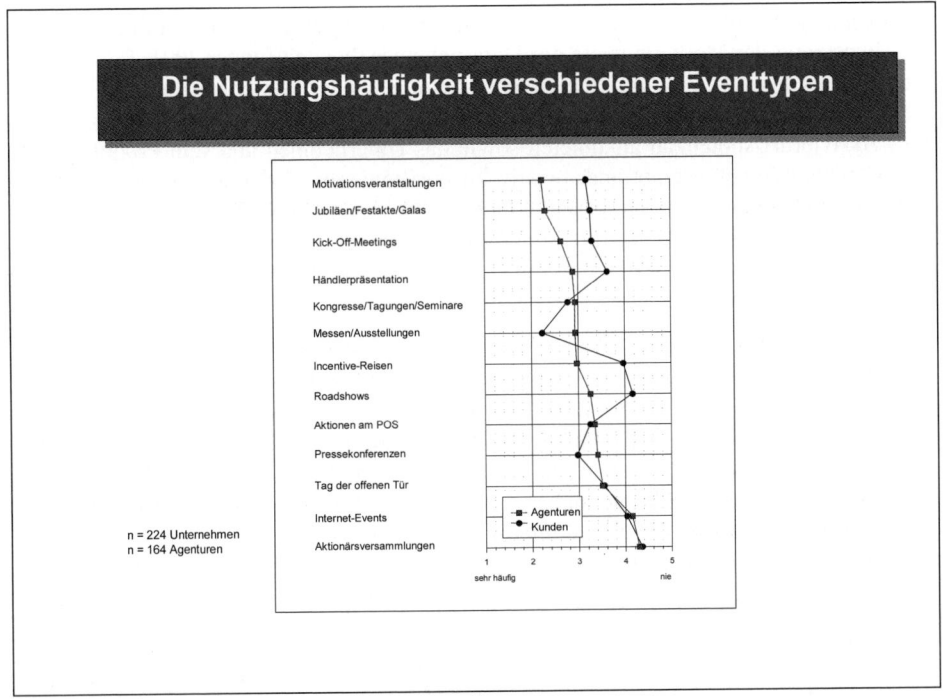

Abb. 1: Die am häufigsten durchgeführten Events
Quelle: Eventreport 2001, Zanger/Drengner 2001, S. 23

Die mit dem Messeevent verbundenen Kosten, die zusätzlich zu den i.d.R. ohnehin schon hohen Kosten für den Messeauftritt anfallen, haben die Frage nach dem Erfolg von Messeevents auf die Agenda gesetzt. Die Erfolgskontrolle spielt bei Messeevents eine besondere Rolle, da Messen periodisch wiederkehrende Marketingaktivitäten sind und folglich auch mit jeder neuen Messeteilnahme über Art und Umfang respektive Kosten für Messeevents entschieden werden muss. Eine systematische Erfolgsbeurteilung ist unerlässlich, um einerseits eine Legitimation für weitere Messeevents zu finden und andererseits Schwächen und Defizite aufzudecken, um daraus Konsequenzen für die kontinuierliche Qualifizierung der Messeevent-Konzepte abzuleiten.

Neben allgemeinen Problemen, vor denen die Erfolgsbewertung von Events generell steht wie die Zurechenbarkeit von Wirkungen, die Vielschichtigkeit der Zielgruppen und Inszenierungsmöglichkeiten sowie die Koordination der zahlreichen Eventdienstleister (Zanger 1998, S. 78f.), kommen eine Reihe von *spezifischen Problemen* hinzu, die sich aus dem besonderen Charakter von Messeevents ergeben:

- Da Messeevents auf dem Messestand stattfinden, sind *Ausstrahlungseffekte* des Messestands auf die Wahrnehmung und Beurteilung des Messeevents zu beachten, die natürlich auch vom Event zurück auf das Standkonzept wirken.

- Damit verbunden sind *Zurechnungsprobleme,* d.h. der Anteil des Messeevents am Gesamterfolg oder Misserfolg des Messeengagements des Unternehmens ist schwer abgrenzbar.

- Im Vergleich zu anderen Events (z.B. Firmengala) sind Messeevents *nicht exklusiv.* Die Eventteilnehmer werden in ihrer Aufmerksamkeit und Beurteilung des Events von im Hallenumfeld konkurrierenden Event- und Standkonzepten beeinflusst. Oft haben sie den direkten Vergleich zur Konkurrenz.

- Die Zielgruppen von Messeevents sind oft *sehr heterogen.* Zum einen sind es (Firmen-)kunden zu denen bereits eine längere, mehr oder weniger intensive Beziehung seitens des Unternehmens besteht und deren Erwartungen an das Messeevent kalkulierbar sind. Messeevents für solche bekannten Zielgruppen haben damit den Charakter von Corporate Events, d.h. Events, die sich an eine begrenzte, definierbare Zielgruppe wenden. Zum anderen sind es Besucher, die dem Messeevent vielleicht nur zufällig beiwohnen, von denen i.d.R. nur soziodemografische Daten vorliegen und deren Involvement nur schwer zu prognostizieren ist. Diese Messeevents haben eher den Charakter von sog. Corporate Events, d.h. Events, die sich an eine breite öffentliche Zielgruppe richten.

Da Ansätze zur Beurteilung des Erfolgs von Messeevents bisher nicht explizit vorliegen, soll zunächst die übergeordnete Perspektive der Marketingevents betrachtet werden.

2.   Stand der Erfolgsmessung von Marketingevents in Wissenschaft und Praxis

Vor dem Hintergrund der bis zum Jahr 2000 rasant wachsenden Eventaktivitäten von Unternehmen wird seit ca. fünf Jahren von Wissenschaft und Praxis intensiv nach Konzepten zur Beurteilung des Erfolgs von Marketingevents gesucht.

Obwohl 71,4 Prozent der Unternehmen bei der bereits genannten repräsentativen Eventmarktstudie angaben, Erfolgskontrollen durchzuführen, zeigte die weiterführende Frage nach den eingesetzten Mitteln und Methoden, dass in der *Unternehmenspraxis* vor allem Kontaktzahlen als Erfolgskriterium gelten oder Globalzufriedenheiten der Eventteilnehmern mit dem Event insgesamt und einzelnen Inszenierungsbestandteilen abgefragt werden (Zanger/Drengner 2001, S. 40f.). Neben diesen Kriterien werden eine Reihe von Vergleichsverfahren beschrieben, die den wirtschaftlichen Erfolg bewerten sollen wie z.B. ein Kosten-Leistungs-Diagramm (Bruhn 1997), die Ermittlung von Kontaktkosten pro Eventteilnehmer und der Vergleich dieser Kontaktkosten mit anderen Kommunikationsinstrumenten sowie die Berechnung von äquivalenten Kommunikationswerten, d.h. die Bewertung der Medienpräsenz des Events mit den Kosten einer vergleichbaren Werbekampagne (Lasslop 2003, S. 182ff.).

Die wissenschaftliche Auseinandersetzung mit dem Erfolg von Marketingevents erfolgt mit zwei unterschiedlichen Zielstellungen. Zum einen geht es um die Analyse und Erklärung der *Wirkung* von Events und zum anderen um die *Erfolgskontrolle* (Drengner 2003, S. 65ff.).

Die *wirkungsanalytisch orientierte Forschung* konzentriert sich auf die Entwicklung von verhaltenswissenschaftlichen Modellen, die nicht direkt mess- oder beobachtbare Einflussgrößen (Konstrukte) der Eventwirkung in ihrem Zusammenhang beschreiben. Während erste Arbeiten zum Thema auf einer konzeptionellen Ebene bleiben (Nickel 1998; Zanger 1998; Zanger/Drengner 1999), wird in jüngeren Arbeiten eine empirische Überprüfung entwickelter Modelle vorgenommen (Zanger/Drengner 2000, Nufer 2002, Lasslop 2003, Drengner 2003). In den verschiedenen Arbeiten wurden Belege für den Wirkungseinfluss der in Abbildung 2 anhand eines S-O-R-Modells zur Erklärung von Käuferverhalten (vgl. Kroeber-Riel/Weinberg 1999) dargestellten Variablen gefunden.

Abb. 2: Bisher beschriebene Einflussgrößen auf die Wirkung von Events

Die *kontrollorientierte Forschung* versucht den Controlling-Ansatz für die Erfolgsbeurteilung von Marketingevents fruchtbar zu machen, indem Konzepte der Ergebniskontrolle entwickelt werden *(Bruhn 1997; Esch 1998; Zanger 1998)*. Im Folgenden soll ein dreistufiges Event-Controlling-Konzept (Zanger/Drengner 1999, 2000) hinsichtlich seiner Anwendungsperspektiven für die Beurteilung des Erfolgs von Messeevents ausgelotet werden.

3. Die Festlegung von Zielen als Voraussetzung einer Erfolgsbeurteilung von Messeevents

Grundvoraussetzung für die Beurteilung des Erfolgs von Messeevents ist die klare Festlegung von Zielen, da nur die Erreichung bzw. Nichterreichung von vorgegebenen Zielen (Soll-Ist-Vergleich) Maßstab für den Erfolg sein kann, was selbstredend für alle Marketingaktivitäten gilt. Dabei ist zwischen zwei Zielebenen zu unterscheiden (vgl. Abb. 3).

Operative Ziele richten sich vorrangig auf kurzfristige, unmittelbare Wirkungen des Messeevents beim Eventteilnehmer. Es handelt sich um:

- Kontaktziele wie z.B. die Anzahl der zusätzlichen Standbesucher auf Grund des Messeevents, Direktkontakte zwischen Eventteilnehmern und Standpersonal, die Relation tatsächliche Teilnehmer zu eingeladenen Teilnehmern bei einer Standparty

- Kurzfristige Kommunikationsziele wie z.B. die Aufmerksamkeitswirkung, der Grad emotionaler Aktivierung, die Bereitschaft der Eventbesucher zum Dialog mit dem Standpersonal

- Kurzfristige ökonomische Ziele wie Vertragsanbahnung oder Vertragsabschluss.

Zu den kurzfristigen, wirtschaftlichen Zielstellungen ist anzumerken, dass diese eher ein Nebeneffekt von Messeevents sein können oder ihre Erreichung durch den Eventbesuch von Kunden unterstützt wird. Zudem besteht für die ökonomischen Ziele in ganz erheblichem Maße das bereits erwähnte Zurechnungsproblem, da Standgestaltung, Standpersonal sowie weitere situative Faktoren ebenfalls von starkem Einfluss auf einen eventuellen Vertragsabschluss sind.

Abb. 3: Zielebenen von Messeevents

Strategische Ziele richten sich auf die mittel- und langfristig positive Beeinflussung von Bekanntheit und Image, die Verfestigung emotionaler Markenbilder, die emotionale Kundenbindung und letztlich das Interesse am Vertrag und die Vertragsvorbreitung, d.h. längerfristige Gedächtniswirkung und Verhaltensbeeinflussung werden anvisiert.

Interessant ist die Frage nach der Gewichtung der kurzfristigen und strategischen Kommunikationsziele. Für Marketingevents im Allgemeinen steht die mittel- bis längerfristige Zielperspektive im Fokus, d.h. Events werden nicht als Kundenunterhaltung gesehen. Bei der repräsentativen Befragung eventveranstaltender Unternehmen votierten 90,5 Prozent der Befragten in diese Richtung (Zanger/Drengener 2001, S. 20). Sie sehen Marketingevents als Instrument, um Imageaufbau und emotionale Kundenbindung zu stärken. Im Vergleich dazu gewinnen bei Messeevents neben dem strategischen Anspruch auch die kurzfristigen Kommunikationsziele an Bedeutung. Insbesondere Messeevents mit Public-Event-Charakter haben die Aufgabe, Aufmerksamkeit und emotionale Aktivierung beim Kunden zu erreichen, um potenzielle Kunden am Messestand und den Produkt- und Leistungsangeboten des eventveranstaltenden Unternehmens zu interessieren.

4. Erfolgsbeurteilung in den Phasen des Messeevents

Wie die Erfahrungen des Marketing-Controllings (vgl. z.B. Jenner 1998, S. 62f.; Böcker 1988, S. 26f.) zeigen, muss die Erfolgsbewertung prozessbegleitend erfolgen. Das bedeutet, dass sich die Erfolgsbeurteilung nicht nur auf das Marktingevent im engeren Sinn erstrecken darf, sondern den gesamten Prozess des Eventmarketings kritisch untersuchen muss. Unter Eventmarketing wird dabei die zielorientierte, systematische Planung, konzeptionelle und organisatorische Vorbereitung, Realisierung sowie Nachbereitung von Events verstanden (Zanger 2001, S. 439). Ein umfassender Kontrollansatz für die Beurteilung des Erfolgs von Messeevents darf daher nicht erst bei einem Soll-Ist-Vergleich der gestellten Ziele *nach Abschluss* des Events ansetzen, sondern muss den *gesamten Prozess* von der Planung des Messeevents über dessen Realisierung bis zur ggf. medialen Nachbereitung begleiten (Zanger 1998). Ein solches Vorgehen erscheint notwendig, da es bei der Erfolgsbeurteilung nicht nur darum geht, die Erreichung der gestellten Ziele zu überwachen, sondern auch die *Ursachen* für eventuelle Abweichungen aufzudecken. Die Erfolgskontrolle kann in die Ebenen *Prämissen-*, *Ablauf-* und *Ergebniskontrolle* unterteilt sein, die sich auf die einzelnen Phasen des Eventmarketings beziehen (vgl. Abb. 4).

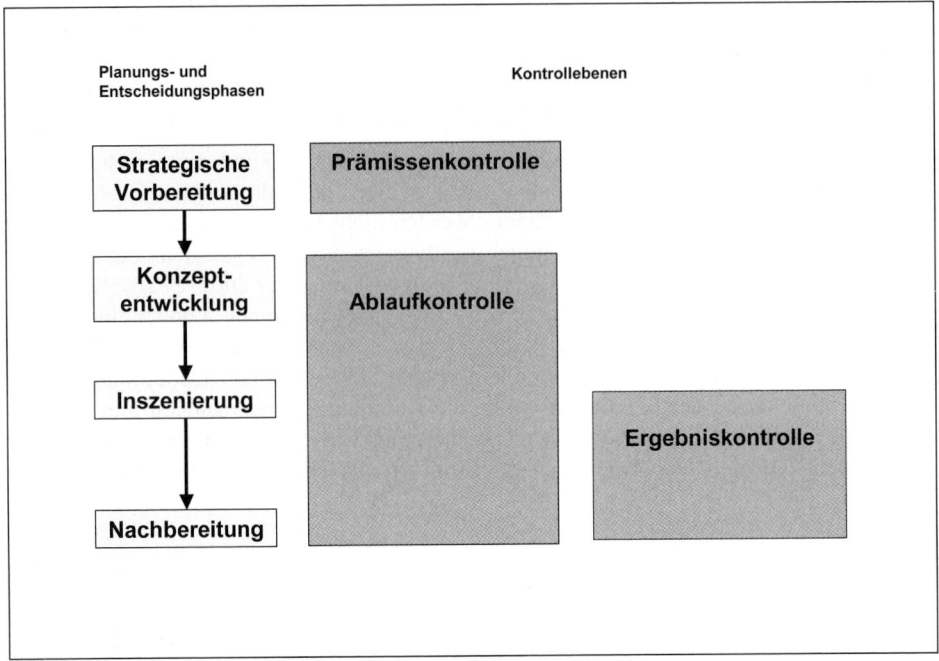

Abb. 4: Phasen der Erfolgsbeurteilung von Messeevents
Quelle: Zanger/Drengner 1999, S. 33

4.1 Prämissenkontrolle

Da die *strategische Vorbereitung* des Messeevents die Grundlagen für den späteren Erfolg bzw. Misserfolg legt, muss die Erfolgsbewertung bereits in dieser Phase beginnen.
Im engeren Sinn handelt es sich bei der Prämissenkontrolle zunächst um die Frage:
„Vertragen" Firmenphilosophie und Messestand überhaupt ein Eventkonzept, d.h. passt
eine solche Veranstaltung im Sinne einer integrierten Kommunikation zu dem bisherigen
Marken- und Unternehmensauftritt und damit zur strategischen Positionierung des Unternehmens, die in einem Messeeventkonzept umgesetzt werden soll und erlauben die
räumlichen und technischen Gegebenheiten am Messestand die Durchführung eines
Messeevents. Darüber hinaus muss bewertet werden, ob die Zielgruppe der Messebesucher und aus dieser wiederum die potenziellen Kunden eventaffin sind. Auch das Umfeld in der Messehalle sowie die politischen, gesellschaftlich und wirtschaftlichen Rahmenbedingungen müssen daraufhin geprüft werden, ob ein Messeevent positive
Annahme erfahren kann oder eher als unpassend empfunden wird. So wurde beispiels-

weise auf der kurz nach dem Anschlag vom 11. September 2001 stattfindenden IAA in Frankfurt auf Messeevents vollständig verzichtet.

4.2 Ablaufkontrolle

Die Ablaufkontrolle überwacht die operativen Aktivitäten im Prozess des Eventmarketing, die die Konzeptentwicklung (Event-Entwicklung), die Inszenierung und die Nachbereitung des Events betreffen. In dieser Phase geht es vor allem darum, auf der einen Seite besonders erfolgreiche Prozessabläufe zu identifizieren, um aus den positiven Erfahrungen zu lernen. Auf der anderen Seite sollen erkannte Defizite im Eventprozess bei weiteren Messeeventplanungen abgestellt werden.

Die *Konzeptentwicklung* betrifft die Kreation, die Feinplanung und Organisation des Messeevents. Der Versuch einer Systematisierung führt zu vier Inszenierungsebenen, auf denen Entscheidungen zu treffen sind (Bruhn 1997, S. 80ff.; Inden 1992): Vorfeld, Hauptfeld, Umfeld und Nachfeld. In der Phase der Konzeptentwicklung konzentriert sich die Erfolgsbeurteilung zunächst vor allem auf Machbarkeit, Stimmigkeit und finanzielle Ausgewogenheit des Konzeptes.

Nach den Phasen Vorfeld, Hauptfeld und Umfeld kann auch der Erfolg der *Inszenierung*, d.h. der praktischen Umsetzung des Eventkonzeptes beurteilt werden (Zanger/Drenger 1999, S. 33ff.).

Im *Vorfeld* des Messeevents erfolgt die Information bzw. Ansprache der potenziellen Teilnehmer. Zu Messeevents, die den Charakter von Corporate Events haben (z.B. Standparty), werden die Teilnehmer i. d. R. in angemessenem zeitlichen Abstand vor der Veranstaltung schriftlich (zielgruppenabhängig auch per E-Mail oder SMS) oder während eines Besuchs am Messestand durch das Standpersonal eingeladen. Neben der Vermittlung von Informationen (z.B. Zeitpunkt des Beginns) sollte mit der Einladung die Emotionalisierung der potenziellen Eventteilnehmer (z.B. Neugier, Vorfreude, Spannung) erreicht werden. Auf Messeevents, die sich an alle Messebesucher wenden, muss kurzfristig aufmerksam gemacht werden. Dies kann entweder direkt am Messestand oder durch die Anzeige auf Info-Terminals in der Halle oder im Zentralbereich der Messe geschehen bzw. können auch Flyer schriftlich zum Event einladen oder Animateure die Zuschauer persönlich hingeleiten. Als Kriterien erfolgreicher Vorfeldaktivität gelten die Teilnehmerzahlen am Event (Kontaktzahlen), die direkt ermittelt werden können sowie die Wirkung der Einladung auf die Zielgruppe, die über Befragungen oder Werbemitteltests festgestellt werden kann.

Im *Hauptfeld* geht es um den Eventablauf selbst. Das betrifft die „Funktionsfähigkeit" der Basismedien (z.B. Künstler) und der unterstützenden Medien (z.B. Bühnenbild, Licht- und Tontechnik, Dekoration, Spezialeffekte). Erfolgskriterium ist ein planmäßiger und reibungsloser Ablauf (z.B. planmäßiger Beginn einer Messe-Show, Funktionsfähigkeit interaktiver Produktpräsentationen über den gesamten Messezeitraum). Die Erfolgs-beurteilung kann durch Befragung (Likes/Dislikes, offene Fragen, Critical Incident Technique) oder mittels Checklisten erfolgen.

Für den Erfolg von Messeevents von ganz besonderer Bedeutung ist das *Umfeld*. Das umfasst solche Bereiche wie internes Messeventumfeld (räumliche und technische Vor-aussetzungen am eigenen Messestand), externes Umfeld (Lage in der Messehalle, Lage zum Wettbewerb) sowie Ablenkungen und Störeinflüsse (Lautstärke, Wärme, Gleich-zeitigkeit von Events). Zum Umfeld gehört ebenfalls die Logistik (z.B. Besucherführung und Wartezeiten), die Betreuungs- und Kontaktmöglichkeiten zum Standpersonal (z.B. Anzahl und Fachkompetenz von Standbetreuern) oder bei Standpartys das Catering (Quantität und Qualität sowie Wartezeiten). Zur Erfolgsbeurteilung kommen Befragun-gen und Checklisten analog zum Hauptfeld zum Einsatz.

In die Phase der *Nachbereitung* fallen alle Maßnahmen, die nach der Veranstaltung durchgeführt werden. Eine kundenbezogene, individuelle Nachbereitung von Messe-events fällt i.d.R. mit der generellen Nachbereitung der insgesamt am Messestand gene-rierten Kundenkontakte zusammen. Insofern beschränkt sich das *Nachfeld* bei Messe-events auf die Medienberichterstattung über das Ereignis (Agenda Setting). Da im Messekontext zahlreiche Events stattfinden, wird die Schwierigkeit der Aufgabe deut-lich, eine wahrnehmbare Medienresonanz zu erzielen. Der Erfolg kann mittels Recall- und Recognition-Test bzw. Medienresonanzanalysen beurteilt werden. Darüber hinaus ist in dieser Phase auch der Erfolg des Eventmanagements zu beurteilen. Das betrifft die Erfüllung der Erwartungen an die Eventagentur, wenn der Auftrag an eine externe Agen-tur vergeben wurde, oder die Frage, ob die eigene Messe- bzw. Eventabteilung in der Lage war, die Vielzahl der ablaufenden Prozesse und das Wirken der zahlreichen Event-dienstleister erfolgreich zu koordinieren und zu integrieren.

4.3   Ergebniskontrolle

Die Ergebniskontrolle bezieht sich auf die Inszenierungs- und Nachbereitungsphase, d.h. während des Messeevents sind die *unmittelbaren, kurzfristigen Wirkungen* der Veran-staltung auf die Eventteilnehmer – also die Erreichung *operativer Ziele* zu kontrollieren. Nach dem Event kann dessen *mittel- und längerfristige Wirkung* – also die *strategische Zielerreichung* beurteilt werden.

Die Ergebniskontrolle sollte die zwei Dimensionen Eventinszenierung (Ereignisdimen-sion) und Markendimension einschließen (Nickel 1998).

Die *Ereignisdimension* betrachtet ausschließlich die kurzfristigen Wirkungen des Mes-seevents bei den Teilnehmern, ohne bereits zu überprüfen, ob die Botschaft verstanden wurde. Dazu werden im Einzelnen zur Erfolgskontrolle herangezogen:

- Globalzufriedenheiten und Globalurteile der Eventteilnehmer über die einzelnen Inszenierungsbestandteile des Messeevents insbesondere im Haupt- und Umfeld

- Die Aufmerksamkeits- und Aktivierungswirkung des Events auf die Messebesucher

- Die Originalität und Einzigartigkeit der Eventinszenierung

- Die Emotionalisierungswirkung (positive/negative Emotionen) des Messeevents auf die Eventteilnehmer

- Die Transferwirkungen des Messeevents, d.h. die Anzahl der Eventbesucher mit denen das Standpersonal in einen Dialog eintreten konnte und ggf. direkt zurechenbare wirtschaftliche Wirkungen in Form von Vertragsabschlüssen.

Die *Markendimension* untersucht die kurz- und längerfristigen Wirkungen des Messeevents beim Eventteilnehmer in Bezug auf die Marke bzw. das Unternehmen. Zur Erfolgskontrolle werden herangezogen:

- Die Aufmerksamkeitswirkung der Event- und Pre-Eventmaßnahmen bezüglich der Marken- bzw. Unternehmenswahrnehmung

- Die Glaubwürdigkeit und Passfähigkeit des Messeevents in Bezug auf die Marke bzw. das Unternehmen (Brand Fit)

- Die Aufnahme von Botschaftsinhalten und Produktinformationen

- Das Marken- bzw. Firmenimage und die mögliche (positive) Imagebeeinflussung durch das Messeevent.

Zusammenfassend ist festzuhalten, dass auf der Ereignisdimension vor allem versucht wird, zu beurteilen, ob die Veranstaltung der Zielgruppe gefallen hat, während die Markendimension darauf aufbauend untersucht, ob sich daraus auch Konsequenzen für die Marke bzw. das Unternehmen ergeben.

Wie die folgende Abbildung (vgl. Abb. 5) zeigt, ergeben sich für eine umfassende Ergebniskontrolle drei Messpunkte (Zanger/Drengner 1999). Um den Einfluss des Messeevents auf die Marke bzw. das Markenimage feststellen zu können, ist in einer Pre-Messung der IST-Zustand dieser Dimension bei der Zielgruppe zu bestimmen (1. Messpunkt). Die kurzfristige Wirkung auf den beiden Dimensionen Ereignis und Marke lässt sich mittels Beobachtung der Eventteilnehmer während des Events und deren Befragung während bzw. unmittelbar nach der Veranstaltung ermitteln (2. Messpunkt). Während die Daten zur Beurteilung der Ereignisdimension nur von den Veranstaltungsteilnehmern selbst erhoben werden können, lässt sich die Markendimension zu einem späteren Zeitpunkt zusätzlich bei Personen abfragen, die nicht am Event teilgenommen haben und eine sog. Kontrollgruppe bilden (3. Messpunkt). Letzteres zielt nicht nur darauf ab, die Wirksamkeit der Aktivitäten in der Nachbereitungsphase des Events zu prüfen, sondern auch den längerfristigen Erfolg dieses Kommunikationsinstrumentes zu evaluieren. Der

Einfluss störender Variablen auf die Messergebnisse lässt sich somit durch den Einsatz von Kontrollgruppen offen legen (Drengner 2003).

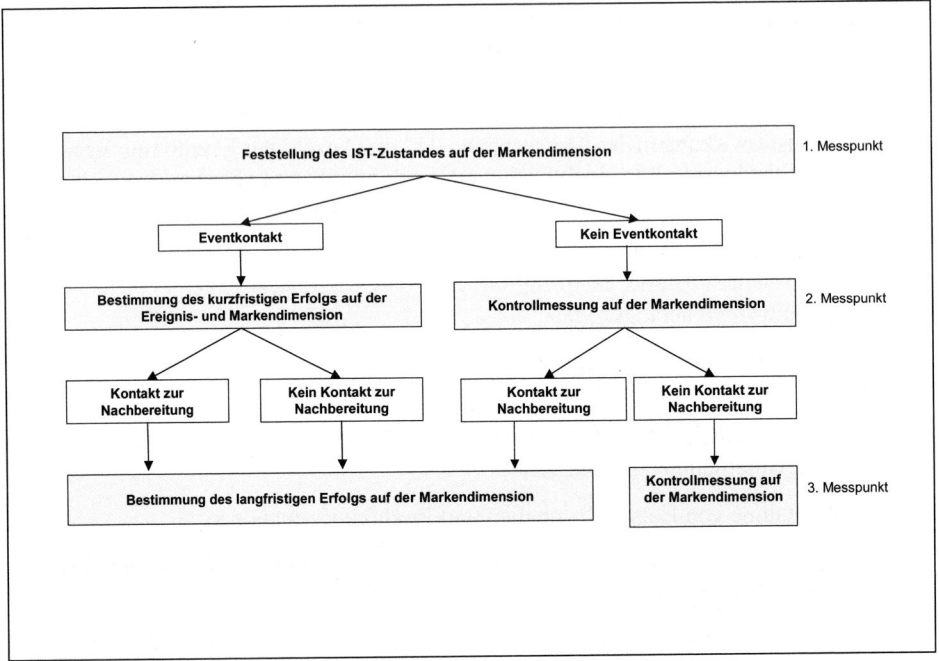

Abb. 5: Ablauf der Ergebniskontrolle
Quelle: Zanger/Drengner 1999, S. 35

4.4 Ausgewählte empirische Ergebnisse einer Erfolgsbewertung

Bei dem untersuchten Messeevent handelte es sich um die Veranstaltung eines deutschen Telekommunikationsanbieters auf der IFA 2001 in Berlin. Die Messeshow wurde mehrmals täglich auf dem Messestand des Unternehmens auf einer integrierten Bühne aufgeführt. Wesentliche Elemente waren eine innovative Tanz-Akrobatik-Show, Musik/Entertainment, ein markenbezogenes Gewinnspiel sowie die Bühnengestaltung. Zielstellung war die Erhöhung des Bekanntheitsgrades und die Positionierung der Marke als zukunftsorientierte, moderne, junge Marke, die für eine offene Kommunikation mit den Kunden steht.

In einem umfassenden Untersuchungsdesign, das auch den Messestand und das Standpersonal einbezog, wurde das Messeevent hinsichtlich der Ereignisdimension (insbesondere Globalbeurteilung der Messe-Show, kognitive und emotionale Beurteilung der
einzelnen Show-Elemente, Beurteilung des Umfeldes) und der Markendimension (Passfähigkeit, Marken- und Produkt-Awareness, Markenimage, konative Wirkungen) beurteilt. Mittels eines standardisierten Fragebogens wurden die Ereignis- und die Markendimension während des Messeevents und die Markendimension nochmals in einer
Postbefragung (vier Wochen nach dem Messeevent) bewertet. Die Bewertungen wurden
nach soziodemografischen Kriterien differenziert aber auch nach dem Status Vertriebspartner, Endkunde und (noch) Nichtkunde, d.h. „normaler" Messebesucher.

Auf der Ereignisdimension wurde ausgehend von insgesamt sehr positiven Globalurtei-
len das Messeevent emotional bewertet (vgl. Abb. 6)

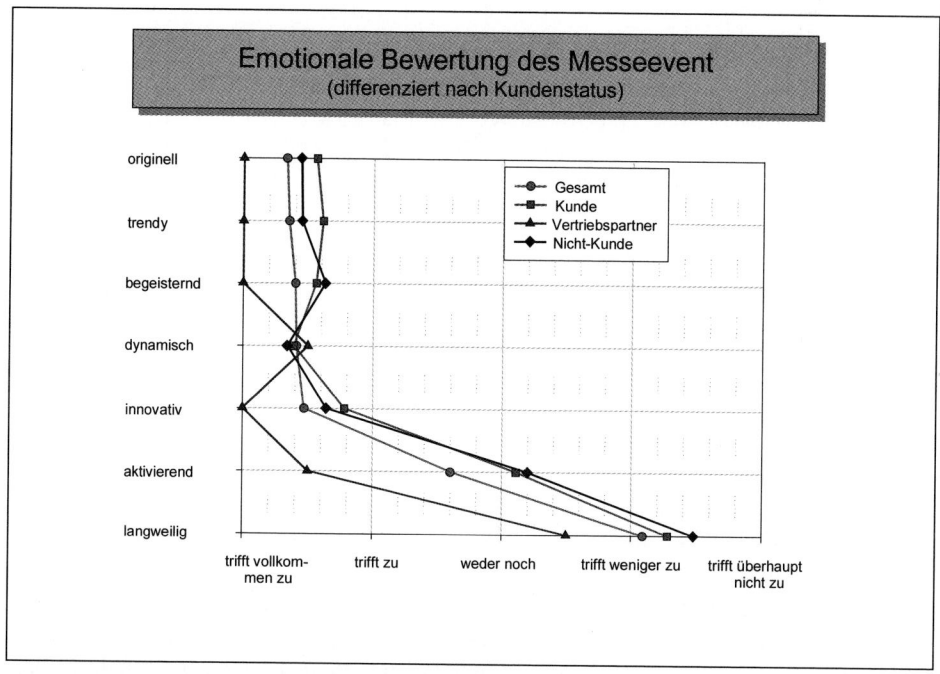

Abb. 6: Emotionale Bewertung des Messeevents

Es zeigt sich, dass das Messeevent insgesamt sehr originell und trendy wahrgenommen
wurde. Kunden und Nichtkunden unterscheiden sich hier nicht. Die positivere Bewertung durch die Vertriebspartner ist mit deren enger Firmenverbundenheit zu erklären.
Schwachstelle war die Aktivierungswirkung, d.h. das Einbeziehen der Teilnehmer auf
der aktiven Verhaltensebene. Die Bewertung der einzelnen Showelemente unterstreicht

dies (vgl. Abb. 7). Das Gewinnspiel, mit dem die Aktivierung erreicht werden sollte, wird zwar insgesamt positiv beurteilt, erhält aber im Vergleich zu den anderen Inszenierungsbestandteilen eine schlechtere Bewertung. Weiter ausgewertet wurde die Beurteilung der Musik durch die Nichtkunden und konnte im Zusammenhang mit dem Alter der Befragten erklärt werden. Auch bei der ungestützten Postbefragung bestätigte sich das oben genannte Ergebnis. Während sich spontan 30,9 Prozent der Befragten an einzelne Elemente der Künstler-Performance erinnern konnten, waren es beim Gewinnspiel nur 14,6 Prozent.

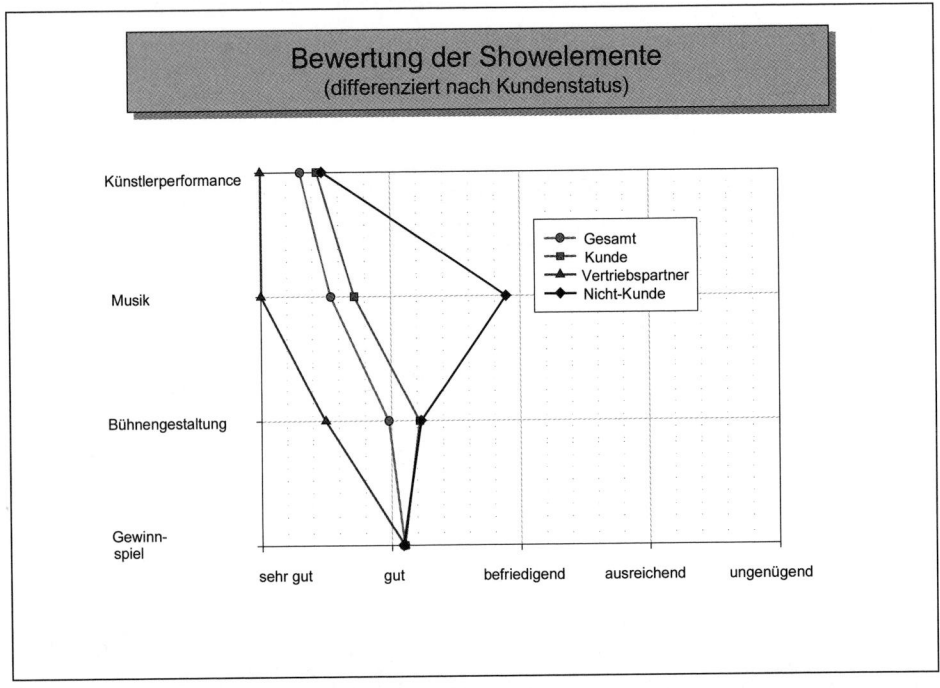

Abb. 7: Bewertung der Bestandteile des Messeevents

Auf der *Markendimension* konnte festgestellt werden, dass sich die sehr hohe Markenbekanntheit nur unwesentlich, das Produktwissen aber deutlich erhöht hat (auch bei den Nichtkunden). Dem Messeevent wurde insgesamt eine sehr gute Passfähigkeit zur Marke (Messebefragung 95,3 Prozent und Postbefragung 98,7 Prozent bescheinigt). Die angestrebte Markenpositionierung konnte mit der Bewertung des Markenimages bei Vertriebspartnern und Kunden aber auch bei den Messebesuchern, die als potenzielle Kunden zu betrachten sind, bestätigt werden (vgl. Abb. 8). Eine weitergehende Untersuchung der beeinflussenden Faktoren machte deutlich, dass das Messeevent einen Faktor darstellt neben dem Standpersonal, dem Messestand insgesamt aber auch den

Werbeauftritten der Marke. Auch bei der Postbefragung konnte die Stabilität der positiven Imagebewertung nachgewiesen werden.

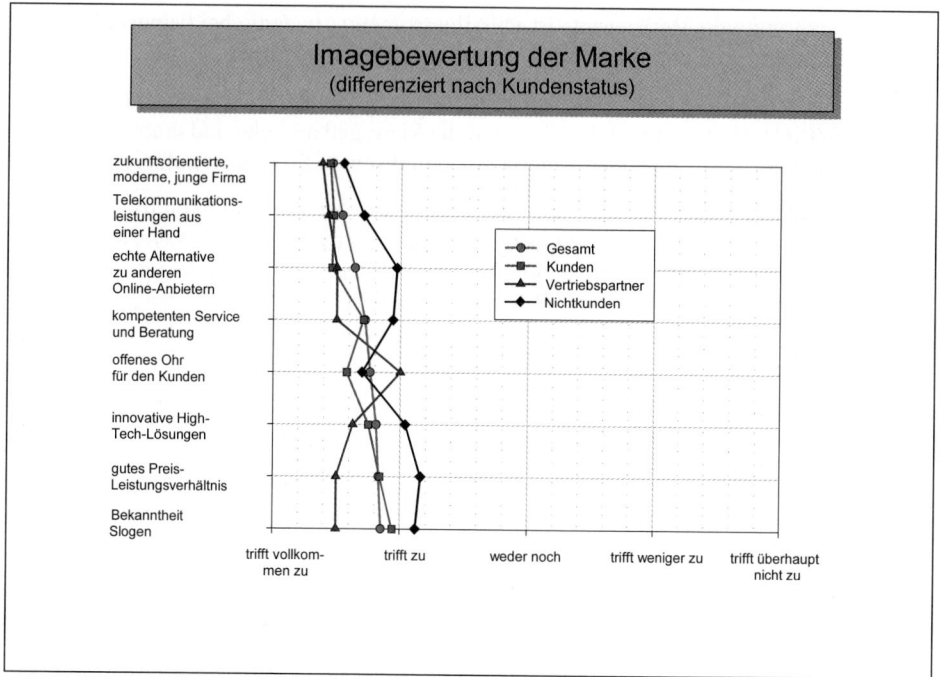

Abb. 8: Bewertung des Markenimages

Mit diesem Ausschnitt aus den Beurteilungsergebnissen zum Erfolg eines Messeevents wird deutlich, dass ein systematisches Vorgehen, welches Aussagen zur unmittelbaren Wirkung der Veranstaltung auf die Zielgruppe und zur Wahrnehmung der Marke des Unternehmens erlaubt, Ausgangspunkt für die Beurteilung des Eventerfolgs sein kann. Darüber hinaus lassen sich „Highlights" und Schwachstellen des Eventkonzeptes erkennen und Hinweise für die Entwicklung und Gestaltung von weiteren Messeevents ableiten.

5. Fazit

Die Durchführung von Messeevents ist im Allgemeinen aufwendig bei keinesfalls siche-
rem Erfolg. Daher sind eine Reihe von Anforderungen festzuhalten:

- Messeevents dürfen nicht zum Selbstzweck werden, sondern müssen in das Messekonzept integriert sein und dem Kunden die klare gedankliche und emotionale Verbindung zum veranstaltenden Unternehmen und seinen Produkten aufzeigen

- Der Erfolg von Messeevents muss beginnend mit der Prämissenkontrolle über die
  Ablaufkontrolle bis zur Ergebniskontrolle kontinuierlich und prozessbezogen erfolgen, um positive Entwicklungen ebenso wie Probleme und Defizite ggf. rechtzeitig
  zu erkennen und um korrigierend in das laufende Eventgeschehen eingreifen (z.B.
  kurzfristige Abänderung von Inhalten einer Messe-Show) oder dies bei nachfolgenden Veranstaltungen berücksichtigen zu können

- Nicht nur für den Messeauftritt sondern auch für das Messeevent sollten eigenständige Ziele formuliert und im Nachgang kontrolliert werden

- Messeevents sollten Besonderes bieten, um angesichts der Vielzahl der bei einem
  Messebesuch angebotenen Informationen und Events als einzelnes Unternehmen
  explizit wahrgenommen zu werden

- Veranstaltungen und Aktionen am Messestand sollten gezielt zur Medienarbeit und
  zum Aufbau von Medienpräsenz genutzt werden

- Nicht nur Messestand und Event müssen konzeptionell vorbereitet werden, sondern
  auch die auf der Messe anwesenden Vertriebsmitarbeiter und das Standpersonal
  müssen auf Messeevents vorbereitet sein, um die Chancen zum Dialog mit dem
  Kunden und zur Pflege persönlicher Kontakte zu nutzen.

6. Literaturverzeichnis

BÖCKER, F., Marketing-Kontrolle, Stuttgart 1988.

BRUHN, M., Kommunikationspolitik, München 1997.

DRENGNER, J., Imagewirkungen im Eventmarketing, Dissertation, Wiesbaden 2003.

ESCH, F.-R., Eventcontrolling, in: Nickel, O. (Hrsg.), Eventmarketing: Grundlagen und
Erfolgsbeispiele, München 1998, S. 147-164.

INDEN, T., Event! Und kein Theater, in: absatzwirtschaft, Nr. 12, 1992, S. 94-98.

JENNER, T., Controlling strategischer Erfolgspotentiale, in: Reinecke, S./Tomczak, T./Dittrich, S. (Hrsg.), Marketingcontrolling, St. Gallen 1998, S. 60-69.

KROEBER-RIEL, W./WEINBERG, P., Konsumentenverhalten, 7. Aufl., München 1999.

LASSLOP, I., Effektivität und Effizienz von Marketingevents – Wirkungstheoretische Analyse und empirische Befunde, Dissertation, Wiesbaden 2003.

NICKEL, O., Zukünftige Professionalisierungpotentiale beim Eventmarketing, in: Nickel, O. (Hrsg.), Eventmarketing: Grundlagen und Erfolgsbeispiele, München 1998, S. 281-302.

NUFER, G., Wirkungen von Eventmarketing, Dissertation, Wiesbaden 2002.

ZANGER, C., Eventmarketing, in: Diller, H. (Hrsg.), Vahlens großes Marketing-Lexikon, 2. Aufl., München 2001, S. 439-442.

ZANGER, C., Ist der Erfolg kontrollierbar?, in: Absatzwirtschaft, Nr. 8/1998, S. 76-81.

ZANGER, C./DRENGNER, J., Eventreport 2001 – Ergebnisse einer Befragung von Eventagenturen und eventveranstaltenden Unternehmen, Chemnitz 2001.

ZANGER, C./DRENGNER, J., Erfolgskontrolle im Eventmarketing (II), in: planung & analyse, Heft 6, 2000, S. 42-45.

ZANGER, C./DRENGNER, J., Erfolgskontrolle im Eventmarketing, in: planung & analyse, Nr. 6, 1999, S. 32-37.

Johannes Milla

Raum- und Zeiterlebnisse durch Standgestaltung

1. Die Gestaltung von Messeständen: Gedanken zur erfolgreichen Markenkommunikation in drei und vier Dimensionen

2. Dimensionen der Standgestaltung
   2.1   Messen und Events als Raum- und Zeiterlebnis
   2.2   Zielgruppenfokus der Standgestaltung
   2.3   Raumakustische Dimensionen
   2.4   Temperatur als raumbildender Faktor
   2.5   Menschen, Dynamik und Kompositionen als raumbildende Faktoren

3. Ausblick: Zukunft der Messestände

Johannes Milla ist Geschäftsführer der Agentur Milla und Partner, Stuttgart.

1. Die Gestaltung von Messeständen: Gedanken zur erfolgreichen Markenkommunikation in drei und vier Dimensionen

Es gibt keine Patentrezepte für den Messestandbau aber es gibt eine Grundhaltung in der Arbeit, die zu erfolgreicher Standgestaltung führt. Das sind bezeichnenderweise keine architektonischen Regeln, sondern kommunikative. Denn Architektur ist in der Markenkommunikation ein sekundäres Tool. Es kommt in erster Linie auf die Haltung an, mit der die Marke auf der Messe den Menschen, also den Besuchern, die sich in den Markenraum – den Messestand – begeben, begegnet.

2. Dimensionen der Standgestaltung

Einleitend sei das Gemälde des österreichischen Malers Johannes Gumpp vorgestellt (vgl. Abb. 1). Er hat 1646 ein Bild gemalt, in dessen Mitte man den Maler bei seiner Arbeit sieht. Man sieht den Künstler von hinten, seine Silhouette. Er wendet sich vom Betrachter ab, so dass dieser links das Spiegelbild des Malers und rechts das Bild sieht, das er von sich malt.

Abb. 1: Selbstporträt des Malers Johannes Gumpp
Quelle: Johannes Gumpp, 1626-1646, aus „500 Selbstporträts", ISBN 0714891398, Phaidon-Verlag.

Die Entdeckung des Künstlers als Individuum ist zu dieser Zeit aufgekommen und es entstanden die Selbstporträts. Was dem Betrachter auch auffällt: Das Bild, das der Maler von sich malt und sein Spiegelbild unterscheiden sich leicht. Und hier beginnt bereits die Interpretation. Denn gleichzeitig wissen wir, dass das Spiegelbild links gar nicht sein Spiegelbild ist. Es ist ein Bild, das sein Spiegelbild darstellt. Der Maler zeigt also nicht sein wahres Gesicht, sondern erzählt auf zwei Ebenen vom Prozess der Abbildung.

Das Interessante ist, dass Johannes Gumpp, als er dieses Bild gemalt hat, bewusst war, dass die Betrachter wissen, dass es sich in Wahrheit gar nicht um sein Spiegelbild, sondern bereits um die Interpretation des Bildes von sich selbst handelt. Folglich funktioniert dieses Bild nur mit dem Betrachter. Der Künstler bezieht den Betrachter ein und schafft dadurch einen Raum. Er schafft ein Dreieck aus seinem Spiegelbild, seinem Bild und dem Betrachter. Und insofern ist es das erste interaktive Gemälde. Johannes Gumpp schafft hier wirklich einen virtuellen Raum, einen Gedankenraum und verbirgt gleichzeitig sein Gesicht. Er erzählt den Prozess des Bildnismachens. Und das ist letztendlich auch die Aufgabe von Architekten oder Agenturen, Kommunikationsdesignern oder Messebauunternehmen: *Sie alle schaffen Bilder von Marken. Bilder in den Köpfen des Publikums zu produzieren ist ihr Job.*

2.1   Messen und Events als Raum- und Zeiterlebnis

Milla und Partner organisiert sowohl Veranstaltungen als auch Messestände. Manchmal wird das Unternehmen mit der Frage konfrontiert: „Ist das nicht ein bisschen weit entfernt voneinander?" Ist es überhaupt nicht. Jedes Mal betreten Menschen einen Raum, sind eine bestimmte Zeit in diesem Raum, erleben Dinge und verlassen diesen danach wieder mit Bildern im Kopf. Deswegen sind Messestände und Events einander sehr ähnlich.

Das Schöne an Messen und an Events ist: Hier gehen die Leute bewusst hin, sie wollen dahin. Das ist der entscheidende Unterschied zu TV-Spots und Printwerbung. Es gibt einen weiteren Unterschied zwischen Messen und klassischer Werbung: Messestände haben drei Dimensionen, bieten dreidimensionale Kommunikation. Klassische Werbung hat immer nur zwei Dimensionen. Aber es gibt noch einen weiteren Aspekt: Messeauftritte haben in Wahrheit vier Dimensionen. *Die vierte Dimension ist die Zeit.* Das bedeutet, dass die Gestalter von Messeauftritten in gewisser Weise die Kontrolle darüber haben, wie viel Zeit die Menschen auf dem Messestand verbringen. Zeit ist einer der wesentlichen Punkte der Erlebniskommunikation.

2.2   Zielgruppenfokus der Standgestaltung

Nicht für die Kunden, für das Publikum, werden Messestände gebaut. Es ist nicht zu verstehen, wie man in schicke Architekturbücher Fotos von Messeständen setzen kann, ohne Menschen abzubilden. Für wen werden eigentlich Messestände gestaltet und gebaut? Von den Wünschen des Publikums ist auszugehen, nicht von denen des Kunden. Damit ist man bei einer schwierigen Situation, bei einer provokanten These angelangt – nicht für den Kunden, für das Publikum, werden Messestände gebaut. Befremdend wirkt es dann, wenn Kunden manchmal gestehen: „Ach übrigens, wir machen die ganzen Messestände sowieso nur für die Vorstände.".

Abb. 2: Messestand Opel, Genf: Das Publikum selbst löst interaktiv durch seine Schatten hinter der Leinwand Projektionen aus.

Welche Erwartungen, welche Bilder, welche Einwände hat das Publikum unserer Kunden im Kopf? Darauf muss man eingehen. Das ist erst einmal das Entscheidende. Wieder die Perspektive des Publikums einzunehmen und dann auch darüber zu reden. Vielleicht mal weniger Produkte oder vielleicht mehr Marke auszustellen.

Es gibt übrigens noch einen weiteren Punkt, der erstaunlicherweise nie beachtet wird: Was sieht das Publikum eigentlich, bevor es auf den Messestand der Firma X kommt? Und was sieht es danach? Es ist ganz erstaunlich, aber mehrheitlich werden Messeauftritte isoliert gesehen.

2.3   Raumakustische Dimensionen

Das Publikum betritt den Messestand und das Überschreiten der Schwelle ist bereits eine Inszenierung. Aus technischen Gründen haben Messestände meistens einen drei Zentimeter hohen Absatz. Darunter liegt die Verkabelung. Man geht einen ganz kleinen Schritt und überschreitet eine Schwelle. Die Leute werden eingestimmt. Man hört mit den Füßen – eines der wichtigsten Hörorgane – die Reflexion des Raumes. Und damit wird der Klang eines Raumes als raumakustisches Gestaltungselement angesprochen. Totalitäre Architektur beispielsweise nutzt Räume, in denen die Schritte hallen. So bewegt man sich vorsichtig und fühlt sich ganz klein, weil man die Reflexionen hört. Das sind raumakustische Aspekte, mit denen wir sehr genau arbeiten können und arbeiten müssen.

Abb. 3: Bosch Pavillon auf der Expo: Weicher Regupol Boden, als leicht hügelige Landschaft verlegt.

Schließen Sie die Augen und denken Sie an das Zirpen einer Grille. An was denken Sie jetzt? Warum sehen Sie einen Teich, einen Sommerabend, ein tolles Picknick oder vielleicht Ihren Garten? Weil Sie ein Bild im Kopf haben, Sie haben eine Erinnerung. Mit einem ganz einfachen Klang werden Erinnerungen geweckt und Bilder in Ihrem Kopf ausgelöst. Das sind die besten, die stärksten Bilder. Da kann man noch so viel als Architekt oder Agentur designen, *die stärksten Bilder im Kopf des Publikums werden durch Klang ausgelöst*. Dennoch wird das Thema Hören –suggestives Klangdesign – bei der Gestaltung von Events und Messeauftritten sehr vernachlässigt.

Bei Oceanis, der virtuellen Unterwasserstation in Lissabon und Wilhelmshaven, hat Milla und Partner z.B. im so genannten Maschinenraum ein tiefes Dieselbrummen installiert. Das hat man nicht gehört. Doch wenn es abgeschaltet wurde, wirkte die virtuelle Unterwasserstation nur noch halb so authentisch.

Abb. 4: OCEANIS, die Forschungsstation: Ein tiefes Motorenbrummen wird unbewusst wahrgenommen.

2.4 Temperatur als raumbildender Faktor

Die Raumtemperatur ist auch eine ganz wichtige raumbildende Maßnahme. Sie kennen es aus täglichen Gesprächen: *„Meine Güte, war es in den Vorstandsbesprechungsräumen wieder heiß. Wir brauchen dieses Mal eine Klimaanlage."* Darüber sollte man auch im Publikumsbereich mehr reden. Dieser Aspekt wird von den Messegesellschaften leider immer sehr vernachlässigt: Wie werden die Hallen klimatisiert? Das ist einer der entscheidenden Punkte für das Wohlbefinden.

2.5 Menschen, Dynamik und Kompositionen als raumbildende Faktoren

Die Menschen am Stand gehören auch zum Raum. Betrachten wir die Menschen, die zusammenstehen und miteinander reden. Welche Körperhaltung haben sie? Der finnische Pavillon war einer meiner Lieblinge auf der Expo in Hannover. Dort stand eine Finnin am Eingang und gab jedem die Hand. Und schon war der Raum definiert – nämlich als sympathisch. Die Ausstrahlung der Menschen ist entscheidend.

Es ist eigentlich schade, dass das Thema Bewegung bei Messeständen und -auftritten zu wenig bearbeitet wird. Dazu sind alle zu ermuntern. Wir leben in einer dynamischen

Welt, Marken sind immer dynamisch. Der Markt wächst dynamisch, das Messewesen sowieso. Dynamik ist Bewegung. Und was machen wir? Messestände, die stehen. Zum Thema „Bewegung in die Stände bringen" zeigt die Abbildung 5 ein Beispiel.

Abb. 5: Weidmüller, Hannover Messe Industrie: Ein Roboter tastet Bewegungen ab und projiziert diese.

Entwurf: Joachim Fleischer für Milla und Partner

So erlebte ich schon einmal, dass auf einer Messe der eine Vorstand zum anderen sagte, „fantastisch, wir haben hier das Beste an Technik hängen, allein für 200 000 Euro Lichttechnik und für eine Million EuroVideotechnik." Ich habe aber noch nie einen erlebt, der gesagt hat, „... wir haben uns hier für 50 000 Euro ein Superdrehbuch schreiben lassen und eine klasse Komposition in Auftrag gegeben." Unter dem Gesichtspunkt der Dynamik auf dem Messestand sind es jedoch die beeindruckenden Abläufe und Kompositionen, die wirken.

3.   Ausblick: Zukunft der Messestände

Der „Immaterialisierung des Raumes" und dessen Dynamisierung gehört die Zukunft der Messestände. Dies erfordert die Auflösung des Raumes, den bewegten Raum, die Entmaterialisierung des Raumes. Diese ist dann erreicht, wenn der Raum nur noch aus Projektion besteht. Es wird die Zukunft von Messeauftritten sein, dass die Wände sich bewegen, dass die Wände atmen, dass viel weniger gesägt, geschraubt oder geschweißt und mehr mit flüchtigen Materialen gearbeitet wird.

Abb. 6: Roche Diagnostics, Medica: Projektionen als raumbildende, aber immaterielle Elemente.

Es gibt in der Werbe- und Messebranche manchmal einen Zynismus gegenüber dem Publikum, der nicht angebracht ist. Das Publikum ist immer mündig. *Qualität wird immer gespürt.*

Und übrigens, auch Liebe zur Sache und Authentizität werden wahrgenommen. Milla und Partner hat zum Beispiel im Deutschen Pavillon in Hannover 2000 den ersten und den zweiten Teil gestaltet – die Ideenwerkstatt mit den riesigen Gipsköpfen und die Main-Show. An zwölf Stellen hatte das Publikum direkten Berührungskontakt, konnte also die Gipsköpfe oder eine Schulter berühren – ohne jedes Geländer, ganz einfach so berühren. Das war völlig problemlos. Es gab keine einzige Schmiererei, keinen einzigen Fall von Vandalismus. Bei 5,2 Millionen Besuchern hat niemand etwas abgebrochen oder beschädigt. Eben weil es stimmig war und weil das Publikum das gespürt hat. Das ist es, was Authentizität und Glaubwürdigkeit ausmacht.

Abb. 7: Die Ideenwerkstatt im Deutschen Pavillon: Eine Ideenwerkstatt für ein mündiges
        Publikum.

Weniger kräftezehrende Wettbewerbe, mehr Dialog, mehr Workshops mit dem Kunden
sind in Zukunft gefordert. Indem wir mit unseren Kunden arbeiten, mit ihnen wirklich
offen und persönlich reden, können wir beeinflussen, wo die Zukunft der Messen liegt.

Der Stuttgarter Philosoph Hegel, Sohn eines Pfarrers wie so viele andere berühmte
Württemberger, hat etwas Wunderschönes gesagt, mit dem ich meine Ausführungen be-
enden möchte: *„Dass diese Furcht zu irren, schon der Irrtum selbst ist."* Haben Sie also
Mut zum Irrtum.

Martin Buhl-Wagner / Ines Schick-Okesson

Neue Entwicklungsperspektiven im Stand- und Messebau

1. Zeitgeschichtliche Entwicklung des Stand- und Messebaus

2. Gegenwärtige und zukünftige Herausforderungen im Messebau
   2.1 Wirtschaftliche Rahmenbedingungen
   2.2 Tendenzen in der Messearchitektur
   2.3 Internationalisierung und Netzwerkbildung

3. Fazit

Dipl.-Ing. (TH) Martin Buhl-Wagner ist Prokurist der FAIRNET Gesellschaft für Messe-, Ausstellungs- und Veranstaltungsservice mbH, Leipzig. Ines Schick-Okesson ist freiberufliche Innenarchitektin bei der Architektenkammer Sachsen-Anhalt.

1. Zeitgeschichtliche Entwicklung des Stand- und Messebaus

Messen existieren seit Hunderten von Jahren. Zeitlich begrenzte Markttage bildeten den Anfang. Städte oder Kreuzungen wichtiger Handelsstraßen etablierten sich als Messeplätze und entwickelten ihre Infrastruktur über Jahrzehnte nach den Bedürfnissen der Aussteller. Marktplätze wurden erweitert, um mehr Platz für Planwagen – die ersten Messestände – zu schaffen.

Allmählich übernahmen Gebäudekomplexe und Passagen, deren Architektur den Speicherstädten in Häfen glichen, die Funktion der Ausstellungsflächen. So konnten die Gespanne bequemer be- und entladen werden, ohne die Straßen zu blockieren. Das Transportmittel Planwagen verlor die Funktion des Messestandes, eine Veränderung, die die Struktur der damaligen Ausstellungsflächen beeinflusste. Messehäuser in den Stadtzentren warben mit sicherer Lage, Wetterunabhängigkeit und guter Ausstattung um die Aussteller, die aus Kostengründen auf möglichst kleiner Fläche ihr Sortiment samt Lager aufbauten.

Wegezölle, Sicherheitsaspekte und Transportprobleme führten nach der Erweiterung zu Handelsbörsen und der Einführung moderner fiskalischer Mittel zum Wandel von den bis dahin üblichen Waren- zu den heutigen Mustermessen. Der Aussteller hatte durch den Wegfall der zuvor benötigten Lagerfläche mehr Platz für die Warenpräsentation und nutzte dafür besondere Tische, Vitrinen und Schränke – ein erneuter Wandel für die Messestandgestaltung. Die Wertigkeit der Produkte wurde bestimmend für die Auslagen.

Politische Veränderungen, ausgebaute Verkehrsnetze und die Bewältigung der wachsenden logistischen Anforderungen veranlassten die Städte zur Errichtung separater Messegelände in ihren Außenbezirken. Dem steigenden Platzbedarf der Allproduktmessen stand nichts mehr im Weg. Vielfältige abwechslungsreiche Standbauten belebten die meist neutrale Architektur der Messehallen. Die neuen Standorte ermöglichten längere Aufbauzeiten für die Messestände. Aufwendige Holz- und Metallkonstruktionen standen im Mittelpunkt und prägten das Bild der temporären Bauten. Wachsende Mobilität, Zielgruppenschärfe, der Aufbau neuer Distributionswege und ein strikteres Zeitmanagement forderten von den Veranstaltern den Ausbau strukturierter Fachmessen, die den eintägigen Messebesucher umfassend informierten. Messeplätze spezialisierten sich mit ihren Veranstaltungen auf bestimmte Branchen und auch der Standbau passte sich diesen spezifischen Themen- und Produktwelten an. Speziell am Messeplatz Deutschland sorgten der Vereinigungsprozess, die Visionen der IT-Branche und die Weltausstellung in Hannover auch im Standbau für überdimensionalen Aufschwung. Die in immer kürzeren Abfolgen entwickelten neuen Produkte und Dienstleistungen galt es, mit neuen Techniken und Materialien aufwendig zu präsentieren. Aus traditionellen, massiven Standbauten wurden Hightech-Inszenierungen, Performances, Shows und Events.

2. Gegenwärtige und zukünftige Herausforderungen im Messebau

Lässt sich aus dieser geschichtlichen Zusammenfassung ein Trend erkennen? Welche Faktoren beeinflussen gegenwärtige und zukünftige Entwicklungen im Messebau?

In wirtschaftlich rezessiven Zeiten verengt sich schnell das Blickfeld. Perspektivisches Denken als Voraussetzung für alle Weiterentwicklungen erfordert gerade in diesen Zeiten viel Kraft und Optimismus, denn wirtschaftliche Einschränkungen lassen für viele Unternehmen das Heute und Morgen wichtiger erscheinen als das Übermorgen. Investitionen in den Messebau, als Teil des Marketingmixes, sind Investitionen in die Zukunft. Realistische positive Zukunftsaussichten im Standbau spenden Kraft und Zuversicht, wogegen negative Szenarien eher die Wirtschaft behindern und demotivieren.

Nach aktuellen Berichten des Ausstellungs- und Messe-Ausschusses der Deutschen Wirtschaft e.V. (AUMA) behaupten Messen als Kommunikationsmittel weiterhin ihre vordere Stellung in der Rangliste der Marketinginstrumente. Der persönliche Kontakt und das anfassbar zu begreifende Produkt, die mit allen Sinnen erlebbare Unternehmenspräsentation und die unverwechselbare Atmosphäre einer Messe liefern die Garantie, dass es immer Messen im Sinne lebendiger, konzentrierter Marktplätze geben wird.

Neben der bereits erwähnten Spezialisierung der Messen auf Branchen und Themen übt die verfeinerte Zielgruppenausrichtung Einfluss auf den Standbau aus. Eine Fachbesuchermesse stellt andere Anforderungen an den Messestand als eine Endverbrauchermesse. Im ersten Fall bieten neben einer überzeugenden Gesamtgestaltung auch professionell ausgestattete Beratungsräume und Businesslounges beste Bedingungen, um mit bereits im Vorfeld informierten Insidern ins Gespräch zu kommen, Geschäftsprozesse in Gang zu setzen oder fortzuführen. Aussteller auf Endverbrauchermessen hingegen werben oft lautstark und aufwendig um den vorübergehenden Besucher. Geht es doch vordergründig darum, ihm eindringlich die Vorteile der eigenen Produkte im Vergleich zur Konkurrenz nahe zu bringen und seine zukünftige Kaufentscheidung zu beeinflussen.

Der auch in weniger dynamisch wachsenden Branchen zunehmende Wunsch der Aussteller, sich mit ihrem Messeauftritt deutlich von anderen abzuheben, fordert individuelle Ausdrucksmittel im gesamten Standbauspektrum. Ob im reinen Systembau, der kombinierten Bauweise aus Systemmaterial mit individuell gefertigten Elementen oder den ausschließlich konventionell aufgebauten Messeständen, ist der Standbauer heute herausgefordert, im Rahmen oft eng bemessener Budgets, maximale Bauleistungen zu erbringen.

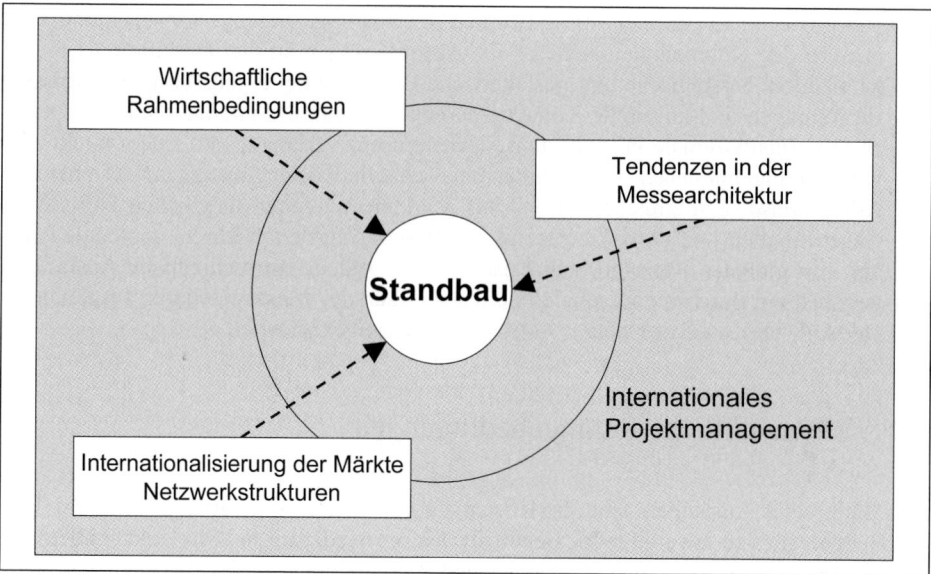

Abb. 1 Herausforderungen des Messestandbaus

In den häufigsten Fällen sind zwischen den Ausstellern, Konzeptionisten, Architekten und Standbauern die Planungs- und Realisierungsphasen von Messeständen durch drei Themenschwerpunkte gekennzeichnet (vgl. Abb. 1).

- Aussteller definieren im Vorfeld der Veranstaltung den wirtschaftlichen Rahmen ihrer Messeteilnahme und legen damit das Ausmaß des Firmenauftrittes fest. Die *wirtschaftlichen Rahmenbedingungen* sind maßgeblich durch Konjunktur- und Unternehmensdaten beeinflusst und orientieren sich am Verhalten der Konkurrenz und den Branchenspezifika.

- Auf die Entwicklung im Marketing „vom Produkt zum Image" reagiert die progressive *Messearchitektur* mit einer Entmaterialisierung. Überformatige Grafiken, Bild- und Tonsequenzen und professionelles Lichtdesign schaffen unverwechselbare Atmosphären und werden zu raumbildenden Elementen. Ökologisch orientierte Unternehmen thematisieren das Spannungsfeld zwischen Ökologie und Messebau. *Marketingstrategien* werden auf Messen längst nicht mehr nur durch den gekonnten Einsatz architektonischer Elemente, Aktionen und Werbung umgesetzt. Der Standbau ist heute eingebunden in ein komplexes Serviceangebot. Die Umwerbung des Gastes tritt gegenüber der Produktschau in den Vordergrund, emotionale Botschaften sind wichtiger als sachliche Informationen.

- Steigende Entwicklungskosten und kürzere Produktlebenszyklen fordern *globale Vertriebstätigkeiten*. Messeauftritte als Teil des Marketingmixes müssen den Distributionswegen folgen bzw. diese bereiten. International besetzte Entscheidungsgremien in den Unternehmen stellen hohe Anforderungen an die interkulturelle Kommunikation. Strategische und gestalterische Entscheidungen müssen landestypische Bewertungen und kulturelle Kontexte berücksichtigen, um international erfolgreich zu sein. Internationale Produkt- und Firmenpräsenz verlangen von jedem direkt und indirekt eingebundenen Unternehmen eine schnelle, kostengünstige und kompetente Arbeitsweise. Erfolgreiche Präsenz auf Märkten mit unterschiedlichen kulturellen Gegebenheiten und großer territorialer Entfernung fordert erfahrene regionale Partner. Ein globales Netzwerk aus Partnern kann zudem unterschiedliche Auslastungen, bedingt durch die saisonalen Schwankungen des Messegeschäfts, ausgleichen. Der Auf- und Ausbau *globaler Netzwerke* ist damit existenziell.

2.1   Wirtschaftliche Rahmenbedingungen

Aus Sicht eines Ausstellers sind die Kosten für den Stand- und Messebau nur ein Teil des Budgets für den jeweiligen Messeauftritt. Dieses wiederum stellt in vielen Fällen nur einen Ausschnitt des gesamten Marketing- und Werbebudgets eines Unternehmens dar.

Betrachtet man das Budget für einen Messeauftritt, so beinhaltet dieses neben dem Standbau die Standflächenmiete, Personal- und Hotelkosten, Bewirtungen, das Ausrichten von Pressekonferenzen oder Empfängen und die Herstellung von Werbemitteln. Ein ebenfalls wichtiger Kostenblock entsteht durch die Messevor- und nachbereitung. Oft unterschätzt, runden diese Maßnahmen die Messeteilnahme ab und ermöglichen dem Aussteller, einen größeren wirtschaftlichen Nutzen aus seiner Messeteilnahme zu ziehen.

Budgets für den Standbau orientieren sich an der konjunkturellen Lage. In Phasen wirtschaftlichen Aufschwungs versuchen Unternehmen mit der Größe und Qualität ihres Messestandes eine räumliche Entsprechung ihrer wirklichen oder angestrebten Marktposition zu schaffen. Im direkten Vergleich auf einer Messe wird besonders die Aussagekraft des Standbaus genutzt, sich von den Wettbewerbern abzuheben und die eigenen Produkte ins rechte Licht zu heben. Demzufolge werden für den Messebau vergleichsweise großzügige Budgets bereitgestellt.

In konjunkturell schwachen Phasen verringern sinkende Umsätze die Marketingetats. Zwangsläufig reduzierte Standbauetats zwingen zum Umdenken. Trotz verkleinerter Standflächen und kostenbewussterem Messebau soll das Unternehmens- und Produktimage keine Einbußen erleiden.

Insofern der Messeauftritt nicht generell zur Disposition steht, sind Kürzungen im Standbaubudget im Gegensatz zu den oben angeführten Messekosten leichter umsetzbar. Die Vertriebsmitarbeiter können trotz Standbauveränderungen weiterhin ihre Kunden treffen und auf deren Wünsche individuell eingehen.

Unabhängig von der konjunkturellen Lage hat sich die weltweite Veranstaltungsstruktur geändert. Neben den internationalen Leitmessen werden immer mehr Fachmessen für Produktgruppen und Dienstleistungen ausgerichtet. Andererseits haben in vielen Märkten Fusionen und Firmenaufkäufe zu einer Konzentration der Anbieter geführt, die einer wachsenden Zahl von Veranstaltungen gegenüber stehen. Definierte Marketingbudgets sind entsprechend aufzuteilen und führen zu Reduzierungen der Standbauten auf den jeweiligen Messen. Unternehmen teilen die Veranstaltungen in A-, B- und C-Messen ein und verleihen ihnen damit eine individuelle Wertigkeit. Steht der Standbau bei einer A-Messe als Leitmesse im Vordergrund und verlangt nach neuen Ideen und Materialien, so ist das Argument des Mehrfacheinsatzes von Standbaukomponenten aus finanzieller Sicht in der Kategorie B immer wichtiger. Bei C-Messen und Kongressen mit begleitender Ausstellung wird sogar auf den individuellen Charakter des Standes verzichtet und nur durch grafische Elemente in einem Systemstand die Wiedererkennung erreicht.

Durch den bereits angesprochenen Wandel vieler Messen von einer Produktausstellung zu einer Imageveranstaltung ist die Messbarkeit einer Messebeteiligung nach den Kriterien erreichter Abschlüsse und erzielter Umsätze nicht mehr möglich. Zwischen den Finanz- und Marketingverantwortlichen der ausstellenden Unternehmen ist damit ein Konfliktfeld geschaffen, in dem der Controller immer nachweisen kann, dass sich eine Messebeteiligung nicht gerechnet hat und die Kommunikationsfachleute immer den Beweis für die Richtigkeit der Teilnahme erbringen können. Für die Bewertung einer Messe werden weiche Kriterien, wie erfolgte Kontakte mit bestimmten Qualitäten, herangezogen und mit anderen verkaufsfördernden Maßnahmen verglichen. Oft wird der eigene Auftritt auch am Verhalten der Konkurrenz ausgerichtet. So ist zu beobachten, dass bei Absage eines Marktführers auch die Messebeteiligungen der Konkurrenten in Frage gestellt sind.

Es bleibt festzuhalten, dass die Ausgaben für einen Messestand nicht mehr mit direkt erzielten Umsätzen ins Verhältnis gesetzt werden können. Budgets werden nach dem angestrebten Erscheinungsbild in der Öffentlichkeit und Wertigkeit der jeweiligen Veranstaltung in den Unternehmen festgelegt. Der Standbau ist aus Kostensicht eine der wirkungsvollsten Größen, um notwendige Einsparungen umzusetzen. Ein genereller Entwicklungstrend für den Messebau lässt sich aus der Budgetierung nur insofern ableiten, dass die Entscheider in den Projektentwicklungsphasen immer öfter den Standbau ihrer A-Messen zu den Budgets der B- und C-Messen ins Verhältnis setzen. Gestalter und Architekten des Messestandes haben die Aufgabe, eine damit festgelegte Kostenreduzierung bei den Konzepten zu berücksichtigen, ohne dass es den Besuchern deutlich wird. Unternehmen, Konzeptionisten und Gestalter sind daher bestrebt, neue Wege bei dem Standauftritt zu gehen. Transparentere Messeauftritte fördern den Einsatz neuer Techniken und Medien.

Im derzeitigen Messebau stehen herkömmliche Ressourcen und Materialien in Überzahl zur Verfügung, die durch einen sich im Wachstum befindenden Technikfundus ergänzt werden. In vielen Fällen zieht dies Dumpingpolitik zur Auslastung der Lagerbestände nach sich, bei der Standbauunternehmen Ausstellern für die Fertigung von konventionellen Messeständen Angebote unterbreiten, die trotz gestiegener Personal-, Logistik- und sonstiger Sozialabgabekosten unter dem Preisniveau der letzten zehn Jahre liegen.

2.2   Tendenzen in der Messearchitektur

In einer Zeit, in der sich die im Angebot befindlichen Produkte und Leistungen einer Kategorie, wie beispielsweise bei Automobilen, Druckmaschinen oder Kosmetikartikeln, nur unwesentlich in ihren Merkmalen und Eigenschaften unterscheiden, beeinflussen andere Kriterien die Auswahl aus dem Angebotsüberfluss. Sorgfältig werden mit Produkt- und Unternehmenswelten „Images" kreiert, um sich von den Mitwettbewerbern zu unterscheiden. Erdachte oder reale Geschichten werden zur Verpackung und schaffen Identität in der Masse der Angebote. Die Konsequenz für den Messestand lautet, eine reine Produktschau genügt den Anforderungen nicht mehr. Es gilt, neben der optimalen Präsentation des Produktes, den Interessenten emotional zu überzeugen. In einigen Branchen hat der Zyklus der Produktentwicklung längst den meist jährlichen Messerhythmus überholt. Messetermin und Produktneueinführung müssen nicht mehr zwingend aufeinander fallen. Messen werden dann zu Imagepräsentationen; zu einem Marktplatz der Atmosphären.

Die Frage, wie weit sich eine Imagepräsentation vom Produkt oder der Leistung, die dahinter steckt, entfernen darf, ist schwer zu beantworten. Schmal ist der Grat zwischen Überraschung und Überforderung der Besucher. Erfolg und Misserfolg eines Messeauftritts liegen nah beieinander, denn Emotionen sind nur begrenzt steuerbar. In Zeiten des schnellen äußerlichen Wandels, wo Messetrends einander nicht nur rasant ablösen, sondern parallel entstehen, wächst die Sehnsucht nach Vertrautem. Gewohnheiten und Wiedererkanntes könnten Sicherheiten bieten in der nach Effekten und Sensationen süchtigen Messe- und Eventlandschaft.

In einer Flut von Eindrücken, in einem wahren „Informations Overkill" – illustrativ sei die CeBIT in Hannover erwähnt – entsteht das Bedürfnis nach Orientierung, verkraftbarer Reizdosis und nach Inseln der Ruhe. Informationsüberdruss und Reizüberflutung können innere Abkehr erzeugen. Der Messebesucher möchte sich nicht als Bestandteil einer selbstverliebten Unternehmensshow wissen, er möchte individuell, persönlich und ehrlich umworben werden. Nach dem plötzlichen wirtschaftlichen Rückgang der zuvor boomenden IT-Branche hat sich der Blick auf das was dahinter steckt geschärft. Der Messeauftritt muss in seiner Gesamtheit vor kritischeren Blicken bestehen. „Nur-Lautes" wird schnell durchschaut.

Der Wiedererkennungswert einer Marke und damit verbunden eines bekannten Erscheinungsbildes des Messestandes erscheint plötzlich in anderem Licht. Die Wiederverwendung bereits eingesetzter Standbauelemente und Materialien kann gerade in wirtschaftlich schwachen Jahren nicht nur als Sparsamkeit, sondern auch als Beständigkeit interpretiert werden. Während andere, um Kosten zu reduzieren, ihre Messebaustandards senken, könnten Unternehmen, die bereits im Vorfeld langfristiger geplant haben, durchaus im Vorteil sein. Oft steht der anfängliche, vielleicht abschreckende Mehraufwand bei der Planung und Produktion mehrfach einsetzbarer Baukörper und Ausstattungselemente nach gründlicher Prüfung in sehr günstigem Verhältnis zum langfristig erzielbaren Nutzen. Die Wiederverwendbarkeit stellt an die Materialien und die Funktionalität des Messestandes unbestritten höhere Anforderungen und ist fast immer mit höheren Kosten verbunden.

Könnte aber nicht durch konsequentes Umdenken in Bezug auf Ressourcenverbrauch, Umweltbelastung und Nachnutzung das ökologische Bewusstsein in der Messebaubranche entwickelt werden? Messebau und ökologisches Denken scheinen im Moment noch weit voneinander entfernt. Der Wunsch nach immer individuelleren Ausdrucksmöglichkeiten und der klaren optischen Unterscheidung vom Standnachbarn und Mitwettbewerber hat standardisierte und damit wiederverwendbare Messebausysteme an den Rand gedrängt. Meist haftet ihnen der Ruf des Preiswerten und Einfallslosen an.

Für viele Aussteller bildet ökologisch bewusstes Handeln inzwischen eine feste Säule ihrer Unternehmensidentität. Nicht selten finden sich aber derartige Botschaften auf nachweislich umweltbelastenden Einweg-Messebaumaterialen. Ergibt sich nicht gerade hier ein weites Feld für kreative Denkansätze und zukunftweisendes Messebaudesign?

Der Wettbewerb um die Emotionen der Messebesucher birgt leicht die Gefahr der Überreizung. Nicht allein die Auswahl der Effekte beeinflusst den Erfolg des Messeauftritts, vielmehr entscheidet die Dosierung der Mittel, ob ein Auftritt positiv in Erinnerung bleibt. Temporäre Bauten eröffnen große experimentelle Spielräume und verleiten zu Grenzüberschreitungen. Gesunder Menschenverstand und eine einfühlsame Sicht aus der Perspektive der Besucher bilden jetzt wie zukünftig verlässliche Orientierungshilfen bei der Planung und Umsetzung des Messeauftritts. Im Gedächtnis bleibt nicht allein das, was gut aussah. Gut Gemeintes kommt nicht automatisch gut an. Der Erfahrungsschatz des Messebesuchers bei der Bewertung von Design, Shows und Service wächst mit und seine Ansprüche werden höher. Überzeugende Fachkompetenz des Ausstellers wird im Zusammenspiel mit ernst genommener Gastlichkeit zum „Rund-um-Erlebnis". Der Besucher weiß für seinen zeitlich begrenzten Aufenthalt die konzentrierte, ungeteilte Aufmerksamkeit seines Gesprächspartners, den Komfort eines Sitzmöbels oder die aromatische Frische eines Snacks zu schätzen. Gemeinsame Zeit und Ruhe werden wertvoll. Gerade in den zunehmend mit optischen und akustischen Reizen überfluteten Messehallen wird es immer wichtiger, Akzente und Kontraste punktgenau und sinnvoll einzusetzen. Effektvolle Beleuchtung im Bühnenbereich sollte mit harmonischer Beleuchtung in den Gesprächszonen kombiniert sein. Eine blendfreie Sicht auf Präsentiertes und besonders auch ein gekonnter Umgang mit den oftmals bizarren Geräuschkulissen in der Messehalle schaffen Voraussetzungen für erfolgreiche Begegnungen.

Virtuelle Messeplätze sind im Begriff, sich als Bereicherung und nicht als Nachfolger der realen Messen einzuordnen. Der optional anonymen Informationsabfrage zu nahezu beliebigem Zeitpunkt und von beliebigem Ort steht ein konkreter, in den meisten Fällen jährlich rhythmisierter Termin an vielleicht bekanntem, sympathisch gewordenem Ort gegenüber. Die persönlich ausgesprochene Einladung, die Verabredung und das Sich-Treffen scheinen vielfältige Bedeutungen für die Geschäftspartner zu haben. Ein Maus-klick ersetzt keinen Händedruck. Gleichermaßen ersetzt ein zwanzigminütiges Treffen auf einer Messe nicht eine ausgiebige, nach eigenen Parametern gesteuerte Informations-suche in virtuellen Kanälen.

Die Tendenz bei der Entwicklung realer und virtueller Messen wird sich nicht als „Ent-weder-Oder" darstellen. Es zeichnet sich vielmehr ein „Sowohl-als-Auch" ab. Das mög-licherweise wachsende Angebot an virtuellen Messeplätzen und Portalen wird den mate-riellen Standbau gerade so beeinflussen, wie das Aufkommen der Internetpräsentationen die Werbebudgets für Printmedien beeinflusst hat. Es gilt, die Vor- und Nachteile der neuen Möglichkeiten abzuwägen und die zur Verfügung stehenden finanziellen Mittel klug zwischen realen und virtuellen Präsentationen aufzuteilen.

Der virtuelle Messestand entspricht den – medialen – Möglichkeiten unserer Zeit. Bau-materialien und Baukosten spielen keine „wirkliche" Rolle. Animierte fotorealistische Bilder erzeugen perfekte Illusionswelten vom Kommunikationsmedium „Messestand". Insofern der virtuelle Gast mit der Technik vertraut ist, existieren keine Berührungs-ängste und Hemmschwellen, wie sie zum Beispiel an einer elitär gestylten Informati-onstheke oder in einer von gleißendem Licht durchstrahlten Lobby auftreten können.

Der Besucher im Netz bewegt sich unbeobachtet, allerdings registriert, im Informati-onslabyrinth zwischen Produktinformationen und Unternehmensdaten. Eine eigenstän-dige Welt in der Welt: reich an Informationen, allerdings arm an Sinneseindrücken. Der Geschäftspartner sieht, und eventuell hört er noch, was ihn überzeugen soll. Selbst wenn es technisch möglich sein wird, über spezielle Sensoren haptische Produkteigenschaften zu übermitteln oder den passenden Duft zum Bild zu generieren, ein entscheidender Fak-tor im Vergleich mit der realen Produkt- und Unternehmenspräsentation wird fehlen: die unverwechselbare einzigartige Atmosphäre des konkreten Moments am konkreten Ort, DIE Messe. Hierin liegt der unantastbare Vorteil der Messeveranstaltung und des Messe-standes. Mit welchen aus heutiger Sicht vielleicht noch unbekannten Mitteln ließen sich die vielfältigen authentischen Eindrücke einer Face-to-Face Kommunikation ersetzen?

Ein abgerundeter Eindruck vom Geschäftspartner und seinem Unternehmen, vom be-gehrten Produkt oder der versprochenen Leistung entsteht durch scheinbar banale Dinge. Das in Augenschein genommene Produkt, die Wärme eines Händedruckes, die Intensität eines Gespräches, die faszinierende Atmosphäre eines Raumes und nicht zuletzt die an-regende Duftwelt einer kleinen kulinarischen Einladung hinterlassen den gewünschten, bleibenden, unverwechselbaren Eindruck beim Kunden und Gast und bilden die solide Basis für gemeinsame Geschäfte und zukünftige Entwicklungen.

2.3   Internationalisierung und Netzwerkbildung

Für Unternehmen und Endverbraucher ist die Herkunft benötigter Produkte und Leistungen nur noch teilweise nachvollziehbar. Hersteller von Teilen, integrierten Baugruppen oder dem Endprodukt sind in vielen Fällen international bekannte Unternehmen, die wiederum ihre Rohstoff- und Materialbeschaffung kontinentübergreifend organisieren. Auf Grund übersättigter Absatzmärkte streben diese Unternehmen eine kontinuierliche Erweiterung ihrer globalen Vertriebsregionen an und nutzen dabei Messen als Kommunikationsplattform für den Ein- und Verkauf ihrer Leistungen.

Diese Strukturen haben zur Folge, dass nicht nur die Konsumenten, sondern auch Mitarbeiter und Entscheider in Unternehmen aus den unterschiedlichsten Kulturkreisen kommen und verschiedene Wertmaßstäbe vertreten. Ein erfolgreiches Werben für das eigene Produkt ist nur durch ein konsequentes, einheitliches Auftreten möglich, mit dem sich die Mitarbeiter des Herstellers und Konsumenten unabhängig von ihrem Kulturkreis identifizieren können.

Für die erfolgreiche Platzierung und Einprägsamkeit eines Produktes oder einer Marke im Bewusstsein der ausländischen Interessenten ist der kontinuierliche Auftritt ebenso bedeutsam wie eine konsequente gestalterische Form des Auftritts. Der Wiedererkennungswert spielt dabei eine besonders wichtige Rolle. Verschafft er doch gerade auf Messen dem Produkt und Unternehmen ein Alleinstellungsmerkmal gegenüber den Mitwettbewerbern, die in großer Zahl vertreten sind.

Branchenübergreifend verkörpern Produkte und Leistungen eines Unternehmens ein weltweit gültiges Image, dessen Präsentation zentral durch international besetzte Gremien in den Konzernen abgestimmt wird. Eine Messestandarchitektur aus Materialien, die in den jeweiligen Ländern positive Botschaften vermitteln und wertentsprechende Assoziationen hervorrufen, findet Einsatz. Die Kenntnis dieser Botschaften und Assoziationen ist die Grundlage für erfolgreiche weltweite Präsentationen.

Internationale Fusionen bewirken eine Verringerung der Ausstellerzahlen auf Messen, die auch ein verändertes Verhalten im Messebau nach sich ziehen. Um am Markt gegen die Wettbewerber bestehen zu können, sind die Standbauunternehmen gezwungen, Entwicklungen vorauszusehen und Trends zu erkennen. Dieser Konkurrenzdruck bewirkt wiederum eine beschleunigte Internationalisierung.

Erweiterte internationale Märkte erfordern die Messepräsenz vor Ort. Nicht nur die Kunden kommen zum Aussteller, zunehmend kommen die Aussteller zu ihren Kunden. Für viele Unternehmen ist der weltweite Messeauftritt längst kein exotisches Ereignis mehr. Für den Messebauer heißt das, entweder den Radius der eigenen Bautätigkeit ins Ausland zu erweitern oder Messebaupartner im jeweiligen Veranstaltungsland zu suchen. Die erste Möglichkeit ist mit vergleichbar hohen Transport- und Montagekosten verbunden. Im Wettbewerb mit anderen Messebauern, die bereits auf erprobte Partnerschaften vor Ort zurückgreifen und dementsprechend einen umfangreichen Erfahrungs-schatz anbieten können, ist dies ein entscheidender Nachteil.

Die Kommunikation zwischen Aussteller und Messebauer erfährt unter dem Gesichts-punkt der internationalen Aktivitäten eine zusätzliche Bedeutung. Gemeint sind nicht allein sprachliche Hürden; vielmehr erfordert internationales Auftreten ein hohes Maß an Sensibilität und Einfühlungsvermögen gegenüber anderen kulturellen Kontexten. Aus-steller wünschen sich oft nicht nur einen gleichsprachigen Servicepartner, sondern zugleich einen Experten, der sowohl in der eigenen Kultur als auch in der Kultur des je-weiligen Landes sicher agiert. Messeplätze im Ausland sind ebenso spezifisch und ei-genwillig wie im Inland. Ortskenntnis, Hintergrundwissen, Messeplatzerfahrungen und der sichere Zugriff auf Dienstleister und Lieferanten vor Ort werden zunehmend als kla-rer Vorteil bewertet. Der Aufbau globaler Netzwerke mit regional kompetenten Partnern scheint unumgänglich – birgt aber ebenso Risiken in Punkto Qualität, Verlässlichkeit und Termintreue. Andererseits verspricht ein geglückter Aufbau internationaler Partner-schaften in den meisten Fällen neben einer wettbewerbsfähigen Erweiterung des eigenen Aktionsradius auch einen Zuwachs im nationalen Geschäft durch die Ausführung von Leistungen im Auftrag des Netzwerkpartners.

Internationale Märkte und Produkte, kurze Produktzyklen, wichtige nationale und inter-nationale Messen in kurzen Zeitabständen auf der Ausstellerseite – gestiegene Lohn- und Transportkosten gegenüber verkürzten Aufbauzeiten und deutlich gefallenen Standbau-preisen im Bereich Messebau stellen den Ausgangspunkt für notwendige Netzwerk-strukturen dar. In der derzeit rezessiven Konjunkturlage führen Verringerungen von Standflächen und Budgets bei den Ausstellern zu Auftragsflauten und zu Insolvenzen bei den Messebaufirmen. Die aus Konkursverkäufen billig auf den Markt kommenden Standbaumaterialien werden auf dem Markt günstigst eingesetzt und führen zu einem weiteren Preisverfall.

Wie kann aber eine deutschland-, europa- oder weltweite Firmenbetreuung im Standbau unter diesen Bedingungen kostengünstig realisiert werden? Fertigung an einem Standort und weltweiter Transport sind nur noch für spezielle Teile und Exponate vertretbar. Das Streben der Messebaufirmen, den Aussteller uneingeschränkt betreuen zu können, steht einem weltweiten klassischen Handling entgegen. Die Gründung internationaler Toch-tergesellschaften erfordert einen hohen Kapitalbedarf und ein gleich bleibendes Auf-tragsvolumen, das die meist mittelständisch strukturierte nationale und internationale Standbaubranche nicht vorweisen kann. Saisonale Schwankungen im Messebau auf Grund saisonal strukturierter Messekalender erschweren zusätzlich die Auslastung ver-zweigter Messebauunternehmen. Der Aufbau von vertikalen Netzwerken zwischen Mes-sebaufirmen mit regional eingegrenzter Marktpräsenz in Ländern oder Kontinenten ist die Folge.

Gleichermaßen bewirkt die rasante technische Entwicklung des eingesetzten Equip-ments, dass es nicht allen Messebauern möglich ist, die jeweils notwendige Standaus-stattung eigenständig zu beschaffen und zu vermarkten. Leistungen wie Veranstaltungs-

und Bühnentechnik, Licht oder Hochbühnen werden je nach Bedarf angemietet und führen zu Spezialisierungen im Messbau und dem Ausbau von Kompetenznetzwerken.

Gestiegene Lohnkosten – vor allem im Messeland Deutschland – verursachen bei den Messebaufirmen massive wirtschaftliche Probleme im Saisongeschäft und führen zur personellen Verringerung der Montagecrews. Folglich entstandene reine Montagefirmen ohne eigenes Material, die ihre Leistungen den Messebaufirmen anbieten und teilweise auf Systemmaterial, Bodenbelagsarbeiten oder konventionelle Schreinertätigkeiten spezialisiert sind, erweitern die Netzwerkstrukturen.

Eine durch expandierende Netzwerktätigkeit erreichte Kostenreduktion führt zur Steigerung des notwendigen Koordinationsaufwandes. Professionelles internationales Projektmanagement macht (vgl. Abb. 1) zunehmend vernetzte Strukturen und komplexe Zusammenhänge beherrschbar.

3.   Fazit

Ein Messestand ist die temporär räumlich umgesetzte und atmosphärisch erlebbare Identität eines Unternehmens. Die klare Ansprache möglichst aller Sinne der Besucher des Messestandes soll neben rationalen Produkteigenschaften vor allem emotionale Botschaften versenden. Diese tragen maßgeblich dazu bei, den Auftritt des Ausstellers zu einem intensiven, unverwechselbaren Erlebnis für den Kunden oder Geschäftspartner werden zu lassen.

Unternehmensidentität hat neben wirtschaftlicher Notwendigkeit und Freude an Innovationen und Veränderungen auch eine beständige Komponente. Der positive Effekt der Wiedererkennung – besonders auf internationalen Märkten – verstärkt das Markenbewusstsein des Kunden und Verbrauchers, erleichtert die Identifikation mit dem Image des Ausstellers und kann in bewegten wirtschaftlichen Zeiten Beständigkeit und Souveränität ausstrahlen.

Ökologische Aspekte, wie z.B. Wiederverwendbarkeit der Bauteile des Messestandes, Einsatz umweltverträglicher Materialien und Technologien, Reduktion der Verschleißmaterialen und logistisches Umdenken in Bezug auf alternative Transportmittel und -wege können der Stand- und Messearchitektur neue Impulse verleihen. Standbauunternehmen sollten ökologisch orientierte Aussteller bestärken und durch entsprechende Angebote unterstützen, Messeauftritte unter den oben genannten Gesichtspunkten zu planen und zu bewerten.

Schnelllebige Gestaltungstrends und in rascher Folge auf dem Markt verfügbare, neue Techniken und Technologien, besonders im Bereich Audiovideotechnik, fordern vom

Standbauer professionelles Informationsmanagement und ein hohes Maß an Flexibilität im Planungsablauf. Erstklassiger Ausstellerservice, Aufgeschlossenheit gegenüber neuen Technologien und Materialien, Mut zum Experiment und nicht zuletzt ein gewisser Spürsinn für zukünftige Wünsche des Ausstellers sichern Wettbewerbsvorteile im hart umkämpften Standbaumarkt.

Geografisch strukturierte Netzwerke, sowohl auf nationaler als auch auf internationaler Ebene, erweitern die Aktionsradien der Standbauer. Sie sichern die Beachtung regionaler Spezifika, wie z.B. kultureller Kontexte oder logistischer Eigenheiten des Messeplatzes und können Auslastungsschwankungen in Bezug auf Messehochzeiten und Flauten kompensieren.

Netzwerke verschiedener sich ergänzender Fachkompetenzen wie Standbau, Veranstaltungstechnik, Licht- und Tontechnik etc., ermöglichen Planungsflexibilität, marktfähige Kostenstrukturen und bilden die Basis positiver Synergieeffekte für eine innovative Standgestaltung.

Neben einer Erweiterung der Möglichkeiten stellt jedes Netzwerk sehr hohe Anforderungen an die Kommunikation. Entscheidungswege können sich verlängern. Folglich verkürzen sich Entwurfs-, Planungs- und Realisierungszeiten. Bestellzeiten außergewöhnlicher Materialien oder hoher Montageaufwand einmaliger Konstruktionen bergen somit ein hohes Konfliktpotenzial. Neben rein fachlicher Kompetenz gewinnen Kommunikationsfähigkeit und internationales Projektmanagement immer höhere Bedeutung.

Erfolgreicher Stand- und Messebau beinhaltet die außergewöhnliche Lösung zum optimalen Preis an beliebigem Messeplatz in der Welt.

Klaus-Peter Suhling

Messegastronomie

1. Einleitung

2. Messegastronomie aus Sicht des Messebesuchers
   2.1 Verzehr
   2.2 Zeitfaktor
   2.3 Ruhepausen, Entspannen
   2.4 Schadstoffe in Lebensmitteln – wie reagieren die Kunden, die
       Messegesellschaften und der Gastronom?
   2.5 Preisgestaltung

3. Messegastronomie aus Sicht der Messegesellschaft
   3.1 Ziele und Beziehungen zwischen Messegesellschaft und
       Gastronomiedienstleister
   3.2 Messespezifische Kundenstruktur als Einflussfaktor des
       gastronomischen Angebotes

4. Messegastronomie aus Sicht des Messegastronomen
   4.1 Restauranttypen
   4.2 Organisation
   4.3 Dienstleister als Berater der Messegesellschaft
   4.4 Projektmanagement
   4.5 Rechtliche Gegebenheiten
   4.6 Hygiene
   4.7 Kommunikation
   4.8 Angebotsgestaltung

*Klaus-Peter Suhling ist Geschäftsführer der Restaurationsbetriebe Stockheim GmbH &
Co. KG, Düsseldorf.*

1. Einleitung

Die nachfolgende Ausarbeitung soll aus heutiger Sicht und Erlebnisweise die speziellen messetypischen Bedürfnisse und Verzehranlässe der Messegastronomie aufzeigen.

Zu berücksichtigen ist, dass diese Bedürfnisse und Anlässe dem Markt unterliegen, d.h. die Prämissen können und werden sich in der Zukunft, wenn es der Markt fordert, ändern.

2. Messegastronomie aus Sicht des Messebesuchers

2.1 Verzehr

Die nachfolgenden Angaben sind zum Teil einer marktpsychologischen Untersuchung („Resonanz auf das gastronomische Angebot auf dem Messegelände der Messe Düsseldorf") entnommen, die 1997 gemeinsam von der Restaurationsbetriebe Stockheim GmbH & Co. KG, der Reiss GmbH & Co. KG und der Messe Düsseldorf GmbH durchgeführt wurde.

2.1.1 Verzehrverhalten

Durchschnittlich entspricht der Messebesuch mindestens einem 8-Stunden-Arbeitstag. Bei Ausstellern, Messebautätigen etc. umfasst er sogar mehrere Arbeitstage in Folge. Viele, die die Messe berufsbedingt besuchen, verlängern ihren Aufenthalt vor- oder nachher um ein paar Stunden. Die meisten berufsbedingten Messeteilnehmer empfinden die Messe als Strapaze und auch privat Interessierte sind nach geraumer Zeit „geschafft". Im Verlauf eines Tages ständig auf den Beinen, bekommen sie zwangsläufig Durst und müssen etwas essen. Aus zeitlichen Gründen und mit müden Füßen wollen sie nicht allzu weit laufen (d.h. der Kunde konsumiert in der jeweiligen Messehalle, wenn sich der Impuls Durst oder Hunger einstellt). Der Gast möchte sich möglichst, ein wenig abseits vom Messerummel, dabei setzen, gerne bei Tageslicht und etwas frische Luft schnappen.

78 Prozent der Messebesucher wünschen, etwas zu verzehren, davon 33 Prozent ausnahmsweise/selten bzw. ab und zu und 45 Prozent meistens bzw. in der Regel.

2.1.2 Verzehrgewohnheiten

Die drei häufigsten Verzehrgewohnheiten:

- „Gegen Mittag habe ich Hunger/Durst"

- „Wurde eingeladen/Treffen mit Geschäftspartnern/Erfahrungsaustausch/Zeit für Gespräche"

- „Wollte ausspannen, eine Ruhepause einlegen, schönes Wetter lockte, draußen zu sitzen und zu essen".

Abgesehen von den drei Zielgruppen im Gastronomiepotenzial, deren unterschiedliche Bedürfnisse es zu befriedigen gilt, zeigt sich deutlich, dass Menschen auf der Messe rasch, ohne weit laufen zu müssen, etwas zu essen und zu trinken finden wollen. Sie neigen zum Aufsuchen der Restaurationseinheiten in den Hallen im Parterrebereich sowie im Außenbereich.

Es ist häufig auf Messeplätzen zu sehen, dass die Restaurants sich im ersten Obergeschoss befinden. Diese Restaurants haben den Nachteil, dass die Kunden dieses Gastronomieangebot oft nicht finden, da sie nicht „hineinfallen".

Sogar die Messebesucher, die grundsätzlich auf der Messe auf ein gut geführtes Restaurant nicht verzichten wollen, gehen oft aus Zeitgründen nicht in ein Restaurant nach oben, sondern suchen bevorzugt ebenerdige gastronomische Einheiten auf.

2.1.3 Verzehrangebot

Die drei häufigsten Nennungen sind:

- „An jeder Ecke Verzehrmöglichkeit, Essen für jeden Geschmack, vielfältig"

- „Nette Bedienung, es geht alles schnell"

- „Gutes Essen, lecker angerichtet".

Es ist zu bedenken, dass stets drei Zielgruppen mit differenzierten Ansprüchen zufrieden zu stellen sind und somit immer nur eine Minderheit auf ein spezielles Angebot reagiert. Es dürfen die „heiße Wurst" und die belegten Brötchen für jene nicht fehlen, die preiswert und schnell, am liebsten nur einfach etwas „auf der Hand" (Finger Food) essen möchten. Außerdem müssen die leichten, frischen Verzehrmöglichkeiten vertreten sein, um die Zielgruppe zufrieden zu stellen, die sich auch auf der Messe gesund ernähren will. Auch wenn diese Gruppe verhältnismäßig groß ist, darf nicht übersehen werden, dass diese selten mehr als etwa ein Drittel aller Messebesucher repräsentiert.

Anzumerken ist, dass diese Zielgruppe im Verhältnis zu den anderen in letzter Zeit überproportional zugenommen hat. Dem Speisenangebot sind preislich nach oben Grenzen
gesetzt. Die Menschen haben auf der Messe weder Zeit noch Muße, die meisten auch
nicht das Geld, teuer zu speisen.

2.1.4 Kundenwünsche/Zielgruppen

Im Hinblick auf die Präferenzen der Messekunden stehen folgende Anforderungen im
Vordergrund:

* *1/3: „gut geführtes Restaurant"*
  In dieser Kategorie ist auffällig, dass die Altersgruppe ab 40 Jahren ausgeprägt ist,
  sowie Messebesucher, die sich berufsbedingt auf einer Messe befinden, in leitender
  Tätigkeit sind und bei denen der finanzielle Aspekt keine nennenswerte Rolle spielt.

* *1/3: „gesundes, leichtes, schadstofffreies Essen (Nichtraucher)",*
  d.h. richtig gesund essen. Dies sind insbesondere ausländische Messebesucher, eher
  Frauen im Alter bis zu 40 Jahren, Aussteller und auch hier leitende Angestellte.

* *1/3: „einfach, schnell und preiswert (im Stehen)"*
  Zu dieser Kategorie gehören in erster Linie Besucher, die sich aus Privatinteresse
  auf einer Messe befinden, in nicht leitender Tätigkeit und „knapp bei Kasse" sind.
  Für die Gäste, die ein gut geführtes Restaurant wünschen, gilt vor allen Dingen, dass
  man sich während der Hauptmahlzeit in Ruhe an einen Tisch setzen kann. Der Zielgruppe, die sich gesund verköstigen möchte, kommt es darauf an leichte, frische und
  schadstoffunbelastete Speisen zu sich zu nehmen. Diese Menschen möchten vorher
  gerne sehen, was sie essen und sich infolgedessen lieber selbst bedienen. Oft müssen sie auf das Geld achten, daher empfinden sie einen Restaurantbesuch auf der
  Messe häufig als zu teuer und neigen dazu, an Kiosken und Imbissständen nach Ge-
  sundem zu suchen.

Das restliche Drittel befindet sich auf der Messe im Allgemeinen in großer Eile oder
kann sich aus finanziellen Gründen nicht mehr leisten als einfach, schnell und preiswert
etwas „auf die Hand" und das meistens stehend (siehe Kapitel 2.1.2) zu konsumieren.
Auf die Frage nach zeitgemäßer Gestaltung waren die häufigsten Nennungen:

* „Viel leichte Kost, Salat, Obst, vegetarisch"

* „Frische Speisen, keine Dosenwaren, qualitativ gute Zutaten"

* „Preiswerter, an Preise außerhalb der Messe angepasst".

2.2   Zeitfaktor

Zeit wird von den Messebesuchern in der Regel für die Gastronomie nicht eingeplant, d.h. der Gastronomiebesuch wird im Vorfeld nicht berücksichtigt, sondern der Kunde wird in dem Moment, in dem ein Durst- oder Hungergefühl aufkommt, sofern Angebot und Preis passen, den Konsum vornehmen. Für das gastronomische Angebot bedeutet das, dass in jeder Messehalle zu jeder Zeit das gewünschte Angebot vorhanden sein sollte. Aus organisatorischer und wirtschaftlicher Sicht ist eine komplette gastronomische Bandbreite in allen Messehallen jedoch nicht darstellbar, so dass der Kunde Zeit brauchen wird, bis er in einer Messehalle das entsprechende Angebot findet, das ihm vorschwebt.

Als Zeitfaktor gilt weiterhin sein jeweiliges Tagespensum, das sich der Kunde vorgenommen hat, bzw. ob er sich in Gesellschaft befindet oder die Messe allein besucht. Ein Trend, der in den letzten Jahren gravierend zugenommen hat, ist, dass die Kunden, um Zeit zu sparen, an den Ständen der jeweiligen Messeaussteller verköstigt werden (siehe Kapitel 3.2.4).

Ein weiterer Trend der sich feststellen lässt, besteht darin, dass eine Zielgruppe die Speisen/Getränke als „Take away" ersteht, aber auch die variablen Stände (siehe Kapitel 4.1.5) nutzt.

2.3   Ruhepausen, Entspannen

Auf den Messegeländen befinden sich vielerorts Ruheinseln sowie Räume, in denen der Kunde entspannen kann. In der Praxis ist es jedoch so, dass diese nur begrenzt zur Verfügung stehen und daher viele Kunden einen Restaurantbesuch dazu nutzen, auszuspannen. Das bedeutet für die Gastronomie, dass viele Kunden, insbesondere in den Mittagszeiten, gastronomische Einheiten, vorwiegend Messerestaurants sowie SB-Anlagen, in denen man sitzen kann, aufsuchen. Kunden mit einem begrenzten Budget frequentieren somit Plätze in der Gastronomie, die einen höheren Pro-Stuhl-Umsatz erzielen könnten.

Ein weiterer Aspekt ist das Entspannen im Außenbereich. Viele Besucher nutzen die Möglichkeit, ihre Pausen – so das Wetter es erlaubt – im Freien zu verbringen. Auch hier mangelt es oft an Möglichkeiten, sich auf Liegen, Stühlen etc. auszuruhen. Gastronomieangebot ist kaum vorhanden, d.h. es befinden sich oft nur Kioske und variable Stände im Außenbereich. In den wärmeren Monaten sind insbesondere die gastronomischen Bereiche, die einen biergartenähnlichen Charakter haben, stark frequentiert.

2.4 Schadstoffe in Lebensmitteln – wie reagieren die Kunden, die Messegesellschaften und der Gastronom?

Die Messebesucher reagieren zeitnah auf Krisen, wie z.B. BSE-Krise, Geflügelpest etc. Das Thema der Verunreinigung von Lebensmitteln hat in den letzten Jahren zugenommen. Dies hat auch direkte Auswirkungen auf den Verzehr von Speisen und Getränken auf dem Messegelände. Für den Messegastronomen ist es daher wichtig, zu Krisenzeiten die Produktpalette durch alternative Speisen- bzw. Getränkeangebote zu ergänzen oder zu ersetzen. Oft ist es jedoch so, dass bei großen Krisen, wie BSE, die Kunden komplett auf das Gastronomieangebot verzichten und sich ihre Speisen bzw. Getränke von zu Hause mitbringen. Umso wichtiger ist es gerade für den Gastronomen, den Messebesuchern zu verdeutlichen, dass das Speisen- und Getränkeangebot schadstofffrei ist. Es sollte über Aushänge, Speisenkarten etc. die Herkunftsländer der Produkte bzw. aus welchen Zulieferbetrieben (Zertifikate) die jeweiligen Waren kommen, erläutert werden: Aufklärung tut Not.

2.5 Preisgestaltung

Zwar kritisieren zahlreiche Messebesucher die Preise der Speisen und Getränke auf der Messe. Allerdings ist der Prozentanteil der Personen, die sich auf Grund dessen davon abhalten lassen, während des Messetages durchschnittlich zwei- bis dreimal einen gastronomischen Betrieb zum Essen und/oder Trinken aufzusuchen, kaum nennenswert. 85 Prozent suchen gastronomische Betriebe auf, die Mehrzahl der Besucher sogar zwei- bis dreimal. Nur 15 Prozent verlassen die Messe, ohne etwas in einem gastronomischen Betrieb verzehrt zu haben, davon jedoch nur sieben Prozent aus Kostengründen. Für 2-3 Prozent der Kunden fehlte entweder die Zeit oder man wollte sich zum Essen in der Stadt treffen, oder brachte sich – vor allem Vegetarier – lieber selbst Äpfel oder Brot mit.

Das bedeutet, man kann aus betriebswirtschaftlichen Gründen keinem raten, die Gastronomiepreise auf der Messe zu senken. Man muss bedenken, dass die meisten Besucher gewöhnlich zwei- bis dreimal täglich ein gastronomisches Angebot in Anspruch nehmen und sich der damit verbundenen Ausgaben bewusst sind. Tatsächlich leben viele während der Messe über ihre Verhältnisse.

Die Kalkulationsgestaltung der Messegastronomen ist abweichend von der des Kollegen, der eine Kneipe oder ein Restaurant etc. betreibt, da der Messegastronom in der Regel nur zwischen 80 und 120 Tage im Jahr die Gastronomie auf den Messestandorten geöffnet hat und nur in dieser Zeit die Möglichkeit hat, „Geld zu verdienen". Es führt oft dazu, dass die Preise als zu teuer empfunden werden, insbesondere deshalb, weil der Messebesucher die Möglichkeit hat, zu vergleichen. Das ist bei anderen Dienstleistungen, z.B. den Eintrittspreisen, nicht möglich. Das Gastronomieangebot auf dem Messegelände sollte für jeden Geldbeutel, zu jeder Zeit und für jede Zielgruppe eine Gelegenheit bieten, etwas zu konsumieren. Der Kunde sollte immer die Möglichkeit der Wahl haben, wann und wo er welche Produkte konsumiert bzw. die Größenordnungen der Speisen und Getränke selbst bestimmen können. Damit bestimmt er dann auch selbst den Preis.

3.   Messegastronomie aus Sicht der Messegesellschaft

3.1   Ziele und Beziehungen zwischen Messegesellschaft und Gastronomiedienstleister

Messen unterliegen gewissen Zyklen, d.h. sie finden in verschiedenen Abständen alle zwei, drei, vier oder fünf Jahre statt. Dadurch kommt es je nach Turnus der Messen zu starken oder schwachen Messejahren.

3.1.1 Messegastronom ist Pächter

Je nach vertraglicher Vereinbarung zahlt der Messegastronom als Pächter eine feste oder eine variable Pacht bzw. eine Kombination aus beiden. Bei der Pächterlösung wird das Messegelände in der Regel bei großen Messen gastronomisch zu gleichen Teilen zwischen verschiedenen Pächtern aufgeteilt. Bei kleineren bzw. regionalen Messen ist es oft nur ein Gastronom, der als Pächter tätig ist. In der Bundesrepublik Deutschland kommen die Pächter überwiegend aus mittelständischen Unternehmen. In der Regel wird eine variable Pacht ausgehandelt, die jeweils monatlich vom Nettoumsatz abgerechnet wird. Zu berücksichtigen ist, dass oft zusätzliche Dienstleistungen für die Messegesellschaft getätigt werden müssen, z.B. das Bewirten von Gästeclubs, Presseclubs, Konferenzräumen etc. Diese Dienstleistungen werden in der Regel separat nach Aufwand in Rechnung gestellt.

Eine andere Variante ist bei regelmäßigem Messegeschäft und kürzeren Laufzeiten eine Fixpacht. Eine weitere Möglichkeit ist die Kombination einer Fixpacht mit einem variablen Anteil, d.h. es gibt eine Sockelpacht, die der Gastronom zu entrichten hat und einen variablen Anteil. Diese Lösung wird häufig bei gleichmäßigem Geschäftsanfall mit gelegentlichen Spitzen angewandt.

3.1.2 Tochtergesellschaft der Messe

Eine zweite Variante besteht darin, dass die Messegesellschaften dazu übergehen, die Gastronomie durch Abteilungen innerhalb ihres Hauses, jedoch in der Regel als eigenständige GmbHs, zu führen. Dabei ist zu berücksichtigen, dass das Gelände dann nicht mehr aufgeteilt wird, sondern komplett von der Tochtergesellschaft der Messe geführt wird. In diesem Fall dient die Messegastronomie verstärkt als Dienstleistungs- und/oder Marketinginstrument.

3.1.3 Managementvertrag

Es verhält sich genau wie unter Kapitel 3.1.2, d.h. das gesamte Gelände ist an den Betreiber mit einem Managementvertrag vergeben. In der Regel ist es so, dass dabei die jeweilige Messegesellschaft mindestens 50 Prozent oder mehr der Anteile und die jeweiligen gastronomische Partner einen kleinen Anteil halten. Üblicherweise ist der gastronomische Partner kein mittelständisches Gastronomieunternehmen, sondern eine mittlere bis große Unternehmensgruppe (Know-how).

Es ist in jüngster Zeit zu beobachten, dass Messegesellschaften verstärkt die Varianten „Managementvertrag" bzw. „Tochtergesellschaften" forcieren, da die Gastronomie für sie strategisch an Bedeutung gewinnt und sie als Instrument für ihre Klientel nutzen wollen. Ebenfalls soll über Angebot und Preis ein stärkerer Einfluss ausgeübt werden.

Weitere wichtige Punkte, die im Verhältnis zwischen den beiden Parteien geregelt sein sollten, sind:

* Laufzeit

In der Vergangenheit waren Laufzeiten über 10 Jahre und länger die Regel, dies galt insbesondere für die Gastronomiepächter. Hierzu ist anzumerken, dass die Messegesellschaften dazu übergehen, die Laufzeiten zu verkürzen, insbesondere für die Variante 3.1.3, aber auch für 3.1.1, wobei zu berücksichtigen ist, inwieweit sich der Pächter am Investitionsvolumen beteiligen muss: Je höher die Investitionsbeteiligung, desto länger beträgt die Laufzeit des Vertrags.

* Investitionen

In der Vergangenheit wurden die Investitionen des Großinventars von der Messegesellschaft gestellt, da es für einen Gastronomen kaum möglich ist, diese Investitionen bei nur 80 bis 120 Öffnungstagen im Jahr zu verdienen.

Heute gehen die Messegesellschaften immer stärker dazu über, insbesondere bei 3.1.1, die Pächter an Investitionen zu beteiligen. Dies gilt vor allem dann, wenn es einen Investitionsstau gibt. In den vergangenen Jahren ist die Messegastronomie, die früher eine

Erneuerung nach 10, 15 bzw. 20 Jahren erfuhr, stärker in den Focus der Besucher gerückt und die Investitionsintervalle sind kürzer geworden. Generell kann man sagen,
dass es bei den traditionellen deutschen Messeplätzen – ausgenommen vielleicht Hannover (EXPO) oder neu entstandenen Messegeländen (München, Friedrichshafen) – einen
erheblichen Investitionsbedarf für die Gastronomie gibt, die sich allein vom Design her
nicht mehr auf der Höhe der Zeit befindet. Investitionen im Bereich der Messegastronomie liegen zwischen 20 bis 30 Prozent höher als in der üblichen Gastronomie. Das ist
einerseits in den verstärkten und verschärften Sicherheitsbedingungen in den Messehallen und den Auflagen der Ordnungsämter, Feuerwehr etc. begründet, andererseits aber
auch darin, dass durch das messetypische Geschäft die Küchengeräte erhöhte Anforderungen erfüllen müssen (Spitzenzeiten).

- Nebenkosten

Die Nebenkosten spielen eine zentrale Rolle, da sie einen nicht unerheblichen Anteil zur
Pacht beitragen. Die Energiekosten liegen erheblich über denen der üblichen Gastronomie, da messetypisch meist die Stromspitzenleistungen überschritten werden und damit
höhere Energiepreise zum Tragen kommen. Des Weiteren hat insbesondere der Pächter
nicht die Möglichkeit zur Wahl des Energieträgers bzw. des Energielieferanten, denn
diese werden oft über die Messegesellschaft zur Verfügung gestellt.

3.2 Messespezifische Kundenstruktur als Einflussfaktor des gastronomischen Angebotes

3.2.1 Fachbesuchermessen

Die Verweildauer in den Restaurants bei Fachbesuchermessen liegt höher als bei den üblichen Messen, da der Restaurantbesuch häufig dazu benutzt wird, die Messe „nach-
zubearbeiten" bzw. Kunden oder Partner einzuladen. Das gastronomische Angebot ist
breiter und qualitativ höher (siehe Kapitel 1.1.4). Zu beobachten ist weiterhin, dass die
Hauptmahlzeiten immer später eingenommen werden; war es früher 12.30/13.00 Uhr,
hat es sich inzwischen auf 13.30 Uhr bis 14.00 Uhr verlagert. Ein weiterer Trend ist,
dass das Verzehrverhalten keiner Regel mehr unterliegt. Das bedeutet, dass zu jeder Zeit
das gesamte Angebot zu präsentieren ist und konsumiert wird.

3.2.2 Endverbrauchermessen

Im Gegensatz zu den Fachbesuchermessen liegt das Preisniveau niedriger und auch die
Angebotspalette ist auf den finanziellen Rahmen der Kunden zugeschnitten. Verstärkt
stehen Kioske, Snack-Bereiche sowie Self-Service-Einheiten im Vordergrund. Auch hier

ist das Verhalten zu beobachten, dass zu allen Tageszeiten das gesamte Angebot vorhanden sein sollte, damit der Messebesucher seine individuelle Auswahl treffen kann.

3.2.3 Messen mit besonderem gastronomischen Anforderungsprofil

Bei einer Reihe von Messen stellt die Klientel besondere Anforderungen an die Gastronomie. Anzuführen sind beispielsweise Modemessen. In diesem Fall muss die Gastronomie trendig, progressiv sein; die Zielgruppe muss sich in der Gastronomie wiederfinden, so wie sie es aus ihrem gewohnten Umfeld kennt (z.B. Kaffeebars, „der Italiener", das Salatangebot, eine Suppenbar etc.). Zu berücksichtigen ist, dass diese Zielgruppe gleichzeitig sehr preissensibel ist.

3.2.4 Standcatering

Das Standcatering hat sich in den letzten Jahren außergewöhnlich stark entwickelt. Das liegt darin begründet, dass viele Messebesucher nur eine bestimmte und immer kürzere Zeit auf einer Messe verbringen und die Aussteller versuchen, den Kunden so lange wie möglich an ihren Stand zu binden. Das führt dazu, dass die Aussteller entsprechend verstärkt Catering an den Messeständen anbieten. Auf fast allen Messeplätzen in Deutschland gibt es keine Exklusivität für den jeweiligen Messegastronomen in den Hallen, sondern der Kunde kann frei entscheiden, welcher Gastronom/Caterer ihn beliefert. In dieser Wettbewerbssituation ist der entscheidende Vorteil für den Messegastronomen, dass er am Standort ist und schnell auf die Wünsche der Kunden reagieren kann. Diese Dienstleistung führt zu einer starken Kundenbindung.

3.2.5 Gastronomie in Kongresscentern, die den jeweiligen Messen angegliedert sind

Vielen Messeplätzen sind Kongresscenter angeschlossen. Abläufe und Funktionen in Kongresscentern unterliegen anderen Prioritäten als die Gastronomie auf der Messe. Das führt in der Regel dazu, dass neben der Messeorganisation eine Kongressorganisation des jeweiligen Gastronomen aufgebaut wird, damit er die speziellen Bedürfnisse des Verpächters und der Kunden erfüllen kann. Die Gastronomie in Kongresscentern hat andere Anforderungen in Bezug auf Dienstleistung und Qualität der Produkte. Ein weiteres Charakteristikum ist, dass das Kongresscenter, je nach Buchungslage, das ganze Jahr über vermarktet wird und der Gastronom sich darauf einstellen muss. Die Mischung zwischen Kongressen und begleitenden Messen, hat in der Vergangenheit stark zugenommen.

4.   Messegastronomie aus Sicht des Messegastronomen

Wie unter Kapitel 3 beschrieben, ist es wichtig, dass das Aufgabengebiet des Gastronomen, das er für die Messegesellschaft zu erfüllen hat, klar umrissen ist.

4.1   Restauranttypen

Das Bild des gastronomischen Angebotes auf den Messen wird von den jeweiligen Restauranttypen geprägt, die die Kunden direkt wahrnehmen. Dies hat Einfluss auf ihr Kaufverhalten. Bei den nachfolgend beschriebenen Restauranttypen wird nicht speziell auf die Innen- und Außengastronomie eingegangen. Man muss jedoch festhalten, dass in Abhängigkeit von den Wetterverhältnissen die Außengastronomie auf den Messeplätzen an Beliebtheit bei den Messebesuchern gewonnen hat. Das liegt an dem schon eingangs erwähnten Verhalten. Die beschriebenen Restauranttypen sind je nach Messegelände vorhanden bzw. zu Teilen vorhanden und verteilt, Kioske und Bistros befinden sich zum Teil in *jeder* Messehalle.

4.1.1 Bedienungsrestaurant

Das ist das klassische Messerestaurant, in dem der Kunde einen Service erwartet. Das gastronomische Angebot ist dementsprechend. Entscheidend ist, dass er freundlich und in der ihm zustehenden Zeit zügig bedient wird. Oft werden diese Restaurants genutzt, um Kundengespräche zu führen. Es ist meist ratsam, dass diese Restaurants zwischen den einzelnen Tischen abgegrenzt sind, d.h. einige Gäste wünschen, nicht gesehen zu werden bzw. vertrauliche Gespräche zu führen.

Zweckmäßig ist es ebenfalls, dass es innerhalb eines Restaurants abtrennbare Räume gibt, um größere Gruppen, z.B. Aussteller etc., separat verkösten zu können. Von Vorteil ist auch, wenn dieser Restauranttyp über eine Bar verfügt, die man als „Wait to be seated"-Bereich bei einem vollen Restaurant nutzen kann.

4.1.2 Self-Service

Beim Self-Service lassen sich drei Grundkonzepte unterscheiden:

- *Online-System*
  Das ist das klassische Kantinen-System. Der Kunde nimmt sich sein Tablett, läuft an den jeweiligen Waren vorbei, bedient sich oft bei Getränken selbst, wird bei den Speisen bedient und am Ende wird kassiert.

- *Konzept „Mövenpick", Check in/Check out*
  Die Kunden erhalten am Eingang einen Guest-Check, werden platziert und ordern ihre Wünsche beim Kellner. Es gibt Varianten, bei denen man sich am Buffet (z.B. Salat) selbst bedient, d.h. Teile des Foodangebotes kann der Kunde sehen. Der Verzehr wird auf dem Guest-Check jeweils festgehalten, nach Beendigung des Restaurantaufenthaltes erfolgt am Ausgang die Abrechnung.

- *Freeflow*
  Es handelt sich um ein ähnliches Angebot, wie beim Check-in/Check-out-Konzept, jedoch wird, nachdem sich der Kunde etwas ausgesucht hat, an der Kasse sofort abkassiert. Erst dann wird der jeweilige Platz, an dem er sitzen möchte, aufgesucht.

4.1.3 Bistro

Das Bistro ist oft eine Kombination von Tresenverkauf mit vorgelagerten Steh- bzw. Steh-/Sitzplätzen. In der Regel geht der Kunde an die Theke, ordert seine Ware und konsumiert vor Ort. Auch hier hat der Kunde die Möglichkeit, die Ware einzusehen. Das Preisniveau liegt unter dem der Bedienungs- bzw. Self-Service-Angebote.

4.1.4 Kiosk

Kioske befinden sich auf den jeweiligen Messeplätzen oft in jeder oder jeder zweiten Messehalle. Das Angebot ist unterschiedlich und reicht von dem typischen Bratwurst/Bockwurst-Angebot bis hin zu Snacks, wie Salate, Sandwiches etc. Es ist auch jeweils ein Getränkeanteil, Kaffee etc. im Angebot. Die Ware wird zum Teil vor Ort konsumiert, sie wird aber auch als „Take away" angeboten.

4.1.5 Variable Stände

Das können Eis-, Brezel-, Hot-Dog- oder Süßigkeitenstände etc. sein. Sie werden in den Hallen bzw. im Freigelände entweder an festen Standorten aufgebaut. Zum Teil werden diese Einheiten aber auch bewegt, d.h. man geht direkt auf die Kunden zu. Das Angebot liegt preislich an der unteren Preisskala und ist für den schnellen Durst/Hunger zwischendurch bestimmt. Es werden Zusatzumsätze getätigt bzw. Kunden mit dem kleinen Geldbeutel bedient.

4.1.6 Markengastronomie

Eine besondere Bedeutung wird in Zukunft der Markengastronomie zukommen. Das Angebot reicht von Fast Food, Coffee Shops bis zu Produktartikeln. Der Kunde sieht über das Corporate Design, was ihn hier an Produkten, Qualität und Preis erwartet. Der Messegastronom tritt allgemein als Franchise-Partner des jeweiligen Markenartiklers auf.

4.2 Organisation

Die Organisation ist abhängig von dem jeweiligen Vertrag zwischen Messegesellschaft und dem Messegastronomen. Bei den Varianten „Managementvertrag" und „Tochtergesellschaft" ist es so, dass die Sollstärke auf Grund der speziellen Dienstleistungsanforderung ausgeprägter ist gegenüber dem einer Pächtersituation. Insbesondere, wenn der Pächter das Geschäft selbst operativ durchführt, ist die Durchdringung einer Organisation nicht so stark, wie z.B. bei einer mittleren oder größeren Gastronomiekette. Die Organisation ist so aufgebaut, dass es unterhalb der Leitung eine Projektleitung für die Messe bzw. Messe und Kongresscenter gibt, hinzu kommen Stabsstellenfunktionen, wie Personal, Einkauf/F&B, Stewarding, Küche, Logistik etc.

Handelt es sich um eine reine Messegastronomie, so ist es eine kleine Kernmannschaft, die jeweils zu den einzelnen Messen über Aushilfen, Personalverleih etc., je nach Größe der Messe, aufgestockt wird. Wird eine Messe mit angeschlossenem Kongresscenter betreut, ist die Organisation (Zahl der Festangestellten) größer, da die Gastronomie ihre Dienstleistung während des ganzen Jahres bereitstellen muss.

4.3   Dienstleister als Berater der Messegesellschaft

Der Gastronom ist heute in erster Linie Dienstleister und erst in zweiter Linie Gastronom. Seine Hauptaufgabe ist die Beratung des Verpächters hinsichtlich seines Auftrages.
Der Dialog zwischen den Projektleitern der einzelnen Messen ist wichtig, um daraus das
entsprechende Angebot und die Angebotstiefe festzulegen. Des Weiteren ist von Bedeutung, welche gastronomischen Outlets für die Messe jeweils geöffnet werden, d.h.
welche Öffnungszeiten hat ein Messerestaurant, Kiosk etc.

4.4   Projektmanagement

Es findet verstärkt Projektmanagement in der Messegastronomie statt. Die einzelnen
Messen werden nach Projekten (Profit-Centern) mit klaren Verantwortungs- und Aufga-
benstrukturen, Vorplanung und Nachkalkulation durchgeführt. Dies einerseits, um die
klar umrissene Dienstleistung des Verpächters zu erfüllen, andererseits um wirtschaftlich
zu arbeiten.

4.5   Rechtliche Gegebenheiten

Ein oft unterschätzter Punkt sind die Aufgaben des Messegastronomen hinsichtlich der
rechtlichen Auflagen. Der Gastronom sorgt für die Erfüllung dieser komplexen Themen,
damit der Verpächter die Sicherheit hat, dass seine Gäste unbesorgt das gastronomische
Angebot nutzen können. Rechtliche Auflagen ergeben sich z.B. aus Hygienerichtlinien
(siehe Kapitel 4.6), der Arbeitszeitverordnung, der Brandschutz- und Versammlungsstättenverordnung etc. Die rechtlichen Auflagen haben in den letzten Jahren verstärkt zugenommen und unterliegen heute europäischem Standard.

4.6   Hygiene

Der Gastronom hat dafür zu sorgen, dass die Kunden der Messe nicht zu Schaden kommen, d.h. dass die Hygiene in den jeweiligen Betrieben, der jeweiligen Getränke, Speisen und der Mitarbeiter in einem einwandfreien Zustand ist. Das wird heute über die europäische Hygienerichtlinie HACCP geregelt. Jeder Gastronom ist angewiesen, dieser
Richtlinie zu folgen. Zusätzlich werden von vielen Gastronomen noch fremde
Dienstleister hinzugezogen, z.B. das Institut Fresenius, die zusätzlich einen verschärften
internen Standard kontrollieren.

4.7   Kommunikation

Kommunikation ist das wichtigste Themenfeld zwischen Messe und Gastronomen. Je enger die Kommunikation stattfindet, umso stärker kann der Gastronom auf die Wünsche der Messe bzw. des Projektleiters für die jeweilige Messe, eingehen. Das führt zur Umsetzung von gastronomischen Angeboten für spezielle Zielgruppen, z.B. bei einer Fachbesuchermesse, zu der verstärkt Kunden aus Asien kommen, muss das Angebot entsprechend sein, damit sich die Kunden wohlfühlen.

4.8   Angebotsgestaltung

Die Aufgabe des Gastronomen besteht darin, die Vorgaben der Messeleitung in eine Angebotsgestaltung umzusetzen, andererseits aber auch die Messeveranstalter hinsichtlich Trends in der Gastronomie, ernährungsphysiologischen Erkenntnissen, Rahmenbedingungen, Logistik etc. zu beraten. Die Angebotsgestaltung sollte auf die einzelnen Messethemen (siehe Kapitel 3.2.1 bis 3.2.5) zugeschnitten sein.

Jörg Meurer / Bülent Ayar

Live Com-Agenturen und -Dienstleister – Marktstruktur, Trends und Entwicklungen

1. Der Markt für Live Com-Agenturen und Live Com-Dienstleister

2. Trends und Entwicklungen in einem intransparenten und turbulenten Marktumfeld
   2.1 Typologie von Live Com-Agenturen und Live Com-Dienstleistern
   2.2 Thesen zu Trends und Entwicklung der Live Com-Agenturen und -Dienstleister

3. Zusammenfassung und Ausblick – Marktbehauptung in schwieriger Zeit

4. Literaturverzeichnis

Dr. Jörg Meurer ist Senior Project Manager bei Roland Berger Strategy Consultants, München. Bülent Ayar ist als Senior Consultant ebenfalls bei Roland Berger Strategy Consultants in München beschäftigt. Beide arbeiten für das Competence Center Marketing & Sales.

1. Der Markt für Live Com-Agenturen und Live Com-Dienstleister

Betrachtet man heute (Offline-)Kommunikationsbudgets von Unternehmen, dann ist neben die großen und traditionellen Blöcke der klassischen Werbung, des Direktmarketings, der Verkaufsförderung und den – von den Instrumenten zwar ähnlichen, hinsichtlich den Zielgruppen aber völlig unterschiedlichen – Public Relations ein weiterer fester Block getreten, der zumeist zwischen 15 und 25 Prozent des Budgets umfasst und dem instrumenteseitig das Eventmarketing, das Messemarketing, Sponsoringaktivitäten und mehr und mehr innovative Einsatzfelder wie Roadshows oder Showroom-Konzepte zugeordnet werden können. Für diese Kommunikationsdiziplin gibt es noch keinen einheitlichen Ordnungsbegriff. Verwendet werden soll hier daher der Begriff „Live Communication" oder einach „Live Com", über den transportiert werden soll, dass alle hier subsumierten Instrumente jeweils einen unmittelbaren, „live"-Kontakt von Unternehmen und Zielgruppe umfassen.[1] In einer ersten wissenschaftlichen Abgrenzung des Begriffes Live Communication wird hervorgehoben, dass Instrumente der Live Communication die persönliche Begegnung und das aktive Erlebnis der Zielgruppe mit dem Hersteller und seiner Marke in einem inszenierten und die Emotionen ansprechenden Umfeld in den Mittelpunkt stellen, wobei eine direkte und persönliche Interaktion zwischen Hersteller und Zielgruppe zur Erzeugung von einzigartigen und nachhaltigen Erinnerungen einen zentralen Beitrag leistet (Kirchgeorg/Klante 2003).

Was sich angesichts der großen Anzahl von Einzelinstrumenten unter dem Dach der Live Com bereits andeutet, findet seine Bestätigung, wenn man einen Blick auf den Live Com-Markt und die Agentur- und Dienstleisterlandschaft wirft: Es handelt sich um eine zentrale, wirtschaftlich durchaus bedeutsame Kommunikationsdiziplin mit einem beträchtlichen Marktvolumen und einer sehr komplexen Anbieterstruktur, die ihre Entsprechung in oft unüberschaubaren Agenturportfolios der Unternehmen findet.

So gehen qualifizierte Schätzungen von einem Marktvolumen für das Eventmarketing von ca. drei Milliarden Euro aus (für das Jahr 2000, vgl. Zanger 2002). Zusätzlich wird der deutsche Markt für agenturrelevante Messedienstleistungen nach Roland Berger-Analysen auf ein Volumen von ca. vier Milliarden Euro geschätzt. Der Gesamtmarkt für Live Communication dürfte daher ein Gesamtvolumen von gut acht bis neun Milliarden Euro erreichen, denn neben den großen Säulen Messe- und Eventmarketing stehen noch verschiedene kleinere Kommunikationsinstrumente.

---

[1] Der Begriff geht zurück auf das Unternehmen UNIPLAN, das, aus dem klassischen Messebau stammend, mit seiner strategischen Positionierung als integrierter Dienstleister für Messen und Events den Live Communication-Begriff geschaffen hat.

Über die Agenturlandschaft im Live Com-Bereich gibt es wenige verlässliche Daten. Fakt ist jedenfalls, dass die 20 größten Eventagenturen in 2002 einen Honorarumsatz von gerade einmal 72 Millionen Euro (vgl. o.V. 2003) auf sich vereinten. Auch wenn hier Umsätze mit Drittdienstleistern nicht erfasst sind (die Billings also entsprechend höher sind), dürfte der Anteil am Gesamtmarkt 10 bis 12 Prozent nicht übersteigen. Zum Vergleich: die 20 größten deutschen Werbeagenturen vereinigen Billings von etwas mehr als 10 Milliarden Euro[2] auf sich. Bei einem Gesamtwerbevolumen von ca. 23 Milliarden Euro liegen also mehr als 40 Prozent des Marktes in der Kontrolle dieser Top 20.

Die offensichtlich wesentlich geringere Marktkonzentration stützt auch die Expertenmeinung, wonach sich allein im Eventmarketing zwei- bis dreitausend Agenturen und Dienstleister „tummeln". Diese reichen von professionell aufgestellten und geführten Agenturgruppen bis hin zu zahlreichen Einzelunternehmern.

Damit ist die Branche noch anfälliger für Krisen als der Kommunikationsmarkt insgesamt. Spricht man nach drei wirtschaftlichen Krisenjahren mit Chefs von Agenturen und Dienstleistern im Bereich Messen und Events, dann ist das Bild fast unisono ein negatives. Der Rotstift bei den Marketingbudgets, bedingt durch einen immer stärkeren Kosten- und Budgetdruck, hat auch die Live Com-Agenturen- und -Dienstleister voll erfasst. Viele Unternehmen sind dieser Entwicklung bereits zum Opfer gefallen und unter den Verbleibenden besteht ein gnadenloser Preiskampf, ausgelöst durch ein immer stärkeres Anziehen der Kostenschraube durch die auftraggebenden Unternehmen.

2. Trends und Entwicklungen in einem intransparenten und turbulenten Marktumfeld

2.1 Typologie von Live Com-Agenturen und Live Com-Dienstleistern

In konsequent auf Optimierung ausgerichteten Volkswirtschaften, in denen Unternehmen als zentrale, handelnde Akteure immer neue Wege der Innovation, Effizienzsteigerung und Kostensenkung gehen müssen, ist es fast verwunderlich, dass ein ehernes Gesetz so gut wie unumstößlich scheint: Unternehmen beauftragen Agenturen, um sie bei der Konzeption, Planung und insbesondere Durchführung ihrer Kommunikationsaktivitäten zu unterstützen. Zwar sind die Outsourcing-Grade hier durchaus unterschiedlich,

---

[2] Vgl. www.horizont.net, zugegriffen am 14.10.2002.

was an späterer Stelle noch ausführlich zu würdigen sein wird, doch wird sich praktisch kein Unternehmen finden, das ohne Agenturen arbeitet.

Um so verwunderlicher ist es, dass dem Thema Agentur in der Marketingliteratur (und auch in der Lehre) so wenig Raum gegeben wird. Für gute Kommunikation ist die Auswahl und vor allem zielgerichtete und auf Kontinuität ausgerichtete Führung eines Agenturportfolios fast wichtiger als das Wissen um die Wirkung der Kommunikation. Dennoch wird das Thema Agenturauswahl und -führung von Ausnahmen abgesehen mehr als vernachlässigt.

Daher soll als Basis der weiteren Überlegungen zunächst eine grundlegende Typologie von Messe- und Eventagenturen eingeführt und später noch wesentlich vertieft werden. Darin wird unterschieden zwischen dem Leistungsschwerpunkt der Agentur, also Messen und Events (... fast immer kommen Agenturen aus der einen oder anderen Disziplin und erschließen dann z.B. über Zukäufe oder Einstellung/Abwerbung von qualifizierten Mitarbeitern die jeweils andere Disziplin). Die zweite Dimension besteht in der Wertschöpfungstiefe.

Hier bestehen völlig unterschiedliche Grundformen von Agenturen: solche, die das gesamte Spektrum von der Strategie bis zur Umsetzung abdecken und dementsprechend einen hohen Wertschöpfungsanteil (mit allerdings entsprechend hohen fixen und variablen Kosten) auf sich vereinen. Und solche, die sehr spitz positioniert sind und als Spezialisten für Projektsteuerung, Messebau, Beratung/Konzeption etc. nur eine z.T. sehr geringe Wertschöpfung erbringen.

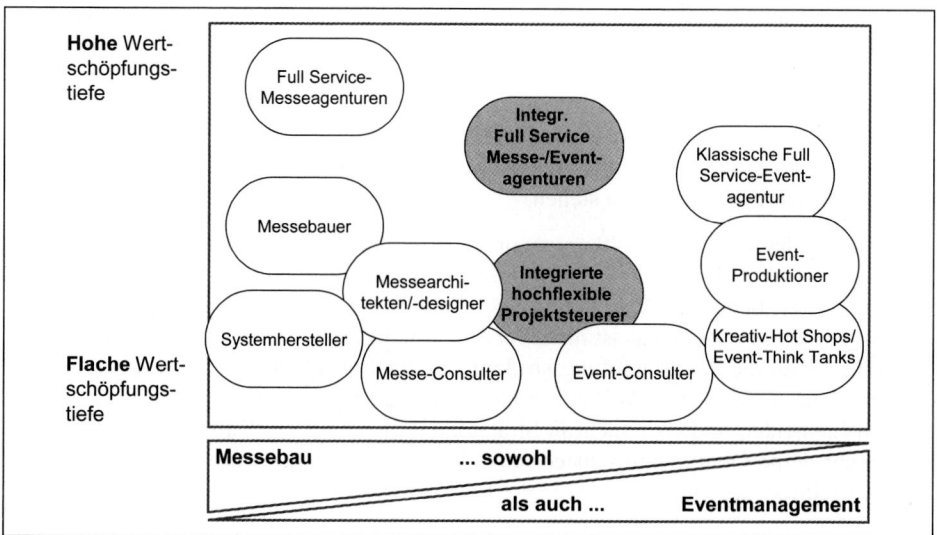

Abb. 1: Typologie der Messe- und Eventagenturen

2.2   Thesen zu Trends und Entwicklung der Live Com-Agenturen und -Dienstleister

These 1: Agenturen und Dienstleister im Messe- und Eventbereich befinden sich – auch, aber nicht nur konjunkturell bedingt – in einer strategisch außerordentlich schwierigen Ausgangssituation.

Es gibt aus verschiedenen empirischen Untersuchungen klare und eindeutige Belege, dass die persönliche Kommunikation im Marketing zukünftig an Bedeutung gewinnen wird. So wird z.B. nach einer Studie von Emnid aus dem Jahr 2002 persönliche Kommunikation im Vergleich zu klassischer Werbung oder Direktmarketing wesentlich wichtiger. Im Jahre 2003 belegte eine Befragung bei 400 Marketingentscheidern in acht Branchen, dass Instrumente der Live Communication einen weiterhin zunehmenden Stellenwert erfahren, wobei Events und Promotions an erster Stelle stehen (Kirchgeorg/Klante 2003). Losgelöst von empirischer Evidenz weist einem der gesunde Menschenverstand einen ähnlichen Weg: die Arbeitsumwelt ist für den Einzelnen viel komplexer und vor allem unsicherer als früher, die Kommunikationsintensität ist dramatisch gestiegen, was maßgeblich durch mobile Telefone, E-Mails und ein überbordendes Direktmarketing bedingt ist. Dass in einem solchen Umfeld persönliche Kommunikation, das gesprochene Wort „von Angesicht zu Angesicht" eine Renaissance erlebt, ist mehr als verständlich und wohl ein Stück weit natürliche Gegenbewegung.

Dennoch hat die tiefe konjunkturelle Krise die Live Com-Branche mit unvermittelter Härte getroffen und damit einige strukturelle oder systemische Schwächen zu Tage gefördert. So ist die Position von Messe- und Eventagenturen innerhalb des Agenturportfolios von Unternehmen traditionell relativ schwach, obwohl die Live Com als Disziplin immer wichtiger wird. Dies hat nicht allein mit Größe oder betreutem Budgetvolumen zu tun, denn dann dürften nicht die Branding-Agenturen – oft eher wie die klassischen Unternehmensberatungen auf Basis von Tagessätzen abrechnend und in ihren Gesamthonoraren z.B. weit hinter den großen Werbeagenturen stehend – so hoch in der Gunst der Unternehmensverantwortlichen stehen.

Die Branche hat ein Imageproblem: zu operativ, zu handwerklich, umsetzungsorientiert, nicht strategisch. Und dies wohl nicht umsonst. Tatsächlich sind die allermeisten Agenturen und Dienstleister im Messe- und Eventbereich aus einer starken Umsetzungsorientierung gewachsen. Auch das ist nicht verwunderlich: Denn dort wird das Geld verdient. Betrachtet man die Wertschöpfungsstruktur bei der Entstehung einer Messe oder eines Events, dann liegt der mit Abstand größte Anteil in den operativ-handwerklich-umsetzenden Elementen und eben nicht in Strategie und Konzeption. Dafür zahlen Unternehmen nicht gerne Geld, damit entsteht eine Mischkalkulation, in der die Tagessätze für die Entwicklung der kreativen Idee in die Exekution eingehen.

Zudem haben viele Marketingverantwortliche ein implizites Ranking ihrer Agenturportfolios im Kopf, das ganz eindeutig von den Klassikagenturen dominiert wird. Diese prägen als Lead-Agenturen den Gesamtkommunikationsauftritt und besitzen somit den größten (auch visuellen) Hebel für die Ausrichtung der Marketingkommunikation. „Am Anfang war die Werbekampagne" – das dürfte immer noch das Credo für die absolute Mehrzahl der Unternehmen sein. Man stelle sich eine Situation vor, in der nicht der „45 Sekünder" und die „1/1-Seite 4c" sondern die Lead-Messe und das Leadevent – verbunden mit dem spezifischen Kommunikationsstil des Unternehmens – der Nukleus der Marketingkommunikation sind; oder mit anderen Worten: Das, was man zuerst sieht, wenn man das Büro eines Marketingverantwortlichen betritt.

Gleichzeitig wird die Bedeutung der one-to-one-Agenturen immer größer – und zwar mit der Verlagerung von Klassikbudgets in die Direktkommunikation. Damit wächst die strategische Relevanz dieser Agenturen. Für die Messe- und Eventagenturen entsteht die Situation eines „stuck in the middle" zwischen Markenkompetenz der klassischen Werbeagenturen und der Customer Relations Management- und Dialogkompetenz von one-to-one-Agenturen.

Die konjunkturelle Lage tut ein Übriges, wobei hier auch strukturelle Änderungen z.B. in den Messe- und Eventportfolios stattgefunden haben: Rückbesinnung, nicht mehr „größer, schneller, weiter ...", dominiert und damit zurückgenommene, qualitativere Auftritte.

Dem Bekenntnis, wonach die persönliche Kommunikation permanent an Bedeutung gewinnen wird und in einigen Jahren deutlich gestärkt im Kommunikationsmix der Unternehmen dastehen wird, steht ein nunmehr wohl schon im dritten Jahr befindlicher Kahlschlag in den Marketing- und Kommunikationsbudgets gegenüber. Wie keine andere Kommunikationsdisziplin erlebt (und vermutlich auch benötigt) die Live Com-Branche eine Bereinigung des Wettbewerbsumfeldes, um die Spreu vom Weizen zu trennen. Zu viele zweit- und drittklassige Dienstleister waren auf dem Markt präsent und waren der Reputation erstklassiger Live Com-Agenturen nicht förderlich.

These 2: Es gibt keine eindeutigen Trends im Spannungsfeld von Integration und Spezialisierung – bedingt auch durch ein heterogenes Kundenverhalten.

Betrachtet man die Organisationsstruktur von Marketingabteilungen, dann reichen die Ausgestaltungsformen der Live Com von Insourcing mit eigenen starken Event- und Messebereichen bis hin zu extrem schlanken, auf eine reine Steuerung ausgerichteten Kommunikationsbereichen.

Hier gibt es keine klare Entwicklungstendenz in einem Umfeld, das grundsätzlich von einem immer stärkeren Outsourcing von Marketingleistungen geprägt ist. Es gibt nach wie vor zahlreiche Unternehmen mit umfangreichen Messe- und Eventabteilungen und einem hohen Grad unternehmensinterner Wertschöpfung. Dies ist im Übrigen nicht Ausdruck überkommener Strukturen im Unternehmen, sondern durchaus das Ergebnis betriebswirtschaftlicher Vorteilhaftigkeitsanalysen. Ein Beispiel: Ein größeres Eventportfolio mit regionaler Ausrichtung kann Inhouse über lokale Mitarbeiter u.U. wesentlich effizienter betreut werden. Eine unternehmensinterne Lösung senkt z.B. Reisekosten und kann damit insgesamt die kostengünstigere Variante sein. Wichtig ist hier in jedem Fall eine Vollkostenbetrachtung der Optionen Agentur- versus Inhouse-Lösung).

Solchen effizienten Inhouse-Lösungen stehen Messe- und Eventportfolios mit mehreren hundert Veranstaltungen gegenüber, die von extrem schlanken Teams – oft nicht mehr als fünf Mitarbeiter – gesteuert werden. In beiden Fällen verbleiben völlig unterschiedliche Kompetenzen im Unternehmen: Zum einen ein sehr breites Kompetenzspektrum, bei dem vor allem die kreativen und handwerklichen Fertigkeiten von außen eingekauft werden, zum anderen sehr spitze, nur auf reine Steuerung und Projektmanagement ausgerichtete Kompetenzen.

Das ist grundverschieden von den übrigen Kommunikationsbereichen – insbesondere von der klassischen Werbung und dem Direktmarketing. Hier gibt es eine wesentlich klarere und eindeutigere Grenzziehung zwischen „make or buy". Kaum ein Unternehmen wird auf die Idee kommen, seine Anzeigen selber zu gestalten und auch bei Mailings ist das Outsourcing an die spezialisierte Agentur längst die Regel geworden.

Damit wird nun auch deutlich, warum die Agentur- und Dienstleisterlandschaft im Bereich Messen und Events so heterogen ausgeprägt ist. Für die unterschiedlichen Kompetenz- und damit auch Anforderungsprofile auf Unternehmensseite haben sich jeweils spezifische, komplementäre Leistungsprofile auf Agenturseite herausgebildet:

- Die Full-Service Live Com-Agenturen für Kunden mit schlanker Struktur und hohem Outsoucing-Grad; Agenturen, die von strategischer Planung, über Konzeption, Projektsteuerung und -exekution (also Messebau/Veranstaltungsumsetzung) bis hin zur Erfolgskontrolle die gesamte Wertkette kommunikativer Teilleistungen anbieten

- Abwicklungsorientierte Dienstleister mit stark handwerklicher Ausrichtung (z.B. im klassischen Messebau) für Kunden mit hohem (planerisch-konzeptionellen) Inhouse-Anteil. Diese Dienstleister arbeiten aber z.B. auch in Netzwerken zusammen mit Architekten und Projektmanagern/-steuerern

- Echte Kreativagenturen mit geringen Inhouse-Umsetzungskapazitäten. Solche Agenturen sind aus dem (nicht wirklich nachvollziehbaren) „Trend" nach immer neuen, spektakulären Eventkonzepten entstanden, die immer mehr Kreativität – neben der vor allem geforderten Planungs-, Koordinations- und Umsetzungskompetenz – erfordern. Als „Kreativ-Hot Shops" bündeln sie Kreativkompetenz, produzieren also immer neue, nicht da gewesene Ideen, ohne deren Umsetzung systematisch zu begleiten

- Spezialisierte Projektmanagement- und Netzwerkdienstleister. Oft sehr kleine Unternehmen, deren Kernkompetenz in der komplexen Steuerung großer Veranstaltungen liegt und die wiederum Drittdienstleister – oft mit wesentlich höherer Eigenwertschöpfung – kunden- bzw. auftragsbezogen bündeln

- Die klassischen Messedienstleister: Architekten und 3D-Designer einerseits und Messebauer andererseits; Unternehmen deren originäre Aufgabe und Kompetenz im Bau von Messeständen und anderen 3D-Applikationen z.B. für Events liegt.

These 3: Die Professionalisierung des Marketingeinkaufs hat den Druck auf die Messe- und Eventagenturen verstärkt und führt zu sinkenden Renditen.

In vielen Industrie- oder Dienstleistungsunternehmen hat in den letzten 10 Jahren eine maßgebliche Professionalisierung des Einkaufs stattgefunden. Sourcing-Strategien und Optimierungsprogramme im Procurement haben – nicht zuletzt durch Initiativen von Beratungsunternehmen – zu einer nachhaltigen Senkung von Beschaffungskosten geführt.

Diese Professionalisierung äußert sich in vier Charakteristika, die das Einkaufsverhalten von immer mehr Unternehmen kennzeichnen:

- Die Bündelung von Volumina im Bereich Messen/Events und Durchführung von Gesamtausschreibungen statt Einzelausschreibungen

- Die Reduzierung der Komplexität von Agenturportfolios

- Der Aufbau von spezifischem Marketing-Know-how, was zu wesentlich höherer Regelungsdichte und vielfach aus Agentursicht schlechteren Konditionen führt

- Leistungsabhängige Verträge oder zumindest Bonus-Malus-Regelungen, die das Honorar an qualitäts- und timingbezogene Kriterien knüpfen.

Messen und Events werden oft nicht als Einzelveranstaltungen ausgeschrieben. Nicht wenige Unternehmen fassen derzeit einen großen Teil zum Beispiel ihrer Messen und Ausstellungen zusammen und schreiben diese Pakete, oft über mehrere Jahre, als Komplettpaket aus. Die Vorteile liegen auf der Hand: mehr Volumen bedeutet bessere Verhandlungsposition und diese wird in Kostenvorteile umgesetzt. So sind Kostensenkungseffekte von 20 bis 30 Prozent auf den Messevollkostensatz pro Quadratmeter ein durchaus realistisches Ergebnis derartiger Initiativen.

In eine ähnliche Richtung gehen Initiativen, die auf eine geringere Anzahl beauftragter Agenturen und Dienstleister gerichtet sind. Gerade im Bereich der Live Communication arbeiten Unternehmen oft mit einer Vielzahl von Unternehmen zusammen. Das typische Agenturportfolio bei Konzernen weist oft weit mehr als 100 Agenturen und Kommunikationsdienstleister auf.

Einzelbeauftragungen sind hier dann oft die Regel, die Etablierung von Systemdienstleistern, wiederum mit einer Bündelung von Volumina auf wenige Unternehmen, die Ausnahme. Darin liegt freilich noch ein ganz anderer Vorteil – und der hat nichts mit Kosten zu tun. Die intensive Zusammenarbeit mit weniger Unternehmen auf der Dienstleisterseite kann auch sehr positiv auf die Qualität der realisierten Auftritte wirken (Timing, Kreativität, Durchgängigkeit von CI und CD). Mehr Agenturen heißt hier nicht unbedingt mehr Kreativität und Qualität, auch wenn dies ein noch bei vielen Unternehmen existierendes Denken ist.

Ein dritter Ausdruck dieser Professionalisierung liegt im Know-how-Zugewinn vieler Unternehmen. Noch vor wenigen Jahren war Marketing-Know-how in Einkaufsabteilungen nur selten zu finden; Einkauf erfolgte dann ohnehin am Einkauf vorbei in Eigenregie der Marketingbereiche – oft mit wenig Augenmaß für Beschaffungskosten und leistungsfähige Verträge.

Diese Situation hat sich grundlegend geändert: Nicht selten finden sich heute Marketingspezialisten im Einkauf, nicht selten existieren etablierte Beschaffungsprozesse mit einem wohldefinierten Miteinander von Fach- und Einkaufsfunktion. Die Konsequenz auch hier: Druck auf die Kosten.

Und schließlich werden Verträge heute immer stärker an die Leistung der Agenturen geknüpft. Längst vorbei sind die Zeiten, in denen man wegen des Messproblems der Kommunikation Verträge ohne jede Erfolgsabhängigkeit abschloss. Heute gehören solche Verträge zum Repertoire innovativer Unternehmen. Leistung wird dann an konkrete Messergebnisse geknüpft oder schlicht an eine Zielvereinbarung mit mehreren auch qualitativen Kriterien, wie man sie aus dem Management by Objectives kennt.

These 4: Das Dilemma der Live Com-Agenturen und -Dienstleister ist nicht mit plattitüdenhaften Rezepten zu lösen – es ist auch Ausdruck eines Marktversagens.

Die beschriebene Entwicklung führt zu einer Situation, in der die Branchenrendite der Live Com-Agenturen nachhaltig unter Druck geraten ist. Es gibt Branchen, in denen über Jahrzehnte kein Geld verdient worden ist. So hat die Airline-Industrie in den Jahren nach dem ersten Irak-Krieg so hohe Verluste eingeflogen, dass die Gewinne, die in mehr als einem Jahrzehnt zuvor gemacht worden waren, komplett „aufgezehrt" worden sind, die Nettorendite der Branche über diesen Zeitraum also „Null" war.

Es besteht wenig Transparenz über die Gewinnsituation von Agenturen und Dienstleistern im Live Com-Bereich. Doch einiges spricht dafür, dass auch hier die Renditesituation vieler Unternehmen ein längerfristiges Bestehen am Markt nicht mehr ermöglichen wird. Hierin ist durchaus nicht mehr eine gesunde marktwirtschaftliche Entwicklung zu sehen; vielmehr kann hier bereits von Marktversagen gesprochen werden: Wenn die Kostenschraube so weit angezogen wird, dass Agenturen und Dienstleister nicht mehr wirtschaftlich arbeiten können, wenn ein ruinöser Preiskampf auch die innovativsten und bestgeführten Agenturen in Bedrängnis bringt, dann ist diese Entwicklung nicht als normal zu kennzeichnen. Es wird abzuwarten sein, ob und an welchem Punkt diese Spirale zum Halten kommt.

3. Zusammenfassung und Ausblick – Marktbehauptung in schwieriger Zeit

Was tun in solch einer Situation? Aus externer Sicht erscheinen zumindest vier Verhaltensweisen als essenziell, um im Markt zu bestehen:

1. *Glaubwürdigkeit schaffen*
    In Zukunft braucht es eine strategischere und viel stärker auf klare Wirkungsweise ausgerichtete Live Com, bei der z.B. einer Eventreihe über ein Tracking von generierten Leads bis hin zu letztendlichen Kaufabschlüssen ein klarer monetärer Nutzen zugerechnet werden kann; von dort ist es dann nur noch ein kurzer Weg bis zur Berechnung des ROMI, des Return on Marketing Investment oder der Kommunikationsrendite. Dadurch schaffen Agenturen Glaubwürdigkeit und rechtfertigen Marketinginvestitionen proaktiv.

2. *Personal binden und in Know how und Kompetenz investieren*
    Exzellente Mitarbeiter sind das wohl wesentliche Kapital von Live Com-Agenturen und Dienstleistern. Die Top-Leute zu binden und zu entwickeln; systematisch Knowhow und Kompetenz bis hin (und gerade) zu den operativen Kräften zu entwickeln, setzt Potenziale frei und verschafft Wettbewerbsvorteile.

3. *Strategie entwickeln*
    Es klingt so einfach und ist doch so schwer. Wo will die Agentur in drei oder fünf Jahren stehen? Welches sind die Schlüsselbranchen? Wie tief ist die angestrebte Wertschöpfungstiefe? Welche Wettbewerbsvorteile sollen im Profil geschärft werden? Ein solcher langfristiger Verhaltensplan ist nicht nur deshalb wichtig, weil er Handeln fokussiert, er schafft auch – und das ist nicht minder bedeutsam – Orientierung für Mitarbeiter und ist damit ein wichtiges Motivations- und Bindungsinstrument.

4. *Professionellen Vertrieb aufbauen*
    Agenturen sind Kommunikationsprofis, aber sie haben allzu oft eklatante Vertriebsschwächen. Die Ursache liegt auf der Hand, denn Kommunikationsmärkte waren lange Zeit Verkäufermärkte. Dies hat sich radikal geändert und somit wird Vertriebskompetenz zum Schlüsselerfolgsfaktor. Wer sind meine wichtigsten Kunden, wie kann ich diese entwickeln, in welchen Zielbranchen werden Akquisitionsbestrebungen konzentriert?

Letztlich geht es um das Miteinander von Effektivität und Effizienz. Die „richtigen Dinge tun" und „die Dinge richtig tun" – keine Plattitüde sondern betriebswirtschaftlicher Imperativ.

4.   Literaturverzeichnis

KIRCHGEORG, M./KLANTE, O., Stellenwert und Entwicklung von „Live Communication" im Kommunikations-Mix – eine Analyse auf Grundlage einer branchenübergreifenden Befragung von Marketingentscheidern in Deutschland, Forschungsbericht herausgegeben von UNIPLAN, Kerpen, Leipzig 2003.

O.V., Margen gehen weiter in den Keller, in: Horizont, Nr. 14, 2003, S. 24.

ZANGER, C., Erfolgspotenziale des Eventmarketings, in: Marketing & Kommunikation, Nr. 5, 2002, S. 62.

www.horizont.net, zugegriffen am 14.10.2002.

Fünfter Teil

Messemanagement von Ausstellern und Besuchern

Heribert Meffert

Ziele und Nutzen der Messebeteiligung von ausstellenden Unternehmen und Besuchern

1. Ziel- und Nutzenorientierung als Postulat einer effizienten Messebeteiligung

2. Konzeptionelle Grundlagen einer ziel- und nutzenorientierten Messebeteiligung
   2.1 Stellenwert der Ausstellerziele im Managementprozess einer Messebeteiligung
   2.2 Bedeutung der Messebesucherziele für das Management von Messebeteiligungen

3. Integration perspektivenspezifischer Ziel- und Nutzendimensionen von Messebeteiligungen
   3.1 Ziele und Nutzen der Messebeteiligung von Besuchern
   3.2 Ziele und Nutzen der Messebeteiligung von ausstellenden Unternehmen
   3.3 Implikationen einer integrativen Betrachtung besucher- und ausstellerspezifischer Ziel- und Nutzendimensionen

4. Schlussbetrachtung

5. Literaturverzeichnis

Prof. Dr. Dr. h.c. mult. Heribert Meffert ist Vorsitzender des Kuratoriums und des Präsidiums der Bertelsmann Stiftung, Gütersloh.

1. Ziel- und Nutzenorientierung als Postulat einer effizienten Messebeteiligung

Die Messebeteiligung hat in deutschen Unternehmen seit langem eine herausragende Stellung im Marketingmix. Als Indikator für das hohe Bedeutungsgewicht dieses Marketinginstruments sind nicht nur die in Deutschland im Jahre 2002 von den ca. 166 000 Ausstellern auf 145 überregionalen Messen getätigten Gesamtaufwendungen in Höhe von 6,5 Milliarden Euro anzuführen. Vielmehr zeigen repräsentative Befragungen deutscher Unternehmen, dass Messebeteiligungen nach eigener Aussage zu den wichtigsten Instrumenten insbesondere der *Business-to-Business-Kommunikation* (Backhaus 2003, S. 448ff.) gezählt werden. Hier stehen Messen an zweiter Stelle nach dem in vielen Fällen sehr kostenintensiven Außendienst bzw. persönlichen Verkauf (AUMA 2003a).

Die Ursachen für den hohen Stellenwert von Messebeteiligungen sind vielschichtig und können vor allem in nachhaltigen Veränderungen des unternehmenspolitischen Umfeldes ausgemacht werden. So wird die Wahrnehmung von Kommunikationsinhalten zunehmend durch die wachsende Informationsüberlastung und Reizüberflutung potenzieller Botschaftsempfänger erschwert. Eine damit in Verbindung stehende Verschärfung des Kommunikationswettbewerbs trifft zudem gleichzeitig auf ein sinkendes Interesse der Adressaten gegenüber der klassischen Kommunikation in Form der Massenmedien (Meffert 1998). Diesem Wandel der Kommunikationsbedürfnisse aktueller und potenzieller Kunden tragen Messebeteiligungen als *„Face to Face"-Medium* in besonderem Maße Rechnung. Dem Wunsch nach individueller Betreuung und Beratung sowie dem steigenden Anspruchsspektrum gegenüber der Erlebnis- und Informationsqualität der Kommunikationsmaßnahmen einer Unternehmung begegnen Messen mit einem hohen Maß an persönlichem Kontakt und Interaktivität zwischen Ausstellern und Besuchern. Während die guten Möglichkeiten zur Besichtigung und Erklärung von Ausstellungsobjekten einen gesteigerten Erlebniswert bieten, stellt das umfassende Potenzial zu Konkurrenzvergleichen einen hohen Informationswert für beide Gruppen dar.

Nicht zuletzt auf Grund dieser messespezifischen Vorteile hat die anhaltende Wachstumsschwäche der deutschen Wirtschaft – verbunden mit einer sinkenden Investitionsbereitschaft und schrumpfenden Einzelhandelsumsätzen – die deutsche Messewirtschaft nicht in dem Ausmaß getroffen, wie dies bei zahlreichen anderen Kommunikationsinstrumenten verzeichnet wird (vgl. AUMA 2003a). Ungeachtet dessen sieht sich das Marketinginstrument Messebeteiligung mit erheblichen Herausforderungen konfrontiert (Meffert/Ueding 1996). So haben immer kürzere Innovationszyklen bei Produkten und Dienstleistungen sowie der damit gestiegene Informationsbedarf auf der Kundenseite zu einem dichteren Messeprogramm und zu einer Zunahme an thematisch ähnlichen Veranstaltungen geführt. Die weiter fortschreitende Ausdehnung der Neuen Medien ermöglicht zudem neue und häufig kostengünstige Formen der Kundenansprache, die zukünftige Messebeteiligungen ergänzen und Teilfunktionen möglicherweise sogar ersetzen können. Unter dem Eindruck stagnierender oder rückläufiger Kommunikationsbudgets gewinnt die Konkurrenz zwischen den Kommunikationsinstrumenten darüber hinaus eine neue Dimension. Vor diesem Hintergrund rückt die *Effizienz als Legitimation einer Messebeteiligung* zunehmend in den Mittelpunkt des Interesses von ausstellenden Unternehmen. Der wachsende Kostendruck determiniert dabei das systematische Management der Messebeteiligung in Form einer verstärkten Orientierung an dem Nutzen einer Messe-Investition. Zwar basiert die Einschätzung des aus einer Messebeteiligung resultierenden Nutzens in diesem Zusammenhang vor allem auf den intendierten Zielen des Ausstellers, jedoch wird dieser Nutzen maßgeblich durch besucherspezifische Ziele und Nutzen determiniert. Wenngleich diesem Beitrag die Perspektive des Ausstellers zu Grunde liegen soll und damit der betriebwirtschaftlichen Entscheidungslogik gefolgt wird, ist demnach eine Analyse sowohl der Aussteller- als *auch* der Besucherperspektive notwendig. Zum Verständnis sowie zur Berücksichtigung dieser beidseitigen Ziel- bzw. Nutzenrelevanz im Rahmen einer effizienten und damit erfolgreichen Messebeteiligung werden zu diesem Zweck zunächst die konzeptionellen Grundlagen eines entsprechenden Messebeteiligungsmanagements thematisiert. Darauf aufbauend kann eine zweckmäßige, die Interdependenzen beachtende Analyse der perspektivenspezifischen Ziel- und Nutzendimensionen erfolgen.

2.   Konzeptionelle Grundlagen einer ziel- und nutzenorientierten Messebeteiligung

2.1   Stellenwert der Ausstellerziele im Managementprozess einer Messebeteiligung

Die zentralen Fragestellungen einer Messebeteiligung von ausstellenden Unternehmen lassen sich grundsätzlich anhand eines *Paradigmas der Messebeteiligungsentscheidung* verdeutlichen (Danne 2000, S. 24):

- Was wird mit einer Beteiligung (Messebeteiligungsziele)

- An welchen Messetyp(en) (Messeauswahl)

- Wie (Messebeteiligungsform)

- Zu welchen Kosten und mit welchen Wirkungen (Messebeteiligungserfolg)

erreicht?

Dieses Paradigma verdeutlicht, dass die einzelnen Entscheidungstatbestände vor allem bezüglich des situativen Kontextes eines Ausstellers in einen systematischen Managementprozess von Messebeteiligungen zu überführen sind. Neben einer fundierten Situationsanalyse bildet die *Formulierung von Messebeteiligungszielsetzungen* den Ausgangspunkt eines wie in Abbildung 1 idealtypisch dargestellten Managementprozesses einer Messebeteiligung.

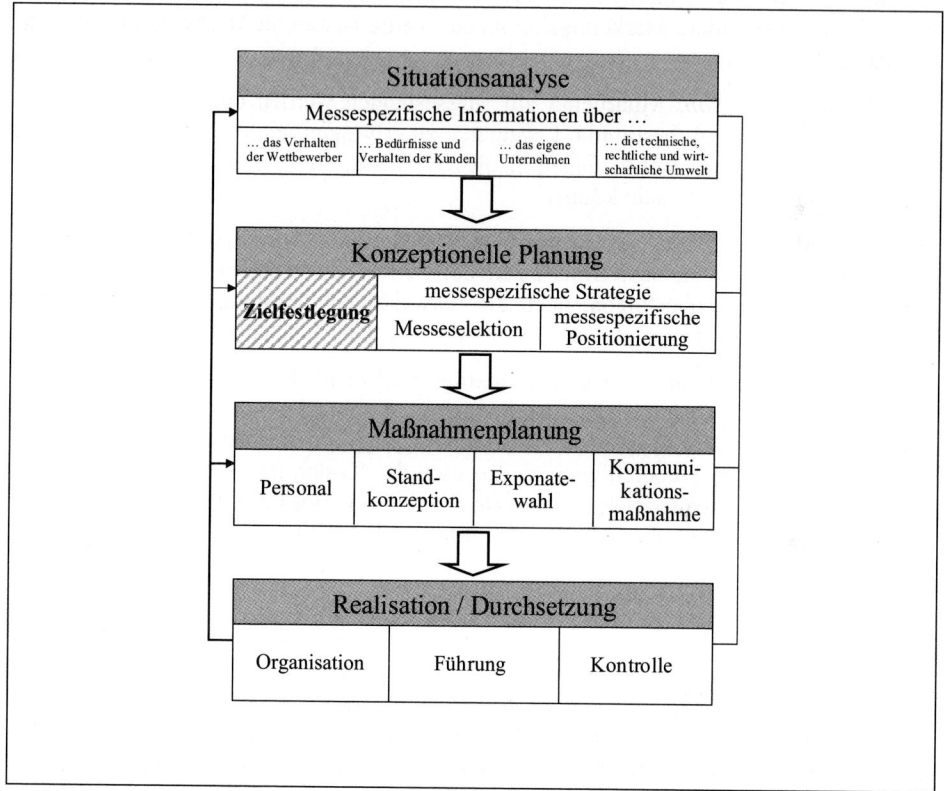

Abb. 1: Managementprozess der Messebeteiligung
Quelle: In Anlehnung an Meffert 1988, S. 14

Grundsätzlich lässt sich ein Messebeteiligungsziel als ein Zustand definieren, der durch die Beteiligung an Messen und damit verbundene Aktivitäten angestrebt wird (Ueding 1998, S. 22). Durch die Vorgabe konzeptioneller Orientierungs- bzw. Richtgrößen hinsichtlich der Messebeteiligung gehört die Messezielkonzeption zu den prädisponierenden und damit entscheidenden Planungsschritten des Messemanagements. Die Bedeutung einer Messezielkonzeption erwächst aus einzelnen *Funktionen der festgelegten Ziele* und insbesondere aus der Kontrollfunktion (Meffert/Ueding 1996, S. 30):

- *Entscheidungs- bzw. Steuerungsfunktion:* Die Instrumentekombination, die nach Meinung der Messeentscheider am meisten zur Zielerreichung beizutragen vermag, wird eingesetzt. Ziele stellen also ein Auswahl- bzw. Bewertungskriterium dar.

- *Koordinationsfunktion:* Durch übergreifende Zielsetzungen werden Messeaktivitäten verschiedener Unternehmensbereiche, Aktionen auf verschiedenen Veranstaltungen sowie andere Marketingaktivitäten in eine bestimmte Richtung gelenkt und damit koordiniert.

- *Motivationsfunktion:* Mitarbeiter auf Messeständen werden einerseits durch Zielvorgaben motiviert, bestimmte Leistungen zu erbringen, andererseits haben sie bei der Erreichung von Zielsetzungen Erfolgserlebnisse, die Zufriedenheit auslösen und zusätzlicher Ansporn sein können.

- *Kontrollfunktion:* Der Nutzen einer Messebeteiligung wird jeweils am Grad der Zielerreichung gemessen. Ohne exakt definierte Zielsetzungen können weder Ergebnisbewertungen erfolgen, noch die notwendigen Schlussfolgerungen gezogen werden.

Angesichts der Merkmale der Kontrollfunktion wird deutlich, dass die mit den Unternehmens- und Marketingzielen in Übereinstimmung gebrachten *Messebeteiligungsziele die Voraussetzung für eine effiziente Messebeteiligung* bilden. In diesem Kontext wird die Effizienz einer Messebeteiligung als Relation der Kosten im Sinne der eingesetzten Ressourcen und des realisierten Nutzens im Sinne des Grades der Zielerreichung interpretiert. Insofern fungiert die Effizienz gleichzeitig als Maß für den Erfolg eines Messeengagements und wird damit zentrales Beurteilungsobjekt im Rahmen der Kontrolle bzw. finalen Beurteilung einer entsprechenden Messebeteiligung (Selinski/Sperling 1995, S. 195ff.).

Zur Erfüllung der einzelnen Funktionen einer Messezielkonzeption sind präzise und differenzierte Messebeteiligungsziele zu formulieren. Neben einer Konkretisierung der Zieldimensionen hinsichtlich Inhalt, Ausmaß und Zeitbezug (Meffert 2000, S. 76) kommt vor allem dem Segmentbezug im Rahmen effizienter Messebeteiligungen ein besonderer Stellenwert zu. So ist es offenkundig, dass ein Aussteller mit der Verfolgung bestimmter Messezielsetzungen die Erreichung ausgewählter Zielgruppen anstrebt. Eine ausschließlich aus Ausstellersicht vorgenommene und auf Grundlage ausstellerspezifischer Messezielsetzungen abgeleitete Ausgestaltung einer Messebeteiligung erscheint vor diesem Hintergrund als nicht ausreichend. Vielmehr ist zu prüfen, welcher Zusammenhang zwischen der Zielkonzeption von Ausstellern einerseits und den Zielen von Messebesuchern bzw. den Zielgruppen des Ausstellers andererseits besteht, um darauf aufbauend die mögliche Effizienz- und damit *Erfolgsrelevanz dieses Zusammenhangs* berücksichtigen zu können.

2.2   Bedeutung der Messebesucherziele für das Management von Messebeteiligungen

Der Zusammenhang zwischen aussteller- und besucherspezifischen Zielen wird im Hinblick auf die generelle Charakterisierung der Messezielgruppen eines Ausstellers deutlich. Dabei ist eine Berücksichtigung des Verhaltens der Messebesucher zweckmäßig, da das *Verhalten eines Messebesuchers als Indikator für unterschiedliche Messebesuchertypen und damit einzelne Messezielgruppen* fungiert. Vor dem Hintergrund, dass vermutlich das Messebesucherverhalten wiederum maßgeblich durch die Ziele eines Messebesuchers determiniert wird (Danne 2000, S. 76), ermöglicht eine verhaltensorientierte Zielgruppensegmentierung eine den Zielen der Messebesucher gerecht werdende Ableitung von Messestrategien und -maßnahmen. Eine Analyse und möglichst realitätsnahe Beschreibung des Verhaltens von Messebesuchern in Form differenzierter Besuchererhebungen wird demzufolge unabdingbar im Rahmen der Zielgruppenorientierung einer Messebeteiligung.

Die These, dass das Verhalten eines Messebesuchers durch die jeweils verfolgten Besucherzielsetzungen bestimmt wird, findet Bestätigung im so genannten *Means-End-Konzept* (Tolman 1932). Die Grundidee dieses in der Sozialpsychologie entwickelten Konzepts besteht darin, dass ein Messebesucher im Kontext eines Informationsverarbeitungsprozesses einen Eindruck über die Eignung einer Ausstellerleistung („means") zur Erfüllung einzelner Messebesucherziele („end") gewinnt. Die Merkmale eines ausstellerspezifischen Messestandes werden dabei als Mittel zur Zielerreichung aufgefasst und verzahnen die Nutzenwahrnehmung von Messestandbesuchern mit ihren übergeordneten Messestandbesuchszielen (Herrmann 1996). In Anbetracht des Einflusses von Ausstellerzielen auf die Ausgestaltung der Ausstellerleistung kann davon ausgegangen werden, dass der Nutzen einer Messebeteiligung umso höher ausfällt, je mehr sich Aussteller- und Besucherzielsetzungen entsprechen. Die Erreichung der von den Ausstellern verfolgten Messebeteiligungszielsetzungen wird somit grundsätzlich durch das von den Besucherzielsetzungen determinierte Verhalten der Messestandbesucher begünstigt (vgl. Abb. 2). Vor dem Hintergrund, dass der Erfolg einer Messebeteiligung insbesondere vom Messebeteiligungsnutzen im Sinne der Erreichung verfolgter Messebeteiligungsziele aus der Sicht des Ausstellers abhängt, ist zu konstatieren, dass mit der Berücksichtigung der Ziele von Messebesuchern als *komplementärem Zielgruppenkriterium* (Danne 2000) eine Voraussetzung existiert, die die Realisierung erfolgreicher bzw. effizienter Messebeteiligungen ermöglicht. Wenngleich dieser angestrebte Fit einzelner Zielsetzungen nur einen Einflussfaktor des Erfolgs einer Messebeteiligung darstellt und zahlreiche weitere Einflussfaktoren beispielsweise in Form des Wettbewerbsverhaltens, der jeweiligen Messereputation oder der Entscheidungen bzgl. der Lage und optischen Aufbereitung des Messestandes vorliegen, so handelt es sich bei der Anforderung nach Komplementarität dennoch um einen der zentralen Einflussfaktoren erfolgreicher Messebeteiligungen.

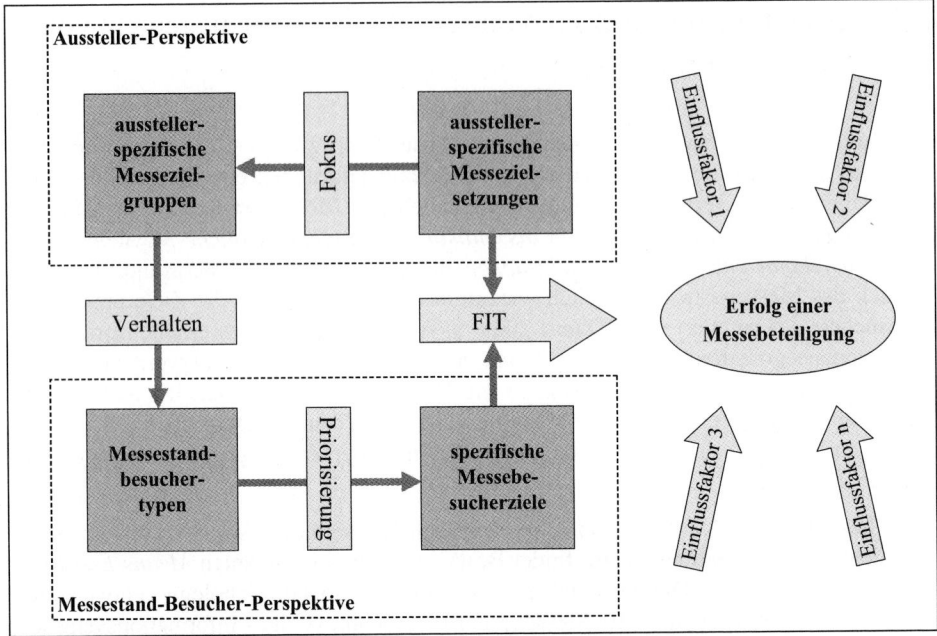

Abb. 2: Integration von Aussteller- und Messestand-Besucher-Perspektive
Quelle: In Anlehnung an Danne 2000, S. 93

Für die Beurteilung der Effizienz und damit des Erfolges einer Messe bieten sich auf Grundlage dieser Überlegungen drei Schritte an. Zunächst ist die *Ermittlung des Messe-beteiligungsnutzens* im Sinne der Erreichung verfolgter Ziele vorzunehmen. Kann diese Effektivität einer Messebeteiligung festgestellt werden, ist die Effizienz der Maßnahme im Rahmen einer *Kosten-Nutzen-Analyse* zu überprüfen. In diesem Zusammenhang kann von einer effizienten Messe gesprochen werden, wenn der erzielte Nutzen die entstande-nen Messebeteiligungskosten übersteigt. Abschließend ist zu hinterfragen, ob bei einer alternativen Mittelverwendung ein höherer Nutzen hätte erzielt werden können. Im Kon-text der Effizienzbewertung von Messebeteiligungen wird damit nicht nur eine Be-urteilung der Wirtschaftlichkeit des Messemanagements von Ausstellern vorgenommen, sondern zudem eine optimale Budgetallokation innerhalb des Kommunikationsmix der Aussteller angestrebt.

3.   Integration perspektivenspezifischer Ziel- und Nutzendimensionen von Messebeteiligungen

Die vorangehenden Ausführungen verdeutlichen, dass ein erfolgreiches Messemanagement eine integrative Betrachtungsweise der Ziele von Ausstellern und Besuchern erfordert. Diese Notwendigkeit ergibt sich primär aus der Eigenschaft von Messen, durch die Bündelung von (autonomen) Ausstellern und Besuchern einen positiven Nutzen für beide Seiten zu schaffen, der durch die Ineffizienz einzelner Kommunikationsakte zwischen separaten, nicht räumlich zusammengefassten Akteuren nicht entstehen würde (Prüser 1997, S. 79ff.). Die infolgedessen durch eine Messe verursachte Transaktionskostensenkung auf Aussteller- und Nachfragerseite kann damit als Grundlage der Ableitung des überwiegenden Teils der Ziele verstanden werden, auch wenn diese sich zwischen den beiden im Fokus der Betrachtung stehenden Gruppen – Ausstellern und Besuchern – unterscheiden. Grundsätzlich scheint für die Zielerreichung aus Sicht des ausstellenden Unternehmens die *zumindest partielle* Nutzenstiftung auf Besucherseite als conditione sine qua non notwendig zu sein.

3.1   Ziele und Nutzen der Messebeteiligung von Besuchern

Messebesucher – augenscheinlich eine Hauptzielgruppe von Messebeteiligungen – verfolgen unterschiedliche Zielsetzungen. Abbildung 3 zeigt in diesem Zusammenhang zunächst die Ergebnisse einer repräsentativen Untersuchung des Messe- und Ausstellungs-Ausschusses der Deutschen Wirtschaft e.V. (AUMA).

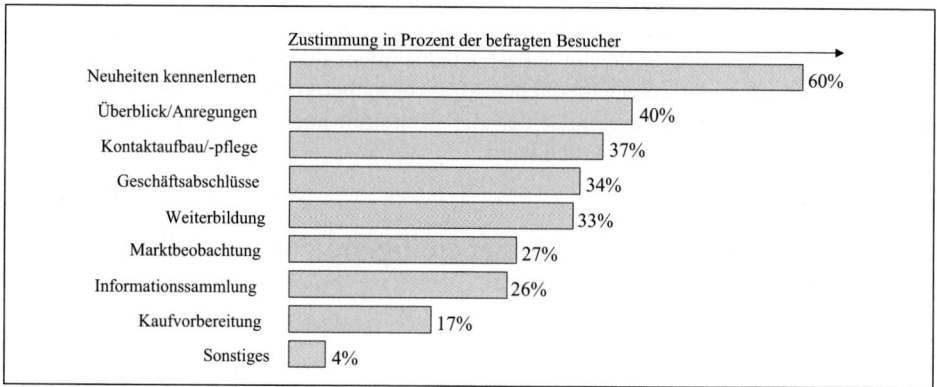

Abb. 3: Besucherspezifische Ziele
Quelle: AUMA 2002

Der Querschnitt der Gesamtheit aller Messebesucher offenbart damit die *Dominanz nicht primär transaktionsbezogener Ziele*. Bei Besuchern stehen demnach in erster *Linie informationsbezogene* Ziele, wie „Neuheiten kennenlernen" und „Überblick/Anregungen", im Vordergrund. Tatsächlich *auf Transaktionen* gerichtete Ziele, wie z.B. Kontaktaufbau/-pflege und Geschäftsabschlüsse folgen erst mit nachrangiger Priorität.

Eine detailliertere Analyse der Ziele von Messebesuchern zeigt darüber hinaus, dass diese hinsichtlich der Messebesuchsziele nicht als homogen zu kennzeichnen sind, sondern sich vielmehr in vier Messebesuchertypen einteilen lassen, die wie folgt benannt bzw. gekennzeichnet werden können (Spiegel-Verlag 1992):

- *Intensive Messenutzer* richten ihre Aktivitäten während eines Messebesuchs auf die Informationsbeschaffung, Kontaktpflege und Marktbeobachtung. Der Messebesuch wird zusätzlich systematisch geplant. Tatsächliche (mit finanziellen Konsequenzen verbundene) Transaktionen sind für diese Gruppe wahrscheinlich.

- *Punktuelle Messebesucher* rücken ebenfalls Informationsaspekte in den Vordergrund, spezifizieren die benötigten Informationen im Vorfeld der Messe jedoch sehr genau, um gezielt nach diesen suchen zu können. Auch hier werden Transaktionen mit Ausstellern nicht ausgeschlossen.

- *Praxisorientierte Messenutzer* bereiten sich nur oberflächlich auf ihren Besuch vor, suchen aber während ihres Messebesuchs nach gezielten Informationen. Transaktionen sind hier nur eingeschränkt denkbar.

- Abzugrenzen von den übrigen Typen sind die *Messebummler*, die in der Regel keine Transaktionsabsichten verfolgen, sondern die ihnen dargebotenen Reize in der Regel nur passiv aufnehmen. Dieser Besuchertyp rückt die Prozess- gegenüber der Ergebnisdimension des Messebesuchs in den Vordergrund.

Die identifizierten Messebesuchertypen, die sich durch heterogene Zielsetzungen und Verhaltensmuster kennzeichnen, legen die Vermutung nahe, dass eine effiziente Messebeteiligung eine diese Typen berücksichtigende und insofern differenzierende Zielgruppenansprache voraussetzt. Gleichwohl ist anzunehmen, dass das Zielsystem auf Ausstellerseite die Ziele der unterschiedlichen Messebesuchertypen nur teilweise reflektiert, da eine typenbildende Heterogenität der Zielstrukturen auch bei ausstellenden Unternehmen nicht ausgeschlossen werden kann.

3.2 Ziele und Nutzen der Messebeteiligung von ausstellenden Unternehmen

Messebeteiligungsziele von Ausstellern können aus wissenschaftlicher Perspektive – analog den übergeordneten Kommunikations- und Marketingzielen einer Unternehmung – in *psychographische* und *ökonomische* Zielsetzungen unterschieden werden. Während ein psychographisches Ziel etwa in der Steigerung der Bekanntheit eines Ausstellers in Fachkreisen gesehen werden kann, wäre ein ökonomisches Ziel die Realisation eines messeinduzierten Umsatzes. Ueding unterscheidet in diesem Zusammenhang sechs unterschiedliche Zielkategorien, die in Abbildung 4 dargestellt sind.

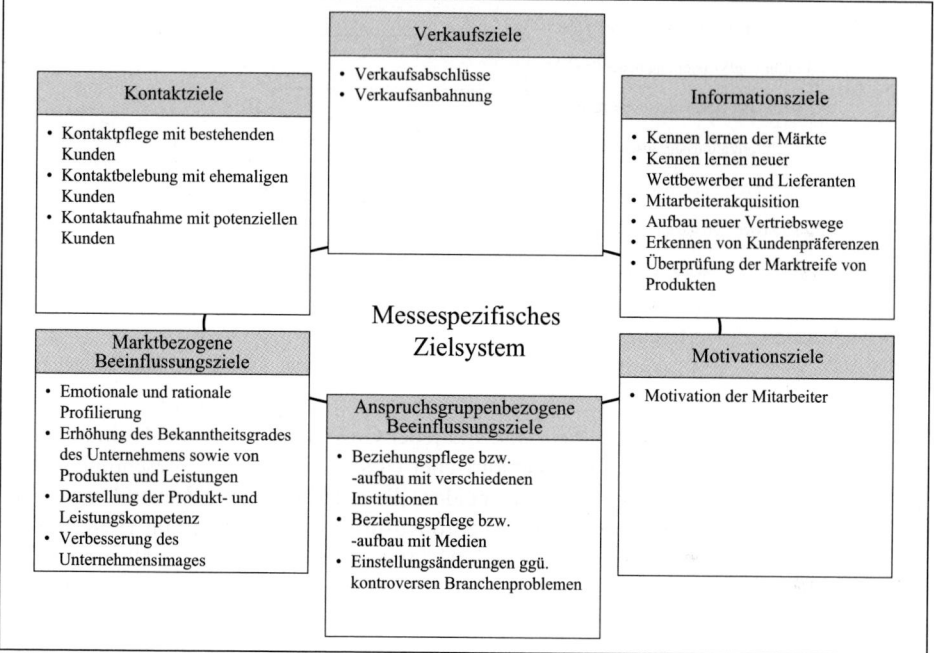

Abb. 4: Dimensionen ausstellerspezifischer Messebeteiligungsziele
Quelle: In Anlehnung an Ueding 1998, S. 51

Während die Verkaufsziele direkt den ökonomischen Zielen untergeordnet werden können, lassen sich die übrigen Ziele als psychographisch bzw. außerökonomisch bezeichnen. Allein die mengenmäßige Verteilung der Ziele schafft Evidenz, dass aus Ausstellersicht den außerökonomischen Zielsetzungen ein bedeutender Stellenwert einzuräumen ist, wenngleich sie streng genommen als Modalziele den ökonomischen Zielen unterzuordnen sind. Darüber hinaus wird deutlich, dass sich die hier dargestellten Ziele nur teilweise vom Nutzen der Besucher ableiten lassen. Die Multidimensionalität des aus wissenschaftlicher Sicht identifizierten Messebeteiligungszielsystems wird auch durch die praxisnahe Beurteilung auf Ausstellerseite, dass Messebeteiligungen ein Multifunktionsinstrument sind bestätigt. So zeigt Abbildung 5 die von ausstellenden Unternehmen eingeschätzte Eignung von Messebeteiligungen zur Erreichung unterschiedlicher, überwiegend den oben abgeleiteten Dimensionen entstammenden Ziele.

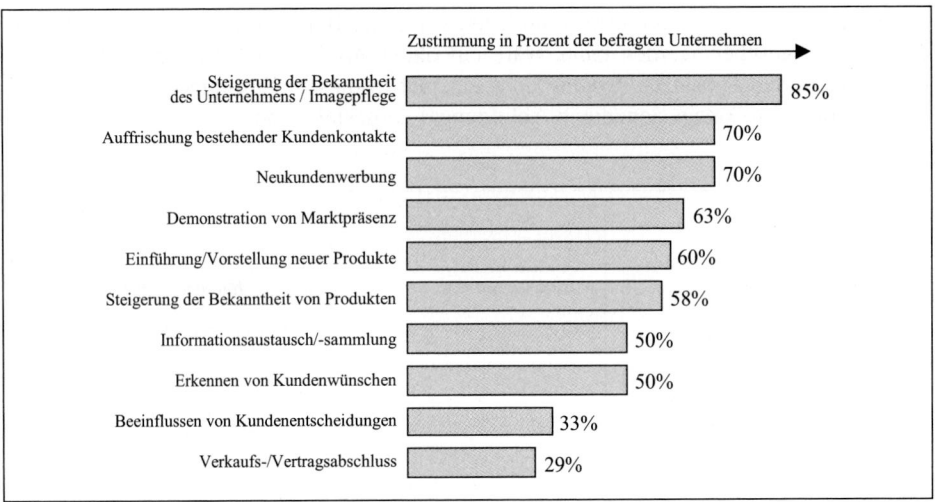

Abb. 5: Ausstellerspezifische Ziele
Quelle: AUMA 2002

Während die aufgezeigten Ziele *theoretisch* in jeder Gewichtung miteinander kombiniert werden können, lassen sich auf Basis empirischer Untersuchungen im Wesentlichen drei Typen ausstellender Unternehmen unterscheiden, die über homogene Zielstrukturen verfügen und damit einzelne *Grundhaltungen* zum Ausdruck bringen (Ueding 1998, S. 91). So geht mit einer hohen Gewichtung der Verkaufsziele in den meisten Fällen eine Geringschätzung der motivations- und anspruchsgruppenbezogenen Beeinflussungsziele einher.

Dieser Typ ist damit als *„verkaufsorientierte Messebeteiligung"* zu kennzeichnen. Ein zweiter Grundtyp betont insbesondere die anspruchsgruppenbezogenen Beeinflussungsziele, verkaufs- und marktbezogene Beeinflussungsziele rücken in den Hintergrund (*„anspruchsgruppenorientierte Messebeteiligung"*). Diese Grundorientierung ist in der Praxis zu etwa 50 Prozent öfter vorzufinden als der Typ der verkaufsorientierten Messebeteiligung. Zuletzt lässt sich eine *„universelle Messebeteiligung"* identifizieren, bei der keine spezifische Gewichtung der Ziele erkennbar ist.

3.3 Implikationen einer integrativen Betrachtung besucher- und ausstellerspezifischer Ziel- und Nutzendimensionen

Vor dem Hintergrund der angestrebten Effizienz von Messebeteiligungen sowie unterschiedlicher Typen auf der Besucher- und Ausstellerseite ist es zweckmäßig, insbesondere diejenigen Messebesuchertypen bei der Messeplanung zu berücksichtigen, deren

Ziele mit denen des Ausstellers in Einklang stehen. Damit ist zunächst eine Entscheidung über die *primär anzusprechenden Zielgruppen* der Messebeteiligung zu treffen. Die zwischen den Besuchertypen bestehenden Unterschiede erfordern darüber hinaus bei mehr als einem zu bearbeitenden Besuchertyp eine Entscheidung darüber, inwiefern eine *Differenzierung der Ansprache bzw. Bearbeitung* stattfinden soll.

Der *verkaufsorientierte Aussteller* sieht sich einem nur teilweise gegebenen Fit zwischen seiner Zielkonzeption und denen der unterschiedlichen Besuchertypen gegenüber. Während die Übereinstimmung insbesondere mit intensiven und punktuellen Messenutzern gegeben ist, ist die Komplementarität bei Messebummlern und praxisorientierten Messebesuchern nur eingeschränkt vorhanden. Insofern sollten die erstgenannten Messebesuchertypen im Fokus der Zielgruppenansprache stehen.

Auf Grund des nur gering ausgeprägten Transaktionsinteresses der beiden anderen Besuchertypen scheint eine Ausrichtung der Messebeteiligung auf diese Zielgruppen im Sinne der Effizienz wenig Erfolg versprechend. Dabei sollte die Kenntnis der nur bei bestimmten Besuchertypen bestehenden, komplementären Zielsetzungen bereits in der Phase der Messeselektion des zuvor skizzierten Managementprozesses der Messebeteiligung Berücksichtigung finden. So werden für einen verkaufsorientierten Aussteller gerade diejenigen Messen erhöhte Relevanz besitzen, die sich durch einen hohen Anteil transaktionsorientierter Besucher kennzeichnen lassen. Auf Grund der relativen Ähnlichkeit der intensiven und punktuellen Messebesucher im Hinblick auf ihre Zieldimensionen erscheint die differenzierte Ansprache vor dem Hintergrund steigender Kosten der Differenzierung – und damit sinkender Effizienz – hingegen wenig sinnvoll.

Der *universelle Aussteller* sieht sich mit überwiegend kongruenten Messebeteiligungszielen sowohl aus seiner als auch der Sicht der Messebesucher konfrontiert. Anders als beim zuvor dargestellten verkaufsorientierten Aussteller liegt in diesem Fall keine Inkompatibilität der eigenen Ziele mit denen einzelner Besuchertypen vor, vielmehr korrespondieren die Ziele der unterschiedlichen Besuchertypen mit jeweils nur einem Teil der Ausstellerzieldimensionen. Aus diesem Grund scheint die Konzentration auf bestimmte Besuchertypen wenig sinnvoll, da damit notwendigerweise Gruppen von der Ansprache bzw. Bearbeitung ausgeschlossen würden, zu denen Komplementarität besteht.

Da die Ziele der Messebummler eher mit den informations- und kontaktbezogenen Zielen aus Ausstellersicht korrespondieren, die Ziele intensiver Messenutzer allerdings stärker mit den Verkaufszielen übereinstimmen, kann hier in der Differenzierung der Zielgruppenansprache eine effizienzsteigernde Maßnahme liegen. Werden nämlich alle Informations- und Interaktionskanäle für alle Besuchertypen offen gehalten, ist es wahrscheinlich, dass Messebummler, die sich nur oberflächlich informieren wollen, kostenintensive bzw. persönliche Interaktionskanäle besetzen, die sonst für die Beratung intensiver oder punktueller Messenutzer zur Verfügung gestanden hätten. Als Lösungsansatz könnten die eher interaktions- und beratungsbedürftigen Nutzertypen – wie bereits auf den meisten Messen zu beobachten – räumlich getrennt von Messebummlern oder praxisorientierten Besuchern bearbeitet werden, sodass die Ansprache der Besucher zweckmäßiger auf die Zieldimensionen der unterschiedlichen Besuchertypen zugeschnitten ist.

Die Ableitung von Implikationen auf Basis des Fits zwischen Aussteller- und Besucherzielen ist bei *anspruchsgruppenorientierten Ausstellern* nur sehr eingeschränkt sinnvoll. Der Hauptgrund hierfür liegt darin, dass dieser Ausstellertyp sich an einer Messe beteiligt, um vordergründig Medien und andere Institutionen (z.B. Verbände) zu erreichen. Marktbezogene Beeinflussungsziele sowie Kontakt- und Verkaufsziele, die sich auf Messebesucher im klassischen Sinne richten, besitzen im Managementprozess einer Messebeteiligung dieses Ausstellertyps folglich eine nur geringe Relevanz.

Da eine Messepräsenz ungeachtet dessen Messebesucher im klassischen Sinne erreicht, sind „Mitnahmeeffekte" denkbar. Eine weiterführende Differenzierung zwischen einzelnen Messebesuchertypen führt jedoch unter Berücksichtigung der nicht primär intendierten Ansprache dieser Zielgruppe zu keiner signifikant höheren Zielerreichung. Vielmehr ist es für einen anspruchgruppenorientierten Aussteller angezeigt, die Messebeteiligung auf Basis der Ziel- und Nutzendimensionen der von ihm angestrebten Anspruchsgruppen zu planen und von der Heterogenität dieser den Differenzierungsgrad der Ansprache abzuleiten.

Insgesamt zeigen die auf Basis der unterschiedlichen Konstellationen von Aussteller- und Besuchertypen abgeleiteten Implikationen, dass eine effiziente Messebeteiligung detaillierte Informationen über die Zieldimensionen der im Fokus stehenden Zielgruppen voraussetzt. Zu diesem Zweck sollten im Falle nicht erstmalig stattfindender Messen Analysen über die von der betrachteten Messe erreichten Zielgruppen in die Messebeteiligungsplanung einfließen.

Dies beinhaltet neben Informationen über Größe und Ziele der jeweiligen Zielgruppen auch Informationen über unterschiedliche Typen *innerhalb* der einzelnen Gruppen. Eine der Ziel- und Nutzenorientierung gerecht werdende Messebeteiligung eines ausstellenden Unternehmens erscheint insofern nur dann realistisch, wenn eine ausreichend detaillierte Informationsgrundlage vorhanden ist. In diesem Zusammenhang existiert bereits mit den geprüften Messe- und Ausstellungsdaten der Gesellschaft zur Freiwilligen Kontrolle von Messe- und Ausstellungszahlen, die jährlich veröffentlicht werden, eine viel versprechende Datenbasis für eine zielgerechte Messebeteiligungsplanung (FKM 2003).

4.   Schlussbetrachtung

Der Stellenwert von Messen und Ausstellungen ist nach wie vor sehr hoch, und Messebeteiligungen werden auch in den nächsten Jahren fester Bestandteil des Marketingmix der Unternehmen sein. So wollen deutsche Messeaussteller auch im Zeitraum 2003/2004 rund drei Prozent mehr in Messebeteiligungen investieren als in den beiden Jahren zuvor (AUMA 2003b). Dabei werden sich Messebeteiligungen künftig aber einem verschärften kommunikativen Wettbewerb ausgesetzt sehen. Diese Aussage kann einerseits als Herausforderung an das Kreativitätspotenzial in den Unternehmen aufgefasst werden.

Denn nur ein Messemarketing, das zu einer positiven Wettbewerbsdifferenzierung beizutragen vermag und den Messestand zu einem Ort der offenen und interaktiven Begegnung zwischen Unternehmen und Kunden werden lässt, kann den aktuellen Anforderungen von Ausstellern und Besuchern einer Messe gerecht werden. Andererseits erfordert der schärfer werdende Intermediawettbewerb (Robertz 1999, S. 1f.) im Kontext der Unternehmenskommunikation das systematische Management einer Messebeteiligung im Sinne einer ziel- und nutzenorientierten Analyse, Planung, Durchführung und Kontrolle der Maßnahme.

Insbesondere eine konsequent durchgeführte und systematische Messebeteiligungskontrolle sowohl hinsichtlich einer Ergebnisvalidierung als auch der Bereitstellung von Kontrollinformationen über die Planung und Ausgestaltung des gesamten Managementprozesses wird zu einem notwendigen Bestandteil einer Messebeteiligung (Ueding 1998, S. 251ff.). Dabei beschäftigt sich die *Ergebniskontrolle* mit der Messung und Beurteilung der erzielten Handlungserfolge in Form von Soll-Ist-Vergleichen.

Der verbindlichen Formulierung von Sollvorgaben im Sinne der fixierten Messebeteiligungsziele ist innerhalb der Ergebniskontrolle somit eine zentrale Bedeutung beizumessen. Im Rahmen der Ergebniskontrolle wird darauf aufbauend vor allem die Bewertung der Effektivität und Effizienz von Messebeteiligungsaktivitäten vorgenommen.

Die Effizienzbeurteilung sollte hierbei nicht nur auf die jeweiligen Kosten-Nutzen-Verhältnisse einer Messebeteiligung rekurrieren, sondern vielmehr auch intra- und interinstrumentelle Effizienzvergleiche über Längsschnittanalysen beinhalten. Die *Bereitstellung von Kontrollinformationen* erfolgt über eine Prozesskontrolle in Form eines Messebeteiligungs-Audits. Durch die Überprüfung der Konzeptionierung und des Ablaufs von Messebeteiligungen ermöglicht ein Audit eine frühzeitige Identifikation planungs- und systembedingter Fehlentwicklungen. Eine zweckmäßige Anpassung an dynamische Umweltentwicklungen kann hierdurch gewährleistet werden.

Den Messebeteiligungen steht ein gewachsenes Anspruchsspektrum gegenüber, das sich insbesondere in einem steigenden Kostenbewusstsein und einem dadurch weiter zunehmenden Effizienzdenken der Unternehmen dokumentiert. Nutzenaspekte werden demzufolge weiter in den Vordergrund rationaler Messebeteiligungsentscheidungen rücken. Es stellt gleichermaßen eine Herausforderung für ausstellende Unternehmen und die Wissenschaft dar, die Rolle von Messebeteiligungen als strategische Erfolgsgröße im Wettbewerb immer wieder neu zu definieren und auszugestalten.

5. Literaturverzeichnis

AUSSTELLUNGS- UND MESSE-AUSSCHUSS DER DEUTSCHEN WIRTSCHAFT E.V. – AUMA (HRSG.), Bilanz - Die Messewirtschaft 2002/2003, Berlin 2003a.

AUSSTELLUNGS- UND MESSE-AUSSCHUSS DER DEUTSCHEN WIRTSCHAFT E.V. – AUMA (HRSG.), AUMA-MesseTrend 2003, Berlin 2003b.

AUSSTELLUNGS- UND MESSE-AUSSCHUSS DER DEUTSCHEN WIRTSCHAFT E.V. – AUMA (Hrsg.), AUMA-Praxis – Erfolgreiche Messebeteiligung, Berlin 2002.

BACKHAUS, K., Industriegütermarketing, 7. Aufl., München 2003.

DANNE, S., Messebeteiligungen von Hochschulen: Ziele und Erfolgskontrolle, Frankfurt am Main u.a. 2000.

FKM – GESELLSCHAFT ZUR FREIWILLIGEN KONTROLLE VON MESSE- UND AUSSTELLUNGSZAHLEN (HRSG.), Geprüfte Messe- und Ausstellungsdaten – Bericht 2002, Bergisch Gladbach 2003.

HERRMANN, A., Nachfrageorientierte Produktgestaltung: Ein Ansatz auf Basis der „means end"-Theorie, Wiesbaden 1996.

MEFFERT, H., Marketing – Grundlagen marktorientierter Unternehmensführung, 9. Aufl., Wiesbaden 2000.

MEFFERT, H., Einführung in die Themenstellung, in: Meffert, H./Backhaus, K./Becker, J. (Hrsg.), Messemarketing im Wandel – Status quo und Perspektiven, Dokumentationspapier Nr. 118 der Wissenschaftlichen Gesellschaft für Marketing und Unternehmensführung e.V., Münster 1998, S. 1-4.

MEFFERT, H., Messen und Ausstellungen als Marketinginstrument, in: Verlag Wirtschaft und Finanzen (Hrsg.), Messen als Marketinginstrument, Düsseldorf 1988, S. 7-30.

MEFFERT, H./UEDING, R., Ziele und Nutzen von Messebeteiligungen, in: Ausstellungs- und Messe-Ausschuss der Deutschen Wirtschaft e.V. – AUMA (Hrsg.), AUMA Edition Nr. 4, Bergisch Gladbach 1996.

PRÜSER, S., Messemarketing: ein netzwerkorientierter Ansatz, Wiesbaden 1997.

ROBERTZ, G., Strategisches Messemanagement im Wettbewerb: ein markt-, ressourcen- und koalitionsorientierter Ansatz, Wiesbaden 1999.

SELINSKI, H./SPERLING, U., Marketinginstrument Messe: Arbeitsbuch für Studium und Praxis, Köln 1995.

SPIEGEL-VERLAG, Messen und Messebesucher in Deutschland, Hamburg 1992.

UEDING, R., Management von Messebeteiligungen: Identifikation und Erklärung messespezifischer Grundhaltungen auf der Basis einer empirischen Untersuchung, Frankfurt am Main u.a. 1998.

TOLMAN, E., Purpose Behaviour in Animals and Men, New York 1932.

Axel W. Zundler / Marco Tesche

Maßnahmen zur effizienten Vor- und Nachbereitung von Messeauftritten

1. Einleitung

2. Maßnahmen zur Vorbereitung von Messeauftritten

3. Besonderheiten bei der Vorbereitung von Publikumsmessen

4. Nachbearbeitung von Messeauftritten

5. Besonderheiten bei der Nachbearbeitung von Publikumsmessen

6. Nachwort

Dipl.-Kfm. Axel W. Zundler ist geschäftsführender Gesellschafter der AWZ GmbH, Ratingen. Marco Tesche ist geschäftsführender Gesellschafter der X-Cell Communications GmbH, Ratingen.

1. Einleitung

1.1 Vorbemerkung

Dieser Beitrag ist aus praktischer Erfahrung hergeleitet und für die Praxis geschrieben. Er erhebt keinen Anspruch auf Vollständigkeit, sondern klammert wichtige Bereiche der Vor- und Nachbereitung, wie zum Beispiel Logistik (speziell im Fall von Ordermessen) oder bauliche Fragen, bewusst aus. Messeauftritte werden in diesem Beitrag nicht als Verkaufs- oder Vertriebsinstrument betrachtet, sondern als Marketinginstrument im Rahmen eines Relationship-Managements (meist, aber nicht nur, CRM). Dies setzt eine Messestrategie voraus, die nicht auf *heutige* Umsätze, sondern auf die Sicherung des Geschäfts von morgen zielt. Der Schwerpunkt der Betrachtung liegt analog zum Erfahrungshintergrund der Autoren auf Fachmessen (B2B), die für dieses Thema auch ergiebiger sind als Publikumsmessen (B2C).

1.2 Grundsätzliches: Nach der Messe ist vor der Messe

Wie andere Marketingmaßnahmen sind auch Messeauftritte Teil eines Kreislaufes. Einerseits hängen sie ab vom zyklischen Marktgeschehen und bestimmen es zum Teil selbst mit. Andererseits sind sie von ihrem Charakter her eine *direkte* Marketingmaßnahme (One-to-One-Marketing) und bedürfen damit – als wesentlicher Einflussfaktor des Beziehungsgeflechts zwischen dem Anbieter und verschiedenen Zielgruppen – einer gründlichen Vor- und Nachbereitung, die im Falle von wiederholten oder gar regelmäßigen Messeteilnahmen ineinander übergehen. Die Nachbereitung des vergangenen Messeauftritts dient gleichzeitig der verbesserten Vorbereitung der bevorstehenden Messeteilnahme. Vorbereitung und Nachbereitung dienen dabei hauptsächlich der Optimierung von zwei Prozessen, nämlich des eigentlichen *Projektmanagements* und der *Kommunikation* mit den verschiedenen beteiligten Personengruppen.

2. Maßnahmen zur Vorbereitung von Messeauftritten

2.1 Projektmanagement

An der Vorbereitung von Messeauftritten sind in aller Regel unternehmensinterne *und* externe Personen oder Gruppen beteiligt. Bei multinationalen Unternehmen und wichtigen Leitmessen können dies auch Teams aus verschiedenen Ländern und Kontinenten sein. Einer der häufigsten Fehler ist es, diese Personen, Gruppen oder Teams ohne einheitliches Projektmanagement zu lassen, wodurch Parallelarbeit und unnötige Kontroversen produziert und Energien vergeudet werden. Ein solches Projektmanagement benötigt nur zwei entscheidende Elemente:

- Eine klare Entscheidungs- und Verantwortungsstruktur (am besten ist eine Projektmanager*in, der/die* sich sein/ihr Projektteam zusammenstellt und die volle Unterstützung des Managements hat)

- Eine Plattform, welche schnelle, aktuelle und eindeutige Kommunikation zwischen den internen und externen Projektbeteiligten gewährleistet. Wichtig ist, darauf zu achten, dass einfache, verständliche und praktikable Tools im Rahmen des Projektmanagements den Vorzug vor hochentwickelten, aber komplizierten Instrumenten erhalten, die möglicherweise eindrucksvoll sind, jedoch in aller Regel nicht dem Projektfortschritt dienen. Messeteilnahmen sind immer termingebundene Projekte, die unter Druck ablaufen. Die eingesetzten Instrumente müssen daher für *alle* Projektbeteiligten problemlos *verständlich* und *anwendbar* sein.

2.2   Projektkommunikation

Die wichtigsten Bestandteile der Projektkommunikation für Messeteilnahmen sind Kontakt-, Termin- und Dokumentenmanagement.

- Eine einheitliche Kontaktdatenbank mit allen internen *und* externen Projektbeteiligten spart eine Menge an (unproduktiver) Suchzeit und hilft darüber hinaus, die kürzesten Lösungswege zu finden

- Terminmanagement bedeutet einerseits das Vorhandensein und die Pflege eines für alle einsehbaren und ständig aktualisierten Projektterminplanes, andererseits die Nutzung eines Gruppen-Terminkalenders, der das Ansetzen und Vereinbaren von gemeinsamen Terminen ermöglicht und erleichtert

- Mit dem Dokumentenmanagement wiederum wird sichergestellt, dass alle wichtigen Dokumente (z.B. Präsentationen, Meeting-Reports, Memos, Kalkulationen) ohne Suchaufwand, ohne Softwareproblematiken, ohne Versionskonflikte, aktuell und – wenn nötig – vertraulich den richtigen Mitgliedern des Projektteams zur Verfügung stehen.

Am besten und am einfachsten lassen sich all diese Anforderungen an eine effiziente und effektive Projektkommunikation mit einer webbasierten Kommunikationsplattform erfüllen, die sinnvollerweise als Extranet, außerhalb der Firewall des Unternehmens, aufgesetzt wird. Da die Projektbeteiligten in aller Regel aus unterschiedlichen Professionen stammen und recht unterschiedlich sind in Bezug auf Kenntnis und Nutzung von Kommunikations- und Projektsteuerungstools, kann die Vorteilhaftigkeit von einfachen und schnell verständlichen Instrumenten nicht oft genug betont werden.

2.3 Besucherkommunikation und Einladungsmanagement

Entsprechend der eingangs erfolgten Kategorisierung von Messeauftritten als Instrument des Relationship-Managements gehören eine ganze Reihe von Zielgruppen zum Kreis der für das teilnehmende Unternehmen interessanten Messebesucher. Diese sind unter anderem die eigenen Mitarbeiter, weiterhin Shareholder und Investoren, mögliche Kooperationspartner sowie Pressevertreter. In aller Regel setzt sich die wichtigste Besuchergruppe jedoch aus *potenziellen, aktuellen* oder *ehemaligen* Kunden zusammen. Der Umgang mit ihnen, also die Kommunikation vor, während und nach der Messe, entscheidet mit darüber, ob sie (wieder) *loyale* Kunden werden oder bleiben, und damit über das eigentliche Kapital jedes Unternehmens. Die Qualität des Umgangs und damit die Erfolgsaussicht der Kommunikation mit Kunden und anderen Zielgruppen hängen unmittelbar mit dem Wissen über die einzelnen Kunden bzw. Besucher zusammen. Dieses Wissen darf sich nicht, wie vielfach üblich, mit der Adresse, vielleicht noch dem aktuellen Jahresumsatz und dem letzten Besuchs- oder Kaufdatum erschöpfen. Leider glauben viele Unternehmen immer noch, dass eine Datenbank dazu da ist, möglichst viele Daten zu sammeln, statt relevante Informationen zu liefern. Zu den Sünden im Umgang mit Kunden und anderen Stakeholdern des Unternehmens gehört auch, Gelegenheitskäufern nachzujagen oder nur bei akutem Anlass oder Bedarf recht willkürlich zusammengewürfelte Informationen zu liefern. Dies ist fast so schlimm, wie – gerade bei Messeteilnahmen – alle Kunden in einen Topf zu werfen, obwohl man, wie alle anderen, von den 20 Prozent Top-Kunden lebt. Zusammengefasst heißt all dies, dass die Messe kommunikativ schon lange vor Messebeginn mit den fünf entscheidenden Fragen beginnt:

- Mit wem will ich kommunizieren?

- Wie, auf welchen Kanälen?

- Worüber?

- Wie oft?

- Wie exklusiv?

Die Zugkraft einer Messe an sich reicht für das Anlocken einer genügend großen Anzahl von Besuchern meist nicht aus, insbesondere in Zeiten des restriktiven Umgangs vieler Unternehmen mit Reiseanträgen ihrer Mitarbeiter. Darüber hinaus sollte jedes ausstellende Unternehmen dafür Sorge tragen, dass nicht bloß viele, sondern vor allem *die richtigen* Besucher einen Messe- und Standbesuch ins Auge fassen. Ein durchdachtes *Einladungsmanagement* kann das leisten. Vor allem jedoch schafft es auch die Möglichkeit, den (Mehr-)Wert des Messebesuches für Besucher *und* Aussteller signifikant zu steigern. Im Rahmen von B2B-Messen ist der Einsatz eines effizienten Einladungsmanagements sogar einer der wichtigsten Erfolgsfaktoren für den Messeauftritt. Anders ausgedrückt: Der zu erwartende Messeerfolg steigt exponentiell an, je besser die Prozesse während der Einladungsphase die Informationsbasis dafür liefern, wer wann zu welchem Zweck die Messe besucht und mit wem er/sie über welches Thema reden möchte. Im Segment der A-Kunden oder „VIP"-Kunden ist es weiterhin hilfreich, möglichst viel über die persönlichen Vorlieben der Menschen zu erfahren, um eine optimale Betreuung, z.B. im Rahmen einer Abendveranstaltung oder eines Essens, zu gewährleisten. Letztlich verfolgt das Einladungsmanagement zwei Hauptziele: Einerseits die Gewährleistung einer optimalen, zielgruppenorientierten (im Bereich der „VIP"-Kunden sogar personalisierten) Kundenbetreuung und andererseits die sukzessive, planerische Anpassung der Messeressourcen, um einen optimalen technischen Ablauf zu erreichen.

2.3.1 Datenbasis

Vor allen anderen Maßnahmen steht, zumindest im Bereich der B2B-Messen, eine der wichtigsten Entscheidungen überhaupt an: *Die Gewährleistung einer einheitlichen Datenbasis* für das gesamte Einladungsmanagement und die Messekommunikation. Dies stellt viele Aussteller vor eine technische und organisatorische Herausforderung, da besonders in großen Unternehmen häufig eine Vielzahl von heterogen aufgebauten (Kunden-) Datenbanken existiert, die sich nur schwer miteinander harmonisieren lassen. Die Autoren haben in solchen Fällen sehr gute Erfahrungen mit dem Aufbau einer Meta-Datenbank gemacht, welche auf Basis einer einheitlichen Datenstruktur mit relevanten Daten aus unterschiedlichen Quellen gefüllt wird. Hierbei sollte im Hinblick auf den Einsatz moderner Kommunikationsinstrumente dafür gesorgt werden, dass die verwendete Datenbank von vornherein so geplant wird, dass sie als Grundlage für einen webbasierten Einsatz geeignet ist.

Die somit neu geschaffene Datenbank dient als Grundlage aller kunden- und mitarbeiterbezogenen Maßnahmen und Aktivitäten in der Vor-Messe-Phase (wie Einladungsversand, Newsletter, Portale, Buchungen und Ressourcenmanagement). Weiterhin sollte bereits in der Planungsphase die Verwendung der Daten für Managementsysteme während der Messe und für Follow-up-Maßnahmen sowie ein späterer Re-Import der veredelten Daten in die Ursprungssysteme bedacht werden.

2.3.2 Medieneinsatz

Ein „sinnvoller" Medieneinsatz ist eine auf die Zielgruppe abgestimmte Mischung von neuen und klassischen Instrumenten. Im Sinne von optimaler Prozessgestaltung und

Kosteneffizienz ist zwar elektronischen Instrumenten wie E-Mail (mit Zugang zu einem personalisierten Messeportal im Web) eindeutig der Vorzug zu geben. Allerdings muss die Zielgruppe hierfür eine genügend große Affinität besitzen. Vorher noch sollte natürlich geklärt werden, ob überhaupt bei einer genügend großen Zahl von Kunden die Möglichkeit der elektronischen Ansprache besteht. Die parallele Verwendung von klassischen Instrumenten, wie gedruckten Mailings bei einem Teil der Zielgruppen, wird in den meisten Fällen sinnvoll sein. Die Gestaltung der Maßnahmen folgt dann den im Direktmarketing üblichen Regeln: Die Ansprache ist aufmerksamkeitsstark und klar in der Aussage, der Inhalt besitzt einen deutlich erkennbaren Wert für den Adressaten. Dieser Wert kann sich unter anderem aus Informationen über Messetermine und -inhalte, Buchung von Ressourcen wie Hotelzimmern, Event-Tickets etc. zusammensetzen.

2.3.3 Stufenweiser Aufbau

Unabhängig von den gewählten Mitteln empfiehlt sich der Aufbau eines Spannungsbogens im Vorfeld der Messe. Ein drei- bis vierstufiger Aufbau des Einladungsprozederes unter Berücksichtigung von intelligenten Feedback-Mechanismen hat sich in der Praxis bewährt. Dabei wird der Informationsgehalt von Stufe zu Stufe ausgebaut und konkretisiert. Die erste Stufe kann, je nach Art der Messe, ca. 6-9 Monate vor Messebeginn gestartet werden. Der Abschluss erfolgt dann wenige Wochen oder sogar Tage vor Messebeginn in Form einer Erinnerung und Bestätigung für geplante Termine oder gebuchte Ressourcen.

Eine ideale Plattform für die Kanalisierung und Personalisierung von Inhalten stellt ein Web-Portal dar. Dieses liefert jedem eingeladenen Besucher – mit einem entsprechenden Login – nur die für ihn relevanten Informationen und bietet somit auch die Möglichkeit, bestimmten Zielgruppen wie z.B. Mitarbeitern vertrauliche Informationen zur Verfügung zu stellen. Weiterhin kann das Web mit einer dahinterliegenden Datenbank für die vereinfachte Abwicklung von Prozessen im Vorfeld einer Messe genutzt werden, indem z.B. Anfragen und Buchungen *dezentral* von den jeweiligen Verantwortlichen webbasiert verarbeitet werden. Ein weiterer Benefit einer solchen Lösung besteht darin, dass den Besuchern ohne personellen Mehraufwand der Zugriff auf ihre persönlichen Buchungsstände ermöglicht werden kann.

2.3.4 Dialog-Aufbau

Bei der Betrachtung eines Messeauftrittes als Costumer-Relationship-Management-Instrument (CRM-Instrument) wird der Einladungsphase eine weit höhere Bedeutung beigemessen, als dies der rein technische Ablauf erfordern würde. Jeder Kontakt zu Kunden und potenziellen Kunden im Vorfeld einer Messe wird im Rahmen eines solchen Ansatzes genutzt, um die Kundenbeziehung aufzubauen bzw. zu stärken. Neben der Vermittlung von Informationen über neue Produkte und Services werden so wertvolle Daten über Bedarf und Vorlieben der Kunden gewonnen sowie persönliche Beziehungen geknüpft oder intensiviert.

Auf eine effiziente Kommunikation mit der Zielgruppe der eigenen Mitarbeiter sollte im Rahmen des Vor-Messe-Prozederes ebenfalls größter Wert gelegt werden. Der Informationstand und das Commitment der im Rahmen der Messe tätigen Mitarbeiter, vor allem natürlich der Standbesatzung, stellen einen weiteren wichtigen Faktor für den Gesamterfolg der Messe dar. Daher bedient man diese Zielgruppe bereits im Vorfeld der Messe über das Portal mit allen relevanten Informationen, um die wertvolle Zeit kurz vor und während der Messe für andere Dinge effizient nutzen zu können. Das vor der Messe sinnvolle, leider aber noch nicht überall zum Standard gehörende Face-to-Face-Training der Standbesatzung (siehe auch Kapitel 1.4) wird so nicht für die Informationsvermittlung vergeudet, sondern kann auf besucherorientierte Kommunikationstechniken und ggf. noch hochaktuelle, personenbezogene Informationen fokussiert werden.

Um es noch einmal in Erinnerung zu rufen: Die Messe selbst dient im Wesentlichen dem Beziehungsmanagement, der eigentliche Transfer von Informationen zu allen Zielgruppen kann also vor und nach der Messe erfolgen.

2.3.5 Schaffung von Mehrwerten

Eine intelligente, zielgruppenorientierte Kommunikation im Vorfeld einer Messe dient dem Ziel, Beziehungen zu knüpfen oder zu intensivieren. Wichtig dafür ist die Schaffung von *Mehrwerten* für die einzelnen Zielgruppen, die den Unterschied zwischen einer „nice to have"-Information und einem echten Benefit ausmachen.

Die Personalisierung der Kommunikationsmaßnahmen sorgt zunächst dafür, dass der Adressat nicht mit einem breiten Datenstrom konfrontiert, sondern möglichst nur mit für ihn relevanten Informationen versorgt wird. Im Laufe des Einladungsprozesses entsteht so durch Anfragen, Rückfragen, Buchungen und Äußerung von Wünschen ein persönliches Messeprofil, welches dazu beiträgt, den Messebesuch für den einzelnen Besucher so effizient, problemlos und nutzenbringend wie möglich zu gestalten. Konkret heißt dies, dass ein Besucher die richtigen Veranstaltungen besucht, die passenden Gesprächspartner vorfindet, eventuell sogar eine individuelle Betreuung erfährt (Hotel, Transfers, Essen, Entertainment etc.) und auf dieser Basis neben den Produkten und Lösungen des ausstellenden Unternehmens auch dessen spezielle Art von Kundenorientierung kennenlernt. Diese Erfahrung hebt den Besucher aus der Masse der Kunden heraus und das Unternehmen aus der Masse der Anbieter.

2.3.6 Klassifizierung von Kunden

Um eine effiziente, abgestufte und wirtschaftlich sinnvolle Kundenbetreuung durchführen zu können, ist zumindest im B2B-Bereich eine Klassifizierung von Kunden unabdingbar. Natürlich stellt sich die Frage nach den Klassifizierungskriterien. Eine Einteilung z.B. nach strategischen Kunden, nach der Umsatz-, Potenzial-, Multiplikatorbedeutung ist nur dann sinnvoll, wenn auch eine unterschiedliche Betreuung vorgesehen und zudem möglich ist. Neben einer selbstverständlichen Einteilung nach Branchen bzw. Expertise-Bedarf zur Zuordnung von fachkundigen Gesprächspartnern klassifiziert man am einfachsten nach „normalen" Kunden und „VIP"-Kunden. Weitergehende Klassifizierungen sind möglich, sollten jedoch handhabbar bleiben. „VIP"-Kunden können und sollten in Bezug auf Hotelunterbringung, spezielle Veranstaltungen, Transfers (z.B. Limousinen-Service), Betreuung in separaten Räumen oder Gebäuden u.v.m. einen Sonderservice erfahren. Es erfordert allerdings einiges Geschick, eine solche Trennung so dezent durchzuführen, dass den „Nicht-VIP"-Kunden der Eindruck einer „Zwei-Klassen-(Messe-)Gesellschaft" erspart wird.

Das geeignete Hilfsmittel für eine gelungene Steuerung solcher Maßnahmen ist die frühzeitige Filterung und Kanalisierung mit Hilfe der oben erwähnten personalisierten Kommunikation.

2.3.7 Filterung und Kanalisierung

Bei der Einrichtung der zu Grunde liegenden Datenbank für die Messekommunikation wird die grundsätzliche Klassifizierung der Kunden festgelegt. Hierdurch ist die Möglichkeit gegeben, die spätere Steuerung der Besucherströme auf der Messe zielgenau vorzubereiten. Natürlich dient jedes Gespräch und jede anderweitig erlangte Information dazu, das Profil des Kunden oder Besuchers zu aktualisieren.

Durch die dialogische Kommunikation mit Besuchern im Vorfeld der Messe lassen sich die Besucherströme durch Vereinbarung von Gesprächsterminen, Einladung zu Veranstaltungen und gezielte Incentives (z.B. Entertainment) effizient auf die Messedauer verteilen. Die Akzeptanz und Buchung solcher Angebote seitens der Messebesucher ergibt im Laufe des Kommunikationsprozesses ein immer genaueres Bild über die Verteilung und die Präferenzen der Besucher und damit die Möglichkeit einer gezielten Zuordnung von Ressourcen.

Weitere Ressourcen und Kanalisierungsoptionen müssen für nicht in der Datenbank erfasste, dennoch interessante Neukontakte vorgehalten werden, die sich während der Messe ergeben. Schließlich sollte noch eine intelligente Mechanik für die Befriedigung der Informationsbedürfnisse der „Laufkundschaft" festgelegt werden, ohne große personelle Ressourcen von den wichtigen Besuchern abzuziehen.

2.3.8 Sammeln von Daten

Besonders bei den „VIP"-Kunden bietet die vorherige Abfrage von persönlichen Wünschen wie der Hotelunterbringung, der Art des Transfers und den Vorlieben im kulinarischen Bereich (Wein, Zigarren etc.) eine exzellente Gelegenheit, Kundenorientierung zu demonstrieren und die Convenience der Messebesucher erheblich zu steigern. Nach jedermanns Erfahrung sind Messebesucher außerordentlich dankbar dafür, nicht auf jedem Stand die gleiche 0815-Messebetreuung und -verpflegung zu erhalten. Wenn dann sogar ihr „VIP"-Kunde den Eindruck mitnimmt, dass er betreut wurde wie ein einzelner Gast im Wohnzimmer seines Gastgebers, ist das Ziel erreicht.

2.3.9 Buchung von Ressourcen

Fast ebenso wichtig wie die Vorbereitung einer individuellen Kundenbetreuung durch personalisierte Messekommunikation ist die gleichzeitig damit stattfindende Buchung der notwendigen Ressourcen (Hotelzimmer, Transfers, Event-Tickets, Restaurants, Konferenzräume, Catering etc.). Durch die Kombination von Kundendatenbank und Ressourcendatenbank unter einer einheitlichen Benutzeroberfläche im Web lassen sich die Messeressourcen kontinuierlich und dezentral gesteuert dem Bedarf zuordnen und anpassen, wodurch eine erhebliche Effizienzsteigerung möglich ist. Durch die Gestaltung einer solchen Lösung als Extranet mit beschränktem Zugriff lassen sich Einzelaufgaben leicht an verschiedene Teams des Ausstellers oder von Dienstleistern delegieren.

2.4   Pressearbeit und Medienkontakte

Eine positive Berichterstattung in den Medien spart viele tausend Euro an eigenen Kommunikationsaufwendungen. Eine solche Berichterstattung kommt in aller Regel jedoch nur in Ausnahmefällen ohne gute, offene und rechtzeitige Kontakte zu Medienvertretern zustande. Solche Kontakte sollten, sofern sie nicht ohnehin ständig gepflegt werden, bereits einige Monate vor der jeweiligen Messe geknüpft und mehrmals vor der Messe aufgefrischt werden. Dazu lädt man die Fachredakteure der relevanten Medien ein oder besucht sie in der Redaktion. Natürlich sollten den Redakteuren hierbei auch wissenswerte Neuigkeiten und Informationen über das Unternehmen mitgeteilt werden. Dabei hilft oft ein Vergleich mit den bisherigen Inhalten des jeweiligen Mediums. Hat man ausreichende Kontakte und interessante Neuigkeiten (z.B. Produktneuheiten), so empfiehlt sich eine Pressekonferenz während der Messeteilnahme. Natürlich gilt für die Nachbereitung von Messeauftritten das hier Gesagte analog.

2.5 Trainings und Schulungen

Die Bedeutung von geeigneten Trainings und Schulungen für die verschiedenen Aufgaben und Thematiken, die sich während einer Messe und abweichend vom normalen Berufsalltag stellen, wird weit unterschätzt. Oft wird viel Geld in die eindrucksvolle Gestaltung von Messeständen und in Präsentationstechnik gesteckt, der angestrebte Eindruck dann aber durch das unbedachte oder unfähige Verhalten eines einzigen, untrainierten Mitarbeiters zunichte gemacht. Trainings und Schulungen beginnen sinnvollerweise bereits weit im Vorfeld der Messe bei den Projekt-Teams, welche die Planung und Vorbereitung der Messeteilnahme übernehmen sollen. Dies mag übertrieben klingen, jedoch werden auch heute noch bei vielen Unternehmen Basics wie Messeziele und Messestrategie nicht festgeschrieben. Die Schulung von Produkt- und Prozesswissen erfolgt am besten schon so früh wie möglich vor der eigentlichen Messe, unmittelbar nach Festlegung der Standbesatzung (vgl. Kapitel 1.3.1.4), damit beim eigentlichen Messetraining eine Konzentration auf die Vermittlung von kommunikativen Fähigkeiten und Techniken sowie auf messespezifische Themen erfolgen kann. Abgesehen von verkäuferischen Basisfähigkeiten gehören zu den messespezifischen, kommunikativen Techniken zum Beispiel:

- Die Kontrolle des eigenen Auftretens (Körpersprache, Do's and Dont's, Kleidung, Motivation)

- Das Erkennen von Besuchertypen und -präferenzen

- Die Ansprache und Identifizierung von potenziellen Kunden

- Das Verhalten im Team der Standbesatzung

- Die Selbstmotivation bei Stimmungstiefs

- Der Umgang mit Stress, Druck, Ermüdung und Panik.

Weitere, messespezifische Trainingsthemen sind unter anderem:

- Selbstorganisation und Teamorganisation: tägliche, optimale Zeit- und Arbeitsplanung

- Einsatz von und Umgang mit neuen Medien

- Effektive Konkurrenzbeobachtung

- Security

- Prävention und Abwehr von Wirtschaftsspionage.

Es zahlt sich aus, nicht nur die eigenen Mitarbeiter, sondern auch externe, eingesetzte Hostessen in die Schulungen und Trainings einzubeziehen. Die Qualität des Umgangs mit den Besuchern steigt und das Unternehmen gibt ein einheitliches, positives Bild nach außen ab.

2.6   Kontinuierliche Anpassung der Planung

Im Idealfall erfolgt die Planung einer Messe spiralartig von einer ersten Grobplanung bis zur zielgenauen Punktlandung, bei der Bedarf, eingesetzte Ressourcen und verwendete Mittel übereinstimmen. Da diese Punktlandung nicht im „Blindflug" erreichbar ist, zählt neben der Verwendung von effizienten Kommunikationsmitteln und Planungstools eine hohe Flexibilität aller Beteiligten zu den Erfolgsfaktoren einer guten Messevorbereitung. Bei der Festlegung von Teilbudgets sowie bei der Buchung und Bereitstellung von Ressourcen sollte daher ein genügend großer Spielraum nach „rechts" und „links" eingeplant werden, der im Laufe der Vor-Messekommunikation mit den unterschiedlichen Zielgruppen dem bekannten Bedarf bis zur Feinjustierung kurz vor der Messe angepasst werden kann. Auch hierbei sorgt ein übergeordnetes Projektmanagement dafür, dass keine Eifersüchteleien entstehen, wenn einzelne Teilbudgets gekürzt und andere erhöht werden müssen, um das angestrebte Messeziel zu erreichen.

3.   Besonderheiten bei der Vorbereitung von Publikumsmessen

3.1   Medienkommunikation

Im Unterschied zu B2B-Messen ist die Planbarkeit bis zum einzelnen Kunden oder Besucher bei Publikumsmessen naturgemäß nicht – oder nicht in gleichem Maße – gegeben. Umgekehrt steht bei diesen auch nicht die Geschäftsbeziehung zu einzelnen Besuchern im Vordergrund, sondern in aller Regel die Präsentation von neuen Produkten und/oder Trends (z.B. Auto-Modelle, Sport, I- und U-Technologie, Mode, Bücher). Es kommt daher in besonderem Maße darauf an, durch vorbereitende Medienkommunikation in der Zielgruppe ein Interesse für den Messebesuch zu erzeugen. In fast allen Branchen ist hierfür PR (Public Relations) oder PP (Product Publicity) ein geeignetes Medium, da – im Vergleich zur Medienwerbung – Glaubwürdigkeit und Autorität des (richtigen) Werbeträgers die Erfolgsaussicht in Bezug auf die Besucherzahlen erhöhen. Im regionalen Umfeld bieten sich zudem Außen- sowie Radiowerbung als kurzfristig wirkende Verstärker an. Bei Verkaufsmessen, insbesondere bei Regionalveranstaltungen, eignen sich zudem alle direkten Formen der medialen Kommunikation (z.B. Mailing, Hauswurf) zur Erzeugung von spontanen Besuchsentscheidungen.

3.2 Kanalisierung von Besucherströmen

Die meisten Publikumsmessen haben im Vergleich zu den Fachmessen ein größeres Problem damit, speziell an Spitzentagen mit dem Massenandrang von Besuchern fertig zu werden. Natürlich betrifft dieses im Grunde erfreuliche Problem auch in unterschiedlichem Ausmaß die einzelnen ausstellenden Unternehmen. Maßnahmen zur Kanalisierung von Massenandrang lassen sich einteilen in:

- Bauliche Maßnahmen: Hierunter fallen die besucherleitende Gestaltung des Messestandes wie auch kurzfristige Maßnahmen zur Besucherkanalisierung wie Seile und Leitgitter

- Aufmerksamkeitslenkung, z.B. über Interviews, (Quiz-)Shows, Künstler, Walk-Acts, Verlosungen

- Besuchs-Incentives: Durch das Angebot von speziellen Vorteilen oder Anreizen bei Besuch an normalerweise schwachen Tagen, z.B. durch Direct Mail, kann der Andrang über den Messezeitraum entzerrt werden.

4. Nachbearbeitung von Messeauftritten

4.1 Inquiry Management

Ein modernes Inquiry Management sollte bereits während der Messe ansetzen und elektronisch ablaufen. Das Ausfüllen von Papierformularen sowie deren übliche Sichtung und Bearbeitung nach der Messe hat nämlich *mindestens* den Effekt, dass die Reaktionszeiten unnötig verlängert werden. Im schlimmsten Fall werden Anfragen nur unzureichend oder gar nicht bearbeitet.

Wichtigstes Instrument für ein effizientes Inquiry Management ist die oben bereits erwähnte Kundendatenbank. Diese sollte als Basis für ein modernes Inquiry Management System dienen, welches die Präsentation von Produkten und Leistungen sowie die Aufnahme von Anfragen in sich vereinigt. Die Kontaktdaten des Kunden (soweit nicht ohnehin im System vorhanden) werden hierbei vor Beginn einer (Einzel-)Präsentation oder eines Gesprächs aufgenommen. Dadurch kann das System automatisch festhalten, welche Inhalte dem Kunden präsentiert werden. Die somit gewonnenen Daten können zur Veredelung des Kundenprofils genutzt werden und Erkenntnisse über das Kundeninteresse bezüglich bestimmter Angebote liefern. Noch wichtiger ist es aber, Wünsche, Anfragen und Anregungen des Kunden schon während des Gesprächs im System festzuhalten. Idealerweise sollte hierdurch sofort ein digitaler Work-flow angestoßen werden, der zu einer verzögerungsfreien Bearbeitung der Kundenanfrage führt.

Ein Beispiel: Sollte ein Kunde während des Gesprächs Interesse an weiterführenden Informationen bezüglich eines bestimmten Produktes äußern, wird dies vom Kundenbetreuer vermerkt und führt zum sofortigen Versand einer E-Mail an die für die Bearbeitung zuständige Stelle. Die E-Mail enthält alle für die Bearbeitung notwendigen Daten inkl. der Kontaktdaten des Kunden. Der Versand der Unterlagen an den Kunden kann sofort vorgenommen werden. In den meisten Fällen wird der Kunde die gewünschten Informationen also sofort nach Rückkehr von der Messe oder sogar noch während der Messe (bei elektronischem Versand) erhalten.

Der gleiche Work-flow kann natürlich auch bei Preisanfragen, Terminwünschen, Produktmustern etc. angewendet werden. Diese Art von Realtime Inquiry Management führt nicht nur zu einer erheblichen Vereinfachung der Prozesse und zu einem aufgeräumten Stand mit weniger Lagernotwendigkeit, sondern ist vor allem ein exzellentes, weil gelebtes, Instrument der Kundenbindung.

4.2   Veredelung von Daten

Die Gewinnung und (automatisierte) Auswertung von Daten über die Nutzung von Angeboten und Ressourcen durch die Messebesucher ist in zweierlei Hinsicht äußerst sinnvoll: Zum einen lassen sich hierdurch Kundenprofile „veredeln". Die gewonnenen Erkenntnisse und Zusatzinformationen über die Wünsche und Bedürfnisse der Kunden können für CRM-Maßnahmen unabhängig vom Messeauftritt „zweitverwertet" werden (z.B. um die Clusterung der Kunden weiter zu verfeinern). Technisch gesehen ist hierbei vor allem auf die Kompatibilität der Messesysteme mit anderen im Unternehmen eingesetzten CRM-Systemen zu achten.

Andererseits ist die Nachbetrachtung der Angebotsnutzung durch die Messebesucher der erste Schritt für die Vorbereitung des nächsten Messeauftrittes, denn die gewonnenen Daten liefern bereits wichtige Erkenntnisse für die Anpassung des Messeangebotes an den tatsächlichen Bedarf. Dies bezieht sich nicht nur auf die präsentierten Produkte und Lösungen des Ausstellers, sondern auch auf die Nutzung von angebotenen Ressourcen wie Konferenzräumen, Restaurants, Events etc. Eine effiziente Auswertung der tatsächlichen Nutzung dieser Ressourcen kann dabei helfen, die Kundenorientierung im Rahmen des nächsten Messeauftrittes unter gleichzeitiger Optimierung der Kosten-Nutzen-Relation weiter zu steigern.

4.3   Follow-up-Marketingmaßnahmen

Unter dem Gesichtspunkt der Kundenbindung ist die Nachbearbeitung der Messeteilnahme mindestens so wichtig wie die Messeteilnahme selbst. Eine klare Auflistung und Bestätigung der getroffenen Vereinbarungen, die prompte Einhaltung der zugesagten Aktionen (Zusendung, Anruf, Besuch etc.) stellen die eine, rationale Seite der Medaille dar. Die andere, emotionale Seite kann für die Kundenbindung ebenso wichtig sein. Bilder und/oder Videos vom Besuch oder von gemeinsamen Erlebnissen, zum Beispiel bei Events, Shows oder Entertainments, oder auch andere Give-aways können das Besuchserlebnis und die persönliche Beziehung erheblich stärken (die Regeln zum Schutz des Persönlichkeitsrechts nach § 23 KUG sind zu beachten). Diese Follow-up-Maßnahmen müssen nicht viel kosten und stiften, richtig gemacht, überproportionalen Nutzen. Speziell bei „VIP"-Kunden sollte dieser Phase besondere Aufmerksamkeit gewidmet werden. Personalisierte Präsente und vor allem persönliche Schreiben sorgen für positive Erinnerungen und fördern die Bindung. Eine oft vergessene Maßnahme ist die Nachbereitung der Messe über mediale Kanäle. Berichte über den Messeerfolg sind ebenfalls schon ein erster Schritt zur Vorbereitung der nächsten Messeteilnahme.

4.4   Nachkalkulation

Die Nachkalkulation der Messeteilnahme stellt ein wichtiges Controlling-Instrument für die Optimierung der nächsten Teilnahme dar. Sie sollte zeitnah erfolgen, solange das Zahlenwerk noch frisch im Gedächtnis ist und Budgetabweichungen interpretiert werden können. Eine klare Dokumentation dieser Nachkalkulation ist dann eine unschätzbare Hilfe bei der Aufstellung des nächsten Messebudgets.

4.5   Learnings

Genau wie für die Nachkalkulation gilt auch für die Learnings: zeitnah dokumentieren! Wurde das Messeziel erreicht? Wenn nein, woran lag es? Welche Abläufe haben geklemmt? Wie kann der Work-flow optimiert werden? Ebenso wichtig wie die Beantwortung der eigenen Fragen ist die Feststellung, welchen Eindruck die Kunden/Besucher *wirklich* vom Messeauftritt hatten (und nicht nur nach dem Eindruck der Standbesatzung). Hierfür ist eine Befragung unverzichtbar. Sie sollte, wenn möglich, schon während der Messe und, aus Gründen der Objektivität, von externen Dienstleistern durchgeführt werden. Die Ergebnisse der Umfrage sind dann mit den vorherigen Messezielen abzugleichen und dienen als Input für die Strategie der nächsten Messeteilnahme.

4.6   Trendbeobachtung

Neben den aus der Messenachbetrachtung gewonnenen internen Erkenntnissen spielen
für die Vorplanung des nächsten Messeauftrittes natürlich auch weitere, externe Faktoren eine Rolle. Neben der Beobachtung von Veränderungen des Marktumfeldes sowie
der Berücksichtigung von unternehmensinternen Veränderungsprozessen sind vor allem
zwei äußere Faktoren von Bedeutung: Technologie und Zeitgeist. Gerade im Hinblick
auf Messeauftritte ist der Einsatz von „State of the Art"-Technologie, z.B. im Bereich
von AV-Medien und IT ein wichtiger Imagefaktor, der unabhängig vom Unternehmenszweck Modernität und Innovation demonstrieren kann. Weiterhin dient der Einsatz von
modernen Tools natürlich auch der Optimierung von Prozessen und der Kundenorientierung.

Der „Zeitgeist" ist etwas schwerer zu fassen, sollte aber auf jeden Fall in die Planung
von Messeauftritten frühzeitig einfließen. Die Berücksichtigung von Trends in Gesellschaft, Wirtschaft und Politik kann dabei helfen, eine „Imagefalle" zu vermeiden. So
kann z.B. die Demonstration von Größe und finanzieller Stärke in Zeiten allgemeiner
wirtschaftlicher Verunsicherung zumindest unterschwellig Abwehrhaltungen bei Kunden, Mitarbeitern und Kooperationspartnern verursachen.

Die Beobachtung von Trends in Bezug auf Technologie und Zeitgeist sollte in den meisten Fällen externen Trend-Scouts oder spezialisierten Agenturen anvertraut werden, da
das hierfür erforderliche spezielle Know-how oft nicht in den Ausstellerunternehmen
angesiedelt bzw. durch die „Unternehmensbrille" gefärbt ist.

4.7   Einleitung der Vorplanung für die nächste Messe

Bei regelmäßiger oder häufiger Messeteilnahme sind die Ist-Analyse eines zurückliegenden Messeauftrittes und die Soll-Planung des nächsten Auftrittes (bei der gleichen
oder einer ähnlichen Messe) als ineinander greifende Prozesskette, als „Messekreislauf",
zu betrachten. Konsequent angewendet führt diese Betrachtungsweise zu einer kontinuierlichen Optimierung der Kosten-Nutzen-Relation von Auftritt zu Auftritt. Notwendig
hierfür sind drei Maßnahmenbereiche:

- Die Gewährleistung einer aktuellen und möglichst vollständigen Datenlage
- Der Einsatz von effizienten Analyse- und Planungstools
- Die Entwicklung eines Wissensmanagements in Bezug auf die Messeteilnahmen.

Zum letzten Punkt: Natürlich ist eine hohe Kontinuität in Bezug auf die beteiligten Personen bei Ausstellern und Dienstleistern wünschenswert, um das Wissen in den Köpfen
der Menschen, die bereits (erfolgreich) Projekte realisiert haben, nutzen zu können. Da

eine gewisse Fluktuation jedoch nie zu vermeiden ist, können auch hier innovative Tools helfen, neuen Projektmitarbeitern einen Zugriff auf die Erfahrungen der „alten Hasen" zu gewähren. Hierbei sollte darauf geachtet werden, dass Wissensmanagement am besten „bottom up" und nicht „top down" funktioniert, denn die wichtigen Erfahrungen an der Basis gehen sonst erfahrungsgemäß am schnellsten verloren. Kern eines effizienten Wissensmanagements ist die kontinuierliche dezentrale Eingabe von Learnings in ein (möglichst webbasiertes) System.

Zur Vermeidung von Betriebsblindheit ist die regelmäßige Hinzunahme von neuen Projektmitarbeitern und externen Kreativen ebenso wichtig, um ein Abflachen der Erfolgskurve zu vermeiden.

5. Besonderheiten bei der Nachbearbeitung von Publikumsmessen

5.1 Medieneinsatz

Analog zum unter 2.1 Gesagten ist auch bei der Nachbereitung von Publikumsmessen die Nutzung von Massenmedien das Kommunikationsmittel der Wahl, da ein Rückgriff auf einzelne Besucheradressen in aller Regel nicht möglich ist. Nachbereitung über Massenkommunikation heißt hier also Bericht über den Erfolg einer Messeteilnahme inkl. der (vermuteten oder erhobenen) Erfolgsgründe. Bei der Bildberichterstattung sind auch hier die üblichen Regeln des Persönlichkeitsschutzes nach § 23 KUG zu beachten. Sind bei der Messeveranstaltung Adressen von Besuchern über Quizshows, Verlosungen oder Wettbewerbe generiert worden, so lassen sich die Möglichkeiten der Direktwerbung unter Einhaltung der entsprechenden gesetzlichen Vorschriften zum Verbraucherschutz einsetzen.

5.2 Trendbeobachtung

Der in Kapitel 4.6 beschriebenen Trendbeobachtung, insbesondere in Bezug auf den „Zeitgeist", kommt bei Publikumsmessen auf Grund der Heterogenität der Ziel- und Besuchergruppen eine besondere Bedeutung zu. Hier gelten für Messeteilnahmen als einem Instrument des Marketingmix die gleichen Kriterien wie für alle anderen Instrumente, insbesondere denen des Kommunikationsmix.

6.   Nachwort

Analog zum generellen Geschehen im Bereich des Marketings, ist auch bei Messeteilnahmen in den letzten 5-10 Jahren eine deutliche Entwicklung hin zur Personalisierung
und Individualisierung der eingesetzten Maßnahmen und Methoden im Umgang mit den
Besuchern zu beobachten. Dies gilt zumindest für die meisten Märkte im westeuropäischen Einflussbereich. (In anderen Märkten, z.B. in den USA, werden Messeteilnahmen
in vielen Branchen weitaus mehr als Vertriebs- denn als Marketinginstrument gesehen.
Entsprechend ist die Orientierung des Teilnahmekonzeptes viel mehr auf die Erreichung
von sofortigen Umsätzen gerichtet, als auf die Pflege von existierenden und den Aufbau
von neuen Kundenbeziehungen zur Sicherung des Geschäfts von morgen.) Gegenüber
allen anderen Kommunikationsinstrumenten haben Messeteilnahmen einen einzigartigen
Vorteil: Sie können nicht nur den persönlichen Kontakt zwischen Menschen auf Kun-
den- und Lieferantenseite herstellen, die sonst nur selten oder gar nicht miteinander
sprechen, sondern sie bieten gleichzeitig die Chance, sich mit seinem Unternehmen im
konzentriert vorhandenen Mitbewerberumfeld zu profilieren. Je nach Gusto geschieht
dies mit der Demonstration von Größe und (Markt-)Macht, mit der Herausstellung des
Primats von Technologie oder aber mit dem Einsatz von modernen Methoden zur Be-
weisführung einer konsequenten Kundenorientierung. Der vielzitierte *Kunde*, der immer
„...in der Mitte steht, und damit allen im Weg", wird letztlich entscheiden, welchem
Konzept er den Vorzug gibt.

Sven M. Prüser

Die Messe als Networking-Plattform

1. Einführung

2. Funktionsbestimmung moderner Messen

3. Lead als Erstkontakt ins Beschaffungsnetzwerk

4. Leads als Katalysatoren laufender Entscheidungsprozesse

5. Entscheidungseinfluss durch neutrale Dritte

6. Gewinnung von Support-Leads im Network-orientierten Messemarketing

7. Literaturverzeichnis

Dr. rer. pol. Sven M. Prüser ist Leiter des Geschäftsbereiches Hannover Messe International bei der Deutschen Messe AG, Hannover.

1. Einführung

Die Frage, welchen Zweck es hat, auf Messen zu präsentieren, wird vermutlich schon gestellt, seitdem es Messen gibt. In der Urzeit des Messewesens war es jedoch ungleich einfacher als heute, diese Frage zu beantworten. Galt es doch für den Aussteller zu jener Zeit, ein bestimmtes mitgebrachtes Warenkontingent möglichst hochpreisig zu verkaufen und ggf. interessante Waren für den heimischen Markt oder die nächste Messe zu beschaffen. Sogar die Erfolgsmessung war denkbar einfach, denn spätestens am Ende der Veranstaltung klärte der Blick in die Kasse bzw. auf die frisch eingekaufte Ware über den Erfolg der Messe auf. Ähnlich einfach war die Funktionsbestimmung anfänglich auch noch bei den Mustermessen (vgl. zur Geschichte des Messewesens: Fischer 1992, S. 5-13). Auf diesen Veranstaltungen dienten die mitgebrachten Waren dazu, im Sinne eines Musters den potenziellen Einkäufern einen Eindruck von der Beschaffenheit und Qualität der ihrer Herstellung zu Hause harrenden Waren zu ermöglichen. Ziel war es entsprechend, möglichst viele oder möglichst umfangreiche Lieferverträge abzuschließen. Um dieses Ziel zu erreichen, bedurfte es aber mehr und mehr des Einsatzes von Hilfsmitteln, die über die bloße Verkaufstechnik hinausreichten.

Da die konkret zu bestellende Ware ja noch nicht einmal produziert war, kam es bei den Mustermessen nunmehr zunehmend darauf an, den potenziellen Käufer nicht nur von dem Produkt selbst, sondern vielmehr auch von den Vorzügen des Lieferanten zu überzeugen, wozu insbesondere die Glaubwürdigkeit und Zuverlässigkeit gehörten. Auch wenn zu dieser Zeit der Begriff Marketing noch nicht geboren war, so markiert der Einzug der „ergänzenden Verkaufshilfen" den Beginn des Messemarketings; denn von nun an wurden Aspekte wie Image, Marke, Produktpolitik, ja selbst die über die reine Preisgestaltung hinausgehende Konditionspolitik Bestandteile erfolgreicher Messeauftritte.

Abgesehen von den Verbrauchermessen, die in vielerlei Hinsicht den historischen Messen noch sehr ähneln, ist die Funktionsbestimmung der Fachmessen heutiger Prägung im Vergleich zur historischen Messe oder zur klassischen Mustermesse bei genauerem Hinsehen deutlich schwieriger zu leisten. Selbstverständlich bleiben Vertragsabschlüsse bzw. Verkäufe nach wie vor das Endziel jeder Messebeteiligung. Aber Hersteller von Verkehrsflugzeugen, Automobilzulieferer und immer mehr Konsumgüteranbieter zielen nicht mehr ausschließlich darauf ab, Zufallskontakte unmittelbar in Verkaufabschlüsse münden zu lassen. Dagegen spricht allein schon, dass Beschaffungsvorgänge im Rahmen einer sich immer stärker globalisierenden Weltwirtschaft erheblich an Komplexität gewonnen haben (vgl. z.B. Fuchslocher/Hochheimer 2000, S. 25ff.). Zur Beantwortung der Frage nach der Funktionsbestimmung moderner Messen lohnt es sich, etwas genauer in das moderne Marketing einzusteigen.

2.   Funktionsbestimmung moderner Messen

Das zentrale Objekt des Marketings war und ist das Beschaffungsverhalten. Letztlich lassen sich alle Theoriegebäude und – soweit es sich um effektive Ansätze handelt – auch die Praxis des Marketings auf dieses Kernthema herunterbrechen. Dabei leitet die Marketingzunft weniger die wissenschaftliche Neugier, als vielmehr die Frage, was zu tun ist, um die abschließende Beschaffungsentscheidung, mithin den Kauf, zu Gunsten eines bestimmten Produktes oder einer bestimmten Dienstleistung ausgehen zu lassen (vgl. Tucker 1976, S. 305-316). Bereits die Untersuchung des individuellen Konsums zeigt eine Vielzahl von Faktoren auf, die über den Ausgang der Entscheidung bestimmen. Die Preissensitivität ist dabei nur eine, wenn auch vermutlich der am längsten betrachtete Faktor. Gewohnheit, erlerntes Verhalten, kopiertes Verhaltes, tiefenpsychologisch motiviertes Kaufen und viele weitere Einflüsse sowie die entsprechenden Theoriegebäude können hier ergänzt werden (vgl. z.B. Kotler/Bliemel 1995, S. 277ff.).

Geht es jedoch um Messen oder präziser gesagt, um Ansatzpunkte, Messeauftritte erfolgreich zu gestalten, kommt eine weitere Dimension hinzu. Denn anders als im Falle des individuellen Konsums zielen Messeauftritte, sofern es sich nicht um solche auf Verbraucherausstellungen handelt, selbst auf Konsumgütermessen darauf ab, Beschaffungsprozesse von Organisationen, speziell Unternehmen, zu beeinflussen. Wie aber spätestens seit Wind bekannt ist, handelt es sich bei diesen Beschaffungsentscheidungen um solche, die zumindest unter dem Einfluss von mehreren Entscheidungsbeteiligten getroffen werden (vgl. Wind 1967, S. 151-180). Daher sprechen Webster und Wind auch von einem Buying Centre (vgl. Webster/Wind 1972), wobei dieser Begriff insofern irreführend ist, als dass es sich bei diesem Centre nicht um eine räumlich und zeitlich zusammengeführte Gruppe oder gar eine Abteilung handelt. Vielmehr handelt es sich um eine Umschreibung für ein Netzwerk von Entscheidungsbeteiligten, das durch gegenseitige Interaktionen verbunden ist und den Ausgang der Beschaffungs- bzw. Investitionsentscheidung bestimmt.

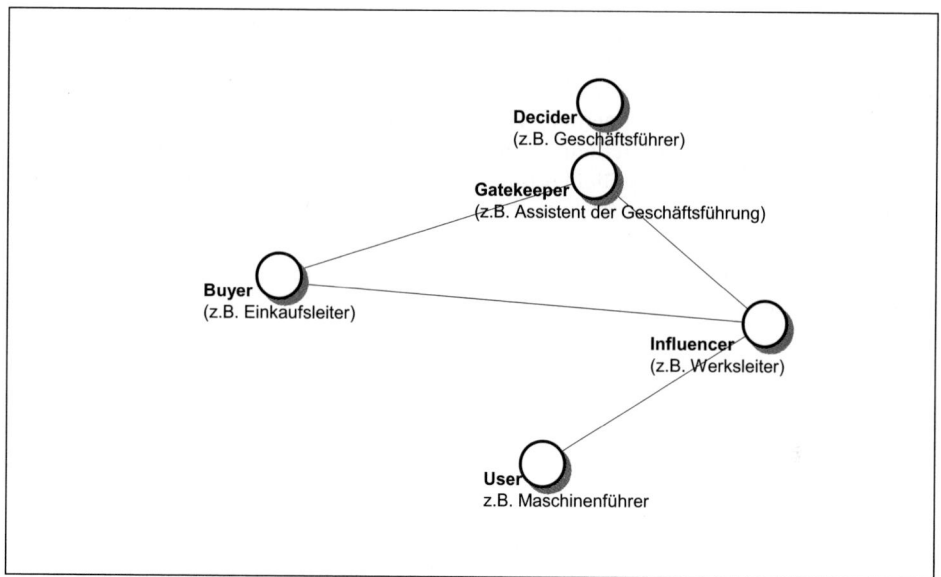

Abb. 1: Buying Centre als innerbetriebliches Beschaffungsnetzwerk

Die Relevanz der ‚kollektiven Dimension' institutioneller Einkaufsentscheidungen wird besonders deutlich bei Beschaffungsprozessen für komplexe Investitionsgüter. Bei solchen Beschaffungsvorgängen ist von der Feststellung eines Bedarfs bis zur Vertragsschließung und Implementierung des Investitionsgutes, das (hoffentlich) den Bedarf deckt, ein Netzwerk innerbetrieblicher Instanzen beteiligt, das über die Art der Lösung bis hin zur Auswahl des Lieferanten entscheidet. Jeder einzelne Netzwerkakteur nimmt dabei unterschiedliche Rollen wahr, die zum Beispiel die Informationsbeschaffung oder Aspekte der kaufmännischen und technischen Beurteilung des Vorhabens umfassen. Ähnlich können auch Beschaffungsentscheidungen verlaufen, die sich auf den so genannten Laufenden Fertigungsbedarf beziehen (vgl. Strothmann 1979, S. 22f.). Sicherlich wird das innerbetriebliche Netzwerk bei der Entscheidung über die Belieferung mit Taschenlampenbatterien keine nennenswerte Dimension erreichen. Dies wird sehr wohl der Fall sein, wenn es zu entscheiden gilt, wer zukünftig einem Automobilhersteller welche Autobatterien liefern soll.

Aber selbst wenn nicht an komplexe Investitionsentscheidungen gedacht wird, behält die ‚kollektive Dimension' ihre Bedeutung. So muss auch der Chefeinkäufer eines Handelsunternehmens zumindest Rechenschaft über seine Einkäufe ablegen, womit seine Einkaufsentscheidung nicht mehr isoliert als das Ergebnis seiner individuellen Erfahrungen, Vorlieben oder Ähnliches interpretiert werden kann.

Schon die um die ‚kollektive Dimension' von Beschaffungsentscheidungen erweiterte Sichtweise gibt einen Hinweis auf die Funktionsbestimmung moderner Messen. Da die

Kaufentscheidung das Ergebnis eines Meinungsbildungsprozesses mehrerer Beteiligter ist, kann es nur noch im Ausnahmefall dazu kommen, dass eine erste Kontaktaufnahme direkt auf der Messe auch sogleich zu einem Vertragsabschluss führt. Vielmehr ist der Messekontakt ein Ereignis innerhalb einer Prozesskette an deren Ende die Vertragsschließung und Leistungserstellung steht bzw. stehen soll. Um diese Prozesskette im Sinne des individuellen Ausstellers erfolgreich gestalten zu können, muss das Netzwerk der Entscheidungsbeteiligten im Verlauf eines mehrere Phasen durchlaufenden Prozesses überzeugt werden. Der Messekontakt leitet damit zu weiteren Interaktionen und wird entsprechend „Lead" genannt. Ziel der Messebeteiligung ist es somit, möglichst viele und qualifizierte Leads zu gewinnen.

Qualifiziert wird der Lead dabei durch mehrere Aspekte, zu denen die Lukrativität des Investitionsprojektes, das am Ende des Entscheidungsprozess steht, der (möglichst große) Einfluss der Kontaktperson auf die Entscheidungsbildung und schließlich die Informationen, die Kontaktperson und Aussteller durch den Messebesuch gewonnen haben, gehören.

Wenn von Leads gesprochen wird, meinen die Messepraktiker bis dato in der Regel einen Zugang zu einem innerbetrieblichen Netzwerk. Damit entsprechen sie auch dem Gedanken des Buying Centre, das sich auf eine mehr oder weniger konkrete Investitionsentscheidung eines Unternehmens oder einer Institution bezieht. Unter dem Einfluss einer sich immer stärker ausdifferenzierenden Verflechtung wirtschaftlicher Beziehungen und Zusammenarbeit, kann aber nicht mehr nur davon ausgegangen werden, dass wesentliche unternehmerische Entscheidungen innerhalb eines isolierten Wirtschaftssubjektes vorbereitet und getroffen werden (vgl. z.B. Håkansson 1995). Selbst wenn Banken und Unternehmensberater als Teile eines innerbetrieblichen Entscheidungsnetzwerkes in das Buying Centre Modell integriert würden, bliebe der Einfluss anderer Lieferanten und vor allem der Kunden des investierenden Unternehmens ausgeblendet.

Sicher kann nicht davon ausgegangen werden, dass alle Beschaffungsentscheidungen eines Unternehmens regelmäßig mit den Lieferanten und Kunden abgestimmt werden. Industrien jedoch, die durch eng aufeinander abgestimmte Liefer- und Abnahmebeziehungen charakterisiert sind, kennen diese erweiterte Dimension unternehmerischer Beschaffungsentscheidungen sehr wohl. So ist es durchaus nichts ungewöhnliches, dass Automobilhersteller ihren Systemlieferanten klare Vorgaben über die Wahl der Sub-Lieferanten machen. Für den Systemlieferanten werden damit Einkäufer, Techniker ja unter Umständen sogar Mitarbeiter des Kunden zu einem Bestandteil des eigenen Entscheidungsnetzwerks.

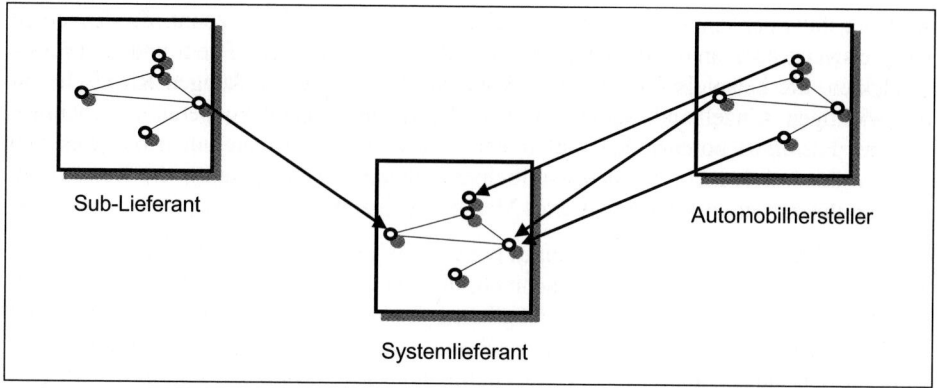

Abb. 2: Interaktion im Beschaffungsnetzwerk eng verflochtener Industrien (vgl. zu diesen Überlegungen Prüser 1997)

Obwohl es der Systemlieferant ist, der letztlich den Auftrag zu vergeben hat, würde das Marketing des Sub-Lieferanten zu kurz greifen, wenn es sich darauf beschränkte, lediglich den Systemlieferanten zu beeinflussen. Vielmehr kommt es – möglicherweise sogar ausschlaggebend – gerade darauf an, auch den Automobilhersteller zu beeinflussen, selbst wenn gar nicht intendiert ist, mit diesem eine direkte Lieferbeziehung aufzubauen bzw. zu unterhalten. Es kommt also darauf an, ein networking-orientiertes Marketing zu betreiben.

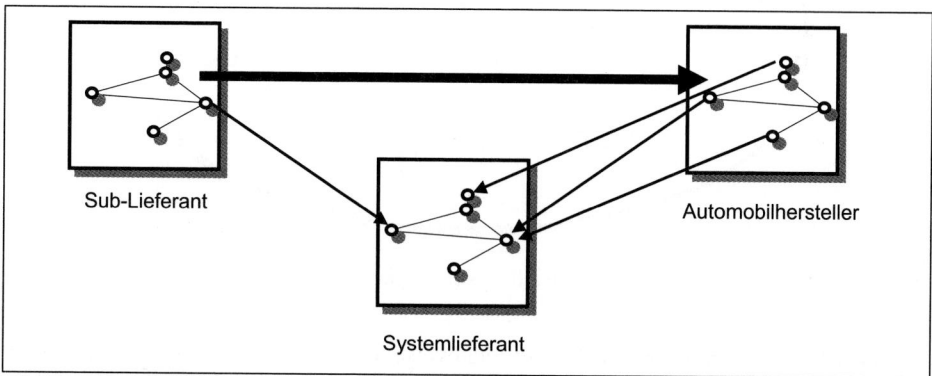

Abb. 3: Networking-orientiertes Marketing in eng verflochtenen Industrien

Auch wenn die Automobil- und ihre Zulieferindustrie ein besonders prominentes Beispiel für eine eng vernetzte Industrie darstellt, in der die beschriebenen indirekten Einflussnahmen auf Entscheidungsprozesse von anderen Unternehmen vorkommen, so ist sie keinesfalls der einzige Wirtschaftbereich der solche Einflüsse kennt. Zu denken ist beispielsweise auch an die Beziehungen zwischen Lieferanten von Food- und Non-Food-Produkten, die beispielsweise bei der Wahl der Transportverpackungen Rücksicht auf die wichtigen Einzelhandelsunternehmen oder deren Einkaufskooperationen nehmen müssen. Für einen potenziellen Lieferanten von Verpackungsmaterialien bietet es sich hier an, zumindest nicht nur den unmittelbaren Kunden, sondern auch die Kunden der Kunden in sein networking-orientiertes Marketing einzubeziehen.

Eine grundsätzliche Schwierigkeit eines networking-orientierten Marketings liegt darin, Zugang zu Akteuren anderer Unternehmen, die Entscheidungen beeinflussen, zu erlangen. Denn anders als im Falle von möglichen direkten Lieferbeziehungen fällt es hier schwer, einen Interaktionsanlass oder auch nur eine Interaktionsgelegenheit zu finden. Der Vertrieb kann zum Beispiel nicht ohne weiteres mit Aussicht auf Erfolg um eine Präsentationsmöglichkeit bei den Kunden der Kunden nachsuchen, da für die spezifischen Produkte normalerweise nicht einmal zuständige Einkäufer zu identifizieren sind. In dieser Hinsicht bilden Messen allerdings eine Ausnahme. Die Netzwerkakteure, die formal zwar nicht zuständig sind, aber aus unterschiedlichen Gründen dennoch bereit sind, entsprechenden Einfluss auszuüben, nutzen Messen auch, um sich über das ‚indirekte Angebot' zu informieren. Durch diese Tendenz bilden Messen zumindest große Ausschnitte kompletter industrieller Netzwerke ab.

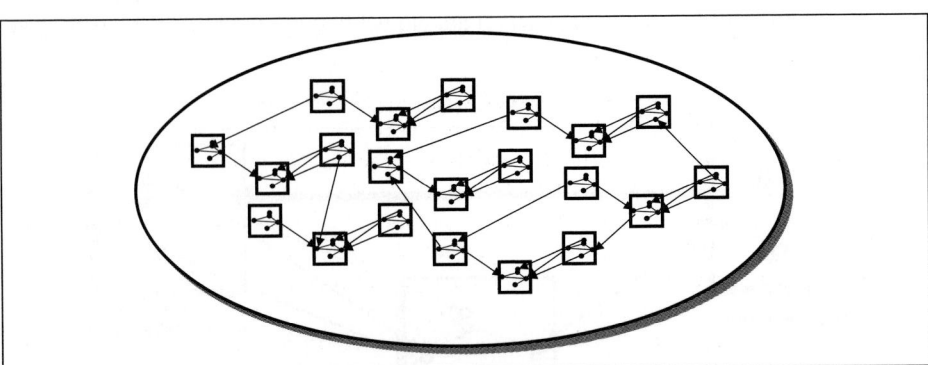

Abb. 4: Die Messe als Abbild industrieller Netzwerke

Für das Messemarketing bedeutet diese Sichtweise, dass Besucher nicht mehr nur unter dem Gesichtspunkt ihrer aktuellen oder potenziellen Rolle innerhalb eines innerbetrieblichen Beschaffungsnetzwerkes angesprochen und informiert werden dürfen. Es lohnt sich zusätzlich auch auszuloten, inwieweit der Besucher Einfluss auf Beschaffungsentscheidungen hat, die über die Grenzen seines Unternehmens hinausreichen.

3. Lead als Erstkontakt ins Beschaffungsnetzwerk

Häufig handelt es sich bei einem gewonnenen Lead um einen Erstkontakt, der beim Abnehmer durchaus am Beginn eines Entscheidungsprozesses stehen kann. Dies ergibt sich schon deshalb, weil Messen von Besuchern auch dazu genutzt werden, einerseits mögliche (innovative) Lösungsansätze für mehr oder weniger spezifizierte Probleme zu identifizieren oder andererseits neue mögliche Lieferanten – zum Beispiel für den laufenden Fertigungsbedarf – zu identifizieren. Für das Messemarketing des Ausstellers bedeutet dies, dass die Standkonzeption darauf ausgerichtet sein sollte, einen möglichst schnellen Überblick über das Leistungsangebot zu ermöglichen. Des Weiteren sollte bereits die äußere Anmutung des Messestandes und erst Recht das Verhalten des Standpersonals den Eindruck vermitteln, dass es sich um einen zuverlässigen und kundenorientiert agierenden Anbieter handelt. Je weniger es gelingt, diesen Eindruck zu vermitteln, desto wahrscheinlicher wird die Kontaktperson sich entscheiden, seinerseits den Lead zu einem Misslead zu machen und Versuche des Anbieters, an diesen anzuknüpfen, konterkarieren. Schließlich wird auch die Reputation der Kontaktperson innerhalb des innerbetrieblichen Entscheidungsnetzwerks und erst Recht im Verhältnis zu Entscheidungsnetzwerken anderer Unternehmen davon beeinflusst, wen sie als möglichen Geschäftspartner in die Diskussion bringt.

Angesichts der Tendenz, Messebesuche zunehmend straffer zu organisieren, ist es für Aussteller, die darauf zielen, Leads zu neuen Kontaktpersonen zu gewinnen, immer wichtiger, bereits im Vorfeld der Messe potenzielle Neukunden auf sich aufmerksam zu machen. Da immer mehr Messebesucher das Internet zur Besuchsvorbereitung nutzen, bieten die Eintragungen in die Internetkataloge hier eine gute Möglichkeit, von der gerade auch weniger bekannte, kleine und mittelständische Betriebe profitieren. Dabei reicht es jedoch gerade für diese Aussteller nicht aus, sich mit Namenseintrag und kurzem Firmenprofil darzustellen, zumal damit nur ein Teil der für die Einkaufsentscheidung bzw. die Lieferantenvorauswahl wichtigen Informationen vermittelt werden können. Wichtiger ist vielmehr, möglichst umfassend im Produktgruppenverzeichnis vertreten zu sein, da dieser Service eine wachsende Bedeutung für die Vorbereitung des Messebesuchs hat.

Eine weitere unterstützende Wirkung haben Anzeigen oder redaktionelle Beiträge in Fachzeitschriften. Diese sollten jedoch weniger darauf zielen, das Image des Ausstellers zu heben, da ein positives Image eines Anbieters zwar im Verlauf des Entscheidungsprozesses sehr hilfreich sein kann, bei der Vorbereitung eines Messebesuches aber eine untergeordnete Rolle spielt. Um potenzielle Besucher einer Messe dazu zu motivieren, einen bestimmten Aussteller zu besuchen, sind hingegen redaktionelle Beiträge und Anzeigen, in denen konkrete Leistungsangebote skizziert werden, besser geeignet, da der Besucher hofft, konkrete Anregungen zur Optimierung der Beschaffungsprozesse zu erhalten. Dies gilt umso mehr, wenn es darum geht, Anregungen zur Initiierung oder Beeinflussung von Beschaffungsentscheidungen in fremden Unternehmen zu gewinnen.

Auch die Messestandkonzeption sollte so ausgelegt sein, dass der Besucher leicht erkennen kann, zu welchen Themen Angebote auf dem Messestand zu finden sind (vgl. zu Standkonzeption bspw. Fließ 1999, S. 612ff.). Auf dem Stand selbst muss sich der – auf optimale Nutzung seiner Aufenthaltszeit bedachte – Besucher schnell orientieren können. Der Standbesatzung kommt dann die Aufgabe zu, unaufdringlich und höflich, aber dennoch zielorientiert, die Interaktion aufzunehmen, um dann möglichst schnell das Anliegen zu identifizieren und den Informationsbedarf zügig zu decken. Dabei darf das Ziel, eine möglichst qualifizierte Ausgangsposition für die dann folgenden Interaktionen im Entscheidungsprozess zu gewinnen, nicht außer Acht gelassen werden. Unter dem Gesichtspunkt der Netzwerkverflechtungen ist im Rahmen der Schulung des Standpersonals zu vermitteln, dass ein Kontakt unter Umständen auch dann qualifiziert ist, wenn kein unmittelbarer Beschaffungsbedarf im Unternehmen des Besuchers erkennbar ist. Es sollte darauf hingewirkt werden, im Messegespräch nicht nur die Rolle des Besuchers im innerbetrieblichen Beschaffungszusammenhang auszuloten. Vielmehr sollte – zumindest unter anderem – gezielt darauf hin gearbeitet werden, mögliche Einflussmöglichkeiten zu ergründen, die über Betriebsgrenzen hinausreichen.

4.   Leads als Katalysatoren laufender Entscheidungsprozesse

Auch im Zusammenhang bereits laufender Entscheidungsprozesse kann das Messemarketing genutzt werden, die Entscheidung zu Gunsten des ausstellenden Unternehmens zu beeinflussen, selbst wenn es bereits zum Kreis der potenziellen Lieferanten gehört. Unabhängig davon, ob der Kontakt zum Ansprechpartner im Entscheidungsnetzwerk auf einer vorherigen Messe oder durch andere Maßnahmen gelegt wurde, hat diese Person aus Sicht des Anbieters die Aufgabe, als ‚Gewährsperson' das besagte Netzwerk der Entscheidungsträger auf das Angebot einzuschwören. Im Alltag ist es häufig schwer, die Kontaktperson, die typischerweise der Einkaufsleiter ist, dabei zu unterstützen, denn die Interaktion mit den übrigen Entscheidungsbeteiligten kann selten direkt und noch seltener in intensiver Form erfolgen. Dies gilt erst recht für Netzwerkakteure, die nicht einmal dem beschaffenden Unternehmen angehören. Da aber häufig mehrere Entscheidungsbeteiligte gerade die Leitmessen der jeweiligen Branche nutzen, um sich ungefiltert selbst zu informieren, ergibt sich für den Anbieter die Chance, mit seiner Messebeteiligung weitere Entscheidungsbeteiligte zu erreichen, um mit diesen Support-Leads die Entscheidungsprozesse zu beeinflussen. Dabei ergibt sich zugleich auch die Chance, etwaige Fehlsteuerungen der ‚Gewährsperson' zu erkennen und unter Umständen auch sofort dagegen steuern zu können.

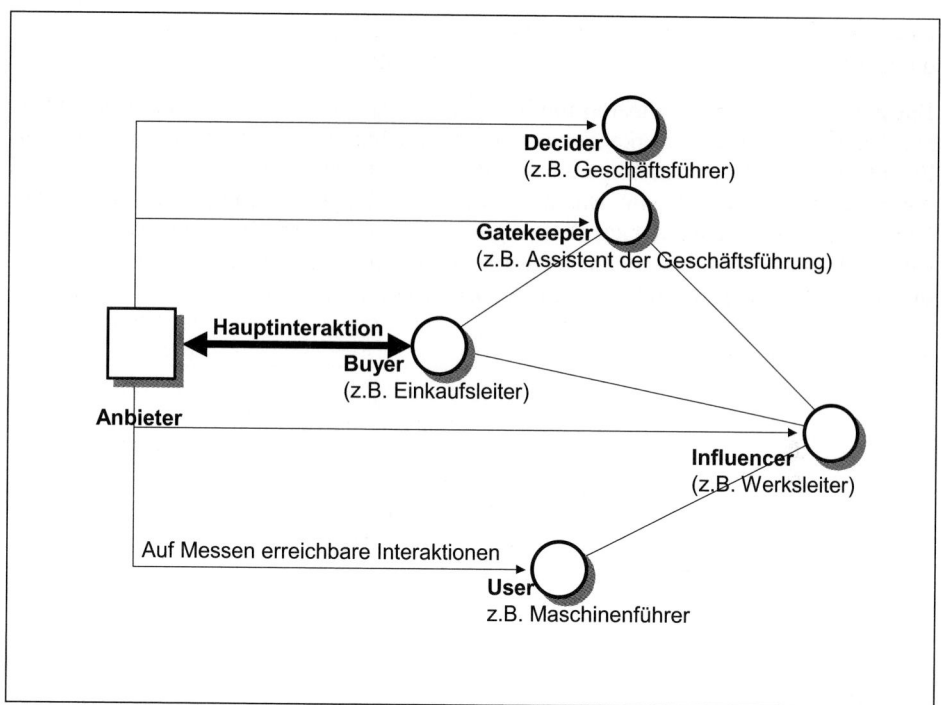

Abb. 5: Wirkung von Support-Leads (ohne Berücksichtigung weiterer Einfluss nehmender Unternehmen)

5. Entscheidungseinfluss durch neutrale Dritte

Ohne sogleich den Bezug zu einem networking-orientierten Marketing herzustellen, werden in Praxis und Theorie die Journalisten geradezu traditionell unter dem Gesichtspunkt ihres Einflusses auf Einkaufsentscheidungen betrachtet (vgl. z.B. Freiberger 1983, S. 451ff.). Ihr Einfluss resultiert dabei aus der Rolle neutraler Dritter, die über ihre publizistische Tätigkeit eine breite Resonanz erzeugen. Zudem wird gerade Fachjournalisten häufig eine hohe Fachkompetenz attestiert oder zumindest wird diese unterstellt. Entsprechend interessant ist es für einen Anbieter, gerade diese neutralen Instanzen von seinem Leistungsangebot zu überzeugen. (So weist Roloff z.B. nach, dass die Medien sogar auf die Bewertung einer Messebeteiligung einen außerordentlich großen Einfluss ausüben, vgl. Roloff 1992) Im Erfolgsfall wird der Journalist damit zu einem Netzwerkakteur, der sowohl laufende Entscheidungsprozesse beeinflusst als auch neue initiieren kann. Seine Wirkung richtet sich nicht nur auf unmittelbare Abnehmer, sondern auch auf die Kunden der Kunden.

Einen den Medien vergleichbaren Einfluss können auch andere neutrale Instanzen erhalten, sofern sie von Netzwerkakteuren als Informanten akzeptiert und genutzt werden. Solche neutralen Instanzen können beispielsweise Wissenschaftler sein, die zur Abrundung oder Vorbereitung von Beschaffungsentscheidungen konsultiert werden. Diese Konsultation muss sich nicht auf Beratung im engeren Sinn beschränken. Vielmehr kann sich der Einfluss dieser neutralen Netzwerkakteure bereits durch Publikationen entfalten, die von Entscheidungsbeteiligten herangezogen werden.

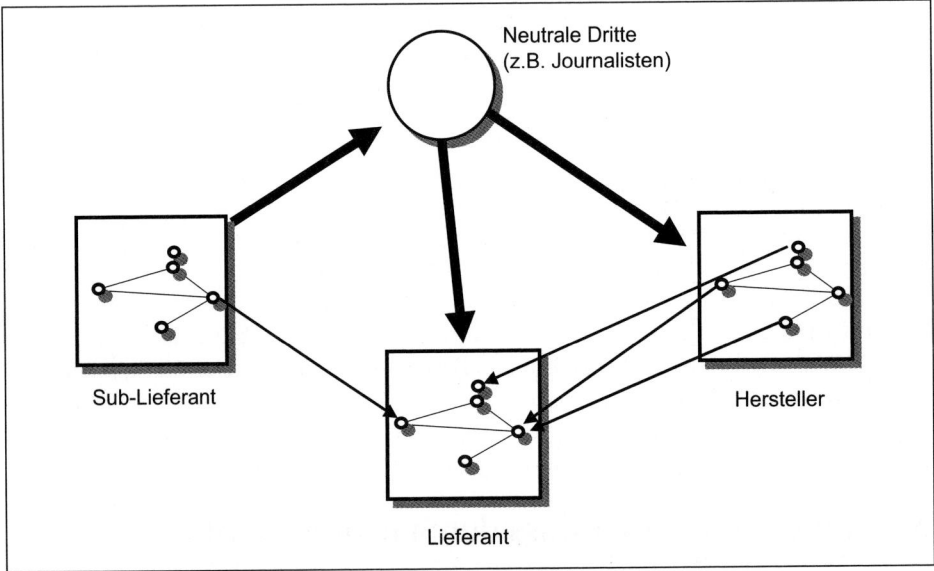

Abb. 6: Support-Leads zu neutralen Netzwerkakteuren

6. Gewinnung von Support-Leads im Network-orientierten Messemarketing

Selbstverständlich kann sich der Kontakt zu den normalerweise verdeckten Akteuren, seien es neutrale Dritte oder Einflussträger in anderen Unternehmen, während einer Messe zufällig ergeben, sodass Aussteller auf solche Glücksfälle vorbereitet sein sollten.

Effizienter ist es hingegen, die Support-Leads gezielt anzubahnen. Handelt es sich um innerbetriebliche Entscheidungsnetzwerke, kann dieses durch die ‚Gewährsperson', mit der normalerweise interagiert wird, angestoßen werden, indem diese zu einem Messebesuch gemeinsam mit anderen Involvierten eingeladen wird. Um über diesen Weg auch den Kontakt zu den Kunden des Kunden zu erlangen, bedarf es jedoch eines besonderen Vertrauensverhältnisses. Diejenigen Entscheidungsbeteiligten, die dem Anbieter bekannt sind oder solche Personen von denen zumindest vermutet werden kann, dass sie involviert sind (bspw. Geschäftsführung des direkten Abnehmers) können auch unmittelbar eingeladen werden. In diesen Fällen sollten die Personen eines Unternehmens zu denen bereits Kontakte bestehen, informiert werden, wer im selben Unternehmen eingeladen werden wird.

Neutrale Dritte zu erreichen stellt sich besonders schwierig dar. Zum Wesen der neutralen Dritten gehört es ja gerade, dass sie sich nicht unmittelbar im Umfeld der Lieferanten, Abnehmer und deren Kunden bewegen. Aber auch für diese Akteure gilt, dass sie Messen als Informationsplattform nutzen. Um diese Chance für Aussteller optimal nutzbar zu machen, betreiben Messegesellschaften einen hohen Aufwand. So gehört es zum Standardservice, den Rahmen für Ausstellerpressekonferenzen zu schaffen, auf denen die Aussteller Highlights ihres Leistungsprogramms präsentieren können. Ergänzend werden auch Pressemeldungen, Bilder und Grafiken über die Pressezentren der Messen distribuiert. Schließlich werden auch individuelle Kontakte vermittelt. Besonders hilfreich sind dabei die virtuellen Pressezentren, die von Journalisten während der Messen, aber auch zur Vor- und Nachbereitung, intensiv genutzt werden.

Ein besonders effizientes Instrument, um im Verlauf von Messen Netzwerkakteure zu erreichen, die im day-to-day business häufig unerreichbar bleiben, sind Firmenvorträge. Diese stellen für die Aussteller eine Chance dar, aktuelle Themen aus ihrer Sicht darzustellen und zu kommentieren. Da die Messegesellschaften Firmenvorträge über ihre Informationskanäle an sämtliche Besucher kommunizieren, erreichen die vortragenden Aussteller über dieses Medium gerade auch die Netzwerkakteure, die (noch) nicht in ihren Databases vertreten sind. Sofern die Vorträge dann auch tatsächlich informativ und überzeugend gelingen, entfalten sie eine erhebliche Multiplikatorwirkung, die gerade deshalb wertig ist, weil sie auch verdeckte Netzwerkakteure erreichen kann.

Ein konsequent auf Netzwerkaspekte ausgerichtetes Messemarketing sollte beachten, dass eine wirkungsvolle Beeinflussung der verschiedenen Akteure eines Entscheidungsnetzwerks voraussetzt, dass den heterogenen Informationsbedürfnissen und Informationsgewohnheiten der einzelnen Akteure entsprochen werden kann. Um dieses zu erreichen, ist zu bedenken, dass jedem Akteur spezifische Teilaufgaben im Rahmen der Entscheidungsbildung obliegen, sodass innerhalb des Netzwerks Techniker, Kaufleute, Journalisten oder auch Wissenschaftler verschiedener Teildisziplinen beteiligt sein können. Sowohl von der Ausbildung als auch durch die berufliche Prägung ergeben sich dabei sehr unterschiedliche Herangehensweisen an Entscheidungssituationen. Damit auf dem Messestand diesen Gewohnheiten und Ansprüchen entsprochen werden kann, sollten sowohl Informationsmaterialien unterschiedlicher Schwerpunktsetzung vorrätig als auch Ansprechpartner verschiedener Ausbildung und Spezialisierung anwesend sein.

Zum Abschluss sei noch auf eine besonders umstrittene Kategorie von Messebesuchern eingegangen: Die Privatbesucher. Solange effektives Messemarketing ausschließlich darauf ausgerichtet war, Lieferverträge anzubahnen, mussten Privatbesucher, die lediglich beabsichtigten ihr ganz privates Informationsinteresse zu befriedigen, als störend empfunden werden. Sobald jedoch ins Kalkül genommen wird, dass wir uns mittlerweile in immer enger verwobenen Wirtschaftsprozessen bewegen, reicht diese Sichtweise nicht mehr weit genug. Auch jeder – vermeintliche – Privatbesucher kann als neutraler Dritter, als Fachkraft beim Kunden des Kunden oder sogar als verdeckter Entscheidungsbeteiligter beim unmittelbaren Abnehmer sehr schnell zu einem Akteur des Netzwerks werden, auf dessen Entscheidungsbildung das Marketing ausgerichtet ist. Sobald diese Situation eingetreten ist, spielt es keine Rolle mehr, ob der Netzwerkakteur seine Informationen aus – zunächst – nur privatem Interesse gewonnen hat. Relevant ist nur, ob er seine Rolle als Netzwerkakteur im Sinne des Anbieters oder seines Wettbewerbs ausübt.

Für alle potenziellen und aktuellen Akteure in Netzwerken gilt, dass sie ihre Präferenz für oder gegen einen spezifischen Anbieter auf der Basis von Informationen und Einschätzungen über die Qualität seiner Produkte und dessen Qualitäten als Lieferant und Geschäftspartner bilden. Zu beurteilen, ob Showdarbietungen, Werbegeschenke oder ähnliche Maßnahmen einen Beitrag zur Bildung solcher positiven Einschätzungen leisten, ist Aufgabe der Werbewirkungsforschung. Sicher ist jedoch, dass die gewünschte Wirkung nur erreicht werden kann, wenn die Besucher sich ernst genommen fühlen und entsprechend bedient werden.

7.   Literaturverzeichnis

FISCHER, W., Zur Geschichte der Messen in Europa, in: Strothmann, K.-H./Busche, M., Handbuch Messemarketing, Wiesbaden 1992, S. 5-13.

FISCHER-WINKELMANN, W./ROCK, R. (HRSG.), Markt und Konsument, Teilband II, München 1976.

FLIEß, S., Messeplanung und -kontrolle, in: Kleinaltenkamp, M./Plinke, W. (Hrsg.), Markt- und Produktmanagement, Berlin 1999, S. 563-634.

FREIBERGER, S./RUDLOFF, W., Die Rolle der Public Relations im Investitionsgütergeschäft, in: Rost, D./Strothmann, K.-H. (Hrsg.), Handbuch Werbung für Investitionsgüter, Wiesbaden 1983, S. 451-472.

FUCHSLOCHER, H./HOCHHEIMER, H., Messen im Wandel, Wiesbaden 2000.

HÅKANSSON, H./SNEHOTA, I., Developing Relationships in: Business Networks, London 1995.

KLEINALTENKAMP, M./PLINKE, W. (HRSG.), Markt- und Produktmanagement, Berlin 1999.

KOTLER, P./BLIEMEL, F., Marketing-Management: Analyse, Planung, Umsetzung und Steuerung, 8. vollständig neu bearbeitete und erweiterte Aufl., Stuttgart 1995.

PRÜSER, S., Messemarketing: ein Netzwerkorientierter Ansatz, Wiesbaden 1997.

ROBINSON, P. J./FARIS, C. W. (HRSG.), Industrial Buying and Creativ Marketing, Boston 1967.

ROLOFF, E., Messen und Medien, Wiesbaden 1992.

ROST, D./STROTHMANN, K.-H. (HRSG.), Handbuch Werbung für Investitionsgüter, Wiesbaden 1983.

STROTHMANN, K.-H., Investitionsgütermarketing, München 1979.

STROTHMANN, K.-H./BUSCHE, M., Handbuch Messemarketing, Wiesbaden 1992.

TUCKER, W. T., Future Directions in Marketing-Theory, übersetzt in: Fischer-Winkelmann, W./Rock, R. (Hrsg.), Markt und Konsument, Teilband II, München 1976, S. 305-316.

WEBSTER, F./WIND, Y., Organisational Buying Behaviour, Englewood Cliff 1972.

WIND, Y., The Determinants of Industrial Behaviour, in: Robinson, P. J./Faris, C. W. (Hrsg.), Industrial Buying and Creativ Marketing, Boston 1967, S. 151-180.

Rainer Landwehr / Martin Koers

Messemanagement in der Automobilindustrie – von der Produktpräsentation zur Inszenierung der Marke Ford

1. Bedeutung von Messebeteiligungen in der Automobilindustrie

2. Stellenwert und Gegenstand von Messebeteiligungen bei Ford
   2.1 Marken- und Kommunikationsstrategie als übergeordneter Rahmen
       2.1.1 Markenstrategie Ford
       2.1.2 Kommunikationsstrategie Ford
   2.2 Messen als zentrales Face-to-Face-Medium der integrierten Markenkommunikation bei Ford

3. Zielgruppen und Selektion von Messebeteiligungen bei Ford

4. Aktivitäten im Rahmen von Messebeteiligungen bei Ford
   4.1 Aktivitäten im Rahmen der Vor-Messe-Phase
   4.2 Aktivitäten im Rahmen der Messe-Phase
   4.3 Aktivitäten im Rahmen der Nach-Messe-Phase

5. Fazit

Dr. Rainer Landwehr ist Geschäftsführer der Jaguar/Land Rover Deutschland GmbH, Schwalbach/Ts. Dr. Martin Koers ist Assistent des Vorstandsvorsitzenden der Ford-Werke AG, Köln.

1. Bedeutung von Messebeteiligungen in der Automobilindustrie

Messen und Ausstellungen stellen seit langem eine zentrale Marketingplattform im Rahmen des Kommunikationsmix für Automobilhersteller dar. Die internationalen Messen von Detroit, Genf, Tokio, Frankfurt und Paris gelten traditionell als die weltweit wichtigsten der Branche und sind zu Pflichtveranstaltungen und damit zur conditio sine qua non für jeden Automobilhersteller geworden. Daneben lassen sich aber auch zahlreiche kleine und spezifischere Messen mit nationalem oder regionalem Charakter anführen wie die AMI Leipzig, die Motor Show Essen oder der Caravan Salon Düsseldorf.

Die hohe Bedeutung von Automobilmessen lässt sich – trotz der hohen Messekosten bei gleichzeitig begrenztem Marketingbudget – anhand einiger zentraler *Kennzahlen* verdeutlichen. So hat sich etwa nach Angaben des AUMA (Ausstellungs- und Messe-Ausschuss der deutschen Wirtschaft e.V.) die Nettoausstellungsfläche der zweijährig stattfindenden Internationalen Automobilausstellung Frankfurt (IAA) von 149 005 Quadratmeter in 1997 auf 173 101 Quadratmeter in 2001 erhöht. Gleichzeitig ist die Besucherzahl von 877 500 in 1997 auf 896 200 in 1999 gestiegen. Die auf 812 400 Besucher gesunkene Zahl in 2001 ist primär auf das Unglück am 11. September in New York zurückzuführen. Im Jahr 2003 rechnen die Veranstalter gar mit bis zu einer Million Besuchern. Auch die Besucherzahl der alternierend zur IAA stattfindenden Paris-Motorshow stieg von 1 250 021 in 1997 auf 1 447 753 in 2002. Demgegenüber steht eine Besucherzahl auf der bekannten und vom Publikum begehrten Telekommunikationsmesse CeBIT in Hannover im Jahr 2002 in Höhe von „nur" 673 992 Teilnehmern.

Die hohe Relevanz von Messebeteiligungen im Marketingmix der Automobilhersteller resultiert dabei aus verschiedenen Gründen. So gestalten sich vor allem die *Wettbewerbsbedingungen* in der Automobilindustrie zunehmend intensiver. Der klassische Ausspruch in der Automobilindustrie: *„In diesem Geschäft konzentriert sich schlussendlich alles auf die Produkte"*, der den klassischen Produktwettbewerb beschreibt, wird heute in einer bisher nicht existenten Form erweitert durch einen zunehmenden Kommunikations- und Markenwettbewerb. Messen als zeitlich und örtlich festgelegte Veranstaltungen mit Marktcharakter stellen hier einen idealen, dreidimensionalen Raum zur Markenpräsentation in Erlebniswelten dar.

Automobilmessen repräsentieren jedoch nicht nur einen Marktplatz mit Erlebnischarakter, vielmehr haben sie sich mittlerweile zum *Wettbewerb der Emotionen* entwickelt und stellen eine *Arena der Leistungsshow* dar. Im Sinne eines Treffpunkts aus Forschung und Entwicklung werden auf Automobilmessen mittels komprimierter Informationsversorgung *„Reviersignale"* der einzelnen Hersteller gesendet, indem zentrale Entwicklungsprozesse dargestellt werden, die zwar erst in späteren Jahren greifen, aber bereits heute aussagekräftige Schaufenster der Zukunft einer Marke bilden. Dementsprechend sind

Messen sowohl für Ingenieure, Entwickler und Techniker als auch für Marketingfachleute zentrale Orte zur Präsentation der Zukunftsvorstellungen und des Potenzials einer Marke.

Aber auch die öffentliche *Vorstellung eines neu einzuführenden Fahrzeugs* bzw. die Präsentation von Produktneuheiten und Technologien erfolgt als quasi ungeschriebenes Gesetz über die Eventplattform „Messe" mit entsprechender Berichterstattung der Fachpresse („Ford stellt vor...") vor, während und nach der Messe. Denn Automobilmessen erzielen innerhalb weniger Tage eine hohe Konzentration von Angebot und Nachfrage und damit eine Kommunikationsdichte und Informationsqualität, wie sie anderen Instrumenten des Kommunikationsmix kaum zu eigen sind. Messen und Ausstellungen implizieren die Möglichkeit der Produktpräsentation, der Information von Fachpublikum und interessierter Allgemeinheit, der Selbstdarstellung des Unternehmens sowie des unmittelbaren Vergleichs mit der Konkurrenz, um auf diese Weise spezifische Marketingziele, insbesondere Kommunikations- und Verkaufsziele, zu erreichen. Durch eine zunehmende *Event- und Entertainmentorientierung der Messelandschaft* verschaffen Ausstellungsaktivitäten den Automobilherstellern sehr intensive Kundenkontakte und erzielen – in Kombination mit der Öffentlichkeitsarbeit – eine starke Breitenwirkung über die Messebesucher hinaus.

Der immer intensivere Unterhaltungscharakter von Messen erweckt aber auch immer höhere Erwartungen der Verbraucher an einen Messebesuch, sodass die Inszenierungen zunehmend perfekter sein müssen. Dienten Messen früher dazu, Fahrzeuge zu bestaunen und sich zu informieren, dominiert heute immer mehr der Wunsch nach guter Unterhaltung. Für viele Verbraucher ähnelt der Besuch einer Automobilausstellung gar einer Fahrt in einen Freizeitpark wie Disneyland oder Phantasialand. Hierdurch steigen die Messekosten immer weiter an, sodass Messebeteiligungen letztlich im Spannungsfeld von notwendiger Inszenierung und begrenztem Marketingbudget stehen.

Vor diesem Hintergrund muss auch die Messebeteiligung wie jedes andere Marketinginstrument gut durchdacht, detailliert geplant und straff organisiert sein. Der Prozess zur optimalen Potenzialausschöpfung des Marketingtools Messe beginnt dabei lange vor der eigentlichen Veranstaltung und endet lange nach dem letzten Messetag. Entsprechend ist es das Ziel des vorliegenden Beitrags, den Prozess der Messebeteilungen von Ford systematisch darzustellen und phasenspezifisch zu beleuchten.

2. Stellenwert und Gegenstand von Messebeteiligungen bei Ford

Die Ford Messestrategie ist stringent in die übergeordnete Kommunikations- bzw. Markenstrategie eingebettet, deren neu definierter Stellenwert auf alle Bereiche des Unternehmens abstrahlt. Die konsequente Einbettung des Messekonzepts in den übergeordneten Gesamtrahmen manifestiert sich auch strukturell in der organisatorischen Verankerung der Messeabteilung im Unternehmen. Im Sinne des Leitgedankens „Structure follows Strategy" ist die Messeabteilung organisatorisch direkt dem Bereich „Primary Brand" und damit dem Leiter Markenstrategie und Kommunikation zugeordnet.

Vor dem Hintergrund des neu definierten Ford Markenkonzepts soll im Folgenden zunächst die Marken- respektive Kommunikationsstrategie kurz erläutert werden, um darauf aufbauend den Stellenwert von Messebeteiligungen bei Ford detailliert darlegen zu können.

2.1 Marken- und Kommunikationsstrategie als übergeordneter Rahmen

2.1.1 Markenstrategie Ford

Im Gesamtportfolio der Ford Motor Company mit den Marken Ford, Mazda, Mercury und Lincoln sowie den Premiummarken Aston Martin, Jaguar, Volvo und Land Rover nimmt die Marke Ford als eine der meistgekauften Automobilmarken der Welt und Ursprungsmarke des Unternehmens eine besondere Stellung ein. Doch trotz ihrer hohen Bedeutung und traditionsreichen Geschichte fehlte es der Marke seit den neunziger Jahre zunehmend an einem eindeutigen Profil: Die Marke war zwar allseits bekannt, jedoch verbanden die Konsumenten keine unverwechselbaren positiven Eigenschaften bzw. kein eindeutiges Image mit ihr. Vor diesem Hintergrund war und ist es erklärtes *Ziel des Unternehmens*, das im Laufe der Zeit verschwommene Profil der Marke Ford neu zu schärfen und damit das „schlummernde Potenzial" der Marke wieder zu wecken.

Basierend auf der Historie der Marke galt es somit, den unverwechselbaren fordspezifischen Kern gewissermaßen zu reanimieren. Kaum eine andere Marke hat soviel Einfluss auf das Leben der Menschen im 20. Jahrhundert gehabt wie die globale, allgegenwärtige Marke Ford. Seit ihren Anfängen steht die Marke Ford für eine Demokratisierung von Mobilität. Egal ob urbane Revolution (Motorisierung und damit Mobilisierung der Städte), industrielle Revolution (Etablierung der industriellen Großfertigung durch die Fließbanderfindung Henry Fords) oder soziale Revolution (Einführung von weit über dem

Durchschnitt liegenden Mindestlöhnen), Ford nahm bei all diesen Entwicklungen eine zentrale und richtungsweisende Rolle ein. In diesem Sinne und damit basierend auf den Wurzeln der Marke wurde der immanente *Anspruch der Marke Ford* mit dem Begriff *DCDQ* neu umschrieben, der sich mit Dependable (Verlässlichkeit), Contemporary (Zeitgemäß) und Driving Quality (Fahrvergnügen) in drei Bereiche unterteilen lässt (vgl. Abb. 1).

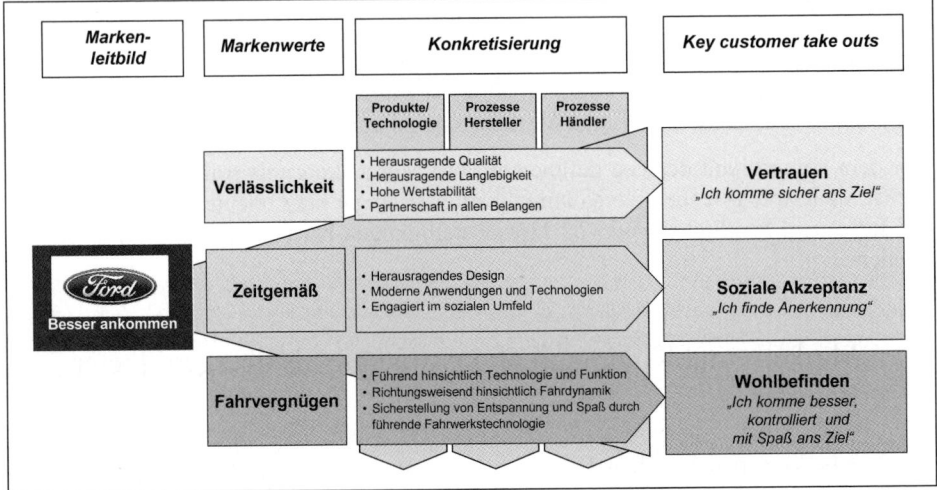

Abb. 1: Ford Markenleitbild
Quelle: Ford Motor Company

Als zentrales Zugangskriterium zum Kauf eines Autos überhaupt umfasst *„Verlässlichkeit"* neben der reinen Qualität auch Beständigkeit und Sicherheit und dient dem Zweck, das zum Teil verlorene Vertrauen der Kunden in die Produkte und die Marke wieder zu festigen. Im Sinne einer darauf aufbauenden Emotionalisierung erhebt der Markenwert *„Zeitgemäß"* mit dem Ziel der sozialen Akzeptanz den Anspruch, in allen Bereichen modern und auf dem neuesten Stand, aber auch aufregend anders und damit im Gespräch zu sein. *„Fahrvergnügen"* schließlich soll Fahrspaß vermitteln mit dem Ziel, dem unerfahrenen Fahrer zu schmeicheln und den erfahrenen Profi zu überraschen bzw. zu begeistern. Als Ankerpunkt aller Maßnahmen finden die definierten Markenwerte ihren Niederschlag im neu definierten *Markenleitbild* „Ford. Besser ankommen". Alle Markenwerte tragen im Sinne einer Mittel-Zweck-Beziehung dazu bei, das Markenleitbild *„Besser ankommen"* inhaltlich aufzuladen. Die Werte müssen in allen Produkten bzw. Technologien sowie in sämtlichen Hersteller- und Händlerprozessen und damit in allen Aussagen des Unternehmens eine Konkretisierung erfahren und damit für den Kunden im Sinne von „Key Customer Take Outs" erlebbar gemacht werden.

Zur Umsetzung des DCDQ-Markenkonzepts bedarf es umfangreicher Maßnahmen in allen Marketingmixbereichen. Neben der Produkt- und Distributionspolitik kommt vor allem der Kommunikationspolitik eine zentrale Rolle zur Inszenierung der Markenpersönlichkeit zu. Ziel muss es sein, jeden Kontaktpunkt des Kunden mit der Marke so zu gestalten, dass dem Kunden ein einheitliches DCDQ-konformes Bild von der Marke vermittelt wird. Und genau hier kommt der systematischen Messebeteiligung eine besondere Bedeutung zur Aufladung der Marke Ford zu. Denn im heutigen Zeitalter der Massenkommunikation und Informationsüberlastung des Konsumenten ist die Messe trotz der Möglichkeiten des One-to-One-Dialogmarketing durch ihre Menschlichkeit, Persönlichkeit und Intimität noch einzigartig, da der Mensch noch immer dem Menschen gegenübersteht. Bei einer Messe handelt es sich somit um ein Face-to-Face-Medium, wie es kein anderes Kommunikationsinstrument zu bieten in der Lage ist.

2.1.2 Kommunikationsstrategie Ford

Damit die Markenwerte DCDQ im allgemeinen Kommunikationskonzept ihren Niederschlag finden, sind sämtliche Kommunikationsmaßnahmen sowohl horizontal, d.h. über alle Unternehmensbereiche und Produktmarken hinweg, als auch vertikal und damit über alle Marketinginstrumente und Kommunikationskanäle hinweg zu integrieren. Formten früher unterschiedliche Botschaften der einzelnen Unternehmensbereiche (Neuwagenverkauf, Gebrauchtwagenverkauf, Service, Bank etc.) bzw. der einzelnen Produktmarken (Ka, Fiesta, Mondeo etc.) das Markenbild, so dominiert heute ein vollständig *integrierter Kommunikationsauftritt*, indem die Dachmarkenpositionierung und damit das „Ford Oval" mit DCDQ die Kommunikationsinhalte bestimmt. Nur die Dachmarke Ford definiert die zentralen Botschaften inhaltlicher (Welche Aussage?) und formaler Art (Wie dargestellt?), auf die sämtliche Unternehmensbereiche, Produktmarken und Marketinginstrumente zurückgreifen müssen.

Darüber hinaus bedient sich Ford einer so genannten *Tiering-Struktur* mit einer klaren Trennung der Medien nach Aufgaben (vgl. Abb. 2). Während die erste Kommunikationsebene (Tier 1) primär einen generellen Markenaufbau durch imageorientierte Werbung und erlebnisorientierte Kommunikation (Sponsoring, Events etc.) fördert, um hierdurch bisher Nicht-Ford-Interessierte oder in der Vergangenheit verlorene Ford-Kunden wieder für die Marke zu sensibilisieren, ist die zweite, taktische Ebene (Tier 2) verstärkt angebotsorientiert ausgestaltet. Hier sollen mittels Tageszeitungen, Radio und Plakaten vornehmlich jene Kunden angesprochen werden, die sich derzeit im Kaufprozess befinden mit dem Ziel, die Interessenten durch besondere Angebote aktiv in ihrer Kaufabsicht zu stärken. Die dritte Kommunikationsebene (Tier 3) umfasst schließlich Aussagen der lokalen Händler vor Ort unter Berücksichtigung der bisherigen Kommunikationsebenen, sodass heute unter der Bezeichnung Produktmarken eine Platzierung taktischer Werbeaussagen mit lokalen Kommunikationsinhalten möglich ist.

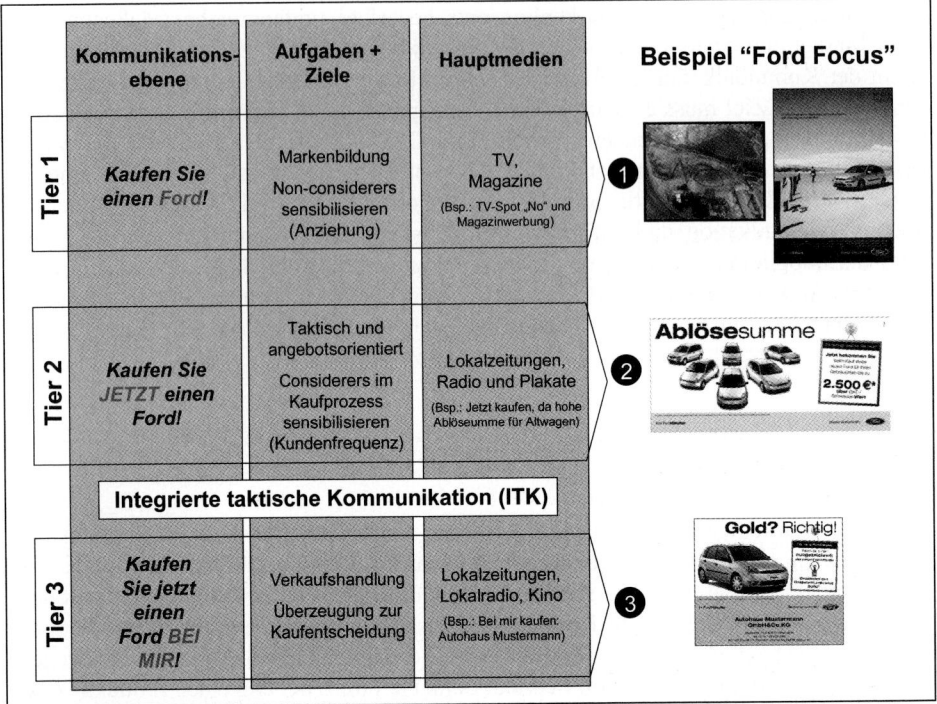

Abb. 2: Ausgestaltung der Tiering-Struktur
Quelle: Ford Motor Company

Im Sinne einer integrierten Kommunikation wird das Markenbild dabei in allen Maßnahmen ergänzt durch neue „look&style"-Richtlinien, wobei die seit jeher von Ford belegte blaue Farbe in den Mittelpunkt gestellt wurde. Schließlich zwingt der eingeführte
und auf die verschiedenen Unternehmensbereiche kaskadierte *Marketingplan* förmlich
dazu, eine Konsistenz sämtlicher Aktivitäten des Unternehmens im Sinne der Markenwerte DCDQ in allen Kommunikationsbereichen zu gewährleisten. Damit fungiert der
Marketingplan als übergreifende Vernetzung aller Maßnahmen zur Positionierung der
Marke Ford mittels einer integrierten Kommunikation. Und innerhalb dieses Marketing-
plans findet auch die Messebeteiligung ihren Niederschlag.

2.2 Messen als zentrales Face-to-Face-Medium der integrierten Markenkommunikation bei Ford

Grundsätzlich stehen Messebeteiligungen bei Ford eigenständig neben der klassischen Medienwerbung, dem persönlichen Verkauf, der Verkaufsförderung und der Öffentlichkeitsarbeit sowie den neuen bzw. erlebnisorientierten Kommunikationsinstrumenten (CRM, Sponsoring etc.). Die mit Messebeteiligungen verfolgten Zielsetzungen sind dabei im Einklang mit den sonstigen Zielsetzungen der Kommunikationspolitik: Demonstration von Führungskompetenz für verlässliche, zeitgemäße Fahrzeuge, die Fahrspaß vermitteln.

Im Gegensatz zu den sonstigen Kommunikationsinstrumenten sind Messebeteiligungen jedoch in der Lage, die verfolgten Kommunikationsziele vielseitiger und gezielter zu unterstützen. Auf Grund der Interaktion Aussteller-Besucher werden auf einer Messe sowohl Beeinflussungswirkungen erzielt als auch in besonderem Maße Informationen zur weiteren Verwertung generiert sowie Beziehungspflege betrieben:

- *Beeinflussungsziele* (Bekanntheits-, Einstellung-, Imageziele): Auf Grund ihres Erlebnischarakters sind Messen in der Phase des Markenaufbaus in besonderem Maße geeignet, durch Ausnutzung nahezu sämtlicher Sinne – sehen, hören, fühlen, riechen – die Marke Ford sowie die Produkte tatsächlich erlebbar zu machen und Zukunftslösungen aufzuzeigen. Überdies bieten Messen die Möglichkeit, durch gesonderte Kunden-, Fach- und Presseveranstaltungen, die gesamte Leistungskompetenz des Unternehmens wie kein anderes Kommunikationsinstrument zu demonstrieren.

- *Informationsziele* (Ziele der Informationsweitergabe, der Informationsbeschaffung, der Markterkundung): Die von den Messestandbesuchern formulierten Erkenntnisse, Bedürfnisse sowie Probleme mit den Produkten oder der Marke Ford können aufgenommen werden, um diese dann in spätere Aktivitäten einfließen zu lassen. Gleichzeitiges Besucher-Feedback gekoppelt mit Konkurrenzbeobachtungen vor Ort schaffen somit eine sonst kaum existente Basis der Informationserzielung für Ford.

- *Beziehungsziele* (Ziele der Beziehungspflege/-aufbau): Der Messestand bietet darüber hinaus einen idealen Ort der Beziehungspflege bzw. des Beziehungsaufbaus nicht nur mit Kunden, sondern auch mit den Medien, den Ford-Zulieferern, den Ford-Händlern oder auch den Wettbewerbern.

Sind die bisher dargestellten Zielsetzungen von Messebeteiligungen noch vergleichsweise allgemeingültiger Natur und letztlich auch für jeden Automobilhersteller relevant, verfolgt Ford mit seinem derzeitigen Messeengagement in der heutigen Phase des Markenaufbaus noch besondere, *spezifischere Zielsetzungen*, welche sich aus dem oben dargestellten Kontext der Tiering-Struktur ergeben.

In Abbildung 3 ist ein vereinfachtes, idealisiertes Modell eines so genannten Kauftrichters dargestellt. Abhängig vom Image des Herstellers bzw. Modells sowie der Kaufmög-

lichkeit des Kunden (persönliche finanzielle Restriktionen etc.) resultiert eine Kaufabsicht, welche schlussendlich im Erwerb eines Fahrzeugs münden kann. Wie oben dargestellt, sind die verschiedenen Tiering-Ebenen bei Ford darauf ausgerichtet, durch Nutzung unterschiedlicher Kommunikationsinhalte und -medien spezifische Wirkungen
sowohl bei Ford-Käufern als auch Nichtkäufern hervorzurufen.

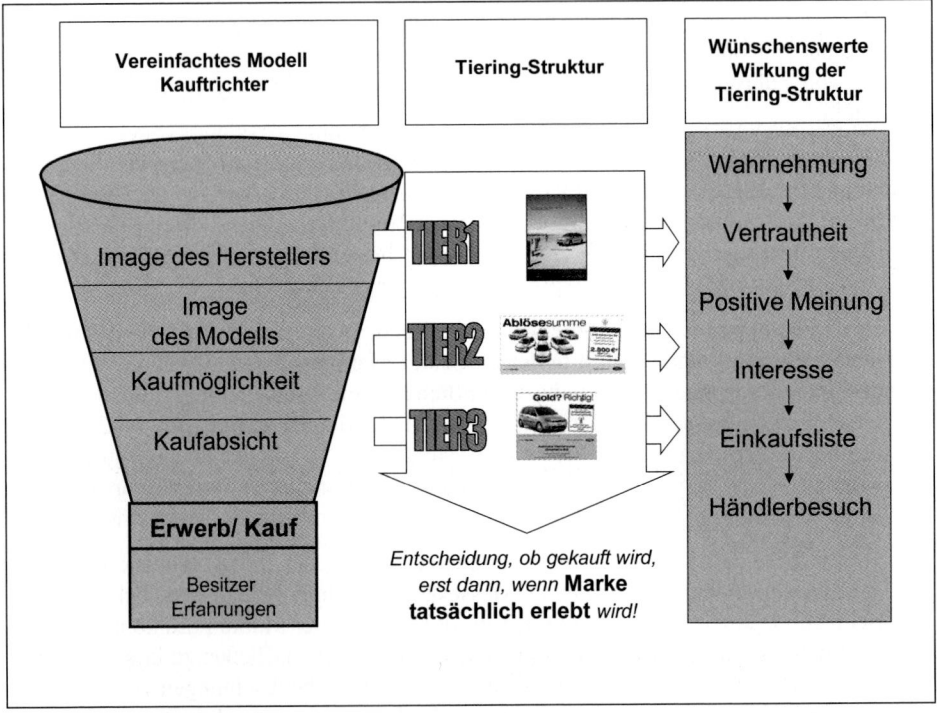

Abb. 3: Kauftrichter und Wirkung der Tiering-Struktur
Quelle: Ford Motor Company

Wichtig ist in diesem Zusammenhang die Erkenntnis, dass Ford prozentual in gleichem
Umfang Verträge mit tatsächlich Kaufinteressierten abschließt wie etwa der deutsche
Marktführer Volkswagen (VW). Haben Konsumenten nämlich einmal Kontakt zur Marke Ford aufgenommen, wird dieser Kontakt zumeist auch auf Grund herausragender
Produkte zu einer längerfristigen Kundenbeziehung ausgebaut. Wird die Marke also tatsächlich erlebt, so wird sie auch gekauft. Ford muss die Marke somit erlebbar machen,
d.h. entweder die Kunden in den Schauraum des Händlers führen oder – wenn der Kunde
nicht in den Schauraum kommt – selber zum Kunden gehen.

Ziel der Kommunikationsstrategie muss es somit sein, auf den unterschiedlichen Tie-ring-Ebenen bisher Nicht-Kaufinteressierte (sog. Non-Considerers) in der *Vorverkaufs-phase* stärker für die Marke zu gewinnen bzw. tatsächlich am Kauf interessierte Kunden (sog. Considerers) in der *Kaufphase* in ihrer Entscheidung der Markenwahl zu stärken und in den Schauraum des Händlers zu bewegen. Und genau hier übernehmen Messen eine Doppelfunktion.

Während sonstige Kommunikationsinstrumente zumeist nur eine Ebene der Tiering-Struktur ansprechen (etwa Imagewirkung des Sponsorings oder Verkaufsunterstützung durch Direct-Mailings) ist die Messebeteiligung in der Lage, alle Tiering-Ebenen glei-chermaßen mit Leben zu füllen. Wie beim Gang in den Schauraum eines Händlers bieten Messen wie kein anderes Medium die Möglichkeit, sowohl Considerers durch den Mes-sestandbesuch in ihrer Markenwahl zu bestärken als auch Non-Considerers durch die Markeninszenierung für die Marke Ford zu begeistern.

Die Messebeteiligung erfüllt somit einerseits sowohl Zielsetzungen hinsichtlich der von Ford adressierten Non-Considerers, da der Messestand Erlebniswelt und damit image-wirksam ist und hierdurch Aufmerksamkeit bzw. Begeisterung bei dieser Zielgruppe hervorrufen soll. Andererseits bietet die Messebeteiligung auch die Möglichkeit, Consi-derers auf Grund der konkreten Produktpräsentation und Erklärung durch das Standper-sonal weiter in ihrer Kaufentscheidung zu bestärken.

Somit stellen Messen für Ford gerade in der heutigen Phase des Markenaufbaus ein Kommunikationinstrument besonderer Art dar, welches auf Grund seines spezifischen Instrumentecharakters in besonderer Weise in der Lage ist, die Marke Ford gegenüber den relevanten Zielgruppen erlebbar zu machen.

3. Zielgruppen und Selektion von Messebeteiligungen bei Ford

Die angeführten Zielsetzungen der Messebeteiligung sind auf unterschiedliche Zielgrup-pen gerichtet, welche sich grob in externe und interne Zielgruppen unterteilen lassen (vgl. Abb. 4).

Externe Zielgruppen		Interne Zielgruppen
„Potenzielle Käufer"	**„Meinungsbildner"**	
• Ausgewählte Kunden/VIPs • Interessierte Kunden (Considerers) • Nicht-Interessierte Kunden (Non-Considerers)	• Journalisten/Medien • Fachpublikum • Politiker • Interessierte Öffentlichkeit • Aktionäre	• Treffpunkt für Management • Mitarbeiter • Händler • Zulieferer

Abb. 4: Zielgruppen von Messebeteiligungen

Quelle: Ford Motor Company

Die von Ford fokussierten externen Besucherzielgruppen umfassen „Potenzielle Käufer" und „Meinungsbildner". Hinsichtlich der *potenziellen Käufer* ist wiederum zwischen geladenen, d.h. ausgewählten Kunden und VIPs sowie den sonstigen Kunden zu unterscheiden. Während bei den VIPs vor allem die Beziehungpflege im Vordergrund steht, sind interessierte Kunden (Considerers) wie oben beschrieben in ihrer Markenwahl zu bestärken bzw. bisher nicht interessierte Kunden (Non-Considerers) für die Marke zu begeistern (Beeinflussungsziele).

Da keine Geschäftsabschlüsse auf Messen erzielt werden, kommt der zweiten externen Zielgruppen – den *„Meinungsbildnern"* – auf Grund ihrer Reichweite und Meinungsgeberfunktion eine außerordentlich Bedeutung zu. Hierzu zählen vor allem Jounalisten, das Fachpublikum, Politiker sowie die interessierte breite Öffentlichkeit, welche vor allem mittels Mund-zu-Mund-Propaganda ihrer Meinungsbildnerfunktion nachkommt.

Aber auch für Aktionäre stellen Messen als Schaufenster der Zukunft ein relevantes Informations- und Investitionsentscheidungsinstrument dar. Im Rahmen *interner Zielgruppen* schließlich ist zwischen Management und Mitarbeitern sowie Händlern und Zulieferern zu unterscheiden. Hier stehen weniger Beeinflussungsziele, als vielmehr Beziehungs- und Kontaktpflege, aber auch Ziele der Informationsbeschaffung und Markterkundung im Mittelpunkt. Hinsichtlich der Selektion relevanter Automobilmessen ist grundsätzlich zwischen internationalen, nationalen und regionalen Messen zu unterscheiden.

Darüber hinaus kann auch – je nach Land und Zulässigkeit – zwischen automobilen *Kaufmessen* (z.B. Belgien) und reinen *Präsentationsmessen* (z.B. Deutschland) differenziert werden, wenngleich eine solche Differenzierung trotz ihrer hohen Bedeutung nur nachrangig über eine tatsächliche Messeteilnahme entscheidet. Gewissermaßen als Pflichtprogramm werden die *internationalen Messen* Detroit, die IAA Pkw Frankfurt, der Automobilsalon in Genf sowie die Messen in Paris und Tokyo von nahezu jeder Automobilmarke als die zentralen Orte der Leistungsshow genutzt. Diese Messen zeichnen sich durch einen hohen Anteil von Produktneuheiten, ausländischen Gästen sowie akkreditierten ausländischen Journalisten aus. Demgegenüber stehen *nationale Messen*, welche zwar einen überregionalen Charakter haben, jedoch weniger durch visionäre und aktuelle Produktneuheiten geprägt sind, als vielmehr der Darstellung des derzeitigen Leistungsspektrums dienen. *Regionale Messen* schließlich grenzen sich durch eine noch größere Themeneinschränkung (z.B. Caravan-Messe) von den nationalen Messen ab. Überdies bieten regionale Messen den Händlern im jeweiligen regionalen Marktgebiet mehr die Möglichkeit, ein besonderes Engagement auf diesen Messen zu zeigen bzw. die Messe als Ort der Begegnung zu nutzen.

Selbstredend zeigt Ford als zweitgrößte Automobilmarke der Welt auf allen internationalen Messen deutliche Präsenz. Im nationalen Kontext verfolgt Ford eine neue Messestrategie, die eher auf publikumsstarke Regionalmessen setzt. Hierdurch ließ sich schon in 2002 eine Verdopplung der Besucherkontakte auf den Ford-Ständen bei gleichbleibendem Messebudget erzielen.

Der Entscheidung, welche Messe letztlich genutzt wird, geht ein intensiver Analyseprozess voraus. In diesem Analyseprozess sind die Rahmendaten der Messe zu bestimmen und dahingehend zu untersuchen, inwieweit die betrachtete Messe einen Beitrag zur Erreichung der Ford Marken- und Kommunikationsziele in quantitativer und qualitativer Art leisten kann. In Abbildung 5 sind die von Ford besuchten Messen 2003 nach ihren Rahmendaten kategorisiert sowie ihrem Nutzen für die Marke Ford aufgelistet.

Messe	Messerahmendaten	Ziele und Nutzen für Ford
Internationale Messen		
IAA Pkw Frankfurt (11.09.-21.09.2003)	• Ca. 1 Million Besucher • 09.-10.09. Pressetage, 11.-12.09. Fachbesuchertage, 13.-21.09. Publikum • größte int. Automobilmesse in Deutschland • wichtigste Plattform für deutsche Hersteller	• Produktneuvorstellung des Ford Focus C-MAX • Vorstellung des Ford StreetKa, Ford SportKa, Ford Mondeo Freshening • Vorstellung der neuen SCI- Motorentechnologie (Benzin-Direkteinspritzer) • Präsentation der aktuellen Fahrzeugrange • Schaffung eines Markenerlebnisses im Sinne von „Besser ankommen" • Gemeinsamer Auftritt von Ford Verkauf, Ford Service und Ford Bank
Nationale Messen		
Auto Mobil Internationale (AMI) Leipzig (05.04.-13.04. 2003)	• Ca. 275 000 Besucher • Wichtigste Automesse für den ostdeutschen Markt • Pkw, Nutzfahrzeuge, Zubehör, Kfz.-Dienstleistungen • Treue Besucherstruktur mit hohem Kauf- und Informationsinteresse	• Vorstellung Ford Focus C-MAX, Ford StreetKa, Ford SportKa, Ford Mondeo Freshening • Präsentation der aktuellen Fahrzeugrange • Schaffung eines Markenerlebnisses im Sinne von „Besser ankommen" • Technologie-Kompetenz: Ford Dieseltechnologie TDCi/Getriebekompetenz - automatisiertes Schaltgetriebe Durashift EST
Regionale Messen		
ABF Hannover (01.02.-09.02.2003)	• Ca. 120 000 Besucher • Regionalmesse im Norden für Automobile, Motorräder, Caravan und Camping	• Vorstellung Ford Fiesta Dreitürer, Ford Fusion, Ford Galaxy 130 PS TDCi • Darstellung Dieselkompetenz durch TDCi Technologie • Präsentation der aktuellen Fahrzeugrange, bes. ST-Serie (Sport Technology) • Schaffung eines Markenerlebnisses im Sinne von „Besser ankommen" • Einbindung von Distrikt und Händlern
Autosalon Nürnberg (22.02.-02.03.2003)	• Ca. 205 000 Besucher • Regionalmesse im Süden parallel mit der Freizeit, Garten und Touristik	• Vorstellung Ford Fiesta Dreitürer, Ford Fusion, Ford Galaxy 130 PS TDCi • Darstellung Dieselkompetenz durch TDCi Technologie • Präsentation der aktuellen Fahrzeugrange, bes. ST-Serie (Sport Technology) • Schaffung eines Markenerlebnisses im Sinne von „Besser ankommen" • Einbindung von Händlern
Techno Classica Essen (10.04.-13.04.2003)	• Ca. 110 000 Besucher • Messe für Oldtimer Fans, Teil und Zubehör; Treffpunkt für Oldtimer Clubs	• Schaffung eines Markenerlebnisses im Sinne von „Besser ankommen" • Darstellung der Ford Geschichte/des Ford Erbes anlässlich „100 Jahre Ford Motor Company" • Markenbindung Ford Clubs
Caravan Salon Düsseldorf (29.08.-07.09.2003)	• Ca. 150 000 Besucher • Messe für Camping-, Wohnwagen und Motorhome Fans • Messe bedient in erster Linie ein treues Caravan Publikum, die teilweise am Messegelände campen	• Präsentation der aktuellen Fahrzeugrange, insb. Ford Transit Nugget, Ford Transit Euroline und Ford Ranger • Schaffung eines Markenerlebnisses im Sinne von „Besser ankommen" • Einbindung von zielgruppenspezifischen Partnern
Motor Show Essen (28.11.-07.12.2003)	• Ca. 410 000 Besucher • Die Tuning- und Racing-Messe • Besucher der Messe zeichnen sich durch eine hohe Affinität zum Kraftfahrzeug aus • Motor Show ist geeignete Plattform zur Darstellung der vielfältigen Aktivitäten der Marke Ford im Bereich Motorsport	• Vorstellung Ford Streetka, Ford Sportka • Präsentation ST (Sport Technology) und RS-Serienfahrzeuge (Ralley Sport) • Präsentation einer ausgewählten Fahrzeugrange im Hinblick auf Performance, Sportlichkeit und speziellem Styling • Schaffung eines Markenerlebnisses im Sinne von „Besser ankommen" • Kommunikation der Positionierung Fahrvergnügen im Mittelpunkt • Einbindung von zielgruppenspezifischen Partnern (Tuning-Partnern, Ford Service, etc.) • Einbindung von Händlern

Abb. 5: Selektion von Messen (Quelle: Ford Motor Company)

4. Aktivitäten im Rahmen von Messebeteiligungen bei Ford

Das Management von Messen dauert selbstredend länger als die Laufzeit der Veranstaltungen selbst. Die Aktivitäten zur Messebeteiligung lassen sich daher idealtypisch einer Vor-Messe-Phase, Messe-Phase sowie Nach-Messe-Phase zuordnen. Die grundsätzlichen phasenspezifischen Aktivitäten sind der Abbildung 6 zu entnehmen.

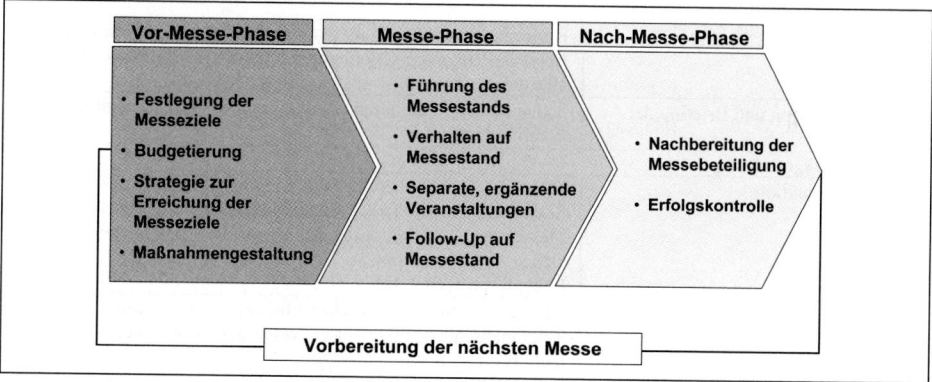

Abb. 6: Phasenspezifische Messeaktivitäten

4.1 Aktivitäten im Rahmen der Vor-Messe-Phase

In der *Vor-Messe-Phase* besteht die zentrale Aufgabe des Messemarketings bei Ford darin, die Ziele der Messebeteiligung zu bestimmen und die Messe zu budgetieren, die messespezifische Strategie zu definieren sowie Einzelmaßnahmen der Messegestaltung unter vorhergehender Bestimmung der Verantwortlichkeiten durchzuführen. Der nachfolgenden Abbildung 7 sind die zentralen Aktivitäten sowie Einzelmaßnahmen zu entnehmen.

Aktivität	Einzelmaßnahmen
Festlegung konkreter Messeziele	Abstimmung mit den sonstigen selektierten Messen im Kalenderjahr, Definition der gewünschten Besucherstruktur (Presse, Fachpublikum, Öffentlichkeit etc.), Festlegung der gewünschten Wirkungen: Anzahl der Kontakte, Standerinnerung, Markenerinnerung, Markenwirkung etc.
Budgetierung	Budgetverantwortung und Budgetmanagement, Festlegung, Standkosten, Standgestaltungs- und Standbaukosten, Betriebskosten, Agenturkosten, Werbungskosten, Transportkosten, Exponatekosten, Personalkosten, Kosten für messebegleitende Aktivitäten, Kosten für Follow-Up-Aktivitäten etc.
Entwicklung einer Strategie zur Erreichung der Messeziele	
• Exponateauswahl	
• Bestimmung der Standgestaltung/Design	Konzept, Layoutgestaltung Stand, Layoutgestaltung Back-Office-Bereich, Fahrzeugpositionierung, Integration Ford Bank und Service etc.
• Diskussion mit und Briefing der Agenturen	Sicherstellung Integration DCDQ, Look & Style – Detailplanung, Creative Lead etc.
Maßnahmengestaltung	
• Standproduktion	Material-/ Messekitbeschaffung, Lichtinstallation und Beleuchtung, Soundinstallation, Markenembleminstallation, Sicherheitsaspekte, Messebüro, Airconditioning, Möbel auf dem Stand, Möbel Back-Office, Küchenequipment, TV-Monitore und Leinwände, Kaffee-Ecke, Blumen etc.
• Standintegration auf Messe	Absprachen mit Messegesellschaft/Messeservice (Strom, Wasser, Telefonanschluss, ISDN, Fax), Notausgänge, Wegweiser, Parkerlaubnis etc.
• Logistische Arbeiten	Fahrzeugkoordination, Kontakt Spedition, Transport Messekit, Catering, Müllcontainer, Uniformen/Kleidung für Standpersonal, VIP-Karten, Hotelbuchungen etc.
• Exponate-/ Fahrzeugvorbereitung	Fahrzeugreinigung, Fahrzeugkataloge und -datenbücher, Nummernschilder etc.
• Standpersonal	Auswahl, Qualifizierung und Ausstattung des Standpersonals, Sicherheitspersonal, Fotografen, Reinigungspersonal etc.
• Werbung	Messeanzeigen (Herstellung und Streuung), Einladungen, PR/Vorberichterstattung, Give-Aways, Broschüren, Prospekte etc.
• Pressetag	Pressemappe, Mikrofone, Catering etc.

Abb. 7: Zentrale Aktivitäten in der Vor-Messe-Phase

Wie bei allen Kommunikationsmaßnahmen kommt der eindeutigen *Zieldefinition* eine zentrale Bedeutung zu. Dies sollte selbstverständlich sein, wird jedoch in der Praxis allzu oft vernachlässigt. Der Aufbau faszinierender und teurer Messewelten zum Mitbieten im Inszenierungswettbewerb der Automobilhersteller ist jedoch nur dann betriebswirtschaftlich zu vertreten, wenn sie der Erreichung unternehmerischer Oberziele, nämlich der Gewinnerzielung, dienen. Messen dienen keinem Selbstzweck, sondern sind Mittel zum Zweck. Und genau hier sind in der Vergangenheit viele Irrtümer geschehen.

Zielführend kann nur sein, die Messegestaltung in einem gesunden *Mischungsverhältnis von Kreativität und Rationalität* vorzunehmen. Das Endziel muss im sich mittel- bis langfristig einstellenden wirtschaftlichen Erfolg liegen, dem ein psychografischer Erfolg, nämlich Imageaufbau, vorgelagert ist. Ob eine Messeinvestition somit als erfolgreich zu bewerten ist, hängt maßgeblich von den psychografischen Zielen ab, die ex ante definiert werden. Nur so wird nach der Messedurchführung eine Erfolgskontrolle, also die Feststellung der Zielerreichung (Erinnerungswerte an Stand, Imageabfrage, Aktivierung der Besucher etc.), möglich.

Auf der anderen Seite wird die Höhe der Messeinvestition und damit das *Messebudget* wiederum maßgeblich von der verfolgten Zielsetzung bestimmt. Somit kann das Budget nur situationsspezifisch bestimmt werden. Tendenziell kann aber gesagt werden, dass das Budget – bis auf besondere situationsspezifische Ausnahmen – abhängig von der Marktpräsenz bzw. Marktbeherrschung des jeweiligen Herstellers auf einem Markt ist. So ist der Messeauftritt von Ford in Detroit mit einem höheren Marketingbudget versehen als in Frankfurt, da Ford in den USA als Ursprungsland der Marke eine andere Marktstellung innehat als in Deutschland. Entsprechend erfolgt eine länderspezifische Allokation des Messebudgets. So sind beispielsweise Marken rein deutschen Ursprungs im Vergleich zu Ford auf der IAA Frankfurt mit einem höheren Budget ausgestattet, während in den USA sicherlich Ford eine Vorreiterrolle übernimmt. Abbildung 8 zeigt diesen Zusammenhang in abstrakter Form auf.

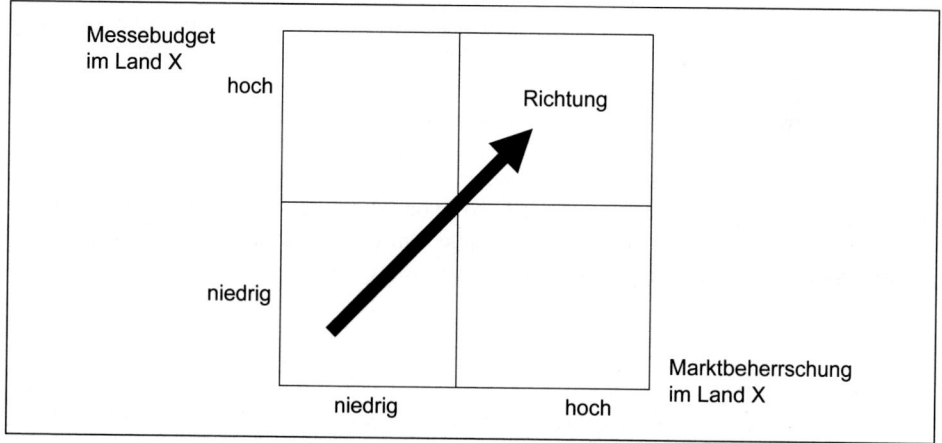

Abb. 8: Zusammenhang zwischen Messebudget und Marktbeherrschung

Zur Zielerreichung bedarf es neben der Festlegung des Messebudgets in einem weiteren Schritt der *Strategiedefinition*. In Zusammenarbeit mit den Partneragenturen ist die Standgestaltung zu bestimmen, um die gewünschte Wirkung durch den Messestand zu erzielen sowie die Exponateauswahl zu treffen. Wichtig ist dabei eine Einbindung sämtlicher Ford Business Partner, also der Ford Bank und der Ford Service Organisation, im gleichen Look&Style unter der Dachmarke Ford.

Die *Standgestaltung* muss die Markenwerte eines jeden Ausstellers dokumentieren und kann somit als Abbild der Marke interpretiert werden. Das radikal geänderte Verhältnis von Ausstellungsfahrzeugen und Ausstellungsfläche reflektiert dabei einen Wandel: Nicht mehr das Fahrzeug an sich ist das alleinige Thema, sondern es stellt Referenz und Beweisstück der umfassender und komplexer gewordenen Markenbotschaft dar. Dahinter steht die neu entwickelte Ausstellungsstrategie, nämlich eine klare Konzentration auf wenige Schwerpunkte sowie eine Anreicherung des Messestandes durch komplementäre Erlebnis- und Betreuungsaktivitäten.

Die *Fahrzeugkonfiguration* auf dem Messestand hängt davon ab, mit welchen Fahrzeugen welche Aufmerksamkeit erzielt werden soll. Die messegestalterische Aufgabe besteht nicht mehr darin, eine Fläche anschaulich mit Fahrzeugen zu bestücken, sondern einen Raum zu gestalten, in dem die Botschaft der Marke, nämlich DCDQ, zum Erlebnis wird. Standen früher die Fahrzeuge aufgestellt in Reih und Glied ohne jede Dramaturgie und Inszenierung, wird der Messeauftritt heute vor dem Hintergrund der verfolgten Zielsetzung plakativ ins Bild gesetzt. Der Messestand erhält hierdurch mehr Leben, der Zuschauer ist nicht reiner Betrachter, sondern Aktivist, der zum Erleben des Produktes und der Marke aufgefordert ist. Dadurch ist der Unterhaltungswert unaufhaltsam gestiegen.

Abbildung 9 zeigt beispielhaft das in der Strategiephase diskutierte und später realisierte Standlayout auf der AMI Leipzig. So wurden auf der AMI Leipzig die Ford ST-Modelle (Sports Technology) auf einer Rennstrecke platziert, um den sportlichen Charakter der Produkte plakativ zu unterstützen. Demgegenüber waren die neu zu präsentierenden Modelle Ford StreetKa und Ford Focus C-MAX zentral auf einer sich drehenden runden Plattform platziert. Neben gesonderten Gesprächsecken sowie Informationsschaltern der Business Partner Ford Bank und Ford Service wurde als Publikumsmagnet eine „Champions League Cafe" mit Fußballkickertischen eingerichtet, welche zum einen im Sinne der integrierten Kommunikation auf das Ford Sponsoring der UEFA-Champions-League verweist und zugleich eine zentrale Zielgruppe von Ford, nämlich Fußballenthusiasten, unterhaltsam und lockend anspricht.

Abb. 9: Ford Standgestaltung auf der AMI Leipzig

Im Rahmen der konkreten *Maßnahmengestaltung* sind insbesondere operative Fragen hinsichtlich der Standproduktion, der Standintegration auf der Messe, der Fahrzeugvorbereitung, der Auswahl und Schulung des Standpersonals über Ziele der Messebeteiligung, der vorzunehmenden Werbung, der eventuell vorzubereitenden Pressetage sowie Fragen hinsichtlich logistischer Arbeiten zu diskutieren. Die Markenwerte DCDQ und hier insbesondere das gestiegene Qualitätsdenken bei Ford verlangten, sich ebenso hochwertig im Auftritt auf Messen zu präsentieren. Das bedingt, dass auch in der konkreten Vorbereitung des Messestandes das gleiche Qualitätsdenken sowohl bei den internen Mitarbeitern als auch bei den externen Agenturen etc. forciert wird.

Mit diesem Anspruch ist es Ford durch eine konsequente Umsetzung der verfolgten Messestrategie gelungen, einen konsistenten, öffentlichen Markenauftritt zu realisieren, der die Ford Markenpositionierung verlässlich, zeitgemäß und Fahrvergnügen durchgängig kommuniziert. Dabei steht bei jedem Auftritt die Farbe Blau und die neue Tagline

„Besser ankommen" unübersehbar im Mittelpunkt. Besondere Ereignisse, wie etwa das 100jährige Bestehen der Ford Motor Company im Jahr 2003, werden je nach Zielsetzung und Möglichkeit in Szene gesetzt. Abbildung 10 gibt einen Überblick über die Standgestaltung verschiedener Messen.

Abb. 10: Messeimpressionen

4.2   Aktivitäten im Rahmen der Messe-Phase

Die Führung des Messestandes während der eigentlichen Messe ist wesentlich abhängig von der Planungsqualität in der Vor-Messe-Phase. Als Face-to-Face-Medium kommt dem *Verhalten des Standpersonals* sowie dessen Auftreten naturgemäß eine außerordentliche Bedeutung zu. Für eine fordindividuelle Ansprache und Information sorgen – je nach Größe der Messe – bis zu 70 Moderatoren und Hostessen. Das Standpersonal ist dabei an dem eigens gestalteten Ford-Outfit zu erkennen.

Ein wichtiger Punkt während der Messe ist, Messebesucher zum eigenen Messestand zu leiten. Entsprechend kommt der *Besucherakquisition* sowie der Lenkung der Besucherströme bzw. Aktivierung des anonymen Messestandpublikums eine große Bedeutung zu. Die Überbrückung der Wahrnehmungshürde bei den Messebesuchern im Inszenierungswettkampf der Automobilhersteller und damit die Lenkung der Aufmerksamkeit auf den eigenen Ford-Messestand stellen sich dabei als wesentliche Herausforderungen heraus. Free Drinks oder eine Coffee-Bar auf dem Ford-Stand haben sich dabei als begehrte Oasen für Messebesucher auf dem Messegelände erwiesen.

Auch bietet das *Internet* heute die Möglichkeit, den Messestand weltweit präsent zu machen und auch zu jenen Interessierten zu bringen, denen es nicht möglich ist, den Stand real zu besuchen. So können Interessierte im Internet einen virtuellen Rundgang über den Stand machen bzw. mittels Echtzeitbildern Impressionen vom Messestand erlangen. Gleichzeitig bietet das Internet aber auch dem tatsächlichen Standbesucher die Möglichkeit, sich schon im Vorfeld der Messe intensiv über Ford zu informieren bzw. im nachhinein Informationen über die ausgestellten Produkte und Dienstleitungen zu generieren.

Geht es in *Presseberichterstattungen* in der Vor-Messe-Phase primär um eine Ankündigung bzw. Signalsendung zur Messe, steigert sich die Bedeutung der Presse und der übrigen Berichterstattungen in den verschiedensten Medien in der eigentlichen Messe-Phase nochmals um ein Vielfaches. So ist die IAA in Frankfurt ein Mega-Event von zehn Tagen Dauer mit weltweiter Zuwendung. In diesen zehn Tagen wird Frankfurt zum „Global Village" und eröffnet damit die Möglichkeit, zu einem strategisch wichtigen Zeitpunkt – im Falle von Ford etwa die Markteinführung des neuen Ford Focus C-MAX – einer breiten Masse das Produkt zu präsentieren.

Auch die Präsenz höchster Ford-Unternehmensvertreter auf separaten und *ergänzenden Fachveranstaltungen*, Podiumsdiskussionen oder Workshops, organisiert von den Medien selbst oder sonstigen Institutionen (ADAC etc.), stellt eine wichtige Ergänzung der Beteiligung während der Messe dar. Die Anwesenheit des Top-Managements bis hin zum Vorstandsvorsitzenden und seine Bereitschaft zu Diskussionen mit der Presse und sonstigen Dritten signalisiert dabei nicht nur Kompetenz und Offenheit des Unternehmens für den Austausch mit Dritten, sondern erhöht auch den Stellenwert der Kommunikation aus Sicht der Gesprächspartner.

Schließlich stellt der *Follow-Up auf dem Messestand* einen wichtigen Bestandteil der Messe-Phase dar. Dieser folgt auf täglicher Basis über geführte Gespräche, Wettbewerbsbeobachtungen oder auch Kundenbefragungen. Nur so kann eine wirkliche Führung des Messestands erfolgen, da konkrete Kundenwünsche eventuell direkt umgesetzt werden können bzw. eine unmittelbare Reaktion auf das Verhalten der Wettbewerber erfolgen kann.

4.3   Aktivitäten im Rahmen der Nach-Messe-Phase

Neben den operativ notwendigen Aktivitäten wie Rückführung der Fahrzeuge etc. stehen in der Nach-Messe-Phase vor allem Maßnahmen zur Aufarbeitung und Aufbereitung des gesamten Messegeschehens sowie die Erfolgskontrolle im Vordergrund.

Elementar ist dabei die systematische Weiterverfolgung der auf der Messe *geknüpften Kontakte*. Im Mittelpunkt steht dabei die Bezugnahme auf konkrete Gesprächsinhalte am Messestand. Ebenfalls nimmt in dieser Phase die Abfassung von Messeberichten und Nachberichterstattungen im Rahmen der *Pressearbeit* einen hohen Stellenwert ein. Durch gezielte Ansprache der Pressevertreter und Bereithaltung geeigneter Informationen bzw. Werbemittel erzielen diese Aktivitäten ein hohe Wirkung bei den Zielgruppen, da in dieser Phase das allgemeine Interesse an der gerade beendeten Messeveranstaltung noch vergleichsweise groß ist. Auch intern werden die Mitarbeiter bei Ford über das hauseigene Fernsehen sowie die Mitarbeiterzeitschrift über die Ergebnisse der Messebeteiligung informiert.

Da es sich bei der *Erfolgskontrolle* um einen Soll-Ist-Vergleich handelt, spielt die Vorarbeit der Messe auch für die Nacharbeit eine wesentliche Rolle. Hier kommt wieder zum Ausdruck, welche Bedeutung die eigentliche Vor-Messe-Phase im gesamten Managementprozess der Messebeteiligung spielt. Basis der Erfolgskontrolle bilden die Zielsetzungen, die mit der Messebeteiligung verfolgt worden sind. In diesem Zusammenhang sind die spezifischen *ökonomischen* und vor allem *psychographischen Erfolgskriterien* den tatsächlich erreichten Werten gegenüberzustellen, um eine exakte Analyse des Zielerreichungsgrades vornehmen zu können. So stellen im Sinne einer *Kosten-Nutzen-Analyse* die Kontaktkosten pro Besucher abhängig von Budgethöhe und Standbesucherzahl eine zentrale Größe dar. Auch kann die Höhe der Presse-Coverage, d.h. die Anzahl der positiven Meldungen und Berichterstattungen in der Presse, ein wichtiger Indikator einer gelungenen Messeinszenierung sein, da hier auch Personen angesprochen werden, welche die Messe nicht besucht haben. In psychographischer Hinsicht sind die Ermittlung der gestützten und ungestützten Bekanntheit hinsichtlich Marke und Produkten sowie die Messung der Emotionen und Meinungen und damit der Aktivierungsgrad der tatsächlichen Standbesucher noch während der Messe wichtige Größen.

Zweckmäßig ist dabei eine Befragung der Messebesucher sowohl direkt nach dem Standbesuch als auch einige Tage oder Wochen nach dem Messebesuch, um so sowohl die Kurzfristwirkung als auch die Langfristwirkung des Messeengagements zu eruieren. Da allerdings enge Zusammenhänge zwischen den Ergebnissen eines Messeauftritts und den psychographischen Wirkungen der übrigen Marketinginstrumente abseits der Messe bestehen, ist eine Befragung einige Wochen nach der Messe auch mit Vorsicht zu interpretieren. Sofern die eigenen Standbefragungen mit eventuell vorliegenden Ergebnissen separater Befragungen der Messegesellschaft über die gesamte Messe hinweg verknüpft werden, kann ferner der Anteil der Gesamtbesucherschaft, die den Weg zum eigenen Messestand gefunden hat, ermittelt werden.

Letztlich dient eine ‚objektive' Beurteilung des eigenen Messekonzepts sowohl der Feststellung, ob die gesetzten Messeziele erreicht wurden, als auch der Gewinnung von Anhaltspunkten für zukünftige Messebeteiligungen. In diesem Zusammenhang spielen auch das *De-Briefing der Agenturen* sowie Gespräche mit der Messegesellschaft über Infrastruktur, Verkehrslenkung etc. eine große Rolle. Im Sinne von *Lessons-Learned* sind Schwachstellen schließlich zu identifizieren und Verbesserungspotenziale für zukünftige Messebeteiligungen aufzuzeigen.

5. Fazit

Die Tatsache, dass sich Produkte und Leistungen heute immer weniger nach objektiven Kriterien unterscheiden, führt zwangsläufig zur Emotion als neuem Wert der Markendifferenzierung. Emotion und Erlebnis haben dabei eine gewissermaßen symbiotische Beziehung. Die Möglichkeiten einer konsequent umgesetzten Erlebnisstrategie im Messemarketing sind im Vergleich zu sonstigen Kommunikationsinstrumenten von faszinierender Vielfalt. Denn auf Grund ihres kommunikativen Leistungsspektrums, ihrer Multifunktionalität und Interaktivität sowie der Ansprache nahezu aller Sinne (sehen, fühlen, riechen, hören) sind Messen in besonderem Maße in der Lage, auf die gestiegenen Kommunikations- und Erlebnisanforderungen der Automobilinteressierten einzugehen.

Dabei ist in Zukunft – trotz beschränktem Budget und einer sich gerade in jüngster Zeit verschärfenden Effizienzdiskussion hinsichtlich der Bedeutung von Kommunikationskanälen – davon auszugehen, dass sich im Kommunikations- und Erlebniswettbewerb der Automobilhersteller die Inszenierung auf Messen in ihrer Perfektion noch weiter verschärfen und verbessern wird.

Michael Bock

Messen als Instrument der Integrierten Kommunikation – Beispiel der Markteinführung des T-Modells der E-Klasse

1. Integrierte Kommunikation

2. Kurzer Blick in die „Historie" der Marketingkommunikation von Mercedes-Benz

3. Entwicklung der Integrierten Kommunikation

4. Integrierte Kommunikation und ihre Relevanz für Messen
   4.1 Ein Beispiel: Integrierte Kommunikation zur Markteinführung des T-Modells der E-Klasse
   4.2 Umsetzung bei der Premiere des T-Modells der E-Klasse auf der NAIAS

5. Literaturverzeichnis

Michael Bock ist Leiter Begegnungskommunikation der DaimlerChrysler AG, Stuttgart.

1.   Integrierte Kommunikation

Stellen Sie sich vor die besten Solisten der Welt werden zu einem Orchester zusammengefasst. Es gibt keinen Dirigenten und kein vorgegebenes Stück. Jeder Solist wird dabei bestimmt sein Instrument in höchster Perfektion spielen – aber wie mag sich das wohl anhören?

Vor genau dieser Herausforderung stehen oftmals die Kunden, die mit verschiedenen Botschaften in unterschiedlichen Kommunikationskanälen angesprochen werden. Vor diesem Hintergrund ist es, ähnlich wie in einem Orchester, sinnvoll, mit einer vollendeten Komposition auf die Zielgruppe zu treffen.

Wenn sich Werbung losgelöst von allen anderen Instrumenten perfektioniert, der Internetauftritt allein für das World Wide Web vollendet wirkt und auch die Messen ihre ganz eigenen Markenerlebnisse schaffen, wird es schwierig für den Kunden, ein konsistentes Markenbild und eine Botschaft mitzunehmen.

Die Formulierung der Theorie Integrierter Kommunikation (vereinfacht: Die Abstimmung von Kommunikationsaktivitäten zur Vermittlung konsistenter Produkt- und Markenbilder) war Anfang der neunziger Jahre ein Ansatz, um die Ausrichtung des Kommunikationsmanagements an die veränderten Vorzeichen anzupassen (vgl. Cornelissen, 2001, S. 485):

- Globalisierung, da die fortschreitenden Informationstechnologie es für ein Unternehmen notwendiger denn je macht, seine Kommunikationskanäle zu fokussieren, um auf einem weltweiten Marktplatz zu bestehen

- Branding, da nur aus einer starken, authentischen Marke eine nachhaltige Kundenbeziehung aufgebaut werden kann (vgl. Kitchen 2000, S. 18-21).

Seitdem wird Integrierte Kommunikation in wachsendem Maße als effizienzsteigerndes Instrument propagiert und umgesetzt (Bruhn 1999, S. 245).[1]

---

[1] In einer Befragung des Deutschen Kommunikationsverbandes im September 1998 gaben 76,8 Prozent der befragten Firmen an sich mit Integrierter Kommunikation näher zu befassen.

2.   Kurzer Blick in die „Historie" der Marketingkommunikation von Mercedes-Benz

In der Vergangenheit wurden die einzelnen Kommunikationsinstrumente wie z.B. klassische Kommunikation, Messen, Handelsmarketing, Customer Relationship Marketing etc. oftmals solitär betrachtet. Selbst bei den gleichen Kommunikationsthemen wurde in jedem einzelnen Instrument die auf das Medium zugeschnittene Optimierung angestrebt. So entstanden zum gleichen Thema oder Produkt teilweise komplett unterschiedliche Ausrichtungen in der Kommunikation. In der Außensicht konnte sich so keine eindeutige Botschaft etablieren, die großen kommunikativen Anstrengungen in den einzelnen Instrumenten erreichten kein eindeutiges Bild.

Zudem startete die Marke Mercedes-Benz in den 90er Jahren eine große Produktoffensive. Die klassischen Baureihen C-, E-und S-Klasse wurden nach unten hin durch die A-Klasse abgerundet und um weitere „Nischenprodukte" ergänzt. Dies hatte in der Kommunikation zur Folge, dass man neben der Öffnung der Marke vor allem Produktthemen belegen musste. Die starke, produktorientierte Kommunikation ließ die Marke in der Sicht der Öffentlichkeit breiter aber auch heterogener erscheinen.

Nach den Ergebnissen von diversen Marktforschungs- und Werbewirksamkeitsuntersuchungen wurden die Notwendigkeit Integrierter Kommunikation offenbar.

3.   Entwicklung der Integrierten Kommunikation

In den letzten Jahren wurden Integrierte Kommunikationsansätze auch in der Marketingkommunikation von Mercedes-Benz vermehrt angewandt. Zur Markteinführung der S-Klasse im Jahr 1998 wurden alle Kommunikationsaktivitäten unter dem Leitthema „Sense and Sensibility" entwickelt. Da Integrierte Kommunikation nicht systematisch installiert wurde, arbeiteten die einzelnen Kommunikationsbereiche danach wieder eigenständig.

Durch die immer größer werdende Informationsmenge, die knapperen wirtschaftlichen Ressourcen und die allgemeine Übersättigung ist es heute aber umso notwendiger, nur mit einer Botschaft an die Kunden und Zielgruppen zu treten. Deshalb wurde in die bestehende Struktur der Kommunikationsabteilungen eine Struktur für Integrierte Kommunikation geschaffen.

Im Verständnis der Marketingkommunikation von Mercedes-Benz meint Integrierte Kommunikation dabei die zeitliche, inhaltliche und mediale Taktung von Kommunikationsbotschaften über die einzelnen Kommunikationsinstrumente hinweg (vgl. Abb. 1). Dies bedarf einer gezielten Planung im Vorfeld, in die alle einzelnen Instrumente einbezogen werden müssen, um die Qualität der Kommunikation auf dem gleichen Niveau zu erhalten und gleichzeitig mit „one voice to the customer/target group" zu sprechen. Außerdem muss ein entsprechender Kreis Sorge für die Umsetzung des Integrierten Ansatzes tragen. Nur so kann sich die gesamte Werbewirksamkeit über alle Instrumente hinweg erhöhen und zur Verankerung des Themas in der Öffentlichkeit entscheidend beitragen.

Abb. 1: Integration unterschiedlicher Kommunikationsinstrumente

In der Marketingkommunikation Mercedes-Benz PKW steuert im Wesentlichen die Abteilung Kommunikationsstrategie den strategischen Kommunikationsprozess. Unter ihrem Vorsitz treffen sich monatlich Vertreter aus der klassischen Werbung (Print, TV, Druckschriften), Internet, Alternative Kommunikation (Placement, Sponsoring), Begegnungskommunikation (Messen, Ausstellungen, Events), Customer Relationship Marketing (CRM), Produktpresse und Vertreter des Produktmanagements. In diesem Strategiekreis werden Jahresthemen genauso geplant wie die so genannten „Kontraktionsthemen", die sich später als Themen der Integrierten Kommunikation abbilden.

Nachdem die strategischen Grundlagen hierfür festgeschrieben sind, startet ca. ein Jahr vor der Markteinführung ein Projektteam mit Vertretern der beteiligten Kommunikationsinstrumente den Prozess der Integrierten Kommunikation.

Ein Kommunikationsinstrument übernimmt den Vorsitz. Idealerweise übt dieses Instrument auch die Leadfunktion (inhaltlich, zeitlich, medial) aus.

4. Integrierte Kommunikation und ihre Relevanz für Messen

In der Automobilbranche ist die Premiere eines Fahrzeugs auf einer Automobilmesse zusammen mit der Presseberichterstattung zumeist der erste Kontakt mit der Öffentlichkeit und der Zielgruppe. Dieser erste kommunikative Aufschlag bedarf einer detaillierten Abstimmung der kommunizierten Inhalte auf der Messe und in der Pressearbeit. Diese enge Verzahnung wurde bei Mercedes-Benz schon vor der Installierung der Integrierten Kommunikationsprozesse gewährleistet. Zudem wird auf der www.mercedes-benz.com-Seite zu jeder der fünf großen Messen mit internationaler Bedeutung ein Webspecial erstellt, das die Inhalte des Messeauftritts, das Design und die Botschaften virtuell umsetzt. Mit diesem Integrierten Ansatz wird erreicht, dass alle Informationen und Aussagen im Kontext „Messe" zu einem einheitlichen Bild führen.

Nach der ersten kommunikativen Positionierung des neuen Produkts starten meistens die CRM[2] Aktivitäten. Zum eigentlichen Markteinführungstermin folgt die klassische Kommunikation im Sinne von Werbung.

Aus diesem Grund macht es für einen der Vorreiter, nämlich für die Messekommunikation besonders viel Sinn, vorbereitend für die anderen Kommunikationsinstrumente den Integrierten Kommunikationsansatz schon zur Produktpremiere aufzunehmen.

Bei der Planung und bei der Konzeption des integrierten Leitgedankens muss dabei schon im Vorfeld bedacht werden, dass sich dieser dreidimensional umsetzen lassen muss. Bildwelten müssen beispielsweise auch über die filmische Ebene transportiert werden können, die Tonalität muss in die emotionale Ansprache übertragbar sein. Key Visuals und Claims dürfen nicht zu werblich erscheinen. Ein idealer Leitgedanke ist dabei nicht nur auf das Produkthighlight beschränkt, sondern kann auch auf die anderen ausgestellten Produkte, Themen und Dienstleistungen abstrahlen und so ein schlüssiges Gesamtbild der Marke, eine temporäre Markenwelt, auf der Messe schaffen.

Für diesen ganzheitlichen Ansatz sollte neben der Messekommunikationsagentur auch der Architekturpartner von Anfang an in den Prozess einbezogen werden. Schließlich gestaltet sich zumeist der erste Eindruck beim Blick auf den Messestand bzw. beim Betreten des Messestandes fast ausschließlich über die Architektur.

In den bisher geplanten und realisierten Projekten der Integrierten Kommunikation auf Messen und Ausstellungen sind alle beteiligten Partner bereits beim Briefing in die Prozesse der Gesamtkommunikation integriert worden und konnten so entscheidend zur Gestaltung der Integrationselemente beitragen.

---

[2] CRM = Customer Relationship Marketing

4.1 Ein Beispiel: Integrierte Kommunikation zur Markteinführung des T-Modells der E-Klasse

Im Projekt InteKOM[3] des T-Modells der E-Klasse übte die klassische Werbung die Funktion des Leadinstruments aus (vgl. Abb. 2). Gemeinsam mit den anderen beteiligten Instrumenten (Druckschriften, Internet, Verkäuferinformation, Produktpresse, CRM und Begegnungskommunikation) wurden die gesteckten Ziele verabschiedet:

- „Höherer Output bei gleichem Kommunikationsbudget"

- „Synergien bei der Entwicklung von Kommunikationsmaterialien"

- „Kommunikation aller relevanten Inhalte".

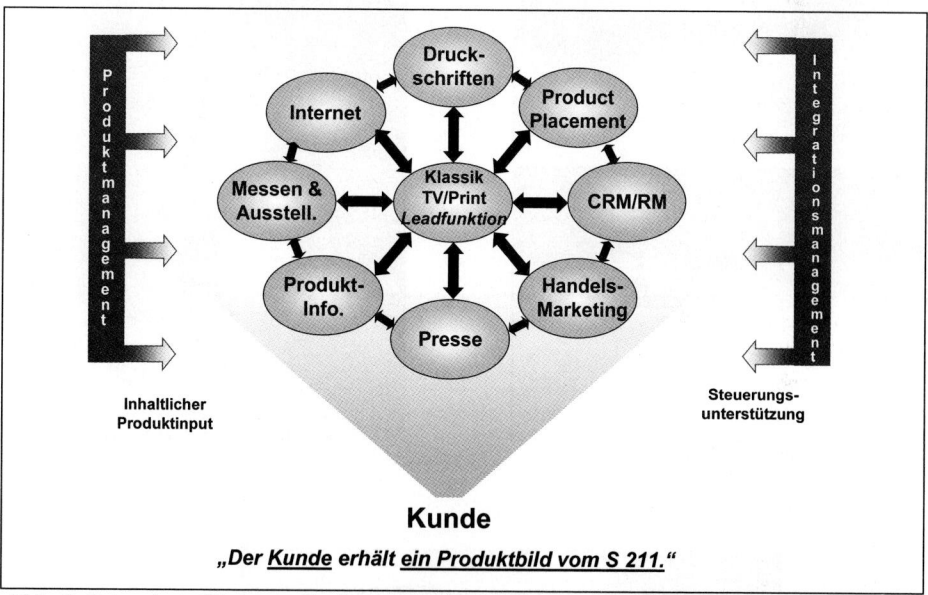

Abb. 2: Integrierte Kommunikation am Beispiel der Einführung des T-Modells

„Das neue E-Klasse T-Modell ist im wahrsten Sinne des Wortes ein Traumkombi. Denn er verbindet, wie kein anderes Auto in diesem Segment, faszinierendes Design und innovative Technik. Es gibt sozusagen bei diesem Auto kein „Entweder-Oder" mehr". Auf Grund dieser Positionierung des Fahrzeugs wurde folgender kreative Integrationsansatz

---

[3] InteKOM = Integrierte Kommunikation

entwickelt: *„Wechselspiel zwischen Design und Technik"* mit den Integrationselementen:

- „Gegensätzlichkeit in Text und Bild" (vgl. Abb. 3)
- „Look and Feel mit der Farbe grün" (vgl. Abb. 4)
- „Fahrzeugperspektive" (vgl. Abb. 5)

und dem Claim: „Seine Schönheit könnte Sie verführen – wir wollen Sie überzeugen" sowie „Seine Technik könnte Sie überzeugen – wir wollen Sie verführen".

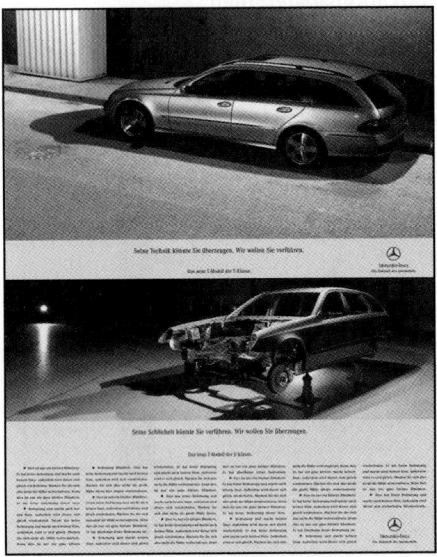

Abb. 3: „Gegensätzlichkeit in Text und Bild"

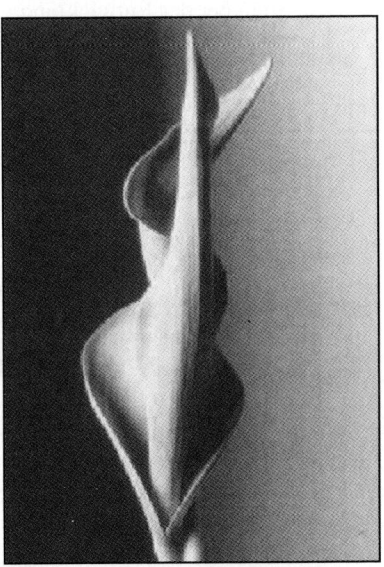

Abb. 4: „Look and Feel mit der Farbe grün"

Abb. 5: „Fahrzeugperspektive"

Jedes beteiligte Kommunikationsinstrument übernahm dabei die Elemente, die im eigenen Instrument umsetzbar sind. Für Messen und Ausstellungen wurden in Abstimmung mit den beteiligten Agenturpartnern folgende Integrationselemente festgelegt:

- Wir orientieren uns am Grundgedanken

- Wir übernehmen den Slogan

- Wir übernehmen das inhaltliche Gedankengut

- Wir übernehmen die Bilderwelt

- Wir übernehmen die Tonalität.

4.2 Umsetzung bei der Premiere des T-Modells der E-Klasse auf der NAIAS

Für die Premiere des T-Modells der E-Klasse auf der NAIAS[4] Detroit wurde sowohl der Architekturpartner Kauffmann Theilig und Partner, Ostfildern, als auch der Kommunikationspartner, Atelier Markgraph, Frankfurt am Main, frühzeitig eingebunden. Ein Vertreter der Agentur Atelier Markgraph begleitete bereits vor dem Messeprojektstart den Integrierten Kommunikationsprozess als Vertreter im internen Integrationsteam. So konnten die Besonderheiten der dreidimensionalen Kommunikation von Anfang an berücksichtigt werden.

---

[4] NAIAS = North American International Autoshow

Abb. 6: Fahrzeug wird mit Feature auf der LED in Verbindung gebracht.

Dadurch dass das T-Modell der E-Klasse ein Produktthema darstellt, ein Messeauftritt aber immer den Charakter eines Markenerlebnisses hat, wurde im Vorfeld entschieden, dass die grundlegenden Elemente der Integrierten Kommunikation auf den ganzen Stand anwendbar sein müssen. Dabei durfte das eigentliche Highlight des Standes, die Premiere des T-Modells der E-Klasse, keinesfalls geschmälert werden. Deshalb wurde im Architekturkonzept lediglich die Gegensätzlichkeit von Schönheit und Technik integriert.

Eine schwarz-silberne, technische Atmosphäre kontrastierte mit den ausgestellten, inszenierten Fahrzeugen. Jedes Fahrzeug stand auf einer Drehscheibe, im Rigg war parallel ein so genannter „Reflektor" befestigt, der die Lichtinszenierung tragen und verstärken konnte (vgl. Abb. 6). So ließen sich einzelne Themen und Baureihen, insbesondere aber das T-Modell der E-Klasse, während eines 30minütigen Loops immer wieder inszenieren.

Im Kommunikationskonzept wurden alle technischen Highlights der Mercedes-Benz Produkte aufgenommen, um die Technologiekompetenz der Marke zu dokumentieren. Im Gegensatz zum technischen Inhalt wurde die Software für die Bespielung der LED in einer extrem schönen Grafiksprache entwickelt. Kurze, sehr graphische Filmsequenzen in einer festgelegten Reihenfolge steigerten die Spannung bis zur Inszenierung des Standhighlights. Produkte mit dem jeweils thematisierten Feature wurden über die Lichtinszenierung dabei hervorgehoben. Jedes Produkt wurde so zur „Perle".

Abb. 7: Die Inszenierung eines Produktes mit Hilfe der Reflektoren und Drehscheiben wurde immer mit dem Technikthema auf der LED in Verbindung gesetzt.

Neben dieser Inszenierung technischer Kompetenz wurde für das T-Modell der E-Klasse ein emotionaler, grafischer Film entwickelt, der sich mit Schönheit und Technik, Ratio und Emotion im Dialog auseinandersetzt.

Ein junges Paar unterhält sich kurz nach ihrer Hochzeit über ihre sehr unterschiedlichen Eigenschaften und Sichtweisen. Der Filmtitel nimmt bereits das Thema der Integrierten Kommunikation auf: *no/contradiction*. Die Abbildung 8 zeigt ausgewählte Szenen aus dem Dialogfilm.

Dieser Dialogfilm wurde durch emotionale Bilder und attraktive Sprecherstimmen unterstützt. Immer wenn dieser Film aufgeführt wurde, verdunkelten Jalousien den Stand. Das T-Modell der E-Klasse wurde in eine grüne Lichtatmosphäre getaucht und die LED-Wand wechselte von den E-Klasse-Technikthemen in die emotionale Vorführung. Am Ende des Dialogs wurde die Inszenierung im grünen Licht noch mit der Einspielung des Claims:

„Its beauty could seduce you. We want to convince you.
Its technology could convince you.
We want to seduce you. The new E-Class Wagon.“

gekrönt.

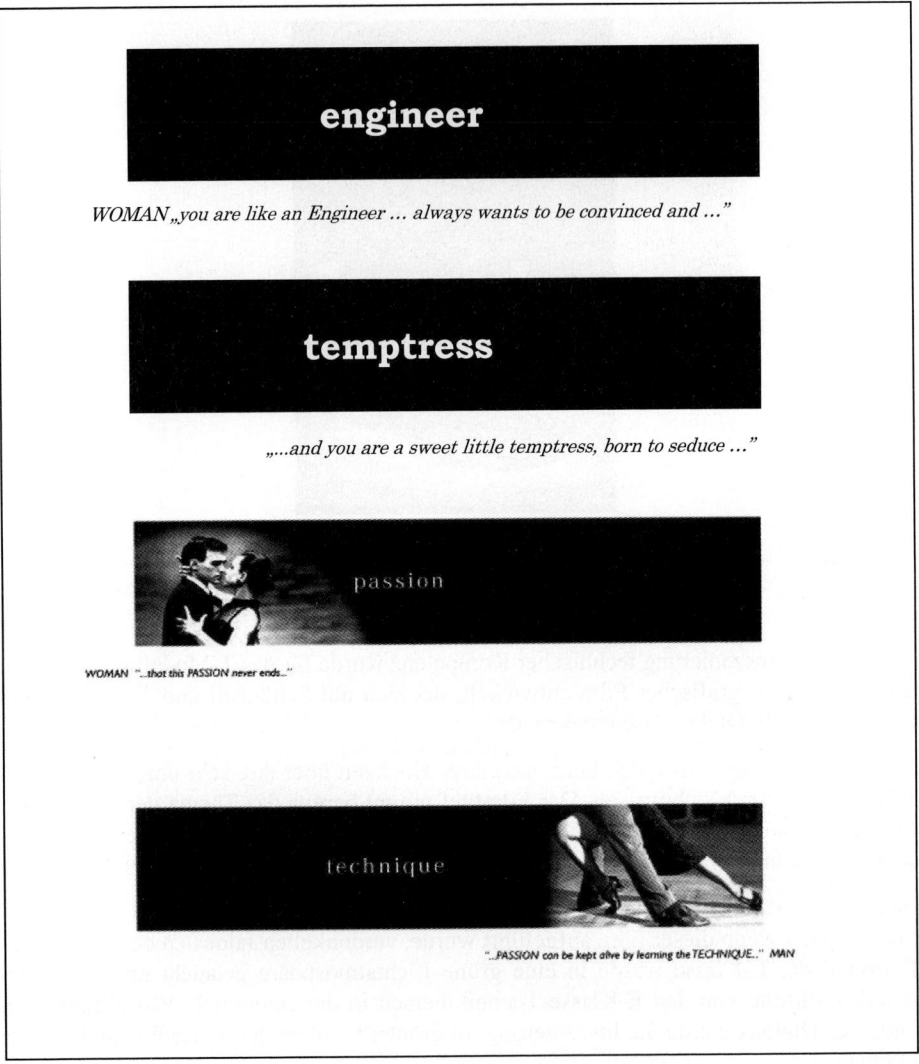

Abb. 8: Ausgewählte Szenen aus dem Dialogfilm no/contradiction

Abb. 9: Messeinszenierung der E-Klasse

5. Literaturverzeichnis

BRUHN, M, Integrierte Kommunikation – Entwicklungsstand in Unternehmen, Basler Schriften zum Marketing, Band 6, Wiesbaden 1999.

CORNELISSEN, J. P., Integrated marketing communications and the language of marketing development, in: International Journal of Advertising, 20. Jg. (2001), S. 483-498.

KITCHEN, P./SCHULTZ, D. E., The status of IMC: a 21st-century perspective, Admap, September-Ausgabe 2000, S. 18-21.

Literaturverzeichnis

Davenport, T.H./Prusak, L. (1998): Working Knowledge. How Organizations Manage what they Know, Boston 1998.

Nonaka, I./Takeuchi, H. (1995): The Knowledge-Creating Company. How Japanese Companies Create the Dynamics of Innovation, New York 1995.

Probst, G./Raub, S./Romhardt, K. (2000): Wissen managen. Wie Unternehmen ihre wertvollste Ressource optimal nutzen, 3. Aufl., Wiesbaden 2000.

Holger Reichardt / Stefanie Jensen

Die Messe als Instrument der Markenführung im Industriegütersektor

1. Bedeutung und Funktion von Messen im Industriegüterbereich

2. Markenpolitik für Industriegüter

3. Das Beispiel der Heidelberger Druckmaschinen AG
   3.1 Das Unternehmen und sein Markt
   3.2 Markenstrategisches Konzept
       3.2.1   Markenmanagement bei Heidelberg
       3.2.2   Integrierte Kommunikation
   3.3 Umsetzung durch Messen
   3.4 Qualitätsstandards der Messepräsenz
   3.5 Erfolgskontrolle

4. Fazit und Ausblick

5. Literaturverzeichnis

Holger Reichardt ist Vorstand Marketing, Sales & Service der Heidelberger Druckma-schinen AG, Heidelberg. Dr. Stefanie Jensen ist Head of Marketing Concepts & Com-munication der Heidelberger Druckmaschinen AG, Heidelberg.

1. Bedeutung und Funktion von Messen im Industriegüterbereich

Der Messestandort Deutschland mit seinen zahlreichen Leitmessen nimmt im internationalen Vergleich eine exponierte Stellung ein. Deutschland ist weltweit das Messeland Nummer eins. Fünf der zehn umsatzmäßig größten Messeveranstalter der Welt haben ihren Sitz in Deutschland. Die deutschen Messegesellschaften erzielten insgesamt im Jahr 2001 einen Umsatz von rund 2,5 Milliarden Euro. Aussteller gaben für ihre Messeengagements in Deutschland über 6,5 Milliarden Euro aus. Trotz der gegenwärtig schwachen Konjunktur, die die in 2001 erstmals seit vielen Jahren stagnierenden Aussteller- und Besucherzahlen erklärt, ist die Bedeutung von Messen als Kommunikationsinstrument ungebrochen (vgl. Ausstellungs- und Messe-Ausschuss der Deutschen Wirtschaft 2001).

Auch wenn Messen in einem engen Zusammenhang mit dem gesamten Marketingprogramm einer Unternehmung stehen, werden sie oft schwerpunktmäßig als kommunikationspolitisches Instrument verstanden. Dabei bietet der Messeauftritt eine Plattform für den komplementären Einsatz weiterer Kommunikationsinstrumente, wie klassische Werbung, Verkaufsförderung und Public Relations. Eine herausragende Bedeutung kommt Messen bei der Vermarktung von Industriegütern zu (vgl. Nieschlag/Dichtl/Hörschgen 2002, S. 1002). Diese Einschätzung bildet eine Studie des Ausstellungs- und Messeausschusses der Deutschen Wirtschaft ab, bei der 1 100 Unternehmen zur Eignung kommunikationspolitischer Instrumente zur Erreichung absatzpolitischer Ziele in Industriegütermärkten befragt wurden. Lediglich das Instrument des persönlichen Verkaufs übertraf die Einstufung von Messen und Ausstellungen geringfügig (vgl. Abb. 1).

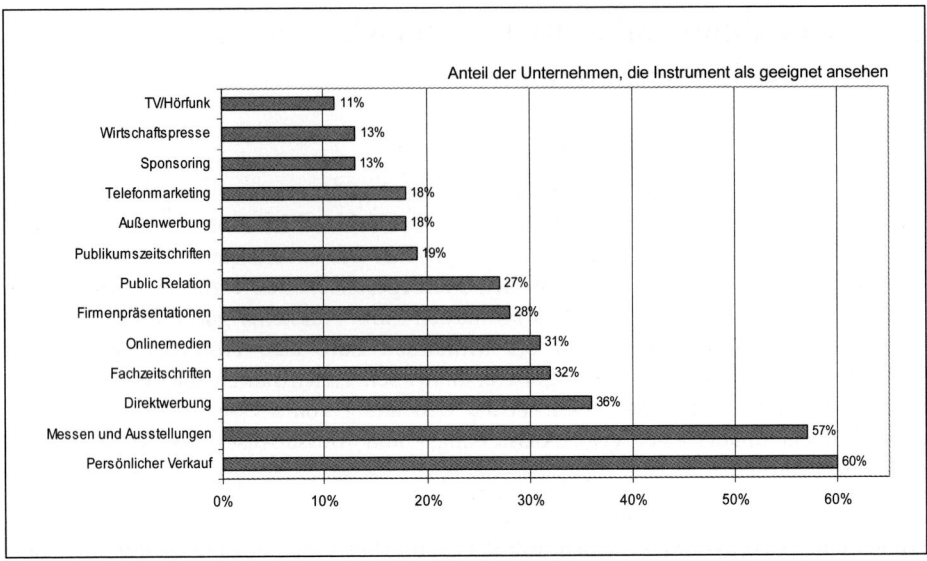

Abb. 1: Eignungseinschätzung von Kommunikationsinstrumenten zur Erreichung ab-
        satzpolitischer Ziele in Industriegütermärkten

Quelle: Ausstellungs- und Messe-Ausschuss der Deutschen Wirtschaft 1999, S. 5

Messen zeichnen sich durch ihre unmittelbare Nähe zum Kunden aus (vgl. Helmich
1998, S. 151ff.). Zusätzlich zu den allgemeinen Aspekten der Beziehungspflege schafft
die zweiseitige Kommunikation die Möglichkeit, der Zielgruppe gerade komplexe Produkte – wie dies bei Industriegütern häufig der Fall ist – effizienter zu präsentieren als
mit den meisten anderen Kommunikationsinstrumenten (vgl. Homburg/Krohmer 2002,
S. 660). Das im Vergleich zu vielen klassischen Medien hohe Involvement der Besucher
unterstützt zudem das hohe Potenzial von Messen, Kundenentscheidungen zu beeinflussen und so Vertragsabschlüsse gezielt herbeizuführen (vgl. Ueding 1998, S. 2ff.).

Trotz ihrer Vorzüge stehen Messebeteiligungen in Zeiten knapper werdender Budgets –
wie andere Kommunikationsaktivitäten auch – auf dem Prüfstand. Die Entscheidung
über den Einsatz des Kommunikationsinstruments Messe hängt von dessen Beitrag zur
Erreichung der Kommunikationsziele des Unternehmens ab. Dazu ist es unumgänglich,
die Messepräsenz konsequent in das strategische Markenkonzept eines Unternehmens
einzubetten. Der vorliegende Beitrag will am Beispiel der Heidelberger Druckmaschinen
AG, nachfolgend kurz Heidelberg genannt, aufzeigen, wie der Erfolg von Messeauftritten durch eine konsequente Ausrichtung auf die Markenstrategie des Unternehmens abgesichert werden kann.

2.   Markenpolitik für Industriegüter

Markenstrategien und markenpolitische Maßnahmen weisen in Konsumgütermärkten allgemein einen höheren Entwicklungsstand als in Industriegütermärkten auf. Viele Konsumgüterbranchen betreiben seit langem hochprofessionelle Markenkommunikation – mit großem Erfolg.

Die Auffassung, dass sich Markenmanagement nur im Konsumgüterbereich lohnt, greift jedoch zu kurz. Auch in Industriegütermärkten sind starke Marken in der Lage, die Austauschprozesse zwischen Anbietern und Käufern entscheidend zu unterstützen. So sind insbesondere hochwertige Industriegüter oft durch ein besonderes Maß an technischer Komplexität gekennzeichnet, weswegen die Beurteilung ihrer Qualität auf der Einkaufseite häufig schwer fällt. Die Schwierigkeit der Qualitätsbeurteilung führt in Kombination mit dem hohen Anschaffungswert derartiger Industriegüter zu einem hohen Risiko bei der Kaufentscheidung (vgl. Oelsnitz 1995, S. 252ff.).

Gelingt es jedoch einem Anbieter, ein klares Markenimage aufzubauen, so kann der Käufer in seiner Entscheidungsfindung maßgeblich entlastet werden. Steht eine Industriegütermarke für Qualität und vermittelt dadurch Vertrauen, so vereinfacht dies die komplexen Entscheidungsprozesse, indem der Markenname die Menge der hinzuzuziehenden Informationen über einzelne Produktmerkmale genauso wie die Unsicherheiten hinsichtlich der geplanten Funktionserfüllung zu reduzieren vermag (vgl. Belz/Kopp 1994, S. 1587ff.; Kemper 2000, S. 112). Die Präferenzwirkung solcher Imagefacetten von Industriegütermarken stellt sich auch dann ein, wenn der potenzielle Käufer noch keine Erfahrungen mit den Produkten des Anbieters gesammelt hat und ist daher insbesondere bei der Neukundenakquisition wertvoll. Die Bekanntheit und der „gute Ruf" einer starken Marke schaffen folglich auch in Industriegütermärkten entscheidende Wettbewerbsvorteile.

Auf Grund des hohen Potenzials der Markierung von Industriegütern verfolgt Heidelberg seit einiger Zeit konsequent einen Ansatz der strategischen Markenführung. Im Folgenden werden dieses Konzept und seine Umsetzung am Beispiel der Messebeteiligungen des Unternehmens dargestellt.

3.   Das Beispiel der Heidelberger Druckmaschinen AG

3.1   Das Unternehmen und sein Markt

In der Druckindustrie hat sich in den letzten 10 Jahren ein grundlegender Wandel vollzogen. Die eingesetzten Technologien sind maßgeblich durch die Digitalisierung der Arbeitsprozesse verändert worden. Viele Zwischenschritte, die früher bei der Herstellung
von Drucksachen erforderlich waren, sind heute überflüssig oder finden automatisiert
statt. Hierdurch haben sich nicht nur Arbeitsabläufe, sondern auch das Wesen ganzer Berufsbilder und Branchenzweige verändert. Grenzen sind aufgehoben; Satz und Litho
wurden zu Prepress, Druck und Weiterverarbeitung zu Online-Fertigungsprozessen zusammengeführt. Der Digitaldruck nutzt virtuelle Druckformen statt der herkömmlichen
Filme und Druckplatten. Durchgängige Datenströme ersetzen ehemals manuelle Arbeits-
schritte und schaffen neben Zeitvorteilen eine nahezu perfekte Druckqualität. Diese
Entwicklung stellt Druckereien rund um die Welt vor neue Herausforderungen. Um das
Potenzial des technischen Fortschritts nutzen zu können, verlangen die Betriebe nach
Lösungskompetenz ihrer Zulieferer über den gesamten Druckprozess hinweg. Konkret
stellen die Kunden folgende Anforderungen:

- Produkte und Dienstleistungen eines Zulieferers müssen über die einzelnen Prozess-
  schritte der Printmedienproduktion hinweg kompatibel sein

- Technologien müssen offene Schnittstellen bieten

- Druckbetriebe wünschen maximale Servicekompetenz und Zuverlässigkeit.

Die Erfüllung dieser komplexen Kundenbedürfnisse ist der Grundstein des Erfolgs von
Heidelberg. Das Unternehmen ist heute als Anbieter von Problemlösungen für die
Druckindustrie mit Hardware-, Software- und Brainware-Produkten in 170 Ländern der
Welt vertreten. Von den über 24 000 Mitarbeitern (Stand Oktober 2002) sind mehr als
40 Prozent im Ausland beschäftigt. 86 Prozent der rund fünf Milliarden Euro Umsatz
(Geschäftsjahr 2001/2002) wurden im Ausland erzielt. Die Basis zur umfassenden Problemlösung für die Erstellung von Printmedien legt das Produktportfolio, das die gesamte
Prozesskette der Drucksachenerstellung (Prepress, Press und Postpress) abdeckt. Darüber hinaus wird Service bei Heidelberg groß geschrieben – das Unternehmen bietet seinen Kunden mit 250 Kundenzentren das dichteste Servicenetz der Printmedienindustrie
und einen schnellen Lieferservice für Originalersatzteile. Das Brainware-Angebot liefert
die Heidelberg eigene Print Media Academy. Deren Schulungsportfolio reicht von produktbezogenen Trainings rund um die Heidelberg-Technologie bis hin zu internationalen
Managementprogrammen. Als Zentrum für Kommunikation, Qualifizierung und Wissen
bietet sie darüber hinaus Seminare, Workshops und Kongresse zu aktuellen Themen der
Druck- und Medienindustrie und ist eingebunden in ein internationales Netzwerk von
Trainingszentren in der ganzen Welt.

3.2 Markenstrategisches Konzept

3.2.1 Markenmanagement bei Heidelberg

Die beschriebenen Veränderungen in der Druckindustrie erforderten eine Neupositionierung der Marke Heidelberg. Der Schwerpunkt für das Markenimage sollte nicht mehr nur auf maschineller Technologiekompetenz liegen, sondern ebenso druckbezogenes Software-Know-how zum Ausdruck bringen. Die zentrale Herausforderung stellte der Brückenschlag zwischen Tradition und Erbe aus einer über 150jährigen Geschichte einerseits und der Vermittlung neuer, zeitgemäßer Werte durch innovative IT-Kompetenz für die Printmedienproduktion andererseits dar.

Ausgangspunkt des Markenmanagements bei Heidelberg bildet die Entscheidung für eine Dachmarkenstrategie, die auf Basis einer umfangreichen Markenkernanalyse gefällt wurde. Abgeleitet aus dem Konzept eines Markendachs, das die einzelnen Produkte und Dienstleistungen unter sich vereint, entstand eine einheitliche Markenpositionierung als global agierender Lösungsanbieter für die Printmedienindustrie.

Dieses übergreifende Versprechen erweitert die Wahrnehmung von Heidelberg zum Partner für alle Bereiche rund um die Produktion von Printmedien und setzt gleichzeitig auf Stärkung und Ausbau des existierenden Premiumimages. Die Zielposition der Dachmarke lässt sich auf alle Kundensegmente des Unternehmens, die sich aus den Geschäftsmodellen der Nachfrager ableiten, über spezifische Angebote anwenden.

Im Zuge des Markenmanagements wurde die Unternehmensidentität auf der Basis der identifizierten Markenwerte und Markentreiber neu ausgerichtet. Ein neu gestaltetes Corporate Design verdeutlicht dabei visuell die Stärken der Marke. Über Corporate-Behavior-Programme schult Heidelberg kontinuierlich seine Mitarbeiter, insbesondere in den vertriebsnahen Bereichen. Ein weltweit konsistentes Corporate-Communication-Konzept sorgt für die Integration von Kommunikationsmaßnahmen, damit alle markenprägenden Maßnahmen konsistent in die Identität der Dachmarke einzahlen.

3.2.2 Integrierte Kommunikation

Die kommunikative Umsetzung der Markenstrategie gestaltet Heidelberg nach dem Prinzip der Integrierten Kommunikation. Dieses besagt, dass einzelne Kommunikationsmaßnahmen dann eine maximale Gesamtwirkung erzielen, wenn durch eine sorgfältige Abstimmung ein hohes Maß an Konsistenz und Klarheit erreicht wird. (vgl. Kotler/Bliemel 1999, S. 968). Nach Kroeber-Riel (1993, S. 300ff.) sind hierbei insgesamt vier Dimensionen zu berücksichtigen (vgl. auch Abb. 2). So betrifft die Abstimmung sowohl inhaltliche als auch formale Aspekte der Kommunikationsmaßnahmen. Es gilt zudem die zeitliche Kontinuität aller Maßnahmen zu berücksichtigen (vgl.

Esch/Andresen 1996, S. 90ff.). Kommen Zielgruppen eines Anbieters in unterschiedlichen Regionen in Kontakt mit der Unternehmenskommunikation, so ist zusätzlich auf geografische Konsistenz zu achten. Diese vier Grundregeln setzen den Rahmen für sämtliche Kommunikationsmaßnahmen von Heidelberg, deren Integration im Folgenden dargestellt wird.

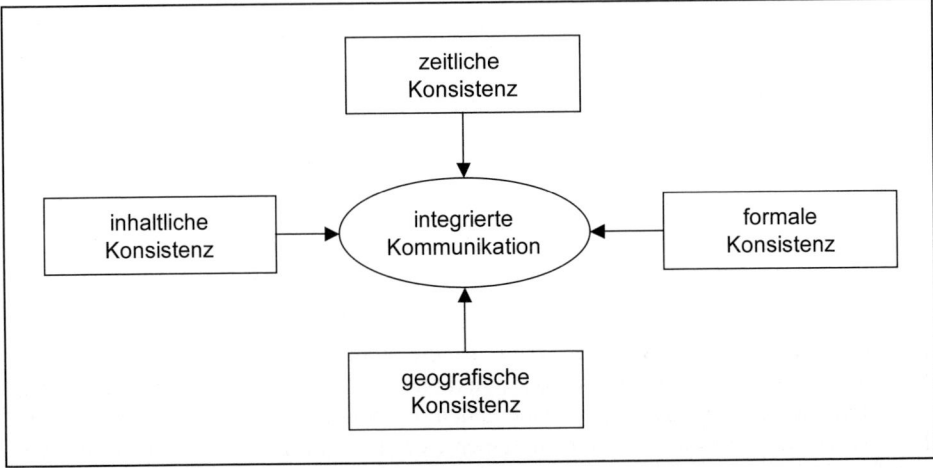

Abb. 2: Dimensionen der integrierten Kommunikation

Um eine formale Stimmigkeit zu gewährleisten, wurde ein Corporate Design entwickelt, welches das Selbstverständnis der Marke in einer einheitlichen Visualisierung widerspiegelt. Zentrales Element des einheitlichen Layouts ist das Markenlogo, dessen Verwendung klaren Richtlinien unterliegt (vgl. Abb. 3). Die konsequente Implementierung des neuen Corporate Designs schafft die Voraussetzung für eine schnelle und eindeutige Wiedererkennung der Marke und ist die Grundlage für ein hohes Maß an Kommunikationseffizienz (vgl. Kroeber-Riel 1993, S. 301ff.).

Abb. 3: Heidelberg-Markenlogo

Das neue Design kommt nicht nur bei Kommunikationsmaßnahmen und bei der Geschäftspapierausstattung zum Einsatz, sondern auch bei sonstigen markenbildenden Trägern, wie der Benutzeroberfläche von Software, den Software-Produktverpackungen oder der Corporate Fashion im Kundenkontakt. Auch die äußere Erscheinung der Produkte bleibt davon nicht ausgenommen und so unterstützt das überarbeitete Produktdesign in entscheidendem Maße die Kommunikation der Markenwerte.

Die inhaltlichen und formalen Vorgaben werden zeitlich konsistent über alle eingesetzten Instrumente des Kommunikationsmix hinweg eingehalten. Mit welchem Medium auch immer – Heidelberg wirbt weltweit einheitlich für seine Produkte, wobei länderspezifische Adaptationen regionale Kundenbedürfnisse berücksichtigen. Mit dieser geografischen Integration wird der zunehmenden Internationalität der Druckindustrie Rechnung getragen.

Die inhaltliche Konsistenz der Kommunikationsbotschaften leitet sich grundsätzlich aus der Zielposition der Marke Heidelberg ab. Um die vielfältigen konkreten Kommunikationsanlässe und -bedürfnisse des Unternehmens abzubilden, setzt Heidelberg auf eine Kommunikationsarchitektur mit den drei Ebenen Produkt-, Lösungs- und Markenkommunikation. Auf diese Weise trägt die Kommunikation zudem dem Informationsbedarf und der Interessenslage der unterschiedlichen externen Zielgruppen des Unternehmens Rechnung. Die drei Kommunikationsebenen werden über alle relevanten Kommunikationsinstrumente und Mediengattungen transportiert. Der von Heidelberg verwendete Kommunikationsmix nutzt die Instrumente Messe, klassische Werbung, Public Relations (PR), Direct Mail, Broschüren, Call Center (DMC), Outdoor, Internet und Folder (vgl. Abb. 4). Auf Grund der in Kapitel 1 dargestellten Vorzüge nimmt die Kommunikationsplattform Messe bei Heidelberg eine zentrale Stellung ein und soll daher Gegenstand einer genaueren Betrachtung sein.

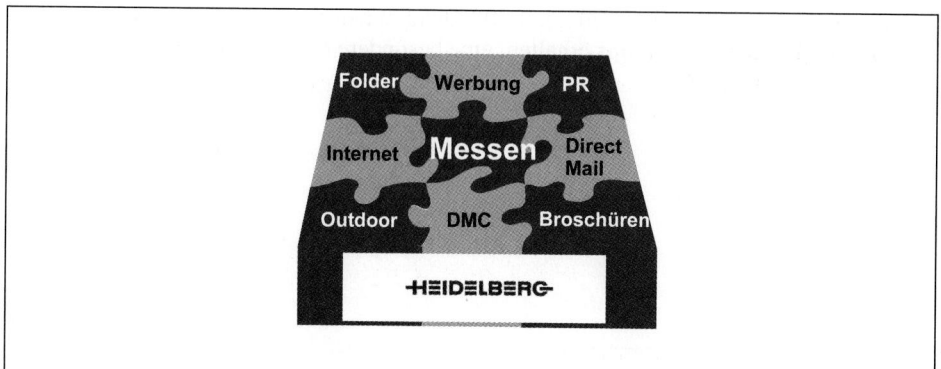

Abb. 4: Kommunikationsmix bei Heidelberg

3.3   Umsetzung durch Messen

Messebeteiligungen werden bei Heidelberg mit größter Sorgfalt konzipiert und umgesetzt. Insbesondere den großen Leitmessen der Printmedienindustrie kommt eine besondere Bedeutung zu. Dabei nimmt die im Vier-Jahres-Rhythmus veranstaltete drupa[1] in Düsseldorf als weltweit größte Branchenveranstaltung für die Druckmedienindustrie die wichtigste Stellung ein.

Ebenfalls alle vier Jahre zeigt sich Heidelberg auf der Print in Chicago, der IPEX[2] in Birmingham und der IGAS[3] in Tokio. Zusätzlich trägt Heidelberg durch seine jährliche Präsenz auf der CeBIT[4] in Hannover der kontinuierlichen Entwicklung hin zur Digitalisierung in der Printmedienindustrie Rechnung. Abbildung 5 stellt die wichtigsten Messebeteiligungen von Heidelberg in einer zeitlichen Übersicht dar. Daneben zeugt die Präsenz auf einer Vielzahl von kleineren, häufig national oder regional angelegten Messen von der Nähe zum Kunden mit der Möglichkeit der intensiven Beziehungspflege sowie der Ausrichtung auf teils spezifische Anwendungen rund um das Thema Produktion von Druckmedien.

Messen stehen für Heidelberg im Fokus der Marketingaktivitäten, da sie die Marke mit ihren abstrakten Werten in einer Intensität konkret erlebbar machen wie kein anderes Kommunikationsinstrument. Das Markenversprechen, das Heidelberg durch seine Kommunikationsaussagen transportiert, muss im Moment des direkten Kundenkontaktes eingelöst werden. Dieses positive Erlebnis soll sich bei jeder unmittelbaren Begegnung mit Produkten und Unternehmen einstellen. Aus diesem Grund zählen neben Branchenveranstaltungen auch die unternehmensseitigen Hausmessen, sog. Open Houses, zu den Höhepunkten im jährlichen Marketingveranstaltungskalender. Die Hausmessen finden in den eigenen Show-Rooms statt, von denen weltweit rund 130 existieren. Darunter nimmt das im Stammhaus in Heidelberg angesiedelte Print Media Center, in dem jährlich über 3 000 Besucher aus aller Welt auf ca. 4 500 Quadratmetern einen Überblick über einen Großteil des Leistungsspektrums erhalten, eine besondere Stellung ein.

---

[1] Die Abkürzung drupa steht für Print Media Messe für Druck und Papier.

[2] Die Bezeichnung IPEX kürzt International Printing Exhibition ab.

[3] Die Abkürzung IGAS bezeichnet International Graphic Arts Show.

[4] Das Kürzel CeBIT steht für die Fachmesse Centrum der Büro- und Informationstechnik.

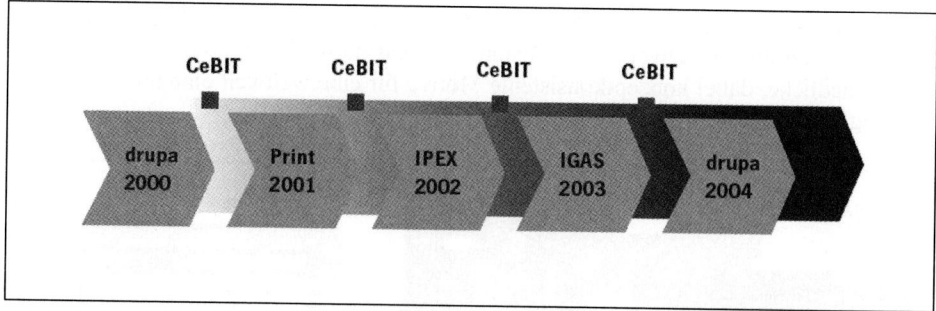

Abb. 5: Wichtigste Messebeteiligungen von Heidelberg in den Jahren 2000-2004

Heidelberg versteht seine Messebeteiligungen aus den eben genannten Gründen als zentralen Beitrag zur Markenführung. Von der Konzeption bis hin zur operativen Umsetzung der Messeauftritte werden sämtliche Anstrengungen konsequent auf die markenstrategischen Ziele ausgerichtet. Mit der Präsenz auf der Branchenleitmesse drupa setzt Heidelberg dabei alle vier Jahre ein Signal für den Markenkurs: Die Markenstrategie wird aus umfangreichen Analysen im Vorfeld abgeleitet, für die kommenden vier Jahre definiert und findet im drupa-Auftritt ihren ersten Kulminationspunkt.

So lautete die Aufgabenstellung für die drupa im Jahre 2000, Heidelberg als zukunftsorientiertes Traditionsunternehmen zu präsentieren. Der Auftritt sollte demonstrieren, dass das Unternehmen die Entwicklung vom klassischen Maschinenhersteller zum Lösungsanbieter vollzogen hat. Ein internes Positionierungspapier beschreibt die Herausforderung dergestalt: „Der Auftritt Heidelbergs stärkt die CI in diesem Sinne und hebt die Technologieführerschaft und Zukunftsorientierung bzw. -fähigkeit hervor. Heidelberg wird als innovativer, kompetenter und integrativer Lösungsanbieter von Tools für die gesamte Prozesskette von Prepress über Press bis Postpress sowohl für Kunden als auch für eigene Mitarbeiter ‚begreifbar' und ‚erlebbar' inszeniert.“

Abgeleitet aus dieser Markenstrategie mit vierjährigem Zyklus als Grundgerüst fungieren jeweilige Messemottos, die gewisse Schwerpunkte abbilden, als Klammer für das Messekonzept. Daraus leiten sich die zentralen Elemente des Auftritts ab, wozu die Präsentation der Exponate, die Standarchitektur und die Kommunikationsaktivitäten zählen.

Den Prinzipien der Integrierten Kommunikation folgen alle Aktivitäten im Vorfeld der Messe (z.B. Anzeigen, Direct Mailings, Pressemitteilungen), auf der Messe (z.B. Außenwerbung, Standgrafiken) und im Anschluss an den Messeevent (z.B. Follow-up-Mailings). Hierbei steht die Nutzung des Synergiepotenzials des komplexen Kommunikationsinstruments Messe im Vordergrund (vgl. Prüser 1997, S. 65ff.). So kamen bspw. im Vorfeld der drupa 2000 die in Abbildung 6 in Ausschnitten aufgezeigten Kommunikationsinstrumente abgestimmt zum Einsatz. Eine global angelegte Testimonial-Werbekampagne wies in 26 Ländern und 15 Sprachen auf die Heidelberg-Präsenz hin. Unterschiedliche länderspezifische Gegebenheiten machten es notwendig, die Anzeigen

lokal anzupassen, z.B. durch die Wahl des Motivs oder den Schwerpunkt des eingesetzten Texts, und die Sprachversion zu adaptieren. Auf diese Weise fanden insgesamt 49
unterschiedliche, dabei konzeptkonsistente Motive für eine weltweit einheitliche Imagewirkung Verwendung.

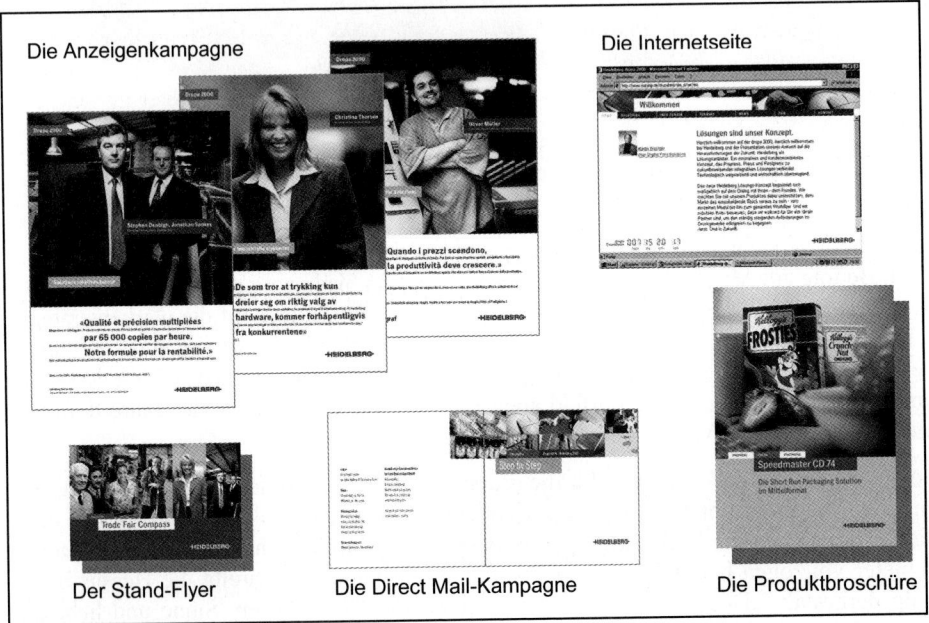

Abb. 6: Beispiele der integrierten Kommunikationsaktivitäten im Vorfeld der drupa
        2000

Auf Grund der stark erklärungsbedürftigen Produkte spielen Broschüren bei der Vermittlung von Information über das Angebot zur Erstellung von Printmedien eine wichtige Rolle. So kamen für die drupa 2000 über 150 einheitlich gestaltete Informationsbroschüren in neun Sprachen weltweit zum Einsatz, die großteils während und nach der
Messe an die Besucher ausgegeben bzw. verschickt wurden.

Im Kommunikationsmix von Heidelberg ist zudem die direkte Ansprache unterschiedlicher Zielgruppen fest verankert, wobei Push- und Pull-Medien Verwendung finden. Die
Push-Instrumente sorgen in diesem Zusammenhang dafür, den Kunden aktiv mit Informationen zu versorgen, wohingegen er über unternehmensseitig zur Verfügung gestellte
Pull-Instrumente selbsttätig und seiner Interessenslage gemäß recherchieren kann. Zu
den Push-Instrumenten gehören mehrstufige Direct Mail-Kampagnen, die den potenziellen Besucher mit dem Messeangebot und dem damit verbundenen Nutzen vertraut
machen. Eigene Call Center unterstützen die direkte Ansprache. Das Resultat des Kom-
munikations-Controllings der CeBIT 2003 unterstreicht die Wirkung des kombinierten

Einsatzes von Direct Mail und Nachverfolgung durch das Call Center: Die Rücklaufquote für die Mailing- und Telefonmarketingaktion lag bei einer eindrucksvollen Gesamtresponse von 18 Prozent.

Im Internet als Pull-Medium werden umfassende Informationen zum Messeauftritt bereitgestellt; der Web-Auftritt ist formal mit dem Kommunikationskonzept verzahnt. Alle messebezogenen Medien weisen auf die spezielle Internetseite hin; teilweise wird die Web-Seite zusätzlich beworben. Auf diese enge Einbindung in den Messekommunikationsmix führt man bei Heidelberg die hohe Zugriffsrate und Verweildauer zurück. Die zur drupa 2000 gestaltete Web-Seite verzeichnete bspw. alleine im Messemonat Mai 30 000 Log-ins mit einer durchschnittlichen Verweildauer von zehn Minuten.

Heidelberg setzt bei der Kommunikation während der Veranstaltungsdauer zusätzlich auf die Außenwerbung, um den Besucher vor Ort auf die Marke und die Messepräsenz einzustimmen. So wiesen anlässlich der drupa 2000 mehrere Outdoor-Kampagnen an den Zufahrten zum Messegelände, auf dem Messegelände selbst, in der Stadt Düsseldorf und an zahlreichen zentralen Anlaufpunkten, wie dem Flughafen Düsseldorf, auf den Auftritt von Heidelberg hin. Taxis und Busse trugen das Unternehmenslogo verbunden mit dem Hinweis auf die Messepräsenz ebenso wie Großflächenplakate, Flaggen und Litfaßsäulen.

Im Rahmen der Messeveranstaltung selbst zielt Heidelberg darauf ab, sich in einer die Bedeutung des Unternehmens reflektierenden Größenordnung vorzustellen und damit die Marktführerschaft zu unterstreichen. So präsentierte sich Heidelberg auf der drupa 2000 in zwei Hallen und zwei Außenpavillons mit einer Fläche von über 12 500 Quadratmeter. Über 3 000 Mitarbeiter und Servicekräfte unterstützten den Auftritt während der zweiwöchigen Messe. Auch wenn solche Größendimensionen nur bei den bedeutendsten Veranstaltungen zum Tragen kommen, legt man großen Wert darauf, die Markenwerte des Unternehmens auch bei Auftritten in kleinerem Umfang zu reflektieren. Häufig erreicht man eine Konsistenz auch dadurch, dass Messekonzepte, die sich bei einer Veranstaltung bewährt haben, unter Berücksichtigung örtlicher Vorgaben und inhaltlicher Schwerpunkte modifiziert werden und danach erneut zum Einsatz gelangen.

Bei der Standgestaltung setzt man bei Heidelberg auf übersichtliche und transparente Strukturen, die die Markenwerte Klarheit und Offenheit abbilden. Aus einem flexiblen System architektonischer Grundformen leiten sich maßgeschneiderte Baukörper für Meeting- und Cateringbereiche ab, die den Stand in übersichtliche Bereiche für die Ausstellung von Produkten, den Raum für Live-Präsentationen und Bereiche für den persönlichen und ungestörten Dialog mit dem Kunden gliedern. Zentrale Anlaufstellen, wie die beiden „Reception Desks" auf der CeBIT 2003, unterstützen die einfache und schnelle Orientierung am und durch den Stand. Sitemaps erleichtern in Kombination mit einem Farbleitsystem das Auffinden einzelner Standbereiche.

Sämtliche Standbauten sind formal einheitlich nach den Richtlinien des Corporate Designs gestaltet. Die drei Heidelberg-Hausfarben rot, blau und grau bzw. silber dominieren die architektonischen Elemente. Kernaussagen des Messekonzepts werden durch an den Aufbauten angebrachte Slogans explizit kommuniziert (z.B. „Discover the World of Digital Print", CeBIT 2002).

Bei der Vorstellung seiner Problemlösungen hat das Unternehmen den Weg der interaktiven Präsentation eingeschlagen und diesen Ansatz im Verlauf der letzten Jahre konsequent weiterentwickelt. Heidelberg präsentiert auf großen Standflächen Lösungsangebote für unterschiedlichste Aufgabenstellungen der Printmedienproduktion, um für den Standbesucher das Leistungsspektrum und die Produktionsprozesse greifbar und erlebbar zu machen und so intensive Berührungspunkte mit der Marke und ihren Produkten zu schaffen. Ziel ist es dabei, den Besucher maximal in die Prozesse einzubinden. Ein Beispiel hierfür ist das Standangebot auf der CeBIT 2002, das den Besuchern in einem einzigen Prozess die individuelle, softwaregesteuerte Konfiguration der Ausstattung eines Audi TT Roadsters ermöglichte, zu dem in einem digitalen Druckprozess unmittelbar eine individualisierte Produktbroschüre erstellt wurde. Auch die Themen Service und Brainware sind integrale Bestandteile des Messeauftritts und stehen gleichwertig neben dem Angebot von Hard- und Software.

Die Problemlösungen richten sich dabei an die unterschiedlichen Kundensegmente von Heidelberg. Diese zielgruppenorientierte Ansprache spiegelt sich in einem spezifischen Angebot für die einzelnen Kundengruppen wider, das deren besonderen Anforderungen Rechnung trägt. Der Besucher wird innerhalb einer solchen sog. Solution Area von Unternehmensmitarbeitern mit den einzelnen Produkten, deren Funktionalitäten und dem Zusammenspiel der Komponenten vertraut gemacht. Um die Leistungsfähigkeit der Lösungen direkt auf der Messe unter Beweis zu stellen, produziert Heidelberg unter „Live-Bedingungen" auf Basis realer Druckjobs fertige Druckprodukte, die als Hand-outs verteilt werden.

Zudem sorgen Präsentationen mit einem oder mehreren Rednern für generelle Informationen über das Angebot Heidelbergs für das jeweilige Kundensegment. Verschiedene Animationen und grafische Darstellungen sowie Live-Schaltungen in diejenigen Bereiche des Produkts, die von der Zuschauertribüne aus nicht unmittelbar einsehbar sind, unterstützen das Präsentationsformat. Darüber hinaus finden Präsentationen statt, die sich mit ihrem Inhalt an alle Standbesucher gleichermaßen richten. So stand bei der Print 2001 das Softwarekonzept Prinect von Heidelberg im Vordergrund, dessen Produkte den gesamten Produktionsvorgang von der kaufmännischen Kalkulation über die Druckvorstufe und den Druck bis zur Weiterverarbeitung steuern, verbinden, beschleunigen und sichern.

Ein entscheidender Faktor für den Messeerfolg ist das Standpersonal (vgl. Lipkowski 2002, S. 94f.). In Zeiten der Informationsgesellschaft, die sich zunehmend der computerbasierten Kommunikation bedient, sind persönliche Kontakte besonders wertvoll. Zur erfolgreichen Face-to-Face-Kommunikation muss das Standpersonal optimal vorbereitet sein. Trainings zum Leistungsangebot und generelle Verkäuferschulungen schaffen die Voraussetzung für motiviertes, selbstständiges und konsistentes Agieren des Standpersonals (vgl. Falcke/Spryß 2000, S. 112). Interne Schulungen und Kommunikationsmaßnahmen nehmen deshalb bei Heidelberg einen festen Platz bei den Vorbereitungen aller Messeauftritte ein. Da das Unternehmen, wie bereits erwähnt, in einem vierjährigen Zyklus teilweise einschneidende Veränderungen am Markenkurs vornimmt, wird die Einbindung der Mitarbeiter letztlich im Unternehmen sogar als der zentrale Faktor betrachtet, der über Erfolg oder Misserfolg der neuen Richtung entscheidet. Damit der Kunde die Marke widerspruchsfrei erfahren kann, muss der Mitarbeiter in der Lage sein, die Markenwelt konsistent zu vermitteln und das Markenversprechen jederzeit einzulösen. Dies greift selbstverständlich weit über den zeitlichen Rahmen einer Messe hinaus; die Veranstaltung selbst dient häufig als Antriebsfeder für die Umsetzung strategischer Veränderungen.

Im Rahmen des auf die Markenstrategie ausgerichteten Corporate-Behavior-Programms von Heidelberg werden insbesondere die Mitarbeiter mit Kundenkontakt auf internationaler Ebene geschult. Im Vorfeld der drupa 2000 bspw. erhielten insgesamt 4 000 weltweit verteilte Mitarbeiter eine spezifische Schulung, die sie mit der neuen Unternehmensidentität vertraut machte. Hierbei werden neben dem persönlichen Training, das häufig im Sinne eines kaskadenförmigen „Train the Trainer"-Konzepts abläuft, zusätzlich neue Medien eingesetzt, um den international angesiedelten Mitarbeiterstamm effizient in die Schulungsmaßnahmen einbeziehen zu können. Interne Informationsbroschüren liefern Mitarbeitern und Servicekräften Antworten auf potenziell auftretende Fragen.

Mit einer derartigen Qualifikation des Standpersonals sind die Voraussetzungen für einen umfassenden Informationsaustausch geschaffen. Heidelberg versteht seine Messebeteiligungen als Chance, im Rahmen eines informativen Dialogs mit den Kunden ein tieferes Verständnis für deren Bedürfnisse zu gewinnen, um kontinuierliche Verbesserungen der angebotenen Problemlösungen zu erzielen. Das Standpersonal ist deshalb aufgefordert, aktiv den Dialog mit den Kunden zu suchen.

Im Nachgang zu jeder Messe finden umfangreiche Nachfassaktivitäten statt. So veranstalteten die Heidelberg-Vertretungen nach der IPEX 02 weltweit eine Nachlese in Form von Vorträgen für Kunden und die eigenen Mitarbeiter. Die Bearbeitung der erfassten Kontakte startet noch während des laufenden Messebetriebes und resultiert in einer Fülle von Maßnahmen in den Märkten wie dem Angebot von Kundenbesuchen und Produktdemonstrationen, dem Zurverfügungstellen von Informationsmaterial oder speziellen Angeboten des Technischen Services. Die Follow-up-Aktivitäten werden durch klar definierte Prozesse der Messenachbereitung sichergestellt. Zur Messenachbereitung zählt ebenfalls die Erstellung von internen Dokumentationen und die Archivierung der eingesetzten Maßnahmen. Als Basis für detaillierte Feedbacklisten mit den „Lessons Learned" der Messe dienen zudem die Ergebnisse interner Befragungen, in denen die für die Messeveranstaltung tätigen Mitarbeiter ihre Rückmeldung liefern. Die interne Rückkopplung nimmt man bei Heidelberg insbesondere auch deshalb sehr ernst, weil sie zeigt, inwieweit die hinter dem Messekonzept stehende Markenstrategie Akzeptanz und Umsetzung durch die Mitarbeiter findet.

3.4   Qualitätsstandards der Messepräsenz

Um einen konsistenten Markeneindruck zu erzeugen, sind gleichbleibende Erschei-
nungsform und Qualität des Auftritts auf den unterschiedlichen Messen von zentraler
Bedeutung. Dies trifft nicht nur auf die vier eingangs in Kapitel 3.3 bezeichneten Leitmessen der Printmedienbranche zu. Gerade auch nationale oder lokale Messen tragen
entscheidend zur Imagebildung bei. Nicht jeder Kunde kann oder will sich eine Reise
nach Japan oder in die USA zu einer der großen Branchenveranstaltungen leisten, gerade
dann, wenn er sich nur für eine sehr spezielle Fragestellung interessiert. Den kleineren
Messen, die oftmals Spezialaspekte abdecken und die einen engeren Kundenkontakt ermöglichen, kommt damit hohe Bedeutung für die Pflege der Kundenbeziehung und die
Markenbildung zu.

Für ein Unternehmen, das wie Heidelberg in über 170 Ländern dieser Welt tätig ist, stellt
sich damit die Herausforderung, einen global konsistenten Messeauftritt zu gewährleisten - handele es sich um einen Informationsstand von wenigen Quadratmetern oder einen
Auftritt mit über 10 000 Quadratmeter Fläche. Bei Heidelberg verfolgt man dieses Ziel
durch die Bereitstellung von sog. Guidelines, Rahmenrichtlinien, die die unterschiedlichen Aspekte eines Messeengagements berücksichtigen. Neben generellen Richtlinien
zur Anwendung des hauseigenen Corporate Designs existieren spezielle Vorgaben zum
Thema Messe. Diese sind häufig in Form von Checklisten gestaltet und erleichtern damit
dem Nutzer eine einfache und verständliche Organisation des Auftritts, der den unternehmensweiten Maßgaben folgt. Unterstützend stehen den lokalen Messestandorganisa-
toren Spezialisten zum Thema Messe aus dem Stammhaus zur Seite.

3.5   Erfolgskontrolle

Zu den zentralen Kenngrößen, an denen Heidelberg den Erfolg einer Messe festmacht,
gehören die Anzahl der verkauften Produkte und der erzielte Umsatz. Der nach den neu-
en Zielsetzungen der strategischen Markenführung gestaltete Auftritt auf der drupa 2000
war bspw. ein außerordentlicher Erfolg. Heidelberg konnte Aufträge im Gesamtwert von
1,5 Milliarden Euro entgegennehmen und das Planungsziel von 0,7 Milliarden Euro damit weit übertreffen. Diese Zahlen belegen eindrucksvoll den ökonomischen Messeerfolg.

Zu einer umfassenden Beurteilung des Messeerfolgs sind jedoch rein ökonomische
Kennzahlen unzureichend (vgl. auch Zanger 2000, S. 115ff.). Es treten weitere, ebenfalls
quantitative Größen hinzu. Nicht jedes Gespräch mit einem Besucher führt in direkter
Konsequenz noch auf der Messe zum Vertragsabschluss. Aus einem Messekontakt kann
durch weitere Betreuung seitens der Vertriebsorgane nach der Veranstaltung ein Pro-
duktverkauf resultieren. Um der Abgrenzungsproblematik des der Messe zuzuordnenden

Umsatzes zu entgehen, zählt nicht nur der dort direkt erzielte monetäre Erfolg. Heidelberg bewertet vielmehr auch die auf einer Messe erzielten Besucherkontakte sehr hoch. Diese werden mit den jeweiligen Interessensschwerpunkten über standardisierte Bögen auf dem Stand erfasst.

Diese sog. „Lead-Bögen" erlauben eine Klassifizierung der Qualität des Kontakts. Die Unterteilung erfolgt dabei in drei Stufen, die u.a. das geäußerte Interesse am Produktspektrum und den Wunsch nach zusätzlicher Information reflektieren. Im Rahmen des Customer-Relationship-Programms werden die erfassten Kontakte im Anschluss an die Messeveranstaltung betreut. In Abhängigkeit seines geäußerten Informationsbedarfs erhält der Interessent z.B. Literatur über Heidelberg-Produkte, einen Vorschlag für einen Besuchstermin durch einen Vertriebsmitarbeiter oder einen Anruf durch das Call Center zur Klärung konkreter Fragen. Die auf diese Weise weiterqualifizierten Messekontakte fließen ebenfalls in die Messeerfolgsstatistik ein.

Neben den vorgenannten Kenngrößen geben weitere Informationen Auskunft über den Erfolg einer Messe. Insbesondere vor dem Hintergrund der Erfüllung markenstrategischer Ziele führt Heidelberg qualitative und quantitative Befragungen durch, um die Imagewirkung der Messeauftritte zu kontrollieren. Hierbei stehen Facetten, die den Messeauftritt, die Vorfeldkommunikation, die Betreuung am Stand etc. betreffen, im Fokus. Daneben verfolgt die Abfrage von image- und positionierungsbezogenen Statements den Zweck, den eingeschlagenen Markenkurs einem kontinuierlichen Monitoring zu unterziehen. Für jede einzelne Messe lassen sich basierend auf den durch die Befragungen gewonnenen Daten Erfolg und ebenso Verbesserungspotenziale identifizieren. Interessant sind darüber hinaus Zeitvergleiche. Diese berücksichtigen einerseits die Umfrageergebnisse der gleichen Messe über mehrere Jahre hinweg und lassen damit auf teils recht konkrete Veränderungen bzw. Verbesserungsbedarf schließen. Andererseits kommt über eine Batterie gleichlautender Fragen die Möglichkeit hinzu, Aussagen zum Markenimage und zur Markenpositionierung über mehrere Messen hinweg zu spiegeln. Dies erlaubt den Rückschluss darauf, wie das Kommunikationsinstrument Messe die Imageziele der Marke Heidelberg mittel- und langfristig unterstützt.

4. Fazit und Ausblick

Das Beispiel Heidelberg zeigt, wie sich mit Messeauftritten, die konsequent auf die Zielsetzungen der Markenstrategie ausgerichtet sind und durch integrierte Kommunikationsmaßnahmen flankiert werden, ein hohes Maß an Kommunikationseffizienz erreichen lässt. Heidelberg wird daher auch in der Zukunft selbst in Zeiten schwieriger konjunktureller Rahmenbedingungen an Messeauftritten festhalten und diesen eine zentrale Stellung im Kommunikationsmix einräumen.

5. Literaturverzeichnis

AUSSTELLUNGS- UND MESSE-AUSSCHUSS DER DEUTSCHEN WIRTSCHAFT, Die Messewirtschaft 1998/99, Köln 1999.

AUSSTELLUNGS- UND MESSE-AUSSCHUSS DER DEUTSCHEN WIRTSCHAFT, Jahresbericht 2001, www.auma.de.

BELZ, C./KOPP, K.-M., Markenführung für Industriegüter als Kompetenz und Vertrauensmarketing, in: Bruhn, M. (Hrsg.), Handbuch Markenartikel, Bd. 3, Stuttgart 1994, S. 1577-1601.

ESCH, F.-R./ANDRESEN, T., 10 Barrieren für eine erfolgreiche Markenpositionierung und Ansätze zu deren Überwindung, in: Tomczak, T./Rudolph, T./Roosdorp, A. (Hrsg.), Positionierung – Kernentscheidung des Marketing, St. Gallen 1996, S. 78-94.

FALCKE, J./SPRYß, W. M., Messestände müssen funktionieren, in: Absatzwirtschaft, 43. Jg., 2000, S. 112.

HELMICH, H., Dynamik im Messe-Marketing der deutschen Investitionsgüterindustrie, Hamburg 1998.

HOMBURG, C./KROHMER, H., Marketingmanagement, Wiesbaden 2002.

KEMPER, A. C., Strategische Markenpolitik im Investitionsgüterbereich, Köln 2000.

KOTLER, P./BLIEMEL, F., Marketing-Management – Analyse, Planung, Umsetzung und Steuerung, 9. Aufl., Stuttgart 1999.

KROEBER-RIEL, W., Bildkommunikation, München 1993.

LIPKOWSKI, S., Messefaktor Mensch, in: Absatzwirtschaft, 45. Jg., 2002, S. 94-95.

NIESCHLAG, R./DICHTL, E./HÖRSCHGEN, H., Marketing, 19. Aufl., Berlin 2002.

OELSNITZ, D. V.D., Investitionsgüter als Markenartikel, in: Markenartikel, 57. Jg., Nr. 6, 1995, S. 252-259.

PRÜSER, S., Messemarketing – ein netzwerkorientierter Ansatz, Wiesbaden 1997.

UEDING, R., Management von Messebeteiligungen – Identifikation und Erklärung messespezifischer Grundhaltungen auf Basis einer empirischen Untersuchung, Frankfurt am Main 1998.

ZANGER, C., Messeeffizienz-Bewertung und Medienvergleich, in: Absatzwirtschaft, 43. Jg., 2000, S. 114-120.

Hans Stettmeier

Ziele und Nutzen von Messebeteiligungen aus Ausstellersicht der Microsoft Deutschland GmbH

1. Wandel der Messelandschaft

2. Erfolgreiche Messebeteiligung durch kombinierte Zielerreichung

3. Fazit

Hans Stettmeier ist Direktor der Home & Entertainment Division und Mitglied der Geschäftsführung der Microsoft Deutschland GmbH, Unterschleißheim.

1. Wandel der Messelandschaft

Die Messelandschaft befindet sich in einem starken Wandel. Selbst sehr etablierte Messen, wie die CeBit Hannover, die IFA Berlin und die Buchmesse Frankfurt, können in letzter Zeit nur rückläufige Ausstellerbeteiligungen und Besucherzahlen verzeichnen. Die Liste namhafter Unternehmen, die überraschend von etablierten Messen fernbleiben, wird ständig größer.

Auf den ersten Blick erwartet man, dass das Fernbleiben eines namhaften Unternehmens von einem bekannten Messeformat mit einem Image-Verlust einhergeht. Oft leistet dann die jeweilige Branche sogar eine zumindest temporär angespannte finanzielle Situation ab.

In der jüngsten Vergangenheit gibt es jedoch populäre Fälle, bei denen die Unternehmensentscheidungen eindeutig anhand der zu erwartenden unzureichenden Ergebnisse zu einem Fernbleiben geführt haben. Bei der Microsoft Deutschland GmbH war dies zuletzt bei der CeBIT Home der Fall, die in Leipzig stattfinden sollte und die schlussendlich auf Grund der sich dann häufenden Absagen sogar ganz absagt wurde.

Der Grund für unsere frühzeitige Absage war, dass das Format der CeBIT Home nur teilweise für die Erreichung der Ziele aussichtsreich erschien und somit der Nutzen für unser Unternehmen nicht mehr in einer vernünftigen Relation zu der Investition stand.

2. Erfolgreiche Messebeteiligung durch kombinierte Zielerreichung

Für einen erfolgreichen Messeauftritt müssen mehrere Ziele in Kombination zu erfüllen sein. Nur so können die hohen Kosten, die neben den unmittelbaren Messekosten auch noch die Kosten der in erheblichem Umfang gebundenen Ressourcen beinhalten, in Ergebnisse umgewandelt werden.

In der Vergangenheit hat man den Erfolg einer Messebeteiligung hauptsächlich an den auf der Messe eingegangenen Aufträgen gemessen. Dabei wurden Messesonderkonditionen gewährt, um die teils hoch gesetzten Ziele schlussendlich zu erreichen. In der Realität war es jedoch so, dass die Aufträge lediglich auf den Messeauftritt konzentriert wurden und die Umsätze eigentlich zu für das Unternehmen schlechteren Konditionen getätigt wurden. In der Jahresbetrachtung führte das bei einem Unternehmen, das über einen aktiven, funktionierenden Vertrieb verfügt, aller Wahrscheinlichkeit nach zum gleichen Ergebnis, wie es ohne Messeauftritt ebenfalls erreichbar gewesen wäre. Insofern sehen wir von Messesonderangeboten ab. Der Vorteil, eine Vielzahl von Kunden auf effiziente Art zu treffen, ist jedoch zweifelsfrei gegeben.

Die erstmalige Vorstellung bzw. die Neuankündigung von Produkten wird ebenfalls meist in der Verbindung mit Messen getätigt. Auch hier ist ein deutlicher Wandel zu verzeichnen. Wurden in der Vergangenheit insbesondere auf der CeBIT und der IFA Innovationen und neue Technologien mit großer Aufmerksamkeit bei der Öffentlichkeit vorgestellt, so ist das heute nur noch selten der Fall. Zum einen sind teilweise die Innovationszyklen so kurz, dass man nicht auf das nächste Messeformat warten will, zum anderen gibt es heute zahlreiche Kommunikationswege, insbesondere das Internet, die sich ganzjährig zu jedem Zeitpunkt für Produktankündigungen eignen. Es gibt noch einige wenige internationale Formate, wie die E3 in Los Angeles für Digitales Entertainment oder die Buchmesse in Frankfurt, deren Hauptmerkmal die Neuvorstellung von Titeln ist.

Ziel aller Aussteller auf Messen ist es natürlich so viele Besucher wie möglich auf dem Messestand zu treffen und diesen ihre Produkte näher zu bringen. Deshalb veröffentlichen viele große Messen auch täglich ihre Besucherzahlen. Dabei können die Aussteller mit bekannten Namen bzw. mit namhaften Marken in der Regel davon ausgehen, dass alle relevanten Besucher ihren Stand ohnehin besuchen. Die Zahl der Kontakte ist nicht die entscheidende Messgröße, sondern vielmehr die Qualität der Kontakte, die allerdings in der Regel kurzfristig schwer messbar ist. Es haben auch nur wenige Unternehmen die Systeme, ihren auf der Messe getätigten Neukontakten dann die tatsächlichen, in der Regel viel später getätigten Geschäftsabschlüsse eindeutig zuzuweisen.

Einer der wohl wichtigsten Faktoren von relevanten Messen ist das Medieninteresse. Davon hängt in der Regel auch meist ein erfolgreicher oder weniger erfolgreicher Messeauftritt ab. Die Medien bestimmen über ihre Berichterstattung, welche Trends oder Neuheiten von einer Messe ausgehen. Sie können Produkten sehr große Aufmerksamkeit bei den Zielgruppen, aber insbesondere auch in der Öffentlichkeit, verschaffen. Sie können aber auch den Stellenwert von marketingtechnisch hoch gelobten Produkten relativieren. Bei sehr großen Messen mit sehr vielen Ausstellern und Produkten kann es aber auch passieren, dass vielversprechende Produkte in der übergroßen Produkt- und Informationsvielfalt schlichtweg untergehen. Gute PR und Branchen-Events können jedoch für die entsprechende Aufmerksamkeit sorgen und sogar dazu beitragen, Themen in der Öffentlichkeit positiv zu emotionalisieren.

Stellt man den Kostenfaktor eines guten Messeauftrittes eines namhaften Unternehmens mit Markenprodukten als Absolutbetrag in Relation zu den Kosten anderer Marketingmechanismen, so kann in der heutigen Zeit durch vorher geschilderte Ziele und den jeweils ableitbaren Nutzen im Einzelfall keine Messebeteiligung mehr gerechtfertigt werden. Die Ziele und der daraus resultierende Nutzen sind durch andere gezielte und kostengünstigere Maßnahmen ebenso erreichbar.

3. Fazit

Erst die Kombination von Zielen und der daraus zusätzlich entstehende Nutzen machen Messeauftritte wieder zu einer sinnvollen Investition. Auch wenn z.B. für Handelskontakte allein der Messeauftritt nicht notwendig ist, die Besucherzahl in Relation zum Kontaktpreis den Messeauftritt ebenfalls nicht lohnenswert erscheinen lässt und auch eine einzeln aufgesetzte Pressekonferenz außerhalb der Messe erfolgen könnte, so kann dennoch die Kombination den entscheidenden Nutzen bringen. Denn wenn der Handel die Reaktion auf die Produkte durch die Endkundenzielgruppen sieht und die Medien davon die neuesten Trends für die nächste Verkaufssaison ableiten und entsprechend darüber berichten, erhält ein Messeauftritt dadurch eine neue Qualität.

Diese Kombination gilt es bei der Formulierung der Ziele und der Ableitung des jeweiligen Nutzens mit einer entsprechenden Gewichtung je nach Positionierung des Unternehmens zu berücksichtigen.

Hermann Fuchslocher

Outfitmessen 2000 plus – Anforderungen der Bekleidungs-, Sport- und Schuhindustrie an die Messen der Zukunft

1. Einführung

2. Ausgangssituation

3. Ergebnisse
   3.1 Branchenkompetenz
   3.2 Zeitpunkt(e) der Messe
   3.3 Bedeutung des Messeplatzes
   3.4 Internationalität der Messe
   3.5 Messemanagement
   3.6 Kosten

4. Was ist zu tun?

Dipl.-Kfm. Hermann Fuchslocher ist geschäftsführender Gesellschafter der HFU Hermann Fuchslocher Unternehmensberatung GmbH, Düsseldorf.

1. Einführung

Wie kaum eine andere Branche befindet sich die „emotionale" Mode- bzw. Outfitbranche im Umbruch. Innovation, Produktion und Distribution rund um die Welt, sich verändernde Angebotsrhythmen, neue Retailkonzepte, neue Kooperationen und neue Angebotsformen stellen die Branche und ihre Messen vor neue Herausforderungen. Die Bewertung der Anforderungen der Outfitindustrie an ihre Messen wird daher immer schwieriger. Kaum ein Outfitanbieter ist heute bereit, eine eindeutige, langfristige und verbindliche Konzeption seiner Messestrategie zu formulieren.

Im Rahmen der Messemarktanalysen 2001 und 2002 wurden von der HFU Hermann Fuchslocher Unternehmensberatung, Düsseldorf, internationale Meinungsführer der Bekleidungs-, Sport- und Schuhbranche anonym befragt. Die Ergebnisse, aus denen die Bewertung der Anforderungen an Messen hervorgeht, werden im Folgenden erläutert.

2. Ausgangssituation

Ein kurzer Vergleich der Marktsituation 1980 und 2010 sei an den Anfang der Analyse gestellt, um die Dimension der Veränderungen in der Branche zu verdeutlichen: 1980 standen weitgehend homogene Anbieter weitgehend homogenen Nachfragern gegenüber, um die Warenversorgung für Frühjahr/Sommer und Herbst/Winter zu klären. Das taten sie zwei- bis viermal im Jahr auf den Mode- und Schuhmessen, die zwischen März und April bzw. September und Oktober stattfanden. Es gab eine Haupt- und eine Nachmusterung pro Saison, wobei die Messen die maßgeblichen Termine im Informations- und Orderprozess darstellten. Messen präsentierten sich branchen- und zielkongruent und die Branche traf sich zwei- bis viermal jährlich auf dem für sie wichtigsten Kommunikations-, Distributions- und vor allen Dingen Dispositionsinstrument Messe, um zu sprechen. Heute und zukünftig hingegen ist von einer vielfältigen Zielkonkurrenz der Messeteilnehmer auszugehen. Zum einen ist es oftmals das Ziel, sich der Branche überdimensional, sporadisch und nicht kontinuierlich zu zeigen oder als Subcontracter mehr oder weniger als Händler zu operieren und später vielleicht gekonnt kopierend sich selbst als Marke zu beweisen, eigene Shopsysteme bzw. IT-Angebote zu präsentieren oder gute Ideen, wie es der Handel besser machen könnte, zu offerieren. Die eigentliche Ware hingegen hat man dem wichtigen Großabnehmer schon vor den Messen gezeigt. Die neue Ware wird nicht selten aus Liquiditätsgründen erst später im eigenen Showroom oder im Haus zu ordern sein. Wen man künftig nur auf Messen sehen möchte, sind Neukunden, gute Häuser und internationale Einkäufer zur Erschließung der Exportmärkte. Die traditionellen Stammkunden werden lieber später zwecks intensiver Informations- und Ordermöglichkeit in das Mode-, Schuh- oder Sportzentrum gebeten. Dort finden sie sich sowieso meist besser zurecht, seitdem die Messen permanent neu aufgeplant werden und die Anbieter nach Lifestyle-Welten sortiert platziert werden, die eigentlich nur sie selbst verstehen und weniger die Kunden.

Auf den Ständen findet eine elektronische Besucherregistrierung statt – eine Art fiktive Erfolgskontrolle –, um unliebsame Besucher oder interessierte Mitbewerber auszusortieren. Damit werden der ursprünglichen Emotionalität der Outfitmessen Grenzen gesetzt. Priorität hat hingegen das Motto „sehen und gesehen werden" – sei es auf dem abendlichen Branchenevent oder der medienwirksamen Modenschau, die weniger als Informationsplattform, sondern vielmehr als Selbstdarstellungsplattform der Messen selbst bewertet wird. Auch wenn diese Darstellung sicherlich zum Teil übertrieben ist, muss doch festgehalten werden, dass bei allen Divergenzen der Messeziele der verschiedenen Messeteilnehmer die persönliche Kommunikation der Branche von Industrie und Handel zu 100 Prozent als der Erfolgsfaktor schlechthin genannt wird. Neben dem Dialog von Angesicht zu Angesicht steht das haptische Gefühl bezüglich der Ware in der heutigen multimedialen Welt wie nie zuvor auf den Messen im Vordergrund.

Eigentlich verstehen sich alle Messeteilnehmer der Mode- und Outfitbranche als Partner des Facheinzelhandels. Es gibt aber nicht mehr den Anbieter von früher, der nicht selbst auch Händler ist, bzw. den Händler, der nicht durch eigene Produktion – sei es durch ihn selbst oder seine Verbundgruppe – auch Industrie spielt. Die textile Kette inklusive Leder- oder Hightech-Materialien auf Messen unter einen Hut zu bekommen, wird immer schwieriger.

War man in der Vergangenheit bemüht, das Angebot strikt nach Damen-, Herren-, Kindermode, Sport und Schuhen zu segmentieren, findet man heute zunehmend eine lifestylebezogene Angebotsphilosophie von Kopf bis Fuß oder Spezialisierung auf einzelne Sportsegmente wie Bike oder Outdoor. Gleiches gilt auch für die Nachfrageseite. Auch hier finden neben den regionalen Messeveranstaltungen von Distributionssystemen, Lizenzgebern oder Vertretern zunehmend eigenständige Messeveranstaltungen der Einkaufsverbände statt, die die Notwendigkeit der eigentlichen Branchenmesse nicht zuletzt unter Kosten-/Nutzengesichtspunkten infrage stellen können.

Ohnehin sind die „Alternativen" zur Messe in Form von Modezentren, Sport- und Schuhzentren, CDH-Veranstaltungen und alternativen Messeveranstaltungen aber auch Internetportalen und -plattformen stark gewachsen. Eine Verzettelung der Branche wird deutlich – noch verstärkt durch die nationalen Interessen vieler europäischer Länder, eigene Modemessen zu etablieren, anstatt sich auf die international führenden Veranstaltungen zu konzentrieren. Darüber hinaus wächst der Anteil des Marktes, für den Messen kaum noch Bedeutung haben, durch die Konzentration auf Seiten von Industrie und Handel. Die großen Konzerne bitten ihre Lieferanten mit ihren Kollektionen ins Haus und besuchen sie nicht auf ihren Messeständen. Hinzu kommt, dass neue Angebotsformen in der Outfitbranche, wie zum Beispiel die so genannten vertikalen Anbieter, die von der Beschaffung bis zum Absatz alles in einem System halten, sich meist nur einmal als Aussteller auf Messen präsentieren und danach mehr oder weniger nur noch zur Information, Marktübersicht und Konkurrenzbeobachtung die Messe besuchen.

Eine wesentliche Veränderung im Outfitmarkt, auf die sich die Messen einstellen mussten und weiterhin müssen, ist die Veränderung des Orderverhaltens. Die klassische Einteilung in Vor- und Nachorder, von der in den 80er Jahren noch ein sehr großer Teil auf den Messen geschrieben wurde, gehört der Vergangenheit an. Die Warenbeschaffung ist weitaus vielschichtiger geworden. Nicht nur die Aufteilung in langfristig planbare Basics und kurzfristig benötigte modische Highlights sowie Flashprogramme, NOS-Programme oder die permanente Aktualisierung des Sortiments durch die Aufteilung der Vororder in bis zu sechs Programme zu gestaffelten Lieferterminen ist komplizierter, sondern auch die unterschiedlichen Beschaffungsquellen. Neben die traditionellen Lieferanten treten eigene Produktions- oder Importmöglichkeiten, Kooperationen mit anderen Händlern oder Lieferanten, die schon erwähnten Einkaufsverbände und Verbundgruppen oder das Absortieren in Modezentren in Deutschland und vor allem in Italien und Frankreich.

Damit ist die Vororderbedeutung für die Messen rapide gesunken, wodurch die Messen ihre ehemals wichtigste Funktion verloren. Eine Neuorientierung war und ist notwendig. Wenn nicht mehr die Orderzahlen im Mittelpunkt stehen, gewinnen Kommunikationsintensität und Serviceleistungen an Bedeutung. Eines hingegen bleibt bestehen, nämlich die Zielsetzung der auszulösenden Order – sei sie nun mittel-, lang- oder kurzfristig. Voraussetzung aber ist dabei, dass die Messen im wahrsten Sinne des Wortes noch Spiegelbild des Marktes sind.

Abb. 1: Anforderungen der Bekleidungs-, Sport- und Schuhindustrie an die Messen der Zukunft

3.   Ergebnisse

Bei der Befragung von über 2 000 Outfitanbietern konnten die in der Abbildung 1 dargestellten Messeanforderungen ermittelt werden. Die Anforderungen der Aussteller beziehen sich auf die Themenbereiche Branchenkompetenz der Messe, Messezeitpunkt, Bedeutung des Messeplatzes, Internationalität der Messe, Messemanagement und Kosten.

3.1   Branchenkompetenz

Wichtigste Anforderung der Bekleidungs-, Sport- und Schuhindustrie an ihre Messen ist
die Branchenkompetenz. Die Branchenkompetenz drückt sich nicht allein durch die Präsenz der Markt- und Meinungsführer auf der Messe aus, sondern auch durch die Kompetenz des Messestandortes und vor allen Dingen des Messemanagements. Die Messe
selbst hat wie nie zuvor angesichts der vielfältigen Kommunikations- und Distributions-
möglichkeiten dem Integrationsgedanken von Branchensegmenten, Outfitphilosophien
und Trends gerecht zu werden. Konkret heißt das, dass der Messeplatz nicht primär unter
dem Gesichtspunkt seiner allgemeinen Bedeutung gewertet wird, sondern in erster Linie
hinsichtlich seiner Bedeutung für die Branche und seiner Akzeptanz in der Branche. Das
Messemanagement muss permanent dafür sorgen, dass ein aktuelles Spiegelbild des
Marktes mit Integrationswirkung bezüglich Randsortimenten gezeigt wird. Gleichzeitig
gilt es, so genannten Subsegmenten – auf Bekleidungsmessen wären das zum Beispiel
Schuhe und Sportbekleidung – gerecht zu werden. Das heißt, sie nicht nur als zusätzlich
vermietete Quadratmeter, sondern als eigenständiges Angebot, das das übrige Angebot
ergänzt, zu betrachten. Nicht umsonst wird Branchenkompetenz von fast 100 Prozent der
Befragten der Industrie gefordert und ist schon heute mit 95 Prozent ausschlaggebender
Faktor für die Bedeutung einer Messe.

Geht die Branchenkompetenz bzw. die Identifikation mit einem Angebotsbereich der
Outfitmesse verloren, droht die Abspaltung und Abwanderung, wie jüngst in Köln zu
beobachten war. Die Jeans-Hersteller wandten sich von Köln ab und der neu entstehenden BREAD & butter in Berlin zu, was letztlich zur Auflösung der gesamten internationalen Modemesse in Köln führte, da gleichzeitig der Herren-Mode-Bereich aufgegeben
wurde. Dieser fand auf der ursprünglichen Damenmodemesse CPD in Düsseldorf eine
neue Heimat.

Ein anderes Beispiel ist das Messeangebotssegment „Body + Beach", das sich seit Jahrzehnten am Messeplatz Düsseldorf parallel zur CPD, der größten Modemesse der Welt,
präsentierte und sich nun nach Leipzig verlagert hat, wo es eine größere Eigenständigkeit genießt. Darüber hinaus zeichnet sich der Messeplatz Leipzig „nach der Wende"
durch eine erhöhte Serviceleistung im Sinne von Dienstleistung, Unternehmensplanung

und -entwicklung für die gesamte Branche in den neuen Bundesländern aus, die von den traditionellen Messen nicht so spezialisiert angeboten werden konnte.

Auch im Sportmarkt sind Beispiele für ähnliche Entwicklungen zu beobachten. Einzelne Sportsegmente verlassen die ISPO als internationale Messe, um an anderer Stelle eine Spezialmesse für diesen Bereich zu initiieren, weil so mehr Kompetenz gezeigt werden kann. So fanden die Bereiche Outdoor und Bike in Friedrichshafen eine neue Heimat. Diese Entwicklung entsteht nach Meinung der Hersteller, wenn der Messeplatz nicht in der Lage ist, das einzelne Segment im Gesamtangebot fachspezifisch zu bedienen und herauszustellen.

Für die Schuhbranche stand bei der Beurteilung der Branchenkompetenz viele Jahre die wirtschaftliche Bedeutung der Leitmesse vor ihrer Modekompetenz im Vordergrund. Zugleich resultierte die hohe Branchenkompetenz der GDS in Düsseldorf auch daraus, dass sie mit ihrem umfassenden Angebot das Gesamtbild des Marktes mit all seinen Veränderungen repräsentierte. Aber auch hier zeigt die Konkurrenz durch den Messeplatz Mailand, trotz nationaler Ausrichtung, dass Mode gelebt und Trends erst spät identifiziert werden und damit ein Kompetenzfaktor besteht, der nicht übersehen werden kann. Dem ist u.a. durch Kooperationen, wie mit der Expo Riva Schuh (Frühmesse am Gardasee für Großabnehmer, Handelsware etc.), Rechnung zu tragen.

Branchenkompetenz heißt angesichts der zunehmenden Anforderungen der Outfitindustrie, stärker denn je mit ihr zu leben und zu operieren. Als Messegesellschaft darf man das Modesegment nicht als eines unter vielen vernachlässigen, da man genügend Leitmessen in anderen Bereichen wie Maschinenbau, Chemie und Automobilbranche im Angebot hat. Man muss sich im Sinne eines Produktmanagements das ganze Jahr über intensiv mit Branchenteilnehmern, Industrie, Verbänden und Handel auseinander setzen. Alle Beteiligten werten bereits heute die Bedeutung eines Messeplatzes nicht nach seinem weltweiten Stellenwert, sondern zunehmend nach seiner Branchenbedeutung, national und international.

3.2   Zeitpunkt(e) der Messe

Durch die anhaltenden Veränderungen der Informations- und Orderprozesse, zum einen bedingt durch die Struktur der Abnehmer, zum anderen durch das häufigere Präsentieren neuer Ware im Sinne von Vor- und Nachorder, kommt dem Zeitpunkt der Messe eine immer größere Bedeutung zu. Es gibt nicht mehr die Messe, die für alle Anbieter und alle Nachfrager als Frühmesse und damit Premiere interessant ist oder die Hauptmesse für die Orderentscheidung der gesamten Branche. Deshalb ist es nicht leicht, die optimale Schnittstelle des Messetermins festzulegen. Trotz der Termin- und Kapazitätsprobleme der internationalen Messeplätze verlangen Bekleidungs-, Sport- und Schuhindustrie von den Messegesellschaften eine gewisse Flexibilität, sich den Veränderungen und Notwendigkeiten ihrer Branche zu stellen. Diese Flexibilität wird für den Bereich

Bekleidung, Sport und Schuhe als zweitwichtigstes Bewertungselement bezüglich der Anforderungen an Messen der Zukunft genannt.

Dabei ist es zum Beispiel in der Bekleidungsbranche wegen der Entwicklung des Orderrhythmus – immer früher einerseits und immer marktnäher und damit später andererseits – und wegen der unterschiedlichen Interessenlagen von Anbietern und Abnehmern (angefangen von Großabnehmern über den Fachhandel bis hin zu exklusiven Händlern) nicht leicht, allen Zielsetzungen gleichermaßen gerecht zu werden. Dabei kann die Terminierung einer Messe zu einem bestimmten Zeitpunkt über Jahre, wie man am Beispiel der CPD in Düsseldorf aber auch der GDS feststellen kann, eine Optimierung der unterschiedlichen Ziele zu einem Zeitpunkt erreichen und damit Autorität darstellen. Voraussetzung hierfür ist jedoch, dass eine Integration der Früh- und Spätmessen stattfindet.

So gibt es zum Beispiel im Bekleidungsbereich regionale Frühveranstaltungen in Modezentren für Frühprogramme und erste Informationsgespräche. Die eigentliche Entscheidung über die Gesamtplanung der Saison findet jedoch erst auf der CPD ca. 14 Tage später statt. Die Nachorder wird danach regional über die Modezentren abgewickelt. Wichtig ist jedoch, dass sich jeder mit seiner Angebotspolitik während der Messe inhaltlich und zielgerecht wiederfindet – seine Premiere hat. Auch hier wird seitens der Industrie von den Bekleidungs-, Sport- und Schuhmessen eine stärkere Orientierung an den eigenen Zielsetzungen und nicht nur am Konkurrenzumfeld als immer wichtiger gewertet.

So weisen die GDS in Düsseldorf und die Micam in Mailand im Schuhsektor unterschiedliche Angebotsschwerpunkte auf – einmal abgesehen von dem nationalen Angebotsinteresse aus Italien –, weshalb eine vernünftige Abfolge der Messetermine gefunden werden muss – nicht überschneidend und damit substituierend, sondern ergänzend. Auch hier wird der Zeitpunkt der Messe als Schnittstelle von Interessenlagen und im Zeitrahmen im Sinne von Kooperation immer stärker bewertet. Das Saisonkonzept, Expo Riva Schuh als Frühmesse, GDS als Hauptmesse, Micam als Trendmesse und nachgelagerte Regionalveranstaltungen zur abschließenden Order, muss dem Messeplatz gerecht werden bzw. permanent überprüft werden. Auch aus der Sicht der Industrie ist es keine leichte Aufgabe, die unterschiedlichen Interessenlagen dabei unter einen Hut zu bekommen.

Auch der Sportsektor weist in Bezug auf die richtige Terminierung der Messe zunehmend Probleme auf, zumal Soft- und Hardwarebereich – Bekleidung und Sportgeräte – eigentlich unabdingbar miteinander verbunden sind, aber unterschiedliche Informations- und Orderprozesse haben. Gleiches gilt für das Angebot der Kind + Jugend, der Messe für Kinderbekleidung und -ausstattung in Köln, die neben der Bekleidung auch den Sektor Möbel, Kinderwagen etc. mit anderem Saisonrhythmus zu bedienen hat.

Der Premierencharakter verlangt in allen Segmenten eine frühe Veranstaltung – wohlwissend, dass hierbei heute und zukünftig nicht mehr alle Zielsetzungen und Interessen der Messeteilnehmer gleichbedeutend berücksichtigt werden können. Daher müssen sich

Messen aus der Sicht der Industrie entscheiden, ob sie rein frühorientiert – oftmals durch die Großabnehmer und -anbieter vorbestimmt – operieren oder ob sie Spiegelbild der Branche und damit dem gesamten Markt gerecht werden wollen. In jedem Fall verlangen Bekleidung-, Sport- und Schuhindustrie zunehmend eine Entscheidung für einen Messetermin mit nachweisbarem Inhalt und Ziel und eine Abstimmung bzw. Integration mit vor- und nachgelagerten Messen und messeähnlichen Veranstaltungen.

Somit bildet die Berücksichtigung des Modemeinungsbildungsprozesses und seiner Veränderungen eine wesentliche Voraussetzung für die Terminierung einer erfolgreichen Messe, die den Anforderungen der Aussteller aus dem Outfitmarkt gerecht werden will.

3.3   Bedeutung des Messeplatzes

Spielte früher die Ausstrahlung, das Ambiente, die wirtschaftliche Potenz, die Infrastruktur des Messeplatzes schon eine besondere Rolle, so werden die Anforderungen der Outfitindustrie zukünftig in dieser Hinsicht noch größer. Anders ausgedrückt, die Forderungen, dass das eigene Branchensegment – ob Bekleidung, Sport oder Schuhe – am Messeplatz gelebt werden muss, wird immer wichtiger. Die Entwicklungen der Modestädte, wie heute Mailand oder auch Paris bis hin zu Düsseldorf, München, Leipzig, Berlin machen deutlich, dass gerade ihr besonderes Flair ausschlaggebend für die Bedeutung einer Messe wird. Stand in Deutschland vor dem Krieg Berlin im Zeichen der Bekleidung und Mode, so gelang es Düsseldorf und Köln, diese Rolle zu übernehmen und hier bedeutende europäische Modemessen zu etablieren, was u.a. durch ihren Standort inmitten einer der einwohner- und kaufkraftstärksten Regionen Europas zu begründen ist. Gleiches gilt für München in Sachen Sport und Freizeit mit „südlichem" Ambiente in Richtung Österreich, Schweiz und Italien. Dabei zeigt die Olympiastadt München hier entsprechende Wertungskriterien.

Alle diese Messeplätze stehen jedoch jetzt (wieder) in Konkurrenz zur neuen und alten Bundeshauptstadt Deutschlands, Berlin. Gerade das Beispiel der BREAD & butter Berlin im jungen Sektor macht deutlich, dass bei entsprechenden Abspaltungsbestrebungen und nationaler und internationaler Ansprache ein neuer Messeplatz auftreten kann, wie es Leipzig schon nach „der Wende" mit dem neuen Messegelände bewiesen hat. Auch Spezialbereiche, wie die Bike und Outdoor in Friedrichshafen, zeigen auf, dass eine Messestadt, die mit den Zielsetzungen der Messe lebt, von immer stärkerem Interesse ist. Daher besteht bei Bekleidung, Sport und Schuhen zunehmend der Wunsch nach einer klaren, branchenspezifischen Ausrichtung der Messeplätze – nicht zuletzt um das Segment nicht nur für Deutschland, sondern international herauszustellen.

Ein Schritt in diese Richtung ist sicherlich in Düsseldorf durch die Integration des gesamten Modeangebots – Damen-, Herren- und Kindermode – auf der CPD festzustellen. Erfolgversprechend für den Messeplatz sind insbesondere die modische Ausstrahlung und die wirtschaftliche Bedeutung in der Mitte Europas. Aber ähnlich wie in München,

Leipzig und Berlin ist diese Leistungsfähigkeit Jahr für Jahr neu unter Beweis zu stellen. Dabei spielten sicherlich auch die Infrastruktur, das Messegelände, die Serviceleistungen bezüglich An- und Abreise, das Hotelangebot etc. eine wichtige Rolle – jedoch in der Outfitbranche ist sie für die Messewertung der Zukunft nicht entscheidend. Dies zeigt auch das Beispiel der neuen Messe BREAD & butter in Berlin, in einer Kabelhalle von Siemens, improvisiert, aber mit entsprechendem Ambiente. Es ist die Szene, das Flair und die Ausstrahlung des Messestandortes und inwieweit es gelingt, das Messeumfeld einer Stadt für die Messe zu aktivieren, was für den Erfolg einer Mode- bzw. Outfitmesse bedeutend ist.

3.4   Internationalität der Messe

Die Internationalität einer Messe definiert sich nach Meinung der Befragten nicht nur durch den Anteil der ausländischen Aussteller, sondern vor allem durch deren Qualität und die der internationalen Einkäufer. Das heißt, es wird ein Spiegelbild des exportrelevanten Marktes gefordert, wobei selbstverständlich der Schwerpunkt auf dem europäischen Binnenmarkt liegt. Doch angesichts der zunehmenden Messealternativen für die deutschen Anbieter und Einkäufer wird es mittlerweile immer schwieriger, den internationalen Einkäufern auf der Messe ein adäquates Angebot und den internationalen Ausstellern genug potente Einkäufer zu bieten. Immer mehr Firmen wandern in Modezentren und Showrooms ab und nehmen nicht mehr an der Messe teil. Demzufolge sparen sich auch die entsprechenden Facheinzelhändler den Weg zur Messe.

Diese Situation wird in zunehmendem Maße auch von der befragten Industrie kritisiert. Sie versteht nicht länger, warum sich bestimmte Aussteller als Trittbrettfahrer außerhalb der Messen – meistens zeitgleich – bewegen. Abgesehen davon, dass hierdurch eine Zersplitterung bezüglich des Angebots und eine oft mit großen Fahrtkosten verbundene Last für die Besucher einer Messe verbunden ist, tragen diese Anbieter – bewusst oder unbewusst – zur Minderung der Internationalität einer Messe bei. Gerade unter dem Gesichtspunkt eines internationalen Branchenevents verlangen daher fast alle Hersteller von Bekleidung, Sport und Schuhen – auch wenn sie selbst durch Showrooms etc. zu dieser Situation beigetragen haben – nach einer stärkeren Präsenz aller wichtigen Firmen auf der Messe. Diese Integrationsforderung muss insbesondere unter dem Aspekt der Kosten-/Nutzenproblematik gesehen werden. Doch gerade im Bekleidungsbereich fordert selbst die Industrie eine stärkere Einflussnahme auf die Städte, um dem Wildwuchs der Showrooms Einhalt zu gebieten. Keine leicht zu lösende Aufgabe für Messen und Management. Die Marktführer und Marken wieder in die Messe zu integrieren, wird von allen Befragten jedoch als noch wichtiger herausgestellt als die Präsentation immer neuer Aussteller, bei denen es sich oftmals um ehemalige Subcontracter, Importeure etc. handelt, die die Qualität einer Messe eher mindern als sie international zu stärken.

Auch die Entstehung immer neuer nationaler Bekleidungs-, Sport- und Schuhmessen in
anderen Ländern bewirkt eine Zersplitterung und trägt zur Abnahme der Internationalität
des einstigen „Messeweltmeisters" Deutschland bei, sodass bei allen Befragten der
Wunsch besteht, das internationale Marketing der Messen zu intensivieren – wohlge-
merkt branchenbezogen.

3.5   Messemanagement

Die Anforderungen an das Messemanagement werden in der Outfitbranche immer größer, wobei auch hier der Branchenbezug vor dem allgemeinen „Messemanagen" Priorität
hat. Vor allem im Bekleidungs- und Schuhbereich wird zunehmend der Wunsch nach
einem echten Produktmanagement in Bezug auf Know-how der entsprechenden Branche
und Vertriebsorientierung durch intensive Bearbeitung des internationalen Marktes geäußert. Dieses Produktmanagement muss als Prozessmanagement verstanden werden.
Das heißt, Strategien und Maßnahmen müssen kurz-, mittel- und langfristig konzipiert
werden. Nicht nur die nächste Messe darf bei den Überlegungen im Mittelpunkt stehen,
sondern auch die zu erwartende bzw. gewünschte Situation und Positionierung der Messe in der mittel- und langfristigen Zukunft. Die entsprechenden Entscheidungen können
aus diesem Grund nicht nur das Messegeschehen berücksichtigen, sie müssen unter Beachtung des Branchengeschehens gefällt werden.

Obwohl man mit der Messedurchführung und Organisation deutscher Messen seitens der
Bekleidungs-, Sport- und Schuhindustrie durchweg zufrieden ist, bleibt die Forderung
nach einer intensiveren dauerhaften Begleitung der Branche. Da die Produkte der Outfitindustrie auf „persönliches Anziehen" ausgerichtet sind, wird der Wunsch und die
Forderung verständlich, anders als in anderen Branchen, individuell mit entsprechendem
Know-how angesprochen zu werden. Nur so kann die gewünschte Autorität der Messe
und des Managements für die gesamte Branche national und international erzielt werden.

Besondere Kritik wird im Bekleidungs- und Schuhbereich an der Arbeit der Auslandsvertretungen der Messen laut. Zu sehr sei man hier quadratmeterorientiert mit der Akquisition immer neuer Aussteller beschäftigt, als dass eine permanente Marktbearbeitung
über das Jahr stattfände. Auch hier werden Kompetenz und mehr branchenbezogene
Identifikation gewünscht. Die nationale Ausrichtung, wie zum Beispiel in Italien, ist kein
Garant für den zukünftigen Erfolg von Messen. Vielmehr gilt es, Autorität im Markt
aufzubauen, wie es zum Beispiel in der Bekleidungsbranche die Igedo tut. Denn eines
haben Bekleidung, Sport und Schuhe gemeinsam: Sie fühlen sich je nach Segment oder
Untersegment wie eine Familie, die eben nur auf einer „Familienfeier", der Messe, entsprechend zu wirken versteht. „Modemanagement ist nicht erlernbar, sondern nur fühlbar", so die Aussage eines der größten Modeanbieter Europas.

Dass Interessenverbände von Industrie und Handel notwendig sind, wird uneingeschränkt eingestanden. Allerdings gilt es, auch einmal quer zu denken und eigene Ak-

zente für die Gesamtbranche zu setzen und somit wieder Kompetenz und Autorität aus-zustrahlen. Trotz der Bedeutung der Verbände und des Einflusses einiger großer Firmen muss es dem Messemanager auf Grund des Branchen-Know-hows gelingen, allen Ver-änderungen im Markt gerecht zu werden. Gerade in einer Branche, die oftmals für den Augenblick lebt und sich im permanenten Wandel befindet.

3.6   Kosten

Das Thema der preis-/leistungsgerechten Messekosten in Verbindung mit dem teils sehr differenzierten Messenutzen wird von den Outfitanbietern heute und zukünftig immer brisanter eingeschätzt. Hierbei werden nicht nur die reinen Messekosten für Quadratme-ter, Standbau etc. angesprochen, sondern vor allen Dingen Reisekosten, Hotel- und Re-staurantpreise. Von den Hotels wird nicht erst seit gestern der berühmte Messeaufschlag berechnet, der dazu führt, dass mancher Gast meint, er habe Anteile am Hotel gekauft, wenn er seine Rechnung bezahlt. Hinzu kommen auch die Kosten für die zunehmenden Messealternativen, angefangen von Messen im Ausland über die Regionalveranstaltun-gen bis zu den erhöhten traditionellen Vertriebskosten bezüglich des Fachhandels einer-seits und den direkten Kommunikations- und Vertriebskosten im Großkundengeschäft andererseits.

Somit nimmt jeder zweite Anbieter aus dem Bereich Sport, Bekleidung und Schuhe die heutigen und zukünftigen Messekosten mehr denn je unter die Lupe. Dabei fällt es im-mer schwerer, im Rahmen der Messeerfolgskontrolle den eigentlichen Nutzen direkt zu-rechenbar zu ermitteln. Hierbei den früher wichtigen Auftragswert, die auf der Messe geschriebenen Orders, in Ansatz zu bringen, wird in allen Bereichen immer unwichtiger. Vielmehr wird von fast 80 Prozent der Befragten der persönliche Kontakt gleichbedeu-tend mit der Neukundengewinnung angesprochen – und dies national und international. Dabei werden die gesamten Messekosten aber zunehmend ins Verhältnis zur Gesamtbe-deutung der Messe innerhalb der nationalen und internationalen Branche gesetzt. Erst nach dieser Bewertung werden ausschlaggebende Faktoren, wie Imagewert, werbliche Ausstrahlung, Öffentlichkeitsarbeit, persönlicher Kontakt, bestehende und neue Kunden, Marktübersicht, Konkurrenzanalyse etc. in der Messeerfolgskontrolle berücksichtigt. Da-bei stellt die Branchenkompetenz einer Messe allgemein das wichtigste Kos-ten/Nutzeneffizienzkriterium dar. Fehlt es der Messe an internationalen Besuchern oder international wichtigen Anbietern oder an Trendfähigkeit, werden kaum noch Zusatz-wünsche bezüglich Service wie Seminare, Modenschauen etc. geäußert. Vielmehr ist heute und zukünftig eine Kosten-/Nutzenorientierung auf die Basiswerte erkennbar. Eine perfekte Messeorganisation ist heute und zukünftig Grundvoraussetzung hierfür. Bran-chenkompetenz der Messe und ihrer Macher hingegen ist zunehmend nicht nur hinrei-chendes, sondern notwendiges Muss.

Auch wenn die persönliche Ausstrahlung der einzelnen Stände nach wie vor für wichtig erachtet werden muss, lässt sich hinsichtlich des eigentlichen Messegeschehens deutlich der Wunsch nach mehr Sachlichkeit feststellen. Dies gilt für alle Rahmenveranstaltungen, angefangen von den Modenschauen, den Seminaren, den Pressekonferenzen, den Workshops bis hin zum Branchentreff. Trotzdem besteht der Wunsch nach einer Art Branchenevent, ohne den Ablauf der immer kürzer werdenden und intensiveren Messetätigkeit zu stören. Doch das eigentliche Event ist immer stärker die Messe selbst.

Dieses Effizienzkriterium wird letztlich den Erfolg der Marketingaktivitäten der Messe und ihres Managements im In- und Ausland bestimmen. Daher wird auch zukünftig die Bewertung der Messekosten nicht nur von der Effizienz der Messe selbst, sondern auch von den zunehmenden Alternativen hierzu abhängen. Es gibt nach Ansicht der Befragten kein besseres Instrument der so wichtigen persönlichen Kommunikation für die Outfitbranche – zu einem Zeitpunkt, an einem Ort –, wenn es der Messe gelingt, Jahr für Jahr, Saison für Saison das aktuelle Spiegelbild des Marktes auf der Messe zu präsentieren.

4.   Was ist zu tun?

Die Anforderungen der Modeindustrie an die Messen der Zukunft werden mit Sicherheit nicht geringer. Im Rahmen der Kommunikation wird es nach Ansicht der befragten Modeindustrie zusätzlich eine Fülle von multimedialen Möglichkeiten geben. Dabei ist es technisch möglich, Angebote über den Bildschirm dreidimensional zu präsentieren. Nur eines kann man nicht: Die so emotionalen, modisch aktuellen Produkte anfassen, fühlen – und was weitaus wichtiger ist – sie mit dem Anbieter bzw. Nachfrager personifiziert besprechen. Die Bekleidungs-, Schuh- und Sportindustrie zieht Menschen in zweifacher Hinsicht an. Ihre Produkte sind trotz aller aktuellen nationalen und internationalen Preiskämpfe Ausdruck der Kultur und des Zeitgeistes und bedürfen nach wie vor des personifizierten Dialoges und der Kommunikation. Vielleicht geschieht dies zukünftig noch stärker durch die indirekte Integration des Verbrauchers, der sich schon heute sein Outfit via Internet bestellt und bei Nichtgefallen innerhalb von 14 Tagen wieder zurück sendet. Aber ohne den so wichtigen Meinungsbildungsprozess wird auch in Zukunft kaum absatz- und renditefähige Ware entstehen.

Denn es gibt sowohl für Textil, Bekleidung, Sport und Schuhe keinen sichereren Markttest, als eine kompetente, internationale Messe. Dass diese aus Sicht der Befragten so wichtige Inszenierung der Saisons nicht verloren geht, fordert über 90 Prozent der befragten Industrie. Sie fordern die Messeveranstalter auf, qualitative anstelle von quantitativer Marktforschung durchzuführen, nicht Äpfel mit Birnen zu vergleichen, sondern gezielt im Brennpunkt des Outfitgeschehns zu messen und die Ergebnisse umgehend für die nächste Outfit- oder Modemesse sowie für die mittel- und langfristigen Entscheidungen zu beachten. So wie Mode gelebt bzw. erlebt werden muss und werden will, gilt es auch für die Mode- und Outfitmessen, dass sie mit der Mode leben, sie erleben und Saison für Saison beleben.

Keine leichte Aufgabe für die Messemanager in Sachen Outfit heute und morgen, was die Branche fordert. Aber der Imagegewinn als Modemesseplatz ist es auch im Sinne der heimischen Industrie und Bevölkerung wert, national und international auszustrahlen.

Rüdiger Kreienkamp-Rabe

Messeerfolg für deutsche Unternehmen im Ausland

1. Einleitung

2. Staatliche Förderung von Auslandsmessebeteiligungen

3. Ausblick

Ministerialrat Rüdiger Kreienkamp-Rabe ist Leiter des Referates Nationale und Internationale Messepolitik im Bundesministerium für Wirtschaft und Arbeit, Bonn.

1. Einleitung

Das Wirtschaftsklima in Deutschland ist kühl, die Konjunktur schwächelt, die Träume vom ungebremsten Internet- und E-Business sind zerstoben. Werbeausgaben brechen ein und Etats werden drastisch zusammengestrichen.

Aber es gibt nicht nur Probleme. Es gibt auch Lösungen. Dazu gehört auch der Mut zu neuem Marketing; nicht nur auf traditionellen deutschen und europäischen Märkten, sondern auch auf neuen europafernen Märkten.

Messebeteiligungen zur Erschließung dieser neuen interessanten Märkte gehören dazu. Nach wie vor sind sie eines der wichtigsten und effektivsten Exportmarketinginstrumente für die deutsche Wirtschaft. Sie sind nicht nur ein erfolgreiches Präsentations- und Verkaufsinstrument, sie stellen darüber hinaus ein wichtiges Orientierungs-, Informations- und Kontaktforum dar. Auch für die Suche nach Kooperationspartnern, für den Einkauf und für Investitionen im Ausland haben sie herausragende Bedeutung.

2. Staatliche Förderung von Auslandsmessebeteiligungen

Planung und Organisation von Beteiligungen an Auslandsmessen stellen jedoch kleine und mittlere Unternehmen vor neue Herausforderungen. Schon die Auswahl der geeigneten Messe ist nicht leicht. Schließlich gibt es – überspitzt formuliert – heutzutage auch im Ausland für alles und jedes eine Messe oder Ausstellung. In der Messedatenbank des AUMA (Ausstellungs- und Messe-Ausschuss der Deutschen Wirtschaft) gibt es Informationen zu rund 5 000 Messen, davon 4 170 weltweit. Im m+a Messeplaner sind über 10 800 Messen gelistet, davon 9 200 außerhalb Deutschlands.

Durch die Auslandsmesseförderung des Bundes erhalten die interessierten Unternehmen Unterstützung bei ihrem Auslandsmesseengagement. Sie gibt exportinteressierten Firmen Hilfen dort, wo fachkundige und marktnahe Gremien der Wirtschaft dies für sinnvoll halten. In der Praxis heißt dies: Vorschläge für die Auswahl der Messen, an denen sich deutsche Firmen vorzugsweise beteiligen wollen, werden von den Fachverbänden der Wirtschaft selbst definiert und – koordiniert durch den AUMA – dem innerhalb der Bundesregierung zuständigen Bundesministerium für Wirtschaft und Arbeit für die Aufnahme in das offizielle Auslandsmesseprogramm vorgeschlagen. Dieses Auslandsmesseprogramm ist somit weitgehend nachfrageorientiert. Ergänzt wird es durch politisch begründete Beteiligungen an Auslandsmessen vor allem in Afrika, mit denen signalisiert wird, dass Deutschland als Industrienation nachhaltig auch an der Zusammenarbeit mit Entwicklungsländern interessiert ist.

Mit dem zur Verfügung stehenden Auslandsmessebudget werden alljährlich rund 200 Messebeteiligungen weltweit gefördert, wobei die Förderhöhe für die jeweilige Beteiligung abhängig ist von der wirtschaftspolitischen Bedeutung der Region, der Branche, dem Messeplatz und der Anzahl der bisher geförderten Beteiligungen. Sie schwankt zwischen 45 Prozent und 70 Prozent der direkten Messekosten (insbesondere Standmiete und Standbau). Teilweise liegt sie auch darüber. Für die messebeteiligten Unternehmen machen die Fördermittel jedoch im Durchschnitt weniger als 40 Prozent ihrer Messegesamtkosten aus, denn sie haben darüber hinaus Transportkosten für Exponate, Akquisitionskosten vor Ort, Reise- und Unterbringungskosten für ihr Messepersonal und v.a.m. aus eigener Tasche aufzubringen. Trotz der auf den ersten Blick üppigen staatlichen Förderung bleibt diese daher nur Hilfe zur Selbsthilfe. Das aber ist gewollt, denn staatliche Hilfe soll schließlich nicht alles abdecken: Es gilt das Subsidiaritätsprinzip, d.h. Risikominimierung, nicht aber völlige Risikovermeidung. Eine nennenswerte Eigenbeteiligung der Unternehmen an den direkten Messekosten muss sichergestellt bleiben, denn nur so lassen sich ausreichende Markt- und Erfolgsorientierung der Auslandsmesseförderung gewährleisten und ungewollte Mitnahmeeffekte verhindern.

Ähnliches gilt hinsichtlich der Flexibilität der Förderung: Sie soll vor allem helfen, den Unternehmen den Einstieg in neue Märkte zu erleichtern und darf nicht zur Dauereinrichtung werden. Deshalb endet die Förderung eines Unternehmen auch nach der viermaligen Teilnahme an ein und derselben Messe.

Nur die im von der Wirtschaft selbst definierten Prioritätenkatalog, d.h. im offiziellen Auslandsmesseprogramm, enthaltenen Beteiligungen werden – in erster Linie in Form von Firmengemeinschaftsbeteiligungen – gefördert. Dabei werden direkte Zahlungen an die ausstellenden Firmen nicht vorgenommen. Die Aussteller kommen vielmehr indirekt in den Genuss der Förderung, indem der Preis für die mit dem fertigen Messestand angebotene Ausstellungsfläche und bestimmte messerelevante Dienstleistungen deutlich herabgeschleust wird.

Die Auslandsmessepolitik des Bundesministeriums für Wirtschaft und Arbeit ist vor allem auf die Unterstützung der Exportaktivitäten mittelständischer Unternehmen ausgerichtet. Rund 85 Prozent der Firmen, die die Messeförderung nutzen, gehören mit bis zu 500 Mitarbeitern zu dieser Unternehmensgrößenkategorie. Über 55 Prozent sind kleinere Unternehmen mit bis zu 100 Mitarbeitern. Neben der finanziellen Förderung (64 Prozent) schätzen diese Unternehmen vor allem die technisch-organisatorische Unterstützung durch Messedurchführungsgesellschaften (58 Prozent) sowie die positive Imagewirkung einer nationalen Gemeinschaftsbeteiligung (57 Prozent).

Die Auslandsmesseförderung des Bundes bleibt also vor dem Hintergrund des hohen Exportanteils der deutschen Wirtschaft – schließlich gehen 25 Prozent aller produzierten Waren und Dienstleistungen ins Ausland, in einzelnen Branchen liegt der Anteil sogar bei fast 80 Prozent – ein gerade seitens mittelständischer Unternehmen sehr begehrtes Instrument bei der Unterstützung ihrer Exportanstrengungen. Auf den jährlich rund 200 durch das Bundesministerium für Wirtschaft und Arbeit geförderten Messebeteiligungen mit Schwerpunkt Asien – insbesondere der VR China, Osteuropa und Nordamerika – sind derzeit rund 5 000 Unternehmen präsent.

3. Ausblick

Für die finanzielle und organisatorische Unterstützung der weltweiten deutschen Auslandsmessebeteiligungen steht in 2003 ein Etat von 35 Millionen Euro zur Verfügung. Auch in den kommenden Jahren wird die Auslandsmessepolitik ein zentraler Bestandteil der Außenwirtschaftspolitik der Bundesregierung bleiben. Dies ist wichtig, denn unsere exportierenden Unternehmen brauchen die Gewissheit, dass für die Auslandsmesseförderung auch in den kommenden Jahren ausreichend Mittel zur Verfügung stehen. Rund 33 Prozent der Aussteller haben in 2002 erstmals an einer offiziellen Auslandsmessebeteiligung teilgenommen und auf diesem Wege den Schritt auf ausländische Märkte gewagt. Aber ihre Messebeteiligungen machen nur Sinn, wenn sie auf Kontinuität angelegt sind. Kontinuität bleibt daher auch die auslandsmessepolitische Richtschnur für die Zukunft.

Aufsatzheft
Moritz Messer
Klasse 7

Das Wesen der Messe.

Messen gab es schon im Mittelalter. Die Kaufleute ka= men von weit her, weil die Menschen schon immer gern verreißt sind. Sie wollten fremde Länder sehen und auch mal weg von Ihren Frauen und was erleben. Auf den Messen ging es auch sehr lustich zu. Immer wenn ~~de~~ die Kirche aus war, fing die Messe an. Die Kaufleute packten ihre Sachen aus und erzählten sich viele Geschichten, die

MESSE

EIS

Feuerfresser

Die Zeichnung zeigt, daß die eine Münze mit einer Kutsche verwechselt!

1 Zwei Ausländische Kaufleute reiten im Mittelalter zur Messe.

sie unterweks erlebt hatten. |

Dann kamen die Ackrobaten, |

Feuerfresser und Tantzbäh= ||

ren. Abends ging man mit

den Mädchen weg und es

wurde viel Bier getrunken.   Thema!

Wenn die schönen Tage for=

bei waren, verabredeten sich |

die Kaufleute, sich auf einer

anderen Messe wieder zu

treffen.

Heute gibt es auch noch

Messen, weil sich diese Bräu=

che so lange gehalten haben.

Die modernen Kaufleute

verreisen immer noch gern,

weil sie Ihre Sorgen zu Hau= |

se mal vergessen wollen.

1

Hier gibt es
gute Wahren

Das ist ein Wartezimmer!

?

Das ist ein moderner Messe=
stand, der viel Reklame
macht.

Im Mittelalter mußten sie reiten und waren lange unterwegs. Weil es heute Flugzeuge und Eisenbahnen gibt, kommen sie von weiter her, manche sogar von Amerika. Auf den Messen ist es immer noch lustich, es gibt dort sehr gutes er Essen und auch viel mehr Schnapps=sorten als wie früher. Abends gehen die Kaufleute mit ihrer Seckräterin in ein Nacht=lokal. Die Messen sind immer in Städten wo viele Nacht=lokale sind. Auf der Messe zeigen die Kaufleute ihre Wah=ren, um richtig Reklame zu

alles Unsinn, wo bleibt Thema?

machen. Wenn sich einer
einen großen Stand mietet
und viele Bluhmen und
Sessel hin stellt, dann hat
er auch viel Geld und gute
Wahren. Deßhalb kaufen
die anderen Kaufleute nach=
her auch lieber bei ihm
ein. Wichtig ist auch, das
man auf einer Messe von
allem etwas sehen kann.
Jedes Land bringt irgent
etwas mit. Die deutschen
Kaufleute bringen Autos
und Gartenzwerge, die
Arraber Teppige und Kamehl=
sättel, die Schinesen Reis
und Körbchen und die

afrikanischen Völker Volklorie. |
Für die Einwohner der Messe=
stadt ist es immer interre= |
sant, wenn sie mal sehen,
können, was auf der ganzen
Welt so alles gemacht wird.
Aus diesem Grunde sind die   ?
Messen heute auch volkswirt=
schaftlich sehr wichtig und |
werden immer von einem
Minnister eröffnet. |

Thema überhaupt nicht
verstanden, völlig falsche und
lächerliche Ansichten!!!
Nach nochmaliger Durcharbeitung
des Stoffes wird Aufsatz
wiederholt!

Das Wesen der Messe.

Schon im Mittelalter gab es Messen. Die Kaufleute ka=men von weit her, weil sie auch damals schon zum Handel treiben einen großen Markt nötig hatten.

Eine Messe ist nämlich ein großer Markt. Auf einem Markt kann einer immer viel günstiger einkaufen, als wie wenn er in ein Geschäft geht. Wenn die Mutter Radießchen kaufen will und in ein Geschäft geht,

ist da nur eine Kißste
und die Radießchen kosten
50 Fennig und sind mickrig.
Wenn sie aber auf den Markt
geht, sind dort viele Hendler
mit vielen Kißsten. Manche
sind auch mickrig, kosten
aber vieleicht nur 30 Fennig.
Und für 50 Fennig bekommt
man schon ganz dicke.
Der Knüller ist, das man
sich aus den vielen Radieß=
chen die dicksten und billig=
sten ausuchen kann.
Aber die dicksten sind nicht
immer die billigsten. So
ist das auch auf einer Mes=
se, nur eben alles viel

größer. Die Messe ist auch
nicht so sehr für Radießchen,
sondern mehr für Stoffe oder
Möbel oder Maschienen oder
Geschirr oder Kleider oder
Seife oder überhaubt für
teurere Sachen.

Radießchen auf dem Markt.

Die Kaufleute kommen hin,
weil sie nirgents so viel von
einer Sorte auf einem Haufen
sehen können.
Wenn ein Kaufmann mit
Geschirr Handel treibt, müßte
er sehr viele Tassengrosisten
in vielen Städten besuchen,
damit er die schönsten und
billigsten Tassen einkaufen
kann. Und dann hat er
immer noch keine Teller.
Auf einer Messe siet er aber
die Tassen von der ganzen
Welt und auch gleich alle
Untertassen, Teller, Schüseln,
Wasen und Armleuchter.
Das ist ein großer Forteil!

Auch für die Fabrikbesitzer
ist eine Messe ein großer Forteil,
denn sie finden nirgents so
viele Kaufleute auf einem
Haufen, die Ihre Sachen kaufen
möchten, als wie auf einer
Messe. Manche können ohne
gar nicht leben.
Wenn eine große Tassenfabrik
in einem kleinen Land ist,
wo die Leute schon genug Tassen
haben, dann ist das ziehmlich
Essig. Die Fabrik muß dann
ihre Tassen in andere Länder
verkaufen, wo es weniger Tassen=
fabriken gibt oder wo die Leute
noch nicht alle Tassen im
Schrank haben. Aber wo soll

alle Tassen der Welt

alle Untertassen der Welt

alle _Wasen_ der Welt

Das ist eine moderne Messehalle

Eleganntes
Klopapier.

Das ist ein moderner Messestand.

Warum gerade dieses Beispiel?

1

die Fabriek alle die Ausländi=
schen Kaufleute treffen? In
so was ist die Messe unent=
behrbar!

Aber eine Messe ist noch viel
nützlicher, weil sie einer Fa=
briek auch sagt, ob sie richtig
liegt. Viele Papierfabrieken
haben nähmlich Jahrhunderte=
lang weißes Klopapier ange=
fertigt. Aber auf der Messe
haben die Kaufleute mal
zu den Fabrieken gesagt: „Die
Frauen wollen kein weißes
Klopapier mehr, sie wollen
Blühmchen drauf oder grü=
nes oder rosa!" Dann sind

unglückliche Beispiel!

die Fabriekbesitzer nach Hause
gegangen und haben Blühm=
chen gedruckt und waren
sehr glücklich, weil sie jetzt
mehr verkaufen konnten.
Und die Frauen waren auch
glücklich weil Blühmchen
auf dem Flo ein Klopapier
ein großer Fortschritt ist.

Ohne die Messen gibt es über=
haubt viel weniger Fortschritt.
Das liegt an zweierlei: 1. Über=
blick und 2. Informazion.
Der Überblick ist nähmlich der,
das man so viele Sachen von einer
Sorte zusammen siet, das kann
man nur auf der Messe!

Und man kann alles an=
sehen und vergleichen und
auch anfassen, ohne von dem
Fabriekbesitzer gleich ange=
quatscht ᶻᵘ werden, wie das
die Geschäfte oft machen.

Informazion nennt man,
wenn sich die Kaufleute mit
sich oder den Fabriekbesitzern
unterhalten. Die erzählen sich
alles, was sie vom Handel
wissen, wie sie Ihre Klamotten
los werden und auf welche
sie sitzen geblieben sind.
Und was die Leute so wollen,
was sie mögen und was
sie nicht mögen und auf

was sie ~~schei~~ schimpfen. |

Da machen dann die Fabrik=|
besitzer ganz spitze Ohren.
Aber die Kaufleute fragen die
auch ganz schön aus. Wa=
rum das so teuer ist, wie
lange die Anfertigung dauert,
aus was denn der Kram
gemacht ist und alles so
peinliche Fragen.

Solche Besprächungen sind |
aber für alle sehr wertvoll
und die gibt es nur auf
der Messe! Und das wissen
auch die Kaufleute und die
Fabrikbesitzer ganz genau |
und darum kommen sie auch

alle wieder hin. Die kommen
nähmlich nicht von wegen
Reklame. Dafür gibt es Anzeigen,
Porsperkte und Plakate und
die sind auch nicht so an=
strängent.
Eine Messe ist nähmlich
gar nicht so lustich. Man
muß den ganzen Tag herum=
stehen und herum laufen,
viel ansehen, besprächen,
räcken rechnen und Handel
treiben.
Mit dem Essen ist das auch
nicht so gut. Meistenz reicht
die Zeit nur für ein Würst=
chen, was man beim Handel=
treiben ist ißt.

Abends ist man so müde,
das man auch vom Nacht=
lokal nicht viel hat und
die Seckräterin ist ganz ent=
teuscht.

Aber weil man eben nur
auf der Messe richtig Über=
blick und Informazion
hat, darum geht man im=
mer wieder hin, denn es ist
für den Handel unentbehrbar.
Im Mittelalter sind die
Kaufleute von ganz weiten
Ländern gereißt gekommen
und haben sich in der
Wüste tot schlagen lassen,
weil die Messe so wichtig ist.

1

Heute kommen sie meist
lebent an, aber sie müssen
auch viel Geld dafür be=
zahlen. Aber die Messe ist
immer noch genau so
wichtig, weil sie ein ganz
großer Markt ist.

Und ein großer Markt ist
zum Handel treiben eben
eine ganz dufte Sache!-

Jetzt ist der *Stoff*
verstanden worden !
Die Darstellung ist in
ihren Grundzügen
richtig und anschaulich.

Die angeführten Beispiele
sind reichlich naiv,
der Ausdruck schwerfällig,
die Zahl der Fehler
über die Maßen hoch !

Also jetzt soll ich der GDG
eine formlose Druckerlaubnis
verteilen, denn mein Aufsatz=
heft wird gedruckt! Ich bin
ganz aus dem Häußchen!
Also neulig kam der Lehrkörper
rein und hat ganz schön
doof aus der Wäsche gekukt.
Ein paar Messeonkels haben
nähmlich unsere Aufsätze
angesehen und wollen meinen
drucken. Gerade meinen, wo
ich doch in Deutsch immer
ne 4 habe!
Na ich habe natürlich gleich
die Genehmigung verteilt und
den Lehrkörper frech angegrinzt.
Dafür haben mir die Messe=

onkels ein paar Fußballschuhe gegeben, die sehen klasse aus. Mein Vater sagt, die sind ganz schön billig an meine wertvolle Lecktüre gekommen, aber der hat immer was zu mäckern. Ich steh auf meine Messeonkels von der GDG, das ist ein ~~Klupp~~ Klub, wo die großen Messen alle drin sind.

Und um denen eine Freude zu machen, makle ich die ihre Zeichen noch alle hier hin:

(bitte umblettern)

nowea

Düsseldorfer Messegesell=
schaft mbH. — NOWEA
Messe- und Ausstellungs-Ge=
sellschaft mbH. Frankfurt/Main
Deutsche Messe- und Ausstel=
lungs-AG, Hannover
Messe- und Ausstellungs-
Gesellschaft Köln
Münchener Messe- und Aus=
stellungsgesellschaft mbH.
Spielwarenmesse eGmbH,
Nürnberg
Offenbacher Messe GmbH.

Diese Messen sind alle in der GDG,
Gemeinschaft Deutscher Groß-Messen
und lassen mein Heft drucken.

Verzeichnis von Schlüsselliteratur

Im folgenden wird ein Überblick über relevante Schlüsselwerke des Messemanagements gegeben, um interessierten Lesern einen weiterführenden Einstieg in die Thematik zu erleichtern. Einen umfassenden Überblick über messespezifische Literatur und Studien gibt auch die „Deutsche Messebibliothek" des AUMA, die im Internet unter der Adresse www.auma.de verfügbar ist.

Historische Entwicklung des Messewesens

AUMA (HRSG.), Die Entwicklung des europäischen Messewesens, Bergisch Gladbach 1991.

DÖRING, W. (HRSG), Handbuch der Messen und Ausstellungen, Darmstadt 1956.

MAURER, E., Geschichte der europäischen Messen und Fachausstellungen, München, Hannover 1970.

ZADOW, F., Die Deutschen Handelsmessen, Berlin 1929.

Messemanagement von Messegesellschaften

AUMA (HRSG.), Umweltorientierte Ausstellungsbedingungen auf dem Messeplatz Deutschland, Bergisch Gladbach 1994.

AUMA (HRSG.), Ziele und Nutzen von Messebeteiligungen, AUMA edition Nr.4, Bergisch Gladbach 1999.

AUMA (HRSG.), Aus- und Weiterbildung in der Messewirtschaft, AUMA edition Nr. 7, Bergisch Gladbach 1998.

AUMA (HRSG.), Messefunktions- und Potential-Analyse, AUMA edition Nr. 9, Bergisch Gladbach 1999.

CHAPMAN, E.A., Exhibit Marketing, 2. Aufl., New York 1995.

FUCHSLOCHER, H./HOCHHEIMER, H., Messen im Wandel. Messemarketing im 21. Jahrhundert, Wiesbaden 2000.

GOEHRMANN, K.E. (HRSG.), Politikmarketing auf Messen, Düsseldorf 1995.

GROTH, C./LENZ, I., Die Messe als Dreh- und Angelpunkt – Multifunktionales Instrument für erfolgreiches Marketing, Landsberg am Lech 1993.

HUBER, A., Wettbewerbsstrategien Deutscher Messegesellschaften, Frankfurt a.M. u.a. 1994.

MÜLLER, U., Messen und Ausstellungen als expansive Dienstleistung, Berlin 1985.

NITTBAUR, G., Wettbewerbsvorteile in der Messewirtschaft – Aufbau und Nutzen strategischer Erfolgspotentiale, Wiesbaden 2001.

PETERS, M., Dienstleistungsmarketing in der Praxis – Am Beispiel eines Messeunternehmens, Wiesbaden 1992.

RIEß, P., Messe- und Ausstellungsrecht: Grundlagen, Zuständigkeiten, Inhalte, Tübingen 1998.

ROBERTZ, G., Strategisches Messemanagement im Wettbewerb, Wiesbaden 1999.

ROLOFF, E., Messen und Medien – Ein sozialpsychologischer Ansatz der Öffentlichkeitsarbeit, Wiesbaden 1992.

SCHWERMANN, J., Grundlagen der Messepolitik – Eine Analyse der Marktpolitik von Messegesellschaften in der Bundesrepublik Deutschland, Göttingen 1976.

SELINSKI, H./SPERLING, U., Marketinginstrument Messe: Arbeitsbuch für Studium und Praxis, Köln 1995.

STOECK, N., Internationalisierungsstrategien im Messewesen, Wiesbaden 1999.

STROTHMANN, K.-H./BUSCHE, M. (HRSG.), Handbuch Messemarketing, Wiesbaden 1992.

TAEGER, M., Messemarketing – Marketingmix von Messegesellschaften unter Berücksichtigung wettbewerbspolitischer Rahmenbedingungen, Göttingen 1993.

TIETZ, B., Bildung und Verwendung von Typen in der Betriebswirtschaftslehre dargelegt am Beispiel der Typologie von Messen und Ausstellungen, Köln, Opladen 1960.

Messebeteiligungsmanagement von Ausstellern und Besuchern

ARNOLD, D., Messepraxis: Die professionelle Unternehmenspräsentation bei Messen und Ausstellungen, Frankfurt a.M. 2000.

CLAUSEN, E., Mehr Erfolg auf Messen, Landsberg am Lech 1997.

FLIEß, S., Messeselektion – Entscheidungskriterien für Investitionsgüteranbieter, Wiesbaden 1994.

FRIEDMANN, S., Messen und Ausstellungen – Budgetieren, Organisieren, Profitieren, Wien, Frankfurt a.M. 1998.

FUNKE, K., Messeentscheidungen – Handlungsalternativen und Informationsbedarf, Frankfurt a.M. 1987.

GOSCHMANN, K., Die erfolgreiche Beteilung an Messen und Ausstellungen von A-Z, Landsberg am Lech 1988.

HAEBERLE, K.E., Erfolg auf Messen und Ausstellungen, Stuttgart 1967.

HELMICH, H., Dynamik im Messe-Marketing der deutschen Investitionsgüterindustrie, Hamburg 1998.

MEFFERT, H., Messen und Ausstellungen als Marketinginstrument, Düsseldorf 1988.

MEIßNER, B./VOLLMER, W., Das ABC des Messeauftritts, Würzburg 1999.

MORTSIEFER, J., Messen und Ausstellungen als Mittel der Absatzpolitik mittelständischer Betriebe, Göttingen 1986.

NAUMANN, C., Erfolgreich auf der Messe: Handbuch für die Beteiligung an Messen und Ausstellungen, Heidelberg 1993.

PRÜSER, P., Messemarketing – Ein netzwerkorientierter Ansatz, Wiesbaden 1997.

SCHEITLIN, V., Messen. Checklisten für Aussteller und Besucher, Zürich 1997.

UEDING, R., Management von Messebeteiligungen, Frankfurt a.M. 1997.

Stichwortverzeichnis

A

Anreizsysteme 363, 991ff.
Ansoff-Matrix 396 ff.
Architektur (s. Messearchitektur)
AUMA 111ff.
Ausbildung (s. Messewesen)
Ausgaben (s. Messeausgaben)
Auslandsmessen 100, 113f., 1277ff.
Aussteller 106, 140f., 285ff., 340ff.
Ausstellerakquisition 761ff., 1065f.
– Instrumente der 766ff.
Ausstelleranalyse (s. Messemarktfor-
    schung)
Ausstellerbeteiligung 471ff., 1145ff.
Ausstellerbindungslücke 274f.
Ausstellernutzen 800f., 1145ff., 1197ff.,
    1221ff., 1235ff., 1253ff.
Ausstellersegmentierung 768
Ausstellertypologie(n) 342ff., 1157
Ausstellerziele (s. auch Messebeteili-
    gungsmanagement) 1145ff.
Ausstellungen, Definition 54f.
Ausstellungsfläche 182f.
Ausstellungshallen 182f., 197ff.
Automobilindustrie (s. Messebeteili-
    gungsmanagement)
Automobilmessen 1210f.

B

Balanced Scorecard (s. Messe-
    Controlling)
Begleitveranstaltungen 997ff.
Beiratsmanagement 471ff.
– Beiratssitzungen 481ff.
– Erfolgsfaktoren des 478ff.
– Erklärungsansätze 476f.
– Funktionen des 473f.
– Informationsgrundlagen des 483ff.
– Organisation des 484
– Satzungsgestaltung 480f.
Benchmarking 313ff.
Beschaffungsmarketing 1184ff.
Beschaffungsnetzwerke 1189ff.
Beschäftigungswirkungen (s. Wirkungen
    des Messewesens)
Besucher (s. Messebesucher) 107, auch
    139f.
Besucherakquisition 776ff.
Besucheranalyse (s. Messemarktfor-
    schung)
Beteiligungsmanagement (s. auch Mes-
    sebeteiligungsmanagement) 721ff.
Beziehungsmanagement (s. Customer
    Relationship Management)

C

CCPIT (China Council for the Promotion
    of Trade) 652, 798
CeBIT 87ff.
Coaching (s. Messestandpersonal)
Controlling (s. Messe-Controlling)
Cooptition 616f.
Corporate Identity 358f.
CRM (s. Customer Relationship Man-
    agement)
Cross-Selling 609ff.
Customer Relationship Management
    749f., 853ff.
– Instrumente 860f.
– Voraussetzungen 859f.
– Ziele 856f.

D

Dachmarkenstrategien (s. Messen)
Deckungsbeitragsrechnung für Messen
   (s. Messe-Controlling)
Deutsche Messebibliothek 114
Dienstleistungsmanagement (s. Service-
   management)
Dienstleistungsnetzwerke 577ff.
Dienstleistungsqualität (s. auch Messe-
   qualität) – Begriff 905ff.
Diversifikation 398

E

EDV-gestützte Messeplanung 214f.
Eigentümerkonzepte von Messegesell-
   schaften 121f., 565ff.
Einflussfaktoren 492ff.
Einzelmarkenstrategien (s. Messen)
Entwicklung Deutscher Messen 22f.
Eventagenturen 846, 1135f.
Eventmanagement 1033ff.
– Agenturen 1134ff.
– Erfolgsbeurteilung 1071ff.
– Kontrolle 1081ff.
– Mega-Events 1039f.
– Ziele 1078f.
Eventmarketing 1077f.
EVVC (Europäischer Verband der Ver-
   anstaltungsCentren) 111
EXPO 93ff., 1044f., 1061ff.

F

Fachbeiräte (s. auch Beiratsmanagement)
   453, 471ff.
Fachbesucher 55f.
Fachmessen 776ff.
– Geschichte der 15ff.
Fachwirt
– für Messewirtschaft 966
– für Tagungs- und Kongresswirtschaft
   966
Facility-Management (s. Messemanagement)

FAMA (Fachverband Messen und Ausstellungen) 108
FAMAB (Fachverband Konzeption und
   Dienstleistung für Messe und Event)
   109
Finanzierungskonzepte im Messewesen
   125
FKM (Gesellschaft zur freiwilligen Kontrolle von Messe- und Ausstellungszahlen) 112ff.

G

Gastronomie (s. Messegastronomie)
GAP-Modell (s. Qualitätsmodell)
GDG (Gemeinschaft deutscher Großmessen) 108, 653
Geschäftsfeldbestimmung 394, 943f.
   (s. auch Messemanagement)
Geschäftsmodelle von Messegesellschaften 239ff.
Geschäftstourismus 154f.
Geschichte
– der Fachmessen 15ff.
– der Messe 5ff., 15ff., 34ff.
– der Mustermessen 5ff., 35
– des Messewesens 5ff., 15ff., 34ff.,
   119f., 256ff.
Gruppendiskussion(en) 332ff.

H

Historie
– der Messen (s. auch Geschichte der
   Messe) 5ff.
– des Messewesens (s. auch Geschichte
   des Messewesens) 5ff.
HKTDC (Hong Kong Trade Development Council) 709

I

IDFA (Interessengemeinschaft deutscher
   Fachmessen und Ausstellungen) 108
IELA (International Exhibition Logistics
   Associates) 109

Industriemessen 137
Informationssysteme 745ff.
Infrastruktur 165 (s. auch
    Messeinfrastruktur)
Internationalisierung
– von Ausstellungen 100
– von Messen 100
Internationalisierungsstrategien (s. Mes-
    sestrategien)
Internationalisierungsstrategien von Mes-
    segesellschaften 621ff.
– Asien 692f.
– Chancen und Risiken 625ff.
– China 695ff., 708
– Erfolgsfaktoren 643ff.
– Formen 627f., 720ff.
– Globalisierung 623f.
– Leitmessen 633ff.
– Osteuropa 689
– Russland 657ff.
– Triademärkte 685ff.
– Umsetzungsbeispiele 629f.
– Ziele 627f.
Interneteinsatz für Messen 778, 803ff.
ITPO (India Trade Promotion Organisa-
    tion) 714
IT-Systeme 213f., 738f., 745ff.

J
JETRO (Japan External Trade Organiza-
    tion) 707

K
Koalitionstheoretischer Ansatz im Mes-
    sewesen 561ff.
KOEX (Korea Exhibition Center) 708
Kommunikationsdienstleister (s. Messen
    als)
Kommunikationsinstrument Messe
    (s. Messen als)
Kongressmanagement
– Customer Relationship Management
    1023

– Dienstleistungsangebote 1022f.
– Kongressmarketing 1018ff.
– Kongresszentren 1011ff.
– Organisationsformen 1017ff.
– Prozessphasen 1006f.
– Ziele 1032f.
Kongressmarketing 1018ff.
Kongressmarkt 1000ff., 1027ff.
Kongresswesen
– Bedeutung für die Tourismuswirt-
    schaft 151ff.
– Marktbedeutung 157f.
– Nachfragestruktur 158f.
Kongresswirtschaft 956ff.
Kongresszentren 1011ff.
Konsumgütermessen 137
Kontrolle (s. Messe-Controlling)
Kooperationskonzepte 105ff.
Kostenführerschaft (s. Messestrategien)
Kosten-Nutzen-Analyse (s. Messebeteili-
    gungsmanagement)
KTA (Korea Traders Association) 708
Kundenbindungsmanagement 289ff.

L
Lebenszyklus von Messen (s. Messele-
    benszyklus)
Leitmessen
– Begriff 26f.
– Entwicklung 26f., 31ff., 90f.
– Internationalisierung von 633ff.
Leitbilder (s. Unternehmensleitbilder)
Live Com-Agenturen (s. Live Communi-
    cation)
Live Communication
– Agenturen 1131ff.
– Bedeutung von 79f.
– Begriff 73ff.
– Einflussfaktoren 77ff.
– Strategie 81ff.
Lobbyarbeit 112, 460f.

M

Markenstrategien von Messegesellschaften 529ff., 549ff., 612f., 641

Marketing von Messegesellschaften
- Ausstellerakquisition 761ff.
- Ausstellersegmentierung 768f.
- Begriff 367f.
- Besucherakquisition 773ff.
- Besucherinformationssysteme 780f.
- Besucherwerbung 776f.
- Informationsgrundlagen 279ff., 371ff.
- Internet 803ff.
- Kommunikationsstrategien 435ff., 760ff.
- Markenführung 529ff., 549f. (s. auch Messemarken)
- Marketinginstrumente 446ff.
- Marketingmix 446ff., 590ff.
- Marketingstrategien 385ff.
- Marketingziele 383f.
- Non-Space-Produkte 503ff.
- Messepositionierung 380ff.
- Preispolitik 785ff.
- Produktentwicklungsstrategien 489ff., 842ff.
- Public Relations 435ff., 459ff.
- Veranstaltungskombinationen 842ff.
- Vertriebsinstrumente 764f., 803ff., 806ff.

Marktforschungsinstrumente 279ff., 301ff., 313ff., 327ff., 339ff. (s. auch Messemarktforschung)

Medien 456ff.

Mega-Events 1037ff., 1061ff.
- Begriff 1039f.
- Historie 1042ff.
- Typologie 1040f.
- Weltausstellungen 1042f., 1061ff.

Messe, Definition 7f., 54ff.

Messearchitektur 193ff., 1118ff.

Messeausbildung 953ff.

Messeausgaben 139ff.
- Ausstellerausgaben 140f., 294f.
- Begriff 140
- Besucherausgaben 139f.
- Bewirtungskosten 141
- Personalkosten 141
- Reisekosten 141
- Standbaukosten 140

Messebau (s. auch Standgestaltung) 1101ff.

Messebegleitender Service 997ff.

Messebeirat (s. Beiratsmanagement)

Messebeiratssatzung 480ff.

Messebeiratszusammensetzung 479f.

Messebenchmarking 313ff.

Messebesucher 1151ff.
- Akquisitionskonzept 1167f.
- Ziele 1151f.

Messebesuchernutzen 1151ff.

Messebeteiligungsmanagement 1145ff.
- Auslandsmessen 1275ff.
- Controlling 1156f., 1250f.
- Erfolgsdeterminanten 346ff.
- in der Automobilindustrie 1197ff., 1221ff.
- Kosten-Nutzen-Analysen 294f., 678f., 1153ff.
- Managementprozess 1149f.
- Messen als Netzwerk 1181ff.
- Messephasen 1216ff.
- Messeselektion 1207ff.
- Nachmessephase 1175f., 1218f.
- Projektplanung 1163ff., 1211ff.,1244ff.
- Schulungen 1173f.
- Vor-Messephase 1211f., 1244ff.
- Ziele 987ff.
- Zielgruppen 1207ff.
- Zielkonzeption 1150f., 1253ff.,

Messe-Controlling
- Ausstelleranalysen 339ff.
- Balanced Scorecard 870ff.
- Besucheranalysen 327ff.
- Budgetierungsprozesse 885f.
- Controllinggespräche 897f.

- Deckungsbeitragsrechnung 883f.
- Event-Controlling 1071ff.
- Kennzahlensysteme 869ff.
- Leistungsverrechnung 889ff.
- Projekt-Controlling 758f., 877ff.
- Projektmanagementinformationen 893f.
- Qualitäts-Controlling 901ff.
- Scorecard 727f.
Messedienstleister 570, 961f., 1131ff.
Messedienstleistungen 579ff.
- Incoming-Services 831ff.
- Online-Services 804ff.
- Virtuelles Services 817ff.
Messeeffizienz (s. Messe-Controlling und Messebeteiligungsmanagement)
Messeformen (s. auch Messetypologien) 65ff.
- Messe, Internationale 66f.
Messefunktionen
- Abgrenzung 54ff., 498
- Arten 57ff.
Messegastronomie 1115ff.
Messegelände 170f., 177ff.
- Erschließungsflächen 188
- Facility-Management 203ff.
- Freiflächen 187
- Funktionalitäten 177ff.
- Messepark 186f.
- Parkierungseinrichtungen 189
Messegesellschaften
- als Dienstleistungsunternehmen 62ff.
- Besitzgesellschaften 568f.
- Dienstleistungsqualität 415ff.
- Eigentumsstrukturen 60ff., 241f., 265ff.
- Geschäftsmodelle 239ff.
  Gremien 111, 127ff.
- klassische Stärken von 650f.
- Organisationskonzepte 61f., 261ff.
- Personalentwicklung 953ff., 971ff., 989f.
- Privatisierungsmodelle 230ff., 265ff.

- Strukturanpassungen 253ff.
- Unternehmensmarken 552f.
Messe-Hardware (s. Messegelände)
Messeindustrie (s. Messewesen)
Messeinfrastruktur 165ff.
- Gastronomie 173f.
- Hotelangebot 173
- Marktnähe 169f.
- Messegelände 170f., 177ff.
- Messestandort 165ff.
- Städtebauliche Rahmenbedingungen 196f., 206ff.
- Stadtumfeld 174f.
- technische Dienstleistungen 172
- Verkehrslage 170f., 196f.
Messeinnovationen 292ff., 489ff.
Messekoalitionen 561ff.
Messekontrolle 745ff.
Messelebenszyklus 477ff.
Messeleitbilder (s. Unternehmensleitbilder)
Messemanagement
- Aufgaben 279ff., 748ff.
- Ausstellertypologien 342ff.
- begleitende Services 997ff.
- Beiratsmanagement 471ff.
- Beteiligungsmanagement 721ff.
- Budgetierungsprozess 885f.
- Cross-Selling-Strategien 609ff.
- Customer Relationship Management 853ff.
- Effizienzmanagement 423ff.
- Eigenveranstaltungen 1013
- Facility-Management 203ff.
- Gastveranstaltungen 1014
- Geschäftsfeldbestimmung 394f.
- Informationsgrundlagen 279ff.
- Informationssysteme 213f.
- Internationalisierungsstrategien 621ff.
- koalitionstheoretische Grundlagen 561ff.
- konstitutive Interessengruppen 565ff.

- Kooperationsstrategien 561ff., 577ff., 587ff., 597ff., 609ff.
- Kostenmanagement 423ff.
- Kundenbindung 289ff.
- Markenstrategien 529ff., 549ff., 612f., 641
- Marketing 365ff., 435ff., 446
- Marktsegmentierung 516f.
- Messerelaunch 513ff.
- Messestandgestaltung 1091ff., 1101ff.
- Mitarbeiterführung 976f.
- Multiplikatorenmanagement 443ff.
- Netzwerkbildung 1111f.
- Netzwerkstrategien 577ff.
- Non-Space-Produkte 224, 503ff.
- operative Planung 746ff.
- Organisation 939ff.
- Planung 756ff.
- Preisfestsetzungsmethoden 785ff.
- Performance Management 869ff.
- periphere Interessengruppen 570ff.
- Personalausbildung 953ff.
- Personalentwicklung 971ff., 1173f.
- Portfolioanalysen 319ff.
- Produktentwicklungsstrategien 489ff.
- Qualitäts-Controlling 901ff.
- Qualitätsmanagement 407ff.
- Qualitätsplanung 923ff.
- Scorecard 727f.
- sekundäre Interessengruppen 568ff.
- Strategien 391ff.
- Strategische Allianzen 560ff., 587ff., 609ff.
- Strategische Geschäftseinheiten 943f.
- Strategische Grundsatzentscheidungen 391ff.
- Strategische Planung 745ff.
- Strategisches Marketing 365ff.
- SWOT-Analyse 726f.
- Unternehmensleitbilder 355ff.
- Veranstaltungskombinationen 839ff.
- Weiterbildung 953ff.

Messemarken 529ff., 549ff., 612f.
Messemarketing (s. Marketing von Messegesellschaften)
Messemarketing, IT-gestützte Planung 745ff.
Messemarkt 260ff.
Messemarktforschung 279ff.
- Aufgaben der 304ff.
- Ausstelleranalyse 285ff., 308, 339ff., 520ff.
- Ausstellertypologien 342ff.
- Befragungsinstrumente 332ff.
- Benchmarking 313ff.
- Besucheranalyse 287ff., 307f., 523ff.
- Branchenmarktanalyse 295f.
- Einzelstudien 306f.
- für Auslandsgesellschaften 725ff.
- Gattungsstudien 305f.
- Gruppendiskussion(en) 332 ff.
- Konkurrenzanalyse 526
- New Business Development 292ff.
- Potenzialanalyse 296f.
- Reichweitenanalyse 296f.
- Segmentierung 516ff.
- Stakeholderanalyse 525f.
- Stakeholder-Map 800
- strategische 279ff.
- Telefoninterviews 335f.
- Tiefeninterviews 337
- Wettbewerbsanalyse 288f.
Messen
- Dachmarkenstrategien 554
- Einzelmarkenstrategien 553
- Exportmessen 66f.
- Fachmessen 66f., 329ff.
- gesamtwirtschaftliche Bedeutung der 137
- im Ausland 100
- im Marketingmix 44ff.
- Importmessen 66f.
- in Asien 692f.
- Internationale 66f.
- Investitionsgütermessen 66f., 1235ff.

- Kongressmessen 1002ff.
- Leitmessen 26f., 66f.
- Markenarchitektur 535ff.
- Markenwesen-Modell 538ff.
- Messekongress 1002
- Ordermessen 66f.
- Publikumsmessen 66f.
- Verbundmessen 66f.
Messen als Instrument
- der Außenpolitik 97ff., 1277ff.
- der Auslandsmesseförderung 1275ff.
- der Live Communication 73ff., 1131ff., 1205ff.
- der Markenführung 1201f., 1235ff.
- des Politikmarketing 87ff., 132f.
- des Regionenmarketing 87ff., 138f.
- der Wirtschaftspolitik 87ff., 97ff.
Messen als
- Dienstleistungen 62ff., 414ff.
- Intermediär 229
- Koalition 105ff.
- Kommunikationsdienstleister 227ff.
- Kommunikationsinstrument 33ff., 91, 99, 1145ff., 1163ff., 1201ff., 1221ff.
- Netzwerk 61f., 577ff., 1181ff.
  - Firmenbeteiligungsmodell 583
  - Messenetzwerke 1181ff.
  - Servicepartnermodell 582
  - Tochtergesellschaften 584
Messen, Funktionen von 51ff.
Messenachfrage 156, 279ff.
Messenutzen 231f., 1145ff.
Messeorganisation 939ff.
- Ablauforganisation 946ff.
- Aufbauorganisation 939ff.
- Beiratsmanagement 484
- Geschäftsbereich Facility-Management 213f.
- Organisationsformen 261f., 940ff.
- Projektmanagement 946
- Projekt-Matrix-Organisation 944f.
Messepark 186f.
Messepartner 106, 561ff., 600ff.

Messepositionierung 518f., 566f.
Messepricing 785ff.
Messeproduktportfolio 289f.
Messeprojektmanagement 733ff.
Messeprotokoll-Abteilung 462f.
Messequalität (s. auch Dienstleistungsqualität) 907ff.
- Begriff 907
- Einflussfaktoren 910ff.
- Qualitätsmodell 908ff.
- Total Quality Management (TQM) 407ff., 918ff.
Messespezifische Funktionen (s. auch Messefunktionen) 57ff.
Messespezifische Institutionen 60ff.
Messestandort Deutschland 155ff., 289f., 430f.
Messestandpersonal 981ff.
- Anreizsysteme 991ff.
- Coaching 990f.
Messestrategien 391ff.
- Cross-Selling-Strategien 609ff.
- Differenzierungsstrategien 400f.
- Internationalisierungsstrategien 402ff.
- Kostenführerschaft 399f.
- Marketingstrategien 383ff.
- Netzwerkstrategien 577ff.
- Portfoliostrategien 373ff.
- Produktentwicklung 489ff.
- Wachstumsstrategien 396ff.
- Wettbewerbsstrategien 399ff.
Messeteam (s. auch Messestandpersonal) 984
Messetypologien 51ff., 810f.
- Funktionen von 65f.
Messeveranstalter (s. auch Messegesellschaften) 107f.
Messewesen
- Ausbildung 114, 962ff.
- Bedeutung für die Tourismuswirtschaft 151ff.
- Berufsbilder 959f.
- Entwicklung 431f.

– Finanzierungskonzepte 125
– gesamtwirtschaftliche Bedeutung 144
– Grundlagen 1ff.
– Herausforderungen 242ff.
– in den USA 669ff., 690ff.
– in der Triade 685ff.
– in Europa 687ff.
– in Osteuropa 657ff., 689
– in Russland 657ff.
– Internationalisierung 219ff.
– Kongressmesse 1003f., 1029f.
– Privatisierung 239ff.
– Public Private Partnership 122
– Rahmenbedingungen 119ff.
– Tätigkeitsfelder 959
– Weiterbildung 962ff.
– Wettbewerbssituation 230f.
– Zukunft des 219ff.
– Zukunftsperspektiven des 45ff.,
   677ff.
Messewirtschaft (s. Messewesen)
Messeziele (s. auch Messefunktionen)
   57ff.
Messezielgruppen 1151ff., 1207ff.
– Investitionsgütermessen 1235ff.
Modemessen (s. auch Outfitmessen)
   342f., 1259ff.
Multiplikatorenmanagement 443ff.
– Begriff 446
Mustermessen
– Begriff 19
– Geschichte der 10f.

N
Nachmessephase 1175f.
Netzwerke 577ff.
Non-Space-Produkte 503ff.

O
One to One-Marketing 1205
Online-Services (s. Messedienstleistun-
   gen)
Ordermesse 35

Organisation (s. Messeorganisation)
Outfitmessen 1259ff.

P
Partner (s. auch Messepartner) 106f.,
   451ff.
PCO (s. Professional Congress Organi-
   zer)
Personalentwicklung 974ff.
Planung (s. Messemanagement)
Politikmarketing (s. Messen als Instru-
   ment des) 93ff.
Portfolioanalysen 319ff., 373ff.
Pressearbeit 1172ff.
Privatisierung von Messegesellschaften
   121ff., 230ff., 265ff.
Produktentwicklungsstrategien 489ff.
Professional Congress Organizer 1005f.
Projekt-Controlling (s. Messe-
   Controlling)
Projektkommunikation 1166f.
Projektmanagement (s. auch Messepro-
   jektmanagement) 894f., 1163ff.
Protokollarische Aktivitäten 462ff.
Public Privat Partnership (s. Messewe-
   sen)
Publikumsmessen 781ff.

Q
Qualitätsbegriff 906f.
Qualitäts-Controlling (s. Messe-
   Controlling)
Qualitätsmanagement von Messegesell-
   schaften 407ff., 901ff.
Qualitätsmodell 908ff.
Qualitätsplanung 923f.
Qualitätsprüfung 926f.

R
Rahmenprogramm (s. auch Non-Space-
   Produkte) 519f.
Regionenmarketing (s. auch Messen als
   Instrument des) 91f.

Reisetrends 153f.
Relaunch von Messen 513ff.

S

Servicemanagement
– Messegastronomie 1115ff.
– Netzwerkmanagement 577ff., 1030ff.
Servicequalität (s. Dienstleistungsquali-
   tät)
Staat und Messewesen 117, 132f., 250f.,
   1277f.
Stadtplanung und Messen 196f., 208f.
Stakeholderanalyse 525f.
Standcatering 1125
Standgestaltung 1091ff., 1101ff.
Standmiete 140
Standortqualität 165ff., 180
Standortvorteile 154
Standpersonal (s. Messestandpersonal)
Standortfaktoren 165ff., 177ff., 151ff.
Steuerwirkungen des Messewesens
   (s. Wirkungen des Messewesens)
Strategische Allianzen (s. Messemana-
   gement)
Strategische Grundsatzentscheidungen
   (s. Messemanagement)

T

Tagungsmanagement (s. Kongressmana-
   gement)
Tagungswesen (s. Kongresswesen)
Total Quality Management (s.
   Messequalität)
Tourismuswirtschaft 151ff.
– Geschäftstourismus 154f.
TQM (s. Messequalität)
Träger von Messegesellschaften (s. auch
   Eigentümerkonzepte) 121ff.

U

UFI (s. Union des Foires Internationales)
Umwegrentabilität 126, 142ff., 294
Umweltschutz 199ff.

Union des Foires Internationales 653
Universalmessen 35
Unternehmensleitbilder 355ff.
– Funktionen 358f.
– Inhalte 360ff.
Unternehmensmessen 675ff.

V

Value Added Services (s. auch Non-
   Space-Produkte) 503ff., 779ff.,
   817ff., 928
Veranstaltungskaufmann/-frau 963ff.
Veranstaltungsmanagement (s. Messe-,
   Event- oder Kongressmanagement)
Veranstaltungsmarkt (s. Messe- oder
   Kongresswesen)
Verbände 109, 454f., 597ff.
– als ideeller Träger 602f.
– als Messeveranstalter 602
Verbundmesse 66f.
Verlagsmarketing 590ff.
Virtuelle Messe 68, 676, 809ff.

W

Warenmesse, Geschichte der 10f.
Weiterbildung im Messewesen (s. auch
   Messewesen) 114, 962ff., 974ff.
Weltausstellungen (s. auch Mega-Events)
   1042f., 1061ff.
– Ausstellerakquisition 1065f.
– Beteiligungsziele 1064f.
– Konzept EXPO 2000 1068ff.
Weltleitveranstaltungen (s. Leitmesse)
Wettbewerbsanalyse (s. Messemarktfor-
   schung)
Wettbewerbsstrategien (s. Messestrate-
   gien)
Wirkungen des Messewesens
– direkte Effekte 142f., 232f.
– indirekte Effekte 142ff., 232f.
– Input-Output-Modell 143f.
– Primärwirkungen 142f.
– sektorale Wirkungen 146f.

– Sekundärwirkungen 143f.
– Beschäftigungswirkungen 143f.
– Steuereffekte 147f.
Wirtschaft
– ausstellende (s. auch Aussteller) 106f.
– besuchende (s. auch Besucher) 107
Wirtschaftsverbände (s. auch Verbände)
    569

Z
Zielgruppen (s. Messezielgruppen)
Zukunftsperspektiven des Messewesens
    45ff.

Faszination
Messe
Die Welt auf einen Blick

Kompetenz zeigen – Märkte erschließen
Entscheider überzeugen – Kunden gewinnen
Trends setzen – Innovationen erleben

Messen ■ Ihr Weg zum Erfolg.

AUMA Ausstellungs- und Messe-Ausschuss
der Deutschen Wirtschaft e.V.

Gabler Handbuch-Highlights

Sönke Albers / Andreas Herrmann (Hrsg.)
Handbuch Produktmanagement
Strategieentwicklung – Produktplanung –
Organmisation – Kontrolle
2., überarb. und erw. Auflage 2002.
XX, 1114 S. mit 224 Abb. u. 46 Tab.
Geb. mit SU EUR 99,00
ISBN 3-409-21595-6

Manfred Bruhn (Hrsg.)
Handbuch Markenartikel
Anforderungen an die Markenpolitik
aus Sicht von Wissenschaf tund Praxis
2., überarb. und erw. Auflage 2003.
ca. 2700 S. 3 Bände im Schuber
Geb. mit SU EUR 199,00
ISBN 3-409-11968-X

Manfred Bruhn / Christian Homburg (Hrsg.)
Handbuch Kundenbindungsmanagement
Strategien und Instrumente
für ein erfolgreiches CRM
4., überarb. und erw. Auflage 2003.
XVIII, 872 S. mit 191 Abb. u. 30 Tab.
Geb. EUR 125,00
ISBN 3-409-42269-2

Manfred Bruhn / Heribert Meffert (Hrsg.)
Handbuch Dienstleistungsmanagement
Von der strategischen Konzeption
zur praktischen Umsetzung
2., überarb. und erw. Auflage 2001.
XVIII, 1007 S. mit 195 Abb. u. 18 Tab.
Geb. mit SU EUR 99,00
ISBN 3-409-23593-0

Hermann Diller / Andreas Herrmann (Hrsg.)
Handbuch Preispolitik
Strategie – Planung – Organisation –
Umsetzung
2003. XIV, 836 S.
Geb. mit SU EUR 125,00
ISBN 3-409-12285-0

Dietger Hahn / Lutz Kaufmann (Hrsg.)
**Handbuch Industrielles
Beschaffungsmanagement**
Internationale Konzepte – Innovative
Instrumente – Aktuelle Praxisbeispiele
2., überarb. u. erw. Aufl. 2003.
XXII, 1076 S. mit 278 Abb.
Geb. mit SU EUR 99,00
ISBN 3-409-22253-7

Harald Hungenberg /
Jürgen Meffert (Hrsg.)
Handbuch Strategisches Management
2003. XV, 960 S.
Geb. mit SU EUR 99,00
ISBN 3-409-12312-1

Manfred Kirchgeorg /
Werner M. Dornscheidt /
Wilhelm Giese / Norbert Stoeck (Hrsg.)
Handbuch Messemanagement
Planung, Durchführung und Kontrolle
von Messen, Kongressen und Events
2003. XL, 1322 S.
Geb. mit SU EUR 99,00
ISBN 3-409-12417-9

Rolf Weiber (Hrsg.)
Handbuch Electronic Business
Informationstechnologien – Electronic
Commerce – Geschäftsprozesse
2., überarb. u. erw. Aufl. 2002.
XXX, 1096 S. mit 257 Abb. u. 14 Tab.
Geb. mit SU EUR 129,00
ISBN 3-409-21636-7

Bernd W. Wirtz (Hrsg.)
**Handbuch Medien- und
Multimediamanagement**
2003. XXVI, 992 S.
Geb. EUR 89,00
ISBN 3-409-12352-0

Änderungen vorbehalten Stand: Oktober 2003.

Gabler Verlag · Abraham-Lincoln-Str. 46 · 65189 Wiesbaden · www.gabler.de

GABLER